Wendt · COBOL

Joachim Wendt

# COBOL

Einführung mit
PC-Spracherweiterungen
und Übungen

2., aktualisierte Auflage

**GABLER**

Der Autor, **Dr. Joachim Wendt**, ist als Dozent am Arbeitsbereich für Betriebswirtschaftliche Datenverarbeitung der Universität Hamburg tätig. Zu seinem Lehrangebot gehören COBOL-Programmierkurse für Studenten der Wirtschaftsinformatik.

Die Deutsche Bibliothek – CIP-Einheitsaufnahme

> **Wendt, Joachim**:
> COBOL : Einführung mit PC-Spracherweiterungen und Übungen / Joachim Wendt. -
> 2., aktualisierte Aufl. - Wiesbaden : Gabler, 1994
>   ISBN 3-409-29726-X

1. Auflage 1991
2. Auflage 1994

Der Gabler Verlag ist ein Unternehmen der Verlagsgruppe Bertelsmann International.

© Betriebswirtschaftlicher Verlag Dr. Th. Gabler GmbH, Wiesbaden 1994
Lektorat: Jutta Hauser-Fahr

Das Werk einschließlich aller seiner Teile ist urheberrechtlich geschützt. Jede Verwertung außerhalb der engen Grenzen des Urheberrechtsgesetzes ist ohne Zustimmung des Verlages unzulässig und strafbar. Das gilt insbesondere für Vervielfältigungen, Übersetzungen, Mikroverfilmungen und die Einspeicherung und Verarbeitung in elektronischen Systemen.

Höchste inhaltliche und technische Qualität unserer Produkte ist unser Ziel. Bei der Produktion und Auslieferung unserer Bücher wollen wir die Umwelt schonen: Dieses Buch ist auf säurefreiem und chlorfrei gebleichtem Papier gedruckt.

Die Wiedergabe von Gebrauchsnamen, Handelsnamen, Warenbezeichnungen usw. in diesem Werk berechtigt auch ohne besondere Kennzeichnung nicht zu der Annahme, daß solche Namen im Sinne der Warenzeichen- und Markenschutz-Gesetzgebung als frei zu betrachten wären und daher von jedermann benutzt werden dürften.

Druck und Buchbinder: Lengericher Handelsdruckerei, Lengerich / Westf.
Printed in Germany

ISBN 3-409-29726-X

# Vorwort

Programmieranfänger erstellen ihre ersten Programme heute in aller Regel an Personal Computern. Diese Einführung in die COBOL-Programmierung trägt dem Rechnung. Sie ist für Studenten wirtschaftswissenschaftlicher Studiengänge, Haupt- und Nebenfachstudenten der Informatik und Wirtschaftsinformatik sowie Auszubildende an Institutionen mit berufsqualifizierendem Abschluß gedacht, die sich mit dem Entwurf und der Implementierung auch anspruchsvollerer COBOL-Anwendungen vertraut machen möchten. Voraussetzung hierfür ist der Zugang zu einem Personal Computer, der mit einem COBOL-Compiler ausgestattet ist. Erfahrungen im Umgang mit diesen Rechnern sowie EDV-Grundlagenkenntnisse sind nützlich. Sie werden jedoch nicht vorausgesetzt.

Dieses Buch ist in drei Teile gegliedert, deren Kapitel und Abschnitte *nicht* zwingend in der vorgegebenen Reihenfolge durchzuarbeiten sind:

Teil A: Grundlagen und Softwareentwurf
Teil B: Standard-COBOL und PC-Spracherweiterungen
Teil C: Programmierübungen mit Lösungshinweisen

Eine Programmiersprache kann nur durch praktische Übungen am Rechner erlernt werden. Teil C enthält eine Sammlung von Programmierübungen, die aufeinander aufbauen und schrittweise mit COBOL-Sprachelementen vertraut machen. Dieses Buch wurde so konzipiert, daß sich der Leser unmittelbar diesen Übungen zuwenden kann. Jedem Aufgabentext in Teil C ist ein Gliederungspunkt *Texthinweise* vorangestellt, der auf Abschnitte der Teile A und B verweist. Zur Vorbereitung der praktischen Programmierung sind genau diese Abschnitte durchzuarbeiten.

COBOL (*Co*mmon *B*usiness *O*riented *L*anguage) ist eine Sprache, die überwiegend zur Lösung kommerzieller Anwendungsprobleme eingesetzt wird. Charakteristisch für solche Anwendungen ist die Verarbeitung von Daten, die in Dateien auf externen Speichermedien wie Magnetplatten oder Disketten abgelegt sind. Die Programmierübungen in Teil C sehen insbesondere auch die Verarbeitung von Dateien vor. Die hierzu erforderlichen Testdatenbestände können anhand der jeweiligen Dateibeschreibung z.B. mit Hilfe eines Editors eingerichtet werden.

Der zur Dateierstellung erforderliche Zeitaufwand entfällt, wenn die ergänzend zu diesem Buch lieferbaren *COBSYS-Disketten* angefordert werden. Auf diesen Disketten sind alle *Eingabedateien* für die Übungsprogramme, mehr als 250 COBOL-Copy-Strecken, Bildschirmbeschreibungen usw. sowie ausführbare *Musterlösungen* zu den Programmierübungen gespeichert. Diese Programme demonstrieren neben dem eigentlichen Verarbeitungsziel einer Übung auch Eingabedaten und Zwischenergebnisse am Bildschirm. Weitere Informationen zu den COBSYS-Disketten enthält der Abschnitt *COBSYS-Disketten* ab Seite 3.

Alle Programmiersprachen der 3. Generation verfügen nur sehr eingeschränkt über genormte Sprachelemente, die eine komfortable Bildschirmansteuerung, das Abfragen von Funktions- und Cursor-Tasten oder den Aufruf von Betriebssystem-Kommandos ermöglichen. Nahezu jeder in einer konkreten Rechnerumgebung einsetzbare Compiler sieht für solche Funktionen Spracherweiterungen vor. Mehr als

95 % der in diesem Buch behandelten Sprachelemente sind dem COBOL-Standard ANSI X3.23-1985 zuzurechnen. Ergänzend werden ausgewählte Spracherweiterungen für Mikrocomputer erläutert, die syntaxgleich von den PC-Compilern der Firmen *Micro Focus* (COBOL/2 Workbench, Professional COBOL/2), *Siemens Nixdorf* (COBOL/2), *IBM* (COBOL/2), und *Microsoft* (MS-COBOL ab Vers. 3.0) verarbeitet werden. Auch die Lösungshinweise zu den Übungen in Teil C nehmen auf diese Übersetzer Bezug. Falls das Produkt eines anderen Compiler-Herstellers eingesetzt wird, müssen zu den über den COBOL-Standard hinausgehenden Anweisungen Sprachäquivalente im jeweiligen Compiler-Handbuch aufgefunden werden.

Dem Hauptabschnitt zu COBOL-Sprachelementen in Teil B des Buches ist ein einführender Teil A zur Systemumgebung der Programmentwicklung und zum Softwareentwurf vorangestellt. Das erste Kapitel in Teil A macht den mit Hard- und Softwarekomponenten eines Mikrocomputers weniger vertrauten Programmieranfänger mit seiner Arbeitsumgebung bekannt. Neben dem funktionellen Verhalten des Rechners stehen hier bedienungsrelevante Aspekte (Tastatur, Disketten, Betriebssystem, Editor, Maskengenerator, Debugger usw.) im Vordergrund.

Gegenstand des zweiten Kapitels ist der Entwurf von Anwendungssystemen. Der Leser wird anhand eines Vorgehensmodells in den Top-Down-Entwurf modular gegliederter Batch- und Dialoganwendungen eingeführt. Jede Programmierübung in Teil C des Buches sieht einen solchen Entwurf vor. Als Hilfsmittel werden u.a. Hierarchiediagramme, Menübäume, Interaktionsdiagramme, Entscheidungstabellen, Nassi-Shneiderman-Diagramme und N-Square-Charts erläutert. Das Vorgehensmodell ermöglicht auch die arbeitsteilige Entwicklung komplexerer Anwendungen und bereitet so auf die Nutzung rechnergestützter, integrierter Software-Entwicklungsumgebungen vor.

Für die jetzt vorliegende *zweite Auflage* dieses Buches wurden in den ersten drei Kapiteln des Teils B insbesondere Programmbeispiele hinsichtlich ihrer Gliederung und Interpunktion vereinfacht. Diese stilistischen Änderungen sind auch durchgängig in die COBSYS-Musterlösungen und sonstigen COBSYS-Quellprogramme einbezogen worden. Teil A des Buches mußte wegen der raschen technologischen Entwicklung aktualisiert werden. Auch konnten hier ergänzend Abschnitte zur objektorientierten Programmierung und zu graphischen Benutzeroberflächen (GUI) aufgenommen werden. Anhang D gibt in dieser Auflage eine Übersicht zu den verfügbaren Call-by-Name-Routinen.

Die aktuelle COBSYS-Version 3.10 verfügt nun über ein effizienteres Speicher-Management mit eigener Cache-Verwaltung und Paging. So konnte insbesondere der Browser nachhaltig beschleunigt werden. Beispiele zur Dateiverarbeitung wurden überarbeitet und die NSD-Entwürfe zu den Musterlösungen komplettiert. Bei der Installation von COBSYS wird ein Verzeichnis für SCREENS-Beispiele angelegt. Die COBSYS-Exportfunktion gibt mit dem Quellcode der Musterlösungen nun auch alle erforderlichen Datendateien in das EXPORT-Unterverzeichnis aus.

*Dr. Joachim Wendt*

# Geleitwort zur ersten Auflage

COBOL ist heute weltweit die am häufigsten eingesetzte Programmiersprache. Obwohl die Entwicklung von COBOL bis in die fünfziger Jahre zurückreicht, konnten neuere und vom theoretischen Standpunkt elegantere Sprachkonzepte in der Praxis nur eingeschränkt Fuß fassen. Ursächlich für die große Verbreitung der Sprache dürften im wesentlichen fünf Tatbestände sein:

- COBOL wurde explizit als Programmiersprache für betriebswirtschaftlich-datenintensive Problemstellungen konzipiert. Solche Anwendungen sind das Haupteinsatzgebiet von EDV-Systemen.
- Die Sprachdefinition erfolgte mit der Zielsetzung, eine einfache, natürliche und leicht beherrschbare Sprache zu schaffen. Einer der Gründe für den rückläufigen Einsatz mächtigerer Sprachen wie z.B. PL/1 dürfte in der Vernachlässigung dieser Zielsetzung liegen.
- Bereits 1968 wurde COBOL vom American National Standards Institute (ANSI) als COBOL-68 genormt. Der aus dieser Normung resultierende Investitionsschutz für COBOL-Programme konnte bei den nachfolgenden Überarbeitungen der Norm durch eine konsequente Aufwärtskompatibilität der Sprache aufrechterhalten werden.
- Die beträchtlichen Investitionen in die industriell eingesetzten COBOL-Programme und die damit einhergehende hohe Personalbindung in Wartungs- und Pflegeaktivitäten rechtfertigen offensichtlich den Aufwand einer Umstellung auf neuere sprachliche Ausdrucksmittel nicht.
- Bedingt durch die Verbreitung des COBOL-Einsatzes werden rechnergestützte Software-Werkzeuge zur Unterstützung der Programmentwicklung bevorzugt für diese Sprache angeboten.

Der 1985 veröffentlichte und derzeit gültige dritte COBOL-Standard berücksichtigt verstärkt Anforderungen der Strukturierten Programmierung. Mit dieser Überarbeitung wurden eine Reihe von Sprachanomalien beseitigt, die insbesondere auch für Programmieranfänger Stolpersteine auf dem Weg zu fehlerfreien Programmen darstellten. Der feste Platz dieser Sprache im Rahmen des Studiums der Informatik und vor allem der Wirtschaftsinformatik wird daher künftig neben ihrer Praxisrelevanz in der verbesserten Eignung als Ausbildungssprache begründet sein.

Den Kern dieser Einführung in die COBOL-Programmierung bildet eine umfassende, didaktisch aufbereitete und leicht faßbare Erläuterung von Sprachelementen der aktuell gültigen ANSI-Norm. Zahlreiche Programmbeispiele verdeutlichen hier die Funktionen und Einsatzmöglichkeiten sowie das Zusammenwirken von Anweisungen und Datendefinitionen. Ein deutlicher Schwerpunkt liegt dabei – abgeleitet aus dem Charakter der Sprache und ihrer vorrangigen Nutzung in der Praxis – auf Sprachelementen zur Verarbeitung von Dateien mit sequentieller und indizierter Organisation.

Die Ausbildung von Programmieranfängern erfolgt heute vor allem an Arbeitsplatzrechnern. Der Autor stellt daher in Ergänzung zum ANSI-Standard einige ausgewählte Spracherweiterungen für die Gestaltung der Benutzeroberfläche dieser Rechner vor. Die aus dem Scroll-Modus der Bildschirmansteuerung des COBOL-Standards resultierenden einschneidenden Restriktionen für die Gestaltung benutzerfreundlicher interaktiver Anwendungen werden so aufgehoben. Diese Spracherweiterungen erlauben positionierte Datenein- und Datenausgaben, die Realisierung von Pop-Up- und Pull-Down-Menüs, die farbliche Gestaltung des Bildschirms und z.B. die Auswertung von Funktions- oder Cursor-Tasten für Zwecke der Dialogablaufsteuerung.

Der Autor hat ergänzend zum Buch ein COBOL-Demonstrationsprogramm COBSYS erstellt, das gegen Erstattung der Disketten- und Versandkosten angefordert werden kann. COBSYS verdeutlicht das jeweilige Lernziel der im letzten Kapitel des Buches zusammengefaßten Programmierübungen anschaulich am Bildschirm. Durch Bereitstellung von Testdaten, Bildschirmmasken und Bibliothekselementen wird der Programmierer zusätzlich von Routinearbeiten befreit.

Mit der Vorlage dieses Werkes hat der Autor ein Standardlehrbuch zur COBOL-Schulung geschaffen. Das fachliche Niveau und die damit angestrebten Lernziele übertreffen die meisten Bücher über Programmiersprachen. Im Interesse einer wesentlichen Steigerung der Ausbildungsqualität auf dem Gebiet der wichtigsten kommerziellen Programmiersprache wünsche ich diesem Buch eine große Verbreitung bei allen, die sich mit dem produktiven Einsatz des Computers beschäftigen.

*Prof. Dr. D.B. Pressmar*

# Inhaltsübersicht

Einführende Hinweise 1
COBSYS-Disketten 3

## Teil A: Grundlagen und Softwareentwurf

1. Systemumgebung der Programmentwicklung 5
2. Methodische Aspekte der Programmentwicklung 71

## Teil B: Standard-COBOL und Spracherweiterungen

3. Grundlagen der COBOL-Programmierung 174
4. COBOL-Datenbeschreibung (I) 208
5. Allgemeine COBOL-Anweisungen (I) 223
6. Verarbeiten sequentieller Dateien 285
7. Programmänderungszyklen 333
8. COBOL-Datenbeschreibung (II) 342
9. Allgemeine COBOL-Anweisungen (II) 356
10. Sortieren von Dateien 390
11. Bibliotheken und Programmkommunikation 401
12. Gestaltung von Dialogprogrammen 415
13. COBOL-Datenbeschreibung (III) 457
14. Zeichenverarbeitung und Ergänzungen 481
15. Verarbeiten von Direktzugriffsdateien 505
16. Unterprogramme für hardware-nahe Funktionen 557

## Teil C: Programmierübungen mit Lösungshinweisen

17. Übungsaufgaben 571

Anhang 711
Literaturverzeichnis 719
Stichwortverzeichnis 720

# Inhaltsverzeichnis

Einführende Hinweise 1
COBSYS-Disketten 3

## Teil A: Grundlagen und Softwareentwurf

### 1. Systemumgebung der Programmentwicklung 5

1.1 Grundbegriffe der Datenverarbeitung 7
    1.1.1 Algorithmen und DV-Prozesse 7
    1.1.2 Daten und Datendarstellung 10
    1.1.3 Datenorganisation und Dateien 17
    1.1.4 Programmiersprachen und Programme 22
    1.1.5 Interpreter und Compiler 29
1.2 Hardware von Mikrocomputern 31
    1.2.1 Von-Neumann-Architektur 31
    1.2.2 Mikroprozessor und Bus-Konzept 34
    1.2.3 Eingabegeräte 38
    1.2.4 Ausgabegeräte 41
    1.2.5 Disketten und Magnetplatten 44
1.3 Softwareausstattung 48
    1.3.1 Betriebssysteme 49
    1.3.2 Dateiaufbereiter (Editor) 55
    1.3.3 COBOL-Compiler und Linker 57
    1.3.4 Maskengenerator 63
    1.3.5 Graphische Benutzeroberflächen (GUI) 65
    1.3.6 Testhilfen (Debugger) 66
1.4 Vernetzung von Mikrocomputern 68

### 2. Methodische Aspekte der Programmentwicklung 71

2.1 Phasenschema des Software-Lebenszyklus 75
2.2 Nassi-Shneiderman-Diagramme 84
2.3 Darstellungsmittel des Fachinhaltlichen Entwurfs 99
    2.3.1 Funktionsübersicht 100
    2.3.2 Hierarchische Funktionszerlegung 100
    2.3.3 Spezifikation von Elementarprozessen 104
    2.3.4 Entscheidungstabellen 111
    2.3.5 Menübaum 118
2.4 Darstellungsmittel des DV-technischen Entwurfs 120
    2.4.1 Interaktionsdiagramme 121
    2.4.2 Menüs und vervollständigte Bildschirmmasken 126

|         |       |                                          |     |
|---------|-------|------------------------------------------|-----|
|         | 2.4.3 | Datenorganisation                        | 129 |
|         | 2.4.4 | Programmstruktur und Modulabgrenzung     | 133 |
|         | 2.4.5 | N-Square-Charts                          | 149 |
|         | 2.4.6 | Nassi-Shneiderman-Diagramme              | 158 |

2.5 Entwurfsbeispiel Adreßverwaltung 159
   2.5.1 Fachinhaltlicher Entwurf 159
   2.5.2 DV-technischer Entwurf 162
2.6 Dokumentation zu Anwendungsprogrammen 172

# Teil B: Standard-COBOL und Spracherweiterungen

## 3. Grundlagen der COBOL-Programmierung 174

3.1 COBOL-Programmstruktur 175
   3.1.1 Hauptabschnitte 175
   3.1.2 Hierarchische Programmgliederung 177
3.2 COBOL-Zeichenvorrat 179
3.3 COBOL-Zeichenfolgen 181
   3.3.1 Reservierte COBOL-Wörter 182
   3.3.2 Benutzerdefinierte Wörter 184
   3.3.3 Literale 185
   3.3.4 PICTURE-Zeichenfolgen 187
   3.3.5 Kommentare 188
3.4 COBOL-Metanotation 189
3.5 COBOL-Codierschema 191
3.6 Trennsymbole und Interpunktionsregeln 195
3.7 Syntax der Hauptabschnitte 198
   3.7.1 IDENTIFICATION DIVISION 198
   3.7.2 ENVIRONMENT DIVISION 199
   3.7.3 DATA DIVISION 202
   3.7.4 PROCEDURE DIVISION 204
3.8 COBOL-Programmrahmen 206

## 4. COBOL-Datenbeschreibung (I) 208

4.1 COBOL-Format der Datenbeschreibung 208
   4.1.1 Stufennummern 209
   4.1.2 Datennamen 213
   4.1.3 PICTURE-Klausel 214
   4.1.4 Feldtyp und Feldlänge 216
   4.1.5 VALUE-Klausel 217

| | | |
|---|---|---|
| 4.2 | Beispiele zur Datenbeschreibung | 218 |
| | 4.2.1 Elementardaten | 218 |
| | 4.2.2 Datensätze | 219 |

## 5. Allgemeine COBOL-Anweisungen (I)     223

| | | |
|---|---|---|
| 5.1 | Aktionen | 223 |
| | 5.1.1 COMPUTE-Anweisung | 223 |
| | 5.1.2 MOVE-Anweisung | 227 |
| | 5.1.3 DISPLAY-Anweisung | 229 |
| | 5.1.4 ACCEPT-Anweisung | 236 |
| | 5.1.5 INITIALIZE-Anweisung | 247 |
| | 5.1.6 CONTINUE-Anweisung | 249 |
| 5.2 | Kontrollkonstrukte | 250 |
| | 5.2.1 STOP-Anweisung | 250 |
| | 5.2.2 PERFORM UNTIL-Anweisung | 250 |
| | 5.2.3 IF-Anweisung | 260 |
| 5.3 | Formulieren von Bedingungen (I) | 268 |
| | 5.3.1 Vergleichsbedingungen | 268 |
| | 5.3.2 Komplexe Bedingungen | 270 |
| 5.4 | Programmbeispiele | 273 |

## 6. Verarbeiten sequentieller Dateien     285

| | | |
|---|---|---|
| 6.1 | Organisation sequentieller Dateien | 286 |
| 6.2 | Dateianschluß in COBOL-Programmen | 287 |
| | 6.2.1 INPUT-OUTPUT SECTION | 287 |
| | 6.2.2 FILE SECTION | 290 |
| 6.3 | Anweisungen zur Dateiverarbeitung | 294 |
| | 6.3.1 OPEN-Anweisung | 294 |
| | 6.3.2 READ-Anweisung | 296 |
| | 6.3.3 WRITE-Anweisung | 299 |
| | 6.3.4 REWRITE-Anweisung | 301 |
| | 6.3.5 CLOSE-Anweisung | 302 |
| 6.4 | Bezugnahme auf Daten (Qualifizierung) | 303 |
| 6.5 | Hinweise zur Dateiverarbeitung | 305 |
| | 6.5.1 READ-Ablaufsteuerung | 305 |
| | 6.5.2 Mehrfachlesen von Dateien | 311 |
| | 6.5.3 Dateien mit Folgesätzen | 315 |
| | 6.5.4 Datenausgabe am Drucker | 317 |
| | 6.5.5 Dynamische Dateizuweisung | 324 |

| | | |
|---|---|---|
| 6.5.6 | Externe Dateizuweisung | 325 |
| 6.6 | Programmbeispiele | 326 |

## 7. Programmänderungszyklen 333

| | | |
|---|---|---|
| 7.1 | Fehlerarten und Fehlerbehebung | 333 |
| 7.1.1 | Syntax-Fehler | 333 |
| 7.1.2 | Abnormale Programmbeendigung | 333 |
| 7.1.3 | Konzeptuelle Fehler | 334 |
| 7.1.4 | Übertragungsfehler | 334 |
| 7.2 | COBOL-Debug-Testmodul | 335 |
| 7.2.1 | Testhilfe-Zeilen | 336 |
| 7.2.2 | USE FOR DEBUGGING-Testauftrag | 336 |

## 8. COBOL-Datenbeschreibung (II) 342

| | | |
|---|---|---|
| 8.1 | Zusatzsymbole S und V | 342 |
| 8.2 | Druckaufbereitung | 343 |
| 8.2.1 | Einfügungszeichen B, 0 und / | 344 |
| 8.2.2 | Aufbereitung numerischer Daten | 345 |
| 8.2.3 | DECIMAL-POINT IS COMMA-Klausel | 348 |
| 8.3 | Rechenaufbereitung | 349 |
| 8.4 | Bedingungsnamen | 350 |
| 8.4.1 | Vereinbaren von Bedingungsnamen | 350 |
| 8.4.2 | SET TO TRUE-Anweisung | 352 |
| 8.5 | Redefinition von Speicherbereichen | 354 |

## 9. Allgemeine COBOL-Anweisungen (II) 356

| | | |
|---|---|---|
| 9.1 | Kontrollkonstrukte | 356 |
| 9.1.1 | PERFORM-Formate | 356 |
| 9.1.2 | GO TO-Anweisung | 366 |
| 9.1.3 | GO TO DEPENDING ON-Anweisung | 367 |
| 9.1.4 | EVALUATE-Anweisung | 369 |
| 9.2 | Arithmetische Anweisungen | 375 |
| 9.2.1 | ADD-Anweisung | 376 |
| 9.2.2 | SUBTRACT-Anweisung | 378 |
| 9.2.3 | MULTIPLY-Anweisung | 381 |
| 9.2.4 | DIVIDE-Anweisung | 382 |
| 9.2.5 | COMPUTE-Anweisung | 384 |
| 9.3 | MOVE CORRESPONDING-Anweisung | 385 |
| 9.4 | Formulieren von Bedingungen (II) | 387 |

|  |  |  |
|---|---|---:|
| | 9.4.1 Klassenbedingungen | 388 |
| | 9.4.2 Vorzeichenbedingungen | 389 |
| 9.5 | Bezugnahme auf Paragraphen | 389 |

## 10. Sortieren von Dateien 390

|  |  |  |
|---|---|---:|
| 10.1 | SELECT-Klausel der Sortierhilfsdatei | 391 |
| 10.2 | SD-Dateibeschreibung | 391 |
| 10.3 | SORT-Anweisung (Format-1) | 392 |
| 10.4 | SORT-Anweisung (Format-2) | 396 |
| | 10.4.1 RELEASE-Anweisung | 398 |
| | 10.4.2 RETURN-Anweisung | 398 |
| 10.5 | Beispiel mit Schnittstellen-Kapiteln | 399 |

## 11. Bibliotheken und Programmkommunikation 401

|  |  |  |
|---|---|---:|
| 11.1 | COBOL-Quellcodebibliotheken | 401 |
| 11.2 | COPY-Anweisung | 401 |
| 11.3 | Externe Unterprogramme | 404 |
| | 11.3.1 CALL-Anweisung | 405 |
| | 11.3.2 CANCEL-Anweisung | 407 |
| | 11.3.3 LINKAGE SECTION | 408 |
| | 11.3.4 USING-Angabe der PROCEDURE DIVISION | 409 |
| | 11.3.5 EXIT PROGRAM-Anweisung | 409 |
| 11.4 | Beispiele zum Unterprogrammaufruf | 410 |
| 11.5 | EXTERNAL-Klausel | 413 |

## 12. Gestaltung von Dialogprogrammen 415

|  |  |  |
|---|---|---:|
| 12.1 | Dialogablaufsteuerung | 415 |
| 12.2 | Erweiterte Bildschirmansteuerung | 420 |
| | 12.2.1 Erfassung druckaufbereiteter Daten | 421 |
| | 12.2.2 WITH-Option der ACCEPT-Anweisung | 422 |
| | 12.2.3 WITH-Option der DISPLAY-Anweisung | 423 |
| 12.3 | Generieren von Bildschirmmasken | 424 |
| | 12.3.1 Maskengenerator FORMS | 424 |
| | 12.3.2 CURSOR-Klausel | 431 |
| | 12.3.3 Maskengenerator SCREENS | 433 |
| 12.4 | Funktionstasten | 434 |
| | 12.4.1 Vordefinierte Benutzertabelle | 434 |
| | 12.4.2 Problemspezifische Tabellendefinition | 437 |
| | 12.4.3 Test Keyboard-Interrupt | 442 |

| | | |
|---|---|---|
| 12.5 | Aufruf von Help-Bildschirmen | 444 |
| 12.6 | Einblenden von Text- und Menüwindows | 446 |
| | 12.6.1 Ausgabe von Teilbildschirmen | 446 |
| | 12.6.2 Einblenden von Bildschirmfenstern | 448 |
| | 12.6.3 Positionieren eines Auswahlbalkens | 452 |
| | 12.6.4 Optionsverwaltung für Scroll-Menüs | 455 |
| 12.7 | Sofortige Plausibilitätsprüfung | 455 |

## 13. COBOL-Datenbeschreibung (III)   457

| | | |
|---|---|---|
| 13.1 | Tabellenverarbeitung | 457 |
| | 13.1.1 Definition von Tabellen | 458 |
| | 13.1.2 Bezugnahme auf Tabellenelemente | 462 |
| | 13.1.3 Laden von Tabellen | 464 |
| | 13.1.4 Durchsuchen von Tabellen | 468 |
| | 13.1.5 Logarithmisches Durchsuchen von Tabellen | 469 |
| 13.2 | Teilfeldselektion | 476 |
| 13.3 | Interne Datendarstellung (USAGE-Klausel) | 478 |
| 13.4 | BLANK WHEN ZERO-Klausel | 480 |
| 13.5 | JUSTIFIED-Klausel | 480 |

## 14. Zeichenverarbeitung und Ergänzungen   481

| | | |
|---|---|---|
| 14.1 | Verarbeitung von Zeichenfolgen | 481 |
| | 14.1.1 STRING-Anweisung | 482 |
| | 14.1.2 UNSTRING-Anweisung | 485 |
| | 14.1.3 Verschlüsseln und Entschlüsseln | 489 |
| | 14.1.4 Zählen von Substrings | 492 |
| | 14.1.5 Ersetzen von Substrings | 498 |
| 14.2 | Zulässigkeit von Datenübertragungen | 501 |
| 14.3 | Sortierfolge-Ordnung | 503 |

## 15. Verarbeiten von Direktzugriffsdateien   505

| | | |
|---|---|---|
| 15.1 | Relative Dateiorganisation | 507 |
| | 15.1.1 Dateianschluß | 509 |
| | 15.1.2 OPEN-Anweisung | 512 |
| | 15.1.3 READ-Anweisung | 513 |
| | 15.1.4 START-Anweisung | 517 |
| | 15.1.5 WRITE-Anweisung | 520 |
| | 15.1.6 REWRITE-Anweisung | 523 |
| | 15.1.7 DELETE-Anweisung | 524 |

|  |  |  |
|---|---|---|
| 15.1.8 | CLOSE-Anweisung | 525 |
| 15.2 | Indizierte Dateiorganisation | 526 |
| 15.2.1 | Dateianschluß | 528 |
| 15.2.2 | OPEN-Anweisung | 530 |
| 15.2.3 | WRITE-Anweisung | 532 |
| 15.2.4 | READ-Anweisung | 536 |
| 15.2.5 | START-Anweisung | 539 |
| 15.2.6 | REWRITE-Anweisung | 545 |
| 15.2.7 | DELETE-Anweisung | 546 |
| 15.2.8 | CLOSE-Anweisung | 547 |
| 15.3 | Verbund- und Splitschlüssel | 548 |
| 15.4 | Auswahl der Dateiorganisationsform | 550 |
| 15.5 | FILE STATUS-Klausel | 551 |

## 16. Unterprogramme für hardware-nahe Funktionen 557

| | | |
|---|---|---|
| 16.1 | Assembler-Routinen | 557 |
| X"82" : | Ausgabe eines Zeichens am Bildschirm | 559 |
| X"83" : | Einlesen eines Zeichens von Tastatur | 559 |
| X"91" : | Systemumgebung und DOS-Befehle | 560 |
| X"A7" : | Aktivieren von Benutzerattributen | 562 |
| X"AF" : | Vordefinierte Funktionstasten, ADIS-Modifikation | 563 |
| X"B0" : | Funktionstasten und Druckerstatus | 565 |
| X"B7" : | Ausgabe von Zeichen und Attributen | 567 |
| X"D9" : | Test Tastatur-Status | 568 |
| X"E5" : | Erzeugen eines akustischen Signals | 568 |
| X"E6" : | Positionieren des Cursors | 568 |
| 16.2 | OS/2-API-Schnittstelle für Anwenderprogramme | 569 |

# Teil C: Programmierübungen mit Lösungshinweisen

## 17. Übungsaufgaben 571

| | |
|---|---|
| 1. Editierübung (Leistungsumfang Editor-Dienstprogramme) | 573 |
| 2. Berechnung von Summen, Produkten und Quadratzahlen | 574 |
| 3. Erfassen Anschriften und Abspeichern auf Datenträger | 578 |
| 4. Lesen einer Anschriftendatei, Drucken von Adreßaufklebern | 581 |
| 5. Mehrfachlesen sequentieller Dateien | 583 |
| 6. Verarbeiten von Dateien mit Folgesätzen | 587 |
| 7. Debug-Testhilfen: Interaktives Debugging, Debug-Testmodul | 591 |
| 8. Drucken von Lagerlisten unterschiedlicher Sortierfolge | 603 |

| | |
|---|---:|
| 9. Umsatz- und Provisionslisten (Druckaufbereitung) | 608 |
| 10. Zweistufige Menü-Hierarchie (Menüverkettung) | 613 |
| 11. Einrichten einer updatefähigen sequentiellen Datei | 624 |
| 12. Auftragsabwicklung (Batchversion, sequentielle Dateien) | 627 |
| 13. Generieren von Bildschirmmasken (Hypothekenbelastung) | 634 |
| 14. Funktionstasten zur Auswahl von Menüs/Programmfunktionen | 644 |
| 15. Tabellen: Subskript-Methode und SEARCH ALL-Anweisung | 654 |
| 16. Interaktive Pflege einer relativen Artikeldatei | 660 |
| 17. Pflege einer indiziert organisierten Kundendatei | 678 |
| 18. Keyboard-Interrupt: Unterbrechung aktiver Prozesse | 694 |
| 19. Ausführen von DOS-Kommandos aus einem Programm | 697 |
| 20. Positionieren des Cursors, unsichtbarer Cursor | 699 |
| 21. Datenerfassung mit sofortiger Plausibilitätsprüfung | 700 |
| 22. Zeichendarstellung bei Verwendung von Benutzerattributen | 708 |
| Anhang A: Bildschirm- und Benutzerattribute | 711 |
| Anhang B: ASCII-Zeichensatz | 713 |
| Anhang C: Reservierte COBOL-Wörter | 714 |
| Anhang D: Übersicht Call-by-Name-Routinen | 717 |
| Literaturverzeichnis | 719 |
| Stichwortverzeichnis | 720 |

# Einführende Hinweise

Dieses Buch soll Sie mit der Programmiersprache COBOL vertraut machen. Es ist für Studenten wirtschaftswissenschaftlicher Studiengänge, Haupt- und Nebenfachstudenten der Informatik und Wirtschaftsinformatik sowie Auszubildende an berufsqualifizierenden Institutionen gedacht.

Ergänzend zu diesem Buch wurde ein Demonstrationsprogramm *COBSYS* erstellt. Das Programm COBSYS und dieses Buch bilden gemeinsam einen COBOL-Programmierkurs. Nach Abschluß dieses Kurses werden Sie auch anspruchsvollere COBOL-Anwendungen selbständig entwerfen und realisieren können.

Dieses Kursziel ist erreicht, wenn Sie die in *Kapitel 17* dieses Buches zusammengefaßten Programmierübungen an einem Personal Computer gelöst haben. Die Reihenfolge der Übungsaufgaben ist mit der Darstellung von COBOL-Sprachelementen in den Kapiteln 3 bis 16 abgestimmt. Jeder Übungsaufgabe in Kapitel 17 sind *Texthinweise* vorangestellt, die auf Abschnitte der Kapitel dieses Buches verweisen. Genau diese Abschnitte sind zur Vorbereitung der Übungen am Rechner durchzuarbeiten. Die Übungsaufgaben bauen schrittweise aufeinander auf. Sie sollten daher in der angegebenen Reihenfolge gelöst werden. Wenn Sie über hinreichende EDV-Grundlagenkenntnisse und Erfahrungen im Umgang mit Mikrocomputern verfügen, können Sie sich nach Durchsicht dieser Hinweise unmittelbar den Aufgaben in Kapitel 17 zuwenden. Die Einleitung zu Kapitel 17 enthält weitere Hinweise für Ihre praktische Arbeit.

Die Programmierung eines Computers setzt Kenntnisse hinsichtlich seines Aufbaus und seiner Arbeitsweise voraus. *Kapitel 1* dieses Buches vermittelt solche Grundlagenkenntnisse. Programmieranfänger und Leser mit geringen EDV-Vorkenntnissen sollten die Abschnitte des 1. Kapitels vor Inangriffnahme der Programmierübungen durcharbeiten.

Bereits kleinere Programmiervorhaben zeichnen sich häufig durch eine unerwartet hohe Komplexität aus, die zu einer systematischen Vorgehensweise bei der Entwicklung von Programmen zwingt. Insbesondere Programmieranfänger wird überraschen, daß bei der Realisierung von EDV-Projekten heute lediglich 15 bis 20 % des Projektaufwands auf die eigentliche Programmierung entfallen. Ein erheblich größerer Zeit- oder Kostenanteil – in der Praxis von Softwarehäusern mehr als 50 % des Entwicklungsaufwands – wird für die Vorbereitung der Programmierung aufgewendet. *Kapitel 2* dieses Buches behandelt die im Vorfeld der Programmierung zu durchlaufenden Arbeitsschritte. Hierzu zählen neben der sorgfältigen Analyse der jeweiligen Verarbeitungsaufgabe die Definition aller Ein- und Ausgabedaten sowie der Entwurf von Algorithmen, die Eingabedaten schrittweise in die angestrebten Verarbeitungsergebnisse überführen.

Die Vorbereitung der Programmierung wird in der Praxis zunehmend rechnergestützt mit Hilfe von Programm-Entwicklungswerkzeugen durchgeführt. Dem Programmieranfänger stehen solche Werkzeuge meist nicht zur Verfügung. Die in Kapitel 2 erläuterten textuellen und grafischen Entwurfsdokumente wie Funktionsübersichten, Hierarchiediagramme, Menübäume, Interaktions- und Programm-Strukturdiagramme können unter Verwendung von Papier und Bleistift angefertigt werden. Jede Programmierübung in Kapitel 17 sieht einen Programmentwurf vor. Die den Übungen vorangestellten Texthinweise verweisen auf die jeweils durchzuarbeitenden Abschnitte des 2. Kapitels. Die ersten Übungsprogramme werden aus didaktischen Gründen ausschließlich unter Verwendung von Nassi-Shneiderman-Diagrammen entworfen.

In den *Kapiteln 3 bis 16* dieses Buches werden COBOL-Sprachelemente behandelt. Etwa 95 % der erläuterten Sprachelemente sind dem COBOL-Standard ANSI X3.23-1985 zuzurechnen. Programme, die unter Verwendung dieser Sprachelemente erstellt werden, sind auf beliebigen Rechnern (Mikro- und Minicomputer, Großrechner) ohne Anpassungsaufwand ablauffähig.

Ergänzend werden ausgewählte *Spracherweiterungen für Mikrocomputer* vorgestellt, die *syntaxgleich* von den Compilern der Firmen Micro Focus (COBOL/2 Workbench, Professional COBOL/2), IBM (COBOL/2), Siemens Nixdorf (COBOL/2) und Microsoft (MS-COBOL ab Version 3.0) verarbeitet werden. Diese nicht genormten Sprachelemente sind als solche kenntlich gemacht. Sie ermöglichen u.a. die positionierte Datenein- und Datenausgabe am Bildschirm, eine kompakte Speicherung sequentiell organisierter Dateien auf Disketten und Magnetplatten, die Auswertung von Funktions- und Cursor-Tasten sowie die farbliche Gestaltung des Bildschirms.

Falls Sie das Produkt eines anderen Compiler-Anbieters einsetzen möchten, müssen Sie zu den über den COBOL-Standard hinausgehenden Anweisungen Sprachäquivalente im jeweiligen Compiler-Handbuch auffinden.

Professional COBOL/2 und die COBOL/2-Workbench von Micro Focus sind professionelle COBOL-Entwicklungsumgebungen, die unter einer grafischen oder zeichenorientierten Benutzeroberfläche zahlreiche Werkzeuge integrieren. Neben einem Compiler, einem Quellcodeeditor und einem interaktiven Debugger gehören hierzu zwei Maskengeneratoren FORMS und SCREENS, die geeignet sind, den Programmieraufwand bei der Erstellung interaktiver Anwendungen nachhaltig zu reduzieren. Ergänzend ist ein Entwicklungswerkzeug *Dialog System* für die grafischen Bildschirmoberflächen Microsoft Windows, OSF/Motif und OS/2 Presentation Manager verfügbar.

Die Compiler der Firmen IBM, Siemens Nixdorf und Microsoft sind Lizenznahmen des COBOL/2-Compilers von Micro Focus. Die Ausstattung dieser Produkte mit ergänzenden Entwicklungswerkzeugen unterscheidet sich hinsichtlich der Anzahl und des Leistungsumfangs. Alle Programmbeispiele in diesem Buch sowie das Programm COBSYS mit allen Musterlösungen zu den Programmierübungen in Kapitel 17 wurden mit Hilfe der COBOL/2-Workbench erstellt.

Die Erläuterungen zu COBOL-Sprachelementen in den Kapiteln 3 bis 16 sind so abgefaßt, daß in aller Regel keine Verständnisprobleme auftreten dürften. Sollte dies in Ausnahmefällen dennoch der Fall sein, können Sie eine der im Literaturverzeichnis angegebenen Quellen oder Ihr Compiler-Handbuch zu Rate ziehen.

# COBSYS-Disketten

Für den erfolgreichen Abschluß Ihres Programmierkurses sind die COBSYS-Disketten nicht zwingend erforderlich. Sie sind jedoch geeignet, Ihren Lernfortschritt nachhaltig zu beschleunigen. Die Disketten enthalten ein COBOL-Demonstrationsprogramm COBSYS und u.a. mehr als 250 exportier- und in Ihren Übungsprogrammen weiterverwendbare Dateien.

Das Demonstrationsprogramm COBSYS enthält zu den in Kapitel 17 dieses Buches zusammengefaßten Programmierübungen *ausführbare Musterlösungen*. Während die Aufgabentexte in Kapitel 17 lediglich beschreiben, was die zu erstellenden Programme leisten sollen, demonstrieren die COBSYS-Musterlösungen das jeweilige Verarbeitungsergebnis anschaulich am Bildschirm. Druckerausgaben werden auf den Bildschirm umgeleitet. Der COBSYS-Benutzer erhält durch diese Visualisierung einen rascheren und sichereren Einblick in die Zielsetzungen der Übungsaufgaben.

Ergänzend zu den aus einem Menü heraus ausführbaren Musterlösungen werden Eingabedaten sowie Zwischenergebnisse der Programmierübungen und auf Anforderung des Benutzers auch die zugehörigen *Aufgabentexte*, der Entwurf in Form von *Nassi-Shneiderman-Diagrammen* und der jeweilige *COBOL-Quellcode* am Bildschirm angezeigt.

Zahlreiche Programmierübungen sehen die Verarbeitung von Dateien vor. Der Datensatzaufbau dieser Dateien ist in den jeweiligen Aufgaben beschrieben, so daß Sie sich selbst einen Testdatenbestand anlegen können. Wenn Sie alternativ die zum COBSYS-Lieferumfang gehörenden *Datendateien* ARTIKEL.DAT, KUNDEN.DAT, UMSATZ.DAT usw. verwenden, entfällt nicht nur der Zeitaufwand für die Erstellung dieser Eingabedateien. Sie können dann die Verarbeitungsergebnisse Ihrer Programme zu Kontrollzwecken auch mit denen der COBSYS-Musterlösungen vergleichen.

Ergänzend sind auf den COBSYS-Disketten *COBOL-Copy-Strecken* mit ausgewählten Programmausschnitten (AUFGxy.DOC-Dateien) zur Dateibeschreibung, mit Meldungstexten, Funktionstasten-Tabellen und Bildschirmbeschreibungen (FORMS-DDS- und SCREENS-Dateien) sowie die zugehörigen Bildschirmmasken und auch komplette Unterprogramme gespeichert. Diese Dateien sollen von Routinearbeiten entlasten. Die Aufgabentexte in Kapitel 17 verweisen auf diese Dateien. Bildschirmbeschreibungen, komplette Unterprogramme aber auch Programmbestandteile wie Dateibeschreibungen und Funktionstasten-Tabellen können zeitsparend in Ihre eigenen Programme übernommen werden. Die Quellcode-Musterlösungen sind modifizier- und erweiterbar.

In COBSYS-Textbibliotheken wurden 36 *Textabschnitte* eingestellt, die in knapper Form – überwiegend anhand kommentierter Beispiele – ausgewählte Teilkomplexe zur COBOL-Programmierung erläutern. Unter anderem sind hier 29 Beispiele zur Verarbeitung sequentiell, indiziert und relativ organisierter Dateien zusammengefaßt.

COBSYS-Quellprogramme, Copy-Strecken, Datendateien, Diagramme und Texte sind am Bildschirm einsehbar und können ergänzend mittels einer *Exportfunktion* den Systemdateien entnommen und in ASCII-Dateien eingestellt werden. Diese ASCII-Dateien können Sie dann an einem Drucker ausgeben oder in der vorstehend beschriebenen Form in Ihren eigenen Übungsprogrammen verwenden.

Das Programm COBSYS ist unter MS-DOS, Windows und OS/2 auf IBM Personal Computern und hierzu kompatiblen Rechnern mit Festplatte und zumindest 640 KB Arbeitsspeicher ablauffähig. COBSYS wird auf 3,5-Zoll-Disketten ausgeliefert.

|  | Die COBSYS-Disketten können mit der diesem Buch beiliegenden *Bestellkarte* oder unter nebenstehender Anschrift gegen Rechnung angefordert werden.<br>COBSYS Version 3.10:   **28,50 DM** | Universität Hamburg<br>Datenverarbeitung<br>Dr. Joachim Wendt<br>Von-Melle-Park 5<br>20146 Hamburg |
|---|---|---|

Die COBOL-Norm legt fest, daß dem Leser dieses Buches die nachfolgend wiedergegebene Rechtslage zur Nutzung der Sprache und ihrer Beschreibung bekannt gemacht wird.

## Acknowledgment

"COBOL is an industry language and is not the property of any company or group of companies, or of any organization or group of organizations.

No warranty, expressed or implied, is made by any contributor, or by the CODASYL COBOL Committee as to the accuracy and functioning of the programming system and language. Moreover, no responsibility is assumed by any contributor, or by the committee, in connection therewith.

The authors and copyright holders of the copyrighted materials used herein

*FLOW-MATIC (trademark of Sperry Rand Corporation), Programming for the UNIVAC (R) I and II, Data Automation Systems copyrighted 1958, 1959, by Sperry Rand Corporation;*

*IBM Commercial Translator Form No. F 28-8013, copyrighted 1959 by IBM;*

*FACT, DSI 27A5260-2760, copyrighted by Minneapolis-Honeywell*

have specifically authorized the use of this material in whole or in part, in the COBOL specifications. Such authorization extends to the reproduction and use of COBOL specifications in programming manuals or similar publications."

# 1. Systemumgebung der Programmentwicklung

Eine Programmiersprache wie COBOL, FORTRAN oder ADA kann man prinzipiell anhand eines Lehrbuchs und unter Zuhilfenahme von Papier und Bleistift erlernen. So vorzugehen ist jedoch mühsam und zeitaufwendig. Der Computer selbst ist für den Programmieranfänger Trainingspartner und unbestechliche Kontrollinstanz des Lernfortschritts. Zuverlässiger und insbesondere auch schneller als ein erfahrener Programmierer weist er dem Anfänger jeden Regelverstoß bei der Verwendung einer Programmiersprache nach. Voraussetzungen für die beschriebene Rechnernutzung sind neben der Verfügbarkeit eines Computers Kenntnisse hinsichtlich seiner Arbeitsweise. In diesem Kapitel werden daher Grundbegriffe der Datenverarbeitung sowie Funktionen der Hard- und Softwarekomponenten von Mikrocomputern erläutert.

Unterscheidet sich die Programmierung von Mikrocomputern wesentlich von der anderer Rechnertypen? Computer lassen sich in vier Leistungsklassen einteilen. Mikrocomputer, auch als Personal Computer (PC) oder Arbeitsplatzrechner bezeichnet, decken die untere Bandbreite der Leistungsskala ab. Minicomputer sind mittelgroße Einheiten, die in ihrer Verarbeitungsleistung von Großrechnern (Mainframes) übertroffen werden. Diesen drei Rechnerklassen liegt ein Aufbau und eine Arbeitsweise zugrunde, die 1946 von J. von Neumann beschrieben wurde (Von-Neumann-Architektur). Die derzeit schnellsten Rechner bezeichnet man als Hochleistungs- oder Supercomputer. Sie unterscheiden sich in ihrer Arbeitsweise von den Von-Neumann-Rechnern und werden derzeit nahezu ausschließlich zur Lösung naturwissenschaftlich-technischer Problemstellungen eingesetzt. COBOL-Programme können maschinenunabhängig geschrieben werden. Sie sind dann auf Mikro- und Minicomputern sowie Großrechnern ausführbar.

Computersysteme unterscheiden sich neben ihrer Verarbeitungsgeschwindigkeit im maximalen Umfang der rechnerintern speicherbaren Daten, in der Art und Anzahl der an einen Rechner anschließbaren Peripheriegeräte sowie in ihrer Fähigkeit, mehrere Benutzer und mehrere Verarbeitungsprogramme gleichzeitig zu betreuen. Die Verarbeitungsleistung der Rechnerklassen überlappt sich teilweise. Schnelle Mikrocomputer leisten mehr als kleine Minicomputer, und der Verarbeitungsdurchsatz leistungsschwacher Großrechner kann von hochentwickelten Minicomputern übertroffen werden. Beschränkt man den Rechnervergleich nicht auf die aktuelle Tagestechnologie, wird eine klare Grenzziehung zwischen den Systemen gänzlich unmöglich. In Rechenzentren werden heute Computer betrieben, die vor wenigen Jahren als Mainframes beschafft wurden und deren Leistungsmerkmale bescheidener ausfallen als die heutiger Mikrocomputer.

Das Leistungsverhalten aller Rechnerklassen konnte in den vergangenen Jahren nachhaltig verbessert werden. Infolge einer faszinierend schnellen technologischen Entwicklung sind insbesondere bei Mikrocomputern extreme Leistungszuwächse zu beobachten. Der Kaufpreis betriebsfähiger Rechner mit minimaler Peripherieausstattung liegt bei Mikrocomputern zwischen 1.000 DM und 30.000 DM und bei Minicomputern zwischen 30.000 DM und 250.000 DM.

Diese Einführung in die COBOL-Programmierung nimmt auf Mikrocomputer als Entwicklungsumgebung des Programmierers und als Verarbeitungsrechner der zu erstellenden Programme aus folgenden Gründen Bezug:

1. Dieser Rechnertyp ist wegen der niedrigen Kosten je Arbeitsplatz und der damit im Zusammenhang stehenden großen Verbreitung einem Programmieranfänger heute in allen Ausbildungsinstitutionen leicht zugänglich.
2. Am Markt werden qualitativ hochwertige, normgerechte und zum Teil preisgünstige Übersetzer und Testhilfen (Compiler, Debugger) für Mikrocomputer angeboten, deren Benutzerkomfort und Funktionsumfang den der Installationen auf Großrechnern übersteigt.
3. Als Benutzer eines an seinem Arbeitsplatz befindlichen Rechners übernimmt der Progammieranfänger eigenverantwortlich Aufgaben im Zusammenhang mit Operating, Systemverwaltung und Systemprogrammierung. Diese Selbständigkeit fördert das Verständnis für komplexere DV-Abläufe. Sie ist bei Nutzung eines Großrechners wegen der hier üblichen arbeitsteiligen Funktionswahrnehmung nur eingeschränkt gegeben.
4. Wegen der hohen Verbreitung von Personal Computern besteht ein beträchtlicher Bedarf an benutzerfreundlichen Individualprogrammen für diesen Rechnertyp.
5. Hinsichtlich der Benutzerfreundlichkeit hat PC-Software zwischenzeitlich Qualitätsstandards gesetzt, die sich auf Großanlagen nur mittel- bis längerfristig realisieren lassen (Fenstertechnik, Farbgestaltung, graphische Oberflächen). Der Programmierer anspruchsvoller interaktiver COBOL-Anwendungen für Mikrocomputer steht so von vornherein unter einem fruchtbaren Qualitätsdruck. Ein späterer Wechsel in Großrechnerumgebungen wirft in aller Regel keine gravierenden Probleme auf.
6. Mikrocomputer entwickeln sich zunehmend zum eigentlichen Arbeitsplatz der professionellen und produktiven Softwareentwicklung auch für Mainframes und Minicomputer: Die Qualität und die Entwicklungskosten zu erstellender Programme hängen weniger von der eigentlichen Programmierung selbst, sondern mehr von den der Codierung vorgelagerten Arbeitsschritten des Programmentwurfs ab. Die Fülle der beim Programmentwurf anfallenden textuellen und insbesondere auch graphischen Dokumente läßt sich rechnergestützt mit Hilfe der Werkzeuge einer Software-Entwicklungsumgebung erstellen und pflegen. Wegen der hohen Kosten graphikfähiger Arbeitsplätze an Großrechnern werden qualitativ hochwertige Software-Entwicklungsumgebungen überwiegend für den Einsatz auf Mikrocomputern angeboten. Mit ihrer Hilfe lassen sich heute z.B. aufwendige COBOL-Online-Anwendungen für typische Großrechnerumgebungen (TP-Monitor, Datenbank) auf Mikrocomputern werkzeuggestützt entwerfen, codieren und austesten.

Zur Programmierung von Rechnern können zahlreiche Sprachen wie ADA, BASIC, C, COBOL, FORTRAN, Assembler usw. eingesetzt werden. Solche Sprachen unterscheiden sich in ihrer Eignung zur Bewältigung bestimmter Problemklassen und im jeweiligen Sprachkonzept. COBOL ist die zur Lösung datenintensiver betriebswirtschaftlicher Probleme derzeit weltweit meisteingesetzte Programmiersprache. Zur Lösung komplexer mathematischer Probleme sind naturwissenschaftlich-technisch orientierte Sprachen wie z.B. FORTRAN geeigneter. Die Bordcomputer von Flugzeugen oder Satelliten und auch Betriebssysteme sowie vergleichbare zeitkritische Programme wird man nicht in COBOL realisieren. Die zukunftsweisende Bedeutung von COBOL für die Programmierung von Mikro- und Minicomputern sowie Großrechnern läßt sich an den Standardisierungsbemühungen des Marktführers IBM erkennen: Für die Sprachen COBOL, FORTRAN und C wird im Rahmen des sogenannten SAA-Konzepts[1] sichergestellt, daß Programme mit identischer Benutzeroberfläche auf den unterschiedlichen Rechnerklassen dieses Herstellers ohne Anpassungsaufwand ablauffähig sind.

## 1.1 Grundbegriffe der Datenverarbeitung

### 1.1.1 Algorithmen und DV-Prozesse

Computersysteme können auf Knopfdruck komplizierte Berechnungen ausführen, verzwickte Entscheidungen fällen, große Informationsmengen speichern und bei Bedarf Einzelinformationen wieder auffinden. Diese Fähigkeiten nutzen z.B. Wirtschaftsunternehmungen, um Beschaffung, Produktion und Absatz sowie die begleitenden Verwaltungsfunktionen weitestgehend rechnergestützt abzuwickeln. Computer überwachen Lagerbestände, lösen Bestellungen bei Zulieferern aus, erstellen Fertigungsaufträge, Lieferscheine, Rechnungen und Mahnungen für säumige Kunden. Diese Auflistung ausführbarer Aufgaben könnte beliebig verlängert und auch auf Anwendungsbereiche in den Naturwissenschaften, der Technik, Medizin usw. ausgedehnt werden. Angesichts dieser Vielfalt von Einsatzmöglichkeiten stellt sich die Frage, ob es überhaupt Aufgabenstellungen gibt, die einem Computer nicht übertragen werden können. Wovon hängt es ab, ob Anlagen der elektronischen Datenverarbeitung zur Lösung einer Aufgabe herangezogen werden können? Eine zentrale Rolle bei der Beantwortung dieser Frage spielt der Begriff des Algorithmus, auf den im folgenden einzugehen ist.

Die Konstrukteure und Hersteller von Computern machen sich in aller Regel keine Gedanken darüber, wie mit ihren Anlagen eine konkrete Aufgabe (Rechnungen drucken, Kunden mahnen) gelöst werden kann. Um die zum Zeitpunkt der Computerherstellung bekannten, insbesondere aber auch die überwiegend noch unbekannten Aufgaben ausführen zu können, werden die konstruktiv vorgesehenen Rechnerfunktionen auf wenige elementare, aber universell einsetzbare Operationen beschränkt. Zu diesen einfachen, von jedem beliebigen Computermodell ausführbaren Grundoperationen gehören z.B. die Addition (arithmetische Operation) und der Größenvergleich (logische Operation) zweier Zahlen, die Übertragung von Daten aus einem Arbeitsspeicherbereich in einen anderen (interner Datentransport) oder das Verschieben einer Zeichenkette um jeweils eine Position nach links oder

---

1. SAA ist die Abkürzung für *S*ystem *A*pplication *A*rchitecture.

rechts (Manipulation von Zeichenketten). Die Einfachheit der konstruktiv vorgesehenen elementaren Operationen gleichen Computer durch die hohe Geschwindigkeit (mehrere Millionen Operationen je Sekunde) und die Zuverlässigkeit ihrer Abarbeitung aus.

Rechner können nur solche Aufgaben bewältigen, die sich auf ihre konstruktiv vorgegebenen Grundoperationen zurückführen lassen. Soll ein Computer die Vorteilhaftigkeit einer Investition berechnen oder Rechnungen erstellen, muß man detailliert beschreiben, wie die jeweilige Aufgabe auszuführen ist. Eine solche Vorgabe zur Abarbeitung einer Aufgabe bezeichnet man als Algorithmus. Ein *Algorithmus* beschreibt die zur Lösung einer Aufgabenstellung erforderlichen Arbeitsschritte nach der Art der auszuführenden Operationen und ihrer zeitlichen Abfolge. Den Vorgang der Abarbeitung einer Aufgabe bezeichnet man als *Prozeß*.

Die Begriffe Algorithmus und Prozeß finden nicht nur im Zusammenhang mit der elektronischen Datenverarbeitung Verwendung. So kann der Mensch z.B. musizieren oder Kuchen backen (Prozesse). Die jeweiligen Arbeitsschritte sind hier durch Notenblätter oder Rezepte (Algorithmen) vorgegeben. Allgemein bezeichnet man eine Instanz, die Algorithmen ausführt, als *Prozessor*.

Neben Menschen und Computern können auch mechanische, elektronische und elektromechanische Geräte die Funktion von Prozessoren übernehmen. Computer besitzen lediglich einen speziellen Prozessor, der eine exakt definierte Menge von Grundoperationen (zwischen 50 und mehreren Hundert) mit hoher Geschwindigkeit und Zuverlässigkeit abarbeiten kann. Abbildung 1.1 zeigt den prinzipiellen Aufbau eines Computersystems.

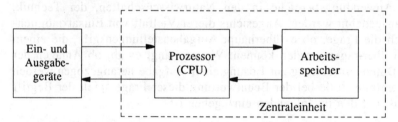

*Abb. 1.1 Komponenten eines Computersystems*

Die dargestellten Komponenten haben folgende Aufgaben:
- der Prozessor (central processing unit, CPU) führt die Arbeitsschritte eines Algorithmus (arithmetische, logische Operationen usw.) aus,
- der Arbeitsspeicher (memory) enthält die auszuführenden Operationen eines Algorithmus und alle von den Operationen angesprochenen Daten,
- mit Hilfe der Ein- und Ausgabegeräte (input and output devices) werden der Verarbeitungsalgorithmus und die erforderlichen Daten in den Arbeitsspeicher gebracht und die Ergebnisse der Verarbeitung dem Computerbenutzer bereitgestellt.

Diese physikalischen (dinglichen) Komponenten eines Rechners bezeichnet man als Hardware (HW). Arbeitsspeicher und CPU werden unter dem Begriff Zentraleinheit zusammengefaßt.

Soll mit Hilfe der HW-Komponenten eines Rechners eine konkrete Verarbeitungsaufgabe gelöst werden (Rechnungen drucken, Vorteilhaftigkeit einer Investition berechnen), ist ein speziell auf diese Aufgabenstellung zugeschnittener Algorithmus zu entwerfen.

Dieser muß die Eingabedaten (Input) des Problems in einer endlichen Anzahl von Verarbeitungsschritten in das angestrebte Ergebnis (Ausgabedaten, Output) überführen. Der Zweck jedes DV-Prozesses besteht in der Verarbeitung (Verknüpfung, Verdichtung, Zuordnung) vorgegebener Input-Daten zu Output-Daten. Ausgangspunkt für den Entwurf der einzelnen Arbeitsschritte und ihrer zeitlichen Abfolge ist das angestrebte Verarbeitungergebnis (Output).

Nur sehr selten werden Algorithmen für die einmalige Nutzung (z.B. "erstelle Rechnung für Kunden Meyer") entworfen. Die Wirtschaftlichkeit des EDV-Einsatzes ist ganz wesentlich in der häufigen Abarbeitung gleicher Arbeitsschritte begründet. Läßt ein Algorithmus die Variation seiner Input-Daten zu, kann er auf eine ganze Klasse gleichartiger Probleme (z.B. "erstelle je Kunde eine Rechnung") angewendet werden. Die *Eigenschaften eines* fehlerfreien (korrekten) *DV-Algorithmus* lassen sich wie folgt zusammenfassen:

— er besteht aus einer endlichen Anzahl von Arbeitsschritten (Operationen),
— er steuert einen DV-Prozeß, der vorgegebene Eingabedaten (Input) in ein angestrebtes Verarbeitungsergebnis (Output) überführt,
— das Verarbeitungsergebnis wird nach einer endlichen Anzahl von Operationen bereitgestellt,
— er ist eindeutig, d.h. er liefert bei gleichen Anfangsbedingungen stets gleiche Ergebnisdaten,
— er erlaubt (mit dem Ziel der Mehrfachverwendung) die Variation der Eingabedaten.

Die eingangs aufgeworfene Frage, wovon es abhängt, ob sich ein Computer zur Lösung einer konkreten Aufgabenstellung eignet, kann nun differenzierter beantwortet werden. Auch auf Hochleistungscomputern lassen sich nur solche Aufgaben lösen, zu denen ein Algorithmus existiert. Als nicht automatisierungsfähig scheiden damit erwartungsgemäß erst einmal all diejenigen Problemstellungen aus, deren Lösung menschliche Kreativität, Intuition und Assoziationsvermögen unabdingbar voraussetzen.

Leider ist die Existenz eines Algorithmus nur eine notwendige Bedingung für den erfolgreichen Computereinsatz. Lösbar werden Aufgaben erst, wenn ein existierender oder nachweislich entwerfbarer Algorithmus auch auf zumindest irgendeinem Rechner ausführbar ist.

Zahlreiche interessante, insbesondere aber auch wirtschaftlich überaus bedeutsame Aufgabenstellungen, zu deren Bearbeitung Algorithmen existieren, lassen sich wegen hoher Betriebsmittelanforderungen (Rechenzeit und/oder -genauigkeit, Ausgabegeräte, Speicher) auch auf modernsten Rechnern gar nicht oder nicht wirtschaftlich bewältigen. Zu dieser Problemklasse gehören auch Fragestellungen, die den Eindruck der einfachen Lösbarkeit erwecken (Stundenplanproblem, Problem des Handlungsreisenden, Datenmodellierung, optimaler Schachzug usw.).[1]

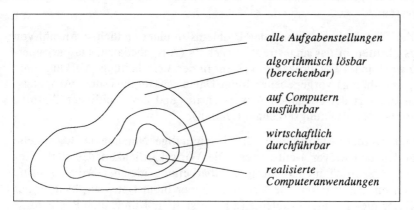

Abb. 1.2   *Durchführbarkeit von Aufgaben auf Computern*

Alle in Abb. 1.2 angegebenen Aufgabenteilmengen wachsen nahezu täglich. Ursächlich hierfür sind u.a. sinkende Hardwarekosten, leistungsfähigere Rechner und neuentwickelte Algorithmen. Das Zurückbleiben realisierter Computeranwendungen hinter der Menge wirtschaftlich durchführbarer Aufgabenstellungen (Anwendungsstau) ist auf einen extremen Mangel an DV-Fachkräften zurückzuführen.

### 1.1.2 Daten und Datendarstellung

**Alphabet, Syntax und Semantik**

Zweck eines DV-Prozesses ist die Verarbeitung von Eingabedaten (Input) zu Ausgabedaten (Output). Zum Zeitpunkt der Abarbeitung eines Algorithmus befinden sich Ein- und Ausgabedaten sowie eventuell erzeugte Zwischenergebnisse im Arbeitsspeicher des Rechners.

Daten repräsentieren Informationen. Sie werden formal durch Symbole (Zeichen) dargestellt, die dem *Alphabet* (Zeichenvorrat) der jeweils verwendeten Sprache entnommen sind. Eine Aneinanderreihung von Symbolen eines Alphabets bezeichnet man als Zeichenfolge oder Wort, die Anzahl der Symbole einer Zeichenfolge entspricht der Wortlänge. Die zur Konstruktion von aussagefähigen Zeichenfolgen (Wörtern) und Sätzen (Wortfolgen) heranzuziehenden Regeln und Gesetz-

---

1. Mit Fragen der Berechen- und Durchführbarkeit von Algorithmen befaßt sich die Automaten- und Komplexitätstheorie. Problembeschreibungen und Algorithmen zum Problem des Handlungsreisenden, Stundenplanproblem usw. enthält das Schrifttum zur Unternehmensforschung.

mäßigkeiten liefert die *Syntax* einer Sprache. Alphabet und Syntax der jeweiligen Sprache definieren gemeinsam eine Verschlüsselungsvorschrift für Informationen (Code).

Die *Semantik* einer Sprache erlaubt die Interpretation von Wort- und Satzinhalten hinsichtlich ihres Aussagegehalts oder ihrer Bedeutung. Alphabet, Syntax und Semantik einer Sprache sind die Grundlagen jeder interpretationsfähigen Darstellung und Übermittlung von Daten.

## Daten und Felder

Um Daten im Arbeitsspeicher eines Rechners wiederauffindbar abspeichern zu können, müssen Bereiche definiert werden, die man als *Felder* bezeichnet. Sie sollen einzelne Zeichen, Wörter oder ganze Sätze aufnehmen. Damit das Fassungsvermögen eines Arbeitsspeichers, seine Kapazität, gut genutzt werden kann, lassen sich Felder unterschiedlicher Länge definieren.

Den Zeichenvorrat eines Alphabets teilt man üblicherweise in Buchstaben (A, B, ..., Z, a, b, ..., z), Ziffern (0, 1, ..., 9) und Sonderzeichen (+, −, : ? usw.) ein. Die Art der zur Codierung von Daten zugelassenen Zeichen bestimmt deren *Datentyp*. Man unterscheidet ganzzahlige und nicht-ganzzahlige numerische Daten, alphabetische und alphanumerische Daten.

Zur Darstellung alphabetischer Daten sind lediglich Groß- und Kleinbuchstaben zugelassen. Alphanumerische Daten dürfen zusätzlich Ziffern und Sonderzeichen enthalten. Numerische Daten sind Rechendaten. Sie werden nach den Codierungsvorschriften des Dezimalzahlensystems (Stellenwertsystem zur Basis 10) unter Verwendung von Ziffern sowie der Vorzeichen Plus oder Minus (+, −) angegeben. Ziffern und Vorzeichen erlauben die Darstellung ganzzahliger numerischer Daten. Zur Codierung nicht-ganzzahliger Werte findet zusätzlich der Dezimalpunkt oder das Dezimalkomma zwecks Markierung von Nachkommastellen Verwendung. Nachfolgend werden den erläuterten Datentypen die zu ihrer Codierung zugelassenen Zeichen gegenübergestellt:

 ganzzahlig: 0, 1, ..., 9, +, −
 nicht-ganzzahlig: 0, 1, ..., 9, +, − und Dezimalpunkt/-komma
 alphabetisch: A, B, ..., Z, a, b, ..., z
 alphanumerisch: A, B, ..., Z, a, b, ..., z, 0, 1, ..., 9, alle Sonderzeichen

Abbildung 1.3 zeigt Beispiele zulässiger Ausprägungen zu den Datentypen.

| Datentyp | zulässige Ausprägungen | | |
|---|---|---|---|
| ganzzahlig | 3 | 231 | 0 |
| nicht-ganzzahlig | 3,14 | 124,49 | 0,0 |
| alphabetisch | DIN | COBOL | Business Oriented |
| alphanumerisch | DIN 66001 | Wolfgang Kleist | 12.4.1991 |

*Abb. 1.3   Beispiele zu Datentypen*

Bei der Definition von Speicherbereichen (Feldern) wird neben der Feldlänge auch der Typ der abzuspeichernden Daten angegeben. Der Feldtyp und die Feldlänge legen gemeinsam die Menge aller denkbaren Datenausprägungen fest, die in einem Speicherbereich ablegbar sind (Wertebereich). So lassen sich z.B. in einem ganzzahlig definierten Feld zur Speicherung von drei Ziffern (Länge) die Zahlen 0 bis 999 abspeichern.

Algorithmen sprechen den Inhalt eines Feldes über einen *Feldnamen* an, der bei der Definition des Speicherbereichs vergeben wird. Synonyme für Feldname sind Variablenname, Datenname und Bezeichner. Der Inhalt eines Feldes heißt Datum oder Datenwert. Im folgenden Beispiel werden drei Speicherbereiche durch Angabe von Feldnamen, Feldlängen und Feldtypen definiert:

| Feldname | : | A-WERT | B-WERT | SUMME |
|---|---|---|---|---|
| Feldlänge | : | 3 Zeichen | 3 Zeichen | 4 Zeichen |
| Feldtyp | : | ganzzahlig | ganzzahlig | ganzzahlig |
| Speicherbereich | : | ☐☐☐ | ☐☐☐ | ☐☐☐☐ |

Unter Verwendung dieser Speicherbereiche läßt sich z.B. ein Algorithmus formulieren, der zwei Ganzzahlen addiert. Abbildung 1.4 stellt den vier Arbeitsschritten des Additionsalgorithmus die sich im Zeitablauf verändernde Speicherbelegung gegenüber.

| | *Algorithmus* | *Speicherinhalt* | | |
|---|---|---|---|---|
| Schritt | Operation | A-WERT | B-WERT | SUMME |
| 1 | lösche A-WERT, B-WERT, SUMME | 0 0 0 | 0 0 0 | 0 0 0 0 |
| 2 | transportiere 37 nach A-WERT | 0 3 7 | 0 0 0 | 0 0 0 0 |
| 3 | transportiere 86 nach B-WERT | 0 3 7 | 0 8 6 | 0 0 0 0 |
| 4 | errechne SUMME = A-WERT + B-WERT | 0 3 7 | 0 8 6 | 0 1 2 3 |

*Abb. 1.4 Algorithmus zur Addition zweier Zahlen*

Dieses einfache Beispiel macht den Zusammenhang zwischen Algorithmus, Bezugnahme der Einzelschritte des Algorithmus auf Daten sowie den Felddefinitionen (Name, Typ, Länge) deutlich. Ganz wesentlich ist die Unterscheidung des Feld- bzw. Datennamens von dem in einem Feld abgespeicherten (variablen) Datum bzw. Datenwert.

Der in Abb. 1.4 angegebene Algorithmus ist auf einem Rechner ausführbar, wenn die Felddefinitionen und die Einzelschritte der Arbeitsvorschrift mit den Sprachmitteln einer Programmiersprache ausgedrückt werden.

## Binärcodierung

In den Abbildungen 1.3 und 1.4 wurden zur Datendarstellung das Alphabet und die Syntax der deutschen Sprache sowie die Bildungsvorschriften für Dezimalzahlen herangezogen. Die angegebenen Datenbeispiele lassen sich unter Beibehaltung ihrer Semantik z.B. auch in die japanische Sprache übersetzen. Diese semantischverlustfreie Übersetzbarkeit von vorgegebenen Daten aus einer Sprache in eine zweite mit abweichendem Alphabet und eigener Syntax hat in der elektronischen Datenverarbeitung überragende Bedeutung.

DV-Algorithmen verarbeiten Daten, die in den Feldern des Arbeitsspeichers eines Rechners abgelegt sind. Arbeitsspeicher werden aus hochintegrierten Halbleiter-Chips aufgebaut. Sie erlauben weder das Abspeichern der Buchstaben und Sonderzeichen noch das der Dezimalziffern: Aus technologischen Gründen können in Halbleiterspeichern nur Daten betriebssicher gespeichert werden, die auf der Grundlage eines aus lediglich zwei Zeichen bestehenden Alphabets codiert sind. Datendarstellungen mittels zweier Symbole bezeichnet man als *Binärcodierung*, die verwendeten Symbole 0 und 1 bzw. O und L als *Binärzeichen* (binary digit oder bit).[1] Mit Hilfe einer aus 2 Binärzeichen bestehenden Bit-Folge lassen sich die 4 Zeichenfolgen

$$00 \quad 01 \quad 10 \quad 11$$

bilden. Allgemein erhält man für eine aus $n$ Zeichen bestehende Bit-Folge $2^n$ mögliche Bit-Anordnungen. Eine Zusammenfassung von 8 Binärzeichen bezeichnet man als *Byte*. Diese 8-Bit-Folgen erlauben bereits die Darstellung von $2^8 = 256$ Bitkombinationen. Sie sind daher zur Codierung aller Groß- und Kleinbuchstaben, Ziffern und Sonderzeichen geeignet.

Zwei in der Datenverarbeitung zur rechnerinternen Darstellung, zur Abspeicherung von Daten auf externen Speichermedien (z.B. Diskette, Magnetplatte) sowie zur Datenfernübertragung (DFÜ) auf Leitungen gebräuchliche 8-Bit-Codes sind

– der erweiterte *ASCII-Code* (American Standard Code for Information Interchange) und
– Der *EBCDI-Code* (Extended Binary Coded Decimal Interchange Code).

Abbildung 1.5 zeigt die Darstellung ausgewählter Zeichen in ASCII- und EBCDI-Codierung. Mit Hilfe dieser Code-Tabellen läßt sich z.B. das Wort "COBOL" in die aus speichertechnischen Gründen erforderliche Binärform übersetzen:

deutsche/engl. Sprache : C O B O L
ASCII-Code             : 0100 0011 0100 1111 0100 0010 0100 1111 0100 1100
EBCDI-Code             : 1100 0011 1101 0110 1100 0010 1101 0110 1101 0011

---

1. Physikalisch werden die Binärzeichen 0 und 1 bei Verwendung von Halbleiterspeichern anhand der zwei Schaltzustände von Transistoren (gesperrt oder leitend) repräsentiert. Bei externen Speichermedien wie Diskette, Magnetplatte oder -band wird der Zustand von Oberflächenpartikeln (magnetisiert oder nicht magnetisiert) zur Interpretation der abgespeicherten Binärzeichen herangezogen.

| Zeichen | ASCII-Code | EBCDI-Code |
|---------|------------|------------|
| 1 | 0011 0001 | 1111 0001 |
| 2 | 0011 0010 | 1111 0010 |
| 3 | 0011 0011 | 1111 0011 |
| 9 | 0011 1001 | 1111 1001 |
| A | 0100 0001 | 1100 0001 |
| B | 0100 0010 | 1100 0010 |
| C | 0100 0011 | 1100 0011 |
| O | 0100 1111 | 1101 0110 |
| L | 0100 1100 | 1101 0011 |
| a | 0110 0001 | 1000 0001 |
| b | 0110 0010 | 1000 0010 |
| c | 0110 0011 | 1000 0011 |
| ? | 0011 1111 | 0110 1111 |
| + | 0010 1011 | 0100 1110 |
| - | 0010 1101 | 0110 0000 |

Abb. 1.5  ASCII- und EBCDI-Code (Beispiele)

Mikrocomputer verwenden zur internen und externen Datenspeicherung sowie zur Datenübertragung überwiegend die ASCII-Codierung. Anhang B zeigt die im ASCII-Code darstellbaren 256 Zeichen.

## Dualzahlen, Hexadezimalzahlen und gepackte Darstellung

Zahlendarstellungen im ASCII-Code erfordern unnötig viel Speicherplatz. Für eine n-ziffrige Dezimalzahl sind bei dieser stellenweisen Codierung $n$ Byte Speicherplatz zu reservieren. Kompaktere Codierungsformen, die zudem auch den Zeitbedarf für Datentransporte reduzieren und eine beschleunigte Abarbeitung arithmetischer Operationen zulassen, sind das *Dualzahlensystem* und die *gepackte Darstellung* von Dezimalzahlen.

Ergänzend sollen hier *hexadezimale Zahlendarstellungen* betrachtet werden. Sie haben keine Bedeutung für die rechnerinterne Verarbeitung, erlauben aber eine kompaktere Notation als das Dual- oder Dezimalzahlensystem. Dieser Vorteil wird genutzt, um z.B. Speicherinhalte zu Kontrollzwecken am Bildschirm oder über einen Drucker auszugeben.

Die Bildungsgesetze für Dual- und Hexadezimalzahlen entsprechen exakt denen des Dezimalzahlensystems. Alle drei Systeme sind Stellenwertsysteme. Bei ihnen ergibt sich der Wert einer Zahl aus dem Wert der einzelnen Ziffern und aus deren Stellung innerhalb der Zahl. Die drei Zahlensysteme unterscheiden sich lediglich in ihrer Wertbasis und in den zur Codierung herangezogenen Symbolen (siehe Abb. 1.6a).

| Zahlensystem | Basis | Symbolvorrat |
|---|---|---|
| Dezimalsystem | 10 | 0, 1, 2, ..., 9 |
| Dualsystem | 2 | 0, 1 |
| Hexadezimalsystem | 16 | 0, 1, 2, ..., 8, 9, A, B, C, D, E, F |

*Abb. 1.6a*

Bei hexadezimaler Zahlendarstellung finden die Buchstaben A, B, ..., F stellvertretend für die Dezimalwerte 10, 11, ..., 15 Verwendung. Dies erlaubt eine kompaktere Schreibweise und stellt die Eindeutigkeit bei mehrziffriger Notation sicher.

Das folgende Beispiel zeigt die Wertermittlung für die Dezimalzahl 231, die zur eindeutigen Kennzeichnung ihrer Basis auch als $231_{10}$ geschrieben werden kann. Ergänzend sind eine wertgleiche Dual- und Hexadezimalzahl angegeben:

$$231_{10} = 2 \cdot 10^2 + 3 \cdot 10^1 + 1 \cdot 10^0$$
$$1110\ 0111_2 = 1 \cdot 2^7 + 1 \cdot 2^6 + 1 \cdot 2^5 + 0 \cdot 2^4 + 0 \cdot 2^3 + 1 \cdot 2^2 + 1 \cdot 2^1 + 1 \cdot 2^0$$
$$E7_{16} = E \cdot 16^1 + 7 \cdot 16^0 = 14 \cdot 16^1 + 7 \cdot 16^0$$
$$231_{10} = 1110\ 0111_2 = E7_{16}$$

Während bei einer ASCII-Codierung von $231_{10}$ drei Byte Speicherplatz erforderlich wären, ließe sich die gleichwertige Dualzahl $1110\ 0111_2$ in einem Byte unterbringen. Bei einer 18-ziffrigen Ganzzahl (größte COBOL-Ganzzahl) lassen sich durch eine duale interne Darstellung bereits 10 Byte Speicherplatz einsparen. Abbildung 1.6b zeigt Beispiele zur dualen und hexadezimalen Zahlendarstellung.

| dezimal | dual | hexadezimal |
|---|---|---|
| 1 | 0000 0001 | 01 |
| 2 | 0000 0010 | 02 |
| 3 | 0000 0011 | 03 |
| 4 | 0000 0100 | 04 |
| 5 | 0000 0101 | 05 |
| 9 | 0000 1001 | 09 |
| 10 | 0000 1010 | 0A |
| 11 | 0000 1011 | 0B |
| 12 | 0000 1100 | 0C |
| 13 | 0000 1101 | 0D |
| 14 | 0000 1110 | 0E |
| 15 | 0000 1111 | 0F |
| 16 | 0001 0000 | 10 |
| 17 | 0001 0001 | 11 |
| 18 | 0001 0010 | 12 |
| 50 | 0011 0010 | 32 |
| 100 | 0110 0100 | 64 |
| 250 | 1111 1010 | FA |

*Abb. 1.6b  Darstellung von Dual- und Hexadezimalzahlen*

Die Zahlendarstellungen in Abb. 1.6b lassen erkennen, daß die Dezimalziffern 0 bis 9 bereits in einem *Halbbyte* (4 Bit, Tetrade) dual codierbar sind. In diesem Tatbestand ist das Speicherformat der *gepackten Zahlendarstellung* begründet:

Eine gepackte Speicherung von Dezimalzahlen liegt vor, wenn je Halbbyte eine Dezimalziffer codiert wird. Man erhält z.B. für die Dezimalzahl

$$3214_{10} = 0011\ 0010\ 0001\ 0100_{gepackt}$$

eine gegenüber der ASCII-Codierung um 2 Byte verkürzte gepackte Darstellung. Abbildung 1.7 gibt einen Überblick zum Speicherplatzbedarf numerischer Daten in Abhängigkeit von der gewählten Darstellungsform.

| erforderlicher Speicherplatz [Byte] | Anzahl Dezimalziffern | | |
|---|---|---|---|
| | gepackte Darstellung mit/ohne Vorzeichen | Dualzahl | |
| | | ohne Vorzeichen | mit Vorzeichen |
| 1 | 1 | 1 – 2 | 1 – 2 |
| 2 | 2 – 3 | 3 – 4 | 3 – 4 |
| 3 | 4 – 5 | 5 – 7 | 5 – 6 |
| 4 | 6 – 7 | 8 – 9 | 7 – 9 |
| 5 | 8 – 9 | 10 – 12 | 10 – 11 |
| 6 | 10 – 11 | 13 – 14 | 12 – 14 |
| 7 | 12 – 13 | 15 – 16 | 15 – 16 |
| 8 | 14 – 15 | 17 – 18 | 17 – 18 |
| 9 | 16 – 17 | entf. | entf. |
| 10 | 18 | entf. | entf. |

Abb. 1.7  *Speicherplatzbedarf bei dualer und gepackter Codierung von Dezimalzahlen*

Die Ausführungen zur Datendarstellung in diesem Abschnitt sollen abschließend zusammengefaßt werden:

DV-Algorithmen verarbeiten Daten, die in binärcodierter Form gespeichert sind. Einzelne Zeichen, Zeichenfolgen oder Sätze werden in Feldern des Arbeitsspeichers eines Rechners abgelegt. Diese Felder werden durch Vergabe eines Feldnamens, die Definition der Feldlänge sowie des zu speichernden Datentyps spezifiziert. Arbeitsschritte eines Algorithmus nehmen durch Benennung von Feldnamen auf die gespeicherten Feldinhalte Bezug. Buchstaben, Ziffern und Sonderzeichen alphanumerischer Daten und die Buchstaben alphabetischer Daten werden zeichenweise gemäß ASCII- oder EBCDI-Code verschlüsselt. Numerische Daten können dezimalziffernweise im ASCII- oder EBCDI-Code dargestellt werden. Eine unter dem Gesichtspunkt des Speicherplatzbedarfs kompaktere Zahlendarstellung ermöglichen Dualzahlen und die gepackte Speicherung von Dezimalzahlen. Diese beiden Datenformate beschleunigen wegen des geringeren Darstellungsaufwands Datentransporte, und sie verkürzen den Zeitbedarf für die Ausführung arithmetischer Operationen.

## 1.1.3 Datenorganisation und Dateien

Der Einsatz von EDV-Anlagen im betriebswirtschaftlichen Anwendungsbereich hat überwiegend die Verarbeitung großer Datenbestände zum Ziel. Nur selten müssen komplizierte mathematische Formeln ausgewertet werden. Kommerzielle Anwendungen lassen sich meist als datenintensiv, naturwissenschaftlich-technische Anwendungen als rechenintensiv charakterisieren.

Die Kapazität des Arbeitsspeichers eines Rechners ist begrenzt. Bei datenintensiven Verarbeitungen gelingt es daher nur selten, alle Eingabedaten, die erzeugten Zwischenergebnisse und die Ausgabedaten zusammen mit dem Verarbeitungsalgorithmus im Arbeitsspeicher abzulegen. DV-Prozesse vollziehen sich jedoch im Zeitablauf. Mithin ist es hinreichend, wenn die in einem konkreten Verarbeitungsschritt benötigten Daten unmittelbar vor seiner Ausführung von Speichermedien wie Magnetplatte, Diskette oder Magnetband eingelesen und im Arbeitsspeicher bereitgestellt werden. Analog können Zwischenergebnisse und insbesondere das Verarbeitungsergebnis selbst nicht nur am Bildschirm angezeigt oder auf einem Drucker ausgegeben sondern auch auf externe Speichermedien ausgelagert werden.

Unter dem Begriff *Datenorganisation* faßt man alle Maßnahmen zusammen, die Algorithmen einen schnellen Zugriff auf extern oder intern gespeicherte Daten ermöglichen und die deren flexible Auswertbarkeit sowie eine wirtschaftliche Speichernutzung sicherstellen. Die Analyse der Ein- und Ausgabedaten eines DV-Prozesses, ihre Benennung, Typisierung und geeignete Zusammenfassung zu Datensätzen bezeichnet man als logische Datenorganisation. Gegenstand der physischen Datenorganisation sind Überlegungen zur Anordnung von Datenbeständen auf externen Speichermedien.

Das bedeutsamste Organisationskonzept zur Anordnung von Daten auf Magnetplatten, Disketten oder Magnetbändern ist die Zusammenfassung von sachlich zusammengehörigen Daten in *Datensätzen* und deren Abspeicherung in *Dateien*. Ein Datensatz enthält verarbeitungsrelevante Informationen zu einem Datenobjekt. Hierbei kann es sich um einen Kunden oder Artikel, eine Bestellung oder den Mitarbeiter eines Unternehmens handeln. Eine auf Magnetplatte oder Diskette zu speichernde Datei faßt alle Datensätze des gleichen Objekttyps zusammen. Eine Kundendatei enthält mithin alle Kundendatensätze, eine Artikeldatei alle Artikeldatensätze.

### Satzgliederung und Datenhierarchie

Datensätze einer Datei können mittels einer Transportoperation vom externen Speichermedium in einen Speicherbereich des Arbeitsspeichers transferiert werden. Diesen Speicherbereich bezeichnet man als *Dateipuffer*. Bei der Definition eines Dateipuffers wird ein Feldname vergeben, den man als *Dateisatz-* oder *Datensatznamen* bezeichnet. Algorithmen nehmen über diesen Datensatznamen auf den Inhalt des *gesamten* Dateipuffers Bezug. In aller Regel wird der Dateipuffer in *Teilfelder* untergliedert. Abbildung 1.8a zeigt eine solche Untergliederung für einen Kunden-Datensatz. Die Teilfeldnamen erlauben dann den Zugriff auf Teilbereiche des Dateipuffers.

| KUNDEN-SATZ ||||
|---|---|---|---|
| NAME | STRASSE | WOHNORT | TELEFON |
| Sabine Schmidt | Von-Melle-Park 5 | 2000 Hamburg | 040/41231 |

Datensatzname / Teilfeldnamen / Dateipuffer

*Abb. 1.8a   Gliederung Kundensatz*

Die in Abb. 1.8a angegebene Gliederung des Kundensatzes erlaubt z.B. das selektive Auslesen der Adreßbestandteile NAME, STRASSE und WOHNORT. Unter Verwendung dieser Datennamen ließe sich ein Algorithmus zum Drucken von Kundenanschriften auf Adreßaufkleber formulieren.

Die bisherige Satzgliederung sieht das Abspeichern des Vor- und Nachnamen oder der Postleitzahl und des Orts in jeweils einem Teilfeld vor. Wenn ein Verarbeitungsproblem den selektiven Zugriff z.B. auf den Nachnamen oder die Postleitzahl erforderlich macht, muß der Datensatz weitergehend untergliedert werden. Abbildung 1.8b zeigt eine Satzgliederung, die über die Datennamen ZU-NAME und PLZ den Zugriff auf den Nachnamen und die Postleitzahl einer Anschrift erlaubt.

| KUNDEN-SATZ ||||||
|---|---|---|---|---|---|
| VOR-NAME | ZU-NAME | STRASSE | PLZ | ORT | TELEFON |
| Sabine | Schmidt | Von-Melle-Park 5 | 2000 | Hamburg | 040/41231 |

*Abb. 1.8b   Erweiterte Satzgliederung*

Das Teilfeld PLZ kann von einem Algorithmus nun z.B. mit dem Ziel ausgewertet werden, nur solche Kunden in eine regional begrenzte Werbekampagne einzubeziehen, deren Postleitzahl einen bestimmten vorgegebenen Wert aufweist.

Die in Abb. 1.8b angegebene erweiterte Satzgliederung erlaubt es nun nicht mehr, den aus Postleitzahl und Ort bestehenden Wohnort über einen eigenen Datennamen anzusprechen. Der dafür erforderliche zusätzlich Datenname läßt sich durch die Definition einer Datenstruktur bzw. Datenhierarchie einführen (siehe Abb. 1.8c). Eine *Datenhierarchie* bringt die Zugehörigkeit von Daten zu einer übergeordneten *Datengruppe* zum Ausdruck. Daten, die selbst nicht weiter untergliedert sind, bezeichnet man als *Elementardaten*.

| | | KUNDEN-SATZ | | | | | Datensatzname |
|---|---|---|---|---|---|---|---|
| | KUNDEN-ANSCHRIFT | | | | | | Datengruppe |
| GESAMT-NAME | | | WOHNORT | | | | Datengruppen |
| VOR-NAME | ZU-NAME | STRASSE | PLZ | ORT | | TELEFON | Elementardaten |
| Sabine | Schmidt | Von-Melle-Park 5 | 2000 | Hamburg | | 040/41231 | Dateipuffer |

*Abb. 1.8c  Datenhierarchie*

Die in Abb. 1.8c angegebene Untergliederung des Dateipuffers ermöglicht nun den selektiven Zugriff auf z.B. die Postleitzahl eines Kunden über den Datennamen PLZ, aber auch das gemeinsame Ansprechen von Postleitzahl und Ort über den Datengruppennamen WOHNORT.

## Satzschlüssel

Kundendatensätze fassen verarbeitungsrelevante Informationen zum Objekt Kunde zusammen. Es ist denkbar, daß ein Unternehmen mehrere Kunden gleichen Namens und ggf. auch am gleichen Wohnort betreut. Um die Eindeutigkeit des durch einen Datensatz zu beschreibenden Objekts sicherzustellen, werden häufig Ordnungsbegriffe (Satzschlüssel, Satznummern) in Datensätze aufgenommen. So kann z.B. jedem Kunden eine Kunden-Nr. eindeutig zugeordnet werden. Analog könnten für jeden Artikel, zu dem Informationen in einer Artikeldatei gespeichert werden sollen, eine Artikel-Nr. und für jeden Mitarbeiter eine Personal-Nr. vergeben werden.[1]

Mit Hilfe solcher Satzschlüssel wird nicht nur die eindeutige Identifizierung eines Datensatzes möglich. Sie erlauben zusätzlich die Herstellung von Beziehungen zwischen Datensätzen unterschiedlicher Dateien. So ist es z.B. hinreichend, in die Datensätze einer Bestelldatei lediglich die Kunden-Nr. des bestellenden Kunden aufzunehmen. Ein Algorithmus zur Rechnungserstellung könnte anhand der Kunden-Nr. des Bestellsatzes die ergänzend erforderlichen Kundendaten (Name, Anschrift) aus einer Kundendatei auslesen.

## Dateisatzbeschreibung

Die vollständige Beschreibung der Datensätze einer Datei läßt sich in tabellarischer Form angeben. Abbildung 1.9 zeigt beispielhaft die Definition der Datensätze einer Kundendatei. Der Tabelle ist zu entnehmen, daß die Kunden-Nr. jeweils in Byte 1 bis 4 des Datensatzes als numerisches Datum abgespeichert ist und von Algorithmen über den Datennamen KUND-NR referenziert werden soll.

---

1. Satzschlüssel können auch als alphabetische oder alphanumerische Daten definiert sein.

Die in Abb. 1.9 ausgewiesenen Spaltenbereiche geben die *Lokalität* eines Datenwertes innerhalb des Datensatzes an. Das Datum Straße ist in Byte (Spalte) 50 bis 74 abgelegt. Bei der Ermittlung der *Gesamtlänge* eines Datensatzes ist die hierarchische Einordnung von Elementardaten bzw. Datengruppen in übergeordnete Datengruppen zu beachten. Die Datensatzbeschreibung in Abb. 1.9 gibt die Datenhierarchie des Kundensatzes auf zweifache Weise wieder: Texteinrückungen in Spalte "Feldinhalt" sollen Über-/Unterordnungen andeuten, und in den Tabellenspalten "Datentyp", "Länge" und "Spalte" finden sich nur Eintragungen für Elementardaten. Jede Datengruppe (z.B. Telefon, Kunden-Anschrift) hat die Länge der ihr zugeordneten Elementardaten. Elementardaten des Kundensatzes sind Kunden-Nr., Vor- und Nachname, Straße, Postleitzahl, Ort, Vorwahl und Rufnummer. Der Kundensatz ist mithin 120 Zeichen lang.

Durch das Einbeziehen von *Datenhierarchien* in Datensatzdefinitionen wird die Möglichkeit geschaffen, nicht nur *Elementardaten*, sondern auch *Datengruppen* aus einem Algorithmus heraus anzusprechen. So ermöglicht z.B. die Satzdefinition der Abb. 1.9 in einem Algorithmusschritt "zeige NAME am Bildschirm an", den Vor- und Nachnamen am Sichtgerät auszugeben. Andererseits besteht die Möglichkeit, in die persönliche Anrede eines Werbebriefes lediglich den über NACHNAME referenzierten Nachnamen eines Kunden aufzunehmen.

| *Feldinhalt* | *Datenname* | *Spalte* | *Länge* | *Datentyp* |
|---|---|---|---|---|
| Kunden-Nummer | KUND-NR | 1 – 4 | 4 | numerisch |
| Kunden-Anschrift | ADRESSE | | | |
|   Kunden-Name | NAME | | | |
|     Vorname | VORNAME | 5 – 24 | 20 | alphanumerisch |
|     Nachname | NACHNAME | 25 – 49 | 25 | alphanumerisch |
|   Straße | STRASSE | 50 – 74 | 25 | alphanumerisch |
|   Wohnort | WOHNORT | | | |
|     Postleitzahl | PLZ | 75 – 78 | 4 | numerisch |
|     Ort | ORT | 79 – 103 | 25 | alphanumerisch |
| Telefon | TELEFON | | | |
|   Vorwahl-Nummer | VORWAHL | 104 – 111 | 8 | numerisch |
|   Rufnummer | RUFNUMMER | 112 – 120 | 9 | numerisch |

*Abb. 1.9   Datensatzbeschreibung einer Kundendatei*

DV-Prozesse können das Einlesen von Datensätzen aus einer Datei in den Arbeitsspeicher, aber auch das Schreiben von Datensätzen aus dem Dateipuffer auf das externe Speichermedium vorsehen. Die Algorithmusschritte "lies Datensatz aus Kundendatei" oder "schreib Datensatz in Kundendatei" würden jeweils einen Kundensatz zur weiteren Verarbeitung im Arbeitsspeicher bereitstellen oder dem Dateipuffer entnehmen und in die Disketten- oder Magnetplattendatei schreiben. Die Definition der Teilfelder des Dateipuffers (Elementardaten und ggf. Datengruppen) erlaubt das *selektive Ansprechen* der jeweiligen Satzbestandteile. Voraussetzung hierfür wäre, daß die Algorithmusschritte und die Datensatzdefinitionen mittels der Sprachelemente einer Programmiersprache wie z.B. COBOL ausgedrückt würden.

## Organisation-, Operativ- und Ergänzungsdaten

Hinsichtlich ihrer *inhaltlichen Bedeutung* für einen DV-Prozeß lassen sich Datenelemente eines Datensatzes in drei Gruppen einteilen: Organisations-, Operativ- und Ergänzungsdaten.

*Organisationsdaten* sind Ordnungsbegriffe (Schlüssel), die der eindeutigen Kennzeichnung eines Datenobjekts dienen und zusätzlich die Zuordnung von Datensätzen unterschiedlicher Dateien ermöglichen. Die vorstehend eingeführten Kunden-, Artikel- und Personal-Nummern sind Beispiele für Organisationsdaten.

*Operativdaten* sind Informationen, die ein Verarbeitungsalgorithmus zu Ergebnisdaten verknüpft. Beispiele für Operativdaten wären Artikelpreise, Rabattsätze oder Lagerbestände.

*Ergänzungsdaten* dienen der näheren Erläuterung von Organisations- oder Operativdaten. Sie haben für den DV-internen Verarbeitungsprozeß nur untergeordnete Bedeutung, vereinfachen aber die Kommunikation mit DV-Benutzern bzw. den Empfängern der Verarbeitungsergebnisse. Aus der Sicht eines Algorithmus werden Datenobjekte wie Kunden oder Artikel hinreichend durch ihre Schlüssel repräsentiert. Die Artikelbezeichnung oder der Kundenname sind Ergänzungsdaten, die erst beim Ausdruck einer Lagerbestandsliste oder einer Rechnung Bedeutung erlangen.

## Stamm-, Bestands- und Bewegungsdaten

Die Zugehörigkeit von Datenelementen eines Datensatzes zur Gruppe der Organisations-, Operativ- oder Ergänzungsdaten ergibt sich aus ihrer inhaltlichen Bedeutung für einen konkreten DV-Prozeß. Neben der inhaltlichen Bedeutung kann auch die *Dauer der Aktualität* (Gültigkeitsdauer) von Daten zu ihrer Gliederung herangezogen werden. Dieses Merkmal ermöglicht die Unterscheidung von Stamm-, Bestands- und Bewegungsdaten.

*Stammdaten* behalten ihre Aktualität über längere Zeiträume. Sie werden nicht oder nur selten geändert. Typische Stammdaten sind Kundenanschriften oder Name, Geburtsdatum, Familienstand, Konfession und Gehaltsgruppe eines Mitarbeiters.

*Bestandsdaten* unterliegen periodischen oder laufenden Veränderungen. Sie weisen (betriebliche) Gegebenheiten, Zustände oder Bestände (z.B. Lager- oder Kontobestände) aus.

Von diesen Gegebenheiten oder Zuständen lassen sich (betriebliche) Ereignisse, wie z.B. Lagerabgänge oder Zahlungseingänge, unterscheiden, die als *Bewegungsdaten* festgehalten werden. Bewegungsdaten verlieren unmittelbar nach ihrer Aufrechnung gegen Bestandsdaten ihre Aktualität bzw. Bedeutung für DV-Prozesse.

In der Regel werden Bewegungs-, Bestands- und Stammdaten in getrennten Dateien gespeichert. Bei geringer Änderungshäufigkeit von Bestandsdaten kann es zweckmäßig sein, sie zusammen mit den Stammdaten in einen gemeinsamen Datensatz aufzunehmen.[1]

**Verarbeitungs- und Organisationsformen**

Algorithmen können den Zugriff auf Datensätze extern gespeicherter Dateien mit sehr unterschiedlichen Zielsetzungen vorsehen. Zu den grundlegenden Dateioperationen zählen u.a.

- Ändern des Inhalts eines bereits in einer Datei abgelegten Datensatzes,
- Einfügen neuer Datensätze in eine Datei,
- Löschen eines Datensatzes aus einer Datei,
- Auffinden eines Datensatzes anhand eines oder mehrerer vorgegebener Datenwerte, die Bestandteil des gesuchten Satzes sind.

Weiterhin kann es – insbesondere bei Bewegungsdaten – erforderlich sein, die Datensätze einer Datei in einer vorzugebenden Reihenfolge (sortiert) zu verarbeiten. Welche Zugriffsformen auf Datensätze einer Datei zulässig sind, hängt von der Art ihrer Abspeicherung, ihrer Speicherungs- bzw. Organisationsform ab. Die Programmiersprache COBOL erlaubt die Bearbeitung von Dateien mit *sequentieller*, *indizierter* und *relativer* Organisationsform.

Dateien mit indizierter oder relativer Organisationsform sind *Direktzugriffsdateien*. Sie erlauben den *wahlfreien* (direkten) Zugriff auf einen über Zugriffsschlüssel wie Kunden-Nr. oder Kundenname zu spezifizierenden Dateisatz. Sequentiell organisierte Dateien erlauben keine wahlfreien Zugriffe. Bei dieser einfachsten Organisationsform für Dateien sind die Datensätze physisch benachbart (lückenlos hintereinander) auf dem externen Speichermedium abgelegt. Voraussetzung für den Zugriff auf einen bestimmten Datensatz ist bei sequentiellen Dateien das vorherige Auslesen aller vor diesem Satz abgespeicherten (Vorgänger-) Sätze. Auf Dateiorganisationsformen sowie die Verarbeitung von Dateien wird in den Kapiteln 6 und 15 einzugehen sein.

### 1.1.4 Programmiersprachen und Programme

Bisher wurden die Arbeitsschritte von Algorithmen umgangssprachlich formuliert. Eine Anweisung wie "zeige SUMME am Bildschirm an" könnte aufgrund des umfassenden Wortschatzes und einer komplizierten Syntax der deutschen Sprache in zahlreichen Satzvarianten ausgedrückt werden (z.B. "gib den im Feld SUMME abgespeicherten Wert über das Sichtgerät aus"). Auch haben Wörter der Umgangssprache häufig mehrere Bedeutungen. Die eigentliche Aussage eines Satzes läßt sich dann nur unter Einbeziehung seines Kontexts erschließen. Trotz erheblicher Bemühungen um das "Verstehen natürlicher Sprachen" durch Computer können

---

1. Hinsichtlich des Aufbaus der Datensätze einer Datei sowie zur Wahl der Datennamen für Elementardaten und Datengruppen sind weitergehende Überlegungen anzustellen. Hierauf wird in Abschnitt 2.4.3 einzugehen sein.

umgangssprachlich formulierte Algorithmen einem Rechner bisher nicht zur Verarbeitung übergeben werden. Zur Lösung des Mensch-Maschine-Kommunikationsproblems wurden *Programmiersprachen* mit eingeschränktem Vokabular und einfacher, aber exakt definierter Syntax entwickelt. Einen in einer Programmiersprache abgefaßten Algorithmus bezeichnet man als *Programm*, die einzelnen Arbeitsschritte als *Anweisungen* oder *Befehle*. Derzeit existieren mehrere hundert Programmiersprachen, die sich nach ihrer historischen Entwicklung und ihrer Eignung für unterschiedliche Einsatzgebiete klassifizieren lassen. Abbildung 1.10 zeigt eine grobe Sprachgliederung.

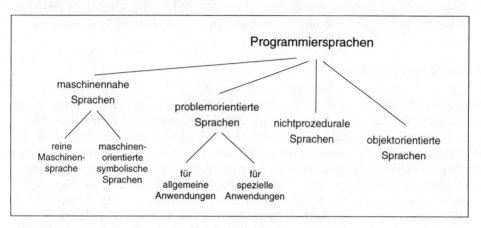

*Abb. 1.10 Klassifizierung von Programmiersprachen*

Die historische Entwicklung verlief von den maschinennahen über problemorientierte (höhere) und die nichtproteduralen Programmiersprachen zu den objektorientierten Sprachen. Diese Sprachklassen unterscheiden sich u.a. in der Mächtigkeit ihrer Anweisungen.

## Maschinensprache

Der Prozessor jedes beliebigen Rechners kann nur Algorithmen abarbeiten, die in reiner Maschinensprache binärcodiert im Arbeitsspeicher abgelegt sind. Maschinensprachliche Anweisungen bezeichnet man als *Maschineninstruktionen* oder *Machinenbefehle*. Jeder Prozessortyp verfügt aufgrund seiner konstruktiven Gegebenheiten über einen eigenen Instruktionssatz, der zwischen 50 und mehr als 200 Maschinenbefehle umfassen kann. Jedes nicht in reiner Maschinensprache verfaßte Programm kann auf einem Rechner nur abgearbeitet werden, wenn es im Vorweg mit Hilfe eines speziellen Übersetzerprogramms in Maschinensprache umgewandelt wird.

Maschineninstruktionen sind sehr einfach aufgebaut. Sie bestehen aus einem *Operationscode*, der die auszuführende Grundoperation binärverschlüsselt benennt, gefolgt von einer oder mehreren *Adressen*, unter denen die zu verarbeitenden Daten (Operanden) im Arbeitsspeicher oder in Hilfsspeichern des Prozessors

(Register) aufzufinden sind. Der Programmierer hat die Aufgabe, seinen byteweise durchnumerierten Arbeitsspeicher im Wege einer exakten Speicherbuchführung selbst zu verwalten. Die Bezugnahme auf Daten erfolgt nicht symbolisch über Feldnamen, sondern durch Angabe der physischen Lokalität des ersten Zeichens eines Datums im Arbeitsspeicher (z.B. Byte 4321) und der Länge des Datums, gemessen in Byte. Maschinensprachlich formulierte Algorithmen sind mithin schwer lesbar, unübersichtlich, fehleranfällig und mit hohem Erstellungs- und Änderungsaufwand verbunden. Wegen der Bindung der Maschinensprache an einen Prozessortyp sind Maschinenprogramme nicht portabel, d.h. sie sind auf EDV-Anlagen mit anderen Prozessoren nicht ablauffähig. Binärcodierten Programmen kommt heute nur noch im experimentellen Zusammenhang Bedeutung zu.

## Assemblersprachen

Maschinenorientierte symbolische Sprachen werden auch als *Assemblersprachen* bezeichnet. Sie sind wie Maschinensprachen prozessorbezogen definiert, bieten dem Programmierer aber drei wesentliche Erleichterungen, die erheblich zur Produktivität der Programmerstellung beitragen. Der binär notierte Operationscode der Maschineninstruktionen wird in Assembleranweisungen durch mnemonisch gehaltvolle *Abkürzungen* wie ADD (addiere), SUB (subtrahiere) oder MOV (transportiere) ersetzt. Weiterhin entfällt die zeitaufwendige und fehleranfällige Adreßrechnung und Speicherbuchführung. Assemblersprachen definieren Speicherbereiche über Datennamen und Feldlängen. Sie *adressieren symbolisch*, die Operanden der Assembleranweisungen sind Datennamen. Häufiger benötigte Anweisungsfolgen können als *Makros* definiert und dann an beliebigen Programmstellen aufgerufen werden.

Übersetzerprogramme zur Transformation von Assemblerprogrammen in Maschinenprogramme bezeichnet man als *Assembler*. Sie übersetzen die mnemonischen Operationskürzel (ADD, SUB, MOV usw.) der Assembleranweisungen in binärcodierte Operationscodes der Maschineninstruktionen und ersetzen symbolisch über Feldnamen adressierte Operanden durch physische Speicheradressen.

Im Vergleich zu Programmen, die in problemorientierten Sprachen wie COBOL codiert werden, erfordern Assemblerprogramme einen hohen Programmier- und Änderungsaufwand. Sie sind wegen der maschinenbezogenen Definition der Sprachen nicht portierbar. Im Gegensatz zu problemorientierten Sprachen erlauben Assemblersprachen jedoch die Ausnutzung spezieller Eigenschaften eines Prozessors. Sie werden daher überwiegend zur Programmierung von Systemprogrammen (Betriebssystem, Datenbankverwaltung usw.) und zeitkritischen Algorithmen der Anwendungsbereiche eingesetzt. Aus einem in einer problemorientierten Sprache formulierten Anwendungsprogramm können Assemblerprogramme als Unterprogramme aufgerufen werden.[1]

---

1. Siehe hierzu Kapitel 11.

## Problemorientierte Sprachen

Problemorientierte Programmiersprachen wie COBOL unterscheiden sich von Assemblersprachen in zwei wesentlichen Eigenschaften. Ihre Definition erfolgt ohne Bezugnahme auf einen konkreten Prozessortyp. Damit wird die Portabilität von Programmen sichergestellt. Weiterhin zeichnen sich diese höheren Programmiersprachen durch eine Annäherung an die Denkweise von Programmierern aus. So erlauben z.B. die klassischen Vertreter höherer Programmiersprachen wie FORTRAN, PL/1 oder COBOL, auch kompliziertere mathematische Ausdrücke in der gewohnten algebraischen Notation anzugeben. Maschinenorientierte Sprachen sehen hier eine schrittweise Zerlegung in mehrere elementare Anweisungen vor.

Der Algorithmus eines Assemblerprogramms läßt sich bei fehlender umgangssprachlicher Dokumentation häufig nur erschwert decodieren. In problemorientierten Sprachen abgefaßte Programme lassen sich wegen ihrer engen Anlehnung an natürliche Sprachen auch ohne fundierte Programmierkenntnisse leicht nachvollziehen.

| *Maschineninstruktionen* | *Assemblersprache* | *problemorientiert (COBOL)* |
|---|---|---|
| 10111110 11011100 00000001<br>10111111 11100110 00000001<br>10111001 00001010 00000000<br>11110011 10100101 | MOV SI, OFFSET FELD_1<br>MOV DI, OFFSET FELD_2<br>MOV CX, LENGTH FELD_1<br>REP MOVS FELD_2 FELD_1 | MOVE FELD-1 TO FELD-2 |

*Abb. 1.11   Datentransport zwischen Speicherbereichen (Sprachvergleich)*

Abbildung 1.11 zeigt drei in unterschiedlichen Sprachen formulierte Programmausschnitte, die das gleiche Verarbeitungsergebnis herbeiführen: Der Inhalt eines als FELD-1 bezeichneten Bereichs im Arbeitsspeicher wird in einen Speicherbereich FELD-2 übertragen. Die Abbildung läßt erkennen, daß je Maschineninstruktion eine Assembleranweisung erforderlich ist. Man bezeichnet Assemblersprachen deshalb als 1:1-Sprachen. Problemorientierte Sprachen sind 1 : n-Sprachen. Mit zunehmender Mächtigkeit einer Anweisung der problemorientierten Sprache steigt die Anzahl der korrespondierenden Maschineninstruktionen.

*Übersetzerprogramme* für problemorientierte Sprachen (Compiler) lesen das in der höheren Programmiersprache geschriebene Programm (Quellcode) und wandeln es in Maschineninstruktionen um. Sie sind daher zwangsläufig maschinenabhängig. Die Portabilität der Quellprogramme wird durch die Verlagerung der Maschinenabhängigkeit in das jeweilige Übersetzerprogramm erreicht.

Problemorientierte Sprachen *für allgemeine Anwendungen* sind prinzipiell zur Programmierung beliebiger Algorithmen geeignet. Dem Anspruch auf Universalität werden insbesondere die Sprachen ADA, C und PL/1 gerecht. ADA wurde für "rechnerintegrierte Systeme" (embedded systems) konzipiert, in denen EDV-Anlagen Steuerungs- und Überwachungsaufgaben wahrnehmen (Luftverkehrskontrolle, Produktionsautomatisierung, militärische Anwendungssysteme). Die Programmiersprache C wird häufig als "maschinenunabhängige Assemblersprache" bezeichnet. Diese Sprache erlaubt maschinennahes Programmieren, sie enthält jedoch auch alle Sprachelemente, die für problemorientierte Sprachen typisch sind. PL/1 entstand als Kombination der Sprachen COBOL und FORTRAN mit der Absicht, sowohl den betriebswirtschaftlich-datenintensiven als auch den naturwissenschaftlich-technischen Anwendungsbereich abzudecken.

Abbildung 1.12 zeigt die Entstehungszeitpunkte ausgewählter problemorientierter Sprachen. Mit Ausnahme von BASIC unterliegen die genannten Sprachen deutschen und internationalen Normen, die den weltweiten Austausch von Programmen sicherstellen. Diese Normen werden in periodischen Abständen den theoretischen und praktischen Anforderungen an die jeweilige Sprache angepaßt.

| *Sprache* | *Jahr* | *Anwendungsgebiete* |
|---|---|---|
| ADA | 1979 | universell |
| BASIC | 1962 | mathematisch-naturwissenschaftlich, Ausbildung |
| C | 1974 | universell, auch maschinennahe Programmierung |
| COBOL | 1959 | betriebswirtschaftlich-datenintensive Verarbeitung |
| FORTRAN | 1954 | mathematisch-naturwissenschaftlich |
| PASCAL | 1969 | universell, Ausbildung |
| PL/1 | 1965 | universell |

*Abb. 1.12 Anwendungsgebiete problemorientierter Sprachen*

Die Programmiersprache PL/1 hat in der Praxis nicht die erwartete Verbreitung gefunden. Ursächlich hierfür dürfte ihre Mächtigkeit sein, die durchschnittliche Programmierer überfordert und als Folge zu unzureichender Produktivität und fehleranfälligen Programmen führt. Zumindest für den betriebswirtschaftlich-datenintensiven Anwendungsbereich wird ADA ein PL/1-ähnliches Schicksal vorausgesagt. PASCAL hat BASIC als Ausbildungssprache an Schulen und Hochschulen weitgehend verdrängt, konnte im Bereich kommerzieller Softwareerstellung jedoch keine Verbreitung finden. FORTRAN, die älteste problemorientierte Sprache, ist im Bereich der mathematisch-naturwissenschaftlichen Programmierung die am häufigsten eingesetzte Sprache.

Weltweit sind etwa 53 % aller Anwendungsprogramme in COBOL geschrieben. Betrachtet man nur die betriebswirtschaftlich-datenintensiven Anwendungen, liegt der COBOL-Anteil bei ca. 80 %. Die Programmiersprache C wird wegen ihrer assemblernahen Eigenschaften bei gleichzeitiger Aufrechterhaltung der Maschinenunabhängigkeit zunehmend zur Programmierung systemnaher Anwendungen für Mikro- und Minicomputer eingesetzt.

Den bisher betrachteten *allgemeinen* problemorientierten Sprachen stehen in großer Zahl *spezielle* problemorientierte Sprachen gegenüber, die als Spezialsprachen für eng umrissene Anwendungsgebiete konzipiert wurden. Sie enthalten mächtige Sprachelemente für häufig auftretende Teilprobleme ihres Anwendungsbereichs. Zu dieser Sprachklasse gehören Sprachen zur Simulation diskreter und kontinuierlicher Systeme (GPSS, SIMULA, DYNAMO), zur Steuerung von Werkzeugmaschinen oder z.B. zur Berichtsgenerierung im kommerziellen Anwendungsbereich.

## Nichtprozedurale Sprachen

Maschinennahe und problemorientierte Sprachen bezeichnet man als *prozedurale* Sprachen. Sie stellen elementare, aber universell einsetzbare Sprachelemente, wie "addiere die Zahlen A und B" oder "lies einen Datensatz aus Datei XY", zur Verfügung. Soll ein konkretes Verarbeitungsproblem gelöst werden, ist ein Programm zu erstellen, das eine vollständige, schrittweise Beschreibung des Lösungsweges in Form einer Anweisungsabfolge darstellt. Bei *nichtprozeduralen* (deskriptiven) Sprachen treten algorithmische Überlegungen, die festlegen, *wie* ein Problem zu lösen ist, in den Hintergrund. Programmierer oder auch DV-Benutzer sollen sich auf die Spezifikation des Verarbeitungszieles – das angestrebte Ergebnis oder *was* mit Hilfe der EDV erreicht werden soll – konzentrieren. Der jeweilige Lösungsweg selbst ist bei diesen Spezialsprachen in Form prozedural vorformulierter Makros oder Unterprogramme hinterlegt.

Nichtprozedurale Sprachen werden auch als Hochsprachen (very high level languages) oder Sprachen der 4. Generation (4GL) bezeichnet. Eine wesentliche Zielsetzung dieser Sprachen besteht darin, DV-Laien die Möglichkeit zur selbständigen EDV-Nutzung zu bieten. Abfragesprachen für Datenbanken (SQL, NATURAL), Tabellenkalkulationsprogramme (Excel, Lotus 1-2-3, Multiplan) oder Planungssprachen für ausgewählte betriebswirtschaftliche Problemstellungen (IFPS, System W) verwirklichen diese Zielsetzung ansatzweise.

## Objektorientierte Sprachen

Zweck des Einsatzes von Computern ist die zielgerechte Manipulation von Daten. Diesen Prozeß der Datenverarbeitung kann man zumindest drei ganz unterschiedlichen Betrachtungsweisen unterwerfen: einer klassisch prozeduralen (funktionalen), einer vorrangig datenorientierten und einer objektorientierten Betrachtung. Hauptmerkmal der objektorientierten Programmierung ist die Betrachtung von Daten und Verarbeitungen als Einheit. Im Zentrum des objektorientierten Ansatzes stehen Begriffe wie Objekt, Datenkapselung, Botschaft, Klassenhierarchie und Vererbung.

Aus objektorientierter Sicht besteht ein Verarbeitungssystem aus Objekten und den Beziehungen zwischen diesen Objekten. Gleichartige Objekte werden zu *Objektklassen* zusammengefaßt. Eine Objektklasse definiert Daten und sämtliche Anweisungen, die diese Daten manipulieren. Die Daten einer Objektklasse heißen *Attribute*, Verarbeitungsfunktionen heißen *Methoden*. Da Attribute einer Objektklasse nur von den klasseneigenen Methoden zugegriffen werden können, liegt eine *Datenkapselung* vor. Die Kommunikation zwischen Objekten unterschiedlicher Klassen erfolgt über *Botschaften*: Will ein Objekt die Daten eines anderen Objekts manipulieren, sendet es eine Botschaft, die beim Empfänger der Nachricht die angestrebte Verarbeitungsfunktion auslöst.

Eine wesentliche Neuerung des objektorientierten Ansatzes besteht in der Anordnung von Klassen in *Klassenhierarchien*: Oberklassen *vererben* Attribute und Methoden an ihre Unterklassen. Unterklassen können dann geändert und erweitert werden. Dieser Prozeß einer "Wiederverwendung nach Vererbung" mit der sich anschließenden Variantenbildung kann sich mehrstufig wiederholen.

Als Zielsetzung der objektorientierten Programmierung sind die Wiederverwendbarkeit einmal ausentwickelter Teilprogramme, die leichte Erweiterbarkeit unter Ausnutzung der Vererbungsmechanismen und die Reduktion von Komlexität durch Datenkapselung – das Innenleben einer Objektklasse kann ihrem Benutzer wegen der Methodenschnittstelle verborgen bleiben – anzusehen.

Bekannte objektorientierte Sprachen sind Smalltalk und Eiffel sowie die durch Erweiterung prozeduraler Sprachen um objektorientierte Konstrukte entstandenen Sprachen C++ und Turbo-Pascal ab Version 5.5. Ein Syntaxentwurf zu "Object-Oriented Extensions to COBOL" liegt dem ANSI zwecks Normierung seit 1993 vor (voraussichtliche Veröffentlichung: 1997); Implementierungen eines Vorstandards werden z.B. von Micro Focus (OO-Development-Kit) angeboten.

### System- und Anwendungssoftware

Alle elektronischen, mechanischen und elektromechanischen Teile einer EDV-Anlage bezeichnet man als Hardware (HW), alle Programme, die auf einem Rechner zur Ausführung kommen, als Software (SW). Abbildung 1.13 zeigt eine Gliederungsmöglichkeit für Software. Unter dem Begriff *Systemsoftware* werden alle Programme zusammengefaßt, die für den Betrieb von DV-Anlagen erforderlich sind. Sie sind überwiegend maschinenbezogen einsetzbar und werden von HW-Lieferanten oder SW-Häusern erstellt und angeboten.

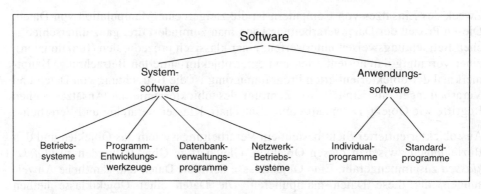

*Abb. 1.13   Klassifikation von Software*

Das jeweilige Betriebssystem steuert und überwacht die EDV-internen Abläufe. Zu den Programm-Entwicklungswerkzeugen gehören die Übersetzungsprogramme für Assembler- und problemorientierte Sprachen, Testhilfen für Programme und Editoren, die das Erstellen von Quellcode-Dateien ermöglichen. Datenbankverwaltungssysteme unterstützen das Einrichten, die Pflege und den Zugriff auf große externe Datenbestände. Software zur Vernetzung von DV-Systemen (Netzwerk-Betriebssysteme) ermöglicht die Koppelung von zwei oder mehr Rechnern mit dem primären Ziel des Programm- und Datenaustauschs über Leitungen. Unter dem Begriff *Anwendungssoftware* werden alle Programme zusammengefaßt, die für individuelle Problemstellungen, Benutzergruppen oder Branchen Lösungen anbieten. Individualprogramme sind auf den speziellen Anwendungsbedarf einzelner Benutzer zugeschnitten. Sie werden hausintern (Eigenentwicklung) oder durch Softwarehäuser (Fremdentwicklung) erstellt. Standardprogramme werden für den anonymen Markt von SW-Häusern oder HW-Herstellern entwickelt. In aller Regel müssen Individual- und Standardprogramme in periodischen Abständen an neue technische oder inhaltliche Anforderungen angepaßt werden. Wegen der hohen Entwicklungs- und Wartungskosten für Individualprogramme wird man Standardprogramme immer dann einsetzen, wenn sie die Aufgabenstellungen eines Anwenders hinreichend abdecken.

### 1.1.5 Interpreter und Compiler

Der Zentralprozessor eines Rechners kann nur Maschineninstruktionen zur Ausführung bringen. Assemblerprogramme sowie Programme, die in problemorientierten oder nichtprozeduralen Sprachen geschrieben wurden, müssen vor ihrer Abarbeitung *in Maschineninstruktionen* übersetzt werden. Diese Aufgabe übernehmen Programm-Entwicklungswerkzeuge, die man als Interpreter oder Compiler bezeichnet.

*Interpreter* analysieren jeweils eine Anweisung des Quellprogramms, erzeugen die korrespondierenden Maschineninstruktionen und bringen diese unmittelbar anschließend zur Ausführung. Dieser Prozeß des Interpretierens einer Einzelanweisung mit der sich anschließenden Ausführung von Maschineninstruktionen wiederholt sich in einer Schleife für jede Anweisung des Quellprogramms. Abbildung 1.14 zeigt den Algorithmus eines Interpreters.

---

Beginne mit dem Anfang des Quellprogramms
**Wiederhole**
    analysiere die Syntax der nächsten Anweisung,
    bestimme ihren Typ und ihre Operanden
    **Falls** kein Syntaxfehler erkennbar
        **dann** führe Maschineninstruktion für diesen Anweisungstyp
            unter Verwendung der Operanden aus
        **sonst** melde einen Syntaxfehler
**Bis** das Programmende erreicht ist oder ein Syntaxfehler erkannt wurde.

---

*Abb. 1.14 Arbeitsweise eines Interpreters*

Die interpretative Verarbeitung von Programmen ist zeitaufwendig. Der Zeitbedarf für die Programmausführung, die Laufzeit eines Programms, setzt sich aus dem Zeitbedarf für die Übersetzung der Quellcodeanweisungen zuzüglich der erforderlichen Verarbeitungszeit für Maschineninstruktionen zusammen. Die Übersetzungszeit für eine einzelne Anweisung ist in aller Regel größer als der Zeitbedarf für die

Abarbeitung der korrespondierenden Instruktionen. Weiterhin ist ein Interpreter bei jeder erneuten Ausführung eines Programms wiederum zeitaufwendig beteiligt. Diese Nachteile treten bei Verwendung von Compilern nicht auf.

*Compiler* übersetzen ein Quellprogramm vollständig und schreiben das Umwandlungsergebnis als Objektprogramm in eine Objektcodedatei. An der Ausführung des übersetzten Programms ist der Compiler nicht mehr beteiligt. Abbildung 1.15 zeigt den Algorithmus eines Compilers.

---

Beginne mit dem Anfang des Quellprogramms
**Wiederhole**
    analysiere die Syntax der nächsten Anweisung,
    bestimme ihren Typ und ihre Operanden
    **Falls** kein Syntaxfehler erkennbar
        **dann** erzeuge Instruktionen zu diesem Anweisungstyp,
        schreibe die Instruktionen in die Objektcodedatei
        **sonst** melde einen Syntaxfehler
**Bis** das Ende des Quellprogramms erreicht ist.

---

*Abb. 1.15 Arbeitsweise eines Compilers*

Der vom Compiler erzeugte Objektcode ist nicht unmittelbar ausführbar. Objektprogramme enthalten noch symbolische Verweise auf Betriebssystemroutinen (Ansteuerung der konkreten Hardware) sowie externe Unterprogramme, die zu einem anderen Zeitpunkt übersetzt wurden. Erst in einem weiteren Bearbeitungsschritt wird mit Hilfe eines *Binders* (linkage editor) das vom Compiler erzeugte Objektprogramm in ein ausführbares Maschinenprogramm umgewandelt. Dieses in den beiden Bearbeitungsschritten Compilieren und Binden entstandene ausführbare Programm kann mit Hilfe des Betriebssystems in den Arbeitsspeicher des Rechners geladen und zur Ausführung gebracht werden. Zur Laufzeit des Programms sind der Compiler und der Binder unbeteiligt. Im Gegensatz zur interpretativen Verarbeitung kann das erzeugte Maschinenprogramm beliebig häufig ohne erneute Übersetzung des Quellprogramms ausgeführt werden.

Interpreter lassen sich insbesondere für einfache Sprachstrukturen leichter realisieren als Compiler. BASIC ist eine solche einfach strukturierte Sprache, die meist interpretativ verarbeitet wird. Auch neue Sprachen werden anfangs mit Hilfe von Interpretern ausgetestet und weiterentwickelt. Die dauernde Verwendung von Interpretern ist nur sinnvoll, wenn ein Programm selten benutzt wird oder die Ausführungszeit unbedeutend ist.

## 1.2 Hardware von Mikrocomputern

Die vorangegangenen Abschnitte ließen erkennen, warum es unzweckmäßig ist, eine problemorientierte Programmiersprache wie COBOL platonisch mit Hilfe eines Lehrbuchs, Papier und Bleistift zu erlernen. Der Computer und seine Systemsoftware sind an mehreren Arbeitsschritten, die in einem ausführbaren Maschinenprogramm münden, ganz wesentlich beteiligt. Erst beim Abarbeiten eines Maschinenprogramms auf einem Rechner zeigt sich, inwieweit das zugehörige Quellprogramm seiner Aufgabenstellung gerecht wird. Zumindest für die folgenden Arbeitsschritte sind Rechnerhardware und Systemsoftware (Programm-Entwicklungswerkzeuge und Betriebssystem) unentbehrlich:

1. Das Quellprogramm, bestehend aus den in einer Programmiersprache formulierten Algorithmusschritten sowie allen erforderlichen Daten- und Datensatzdefinitionen, wird mit Hilfe eines als Dateiaufbereiter oder Editor bezeichneten Systemprogramms in eine Disketten- oder Magnetplattendatei geschrieben.

2. Ein Compiler wird gestartet, der die Quellcodedatei liest und eine Objektcodedatei erzeugt, die auf das externe Speichermedium geschrieben wird.

3. Zur Nachbearbeitung der Objektcodedatei wird ein Binder (linkage editor) gestartet, der die Objektcodedatei liest und ein ausführbares Maschinenprogramm auf die Diskette oder Magnetplatte zurückschreibt.

4. Das Maschinenprogramm wird mit Hilfe des Betriebssystems in den Arbeitsspeicher geladen und zur Ausführung gebracht.

Die genannten vier Arbeitsschritte zur Erzeugung ablauffähiger Programme müssen noch ergänzt werden. So ist bisher z.B. unklar, wie man zu einer vorgegebenen Problemstellung einen Verarbeitungsalgorithmus systematisch entwirft und was zu tun ist, falls der Compiler Syntaxfehler im Quellprogramm erkennt oder das ablauffähige Maschinenprogramm Verarbeitungsergebnisse erzeugt, die nicht der Intention des Programmierers entsprechen (Fehler beim Entwurf eines Algorithmus oder bei dessen Codierung). Bevor auf diese Fragen eingegangen wird, sollen der Aufbau und die Arbeitsweise der Hardware-Komponenten eines Rechners sowie die für die COBOL-Programmierung erforderliche Systemsoftware erläutert werden.

### 1.2.1 Von-Neumann-Architektur

Unter der *Architektur* eines Rechners versteht man seinen internen physischen Aufbau. Diese konstruktiven Merkmale bestimmen das funktionelle Verhalten des Rechners und somit die Arbeitsabläufe bei der Ausführung eines Programms. Die meisten der heute verfügbaren Mikro-, Mini- und Mainframerechner arbeiten nach einem Prinzip, das 1946 von J. von Neumann beschrieben wurde (Von-Neumann-Rechner):

- Verarbeitungsprogramme werden im selben Arbeitsspeicher abgelegt wie Daten, die transformiert werden sollen,
- der Rechner kennt mindestens eine Maschineninstruktion, die es erlaubt, ein Programm in Abhängigkeit von Verarbeitungsergebnissen an einer beliebig vorgebbaren Stelle fortzusetzen (bedingter Befehl mit Vorwärts- oder Rückwärtsverzweigung, Sprungbefehl).

Der *Arbeitsablauf* zur Lösung einer Verarbeitungsaufgabe läßt sich durch die folgenden drei Schritte grob charakterisieren:

- das Maschinenprogramm sowie die zu verarbeitenden Daten werden im Arbeitsspeicher abgelegt,
- das Programm wird gestartet und transformiert Eingabedaten zu Verarbeitungsergebnissen,
- die Verarbeitungsergebnisse werden dem Benutzer bereitgestellt.

Dieser Grundablauf – Eingabe, Verarbeitung, Ausgabe – wird als *EVA-Prinzip* bezeichnet. Die Hardware eines Computers unterstützt diesen Arbeitsablauf durch folgende Geräte oder Funktionseinheiten (siehe Abb. 1.17):

a. Über *Eingabegeräte* nimmt der Rechner Daten und Programme von außen auf.

b. Das Maschinenprogramm sowie die zur Ausführungszeit benötigten Daten werden im *Arbeits-* oder *Zentralspeicher* abgelegt.

c. Das *Leit-* oder *Steuerwerk* koordiniert die rechnerinternen Abläufe. Es überträgt die jeweils aktuell zu verarbeitende Maschineninstruktion (Operationsteil und Speicheradressen der Operanden) aus dem Arbeitsspeicher in *Hilfsspeicher* des Zentralprozessors (Operationsregister, Adreßregister). Der Operationscode wird entschlüsselt (decodiert) und die auf den Operanden auszuführenden Operationen dem Rechenwerk in Form von elektrischen Steuersignalen mitgeteilt.

Bevor das Rechenwerk aktiviert wird, müssen die durch Adreßverweise benannten Daten dem Arbeitsspeicher entnommen und für Verknüpfungszwecke in Datenregistern bereitgestellt werden. Zusätzlich wird ein Befehlsregister auf die Adresse der nächsten auszuführenden Instruktion gesetzt, die bei Vor- oder Rückverzweigungen (Sprungbefehlen) beliebig vor oder hinter der aktuell zu verarbeitenden Instruktion abgespeichert sein kann.

d. Das *Rechenwerk* führt die vom Steuerwerk decodierte Operation (arithmetische oder logische Operation, Datentransport usw.) aus.

Die Prozeßschritte "hole Maschineninstruktion, decodiere Operationsteil, hole Operanden, setze Befehlsregister auf die nächste Instruktion, führe Operation aus" wiederholen sich zyklisch, bis eine Stop-Instruktion erkannt wird, die den Programmlauf beendet.

e. Mit Hilfe der *Ausgabegeräte* werden die Verarbeitungsergebnisse dem DV-Benutzer bereitgestellt.

Das Fassungsvermögen des Arbeitsspeichers ist aus technologischen und Kostengründen begrenzt. Sein Inhalt geht bei Stromausfall oder nach Abschalten des Rechners verloren. Auf *externen* Speichermedien wie Magnetplatten und Disketten können nahezu beliebig große Datenmengen *dauerhaft* gespeichert werden. Im Gegensatz zu den im Arbeitsspeicher abgelegten Daten hat der Zentralprozessor auf extern gespeicherte Daten keinen direkten Zugriff. Sie müssen für Verarbeitungszwecke zunächst in den Arbeitsspeicher transferiert werden.

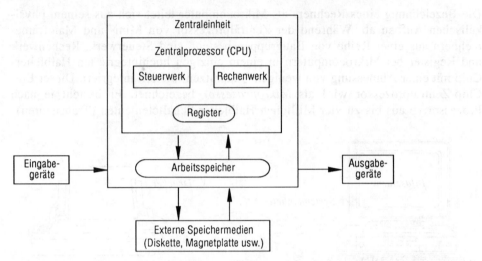

Abb. 1.17  *Prinzipieller Aufbau elektronischer Datenverarbeitungsanlagen*

Das Betriebssystem, Programm-Entwicklungswerkzeuge wie Compiler, Editor und Testhilfen sowie alle anderen Komponenten der Systemsoftware (vergl. Abb. 1.13, S. 28) und alle Anwendungsprogramme werden ebenfalls auf externen Speichermedien abgelegt. Lauffähige Programme können so bei Bedarf in den Arbeitsspeicher geladen und zur Ausführung gebracht werden.

Steuerwerk, Rechenwerk und Register bilden zusammen den *Zentralprozessor* (CPU, central processing unit) eines Rechners. Zentralprozessor und Arbeitsspeicher werden unter dem Begriff *Zentraleinheit* zusammengefaßt. Eingabe- und Ausgabegeräte sowie die externen Speichermedien bezeichnet man als Rechner-*peripherie*.

Die Kommunikation zwischen den Funktionseinheiten eines Rechners erfolgt über interne und externe Datenwege (Daten-, Adreß- und Steuerleitungen). Der Datentransfer zwischen Arbeitsspeicher und Zentralprozessor sowie den peripheren Geräten und dem Arbeitsspeicher wird bei Bedarf vom Steuerwerk *angestoßen* und zur Entlastung des Zentralprozessors dann von selbständig arbeitenden Ein-/Ausgabeprozessoren abgewickelt. Moderne Rechner sind immer Mehrprozessorsysteme.

## 1.2.2 Mikroprozessor und Bus-Konzept

Mikrocomputer zeichnen sich durch ihre Kompaktbauweise aus, die es ermöglicht, einen kompletten Rechner auf dem Arbeitstisch des Benutzers aufzustellen. Abbildung 1.18 zeigt die Außenansicht eines typischen Mikrocomputer-Arbeitsplatzes. Die im vorangehenden Abschnitt erläuterten rechnerinternen Arbeitsabläufe haben Mini- und Mainframerechner sowie Mikrocomputer gemeinsam.

Die Bezeichnung eines Rechners als Mikrocomputer leitet sich aus seinem physikalischen Aufbau ab. Während der Zentralprozessor von Mini- und Mainframerechnern aus einer Reihe von Baugruppen besteht, sind Steuerwerk, Rechenwerk und Register bei Mikrocomputern in einem einzigen hochintegrierten Halbleiter-Chip mit einer Abmessung von wenigen Quadratzentimetern integriert. Dieser Ein-Chip-Zentralprozessor wird als *Mikroprozessor* bezeichnet. Er besteht je nach Prozessortyp aus bis zu vier Millionen Halbleiter-Schaltelementen (Transistoren).

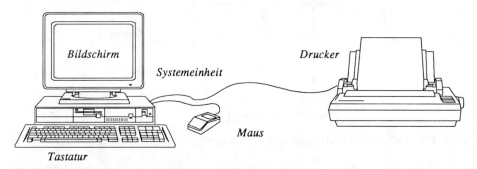

*Abb. 1.18 Typische Konfiguration eines Mikrocomputer-Arbeitsplatzes*

Der Arbeitsspeicher moderner Mikrocomputer kann auf eine Kapazität von bis zu 256 MByte ausgebaut werden.[1] Er besteht aus einem RAM-Speicher (random access memory) und einem (bis zu 128 KByte großem) ROM-Speicherteil (read only memory). *RAM-Speicher* können beliebig häufig beschrieben, gelesen und modifiziert werden, verlieren aber beim Abschalten des Rechners oder bei Ausfall der Betriebsspannung ihren Inhalt. Sie sind der eigentliche Arbeitsspeicher des Rechners. Außer den Programmen und Daten des Anwenders nehmen RAM-Speicher Dienstprogramme des Betriebssystems auf, die von externen Speichermedien eingelesen werden.[2] *ROM-Speicher* sind Festwert- oder Nur-Lese-Speicher, deren Inhalt auslesbar aber nicht modifizierbar ist. Im Gegensatz zu RAM-Speichern sind ROM-Speicher permanente (nicht flüchtige) Speicher, die auch beim Abschalten eines Rechners ihren Inhalt nicht verlieren. ROM-Speicher ent-

---

1. Die Maßgrößen KByte (Kilobyte) und MByte (Megabyte) sind als Potenzen zur Basis 2 definiert: 1 KByte = $2^{10}$ Byte = 1 024 Byte, 1 MByte = $2^{20}$ Byte = 1 048 576 Byte.

2. RAM-Speicher werden gegenwärtig aus Silizium-Chips aufgebaut, die auf 0,5 cm$^2$ Fläche Transistoren, Widerstände und Leitungsverbindungen zur Abspeicherung von $2^{22}$ Binärzeichen integrieren (4-MBit-Chip). Bausteine mit einer Kapazität von 64 MBit befinden sich im Stadium der Erprobung.

halten Dienstprogramme und Daten (Tabellen), die vom Rechnerhersteller fest vorgegeben (eingeprägt) sind. Sie ergänzen das von externen Speichermedien ladbare "maschinenunabhängige" Betriebssystem um maschinenabhängige Serviceroutinen (Zugriff auf Platten- oder Diskettenlaufwerke unterschiedlicher Technologie usw.). Ergänzend sind im ROM zwei Programme abgelegt, die bereits beim Einschalten des Rechners – also vor dem Laden des Betriebssystems – benötigt werden:

- POST (power-on-self-test): überprüft im Wege des Selbsttests den Arbeitsspeicher sowie die Geräteausstattung und meldet erkannte Hardware-Fehler dem Benutzer,
- IPL (initial program loader): leitet das Laden des Betriebssystems von einem externen Speichermedium ein.

Zwischen den Komponenten eines Rechners – Mikroprozessor, ROM, RAM, Plattenlaufwerk usw. – findet während der Programmverarbeitung ein intensiver Informationsaustausch statt. Prinzipiell könnte man jeweils zwei Komponenten über Leitungen miteinander verbinden. Mikrocomputer verfügen stattdessen über ein Leitungssystem, den *Daten-*, *Adreß-* und *Steuerbus*, zu dem alle Komponenten Zugang haben (siehe Abb. 1.19).

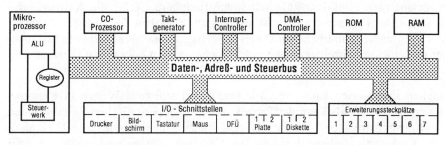

| ALU | - arithmetic and logic unit (Rechenwerk) | DMA | - direct memory access |
| ROM | - read only memory | DFÜ | - Datenfernübertragung |
| RAM | - random access memory | I/O | - Input/Output |

*Abb. 1.19   Interner Aufbau von Mikrocomputern*

Datenübertragungen auf dem Bus sind lediglich durch Steuersignale zu ergänzen, die ihr jeweiliges Ziel angeben. Das Bus-Konzept ermöglicht eine überaus flexible Konfigurierung des Rechners. Zusätzliche Funktionseinheiten, wie ein zweites Disketten- oder Plattenlaufwerk, ein Farbbildschirm usw., lassen sich durch einfaches Anschließen an den Bus integrieren. Mikrocomputer verfügen standardmäßig über eine Reihe von Input-/Output-Schnittstellen, die den unmittelbaren Anschluß peripherer Geräte wie Tastatur, Bildschirm oder Drucker ermöglichen. Erweiterungssteckplätze mit Bus-Zugang erlauben Sonderausstattungen. Sie können Speichererweiterungskarten, Netzwerkadapter, spezielle Bildschirmadapter, Druckeradapter etc. aufnehmen.

Neben dem Mikroprozessor selbst zählen der Co-Prozessor und der DMA-Controller (direct memory access) zu den komplexeren Bausteinen eines Mikrocomputers.

Der *Co-Prozessor* ist baulicher Bestandteil des Mikroprozessors oder eine optionale Funktionseinheit, die in einem Steckplatz der Zentraleinheit nachträglich installiert und mit dem Systembus verbunden werden kann. Er arbeitet unter der Kontrolle des Mikroprozessors, besitzt einen eigenen Instruktionssatz und ist geeignet, arithmetische Operationen nachhaltig zu beschleunigen. Voraussetzung hierfür ist, daß ein Anwenderprogramm seinen Befehlsvorrat nutzt. Der *DMA-Controller* entlastet den Mikroprozessor von zeitaufwendigen Datentransporten. Er überträgt auf Anforderung des Mikroprozessors selbständig Daten zwischen Arbeitsspeicher und Disketten- bzw. Plattenlaufwerken.

Mikro- und Co-Prozessor, DMA-Controller und weitere Funktionseinheiten (Graphikadapter, Systembus etc.) benötigen zur Ausführung von Intruktionen und zur Abstimmung mit dem Arbeitsspeicher einen Arbeitstakt, der vom *Taktgenerator* quarzstabilisiert vorgegeben wird. Die Taktfrequenz dieses Generators (2 Megahertz (MHz) bis derzeit 100 MHz) ist neben anderen Einflußgrößen maßgeblich für die Verarbeitungsleistung des Mikrocomputers. Der Kehrwert der Taktfrequenz, die Taktzeit oder Prozessor-Zykluszeit, liegt im Bereich von Nanosekunden. Zur Abarbeitung einer Maschineninstruktion benötigt ein Mikroprozessor je nach Instruktionstyp 2 bis 73 Takte.

Von Zeit zu Zeit beanspruchen die den Zentralprozessor eines Rechners umgebenden rechnerinternen Funktionseinheiten sowie periphere Geräte die Aufmerksamkeit der CPU. Der Prozessor muß z.B. auf Tastatureingaben des Benutzers reagieren, das erfolgreiche Schreiben von Daten auf Diskette oder Magnetplatte registrieren oder mißglückte Schreibversuche auf Speichermedien oder einen Drucker dem Benutzer melden.

Von solchen Ereignissen kann die CPU prinzipiell auf zwei Wegen in Kenntnis gesetzt werden. Einerseits kann der Prozessor selbst in periodischen Zeitabständen alle Funktionseinheiten und Geräte auf potentielle prozessorrelevante Ereignisse abfragen. Dieses als *polling* bezeichnete Verfahren ist zeitaufwendig, da der Prozessor auch dann nach Arbeit suchen muß, wenn keine externen Anforderungen vorliegen.

Bei Mikrocomputern wird genau der umgekehrte Weg beschritten: Rechnerkomponenten, die die Aufmerksamkeit des Zentralprozessors beanspruchen, signalisieren dies über den Systembus einem *Interrupt-Controller* (siehe Abb. 1.19), der den Mikroprozessor über ein Steuersignal in seiner Arbeit unterbricht. Die Art der Unterbrechung wird dem Prozessor über den Datenbus in Form einer Interrupt-Nummer mitgeteilt, die er zum gezielten Aufrufen einer Serviceroutine des Betriebssystems verwendet. Nachdem dieses Maschinenprogramm abgearbeitet ist, setzt der Rechner seine Arbeit an der Unterbrechungsstelle fort. Dieses Verfahren zur Unterbrechung des Prozessors wird als *interrupting* bezeichnet. Mikrocomputer kennen mehr als 200 Interruptarten, die jeweils durch eine Interruptroutine des Betriebssystems behandelt werden.

Das *Leistungsverhalten* eines Mikrocomputers wird ganz wesentlich durch die folgenden Merkmale beeinflußt:
- Taktfrequenz [MHz]
- Breite des Datenbusses (Wortlänge) [Bit]
- Breite des Adreßregisters (Adreßlänge) [Bit]
- Zugriffszeit Arbeitsspeicher [ns]
- mittlere Zugriffszeit Magnetplatte bzw. Diskette [ms]
- Befehlsvorrat (mit/ohne Co-Prozessor) und
- das verwendete Betriebssystem.

Die *Breite des (externen) Datenbusses* legt fest, wieviele Binärzeichen mit einem Arbeitstakt gleichzeitig (parallel) zwischen Arbeitsspeicher und Mikroprozessor transferiert werden können. Abbildung 1.20 zeigt für einen Intel 8088-Mikroprozessor die konstruktiv vorgegebene Bus-Breite von 8 Bit. Gebräuchlich sind auch Wortlängen von 16 Bit (8086, 80286), 32 Bit (80386, 80486) und 64 Bit (Pentium). Die Breite des Datenbusses bestimmt maßgeblich den Zeitbedarf für das Schreiben/Lesen eines vorgegebenen Datenvolumens.

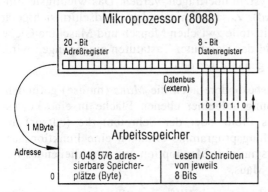

*Abb. 1.20   Datenbus- und Adreßbreite des Intel 8088 Mikroprozessors*

Die maximal ansprechbare Anzahl von Speicherplätzen im Arbeitsspeicher (Adreßraum) wird durch die konstruktiv vorgegebene *Breite des Adreßregisters* eines Mikroprozessors festgelegt. Bei einer Registerlänge von 20 Bit kann ein 8088-Prozessor $2^{20}$ = 1048576 Speicherplätze (Byte) adressieren. Adreßlängen von 24 bzw. 32 Bit sind in den Prozessoren 80286 bzw. 80386, 80486 und Pentium realisiert. Abbildung 1.21 faßt die Kenndaten einiger Prozessoren des Herstellers *Intel* zusammen.[1] Inwieweit der theoretisch adressierbare Arbeitsspeicher auch mit Programmen und Daten eines Anwenders belegt werden kann, hängt vom physischen Ausbau des Speichers sowie dem verwendeten Betriebssystem ab. So erlaubt z.B. das häufig eingesetzte Betriebssystem MS-DOS lediglich die Adressierung von 640 KByte Arbeitsspeicher. Die Betriebssysteme OS/2, UNIX und Windows NT verwalten die in Abb. 1.21 angegebenen Adreßräume.

---

1. Außer Intel-Prozessoren werden in Mikrocomputern insbesondere auch Prozessoren der Hersteller Motorola, ADM, DEC, IBM, Cyrix und Texas Instruments eingesetzt.

| Intel-prozessor | Datenbus [Bit] | | Adreßlänge [Bit] | adressierbarer Arbeitsspeicher | Takt-frequenz [MHz] | Co-Pro-zessor |
|---|---|---|---|---|---|---|
| | intern | extern | | | | |
| 8080 | 8 | 8 | 16 | 64 KByte | 2 - 4 | – |
| 8088 | 16 | 8 | 20 | 1 MByte | 4 - 10 | 8087 |
| 8086 | 16 | 16 | 20 | 1 MByte | 4 - 10 | 8087 |
| 80286 | 16 | 16 | 24 | 16 MByte | 6 - 20 | 80287 |
| 80386 | 32 | 32 | 32 | 4 GByte | 16 - 33 | 80387 |
| 80486 | 32 | 32 | 32 | 4 GByte | 33 - 66 | integriert |
| Pentium | 64 | 64 | 32 | 4 GByte | 66 | integriert |

Abb. 1.21   Charakterisierung der Intel-Mikroprozessor-Familie

### 1.2.3 Eingabegeräte

Mit Hilfe von Eingabegeräten können Informationsarten wie Text, Daten und Bildinformationen in ein Verarbeitungssystem übertragen werden. Das wichtigste Eingabegerät ist die *Tastatur* (keyboard). Zusammen mit dem Bildschirmsichtgerät bildet sie eine Kommunikationsschnittstelle zwischen Mensch und Maschine (siehe Abb. 1.22). Bevor auf das Tastenfeld der Computer-Tastaturen eingegangen wird, sollen einige weitere Eingabegeräte genannt werden.

Verbreitung als Eingabegerät hat insbesondere auch die *Maus* (mouse) gefunden. Dieses Gerät setzt seine Verschiebung auf einer ebenen Fläche in eine korrespondierende Relativbewegung eines Pfeils oder der Schreibmarke (cursor) am Bildschirm um. Zahlreiche Anwendungsprogramme erlauben eine Funktionsauswahl durch Positionieren des Cursors auf eine Menüoption und anschließendes Betätigen einer Funktionstaste auf der Maus.

Bildinformationen und Zeichnungen können mit Hilfe von *Bildabtastern* (scanner) in Binärmuster umgewandelt, gespeichert und einem Graphikprogramm zur Weiterverarbeitung verfügbar gemacht werden. Die Funktion von Eingabegeräten haben auch *Lesegeräte* wie Markierungs-, Strichcode- und Klarschriftleser, berührungsempfindliche *Sensorbildschirme* (touch screen) und *Lichtstifte* (lightpen).

*Computer-Tastaturen* ermöglichen die Eingabe von Buchstaben, Ziffern und Sonderzeichen in ein Verarbeitungssystem sowie die Steuerung des Ablaufs eines Programms mit Hilfe von Funktionstasten. Einzelne Tasten wirken als Umschalt-Tasten. Sie ordnen anderen Tasten unterschiedliche Funktionen zu (z.B. Großoder Kleinschreibung von Buchstaben). Jede Taste sendet bei ihrem Anschlag eine Identifikations-Nummer. Dieser wird softwaremäßig mit Hilfe eines Tastaturtreibers (Systemsoftware) oder vom Anwendungsprogramm selbst eine Bedeutung (Buchstabe, Ziffer usw.) zugeordnet. Die Anordnung und Beschriftung der 80 bis 120 Tasten einer Computer-Tastatur sind herstellerabhängig. Unterschiede zwischen Tastaturen ergeben sich auch aus nationalen Besonderheiten (Umlaute, Sonderzeichen).

Abbildung 1.22 zeigt den typischen Aufbau einer Mikrocomputer-Tastatur. Sie ist in vier Tastenblöcke eingeteilt:

- alphanumerischer Tastenblock
- Ziffernblock mit integrierter Cursor-Steuerung
- Cursor-Tastenblock
- Funktionstastenblock.

Der *alphanumerische Tastenblock* entspricht weitgehend der Tastatur von Schreibmaschinen. Er dient der Eingabe von Buchstaben, Ziffern und Sonderzeichen.

Der *Ziffern-Tastenblock* faßt alle für die schnelle Einhand-Zahlenerfassung erforderlichen Ziffern und Sonderzeichen zusammen.

Der *Cursor-Tastenblock* dient dem Positionieren der Schreibmarke bei Texteingaben (up, down, left, right). Die jeweilige Stellung des Cursors am Bildschirm markiert die Position des nächsten einzugebenden Zeichens.

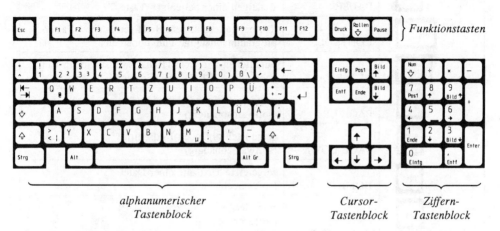

Abb. 1.22   *Tastenanordnung einer Multifunktions-Tastatur für Mikrocomputer*

Die *Funktionstasten F1 bis F12* werden vom jeweiligen Anwenderprogramm ausgewertet und überwiegend für Zwecke der Programmablaufsteuerung (Menü-Wahl) genutzt. Abbildung 1.23 erläutert einige wichtige Sondertasten, die auf jeder Mikrocomputer-Tastatur vorhanden sind. Ihre Beschriftung, Anordnung und Bezeichnung variiert bei unterschiedlichen Tastatur-Fabrikaten.

Einige ASCII-Zeichen können nicht unmittelbar über den alphanumerischen Tastenblock eingegeben werden. Sie lassen sich durch Betätigen und Niederhalten der ALTERNATE-Taste mit anschließender Eingabe eines *3-ziffrigen Zahlencodes* erzeugen. Abbildung 1.24 zeigt eine Auswahl der auf diesem Weg eingebbaren Sonderzeichen.

In Anhang B ist der vollständige ASCII-Zeichensatz angegeben. Hier kann auch der ALTERNATE-Code für weitere Sonderzeichen nachgeschlagen werden.

| Taste | Bezeichnung | Funktion |
|---|---|---|
| ⇧ | SHIFT | Umschaltung zwischen Klein- und Großschreibung |
| ⇩ | CAPS LOCK | feststellbare Umschaltung von Klein- auf Großbuchstaben, mit SHIFT-Taste lösbar |
| Num ⇩ | NUM LOCK | Umschaltung des Ziffernblocks auf die integrierte Cursor-Steuerung (Doppelbelegung) |
| ↵ | ENTER | zum Abschicken von Befehlen auf Betriebssystemebene, bei Texterfassung zur Eröffnung einer neuen Zeile |
| Druck | PRINT SCREEN | Ausdruck der aktuellen Bildschirmanzeige (hardcopy) |
| Pause | PAUSE | Unterbrechung eines aktiven Programms bis zum Betätigen einer beliebigen Taste |
| Strg | CONTROL | löst bei gleichzeitigem Betätigen anderer Tasten programmabhängige Funktionen aus |
| Alt | ALTERNATE | Funktionen wie CONTROL-Taste sowie zur Eingabe von ASCII-Sonderzeichen (siehe Abb. 1.24) |
| Bild ↑ | PAGE UP | zeige vorherigen Bildschirm (softwareabhängig) |
| Bild ↓ | PAGE DOWN | zeige nachfolgenden Bildschirm (softwareabhängig) |
| Pos1 | HOME | zeige erste Textseite einer Datei (softwareabhängig) |
| Ende | END | zeige letzte Textseite einer Datei (softwareabhängig) |
| 0 Einfg | INSERT | feststellbare Umschaltung zum Einfügen bzw. Überschreiben von Zeichen ab Cursor-Position |
| Entf | DELETE | löscht Zeichen an der jeweiligen CURSOR-Position |
| ← | BACKSPACE | löscht Zeichen links vom Cursor |
| Esc | ESCAPE | zum Verlassen einer Programmfunktion oder eines Programms (softwareabhängig) |

*Abb. 1.23   Funktionen ausgewählter Sondertasten*

| Arbeitsablauf | \multicolumn{10}{c}{erzeugte ASCII-Sonderzeichen} | | | | | | | | | |
|---|---|---|---|---|---|---|---|---|---|---|---|---|---|---|---|---|---|---|---|
| 1. ALTERNATE-Taste betätigen und halten | 092 | \ | 140 | î | 158 | ₧ | 173 | ¡ | 234 | Ω | 244 | ⌠ |
| | 121 | y | 141 | ì | 159 | ƒ | 174 | « | 235 | δ | 245 | ⌡ |
| | 122 | z | 145 | æ | 164 | ñ | 175 | » | 236 | ∞ | 247 | ≈ |
| 2. 3-stelligen Zahlencode auf dem Ziffern-Tastenblock eingeben | 123 | { | 146 | Æ | 165 | Ñ | 224 | α | 237 | φ | 249 | · |
| | 124 | \| | 147 | ô | 166 | ª | 226 | Γ | 238 | ε | 250 | · |
| | 125 | } | 148 | ö | 168 | ¿ | 227 | π | 239 | ∩ | 251 | √ |
| | 128 | Ç | 149 | ò | 169 | ⌐ | 228 | Σ | 240 | ≡ | 252 | ⁿ |
| | 129 | ü | 150 | û | 170 | ¬ | 229 | σ | 241 | ± | 254 | ■ |
| 3. ALTERNATE-Taste loslassen | 130 | é | 155 | ¢ | 171 | ½ | 231 | τ | 242 | ≥ | 176 | ░ |
| | 135 | ç | 156 | £ | 172 | ¾ | 233 | Θ | 243 | ≤ | 206 | ╬ |

*Abb. 1.24   ALTERNATE-Code von ASCII-Sonderzeichen (Auswahl)*

## 1.2.4 Ausgabegeräte

Mit Hilfe von Ausgabegeräten werden rechnerinterne (binäre) Daten in einer vom Benutzer lesbaren Form auf Datenträger ausgegeben. Die wichtigsten Ausgabegeräte sind *Bildschirmsichtgeräte* und *Drucker*. Zur Ausgabe von Graphiken (Zeichnungen, Bilder) finden Plotter, graphikfähige Matrixdrucker, Laserdrucker und graphikfähige Bildschirme Verwendung. Hier soll lediglich auf Bildschirmsichtgeräte und Drucker eingegangen werden.

Tastatur und Bildschirm eines Verarbeitungssystems bilden gemeinsam eine Mensch-Maschine-Dialogschnittstelle. Jedes über die Tastatur eingegebene Zeichen wird zu Kontroll- und Korrekturzwecken am Bildschirm angezeigt. Interaktive Anwenderprogramme geben Verarbeitungsergebnisse primär am Bildschirm aus. Die jeweils aktuelle Bildschirmanzeige kann mit Hilfe der Taste PRINT SCREEN als Hardcopy auf einem Drucker ausgegeben werden. Basistechnologie der Mehrzahl derzeit eingesetzter Sichtgeräte ist – vergleichbar einem Fernsehgerät – die Kathodenstrahlröhre. Zunehmend werden aber auch die in ihrer Bauweise flacheren LCD- oder Plasma-Bildschirme eingesetzt.

Datendarstellungen am Sichtgerät können im *Text-* oder *Graphikmodus* erfolgen. Im Textmodus werden lediglich Buchstaben, Ziffern und Sonderzeichen angezeigt. Zeichnungen und Bildinformationen sind im Graphikmodus darstellbar.

Ein im Textmodus arbeitender Bildschirm ist in ein vorgegebenes Zeilen-/Spalten-Raster eingeteilt. Verbreitet sind Bildschirme zur Darstellung von 25 Zeilen mit jeweils 80 Spalten. Diese Bildschirme können insgesamt 2000 Zeichen in gleichgroßen Feldern anordnen. Insbesondere für Zwecke der Textverarbeitung werden Bildschirme angeboten, die komplette DIN A4-Textseiten mit mehr als 50 Zeilen abbilden.

Sowohl im Text- als auch im Graphikmodus werden darzustellende Informationen aus *Einzelbildpunkten* (pixel) zusammengesetzt. Die Gesamtzahl der zur Informationsdarstellung verfügbaren Bildpunkte eines Bildschirms bestimmt seine *Auflösung*. Gebräuchlich sind Sichtgeräte mit Auflösungen von 640 x 350, 640 x 480 oder 1024 x 768 Bildpunkten. Bei einer Auflösung von 640 x 200 Bildpunkten eines im Textmodus arbeitenden 80 Spalten und 25 Zeilen darstellenden Bildschirms wird jedes Zeichen in einer 8 x 8 Pixel-Matrix dargestellt (siehe Abb. 1.25). Graphikfähige Bildschirme können bildpunktweise angesprochen werden (APA, all points adressable). Ab einer Auflösung von 1024 x 768 Bildpunkten spricht man von hochauflösenden Sichtgeräten. Für anspruchsvolle CAD- und DTP-Anwendungen[1] werden Bildschirme mit höheren Auflösungen angeboten.

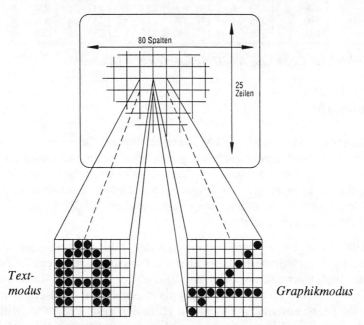

*Abb. 1.25   Zeichen- und Graphikdarstellung am Bildschirm*

Monochrom-Bildschirme erlauben im Textmodus lediglich zweifarbige Darstellungen. Im Graphikmodus können Zeichnungen und Bilder mit bis zu 64 Grautonabstufungen angezeigt werden. Farbbildschirme erzeugen Bilder mit bis zu 256 Farben, die aus einer Farbpalette von mehr als 260000 Farben ausgewählt werden können. Wegen des erheblichen Preisverfalls und ergonomischer Vorteile des Farbbildschirms für den Benutzer setzt sich dieser Bildschirmtyp zunehmend durch.

COBOL-Programme erzeugen Bildschirmdarstellungen im Text- oder im Graphikmodus. Die Darstellungsform eines der 256 ASCII-Zeichen im Textmodus (Vorder- und Hintergrundfarbe, Intensität, Blinken) bestimmt das Binärmuster eines Attribut-Bytes, das zusammen mit einem ASCII-Zeichen gesendet wird.[2]

---

1. CAD ist die Abkürzung für Computer Aided Design (computerunterstütztes Konstruieren). Die Gestaltung und Herstellung von Publikationen mit Hilfe eines Mikrocomputers wird als Desktop Publishing (DTP) bezeichnet.
2. Siehe hierzu Kapitel 12 und Anhang A.

Mit Hilfe eines *Druckers* lassen sich Daten auf Papier ausgeben. Dieser Datenträger hat Bedeutung, wenn Druckausgaben im Original oder als Kopie verbreitet werden sollen. Die am Mikrocomputer zu betreibenden Drucker unterscheiden sich in ihrer *Drucktechnologie* (mechanisch, nicht mechanisch), der *Druckgeschwindigkeit* und *Schriftqualität* sowie in den *Kosten* der Beschaffung und des Betriebs.

*Matrix-* und *Typenraddrucker* sind mechanische Drucker (impact printer). Bei Matrixdruckern (dot matrix printer) wird jedes Zeichen aus einzelnen Punkten einer Zeichenmatrix zusammengesetzt. Die Anzahl und Dichte der mittels Nadelanschlag und Farbband erzeugten Punkte bestimmen die Druckqualität. Abbildung 1.26 erläutert Bedien- und Überwachungselemente von Matrixdruckern. *Typenraddrucker* (fully formed character printer) erzeugen je Anschlag – vergleichbar einer Schreibmaschine – ein komplettes Zeichen in korrespondenzfähiger Schriftqualität.

| Element | Funktion |
|---|---|
| Power-Leuchte | zur Anzeige, ob der Drucker eingeschaltet ist |
| Select-Taste | zum Umschalten zwischen On-line und Off-line-Status; der Drucker kann nur im On-line-Status Daten empfangen und drucken |
| Select-Leuchte | zur Anzeige des One-line-Status |
| Form-Feed-Taste | Seitenvorschub im Off-line-Status |
| Line-Feed-Taste | Zeilenvorschub im Off-line-Status |
| Font-Taste | zum Auswählen einer Schriftart |

Abb. 1.26   *Bedien- und Überwachungselemente eines Matrix-Druckers*

Anschlagfreie oder nicht-mechanische Drucker (non-impact printer) sind *Tintenstrahl-, Laser-* und *Thermodrucker*. Sie arbeiten geräuscharm, aber im Vergleich zu mechanischen Druckern mit höheren Betriebskosten, da häufig Spezialpapier verwendet wird und keine Durchschläge erzeugt werden können. Bei allen genannten Druckern können der Schrifttyp sowie die Schriftgröße variiert werden. Sie sind – mit Ausnahme des Typenraddruckers – graphikfähig. *Laserdrucker* übertragen die auszudruckenden Informationen mit Hilfe eines Laserstrahls auf die lichtempfindliche Schicht einer rotierenden Trommel, die an den belichteten Stellen Farbpartikel aufnimmt. Unter Wärmeeinwirkung werden die Partikel auf das Ausgabemedium Papier übertragen. Laserdrucker zeichnen sich durch hohe Schriftqualität und eine hohe Ausgabeleistung aus.

### 1.2.5 Disketten und Magnetplatten

Externe Speichermedien wie *Disketten, Magnetplatten* und *Magnetbänder* dienen der längerfristigen Speicherung von Datendateien, Anwender- und Systemprogrammen. Der Arbeitsspeicher (RAM) eines Rechners nimmt lediglich die zur Ausführungszeit eines Programms erforderlichen Daten und Verarbeitungsalgorithmen auf. Sein Inhalt ist nach dem Abschalten des Rechners unwiederbringlich verloren. Externe Speichermedien sind hingegen Permanentspeicher. Mit Hilfe von Schreib-/Leseköpfen der Disketten-, Platten- oder Bandlaufwerke wird die magnetbeschichtete Oberfläche des jeweiligen Datenträgers dauerhaft beschrieben oder zerstörungsfrei ausgelesen. Programme können so von externen Speichermedien beliebig häufig in den Arbeitsspeicher geladen werden. Anwenderprogramme lesen zur Laufzeit Datensätze aus einer Datei (input) oder geben Sätze auf das externe Speichermedium aus (output). Programm- und Datendateien können zudem jederzeit gelöscht, und die dadurch frei werdende Speicherkapazität kann neu genutzt werden.

Disketten und Magnetbandkassetten sind auswechselbare Datenträger, Magnetplatten hingegen sind integrierter Bestandteil des Magnetplattenlaufwerks eines Mikrocomputers. Mit Hilfe von Betriebssystemkommandos können die auf einem Datenträger gespeicherten Programm- und Datendateien auf einen beliebigen anderen Datenträger übertragen (kopiert) werden. Dateiduplikate schützen vor dem Verlust von Daten durch unbeabsichtigtes Löschen oder bei Zerstörungen eines Datenträgers durch Beschädigung seiner Magnetoberfläche. Magnetbandlaufwerke werden beim Mikrocomputereinsatz überwiegend zur Datensicherung von Magnetplattendateien und zur langfristigen Archivierung eingesetzt. Auf Magnetbändern gespeicherte Datendateien können lediglich sequentiell zugegriffen werden. Die Schreib-/Lesemechanismen von Disketten- und Plattenlaufwerken erlauben zusätzlich den selektiven Zugriff auf Datensätze von Direktzugriffsdateien.

Je nach technischer Beschaffenheit eines Diskettenlaufwerks sowie der Diskette selbst beträgt die Kapazität dieses Speichermediums 160 KByte bis 1,44 MByte. Magnetplatteneinheiten werden mit Kapazitäten zwischen 10 MByte und 760 MByte angeboten. Magnetbänder speichern 10 MByte bis zu einigen hundert MByte. Im Vergleich zu diesen externen Speichermedien beträgt die Speicherkapazität des Arbeitsspeichers eines Mikrocomputers 512 KByte bis 16 MByte. Die Zugriffszeit auf Daten des Arbeitsspeichers liegt im Bereich von Nanosekunden, die auf Daten einer Magnetplatte im Millisekundenbereich.

*Disketten* sind runde ein- oder beidseitig magnetisch beschichtete Kunststoffscheiben, die in einem quadratischen Schutzmantel eingeschlossen sind. Ihr Durchmesser beträgt 8 Zoll, 5 1/4 Zoll oder 3 1/2 Zoll. Abbildung 1.27a zeigt (links) den Aufbau einer 5 1/4-Zoll-Diskette.

Bei Schreib-/Lesezugriffen wird diese Diskette vom Laufwerk über die zentral angebrachte Drehnabe in eine Rotationsbewegung von 300 oder 360 Umdrehungen pro Minute versetzt. Die radial positionierbaren Schreib-/Leseköpfe des Laufwerks erreichen die Magnetoberfläche der Diskette über eine in die Schutzhülle gestanzte

Schreib-/Leseöffnung. Informationen werden bitseriell in konzentrischen Spuren (tracks) abgelegt. Jede Spur ist in eine Anzahl gleichgroßer Sektoren (records) unterteilt, die die grundlegenden Speicher-, Adressierungs- und Verwaltungseinheiten der Diskette darstellen. Ein in die Diskette gestanztes Indexloch markiert den Spuranfang. Bei geschlossener Schreibschutzkerbe können Disketten lediglich lesend zugegriffen werden.

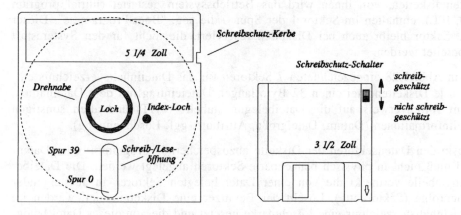

*Abb. 1.27a   Bauformen von 5 1/4- und 3 1/2-Zoll-Disketten*

Die *Kapazität einer Diskette* wird durch drei Einflußgrößen bestimmt: ein- oder doppelseitige Aufzeichnung, einfache oder doppelte Schreibdichte und die Anzahl der Spuren je Diskettenseite. Bei Verwendung der Betriebssysteme MS-DOS oder OS/2 nimmt jeder Sektor einer Spur 512 Byte Daten auf. Abbildung 1.27b zeigt die Kapazitätsberechnung für gebräuchliche Diskettentypen.

| Diskettengröße [Zoll] | Beschreibung | Anzahl Spuren | Sektoren je Spur | Kapazität |
|---|---|---|---|---|
| 5 1/4 | einseitig | 40 | 8 oder 9 | 160/180 KByte |
| 5 1/4 | zweiseitig | 2 x 40 | 8 oder 9 | 320/360 KByte |
| 5 1/4 | hohe Schreibdichte | 2 x 80 | 15 | 1,2 MByte |
| 3 1/2 | zweiseitig | 2 x 80 | 9 | 720 KByte |
| 3 1/2 | hohe Schreibdichte | 2 x 80 | 18 | 1,44 MByte |

*Abb. 1.27b   Speichervolumen gebräuchlicher Diskettentypen*

Vor der erstmaligen Nutzung als Datenträger werden Disketten mit Hilfe eines Systemprogramms "formatiert". Hierbei werden Spuren und Sektoren angelegt sowie Tabellen für die Sektoradressierung eingerichtet. Abbildung 1.28 zeigt das Sektorraster einer zweiseitigen 5 1/4-Zoll-Diskette, die mit dem DOS-Befehl FORMAT zur Aufnahme von Dateien vorbereitet wurde.

Die ersten 10 Sektoren der Spur 0 dieser Diskette nehmen vorgegebene System- und Verwaltungsinformationen auf. Die verbleibenden 630 Sektoren stehen für die Abspeicherung der Daten- und Programmdateien des Anwenders zur Verfügung.

Auf jeder Diskette lassen sich 4 *Sektortypen* mit folgenden Inhalten unterscheiden:
- Boot-Record
- Dateibelegungstabellen (FAT, file allocation table)
- Datei-Inhaltsverzeichnisse (DIR, directory)
- Datensektoren.

Systemdisketten, von ihnen wird das Betriebssystem gestartet (initial program load, IPL), enthalten im Sektor 1 der Spur 0 die sog. "Boot-Programme". Dieser erste Sektor bleibt auch bei Disketten reserviert, die nicht für den Systemstart vorbereitet werden.

Die in Abb. 1.28 eingezeichneten 7 Sektoren für das Dateiinhaltsverzeichnis enthalten je Diskettendatei einen 32 Byte langen Dateieintrag mit dem Dateinamen, einem Adreßverweis auf die Dateibelegungstabelle (FAT) und allen sonstigen Dateiinformationen (Datum, Dateigröße, Attribute, ggf. Löschkennung).

Eine in den Datensektoren der Diskette abzuspeichernde Programm- oder Datendatei muß nicht in physisch benachbarten Sektoren abgelegt werden. Die Dateibelegungtabelle vermerkt die von einer Datei belegten Sektoren in aufsteigender Reihenfolge (Sektorkette). Löscht der Benutzer eine Diskettendatei, werden im Datei-Inhaltsverzeichnis eine Löschmarke gesetzt und die von dieser Datei belegten Sektoren in der Dateibelegungstabelle als ungenutzt markiert. Eine über diese Kennzeichnung hinausgehende Löschung erfolgt nicht. Als gelöscht markierte Dateien sind daher solange uneingeschränkt rekonstruierbar, wie der von ihnen im Inhaltsverzeichnis, der Belegungstabelle und den Datensektoren belegte Speicherplatz nicht von anderen Dateien beansprucht wird.

| | *Seite 0* | | | | | | | | *Seite 1* | | | | | | | |
| | | *Sektoren* | | | | | | | | *Sektoren* | | | | | | |
| | 1 | 2 | 3 | 4 | 5 | 6 | 7 | 8 | 1 | 2 | 3 | 4 | 5 | 6 | 7 | 8 |
|---|---|---|---|---|---|---|---|---|---|---|---|---|---|---|---|---|
| SPUR 0 | Boot Rec | FAT 1 | FAT 2 | DIR 1 | DIR 2 | DIR 3 | DIR 4 | DIR 5 | DIR 6 | DIR 7 | Da-ten | Da-ten | Da-ten | ... | | |
| SPUR 1 | | | | | | | | | → | | | | | | | |
| SPUR 2 | | | | | | | | | → | | | | | | | |
| ⋮ | | | | | | | | | | | | | | | | |
| SPUR 39 | | | | | | | | | → | | | | | | | ENDE |

*Abb. 1.28 Sektorraster einer formatierten Diskette*

Bei *Magnetplatten* sind mehrere mit einer magnetisierbaren Schicht überzogene Aluminiumscheiben übereinander auf einer gemeinsamen Rotationsachse angebracht. Wie bei Disketten erfolgt die Datenaufzeichnung bitseriell in konzentrischen Spuren auf den Plattenoberflächen (siehe Abb. 1.29). Während eine Diskette lediglich bei Schreib-/Lesezugriffen in Rotationsbewegung versetzt wird, drehen sich die Aluminiumscheiben des Plattenlaufwerks unmittelbar nach Einschalten des Rechners permanent mit ca. 3600 Umdrehungen je Minute.

Bei Mikrocomputern kommen Bauformen mit 5 1/4 oder 3 1/2 Zoll Plattendurchmesser und 4 bis 16 Schreib-/Leseköpfen zum Einsatz. Im Gegensatz zu Diskettenlaufwerken erfolgt der Zugriff auf Daten bei Plattenlaufwerken berührungsfrei. Zwischen Plattenoberfläche und Schreib-/Lesekopf befindet sich ein Luftpolster von ca. 0,5 Mikrometer Höhe. Zum Schutz gegen Staub und sonstige Verschmutzungen sind die Datenträger und der Zugriffsmechanismus in einem luftdicht abgeschlossenen Gehäuse untergebracht. Wie Disketten müssen auch Magnetplatten formatiert werden. Je nach Plattentyp können dabei mehr als 900 Spuren je Oberfläche angelegt werden. Die Dateizugriffsverwaltung entspricht weitgehend der bei Disketten (boot-record, DIR, FAT). Festplatten sind jedoch ergänzend in Bereiche (partitions) einteilbar, die dann von verschiedenen Betriebssystemen (MS-DOS, UNIX, CP/M) verwaltet werden können. Diese Bereiche werden in einer Aufteilungstabelle (partition table) vermerkt.

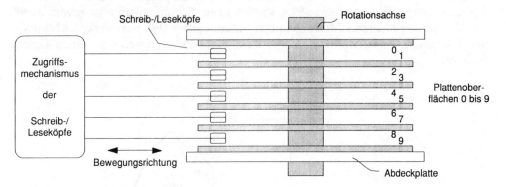

*Abb. 1.29   Aufbau eines Magnetplattenspeichers*

Kapazitäten von derzeit bis zu 760 MByte eines Plattenlaufwerks lassen sich durch eine im Vergleich zur Diskette erhöhte Aufzeichnungsdichte (Anzahl Spuren und Sektoren je Oberfläche) sowie die größere Anzahl von Plattenoberflächen je Laufwerk erzielen. Der Zugriff auf einen Datensektor erfolgt bei Platten und Disketten durch Angabe des Tripels Kopf, Spur und Sektor. Bei zugriffsschnellen Plattenlaufwerken liegt die mittlere Zugriffszeit auf einen Datensektor derzeit bei weniger als 20 ms. Ursächlich für diese gegenüber Diskettenlaufwerken um den Faktor 15 bis 30 verkürzte Zugriffszeit sind die ca. zehnfach höhere Rotationsgeschwindigkeit der Magnetplatte, die höhere Schreibdichte (Anzahl Sektoren je Spur) und die schnellere Positionierung der Schreib-/Leseköpfe über die Zielspur. Kurze mittlere Zugriffszeiten können einen ganz wesentlichen Einfluß auf die Laufzeit eines Anwenderprogramms haben.

Bei Mikrocomputern sind Magnetplatten in aller Regel Festplatten, d.h. Laufwerk, Zugriffsmechanismus und Datenträger sind baulich integrierter Bestandteil des Rechnergrundgerätes. Am Markt werden jedoch auch Wechselplatten angeboten. Vorteile dieses Konzepts, bei dem das gesamte Plattenlaufwerk mit wenigen Handgriffen austauschbar ist, sind verbesserte Möglichkeiten des Schutzes von Daten vor unberechtigtem Zugriff, einfache Datensicherung und die Möglichkeit der komfortablen Verwaltung beliebig großer Datenbestände.

## 1.3 Softwareausstattung

Die Benutzer eines Mikrocomputers lassen sich in zwei Gruppen einteilen. Je nach angestrebtem Verwendungszweck des Verarbeitungssystems unterscheidet man Endbenutzer und Systementwickler bzw. Programmierer. Endbenutzern stehen Anwender- und Systemprogramme mit vorgegebenem Funktionsumfang zur Verfügung. Sie dienen der Verwaltung und Auswertung von Informationen, der Texterstellung sowie der Kommunikation in vernetzten Systemen. Programm-Entwicklungswerkzeuge setzen Programmierer zur Entwicklung neuer Programme bzw. zur Erweiterung oder Änderung bereits existierender Anwendungen ein.

Abbildung 1.30 zeigt die typische Softwareausstattung eines Mikrocomputers, der zur Systementwicklung, aber auch für Zwecke der Textverarbeitung, die Auswertung von Daten mit Hilfe von Tabellenkalkulationsprogrammen sowie für die Visualisierung von Daten eingesetzt werden kann. Kommunikationssoftware dient der Vernetzung mehrerer Mikrocomputer untereinander (PC-Netzwerk, LAN) oder der Koppelung eines Mikrocomputers bzw. eines PC-Netzwerks an einen Großrechner.[1]

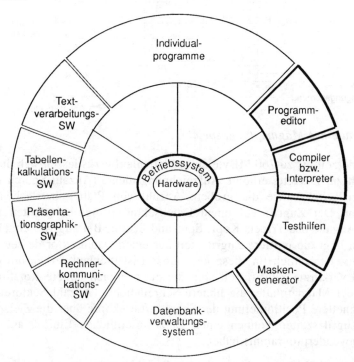

*Abb. 1.30 Programm-Entwicklungswerkzeuge und sonstige typische Software-Ausstattung von Mikrocomputern*

---

1. Im Hochschulbereich findet die Programmiersprachenausbildung häufig in der Systemumgebung eines PC-Netzwerks statt. Abschnitt 1.4 erläutert den Zweck und die Auswirkungen der Vernetzung von Mikrocomputern.

Textverarbeitungs-, Kalkulations- und Graphik-Software sind Standardprogramme, die zusammen mit den Individualprogrammen Anwendungsprogramme des in Abb. 1.30 gezeigten Verarbeitungssystems sind. Das Betriebs- und Datenbankverwaltungssystem, die Kommunikationssoftware sowie alle in Abb. 1.30 aufgeführten Programm-Entwicklungswerkzeuge sind der Systemsoftware des Rechners zuzurechnen.

In den folgenden Abschnitten wird auf Betriebssysteme für Mikrocomputer sowie Programm-Entwicklungswerkzeuge für die Erstellung von COBOL-Programmen eingegangen. Ein Betriebssystem, ein Editor sowie ein COBOL-Compiler einschließlich Binder zählen zur Minimalausstattung einer Programmierumgebung. Testhilfen erleichtern die Fehlersuche in Quellprogrammen. Die Erstellung von ganzseitigen Bildschirmformularen läßt sich durch Maskengeneratoren vereinfachen. Die beiden letztgenannten Entwicklungswerkzeuge verkürzen bei anspruchsvolleren Anwendungen die Programmentwicklungszeit nachhaltig. Unter funktionalen Gesichtspunkten sind sie jedoch weitgehend entbehrlich.

Die vier in Abb. 1.30 aufgeführten Softwarekomponenten für die Entwicklung von Programmen werden von einer Reihe von Software-Häusern und DV-Herstellern als Einzelkomponenten oder auch als integrierte Entwicklungssysteme angeboten. Bei der Verwendung von Einzelkomponenten muß sichergestellt sein, daß diese hinreichend aufeinander abgestimmt sind. Integrierte Entwicklungssysteme bieten dem Programmierer alle Teilfunktionen unter einer gemeinsamen Benutzeroberfläche an.

## 1.3.1 Betriebssysteme

Betriebssysteme steuern und überwachen das Zusammenwirken von Leit- und Rechenwerk, Arbeitsspeicher, Externspeichern sowie den sonstigen peripheren Geräten eines Rechners. Sie bestehen aus einer Vielzahl von Einzelprogrammen, die eine Mittlerrolle zwischen dem Benutzer bzw. einem Anwendungsprogramm und der Rechnerhardware erfüllen. Diese Programme lassen sich unter funktionalen Gesichtspunkten zu drei Gruppen zusammenfassen:

- Auftragssteuerung (job management),
- Ablaufsteuerung (task management) und
- Datensteuerung (data management).

Die Auftragssteuerung stellt die Verbindung des Rechners zur Außenwelt her. Sie ermöglicht die Bedienung des Verarbeitungssystems durch den Benutzer und arbeitet vorgegebene Aufträge selbsttätig ab. Die Steuerung und Überwachung von Programmabläufen (Start, Verarbeitung, Unterbrechung, Beendigung, Betriebsmittelzuteilung, Fehlerdiagnose) ist Aufgabe der Ablaufsteuerung. Systemprogramme zur Datensteuerung initialisieren und überwachen den Datentransfer zwischen den Hardwarekomponenten der Zentraleinheit, Externspeichern und den peripheren Geräten. Häufig benötigte Teilprogramme des Betriebssystems sowie Routinen, die spezielle Hardwareeigenschaften eines Rechners unterstützen, sind im Nur-Lese-

Speicher (ROM) des Verarbeitungssystems abgelegt. Hierzu gehört auch ein Ladeprogramm (Ur-Lader), das beim Einschalten des Rechners weitere Systemprogramme von einem externen Speichermedium (Systemdiskette, Festplatte) in den Arbeitsspeicher (RAM) lädt (IPL, initial program load). Ergänzend zu diesen während der Betriebsbereitschaft eines Rechners speicherresidenten Programmen verbleiben weniger häufig benötigte Teilprogramme des Betriebssystems als externe Systemprogramme auf der Systemdiskette bzw. Festplatte. Sie werden bei Bedarf vom Externspeicher in den Arbeitsspeicher geladen.

Der Benutzer eines Rechners kann mit Hilfe von Betriebssystembefehlen Dienstleistungen seines Verarbeitungssystems direkt in Anspruch nehmen. Zu diesen Dienstleistungen gehört das Formatieren von Disketten und Festplatten, das Kopieren, Umbenennen und Löschen von Dateien sowie das Anzeigen des Inhalts einer Textdatei oder des Dateiverzeichnisses (directory) einer Diskette oder Festplatte am Bildschirm. Jede dieser Funktionen wird von einem speicherresidenten oder externen Systemprogramm ausgeführt.

Aus der Sicht des Anwendungsprogrammierers kommt dem der Datensteuerung eines Betriebssystems zuzurechnenden Dateiverwaltungssystem zentrale Bedeutung zu. Während der COBOL-Programmierer sich beim Einrichten einer Datei auf die Vergabe eines Dateinamens beschränkt, übernimmt das Dateiverwaltungssystem die Eintragung dieses Namens in das Dateiinhaltsverzeichnis, das Auffinden eines zu belegenden ersten Datensektors (Kopf, Spur, Sektor-Nr.) und die Pflege der Dateibelegungstabelle (FAT).[1] Alle Schreib-/Lesebefehle zum Abspeichern oder Wiederauffinden von Datensätzen werden vom Dateiverwaltungssystem unter Verwendung des Dateiinhaltsverzeichnisses und der Dateibelegungstabelle interpretiert und ausgeführt. Da bei Zugriffen auf Externspeicher jeweils ein oder mehrere physische Sätze (Sektoren) gelesen bzw. geschrieben werden, übernimmt das Dateiverwaltungssystem das Blocken/Entblocken der Datensätze.

Die einfachsten Betriebssysteme für Mikrocomputer unterstützen *Einplatzsysteme* (single-user systems) im *Einprogrammbetrieb* (single-user mode). Bei Einplatzsystemen wird lediglich ein Bildschirmarbeitsplatz vom Verarbeitungssystem versorgt. Der Benutzer ist völlig unabhängig von anderen Benutzern. Im Einprogrammbetrieb wird ein Auftrag an das Verarbeitungssystem vollständig abgearbeitet, bevor mit einem nachfolgenden Auftrag begonnen wird. Das verbreitetste Betriebssystem dieser Klasse ist MS-DOS.

Zusätzliche Anforderungen an ein Betriebssystem werden gestellt, wenn an einem Einplatzsystem die quasi-gleichzeitige Verarbeitung mehrerer Aufträge eines Benutzers ermöglicht wird. Dieser *Mehrprogrammbetrieb* (multi-programming mode), bei dem mehrere Anwendungen um die Hardware-Ressourcen konkurrieren, setzt eine prioritätsgesteuerte Betriebsmittelzuteilung durch das Betriebssystem voraus. Hat ein Programm den ihm zugeteilten Zeitanteil für die Belegung von Betriebsmitteln verbraucht, wird es vom Betriebssystem unterbrochen und die Verarbeitung mit dem dann prioritätshöchsten nächsten Auftrag fortgesetzt. Das als

---

1. Siehe hierzu auch Abschnitt 1.2.5.

MS-DOS-Nachfolgesystem entwickelte Betriebssystem OS/2 gestattet Mehrprogrammbetrieb an Einplatzsystemen.

Bei *Mehrplatzsystemen* (multi-user systems) nutzen mehrere (unintelligente) Bildschirmarbeitsplätze den Zentralprozessor, Arbeitsspeicher und externe Speichermedien eines Mikrocomputers. Die Rechnerleistung wird hier den einzelnen Benutzern in Form von Zeitscheiben (time sharing) zyklisch zugeordnet. Bei einem ausgewogenen Verhältnis von Rechnerleistung und Anzahl aktiver Bildschirmarbeitsplätze entsteht beim Benutzer der Eindruck, ihm stehe die gesamte Leistung des Verarbeitungssystems zur alleinigen Nutzung zu Verfügung. Das Betriebssystem UNIX und Derivate wie XENIX, SINIX, AIX und Solaris unterstützen Mehrplatzsysteme.

## Betriebssystem MS-DOS

Das Betriebssystem MS-DOS (Microsoft disk operating system) wird seit 1981 von der Firma Microsoft vertrieben. Es ist das meisteingesetzte Betriebssystem für Mikrocomputer. MS-DOS wurde für 16-Bit-Prozessoren (8088, 8086 und 80286) entworfen. Die Leistungsmerkmale modernerer 32-Bit-Rechner (80386, 80486, Pentium) kann dieses Betriebssystem – insbesondere hinsichtlich Verarbeitungsgeschwindigkeit und Arbeitsspeicherverwaltung – nur eingeschränkt ausnutzen. Nicht zuletzt wegen der DOS-Erweiterung MS-Windows, einer verbreiteten graphischen Benutzeroberfläche mit der Möglichkeit eines eingeschränkten Mehrprogrammbetriebs (kooperatives Multitasking), konnte MS-DOS seine führende Stellung gegenüber leistungsfähigeren Betriebssystemen wie OS/2 oder UNIX behaupten. MS-DOS besteht aus drei Systemprogrammen und einer größeren Anzahl externer Dienstprogramme (siehe Abb. 1.31).

Die Systemprogramme IO.SYS und MSDOS.SYS sind im Boot-Record einer Systemdiskette oder Festplatte als im Dateiverzeichnis unsichtbare (hidden) Dateien abgelegt. Sie werden vom Ur-Lader beim Systemstart zusammen mit dem Kommandoprozessor COMMAND.COM in den Arbeitsspeicher geladen. Die Datei IO.SYS enthält hardwareabhängige Erweiterungen zu den im ROM abgelegten Routinen der Ein-/Ausgabe-Steuerung (BIOS, basic input/output system). Das ROM-BIOS ist zusammen mit der Datei IO.SYS für die geräteabhängige Ansteuerung der Rechnerperipherie zuständig. Die Datei MSDOS.SYS beinhaltet hardwareunabhängige Routinen zur Ein-/Ausgabe-Unterstützung.

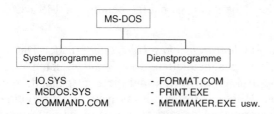

*Abb. 1.31  Dateien des Betriebssystems MS-DOS*

| | Befehl | Funktion | Beispiele |
|---|---|---|---|
| 1 | A:, B:, C:, | aktuelles Laufwerk (Diskette, Platte) wechseln | A:>B: → B:> <br> B:>A: → A:> <br> A:>C: → C:> |
| 2 | CD, MD, RD | Unterverzeichnisse wechseln (CD), einrichten (MD) und löschen (RD) | C:>CD \COBOL\SYS <br> C:>MD \COBOL\PROG <br> C:>RD \TEXT |
| 3 | COPY | Dateien kopieren | C:>COPY A:AUFG2.CBL <br> C:>COPY A: *.CBL <br> C:>COPY *.EXE A: |
| 4 | COPY CON: | Textdateien ohne Zuhilfenahme eines Editors anlegen | A:>COPY CON: text1.TXT <br> ... textzeilen ... <br> F6 (Ctrl-Z) |
| 5 | DEL | Dateien löschen | A:>DEL AUFG3.CBL <br> C:>DEL A:*.CBL <br> C:>DEL A:*.* |
| 6 | DIR | Dateiinhaltsverzeichnis anzeigen | A:>DIR <br> A:>DIR/W <br> C:>DIR *.CBL <br> C:>DIR A:AUFG*.* |
| 7 | DISKCOPY | Disketten vollständig kopieren (physisch) | C:>DISKCOPY A: B: |
| 8 | FORMAT | Disketten oder Festplatten formatieren | A:>FORMAT B: <br> C:>FORMAT A:/S/V |
| 9 | PRINT | Dateien ausdrucken | A:>PRINT AUFG?.CBL |
| 10 | RENAME | Dateien umbenennen | C:>RENAME alt.ext neu.ext |
| 11 | TYPE | Textdateien am Bildschirm ausgeben | A:>TYPE C:\COB\PROG\A2.CBL |

*Abb. 1.32 Ausgewählte MS-DOS-Befehle*

Der Kommandoprozessor COMMAND.COM übernimmt die Interpretation und Kontrolle der Abarbeitung von Benutzerbefehlen. Die drei Systemprogramme sind speicherresident. Das Betriebssystem gestattet aber Anwendungsprogrammen, Teile der COMMAND.COM zu überschreiben, die dann bei Bedarf nachgeladen werden müssen. Abbildung 1.32 enthält eine Übersicht zu häufig benötigten MS-DOS-Befehlen.

Ab Version 2.0 gestattet MS-DOS ein *hierarchisches Untergliedern* der Dateiinhaltsverzeichnisse von Disketten und Magnetplatten. Der Benutzer kann eine individuelle mehrstufige Verzeichnisstruktur entwerfen und diese ausgehend vom Hauptverzeichnis (root directory) mit Hilfe des Befehls MD (make directory) einrichten. So entstehen baumartig angeordnete Unterverzeichnisse (subdirectories), die eine sachbezogene Einordnung von Dateien ermöglichen (siehe Abb. 1.33).

Unterverzeichnisse dienen der übersichtlichen Einteilung eines Speichermediums. Sie erleichtern dem Benutzer das Wiederauffinden einer Datei aus einem Bestand, der bei Magnetplattenspeichern häufig mehrere tausend Dateien umfaßt. Auch werden Schreib-/Lesezugriffe bei untergliederten Speichermedien beschleunigt abgearbeitet. In unterschiedlichen Verzeichnissen können zudem Dateien gleichen Namens abgelegt werden.

Abbildung 1.33 zeigt eine dreistufige Verzeichnisstruktur mit insgesamt 9 Unterverzeichnissen. In dieser Abbildung sind lediglich Dateien des Subdirectorys PROGRAMM angegeben (AUFG2.CBL usw.). Mit Hilfe des Befehls CD (change directory) kann der Benutzer ein bestimmtes Unterverzeichnis zum *aktuellen Verzeichnis* erklären. Innerhalb des jeweiligen aktuellen Verzeichnisses haben *lokale Dateibezeichnungen* Gültigkeit, die lediglich aus einem *Dateinamen* und einer durch einen Punkt abgetrennten optionalen *Namenserweiterung* bestehen (z.B. AUFG3.CBL). Dateien, die außerhalb des aktuellen Verzeichnisses abgelegt sind, können in Befehlen wie COPY, TYPE, DIR, PRINT usw. durch *globale Dateinamen* bezeichnet werden, die sich aus vier Bestandteilen zusammensetzen:

- der *Laufwerksbezeichnung* für Diskettenlaufwerke (A: oder B:), Magnetplatten (C: oder D:) oder logisch untergliederte Platten bzw. Netzwerkeinheiten (E:, F:, ..., Z:),
- dem *Verzeichnispfad* (z.B. \Text\ oder \COBOL\PROGRAMM\),
- einem aus bis zu 8 Zeichen bestehenden *Dateinamen* (z.B. AUFG2) und
- einer optionalen, maximal 3 Zeichen langen *Namenserweiterung*, die vom Dateinamen durch einen Punkt abzutrennen ist (z.B. .TXT, .EXE, .CBL).

C:\COBOL\PROGRAMM\AUFG2.CBL wäre z.B. ein korrekter globaler MS-DOS-Dateiname. Mittels der DOS-Befehle PATH und APPEND kann das Betriebssystem veranlaßt werden, lokal bezeichnete Dateien in Unterverzeichnissen zu suchen.

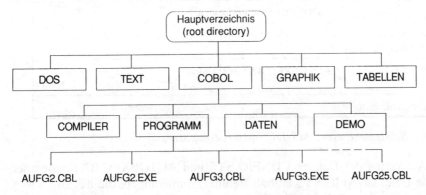

*Abb. 1.33 Verzeichnisstruktur einer Festplatte (Beispiel)*

Abbildung 1.34 zeigt die *Einschaltphase* eines unter dem Betriebssystem MS-DOS betriebenen Mikrocomputers. Dieser Abbildung ist die zeitliche Abfolge des Hardwaretests (POST, power-on-self-test), des Ladens der drei DOS-Systemdateien so-

| Wiederhole, bis kein Hardwarefehler mehr auftritt |||||
|---|---|---|---|---|
| Rechner einschalten |||||
| Automatischer Test der Hardwarefunktionen (POST, power-on-self-test) |||||
| Hardwarefehler ? |||||
| Ja | Nein ||||
| Ausgabe Fehlermeldung am Bildschirm | leer ||||
| Rechner ausschalten |  ||||
| Hardwarefehler beheben |  ||||

| Wiederhole bis Betriebssystem gefunden |||||
|---|---|---|---|---|
| Diskette in Laufwerk A: suchen |||||
| Diskette vorhanden ? |||||
| Ja | Nein ||||
| Betriebssystem auf Laufwerk A: suchen | Platte vorhanden ? |||
| | Ja | Nein ||
| System gefunden ? | System auf Laufwerk C: suchen | Fehlermeldung ausgeben |||
| Ja | Nein ||||
| leer | Fehlermeldung ausgeben | gefunden ? | Systemdiskette in Laufwerk A: einlegen |
| | | Ja | Nein | |
| | Systemdiskette in Laufwerk A: einlegen | leer | Fehlermeldung | |
| | | | System in Laufwerk A: einlegen | |

| Betriebssystem laden |||
|---|---|---|
| CONFIG.SYS vorhanden ? |||
| Ja | Nein ||
| Systemeinstellungen aktivieren | leer ||
| AUTOEXEC.BAT vorhanden ? |||
| Ja | Nein ||
| Stapeldateibefehle ausführen | leer ||

*Abb. 1.34   Startphase eines MS-DOS-Mikrocomputers*

wie das Auswerten der Dateien CONFIG.SYS und AUTOEXEC.BAT zu entnehmen.[1] Die Datei CONFIG.SYS enthält Benutzereintragungen, die das Betriebssystem an die jeweilige individuelle Geräteausstattung eines Verarbeitungssystems

---

1. Die graphische Ablaufdarstellung in Abb. 1.34 verwendet als Darstellungsmittel Strukturblöcke nach Nassi-Shneiderman. Zur Definition von Nassi-Shneiderman-Diagrammen siehe Abschnitt 2.2.

und Anwenderanforderungen anpassen (Treiberprogramme, Dateipuffer usw.). Alle Dateien mit der Namenserweiterung BAT sind *Stapelverarbeitungsdateien* (batch files), in die der Benutzer beliebige MS-DOS-Befehle zur Automatisierung von DV-Abläufen einstellen kann. Batch-Dateien können Aufrufparameter übergeben werden. Sie können auch Anweisungen enthalten, die die Befehlsabarbeitung bedingungsabhängig steuern. Die vom Benutzer eines Verarbeitungssystems einzurichtende Stapeldatei AUTOEXEC.BAT wird in der Einschaltphase eines Mikrocomputers automatisch ausgeführt (siehe Abb. 1.34). Sie ist geeignet, Betriebsbedingungen zu initialisieren (aktuelles Laufwerk, Verzeichnis, Tastaturanpassung, Suchpfade usw.) und beliebige Programme selbsttätig zur Ausführung zu bringen.

## 1.3.2 Dateiaufbereiter (Editor)

Ein Dateiaufbereiter oder Editor ist ein Dienstprogramm zum Erstellen, Lesen und Ändern von Dateien, die beliebige unformatierte Texte (Quellprogramme, Berichte usw.) oder formatierte Datensätze einer Datendatei enthalten. Bei der Erstellung von COBOL-Programmen wird ein Editor benötigt, um das Quellprogramm im Bildschirmdialog zu erfassen und als Quellcodedatei auf einem externen Speichermedium abzulegen. Mit Hilfe des Editors können zu einem späteren Zeitpunkt Korrekturen und Erweiterungen des Quellprogramms vorgenommen werden.

Zu den Grundfunktionen jedes Editors gehört das Eintragen, Löschen, Einfügen und Überschreiben von Zeichen, Zeichenketten und Zeilen. Dateiaufbereiter können zeilen- oder seitenorientiert arbeiten. Bei zeilenorientierten Editoren bezieht sich die Bearbeitung eines Textes jeweils nur auf eine Zeile. Moderne Editoren sind Ganzseiten-Editoren (full screen editor). Sie zeigen ganze Bildschirmseiten einer Datei am Bildschirm an. Eintragungen, Änderungen oder Ergänzungen können hier an beliebigen Zeilen-/Spaltenpositionen vorgenommen werden.

Das Bildschirm-Sichtfenster in eine Disketten- oder Plattendatei kann zeilen- oder seitenweise über den Dateiinhalt verschoben werden. Editorbefehle erlauben den Sprung an den Dateianfang oder das Dateiende. Zu den Grundfunktionen eines Editors gehört auch das Duplizieren von Zeilen, die Wiedergabe gelöschter Zeichen oder Zeilen an beliebigen Textstellen (Löschspeicher) sowie das Kopieren, Verschieben oder Löschen von Textblöcken. Insbesondere in längeren Textdateien können Zeichenketten gesucht und gegebenenfalls durch andere Zeichenketten ersetzt werden.

Editoren verwalten den jeweils aktuell zu bearbeitenden Text im Arbeitsspeicher des Rechners. Eintragungen und Änderungen werden erst auf Benutzeranforderung (Befehl "Datei sichern") auf das externe Speichermedium übernommen. Wird der Rechner vor dem Sichern des bearbeiteten Textes abgeschaltet oder das Editorprogramm ohne Textsicherung verlassen, sind die aktuellen Eingaben unwiederbringlich verloren. Die Textdatei befindet sich dann in einem Zustand, den sie vor Beginn der letzten Editorbearbeitung hatte. Eine bereits angelegte Datei wird mit Hilfe eines Editor-Befehls ("Datei laden") zwecks Modifikation in den Arbeitsspeicher eingelesen.

```
Help screen for...              Editing           Page 1              Help22
```

You can use the editor to create or change a file. Key text where you want it.
Use the cursor control keys (↑↓ →← PgUp PgDn Home End Ins Del ← ←⌐) to move
the cursor around the screen and to manipulate text. The untype key,←, removes
one character at the cursor position, restoring characters that were overtyped.

Apart from the functions shown on each menu, other functions are also generally
available when using the Editor the keystrokes for these are given below:

```
Home            = Home              End                = End
Top-of-file     = Ctrl + Home       Bottom-of-file     = Ctrl + End
PgUp            = PgUp              PgDn               = PgDn
Up-ten-screens  = Ctrl + PgUp       Down-ten-screens   = Ctrl + PgDn
Window-up       = Ctrl + ←          Window-down        = Ctrl + →
Scroll-lock     = Scroll Lock       Ins-lock           = Ins
ALT toggle      = Shift + F1        CTRL toggle        = Shift + F2
```

```
                   press F1 for more help or space bar to return
Editing-TEST───────20-lines────────Line-2────Col-8────Wrap-Ins-Caps-Num-Scroll
F1=help F2=COBOL F3=insert-line F4=delete-line F5=repeat-line F6=restore-line
F7=retype-char F8=restore-char F9=word-left F10=word-right    Alt Ctrl Escape
```

```
Help screen for...              Editing           Page 2              Help22
```

```
F1=help           Provides help for the screen you are currently using.
F2=COBOL          Check COBOL source and enter COBOL Animator.
F3=insert-line    Inserts a line before the current cursor position.
F4=delete-line    Deletes the line on which the cursor is currently positioned.
F5=repeat-line    Inserts a copy of the current line on the line before.
F6=restore-line   Inserts the line most recently deleted at the cursor position.
F7=retype-char    Restores the last character untyped at the cursor position.
F8=restore-char   Inserts the character most recently deleted after the cursor.
F9=word-left      Moves the cursor one word to the left.
F10=word-right    Moves the cursor one word to the right.
Alt               Selects menu for loading and saving files and line manipulation.
Ctrl              Selects menu for fast scrolling and text find.
Escape            Exits from the editor.
```

```
                   press F1 or space bar to return
Editing-TEST───────20-lines────────Line-2────Col-8────Wrap-Ins-Caps-Num-Scroll
F1=help F2=COBOL F3=insert-line F4=delete-line F5=repeat-line F6=restore-line
F7=retype-char F8=restore-char F9=word-left F10=word-right    Alt Ctrl Escape
```

```
Help screen for...            Editing (Alt)                         Help24
```

This menu allows you to load, save and print files, load and edit files
referred to by COPY statements, use the calculate facility, and manipulate
text. If you used the Alt toggle to go into this menu, you must press the Alt
toggle again to leave this menu.

```
F1=help              Provides help for the screen you are currently using.
F2=library           Edits a COPY of a file. Place the cursor on a COPY or CALL
                     statement before pressing Alt F2.
F3=load-file         Loads an existing text file into the editor.
F4=save-file         Copies the current edited file into a disk file.
F5=split-line        Splits the current line at the cursor position.
F6=join-line         Join the next line onto the end of the current line.
F7=print             Prints the current file.
F8=calculate         Turns on the calculate facility.
F9=untype-word-left  Untypes the word to the left of the cursor.
F10=delete-word-right Deletes the word to the right of the cursor; if the cursor
                     is at the start of a line, then spaces before the first
                     word are deleted.
                          press F1 or space bar to return
Editing-TEST───────20-lines────────Line-2────Col-8────Wrap-Ins-Caps-Num-Scroll
F1=help F2=library F3=load-file F4=save-file F5=split-line F6=join-line F7=print
F8=calculate F9=untype-word-left F10=delete-word-right
```

*Abb. 1.35a*

```
Help screen for...      Editing (Ctrl)      Page 2          Help25


  F1=Help         Provides help for the screen you are currently using.
  F2=find         Finds (and optionally replaces) a string of text.
  F3=block        Allows you to select and move a block of text and edit the text
                  within the block.
  F4=clear        Clears all text from the screen.
  F5=margins      Changes the margins for text entry within the editor.
  F6=draw         Changes to line drawing mode for the current screen of text.
  F7=forms        Designs screens and generates the COBOL code to use them.
  F8=word-wrap    When on, moves words too long to fit on the current line to the
                  next line. When off, typing continues until the end of the
                  current line. Any remaining characters of the word are placed
                  on the next line.
  F9=scroll up    Scrolls up the file quickly. Press any key to stop scrolling.
  F10=scroll down Scrolls down the file quickly. Press any key to stop scrolling.

                          press F1 or space bar to return
  Editing-TEST────────20-lines────────Line-2──────Col-8─────Wrap-Ins-Caps-Num-Scroll
  F1=help F2=find F3=block F4=clear F5=margins F6=draw F7=forms F8=word-wrap
  F9/F10=scroll ↑↓ / →←  (move window) Home/End (of text) PgUp/PgDn
```

*Abb. 1.35b   Funktionstastenbelegung und Help-Bildschirme des Editors der COBOL/2-Workbench (Micro Focus)*

Prinzipiell kann zum Editieren von Quellprogrammen jedes Textverarbeitungssystem (word processing system) verwendet werden, das über einen "Programm-Modus" verfügt. Normalerweise erstellen Textverarbeitungssysteme Dateien, die Sonderzeichen für die Textformatierung und Druckeransteuerung enthalten. Im Programm-Modus werden reine ASCII-Dateien erstellt, die von jedem COBOL-Compiler problemlos weiterverarbeitet werden können.

Für die komfortable Erstellung von Quellprogrammen werden am Markt Programm-Editoren angeboten, deren Funktionsumfang auf die Leistungsanforderungen eines Programmierers abgestimmt ist. Die Abbildungen 1.35a und 1.35b zeigen ausgewählte Funktionen des COBOL-Editors der Firma Micro Focus. Dieser Editor bietet seine Grundfunktionen in drei verschiedenen zweizeiligen Menüleisten an, die jeweils am unteren Bildrand eingeblendet sind. Direkt über den Menüleisten wird eine Statuszeile ausgegeben, die den Namen der aktuell bearbeiteten Datei, die Dateilänge (Zeilen), die aktuelle Cursor-Position usw. angibt. Zu den drei Auswahlmenüs sind die zugehörigen Help-Bildschirme wiedergegeben, die über Einzelfunktionen informieren (siehe Abb. 1.35a, 1.35b).

## 1.3.3 COBOL-Compiler und Linker

Bevor ein mit Hilfe eines Editors erzeugtes COBOL-Quellprogramm auf einem Mikrocomputer ausgeführt werden kann, muß es in Maschineninstruktionen überführt werden. Diese Aufgabe übernehmen Compiler und Binder (linker) bzw. ein Interpreter. In Abschnitt 1.1.5 wurden beide Übersetzungskonzepte erläutert.

Am Markt werden zahlreiche auf Mikrocomputern ablauffähige COBOL-Übersetzer angeboten. Diese Programme unterscheiden sich insbesondere hinsichtlich der folgenden Merkmale:

1. Betriebssystem
2. Sprachumfang
3. Übersetzungskonzept
4. Systemvoraussetzungen
5. Systemgrenzen der Anwenderprogramme
6. Mehrbenutzerbetrieb in PC-Netzwerken
7. Laufzeitverhalten
8. Verfügbare Programm-Entwicklungswerkzeuge

Ein bestimmtes Übersetzerprogramm ist lediglich unter *einem* Betriebssystem ablauffähig. Auch die erzeugten Anwenderprogramme sind nur unter dem Betriebssystem nutzbar, mit dessen Hilfe sie erzeugt wurden. In der Regel bieten Softwarehäuser ihre Übersetzer in Form von Produktvarianten für den Einsatz unter verschiedenen Mikrocomputer-Betriebssystemen an.

Die Programmiersprache COBOL wurde erstmals 1968 hinsichtlich ihres *Sprachumfangs* von American National Standards Institute als ANSI-COBOL-Standard X3.23-1968 genormt. Diese Sprachnorm ist zwischenzeitlich zweimal überarbeitet und als ANSI-COBOL-Standard X3.23-1974 und X3.23-1985 veröffentlicht worden. Im Bereich des Deutschen Instituts für Normung ersetzt die neue Norm DIN 66028, Ausgabe August 1986, den COBOL-Standard von 1974. Die aktuelle DIN-Norm, die US-amerikanische Norm ANSI X3.23-1985 sowie die internationale Norm ISO 1989-1985 der International Organization for Standardization sind inhaltsgleich. COBOL-85 kennt insgesamt mehr als 160 Neuerungen und Ergänzungen gegenüber COBOL-74. Die neue COBOL-Norm ist aufwärtskompatibel zum vorherigen Sprachstandard, d.h. Änderungen der neuen Norm wirken sich nicht auf bestehende COBOL-74-Programme aus. Zu den Neuerungen der Norm 1985 gehören insbesondere Sprachelemente, die die strukturierte Programmierung unterstützen.

Die derzeit verfügbaren COBOL-Übersetzerprogramme für Mikrocomputer unterscheiden sich hinsichtlich der vom Programmierer einsetzbaren Sprachelemente in dreierlei Hinsicht:

a. das Übersetzerprogramm berücksichtigt die Sprachnorm 1974 oder den neuen Standard 1985,

b. innerhalb einer Norm wird der gesamte Sprachumfang oder eine Teilmenge (subset) unterstützt und

c. alle Übersetzerprogramme erlauben in unterschiedlichem Umfang die Verwendung von Spracherweiterungen.

COBOL-Programme, die auf der Grundlage der Sprachnorm 1974 oder des neuen Standards 1985 für Mikrocomputer entwickelt wurden, sind nach einer erneuten Übersetzung auch auf Mini- und Mainframe-Rechnern ablauffähig. Modifikationen sind bei dieser Portierung von Programmen lediglich erforderlich, wenn das Übersetzerprogramm des neuen Zielrechners eine kleinere Sprach-Teilmenge (subset) unterstützt.

Die neue COBOL-Norm 1985 ordnet Anweisungen und Deklarationen einem von sieben Pflicht- oder vier Wahlmodulen zu (siehe Abb. 1.36). Jeder Modul ist nochmals in die Stufen (level) 1 und 2 unterteilt. Stufe 1 eines Moduls enthält jeweils eine echte Sprachteilmenge der Stufe 2.[1] Die Stufen der sieben Pflichtmodulen wurden zu drei Sprach-Subsets zusammengefaßt. Der Subset MINIMUM ist eine Teilmenge von INTERMEDIATE und dieser wiederum vom Subset HIGH. Abbildung 1.36 läßt z.B. erkennen, daß ein COBOL-Compiler ANSI-1985/MINIMUM die Verwaltung von Direktzugriffsdateien (INDEXED I-O, RELATIVE I-O) nicht unterstützt.

| Pflichtmodulen | Kurz-form | Geforderte Stufen in den Subsets (Teilmengen) | | |
|---|---|---|---|---|
| | | MINIMUM | INTER-MEDIATE | HIGH |
| NUCLEUS | NUC | 1 | 1 | 2 |
| SEQUENTIAL I-O | SEQ | 1 | 1 | 2 |
| INTER-PROGRAM COMMUNICATION | IPC | 1 | 1 | 2 |
| RELATIVE I-O | REL | - | 1 | 2 |
| INDEXED I-O | INX | - | 1 | 2 |
| SOURCE TEXT MANIPULATION | STM | - | 1 | 2 |
| SORT-MERGE | SRT | - | 1 | 1 |

| Wahlmoduln | Kurz-form | Stufe |
|---|---|---|
| REPORT WRITER | RPW | 1 |
| COMMUNICATION | COM | 1 & 2 |
| DEBUG | DEB | 1 & 2 |
| SEGMENTATION | SEG | 1 & 2 |

Abb. 1.36
Pflicht und Wahlmoduln der COBOL-Norm 1985

Nahezu alle Compiler für Mikrocomputer, Mini- und Mainframerechner sehen eine Reihe von Spracherweiterungen vor, die über den jeweiligen Sprachstandard hinausgehen. Solche ungenormten Spracherweiterungen bezwecken die bessere Ausnutzung von Hardware-Eigenschaften einer bestimmten Rechnerklasse, unterstützen einen benutzerfreundlichen Bildschirmdialog oder bieten dem Programmierer zusätzliche Freiheitsgrade bei der Gestaltung seiner Programme.

Bei der Nutzung von Spracherweiterungen entsteht der Zwang zur Modifikation eines Programms, wenn dieses auf einen anderen Zielrechner portiert und dort erneut übersetzt werden muß. Normgerechte COBOL-Compiler besitzen einen Mechanismus, der es zur Umwandlungszeit erlaubt, alle im Quellprogramm verwendeten Sprachelemente zu markieren, die nicht zu einem vorgewählten Subset (MINIMUM, INTERMEDIATE oder HIGH) gehören. So lassen sich insbesondere

---

1. Lediglich für die Moduln SORT-MERGE und REPORT WRITER wurden keine Untermengen definiert. Die COBOL-Normen 1968 und 1974 sahen eine abweichende Modul-Gliederung und Teilmengenbildung vor.

auch alle herstellerspezifischen Spracherweiterungen innerhalb eines Programms auffinden.

COBOL-Übersetzerprogramme für Mikrocomputer sehen Spracherweiterungen insbesondere für die benutzerfreundliche Gestaltung von Bildschirmoberflächen (zeilen- und spaltenbezogene Dateneingaben/-ausgaben), die Farbgestaltung des Bildschirms, die Auswertung von Funktionstasten sowie weitere hardwarenahe Funktionen vor. Mit Hilfe von Konvertierungsprogrammen können Spracherweiterungen marktgängiger Übersetzer in solche eines anderen Compiler-Herstellers transformiert werden.

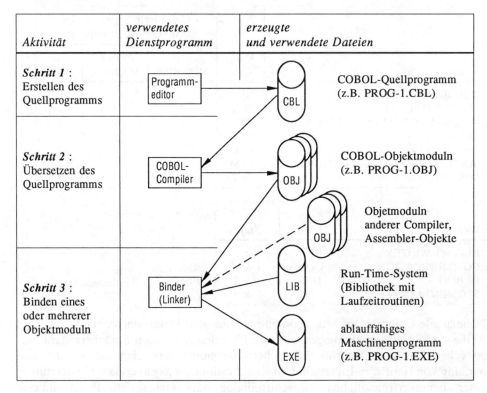

*Abb. 1.37   Arbeitsschritte zur Erzeugung ablauffähiger Programme*

Die meisten verfügbaren COBOL-Übersetzer für Mikrocomputer arbeiten als Compiler. Abbildung 1.37 zeigt die typischen Arbeitsschritte zur Erzeugung ablauffähiger Programme nach diesem Konzept. Das mit Hilfe eines Editors erstellte Quellprogramm wird vom Compiler in ein betriebssystemunabhängiges Objektprogramm transformiert. Der Binder erzeugt aus einem oder mehreren Objektmodulen unter Verwendung betriebssystemabhängiger Routinen des Run-Time-Systems (Eingabe-/Ausgabesteuerung, Dateiverwaltung usw.) ein ausführbares Maschinenprogramm.

Abbildung 1.38 zeigt ein von der bisherigen Darstellung abweichendes Ablaufschema zur Erzeugung ausführbarer Programme (Micro Focus COBOL/2-Workbench, MS-DOS-Version). Über die Arbeitsschritte Editieren, Checken, Compilieren und Linken können hier ebenfalls selbständig ablauffähige Maschinenprogramme (EXE-Dateien) erzeugt werden, die denen der Abb. 1.37 entsprechen. Zusätzlich bietet dieses Konzept dem Programmierer zwei Vorteile. Der Compile-Schritt zerfällt in Teilschritte. Ein Syntax-Checker erzeugt eine *Zwischencodedatei* (INT-Datei), die von einem Run-Modul zur Ausführung gebracht werden kann. Der Zwischencode wird auch für umfangreiche Quellprogramme sehr schnell erzeugt. Er enthält Aufrufe an Laufzeitroutinen, die erst zum Verarbeitungszeitpunkt wirksam werden. Fehlerbehaftete COBOL-Quellprogramme lassen sich so in einem zeitverkürzten Testzyklus (editieren-checken-editieren bzw. editieren-checken-ausführen-editieren usw.) beschleunigt korrigieren. Zudem werden bereits im Check-Lauf Hilfsdateien erstellt (IDY-Dateien), die das sich ggf. unmittelbar anschließende interaktive Debugging des Programms unterstützen.[1]

Bedeutsamer als die zeitverkürzten Testzyklen sind die Funktionen des System-Builders sowie des Library-Managers einzuschätzen (vgl. Abb. 1.38). Der System-Builder verbindet das Compilat eines (Haupt-)Programms (GNT-Datei) mit den erforderlichen Laufzeitroutinen in einer EXE-Datei. Nach dem Laden der EXE-Datei sind die Laufzeitroutinen speicherresident. Sie werden vom Hauptprogramm (der EXE-Datei) bei Bedarf aufgerufen und stehen insbesondere auch beliebig vielen von Hauptprogrammen aufrufbaren COBOL-Unterprogrammen (GNT-Dateien) zur Verfügung.

Bei Anwendersystemen, die lediglich aus einem COBOL-Programm bestehen, ergeben sich bei diesem Konzept aufgrund des zeitaufwendigen Aufrufs von Run-Time-Routinen im Vergleich zur statischen Einbindung mit Hilfe eines Linkers Laufzeitnachteile. Die Vorteile des Konzepts kommen bei den üblicherweise aus einem COBOL-Haupt- und zahlreichen COBOL-Unterprogrammen bestehenden Anwendersystemen zum tragen. Laufzeitroutinen werden hier nur einmal redundanzfrei in den Arbeitsspeicher geladen und stehen allen Teilprogrammen einer Anwendung zur Verfügung. Die dynamisch nachladbaren COBOL-Unterprogramme im GNT-Format sind im Vergleich zu gebundenen EXE-Moduln codekompakter und damit beschleunigt ladbar. Der in Abb. 1.38 dargestellte Library-Manager bietet zudem die Möglichkeit, Unterprogramme, Bildschirmmasken und Datendateien in Anwenderbibliotheken übersichtlich und damit in gut distributierbarer Form zusammenzufassen. Im Vergleich zu dynamisch nachladbaren EXE-Dateien des Linker-Konzepts werden Library-Dateien beschleunigt zugegriffen.

Bisher wurden die Merkmale Sprachumfang und Übersetzungskonzept zur Charakterisierung von COBOL-Übersetzerprogrammen erläutert. Weitere Unterscheidungsmerkmale ergeben sich aus den Anforderungen des jeweiligen Übersetzers an seine maschinelle Umgebung (Systemvoraussetzungen). Einzelne Produkte sind bereits auf Mikrocomputern mit lediglich einem Diskettenlaufwerk einsetzbar, andere müssen auf Festplatten mit einer Freikapazität von mehreren MByte installiert sein. Auch hinsichtlich des verfügbaren Arbeitsspeichers werden unterschiedliche Anforderungen gestellt (640 KByte bis 12 MByte).

---

1. Siehe hierzu Abschnitt 1.3.5.

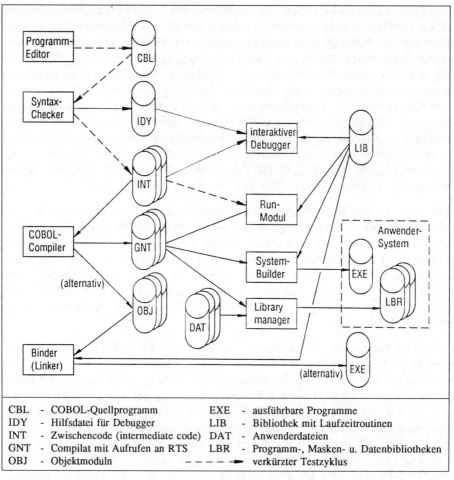

| CBL | - | COBOL-Quellprogramm | EXE | - | ausführbare Programme |
| IDY | - | Hilfsdatei für Debugger | LIB | - | Bibliothek mit Laufzeitroutinen |
| INT | - | Zwischencode (intermediate code) | DAT | - | Anwenderdateien |
| GNT | - | Compilat mit Aufrufen an RTS | LBR | - | Programm-, Masken- u. Datenbibliotheken |
| OBJ | - | Objektmoduln | – – – – ▶ | | verkürzter Testzyklus |

*Abb. 1.38   Ablaufschema Micro Focus COBOL/2-Workbench*

Die mit Hilfe marktgängiger Übersetzer erzeugbaren Anwenderprogramme unterliegen unterschiedlichen *Systemgrenzen*. Einige Übersetzer verwalten lediglich Anwenderdaten im Umfang von maximal 64 KByte, andere können den gesamten physisch verfügbaren Arbeitsspeicher adressieren. Die Betriebssysteme UNIX und OS/2 unterstützen eine virtuelle Speicherverwaltung, die das Auslagern von ungenutzten Code- und Datensegmenten eines aktiven Programms auf eine Festplatte ermöglicht. Bei Bedarf werden solche ausgelagerten Segmente in den Arbeitsspeicher geladen. Hier entfallen dann die vom Arbeitsspeicher gesetzten Systemgrenzen.

Weitere Unterscheidungsmerkmale von Übersetzern sind die maximale Anzahl gleichzeitig zugreifbarer (geöffneter) Dateien, die maximale Dateigröße, die Anzahl der je Direktzugriffsdatei speicherbaren Datensätze, deren maximale Satzlänge sowie die Anzahl und Länge der je Direktzugriffsdatei definierbaren Zugriffsschlüssel.

Bei Mehrplatzsystemen sowie in Rechner-Netzwerken ist es erforderlich, mehreren Benutzern den simultanen lesenden und/oder schreibenden Zugriff auf Anwenderdateien zu ermöglichen. Nicht alle COBOL-Übersetzer sehen Sprachelemente für die Koordination der Datensatzzugriffe im Mehrbenutzerbetrieb vor. Die von unterschiedlichen Herstellern angebotenen Übersetzer unterscheiden sich auch in der Effektivität der erzeugten ablauffähigen Programme. So lassen sich insbesondere bei Anwendungen mit intensiver Dateiverarbeitung Laufzeitunterschiede im Verhältnis von bis zu 1:10 registrieren.

Als weiteres Auswahlkriterium für COBOL-Übersetzer, die für die professionelle Erstellung von Anwendungen eingesetzt werden sollen, sind die vom Hersteller ergänzend angebotenen Programm-Entwicklungshilfsmittel anzusehen. Neben den in den nachfolgenden Abschnitten zu erläuternden Testhilfen, Maskengeneratoren und Werkzeugen für die Entwicklung graphischer Benutzeroberflächen (GUI) gehören hierzu das im Zusammenhang mit Abb. 1.38 erläuterte Bibliothekssystem, Erweiterungen zur objektorientierten Programmierung (OOP), Optimierungshilfen für Quellprogramme, Unterstützung verteilter Datenhaltung in Rechnernetzen und die Unterstützung der im Großrechnerbereich verbreiteten COBOL-Sprachdialekte einschließlich der Schnittstellen zu Datenbanken und integrierten Software-Entwicklungsumgebungen.

### 1.3.4 Maskengenerator

Anwendungsprogramme für Mikrocomputer sind in aller Regel *interaktive Programme*. Im Gegensatz zu Stapel- oder Batch-Programmen bieten diese Anwendungen dem Benutzer die Möglichkeit, über Auswahlmenüs Programmfunktionen anzuwählen, Daten mit Hilfe der Tastatur einzugeben und sich ggf. Verarbeitungsergebnisse unmittelbar anschließend am Bildschirm anzeigen zu lassen. Der Benutzer tritt in einen andauernden Mensch-Maschine-Dialog ein, was die Bezeichnung interaktiver Programme als *Dialogprogramme* rechtfertigt. *Stapel-* oder *Batch-Programme* sehen keine Benutzerinteraktion vor. Bei der Stapelverarbeitung (batch processing) muß ein Verarbeitungsauftrag vollständig definiert sein, bevor er dem Rechner zur Abarbeitung übergeben wird. Nach dem Start eines Batch-Programms kann auf dessen Ablauf kein Einfluß mehr genommen werden. Bei der interaktiven Datenverarbeitung (interactive processing) liegt eine schrittweise Auftragsabwicklung mit ständiger Kommunikation zwischen Benutzer und Verarbeitungssystem vor.

Abbildung 1.39 zeigt beispielhaft das Bildschirmformular eines Dialogprogramms zur Berechnung von Finanzierungsalternativen. Dieser Bildschirm ist in drei Bereiche eingeteilt. Der obere Bereich dient der Dateneingabe durch den Benutzer. Im mittleren Bildschirmbereich werden Verarbeitungsergebnisse angezeigt. Den Abschluß des Bildschirms bildet eine Menüleiste, die dem Benutzer fünf Programmfunktionen optional anbietet. Betätigt der Benutzer die Funktionstaste F2, werden die Ein- und Ausgabedaten vom Bildschirm gelöscht und die Möglichkeit zur Eingabe einer neuen Datenkonstellation geboten. Taste F3 löscht lediglich die

Ausgabedaten und fordert zur Modifikation der Eingabedaten auf. Mittels der Funktionstaste F4 können Informationen zum Wertebereich der Eingabedaten ein- und ausgeblendet werden. Über die Escape-Taste wird die Programmfunktion "Finanzierung" verlassen.

Ein Algorithmus zur Realisierung der vorstehend beispielhaft beschriebenen Dialogfunktionen wird die Ausgabe des Bildschirmformulars, die Auswertung der Funktionstasten sowie die Datenerfassung, deren Verarbeitung und die anschließende Ausgabe der Ergebnisse am Bildschirm vorsehen. Problemorientierte Programmiersprachen wie COBOL, FORTRAN usw. erlauben lediglich den *zeilenweisen* Aufbau des Bildschirms. Um den in Abb. 1.39 angegebenen Bildschirm anzuzeigen, müßte das zugehörige Quellprogramm bis zu 25 Ausgabeanweisungen enthalten. Zusätzlich sieht COBOL vor, daß für jedes zu erfassende Datum eine Anweisung zu codieren ist. Der Aufwand zur Realisierung von Dialogprogrammen mit zahlreichen Bildschirmformularen wäre mithin beträchtlich.

*Maskengeneratoren* sind ein komfortables Hilfsmittel des Programmierers bei der Realisierung von Dialoganwendungen. Sie bestehen aus einem Full-Screen-*Maskeneditor* und einem *Generierungsprogramm* für Quellcode. Der Maskeneditor arbeitet ähnlich wie ein Text- oder Programmeditor. Mit seiner Hilfe werden Bildschirmformulare oder auch Hilfetexte editiert. Sollen in einem Arbeitsformular Daten erfaßt oder am Bildschirm ausgegeben werden, sind die zugehörigen Bildschirmabschnitte mittels generatorspezifisch definierter Symbole für Feldtypen und Feldlängen zu markieren. Das so erzeugte Bildschirm-Layout, die *Bildschirmmaske,* wird in eine *Maskendatei* abgespeichert. Sie kann beliebig häufig erneut geladen und mittels des Maskeneditors modifiziert werden.

```
                                        ┌─ Wertebereiche ──────┐
         Objektkaufpreis :  [ 320.000,00] DM    2 T - 3 Mio DM

            Anspardauer :         [  5] Jahre   0 -  25 Jahre
          Kreditlaufzeit :        [ 20] Jahre   0 -  35 Jahre

        Quote Eigenmittel :       [ 30] %       0 - 100 %

           Guthabenszins :     [ 7,50] % p.a.   0 -  15 %
             Kreditzins :      [ 8,70] % p.a.   0 -  20 %
                                        └──────────────────────┘

              Eigenmittel :      96.000,00 DM
            Kreditbetrag :      224.000,00 DM
         Monatl. Ansparrate :    1.315,42 DM
        Monatl. Rückzahlung :    1.972,37 DM
         Effektivzins Kredit :       9,06 %
            Tilgungsanteil :       933,33 DM
               Zinsanteil :      1.039,04 DM

Finanzierung ─────────────────────────────────────────────────
F1-Help  F2-Eingabe  F3-Modifikation  F4-Wertebereich    Escape
```

*Abb. 1.39 Bildschirmmaske zur Berechnung von Finanzierungsalternativen*

Der Programmierer kann die zu einem Dialogprogramm erstellten Bildschirmmasken – ggf. auch nach Ausgabe auf einem Drucker – von zukünftigen Programmbenutzern beurteilen lassen. Die Akzeptanz eines Dialogprogramms hängt ganz wesentlich von der Qualität der "Benutzerschnittstelle Bildschirm" ab. Änderungswünsche zukünftiger Programmbenutzer (zusätzliche Ein-/Ausgabedaten, Bildschirmaufbau usw.) können mit Hilfe des Maskeneditors berücksichtigt werden, bevor die erste Quellcodezeile einer Anwendung geschrieben wird.

Aufgabe des *Generatorteils* eines Maskengenerators ist die Erzeugung des Quellcodes zum Ausgeben *ganzseitiger* Bildschirmformulare sowie zum Entgegennehmen *aller* Erfassungsdaten einer Maske mittels *einer* Anweisung. Das Generatorprogramm liest und interpretiert die Maskendatei (einschließlich der Feldtyp-/ Feldlängenmarkierungen). Als Verarbeitungsergebnis werden COBOL-spezifische Datendefinitionen und Programmbefehle für das Senden der Bildschirmmaske bzw. das Erfassen von Daten erzeugt, die in das Anwendungsprogramm zu übernehmen sind. Durch den Einsatz eines Maskengenerators wird der Programmierer von Routinetätigkeiten entlastet und die Erstellungszeit von Dialoganwendungen drastisch reduziert.

### 1.3.5 Graphische Benutzeroberflächen (GUI)

Die Entwicklung graphischer Benutzeroberflächen (GUI, Graphical User Interface) begann 1980 im *Palo Alto Research Center* der Firma Xerox. Der erste Anbieter dieser neuen Benutzerführung war die Firma Apple. Die weltweite Verbreitung der DOS-Ergänzung Windows durch Microsoft hat diese Oberflächentechnologie als "Fensteroberfläche" dann allgemein bekannt gemacht. Wesentlichen Einfluß auf die aktuelle Diskussion zur Oberflächengestaltung haben die CUA-Designrichtlinien der IBM. CUA (Common User Access) ist eine von vier Säulen der Systems Application Architecture (SAA), die ein Rahmenwerk für das Zusammenwachsen von Mainframe, Midrange, Workstation und PC im Sinne des Distributed Processing bilden sollen.

Der Zweck graphischer Benutzeroberflächen liegt in der *Vereinheitlichung* des *Erscheinungsbilds*, der *Benutzerführung* und der *Bedienung* unterschiedlichster Anwendungsprogramme. Die Benutzer von GUI-Programmen sollen sich – einmal mit deren Bedienung vertraut – ohne größeren zeitlichen und intellektuellen Aufwand möglichst intuitiv in neue Anwendungen einarbeiten können.

GUI-Anwendungen nutzen den Bildschirm als "elektronischen Schreibtisch" (Desktop). Diese Programme werden vorrangig mit Hilfe der Maus bedient. Anwendungen im klassischen Sinne oder die Objekte der jeweiligen Anwendungswelt und der Systemumgebung (Drucker, Ordner, Papierkorb usw.) werden als graphische Symbole (Icons) auf dem Bildschirm angeordnet. Die Eigenschaften der Objekte und die jeweils zulässigen Verarbeitungsfunktionen erschließen sich dem Benutzer durch Anklicken mit der Maus.

COBOL-Programme können für die Zielplattformen MS-Windows, OS/2 Workplace Shell und Motiv bzw. Open Look für UNIX auf *zwei unterschiedlichen Wegen* erstellt werden: konventionell als systemnahe GUI-Programmierung unter Verwendung der jeweils ca. 800 API-Calls einer Plattform (ggf. mit Einsatz von API-Generatoren für die Dialogablaufsteuerung) oder alternativ mit Hilfe von

HIMS-Werkzeugen (Human Interface Management Systems), die weitgehend unabhängig vom COBOL-Programm die anwendungsspezifische Bildschirm-, Tastatur- und Maussteuerung übernehmen.

Abbildung 1.40 zeigt als Beispiel eines HIMS-Tools das Hauptmenü des *Dialog System* von Micro Focus. Eine mit diesem Werkzeug erstellte Oberfläche kann ohne Quellcodeänderungen auf die Plattformen OS/2 PM, MS-Windows, UNIX und AIX portiert und zusätzlich die Textmodi von MS-DOS und OS/2 emulieren.

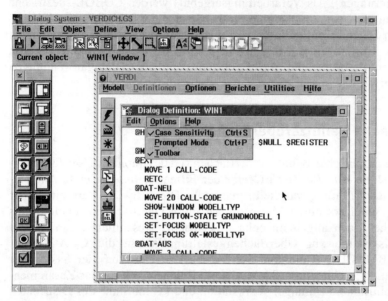

Abb. 1.40 *Entwicklungsumgebung für graphische Oberflächen (Dialog System)*

### 1.3.6 Testhilfen (Debugger)

Bei der Erstellung von COBOL-Programmen unterlaufen auch erfahrenen Programmierern Fehler. Diese lassen sich in zwei Gruppen einteilen: Kompilierzeitfehler und Laufzeitfehler. *Kompilierzeitfehler* werden bereits zum Zeitpunkt der Übersetzung eines Programms erkannt. Ursächlich für diese Fehlerkategorie sind formale Verstöße gegen Notationsvorschriften für Anweisungen, Datendefinitionen und sonstige Deklarationen. Auf jeden formalen Fehlgebrauch der Sprache reagiert der Compiler mit einer Syntax-Fehlermeldung, die die betroffene Quellcodezeile und die Art des jeweiligen Fehlers erkennen läßt. Die Korrektur dieser Syntax-Verstöße wirft in aller Regel keine Probleme auf.

Sehr zeitaufwendig kann die Beseitigung von Fehlern sein, die zur Laufzeit eines Programms auftreten. Sie machen sich auf zweierlei Art bemerkbar. *Laufzeitfehler* mit *abnormaler Programmbeendigung* führen zum Abbruch des Verarbeitungslaufs vor dem Erreichen des Programmendes. Ursächlich hierfür sind unzulässige oder unerfüllbare Anforderungen des Programms. So ist etwa der Versuch, eine Datei zu lesen, die physisch nicht vorhanden ist, ebenso zum Scheitern verurteilt wie der Versuch einer Division durch Null. Es gibt zahlreiche weitere Ursachen für Laufzeitfehler mit abnormaler Programmbeendigung.

*Verarbeitungsfehler* mit *normaler Programmbeendigung* liegen vor, wenn ein erzieltes Verarbeitungsergebnis der Intention des Programmierers nicht entspricht. Das Programm wird hier zwar vollständig abgearbeitet, sein Algorithmus deckt die Problemstellung jedoch nur unzureichend ab. So können z.B. Variablen unzulässig initialisiert oder die Operanden einer Anweisung vertauscht sein. Die Ursachen von Verarbeitungsfehlern mit normaler Programmbeendigung lassen sich häufig nur nach sorgfältiger Analyse des Verarbeitungsalgorithmus aufspüren.[1]

Testhilfen unterstützen den Programmierer beim Lokalisieren der Ursachen von Laufzeitfehlern sowie beim Überprüfen des Algorithmus eines Programms auf Korrektheit. Die Programmiersprache COBOL verfügt über eine spracheigene Testhilfeeinrichtung, den *COBOL-Debug-Testmodul*. Mit Hilfe dieser Einrichtung kann ein Programmablaufprotokoll erzeugt und in eine Debug-Datei geschrieben werden. Die Informationen dieses Testprotokolls erlauben Rückschlüsse auf die Ursachen von Laufzeitfehlern. Auf diesen COBOL-spracheigenen Debug-Testmodul wird im Kapitel 7 einzugehen sein.

Erheblich komfortabler und zeitsparender als mit dem COBOL-Debug-Testmodul lassen sich mit Hilfe *interaktiver Debugger* Einblicke in Programmabläufe und mithin Rückschlüsse auf die Ursachen von Laufzeitfehlern gewinnen. Interaktive Debugger sind eigenständige Programm-Entwicklungswerkzeuge für den Programmtest und die Fehlersuche. Sie bieten dem Programmierer die Möglichkeit, sich den Quellcode eines Programms während der Programmausführung am Bildschirm anzeigen zu lassen. Das Anwendungsprogramm kann in Einzelschritten anweisungsweise oder mit einer vorwählbaren Geschwindigkeit abgearbeitet werden. Die Werte einer oder mehrerer Variablen können zu beliebigen Zeitpunkten abgefragt, angezeigt und ggf. auch geändert werden. Ausgewählte Datenwerte sind dauernd überwachbar (monitoring). Sie werden bei der weiteren Programmausführung ständig aktualisiert. Daten- oder Berechnungsfehler sind so auf Quellcodeebene erkenn- und korrigierbar.

Abbildung 1.41 zeigt ein Anwendungsbeispiel für den Einsatz eines interaktiven Debuggers (ANIMATOR, Firma Micro Focus). Der Bildschirm gibt einen Programmausschnitt von 20 Quellcodezeilen des Programms "Finanzierungsalternativen" wieder, dessen Dialogbildschirm im vorausgegangenen Abschnitt (siehe Abb. 1.39) erläutert wurde. Der in Abb. 1.41 gezeigte Programmausschnitt hat im wesentlichen Zins- und Zinseszinsberechnungen zum Inhalt. Mit Hilfe der Monitor-Funktion des Debuggers werden sieben Datenwerte überwacht. Ihre Datennamen sowie der aktuelle Speicherinhalt sind am rechten Bildschirmrand ausgewiesen. Insbesondere auch Zwischenergebnisse einer Berechnung, im dargestellten Beispiel Aufzinsungsfaktoren, können mit Hilfe des Debuggers leicht kontrolliert werden. Liegen algorithmische Fehler vor, ist das Quellprogramm zu korrigieren.

---

1. Bei genauer Betrachtung lassen sich vier Fehlerursachen unterscheiden; siehe hierzu Kapitel 7.

Mit Hilfe des interaktiven Debuggers ANIMATOR können zur Laufzeit des Programms Datenwerte geändert, Programmfehler umgangen und auch zusätzliche COBOL-Anweisungen zu Kontroll- oder Korrekturzwecken in das Programm eingefügt werden. Der Programmierer kann sich jederzeit den vom zu testenden Programm aktuell erzeugten Bildschirm anzeigen lassen.

```
833*--- Berechnung: nachschüssige Abzahlung, vorschüssige Anspar ┌KAUFPREIS─┐
834                                                              │0350000,00│
835     COMPUTE EIGEN    ROUNDED =    KAUFPREIS * ANTEIL / 100.  └──────────┘
836     COMPUTE KREDIT            =    KAUFPREIS - EIGEN.         ┌ANTEIL┐
837                                                               │  030 │
838     COMPUTE AZ-FAKTOR ROUNDED                                 └──────┘
839                       =   1 + KREDITZINS / ( 12 * 100  ┌EIGEN─────┐
840                                                        │0105000,00│
841     COMPUTE AUFZINSUNG ROUNDED                         └──────────┘
842                       =   AZ-FAKTOR ** ( 12 * LAUFZEIT ┌KREDIT────┐
843                                                        │0245000,00│
844     IF KREDITZINS > 0                                  └──────────┘
845         COMPUTE RATE ROUNDED =                   ┌AZ-FAKTOR─────────┐
846              ( KREDIT * AUFZINSUNG * ( AZ-FAKT   │1,0029166666666667│
847              /  ( AUFZINSUNG - 1 )                └──────────────────┘
848         ELSE                                     ┌AUFZINSUNG────────┐
849         COMPUTE RATE ROUNDED =  KREDIT / ( 12 * LAUF│001,190942829142897│
850                                                 └──────────────────┘
851     COMPUTE EFFZINS ROUNDED =                       ┌RATE──────┐
852                      100 * (( AZ-FAKTOR ** 12 ) - 1).│0001616,89│
853                                                      └──────────┘
Options─PROG-22─────────────────────────Level=03─Speed=5─Ins─Caps─Num─Scroll
F1=help F2=view F3=align F4=exchange F5=where F6=look-up F9/F10=word-</> Escape
Step Go Zoom next-If Perform Reset Break Env Query Find Locate Text Do Alt Ctrl
```

Abb. 1.41 *Anwendungsbeispiel interaktives Debugging (COBOL/2 ANIMATOR)*

Das Produkt ANIMATOR wurde hier stellvertretend auch für Debugger anderer Anbieter zur Erläuterung herangezogen. Dieses Programm ist insbesondere auch dem COBOL-spracheigenen Debug-Testmodul an Flexibilität weit überlegen. Interaktive Debugger sind geeignet, den häufig erforderlichen erheblichen Zeitaufwand zur Korrektur von Laufzeitfehlern mit abnormaler oder normaler Programmbeendigung drastisch zu reduzieren und damit die Produktivität der Softwareentwicklung deutlich zu verbessern.

## 1.4 Vernetzung von Mikrocomputern

In den vorangegangenen Abschnitten wurden die Hard- und Softwarekomponenten eines Mikrocomputer-Arbeitsplatzes für die Erstellung von COBOL-Programmen erläutert. Der Mikrocomputer mit seinen Ein-/Ausgabegeräten und Externspeichern bildet zusammen mit dem Betriebssystem sowie den Programm-Entwicklungswerkzeugen Editor, Compiler/Binder, Maskengenerator und Debugger eine selbständig einsatzfähige Systemumgebung für die Programmentwicklung.

Ergänzend zu diesen selbständigen Einplatzsystemen wurde das Konzept der z.B. unter dem Betriebssystem UNIX betreibbaren Mehrplatzsysteme charakterisiert. Zumindest in Ausbildungsinstitutionen wird einem Programmieranfänger häufig weder ein Einplatz- noch ein Mehrplatzsystem als Umgebung der Programmentwicklung zur Verfügung stehen. Erhebliche Verbreitung haben inzwischen *Mikrocomputer-Netzwerke* gefunden, in denen mehrere selbständige Verarbeitungssysteme über Datenübertragungswege miteinander kommunizieren. Auf den Zweck sowie die Auswirkungen solcher Rechnernetze oder Rechnerverbundsysteme als Umgebung der Programmentwicklung soll hier kurz eingegangen werden.

Folgende *Ziele* können mit der Einrichtung von Rechnernetzen verfolgt werden:

- Magnetplatten hoher Kapazität sowie periphere Geräte wie z.B. Drucker stehen nur an einzelnen Rechnern zur Verfügung, sollen aber von allen Netzteilnehmern gemeinsam genutzt werden,
- Standard- und Individualprogramme, insbesondere auch Editoren, Compiler, Debugger usw., sind nur auf den Magnetplatten eines Rechners installiert, sollen aber an allen Rechnern genutzt werden,
- Anwenderdaten sind physikalisch verteilt gespeichert, können aber von verschiedenen Rechnern bzw. Benutzern gemeinsam schreibend und/oder lesend zugegriffen werden,
- innerhalb des Rechnerverbunds besteht die Möglichkeit des Austauschs von Informationen zwischen Benutzern.

Die genannten Zielsetzungen werden von Mikrocomputer-Netzwerken erfüllt. Sind auch Mini- und Mainframe-Rechner in ein Netzwerk einbezogen, besteht zusätzlich die Möglichkeit, Belastungsungleichgewichte durch Verteilung der Verarbeitungsaufgaben auf die gekoppelten Rechner auszugleichen. Die Komplexität eines Netzwerks hängt von seiner räumlichen Verteilung sowie der Art der verwendeten Datenübertragungswege ab. Abbildung 1.42 zeigt eine dreistufige Netzwerkhierarchie mit den Elementen:

- lokale Netzwerke (local area network, LAN)
- stadtweite Netzwerke (metropolitan area network, MAN)
- Weitverkehrsnetze (wide area network, WAN)

In lokalen Netzwerken kommunizieren Mikrocomputer auf räumlich begrenztem Gebiet (Bürogebäude, Campus usw.) über private Nieder- oder Hochfrequenzleitungen bzw. Lichtwellenleiter. Die Art der Anordnung und Verbindung von Mikrocomputern bezeichnet man als *Netzwerktopologie*. Verbreitete Verbindungsformen sind die *Ring-, Bus-* und *Sterntopologie* (siehe Abb. 1.42, unten).

Lokale Netzwerke, auch solche unterschiedlicher Topologie, können über *Brücken* (LAN-Bridge) miteinander gekoppelt und über *Gateway-Rechner* Zugang zu Mini- und Mainframe-Rechnern bzw. Netzwerken der MAN- und WAN-Ebene haben. Stadtweite (MAN) und landesweite (WAN) Netzwerke nutzen als Datenübertragungswege die Fernmeldewege der Post.

COBOL-Programme können *in* und/oder *für* LAN-Umgebungen entwickelt werden. Bei der Erstellung von Programmen in einer Netzwerkumgebung sind die Programm-Entwicklungswerkzeuge auf den Festplatten eines Versorgungsrechners installiert. Der Programmierer als Netzwerkteilnehmer muß sich über eine ihm zugeteilte *Benutzerkennung* (user identification, password) Zugang zum Netzwerkbetrieb verschaffen. Mit der Benutzerkennung sind Zugriffs- bzw. Nutzungsrechte für zentral gespeicherte Programme und Datendateien sowie Plattenbereiche und Drucker an LAN-Rechnern verbunden.

Der Zugang zum Netz wird von einem Netzwerkbetriebssystem verwaltet, das auch die Kommunikation zwischen den Rechnern steuert und überwacht.

Lokal erstellte und gegebenenfalls auch ausgetestete Programme für die Nutzung auf Mini- oder Mainframe-Rechnern können über eine Gateway-Verbindung auf den jeweiligen Zielrechner transferiert und dort dann erneut übersetzt werden.

Bei der Erstellung von COBOL-Programmen für die gemeinsame Nutzung durch LAN-Teilnehmer sind besondere Vorkehrungen seitens des Programmierers lediglich dann zu treffen, wenn mehrere Benutzer zur gleichen Zeit mit demselben Datenbestand arbeiten wollen. Programme, die keine Dateizugriffe vorsehen und solche, die private Datenbestände (ohne gemeinsamen Zugriff) verwalten, können auf den Magnetplatten eines zentralen Versorgungsrechners installiert, in den Arbeitsspeicher des jeweiligen Netzrechners geladen und dann ausgeführt werden.

Sehen Anwendungsprogramme einen *netzweiten gemeinsamen* Zugriff auf Datenbestände vor, sind Datenschutzmaßnahmen zu treffen, die die Datenintegrität bei konkurrierenden Schreib-/Lesezugriffen sicherstellen. Hierzu existieren besondere Sprachelemente, die das Sperren ganzer Dateien (file-locking) oder eines bzw. mehrerer Datensätze (record-locking) für andere Benutzer ermöglichen.

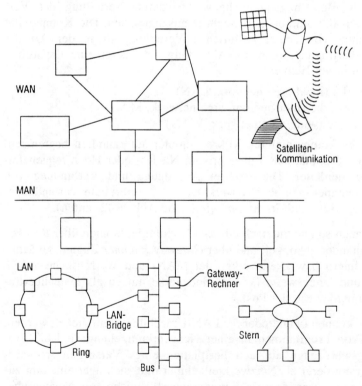

*Abb. 1.42   LAN-Topologien und Netzwerkhierarchie*

# 2. Methodische Aspekte der Programmentwicklung

Bereits kleinere DV-Projekte weisen häufig eine hohe Komplexität auf, die zu einer systematischen und strukturierten Vorgehensweise bei der Entwicklung von Programmen bzw. Softwaresystemen zwingt. Bei größeren Programmiervorhaben, Auftragsarbeiten und auch bei arbeitsteiliger Softwareerstellung ist eine methodisch abgesicherte Vorgehensweise unerläßlich. Die erforderlichen Arbeitsschritte, die von einer Problemstellung zu einem anforderungsgerechten Anwendungsprogramm führen, werden in den Abschnitten dieses Kapitels behandelt.

## Zielsetzungen

Bei der Entwicklung von Softwaresystemen werden eine Reihe von Zielsetzungen verfolgt, die in Abb. 2.1 zusammen mit den jeweiligen Zielprioritäten angegeben sind. Die *Korrektheit* eines Programms im Sinne einer vollständigen und richtigen Abarbeitung von Verarbeitungsaufgaben sowie die auf Akzeptanz seitens des Benutzers interaktiver Programme zielende *Benutzerfreundlichkeit* sind nahezu unabdingbare Nebenbedingungen der Gestaltung von Softwaresystemen. An der Bedeutung dieser beiden Zielsetzungen hat sich im Zeitablauf daher wenig geändert.

Erhebliche Prioritätsverschiebungen haben sich hinsichtlich der Forderungen nach Performance und Pflegbarkeit von Programmen ergeben. Die Verarbeitungsleistung von Mikrocomputern, Mini- und Mainframe-Rechnern konnte in den vergangenen Jahren bei gleichzeitig sinkenden Hardwarepreisen so nachhaltig gesteigert werden, daß der *Performance* von Programmen, ihrer Gestaltung unter dem Gesichtspunkt kurzer Durchlauf- oder Antwortzeiten, heute geringere Bedeutung zukommt.

| Zielsetzung | *Priorität heute* | *Priorität vor 15 Jahren* |
|---|---|---|
| Korrektheit | 1 | 1 |
| Benutzerfreundlichkeit | 2 | 3 |
| leichte Pflegbarkeit | 3 | 6 |
| Wiederverwendbarkeit von Teilprogrammen (Modulen) | 4 | 5 |
| Portabilität | 5 | 4 |
| Performance | 6 | 2 |

*Abb. 2.1   Zielsetzungen bei der Softwareentwicklung*

Die auffällige Prioritätsverschiebung zugunsten der leichten Pflegbarkeit eines Softwaresystems ist primär wirtschaftlich begründet. Unter *Pflege bzw. Wartung* von Programmen faßt man Aktivitäten zusammen, die nach der Inbetriebnahme eines Informationssystems erforderlich werden. Hierzu zählen die Korrektur von Fehlverarbeitungen sowie Anpassungen, Ergänzungen und Verbesserungen, die aufgrund von Benutzerwünschen oder sich ändernden Systemumgebungen (Betriebssystem, Hardwarekonfiguration, Integration mit anderen Programmen) durchzuführen sind. Empirische Untersuchungen belegen, daß *Pflege-* bzw. *Wartungskosten* häufig die bis zur Inbetriebnahme eines neuen Softwaresystems anfallenden Entwicklungskosten übersteigen. Das Kostenverhältnis liegt nicht selten bei 1:2, d.h. ein für z.B. 100 TDM entwickeltes Softwaresystem verursacht nach seiner Inbetriebnahme nochmals Wartungskosten in Höhe von bis zu 200 TDM. Diese Folgekosten fallen in einem Zeitraum von ca. 5 bis 7 Jahren, der heute durchschnittlichen Nutzungsdauer eines Anwendungsprogrammes bis zu seiner Ablösung durch ein Nachfolgesystem, an. Die Senkung dieser extrem hohen Folgekosten und mithin der Personalbindung im Zusammenhang mit der Programmwartung läßt sich nur durch geeignete Maßnahmen bei der Gestaltung von Softwaresystemen erreichen. Anpassungen, Verbesserungen und Erweiterungen eines Programms sind umso leichter durchführbar, je *übersichtlicher* ein Programm gestaltet ist und je besser seine Funktionen *dokumentiert* sind.

## Komplexitätsreduktion

Insbesondere den Programmieranfänger wird überraschen, daß bei der Realisierung auch kleinerer DV-Projekte heute lediglich 15 % bis 20 % des Projektaufwands bis zur Inbetriebnahme eines Anwendungssystems auf die eigentliche Programmierung, das Niederschreiben von Algorithmen und Datendefinitionen in einer Programmiersprache, entfallen. Ein erheblich größerer Zeit- oder Kostenanteil, in der Praxis von Softwarehäusern ca. 50 % bis 60 % des Entwicklungsaufwands, wird für die Vorbereitung der Programmierung aufgewendet. Neben der sorgfältigen Analyse der jeweiligen Problemstellung oder Verarbeitungsaufgabe sind im Vorfeld der Programmierung Ein- und Ausgabedaten der Verarbeitungsprozesse zu spezifizieren und Algorithmen zu entwerfen, die Eingabedaten schrittweise in die angestrebten Verarbeitungsergebnisse überführen (siehe Abb. 2.2).

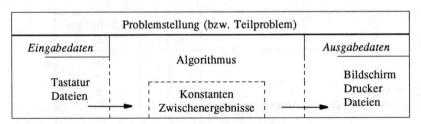

*Abb. 2.2   Problemstellung und Entwurfselemente*

Hierbei sind zahlreiche Gestaltungsentscheidungen zu treffen. So ist z.B. vor dem Entwurf eines Verarbeitungsalgorithmus festzulegen, ob Ausgabedaten am Bildschirm anzuzeigen, in Dateien auszugeben oder an einen Drucker weiterzuleiten sind. Hinsichtlich der Eingabedaten ist zu entscheiden, welche Informationen von externen Speichermedien einzulesen und welche vom Benutzer eines Programms mit Hilfe der Tastatur einzugeben sind. Erst nach diesen mehr grundsätzlichen Überlegungen wird man sich Gedanken zur inhaltlichen Gestaltung von Bildschirmmasken und Druckerlisten machen. Voraussetzung für die Formulierung der Verarbeitungsschritte von Algorithmen ist die Spezifikation aller Ein- und Ausgabedaten, Zwischenergebnisse und Programmkonstanten. Hierzu sind Datennamen für alle Elementardaten zu vergeben, Datentypen und Feldlängen festzulegen und gegebenenfalls Datenstrukturen zu definieren (vergl. Abschnitt 1.1.2 und 1.1.3). Für Dateien sind deren Organisationsform (sequentielle Datei, Direktzugriffsdatei) und der Datensatzaufbau festzulegen.

Die vorstehend aufgeführten Entwurfsaktivitäten sind bestenfalls geeignet, die Programmierung sehr einfacher, übersichtlicher Verarbeitungsaufgaben vorzubereiten. Praxisrelevante Problemstellungen weisen in aller Regel eine so hohe *Komplexität* auf, daß es nahezu unmöglich ist, das Verarbeitungsproblem mittels eines geschlossen zu entwickelnden Algorithmus ganzheitlich zu lösen. Hierzu ist die Anzahl der zu treffenden Gestaltungsentscheidungen, ihre gegenseitige Abhängigkeit, aber auch die Anzahl der zu berücksichtigenden Datendefinitionen zu groß.

Die begrenzten mentalen Fähigkeiten des Menschen erzwingen eine Reduktion der Komplexität durch *Zerlegung* einer Problemstellung in übersichtlichere Teilprobleme. Abbildung 2.3 zeigt eine solche hierarchische Zerlegung in Form eines Baumes.[1]

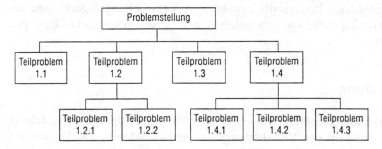

*Abb. 2.3   Komplexitätsreduktion durch Problemzerlegung*

Das Verarbeitungsproblem ist hier auf der ersten Hierarchieebene in vier Teilprobleme (1.1 bis 1.4) zerlegt worden. Teilproblem 1.2 ist weiterhin in die Verarbeitungskomplexe 1.2.1 und 1.2.2 aufgeteilt. Entsprechendes gilt für den Komplex 1.4. Eine solche mehrstufige, hierarchische Top-Down-Zerlegung kann im konkreten Anwendungsfall auch fünf oder mehr Hierarchiestufen umfassen. Im nachfolgenden Abschnitt 2.3.2 wird auf die gegenseitige Abgrenzung der Teilprobleme sowie die Tiefe der Untergliederung (Anzahl Hierarchieebenen) näher eingegangen.

Jedem nicht weiter zerlegbaren Teilproblem lassen sich Ein- und Ausgabedaten zuordnen. Die zugehörigen Algorithmen können in Form *interner Unterprogramme* zu einem Gesamtprogramm zusammengefaßt werden. Alternativ besteht die Mög-

---

1. Als Anwendungsbeispiel stelle man sich z.B. die Zerlegung einer Lohnberechnung in die Brutto- und Nettolohnberechnung vor. Teilprobleme der Nettolohnberechnung wären die Lohnsteuer- und Kirchensteuerberechnung sowie die Berechnung von Abzügen und Beiträgen.

lichkeit, Teilprogramme als selbständig übersetz- und testbare *externe Unterprogramme* (Moduln) zu gestalten, die bei Bedarf dann aus einem Hauptprogramm heraus aufrufbar sind.

Durch die vorstehend skizzierte hierarchische Problemzerlegung und eine modulare Programmgestaltung werden mehrere der eingangs erläuterten Zielsetzungen bei der Entwicklung von Softwaresystemen gleichzeitig verfolgt.

Für die im Vergleich zum Gesamtproblem komplexitätsärmeren Teilprobleme lassen sich leichter korrekte Verarbeitungsalgorithmen entwerfen. Treten beim Test eines Programms Fehlverarbeitungen auf, läßt sich der die Verarbeitungsfehler verursachende Modul leicht identifizieren. Die Analyse der Fehlerursachen kann dann auf dieses Teilprogramm beschränkt und die den Fehler verursachenden Programmzeilen können beschleunigt lokalisiert und korrigiert werden. Vergleichbares gilt für die Programmpflege. Die von Anpassungen, Erweiterungen oder Verbesserungen betroffenen Teilprogramme lassen sich bei übersichtlicher modularer Programmgestaltung leicht bestimmen und an neue Anforderungen anpassen.

Die Top-Down-Zerlegung von Verarbeitungsproblemen und eine modulare Programmgestaltung sind auch Voraussetzung für die *arbeitsteilige* Entwicklung und Programmierung von komplexen Softwaresystemen. Bei hinreichend exakter Spezifikation der Teilprobleme können die zugehörigen Verarbeitungsalgorithmen und Programme als Arbeitspakete von unterschiedlichen Personen entworfen bzw. programmiert werden.

## Wiederverwendung

Bestimmte Verarbeitungsfunktionen wie der schreibende, lesende oder updatende Dateizugriff, die Auswahl von Verarbeitungsoptionen aus Menüs, die Abfrage von Funktionstasten, das Senden eines Bildschirms usw. sind häufig mehrfach innerhalb eines Softwaresystems abzuarbeiten. Auch in unterschiedlichen Anwendungsprogrammen treten solche Verarbeitungskomplexe gleichartig auf.

Die Entwurfs-, Programmierungs-, Test- und Pflegekosten von Programmen lassen sich durch die Wiederverwendung von einmal erstellten und ausgetesteten Programmoduln mit standardisiertem Funktionsumfang nachhaltig reduzieren.

## Methoden und Werkzeuge

Für eine ingenieurmäßige, methodische Softwareentwicklung, die den eingangs genannten sechs globalen Zielsetzungen gerecht wird, wurden zahlreiche Verfahren, Darstellungsmittel und auch rechnergestützte Werkzeuge

- zur Ermittlung und Beschreibung der Systemanforderungen (requirements engineering) und zum
- zum Entwurf sowie zur Realisierung von Programmen (software engineering)

entwickelt. *Verfahren bzw. Methoden* geben Arbeitsschritte vor, die planmäßig zu durchlaufen sind, um ein Softwaresystem zu erstellen. *Hilfs- oder Darstellungsmittel* dienen der Dokumentation der Ergebnisse jedes Arbeitsschrittes. Solche Darstellungsmittel sind neben der natürlichen Sprache auch künstliche, formalisierte Beschreibungssprachen, insbesondere aber auch Diagrammtechniken auf der Grundlage weniger, in ihrer Bedeutung vordefinierter, graphischer Symbole.[1]

Unter *Werkzeugen* versteht man im Zusammenhang mit der Softwareentwicklung Programme, die den Einsatz von Methoden bzw. Verfahren erleichtern und beschleunigen. Hierzu zählen neben den bereits erläuterten Programm-Entwicklungswerkzeugen wie Maskengenerator und Debugger insbesondere auch Graphikeditoren zur Erzeugung von Entwurfsdokumenten in Form von Diagrammen.[2]

Im nachfolgenden Abschnitt 2.1 werden die Arbeitsschritte der Entwicklung von Anwendungsprogrammen anhand des Phasenschemas zum Software-Lebenszyklus in ihrer zeitlichen Abfolge dargestellt. Insbesondere werden die in jeder Phase anfallenden Aufgaben bzw. Aktivitäten benannt und die anzustrebenden Arbeitsergebnisse angegeben. Die Abschnitte 2.3 und 2.4 behandeln textuelle und graphische Darstellungsmittel für die Dokumentation der Arbeitsergebnisse. In Abschnitt 2.5 wird die Entwurfsmethode anhand eines geschlossenen Anwendungsbeispiels erläutert.

## 2.1 Phasenschema des Software-Lebenszyklus

Das Phasenschema des Software-Lebenszyklus (software life cycle) beschreibt den Werdegang eines Softwaresystems von ersten Vorüberlegungen zu seinem Funktionsumfang bis zur Aufnahme des Produktionsbetriebs. Es gliedert diesen Werdegang in eine zeitliche Abfolge von Arbeitsschritten oder Phasen.

Die für die Softwareerstellung typische Arbeitsschrittfolge läßt sich bei der Entwicklung von einfachen Programmen ebenso beobachten wie bei der Erstellung von komplexen, aus zahlreichen Teilprogrammen bestehenden Anwendungssystemen. Sie ist unabhängig davon, ob die zu erstellende Software als Batch- oder Dialogsystem auf Mikrocomputern, Mini- oder Mainframe-Rechnern eingesetzt werden soll.

---

1. Einen Überblick sowie Literaturverweise zu den bekanntesten und in der Praxis verbreitet eingesetzten Methoden bzw. Verfahren enthält: Schulz, A.: Software-Entwurf, Methoden und Werkzeuge, 3. Aufl., München 1992.
2. Moderne Software-Entwicklungsumgebungen integrieren die das Requirements Engineering und Software Engineering unterstützenden Werkzeuge unter einer gemeinsamen Benutzeroberfläche. Sie stellen sicher, daß die in den einzelnen Arbeitsschritten der Softwareentwicklung anfallenden Arbeitsergebnisse für nachfolgende Entwurfsaktivitäten verfügbar sind. Einen Überblick zu Software-Entwicklungsumgebungen enthält: Balzert, H. (Hrsg.): CASE, Systeme und Werkzeuge, 5. Aufl., Mannheim 1993.

Für die Bezeichnung der Arbeitsschritte und ihre gegenseitige Abgrenzung wurden von Softwarehäusern, Unternehmensberatern und betrieblichen DV-Abteilungen zahlreiche Vorschläge erarbeitet. Im folgenden wird eine Phasengliederung angegeben, die sich in der Praxis bewährt hat:

1. Vorstudie
2. Fachinhaltlicher Entwurf
3. DV-technischer Entwurf
4. Programmierung
5. Test
6. Installation und Abnahme
7. Betrieb und Pflege

Ordnet man jeder Phase eine Reihe von Aktivitäten zu und definiert man das jeweils anzustrebende Arbeitsergebnis, wird der empirisch beobachtbare Lebenszyklus von Softwaresystemen zu einem *Vorgehens- oder Projektmodell* für die Erstellung von Anwendungsprogrammen. Abbildung 2.4 benennt die in den einzelnen Phasen anzustrebenden Arbeitsergebnisse. Hiernach müssen ein Rahmenvorschlag sowie die Fach- und DV-Spezifikation vorliegen, bevor mit der eigentlichen Programmierung begonnen werden kann.

## Vorstudie

Zweck der Vorstudie ist die Bereitstellung von Informationen, die geeignet sind, eine Entscheidung für oder gegen die Durchführung eines konkreten DV-Projektes zu fällen. Diese Phase endet mit der Beschlußfassung eines Auftraggebers bzw. der Unternehmens- oder Betriebsleitung und bei kleineren DV-Projekten auch der Abteilungsleiter über die Erteilung eines Projektauftrags. Das Ergebnis der Vorstudie wird schriftlich festgehalten und in aller Regel den Entscheidungsträgern als Rahmenvorschlag auch mündlich präsentiert (siehe Abb. 2.5).

Die Vorstudie beginnt mit der Erhebung und *Analyse des Ist-Zustands* in dem vom geplanten neuen Softwaresystem betroffenen Unternehmensbereich (Einkauf, Verkauf, Lagerbewirtschaftung usw.). Der Zustandserhebung dienen Beobachtungen, Interviews, Fragebögen und insbesondere die Auswertung bereits existierender schriftlicher Unterlagen (Organisationshandbücher, Stellenbeschreibungen, Erfassungsbelege, Formulare, Listen). Als Ergebnis werden alle bisherigen manuellen, teilautomatisierten oder auch automatisierten Verarbeitungsabläufe unter Berücksichtigung personeller Zuständigkeiten und ihres zeitlichen Ablaufs dokumentiert. Die Darstellung des Erhebungsergebnisses erfolgt in natürlicher Sprache, mit Hilfe von Tabellen und graphischen Darstellungen.

Die Analyse des Ist-Zustands dient der Aufdeckung von Schwachstellen in den bisherigen Verarbeitungsabläufen (Schwachstellen-Analyse). Als Ergebnis der *Schwachstellen-Analyse* wird ein Mängelbericht erstellt, der alle qualitativen und quantifizierbaren Unzulänglichkeiten (z.B. überhöhte Kapitalbindung im Lager, lange Lieferzeiten, hohe Außenstände) zusammenfaßt. Dieser Mängelbericht ist

Ausgangspunkt für die weiteren konzeptionellen Überlegungen zur Gestaltung eines neuen Softwaresystems. Ausgehend von den erkannten organisatorischen Schwächen der bisherigen Verarbeitungsabläufe und unter partizipativer Beteiligung der zukünftigen Anwender oder Benutzer werden *Projektziele* für das neu zu

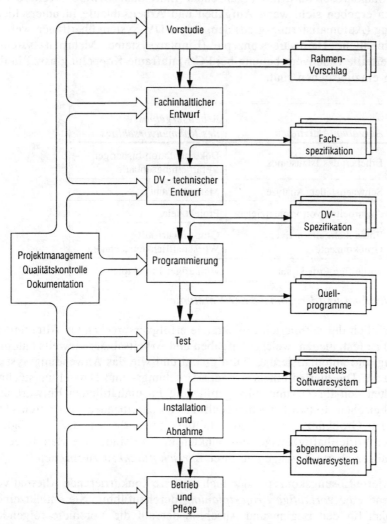

*Abb. 2.4   Arbeitsergebnisse der Projektphasen*

entwickelnde Anwendungssystem definiert. Solche Projektziele könnten z.B. das Einsparen von Personal und Kosten, die Beschleunigung von Arbeitsabläufen, die verbesserte Aktualität von Daten oder ein automatisiertes Mahnwesen zur Reduzierung von Außenständen sein. Die frühe Beteiligung der vom zukünftigen EDV-Einsatz betroffenen Mitarbeiter und Systembenutzer aktiviert deren Sachverstand im Interesse der angestrebten Rationalisierung und verbessert die Akzeptanz des zu erstellenden Softwaresystems.

In einem nächsten Schritt sind *alternative Grobkonzepte* (Soll-Konzepte) für das neue DV-System zu entwickeln. Bei den meisten DV-Vorhaben müssen zumindest drei Lösungsvarianten auf ihre Vorteilhaftigkeit geprüft werden: Entwicklung von Individualsoftware, Einsatz marktgängiger Standardsoftware oder der kombinierte Einsatz von Standardsoftware mit ergänzender Individualsoftware. Weitere Lösungsvarianten ergeben sich, wenn Aufgaben und Arbeitsabläufe in unterschiedlichem Umfang (Automatisierungsgrad) dem neuen DV-System übertragen werden oder unterschiedliche Hardware-Konzepte (Einplatzsysteme, Mehrplatzsysteme, Netzwerke, verteilte Datenverarbeitung bei PC-Mainframe-Koppelung usw.) in die Untersuchung einzubeziehen sind.

| Phase | Aufgaben/Aktivitäten | Arbeitsergebnisse des Rahmenvorschlags |
|---|---|---|
| Vorstudie | Erheben des Istzustands | Dokumentation bisheriger Verarbeitungsabläufe |
| | Schwachstellen-Analyse | Mängelbericht |
| | Ausarbeiten von Projektzielen | Projektziele |
| | Entwickeln alternativer Grobkonzepte | Grobentwurf mit Wirtschaftlichkeitsrechnung |
| | vorläufige Projektplanung | vorläufiger Projektplan |

Abb. 2.5   *Aufgaben und Ergebnisse der Vorstudie*

Für die hinsichtlich der definierten Projektziele erfolgversprechenden Alternativen (Vorauswahl) ist festzulegen, welche Aufgaben und Arbeitsabläufe jeweils automatisierungsfähig und automatisierungswürdig sind und wie das Anwendungssystem zu realisieren ist. Die hierbei einzusetzenden Erhebungs- und Darstellungstechniken entsprechen den im Zusammenhang mit dem Fachinhaltlichen Entwurf und dem DV-technischen Entwurf nachfolgend zu beschreibenden Verfahren. Die konkurrierenden Grobkonzepte sind so detailliert zu erarbeiten, daß es möglich wird, sie unter Vorteilhaftigkeitsgesichtspunkten in eine eindeutige Rangfolge zu bringen und abgesicherte Aussagen zu ihrer *Wirtschaftlichkeit* zu machen.[1]

Für das präferierte Lösungskonzept oder auch mehrere konkurrierende Alternativen ist abschließend eine *vorläufige Projektplanung* durchzuführen. Sie enthält einen groben Zeitplan für den Beginn und Abschluß der auf die Vorstudie folgenden Phasen und benennt die für die Projektrealisierung bereitzustellenden Ressourcen. Insbesondere sind der Personalbedarf (Anzahl, Qualifikation) und die für die Softwareentwicklung benötigte Hard-/Softwareumgebung je Folgephase zu spezifizieren. Die Arbeitsergebnisse der Vorstudie werden in Schriftform zu einem

---

1. Der Wirtschaftlichkeitsvergleich kann als Kostenvergleichsrechnung, Kosten-/Nutzen-Vergleich oder in Form einer Alternativenbewertung (Scoring-Methode) durchgeführt werden. Zur Abschätzung der Projektkosten hat insbesondere die von IBM entwickelte Function-Point-Methode in der Praxis Verbreitung gefunden.

*Rahmenvorschlag* zusammengefaßt, der Auftraggebern bzw. Entscheidungsträgern des Unternehmens die Beschlußfassung über die Projektfortführung ermöglicht.[1]

## Fachinhaltlicher Entwurf

Der Fachinhaltliche Entwurf beschreibt die *fachlich organisatorische Konzeption* des zu entwickelnden Softwaresystems ohne Bezugnahme auf seine softwaretechnische Realisierung (siehe Abb. 2.6). Ausgangspunkt der Aktivitäten dieser Phase sind die in der Vorstudie definierten Projektziele und das entwickelte Grobkonzept. Zielsetzung ist die detaillierte Beschreibung aller funktionellen Anforderungen an das neue Verarbeitungssystem (z.B. Bestellungen erfassen, Lieferscheine drucken, Rechnungen erstellen) sowie der Art und Weise, wie Benutzer mit dem Anwendungssystem kommunizieren (z.B. Bildschirmmasken, Druckerlisten).

Fragen der softwaretechnischen Gestaltung wie die Gliederung des DV-Systems in Moduln, des Datensatzaufbaus von Dateien, des Datenflusses oder der Entwicklung von Algorithmen sind Gegenstand der Folgephase, des DV-technischen Entwurfs. Während des Fachinhaltlichen Entwurfs wird das zu erstellende Softwaresystem mit seinem Aufbau und den internen Abläufen als "Black Box" aufgefaßt.

| Phase | Aufgaben/Aktivitäten | Arbeitsergebnisse der Fachspezifikation |
|---|---|---|
| Fachinhaltlicher Entwurf | Auflisten der Systemfunktionen | Funktionsübersicht |
| | schrittweises Verfeinern der Funktionen | Hierarchische Zerlegung |
| | Beschreiben von Elementarprozessen | Spezifikation Elementarprozesse |
| | Definieren der Ein- und Ausgabedaten | Datenkatalog |
| | Beschreiben der Benutzerschnittstelle | Menübaum, Bildschirmmasken, Druckerlisten, Formulare |
| | Ermitteln von Testfällen | Testkonzept für Abnahme |
| | Projektplanung | Projektplan |

*Abb. 2.6 Aufgaben und Ergebnisse des Fachinhaltlichen Entwurfs*

Mit dieser *strikten Trennung* des fachlichen vom technischen Systementwurf werden drei wichtige Ziele verfolgt. Durch das Ausklammern aller technischen Gestaltungsprobleme wird die Komplexität der im Fachinhaltlichen Entwurf zu

---

1. Kostenprognosen sowie die Zeitplanung für die Projektrealisierung beruhen in der Vorstudie auf dem Grobkonzept des zu entwickelnden Anwendungssystems. Sie sind daher mit Unsicherheiten behaftet. Erst nach Abschluß der Phase des Fachinhaltlichen Entwurfs liegen Detailinformationen vor, die eine hinreichend exakte Zeit- und Aufwandsprognose ermöglichen. Aus diesem Grund wird ein Projektauftrag meist nur für den Fachinhaltlichen Entwurf erteilt.

behandelnden Fragestellungen nachhaltig reduziert. Diese Beschränkung auf sachlich-inhaltliche Systemanforderungen wird auch der Qualifikation der mit dem Fachinhaltlichen Entwurf befaßten Personen gerecht. Er wird *primär* von Mitarbeitern der vom zukünftigen DV-Einsatz betroffenen Fachabteilungen (z.B. Einkauf, Verkauf, Lagerhaltung) erarbeitet. DV-Fachleute sind in dieser Entwicklungsphase lediglich *koordinierend* und *unterstützend* tätig. Weiterhin wird durch die strikte Trennung des fachlichen vom DV-technischen Entwurf die Erhaltung aller Freiheitsgrade für die softwaretechnische Gestaltung des Anwendungssystems bis zu dem Zeitpunkt angestrebt, zu dem alle fachlich-inhaltlichen Leistungsmerkmale des neuen Systems vollständig bekannt sind. Erst nach Vorliegen des Arbeitsergebnisses zum Fachinhaltlichen Entwurf, der Fachspezifikation, können technische Gestaltungsentscheidungen getroffen werden, die den Anforderungen des Gesamtsystems gerecht werden.

Die Arbeitsergebnisse des Fachinhaltlichen Entwurfs werden in natürlicher Sprache und mit Hilfe graphischer Darstellungsmittel festgehalten, die auch für DV-Laien leicht handhabbar sind.

Die inhaltliche und formale Gestaltung dieser Entwurfsdokumente wird in den Abschnitten 2.3.1 bis 2.3.5 erläutert. Die Phase des Fachinhaltlichen Entwurfs endet mit einer Überarbeitung des in der Vorstudie erstellten vorläufigen Projektplans. Die jetzt vorliegenden Detailinformationen der Fachspezifikation erlauben eine exakte Prognose des Personal- und Zeitbedarfs sowie sonstiger erforderlicher Ressourcen für die Durchführung der Folgephasen.

## DV-technischer Entwurf

Als Ergebnis des Fachinhaltlichen Entwurfs beschreibt die Fachspezifikation, *was* das zu entwickelnde Programmsystem leisten soll (Funktionsumfang) und wie der Benutzer mit diesem System kommuniziert (Benutzerschnittstelle). Das technische Programmsystem wird beim Fachinhaltlichen Entwurf als "Black Box" angesehen, dem sich der Benutzer über Eingabe-Bildschirmmasken mitteilt und das seine Verarbeitungsergebnisse in Form von Bildschirmmasken, Druckerlisten usw. übergibt. Im DV-technischen Entwurf ist nun festzulegen, *wie* die in der Vorphase definierten Leistungsanforderungen durch das technische Lösungssystem zu erfüllen sind (siehe Abb. 2.7).

Bei der Entwicklung von Dialogprogrammen beginnt der DV-technische Entwurf mit der Beschreibung des zeitlichen Ablaufs von Mensch-Maschine-Interaktionen. Das Arbeitsergebnis wird graphisch in Form von *Interaktionsdiagrammen* dargestellt. Sie definieren Dialogabläufe als Sequenz aufeinanderfolgender Bildschirmseiten und zeigen für jede Bildschirmmaske die Eingabeoptionen des Benutzers auf. Unter Verwendung von Informationen des Fachinhaltlichen Entwurfs und der Interaktionsdiagramme kann die *Bildschirmoberfläche* dann abschließend mit Hilfe eines Maskeneditors/-generators realisiert werden.

Im nächsten Arbeitsschritt sind die im Fachinhaltlichen Entwurf für jeden Elementarprozeß definierten *Eingabe-/Ausgabedaten* zu analysieren und die in Dateien zu speichernden Daten geeignet in Datensätzen zusammenzufassen. Die Organisationsform der Dateien ist festzulegen und für Direktzugriffsdateien sind Zugriffsschlüssel zu definieren.

Die Elementarprozesse des Fachinhaltlichen Entwurfs sind in aller Regel so komplex, daß sich nicht unmittelbar die zu ihrer Realisierung erforderlichen Algorithmen angeben lassen. *Programm-Strukturdiagramme* dienen ihrer Top-Down-Zerlegung. Für die Abgrenzung von Teilproblemen, die als externe Unterprogramme in Form selbständig übersetzbarer Moduln zu realisieren sind, liefern Programm-Strukturdiagramme wichtige Anhaltspunkte.

| Phase | Aufgaben/Aktivitäten | Arbeitsergebnisse der DV-Spezifikation |
|---|---|---|
| DV-technischer Entwurf | Analyse der Mensch-Maschine-Interaktion | Interaktionsdiagramme |
| | Menügestaltung und Zuordnung von Auswahloptionen zu Masken | Menüs und vervollständigte Bildschirmmasken |
| | Datenanalyse | Datenorganisation |
| | Entwurf der Programmstruktur | Programm-Strukturdiagramme |
| | Modulabgrenzung | Modul- und Schnittstellenspezifikation |
| | Analyse Daten- und Kontrollfluß | N-Square-Charts |
| | Entwurf von Algorithmen | Nassi-Shneiderman-Diagramme |
| | Erstellen von Testdaten | Testdatenbestand |

*Abb. 2.7  Aufgaben und Ergebnisse des DV-technischen Entwurfs*

Die Datenein- und Datenausgaben der Moduln ist meist nicht auf Bildschirmein- und Bildschirmausgaben, das Erzeugen von Druckerlisten oder Dateizugriffe beschränkt. Häufig müssen einem Modul vor seiner Ausführung Daten bereitgestellt werden. Auch kann ein Modul Verarbeitungsergebnisse anderen Teilprogrammen übergeben. Dieser Datentransfer zwischen Teilprogrammen via Arbeitsspeicher ist in *Schnittstellentabellen* zu definieren.

*N-Square-Charts* bieten die Möglichkeit der übersichtlichen Zusammenfassung aller ihrer Erstellung vorausgehenden Entwurfsüberlegungen. Sie dienen der Überprüfung der Funktionstüchtigkeit und Vollständigkeit des bisherigen Entwurfs im Wege des Schreibtischtests. Entwurfsunzulänglichkeiten können in diesem frühen Stadium der Systemrealisierung noch mit relativ geringem Aufwand behoben werden. Für die in N-Square-Charts ausgewiesenen komplexeren Programmfunktionen ist abschließend festzulegen, welche Arbeitsanweisungen ein Rechner in welcher Reihenfolge abarbeiten muß, um die vordefinierten Eingabedaten in das angestrebte Verarbeitungsergebnis zu überführen. Zur graphischen Darstellung dieser Algorithmen können *Nassi-Shneiderman-Diagramme* verwendet werden, die in DIN 66261 als "Sinnbilder für Struktogramme nach Nassi-Shneiderman" genormt sind.

| Phase | Nr. | Entwurfsdokument | Batch-Programm | Dialog-Programm | siehe Abschnitt |
|---|---|---|---|---|---|
| Fachinhaltlicher Entwurf | 1 | Funktionsübersicht | ja | ja | 2.3.1 |
| | 2 | Hierarchische Zerlegung | ja | ja | 2.3.2 |
| | 3 | Spezifikation Elementarprozesse | ja | ja | 2.3.3 |
| | 4 | Menübaum, Bildschirmmasken | nein | ja | 2.3.5 |
| DV-technischer Entwurf | 5 | Interaktionsdiagramme | nein | ja | 2.4.1 |
| | 6 | Bildschirmoberfläche | nein | ja | 2.4.2 |
| | 7 | Datenorganisation | ja | ja | 2.4.3 |
| | 8 | Programm-Strukturdiagramme | ja | ja | 2.4.4 |
| | 9 | Modulabgrenzung | ja | ja | 2.4.4 |
| | 10 | N-Square-Charts | ja | ja | 2.4.5 |
| | 11 | Nassi-Shneiderman-Diagramme | ja | ja | 2.4.6/2.2 |

*Abb. 2.8   Entwurf von Batch- und Dialoganwendungen*

Im Gegensatz zu Dialogprogrammen sehen Batchprogramme keine Mensch-Maschine-Interaktionen zur Programmlaufzeit vor. Bei der Entwicklung von Batchprogrammen entfallen mithin alle Entwurfsaktivitäten im Zusammenhang mit der Gestaltung von Dialogabläufen und Bildschirmoberflächen (siehe Abb. 2.8).

## Restzyklus

Die Aufgaben und Arbeitsergebnisse der im Software-Lebenszyklus im Anschluß an den DV-technischen Entwurf folgenden Phasen sind in Abb. 2.9 zusammengefaßt.

In der *Phase Programmierung* werden Verarbeitungsalgorithmen mittels der Sprachelemente einer Programmiersprache maschinenlesbar codiert. Die nachfolgenden Arbeitsschritte des Übersetzens und Bindens wurden bereits in Abschnitt 1.3.3 erläutert.

In der *Testphase* wird das entwickelte Programm bzw. die Moduln des Programmsystems auf Korrektheit – die vollständige und sachlich richtige Abarbeitung der im Entwurf definierten Verarbeitungsaufgaben – überprüft. Bei modular gegliederten Programmsystemen können die selbständig ablauffähigen Teilprogramme separat getestet werden (Modultest). Hier ist dann anschließend das anforderungsgerechte Zusammenwirken der Teilprogramme über ihre Schnittstellen in einem *Integrationstest* zu überprüfen.

Es ist zweckmäßig, bereits während des Fachinhaltlichen Entwurfs für jeden Elementarprozeß eine *Testkonzeption* zu entwickeln und in der Phase des DV-technischen Entwurfs dann zu jedem Modul *Testdaten* zu erstellen. Wirkt der Auftraggeber eines Programmsystems beim Ermitteln der Testfälle in der Phase des

| Phase | Aufgaben/Aktivitäten | Arbeitsergebnisse |
|---|---|---|
| **Vorstudie** | Erheben des Istzustands | Dokumentation bisheriger Verarbeitungsabläufe |
| | Schwachstellen-Analyse | Mängelbericht |
| | Ausarbeiten von Projektzielen | Projektziele |
| | Entwickeln alternativer Grobkonzepte | Grobentwurf mit Wirtschaftlichkeitsrechnung |
| | vorläufige Projektplanung | vorläufiger Projektplan |
| **Fachinhaltlicher Entwurf** | Auflisten der Systemfunktionen | Funktionsübersicht |
| | schrittweises Verfeinern der Funktionen | Hierarchische Zerlegung |
| | Beschreiben von Elementarprozessen | Spezifikation Elementarprozesse |
| | Definieren der Ein- und Ausgabedaten | Datenkatalog |
| | Beschreiben der Benutzerschnittstelle | Menübaum, Bildschirmmasken, Druckerlisten, Formulare, |
| | Ermitteln von Testfällen | Testkonzept für Abnahme |
| | Projektplanung | Projektplan |
| **DV-technischer Entwurf** | Analyse Mensch-Maschine-Interaktion | Interaktionsdiagramme |
| | Menügestaltung und Zuordnung von Auswahloptionen zu Masken | Menüs und vervollständigte Bildschirmmasken |
| | Datenanalyse | Datenorganisation |
| | Entwurf der Programmstruktur | Programm-Strukturdiagramme |
| | Modulabgrenzung | Modul- und Schnittstellenspezifikation |
| | Analyse Daten- und Kontrollfluß | N-Square-Charts |
| | Entwurf von Algorithmen | Nassi-Shneiderman-Diagramme |
| | Erstellen von Testdaten | Testdatenbestand |
| **Programmierung** | Codieren von Algorithmen und Datendefinitionen, Übersetzen, Binden | Quell- und Objektprogramme, Lademoduln, Bibliotheken |
| **Test** | Modultest und Integrationstest | getestetes, integriertes Softwaresystem |
| **Installation und Abnahme** | Installation, Abnahmetests, Übergabe | abgenommenes Softwaresystem |
| **Betrieb und Pflege** | Fehlerkorrektur, Anpassungen, Verbesserungen, Erweiterungen | modifizierte Software-Versionen |

*Abb. 2.9   Vorgehensmodell für die Entwicklung von Softwaresystemen*

Fachinhaltlichen Entwurfs mit, können diese zur Grundlage des *Abnahmetests* in der Phase Installation/Abnahme gemacht werden.

Nach der Übergabe eines Softwaresystems fallen *Pflegeaktivitäten* wie Fehlerkorrekturen, Anpassungen an sich ändernde HW-/SW-Umgebungen, Verbesserungen und Funktionserweiterungen an. Auf die extreme Kostenwirksamkeit dieser Modifikationen eines Programmsystems und den hierin begründeten Zwang zu einem systematischen, ingenieurmäßigen Softwareentwurf wurde bereits zu Beginn dieses Kapitels hingewiesen.

## 2.2 Nassi-Shneiderman-Diagramme

Dieser Abschnitt behandelt den Entwurf von Verarbeitungsalgorithmen und deren Darstellung mit Hilfe von Nassi-Shneiderman-Diagrammen. Der Algorithmenentwurf ist der *letzte Arbeitsschritt* beim Entwurf von Programmen. Alle vorausgehenden Aktivitäten des Fachinhaltlichen und DV-technischen Entwurfs dienen seiner Vorbereitung.

Der Algorithmenentwurf wird hier der Erläuterung sonstiger Entwurfsaktivitäten (siehe Abschn. 2.3 und 2.4) *vorangestellt*, weil er Aufschluß über Inhalt, Darstellungsform und Detaillierungsgrad des eigentlichen Entwurfsziels gibt.

Algorithmen beschreiben die zur Lösung einer Verarbeitungsaufgabe erforderlichen Arbeitsschritte hinsichtlich der Art der auszuführenden Operationen sowie ihrer zeitlichen Abfolge. Werden die Arbeitsschritte unter Verwendung der Anweisungen (Befehle) einer Programmiersprache dargestellt, entsteht der Anweisungsteil eines Programms. Der *Befehlsvorrat* problemorientierter Programmiersprachen läßt sich in zwei Gruppen einteilen:

- Aktionen (elementare Anweisungen) und
- Kontrollkonstrukte (Steueranweisungen).

Zu den *Aktionen* gehören u.a. alle arithmetischen Anweisungen, die Ein- und Ausgabe von Daten über Tastatur und Bildschirm und das Lesen bzw. Schreiben von Datensätzen einer Datei. Enthält ein Programm lediglich Aktionen, werden diese vom Computer nacheinander in der Reihenfolge abgearbeitet, in der sie im Programm auftreten. Eine solche lineare Abarbeitung von Arbeitsanweisungen bezeichnet man als *Aktionsfolge* oder *Sequenz*.

*Kontrollkonstrukte* werden verwendet, um die natürliche lineare Abarbeitungsreihenfolge von Aktionen zu durchbrechen. Sie geben an, ob bzw. wie oft Anweisungen ausgeführt werden sollen. Mit ihrer Hilfe kann der Rechner u.a. veranlaßt werden, eine oder mehrere Anweisungen mehrfach abzuarbeiten (Wiederholung, Schleife) oder von zwei oder mehr Anweisungen bzw. Anweisungsfolgen genau eine zur Ausführung zu bringen (Auswahl).

Kontrollkonstrukte steuern also die Ausführungsreihenfolge von Anweisungen zur Programmlaufzeit. Sie legen fest, ob Befehle z.B. mehrfach oder alternativ abgearbeitet werden. Die Ausführungsreihenfolge von Anweisungen bezeichnet man als *Programmlogik*.

Elementare Bausteine des Programmablaufs sind die *Sequenz, Wiederholung* und *Auswahl* von Anweisungen. Für den Entwurf von Algorithmen ist die Unterscheidung der eigentlichen Verarbeitung durch Aktionen von der mittels Sequenz, Wiederholung und Auswahl zu bestimmenden Verarbeitungsreihenfolge von fundamentaler Bedeutung.

I. Nassi und B. Shneiderman haben 1973 für die graphische Darstellung von Algorithmen Sinnbilder bzw. *Strukturblöcke* vorgeschlagen, die 1985 in die Norm DIN 66261 übernommen wurden. Algorithmen lassen sich durch *Aneinanderreihung* dieser Strukturblöcke sowie deren *Schachtelung* darstellen. Die sich so ergebende Gesamtdarstellung eines Algorithmus bezeichnet man als *Struktogramm*.

## Verarbeitung und Sequenz

Die äußere Form jedes Strukturblocks ist die eines Rechtecks. Abbildung 2.10 zeigt die graphische Darstellung einer **allgemeinen Verarbeitung**. Die obere Begrenzungslinie des Rechtecks markiert den Beginn und die untere das Ende einer Verarbeitung. Die Innenbeschriftung eines Strukturblocks bezeichnet im konkreten Anwendungsfall das Ziel bzw. die Art der Verarbeitung.

|  |
|---|
| V |

*Abb. 2.10    Strukturblock Verarbeitung*

Da Struktogramme dem Programmierer als Ausgangsdokument für die Codierung von Algorithmen dienen, ist es zweckmäßig, sie möglichst detailliert zu entwerfen. Der anzustrebende höchste Detaillierungsgrad liegt vor, wenn jeder Verarbeitungsblock lediglich eine Aktion darstellt. Die Innenbeschriftung könnte dann z.B. lauten: "lies Datensatz aus Kundendatei" oder "berechne POSTEN = PREIS * MENGE". Die Aufgabe des Programmierers besteht dann nur noch darin, den jeweiligen Verarbeitungstext mittels der Sprachelemente einer (beliebigen) Programmiersprache syntaxgerecht auszudrücken.

|  |
|---|
| V1 |
| V2 |
| V3 |

*Abb. 2.11    Struktogramm Sequenz*

Erfordert eine Problemlösung mehrere Verarbeitungen, die nacheinander auszuführen sind, lassen sich diese als Aneinanderreihung von Verarbeitungsblöcken darstellen. Eine Folge von Verarbeitungen bezeichnet man als *Sequenz*. Sie wird bereits als Struktogramm aus mehreren übereinander anzuordnenden Verarbeitungsblöcken gezeichnet (siehe Abb. 2.11). Hinsichtlich der Verarbeitungsreihenfolge ist festgelegt, daß die Blöcke von "oben nach unten" abgearbeitet werden. Die Darstellung in Abb. 2.11 ist also so zu interpretieren, daß erst V1, danach V2 und zum Schluß V3 genau einmal ausgeführt werden. Die Innenbeschriftungen V1, V2 und V3 stehen hier stellvertretend für Verarbeitungen, die im konkreten Anwendungsfall zu benennen wären.

## Bedingte Verarbeitung, Auswahl und Fallunterscheidung

Sollen Anweisungen nur in Abhängigkeit von zu definierenden Bedingungen ausgeführt werden, läßt sich dieser Sachverhalt durch einen der Strukturblöcke "bedingte Verarbeitung", "Auswahl" oder "Fallunterscheidung" darstellen. Unter einer Bedingung versteht man in diesem Zusammenhang einen wahrheitsfähigen logischen Ausdruck. Zur Erläuterung sollen hier lediglich einige Beispiele angegeben werden[1]:

    A-WERT = B-WERT
    UMSATZ-ALT > UMSATZ-NEU
    PREIS • MENGE < GRENZE
    (A = B) AND ((C > D) OR (C = A))

Zum Zeitpunkt der Bedingungsprüfung in einem Programm muß den durch A-WERT, B-WERT usw. bezeichneten Feldern ein konkreter Datenwert zugewiesen sein. Für jede der aufgeführten vier Bedingungen gilt dann, daß sie erfüllt (wahr) oder nicht erfüllt (falsch) ist.

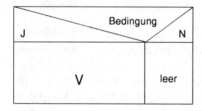

*Abb. 2.12   Strukturblock bedingte Verarbeitung*

Sollen eine oder auch mehrere Anweisungen genau dann ausgeführt werden, wenn eine Bedingung erfüllt bzw. wahr ist, läßt sich dieser Sachverhalt durch den Strukturblock der *bedingten Verarbeitung* darstellen (siehe Abb. 2.12). Dieses Kontrollkonstrukt wird im Schrifttum auch als "einseitige Auswahl" bezeichnet. Die in Abb. 2.12 durch V gekennzeichnete Verarbeitung kann aus einer oder mehreren Anweisungen bestehen. Sie wird nur ausgeführt, wenn sich die im Kopf des Strukturblocks anzugebende Bedingung zur Laufzeit des Programms als wahr erweist. Andernfalls erfolgt keine Verarbeitung.

---

1. Die Formulierung von Bedingungen wird in den Abschnitten 5.3 und 9.4 behandelt.

Der in Abb. 2.13 angegebene Strukturblock *Auswahl* wird verwendet, wenn in Abhängigkeit vom Wahrheitswert einer Bedingung genau eine von zwei möglichen Verarbeitungen auszuführen ist. V1 und V2 stehen stellvertretend für jeweils eine oder auch mehrere Anweisungen. Erweist sich die im Kopfteil des Strukturblocks angegebene Bedingung zum Zeitpunkt ihrer Prüfung als wahr, wird die dem Ja-Zweig zugeordnete Verarbeitung V1, anderenfalls die dem Nein-Zweig zugeordnete Verarbeitung V2 ausgeführt. Der Strukturblock Auswahl wird in Schrifttum auch als "zweiseitige Auswahl" bezeichnet.

Die in Abb. 2.12 dargestellte bedingte Verarbeitung läßt sich als Sonderfall des Kontrollkonstrukts Auswahl auffassen.

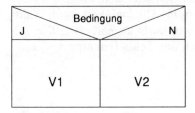

*Abb. 2.13 Strukturblock Auswahl*

Soll zwischen mehr als zwei Verarbeitungsalternativen gewählt werden, ist das Kontrollkonstrukt der *Fallunterscheidung* anzuwenden. Bei einer Fallunterscheidung wird in Abhängigkeit von einer zu prüfenden Bedingung genau eine von mehreren Verarbeitungen zur Ausführung gebracht. In Abb. 2.14 sind drei Verarbeitungsalternativen (V1, V2, V3) eingezeichnet.

| Fall 1 | Fall 2 | Bedingung 3 | sonst |
|--------|--------|-------------|-------|
| V1 | V2 | V3 | $V_A$ |

*Abb. 2.14 Strukturblock Fallunterscheidung*

Jede dieser Verarbeitungen kann eine oder mehrere Anweisungen umfassen. Die Anzahl der Verarbeitungsalternativen kann auch auf 4, 5 und mehr Fälle erhöht werden. Wird bei der Bedingungsprüfung ein Fall selektiert, der im Strukturblock nicht aufgeführt (im Programm nicht codiert) ist, werden die *Ausnahme-Anweisungen* ($V_A$) abgearbeitet.

Das Kontrollkonstrukt Auswahl kann als Sonderfall der Fallunterscheidung aufgefaßt werden. Eine Fallunterscheidung wird auch als *Mehrfachauswahl oder Case-Struktur* bezeichnet.

## Schleifenkonzepte

Wenn Arbeitsanweisungen mehrfach abgearbeitet werden sollen, läßt sich das Kontrollkonstrukt der *Schleife bzw. Wiederholung* verwenden. Im folgenden werden drei unterschiedliche Schleifenkonzepte behandelt. Die ersten beiden Strukturblöcke (Abb. 2.15 und 2.16) symbolisieren Bedingungsschleifen, und der dritte Block (Abb. 2.17) stellt eine Zählschleife dar.

Das Konstrukt einer *Wiederholung mit vorausgehender Bedingungsprüfung* wird auch als *kopfgesteuerte Schleife* bezeichnet (Abb. 2.15). Eine oder mehrere abzuarbeitende Anweisungen (V) bilden den Schleifenkörper des Strukturblocks (inneres Rechteck). Der Bedingungseintrag dient der Schleifensteuerung: Bei einer kopfgesteuerten Schleife wird der Schleifenkörper in Abhängigkeit vom Wahrheitswert einer Bedingung *keinmal, einmal* oder *mehrmals* abgearbeitet. Die Bedingungsprüfung erfolgt jeweils vor dem Ausführen des Schleifenkörpers.

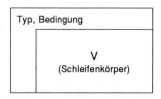

Typ: — DO WHILE
— PERFORM UNTIL

*Abb. 2.15 Wiederholung mit vorausgehender Bedingungsprüfung*

Diese Definition des Strukturblocks der Abb. 2.15 ist noch nicht hinreichend. Ergänzend ist festzulegen, ob der Schleifenkörper erstmals und später erneut abgearbeitet wird, wenn die Bedingung wahr oder wenn sie falsch ist. Diese Festlegung erfolgt über den *Typ* der kopfgesteuerten Schleife. Zu unterscheiden sind DO WHILE- und PERFORM UNTIL-Schleifen.

Bei einer *DO WHILE-Schleife* wird nach einer Bedingungsprüfung der Schleifenkörper immer dann erstmals und später zyklisch erneut abgearbeitet, wenn die Bedingung wahr ist. Für eine PERFORM UNTIL-Schleife muß mithin die Negation dieser Aussage gelten: Bei einer *PERFORM UNTIL-Schleife* wird der Strukturblock verlassen, wenn die Bedingung der Schleifensteuerung als erfüllt erkannt wird. Die Programmiersprache COBOL verwendet zur Realisierung kopfgesteuerter Schleifen eine Steueranweisung, die dem Konstrukt PERFORM UNTIL entspricht.[1]

Die in Abb. 2.16 dargestellte *Wiederholung mit nachfolgender Bedingungsprüfung* wird auch als *fußgesteuerte Schleife* oder als REPEAT UNTIL-Konstrukt bezeichnet. Bei einer fußgesteuerten Schleife wird der Schleifenkörper in Abhängigkeit vom Wahrheitswert einer Bedingung *einmal* oder *mehrmals* abgearbeitet. Die Bedingung wird jeweils geprüft, *nachdem* der Schleifenkörper abge-

---

1. Unter Verwendung eines Negationsoperators lassen sich PERFORM UNTIL-Konstrukte in DO WHILE-Formulierungen überführen. "PERFORM UNTIL Bedingung" führt zum gleichen Verarbeitungsablauf wie "DO WHILE NOT Bedingung".

arbeitet wurde. Ist die Bedingung erfüllt, wird der Strukturblock verlassen. Im Gegensatz zu kopfgesteuerten Schleifen wird der Schleifenkörper fußgesteuerter Schleifen stets zumindest *einmal* ausgeführt.

*Abb. 2.16   Wiederholung mit nachfolgender Bedingungsprüfung*

Häufig liegt bei einem Verarbeitungsproblem die (maximale) Anzahl der Schleifendurchläufe von vornherein fest. Dann läßt sich das Kontrollkonstrukt der **Zählschleife** vorteilhaft verwenden (siehe Abb. 2.17).[1] Insgesamt lassen sich fünf Typen von Zählschleifen unterscheiden. Abbildung 2.18 zeigt eine Systematik aller Schleifenkonzepte.

Bei *impliziten* Zählschleifen wird der aus einer oder mehreren Anweisungen bestehende Schleifenkörper vordefiniert häufig abgearbeitet. Die Wiederholungsanzahl (N) wird in einer Laufanweisung der Form "verarbeite Schleifenkörper N mal" vorgegeben. Nach dem N-ten Schleifendurchlauf wird die Verarbeitung des Schleifenkörpers impliziter Zählschleifen abgebrochen.

*Abb. 2.17   Strukturblock Zählschleife*

Bei *expliziten* Zählschleifen wird die Anzahl der Schleifendurchläufe mittels einer oder mehrerer Laufvariablen mitgezählt. Im Gegensatz zu impliziten Zählschleifen ist der aktuelle Wert einer Laufvariablen bei expliziten Zählschleifen im Schleifenkörper verfügbar.[2]

---

1. Die meisten problemorientierten Programmiersprachen bieten die Möglichkeit der Formulierung von Zählschleifen mit Hilfe von speziellen Steueranweisungen (Laufanweisungen). Die ablaufsteuernde Funktion von Zählschleifen kann (etwas aufwendiger) auch durch Bedingungsschleifen realisiert werden.

2. Der Wert der Laufvariablen kann im Schleifenkörper z.B. zur Adressierung von Bildschirmzeilen (Zeile 1 bis 25) oder bei Verwendung von zwei Variablen zur Positionierung eines am Bildschirm auszugebenden Zeichens (Zeile 1 bis 25, Spalte 1 bis 80) verwendet werden. Die Laufvariablen der Zählschleifen werden automatisch variiert. Im konkreten Anwendungsfall gibt die Laufanweisung der Zählschleife einen Startwert, eine Schrittweite und einen Abbruchwert für jede Variable an. Die Variation der Laufvariablen kann aufwärts und abwärts erfolgen.

Bei expliziten Zählschleifen mit vorgegebener Wiederholungsanzahl ist die Gesamtanzahl der Schleifendurchläufe vordefiniert. Werden in einer Laufanweisung zusätzliche Abbruchbedingungen formuliert, kann die wiederholte Abarbeitung des Schleifenkörpers (ereignisgesteuert) vor dem Erreichen der Gesamtanzahl von Durchläufen abgebrochen werden.

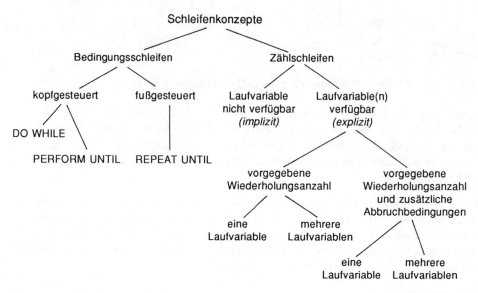

*Abb. 2.18   Systematik der Schleifenkonzepte*

## Verfeinerung und Algorithmusaufruf

Der in Abb. 2.19 dargestellte Strukturblock ermöglicht den Top-Down-Entwurf von Algorithmen. Die Innenbeschriftung des Blocks verweist auf ein Struktogramm, das in einem anderen Entwurfsdokument detailliert dargestellt ist. So können auch komplexe Algorithmen mehrseitig übersichtlich dargestellt werden.

Bei einem Strukturblock Verfeinerung übernimmt die Innenbeschriftung (Bezeichnung) die Funktion eines Konnektors zwischen zwei Struktogrammen. Alternativ kann als Innenbeschriftung der Name eines (Teil-)Algorithmus angegeben werden.

*Abb. 2.19   Strukturblock Verfeinerung bzw. Algorithmusaufruf*

Der so benannte Algorithmus wird dann als internes oder externes Unterprogramm zur Ausführung gebracht.

## Aneinanderreihung und Schachtelung

Nur in den allereinfachsten Anwendungsfällen läßt sich ein Verarbeitungsalgorithmus durch einen einzelnen Strukturblock darstellen. Beliebig komplexe Algorithmen können durch die

- Aneinanderreihung und
- Schachtelung

von Strukturblöcken entworfen werden. Eine Aneinanderreihung von Strukturblöcken ist zulässig, wenn die Unterkante des jeweils vorangehenden Blocks die Oberkante des nachfolgenden *vollständig* abdeckt (siehe Abb. 2.20). Eine Schachtelung von Strukturblöcken liegt vor, wenn z.B. innerhalb des Schleifenkörpers einer Wiederholung eine bedingte Verarbeitung oder im Nein-Zweig einer Auswahl eine Fallunterscheidung auftritt. Strukturblöcke dürfen in beliebiger Kombination und beliebig tief geschachtelt werden.

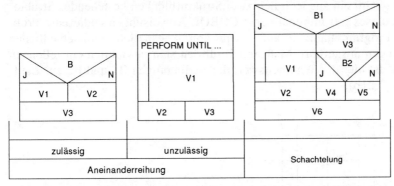

Abb. 2.20  *Aneinanderreihung und Schachtelung von Strukturblöcken*

Zu Beginn dieses Abschnitts wurde auf die fundamentale Bedeutung der Unterscheidung von elementaren Anweisungen (Aktionen bzw. eigentliche Verarbeitung) und Steueranweisungen (Kontrollkonstrukten) beim Entwurf von Algorithmen hingewiesen. Steueranweisungen bestimmen lediglich die Reihenfolge, in der Arbeitsanweisungen zur Programmlaufzeit abgearbeitet werden. Eine Steueranweisung läßt sich graphisch durch genau einen Strukturblock darstellen. Die Programmiersprache COBOL kennt Steueranweisungen für die:

- bedingte Verarbeitung,
- Auswahl,
- Fallunterscheidung,
- kopfgesteuerte Schleife,
- fußgesteuerte Schleife,
- implizite Zählschleife,
- explizite Zählschleife und den
- Algorithmusaufruf.

Bei der Übertragung eines Struktogramms in eine Programmiersprache sind für jeden Strukurblock eine Steueranweisung und für jede innerhalb eines Strukturblocks angegebene Aktion der zugehörige Befehl zu codieren. Der Programmierer ist aufgrund der Entwurfsvorarbeiten von fachlich-inhaltlichen Überlegungen zum Verarbeitungsproblem und zur Programmlogik befreit. Er kann sich voll auf die syntaxrichtige Übertragung des Struktogramms in seine Programmiersprache konzentrieren.

Ein Struktogramm und der zugehörige Anweisungsteil eines Programms sind inhaltsgleiche (äquivalente) statische Beschreibungen eines dynamischen Programmablaufs. Beide unterscheiden sich lediglich in den gewählten Darstellungsmitteln. Quellprogramme sind textuelle Algorithmusbeschreibungen in einer formalisierten, künstlichen Sprache. Ihnen fehlt die Übersichtlichkeit der aus wenigen graphischen Sinnbildern bausteinartig zusammengesetzten Struktogramme. Struktogramme sind insbesondere hinsichtlich des dynamischen Verarbeitungsablaufs, der Reihenfolge, in der Anweisungen abgearbeitet werden, leicht les- und interpretierbar.

Abbildung 2.21a zeigt ein aus lediglich zwei Strukturblöcken bestehendes Struktogramm. Bereits dieses mit minimal nur 7 COBOL-Anweisungen codierbare Problem wird zur Programmlaufzeit auf einem von 4 gänzlich unterschiedlichen Verarbeitungswegen ausgeführt. Maßgeblich für den sich tatsächlich einstellenden Programmablauf ist hier der Wahrheitswert der Bedingungen B1 und B2 zur Laufzeit (siehe Abb. 2.21b).

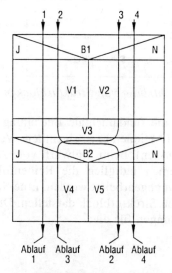

*Abb. 2.21a   Strukturblöcke als statische Beschreibung dynamischer Programmabläufe*

Konkrete Verarbeitungsprobleme weisen naturgemäß eine erheblich komplexere Verarbeitungslogik auf. Einem übersichtlichen, leicht les- und nachvollziehbaren Algorithmenentwurf kommt daher zentrale Bedeutung zu.

Programme, die auf der Grundlage eines sorgfältig ausgearbeiteten Struktogramms codiert werden, weisen in aller Regel erheblich weniger Ablauffehler auf, als solche, deren Algorithmen unmittelbar als Quellcode dargestellt werden. Wegen der inhaltlichen Äquivalenz eines Struktogramms und des zugehörigen Anweisungsteils eines Programms neigen Programmieranfänger dazu, auf den Entwurf von Struktogrammen zu verzichten und Verarbeitungsalgorithmen unmittelbar mit den Sprachelementen einer Programmiersprache darzustellen. Als Konsequenz schleichen sich Ablauffehler ein, die auch bei kleineren Programmen einen erheblichen Test- und Korrekturaufwand erzwingen.

| Ablauf | Bedingung B1 | Bedingung B2 | Verarbeitungsschritte |
|--------|--------------|--------------|------------------------|
| 1 | wahr | wahr | V1 → V3 → V4 |
| 2 | wahr | falsch | V1 → V3 → V5 |
| 3 | falsch | wahr | V2 → V3 → V4 |
| 4 | falsch | falsch | V2 → V3 → V5 |

Abb. 2.21b

Unbeschadet des höheren Darstellungsaufwands verkürzt sich die von Programmieranfängern benötigte Zeit zur Erstellung eines korrekten Programms bei Einhaltung der Schrittfolge Struktogrammentwurf, Programmierung, Test und Korrektur um mehr als 50 % gegenüber einer Vorgehensweise, bei der auf den Entwurf von Struktogrammen verzichtet wird.[1]

## Entwurfsbeispiele

Nachfolgend werden einige einfache Verarbeitungsprobleme vorgegeben und die zugehörigen Algorithmen in Form von Struktogrammen dargestellt. Neben den besprochenen Kontrollkonstrukten sollen in diesen Beispielen die folgenden elementaren Arbeitsanweisungen (Aktionen)

- Löschen des Bildschirms,
- Anzeigen von Daten am Bildschirm,
- Entgegennehmen (Erfassen) von Tastatureingaben,
- Anfangswertzuweisung (Initialisierung) an Variablen,
- Addition von Zahlen und
- Programmbeendigung (STOP RUN) als letzte Anweisung eines Programms

verwendet werden.

---

1. Das älteste und noch heute verbreitete Darstellungsmittel für den graphischen Entwurf von Algorithmen sind Programmablaufpläne, deren Sinnbilder ebenfalls genormt wurden (DIN 66001). Programmablaufpläne sind zwar änderungsfreundlicher als Struktogramme, insbesondere bei undisziplinierter Verwendung der genormten Sinnbilder entstehen jedoch unübersichtliche, nur erschwert test-, korrigier- und erweiterbare Programme. Als drittes Darstellungsmittel für Algorithmen finden auch Pseudocodes Verwendung. Sie beschreiben Programmabläufe mit Hilfe einer knappen, künstlichen Spezifikationssprache textuell. Für jedes Kontrollkonstrukt bzw. jeden Strukturblock definieren Pseudocodes einen sprachlichen Ausdruck. Algorithmendarstellungen mittels Pseudocode sind unübersichtlicher als Struktogramme.

**Beispiel 1:** Am Bildschirm soll der Text "Hallo World" angezeigt werden (siehe Abb. 2.22).

| lösche Bildschirm |
| anzeigen von "Hallo World" |
| STOP RUN |

*Abb. 2.22   Struktogramm zu Beispiel 1*

**Beispiel 2:** Am Bildschirm soll 200mal der Text "Hallo World" angezeigt werden (siehe Abb. 2.23).[1]

| verarbeite 200 mal | |
|---|---|
| | lösche Bildschirm |
| | anzeigen von "Hallo World" |
| STOP RUN | |

*Abb. 2.23   Struktogramm zu Beispiel 2*

**Beispiel 3:** Zusammen mit dem 1500mal am Bildschirm anzuzeigenden Text "Hallo World" ist eine Ziffer auszugeben, die erkennen läßt, das wievielte Mal der Text jeweils angezeigt wird (Abb. 2.24).

| setze ANZAHL = 1 |
| PERFORM UNTIL (ANZAHL > 1500) |
|    lösche Bildschirm |
|    anzeigen von "Hallo World" |
|    anzeigen von ANZAHL |
|    addiere 1 zu ANZAHL |
| STOP RUN |

| variiere ANZAHL von 1 bis 1500 |
| (Start = 1,  Schritt = 1,  Max = 1500) |
|    lösche Bildschirm |
|    anzeigen von "Hallo World" |
|    anzeigen von ANZAHL |
| STOP RUN |

*Abb. 2.24   Lösungsalternativen (Bedingungsschleife, Zählschleife) zu Beispiel 3*

Abbildung 2.24 zeigt zwei Lösungsalternativen zu Beispiel 3. In beiden zählt die Variable ANZAHL die Schleifendurchläufe. Bei Verwendung einer Zählschleife wird die Laufvariable automatisch auf einen Startwert gesetzt und dann bei jedem Schleifendurchlauf um die Schrittweite verändert. Soll zur Problemlösung die Bedingungsschleife PERFORM UNTIL verwendet werden, muß die Laufvariable nachgebildet werden. Die Wertzuweisung "setze ANZAHL = 1" zu Beginn des

---

1. Die in Abb. 2.23 angegebene Laufanweisung läßt erkennen, daß das angegebene Schleifenkonstrukt dem einer "impliziten Zählschleife" entspricht.

Algorithmus legt den Startwert fest. Im Schleifenkörper selbst bewirkt die Additionsanweisung das Hochzählen der Variablen mit jedem Schleifendurchlauf. Würde der Programmierer versehentlich versäumen, die Additionsanweisung zu codieren, entstünde eine Endlosschleife, da die Abbruchbedingung (ANZAHL > 1500) auch nach beliebig vielen Schleifendurchläufen nicht erfüllt wäre.

**Beispiel 4:** *Wenn der Benutzer des Programms über seine Tastatur die Ziffer 1 eingibt, ist der Text "Hallo World" anzuzeigen. Bei beliebigen sonstigen Eingaben ist der Text "Programm ist O.K." am Bildschirm auszugeben (Abb 2.25).*

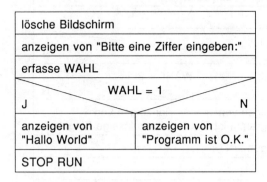

*Abb. 2.25   Struktogramm zu Beispiel 4*

Die in Abb. 2.25 gezeigte Lösung zu Beispiel 4 wird nach dem Löschen des Bildschirms den Benutzer mittels des Textes "Bitte eine Ziffer eingeben:" zu einer Tastatureingabe auffordern (prompten). Das eingegebene Zeichen wird im Feld WAHL abgespeichert und steht anschließend dem Kontrollkonstrukt Auswahl für die Selektion einer Verarbeitungsalternative zur Verfügung.

**Beispiel 5:** *Der Benutzer des Programms erhält die Möglichkeit, sich beliebig häufig alternativ einen der Texte "Hallo World" oder "Programm ist O.K." am Bildschirm anzeigen zu lassen. Weiterhin muß die Möglichkeit bestehen, den Programmlauf abzubrechen (Abb. 2.26).*

Die zu Beispiel 5 in Abbildung 2.26 gezeigte Problemlösung zwingt den Benutzer, zumindest einmal eine Textauswahl zu treffen. Da die Variable WEITER mit einem Wert initialisiert wird, durch den die Abbruchbedingung der PERFORM UNTIL-Schleife nicht erfüllt ist, wird der Schleifenkörper unmittelbar nach dem Programmstart erstmals ausgeführt.[1] Die Anweisung "erfasse WAHL" führt *solange* zur Unterbrechung des Programmablaufs, bis der Benutzer ein Zeichen mittels der Tastatur eingibt. Dieses Zeichen wird im Feld WAHL abgespeichert.

---

1. Durch die Anfangswertsetzung "setze WEITER = J" wird verhindert, daß das Feld WEITER unmittelbar nach dem Programmstart zufällig den Wert "N" enthält. Dies hätte zur Folge, daß die Abbruchbedingung "WEITER = N" der Schleifensteuerung erfüllt und mithin der Schleifenkörper nicht (keinmal) abgearbeitet würde.

Die geschachtelten Auswahl-Konstrukte stellen sicher, daß bei Eingabe der Ziffer 1 (WAHL = 1) der Text "Hallo World", bei Eingabe einer 2 der Text "Programm ist O.K." und bei Eingabe eines beliebigen anderen Zeichens "Unzulässige Eingabe"

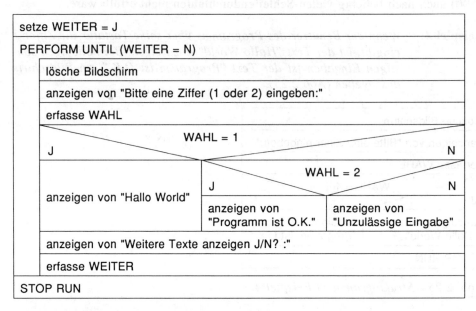

*Abb. 2.26   Struktogramm zu Beispiel 5*

am Bildschirm angezeigt wird. Anschließend wird am Bildschirm der Text "Weitere Texte anzeigen J/N? :" angezeigt und der Benutzer zur Eingabe seiner Entscheidung aufgefordert (erfasse WEITER). Gibt er das Zeichen "N" ein, ist die Abbruchbedingung der Schleifensteuerung (WEITER = N) erfüllt, die Schleifenverarbeitung wird abgebrochen, und der Programmlauf endet über STOP RUN. Bei jeder beliebigen anderen Eingabe wird der Schleifenkörper, beginnend mit der Anweisung "lösche Bildschirm", erneut abgearbeitet.

**Beispiel 6:** *Der Benutzer eines Programms erhält die Möglichkeit, aus einem Auswahlmenü beliebig häufig eine von 4 alternativen Verarbeitungen (V1 bis V4) zu wählen. Zusätzlich besteht die Möglichkeit, den Programmlauf abzubrechen (Abb. 2.27).*

Wegen der Initialisierung der Variablen WAHL ist in der Problemlösung zu Beispiel 6 (siehe Abb. 2.27) sichergestellt, daß das Auswahlmenü erstmals angezeigt und der Programmbenutzer zur Auswahl einer Verarbeitungsoption aufgefordert wird. In Abhängigkeit von der Benutzereingabe wird mit Hilfe des Konstrukts Fallunterscheidung genau eine von sechs möglichen Verarbeitungen zur Ausführung gebracht. Gibt der Benutzer die Ziffer 1 ein, wird am Bildschirm "Hier V1" angezeigt. Entsprechendes gilt für die (erstmalige) Eingabe von 2, 3 oder 4. Bei diesen vier Eingaben wird unmittelbar anschließend festgestellt, daß die Bedingung des auf die Fallunterscheidung folgenden Auswahlkonstrukts (WAHL = 5) nicht erfüllt ist. Mithin wird der Nein-Zweig abgearbeitet, d.h. der Benutzer zur Betätigung der RETURN-Taste aufgefordert. Der Sinn der beiden Anweisungen dieses Nein-Zweiges besteht lediglich darin, den Programmlauf solange mit Hilfe der Anweisung "erfasse WEITER" zu unterbrechen, bis der Benutzer eine (beliebige) Eingabe tätigt.[1] Genau bis zu diesem Zeitpunkt kann er die Bildschirmanzeige überprüfen, da der Schirm anschließend wegen des erneuten Abarbeitens des Schleifenkörpers gelöscht wird (lösche Bildschirm).

Der beschriebene Ablauf wiederholt sich zyklisch, bis der Benutzer erstmals die Auswahlziffer 5 eingibt. Hier wird Fall 5 und anschließend der Ja-Zweig des Konstrukts Auswahl (ohne irgendeine Verarbeitung) durchlaufen, die Abbruchbedingung der Schleife als erfüllt erkannt (WAHL = 5), die Schleifenverarbeitung mithin abgebrochen und das Programm über STOP RUN verlassen.[2]

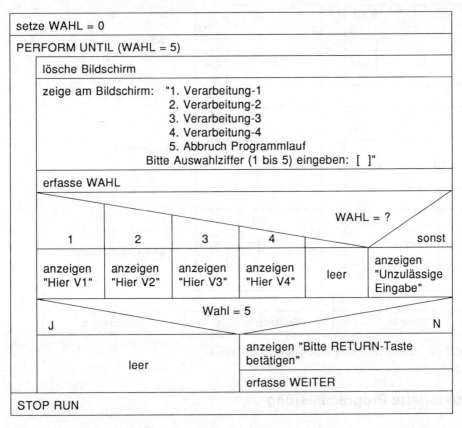

*Abb. 2.27   Struktogramm zu Beispiel 6*

---

1. Eine Anweisung wie "erfasse WEITER" oder "erfasse WAHL" fordert den Benutzer (im Regelfall) zu zwei Aktivitäten auf: Eingabe eines oder mehrerer Zeichen und Freigabe der Dateneingabe durch Betätigen der RETURN-Taste.
2. Der Benutzer wird hier nicht mehr zum Betätigen der RETURN-Taste aufgefordert.

Gibt der Benutzer während eines Schleifendurchlaufs ein beliebiges von 1, 2, ..., 5 abweichendes Zeichen ein, wird im Konstrukt der Fallunterscheidung der Sonst-Fall abgearbeitet (Anzeige von "Unzulässige Eingabe"), der Benutzer zur Bildschirmfreigabe (Unterbrechung des Programmablaufs mit "erfasse WEITER") und anschließend zu einer neuen Auswahl aufgefordert.

## Ersatzdarstellungen

Abbildung 2.28 zeigt zu den Strukturblöcken Auswahl, bedingte Verarbeitung und Fallunterscheidung Ersatzdarstellungen nach DIN 66261. Diese Ersatzdarstellungen sind auf horizontale und vertikale Begrenzungslinien beschränkt. Sie sind daher auch mit einfachen Hilfsmitteln (Texteditor, Zeichendrucker) maschinell erstellbar.

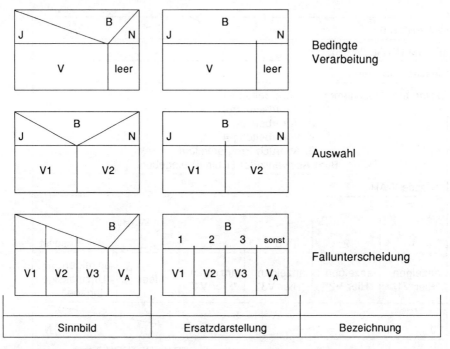

*Abb. 2.28   Ersatzdarstellungen nach DIN 66261*

## Strukturierte Programmierung

Als Strukturierte Programmierung bezeichnet man eine Entwurfs- und Programmiertechnik, bei der Verarbeitungsprobleme top-down zerlegt und die Ablaufsteuerung der Algorithmen allein unter Verwendung der vorstehend beschriebenen Kontrollkonstrukte sowie deren Aneinanderreihung und Schachtelung realisiert werden. Ein auf der Grundlage eines Nassi-Shneiderman-Diagramms erstelltes Programm ist zwangsweise ein strukturiertes Programm. Solche Programme zeichnen sich dadurch aus, daß jeder Programmbaustein (Strukturblock) und mithin auch das gesamte Programm (Struktogramm) genau einen "Eingang" und einen "Ausgang" aufweisen. Durch den Verzicht auf beliebige Vorwärts- und Rückwärtssprünge[1] von einem Programmteil zu einem anderen sind strukturierte Programme linear lesbar und dadurch übersichtlich, leicht test-, korrigier-, änder- und erweiterbar.

## 2.3 Darstellungsmittel des Fachinhaltlichen Entwurfs

Im vorausgegangenen Abschnitt wurde die Darstellung von Algorithmen mit Hilfe von Nassi-Shneiderman-Diagrammen behandelt. Die in den Abb. 2.22 bis 2.27 gezeigten Problemlösungen zu sehr einfachen Verarbeitungsaufgaben sollten den Zweck der verschiedenen Strukturblöcke, aber auch die Detaillierungstiefe des Algorithmenentwurfs verdeutlichen.

Problemorientierte Programmiersprachen wie COBOL sind prozedurale Sprachen.[2] Sie kennen nur recht elementare Anweisungen wie "addiere", "lies einen Datensatz" oder "zeige Daten am Bildschirm". Bereits für einfache Verarbeitungsfunktionen wie "berechne Vorteilhaftigkeit einer Investition" oder "zeige alle Kunden mit Wohnsitz Hamburg" müssen Algorithmen entworfen werden. Die Entwicklung von Programmen für praxisrelevante Problemstellungen wie Einkaufs- oder Verkaufsunterstützung, Lagerbewirtschaftung usw. kann wegen der Komplexität solcher Anwendungen nicht mit dem Entwurf von Struktogrammen beginnen.

| Phase | Nr. | Entwurfsdokument | Batch-Programm | Dialog-Programm | siehe Abschnitt |
|---|---|---|---|---|---|
| | 1 | Funktionsübersicht | ja | ja | 2.3.1 |
| Fachinhaltlicher | 2 | Hierarchische Zerlegung | ja | ja | 2.3.2 |
| Entwurf | 3 | Spezifikation Elementarprozesse | ja | ja | 2.3.3 |
| | 4 | Menübaum, Bildschirmmasken | nein | ja | 2.3.5 |

Abb. 2.29  Arbeitsergebnisse des Fachinhaltlichen Entwurfs

Eine Reduktion der Problemkomplexität wird im "Vorgehensmodell zur Entwicklung von Softwaresystemen"[3] durch die strikte Trennung der Aufgaben des Fachinhaltlichen Entwurfs von denen des DV-technischen Entwurfs (Abstraktion) und die schrittweise Verfeinerung der Entwurfsergebnisse in beiden Phasen (Top-Down-Vorgehensweise) erreicht. Während des Fachinhaltlichen Entwurfs bleiben alle Fragestellungen im Zusammenhang mit der softwaretechnischen Realisierung einer Anwendung ausgeklammert. Das DV-System wird als "Black Box" betrachtet. Abbildung 2.29 zeigt die in den nachfolgenden Abschnitten nach Inhalt und

---

1. Solche Sprünge lassen sich mit GO TO-Anweisungen realisieren, einer Steueranweisung, der kein Kontrollkonstrukt im Sinne der Strukturierten Programmierung entspricht.
2. Zur Unterscheidung von prozeduralen und nicht-prozeduralen Sprachen siehe Abschnitt 1.1.4.
3. Siehe Abschnitt 2.1, insbesondere Abb. 2.4, S. 77 und Abb. 2.9, S. 83.

Form zu beschreibenden Arbeitsergebnisse der Phase des Fachinhaltlichen Entwurfs.

### 2.3.1 Funktionsübersicht

Die Funktionsübersicht benennt stichwortartig die Haupt- oder Grundfunktionen des zu entwerfenden Anwendungssystems. Die Aufzählung dieser Funktionen erfolgt ungeordnet und formfrei. Nachfolgend werden zwei Beispiele angegeben (Abb. 2.30a und 2.30b).

```
Anwendung:   Pflege Kundenstammdatei

Funktionsübersicht:
 – Anzeigen Kundendaten
 – Ändern Kundendaten         – Löschen Kundendatensatz
 – Einfügen neuer Kunde       – Blättern Kundensätze
```

*Abb. 2.30a   Funktionsübersicht Pflege Kundendatei*

```
Anwendung:   Betriebliches Rechnungswesen

Funktionsübersicht:
 – Finanzbuchhaltung            – Lagerbuchhaltung
 – Kostenrechnung               – Anlagenrechnung
 – Hauptbuchhaltung             – Kostenartenrechnung
 – Kreditoren                   – Kostenstellenrechnung
 – Debitoren                    – Kostenträgerrechnung
 – Lohn- und Gehaltsabrechnung  – Betriebsergebnisrechnung
```

*Abb. 2.30b   Funktionsübersicht Rechnungswesen*

Wurde für ein konkretes DV-Projekt eine Vorstudie erstellt, kann die Funktionsübersicht dem Rahmenvorschlag entnommen werden.

### 2.3.2 Hierarchische Funktionszerlegung

Die in der Funktionsübersicht aufgeführten Grund- oder Hauptfunktionen eines Anwendungssystems werden über eine oder mehrere Hierarchieebenen hinweg in Teilfunktionen zerlegt (Top-Down-Zerlegung). Jede Zerlegung hat die Eigenschaft, daß die entstehenden Teilfunktionen die zerlegte Funktion *vollständig abdecken*. Eine Funktion besteht aus ihren Teilfunktionen. Die hierarchische, schrittweise Verfeinerung der Systemfunktionen kann graphisch in Form eines *Hierarchiediagramms* oder textuell als *Funktionsstruktur* mit dekadischer Notation der Über-/Unterordnungsbeziehungen dargestellt werden.

Das zur Pflege einer Kundenstammdatei auszugsweise angegebene Hierarchiediagramm (siehe Abb. 2.31a) läßt auf Ebene 1 den Umfang des Verarbeitungsproblems gut erkennen, Ebene 2 detailliert ausgewählte Funktionen. Das verwendete

Numerierungsschema dient der eindeutigen Kennzeichnung von Funktionen und stellt die Verbindung zwischen Teilbildern her.

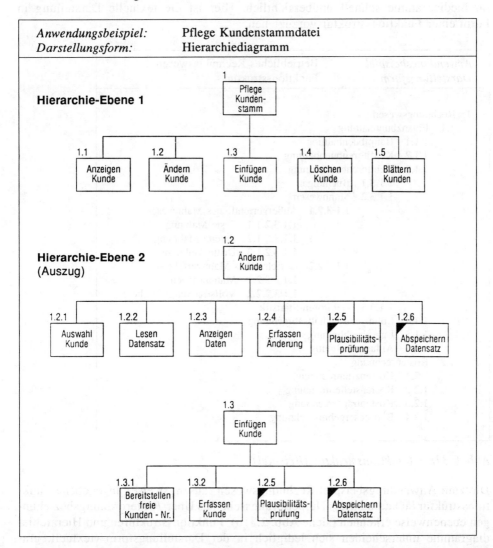

*Abb. 2.31a   Hierarchiediagramm (Beispiel)*

Die Teilfunktion "Plausibilitätsprüfung" und "Abspeichern Datensatz" treten mehrfach inhaltsgleich auf. Solche Funktionen müssen in den weiteren Entwurfsschritten jeweils nur einmal analysiert und unter dem Gesichtspunkt der Wiederverwendung von Programm-Moduln auch nur einmal codiert werden.[1] Die geschwärzten Dreiecke sowie die Beibehaltung der Funktionsnumerierung bei erneu-

---

1. Auf die erforderliche Strukturierungstiefe von Hierarchiediagrammen (Anzahl Ebenen) wird zum Ende dieses Abschnitts eingegangen.

tem Auftreten inhaltsgleicher Teilfunktionen machen auf diese Redundanz aufmerksam. Bei komplexen, funktionsreichen Verarbeitungsproblemen werden Hierarchiediagramme schnell unübersichtlich. Hier ist die textuelle Darstellung in Form einer Funktionsstruktur vorzuziehen.

---

*Anwendungsbeispiel:* Betriebliches Rechnungswesen
*Darstellungsform:* Funktionsstruktur

1. Rechnungswesen
   1.1 Finanzbuchhaltung
      1.1.1 Hauptbuchhaltung
      1.1.2 Kreditorenbuchhaltung
      1.1.3 Debitorenbuchhaltung
         1.1.3.1 Buchungen
         1.1.3.2 Mahnwesen
            1.1.3.2.1 Außergerichtliches Mahnwesen
               1.1.3.2.1.1 Erste Mahnung
               1.1.3.2.1.2 Zweite Mahnung
               1.1.3.2.1.3 Dritte Mahnung
            1.1.3.2.2 Gerichtliches Mahnverfahren
               1.1.3.2.2.1 Mahnbescheid
               1.1.3.2.2.2 Vollstreckungsbescheid
         1.1.3.3 Debitoren-Statistik
      1.1.4 Lohn- und Gehaltsabrechnung
      1.1.5 Lagerbuchhaltung
      1.1.6 Anlagenrechnung
   1.2 Kostenrechnung
      1.2.1 Kostenartenrechnung
      1.2.2 Kostenstellenrechnung
      1.2.3 Kostenträgerrechnung
      1.2.4 Betriebsergebnisrechnung

---

*Abb. 2.31b Funktionsstruktur (Beispiel)*

Die zum Anwendungsbeispiel Rechnungswesen (auszugsweise) angegebene Funktionsstruktur läßt anhand des Numerierungsschemas Über-/Unterordnungsbeziehungen ebenenweise erkennen (siehe Abb. 2.31b). Funktionsstrukturen und Hierarchiediagramme unterscheiden sich lediglich in der Darstellungsform (textuell, graphisch). Sie sind inhaltsgleich und mithin ineinander überführbar. Redundante Teilfunktionen (vergl. vorstehend "Pflege Kundenstamm") werden in einer Funktionsstruktur textuell markiert:

   1.3 Einfügen Kunde
      1.3.1 Bereitstellen freie Kunden-Nr.
      1.3.2 Erfassen Kunde
      1.3.3 Plausibilitätsprüfung Daten    (wie 1.2.5)
      1.3.4 Abspeichern Datensatz    (wie 1.2.6)

Vorstehend wurde die Darstellung hierarchischer Aufgabenzerlegungen als Funktionsstruktur oder alternativ als Hierarchiediagramm erläutert. Unbeantwortet ist bisher die Frage, wann der Zerlegungsprozeß abzubrechen, eine weitere Zerlegung einer Aufgabe in Teilaufgaben nicht mehr zweckmäßig ist. Die Frage nach der *Strukturierungstiefe* der Aufgabenzerlegung läßt sich beantworten, wenn man sich die Bedeutung hierarchischer Zerlegungen für den gesamten Entwurf eines Anwendungssystems verdeutlicht und die Qualifikation der mit der Erstellung von Hierarchiediagrammen bzw. Funktionsstrukturen betrauten Personen in die Betrachtung einbezieht. Der Fachinhaltliche Entwurf wird unter lediglich anleitender und koordinierender Beteiligung von DV-Fachleuten primär von Mitarbeitern der vom zukünftigen DV-Einsatz betroffenen Fachabteilungen erarbeitet. Vertiefte EDV-Kenntnisse, das Verständnis für DV-interne Abläufe, sind bei den Mitarbeitern der Fachabteilungen nicht zwangsläufig voraussetzbar. Sie sind es gewohnt, aufgabenorientiert auf Ebenen wie

- erzeuge eine Mahnung
- erstelle eine Sachkontenbuchung
- ändere eine Kundenanschrift
- erstelle eine Rechnung

zu denken. Solche Teilaufgaben bezeichnet man als Elementarfunktionen. Aus der Sicht der Fachabteilung sind *Elementarfunktionen* fachinhaltliche Aufgaben, die

- in sich abgeschlossen sind,
- vom Beginn der Bearbeitung bis zu ihrem Abschluß als Aufgabeneinheit begriffen und auch geschlossen ausgeführt werden,
- nicht in Teilaufgaben mit fachinhaltlich relevanten Dateneingaben und Verarbeitungsergebnissen zerlegt werden können.

Insbesondere das letztgenannte Merkmal ist ein geeignetes *Abbruchkriterium* für Aufgabenzerlegungen. Auf *unterster Hierarchieebene* benennen Funktionsstrukturen bzw. Hierarchiediagramme Elementarfunktionen, denen sich gerade noch fachinhaltlich relevante Dateneingaben und Verarbeitungsergebnisse zuordnen lassen. Die Tatsache, daß aus DV-technischer Sicht z.B. das Erstellen einer Rechnung in das Drucken eines Rechnungskopfes (Kundenanschrift), das Erzeugen eines variabel langen Rechnungsrumpfes (Postenzeilen) und eines Rechnungsfußes (Summenzeilen) zerfällt, ist im Zusammenhang mit hierarchischen Zerlegungen irrelevant. Aus der Sicht der Fachabteilung sind die Erstellung von Rechnungen, Buchungen oder Mahnungen sowie das Ändern einer Kundenanschrift Elementarfunktionen, die als Aufgabeneinheiten aufzufassen und daher nicht weiter zu zerlegen sind.

Unter Berücksichtigung der vorstehenden Überlegungen zur Strukturierungstiefe hierarchischer Zerlegungen wird deutlich, daß in der Funktionsstruktur zum "Betrieblichen Rechnungswesen" die Teilfunktionen

    1.1.3.2.1.1   Erste Mahnung
    1.1.3.2.1.2   Zweite Mahnung
    1.1.3.2.1.3   Dritte Mahnung
    1.1.3.2.2.1   Mahnbescheid
    1.1.3.2.2.2   Vollstreckungsbescheid

als Elementarfunktionen aufzufassen sind. Das zur Pflege einer Kundenstammdatei angegebene Hierarchiediagramm weist auf der Hierarchie-Ebene 2 DV-technisch relevante Teilfunktionen aus, die für den späteren Entwurf von Algorithmen (Struktogrammen) bedeutsam sind, die aus der Sicht einer Fachabteilung aber nicht als fachinhaltliche, in sich abgeschlossene Aufgaben erkannt werden. Der Zerlegungsprozeß hätte bereits auf der Hierarchie-Ebene 1 abgebrochen werden können. Im Zusammenhang mit der Spezifikation von Elementarprozessen wird auf dieses Beispiel erneut einzugehen sein.

### 2.3.3 Spezifikation von Elementarprozessen

Die im Wege der Top-Down-Zerlegung einer Verarbeitungsaufgabe auf der untersten Hierarchieebene einer Funktionsstruktur bzw. eines Hierarchiediagramms ausgewiesenen Elementarfunktionen sind in einem nächsten Arbeitsschritt als *Elementarprozesse* zu beschreiben (siehe Abb. 2.32).

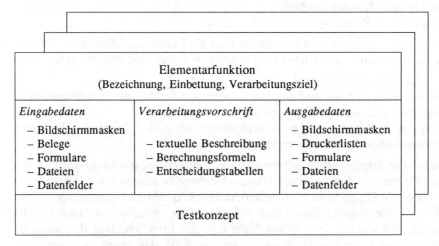

Abb. 2.32  *Spezifikation von Elementarprozessen*

Im Interesse der Übersichtlichkeit ist es zweckmäßig, die Spezifikation der Elementarprozesse nach einem einheitlichen Gliederungsschema vorzunehmen:

 a. Bezeichnung und Einbettung
 b. Verarbeitungsziel
 c. Eingabedaten
 d. Verarbeitungsvorschrift
 e. Ausgabedaten
 f. Testkonzept

Der erste Gliederungspunkt dient der Bezeichnung des zu beschreibenden Elementarprozesses und seiner Einordnung in das zugehörige Hierarchiediagramm bzw. eine Funktionsstruktur. Das Verarbeitungsziel ist stichwortartig oder in knappen Sätzen anzugeben.

Zur Verdeutlichung wird nachfolgend auf das Beispiel zum Betrieblichen Rechnungswesen zurückgegriffen:

a) **Bezeichnung und Einbettung**

Erste Mahnung

| | |
|---|---|
| 1. | Rechnungswesen |
| 1.1 | Finanzbuchhaltung |
| 1.1.3 | Debitorenbuchhaltung |
| 1.1.3.2 | Mahnwesen |
| 1.1.3.2.1 | Außergerichtl. Mahnwesen |
| 1.1.3.2.1.1 | Erste Mahnung |

b) **Verarbeitungsziel**

Erstellen von ersten Mahnungen.

Unter Gliederungspunkt (c) sind die Eingabedaten des jeweils betrachteten Elementarprozesses zu spezifizieren. Hierzu gehört die Benennung der Datenherkunft (z.B. Ausgangsrechnung, Zahlungsbeleg, externe Datenspeicherung), falls eine manuelle Dateneingabe vorgesehen ist, die Beschreibung der Erfassungsbildschirmmaske sowie die Definition aller Eingabedaten (Name, Typ, Länge und ggf. zulässiger Wertebereich). Als Beispiel soll das Erstellen von ersten Mahnungen dienen:

c) **Eingabedaten**

Datenherkunft: In einer Datei gespeicherte Debitoren-Datensätze.
Bildschirmmaske: Entfällt, da keine manuelle Eingabe vorgesehen.
Datendefinition:

| | |
|---|---|
| KONTO-NR | num(5) |
| NAME | alphanum(25) |
| ANSCHRIFT | alphanum(40) |
| KONTO-STAND | num(5,2) |
| MAHNKENNZIFFER | num(1) |
| KREDITLIMIT | num(5,2) |
| FAELLIGKEIT | num(6) |

Im Anschluß an die Spezifikation der Eingabedaten sind unter Gliederungspunkt (d) Verarbeitungsvorschriften anzugeben, die die Eingabedaten des Elementarprozesses in das Verarbeitungsergebnis überführen. Diese Transformationsvorschriften können *textuell* beschrieben, als *Berechnungsformeln* oder in Form von *Entscheidungstabellen* dargestellt werden.[1]

Als Beispiel für die textuelle Beschreibung einer Verarbeitungsvorschrift wird der Elementarprozeß "Einfügen Kundendaten" in eine Kundenstammdatei gewählt[2]:

d) **Verarbeitungsvorschrift**

Vor dem Abspeichern des Kundendatensatzes ist zu prüfen, ob alle Bestandteile einer Kundenanschrift (Name, Straße, Ort) erfaßt wurden. Bei unvollstän-

---

1. Entscheidungstabellen sind ein übersichtliches, kompaktes Darstellungsmittel für Verarbeitungsvorschriften. Sie werden im nachfolgenden Abschnitt 2.3.4 behandelt.
2. Vereinfachend wird davon ausgegangen, daß lediglich Kundenanschriften erfaßt werden.

diger Anschrift ist das Speichern des Datensatzes zu verhindern und der Benutzer des Programms zur Ergänzung der Anschrift aufzufordern.

Fehlermeldung 1:    "Unvollständige Anschrift, bitte Namen angeben."
Fehlermeldung 2:    "Unvollständige Anschrift, bitte Straße angeben."
Fehlermeldung 3:    "Unvollständige Anschrift, bitte Ort angeben."

Unter Gliederungspunkt (e) der Spezifikation von Elementarprozessen werden Ausgabedaten ähnlich wie die bereits unter (c) dargestellten Eingabedaten beschrieben. Anzugeben sind der Datenträger für Ausgabedaten (Druckerliste, Formular, Ausgabebildschirm, externes Speichermedium), bei Listen, Formularen und Bildschirmmasken die Gestaltung des Ausgabemediums sowie die Definition aller Ausgabedaten (Name, Typ, Länge).

Beispielhaft werden hier die Ausgabedaten zum Elementarprozeß "Erstellen erste Mahnungen" spezifiziert:

e) **Ausgabedaten**

Datenträger:      Mahnformular 1. Mahnung.

Ausgabemedium:

```
                1. Mahnung

   Name:      XXXXXXXXXXXXXXXXXXXXXX
   Anschrift: XXXXXXXXXXXXXXXXXXXX
              XXXXXXXXXXXXXXXXXXXX
   Kontostand:        99.999,99
   Offener Betrag:    99.999,99
   Fälligkeit:        99.99.1999

   Mit freundlichen Grüßen
```

Datendefinition:   NAME                alphanum(25)
                   STRASSE             alphanum(20)
                   ORT                 alphanum(20)
                   KONTO-STAND         num(5,2)
                   OFFEN               num(5,2)
                   FAELLIGKEIT         num(6)

Die Spezifikation eines Elementarprozesses endet mit der Angabe eines Testkonzepts (Gliederungspunkt f). Dieses benennt eine Reihe von Testfällen, die in der nachfolgenden Phase des DV-technischen Entwurfs in Form von Testdaten zu konkretisieren sind. Testdaten sind dann Grundlage für Modul- und Integrationstests sowie den Abnahmetest in der Phase Installation und Abnahme. Ausgangspunkt für die Herleitung von Testfällen ist die Verarbeitungsvorschrift des betrachteten Elementarprozesses. Die Testfälle sind nach Inhalt und Anzahl so zu wählen, daß die vollständige und richtige Abarbeitung einer Aufgabe durch das zu erstellende Programm überprüfbar wird. Beispielhaft soll hier das Testkonzept für den Elementarprozeß "Einfügen Kundendaten" (siehe obige Verarbeitungsvorschrift) angegeben werden:

f) **Testkonzept**

Fall 1: Es ist zu prüfen, ob ein dem Datenbestand hinzugefügter Kunde unter der vom System automatisch vergebenen Kundennummer wiederauffindbar ist.

Fall 2: Bei Eingabe unvollständiger Kundenanschriften (fehlend: Name, Straße oder Ort) soll je nach fehlendem Anschriftenbestandteil die korrespondierende Meldung (Meldung 1, 2 oder 3) angezeigt werden.

Fall 3: Es muß sichergestellt sein, daß in die Kundenstammdatei keine Leersätze eingetragen werden, wenn der Benutzer die Datenerfassungsfunktion ohne Datenfreigabe abbricht. Die vom System automatisch bereitgestellte freie Kundennummer muß hier für spätere Satzeinträge verfügbar bleiben.

## Beispiel Prozeßspezifikation

Abschließend soll die Spezifikation von Elementarprozessen zusammenhängend anhand des Anwendungsbeispiels *"Pflege der Kundenstammdaten eines Großhändlers"* dargestellt werden.[1] Unter Berücksichtigung der Überlegungen zur Strukturierungstiefe hierarchischer Zerlegungen wird von folgendem einstufigen Hierarchiediagramm ausgegangen:

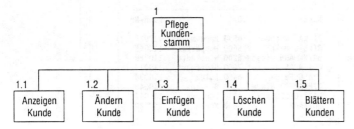

Der weitere Entwurf wird auf die Elementarfunktionen "Anzeigen Kunde" beschränkt. Der Spezifikation des Elementarprozesses liegt die eingangs erläuterte Gliederung zugrunde:

a. **Bezeichnung und Einbettung**

Anzeigen Kunde

1. Pflege Kundenstamm
1.1 Anzeigen Kunde

---

1. Das Demonstrationsprogramm COBSYS enthält eine ablauffähige Musterlösung zur "Pflege einer indiziert organisierten Kundendatei". Der hier dargestellte Entwurf wird verständlicher, wenn Sie dieses Programm zur Ausführung bringen.

**b. Verarbeitungsziel**

Die Daten eines vom Benutzer des Programms ausgewählten Kunden werden am Bildschirm angezeigt.

**c. Eingabedaten "Anzeigen Kunde"**

Datenherkunft:  Die am Bildschirm anzeigbaren Kundeninformationen sind auf einem externen Speichermedium in einer Direktzugriffsdatei abgespeichert.
Der Benutzer des Programms trifft eine Kundenauswahl alternativ durch:

- Eingabe einer Kunden-Nr.
- Eingabe der Firmenbezeichnung des Kunden
- Eingabe eines Firmen-Match-Codes
- Auswahl eines Kunden aus einem nach Kunden-Nummern geordneten Pop-Up-Menü (Menü-Window)
- Auswahl eines Kunden aus einem nach Kundennamen geordneten Pop-Up-Menü.

Bildschirmmasken:  Die Kundenauswahl erfolgt in einer der in Abb. 2.33 bzw. Abb. 2.34 gezeigten Auswahlmasken.

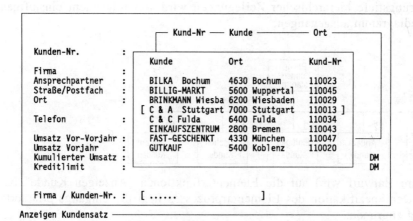

*Abb. 2.33  Bildschirmmaske "Auswahl Kunde"*

Erfolgt die Kundenauswahl über eine (bekannte) Kunden-Nr., ist diese in das Erfassungsfeld "Firma/Kunden-Nr." einzugeben. In dieses Feld kann alternativ die korrekte Firmenbezeichnung des Kunden oder bei unklarer Schreibweise der Firmenbezeichnung (Meier, Mayer) ein aus einem oder mehreren Anfangsbuchstaben des Firmennamens bestehender Match-Code eingegeben werden. Bei einer Match-Code-Eingabe zeigt ein Folgebildschirm die zugehörigen Kunden (matching records), aus denen der Benutzer den gesuchten auswählt (Abb. 2.34).

```
  Nr.      Wahl   Kunde                    Ort                    Soll
  110066          KAISER & KELLERMANN      2300 Kiel                  0,00
  110012          KARSTATT AG Bad Segeb.   2360 Bad Segeberg      3.502,01
  110067          KATHREINER               6000 Frankfurt           557,65
  110055          KAUFHAUS KLINGER         3450 Holzminden          197,85
  110033     ■    KAUFHAUS Lübecker Tor    2400 Lübeck                0,00
  110011          KAUFHOF AG München       8000 München           8.514,27
  110052          KAUFHOF AG Worms         6520 Worms             1.919,09
  110049          KAUFPASSAGE Freiburg     7800 Freiburg             12,03
  110022          KAUFRING Aachen          5100 Aachen              219,02



  Firma / Kunden-Nr. :    [KA....                  ]
```

Anzeigen Kundensatz

Cursor positionieren und Auswahl mit Return-Taste quittieren !

*Abb. 2.34   Auswahl Kunde (Match-Code)*

| Datendefinition: | KUND-NR | num(6) |
| | FIRMA | alphanum(25) |
| | MATCH-CODE | alphanum(25) |

*Hinweis:* Die Spezifikation von Menüs sowie die Zuordnung von Auswahloptionen zu Bildschirmmasken (z.B. über Funktionstasten) erfolgt erst in der Phase des DV-technischen Entwurfs (siehe z.B. Abb. 2.54, S. 127).

### d. Verarbeitungsvorschrift

Nach Selektion eines Kunden über einen der fünf beschriebenen Auswahlwege (Kunden-Nr., Match-Code usw.) werden die Kundendaten vom externen Speichermedium eingelesen und am Bildschirm angezeigt.

Fehlermeldung 1:   "Kein Kunde zu dieser Kunden-Nr. gespeichert!"
Fehlermeldung 2:   "Kein Eintrag zu diesem Match-Code!"
Fehlermeldung 3:   "Kein Kunde mit dieser Firmenbezeichnung gespeichert!"

### e. Ausgabedaten

Datenträger:   Ausgabe der Kundeninformationen am Bildschirm.

Ausgabemedium:   Die Gestaltung des Bildschirms zum Anzeigen der Kundeninformationen zeigt Abb. 2.35.

| Datendefinition: | KUNDEN-NR | num(6) |
| | FIRMA | alphanum(25) |
| | ANREDE | alphanum(4) |
| | VORNAME | alphanum(25) |
| | NACHNAME | alphanum(25) |
| | STRASSE-POSTF | alphanum(25) |
| | ... | |
| | HABEN-STAND | num(7,2) |

```
Kunden-Nr.            :   110053

Firma                 :   HORTEN Karlsruhe
Ansprechpartner       :   Frau Marianne Schmidt-Goldenstein
Straße/Postfach       :   Steinstrasse 29/33
Ort                   :   7500 Karlsruhe

Telefon               :   0721/756543

Umsatz Vor-Vorjahr    :       154.640,12 DM    Letzter Umsatz :  22.06.89
Umsatz Vorjahr        :       203.820,45 DM
Kumulierter Umsatz    :       109.261,23 DM    Soll   :     63.528,08 DM
Kreditlimit           :        20.000,00 DM    Haben  :     43.528,30 DM


Firma / Kunden-Nr.    :   [110053    Menü-Wahl           ]
```
Anzeigen Kundensatz

*Abb. 2.35  Anzeigen Kundeninformationen*

**f. Testkonzept**

Fall 1: Es muß für alle fünf alternativen Auswahlwege sichergestellt sein, daß die Informationen zum selektierten Kunden angezeigt werden.

Fall 2: Bei der Auswahl eines Kunden über eine Kunden-Nr., den Kundennamen (Firma) oder einen Match-Code muß eine Fehlermeldung angezeigt werden, wenn kein zugehöriger Datensatz auffindbar ist.

Fall 3: Es ist sicherzustellen, daß bei einer Match-Code-Auswahl nur Kundeneintragungen zum Match-Code angezeigt werden. Matching-Records sollen in lexikalischer Ordnung aufgeführt sein.

Fall 4: Das Programm zur Stammdatenpflege sieht vor, daß Kundeninformationen gelöscht, eingefügt oder geändert werden. Es muß sichergestellt sein, daß diese Pflegeaktivitäten nicht nur auf den externen Datenbestand wirken, sondern im Interesse der Datenkonsistenz die beiden Pop-Up-Menüs mitgepflegt werden.[1]

Die in den Abbildungen 2.33 bis 2.35 gezeigten Bildschirmmasken geben konkrete Kundendaten wieder. Für den Entwurf ist es hinreichend, wenn Ein- und Ausgabefelder der Bildschirmformulare lediglich nach Position und Länge – vergleichbar dem vorstehend abgebildeten Mahnformular – markiert werden.

---

1. Wird ein Kundensatz gelöscht, darf er in den Auswahlmenüs nicht mehr zum Ansehen angeboten werden. Entsprechendes gilt für eingefügte Kundensätze. Werden Kundeninformationen geändert, die in den Auswahlmenüs angezeigt werden, müssen die Menüs noch während der Pflegesitzung angepaßt werden.

## 2.3.4 Entscheidungstabellen

Wesentlicher Bestandteil der Spezifikation von Elementarprozessen ist die Angabe einer Verarbeitungsvorschrift, die Eingabedaten des jeweiligen Prozesses in Ausgabedaten überführt. Häufig kann die Transformationsvorschrift textuell angegeben werden. Sollen hingegen z.B. Zinsen und Tilgungsraten eines Kredits oder die Vorteilhaftigkeit einer Investition ermittelt werden, wird man die Verarbeitungsvorschrift in Form von Berechnungsformeln darstellen. Neben der textuellen Beschreibung und algebraischen Ausdrücken sind Entscheidungstabellen ein drittes wichtiges Darstellungsmittel für Verarbeitungsvorschriften. Sie lassen sich immer dann vorteilhaft einsetzen, wenn ein Elementarprozeß Verarbeitungsalternativen vorsieht, von denen eine in Abhängigkeit vom Wahrheitswert mehrerer Bedingungen auszuführen ist. Entscheidungstabellen sind nach DIN 66241 genormt. Abbildung 2.36 zeigt ihren allgemeinen Aufbau.

| Tabellen-identifikation | Entscheidungsregeln | | | | |
|---|---|---|---|---|---|
| | R1 | R2 | R3 | ooo | Rn |
| Bedingungsteil | Bedingungsanzeigeteil | | | | |
| Aktionsteil | Aktionsanzeigeteil | | | | |

Abb. 2.36  Aufbau von Entscheidungstabellen

Im *Bedingungsteil* der Tabelle werden die für eine Entscheidung relevanten Bedingungen aufgeführt. Der *Aktionsteil* benennt alle potentiell auszuführenden Verarbeitungen. Abbildung 2.37 zeigt eine Entscheidungstabelle zur Auftragsbearbeitung. Als potentielle Verarbeitungen sind die Auslieferungen von Ware gegen

| *Auftragsbearbeitung-1* | R1 | R2 | R3 | R4 |
|---|---|---|---|---|
| Artikel lieferbar | J | J | N | N |
| Dauerkunde | J | N | J | N |
| per Rechnung | X | | | |
| per Nachnahme | | X | | |
| Artikel nachbestellen | | | X | X |
| Zwischenbescheid Liefertermin | | | X | X |

Abb. 2.37  Entscheidungstabelle zur Auftragsbearbeitung

Rechnung oder Nachnahme, das Nachbestellen von Artikeln sowie die Mitteilung eines Liefertermins an den Auftraggeber aufgeführt. Welche dieser Aktionen auszuführen sind, ist von zwei Bedingungen, der Lieferbarkeit des bestellten Artikels und dem Status des Auftraggebers (Gelegenheitskunde, Dauerkunde) abhängig.

Im *Bedingungsanzeigeteil* wird der Wahrheitswert einer Bedingung durch die Symbole "J" oder "N" angegeben. Das Zeichen "X" markiert auszuführende Verarbeitungen im *Aktionsanzeigeteil*. Jede Spalte des Bedingungsanzeigeteils beschreibt eine konkrete Entscheidungssituation. Allgemein lassen sich zu $n$ Bedingungen $2^n$ Bedingungskonstellationen angeben.

Als *Entscheidungsregel* bezeichnet man die Zusammenfassung einer Spalte des Bedingungsanzeigeteils mit der zugehörigen Spalte des Aktionsanzeigeteils. Entscheidungsregeln lassen sich als Wenn-Dann-Beziehungen interpretieren.

## Konsolidierung

Die in Abb. 2.37 dargestellte Entscheidungstabelle zur Auftragsbearbeitung ist vollständig, da sie zu zwei Bedingungen (n = 2) $2^2 = 4$ Entscheidungsregeln enthält. Die Tabelle kann jedoch noch konsolidiert (vereinfacht) werden. Eine Entscheidungstabelle ist konsolidierbar, wenn zwei Entscheidungsregeln *gleiche* Aktionen anzeigen und sich lediglich in den Wahrheitswerten *einer* Bedingung unterscheiden. Dies trifft auf die Regeln R3 und R4 in Abb. 2.37 zu.

Solche Regeln können unter Verwendung des "don't-care"-Zeichens "–" im Bedingungsanzeigeteil zu einer Regel zusammengefaßt werden. Abbildung 2.38 zeigt die im Vergleich zu Abb. 2.37 inhaltsgleiche aber vereinfachte Entscheidungstabelle.

| *Auftragsbearbeitung-2* | R1 | R2 | R3$^*$ |
|---|---|---|---|
| Artikel lieferbar | J | J | N |
| Dauerkunde | J | N | – |
| per Rechnung | X | | |
| per Nachnahme | | X | |
| Artikel nachbestellen | | | X |
| Zwischenbescheid Liefertermin | | | X |

Abb. 2.38  *Konsolidierte Entscheidungstabelle*

Diese Tabelle ist auch nach der Konsolidierung vollständig, da sich aus Regel R3$^*$ die ursprünglichen Regeln R3 und R4 der Abb. 2.37 ableiten lassen.

Die Konsolidierung von Entscheidungstabellen führt stets zur Reduzierung der Regelanzahl einer Tabelle. Insbesondere Entscheidungstabellen mit vier, fünf oder mehr Bedingungen lassen sich durch Regelzusammenfassungen übersichtlicher darstellen. Sie sind dann leichter überprüf-, korrigier- und erweiterbar.

Zur Realisierung einer Entscheidungstabelle im Programm werden die Kontrollkonstrukte Fallunterscheidung, Auswahl oder bedingte Verarbeitung verwendet. Reduziert sich durch die Konsolidierung einer Entscheidungstabelle die Regelanzahl, sinkt auch der Codierungsaufwand.

## "Links-vor-rechts" – Abarbeitung

Neben der Konsolidierung führt auch die Vereinbarung einer "Links vor rechts"-Abarbeitungsvorschrift zur Vereinfachung von Entscheidungstabellen. Diese Vorschrift besagt, daß erst Entscheidungsregel R1, dann R2, R3 usw. geprüft werden. Ausgeführt werden die Aktionen derjenigen Entscheidungsregeln, deren Bedingungskonstellation als erste als zutreffend erkannt wird.

Diese Abarbeitungsreihenfolge erlaubt es, die Symbole "J" oder "N" im Bedingungsanzeigeteil einer Regel immer dann durch ein "don't-care"-Symbol "–" zu ersetzen, wenn das Komplement der Symboleintragung bereits in einer vorausgehend aufgeführten Regel auftrat.

| Auftragsbearbeitung-3 | R1 | R2$^*$ | R3$^*$ |
|---|---|---|---|
| Artikel lieferbar | J | J | N |
| Dauerkunde | J | – | – |
| per Rechnung | X | | |
| per Nachnahme | | X | |
| Artikel nachbestellen | | | X |
| Zwischenbescheid Liefertermin | | | X |

Abb. 2.39   *"Links-vor-rechts"-Abarbeitungsvorschrift*

In Abb. 2.39 wird die "Links-vor-rechts"-Regel auf die Entscheidungstabelle zur Auftragsbearbeitung angewendet. Regel R2 geht unter Berücksichtigung der Verarbeitungsreihenfolge in Regel R2$^*$ über. Regel R3$^*$ löst zwei Aktionen aus, deren Abarbeitung in beliebiger Reihenfolge zulässig ist. Bei vielen Problemstellungen ist die Reihenfolge, in der Aktionen einer Entscheidungstabelle abzuarbeiten sind, aus fachinhaltlichen Gründen vorgegeben. Es ist dann zweckmäßig festzulegen, daß Aktionen in der Reihenfolge ausgeführt werden, in der sie im Aktionsteil aufgeführt sind ("von oben nach unten").

Konsolidierung und "Links-vor-rechts"-Abarbeitungsvorschrift sind geeignet, Entscheidungstabellen zu vereinfachen. Während die Konsolidierung eine Entscheidungstabelle durch Reduzierung der Regelanzahl übersichtlicher und zugleich leichter implementierbar macht, sinkt bei Anwendung der "Links-vor-rechts"-Vorschrift lediglich der Implementierungsaufwand: Jedes in den Bedingungsanzeigeteil aufgenommene "don't-care"-Symbol reduziert die Anzahl der Bedingungsprüfungen in dem die Entscheidungstabelle realisierenden Programm.

## ELSE-Regel

Beim Aufstellen einer Entscheidungstabelle ist es nicht zwangsläufig erforderlich, alle $2^n$ Bedingungskonstellationen im Bedingungsanzeigeteil explizit aufzuführen. Häufig ist es hinreichend, sich auf die unter fachinhaltlichen Gesichtspunkten sinnvollen Wahrheitswertkombinationen zu beschränken. Das Abweichen der Anzahl relevanter Regeln von der Anzahl theoretisch möglicher Regeln kann drei Ursachen haben:

- einzelne Wahrheitswertkombinationen lösen keine Aktionen aus,
- einzelne Wahrheitswertkombinationen können oder dürfen nicht auftreten, da sie widersprüchlich sind oder
- eine größere Anzahl der Wahrheitswertkombinationen (Restmenge) löst eine gleichartige Sonst-Behandlung aus.

In *unvollständigen* Entscheidungstabellen läßt sich die Vollständigkeit durch Aufnahme einer ELSE-Regel erzwingen, die im Bedingungsanzeigeteil nur "don't-care"-Eintragungen enthält. Als letzte – in der Tabelle ganz rechts stehende – Regel kommt sie wegen der "Links-vor-rechts"-Abarbeitungsvorschrift nur zur Ausführung, wenn alle vorausgehenden Regeln als nicht anwendbar erkannt wurden.

| *Fahrverhalten an Verkehrsampeln* | R1 | R2 | R3 | R4 | R5 | R6 | R7 |
|---|---|---|---|---|---|---|---|
| Ampel zeigt grün | J | N | N | N | N | – | – |
| Ampel zeigt rot | N | J | J | N | N | – | – |
| Ampel zeigt gelb | N | N | J | J | N | – | – |
| Ampel blinkt gelb | N | N | N | N | J | – | – |
| Polizist regelt den Verkehr | N | N | N | N | N | J | – |
| fahren | X | | | | | | |
| halten | | X | | | | | |
| fahrbereit machen | | | X | | | | |
| halten oder fahren | | | | X | | | |
| sonstige Verkehrsregeln beachten | | | | | X | X | X |

Abb. 2.40  *Entscheidungstabelle mit ELSE-Regel*

Abbildung 2.40 zeigt eine Entscheidungstabelle, die theoretisch $2^5 = 32$ Entscheidungsregeln zuließe. Eine (technisch) widersprüchliche Regel läge hier vor, wenn eine Wahrheitswertkombination für "Ampel zeigt gelb" und "Ampel blinkt gelb" jeweils die Eintragung "J" enthielte. Alle sonstigen in Abbildung 2.40 zur ELSE-Regel R7 zusammengefaßten Entscheidungssituationen (Restmenge) entstehen durch technische Störungen in der Ampelsteuerung[1]

## Überlagerung und Ausschluß

In Entscheidungstabellen treten häufig zwei oder mehr Bedingungen auf, deren Wahrheitswerte in einem Abhängigkeitsverhältnis zueinander stehen. In solchen Fällen lassen sich Tabellen aufgrund gegenseitiger Bedingungsabhängigkeiten

---

1. Diese Entscheidungstabelle läßt sich mittels Konsolidierung (Zusammenfassung von R5 und R6 mit R7) noch vereinfachen.

vereinfachen. Abhängigkeiten treten in zwei Formen auf: Überlagerung und Ausschluß. Eine *Überlagerung* von Bedingungen liegt vor, wenn aus dem Erfülltsein einer Bedingung folgt, daß auch eine zweite zwangsweise erfüllt sein muß. Ist beispielsweise das Lebensalter einer Person für eine Entscheidung bedeutsam und wird festgestellt, daß ihr Alter über 21 Jahre liegt, liegt es zwangsläufig auch über 18 Jahre. Wird die Bedingung "über 21 Jahre" mit einem "J" markiert, ist es hinreichend, die überlagerte Bedingung "über 18 Jahre" nicht mit "J", sondern mit dem die Implementierung vereinfachenden "don't-care"-Zeichen "–" zu kennzeichnen.

| *Rabattgewährung-1* | R1 | R2 | R3 | R4 | R5 | R6 |
|---|---|---|---|---|---|---|
| B ≤ 50 ME | J | J | N | N | N | N |
| 50 ME < B ≤ 100 ME | N | N | J | J | N | N |
| B > 100 ME | N | N | N | N | J | J |
| Dauerkunde | N | J | N | J | N | J |
| Rabattsatz   0 % | X | X |   |   |   |   |
| Rabattsatz  10 % |   |   | X |   |   |   |
| Rabattsatz  15 % |   |   |   |   | X | X |
| Rabattsatz  20 % |   |   |   |   |   | X |

*Abb. 2.41   Abhängige Bedingungen (Ausschluß)*

Zwei Bedingungen *schließen sich gegenseitig aus*, wenn aus dem Erfülltsein einer Bedingung folgt, daß eine zweite zwangsweise nicht erfüllt sein kann. Abbildung 2.41 zeigt als Beispiel für den gegenseitigen Ausschluß von Bedingungen eine Entscheidungstabelle zur Rabattgewährung. Der Mengenrabatt wird hier vom Status eines Kunden (Dauerkunde, Gelegenheitskunde) sowie der Bestellmenge B eines Artikels abhängig gemacht. Soll mit Hilfe dieser Tabelle ein Rabattsatz festgelegt werden, müssen eine Bestellmenge B sowie der Kundenstatus vorgegeben sein. Die Bestellmenge B kann nur in eines der durch die drei Mengenbedingungen angegebenen Intervalle fallen. Wird eine Bedingung als erfüllt erkannt, müssen die zwei anderen aufgrund der gegenseitigen Ausschlußbeziehung unzutreffend sein.

| *Rabattgewährung-2* | R1 | R2 | R3 | R4 | R5 | R6 |
|---|---|---|---|---|---|---|
| B ≤ 50 ME | J | J | – | – | – | – |
| 50 ME < B ≤ 100 ME | – | – | J | J | – | – |
| B > 100 ME | – | – | – | – | J | J |
| Dauerkunde | N | J | N | J | N | J |
| Rabattsatz   0 % | X | X |   |   |   |   |
| Rabattsatz  10 % |   |   | X |   |   |   |
| Rabattsatz  15 % |   |   |   |   | X | X |
| Rabattsatz  20 % |   |   |   |   |   | X |

*Abb. 2.42   Vereinfachung aufgrund gegenseitiger Bedingungsabhängigkeit*

Wie bei der Überlagerung von Bedingungen ist es beim gegenseitigen Ausschluß
von Bedingungen hinreichend, anstelle des Wahrheitswertes "N" das "don't-care"-
Zeichen "–" im Bedingungsanzeigeteil einzutragen. Abbildung 2.42 zeigt die
vereinfachte Entscheidungstabelle zur Rabattgewährung. Diese Tabelle läßt sich
durch Konsolidierung und unter Anwendung der "Links-vor-rechts"-Abarbeitungs-
vorschrift weiter vereinfachen. Abbildung 2.43 zeigt eine unter Implementie-
rungsgesichtspunkten minimale und zur Ausgangstabelle der Abb. 2.41 inhaltsgleiche Entscheidungstabelle.

| *Rabattgewährung-3* | R1* | R2* | R3* | R4* |
|---|---|---|---|---|
| B ≤ 50 ME | J | – | – | – |
| 50 ME < B ≤ 100 ME | – | J | – | – |
| B > 100 ME | – | – | J | – |
| Dauerkunde | – | N | J | – |
| Rabattsatz 0 % | X | | | |
| Rabattsatz 10 % | | X | | |
| Rabattsatz 15 % | | | | X |
| Rabattsatz 20 % | | | X | |

Abb. 2.43   *Minimalform Rabattgewährung*

Regel R1 und R2 der Abb. 2.42 wurden durch Konsolidierung zu Regel R1* in
Abb. 2.43 zusammengefaßt. Regel R2* entsteht durch Umbenennung der Regel R3.
Regel R6 wird in Abb. 2.43 unverändert als Regel R3* aufgeführt und die ver-
bleibenden Regeln R4 und R5 sind zur Entscheidungsregel R4* zusammengefaßt.

## Realisierung von Entscheidungstabellen

Zur Realisierung einer Entscheidungstabelle im Programm lassen sich die Kontrollkonstrukte der bedingten Verarbeitung, Auswahl oder Fallunterscheidung heranziehen. Abbildung 2.44 zeigt das zur Entscheidungstabelle der Abb. 2.43 inhaltsgleiche Nassi-Shneiderman-Diagramm. Hier wird die Bedeutung der Vereinfachung von Entscheidungstabellen deutlich. Die Minimalform der Entscheidungstabelle zur Rabattgewährung (Abb. 2.43) läßt sich mit nur drei Auswahlkon-
strukten realisieren. Der Implementierungsaufwand für die in Abb. 2.41 gezeigte
Ausgangstabelle wäre beträchtlich größer.[1]

Entscheidungstabellen können auf mehreren Wegen in ein Programm übernommen
werden. Bei *manueller* Übertragung kann in einem ersten Schritt das zugehörige
Struktogramm entworfen und dieses dann mit den Sprachelementen einer Programmiersprache codiert werden. Für geübte Programmierer ist der Zwischenschritt des
Struktogrammentwurfs entbehrlich.

---

1. Die Entscheidungstabellen Abbildung 2.39, 2.43 und 2.46 werden in Abschnitt 9.1.4 mit Hilfe
einer EVALUATE-Anweisung codiert.

Neben der manuellen Übertragung können maschinell lesbar abgespeicherte Entscheidungstabellen mit Hilfe von Entscheidungstabellen-Preprozessoren *automatisch* in Quellcode umgewandelt werden. Diese Übersetzerprogramme sind auch geeignet, eine vorgegebene Entscheidungstabelle auf ihre logische Vollständigkeit zu überprüfen und den erzeugten Quellcode unter Ablaufgesichtspunkten zu optimieren.

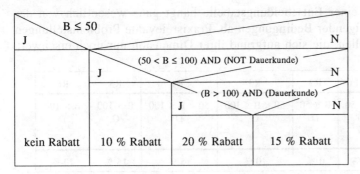

Abb. 2.44  *Struktogramm zur Rabattgewährung (Minimalform)*

Die in den vorausgehenden Abschnitten behandelten Möglichkeiten zur Vereinfachung von Entscheidungstabellen sind in Abb. 2.45 zusammengefaßt.

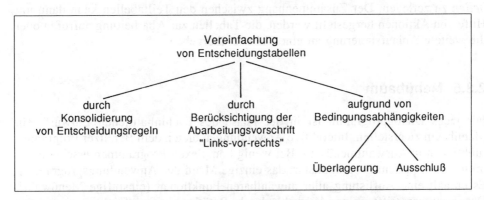

Abb. 2.45  *Möglichkeiten zur Vereinfachung von Entscheidungstabellen*

## Einfache, erweiterte und gemischte Tabellen

Entscheidungstabellen, die im Bedingungsanzeigeteil lediglich die Eintragung "J" oder "N" sowie das "don't-care"-Symbol "–" und im Aktionsanzeigeteil das Zeichen "X" zulassen, bezeichnet man als *einfache* bzw. *begrenzte* Entscheidungstabellen. Bei *erweiterten* Entscheidungstabellen werden in die Anzeigeteile Eintragungen aufgenommen, die der Kennzeichnung von Bedingungen und Aktionen dienen. Abbildung 2.46 zeigt eine erweiterte Entscheidungstabelle, die mit der in Abb. 2.41 dargestellten Tabelle zur Rabattgewährung inhaltsgleich ist.

Die Kombination der Notation einfacher und erweiterter Tabellen führt zu *gemischten* Entscheidungstabellen. Im Gegensatz zu einfachen Tabellen sind gemischte oder erweiterte Entscheidungstabellen stets kompaktere und häufig auch übersichtlichere Darstellungen einer Entscheidungssituation. Sie lassen sich jedoch nur erschwert vereinfachen und auf Vollständigkeit sowie Widerspruchsfreiheit überprüfen.

Die Übersichtlichkeit einer Entscheidungstabelle hängt ganz wesentlich von der Anzahl zu berücksichtigender Bedingungen ab. Praxisrelevante Problemstellungen führen häufig zu Tabellen, die sich aufgrund ihrer Dimension nur noch erschwert

| *Rabattgewährung-4* | R1 | R2 | R3 | R4 | R5 | R6 |
|---|---|---|---|---|---|---|
| Bestellmenge B<br>Kundenstatus<br>D - Dauerkunde<br>G - Gelegenheitskunde | B ≤ 50<br>G | B ≤ 50<br>D | 50 < B ≤ 100<br>G | 50 < B ≤ 100<br>D | B > 100<br>G | B > 100<br>D |
| Rabattsatz | 0 % | 0 % | 10 % | 15 % | 15 % | 20 % |

Abb. 2.46  *Erweiterte Entscheidungstabelle zur Rabattgewährung*

auf Vollständigkeit und Widerspruchsfreiheit überprüfen und vereinfachen lassen. In solchen Anwendungsfällen bietet es sich an, eine Tabelle in *mehrere Teiltabellen* zu zerlegen. Der Zusammenhang zwischen den Teiltabellen kann dann mit Hilfe von Aktionen hergestellt werden, die Tabellen zur Abarbeitung aufrufen oder die weitere Ablaufsteuerung an eine Tabelle übergeben.

## 2.3.5 Menübaum

Für jedes Dialogprogramm ist in der Phase des Fachinhaltlichen Entwurfs ein Menübaum zu erstellen. Interaktive Anwendungen bieten dem Benutzer Programmfunktionen in Auswahlmenüs an. Bei wenig komplexen Programmen erscheint unmittelbar nach dem Programmstart das einzige Menü des Anwendungsprogramms. Es enthält eine Auflistung aller anwählbaren Funktionen (einstufige Menüwahl). Der Benutzer trifft seine Auswahl durch Betätigen einer Funktionstaste, das Positionieren eines Auswahlbalkens oder die Eingabe einer Ziffer bzw. eines Buchstabens. Unmittelbar anschließend werden ein oder mehrere Elementarprozesse als zusammenhängende Transaktion abgearbeitet. Am Bildschirm erscheinen dann die im vorausgegangenen Arbeitsschritt "Spezifikation von Elementarprozessen" definierten Ein-/Ausgabemasken der ausgewählten Programmfunktion. Nach Abschluß oder Abbruch der Verarbeitung wird erneut das Auswahlmenü angezeigt. Der Benutzer kann wiederum eine Programmfunktion wählen oder den Programmlauf abbrechen.

Bei komplexeren Dialogprogrammen lassen sich nicht alle Programmfunktionen in *einem* Auswahlmenü anbieten. Dieses Menü würde unübersichtlich und damit wenig benutzerfreundlich sein. Der Menübaum ordnet hier sachlich zusammenhängende Programmfunktionen *Untermenüs* zu, die über ein gemeinsames *Hauptmenü* erreichbar sind (mehrstufige Menüwahl).

Abbildung 2.47 zeigt eine einstufige Menüwahl. Der Kreis symbolisiert das einzige Auswahlmenü (Startmenü) dieses Programms. Die vier gerichteten Kanten zeigen die Auswahloptionen des Benutzers. Wählt der Benutzer Option 1, 2 oder 3 wird eine der Programmfunktionen A, B oder C zur Ausführung gebracht. Die Wahloption 4 führt zum Abbruch des Programmlaufs.

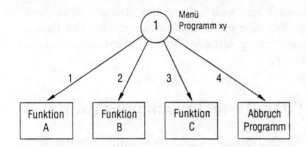

*Abb. 2.47  Menübaum einer einstufigen Menüwahl*

In Abb. 2.48 ist eine zweistufige Menüwahl angegeben. Unmittelbar nach dem Programmstart wird das Hauptmenü angezeigt. Es bietet dem Benutzer 5 Auswahloptionen an. Wählt der Benutzer eine der Optionen 1, 3, oder 4 , wird als Folgebildschirm das der Auswahloption zugeordnete Untermenü 2, 3, oder 4 angezeigt. Eine Detaillierung des Untermenüs 3 erfolgt aus Platzgründen in einem gesonderten Dokument. Die Option 2 des Hauptmenüs bringt eine Programmfunktion A zur Ausführung, und Option 5 beendet den Programmlauf.

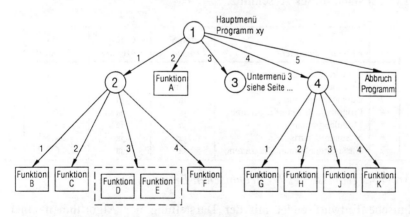

*Abb. 2.48  Menübaum einer zweistufigen Menühierarchie*

Die Aufgabe des Menübaums besteht in der Zuordnung *sachlich zusammengehöriger* Programmfunktionen zu (Unter-) Menüs. So könnten z.B. in einem Anwendungsprogramm zum Betrieblichen Rechnungswesen die Funktionskomplexe der Finanzbuchhaltung in einem ersten und die der Kostenrechnung in einem zweiten Untermenü angeboten werden. Wegen der großen Anzahl von Elementarfunktionen dieser Anwendung wäre eine dritte, ggf. auch eine vierte Hierarchieebene des Menübaums vorzusehen.

Im beschriebenen Entwurfsschritt sind keine Aussagen zur Gestaltung der Menüs oder zur progammtechnischen Realisierung der Auswahloptionen (Funktionstastenleiste, Pop-Up-Menüs, Cursorwahl usw.) erforderlich. Auch der dynamische Aspekt des Dialogablaufs wird erst in der Phase des DV-technischen Entwurfs näher untersucht (Interaktionsdiagramme).

Die *Vollständigkeit* des Menübaumes läßt sich anhand des Hierarchiediagramms bzw. der Funktionsstruktur überprüfen. Die im Menübaum ausgewiesenen Funktionen müssen nach Anzahl und Bezeichnung mit den Elementarfunktionen der hierarchischen Zerlegung übereinstimmen.

## 2.4 Darstellungsmittel des DV-technischen Entwurfs

Das wichtigste in der Phase des Fachinhaltlichen Entwurfs erstellte Arbeitsergebnis ist die detaillierte Spezifikation aller Elementarprozesse eines zu entwickelnden Anwendungssystems. Der DV-technische Entwurf muß nun festlegen, wie die in der Vorphase definierten Leistungsanforderungen durch ein technisches Lösungssystem zu erfüllen sind. Während der Fachinhaltliche Entwurf primär von Mitarbeitern der Fachabteilungen einer Unternehmung erarbeitet wird, erfordern die Arbeitsschritte des DV-technischen Entwurfs verstärkt DV-Kenntnisse.

Abbildung 2.49 faßt die Entwurfsdokumente der DV-Spezifikation – des Arbeitsergebnisses des DV-technischen Entwurfs – zusammen. Inhalt und Form dieser Dokumente sind Gegenstand dieses Abschnitts.

| Phase | Nr. | Entwurfsdokument | Batch-Programm | Dialog-Programm | siehe Abschnitt |
|---|---|---|---|---|---|
| DV-technischer Entwurf | 1 | Interaktionsdiagramme | nein | ja | 2.4.1 |
| | 2 | Bildschirmoberfläche | nein | ja | 2.4.2 |
| | 3 | Datenorganisation | ja | ja | 2.4.3 |
| | 4 | Programm-Strukturdiagramme | ja | ja | 2.4.4 |
| | 5 | Modulabgrenzung | ja | ja | 2.4.4 |
| | 6 | N-Square-Charts | ja | ja | 2.4.5 |
| | 7 | Nassi-Shneiderman-Diagramme | ja | ja | 2.4.6/2.2 |

*Abb. 2.49 Arbeitsergebnisse des DV-technischen Entwurfs*

Der DV-technische Entwurf endet mit der Darstellung der Algorithmen einer Anwendung in Form von Nassi-Shneiderman-Diagrammen. Ihre Übertragung in eine Programmiersprache ergibt die in der Folgephase Programmierung zu erstellenden Anweisungsteile von Programmen. Überlegungen zur Datenorganisation liefern die erforderlichen Informationen für die Codierung der Datendefinitionsteile der Programme. Im Rahmen der Modulabgrenzung ist festzulegen, welche Elementarprozesse zu einem Teilprogramm (Modul) zusammenfaßbar sind bzw. ob und wie ein komplexer Elementarprozeß auf mehrere Moduln aufzuteilen ist.

Bei Dialogprogrammen beginnt der DV-technische Entwurf mit der Untersuchung der wechselseitigen Interaktion von Mensch und Maschine. Das Ergebnis wird in Interaktionsdiagrammen festgehalten. Sie ermöglichen die Gestaltung von Auswahlmenüs (Haupt- und Untermenüs) und die abschließende Überarbeitung der im Zusammenhang mit der Spezifikation von Elementarprozessen beschriebenen Ein-/Ausgabe-Bildschirmmasken unter Berücksichtigung aller Benutzeroptionen.

In der Praxis hat es sich bewährt, die abschließend gestaltete Bildschirmoberfläche einer Anwendung (Menüs, Ein-/Ausgabemasken, Help-Bildschirme) prototypisch in einem Rahmenprogramm aufzuhängen und dem Auftraggeber bzw. den späteren Benutzern zur Erprobung und Abnahme zu übergeben. Ein solcher Prototyp einer Anwendung erzeugt lediglich Bildschirmseiten ohne die zwischenliegenden Verarbeitungen (Methode "Potemkinsches Dorf"). Die zu diesem Zeitpunkt erkennbaren Änderungs- und Erweiterungswünsche lassen sich noch mit relativ geringem Aufwand in den DV-technischen Entwurf einbeziehen.

Sind am DV-technischen Entwurf einer Anwendung mehrere Systementwickler beteiligt, müssen die zu erstellenden Entwurfsdokumente nicht zwingend in der in Abb. 2.49 aufgeführten Reihenfolge erstellt werden: Überlegungen zur Datenorganisation lassen sich parallel zum Entwurf der Interaktionsdiagramme und zur abschließenden Überarbeitung der Bildschirmoberfläche anstellen.

### 2.4.1 Interaktionsdiagramme

Interaktionsdiagramme sind ein übersichtliches graphisches Darstellungsmittel für den zeitlichen Ablauf von Mensch-Maschine-Dialogen. Benutzer interaktiver Programme kommunizieren mit ihrem Verarbeitungssystem mittels Tastatur und Bildschirmsichtgerät. Nach dem Start eines Programms bietet der Rechner seine Verarbeitungsleistung meist in Menüform an. Der Benutzer wählt eine Programmfunktion aus, wird z.B. zur Eingabe von Daten aufgefordert und bekommt Verarbeitungsergebnisse am Bildschirm angezeigt oder auf einem Drucker ausgegeben. Das Verarbeitungssystem prüft Eingabedaten auf ihre Vollständigkeit bzw. Plausibilität und fordert bei Eingabefehlern zur Korrektur auf. Über z.B. Funktionstasten können erläuternde Informationen (Help-Bildschirme) zu Eingabe-/Ausgabemasken angefordert, eine Verarbeitungsfunktion oder auch der Programmlauf abgebrochen werden.

Die hier beispielhaft angegebenen Aktivitäten lassen sich stets genau einem Dialogpartner zurechnen: dem Verarbeitungssystem selbst oder dem Benutzer der Hardware-/Softwarekomponenten.

Unabhängig vom konkreten Anwendungsproblem liegt Dialogabläufen ein stets *gleiches Interaktionsmuster* zugrunde: Aus der Sicht des Benutzers reagiert das maschinelle System auf jede Eingabe mit einer Verarbeitung, die nach endlicher Zeit terminiert und das System in einen algorithmisch vordefinierten Zustand versetzt. Nach einer erneuten Benutzereingabe wechselt der Systemzustand. Interaktionsdiagramme stellen Dialogabläufe als eine von Benutzereingaben abhängige Folge wechselnder Systemzustände dar. Abbildung 2.50 zeigt den Symbolvorrat der Diagramme.

Ein Interaktionsdiagramm zum "Erfassen und Abspeichern von Kundenanschriften" ist in Abb. 2.51 dargestellt. Nach dem Start des Programms zeigt Bildschirm 1 eine Datenerfassungsmaske, in die der Benutzer Name, Straße und Wohnort eines Kunden sowie eine Telefonnummer einträgt. Die Kundendaten werden auf Vollständigkeit geprüft. Registriert das Verarbeitungssystem eine unvollständige Eingabe (z.B. Wohnort fehlt), wird eine Fehlermeldung angezeigt (Bildschirm 2) und der Benutzer des Programms zur Ergänzung der Anschrift aufgefordert. Vollständig erfaßte Kundendaten werden auf einem externen Speichermedium abgelegt. Mittels eines Fortsetzungsprompts (z.B. "Weitere Anschriften erfassen J/N ?") fordert das Verarbeitungssystem den Benutzer anschließend zu einer Entscheidung über den weiteren Programmablauf auf (Bildschirm 3).

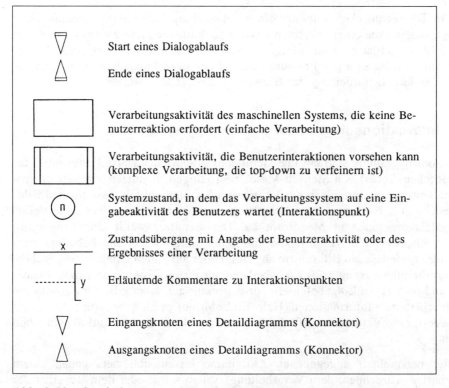

*Abb. 2.50   Symbolvorrat zu Interaktionsdiagrammen*

Der in Abb. 2.51 dargestellte Dialogablauf ist wenig benutzerfreundlich. Nach dem Programmstart aber auch nach jeder Entscheidung für die Erfassung einer weiteren Kundenanschrift wird der Benutzer zur Eingabe aller Kundendaten gezwungen. Als Ausweg aus diesem Erfassungszwang bleibt ihm nur die Möglichkeit des Kalt- oder Warmstarts seines Rechners. Ein geordneter Abbruch der Datenerfassung wäre möglich, wenn die Interaktionspunkte 1 und 2 eine Benutzeroption "Abbruch

Erfassung" vorsähen. Das Interaktionsdiagramm läßt sich in diesem Sinne leicht vervollständigen, die programmtechnische Realisierung ist jedoch nicht trivial. Auf diese "Verklemmung Benutzer/Verarbeitungssystem" und Möglichkeiten ihrer Beseitigung wird zu einem späteren Zeitpunkt einzugehen sein.[1]

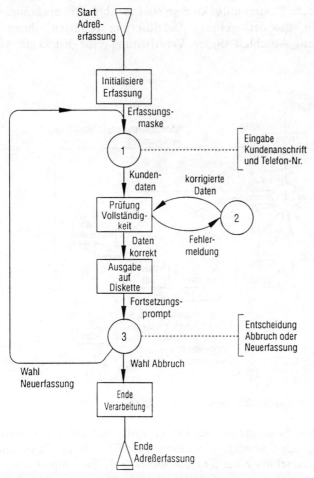

*Abb. 2.51   Interaktionsdiagramm zur Erfassung von Kundenanschriften*

Nachfolgend wird ein etwas aufwendigeres Interaktionsdiagramm angegeben, das sich top-down verfeinern läßt. Dargestellt wird der Dialogablauf des Programms COBSYS, eines Demonstrationsprogramms, das u.a. ablauffähige Musterlösungen zu den in Kapitel 17 angegebenen Programmierübungen enthält. Abbildung 2.52 zeigt ein Übersichts-Interaktionsdiagramm zu dieser Anwendung.

---

1. Für das Verständnis auch der nachfolgenden Entwurfsbeispiele ist es hilfreich, wenn Sie die COBSYS-Demonstrationsprogramme in aufsteigender Reihenfolge zur Ausführung bringen und unter dem Gesichtspunkt der Dialogablaufsteuerung erproben.

Unmittelbar nach dem Start von COBSYS wird die Vollständigkeit der Installation überprüft und der Programmablauf im Fehlerfall abgebrochen. Bei korrekter Installation wird ein Hauptmenü angezeigt. Das Hauptmenü bietet dem Benutzer über die Funktionstasten F1, F2 usw. sechs Auswahloptionen an. Über die ESCAPE-Taste kann der Programmablauf abgebrochen werden. Die aus dem COBSYS-Hauptmenü aufrufbaren sechs Programmfunktionen sind in Abb. 2.52 als komplexe Verarbeitungen dargestellt, die der weiteren Detaillierung bedürfen. Ihnen ist gemeinsam, daß nach dem Abschluß dieser Verarbeitung eine Rückkehr zum Hauptmenü erfolgt.[1]

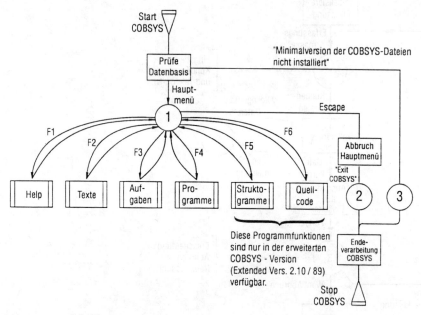

*Abb. 2.52  Übersichts-Interaktionsdiagramm zu COBSYS*

Bevor das COBSYS-Übersichtsdiagramm verfeinert wird, soll auf die Funktion dieses Programms eingegangen werden. Funktionstaste F2 ruft in Form eines Untermenüs das Inhaltsverzeichnis einer Textbibliothek auf. Sie enthält u.a. am Bildschirm einsehbare Informationen zur COBOL-Sprachstruktur, zu Dateidefinitionen und Programmbeispiele zur Verarbeitung von Dateien.

Funktionstaste F3 führt auf ein Untermenü, das erlaubt, die Aufgabenstellung jeweils einer von 22 Programmierübungen am Bildschirm einzusehen. Im Aufgabentext kann zeilen- und seitenweise vor- und rückgeblättert werden. Aus jedem Aufgabentext läßt sich mittels einer Funktionstaste das zugehörige ablauffähige Programm als Musterlösung starten. Es demonstriert das Ziel der jeweiligen Programmierübungen am Bildschirm. Nach Abbruch der zum Teil selbstlaufenden

---

1. Auf die Gestaltung der COBSYS-Bildschirmmasken wird im nachfolgenden Abschnitt 2.4.2 eingegangen.

Demonstrationen wird in den Aufgabentext rückverzweigt. Der Benutzer kann sich alternativ das zum Programm gehörende Struktogramm oder auch den zugehörigen Quellcode anzeigen lassen. Texte, Struktogramme und Quellcode zu Übungsaufgaben können in ASCII-Dateien exportiert und dann ausgedruckt werden. Alternativ kann der Quellcode modifiziert bzw. ergänzt und dann neu übersetzt oder auch ausschnittweise in neue Programme übernommen werden.

Die über F4, F5 und F6 erreichbaren Programmfunktionen unterscheiden sich von der beschriebenen Funktion "Aufgaben" lediglich hinsichtlich der Untermenüs. So läßt sich z.B. aus dem zur Funktion "Programme" gehörenden Untermenü ein bestimmtes Übungsprogramm unmittelbar starten und anschließend in das zugehörige Struktogramm, den Quellcode oder den Aufgabentext verzweigen. Entsprechendes gilt für die Funktionen "Struktogramme" und "Quellcode".

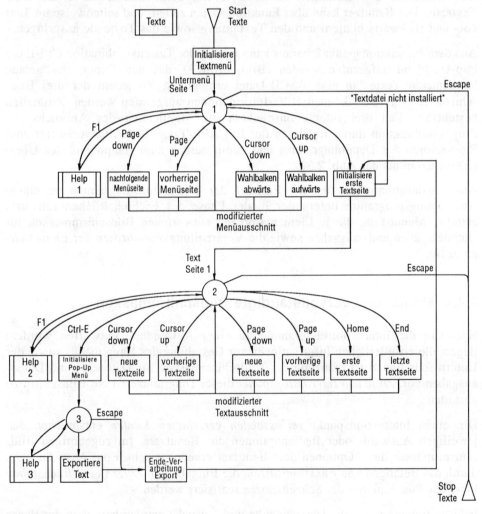

*Abb. 2.53   Interaktionsdiagramm zu COBSYS-Texten*

Abbildung 2.53 zeigt die Detaillierung zu der komplexen Verarbeitung "Texte" des COBSYS-Übersichtsdiagramms. Die Verbindung zwischen Übersicht und der im Wege eines Top-Down-Entwurfs entstehenden Verfeinerung bilden die ein- und auslaufenden Kanten der komplexen Verarbeitung "Texte". Sie werden im Detaildiagramm auf den Start- und den Stop-Knoten (Konnektoren) abgebildet.

Nachdem im COBSYS-Hauptmenü die Programmfunktion "Texte" angewählt wurde, zeigt Bildschirm 1 des Detaildiagramms ein Untermenü, aus dem einer der Bibliothekstexte zur Anzeige am Bildschirm aufgerufen werden kann. Das Untermenü zeigt das Inhaltsverzeichnis aller einsehbaren Texte. Da es mehrere Bildschirmseiten umfaßt, kann der Benutzer über Funktionstasten seitenweise vor- und rückwärts blättern. Die Auswahl des anzuzeigenden Textes erfolgt durch Positionieren eines Auswahlbalkens. Nach dem Quittieren einer Auswahl (Positionieren Auswahlbalken und Betätigen RETURN-Taste) zeigt Bildschirm 2 die erste Textseite. Der Benutzer kann über Funktionstasten zeilen- und seitenweise im Text vor- und rückwärts blättern und den Textanfang sowie das Textende anspringen.

Aus dem Interaktionspunkt 2 heraus kann mittels der Tastenkombination Ctrl-E ein Pop-Up-Menü aufgerufen werden (Bildschirm 3), das den Export des gerade betrachteten Textes in eine ASCII-Datei ermöglicht. Zu jedem der drei Bildschirme in Abb. 2.53 können Hilfs-Informationen aufgerufen werden. Zusätzlich besteht in allen drei Interaktionspunkten die Möglichkeit des Abbruchs der Programmfunktion durch Betätigen der ESCAPE-Taste. ESCAPE verzweigt zum Stop-Knoten des Detaildiagramms und damit zurück zum Hauptmenü des Übersichtsdiagramms der Abb. 2.52.

Ausgangsinformationen für den Entwurf der Interaktionsdiagramme zu einem Anwendungsprogramm liefern der in der Phase des Fachinhaltlichen Entwurfs erstellte Menübaum, die je Elementarprozeß entworfenen Bildschirmmasken für Dateneingaben und -ausgaben sowie die Verarbeitungsvorschriften der Elementarprozesse.

### 2.4.2 Menüs und vervollständigte Bildschirmmasken

Nachdem die Interaktionsdiagramme zu einer Anwendung entworfen wurden, liegen alle erforderlichen Informationen zur Gestaltung des Hauptmenüs sowie der Untermenüs und zur Ergänzung der Bildschirmmasken für Datenein- und Datenausgaben vor. Zu *jedem Interaktionspunkt* dieser Diagramme ist ein Bildschirm zu gestalten.

Die einen Interaktionspunkt *verlassenden gerichteten Kanten* entsprechen den jeweiligen Auswahl- oder Bedienoptionen des Benutzers. Im zugehörigen Bildschirm müssen diese Optionen dem Benutzer erkennbar sein. Eine Auswahl kann durch das Betätigen von *Funktionstasten*, die Eingabe von *Ziffern* oder *Buchstaben* bzw. das Positionieren der *Schreibmarke* realisiert werden.

Bildschirmmasken für die Dateneingabe und -ausgabe werden bereits in der Phase des Fachinhaltlichen Entwurfs im Zusammenhang mit der Spezifikation von Elementarprozessen grob gestaltet. In der Phase des DV-technischen Entwurfs sind solche Bildschirmformulare auf der Grundlage des zugehörigen Interaktionsdiagramms zu überarbeiten. Insbesondere sind sie hinsichtlich der *Bedienoptionen* des Benutzers nach Maßgabe des Interaktionsdiagramms zu ergänzen.

Zu dem in Abschnitt 2.3.3, S. 107, spezifizierten Elementarprozeß "Anzeigen Kunden" zeigt Abb. 2.54 eine um Bedienoptionen ergänzte Bildschirmmaske zusammen mit dem die Funktionstasten erläuternden Help-Bildschirm.

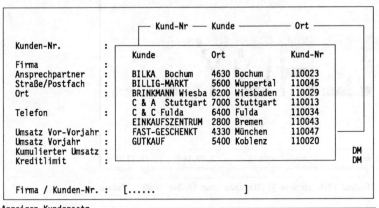

```
                        ┌─ Kund-Nr ── Kunde ──────── Ort ──┐
       Kunden-Nr.      :│                                  │
       Firma           :│ Kunde          Ort       Kund-Nr │
       Ansprechpartner :│ BILKA  Bochum  4630 Bochum   110023│
       Straße/Postfach :│ BILLIG-MARKT   5600 Wuppertal 110045│
       Ort             :│ BRINKMANN Wiesba 6200 Wiesbaden 110029│
                        │ C & A    Stuttgart 7000 Stuttgart 110013│
       Telefon         :│ C & C Fulda    6400 Fulda    110034│
                        │ EINKAUFSZENTRUM 2800 Bremen  110043│
       Umsatz Vor-Vorjahr:│ FAST-GESCHENKT 4330 München  110047│
       Umsatz Vorjahr  :│ GUTKAUF        5400 Koblenz  110020│
       Kumulierter Umsatz:                                   DM
       Kreditlimit     :                                    DM

       Firma / Kunden-Nr. : [......              ]

Anzeigen Kundensatz
F1-Help  F2-Eingabe  F3-Menü ein/aus  F4-Sortieren Name/Nummer        Escape
                           ↑↓ Wahl   ←┘ quittieren   PgUp/PgDn      Home/End


Help zu ...            Menü Anzeigen Kundensatz                    Help LH

Die anzuzeigenden Kundensätze können über das Hilfsmenü ausgewählt werden. Es
entfällt dann die manuelle Eingabe eines Satzschlüssels bzw. die Match-Code-Su-
che. Das Menü-Window wird beim Ändern, Hinzufügen und Löschen von Datensätzen
mit gepflegt, der Auswahlbalken auf der jeweils zuletzt angesprochenen Kunden-
Nummer positioniert. Mit F4 kann ein zweites Menü eingeblendet werden.
Die Funktionstasten haben folgende Bedeutung:

     F1    -  Help          Über diese Taste sind Sie hierher gelangt.
     F2    -  Eingabe       Ermöglicht manuelle Eingabe Kunden-Nummer/Match-Code.
     F3    -  Menü ein/aus  Ein- und Ausblenden des Menü-Windows.
     F4    -  Sortieren     Ein-/Ausschalten eines lexikalisch organis. Menüs.
     ↑↓    -  Wahl          Funktionstasten Cursor Up/Down zum Positionieren des
                            Auswahlbalkens.
     ←┘  quittieren         Die getroffene Auswahl ist mit der Return-Taste zu
                            bestätigen.
     PgUp/Dn                Seitenweises Blättern der Menüinformationen.
     Home/End               Positioniert Auswahlmenü auf Dateianfang/-ende.
     Escape                 Rückkehr zum Vormenü.
                                            Rückkehr mit F1 oder SPACE
Anzeigen Kundensatz
F1-Help  F2-Eingabe  F3-Menü ein/aus  F4-Sortieren Name/Nummer        Escape
                           ↑↓ Wahl   ←┘ quittieren   PgUp/PgDn      Home/End
```

*Abb. 2.54   Vervollständigte Bildschirmmaske "Anzeigen Kundeninformationen"*

Die Abbildungen 2.55a und 2.55b zeigen eine Gestaltungsmöglichkeit der Bildschirmoberfläche zu den im vorausgehenden Abschnitt dargestellten COBSYS-Interaktionsdiagrammen. Alle Programmfunktionen sind hier mit Hilfe von Funktionstasten aktivierbar. Die jeweils über F1 aufzurufenden Help-Bildschirme erläutern die Funktionstasten.

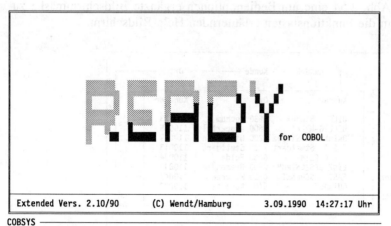

Abb. 2.55a   COBSYS-Hauptmenü mit Help-Bildschirm

Wurde die Bildschirmoberfläche eines Anwendungsprogramms mit Hilfe eines Maskeneditors gestaltet, können die einzelnen Bildschirme ausgedruckt und dem Auftraggeber der Anwendung bzw. späteren Benutzern zur Überprüfung vorgelegt werden. Alternativ besteht die Möglichkeit, die Masken in ein Rahmenprogramm einzubringen, das erlaubt, Dialogabläufe nach Maßgabe der jeweiligen Interaktionsdiagramme am Bildschirm zu simulieren. Änderungswünsche seitens der zukünftigen Benutzer bzw. des Auftraggebers lassen sich in dieser Entwurfsphase noch mit relativ geringem Aufwand berücksichtigen.

```
─────────────────────────── Text 18 - Zeile  21 ───

Funktionstasten:  Vordefinierte Benutzer-Tabelle

    Bei dieser Vorgehensweise können bis zu 91 Tasten bzw. Tastenkombi-
    nationen im Programm abgefragt und für Zwecke der Ablaufsteuerung
    ausgewertet werden.

    Die vordefinierte Tabelle hat  ┌─────────────────────────────┐
                                   │         E X P O R T         │
       ┌──────────┬──────┐         │                             │
       │ Key-Code │ Tast │         │ Auftrag zu    :  Text 18    │
       ├──────────┼──────┤         │ Anzahl Dateien:  1    Rest: 1│
       │    0     │ Esca │         │                             │
       │   1-10   │      │         │ Soll Datei    COB-2-18.EXP  │
       │  11-20   │ Shif │         │ in das aktuelle Verzeichnis ko-│
       │  21-30   │ Ctrl │         │ piert werden J/N ?   N      │
       │  31-40   │ Alt  │         │                             │
       └──────────┴──────┘         └─────────────────────────────┘
Texte ──────────────────────────────────────────────────────────────
F1-Help    ↑↓-Scroll   PgUp/PgDn   Home/End                Escape


Help zu ...            E X P O R T                       Help AD

Die COBSYS-Exportfunktion bietet die Möglichkeit, COBOL-Quellprogramme, Nassi-
Shneiderman-Diagramme, Übungsaufgaben und sonstige Texte den COBSYS-Systemda-
teien zu entnehmen und in ASCII-Dateien einzustellen. Zusammen mit dem Quellcode
werden COPY-Strecken der Bildschirmbeschreibung (FORMS-DDS-Dateien), die Bild-
schirmmasken (FORMS-FRM-Dateien) sowie Help-Screens (HELPxy.FRM) exportiert.
Programme können dann neu übersetzt und getestet, insbesondere auch modifiziert
und erweitert werden. Darüber hinaus bietet es sich an, Programmabschnitte wie
Dateibeschreibungen, Funktionstasten-Tabellen oder den Aufruf von Assembler-Rou-
tinen für eigene Anwendungen zu kopieren.

Aufruf der Exportfunktion:  Ctrl + E

Lassen Sie sich den interessierenden Quellcode oder Text am Bildschirm anzeigen
und betätigen Sie dann die beiden Tasten Ctrl (bzw. Strg) und E gemeinsam.
Dateien können auch selektiv bereitgestellt werden; die Exportfunktion ist mit
Hilfe der ESC-Taste abbrechbar.

                                                  Rückkehr mit F1 oder SPACE
Texte ──────────────────────────────────────────────────────────────
F1-Help    ↑↓ -Scroll   PgUp/PgDn   Home/End                Escape
```

*Abb. 2.55b   Pop-Up-Menü und Help-Bildschirm zur Exportfunktion in COBSYS*

## 2.4.3 Datenorganisation

In der Phase des Fachinhaltlichen Entwurfs wurden die Ein- und Ausgabedaten der Elementarprozesse als Datenelemente definiert (Name, Typ, Länge, Wertebereich). Diese Daten sind nun zu analysieren und soweit erforderlich den Datensätzen von Dateien zuzuordnen. Abbildung 2.56 zeigt die im Zusammenhang mit der logischen und physischen Datenorganisation zu durchlaufenden Arbeitsschritte. Falls der DV-technische Entwurf arbeitsteilig durchgeführt wird, können Überlegungen zur Datenorganisation parallel zum Entwurf vom Interaktionsdiagrammen sowie zur abschließenden Gestaltung der Bildschirmoberfläche einer Anwendung angestellt werden.

In einem ersten Arbeitsschritt sind alle zu den Elementarprozessen definierten Eingabe- und Ausgabedaten hinsichtlich des Auftretens von Synonymen und Homonymen zu überprüfen. *Synonyme* liegen vor, wenn bedeutungs- bzw. inhaltsgleiche Datenelemente durch unterschiedliche Datennamen gekennzeichnet wurden. Beispiele für eine solche Synonymie wären z.B. die Bezeichner Kunden-Anschrift und Kundenadresse oder Telephon und Telefon. Hier ist jeweils eine Entscheidung zugunsten eines der Bezeichner zu treffen.

Eine *Homonymie* liegt vor, wenn zwei inhaltlich verschiedenen Daten gleiche Namen zugeordnet wurden. So könnte z.B. dem Einkaufs- und Verkaufspreis eines Artikels jeweils der Bezeichner Preis zugeordnet worden sein. Homonyme lassen sich durch Einführung unterschiedlicher Datennamen eliminieren.

In einem von Synonymen und Homonymen befreiten Datenverzeichnis sind in einem nächsten Arbeitsschritt alle Datenelemente aufzufinden, die auf externe Speichermedien wie Diskette, Platte oder Magnetband abzulegen sind. Die Trennung extern zu speichernder Daten von solchen, die am Bildschirm anzuzeigen, über die Tastatur zu erfassen oder auf einem Drucker auszugeben sind, ist anhand der Spezifikationen der Elementarprozesse möglich. Sie geben unter den Gliederungspunkten Datenherkunft der Eingabedaten bzw. Datenträger der Ausgabedaten eines Elementarprozesses jeweils externe Speichermedien an.

Die so aufgefundenen Datenelemente sind lediglich *Kandidaten* für die externe Speicherung. Tatsächlich zu speichern sind nur *originäre* Daten (Urdaten). Von Ihnen zu unterscheiden sind *derivative* Daten, die sich mit Hilfe bekannter Transformationsvorschriften aus Urdaten ableiten lassen. So läßt sich z.B. der Verkaufspreis eines Artikels "nach MwSt" aus dem Mehrwertsteuersatz und dem Nettopreis berechnen.

Würde man neben den originären Daten Nettopreis und Steuersatz auch den Verkaufspreis nach MwSt auf externen Speichermedien ablegen, hätte dies dreierlei nachteilige Folgen: Der Artikeldatensatz wäre um ein Feld "Verkaufspreis nach MwSt" zu verlängern, wodurch die Artikeldatei insgesamt mehr Speicherplatz als zwingend erforderlich beanspruchen würde. Weiterhin ist der Zeitbedarf für Schreib- und Leseoperation bei Dateien mit langen Datensätzen größer als bei Dateien mit kürzeren Sätzen.

Der wichtigste Nachteil des Speicherns derivativer Daten ist jedoch in der Gefahr des Verlustes der *Datenkonsistenz* zu sehen. Soll etwa im obigen Beispiel der Verkaufspreis eines oder aller Artikel verändert werden, müßten neben den Netto- auch die zugehörigen Bruttopreise modifiziert werden. Unterbliebe die gleichzeitige Änderung des vom originären Datum abhängigen derivativen Datums, entstünde ein inkonsistenter Datenbestand.

Zur Vermeidung der beschriebenen drei Nachteile des Speicherns derivativer Daten wird deren bedarfsweise Neuberechnung in Kauf genommen. Weitere Beispiele für derivative Daten sind der aus Preis und Bestellmenge zu berechnende Postenwert einer Bestellung oder das aus dem Geburtsdatum ableitbare Lebensalter.

Die nach dem Eliminieren derivativer Daten verbleibenden Datenelemente sind nun zu Datensätzen zusammenzufassen.[1] Jeder Datensatz beschreibt ein Datenobjekt (z.B. Kunde, Artikel, Bestellung). Er enthält i.d.R. einen das Objekt identifizierenden Schlüssel (z.B. Kunden-Nr., Artikel-Nr.) als Organisationsdatum sowie Operativ- und Ergänzungsdaten zu diesem Objekt. Im Interesse der *Konsistenz* des gesamten Datenbestandes und zur *Vermeidung von Redundanz* (Mehrfachspeichern gleicher Daten) sollte ein bestimmtes Operativ- oder Ergänzungsdatum nur in einem Datensatz auftreten. Der Zusammenhang zwischen Datensätzen unterschiedlicher Dateien läßt sich dann über die Satzschlüssel herstellen.

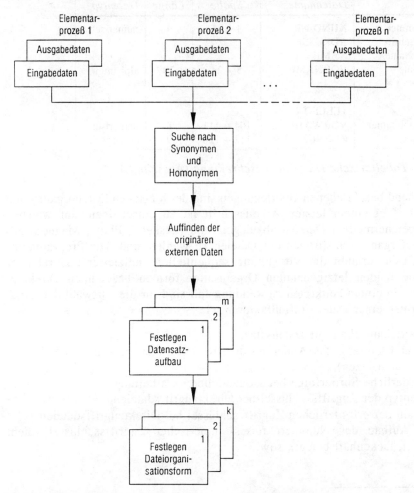

Abb. 2.56  *Logische und physische Datenorganisation*

So ist es z.B. hinreichend, in eine Bestelldatei lediglich die Kunden-Nr. des Bestellers sowie Artikel-Nummern und Bestellmengen aufzunehmen. Die für eine

---

1. Zum Aufbau von Datensätzen siehe auch Abschnitt 1.1.3.

Rechnungserstellung erforderlichen Operativ- und Ergänzungsdaten (Preis, Anschrift) lassen sich dann mit Hilfe der Organisationsdaten in der Artikel- und Kundendatei auffinden.

Der Aufbau von Datensätzen wird in *tabellarischer Form* beschrieben (siehe Abb. 2.57). Satzbeschreibungen geben Auskunft über Name, Länge und Typ der dem Satz zugeordneten Elementardaten, deren Lokalität innerhalb des Satzes und die Zugehörigkeit von Elementardaten zu Datengruppen (Datenhierarchie).

| *Feldinhalt* | *Datenname* | *Spalte* | *Länge* | *Datentyp* |
|---|---|---|---|---|
| Kunden-Nummer | KUND-NR | 1 – 4 | 4 | numerisch |
| Kunden-Anschrift | ADRESSE | | | |
|   Kunden-Name | NAME | | | |
|     Vorname | VORNAME | 5 – 24 | 20 | alphanum. |
|     ⋮ | ⋮ | | | |
|   Telefon | TELEFON | | | |
|     Vorwahl-Nummer | VORWAHL | 104 – 111 | 8 | numerisch |
|     Rufnummer | RUFNUMMER | 112 – 120 | 9 | numerisch |

Abb. 2.57  *Tabellarische Datensatzbeschreibung (Ausschnitt)*

Alle vorstehend beschriebenen Überlegungen sind der logischen Datenorganisation zuzurechnen.[1] In einem letzten Arbeitsschritt ist zu entscheiden, auf welchen externen Speichermedien Dateien abzulegen sind (Diskette, Platte, Magnetband) und welche Organisationsformen der Dateien zu wählen sind. Die Programmiersprache COBOL erlaubt die Verwaltung sequentieller, indizierter und relativer Dateien. Die beiden letztgenannten Organisationsformen bezeichnen Direktzugriffsdateien. In einem konkreten Anwendungsfall sind für die Auswahl der Organisationsformen einer Datei Einflußfaktoren wie

- Zugriffshäufigkeit auf Datensätze,
- Art und Umfang des Änderungsdienstes (Einfügen, Löschen und Ändern von Datensätzen),
- erforderliche Sortierfolge bei sequentieller Verarbeitung
- Datentyp der Zugriffsschlüssel bei Direktzugriffsdateien
- Anzahl der erforderlichen Zugriffsschlüssel bei Direktzugriffsdateien
- der Aufbau des Nummernkreises numerischer Zugriffsschlüssel (dicht belegt, lückenhaft belegt), sowie

---

1. Die entstehenden Datensatzgliederungen bezeichnet man als logisches Datenmodell. Bei genauer Betrachtung müßten restriktivere Bedingungen beim Aufbau von Datensätzen Berücksichtigung finden. Sie würden zu einer Verteilung der Datenelemente auf eine größere Anzahl von Dateien führen. Die hier erläuterte redundanzarme Datenspeicherung ist nicht in allen Anwendungsfällen geeignet, Anomalien beim Einfügen, Löschen oder Ändern von Datensätzen zu verhindern. Anzustreben wäre ein logisches Datenmodell, das den von E. F. Codd beschriebenen Anforderungen der 3. Normalform (3NF) oder einer weiterführenden Normalisierung gerecht wird.

- die erforderlichen Reaktionszeiten bei lesendem und schreibendem Direktzugriff

bestimmend. In den Kapiteln 6 und 15 werden sequentielle, relative und indizierte Dateien charakterisiert und ihre Verarbeitung beschrieben. Die anwendungsabhängige Auswahl der jeweils optimalen Dateiorganisationsform wird in Abschn. 15.4 diskutiert.

### 2.4.4 Programmstruktur und Modulabgrenzung

Zu Beginn dieses Abschnitts soll geprüft werden, ob die bisherigen Entwurfsschritte hinreichend sind, alle erforderlichen Nassi-Shneiderman-Diagramme zu einer Batch- oder Dialoganwendung zu erstellen.

Die Überlegungen zu Batchprogrammen werden zeigen, daß nur in Sonderfällen auf der Grundlage der Spezifikation von Elementarprozessen sowie der Datenorganisation zu einer Anwendung – Menübaum und Interaktionsdiagramme werden hier nicht erstellt – alle Verarbeitungsalgorithmen entworfen werden können. Die Ursachen hierfür sind zu analysieren.

Anschließend wird gezeigt, wie sich die bei Batchanwendungen noch vorhandenen Entwurfslücken schließen lassen. Die hier gewonnenen Erkenntnisse sind dann auf interaktive Anwendungen zu übertragen.

**Komplexität von Elementarprozessen**

Für eine sehr einfache Batchanwendung sei unterstellt, es ließe sich unter Berücksichtigung der optimalen Strukturierungstiefe für Hierarchiediagramme keine Top-Down-Funktionszerlegung in der Phase des Fachinhaltlichen Entwurfs finden. Das Verarbeitungsproblem ist dann als Elementarfunktion aufzufassen, zu der sich genau ein Elementarprozeß spezifizieren läßt. Unmittelbar im Anschluß an die Überlegungen zur Datenorganisation könnte auf der Grundlage der Verarbeitungsvorschrift des Elementarpozesses ein Struktogramm entworfen, der DV-technische Entwurf beendet und mit der Programmierung begonnen werden. Als Ergebnis würde genau ein monolithisches Programm entstehen.

In konkreten Anwendungsfällen könnte der vorstehend beschriebene Entwurf zu einem Programm führen, das gegen die zu Beginn dieses Kapitels erläuterten globalen Zielsetzungen der Software-Entwicklung verstößt: Die Verarbeitungsvorschrift des Elementarprozesses könnte *so komplex* sein, daß sich das zu entwerfende Struktogramm über zahlreiche Seiten erstreckt und mithin der Programm-Monolith *unübersichtlich* und nur *erschwert pflegbar* wird.

Auf die Behebung dieser *ersten Entwurfsunzulänglichkeit*, die in der Komplexität eines Elementarprozesses begründet ist, wird nachfolgend einzugehen sein.

## Ablaufplanung

Abbildung 2.58 zeigt zu einer etwas umfangreicheren Aufgabenstellung die Top-Down-Funktionszerlegung in Form eines Hierarchiediagramms. Dieses Diagramm weist auf der zweiten Zerlegungsebene die Elementarfunktionen 1 bis 11 aus, zu denen Elementarprozesse zu spezifizieren sind. Benutzerinteraktionen mögen wiederum nicht vorgesehen sein.

Auf der Grundlage der Verarbeitungsvorschriften zu den Elementarprozessen könnten 11 Struktogramme getrennt entworfen werden. Jedes dieser Nassi-Shneiderman-Diagramme ließe sich als Teilprogramm realisieren, so daß 11 externe oder interne Unterprogramme die Gesamtaufgabe gemeinsam abarbeiten.

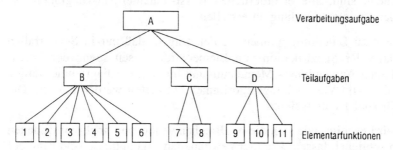

*Abb. 2.58   Hierarchiediagramm (Beispiel)*

Hier werden *drei weitere Unzulänglichkeiten* des bisherigen Entwurfs erkennbar:

- die Reihenfolge des Ablaufs der Elementarprozesse wurde bisher nicht (explizit) festgelegt,
- es ist denkbar, daß einzelne Elementarprozesse in Abhängigkeit von der jeweiligen Datensituation nur bedingt oder auch alternativ anzustoßen sind
- und eine Entscheidung, welche Elementarfunktionen in eigenständig compilier- und testbaren Programmen zusammenzufassen sind, wurde bisher nicht getroffen.

Man könnte nun geneigt sein, das Problem der *Abarbeitungsfolge* von Elementarprozessen durch Aufnahme einer Reihenfolgekonvention in Hierarchiediagramme zu lösen. So könnte z.B. vorgegeben sein, daß Elementarprozesse in der Reihenfolge aufzurufen sind, in der die zugehörigen Elementarfunktionen im Hierarchiediagramm "von links nach rechts" auftreten.

Diese oder eine vergleichbare Konvention liefe jedoch der Zielsetzung des Entwurfs von Hierarchiediagrammen zuwider: Sie sind als leicht handhabbares, statisches Darstellungsmittel der Top-Down-Funktionszerlegung konzipiert. Überlegungen zur dynamischen Verarbeitungsabfolge würden den Programmentwurf in der Phase des Fachinhaltlichen Entwurfs unnötig komplizieren. Auch ließe sich durch eine wie auch immer definierte Reihenfolgevorgabe die zweitgenannte Unzulänglichkeit der *bedingten oder alternativen* Ausführung von Teilverarbeitungen nicht beseitigen.

Als anschauliches Beispiel für eine Verarbeitungsaufgabe mit bedingter Ausführung von Teilaufgaben kann eine Auftragsabwicklung mit den Elementarprozessen Auftragserfassung, Lagerbestandsführung und Rechnungsstellung dienen. Voraussetzung für die Fakturierung ist die Lieferfähigkeit ab Lager. Liegt die Bestellmenge eines Artikels über dem aktuellen Lagerbestand, kann nicht geliefert und mithin auch keine Rechnung erstellt werden.

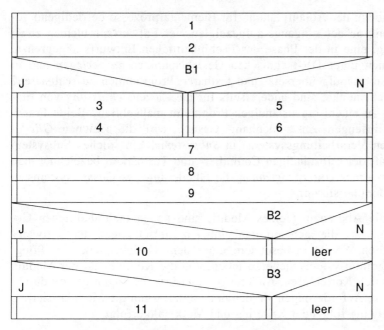

Abb. 2.59  Übersichts-Struktogramm (Beispiel)

Das Reihenfolgeproblem der Abarbeitung von Verarbeitungsaufgaben, deren bedingte, alternative oder auch wiederholte Ausführung wurde bereits ausführlich im Zusammenhang mit dem Entwurf von Struktogrammen diskutiert.[1] Sie legen die Abarbeitungsreihenfolge von Verarbeitungen mit Hilfe von Strukturblöcken für Auswahl, Wiederholung usw. fest. Bei der Übertragung eines Struktogramms in eine Programmiersprache lassen sich Verarbeitungen durch elementare Anweisungen und die Ablauflogik durch Steueranweisungen realisieren.

Die oben aufgezeigte Entwurfslücke einer Ablaufplanung für die im Fachinhaltlichen Entwurf isoliert spezifizierten Elementarprozesse läßt sich mit Hilfe der bereits definierten Strukturblöcke problemlos schließen. Abbildung 2.59 zeigt in Form eines Übersichts-Struktogramms eine mögliche Ablaufplanung für die in Abb. 2.58 dargestellte Aufgabenzerlegung. Zu jedem der Strukturblöcke "Verfeinerung" dieses Diagramms wäre ein detailliertes Nassi-Shneiderman-Diagramm nach Maßgabe der Verarbeitungsvorschrift des zugehörigen Elementarprozesses zu entwerfen.

---

1. Zur Definition der Strukturblöcke und zum Entwurf von Struktogrammen siehe Abschn. 2.2.

Die Teilalgorithmen der einzelnen Elementarprozesse sind nun mit Hilfe der Kontrollkonstrukte des Übersichts-Struktogramms zu einem geschlossenen Verarbeitungsalgorithmus für die Lösung des Gesamtproblems verbunden.[1]

## Modularisierung

Nachdem das Problem der Ablaufplanung für Elementarprozesse befriedigend gelöst ist, verbleiben von den eingangs aufgezeigten vier Entwurfsproblemen zwei: Ist es zweckmäßig, eine in der Phase des Fachinhaltlichen Entwurfs abgegrenzte Elementarfunktionen unter DV-technischen Gesichtspunkten *zu zerlegen* und in zwei oder mehr selbständig übersetz- und testbaren Programmen zu realisieren? Und welche Gesichtspunkte sind andererseits für die *Zusammenfassung* von Elementarfunktionen zu einem eigenständigen Programm maßgeblich? Beide Fragestellungen stehen in engem Zusammenhang. Gesucht wird die geeignete *Gliederung* des gesamten Verarbeitungssystems in *Subsysteme*. Ein solches Subsystem mit der Eigenschaft der selbständigen Compilier- und Testbarkeit bezeichnet man als *Modul* oder *externes Unterprogramm*, die Gliederung des Gesamtsystems in Subsysteme als Modularisierung.

Maßgeblich für die Abgrenzung eines Moduls sind neben fachinhaltlichen Gesichtspunkten Kriterien, die sich aus den globalen Zielsetzungen der Softwareentwicklung ableiten. So ist insbesondere unter dem Gesichtspunkt der Pflegbarkeit eines Programmsystems sicherzustellen, daß die Komplexität der Moduln so gering ist, daß sich Korrekturen, Änderungen und Erweiterungen gezielt durchführen lassen. Diese Anforderungen werden unterstützt, wenn die Modularisierung unter Berücksichtigung folgender Kriterien und Merkmale erfolgt:

1. Ein Modul ist selbständig compilier- und testbar.
2. Der Anweisungsteil eines Teilprogramms sollte wenige 100 bis maximal 1000 Befehle umfassen.
3. Die in einem Modul zusammengefaßten Verarbeitungsfunktionen stehen in engem inhaltlichen Zusammenhang. Sie bilden eine Aufgabeneinheit (hohe funktionale Bindung).
4. Die Kommunikation zwischen zwei Moduln erfolgt über eine zu spezifizierende gemeinsame Schnittstelle.
5. Der Entwickler eines Teilprogramms, das Verarbeitungsleistungen eines anderen in Anspruch nimmt, benötigt außer der Schnittstellenspezifikation des aufzurufenden externen Unterprogramms keinerlei Kenntnisse zu dessen internem Aufbau (information hiding).
6. Damit Änderungen und Erweiterungen eines Teilprogramms möglichst ohne Rückwirkungen auf andere Moduln bleiben, sollten die über Schnittstellen auszutauschenden Daten minimiert sein (schmale Datenkopplung).

---

1. Nachfolgend wird gezeigt, daß es zweckmäßig ist, das Übersichts-Struktogramm durch *Programm-Strukturdiagramme* zu ersetzen.

7. Jedes Teilprogramm läßt sich als Steuermodul, Funktionsmodul oder Mischmodul klassifizieren.

Es ist unmittelbar einzusehen, daß mit sinkender Modulgröße auch die Komplexität eines Teilprogramms abnimmt. Andererseits steigt bei sinkender Modulgröße die Anzahl der zur Aufgabenerfüllung erforderlichen Teilprogramme und damit diejenige Komplexität, die sich aufgrund der Kommunikationsbeziehungen zwischen Moduln zusätzlich ergibt. Anzustreben ist das Minimum der Summe beider Komplexitätsarten (siehe Abb. 2.60).

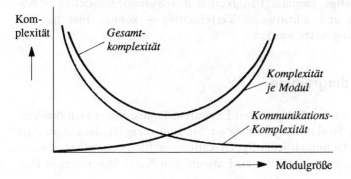

*Abb. 2.60 Komplexitätswirkung der Modulgröße*

Bevor auf die Kommunikation zwischen Teilprogrammen sowie die Klassifikation von Moduln eingegangen wird, soll die Forderung nach Beschränkung der Modulgröße näher untersucht werden. Diese für die Modulabgrenzung überaus restriktive Nebenbedingung ist in zahlreichen Erfahrungen der Programmierpraxis begründet: Programme, deren Anweisungsteil mehr als 1000 oder gar 2000 Anweisungen umfassen, sind häufig nur beschränkt testbar und insbesondere nur mit unverhältnismäßig großem Aufwand korrigier- und erweiterbar.

Möchte man die Modulgrößenrestriktionen bei der Gliederung des Programmsystems in Teilprogramme berücksichtigen, benötigt man *Abschätzungen zum Realisierungsaufwand* für jede Elementarfunktion. Erste Anhaltspunkte für den Programmieraufwand liefert die jeweilige Spezifikation eines Elementarprozesses. Da die Verarbeitungsvorschriften häufig textuell angegeben werden, ist eine hinreichend sichere Abschätzung des Realisierungsaufwandes auf diesem Weg nur selten möglich. Einen sicheren Einblick in den Realisierungsaufwand erhielte man, wenn für alle Verarbeitungsvorschriften der Elementarprozesse Nassi-Shneiderman-Diagramme entworfen würden. Diese Vorgehensweise hätte jedoch eine Reihe von Nachteilen:

– Nachdem die Struktogramme erstellt wären, müßte unter dem Gesichtspunkt der Modulabgrenzung eine Überarbeitung vorgenommen werden.

– Struktogramme sind nur eingeschränkt änderungsfreundlich.

– In der auf den Entwurf folgenden Phase der Programmierung sind Struktogramme in eine Programmiersprache zu übertragen. Dies gelingt umso leichter, je detaillierter ein Struktogramm entworfen wurde. Ein solches detailliertes Struktogramm zu der Verarbeitungsvorschrift eines Elementarprozesses wird sich häufig über zahlreiche Seiten erstrecken.

In der Entwurfspraxis hat es sich bewährt, den Umfang eines geschlossen zu entwickelnden Nassi-Shneiderman-Diagramms auf maximal 2 bis 3 DIN A4-Seiten zu begrenzen.

Ursächlich für diesen Wunsch nach Reduktion von Komplexität ist die beim Entwurf von Struktogrammen vorherrschende *streng sequentielle Denkweise* in Algorithmusschritten. Sonstige mentale Fähigkeiten des Systementwicklers – Abstraktion, Klassifikation und schrittweise Verfeinerung – können hier nur beschränkt nutzbringend eingesetzt werden.

## Programm-Strukturdiagramme

Als Ausweg aus dem vorstehend skizzierten Entwurfsdilemma bietet sich die Verwendung von Programm-Strukturdiagrammen an. Sie sind geeignet, die aufgezeigte Entwurfslücke zwischen fachinhaltlicher Spezifikation von Elementarprozessen und dem DV-technisch orientierten detaillierten Entwurf von Nassi-Shneiderman-Diagrammen zu schließen.

Die Verwendung von Programm-Strukturdiagrammen bietet folgende Vorteile:

1. Programm-Strukturdiagramme werden top-down über mehrere Hierarchieebenen hinweg verfeinert. Im Gegensatz zu Nassi-Shneiderman-Diagrammen beginnt der Entwurf also nicht auf hoher Detaillierungsstufe.
2. Sie lassen alternative Möglichkeiten der Abgrenzung von Moduln gut erkennen.
3. Im Gegensatz zu Nassi-Shneiderman-Diagrammen werden in Strukturdiagrammen alle Schnittstellen zwischen Programmbausteinen explizit ausgewiesen.
4. Sie lassen gut erkennen, welche Verarbeitungen an unterschiedlichen Stellen eines Programms mehrfach auszuführen sind. Solche Verarbeitungen können in *wiederverwendbaren Moduln* (Standardmoduln) oder *internen Unterprogrammen* realisiert werden (Mehrfachverwendung).
5. Programm-Strukturdiagramme sind leicht änderbar.
6. Der Symbolvorrat dieser Diagramme ermöglicht die Darstellung von Programmabläufen in N-Square-Charts.[1]

Abbildung 2.61 zeigt den Symbolvorrat für Programm-Strukturdiagramme. Die Definitionen von Sequenz, Auswahl, Fallunterscheidung, bedingter Verarbeitung oder Wiederholung entsprechen exakt denen der Strukturblöcke nach Nassi/Shneiderman.

---

1. Zu N-Square-Charts siehe Abschnitt 2.4.5.

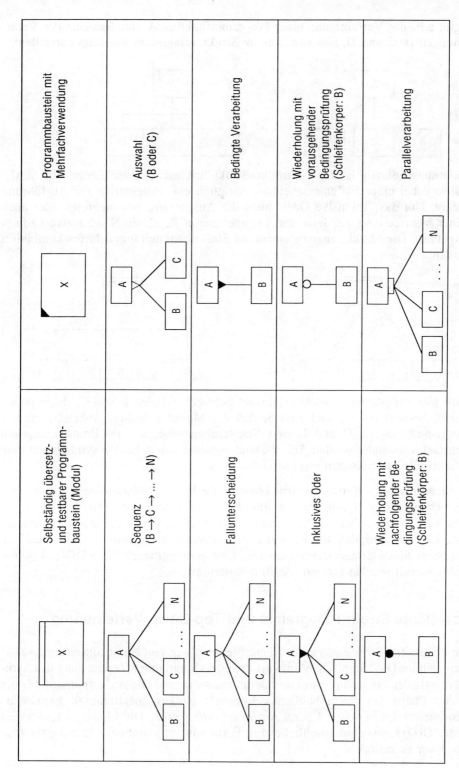

Abb. 2.61 *Symbolvorrat für Programm-Strukturdiagramme*

Ergibt z.B. die Verfeinerung einer Programmfunktion A eine Sequenz der Verarbeitungen B, C und D, läßt sich dies im Strukturdiagramm wie folgt darstellen:

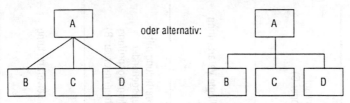

Erklärungsbedürftig ist das Kontrollkonstrukt "Inklusives Oder" (siehe Abb. 2.61). Während bei einer Fallunterscheidung lediglich eine Alternative zur Ausführung kommt, läßt das "Inklusive Oder" auch die Ausführung von mehreren oder auch keiner Verarbeitung zu. Jede der Verarbeitungen B, C bis N wird also bedingt ausgeführt. Die Markierungen elementarer Strukturdarstellungen dürfen kombiniert werden:

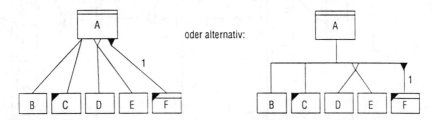

Wird hier der Modul A zur Ausführung gebracht, werden B und C als Sequenz, anschließend D oder E und zum Schluß der Modul F bedingt abgearbeitet. Die Programmbausteine C und F sind Standardbausteine, die im Programmsystem mehrfach verwendet werden. Die Verbindungslinie von A nach F symbolisiert eine Schnittstelle (1) zwischen zwei Moduln.

In einem nächsten Entwurfsschritt könnten die Programmbausteine B bis F unter Verwendung des Symbolvorrats für Programm-Strukturdiagramme top-down verfeinert werden. Eine solche Verfeinerung ist *ebenenweise solange fortzusetzen*, bis erkennbar wird, daß alle Bausteine der untersten Verfeinerungsebene mit Hilfe von Nassi-Shneiderman-Diagrammen im Umfang von max. 2 bis 3 DIN A4-Seiten ausentwickelt werden können (Abbruchkriterium).

## Übersichts-Strukturdiagramm und Top-Down-Verfeinerung

Die erläuterten Schwächen einer frühen Verwendung von Nassi-Shneiderman-Diagrammen im DV-technischen Entwurf lassen sich nun unter Verwendung des Symbolvorrats der Programm-Strukturdiagramme aufheben. Die *Ablaufplanung* für die in der Phase des Fachinhaltlichen Entwurfs isoliert spezifizierten Elementarprozesse erfolgt in einem *Übersichts-Strukturdiagramm*. Die Elementarfunktionen dieses Diagramms sind anschließend in Form von Programm-Strukturdiagrammen top-down zu zerlegen.

Zur Erläuterung dieses Ablaufs sei unterstellt, eine hierarchische Funktionszerlegung des Fachinhaltlichen Entwurfs habe das in Abb. 2.58, S. 134 dargestellte Hierarchiediagramm ergeben. Die bisher in Form eines Übersichts-Struktogramms angegebene Verknüpfung der Elementarprozesse (siehe Abb. 2.59, S. 135) kann nun unter Verwendung der Symbole für Programm-Strukturdiagramme durch ein inhaltsgleiches Übersichts-Strukturdiagramm ersetzt werden. Abbildung 2.62 zeigt das Übersichts-Strukturdiagramm zu dem in Abb. 2.58 angegebenen Hierarchiediagramm.

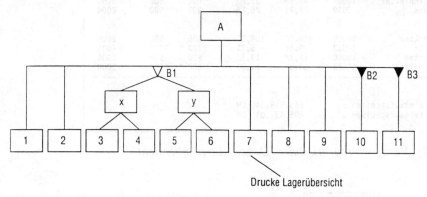

*Abb. 2.62   Übersichts-Strukturdiagramm*

Zu jeder der Elementarfunktionen 1 bis 11 ist nun anhand der Verarbeitungsvorschriften des zugehörigen Elementarprozesses ein Programm-Strukturdiagramm zu entwerfen. Die ebenenweise Verfeinerung der Programmbausteine ist abzubrechen, wenn erkennbar ist, daß die Ausentwicklung eines Bausteins in Form eines Nassi-Shneiderman-Diagramms einen Umfang von 2 bis 3 Seiten nicht übersteigt.

Als Entwurfsbeispiel soll hier für die Elementarfunktion 7 "Drucke Lagerübersicht" das Programm-Strukturdiagramm angegeben werden. Abbildung 2.63 zeigt das angestrebte Verarbeitungsergebnis. Die Lagerübersicht hat die Form einer Liste, die aus einem Listenkopf (Überschrift, Tabellenkopf), einem variabel langen Listenrumpf sowie einem Listenfuß besteht.

Die im Listenrumpf auszugebenden Artikeldaten mögen in einer Artikeldatei abgespeichert sein. Das Programm zum Drucken der Liste "Lagerübersicht" wird erst den Listenkopf erzeugen, dann die Artikeldatei satzweise lesen und jeweils eine Zeile des Listenrumpfs drucken. In einem dritten Verarbeitungsschritt wird – nachdem der letzte Datensatz der Artikeldatei verarbeitet ist – der Listenfuß ausgedruckt.

Abbildung 2.64 zeigt den Entwurf des Programm-Strukturdiagramms zur Elementarfunktion "Drucke Lagerübersicht". Auf Details dieses Strukturdiagramms wird im Zusammenhang mit der Verarbeitung von Dateien einzugehen sein. Lediglich hinsichtlich der Programmablaufsteuerung soll hier auf die Schnittstellen (1) und (2) kurz eingegangen werden: Der Programmbaustein "Öffne Datei" liefert dem Programm über Schnittstelle (1) die Information, ob die zu verarbeitende Artikel-

```
                    L a g e r ü b e r s i c h t
        Sortierung nach Artikelkurzbezeichnungen, Stichtag: 31. Juni 1990

Art.-Kurzbezeichnung    Art.-Nr.   Verkauf    Einkauf   Bestand     Melde   Losgröße
-------------------------------------------------------------------------------------
Allzweck-Abroller        10053      20,26      15,23      900        700     3000
Aluminium-Leiter         10082      42,29      31,80       32         30      300
Blumengießer             10045      11,64       8,75      900        700     3000
Blumenübertopf           10040       4,62       3,47     1700       1500     5000
Brotschale               10067      13,50      10,15      500  *     530     1000
Dampflok BR 01           10177      49,06      35,04      510        500     2000
Doppelstufenleiter       10084      44,95      33,80      600        500     5000
Eierschrank              10059      34,91      26,25      800        500     2000
    :
    :
Wäschetrockner           10099     249,00     198,00      505        500     2000
Zimmerbesen              10073       9,65       6,21     1100  *    1200     4000
Zwiebelkasten            10050      17,72      13,32      800        500     2000
Zündzeitpunktpi.         10125      33,32      23,80      800  *    1000     3000
-------------------------------------------------------------------------------------

Lagerwert
  - zu Einkaufspreisen :         649.518,04  DM
  - zu Verkaufspreisen :         885.437,01  DM
```

*Abb. 2.63   Verarbeitungsergebnis "Drucke Lagerübersicht"*

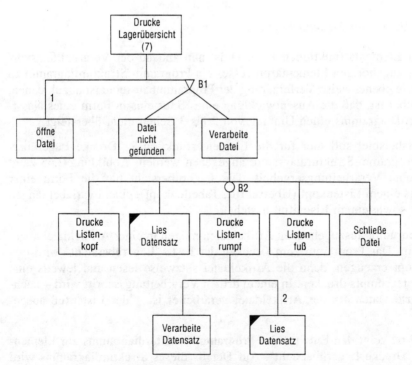

*Abb. 2.64   Programm-Strukturdiagramm "Drucke Lagerübersicht"*

datei auf einem externen Speichermedium gefunden wurde. Wird die Datei nicht gefunden, findet auch kein Listendruck statt. Der Programmbaustein "Lies Datensatz" registriert nach einer endlichen Anzahl von Schleifendurchläufen das Dateiende. Diese Information wird über Schnittstelle (2) dem Programm verfügbar. Die Schleifensteuerung zum Schleifenkörper "Drucke Listenkopf" wird dann die weitere Verarbeitung des Schleifenkörpers abbrechen.

## Modulabgrenzung und Modulhierarchie

Die zu jeder Elementarfunktion einer Anwendung zu entwerfenden Strukturdiagramme geben einen hinreichend verläßlichen Einblick in den jeweiligen programmtechnischen Realisierungsaufwand. Diese Aufwandsinformation kann nun zur Modularisierung des Systems herangezogen werden.

Unter Berücksichtigung aller sonstigen für die Modulabgrenzung maßgeblichen Kriterien könnte zu dem in Abb. 2.62 gezeigten Übersichts-Strukturdiagramm einer Anwendung die in Abb. 2.65 dargestellte Modulgliederung entworfen werden. Die Gesamtanwendung besteht hier aus 12 selbständig übersetz- und testbaren Programmen. Diese Moduln kommunizieren untereinander über die noch zu spezifizierenden Schnittstellen 1 bis 11. In Abb. 2.65 sind drei Modulklassen unterscheidbar:

Steuermoduln      : A, B
Funktionsmoduln : C, E, 1, 2, 5b, 6, 10, 11
Mischmoduln       : D, F

Ein *Steuermodul* koordiniert lediglich den Aufruf sonstiger externer Unterprogramme, ohne selbst fachinhaltliche Aufgaben zu erfüllen.

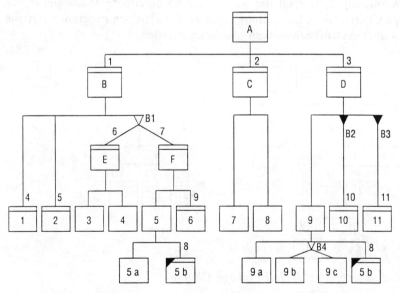

*Abb. 2.65   Modulabgrenzung in Programm-Strukturdiagrammen*

*Funktionsmoduln* realisieren eine bzw. mehrere Elementarfunktionen oder tragen zu deren Realisierung bei (Zusammenfassung von Elementarfunktionen bzw. Zerlegung anhand des Programm-Strukturdiagramms). *Mischmoduln* erfüllen wie Funktionsmoduln fachinhaltliche Verarbeitungsaufgaben, nehmen hierzu jedoch zusätzlich die Verarbeitungsleistung sonstiger Moduln in Anspruch.

Die Modularisierung einer Anwendung ergibt stets ein *Baumdiagramm*, da mehrfach verwendete Teilprogramme auch wiederholt gezeichnet werden. Der erforderliche Austausch von Informationen zwischen den Moduln einer Anwendung findet über solche Teilprogramme statt, die in der Modulhierarchie übergeordnet sind (rufende Programme).

Benötigt z.B. in Abb. 2.65 Modul C Informationen, die Modul B bereitstellt, werden diese von Modul B an Modul A übergeben und beim Aufruf von Modul C an dieses Teilprogramm weitergereicht. Das in Abb. 2.65 dargestellte Programm-Strukturdiagramm

- läßt die Gliederung einer Anwendung in Moduln erkennen,
- ermöglicht die Klassifikation der Moduln als Steuer-, Funktions- und Mischmoduln,
- läßt anhand der zugeordneten Elementarfunktionen die fachinhaltlichen Aufgaben der Moduln erkennen,
- weist die Modul-Schnittstellen aus,
- läßt die Mehrfachverwendung von Moduln erkennen und
- gibt Aufschluß über den Programmablauf.

Insbesondere bei komplexen Anwendungen ist es hilfreich, eine *informationsärmere*, aber hinsichtlich des Modulzusammenhangs *übersichtlichere* Darstellung zu erstellen. Abbildung 2.66 zeigt die aus Abb. 2.65 ableitbare *Modulhierarchie* (Modul Linkage Chart). Diese Darstellung eines modularisierten Programmsystems gibt Aufschluß über Aufrufbeziehungen und Schnittstellen.

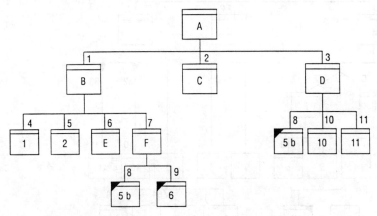

Abb. 2.66   *Modulhierarchie (Modul Linkage Chart)*

## Schnittstellentabellen

Die Kommunikation zwischen Moduln erfolgt über Schnittstellen, die in Abb. 2.66 von 1 bis 11 durchnumeriert sind. Zur Beschreibung des Informationsflusses zwischen zwei Moduln eignen sich Schnittstellentabellen (siehe Abb. 2.67). Sie benennen Daten, die ein rufender Modul einem aufgerufenen übergibt (in), zurückerhält (out) oder die von beiden gemeinsam zugegriffen werden (in-out).

| Schnittstellen-Nummer | in | in-out | out |
|---|---|---|---|
| : | | | |
| 4 | X | U | Y, Z |
| 5 | Q, R | V, W | S |
| : | | | |

Abb. 2.67   Schnittstellentabelle (Muster)

Soweit die in einer Schnittstellentabelle aufgeführten Daten nicht bereits im Zusammenhang mit der Spezifikation von Elementarprozessen definiert wurden, sind sie nun ergänzend in den Datenkatalog einer Anwendung aufzunehmen.

## Dialoganwendungen

Im Gegensatz zu Batchprogrammen werden für Dialoganwendungen ein Menübaum und darauf aufbauend Interaktionsdiagramme entworfen. Interaktionsdiagramme lassen den Dialogablauf und mithin den Programmablauf erkennen. Alle "einfachen Verarbeitungen" eines Interaktionsdiagramms, sie stellen Verarbeitungsaktivitäten des maschinellen Systems dar, die keine Benutzerinteraktionen erfordern, lassen sich als Batchläufe auffassen, die in einem Interaktionspunkt terminieren.

Ein Interaktionsdiagramm liefert nur sehr beschränkt Informationen zum programmtechnischen Realisierungsaufwand dieser "einfachen Verarbeitungen". Sie können beliebig komplex sein und auch mehrfach verwendbare Programmabschnitte enthalten.

Es ist daher erforderlich, zu jedem Interaktionsdiagramm ein Programm-Strukturdiagramm zu entwerfen und dieses top-down solange zu verfeinern, bis die Ausentwicklung der Programmbausteine in Form von Nassi-Shneiderman-Diagrammen zweckmäßig ist. Wie bei Batchprogrammen sind diese Strukturdiagramme dann Ausgangspunkt für Überlegungen zur Modularisierung der Dialoganwendung.

Die Überführung von Interaktionsdiagrammen in Programm-Strukturdiagramme soll anhand zweier Dialogabläufe demonstriert werden, die in Abschnitt 2.41 (Abb. 2.51, S. 123 und Abb. 2.52, S. 124) behandelt wurden. Abbildung 2.68 zeigt das Programm-Strukturdiagramm zum Interaktionsdiagramm "Erfasse Kundenanschrift" (Abb. 2.51, S. 123).

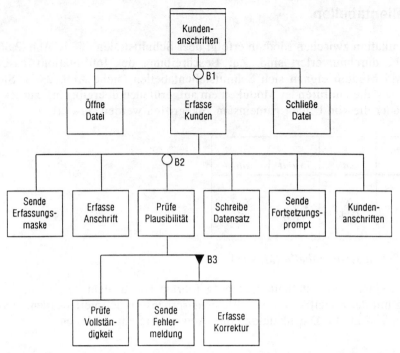

*Abb. 2.68   Programm-Strukturdiagramm "Erfasse Kundenanschrift"*

Die Übertragung eines Interaktionsdiagramms in ein Programm-Strukturdiagramm kann nahezu mechanisch erfolgen, wenn man sich die Bedeutung von Interaktionspunkten verdeutlicht:

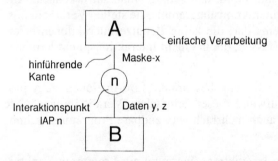

Jede zu einem Interaktionspunkt *hinführende gerichtete Kante* (Zustandsübergang) wird programmtechnisch durch das Senden von Bildschirmdaten realisiert. Das Interaktionsdiagramm "Erfasse Kundendaten" (siehe Abb. 2.51, S. 123) zeigt drei Interaktionspunkte mit je einer hinführenden Kante. Diesen Kanten entsprechen im Programm-Strukturdiagramm (Abb. 2.68) die Bausteine

- Sende Erfassungsmaske      (IAP 1),
- Sende Fehlermeldung        (IAP 2) und
- Sende Fortsetzungsprompt   (IAP 3).

Andererseits symbolisieren die einen Interaktionspunkt *verlassenden gerichteten Kanten* i.d.R. eine Benutzerinteraktion, die programmtechnisch als Erfassen von Dateneingaben zu realisieren ist. Zu den drei Interaktionspunkten der Abb. 2.51, S. 123, zeigt das korrespondierende Programm-Strukturdiagramm (Abb. 2.68) die Erfassungsbausteine

- Erfasse Anschrift     (IAP 1),
- Erfasse Korrektur     (IAP 2) und
- Erfasse Entscheidung  (IAP 3).

Die Programmfunktionen "Senden" und "Erfassen" treten im Strukturdiagramm meist *paarweise* und als *Sequenz* auf. Eine Ausnahme zu dieser Regel liegt vor, wenn ein Programm lediglich Statusmeldungen am Bildschirm ausgibt, die vom Benutzer nicht quittiert werden müssen. Hier entfällt dann der Erfassungsbaustein.[1]

Häufig verlassen einen Interaktionspunkt *mehrere* gerichtete Kanten. Dies trifft z.B. auf den Interaktionspunkt 3 der Abb. 2.51, S. 123 zu. Der Benutzer kann hier entscheiden, ob er erneut Kundendaten erfassen oder den Programmlauf abbrechen möchte. Eine solche benutzer(daten)abhängige Verzweigung des sich anschließenden Ablaufs muß auch das Programm-Strukturdiagramm wiedergeben. In Abb. 2.68 erfolgt die Verzweigung über die Bedingung B1 der Schleifensteuerung zum Schleifenkörper "Erfasse Kunde". Entscheidet sich der Benutzer für die erneute Erfassung von Kundendaten, wird mit der Abarbeitung des Schleifenkörpers begonnen (Sende Maske), andernfalls wird der Programmlauf über den Programmbaustein "Schließe Datei" beendet.

Bei der Übertragung eines Interaktionsdiagramms in ein Programm-Strukturdiagramm ist insbesondere auf die sorgfältige Übernahme aller Ablaufverzweigungen des Interaktionsdiagramms zu achten. Solche Verzweigungen treten nicht nur als Auswahloptionen des Benutzers an Interaktionspunkten auf. Auch einfache oder komplexe Verarbeitungen (Systemaktivitäten) der Interaktionsdiagramme können *mehrere* "Ausgänge" besitzen. Eine solche Verzweigung im Anschluß an eine Systemaktivität zeigt das Übersichts-Interaktionsdiagramm zum Programm COBSYS (siehe Abb. 2.52, S. 124). Die Übertragung dieses Interaktionsdiagramms in ein Programm-Strukturdiagramm ist in Abb. 2.69 wiedergegeben.

Im Anschluß an eine Vollständigkeitsprüfung der Datenbasis entscheidet hier ein Auswahlkonstrukt (B1) über den weiteren Programmablauf. Sind die erforderlichen Systemdateien installiert, wird der Benutzerdialog eröffnet (Sende Hauptmenü), andernfalls eine Fehlermeldung am Bildschirm angezeigt ("Minimalversion der COBSYS-Dateien nicht installiert" an IAP 3) und der Programmlauf über den Programmbaustein "Ende-Verarbeitung COBSYS" abgebrochen. Der Interaktionspunkt 1 des Übersichts-IAD zu COBSYS ist im korrespondierenden Programm-Strukturdiagramm durch die Sequenz der Bausteine "Sende Hauptmenü" und

---

1. Vergl. hierzu das Übersichts-Interaktionsdiagramm zu COBSYS, Abb. 2.52, S. 124, IAP 2 und IAP 3.

"Erfasse Auswahl" repräsentiert. Die Auswahlentscheidung des Benutzers, durch Betätigen einer der Funktionstasten F1 bis F6 oder ESCAPE herbeigeführt, wird in Abb. 2.69 mit Hilfe des Konstrukts Fallunterscheidung (B3) ausgewertet. Die Programmbausteine "Sende COBSYS-Hauptmenü", "Erfasse Auswahl" und "Verarbeite Auswahl" sind als Sequenz in einem Schleifenkörper angeordnet. So ist sichergestellt, daß nach einem Modulaufruf (Texte, Aufgaben usw.) erneut das COBSYS-Hauptmenü angezeigt wird. Die Abbruchbedingung B2 der Schleifensteuerung ermöglicht das Verlassen des Hauptmenüs und damit den Abbruch des Programmlaufs über den Baustein "Ende-Verarbeitung COBSYS".

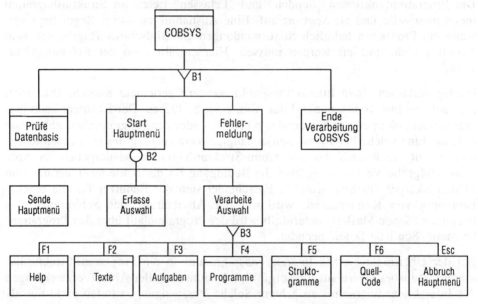

Abb. 2.69   *Strukturdiagramm zum Übersichts-IAD COBSYS*

Die Modularisierung interaktiver Anwendungen erfolgt, wie im Zusammenhang mit Batchprogrammen erläutert, anhand von Programm-Strukturdiagrammen. Mit Hilfe der im nachfolgenden Abschnitt 2.4.5 zu behandelnden N-Square-Charts läßt sich u.a. die Qualität der Gliederung einer Anwendung in selbständig übersetz- und testbare Teilprogramme beurteilen. Wurde eine Dialoganwendung in Subsysteme zerlegt, läßt sich für sie – wie für Batchprogramme – eine Modulhierarchie (Modul Linkage Chart) angeben.

## 2.4.5 N-Square-Charts

Mit Hilfe von N-Square-Charts oder Rasterdiagrammen läßt sich der Entwurf eines Softwaresystems zusammenfassend graphisch darstellen. Diese Diagramme ermöglichen die Überprüfung des gesamten Systementwurfs auf Vollständigkeit, Widerspruchsfreiheit und Funktionstüchtigkeit. Für Dialog- und Batchanwendungen wird die gleiche Darstellungstechnik verwendet. N-Square-Charts verdeutlichen das Zusammenwirken von Modulen (externe Unterprogramme) und sonstigen Programmbausteinen (interne Unterprogramme) über Schnittstellen. Die Qualität der Modularisierung einer Anwendung läßt sich beurteilen und – soweit erforderlich – verbessern. Die Diagramme weisen alle Dateien einer Anwendung und programmbausteinbezogen Dateizugriffe sowie die sonstigen externen Datenein- und Datenausgaben aus. Je nach Systemumfang können ein Gesamtchart oder im Wege der Disaggregation des Systems mehrere Teildiagramme entworfen werden. N-Square-Charts lassen sich top-down verfeinern.

Unter Verwendung der im Zusammenhang mit Programm-Strukturdiagrammen eingeführten Symbole können Programmabläufe in N-Square-Charts visualisiert werden. Diese dynamische Dimension der Diagramme eröffnet die Möglichkeit, den Datenfluß im Gesamtsystem zu verfolgen. Dynamische Systemabläufe können so in Form eines "Schreibtischtests" simuliert werden. Diese Tests sind geeignet, die Funktionstüchtigkeit des Gesamtsystems in einem frühen Stadium der Programmentwicklung zu überprüfen und Fehlfunktionen aufzuzeigen, bevor die Ausentwicklung der Programmbausteine in Form von Nassi-Shneiderman-Diagrammen erfolgt. Erforderliche Korrekturen lassen sich in diesem Entwurfsstadium mit erheblich geringerem Aufwand durchführen, als dies im Anschluß an die Ausentwicklung aller Algorithmen oder gar in der Testphase von Programmen möglich wäre. Insbesondere läßt die Simulation des Daten- und Kontrollflusses Systemverklemmungen erkennen, deren Ursache die unzureichende oder verspätete Bereitstellung von externen oder internen Daten ist.

### Aufbau von N-Square-Charts

N-Square-Charts erlauben die Darstellung oder Entwicklung beliebiger, auch biologischer, technischer oder soziologischer Systeme, die sich auf Elemente, deren Eigenschaften und die Beziehungen zwischen Systemelementen zurückführen lassen. Für die hier betrachteten Softwaresysteme sei festgelegt, daß *Elemente der Charts* stets Funktionen, Verarbeitungen, Programmbausteine oder Moduln repräsentieren.[1] Sie werden im Kern des Diagramms auf der *Diagonalen* eines N mal N Rechtecke umfassenden Gitters angeordnet (siehe Abb. 2.70). Die Rechtecke ober- und unterhalb der mit Elementen besetzten Diagonalen repräsentieren *Beziehungen* zwischen Systemelementen. Abbildung 2.70 weist die Beziehungen $B_{13}$, $B_{24}$ und $B_{31}$ aus. Bei der Darstellung von Softwaresystemen handelt es sich dabei

---

1. Prinzipiell könnten auch Bildschirmmasken, Druckerlisten oder Dateien als Systemelemente aufgefaßt werden.

um *Schnittstellen*, über die systeminterne Informationen (Daten und den Programmablauf steuernde Informationen) ausgetauscht werden. Output-Schnittstellen eines Programmbausteins liegen in der gleichen Zeile, Input-Schnittstellen in der gleichen Spalte wie der Baustein selbst.[1]

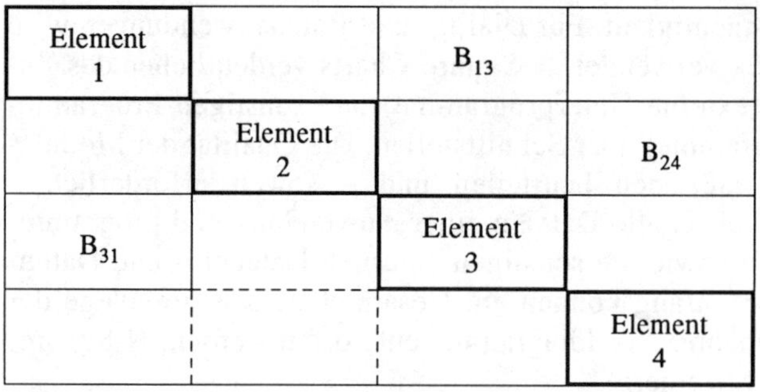

| Element 1 | | $B_{13}$ | |
|---|---|---|---|
| | Element 2 | | $B_{24}$ |
| $B_{31}$ | | Element 3 | |
| | | | Element 4 |

*Abb. 2.70  Kern eines $N^2$-Charts (N=4)*

In Abb. 2.70 empfängt Element-3 Daten von Element-1, Element-4 von Element-2 und Element-3 liefert Informationen an Element-1. Zwischen N Elementen können maximal ($N^2 - N$) mögliche Beziehungen auftreten, für die je eine "Beziehungsbox" ober- bzw. unterhalb der Diagonalen eines N-Square-Charts reserviert ist.

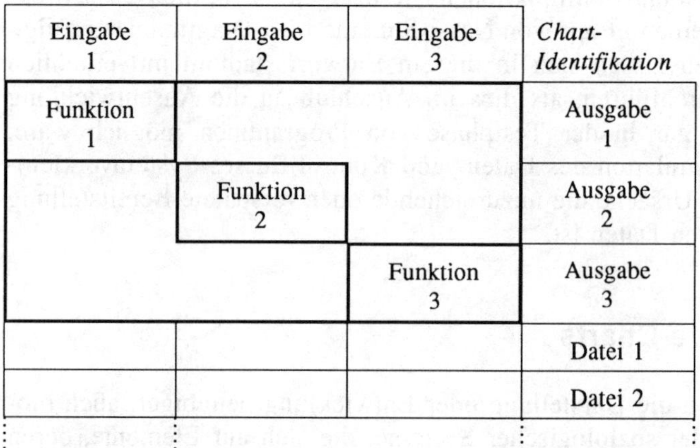

| Eingabe 1 | Eingabe 2 | Eingabe 3 | Chart-Identifikation |
|---|---|---|---|
| Funktion 1 | | | Ausgabe 1 |
| | Funktion 2 | | Ausgabe 2 |
| | | Funktion 3 | Ausgabe 3 |
| | | | Datei 1 |
| | | | Datei 2 |
| | | | Datei n |

*Abb. 2.71  Externe Datenein- und Datenausgaben im $N^2$-Chart (N=3)*

Externe Datenein- und Datenausgaben werden außerhalb des Chart-Kerns angegeben (siehe Abb. 2.71). Für *jede Datei* ist unterhalb des Kerns eine Zeile eingerich-

---

1. Handelt es sich bei einem Baustein um einen Modul, werden über Input-Schnittstellen die in den Spalten "in" und "in-out" einer Schnittstellentabelle aufgeführten Daten, über Output-Schnittstellen die der Spalten "out" und "in-out", bereitgestellt.

tet, in der ein Dateiname, die Art des Zugriffs eines Programmbausteins auf eine Datei (read, write, update, delete, start) und/oder die Dateiverwendung (input, output, extend, I-O) anzugeben sind.[1] *Dateneingaben des Benutzers* interaktiver Programme werden oberhalb des Chart-Kerns und *Datenausgaben* (Bildschirm, Drucker usw.) rechts neben dem Kern aufgeführt. Diese Ein- und Ausgaben sind spalten- bzw. zeilenweise einem Programmbaustein zugeordnet.

Der Zusammenhang zwischen Ein- und Ausgaben, Verarbeitungen und Schnittstellen wird in Abb. 2.72 anhand eines einfachen Beispiels verdeutlicht. Aus Kaffeebohnen, Wasser, Milch und Zucker wird unter Zuhilfenahme eines Filters in einem dreistufigen Verarbeitungsprozeß Milchkaffee und Kaffeesatz erzeugt.

| Kaffee-bohnen | Wasser, Filter | Milch, Zucker | *Milchkaffee zubereiten* |
|---|---|---|---|
| Kaffee mahlen | gemahlener Kaffee | | |
| | Kaffee filtern | Kaffee | Kaffee-satz |
| | | Kaffee eingießen | Milch-Kaffee |

*Abb. 2.72  $N^2$-Chart "Milchkaffee zubereiten"*

Bisher wurde keine Vereinbarung bezüglich der Reihenfolge von Verarbeitungen getroffen. In Abb. 2.72 wird offensichtlich unterstellt, Verarbeitungen seien in der Reihenfolge abzuarbeiten, in der sie im Chart-Kern "von links nach rechts" aufgeführt sind. Die im vorausgegangenen Abschnitt im Zusammenhang mit dem Entwurf von Übersichts-Strukturdiagrammen und Programm-Strukturdiagrammen angestellten Überlegungen haben deutlich gemacht, daß eine solche Ablaufkonvention für die hier angestrebte Verwendung von N-Square-Charts unzureichend ist. Bevor auf die *Visualisierung dynamischer Abläufe* eingegangen wird, soll ein weiterer statischer Aspekt behandelt werden.

## Datenkopplung

Abbildung 2.73 zeigt den Kern eines Charts mit elf Diagonalelementen sowie einer Reihe von "aktiven" Schnittstellen, über die systemintern Daten ausgetauscht werden. Die Qualität der Modularisierung eines Programmsystems hängt maßgeblich vom Grad der Datenkopplung zwischen Moduln ab. Dieser wird wesentlich durch das Verhältnis von aktiven zu passiven Schnittstellen an potentiellen Modulgrenzen mitbestimmt.

---

1. Dateizugriffe und Dateiverwendungshinweise werden im Zusammenhang mit der Verarbeitung sequentieller, relativer und indizierter Dateien erläutert.

N-Square-Charts weisen beide Schnittstellen aus. Sie sind daher eine geeignete Grundlage für die Beurteilung einer Modularisierung und liefern Anhaltspunkte für die Verbesserung der Systemgliederung.

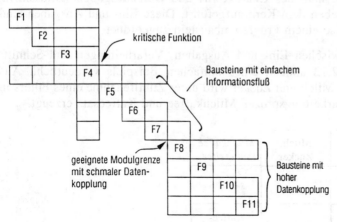

Abb. 2.73   Datenkopplung im $N^2$-Chart

**Ausbaustufen von N-Square-Charts**

N-Square-Charts können für Batch- oder Dialoganwendungen erstellt werden. Die Analyse eines Softwaresystems kann auf unterschiedlichen Detaillierungsebenen erfolgen (siehe Abb. 2.74). Bei geringer Detaillierung gibt der Kern eines Charts die Modulhierarchie einer Anwendung wieder. Jeder Modul kann in einem Verfeinerungsdiagramm detailliert werden. Der Kern des Verfeinerungs-Charts zeigt dann die Bausteine eines Programm-Strukturdiagramms.

Enthält ein N-Square-Chart neben Diagonalelementen lediglich Schnittstellen, erhält man Einblick in den systeminternen Austausch von Daten. Diese Ausbaustufe eines Charts gibt Aufschluß über die Qualität einer Modularisierung.

Ein um Dateizugriffe, die Programmablauflogik und bei Dialogprogrammen um externe Eingaben ergänztes Diagramm eröffnet die Möglichkeit der Simulation des Daten- und Kontrollflusses im Wege eines Schreibtischtests. Dieser ist geeignet, Systemverklemmungen aufzuzeigen, deren Ursache eine unzureichende oder zu falschen Zeitpunkten erfolgende Versorgung interner oder externer Schnittstellen mit Daten oder den Ablauf steuernden Informationen ist. In dieser Ausbaustufe sind N-Square-Charts geeignet, die Funktionstüchtigkeit eines Entwurfs nachzuweisen.

Liegen zu einer Anwendung alle N-Square-Charts auf der Detaillierungsebene von Programm-Strukturdiagrammen vor und zeigen diese Dateizugriffe sowie alle sonstigen externen Ein- und Ausgaben, kann die Vollständigkeit des Entwurfs anhand der Spezifikation von Elementarprozessen überprüft werden. Die Ausbaustufen der N-Square-Charts sind geeignet, unterschiedliche Schwächen eines

Entwurfs aufzudecken. Werden Unzulänglichkeiten erkannt, sind die Programmstrukturdiagramme und bei Dialoganwendungen ggf. auch Interaktionsdiagramme zu überarbeiten.

| Chart-Inhalt | Chart-Typ | | | | | | | | | | | | | |
|---|---|---|---|---|---|---|---|---|---|---|---|---|---|---|
| | 1 | 2 | 3 | 4 | 5 | 6 | 7 | 8 | 9 | 10 | 11 | 12 | 13 | 14 |
| Dialogprogramm | X | X | X | X | X | X | X | | | | | | | |
| Batchprogramm | | | | | | | | X | X | X | X | X | X | X |
| Modulhierarchie | X | X | X | | | | | X | X | X | | | | |
| Strukturdiagramm | | | | X | X | X | X | | | | | X | X | X |
| Schnittstellen | | X | X | | X | X | X | | X | X | | X | X | X |
| Dateizugriffe | | | X | | | X | X | | | X | | | X | X |
| Externe Eingaben | | | X | | | X | X | | | | | | | |
| Externe Ausgaben | | | | | | | X | | | | | | | X |
| Ablauflogik | | | X | | | X | X | | | X | | | X | X |

Abb. 2.74  *Ausbaustufen von $N^2$-Charts*

## Ablauflogik und ebenenweise Verfeinerung

Nachfolgend werden einige N-Square-Charts wiedergegeben, die auf Entwurfsschritten bzw. Entwurfsdokumenten aufbauen, die in den Abschn. 2.4.1 bis 2.4.4 besprochen wurden. Sie sollen das Einbeziehen der *Ablauflogik* einer Anwendung, die *Top-Down-Verfeinerung* von Charts, die Überprüfung des *Kontroll-* und *Datenflusses* sowie die *Vollständigkeitsprüfung* verdeutlichen. Abbildung 2.75 und Abb. 2.76 bilden das in Abb. 2.65, S. 143, gezeigte Programm-Strukturdiagramm unter Berücksichtigung der Ablauflogik in N-Square-Charts ab.

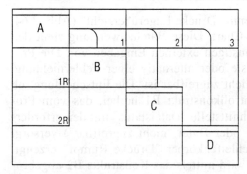

Abb. 2.75  *Modulhierarchie (Ausschnitt)*

Das erste Chart zeigt Modul A als Steuermodul, der mangels eigener externer Bezüge nicht verfeinert wird. Die Bezeichnung der Input- und Output-Schnittstellen ist aus Abb. 2.65, S. 143, übernommen worden. A ruft B, C und D als Sequenz auf. Mit Ausnahme der Bausteinanordnung auf der Kerndiagonalen entspricht die Ablaufdarstellung der in Programm-Strukturdiagrammen. Abbildung 2.76 zeigt die Verfeinerung zu Modul D. Die Bezeichnungen der Schnittstellen sowie die von Kontrollkonstrukten sind wiederum aus Abb. 2.65 übernommen worden.

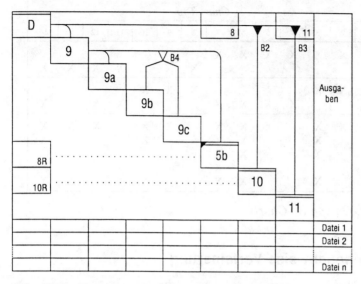

*Abb. 2.76 Top-Down-Verfeinerung (Modul D)*

Modul D erhält bei seinem Aufruf über die mit A gemeinsame Schnittstelle (3) Informationen, die von den Moduln B und/oder C erzeugt wurden. Als Steuermodul stellt A lediglich Daten über Schnittstelle 3 bereit, ohne solche selbst zu erzeugen. D ist Mischmodul. Da für die Programmbausteine 9a, 9b und 9c keine aktiven Output-Schnittstellen angegeben sind, kann der mehrfach verwendete Modul 5b nur von Modul B und/oder C über Schnittstelle 8 versorgt werden.

Abbildung 2.77 zeigt zum Strukturdiagramm "Drucke Lagerübersicht" (Abb. 2.64, S. 142) das korrespondierende N-Square-Chart. Diese Batchanwendung sieht den Anschluß einer Artikeldatei und keine sonstigen externen Eingaben vor. Die Programmausgabe besteht aus einer Lagerliste oder alternativ einer Fehlermeldung, die erzeugt wird, wenn die Artikeldatei nicht zugreifbar ist. Die Entscheidung, ob eine Liste gedruckt wird, führt das Kontrollkonstrukt B1 herbei, das vom Programmbaustein "Öffne Datei" über die Schnittstelle "Dateistatus" mit den erforderlichen Informationen (Datei "zugreifbar" oder Datei "nicht zugreifbar") versorgt wird. Der Listenrumpf wird in einem Schleifenkörper "Drucke Rumpf" erzeugt. Die Abarbeitung dieses Schleifenkörpers wird mittels des Konstrukts B2 abgebrochen, wenn der Baustein "Lies Datei" die Information "Dateiende" an den Baustein "Verarbeite Datei" zurückliefert. Auf die Artikeldatei wird lesend zugegriffen.

Die Abbildungen 2.78 und 2.79 zeigen N-Square-Charts zu Dialogprogrammen. Zu diesen beiden interaktiven Anwendungen wurden in den vorausgehenden Abschnitten dieses Kapitels Interaktionsdiagramme und Programm-Strukturdiagramme entwickelt, so daß sich die Genesis eines N-Square-Charts für Dialogprogramme nun über die einzelnen Entwurfsschritte nachvollziehen läßt. Zum Chart "Erfasse Kundenanschrift" (siehe Abb. 2.78) zeigt Abb. 2.51, S. 123, das zugehörige Interaktionsdiagramm und Abb. 2.68, S. 146, das korrespondierende Programm-Strukturdiagramm. Die Interaktionspunkte der Dialogablaufdarstellung in Abb. 2.51 werden im N-Square-Chart der Abb. 2.78 zu externen Ein- und Ausgaben. Jeder zu einem Interaktionspunkt (IAP) hinführenden Kante entspricht im N-Square-Chart eine externe Ausgabe, jeder einen Interaktionspunkt verlassenden Kante (Benutzerinteraktion) eine externe Eingabe. Die Vollständigkeit von N-Square-Charts ist so leicht überprüfbar.

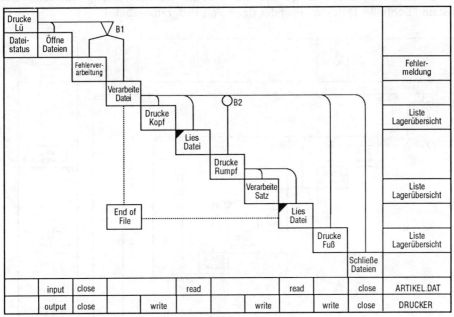

*Abb. 2.77* $N^2$-Chart "Drucke Lagerübersicht"

Dem Interaktionsdiagramm zur Erfassung von Kundenanschriften (Abb. 2.51, S. 123) ist zu entnehmen, daß sich die wiederholte Eingabe von Kundendaten in einer äußeren Schleife vollzieht, in die eine innere Korrekturschleife zwecks Plausibilitätsprüfung der Kundendaten eingebettet ist. Das zugehörige N-Square-Chart läßt diese Schleifenschachtelung gut erkennen.

Abbildung 2.78 weist drei interne Schnittstellen aus, die geeignet sind, den Daten- und insbesondere den Kontrollfluß zu verdeutlichen. Über die Schnittstellen 1 und 3 werden Kundendaten zwischen Programmbausteinen ausgetauscht, die Schnittstellen 2, 4 und 5 versorgen Diagonalelemente mit Informationen, die den Programmablauf steuern. Die über den IAP 1 eingegebenen Kundendaten gelangen über Schnittstelle 1 zum Baustein "Prüfe Vollständigkeit". Das Ergebnis dieser Prüfung (Fehler: ja oder nein) steuert den weiteren Programmablauf. Liegt ein Fehler vor, gelangt diese Information über Schnittstelle 2 und 4 an die Kontrollkonstrukte B3 und B2. B3 stellt sicher, daß eine Fehlermeldung ausgegeben wird

(IAP 2) und der Benutzer Gelegenheit bekommt, die Kundendaten zu korrigieren. Die Schleifensteuerung B2 ist im Fehlerfall über Schnittstelle 4 so versorgt, daß der Schleifenkörper "Prüfe Plausibilität" erneut abgearbeitet wird. Dieser Zyklus wiederholt sich, bis erstmals korrekte Kundendaten über Schnittstelle 3 bereitgestellt werden. B3 wird über Schnittstelle 2 nun so versorgt, daß keine Fehlermeldung ausgegeben wird und die Schleifensteuerung B2 bricht die erneute Plausibilitätsprüfung der (korrekten) Kundendaten ab. Der Schleifenkörper "Erfasse Kunden" wird wiederholt abgearbeitet, bis der Benutzer über IAP 3 eine Entscheidung trifft, die vom Baustein "Erfasse Entscheidung" über Schnittstelle 5 zur Schleifensteuerung B1 gelangt und die erneute Datenerfassung abbricht. Der Baustein "Schließe Dateien" beendet dann den Programmablauf.

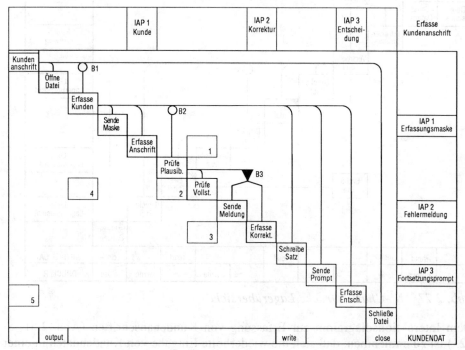

*Abb. 2.78  Dialogprogramm "Erfasse Kundenanschrift"*

Das N-Square-Chart zum Programm COBSYS (siehe Abb. 2.79) soll verdeutlichen, daß sich auch komplexere Auswahlmenüs eines Dialogprogramms in Rasterdiagrammen darstellen lassen. Dieses Chart wurde aus dem Übersichts-Interaktionsdiagramm zu COBSYS (Abb. 2.52, S. 124) und dem zugehörigen Programm-Strukturdiagramm (Abb. 2.69, S. 148) hergeleitet. Die mit Interaktionspunkten normalerweise verbundene Aktivitäts-Sequenz "Sende und Erfasse" ist hier auf den IAP 1 beschränkt. Die Bildschirme 2 und 3 dienen lediglich der Ausgabe von Meldungen, die vom Benutzer nicht quittiert werden. Der Programmablauf wird von den Kontrollkonstrukten B1 (Auswahl), B2 (Wiederholung mit vorausgehender Bedingungsprüfung) und B3 (Fallunterscheidung) gesteuert, die über die internen Schnittstellen 1 bis 3 versorgt werden. Unmittelbar nach dem Programmstart wird geprüft, ob die für einen Programmlauf erforderlichen Dateien installiert sind. Das Ergebnis der Prüfung wird über Schnittstelle 1 rückgemeldet und versorgt das Auswahlkonstrukt B1. Bei unzureichender Installation wird eine Fehlermeldung ausgegeben (IAP 3) und der Programmlauf über den Baustein "Endeverarbeitung COBSYS" abgebrochen. Andernfalls wird das Hauptmenü gesendet (IAP 1) und die Menüwahl des Benutzers entgegengenommen.

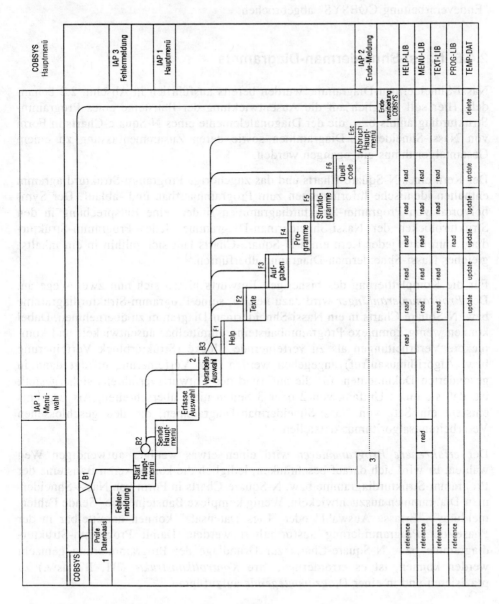

Abb. 2.79  $N^2$-Chart zum Programm COBSYS

Mit Hilfe des Konstrukts Fallunterscheidung (B3) wird die Benutzerwahl ausgewertet. Wurde eine der Funktionstasten F1 bis F6 betätigt, wird der zugeordnete Modul (Help, Texte usw.) aufgerufen. Nach der Rückkehr aus einem solchen Teilprogramm wird wegen der Schleifensteuerung B2 erneut das Hauptmenü an IAP 1 ausgegeben. Entscheidet sich der Benutzer im Hauptmenü für den Abbruch des Programmlaufs (ESCAPE-Taste), wird diese Information über Schnittstelle 3 der Schleifensteuerung B2 verfügbar und der Programmlauf über den Baustein "Endeverarbeitung COBSYS" abgebrochen.

### 2.4.6 Nassi-Shneiderman-Diagramme

Nassi-Shneiderman-Diagramme wurden bereits ausführlich in Abschn. 2.2 behandelt. Hier soll lediglich auf die Ausentwicklung der Bausteine eines Programm-Strukturdiagramms bzw. die der Diagonalelemente eines N-Square-Charts in Form von Nassi-Shneiderman-Diagrammen sowie deren Zusammenfassung zu einem Gesamtalgorithmus eingegangen werden.

Der Kern eines N-Square-Charts und das zugehörige Programm-Strukturdiagramm enthalten identische Informationen zum Programmaufbau und -ablauf. Der Symbolvorrat von Programm-Strukturdiagrammen findet seine Entsprechung in den Strukturblöcken der Nassi-Shneiderman-Diagramme. Jedes Programm-Strukturdiagramm bzw. jeder Kern eines N-Square-Charts läßt sich mithin in ein inhaltsgleiches Nassi-Shneiderman-Diagramm überführen.[1]

Für die Komplettierung des bisherigen Entwurfs bieten sich nun zwei Wege an. Der *Programmieranfänger* wird dazu neigen, seine Programm-Strukturdiagramme bzw. N-Square-Charts in ein Nassi-Shneiderman-Diagramm zu übernehmen. Dabei können wenig komplexe Programmbausteine unmittelbar ausentwickelt und komplexere Verarbeitungen als zu verfeinernde Blöcke (Strukturblock Verfeinerung bzw. Algorithmusaufruf) angegeben werden. Die Verfeinerung erfolgt dann in gesonderten Dokumenten, für die aufgrund des Entwurfsverfahrens sichergestellt ist, daß sie einen Umfang von 2 oder 3 Seiten nicht überschreiten. Als Ergebnis entsteht ein Satz von Nassi-Shneiderman-Diagrammen, die den geschlossenen Verarbeitungsalgorithmus darstellen.

Der *erfahrenere Programmierer* wird einen etwas weniger aufwendigen Weg wählen. Er wird sich darauf beschränken, lediglich die komplexeren Bausteine der Programm-Strukturdiagramme bzw. N-Square-Charts in Form von Nassi-Shneiderman-Diagrammen auszuentwickeln. Wenig komplexe Bausteine wie "Sende Fehlermeldung", "Erfasse Auswahl" oder "Lies Datensatz" können unmittelbar in der Phase der Programmierung ausformuliert werden. Damit Programm-Strukturdiagramme bzw. N-Square-Charts zur Grundlage der Programmierung gemacht werden können, ist es erforderlich, ihre *Kontrollkonstrukte* (B1, B2 usw.) zu präzisieren und in einer *Diagrammlegende* aufzuführen.

---

1. Die Abbildungen 2.59 (S. 135) und 2.62 (S. 141) können als Beispiel für diese Äquivalenz dienen.

## 2.5 Entwurfsbeispiel Adreßverwaltung

In diesem Abschnitt sollen die Entwurfsschritte des beschriebenen Vorgehensmodells zusammenfassend anhand eines einfachen Anwendungsbeispiels demonstriert werden. Für eine Werbekampagne sind die Anschriften potentieller Kunden in einer Diskettendatei zu sammeln. Diese Anschriften sollen auf Adreßaufkleber ausgedruckt oder alternativ auch am Bildschirm angezeigt werden. Die Eleganz der zu entwerfenden Problemlösung ist hier von untergeordnetem Interesse.[1] Das Beispiel soll insbesondere den Zusammenhang zwischen den einzelnen Entwurfsdokumenten aufzeigen.

### 2.5.1 Fachinhaltlicher Entwurf Adreßverwaltung

Die in dieser Phase zu erstellende Fachspezifikation setzt sich aus den Entwurfsdokumenten

1. Funktionsübersicht
2. Hierarchische Funktionszerlegung
3. Spezifikation der Elementarprozesse und
4. Menübaum

zusammen, die in der genannten Reihenfolge zu erstellen sind.

1. **Funktionsübersicht Adreßverwaltung**
   - Menüwahl der Programmfunktionen
   - Erfassen von Anschriften am Sichtgerät
   - Speichern der Adreßdaten in einer Diskettendatei
   - Ausdrucken von Adreßaufklebern
   - Bildschirmanzeige aller Anschriften

2. **Hierarchische Funktionszerlegung**

   Das Hierarchiediagramm zur Adreßverwaltung zeigt Abb. 2.80.

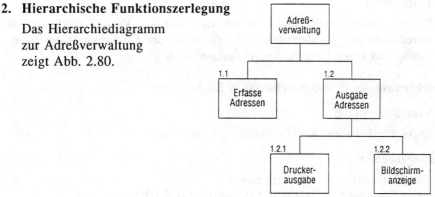

*Abb. 2.80   Hierarchiediagramm zur Adreßverwaltung*

---

1. So wird z.B. darauf verzichtet, den Adreßbestand in eine lexikalische Sortierfolge zu bringen oder die Möglichkeit zum Löschen bzw. Korrigieren einzelner Anschriften vorzusehen.

## 3. Spezifikation der Elementarprozesse

Es sind Prozesse zu den Elementarfunktionen 1.1, 1.2.1 und 1.2.2 des Hierarchiediagramms zu spezifizieren.

### 3.1 Erfasse Adressen (Elementarfunktion 1.1)

a. Verarbeitungsziel

Adreßeingabe am Sichtgerät und Abspeichern der Anschriften in einer Diskettendatei.

b. Eingabedaten

Datenherkunft: Kundenkartei
Bildschirm:

```
          AdreBerfassung
  Name   :   XXXXXXXXXX........X
  Straße :   XXXXXXXXXX........X
  Ort    :   XXXXXXXXXX........X
```

Datenelemente:  VOR-ZUNAME    alphanum (25)
                STRASSE       alphanum (25)
                WOHNORT       alphanum (25)

c. Verarbeitungsvorschrift

Die zu speichernden Anschriften sind auf Vollständigkeit zu prüfen. Fehlen Adreßbestandteile, ist der Benutzer zur Ergänzung aufzufordern. Fehlermeldung: "Anschrift unvollständig, bitte ergänzen!"

d. Ausgabedaten

Datenträger:   Diskette
Datenelemente: siehe Gliederungspunkt 3.1(b)

e. Testkonzept

Es muß sichergestellt sein, daß der Benutzer zur Vervollständigung der Adreßdaten aufgefordert wird, falls für eines der Erfassungsfelder Name, Straße, Ort keine Eingabe vorgenommen wird.

### 3.2 Druckerausgabe (Elementarfunktion 1.2.1)

a. Verarbeitungsziel

Je Anschrift ist ein Adreßaufkleber zu bedrucken.

b. Eingabedaten

Datenherkunft : Diskettendatei
Datenelemente : siehe Gliederungspunkt 3.1(b)

c. Verarbeitungsvorschrift

Einlesen der Adreßsätze aus einer Diskettendatei und Ausgabe auf einem Drucker in Anschriftform.

d. Ausgabedaten

Datenträger: Endlospapier mit einbahnigen Adreßaufklebern, Format 3,5 x 1,9 Zoll, Aufkleberabstand 2 Zoll.

Ausgabemedium:

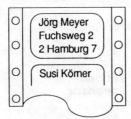

Datenelemente: siehe Gliederungspunkt 3.1(b)

e. Testkonzept

Alle Anschriften sollen zentriert auf die Aufkleber gedruckt werden.

## 3.3 Bildschirmanzeige (Elementarfunktion 1.2.2)

a. Verarbeitungsziel

Ausgabe aller Anschriften am Bildschirm.

b. Eingabedaten

Datenherkunft: Diskettendatei
Datenelemente: siehe Gliederungspunkt 3.1(b)

c. Verarbeitungsvorschrift

Einlesen der Adreßsätze aus einer Diskettendatei und Ausgabe von jeweils 3 Anschriften am Bildschirm. Der Benutzer kann die Ausgabe abbrechen oder eine weitere Bildschirmseite (3 Adressen) anfordern.

d. Ausgabedaten

Datenträger: Bildschirm
Maske:

```
XXXXXXXXXXXX.........X
XXXXXXXXXXXX.........X
XXXXXXXXXXXX.........X

XXXXXXXXXXXX.........X
XXXXXXXXXXXX.........X
XXXXXXXXXXXX.........X

XXXXXXXXXXXX.........X
XXXXXXXXXXXX.........X
XXXXXXXXXXXX.........X

Weitere Anschriften ausgeben J/N ?
```

Datenelemente: siehe Gliederungspunkt 3.1(b)

e. Testkonzept

Das lückenlose Anzeigen aller Datensätze einschließlich der ersten und letzten Adresse muß sichergestellt sein.

### 4. Menübaum zur Adreßverwaltung

Den Menübaum zur Adreßverwaltung zeigt Abb. 2.81.

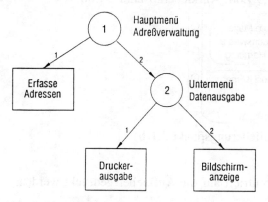

*Abb. 2.81   Menübaum Adreßverwaltung*

## 2.5.2 DV-technischer Entwurf Adreßverwaltung

In dieser Entwurfsphase ist die DV-Spezifikation mit den Dokumenten
1. Interaktionsdiagramme
2. Bildschirmoberfläche (Menüs und vervollständigte Bildschirmmasken)
3. Datenorganisation
4. Programm-Strukturdiagramme
5. Modulabgrenzung und Schnittstellenspezifikation
6. Modulhierarchie
7. N-Square-Charts und
8. Nassi-Shneiderman-Diagramme

zu erstellen.

### 1. Interaktionsdiagramme

   a. Übersichts-Interaktionsdiagramm

      Das Übersichts-Interaktionsdiagramm zeigt Abb. 2.82.

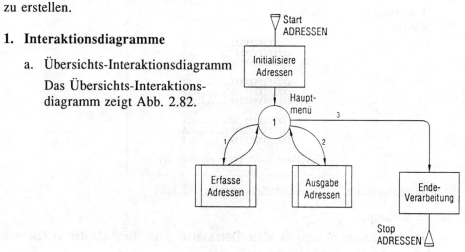

*Abb. 2.82   Übersichts-Interaktionsdiagramm zur Adreßverwaltung*

b. Komplexe Verarbeitung "Erfasse Adressen"

Das Interaktionsdiagramm zur komplexen Verarbeitung "Erfasse Adressen" zeigt Abb. 2.83.

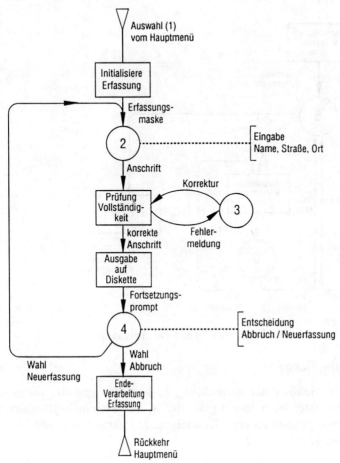

*Abb. 2.83   Interaktionsdiagramm "Erfasse Adressen"*

c. Komplexe Verarbeitung "Ausgabe Adressen"

Das Interaktionsdiagramm zur komplexen Verarbeitung "Ausgabe Adressen" zeigt Abb. 2.84.

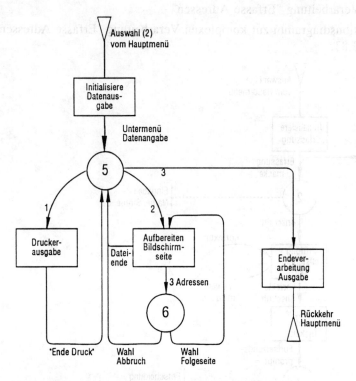

*Abb. 2.84 Interaktionsdiagramm "Ausgabe Adressen"*

## 2. Bildschirmoberfläche

Hier sind alle Menüs einer Anwendung zu gestalten und die sonstigen Bildschirmmasken unter Berücksichtigung der in Interaktionsdiagrammen angegebenen Benutzeroptionen zu vervollständigen. Je Interaktionspunkt ist eine Bildschirmseite zu gestalten.

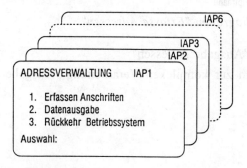

## 3. Datenorganisation

In den drei Elementarprozessen 1.1, 1.2.1 und 1.2.2 stimmen Ein- und Ausgabedaten überein. Synonyme und Homonyme treten nicht auf. Die unter Gliederungspunkt 3.1(b) definierten Datenelemente sind originäre Daten.

Dateiname: ANSCHR.DAT
Organisationsform: Sequentiell

Datensatzaufbau:

| Inhalt | Datenname | Spalte | Länge | Typ |
|---|---|---|---|---|
| Name | VOR-ZUNAME | 1 – 25 | 25 | alphanum. |
| Straße | STRASSE | 26 – 50 | 25 | alphanum. |
| Ort | WOHNORT | 51 – 75 | 25 | alphanum. |

## 4. Programm-Strukturdiagramm

Das Programm-Strukturdiagramm zur Adreßverwaltung zeigt Abb. 2.85.

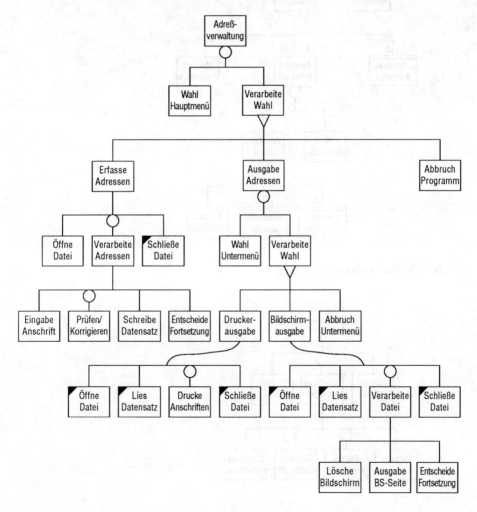

*Abb. 2.85 Programm-Strukturdiagramm zur Adreßverwaltung*

## 5. Modulabgrenzung und Schnittstellenspezifikation

Der Anweisungsteil eines (Gesamt-)Programms "Adreßverwaltung" dürfte kaum 100 Anweisungen umfassen. Diese Programmgröße erzwingt keine Modularisierung. Das Programm soll hier dennoch in ein Haupt- und drei selbständig übersetz- und testbare Unterprogramme gegliedert werden.

a. Hauptprogramm "Adreßverwaltung"

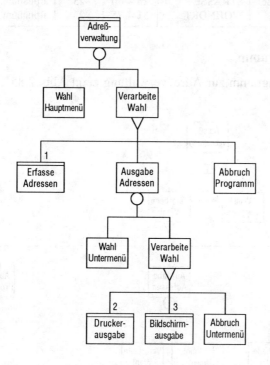

b. Modul "Erfasse Adressen"

c. Modul "Druckerausgabe"

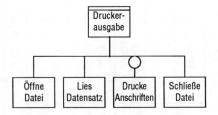

d. Modul "Bildschirmausgabe"

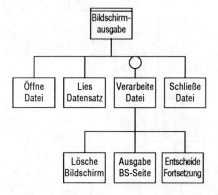

Beim Aufruf der drei Moduln werden keine Daten oder Informationen zur Steuerung des weiteren Programmablaufs übergeben. Deshalb werden keine Schnittstellentabellen angegeben.

6. **Modulhierarchie**

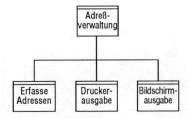

Das Hauptprogramm Adreßverwaltung ist ein Mischmodul (Menüwahl und Aufruf Unterprogramme), die drei anderen Programme sind Funktionsmoduln.

7. **N-Square-Charts**

Das N-Square-Chart zum Hauptprogramm Adreßverwaltung zeigt Abb. 2.86.

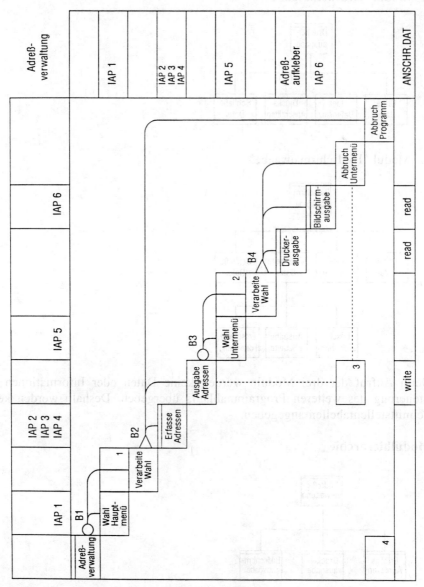

*Abb. 2.86   $N^2$-Chart zum Hauptprogramm Adreßverwaltung*

Zu jedem der Moduln "Erfasse Adresse", "Druckerausgabe" und "Bildschirmausgabe" läßt sich ein Detail-Chart angeben. Abb. 2.87 zeigt die Verfeinerung zur "Druckerausgabe".

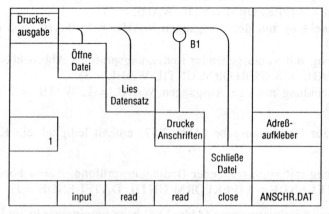

*Abb. 2.87  $N^2$-Chart zur Druckerausgabe*

## 8. Nassi-Shneiderman-Diagramme

Der Entwurf von Nassi-Shneiderman-Diagrammen soll hier auf das Hauptprogramm *Adreßverwaltung* sowie das Unterprogramm *Druckerausgabe* beschränkt werden. Wie in Abschn. 2.4.6 erläutert, bieten sich für die Vorbereitung der Programmierung *zwei alternative*, unterschiedlich aufwendige *Vorgehensweisen* an:

1. Explizite Angabe der in N-Square-Charts bzw. Programm-Strukturdiagrammen auftretenden Kontrollkonstrukte (B1, B2 usw.) und Ausentwickeln lediglich komplexerer Programmbausteine in Form von Nassi-Shneiderman-Diagrammen.
2. Übertragung aller N-Square-Charts bzw. Programm-Strukturdiagramme in Nassi-Shneiderman-Diagramme.

Hier sollen beide Vorgehensweisen demonstriert werden.

**Vorgehensweise 1**

*Erfahrenere Systementwickler/Programmierer* werden den nachfolgend angegebenen weniger aufwendigen Weg (1) wählen. Die Programmierung erfolgt dann auf der Grundlage von:

a. Programm-Strukturdiagrammen bzw. den korrespondierenden N-Square-Charts.
b. Einer Legende zu diesen Entwurfsdokumenten, in der die jeweiligen Kontrollkonstrukte aufgeführt sind.
c. Nassi-Shneiderman-Diagrammen zu komplexeren Programmbausteinen.

Zu dem in Abb. 2.86 gezeigten N-Square-Chart lassen sich folgende Kontrollkonstrukte angeben:

B1: Wiederholung mit vorausgehender Bedingungsprüfung, Abbruchbedingung: Wahl = 3 (PERFORM UNTIL WAHL = 3).

B2: Fallunterscheidung mit den Ausgängen WAHL = 1, WAHL = 2 und WAHL = 3.

B3: Wiederholung mit vorausgehender Bedingungsprüfung, Abbruchbedingungen: WAHL = 3 (PERFORM UNTIL WAHL = 3)

B4: Fallunterscheidung mit den Ausgängen WAHL = 1, WAHL = 2 und WAHL = 3.

Das N-Square-Chart zur Druckerausgabe (Abb. 2.87) enthält lediglich ein Kontrollkonstrukt:

B1: Wiederholung mit vorausgehender Bedingungsprüfung, Abbruchbedingung: DATEI-ENDE = J (PERFORM UNTIL DATEI-ENDE = J).

Das N-Square-Chart zur Adreßverwaltung (Abb. 2.86) kann unmittelbar in ein Programm überführt werden. Vor der Codierung des Charts zur Druckerausgabe (Abb. 2.87) empfiehlt es sich, lediglich den Schleifenkörper "Drucke Anschriften" in Form eines Nassi-Shneiderman-Diagramms auszuentwickeln (siehe Abb. 2.88). Damit wäre der Programmentwurf abgeschlossen.

| VOR-ZUNAME → DRUCKER-ZEILE |
| --- |
| schreibe DRUCKER-ZEILE |
| STRASSE → DRUCKER-ZEILE |
| schreibe DRUCKER-ZEILE |
| WOHNORT → DRUCKER-ZEILE |
| schreibe DRUCKER-ZEILE mit anschließendem Vorschub |
| lies Datei; Dateiende: J → DATEI-ENDE |

*Abb. 2.88  Schleifenkörper "Drucke Anschriften"*

**Vorgehensweise 2**

Der zweitgenannte, etwas aufwendigere Weg zur Vorbereitung der Programmierung ist für den *Programmieranfänger* übersichtlicher. Hier werden Programm-Strukturdiagramme bzw. N-Square-Charts vollständig in Nassi-Shneiderman-Diagramme überführt. Grundlage der Programmierung ist dann der in Form einer Reihe von Nassi-Shneiderman-Diagrammen vorliegende Gesamtalgorithmus.

Die Abbildungen 2.89 und 2.90 zeigen Struktogramme zum N-Square-Chart Adreßverwaltung (Abb. 2.86). Der Strukturblock "Ausgabe Adressen" der Abb. 2.89 ist in Abb. 2.90 detailliert wiedergegeben. Beide Struktogramme sind zusammen eine äquivalente Darstellung zum N-Square-Chart der Abb. 2.86. Lediglich die Programmbausteine "Wahl Hauptmenü" und "Wahl Untermenü" wurden in den Nassi-Shneiderman-Diagrammen geringfügig detailliert.

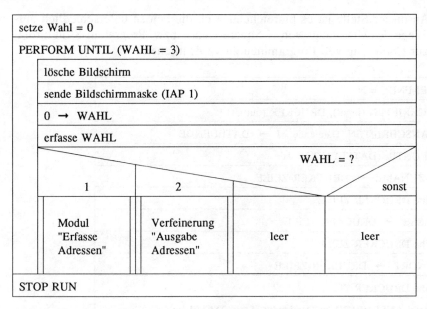

*Abb. 2.89   Struktogramm zum Hauptprogramm Adreßverwaltung*

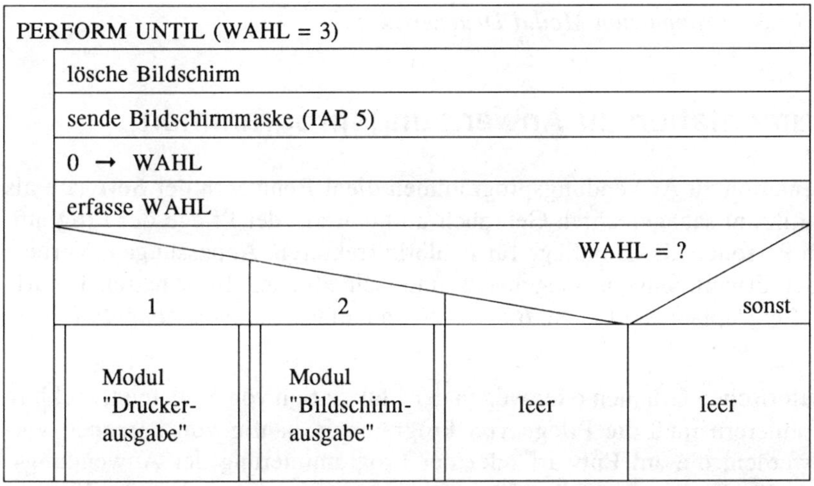

*Abb. 2.90   Verfeinerung "Ausgabe Adressen"*

Zur Komplettierung der Struktogramme müßten nun die drei Moduln ausentwickelt werden. Hier soll lediglich das Nassi-Shneiderman-Diagramm zum Strukturblock "Druckerausgabe" angegeben werden. Es läßt sich auf der Grundlage des zugehörigen N-Square-Charts (Abb. 2.87) entwickeln.

Das in Abb. 2.91 gezeigte Struktogramm ist in mehrerlei Hinsicht erklärungsbedürftig. Im Zusammenhang mit der Verarbeitung sequentieller Dateien (siehe Kapitel 6) wird auf die Mechanismen der Dateiverarbeitung ausführlich einzugehen sein. An dieser Stelle ist es hinreichend, sich die beiden unterschiedlich aufwendigen Wege des Übergangs von N-Square-Charts bzw. Programm-Strukturdiagrammen zur Codierung von Programmen zu verdeutlichen.

| setze DATEI-ENDE = N |   |
|---|---|
| öffne ANSCHRIFTEN (input), DRUCKER (output) | |
| lies Datei ANSCHRIFTEN; Dateiende: J → DATEI-ENDE | |
| PERFORM UNTIL (DATEI-ENDE = J) | |
| | VOR-ZUNAME → DRUCKER-ZEILE |
| | schreibe DRUCKER-ZEILE |
| | STRASSE → DRUCKER-ZEILE |
| | schreibe DRUCKER-ZEILE |
| | WOHNORT → DRUCKER-ZEILE |
| | schreibe DRUCKER-ZEILE |
| | lies Datei ANSCHRIFTEN; Dateiende: J → DATEI-ENDE |
| schließe Datei ANSCHRIFTEN, DRUCKER | |

*Abb. 2.91  Struktogramm zum Modul Druckerausgabe*

## 2.6 Dokumentation zu Anwendungsprogrammen

Die Dokumentation zu Anwendungsprogrammen dient Benutzern der Software als Anleitung zu ihrem sachgerechten Gebrauch und den mit der Pflege der Programme betrauten Personen als Grundlage für Fehlerkorrekturen, Anpassungen, Verbesserungen oder Erweiterungen. Wegen des unterschiedlichen Informationsbedarfs der beiden Zielgruppen sind eine *Benutzer-* und eine *Systemdokumentation* zu erstellen.

Aus organisatorischen Gründen oder wegen der Fluktuation von Systementwicklern und Programmierern muß die Pflege von Programmen häufig von Personen vorgenommen werden, die am Entwurf oder der Programmierung der Anwendungssoftware nicht beteiligt waren. Die Pflege der Software umfaßt neben der Korrektur von Fehlern auch Änderungen und Erweiterungen. Der Aufwand für Modifikationen oder Ergänzungen läßt sich reduzieren, wenn die bei der Systementwicklung getroffenen Gestaltungs- und Entwurfsentscheidungen nachvollziehbar und die gesammelten Erfahrungen auswertbar sind. Die Systemdokumentation wird daher nicht als Nachdokumentation im Anschluß an die Programmierung, sondern *projektbegleitend* von den an der Softwareentwicklung beteiligten Personen erstellt. Sie umfaßt alle Teildokumente

- des Rahmenvorschlags,
- der Fachspezifikation,

- der DV-Spezifikation sowie
- die Quellprogramme

zu einer Anwendung. Bei Änderungen und Erweiterungen der Programme ist die Systemdokumentation zu aktualisieren.

Die *Benutzerdokumentation* zu einem Anwendungsprogramm dient den Mitarbeitern der Fachabteilungen oder sonstigen Programmbenutzern als "Gebrauchsanleitung". Die Programmstruktur oder der Daten- und Kontrollfluß eines Anwendungssystems sind für diesen Adressatenkreis von untergeordnetem Interesse. Die Benutzerdokumentation bzw. das Benutzerhandbuch zu Programmen für Mikrocomputer enthält daher:

- eine Beschreibung der minimalen Anforderungen an die Hard- und Systemsoftwareumgebung einer Anwendung (Minimalkonfiguration),
- Hinweise zur Installation und Initialisierung der Anwendungssoftware,
- eine Beschreibung der mit Hilfe der Programme lösbaren fachinhaltlichen Problemstellungen,
- die Dokumentation der Arbeitsabläufe zur Lösung ausgewählter repräsentativer Problemstellungen (Mustersitzungen),
- die systematische Beschreibung aller Auswahl- und sonstigen Bedienoptionen des Benutzers und
- Erläuterungen zu allen Fehlermeldungen und Hinweise zur Fehlerbehebung.

Die Erstellung von Benutzerdokumentationen kann parallel zur Programmierung erfolgen. Wichtige Ausgangsinformationen liefern die Spezifikationen der Elementarprozesse, Interaktionsdiagramme und die abschließend gestaltete Benutzeroberfläche zu einer Anwendung.

# 3. Grundlagen der COBOL-Programmierung

Jede Programmiersprache ist durch ihr Alphabet, ihre Syntax und Semantik definiert. Dieses Kapitel beschreibt den COBOL-Zeichenvorrat als Alphabet der Programmiersprache COBOL, unterschiedliche Wortkategorien (Zeichenfolgen), die sich aus diesen Zeichen bilden lassen und formale Regeln, die den syntaktisch richtigen Aufbau eines COBOL-Programms aus Zeichenfolgen definieren. Das nachfolgende Kapitel 4 behandelt COBOL-Datendefinitionen. Ab Kapitel 5 werden elementare Anweisungen (Aktionen) und Steueranweisungen (Kontrollkonstrukte) erläutert.

Der Sprachbeschreibung liegt die internationale COBOL-Norm ISO 1989-1985 (Third Standard COBOL) zugrunde, die der amerikanischen Norm ANSI X3.23-1985 entspricht. Die deutsche COBOL-Norm DIN 66028 enthält die englischsprachige ANSI-Norm und ergänzend eine zweisprachige Fachwörterliste, die dem einheitlichen Gebrauch der Fachtermini im deutschsprachigen Raum dient.

COBOL-Programme, die lediglich die im 3. COBOL-Standard definierten Sprachelemente verwenden, werden von jedem normgerechten Compiler als syntaktisch korrekte Programme erkannt und übersetzt. Sie lassen sich auf Mikrocomputern sowie Mini- und Mainframe-Rechnern zur Ausführung bringen.

Die COBOL-Norm gestattet es Compiler-Herstellern, Sprachelemente vorzusehen, die als Erweiterungen über den jeweiligen Sprachstandard hinausgehen. Von dieser Möglichkeit machen nahezu alle Compiler-Hersteller mehr oder weniger Gebrauch. Mit Hilfe solcher Spracherweiterungen ist es möglich, spezielle Gegebenheiten der jeweiligen Hard-/Softwareumgebung eines COBOL-Programms auszunutzen.

Alle auf Mikrocomputern ablauffähigen COBOL-Compiler sehen Spracherweiterungen vor, die eine komfortable Datenein- und Datenausgabe an Bildschirmsichtgeräten oder hardwarenahe Funktionen wie die Abfrage von Funktionstasten ermöglichen. Einige dieser Erweiterungen werden ab Kapitel 4 behandelt. Sie sind dann als über den COBOL-Standard hinausgehende Sprachelemente gekennzeichnet.[1] Erläutert werden nur solche Spracherweiterungen, die dem *Industriestandard* der COBOL-Compiler zuzurechnen sind und *syntaxgleich* von den Produkten

- Micro Focus COBOL/2 Workbench und Professional COBOL/2
- IBM COBOL/2 ab Vers. 1.0
- Siemens Nixdorf COBOL/2 ab Vers. 1.0
- Microsoft MS-COBOL ab Vers. 3.0 und

verarbeitet werden.[2] Bei Verwendung von Übersetzerprogrammen anderer Her-

---

1. Die Art der Kennzeichnung wird im Zusammenhang mit der COBOL-Metanotation in Abschn. 3.4 angegeben.
2. Diese Produkte unterscheiden sich in ihrer Ausstattung mit Software-Entwicklungswerkzeugen. Die Compiler der Firmen IBM, Siemens Nixdorf und Microsoft sind Lizenznahmen des COBOL/2-Compilers von Micro Focus.

steller lassen sich in aller Regel Sprachäquivalente im zugehörigen Compiler-Handbuch auffinden.

## 3.1 COBOL-Programmstruktur

### 3.1.1 Hauptabschnitte

Jedes COBOL-Programm besteht aus maximal vier Hauptabschnitten oder Programmteilen (divisions), die – soweit vorhanden – in einer vorgegebenen Reihenfolge aufzuführen sind. Diese Programmteile werden durch die in Abb. 3.1 angegebenen Überschriften gekennzeichnet. Jedes Programm beginnt mit einem Erkennungsteil, dem ein Maschinenteil, der Datenteil und anschließend der Befehlsteil folgen können.

| Überschrift Programmteil | Übersetzung | Inhalt |
|---|---|---|
| IDENTIFICATION DIVISION | Erkennungsteil | Programmname |
| ENVIRONMENT DIVISION | Maschinenteil | Programmumgebung |
| DATA DIVISION | Datenteil | Datendefinitionen |
| PROCEDURE DIVISION | Befehlsteil | Algorithmus |

*Abb. 3.1 Hauptabschnitte von COBOL-Programmen*

Das kürzeste normgerechte Programm besteht lediglich aus dem Erkennungsteil:

```
1 IDENTIFICATION DIVISION.
2 PROGRAM-ID.    DEMO-1.
```

Zeile 1 dieses Programms enthält die Überschrift des Erkennungsteils. In Zeile 2 wird dem Programm der Name DEMO-1 gegeben. Die Zeichenfolge PROGRAM-ID (*Id*entification) kündigt dem Compiler den Programmnamen an. Das folgende um lediglich zwei Anweisungen erweiterte Programm ist bereits geeignet, den Rechner zu einer Bildschirmausgabe zu veranlassen:

```
1 IDENTIFICATION DIVISION.
2 PROGRAM-ID.    DEMO-2.
3 PROCEDURE DIVISION.
4 START-PROG.
5     DISPLAY "Hello World"
6     STOP RUN.
```

Die Zeilen 1 und 3 enthalten je eine Programmteil-Überschrift. Die Anweisung *DISPLAY "Hello World"* bewirkt das Anzeigen des Textes *Hello World* am Bildschirm. Die in Zeile 6 angegebene Anweisung *STOP RUN* beendet den Befehlsteil von COBOL-Programmen.

Das aus 15 Quellcodezeilen bestehende Programm DEMO-3 enthält als Erweiterung zum Programm DEMO-2 zusätzlich einen Datenteil. Die beiden *Leerzeilen* 3 und 8 dienen der übersichtlichen Programmgliederung. Leerzeilen dürfen an beliebigen Programmstellen eingefügt werden. Der Compiler ignoriert sie.

```
 1 IDENTIFICATION DIVISION.
 2 PROGRAM-ID.    DEMO-3.
 3
 4 DATA DIVISION.
 5 WORKING-STORAGE SECTION.
 6 01  TEXT-1    PIC X(11) VALUE "Hello World".
 7 01  TEXT-2    PIC X(22) VALUE "Bildschirmanzeige O.K.".
 8
 9 PROCEDURE DIVISION.
10 START-PROG.
11     DISPLAY TEXT-1
12     DISPLAY TEXT-2
13     DISPLAY "Abbruch Programmlauf".
14 ENDE-PROG.
15     STOP RUN.
```

Zeile 4 des Programms DEMO-3 enthält die Überschrift des Datenteils. Die Zeilen 6 und 7 definieren zwei Variablen (Datennamen TEXT-1 und TEXT-2), für deren Werte im Arbeitsspeicher Felder der Länge 11 bzw. 22 Zeichen (Byte) reserviert werden. Beide Felder werden mit den in Anführungszeichen eingeschlossenen Zeichenfolgen vorbesetzt (initialisiert).[1] Wird das Programm DEMO-3 übersetzt und bringt man es anschließend zur Ausführung, erhält man die Bildschirmanzeige:

```
Hello World
Bildschirmanzeige O.K.
Abbruch Programmlauf
```

Das in Abb. 3.2 angegebene Programm DEMO-4 erzeugt das gleiche Verarbeitungsergebnis wie DEMO-3. Beide Programme sind funktionsgleich. DEMO-4 enthält ergänzend einen Maschinenteil. Er gibt an, daß das Quellprogramm auf einem IBM-PC übersetzt (SOURCE-COMPUTER) und auch zur Ausführung (OBJECT-COMPUTER) gebracht werden soll. Die vier Programmteile dieses Quellprogramms sind in der vorgeschriebenen Reihenfolge aufgeführt. Alle Zeilen des Programms, die im Anschluß an die Zeilen-Nummer mit einem Stern (*) beginnen, sind *Kommentarzeilen*, die vom Compiler ignoriert werden.

```
 1*-----------------------------------------------------------
 2 IDENTIFICATION DIVISION.
 3*-----------------------------------------------------------
 4 PROGRAM-ID.         DEMO-4.
 5*Autor              :  WENDT.
 6*Erstellungsdatum   :  12.4.1990.
 7*Inhalt:            :  Beispiel zur Programmgliederung.
 8
 9*-----------------------------------------------------------
10 ENVIRONMENT DIVISION.
11*-----------------------------------------------------------
12 CONFIGURATION SECTION.
13*-----------------------------------------
14 SOURCE-COMPUTER.    IBM-PC.
15 OBJECT-COMPUTER.    IBM-PC.
```

---

1. COBOL-Datendefinitionen behandelt Kapitel 4.

```
16
17*-----------------------------------------------------
18 DATA DIVISION.
19*-----------------------------------------------------
20 WORKING-STORAGE SECTION.
21*--------------------------------
22 01  TEXT-1   PIC X(11) VALUE "Hello World".
23 01  TEXT-2   PIC X(22) VALUE "Bildschirmanzeige O.K.".
24
25*-----------------------------------------------------
26 PROCEDURE DIVISION.
27*-----------------------------------------------------
28 START-PROG.
29     DISPLAY TEXT-1
30     DISPLAY TEXT-2
31     DISPLAY "Abbruch Programmlauf".
32 ENDE-PROG.
33     STOP RUN.
```

*Abb. 3.2 Reihenfolge der vier COBOL-Programmteile (Beispiel)*

Kommentarzeilen dürfen wie Leerzeilen an beliebigen Programmstellen und beliebig häufig in ein COBOL-Programm aufgenommen werden. Die in Abb. 3.2 jeder Quellcodezeile vorangestellten Zeilennummern (1 bis 33) sind nicht Bestandteil des vom Programmierer zu erstellenden Programms. Sie werden vom Compiler erzeugt.

Das Programm DEMO-4 enthält mehrere Eintragungen, die bisher nicht erläutert wurden. Hierauf wird in den nachfolgenden Abschnitten einzugehen sein. Vorerst ist es hinreichend, sich die *Reihenfolge* der vier COBOL-Programmteile sowie ihre *Überschriften* einzuprägen. Auch der Inhalt der vier Programmteile wird in Abschn. 3.7 in präziserer Form erläutert.

### 3.1.2 Hierarchische Programmgliederung

Die vier Hauptabschnitte (divisions) eines COBOL-Programms enthalten alle erforderlichen Eintragungen zur Lösung einer Verarbeitungsaufgabe. Um auch diese Programmteile übersichtlich zu gestalten, werden sie – vergleichbar dem Inhaltsverzeichnis eines Buches – weiter untergliedert: Kapitelbezeichnungen und Paragraphennamen bilden Überschriften innerhalb der Programmteile. Betrachtet man ergänzend den Inhalt von Kapiteln und Paragraphen, ergibt sich der in Abb. 3.3 gezeigte hierarchische Programmaufbau.

Innerhalb einer Division können Eintragungen des Programmierers zu Kapiteln (sections) zusammengefaßt werden. Ein Kapitel kann in mehrere Paragraphen (paragraphs) unterteilt sein. Anweisungen (statements) treten nur in der Procedure Division des Programms auf. Sie bilden den Verarbeitungsalgorithmus. Er kann in Kapitel und Paragraphen untergliedert sein.

Eine Folge von Anweisungen, die mit einem Punkt abgeschlossen ist, wird als Programmsatz (sentence) bezeichnet. Die Eintragungen des Programmierers in Kapitel und Paragraphen der Data Division und Environment Division nennt man Klauseln (clauses). So werden z.B. Daten mit Hilfe von Klauseln definiert. Eine Folge von Klauseln, abgeschlossen mit einem Punkt, heißt Eintragung (entry).

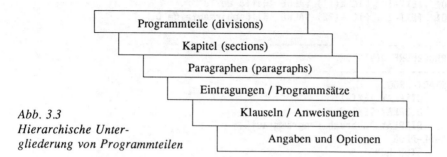

Abb. 3.3
Hierarchische Untergliederung von Programmteilen

Eine oder mehrere geschlossene Zeichenfolgen (Wörter) bilden syntaktische Einheiten, die als Angaben oder Optionen Grundbausteine von Anweisungen und Klauseln sind.

Das in Abschn. 3.1.1 erläuterte Programm DEMO-4 ist in Abb. 3.4, S. 179, nochmals wiedergegeben. Ergänzend sind hier die Programmbestandteile unter Verwendung der nun eingeführten Begriffe benannt.

Die vier Programmteile eines COBOL-Quellprogramms dürfen nicht beliebig in Kapitel und Paragraphen untergliedert werden. Abbildung 3.5 zeigt, in welchen Programmteilen Kapitel und Paragraphen auftreten und ordnet ihnen Klauseln und Anweisungen zu.

|  | *Kapitel* | *Paragraphen* | *Klauseln* | *Anweisungen* |
|---|---|---|---|---|
| IDENTIFICATION DIVISION | – | ja | – | – |
| ENVIRONMENT DIVISION | ja | ja | ja | – |
| DATA DIVISION | ja | – | ja | – |
| PROCEDURE DIVISION | ja | ja | – | ja |

Abb. 3.5 *Zulässige Bestandteile der vier Divisions*

| Quellprogramm DEMO-4 | Bestandteil |
|---|---|
| ```
 1*-------------------------------------------------
 2 IDENTIFICATION DIVISION.
 3*-------------------------------------------------
 4 PROGRAM-ID.        DEMO-4.
 5*Autor            : WENDT.
 6*Erstellungsdatum : 12.4.1990.
 7*Inhalt           : Beispiel Programmgliederung.
 8
 9*-------------------------------------------------
10 ENVIRONMENT DIVISION.
11*-------------------------------------------------
12 CONFIGURATION SECTION.
13*---------------------------------
14 SOURCE-COMPUTER.    IBM-PC.
15 OBJECT-COMPUTER.    IBM-PC.
16
17*-------------------------------------------------
18 DATA DIVISION.
19*-------------------------------------------------
20 WORKING-STORAGE SECTION.
21*-------------------------------------------------
22 01  TEXT-1   PIC X(11) VALUE "Hello World".
23 01  TEXT-2   PIC X(22) VALUE "Anzeige O.K.".
24
25*-------------------------------------------------
26 PROCEDURE DIVISION.
27*-------------------------------------------------
28 START-PROG.
29     DISPLAY TEXT-1
30     DISPLAY TEXT-2
31     DISPLAY "Abbruch Programmlauf".
32 ENDE-PROG.
33     STOP RUN.
``` | Kommentar<br>Programmteil<br>Kommentar<br>Paragraph<br>Kommentar<br>Kommentar<br>Kommentar<br>Leerzeile<br>Kommentar<br>Programmteil<br><br>Kapitel<br><br>Paragraph<br>Paragraph<br><br><br>Programmteil<br><br>Kapitel<br><br>Klausel<br>Klausel<br><br><br>Programmteil<br><br>Paragraph<br>Anweisung<br>Anweisung<br>Anweisung<br>Paragraph<br>Anweisung |

*Abb. 3.4 Bezeichnung der Programmbestandteile*

## 3.2 COBOL-Zeichenvorrat

Die Sprache COBOL ist eine durch ihr Alphabet, ihre Syntax und Semantik definierte künstliche Sprache, die als formalisierte Untermenge der englischen Umgangssprache aufgefaßt werden kann. Zur Formulierung eines Programms dürfen alle Zeichen verwendet werden, die zum Alphabet der Programmiersprache, dem COBOL-Zeichenvorrat (COBOL character set), gehören. Dieser besteht aus

- 26 Großbuchstaben (A bis Z),
- 26 Kleinbuchstaben (a bis z),
- 10 arabischen Ziffern (0 bis 9) und
- 16 Sonderzeichen.
```

Abbildung 3.6 zeigt die insgesamt 78 Zeichen, ihre Bedeutung und Verwendung. Die Umlaute Ä, Ö und Ü sowie ä, ö, ü und das deutsche ß gehören *nicht* zum COBOL-Zeichenvorrat. Da der Compiler die mit einem Stern (*) eingeleiteten Kommentarzeilen ignoriert, dürfen in Kommentaren alle darstellbaren Zeichen einschließlich der Umlaute und des ß verwendet werden.

| COBOL-Zeichen | Bedeutung | Verwendung |
|---|---|---|
|   | Leerzeichen (blank) | Trennzeichen |
| + | Plussymbol | Arithmetischer Operator, Vorzeichen, Aufbereitungszeichen |
| − | Minussymbol, Bindestrich | Arithmetischer Operator, Vorzeichen, Aufbereitungszeichen |
| * | Stern | Arithmetischer Operator, Kommentarkennung, Aufbereitungszeichen |
| / | Schrägstrich | Arithmetischer Operator, Aufbereitungszeichen, Vorschubsteuerzeichen |
| = | Gleichheitszeichen | Relationszeichen, Trennzeichen |
| < | kleiner als | Relationszeichen |
| > | größer als | Relationszeichen |
| ( | linke Klammer | Trennzeichen |
| ) | rechte Klammer | Trennzeichen |
| . | Dezimalpunkt, Punkt | Aufbereitungszeichen, Trennzeichen |
| , | Komma | Aufbereitungszeichen, Trennzeichen |
| ; | Semikolon | Trennzeichen |
| : | Doppelpunkt | Trennzeichen |
| " | Anführungszeichen | Trennzeichen |
| $ | Dollarzeichen | Aufbereitungszeichen |
| A-Z | Alphabet | Alphabetische Zeichen |
| a-z | Alphabet | Alphabetische Zeichen |
| 0-9 | Arabische Ziffern | Numerische Zeichen |

*Abb. 3.6 COBOL-Zeichenvorrat*

Im Zusammenhang mit dem COBOL-Zeichenvorrat ist die Unterscheidung der Formulierung von Quellprogrammen, der innerhalb eines Programms darstellbaren Daten (Konstanten) und der sonstigen zu verarbeitenden Daten (Tastatureingabe, extern zu speichernde Daten) bedeutsam: Die von einem COBOL-Programm zu verarbeitenden Daten dürfen nicht nur die 78 Zeichen des COBOL-Alphabets, sondern auch alle sonstigen technisch darstellbaren Zeichen (z.B. ASCII-Zeichensatz) enthalten. Lediglich bei der Formulierung eines Programms dürfen ausschließlich die Symbole des COBOL-Zeichenvorrats verwendet werden.[1]

---

1. Auch die innerhalb eines COBOL-Programms definierbaren alphabetischen und alphanumerischen Daten (Textkonstanten) sind – wie Kommentare – nicht auf den COBOL-Zeichenvorrat beschränkt. Auf Textkonstanten, sie werden als nicht-numerische Literale bezeichnet, geht Abschn. 3.3.3 ein. Das Programm DEMO-4 (siehe Abb. 3.4) definiert drei nicht-numerische Literale: Die Felder TEXT-1 und TEXT-2 werden mit je einer Textkonstanten initialisiert und die in Zeile 31 angegebene DISPLAY-Anweisung bringt die Konstante "Abbruch Programmlauf" zur Anzeige.

## 3.3 COBOL-Zeichenfolgen

Eine Aneinanderreihung von Zeichen bezeichnet man als Zeichenfolge oder Zeichenkette. Eine geschlossene Zeichenfolge (character string) wird durch Trennzeichen begrenzt.

Die Programmiersprache COBOL definiert ein oder mehrere aufeinanderfolgende Leerzeichen (blanks), öffnende und schließende Klammern sowie weitere Interpunktionszeichen (siehe Abb. 3.6) als Trennzeichen. Geschlossene Zeichenfolgen entsprechen den Wörtern eines umgangssprachlichen Satzes. Sie sind die elementaren Bausteine von Anweisungen und Klauseln, aus denen der Programmierer seine Problemlösung aufbaut (siehe Abb. 3.7).

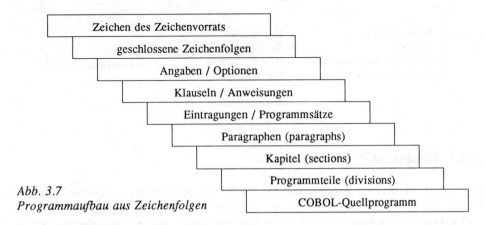

Abb. 3.7
*Programmaufbau aus Zeichenfolgen*

Die Zeichenfolgen eines COBOL-Programms lassen sich in die in Abb. 3.8 gezeigten Gruppen einteilen. COBOL-Wörter, Literale, PICTURE-Zeichenfolgen und Kommentare werden in den nachfolgenden Abschnitten erläutert.

COBOL-Compiler interpretieren ein Quellprogramm als eine Aneinanderreihung von Zeichenfolgen, die in Trennsymbole eingeschlossen sind. Sie analysieren diese Zeichenfolgen und erkennen solche, die eine definierte, fest vorgegebene funktionale Bedeutung haben. Anhand solcher Schlüsselwörter kann der Compiler die jeweilige Intention des Programmierers erkennen und z.B. Anweisungen in mehrere äquivalente Maschineninstruktionen transformieren.

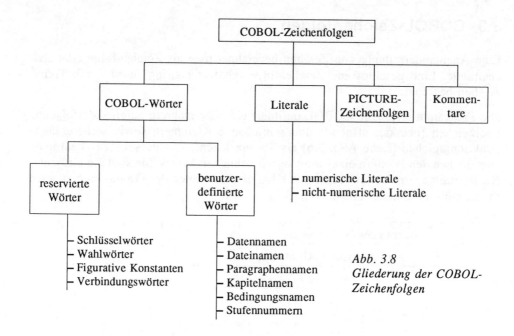

Abb. 3.8
Gliederung der COBOL-Zeichenfolgen

## 3.3.1 Reservierte COBOL-Wörter

Reservierte Wörter (reserved words) sind COBOL-Wörter, deren Schreibweise und Bedeutung definitorisch vorgegeben sind. Der 3. COBOL-Standard definiert fast 400 reservierte Wörter.[1] Durch Spracherweiterungen eines Compiler-Herstellers erhöht sich diese Zahl.

Die Verwendung reservierter Wörter in Anweisungen, Klauseln und Eintragungen eines COBOL-Programms unterliegt Regeln, die durch COBOL-Formate beschrieben werden. Die Notation dieser COBOL-Formate ist Gegenstand des Abschn. 3.4.

COBOL-Compiler erkennen jede Fehlverwendung eines reservierten Wortes. Insbesondere dürfen die vom Programmierer zu vergebenden Daten-, Datei-, Paragraphen-, Kapitelnamen usw. (= benutzerdefinierte Wörter)[2] keine reservierten Wörter sein. Die Untergliederung reservierter Wörter zeigt Abb. 3.8.

*Schlüsselwörter* (key words) sind funktionsbestimmende Wörter. Sie müssen in den jeweiligen Anweisungen, Klauseln oder Eintragungen notiert werden.[3] *Wahlwörter* (optional words) dienen lediglich der guten Lesbarkeit eines COBOL-

---

1. Anhang C enthält eine Auflistung reservierter COBOL-Wörter.
2. Benutzerdefinierte Wörter behandelt Abschnitt 3.3.2.
3. Im Programm DEMO-4 (siehe Abb. 3.2, S. 177) sind u.a. DIVISION, SECTION, DATA, PROCEDURE, STOP und RUN Schlüsselwörter. Alle elementaren Anweisungen (Aktionen) werden durch Verben wie DISPLAY, ADD, COMPUTE, READ, WRITE, OPEN, CLOSE eingeleitet, die ebenfalls Schlüsselwörter sind.

Programms. Sie sind nicht funktionsbestimmend und können daher weggelassen werden. In der Anweisung

    WRITE DRUCKER-ZEILE AFTER ADVANCING PAGE

ist ADVANCING ein der Lesbarkeit dieser Anweisung dienendes Wahlwort, das ohne Funktionsverlust weggelassen werden kann.[1] Welche Wörter einer Anweisung, Klausel oder Eintragung Schlüsselwörter und welche Wahlwörter sind, ist in den jeweiligen COBOL-Formaten festgelegt.[2]

*Figurative Konstanten* (figurative constant values) sind reservierte Wörter, die den Compiler zum Generieren konstanter Datenwerte veranlassen. Singular und Plural dieser Wörter sind funktionsgleich:

- **ZERO, ZEROS oder ZEROES**
  erzeugt – abhängig vom Kontext – die arabische Ziffer 0 oder das alphanumerische Zeichen "0". Die Verwendung dieser Konstanten in algebraischen Ausdrücken ist zulässig.

- **SPACE oder SPACES**
  erzeugt (kontextabhängig) ein oder mehrere Leerzeichen (blanks).

- **HIGH-VALUE oder HIGH-VALUES**
  erzeugt das höchste Zeichen einer vorgegebenen oder vereinbarten Sortierfolgeordnung.

- **LOW-VALUE oder LOW-VALUES**
  erzeugt das niedrigste Zeichen einer vorgegebenen oder vereinbarten Sortierfolgeordnung.

- **ALL**
  bewirkt ein mehrfaches Wiederholen der im Anschluß an ALL angegebenen Textkonstanten. Mit ALL "=" läßt sich z.B. ein beliebig lang definiertes Feld mit Gleichheitszeichen auffüllen.

Wird eine figurative Konstante in Verbindung mit einem Datenfeld verwendet (z.B. bei der Übertragung in ein Datenfeld oder beim Vergleich mit einem Datenfeld), entspricht die Länge des generierten Wertes der Länge des Datenfeldes. In allen anderen Fällen wird ein Wert der Länge ein Zeichen erzeugt.[3]

*Verbindungswörter* sind die bei der Formulierung von Bedingungen zu verwendenden logischen Operatoren AND, OR und NOT (z.B. A = B AND C > D) sowie die zur Qualifizierung von Daten- oder Paragraphennamen einzusetzenden Wörter OF und IN. Qualifizierungen stellen die Eindeutigkeit einer Bezugnahme auf Datennamen oder Paragraphennamen sicher, wenn diese in einem Programm mehrfach

---

1. Die Anweisung bewirkt einen Seitenvorschub am Drucker und gibt anschließend den aktuellen Inhalt des Speicherfeldes DRUCKER-ZEILE aus.
2. COBOL-Formate werden in Abschnitt 3.4 erläutert.
3. Z.B. bei Verwendung in einer DISPLAY-, INSPECT-, STRING- oder UNSTRING-Anweisung.

auftreten. Wird z.B. der Datenname PREIS mehrfach definiert, läßt sich durch die Qualifizierung PREIS OF ARTIKEL-SATZ die Zugehörigkeit von PREIS zum Datensatz ARTIKEL-SATZ ausdrücken. Qualifizierungen werden in den Abschn. 6.4 und 9.5 behandelt.

### 3.3.2 Benutzerdefinierte Wörter

Benutzerdefinierte Wörter (user-defined words) sind die vom Programmierer individuell zu bildenden Wörter. Hierzu zählen u.a. Datennamen, Datei-, Paragraphen-, Kapitel- und Bedingungsnamen sowie Stufennummern. Im Gegensatz zu reservierten Wörtern, deren Schreibweise vorgegeben ist, dürfen benutzerdefinierte Wörter unter Beachtung folgender Bildungsvorschriften vom Programmierer definiert werden:

1. Reservierte Wörter dürfen nicht als benutzerdefinierte Wörter verwendet werden.
2. Die maximale Länge benutzerdefinierter Wörter beträgt 30 Zeichen.
3. Es dürfen alle Zeichen des Alphabets (Groß- und Kleinbuchstaben), die arabischen Ziffern 0 bis 9 sowie der Bindestrich (–) verwendet werden.[1]
4. Der Bindestrich darf nicht das erste oder letzte Zeichen eines benutzerdefinierten Wortes sein.
5. Mit Ausnahme der Paragraphen- und Kapitelnamen sowie der Stufennummern müssen alle anderen benutzerdefinierten Wörter zumindest einen Buchstaben enthalten.

Die Verwendung benutzerdefinierter Wörter in Anweisungen und Klauseln eines Quellprogramms erfolgt nach Maßgabe der in Abschn. 3.4 zu erläuternden COBOL-Formate.

*Datennamen* benennen Datenfelder des Arbeitsspeichers. Sie sind symbolische Adressen für Speicherbereiche, die variable Inhalte, die Datenwerte, aufnehmen. In Anweisungen und Klauseln werden Datenfelder bzw. Datenwerte über ihre Datennamen und Dateien über Dateinamen angesprochen (referenziert).

*Kapitel-* und *Paragraphennamen* gliedern die vier Hauptabschnitte eines Programms. Für die ersten drei Programmteile sind die zu verwendenden Kapitel- und Paragraphennamen als reservierte Wörter vorgegeben. Lediglich in der Procedure Division kann eine Untergliederung mit Hilfe von benutzerdefinierten Wörtern erfolgen. Wird in Anweisungen auf Kapitel- oder Paragraphennamen eines untergliederten Algorithmus Bezug genommen, bilden die zum jeweiligen Kapitel oder Paragraphen gehörenden Anweisungen ein internes Unterprogramm.

---

1. Die Umlaute ä, Ä, ö, Ö und ü, Ü sowie das deutsche ß sind nicht Bestandteil des COBOL-Zeichenvorrats. Sie dürfen in benutzerdefinierten Wörtern nicht auftreten. Groß- und Kleinbuchstaben sind – auch in reservierten Wörtern – beliebig austauschbar.

Abbildung 3.9 zeigt Beispiele zu Daten-, Kapitel- und Paragraphennamen, die den Bildungsvorschriften für benutzerdefinierte Wörter entsprechen (zulässig) oder gegen sie verstoßen (unzulässig). Im Interesse der Lesbarkeit eines Programms ist es zweckmäßig, *mnemonisch gehaltvolle* Namen für Datenfelder, Dateien, Kapitel und Paragraphen zu vergeben. Sie erlauben dann Rückschlüsse auf den Inhalt von Feldern, Dateien und Teilalgorithmen (z.B. BRUTTO-PREIS statt BP).

| Wortkategorie | zulässig | unzulässig |
|---|---|---|
| Datennamen | ARTIKEL<br>Artikel-Satz<br>TEXT-123<br>ZAEHLER<br>DATEI-ENDE-ZEICHEN<br>DISPLAY-VARIABLE | ARTIKEL 123<br>Artikel_Satz<br>123<br>ZÄHLER<br>-DATEI-ENDE-<br>Display |
| Kapitel- oder Paragraphennamen | START-HAUPTMENUE<br>HM-12<br>10010<br>Bildschirm-Ausgabe | START-HAUPTMENÜ<br>HM.12<br>DIVISION<br>Bildschirm_Ausgabe |

*Abb. 3.9 Zulässige und unzulässige benutzerdefinierte Wörter*

*Stufennummern* ermöglichen die Definition von hierarchisch untergliederten Daten (Datenstrukturen). Sie werden im Zusammenhang mit COBOL-Datendefinitionen in Abschn. 4.1.1 behandelt. *Bedingungsnamen* dienen der verkürzten Notation von Vergleichsbedingungen in Steueranweisungen (siehe hierzu Abschn. 8.4).

### 3.3.3 Literale

Als Literale (literals) bezeichnet man die vom Programmierer definierten konstanten Datenwerte. Es lassen sich numerische Literale (Rechenkonstanten) und nicht-numerische Literale (Textkonstanten) unterscheiden. Im Gegensatz zu Datennamen, die als symbolische Adressen die Speicherbereiche variabler Datenwerte benennen, sind Literale konstante, datendarstellende Zeichenfolgen. Für numerische und nicht-numerische Literale gelten unterschiedliche Bildungsvorschriften.

*Numerische Literale* repräsentieren ganzzahlige numerische Daten oder nicht-ganzzahlige Werte. Sie werden nach den Codierungsvorschriften des Dezimalzahlensystems (Stellenwertsystem zur Basis 10) dargestellt. Ihr Wert ist durch ihre Ziffern sowie die Position der Ziffern innerhalb einer Zahl bestimmt. Für numerische Literale gelten folgende Bildungsvorschriften:

1. Die Zeichenfolge eines numerischen Literals umfaßt maximal 18 Dezimalziffern.
2. Zur Darstellung numerischer Literale werden die arabischen Ziffern 0 bis 9, das positive (+) oder negative (–) Vorzeichen und bei nicht-ganzzahligen Werten ergänzend der Dezimalpunkt verwendet.

3. Das Vorzeichen ist der Ziffernfolge voranzustellen.
4. Ein vorzeichenloses Literal gilt als positiv.
5. Der Dezimalpunkt darf jede beliebige Position innerhalb der Ziffernfolge einnehmen und dieser auch vorangestellt sein. Er darf jedoch nicht als letztes Zeichen der Zeichenfolge (rechts) auftreten.[1]
6. Numerische Literale dürfen – im Gegensatz zu Textkonstanten – nicht in Anführungszeichen eingeschlossen sein.

Abbildung 3.10 zeigt zulässig und unzulässig dargestellte numerischer Literale.

| Wortkategorie | zulässig | unzulässig |
|---|---|---|
| numerische Literale | 12<br>3.456<br>+78<br>−9012.34<br>+.00056<br>0.00078 | 12.<br>3,456<br>78+<br>"1234"<br>56 78.01<br>2A3F |

*Abb. 3.10 Zulässige und unzulässige numerische Literale*

Die genannten Bildungsvorschriften gelten für die Darstellung numerischer Literale im Quellprogramm. Eine gut lesbare Bildschirm- oder Druckerausgabe von Dezimalzahlen (z.B. 1.345,67 oder 8 901 234,5) läßt sich durch *Druckaufbereitungen* erzeugen, die in Abschn. 8.2 behandelt werden.

*Nicht-numerische Literale* sind Textkonstanten, die durch ihre Zeichenfolge dargestellt werden. Für nicht-numerische Literale gelten die Bildungsvorschriften:

1. Ihre maximale Länge beträgt 160 Zeichen.
2. Die Zeichenfolge nicht-numerischer Literale darf alle technisch darstellbaren Zeichen einschließlich der Umlaute, des ß, der Sonderzeichen und des Leerzeichens enthalten. Auch reservierte COBOL-Wörter dürfen in nicht-numerischen Literalen auftreten.
3. Jedes nicht-numerische Literal ist durch das Trennzeichen Anführungszeichen (") einzuleiten und abzuschließen (z.B. "Hello World"). Die Anführungszeichen sind nicht Bestandteil des Literals und werden bei der Längenbestimmung nicht mitgezählt.
4. Falls innerhalb der zu definierenden Zeichenfolge ein Anführungszeichen auftritt, ist es durch zwei Anführungszeichen (z.B. "Fehler: ""Division durch Null""") zu ersetzen.

Nicht-numerische Literale, deren Zeichenfolgen numerische Literale darstellen (z.B. "+123.45"), dürfen nicht in algebraischen Ausdrücken auftreten.

---

1. Der Dezimalpunkt kann im Wege einer gesondert zu treffenden Vereinbarung durch ein Dezimalkomma ersetzt werden. Siehe hierzu Abschnitt 8.2.3.

| Wortkategorie | zulässig | unzulässig |
|---|---|---|
| nicht-numerische Literale | "Hello World"<br>"Weitere Berechnungen J/N?"<br>"12.04.1990"<br>"+3.1415926"<br>"Diskette ""xyz"" einlegen!" | Hello World<br>"12.04.1990<br>"Diskette "xyz" einlegen!" |

*Abb. 3.11 Zulässige und unzulässige nicht-numerische Literale*

Beispiele korrekter und fehlerbehafteter Darstellungen nicht-numerischer Literale zeigt Abbildung 3.11.

### 3.3.4 PICTURE-Zeichenfolgen

PICTURE-Zeichenfolgen (PICTURE character-strings) sind Bestandteil der Eintragungen zur Datenfeldbeschreibung in der Data Division eines Quellprogramms. Die vollständige Spezifikation eines Datenfeldes besteht aus einem Datenfeldnamen, dem Feldtyp, der Feldlänge und gegebenenfalls der hierarchischen Einordnung des Feldes in eine übergeordnete Datengruppe (Datenstruktur). Aufgabe der PICTURE-Zeichenfolge ist die Spezifikation von *Feldtyp* und *Feldlänge*. Abbildung 3.12 zeigt als Ausschnitt aus dem Programm DEMO-4 die Quellcodezeilen 17 bis 23.[1]

```
17*-------------------------------------------------
18 DATA DIVISION.
19*-------------------------------------------------
20 WORKING-STORAGE SECTION.
21*------------------------------------
22 01  TEXT-1    PIC X(11) VALUE "Hello World".
23 01  TEXT-2    PIC X(22) VALUE "Bildschirmanzeige O.K.".
```

*Abb. 3.12 Eintragungen zur Datenbeschreibung (Beispiel)*

In Zeile 22 wird einem Speicherbereich der Datenname TEXT-1 als symbolische Adresse zugeordnet. Das Schlüsselwort PIC kündigt dem Compiler eine PICTURE-Zeichenfolge an, die hier aus 5 Zeichen besteht (X(11)). Das erste Zeichen dieser Zeichenfolge (X) spezifiziert den Feldtyp. Die in Klammern eingeschlossene Zahl legt die Feldlänge fest (11 Zeichen).

Abbildung 3.13 zeigt einige Beispiele zu PICTURE-Zeichenfolgen. Der Aufbau von PICTURE-Zeichenfolgen unterliegt Bildungsvorschriften, die in den Kapiteln 4 und 8 behandelt werden.

---

1. Das vollständige Programm zeigt Abb. 3.2, S. 177.

| PICTURE-Zeichenfolgen | Erläuterung zu Feldtyp und Feldlänge |
|---|---|
| PIC X(160) | alphanumerisch, 160 Zeichen lang |
| PIC XXX | alphanumerisch, 3 Zeichen lang |
| PIC X(3) | alphanumerisch, 3 Zeichen lang |
| PIC 9999 | numerisch, 4 Zeichen lang |
| PIC 9(4) | numerisch, 4 Zeichen lang |
| PIC 999V99 | numerisch, 3 Vor- und 2 Nachkommastellen |
| PIC ZZ9,99 | numerisch-druckaufbereitet, mit Unterdrückung führender Nullen und auszugebendem Komma |

Abb. 3.13  PICTURE-Zeichenfolgen (Beispiele)

## 3.3.5 Kommentare

Wie bereits im Zusammenhang mit dem Programm DEMO-4 (Abb. 3.2, S. 177) erläutert, dürfen in alle 4 Hauptabschnitte eines Quellprogramms Leer- und Kommentarzeilen eingefügt werden. Auch dürfen zwei oder mehr Leer- oder Kommentarzeilen aufeinanderfolgen.

Leerzeilen sind geeignet, Hauptabschnitte, Kapitel, Paragraphen oder kleinere Programmabschnitte im Interesse der Übersichtlichkeit und Lesbarkeit eines Quellprogramms optisch voneinander zu trennen.

Auch mit Hilfe von Kommentarzeilen lassen sich Programmabschnitte optisch hervorheben. Die Quellcodezeilen 17, 19 und 21 in Abb. 3.12 sind hierfür ein Beispiel. Der eigentliche Zweck solcher Zeilen ist jedoch die *ergänzende Kommentierung* des Quellcodes durch den Programmierer. Diese Erläuterungen einer Problemlösung werden dann als programminterne Zusatzdokumentation Bestandteil der Systemdokumentation des Anwendungsprogramms.[1]

Kommentare dürfen alle technisch darstellbaren Zeichen einschließlich der Umlaute und des Leerzeichens enthalten. Sie werden ebenso wie die Leerzeilen vom Compiler ignoriert (überlesen). Damit der Compiler eine Quellcodezeile als Kommentarzeile erkennen kann, muß sie durch eines der Symbole Stern (*) oder Schrägstrich (/) markiert sein. Die Position dieser Kommentar-Markierungen innerhalb einer Quellcodezeile ist nicht beliebig wählbar. Sie sind im sogenannten *Zeilenkennbereich* (indicator area) einer Quellcodezeile, der Spalte 7, zu notieren.

Die Kommentar-Markierungen (*) und (/) unterscheiden sich in ihrer Wirkung. Beim Ausdrucken des Programmlistings an einem Drucker bewirkt eine mit dem Schrägstrich (/) markierte Kommentarzeile einen Seitenvorschub. Der Kommentar erscheint dann als erste Druckzeile auf einer neuen Seite.

In Abschnitt 3.5 werden die unterschiedlichen Spaltenbereiche einer COBOL-Quellcodezeile erläutert. Nicht nur die Kommentar-Markierungen (*) oder (/)

---

1. Zur Dokumentation von Anwendungsprogrammen siehe Abschn. 2.6.

müssen spaltenrichtig positioniert werden. Neben dem Zeilenkennbereich (Spalte 7) sind in COBOL-Quellcodezeilen weitere Spaltenbereiche definiert, die bei der Anordnung von Anweisungen, Klauseln, Kapitel- und Paragraphennamen zu berücksichtigen sind.

## 3.4 COBOL-Metanotation

Die in den vorausgehenden Abschnitten erläuterten COBOL-Wörter, Literale und PICTURE-Zeichenfolgen sind die elementaren Bausteine eines COBOL-Quellprogramms. Ihre syntaktisch korrekte Verwendung in Anweisungen, Klauseln und Eintragungen ist in *COBOL-Formaten* (general formats) festgelegt. Zu jeder Anweisung und jeder Klausel existiert zumindest ein solches COBOL-Format.

Diese Formate, z.B. für die Addition von Zahlen oder das Lesen eines Dateisatzes, sind sehr allgemein formuliert. Sie belassen dem Programmierer in der Regel eine Reihe von Freiheitsgraden, die es ihm ermöglichen, Anweisungen und Klauseln den jeweiligen Erfordernissen seiner Problemstellung anzupassen.

Die Darstellung der COBOL-Formate erfolgt in einer *Metasprache*, die sich der *COBOL-Metanotation* bedient. Metasprachliche Formate können nicht in ein Quellprogramm aufgenommen werden. Sie zeigen dem Programmierer lediglich Möglichkeiten der syntaktisch korrekten Formulierung einer Anweisung, Klausel oder Eintragung.

Im folgenden wird die COBOL-Metanotation erläutert. Dabei wird auf das nachfolgend angegebene COBOL-Format einer Additionsanweisung Bezug genommen.

```
┌─ Format ─────────────────────────────────────────────────┐
│                                                          │
│        ┌ Bezeichner-1 ┐                                  │
│  ADD   │              │ ... TO  { Bezeichner-2 [ ROUNDED ] } ...
│        └ Literal-1    ┘                                  │
│                                                          │
│                                                          │
│      [ ON SIZE ERROR Anweisungen-1 ]                     │
│      [ NOT ON SIZE ERROR Anweisungen-2 ]                 │
│                                                          │
│                                                          │
│  [ END-ADD ]                                             │
│                                                          │
└──────────────────────────────────────────────────────────┘
```

Bei der Interpretation eines COBOL-Formats sind die in Großbuchstaben notierten Wörter von den in Groß-/Kleinschreibung angegebenen Zeichenfolgen (z.B. Bezeichner-1) zu unterscheiden. Besondere Bedeutung haben auch Unterstreichungen, drei aufeinanderfolgende Punkte (...), sowie geschweifte und eckige Klammern.

1. Reservierte COBOL-Wörter sind in COBOL-Formaten in *Großbuchstaben* geschrieben. Im Beispiel des Additions-Formats sind ADD, TO, ROUNDED, ON, SIZE, ERROR, NOT und END-ADD reservierte COBOL-Wörter.
2. *Unterstrichene Wörter* sind funktionsbestimmende Schlüsselwörter. Wenn sie in eine Anweisung oder Klausel übernommen werden, muß ihre Schreibweise mit der im Format übereinstimmen. Mit Ausnahme des Wortes ON sind im Format der Additionsanweisung alle reservierten COBOL-Wörter Schlüsselwörter.
3. Die *nicht unterstrichenen* reservierten Wörter eines Formats sind Wahlwörter, die der besseren Lesbarkeit von Anweisungen und Klauseln dienen. Sie können im Quellprogramm ohne Funktionsverlust weggelassen werden. Werden Wahlwörter in Anweisungen oder Klauseln aufgenommen, muß ihre Schreibweise mit der im Format übereinstimmen. Das Additionsbeispiel enthält zweimal das Wahlwort ON.
4. Die in *Groß-/Kleinbuchstaben* notierten Wörter eines Formats (im Additionsbeispiel z.B. Bezeichner-1) sind im Quellprogramm durch benutzerdefinierte Wörter (z.B. Datennamen, Dateinamen), konkrete Literale, PICTURE-Zeichenfolgen, Programmsätze oder Eintragungen zu ersetzen. Erläuterungen zu dem jeweiligen Format präzisieren die Freiheitsgrade des Programmierers beim Ersetzen dieser Wörter. Im obigen Additionsformat sind Bezeichner-1, Bezeichner-2, Literal-1 und Anweisungen-1 sowie Anweisungen-2 Platzhalter, die vom Programmierer zu konkretisieren wären.[1]
5. Genau eine der in *geschweiften Klammern* ({ }) übereinander notierten Angaben muß in das Quellprogramm übernommen werden. Das Additionsformat bietet Bezeichner-1 und Literal-1 als Auswahlalternativen an. Unmittelbar im Anschluß an das Schlüsselwort ADD kann der Programmierer hier einen Datennamen oder alternativ ein numerisches Literal als Operand angeben.
6. *Eckige Klammern* ([ ]) enthalten Optionen, die nur bei Bedarf zu codieren sind. Enthalten eckige Klammern mehrere übereinander notierte syntaktische Einheiten, kann genau eine oder auch keine dieser Optionen in das Quellprogramm übernommen werden. Das Format-Beispiel zur Addition enthält vier Optionen. Der Programmierer kann in seine Additionsanweisung alternativ keine, eine oder maximal vier Optionen aufnehmen.
7. Drei aufeinanderfolgende *Punkte* (...) zeigen an, daß die unmittelbar vorausgehende syntaktische Einheit einmal oder auch beliebig häufig verwendet werden darf. Das oben angegebene Additionsformat bietet dem Programmierer die Möglichkeit, im Anschluß an das Schlüsselwort ADD einen oder mehrere Summanden aufzuführen, die zu einem oder auch beliebig vielen Ergebnisfeldern hinzuaddiert werden (Beispiele siehe unten).

---

1. Die in einem Format aufgeführten **Bezeichner** stehen stellvertretend für Datennamen, durch Qualifizierung eindeutig gemachte Datennamen, zu spezifizierende Ausschnitte eines Feldes oder z.B. auch Tabellenelemente. Hierauf wird im Zusammenhang mit Qualifizierungen, Tabellenverarbeitung usw. einzugehen sein.

8. Die in COBOL-Formaten auftretenden arithmetischen und logischen Operationszeichen (+, –, >, <, =, >=, <=) sind auch dann Schlüsselwörter, wenn sie nicht unterstrichen sind.

9. Enthält ein Format mehrere (erforderliche oder optionale) Klauseln, müssen diese in der im Format gezeigten *Reihenfolge* geschrieben werden. Die textuellen Erläuterungen zu einem Format können diese allgemeine Reihenfolgevorschrift für Klauseln aufheben.

Sprachelemente, die als Spracherweiterungen der COBOL-Compiler für Mikrocomputer (Micro Focus, IBM, Siemens Nixdorf, Microsoft) über den COBOL-Standard hinausgehen, werden im folgenden durch die Formatüberschrift

—— Format (Mikrocomputer) ——

als Erweiterungen gekennzeichnet.

Aus dem oben angegebenen COBOL-Format zur ADD-Anweisung können z.B. die folgenden korrekten Additionsanweisungen abgeleitet werden:

```
ADD NEU TO ANZAHL
add 12 to anzahl
ADD NEU TO ANZAHL ROUNDED
ADD ZAHL-1 25 ZAHL-2 TO ANZAHL ROUNDED MENGE
    SIZE ERROR     DISPLAY "Additionsfehler!"
    NOT SIZE ERROR DISPLAY "Addition O.K."
END-ADD
```

Die folgende Anweisung verstößt gegen das COBOL-Format der Additionsanweisung, da dem Schlüsselwort TO im Format kein Literal nachgestellt ist:

```
ADD NEU TO 47
```

Die Bedeutung der Angaben und Optionen des COBOL-Formats der Additionsanweisung wird in Kapitel 9 erläutert.

## 3.5 COBOL-Codierschema

Die Zeilen eines COBOL-Quellprogramms sind in fünf *Spaltenbereiche* eingeteilt, die beim Abfassen des Programms zu berücksichtigen sind. Drei dieser Spaltenbereiche nehmen das eigentliche Programm auf. Die verbleibenden zwei Bereiche dienen der Programmdokumentation. Abbildung 3.14 benennt die Spaltenbereiche und zeigt ihre Lokalität innerhalb einer Zeile. Abbildung 3.15 verdeutlicht das Codierschema am Beispiel des Programms DEMO-4.

Eintragungen zur Programmdokumentation in den Spalten 1 bis 6 und 73 bis 80 sind *nicht* erforderlich. Diese beiden Spaltenbereiche haben nur noch historische Bedeutung. Früher wurden Quellprogramme zeilenweise in Lochkarten gestanzt. Der Folgenummernbereich (Spalte 1 bis 6) nahm je Lochkarte eine fortlaufende Zeilen- bzw. Lochkartennummer auf. Anhand dieser Kartennummern konnten entmischte Quellprogramme elektro-mechanisch oder manuell sortiert und fehlerhafte

Lochkarten gezielt gegen korrigierte ausgetauscht werden. In den Programmkennbereich (Spalte 73 bis 80) wurde eine Programmkennung gestanzt, die die eindeutige Zuordnung einer Lochkarte zu einem Kartenstapel (Quellprogramm) ermöglichte.

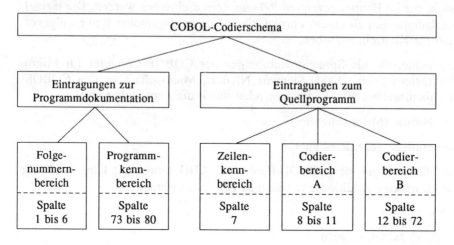

Abb. 3.14 *Spaltenbereiche einer Quellcodezeile*

Bei der heute üblichen Verwendung von Editor-Dienstprogrammen zur Erstellung von Quellcodedateien übernimmt der Dateiname die Funktion der früheren zeilenweisen Programmkennung. Im Übersetzungsprotokoll zu einem Quellprogramm wird vom Compiler automatisch eine Zeilennummer vergeben. Beim Abfassen eines Programms bleiben die für die Programmdokumentation reservierten Spaltenbereiche (Folgenummern- und Programmkennbereich) daher leer.

Die Spaltenbereiche für die Eintragungen zum Quellprogramm nehmen die nachfolgend erläuterten Informationen auf.

### Zeilenkennbereich (Spalte 7)

In Spalte 7 einer Quellcodezeile kann keine Eintragung vorgenommen (Leerzeichen) oder eines der Sonderzeichen Stern (*), Schrägstrich (/) oder Bindestrich (–) notiert werden.

Ein in Spalte 7 eingetragener *Stern* (*) markiert diese Zeile als *Kommentarzeile* (siehe hierzu Abschn. 3.3.5). Auch ein in Spalte 7 notierter *Schrägstrich* (/) macht die zugehörige Zeile zu einem Kommentar. Ergänzend zur Funktion des Sterns (*) bewirkt ein Schrägstrich (/) einen *Seitenvorschub* beim Ausdrucken des Übersetzungsprotokolls am Drucker.

Durch einen *Bindestrich* in Spalte 7 wird eine Zeile als *Fortsetzungszeile* markiert. COBOL-Wörter, Literale und PICTURE-Zeichenfolgen dürfen bis einschließlich Spalte 72 notiert und in einer nachfolgenden Fortsetzungszeile ab Spalte 12 komplettiert werden. Solche Trennungen erkennt der Compiler am Fortsetzungszeichen (–) in Spalte 7. Er rekonstruiert dann die geschlossene Zeichenfolge. Da nicht-numerische Literale maximal 160 Zeichen lang sein dürfen, ist ihre Trennung mit Fortsetzung in der Folgezeile häufig zwingend notwendig. Die Trennung sonstiger Zeichenfolgen ist zulässig, aber *nicht zweckmäßig*, da sie die Lesbarkeit eines Programms beeinträchtigt. Beispiele zur Trennung von Textkonstanten werden im Anschluß an die Behandlung der Codierbereiche A und B angegeben.

```
                         7
 1     6   8   12                                        Spalte 72

     *|----|------------------------------------------------
      |    |IDENTIFICATION DIVISION.
     *|----|------------------------------------------------
      |    |PROGRAM-ID.         DEMO-4.
     *|Autor   :               WENDT
     *|Datum   :               12.4.1990
     *|Inhalt  :               Beispiel zur Programmgliederung

     *|----|------------------------------------------------
      |    |ENVIRONMENT DIVISION.
     *|----|------------------------------------------------
      |    |CONFIGURATION SECTION.
     *|----|------------------------------------------
      |    |SOURCE-COMPUTER.    IBM-PC.
      |    |OBJECT-COMPUTER.    IBM-PC.

     *|----|------------------------------------------------
      |    |DATA DIVISION.
     *|----|------------------------------------------------
      |    |WORKING-STORAGE SECTION.
     *|----|------------------------------------
      |01  |TEXT-1   PIC X(11) VALUE "Hello World".
      |01  |TEXT-2   PIC X(22) VALUE "Bildschirmanzeige O.K.".

     *|----|------------------------------------------------
      |    |PROCEDURE DIVISION.
     *|----|------------------------------------------------
      |    |START-PROG.
      |    |    DISPLAY TEXT-1
      |    |    DISPLAY TEXT-2
      |    |    DISPLAY "Abbruch Programmlauf".
      |ENDE|-PROG.
      |    |    STOP RUN.
```

*Abb. 3.15 Anordnung des Quellcodes in Spaltenbereichen*

### Codierbereich A (Spalte 8 bis 11)

Die *Überschriften* der vier Hauptabschnitte eines Quellprogramms (divisions) sowie *Kapitel-* und *Paragraphennamen* beginnen immer im A-Bereich. Es ist zweckmäßig, diese Eintragungen ab Spalte 8 zu schreiben, obwohl ihr Beginn auch in den Spalten 9, 10 und 11 zulässig ist. Auch bestimmte Eintragungen zur Datei- und Datenbeschreibung (Stufennummer 01, FD, SD usw.) in der Data Division werden im A-Bereich notiert. Hierauf wird in Kap. 4 einzugehen sein.

## Codierbereich B (Spalte 12 bis 72)

Alle sonstigen Eintragungen in die Hauptabschnitte eines COBOL-Programms und insbesondere *alle Anweisungen* der Procedure Division beginnen in Spalte 12 oder rechts davon.

Aus Gründen der Übersichtlichkeit ist es üblich, jeweils nur eine Anweisung oder Klausel je Zeile zu schreiben. Die Fortsetzung von Anweisungen und Klauseln, die wegen ihrer Länge nicht vollständig in einer Zeile unterzubringen sind, erfolgt ab Spalte 12 der nächsten Quellcodezeile.

Die folgenden Beispiele demonstrieren die Fortsetzung von Anweisungen und nicht-numerischen Literalen in Folgezeilen. Die Anweisung

```
ADD Zahl-1 25 Zahl-2 TO ANZAHL ROUNDED MENGE
```

darf alternativ auch in zwei oder mehr Zeilen notiert werden:

```
ADD ZAHL-1 25 ZAHL-2
    TO ANZAHL ROUNDED MENGE
```

Die Einrückung des Schlüsselwortes TO ist nicht erforderlich. Sie läßt lediglich das die Funktion der Anweisung bestimmende Verb ADD optisch hervortreten und deutet die Zugehörigkeit der zweiten Zeile zur ADD-Anweisung an. Alternativ könnte man z.B. auch schreiben:

```
ADD     Zahl-1 25 ZAHL-2
    TO  ANZAHL ROUNDED MENGE
```

In den vorstehenden Beispielen wurde keine geschlossene Zeichenfolge getrennt. Daher ist das Fortsetzungszeichen Bindestrich (–) in Spalte 7 nicht erforderlich. Die Trennung reservierter und benutzerdefinierter Wörter sowie numerischer Literale und PICTURE-Zeichenfolgen ist zulässig. Da sie jedoch die Lesbarkeit eines Programms beeinträchtigen, sollte auf eine Trennung verzichtet werden. Lediglich die bis zu 160 Zeichen langen nicht-numerischen Literale müssen häufig unter Verwendung des Fortsetzungszeichens in Spalte 7 getrennt werden (siehe Abb. 3.16).

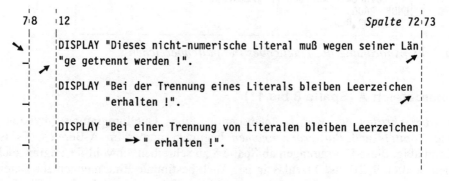

Abb. 3.16  *Trennung nicht-numerischer Literale (Beispiele)*

Dabei wird das erste Teilliteral bis einschließlich Spalte 72 notiert. Die Folgezeile beginnt mit dem Fortsetzungszeichen (–) in Spalte 7. Das zweite Teilliteral wird durch ein Anführungszeichen (") eingeleitet, das in Spalte 12 oder rechts davon steht. Der Compiler rekonstruiert aus beiden Teilliteralen das Gesamtliteral. Die Trennung der in der Working-Storage Section zwecks Initialisierung eines Datenfeldes definierbaren Textkonstanten erfolgt ebenfalls nach den hier besprochenen Regeln.

Im Zusammenhang mit dem Codierbereich B ist abschließend anzumerken, daß lediglich alle derzeit verfügbaren COBOL-Compiler diesen Bereich in Spalte 72 enden lassen. Die COBOL-Norm stellt es Compilerherstellern frei, auch weitere Spalten in den B-Bereich einzubeziehen.

## 3.6 Trennsymbole und Interpunktionsregeln

In COBOL-Quellprogrammen werden zusammenhängende Zeichenfolgen wie COBOL-Wörter, Literale und PICTURE-Zeichenfolgen durch Trennsymbole (separators) begrenzt. Diese Trennsymbole bestehen aus einem oder mehreren Trenn- bzw. Interpunktionszeichen. Abbildung 3.17 zeigt die COBOL-Trennzeichen.

| Trenn-zeichen | Bezeichnung |
|---|---|
|   | Leerzeichen (blank) |
| . | Punkt |
| , | Komma |
| ; | Semikolon |
| " | Anführungszeichen |
| ( | linke Klammer |
| ) | rechte Klammer |
| = | Gleichheitszeichen |
| : | Doppelpunkt |

*Abb. 3.17 Trennzeichen*

Für die *Zusammenfassung von Trennzeichen zu Trennsymbolen* gelten folgende Bildungsvorschriften:

1. Ein Leerzeichen, daß außerhalb eines nicht-numerischen Literals auftritt, ist immer ein Trennsymbol. Überall, wo ein Leerzeichen als Trennsymbol verwendet werden darf, können auch mehrere Leerzeichen notiert werden.

2. Das Anführungszeichen (") begrenzt nicht-numerische Literale. Einem das Literal einleitenden Anführungszeichen muß ein Leerzeichen unmittelbar vorausgehen. Dem das Literal abschließenden Anführungszeichen muß eines der folgenden Trennzeichen unmittelbar folgen: Leerzeichen, Komma, Semikolon oder Punkt. Die innerhalb eines nicht-numerischen Literals auftretenden Trennzeichen sind als Sonderzeichen Bestandteil des Literals. Ein innerhalb des Literals als Sonderzeichen zu behandelndes Anführungszeichen muß immer

durch eine Folge von zwei Anführungszeichen ersetzt werden.[1)]

3. Mit Ausnahme des unter (2) behandelten Begrenzungszeichens für nichtnumerische Literale darf allen anderen Trennzeichen ein Leerzeichen voran- oder nachgestellt werden.

4. Rechte und linke Klammern treten stets als ausgeglichene Paare auf. Sie begrenzen Bedingungen, arithmetische Ausdrücke und z.B. Normal- oder Spezialindizes[2)] oder treten innerhalb von Bedingungen sowie arithmetischen Ausdrücken auf.

5. Trennzeichen, die in einem COBOL-Format notiert sind, werden wie Schlüsselwörter behandelt, d.h. sie sind in die abzuleitenden Anweisungen, Klauseln und Eintragungen zu übernehmen.

6. Die Trennzeichen Punkt (.), Komma (,) und Semikolon (;) werden zu Trennsymbolen, wenn ihnen ein Leerzeichen unmittelbar folgt. Die Verwendung dieser zur Interpunktion im natürlichsprachlichen Sinne verwendeten Trennsymbole unterliegt in der künstlichen Sprache COBOL allgemeinen Interpunktionsregeln.

Die allgemeinen *Interpunktionsregeln* der Programmiersprache COBOL lassen sich wie folgt zusammenfassen:

1. Alle vier Programmteilüberschriften sowie Kapitelnamen und Paragraphennamen werden durch einen nachfolgenden Punkt sowie ein oder mehrere Leerzeichen begrenzt !

2. Mehrere Klauseln können zu einer Eintragung und mehrere Anweisungen zu einem Programmsatz zusammengefaßt werden. Eintragungen und Programmsätze werden durch einen nachfolgenden Punkt sowie ein oder mehrere Leerzeichen begrenzt.

3. Spätestens vor Beginn einer neuen Programmteilüberschrift, eines neuen Kapitels oder Paragraphen müssen Klauseln, Anweisungen, Eintragungen oder Programmsätze mit einem Punkt enden !

4. Wo ein Leerzeichen als Trennsymbol notiert werden darf, kann das Leerzeichen mit einem Komma (,) oder Semikolon (;), jeweils gefolgt von einem oder mehreren Leerzeichen, vertauscht werden.

Im Interesse der besseren Lesbarkeit von Quellprogrammen eröffnet Regel (4) dem Programmierer die Möglichkeit, die Interpunktion im Quelltext der in der deutschen Sprache üblichen Verwendung von Komma und Semikolon anzupassen. Insbesondere das Komma ist in COBOL-Programmen geeignet:

– mehrere aufeinanderfolgende Anweisungen oder Klauseln voneinander zu trennen und

---

1. Siehe hierzu auch die Beispiele in Abb. 3.11, S. 187.
2. Auf Normal- und Spezialindizes wird im Zusammenhang mit der COBOL-Tabellenverarbeitung in Kap. 13 eingegangen.

- die in COBOL-Formaten durch *drei aufeinanderfolgende Punkte* (...) als beliebig häufig wiederholbare Operanden, Angaben oder Optionen gekennzeichneten syntaktischen Einheiten voneinander zu trennen.

So kann z.B. die in Abschnitt 3.4 aus dem COBOL-Format der Additionsanweisung abgeleitete Anweisung

    ADD Zahl-1 25 ZAHL-2 TO ANZAHL ROUNDED MENGE

nun wie folgt geschrieben werden:

    ADD ZAHL-1, 25, ZAHL-2 TO ANZAHL ROUNDED, MENGE.

Beide Anweisungen sind syntaktisch korrekt und funktionsgleich. Ein über die erläuterten Verwendungsmöglichkeiten von Komma und Semikolon hinausgehender und nach Regel 4 zulässiger extensiver Einsatz dieser Interpunktionszeichen ist der anzustrebenden Übersichtlichkeit eines Quellprogramms erfahrungsgemäß eher abträglich.

## 3.7 Syntax der Hauptabschnitte

COBOL-Programme bestehen aus vier Hauptabschnitten bzw. Programmteilen, die als Erkennungs-, Maschinen-, Daten- und Befehlsteil bezeichnet werden.[1] Diese Programmteile sind im Quellprogramm durch Überschriften (division header) einzuleiten.

---
Format

*IDENTIFICATION DIVISION.*

[ *ENVIRONMENT DIVISION.* ]

[ *DATA DIVISION.* ]

[ *PROCEDURE DIVISION.* ]

---

Die Identification Division muß Bestandteil eines Programms sein. Die anderen Programmteile sind bei Bedarf aufzunehmen. Die Reihenfolge von Programmteilen ist durch das COBOL-Format vorgegeben.

### 3.7.1 IDENTIFICATION DIVISION

**Funktion und Format**

Der Erkennungsteil (IDENTIFICATION DIVISION) dient der Identifikation eines Programms durch den vom Programmierer zu vergebenden Programmnamen.

---
Format

*IDENTIFICATION DIVISION.*

*PROGRAM-ID. Programmname.*

---

**Beispiel**

```
IDENTIFICATION DIVISION.
PROGRAM-ID. DEMO-5.
```

**Syntaktische Regeln**

1. Die Überschrift des Erkennungsteils sowie der Paragraphenname PROGRAM-ID beginnen im A-Bereich des COBOL-Codierschemas (Spalte 8 bis 11).

2. Programmname ist ein benutzerdefiniertes COBOL-Wort mit einer Länge von maximal 30 Zeichen.

---

1. Siehe hierzu auch Abschn. 3.1.1.

**Beschreibung**

Der im Paragraphen PROGRAM-ID angegebene Programmname identifiziert das Quellprogramm, das zugehörige Objektprogramm und das vom Compiler erzeugte Übersetzungsprotokoll.

**Hinweise**

1. Der 2. COBOL-Standard 1974 sah neben dem Paragraphen PROGRAM-ID eine Reihe weiterer Paragraphen vor (AUTHOR, DATE-WRITTEN, DATE-COMPILED, SECURITY usw.). Im 3. COBOL-Standard 1985 werden diese Eintragungen als veraltete Sprachelemente (obsolete elements) bezeichnet. Solche "obsolete elements" werden von normgerechten Compilern noch akzeptiert. Für die nächste COBOL-Norm ist die ersatzlose Streichung der jetzigen veralteten Sprachelemente angekündigt.
2. Bei Bedarf können ergänzend Eintragungen zur Programmdokumentation (z.B. Autor, Erstellungsdatum, Zweck des Programms) als Kommentare in die IDENTIFICATION DIVISION aufgenommen werden.

**Weiteres Beispiel**

```
*-----------------------------------------------------------------
 IDENTIFICATION DIVISION.
*-----------------------------------------------------------------
 PROGRAM-ID.         DEMO-6.
*Autor            :  WENDT
*Erstellungsdatum :  12.5.1990
*Inhalt           :  Aufbau des Erkennungsteils
```

Die in den Erkennungsteil aufgenommenen Kommentare dienen der ergänzenden Programmdokumentation.

## 3.7.2 ENVIRONMENT DIVISION

**Funktion und Format**

Der Maschinenteil (ENVIRONMENT DIVISION) ist der zweite Hauptabschnitt eines COBOL-Quellprogramms. Er beschreibt die *Systemumgebung*, in der ein Programm übersetzt und zur Ausführung gebracht werden soll. Alle Angaben des Programmierers, die sich auf konkrete EDV-Anlagen, deren Betriebssystem oder auch Besonderheiten des zu verwendenden Compilers beziehen, werden im Maschinenteil zusammengefaßt. Das eigentliche Programm, die Datenbeschreibungen in der DATA DIVISION und der Verarbeitungsalgorithmus in der PROCEDURE DIVISION, können dann weitestgehend *maschinenunabhängig* formuliert werden.

Die lokale Zusammenfassung der umgebungsabhängigen Angaben des Programmierers im Maschinenteil erleichtert die *Portierung* von Programmen. Ein in einer bestimmten Rechnerumgebung erstelltes und ausgetestetes Programm muß häufig in einer neuen Systemumgebung mit abweichendem Maschineninstruktionssatz unter einem anderen Betriebssystem eingesetzt werden. Wurden bei der Formulierung der Datenbeschreibungen und des Algorithmus eines solchen Programms ausschließlich normgerechte Sprachelemente verwendet, erzwingt ein Systemwechsel lediglich Anpassungen im Maschinenteil.

Vor der erneuten Übersetzung des Programms sind dann alle Dateinamen an die Konventionen des neuen Betriebssystems anzupassen. Funktionsnamen für Zeilen- und Seitenvorschübe am Drucker oder das Ansprechen von Tastatur und Bildschirm müssen durch die vom jeweiligen Compilerhersteller verwendeten Bezeichnungen ersetzt werden. Auch die das Ergebnis von Größenvergleichen bestimmende Sortierfolge läßt sich im Maschinenteil unabhängig vom jeweiligen Zeichensatz eines Rechners (ASCII, EBCDIC) und der damit verbundenen Sortierfolge an individuelle Anforderungen des Programms (Behandlung von Groß-/Kleinschreibung, Einordnung von Sonderzeichen usw.) anpassen.

```
┌─ Format ──────────────────────────────────────────────┐
│                                                       │
│  [ ENVIRONMENT DIVISION.                              │
│                                                       │
│   ⎡ CONFIGURATION SECTION.                     ⎤      │
│   ⎢ [ SOURCE-COMPUTER.   Computername-1. ]     ⎥      │
│   ⎢ [ OBJECT-COMPUTER.   Computername-2. ]     ⎥      │
│   ⎢   ⎡ SPECIAL-NAMES.                     ⎤  ⎥      │
│   ⎢   ⎢   [ Funktionsname IS Merkname ] ... ⎥  ⎥      │
│   ⎣   ⎣   [ DECIMAL-POINT IS COMMA ] .     ⎦  ⎦      │
│                                                       │
│   ⎡ INPUT-OUTPUT SECTION.                      ⎤      │
│   ⎢ FILE-CONTROL.                              ⎥  ]   │
│   ⎣   { Eintragung-Dateisteuerung } ...        ⎦      │
│                                                       │
└───────────────────────────────────────────────────────┘
```

**Syntaktische Regeln**

1. Die Überschrift des Maschinenteils (ENVIRONMENT DIVISION), die Kapitelnamen (CONFIGURATION und INPUT-OUTPUT SECTION) sowie alle Paragraphennamen beginnen im A-Bereich (Spalte 8 bis 11).

2. Die Reihenfolge der Kapitel sowie der Paragraphen in der CONFIGURATION SECTION ist durch das COBOL-Format vorgegeben.

3. Der SPECIAL-NAMES-Paragraph darf nur genau einen Punkt enthalten, der der letzten Klausel dieses Paragraphen folgt.

4. Im FILE-CONTROL-Paragraphen ist für jede anzusprechende Datei eine Eintragung erforderlich, der ein Punkt folgt. Die Anzahl der Trennsymbole Punkt entspricht hier exakt der Anzahl angeschlossener Dateien.

## Beschreibung

Der Paragraph SOURCE-COMPUTER enthält die Bezeichnung des Rechners, auf dem ein Programm übersetzt wird, der Paragraph OBJECT-COMPUTER den Namen des Rechners, auf dem das erstellte Programm ausgeführt werden soll. Soweit die Bezeichnungen Computername-1 und Computername-2 durch den Compilerhersteller nicht explizit vorgegeben sind, unterliegt ihre Bildung den Vorschriften für benutzerdefinierte COBOL-Wörter.

Die Klausel "Funktionsname IS Merkname" verbindet die vom Programmierer in der PROCEDURE DIVISION verwendeten Merknamen wie TASTATUR, BILDSCHIRM, ZEILENVORSCHUB usw. mit den jeweiligen vom Compilerhersteller vorgegebenen Funktionsnamen. Mit Hilfe der DECIMAL-POINT IS COMMA-Klausel kann die anglo-amerikanische Dezimalpunkt-Schreibweise (z.B. 3.14) auf die im Deutschen übliche Dezimalkomma-Schreibweise (z.B. 3,14) umgestellt werden.

Im Paragraphen FILE-CONTROL der INPUT-OUTPUT SECTION werden die dem Betriebssystem eines Rechners bekannten Dateinamen (externe Dateinamen) mit den vom Programmierer in der DATA DIVISION und der PROCEDURE DIVISION verwendeten Dateinamen (interne Dateinamen) verbunden. Weiterhin sind für jede anzusprechende Datei deren Organisationsform, Zugriffsschlüssel bei Direktzugriffsdateien usw. zu spezifizieren.

## Hinweis

Die hier berücksichtigten COBOL-Compiler für Mikrocomputer geben keine Rechnerbezeichnungen vor. Computername-1 und Computername-2 haben lediglich eine dokumentierende Funktion. Die Rechnernamen unterliegen den Bildungsvorschriften für benutzerdefinierte COBOL-Wörter.

## Beispiel

```
*-------------------------------------------------------------
 IDENTIFICATION DIVISION.
*-------------------------------------------------------------
 PROGRAM-ID.        DEMO-7.
*Autor            : WENDT
*Erstellungsdatum : 14.5.1990
*Inhalt           : Aufbau des Maschinenteils
*                   (ohne INPUT-OUTPUT SECTION)

*-------------------------------------------------------------
 ENVIRONMENT DIVISION.
*-------------------------------------------------------------
 CONFIGURATION SECTION.
*------------------------------------
 SOURCE-COMPUTER.   IBM-PC.
 OBJECT-COMPUTER.   IBM-PC.
 SPECIAL-NAMES.
     CONSOLE IS CRT
     DECIMAL-POINT IS COMMA.
```

Der Paragraph SPECIAL-NAMES enthält zwei Klauseln, die zu einer Eintragung, gefolgt von einem Punkt, zusammengefaßt sind. Die Wirkung der Klausel CONSOLE IS CRT wird im Zusammenhang mit der DISPLAY-Anweisung in Kap. 5 erläutert. Die zur Dateisteuerung erforderlichen Eintragungen in der INPUT-OUTPUT SECTION erläutert Kap. 6. Dem COBOL-Format für die ENVIRONMENT DIVISION ist zu entnehmen, daß die INPUT-OUTPUT SECTION entfallen kann, wenn ein Programm keine Zugriffe auf Dateien vorsieht.

### 3.7.3 DATA DIVISION

**Funktion und Format**

Im Datenteil eines COBOL-Programms (DATA DIVISION) werden Bereiche des Arbeitsspeichers als Datenfelder definiert, die variable Inhalte aufnehmen können. Jedem Datenfeld wird ein Datenname zugeordnet. Der Verarbeitungsalgorithmus des Programms spricht Datenfelder bzw. die in ihnen abgespeicherten Datenwerte mit Hilfe der Datennamen an.

```
┌─ Format ──────────────────────────────────────────────────────────┐
│                                                                   │
│   [ DATA DIVISION.                                                │
│     ┌ FILE SECTION.                                           ┐   │
│     │   [ Eintragung-Dateibeschreibung         ]              │   │
│     │   [ { Eintragung-Dateisatzbeschreibung } ... ]   ...    │   │
│     └                                                         ┘   │
│     ┌ WORKING-STORAGE SECTION.                                ┐   │
│     │   [ [ Eintragung-Stufennummer-77-Datenbeschreibung ] ...] │ │
│     │   [ [ Eintragung-Datensatzbeschreibung ] ...           ] │ │
│     └                                                         ┘   │
│     ┌ LINKAGE SECTION.                                        ┐   │
│     │   [ [ Eintragung-Stufennummer-77-Datenbeschreibung ] ...] │ │
│     │   [ [ Eintragung-Datensatzbeschreibung ] ...           ] │ │
│     └                                                         ┘ ] │
└───────────────────────────────────────────────────────────────────┘
```

**Syntaktische Regeln**

1. Die Überschrift des Datenteils sowie die drei Kapitelüberschriften beginnen im A-Bereich des COBOL-Codierschemas (Spalte 8 bis 11).
2. Die Reihenfolge der drei Kapitel des Datenteils ist durch das COBOL-Format vorgegeben.

## Beschreibung

Die von einem Programm zu verarbeitenden Daten sind Konstanten oder Variablen. Konstanten können in Form von numerischen oder nicht-numerischen Literalen direkt im Befehlsteil (PROCEDURE DIVISION) eines Programms definiert werden. Für alle Variablen sind Datenfelder des Arbeitsspeichers in der DATA DIVISION zu definieren. Sie nehmen die jeweils aktuellen Datenwerte der Variablen auf.

In der *FILE SECTION* werden Datenfelder beschrieben, die Datensätze der auf *externen* Speichermedien abgelegten Dateien aufnehmen sollen. Für jede aus einem Programm heraus anzusprechende Datei wird genau ein Datenfeld (Dateipuffer) beschrieben. In ein solches einer Datei zugeordnetes Datenfeld kann jeweils ein Dateisatz eingelesen und damit für Verarbeitungszwecke verfügbar gemacht werden. Alternativ kann das Programm in einem Dateipuffer einen Datensatz bereitstellen, der dann auf ein externes Speichermedium ausgegeben werden kann.

Für alle sonstigen variablen Daten, die *nicht* aus Dateien eingelesen oder auf externe Speichermedien auszugeben sind, werden Datenfelder in der *WORKING-STORAGE SECTION* definiert. Sie nehmen programmintern zu verwendende Daten wie Zwischenergebnisse, den Programmablauf steuernde Zähler oder Schalter, am Bildschirm anzuzeigende oder von der Tastatur einzulesende Daten auf.

Die *LINKAGE SECTION* ist nur in externe Unterprogramme (Moduln) aufzunehmen. Hier sind Datenfelder für den Informationsaustausch zwischen einem aufrufenden Programm und dem aufgerufenen Unterprogramm zu beschreiben.[1]

Die Syntax der Beschreibung von Datenfeldern ist für alle drei Kapitel der DATA DIVISION gleich. Das COBOL-Format der Datenfeldbeschreibung behandelt Kap. 4.

Alle drei Kapitel der DATA DIVISION sind optional zu verwenden. Ein COBOL-Programm, das keine Zugriffe auf Dateien vorsieht, benötigt keine FILE SECTION. Die LINKAGE SECTION tritt nur dann in externen Unterprogrammen auf, wenn Daten zwischen dem aufrufenden und dem aufgerufenen Programm ausgetauscht werden.

---

1. Dieser Datenaustausch zwischen Programmen wurde in Abschn. 2.4.4 in "Schnittstellentabellen" spezifiziert.

## 3.7.4 PROCEDURE DIVISION

### Funktion und Formate

Der Befehlsteil eines COBOL-Programms (PROCEDURE DIVISION) enthält in Form von elementaren Anweisungen (Aktionen) und Steueranweisungen (Kontrollkonstrukten) den Verarbeitungsalgorithmus des Programms. Er kann in Kapitel und Paragraphen untergliedert sein.

```
┌─ Format-1 ─────────────────────────────────────────────────────┐
│  [ PROCEDURE DIVISION  [ USING  { Datenname-1 } ... ] .        │
│  { Paragraphenname.                                            │
│      [ Programmsatz. ] ... } ... ]                             │
├─ Format-2 ─────────────────────────────────────────────────────┤
│  [ PROCEDURE DIVISION  [ USING  { Datenname-1 } ... ] .        │
│  { Kapitelname SECTION.                                        │
│  [ Paragraphenname.                                            │
│      [ Programmsatz. ] ... ] ... } ... ]                       │
└────────────────────────────────────────────────────────────────┘
```

### Syntaktische Regeln

1. Die Überschrift des Befehlsteils, Kapitel- und Paragraphennamen beginnen im A-Bereich einer Quellcodezeile (Spalte 8 bis 11).
2. Anweisungen werden im B-Bereich der Quellcodezeilen notiert (Spalte 12 bis 72).
3. Die PROCEDURE DIVISION darf in Kapitel untergliedert sein (Format-2). Jedes Kapitel kann mehrere Paragraphen umfassen.
4. Wird der Befehlsteil nicht in Kapitel untergliedert, muß zumindest ein Paragraph vorgesehen werden (Format-1).
5. Kapitel- und Paragraphennamen unterliegen den Bildungsvorschriften für benutzerdefinierte COBOL-Wörter.

### Beschreibung

Der Befehlsteil eines Programms kann übersichtlich in Kapitel und Paragraphen gegliedert werden. Jeder Paragraph enthält einen oder mehrere Programmsätze. Ein Programmsatz besteht aus einer einzelnen oder mehreren Anweisungen. Jedem Programmsatz folgt das Trennsymbol Punkt.

Die in der PROCEDURE DIVISION aufgeführten elementaren Anweisungen (Aktionen) werden in der Reihenfolge ihres Auftretens (von oben nach unten) abgearbeitet. Mit Hilfe von Steueranweisungen (Kontrollkonstrukten) kann diese natürliche Abarbeitungsreihenfolge der Aktionen durchbrochen werden. Steueranweisungen ermöglichen das bedingte, alternative und wiederholte Abarbeiten einer einzelnen Aktion oder einer Anweisungsfolge, die mehrere Aktionen und auch Steueranweisungen umfassen kann.

Die USING-Option ist nur in externen Unterprogrammen zu codieren. Sie benennt Daten, die zwischen dem aufrufenden Programm und dem aufgerufenen Unterprogramm ausgetauscht werden.[1]

### Hinweis

Programmsätze bestehen aus einer oder mehreren Anweisungen. Jeder Programmsatz endet mit dem nachgestellten Trennsymbol Punkt. Im Zusammenhang mit den beiden COBOL-Formaten der PROCEDURE DIVISION bedeutet dies insbesondere, daß jede Anweisung, der ein Kapitel- oder Paragraphenname folgt, durch das Trennsymbol Punkt abgeschlossen sein muß.

### Beispiele

```
*------------------------------------------------------------
 PROCEDURE DIVISION.
*------------------------------------------------------------
 VORLAUF.
     COBOL-Programmsätze ...
 ERFASSEN.
     COBOL-Programmsätze ...
 DRUCKEN.
     COBOL-Programmsätze ...
 NACHLAUF.
     COBOL-Programmsätze ...
```

Dieser Befehlsteil ist nach Maßgabe des COBOL-Formats 1 in vier Paragraphen gegliedert. Jeder Paragraph enthält einen oder mehrere Programmsätze.

```
*------------------------------------------------------------
 PROCEDURE DIVISION.
*------------------------------------------------------------
 MENUE-WAHL SECTION.
*------------------------------------
 Paragraphen ...
*------------------------------------
 ADRESS-EINGABE SECTION.
*------------------------------------
 Paragraphen ...
*------------------------------------
 DRUCKER-AUSGABE SECTION.
*------------------------------------
 VORLAUF.
     COBOL-Programmsätze ...
 LESEN.
     COBOL-Programmsätze ...
```

---

1. Die Kommunikation zwischen Moduln behandelt Abschnitt 11.3.

```
    DRUCKEN.
        COBOL-Programmsätze ...
    NACHLAUF.
        COBOL-Programmsätze ...
*-------------------------------------
    BILDSCHIRM-AUSGABE SECTION.
*-------------------------------------
    Paragraphen ...
```

Dieser in vier Kapitel untergliederte Befehlsteil ist aus Format-2 der PROCEDURE DIVISION abgeleitet worden. Das Kapitel DRUCKER-AUSGABE demonstriert die weitere Untergliederung einer Section in Paragraphen.

## 3.8 COBOL-Programmrahmen

In den meisten Quellprogrammen werden alle vier Hauptabschnitte eines COBOL-Programms benötigt. Auch jeweils zwei Kapitel der ENVIRONMENT und DATA DIVISION treten in nahezu allen Programmen auf. Abbildung 3.18 zeigt in Form eines allgemeinen Programmrahmens die Überschriften der vier Hauptabschnitte sowie deren Untergliederung in Kapitel.

```
*-----------------------------------------------------------------
    IDENTIFICATION DIVISION.
*-----------------------------------------------------------------
    PROGRAM-ID.         ????????.
   *Autor          :   WENDT
   *Datum          :   15.5.1990
   *Inhalt         :   ?????????????
*-----------------------------------------------------------------
    ENVIRONMENT DIVISION.
*-----------------------------------------------------------------
    CONFIGURATION SECTION.
*-------------------------------------
    SOURCE-COMPUTER.    ???-PC.
    OBJECT-COMPUTER.    ???-PC.
    SPECIAL-NAMES.      CONSOLE IS CRT
                        DECIMAL-POINT IS COMMA.
*-------------------------------------
    INPUT-OUTPUT SECTION.
*-------------------------------------
    FILE-CONTROL.
        SELECT dateiname ASSIGN TO literal
        ...
*-----------------------------------------------------------------
    DATA DIVISION.
*-----------------------------------------------------------------
    FILE SECTION.
*-------------------------------------
    FD  dateiname.
    01  dateisatzbeschreibung ...
```

```
*-----------------------------------
 WORKING-STORAGE SECTION.
*-----------------------------------
 77  elementardatum ...
 01  datensatz ...
*----------------------------------------------------------------
 PROCEDURE DIVISION.
*----------------------------------------------------------------
 START-PROG.
     ...
 ENDE-PROG.
     STOP RUN.
```

*Abb. 3.18  COBOL-Programmrahmen*

Der Aufwand für das Abfassen von Quellprogrammen läßt sich reduzieren, wenn die immer wieder benötigten festen Bestandteile eines Programms nur einmal codiert werden und dann dauernd verfügbar sind. Hierzu muß der Programmrahmen einmal mit Hilfe eines Editors erstellt und in eine Datei (z.B. COB.CBL) abgelegt werden. Das Programmskelett kann dann in jede neu zu erstellende Quellcodedatei kopiert und mit Hilfe des Editors an die individuellen Erfordernisse einer Problemlösung angepaßt werden.[1] Sieht ein Programm z.B. keine Dateizugriffe vor, wären die INPUT-OUTPUT SECTION und die FILE SECTION mit Hilfe eines Editors aus dem Programmskelett zu entfernen.

---

1. Der in Abb. 3.18 gezeigte Programmrahmen ist auf den COBSYS-Disketten in Datei COB.CBL abgelegt.

# 4. COBOL-Datenbeschreibung (Teil I)

Dieses Kapitel behandelt das allgemeine COBOL-Format zur Definition von Datenfeldern. Es hat Gültigkeit für Dateisatzbeschreibungen in der FILE SECTION sowie Datenfelddefinitionen in der WORKING-STORAGE SECTION und der LINKAGE SECTION.

Vorerst *ausgeklammert* bleiben die Definition von Datenfeldern für das Abspeichern nicht-ganzzahliger und vorzeichenbehafteter Werte sowie Druckaufbereitungen, die der gut lesbaren Ausgabe von Daten am Bildschirm oder Drucker dienen. Hierauf sowie auf Möglichkeiten der Beeinflussung interner Datendarstellungen (dual, gepackt) oder das Zusammenfassen gleichartiger Daten in Tabellen gehen die Kapitel 8 und 13 ein.

## 4.1 COBOL-Format der Datenbeschreibung

**Funktion und Format**

Datenfelder sind Bereiche des Arbeitsspeichers eines Rechners, die variable Inhalte aufnehmen. Der jeweils aktuelle Inhalt eines Datenfeldes heißt Datenwert. In den drei Kapiteln der DATA DIVISION werden Datenfelder gleichartig beschrieben.

```
┌─ Format ──────────────────────────────────────────────────┐
│                                                           │
│                  ⎡ Datenname ⎤   ⎡ ⎧ PICTURE ⎫            ⎤│
│   Stufennummer   ⎢           ⎥   ⎢ ⎨         ⎬  IS Zeichenfolge ⎥│
│                  ⎣ FILLER    ⎦   ⎣ ⎩   PIC   ⎭            ⎦│
│                                                           │
│                                                           │
│                  [ VALUE IS  Literal ]                    │
│                                                           │
└───────────────────────────────────────────────────────────┘
```

**Beispiele**

```
77  MENGE           PIC 99.
77  WEITER          PIC X     VALUE "J".
01  GEBURTS-DATUM.
    05 TAG          PIC 99.
    05 MONAT        PIC 99.
    05 JAHR         PIC 9999.
```

**Beschreibung**

Die in der FILE SECTION zu definierenden Datenfelder (Dateipuffer) nehmen jeweils einen Datensatz auf, der aus einer z.B. auf Diskette oder Magnetplatte gespeicherten Datei eingelesen oder alternativ vom Programm im Dateipuffer bereitgestellt und auf das externe Speichermedium ausgegeben wird.

Die Kommunikation zwischen Programm und extern gespeicherten Dateien erfolgt satzweise über Dateipuffer.

Alle sonstigen programmintern zu verwendenden Datenfelder werden in der WORKING-STORAGE SECTION bzw. der LINKAGE SECTION definiert. Sie nehmen z.B. Rechenergebnisse, mit Hilfe der Tastatur zu erfassende oder am Bildschirm auszugebende Daten auf.

Die Anweisungen eines COBOL-Programms nehmen auf Datenfelder bzw. die in ihnen abgespeicherten Datenwerte mit Hilfe von Datennamen Bezug. Diese Form der symbolischen Adressierung von Speicherbereichen mittels der ihnen zugeordneten Datennamen befreit den Programmierer von der expliziten Verwaltung des Arbeitsspeichers und den damit verbundenen Adreßrechnungen. Diese Aufgaben übernehmen Compiler und Linker. Die symbolische Adressierung, das Ansprechen von Datenfeldern bzw. Datenwerten mittels ihrer Datennamen, demonstrieren die folgende Additions- und Datentransportanweisung (MOVE):

```
ADD  ANZAHL TO MENGE BESTAND
MOVE ANZAHL TO BESTAND
```

In diesen Anweisungen sind ANZAHL, MENGE und BESTAND Datennamen (Variablen) für die im Arbeitsspeicher Datenfelder zu reservieren sind.

Neben Datennamen definieren Datenbeschreibungen der DATA DIVISION auch die Länge eines Feldes, den Feldtyp und gegebenenfalls Datenhierarchien. Datenhierarchien bzw. Datenstrukturen bringen die Zugehörigkeit von Elementardaten oder Datengruppen zu übergeordneten Datengruppen zum Ausdruck.

Das COBOL-Format für Datenbeschreibungen erlaubt die Angaben eines *Datenfeldnamens*, der *Datenfeldlänge*, des *Feldtyps* und die Einordnung eines Feldes in eine *Datenhierarchie*:

- Stufennummern ermöglichen die Definition von Datenhierarchien.
- Mit Hilfe der Datennamen nehmen Anweisungen auf Datenfelder bzw. Feldinhalte Bezug.
- Die "Zeichenfolge" der PICTURE-Klausel dient der Angabe des Feldtyps und der Feldlänge.
- Ergänzend kann mit Hilfe der VALUE-Klausel ein Datenfeld mit einem numerischen oder nicht-numerischen Literal als Anfangswert vorbesetzt (initialisiert) werden.

Die nachfolgenden Abschnitte erläutern die Bestandteile des COBOL-Formats für Datenbeschreibungen.

### 4.1.1 Stufennummern

Mit Hilfe der Stufennummern läßt sich ein Datenfeld definierter Länge in Teilfelder unterteilen. Dem Datenfeld selbst sowie allen seinen Teilfeldern werden unterschiedliche Datennamen zugeordnet. So entsteht die Möglichkeit, in Anweisungen das gesamte Datenfeld oder alternativ Ausschnitte des Datenfeldes über Datennamen anzusprechen.

Ein Datenfeld, das nicht in Teilfelder untergliedert und auch nicht Bestandteil eines übergeordneten Datenfeldes ist, bezeichnet man als *unabhängiges Datenfeld*. Unabhängige Datenfelder stehen in keinerlei Beziehung zu sonstigen Datenfeldern. Ihr Inhalt kann in Anweisungen nur insgesamt über den zugeordneten Datennamen angesprochen werden.[1]

Ein in Teilfelder untergliedertes Datenfeld bezeichnet man als *Datenfeldgruppe*, den Inhalt eines untergliederten Datenfeldes als *Datengruppe*. Die Teilfelder einer Datenfeldgruppe können über mehrere Stufen erneut untergliedert werden. Ein nicht weiter untergliedertes Teilfeld nennt man *Elementarfeld*, seinen Inhalt *Elementardatum*. Den Inhalt einer Datenfeldgruppe, die selbst nicht Bestandteil einer übergeordneten Feldgruppe ist, bezeichnet man als *Datensatz*.

Elementardaten, Datengruppen und Datensätze stehen in wechselseitigen Über-/Unterordnungsbeziehungen zueinander. Sie bilden eine Datenhierarchie bzw. Datenstruktur. Die Zugehörigkeit von Elementardaten zu Datengruppen sowie die der Datengruppen oder Elementardaten zu Datensätzen wird durch Stufennummern ausgedrückt.

**Syntaktische Regeln**

1. Jede Eintragung zur Datenfelddefinition beginnt mit einer Stufennummer.
2. In allen drei Kapiteln der DATA DIVISION können die Stufennummern 01 bis 49 verwendet werden.
3. In der WORKING-STORAGE SECTION und in der LINKAGE SECTION ist zusätzlich eine Stufennummer 77 verwendbar.
4. Die Stufennummern 01 und 77 müssen im A-Bereich des COBOL-Codierschemas (Spalte 8 bis 11) notiert werden.
5. Alle anderen Stufennummern dürfen im A-Bereich oder alternativ im B-Bereich (Spalte 12 bis 72) beginnen.[2]

**Beschreibung**

Stufennummer 77 definiert unabhängige Datenfelder in der WORKING-STORAGE SECTION und in der LINKAGE SECTION. Die in diesen Feldern zu speichernden Daten gehören keiner Datenhierarchie an. Stufennummer 77 darf nicht in der FILE SECTION verwendet werden.

Zur Definition eines Dateipuffers in der FILE SECTION, der als unabhängiges Datenfeld einen nicht weiter zu untergliedernden Dateisatz aufnehmen soll, ist die

---

1. In Abschn. 13.2 wird gezeigt, daß sich mit Hilfe von Teilfeldselektoren beliebige Ausschnitte eines Datenfeldes (Substrings) auslesen lassen.
2. COBOL kennt außer den Stufennummern 01 bis 49 und 77 eine Stufennummern 88, die in Abschn. 8.4.1 behandelt wird.

Stufennummer 01 zu verwenden. Dateisätze dürfen jedoch auch hierarchisch untergliedert werden.

In allen drei Kapiteln der DATA DIVISION werden hierarchisch untergliederte Daten mit Hilfe der Stufennummern 01 bis 49 definiert. Die Stufennummer 01 ist für Datensätze, die auf der höchsten Hierarchieebene angeordneten Datengruppen, reserviert. Sie sind nicht Bestandteil einer übergeordneten Datengruppe. Für die Definition der Teilfelder eines Datensatzes (Datengruppen und Elementardaten) werden die Stufennummern 02 bis 49 verwendet.

Eine Datengruppe umfaßt alle Datengruppen und Datenelemente, die ihr folgen, bis eine Stufennummer auftritt, die kleiner oder gleich dieser Stufennummer ist. Alle Datenelemente oder Datengruppen, die einer Datengruppe unmittelbar untergeordnet sind, müssen identische Stufennummern haben, die höher als die Stufennummer dieser Gruppe sind.

**Beispiele**

Für eine zu speichernde Adresse könnte folgende Datenstruktur definiert werden:

```
01 ANSCHRIFT
   05 GESAMT-NAME
   05 STRASSE
   05 WOHNORT
```

Der Datensatz ANSCHRIFT umfaßt hier die Elementardaten GESAMT-NAME, STRASSE und WOHNORT. Der Compiler würde zu dieser Datenstruktur ein Datenfeld ANSCHRIFT reservieren, das in drei Teilfelder untergliedert ist:

| ANSCHRIFT | | | Datensatz |
|---|---|---|---|
| GESAMT-NAME | STRASSE | WOHNORT | Elementardaten |
| Sabine Schmidt | Von-Melle-Park 5 | 2000 Hamburg 13 | Dateipuffer |

Anweisungen eines Programms können den gesamten Datensatz über den Datensatznamen ANSCHRIFT oder die ihm zugeordneten Elementardaten über die Datennamen GESAMT-NAME, STRASSE und WOHNORT selektiv ansprechen. Die gleichrangige Zugehörigkeit der Elementardaten zum Datensatz ergibt sich aus den identischen Stufennummern der Elementardaten.[1]

Die bisher betrachtete Datenstruktur ANSCHRIFT läßt das selektive Ansprechen z.B. des Nachnamens oder der Postleitzahl des Wohnortes in Anweisungen nicht zu. Ist dies in einem Programm erforderlich, muß die Datenstruktur verfeinert werden:

---

1. Stufennummern müssen nicht lückenlos aufsteigend vergeben werden. Im Beispiel könnte anstelle der Stufennummer 05 auch dreimal die Stufennummer 02 oder auch 15 angegeben werden. Bei einer nicht lückenlosen Vergabe von Stufennummern lassen sich zu einem späteren Zeitpunkt problemlos zusätzliche Datengruppen in eine Datenstruktur aufnehmen.

```
01 ANSCHRIFT
   05 GESAMT-NAME
      10 VOR-NAME
      10 ZU-NAME
   05 STRASSE
   05 WOHNORT
      10 PLZ
      10 ORT
```

Der Compiler würde zu dieser Datenstruktur ein Datenfeld reservieren, das über den Datensatznamen ANSCHRIFT insgesamt angesprochen werden kann.[1] Zusätzlich können Anweisungen auf die Datengruppen GESAMT-NAME und WOHNORT, aber auch auf die ihnen zugeordneten Elementardaten (VOR-NAME, ZU-NAME sowie PLZ und ORT) sowie auf das Teilfeld STRASSE Bezug nehmen:

| ANSCHRIFT | | | | | | | Datensatz |
|---|---|---|---|---|---|---|---|
| GESAMT-NAME | | | | WOHNORT | | | Datengruppen |
| VOR-NAME | ZU-NAME | | STRASSE | | PLZ | ORT | Elementardaten |
| Sabine | Schmidt | | Von-Melle-Park 5 | | 2000 | Hamburg 13 | Dateipuffer |

Bei der Vergabe von Stufennummern und ihrer Anordnung innerhalb einer COBOL-Quellcodezeile verbleiben dem Programmierer Freiheitsgrade. Die nachfolgenden drei Datenstrukturen sind mit der vorstehend beschriebenen Struktur inhalts- und funktionsgleich:

```
01 ANSCHRIFT           01 ANSCHRIFT           01 ANSCHRIFT
05 GESAMT-NAME         02 GESAMT-NAME         10 GESAMT-NAME
10 VOR-NAME            03 VOR-NAME            15 VOR-NAME
10 ZU-NAME             03 ZU-NAME             15 ZU-NAME
05 STRASSE             02 STRASSE             10 STRASSE
05 WOHNORT             02 WOHNORT             10 WOHNORT
10 PLZ                 03 PLZ                 20 PLZ
10 ORT                 03 ORT                 20 ORT
```

Aufeinanderfolgende Datenerklärungen dürfen in der selben Spalte beginnen wie die vorhergehenden. Einrückungen der Stufennummern lassen lediglich die Datenstruktur optisch besser erkennen. Die Funktion des Compilers beeinflussen sie nicht.

---

1. Verarbeitungsziel könnte z.B. sein, den Inhalt des gesamten Datenfeldes zu löschen.

### 4.1.2 Datennamen

Datennamen benennen Bereiche des Arbeitsspeichers, die variable Inhalte aufnehmen können. Anweisungen eines Programms sprechen diese Datenfelder bzw. ihre Inhalte über Datennamen an.

**Syntaktische Regeln**

1. Die vom Programmierer für Dateisätze, Datensätze, Datengruppen und Elementardaten zu vergebenden Datennamen unterliegen den Bildungsvorschriften für benutzerdefinierte COBOL-Wörter. Diese Bildungsvorschriften wurden in Abschn. 3.3.2 behandelt. Abbildung 3.9, S. 185, zeigt zulässig und unzulässig gebildete Datennamen.
2. Das COBOL-Format zur Datenbeschreibung sieht als Alternative zur expliziten Vergabe eines Datennamens durch den Programmierer die Verwendung des reservierten COBOL-Wortes FILLER vor. Dieser implizite Datenname kann explizite Datennamen innerhalb einer Datenstruktur immer dann ersetzen, wenn das durch FILLER bezeichnete Datenfeld in Anweisungen *nicht* angesprochen werden muß.
3. Der implizite Datenname FILLER kann innerhalb einer Datenstruktur beliebig häufig stellvertretend für den Datennamen von Elementardaten, aber auch für Datengruppen und Datensätze verwendet werden.
4. Die Vergabe von Datennamen ist optional. Verzichtet der Programmierer auf die Angabe eines expliziten oder impliziten Datennamens, generiert der Compiler den impliziten Datennamen FILLER.

**Beschreibung**

Der Programmierer wird im Normalfall Datenstrukturen unter Verwendung *expliziter Datennamen* definieren. Sie ermöglichen das selektive Ansprechen aller Teilfelder. Nur in Ausnahmefällen wird der *implizite Datenname FILLER* zur korrekten Beschreibung einer – meist in Form eines Dateisatzaufbaus – vorgegebenen Datenstruktur verwendet.

Soll z.B. ein Programm eine Datei verarbeiten, deren Dateisätze 50 oder mehr Elementardaten beinhalten, von denen aber nur wenige im Programm tatsächlich angesprochen werden, wird der Programmierer nur für die anzusprechenden Speicherbereiche explizite Datennamen vergeben. Der Datensatzaufbau ist dann unter Verwendung des impliziten Datennamens weiterhin korrekt beschreibbar.

Die Vergabe impliziter Datennamen reduziert die Anzahl benutzerdefinierter COBOL-Wörter innerhalb eines Programms, was zu seiner Übersichtlichkeit beiträgt, Compiler- und Bindeprozesse marginal beschleunigt und den Speicherplatzbedarf ablauffähiger Programme geringfügig reduziert.

**Beispiele**

| KUNDEN-SATZ ||||||
|---|---|---|---|---|---|
| GESAMT-NAME || STRASSE | WOHNORT || TELEFON |
| VOR-NAME | ZU-NAME | | PLZ | ORT | |
| Sabine | Schmidt | Von-Melle-Park 5 | 2000 | Hamburg 13 | 040/41231 |

Der Dateisatz KUNDEN-SATZ umfaßt 6 Elementardaten. Unter Verwendung von 9 expliziten Datennamen läßt sich die folgende Datenstruktur angeben:

```
01 KUNDEN-SATZ
   05 GESAMT-NAME
      10 VOR-NAME
      10 ZU-NAME
   05 STRASSE
   05 WOHNORT
      10 PLZ
      10 ORT
   05 TELEFON
```

Diese Datensatzbeschreibung erlaubt das Ansprechen von 9 unterschiedlichen Teilbereichen des Datenfeldes KUNDEN-SATZ. Wenn eine konkrete Problemlösung lediglich Zugriffe auf die Elementardaten ZU-NAME und TELEFON vorsieht, läßt sich unter Verwendung des impliziten bzw. generierten Datennamens FILLER die Beschreibung der Datenstruktur vereinfachen:

```
01 KUNDEN-SATZ        01 FILLER           01                  01
   05 GESAMT-NAME        05 FILLER           05                  05
      10 FILLER             10 FILLER           10                  05 ZU-NAME
      10 ZU-NAME            10 ZU-NAME          10 ZU-NAME          05
   05 FILLER             05 FILLER           05                  05 TELEFON
   05 FILLER             05 TELEFON          05 TELEFON
      10 FILLER
      10 FILLER
   05 TELEFON
```

Diese vier Datenstrukturen weisen einen unterschiedlichen Darstellungsaufwand auf. Jede der Datensatzbeschreibungen wird nach Ergänzung um die im folgenden zu erläuternde PICTURE-Klausel den Zugriff auf die Elementardaten ZU-NAME und TELEFON erlauben.

### 4.1.3 PICTURE-Klausel

**Funktion und Format**

Bisher wurden Datenfeldern und ihren Teilbereichen Datennamen zugeordnet. Die Lokalität von Elementardaten und Datengruppen innerhalb eines Speicherbereichs ließ sich mit Hilfe von Stufennummern ausdrücken. Ergänzend sind nun Feldlängen und Feldtypen zu spezifizieren. Im COBOL-Format zur Datenbeschreibung dient die PICTURE-Klausel der Angabe von Feldlängen und Feldtypen.

```
┌─ Format ────────────────────────────────┐
│                                         │
│    ⎡ ⎧ PICTURE ⎫              ⎤         │
│    ⎢ ⎨ ─────── ⎬  IS Zeichenfolge ⎥     │
│    ⎣ ⎩   PIC   ⎭              ⎦         │
│                                         │
└─────────────────────────────────────────┘
```

### Beispiele

```
77  ANZAHL      PIC 99.
77  WEITER      PIC X.
01  TEXTE.
    05  TEXT-1  PIC X(25).
    05  TEXT-2  PIC X(75).
```

### Syntaktische Regeln

1. PICTURE und PIC sind funktionsgleiche Schlüsselwörter, die dem Compiler eine Längen- und Typdefinition in Form einer "Zeichenfolge" ankündigen.

2. Die Definition von Feldlänge und Feldtyp bezieht sich auf den expliziten oder impliziten Datennamen, der den Schlüsselwörtern PIC oder PICTURE unmittelbar vorausgeht.

3. Die PICTURE-Klausel darf nicht jedem Datennamen folgen. Sie muß für jedes Elementardatum angegeben werden. Datennamen, die Datengruppen repräsentieren, darf keine PICTURE-Klausel angefügt werden.

4. Die im Format der PICTURE-Klausel angegebene "Zeichenfolge" wird aus wenigen vordefinierten Zeichen (z.B. X, 9, A) aufgebaut, die den Feldtyp und die Feldlänge der Elementardaten festlegen.

5. Die "Zeichenfolge" ist in konkreten Datenbeschreibungen maximal 30 Zeichen lang.

### Hinweis

Die Angabe einer PICTURE-Klausel zu allen Elementardaten ist zwingend erforderlich. Den Datennamen von Datengruppen darf keine PICTURE-Klausel folgen. Das Beispiel einer Datenstruktur zeigt die Anwendung dieser syntaktischen Vorschrift.

```
01  ANSCHRIFT.
    05  GESAMT-NAME.
        10  VOR-NAME  PIC ...
        10  ZU-NAME   PIC ...
    05  STRASSE       PIC ...
    05  WOHNORT.
        10  PLZ       PIC ...
        10  ORT       PIC ...
```

Den Grund für die Beschränkung der Feldlängen- und Feldtypangabe auf Elementardaten läßt folgende Abbildung erkennen:

| ANSCHRIFT | | | | | | Datensatz |
|---|---|---|---|---|---|---|
| GESAMT-NAME | | | WOHNORT | | | Datengruppen |
| VOR-NAME | ZU-NAME | STRASSE | PLZ | ORT | | Elementardaten |
| Sabine | Schmidt | Von-Melle-Park 5 | 2000 | Hamburg 13 | | Dateipuffer |

Zum Speichern des Datensatzes Anschrift ist ein Datenfeld im Arbeitsspeicher zu reservieren, dessen Länge exakt der Summe der Feldlängen aller Elementardaten entspricht. Wird die Länge jedes Elementardatums explizit mit Hilfe der auf PIC folgenden "Zeichenfolge" angegeben, ist damit implizit die Länge des Datensatzes, der wegen seiner Untergliederung zugleich als Datengruppe aufzufassen ist, festgelegt. Entsprechendes gilt für alle Datengruppen: Die Länge des Teilfeldes WOHNORT entspricht der Summe der für PLZ und ORT anzugebenden Feldlängen. Wäre es zulässig, auch zu Datengruppen PICTURE-Klauseln anzugeben, enthielte die Beschreibung einer Datenstruktur redundante Informationen, die ursächlich für inkonsistente Beschreibungen sein könnten.

### 4.1.4 Feldtyp und Feldlänge

Die Programmiersprache COBOL unterscheidet drei unterschiedliche Feldtypen, die in der PICTURE-Klausel unter Verwendung der Grundsymbole 9, A und X definiert werden.

| Grund-symbol | Feldtyp | speicherbare Zeichen |
|---|---|---|
| 9 | numerisch | 0, 1, ..., 9 |
| A | alphabetisch | A, B, ..., Z, a, b, ..., z, Leerzeichen |
| X | alphanumerisch | alle technisch darstellbaren Zeichen |

Nur mit numerisch definierten Feldern lassen sich Rechenoperationen ausführen. Ein unter Verwendung des Grundsymbols 9 definiertes Feld kann lediglich positive Ganzzahlen aufnehmen. Mittels der in Kap. 8 zu erläuternden Zusatzsymbole S und V können Felder zum Speichern vorzeichenbehafteter und nicht-ganzzahliger Werte definiert werden.

Die Länge eines Datenfeldes wird durch die Anzahl der in der PICTURE-Zeichenfolge auftretenden Grundsymbole festgelegt. Als Schreibvereinfachung darf einem einzelnen Grundsymbol ein in Klammern gesetzter Wiederholungsfaktor unmittelbar folgen.

## Beispiele

| PICTURE-Klausel | Feldtyp | Feldlänge |
|---|---|---|
| PIC X | alphanumerisch | 1 Zeichen |
| PIC XXX | alphanumerisch | 3 Zeichen |
| PIC X(3) | alphanumerisch | 3 Zeichen |
| PIC X(132) | alphanumerisch | 132 Zeichen |
| PIC 9 | numerisch | 1 Zeichen |
| PIC 99 | numerisch | 2 Zeichen |
| PIC 9(6) | numerisch | 6 Zeichen |
| PIC A(10) | alphabetisch | 10 Zeichen |

### 4.1.5 VALUE-Klausel

**Funktion und Format**

Mit Hilfe der VALUE-Klausel kann einem Datenfeld ein Anfangswert zugewiesen werden. Anfangswerte stehen unmittelbar nach dem Programmstart für Verarbeitungszwecke zur Verfügung.

```
─ Format ──────────────────────────────────

  [ VALUE  IS  Literal ]

──────────────────────────────────────────
```

**Beispiele**

```
77  WEITER      PIC X      VALUE "J".
77  ANZAHL      PIC 99     VALUE 50.
77  TEXT-1      PIC X(11)  VALUE "Hello World".
77  STRICH      PIC X(80)  VALUE ALL "-".
01  MELDUNGEN.
    05  MELDUNG-1  PIC X(25)  VALUE "Berechnung abgeschlossen!".
    05  MELDUNG-2  PIC X(26)  VALUE "Bitte Kunden-Nr. eingeben!".
    05  MELDUNG-3.
        08  FILLER   PIC X(28)  VALUE "Kein Satz mit der Kunden-Nr ".
        08  KUND-NR  PIC 9(4).
        08  FILLER   PIC X(25)  VALUE " in Kundendatei gefunden!".
    05  MELDUNG-4  PIC X(80)  VALUE "Ende Bestellverarbeitung !.".
```

**Syntaktische Regeln**

1. Die VALUE-Klausel darf nur in der WORKING-STORAGE SECTION verwendet werden.
2. Anfangswerte sind in Form numerischer oder nicht-numerischer Literale anzugeben.
3. In numerisch definierte Felder können nur Zahlen eingestellt werden.

4. Die Stellenanzahl des Datenwertes eines Literals darf kleiner oder gleich der Feldlänge des zugehörigen Datenfeldes sein. Der Speicherplatzbedarf des Literals darf die Feldlänge jedoch nicht übersteigen.
5. Als Literal dürfen auch figurative Konstanten angegeben werden.
6. Auch Datensätzen und Datengruppen dürfen Anfangswerte zugewiesen werden.

**Beschreibung**

Eine Zuweisung von Anfangswerten ist in der FILE SECTION und in der LINKAGE SECTION unzulässig. Die in diesen beiden Kapiteln definierten Datenfelder erhalten ihre Datenwerte aus externen Dateien, oder sie werden von Anweisungen eines Programms bereitgestellt.

Die Initialisierung eines Datenfeldes in der WORKING-STORAGE SECTION erfolgt unmittelbar nach dem Programmstart. Die Anfangswerte stehen für Verarbeitungszwecke solange unverändert zur Verfügung, bis sie von einer Anweisung des Programms gelöscht oder überschrieben werden.

Die Stellenzahl der in der VALUE-Klausel angegebenen Anfangswerte darf kleiner als die Länge des zugehörigen Datenfeldes sein. In solchen Fällen werden nichtnumerische Literale *linksbündig* in das Datenfeld eingestellt und die überschüssigen Speicherplätze mit Leerzeichen gefüllt. Bisher wurde nur die Speicherung ganzzahliger numerischer Werte behandelt. Wird eine solche Ganzzahl als Anfangswert in ein überlanges numerisches Feld eingestellt, geschieht dies *rechtsbündig*. Der Dezimalwert der Ganzzahl bleibt so erhalten.

## 4.2 Beispiele zur Datenbeschreibung

### 4.2.1 Elementardaten

**Beispiele**

```
77  WEITER-1    PIC X.
77  WEITER-2    PIC X     VALUE "J".
77  ANZAHL-1    PIC 99.
77  ANZAHL-2    PIC 99    VALUE 50.
77  TEXT-1      PIC X(11) VALUE "Hello World".
77  TEXT-2      PIC X(96) VALUE "Dieses Literal ""TEXT-2"" läßt
-       "sich wegen seiner Länge nicht in einer Quellcodezeile unte
-       "rbringen."
77  STRICH      PIC X(80) VALUE ALL "-".
```

**Erläuterung**

WEITER-1   Datenfeld zur Speicherung eines alphanumerischen Datums der Länge 1 Zeichen. In alphanumerisch definierten Feldern können alle technisch darstellbaren Zeichen gespeichert werden.

WEITER-2   Das Datenfeld ist mit dem zum Startzeitpunkt des Programms für Verarbeitungszwecke verfügbaren Anfangswert J vorbesetzt.

ANZAHL-1   Datenfeld zur Speicherung einer zweiziffrigen Ganzzahl. In diesem numerischen Feld können die Zahlen 0 bis 99 gespeichert werden. Datenfelder für Ganzzahlen können zur Aufnahme von Dezimalzahlen mit max. 18 Ziffern definiert werden.

ANZAHL-2   Die VALUE-Klausel initialisiert das Datenfeld mit der Ganzzahl 50.

TEXT-1   Das 11 Zeichen lange alphanumerische Feld wird mit einer Textkonstanten (Hello World) vorbesetzt. Die Länge der mit Anfangswerten zu füllenden Felder darf größer als die Zeichenzahl des Anfangswerts sein.

TEXT-2   Dieses alphanumerische Literal wird unter Verwendung des Fortsetzungszeichens (–) im Zeilenkennbereich (Spalte 7) getrennt. Die Fortsetzungszeilen beginnen im B-Bereich mit Anführungszeichen ("), die den Beginn der Teilliterale markieren. Würde man den Feldinhalt von TEXT-2 am Bildschirm anzeigen, erhielte man:

```
Dieses Literal "TEXT-2" läßt sich ...
```

Die innerhalb des Literals zu notierenden Anführungszeichen müssen verdoppelt werden.[1]

STRICH   Unter Verwendung der figurativen Konstanten ALL wird das 80 Zeichen lange Datenfeld STRICH mit 80 Bindestrichen (–) aufgefüllt.

### 4.2.2 Datensätze

**Beispiel 1**

Im folgenden wird die tabellarische Beschreibung eines in Datengruppen und Elementardaten untergliederten Datensatzes angegeben.

| Feldinhalt | Datenname | Spalte | Länge | Datentyp |
|---|---|---|---|---|
| Kunden-Nummer | KUND-NR | 1 – 4 | 4 | numerisch |
| Kunden-Anschrift | ADRESSE | | | |
|   Kunden-Name | GESAMT-NAME | | | |
|     Vorname | VOR-NAME | 5 – 24 | 20 | alphanumerisch |
|     Nachname | NACH-NAME | 25 – 49 | 25 | alphanumerisch |
|   Straße | STRASSE | 50 – 74 | 25 | alphanumerisch |
|   Wohnort | WOHNORT | | | |
|     Postleitzahl | PLZ | 75 – 78 | 4 | numerisch |
|     Ort | ORT | 79 – 103 | 25 | alphanumerisch |
|   Telefon | TELEFON | | | |
|     Vorwahl-Nummer | VORWAHL | 104 – 111 | 8 | alphanumerisch |
|     Rufnummer | RUFNUMMER | 112 – 120 | 9 | alphanumerisch |

---

1. Zur Notation und Trennung alphanumerischer Literale siehe Abschn. 3.3.3 und Abschn. 3.5.

Falls dieser Datensatz in einer Datei gespeichert ist oder gespeichert werden soll, ist die zugehörige COBOL-Beschreibung als Dateisatzbeschreibung in der FILE SECTION anzuordnen. Werden die Daten lediglich programmintern verwendet, erfolgt die Datensatzbeschreibung in der WORKING-STORAGE SECTION.

```
01  KUNDEN-SATZ.
    05  KUNDEN-NR           PIC 9(4).
    05  ADRESSE.
        08  GESAMT-NAME.
            10  VOR-NAME    PIC X(20).
            10  NACH-NAME   PIC X(25).
        08  STRASSE         PIC X(25).
        08  WOHNORT.
            10  PLZ         PIC 9(4).
            10  ORT         PIC X(25).
    05  TELEFON.
        08  VORWAHL         PIC X(8).
        08  RUFNUMMER       PIC X(9).
```

**Erläuterung 1**

PICTURE-Klauseln zur Beschreibung von Feldtyp und Feldlänge sind nur für Elementardaten anzugeben. Die Länge der Datengruppen und des gesamten Datensatzes ergibt sich aus der Summe der Längen aller zu einer Datengruppe bzw. zum Datensatz gehörenden Elementardaten. Im Datensatz KUNDEN-SATZ sind ADRESSE, GESAMT-NAME, WOHNORT und TELEFON Datengruppen. Elementardaten sind KUNDEN-NR, VOR-NAME, NACH-NAME, STRASSE, PLZ, ORT, VORWAHL und RUFNUMMER.

Die Datengruppe GESAMT-NAME ist in einem Teilfeld des mit KUNDEN-SATZ bezeichneten Datenfelds gespeichert. Die Länge der Datengruppe GESAMT-NAME beträgt 45 Zeichen. Sie beginnt in Spalte 5 und endet in Spalte 49 des Datenfelds KUNDEN-SATZ. Die Datengruppe ADRESSE umfaßt 5 Elementardaten und 2 Datengruppen. Das Teilfeld ADRESSE ist 99 Zeichen lang und beginnt in Spalte 5 des Datenfeldes KUNDEN-SATZ. Das letzte zum Feld ADRESSE speicherbare Zeichen steht in Spalte 103 des Datensatzes.

Die Anweisungen eines COBOL-Programms nehmen auf Elementardaten über den ihnen zugeordneten Datennamen Bezug. Ergänzend können in Datenstrukturen die zu einer Datengruppe gehörenden Elementardaten über den Datennamen der Gruppe angesprochen werden. So kann z.B. in einer Anweisung unter Angabe des Datensatznamens KUNDEN-SATZ der gesamte Feldinhalt oder unter Angabe von GESAMT-NAME der Vor- und Nachname gelöscht werden. Eine andere Anweisung könnte unter Verwendung des Datengruppennamens TELEFON die Vorwahl- und Rufnummer am Bildschirm anzeigen.

**Beispiel 2**

Hier wird davon ausgegangen, daß die in Beispiel 1 beschriebenen Kundendaten in einer Datei auf Diskette oder Magnetplatte abgespeichert sind. Ein Programm soll ein Telefonverzeichnis erstellen, das lediglich die Nachnamen der Kunden, ihre

Vorwahl und Rufnummer enthält. Der Dateisatz könnte in der FILE SECTION dann wie folgt beschrieben sein:

```
01  KUNDEN-SATZ.
    05  FILLER           PIC 9(4).
    05  FILLER.
        08  FILLER.
            10  FILLER       PIC X(20).
            10  NACH-NAME    PIC X(25).
        08  FILLER           PIC X(25).
        08  FILLER.
            10  FILLER       PIC 9(4).
            10  FILLER       PIC X(25).
    05  FILLER.
        08  VORWAHL          PIC X(8).
        08  RUFNUMMER        PIC X(9).
```

## Erläuterung 2

Der implizite Datenname FILLER kann einen vom Programmierer zu vergebenden expliziten Datennamen immer dann ersetzen, wenn Anweisungen des Programms auf die mit FILLER bezeichneten Datengruppen oder Elementardaten keinen Bezug nehmen. Die Dateisatzbeschreibung erlaubt das Auslesen, Ändern und Löschen der Elementardaten NACH-NAME, VORWAHL und RUFNUMMER. Alle anderen Bereiche des Dateisatzes können nicht selektiv angesprochen werden. Die Verwendung des impliziten Datennamens FILLER reduziert lediglich die Anzahl der vom Programmierer zu vergebenden expliziten Datennamen.

## Beispiel 3

Die im Beispiel 3 erläuterte Datensatzbeschreibung läßt sich unter Erhaltung ihres Inhalts und ihrer Funktion wie folgt vereinfachen:

```
01  KUNDEN-SATZ.
    05                   PIC X(24).
    05  NACH-NAME        PIC X(25).
    05                   PIC X(54).
    05  VORWAHL          PIC X(8).
    05  RUFNUMMER        PIC X(9).
```

## Erläuterung 3

Mehrere in Beispiel 2 aufeinanderfolgende implizite Datennamen FILLER sind hier zusammengefaßt worden. Das mit KUNDEN-SATZ bezeichnete Datenfeld ist nach wie vor 120 Zeichen lang. Da das reservierte COBOL-Wort FILLER im 3. COBOL-Standard ein Wahlwort ist, kann es ersatzlos entfallen. Bei den Feldlängenangaben innerhalb eines Datensatzes muß die *Lokalität der Elementardaten* innerhalb des Satzes genauestens beachtet werden. So ist im obigen Beispiel z.B. die VORWAHL eines Kunden in Spalte 104 (24 + 25 + 54 + 1) bis Spalte 111 (24 + 25 + 54 + 8) abgespeichert, was mit der in Beispiel 1 angegebenen tabellarischen Datensatzbeschreibung übereinstimmt.

**Beispiel 4**

```
01 MELDUNGEN.
   05 MELDUNG-1  PIC X(25) VALUE "Berechnung abgeschlossen!".
   05 MELDUNG-2  PIC X(26) VALUE "Bitte Kunden-Nr. eingeben!".
   05 MELDUNG-3.
      08 FILLER  PIC X(28) VALUE "Kein Satz mit der Kunden-Nr ".
      08 KUND-NR PIC 9(4).
      08 FILLER  PIC X(25) VALUE " in Kundendatei gefunden!".
   05 MELDUNG-4  PIC X(80) VALUE "Ende Bestellverarbeitung !.".
```

**Erläuterung 4**

Hier sind MELDUNG-1 bis MELDUNG-4 aus Gründen der Übersichtlichkeit zu einem Datensatz MELDUNGEN zusammengefaßt worden. MELDUNG-1, MELDUNG-2 und MELDUNG-4 definieren Elementardaten, die mit Textkonstanten initialisiert werden. Sie könnten alternativ auch unter Verwendung der Stufennummer 77 beschrieben werden. Das Datenfeld MELDUNG-4 ist überdimensioniert, die Textkonstante wird linksbündig eingestellt und der überschüssige Speicherplatz mit Leerzeichen aufgefüllt.

MELDUNG-3 ist eine Datengruppe, die drei Elementardaten umfaßt. Nachdem mit Hilfe einer Anweisung des Programms dem Datenfeld KUND-NR z.B. der Datenwert 4711 zugewiesen wurde, könnte MELDUNG-3 als Gesamttext

    Kein Satz mit der Kunden-Nr 4711 in Kundendatei gefunden!

am Bildschirm angezeigt werden. Zu einem späteren Zeitpunkt kann dem Datenfeld KUND-NR dann ein anderer Wert zugewiesen und der geänderte Benutzerhinweis dann erneut z.B. am Bildschirm ausgegeben werden.

# 5. Allgemeine COBOL-Anweisungen (Teil I)

Der Verarbeitungsalgorithmus zu einer Problemstellung wird unter Verwendung von Anweisungen in der PROCEDURE DIVISION eines COBOL-Programms abgefaßt. Dieses Kapitel behandelt eine Auswahl häufig benötigter COBOL-Grundbefehle. Sie lassen sich in Aktionen (elementare Anweisungen) und Kontrollkonstrukte (Steueranweisungen) einteilen. Aktionen dienen der Verarbeitung von Daten. Kontrollkonstrukte legen die Reihenfolge, in der Anweisungen abgearbeitet werden, fest. Abbildung 5.1 zeigt einen Überblick zu den in diesem Kapitel behandelten Anweisungen.

| Anweisung | Funktion |
|---|---|
| COMPUTE | Auswerten arithmetischer Ausdrücke |
| MOVE | Übertragung von Daten zwischen Datenfeldern |
| DISPLAY | Datenausgabe z.B. am Bildschirm |
| ACCEPT | Dateneingabe z.B. mittels Tastatur |
| INITIALIZE | Initialisieren von Datenfeldern |
| CONTINUE | Leeranweisung |
| STOP RUN | Beenden eines Programmlaufs |
| PERFORM | Kontrollkonstrukt Wiederholung |
| IF | Kontrollkonstrukt Auswahl |

*Abb. 5.1 Überblick COBOL-Grundbefehle (Teil 1)*

Weitere COBOL-Grundbefehle werden in Kapitel 9 erläutert. Von diesen allgemeinen Anweisungen lassen sich Anweisungen für spezielle Verarbeitungszwecke unterscheiden. Hierzu zählen die Verarbeitung sequentieller Dateien, das Sortieren von Dateien, die Verarbeitung von Direktzugriffsdateien und Tabellen. Der Befehlsvorrat für diese Verarbeitungskomplexe ist in gesonderte Kapitel ausgelagert.

## 5.1 Aktionen

### 5.1.1 COMPUTE-Anweisung

**Funktion und Format**

Mit Hilfe der COMPUTE-Anweisung lassen sich beliebig komplexe arithmetische Ausdrücke auswerten. Das Ergebnis einer Berechnung wird in ein oder mehrere Datenfelder eingestellt.

```
 Format 
    COMPUTE  { Bezeichner-1 } ...  =  arithmetischer-Ausdruck
```

### Beispiele

```
COMPUTE BETRAG = PREIS * MENGE
COMPUTE BETRAG BRUTTO = PREIS * MENGE
COMPUTE A = B * (C + 6) ** 3 - D / (E - F)
COMPUTE BETRAG = NETTO
```

### Syntaktische Regeln

1. Das Ergebnis der Auswertung eines arithmetischen Ausdrucks kann in ein oder mehrere Ergebnisfelder (Bezeichner-1) eingestellt werden.[1)]
2. Ergebnisfelder müssen numerisch definierte Elementardatenfelder oder numerisch-druckaufbereitete Datenfelder sein.[2)]
3. Die Operanden des arithmetischen Ausdrucks sind numerische Literale oder numerische Datenfelder.
4. Die Operanden dürfen vorzeichenbehaftet (+, –) sein.[3)]
5. Für die Verknüpfung der Operanden sind folgende Operatoren zugelassen, die in Leerzeichen einzuschließen sind:

| Operator | Bedeutung |
|---|---|
| + | Addition |
| – | Subtraktion |
| * | Multiplikation |
| / | Division |
| ** | Potenzierung |

6. Zur Herstellung der Eindeutigkeit eines arithmetischen Ausdrucks dürfen in beliebiger Anzahl öffnende und schließende Klammern ((,)) verwendet werden. Die Anzahl öffnender und schließender Klammern muß übereinstimmen.
7. An die Stelle des arithmetischen Ausdrucks darf ersatzweise ein numerisches Literal oder ein numerisches Datenfeld treten (Wertzuweisung).

### Beschreibung

Im einfachsten Anwendungsfall wird die COMPUTE-Anweisung für *Wertzuweisungen* verwendet. So läßt sich z.B. mittels

```
COMPUTE ZAEHLER = 50
```

das numerische Literal (50) im Datenfeld ZAEHLER abspeichern.

---

1. Im Augenblick ist es hinreichend, sich unter einem ***Bezeichner*** einen eindeutigen Datenfeldnamen vorzustellen. Bei der Definition von Datenfeldern in der DATA DIVISION ist es zulässig, Datennamen mehrfach zu vergeben. Zur Herstellung der Eindeutigkeit einer Bezugnahme auf ein bestimmtes Datenfeld sind dann Regeln einzuhalten, die im Abschnitt 6.4 behandelt werden.
2. Zu druckaufbereiteten Feldern siehe Abschnitt 8.2.
3. Zur Berücksichtigung von Vorzeichen siehe Abschnitt 8.1.

Nach Ausführung der Anweisung

COMPUTE ZAEHLER ANZAHL = Z-WERT

ist der in Z-WERT gespeicherte Datenwert auch in die beiden Ergebnisfelder ZAEHLER und ANZAHL eingestellt.

Bei der Auswertung *arithmetischer Ausdrücke* kommen folgende Prioritätsregeln zur Anwendung:

1. Klammerpaare werden von innen nach außen aufgelöst.
2. Auswertung der Vorzeichen (+, -).
3. Potenzierung.
4. Multiplikation und Division.
5. Addition und Subtraktion.
6. Bei verbleibenden Freiheitsgraden werden arithmetische Ausdrücke von links nach rechts ausgewertet.

Das folgende Beispiel erläutert die Abarbeitung eines arithmetischen Ausdrucks unter Berücksichtigung dieser Prioritätsregeln:

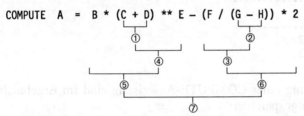

Der Ergebniswert wird hier in sieben Teilschritten in der aufgeführten Reihenfolge berechnet und in das Datenfeld A abgespeichert. Die Feldinhalte der Operanden des arithmetischen Ausdrucks (B bis H) stehen nach der Ausführung der COMPUTE-Anweisung unverändert zur Verfügung. Die bereits vor der Ausführung der COMPUTE-Anweisung in Ergebnisfeldern abgelegten Werte haben keine Auswirkungen auf das Rechenergebnis.

Der Programmierer muß sicherstellen, daß die Anzahl der Dezimalstellen eines Rechenergebnisses die Feldlänge der Ergebnisfelder nicht übersteigt. So ist z.B. unter Berücksichtigung der Datendefinitionen

```
77  A    PIC 99 VALUE 25.
77  B    PIC 9  VALUE 5.
77  C    PIC 99.
```

bei Ausführung der Anweisung

COMPUTE C = A * B

wegen des dreistelligen Verarbeitungsergebnisses in Feld C kein korrekter Datenwert zu erwarten. In Abschn. 9.2 wird im Zusammenhang mit weiteren arithmetischen Anweisungen (ADD, SUBTRACT, DIVIDE, MULTIPLY) gezeigt, wie sich ein solcher Stellenüberlauf programmtechnisch erkennen bzw. behandeln läßt.

## Hinweis

Die Definition von numerischen Datenfeldern, die auch *Nachkommastellen* und *vorzeichenbehaftete Werte* aufnehmen können, wird in Kap. 8 erläutert. Unter Berücksichtigung der Datendefinitionen

```
77  A       PIC 99 VALUE 7.
77  B       PIC 99.
```

liefert z.B. die Anweisung

```
COMPUTE B = -3.45 * A
```

in Feld B den Ergebniswert 24. Das korrekte Rechenergebnis wäre −24.15. Bisher werden also Nachkommastellen und das negative Vorzeichen eines Ergebniswertes ignoriert.

## Weitere Beispiele

Den Beispielen liegt folgende Datenbeschreibung zugrunde:

```
*---------------------------------------
WORKING-STORAGE SECTION.
*---------------------------------------
77  A       PIC 9(2) VALUE 2.
77  B       PIC 9(2) VALUE 3.
77  E       PIC 9(2).
```

Unmittelbar nach Ausführung einer COMPUTE-Anweisung sind im Ergebnisfeld (E) die aufgeführten Werte gespeichert:

| Anweisung | Ergebnis E | Hinweis |
|---|---|---|
| COMPUTE E = A | 2 | |
| COMPUTE E = A + b | 5 | |
| COMPUTE E = A − B | 1 | falsch |
| COMPUTE E = 2 * A − B | 1 | |
| COMPUTE E = B / A | 1 | ungenau |
| COMPUTE E = (A + B) ** 2 | 25 | |
| COMPUTE E = ( A + B ) ** A | 25 | |
| COMPUTE E = A ** 2 + 2 * A * B + B ** 2 | 25 | |
| COMPUTE E = (A + B) ** 2 / 5 | 5 | |
| COMPUTE E = 20 / A + B | 13 | |
| COMPUTE E = 20 / (A + B) | 4 | |
| COMPUTE E = (3 * A − B) * 2 | 6 | |
| COMPUTE E = (B − 6) * 2 | 6 | falsch |
| COMPUTE E = (B − 6) * (−2) | 6 | |
| COMPUTE E = (B − 6) * −2 | 6 | |
| COMPUTE E = B + (−2) | 1 | |
| COMPUTE E = B + −2 | 1 | |
| COMPUTE E = 3.45 * (A + B) | 17 | ungenau |
| COMPUTE E = 40 * B | 20 | falsch |

Den als ungenau bezeichneten Ergebnissen fehlen aufgrund der Definition des Datums E als Ganzzahl Nachkommastellen. Falsche Ergebnisse werden gespeichert, wenn ein Ergebnisfeld wegen seiner Länge nicht alle Dezimalstellen des Ergebniswertes aufnehmen kann oder das Rechenergebnis ein (bisher nicht speicherbares) negatives Vorzeichen aufweist.

## 5.1.2 MOVE-Anweisung

Die MOVE-Anweisung überträgt den Inhalt eines Datenfeldes (Sendefeld) oder ein Literal in ein oder mehrere andere Datenfelder (Empfangsfelder).

```
┌─ Format ─────────────────────────────────────────────────┐
│                                                          │
│          ⎧ Bezeichner-1 ⎫                                │
│   MOVE   ⎨              ⎬   TO   { Bezeichner-2 } ...    │
│          ⎩ Literal-1    ⎭                                │
│                                                          │
└──────────────────────────────────────────────────────────┘
```

### Beispiele

```
MOVE FEHLER-MELDUNG-1 TO MELDUNG
MOVE "Unzulässige Eingabe !" TO MELDUNG
MOVE ANZAHL TO MENGE BESTAND
MOVE 50 TO ZAEHLER
MOVE SPACE TO KUNDEN-SATZ
MOVE ZERO TO ANZAHL MENGE BESTAND ZAEHLER
```

### Syntaktische Regeln

1. Das Sendefeld Bezeichner-1 kann ein Elementardatum, eine Datengruppe, einen Daten- oder Dateisatz beinhalten.
2. Literal-1 darf ein numerisches oder nicht-numerisches Literal sein.
3. Die figurativen Konstanten SPACE und ZERO dürfen in nicht-numerische Felder übertragen werden. In numerische Felder darf ZERO eingestellt werden.
4. Bei der Übertragung einer Ganzzahl in ein numerisches Feld wird diese unter Erhaltung ihres Dezimalwerts *rechtsbündig* in das Empfangsfeld eingestellt. Je nach Länge des Empfangsfeldes werden (führende) Nullen eingefügt oder auch Dezimalstellen abgeschnitten.
5. Alphabetische und alphanumerische Daten werden *linksbündig* in Empfangsfelder eingestellt. Ist das Empfangsfeld größer als das Sendefeld, wird es mit Leerzeichen aufgefüllt. Bei einem Empfangsfeld, das kleiner als das Sendefeld ist, wird die Datenübertragung abgebrochen, wenn das Empfangsfeld gefüllt ist.

### Beschreibung

Nach Ausführung der MOVE-Anweisung enthalten ein oder mehrere Empfangsfelder (Bezeichner-2) den im Sendefeld (Bezeichner-1) gespeicherten Datenwert oder alternativ das Literal-1. Die vor der Ausführung in Empfangsfeldern gespeicherten Daten werden vollständig gelöscht. Der Inhalt eines Sendefeldes steht im Anschluß an die Datenübertragung unverändert für Verarbeitungszwecke zur Verfügung. Der Programmierer muß sicherstellen, daß die Länge der Empfangsfelder ausreicht, das gesendete Datum vollständig aufzunehmen. Ist dies nicht der Fall, werden überschüssige Zeichen nach Maßgabe der Regeln 4 und 5 abgeschnitten.

Die Übertragung eines Elementardatums in ein Datengruppenfeld ist ebenso zulässig wie das Senden einer Datengruppe in ein Elementardatenfeld. In aller Regel werden Daten zwischen Feldern gleichen Typs übertragen. In beschränktem Umfang können auch Felder unterschiedlichen Typs beteiligt sein.[1] Numerische Daten werden dann linksbündig in alphanumerische Empfangsfelder eingestellt. Sie verlieren so ihren Charakter als Rechendaten.

**Beispiele**

Die folgenden Beispiele für Datenübertragungen geben die PICTURE-Zeichenfolgen der Sende- und Empfangsfelder, die im Sendefeld gespeicherten Daten und den Inhalt der Empfangsfelder nach Ausführung einer MOVE-Anweisung an. Die Feldlängen der Sende- und Empfangsfelder weichen teilweise voneinander ab.

| | *Sendefeld* | | *Empfangsfeld* | |
|---|---|---|---|---|
| *MOVE-Anweisung* | PICTURE-Zeichenfolge | Feldinhalt | PICTURE-Zeichenfolge | Feldinhalt |
| MOVE FELD-1 TO FELD-2 | X(5) | COBOL | X(5) | COBOL |
| | X(5) | COBOL | X(3) | COB |
| | X(5) | COBOL | X(7) | COBOL__ |
| | X(7) | COBOL__ | X(5) | COBOL |
| | X(7) | __COBOL | X(5) | __COB |
| MOVE ZAHL-1 TO ZAHL-2 | 9(4) | 1234 | 9(4) | 1234 |
| | 9(4) | 1234 | 9(6) | 001234 |
| | 9(6) | 001234 | 9(6) | 001234 |
| | 9(6) | 001234 | 9(4) | 1234 |
| | 9(4) | 1234 | 9(2) | 34 |
| | 9(4) | 0123 | 9(3) | 123 |
| MOVE ZAHL-1 TO FELD-1 | 9(4) | 0012 | X(6) | 0012__ |

Die Übertragung alphanumerischer und numerischer Literale sowie die von figurativen Konstanten zeigen die folgenden Beispiele. Zu jeder MOVE-Anweisung ist die PICTURE-Zeichenfolge des Empfangsfeldes sowie dessen Inhalt nach Ausführung der Anweisung angegeben.

---

1. In Abschnitt 14.2 wird im Anschluß an die Behandlung weiterer Datendefinitionen (Kap. 8 und 13) auf die Zulässigkeit von Datenübertragungen zwischen Feldern mit unterschiedlicher Definition eingegangen.

| MOVE-Anweisung | Empfangsfeld | |
|---|---|---|
| | PICTURE-Zeichen-folge | Feldinhalt |
| MOVE "Hamburg" TO ORT | X(7) | Hamburg |
| MOVE "Hamburg" TO ORT | X(10) | Hamburg___ |
| MOVE "Hamburg" TO ORT | X(3) | Ham |
| MOVE SPACE TO ORT | X(7) | _____ |
| MOVE SPACES TO ORT | X(7) | _____ |
| MOVE ALL "*" TO FELD | X(7) | ******* |
| MOVE ZERO TO FELD | X(7) | 0000000 |
| MOVE 123 TO ANZAHL | 9(3) | 123 |
| MOVE 123 TO ANZAHL | 9(2) | 23 |
| MOVE 123 TO ANZAHL | 9(5) | 00123 |
| MOVE ZERO TO ANZAHL | 9(5) | 00000 |
| MOVE ZEROS TO ANZAHL | 9(5) | 00000 |
| MOVE ZEROES TO ANZAHL | 9(5) | 00000 |
| MOVE 0 TO ANZAHL | 9(5) | 00000 |

Die Beispiele verdeutlichen, daß Literale nach den gleichen Regeln in Empfangsfelder eingestellt werden, wie der Inhalt von Sendefeldern.

### 5.1.3 DISPLAY-Anweisung

**Funktion und Formate**

Mit Hilfe der DISPLAY-Anweisung können Feldinhalte oder Literale am Bildschirm angezeigt werden. Als Komplement zur DISPLAY-Anweisung ermöglicht die ACCEPT-Anweisung das Einlesen von Tastatureingaben. Zur Realisierung von Benutzerdialogen werden beide Anweisungen gemeinsam benötigt.

```
┌─ Format-1 ─────────────────────────────────────────────┐
│                                                         │
│   DISPLAY  { Bezeichner-1 } ...  [ UPON Merkname ]      │
│            { Literal-1    }                             │
│                                                         │
│            [ WITH NO ADVANCING ]                        │
│                                                         │
└─────────────────────────────────────────────────────────┘
```

**Beispiele 1**

```
DISPLAY GESAMT-NAME SPACE TELEFON UPON BS
DISPLAY GESAMT-NAME UPON BS WITH NO ADVANCING
DISPLAY GESAMT-NAME " :  " TELEFON UPON BS
DISPLAY "Weitere Berechnungen J/N ?" UPON BS
DISPLAY "Weitere Berechnungen J/N ?" SPACE "[ ]" UPON BS
```

229

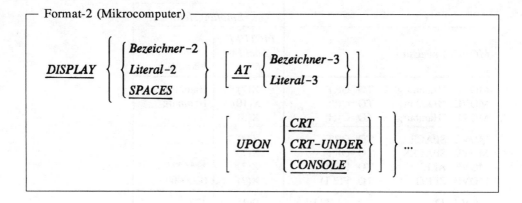

### Beispiele 2

```
DISPLAY GESAMT-NAME AT 1010
DISPLAY GESAMT-NAME AT 1010
        TELEFON    AT 1210
DISPLAY "Weitere Berechnungen J/N ?" AT 1505
DISPLAY "Weitere Berechnungen J/N ?" AT CURSOR-POSITION
DISPLAY SPACES
```

### Syntaktische Regeln

1. Wird der in Format-1 optional anzugebende Merkname verwendet, muß er im Paragraphen SPECIAL-NAMES der ENVIRONMENT DIVISION einem Funktionsnamen zugeordnet sein.

2. Literal-1 und Literal-2 dürfen numerische oder nicht-numerische Literale sein. Ein numerisches Literal darf in Format-1 nur als vorzeichenlose Ganzzahl auftreten. In Format-2 kann Literal-2 auch ein vorzeichenbehafteter nicht-ganzzahliger Wert sein.

3. Format-2 ist eine Spracherweiterung zum ANSI-Standard, die von Compilern für Mikrocomputer (Micro Focus, IBM, Siemens Nixdorf, Microsoft) verarbeitet wird.

### Beschreibung

Die im Format-1 angegebene DISPLAY-Anweisung entspricht dem ANSI-Standard. Sie dient der Ausgabe von Daten am Bildschirm und ist ergänzend geeignet, kleinere Datenmengen auch an beliebige andere Ausgabegeräte wie Magnetplatten- und Diskettenlaufwerke oder Drucker zu senden. Format-2 erlaubt als Spracherweiterung zum ANSI-Standard die zeilen- und spaltenrichtige Datenausgabe an Bildschirmsichtgeräten. Zur Programmierung von *Mikrocomputern* wird überwiegend das *Format-2* verwendet.

## DISPLAY-Format-1

Format 1 ermöglicht die Ausgabe eines oder mehrerer Operanden auf ein Ausgabegerät, das in der UPON-Option mit seinem Merknamen (z.B. BILDSCHIRM, PLATTE, DRUCKER) angegeben wird. Der Merkname muß im SPECIAL-NAMES-Paragraphen der ENVIRONMENT DIVISION einem vom Compiler-Hersteller vorgegebenen Funktionsnamen (z.B. CONSOLE, SYSOUT) in der Form

SPECIAL-NAMES. { *Funktionsname IS Merkname* } ...

zugeordnet sein. Verzichtet der Programmierer auf die Codierung der UPON-Option, wird das vom Compiler-Hersteller vorgesehene Standardausgabegerät beschrieben. Dabei handelt es sich in aller Regel um ein Bildschirmsichtgerät.

Zur Ausgabe größerer Datenmengen auf Magnetplatten, Disketten oder Drucker ist die DISPLAY-Anweisung nur beschränkt geeignet. Diese Aufgaben erfüllt die in Kap. 6 zu erläuternde WRITE-Anweisung. Im folgenden wird die DISPLAY-Anweisung des Formats-1 ausschließlich als Ausgabeanweisung für Bildschirmdaten behandelt.

Die im Paragraphen SPECIAL-NAMES vereinbarte Zuordnung "CONSOLE IS Merkname" stellt bei vielen COBOL-Compilern sicher, daß Format-1-Ausgaben an einem Bildschirm angezeigt werden. Der Merkname unterliegt den Bildungsvorschriften für benutzerdefinierte COBOL-Wörter. Vereinbart man z.B.

```
SPECIAL-NAMES. CONSOLE IS BILDSCHIRM.
```

wird die Format-1-Anweisung

```
DISPLAY ANSCHRIFT UPON BILDSCHIRM
```

den Inhalt des Feldes Anschrift am Sichtgerät ausgeben.[1] Werden mehrere Operanden in der DISPLAY-Anweisung aufgelistet, erscheinen sie unmittelbar hintereinander (ohne trennendes Leerzeichen) am Bildschirm. Die Trennung der Operanden kann mittels der figurativen Konstanten SPACE, mehrerer aufeinanderfolgender figurativer Konstanten (SPACE, SPACE, ...) oder ersatzweise durch ein Literal (z.B. " ") erreicht werden. Jede DISPLAY-Anweisung eröffnet eine neue Bildschirmzeile. Ist die letzte Zeile des Bildschirms beschrieben, bewirkt jede erneute DISPLAY-Ausgabe das *Abrollen* der Bildschirmanzeige (*Scroll-Modus*): Die oberste Zeile verschwindet, die Restanzeige wird eine Zeile hochgerückt und die neue Zeile am unteren Bildschirmrand angefügt. Leerzeilen zwischen den Datenzeilen werden durch die explizite Ausgabe von Leerzeilen (z.B. DISPLAY SPACE) erzeugt. Lediglich mit Hilfe der NO ADVANCING-Option kann erreicht werden, daß Operanden einer nachfolgenden DISPLAY-Anweisung ohne den standardmäßig vorgesehenen Zeilenvorschub ausgegeben werden.

---

1. Die PC-Compiler der Firmen Micro Focus, IBM, Siemens Nixdorf und Microsoft sehen als Standardausgabegerät den Bildschirm vor. Bei Verwendung des Formats-1 der DISPLAY-Anweisung kann hier auf die UPON-Option und die Vereinbarung eines Merknamen im Paragraphen SPECIAL-NAMES verzichtet werden.

Das Format-1 der DISPLAY-Anweisung ist für komfortable Bildschirmausgaben wegen des standardmäßig vorgegebenen Scroll-Modus (Abrollen der Bildschirmanzeige) nur beschränkt geeignet. Nahezu alle Compiler-Hersteller sehen Spracherweiterungen – auch im Großrechnerbereich – vor, die eine explizite Positionierung der Ausgaben am Bildschirm ermöglichen. Die hier berücksichtigten Compiler für Mikrocomputer erlauben positionierte Datenausgaben mit Hilfe des oben angegebenen Formats-2 der DISPLAY-Anweisung.[1]

## DISPLAY-Format-2

Die erweiterten Möglichkeiten der Bildschirmansteuerung des Formats-2 der DISPLAY-Anweisung werden aktiviert, wenn im SPECIAL-NAMES-Paragraphen der ENVIRONMENT DIVISION folgende Eintragung vorgenommen wird:

```
ENVIRONMENT DIVISION.
...
SPECIAL-NAMES. CONSOLE IS CRT.
```

CRT steht als Akronym für Cathode Ray Tube (Kathodenstrahlröhre). Die CRT-Klausel aktiviert den ACCEPT-/DISPLAY-Modul zur Ansteuerung der Bildschirme an Mikrocomputern. In diesem Abschnitt wird lediglich die *zeilen- und spaltenrichtige* (positionierte) Ausgabe von Daten am Bildschirm behandelt. Ergänzende Möglichkeiten der Bildschirmhandhabung erläutern die Kap. 8 (Ausgabe vorzeichenbehafteter und nicht-ganzzahliger Werte) und insbesondere Kap. 12 (Erfassung druckaufbereiteter Daten, WITH-Option, Bildschirmattribute, Ganzseitentechnik).

Unter Verwendung der AT-Angabe des DISPLAY-Formats-2 können Informationen positioniert am Bildschirm ausgegeben werden:

$$\underline{AT} \begin{Bmatrix} Bezeichner\text{-}3 \\ Literal\text{-}3 \end{Bmatrix}$$

Literal-3 ist eine vom Programmierer anzugebende vorzeichenlose vierziffrige Ganzzahl. Die ersten beiden Ziffern des Literals bestimmen die Ausgabezeile (01 bis 25), die folgenden beiden Ziffern die Ausgabespalte (01 bis 80). Die Anweisung

```
DISPLAY "Hello World" AT 0512
```

positioniert den auszugebenden Text in Zeile 5 des Bildschirms. Das erste Zeichen des nicht-numerischen Literals (H) erscheint in Spalte 12, die restlichen unmittelbar anschließend. Die Anweisungen

```
DISPLAY "Weitere Berechnungen J/N?" AT 2005,
DISPLAY "Weitere Berechnungen J/N?" AT CURSOR-POSITION,
DISPLAY MELDUNG-1 AT 2005 und
DISPLAY MELDUNG-1 AT CURSOR-POSITION
```

---

1. Bei Verwendung anderer Übersetzer können vergleichbare Spracherweiterungen in den jeweiligen System- und Compilerhandbüchern nachgeschlagen werden.

sind funktionsgleich, wenn die Datenfelder MELDUNG-1 (Bezeichner-2) und CURSOR-POSITION (Bezeichner-3) in der WORKING-STORAGE SECTION wie folgt definiert wurden

```
77  MELDUNG-1        PIC X(25) VALUE "Weitere Berechnungen J/N?".
77  CURSOR-POSITION  PIC 9(4).
```

und dem Feld CURSOR-POSITION vor Ausführung der zweiten oder vierten DISPLAY-Anweisung die Ganzzahl 2005 zugewiesen ist. Alle vier DISPLAY-Anweisungen geben die Bildschirminformation dann in Zeile 20 ab Spalte 5 am Sichtgerät aus. Die Position einer Bildschirmausgabe kann also alternativ durch eine numerische Konstante (Literal-3) oder den Inhalt eines Datenfelds (Bezeichner-3) festgelegt werden.

Das folgende Beispiel demonstriert die Ausgabe mehrerer Operanden mit einer DISPLAY-Anweisung:

```
DISPLAY   TEXT-1  AT  0205
          TEXT-2  AT  0405
          TEXT-3  AT  0450
```

Jeder Operand wird hier durch die ihm nachgestellte AT-Angabe am Bildschirm positioniert. Gibt der Programmierer zusätzlich zur AT-Angabe die CRT-UNDER-Option des Formats-2 der DISPLAY-Anweisung an, wird der zugehörige Operand an Monochrom-Bildschirmen *unterstrichen* und an Farbbildschirmen in *Intensivdarstellung* wiedergeben:

```
DISPLAY TEXT-1 AT 0205 UPON CRT-UNDER
```

Dieser Zusatz dient der optischen Hervorhebung von Informationen.

Format-2 der DISPLAY-Anweisung ist in Verbindung mit der CRT-Klausel im Paragraphen SPECIAL-NAMES auch zum *Löschen des Bildschirms* geeignet:

```
DISPLAY SPACES
```

Nach Ausführung dieser Anweisung sind alle Informationen vom Bildschirm gelöscht.

Bei der bisherigen Erläuterung des Formats-2 der DISPLAY-Anweisung wurde unterstellt, daß der Paragraph SPECIAL-NAMES der ENVIRONMENT DIVISION die *CRT-Klausel* zur Aktivierung des erweiterten ACCEPT/DISPLAY-Moduls *enthält*. Sie ist Voraussetzung für die positionierte Bildschirmausgabe (AT-Option), die optische Hervorhebung von Informationen (UPON CRT-UNDER-Option) sowie das Löschen des Bildschirms (DISPLAY SPACES). In manchen Programmen ist es wünschenswert, den Bildschirm *zusätzlich* auch *im Scroll-Modus* anzusprechen. Dies ist möglich, wenn DISPLAY-Anweisungen nach Maßgabe des Formats-1 codiert werden und für "Merkname" das Schlüsselwort CONSOLE verwendet wird. Auch die NO ADVANCING-Option kann dann angegeben werden:

```
DISPLAY TEXT-1 UPON CONSOLE WITH NO ADVANCING
```

Das Schlüsselwort CONSOLE deaktiviert hier die erweiterte Bildschirmansteuerung.

Verzichtet der Programmierer auf die Angabe der CRT-Klausel im SPECIAL-NAMES-Paragraphen, kann er die erweiterten Möglichkeiten der Bildschirmansteuerung des DISPLAY-Formats-2 nutzen, wenn er in jeder Anweisung die UPON CRT- oder die UPON CRT-UNDER-Option codiert.

**Weitere Beispiele**

Am Bildschirm ist folgende Maske zum Erfassen der Bestelldaten von Kunden anzuzeigen:

```
                    B E S T E L L - E R F A S S U N G


    Kunden-Nr.  :  [        ]

    Artikel-Nr. :  [        ]        Bestellmenge : [   ]



    Weitere Bestellungen erfassen (J/N)?  [ ]
```

### Lösung 1

```
DISPLAY "B E S T E L L - E R F A S S U N G"              AT 0215
DISPLAY "Kunden-Nr.  : [        ]"                       AT 0606
DISPLAY "Artikel-Nr. : [        ]"                       AT 0906
DISPLAY "Bestellmenge : [   ]"                           AT 0935
DISPLAY "Weitere Bestellungen erfassen (J/N)?  [ ]"      AT 1504
```

Die Textkonstanten werden hier als alphanumerische Literale definiert und mit Hilfe mehrerer DISPLAY-Anweisungen auf den Bildschirm ausgegeben. Zeile 9 des Bildschirms wird zweimal angesprochen.

### Lösung 2

```
DISPLAY "B E S T E L L - E R F A S S U N G"              AT 0215
        "Kunden-Nr.  : [        ]"                       AT 0606
        "Artikel-Nr. : [        ]      Bestellmenge : [   ]"
                                                         AT 0906
        "Weitere Bestellungen erfassen (J/N)?  [ ]"      AT 1504
```

Die gesamte Bildschirm-Maske wird hier mit einer DISPLAY-Anweisung gesendet. Zeile 9 des Bildschirms wird nur einmal angesprochen.

## Lösung 3

```
*------------------------------------------------------------
 IDENTIFICATION DIVISION.
*------------------------------------------------------------
 PROGRAM-ID.         DEMO-8.
*Autor            :  WENDT
*Datum            :  16.5.1990
*Inhalt           :  Bestell-Maske (Lösung 3)
*------------------------------------------------------------
 ENVIRONMENT DIVISION.
*------------------------------------------------------------
 CONFIGURATION SECTION.
*-----------------------------------------
 SOURCE-COMPUTER.    IBM-PC.
 OBJECT-COMPUTER.    IBM-PC.
 SPECIAL-NAMES.      CONSOLE IS CRT.
*------------------------------------------------------------
 DATA DIVISION.
*------------------------------------------------------------
 WORKING-STORAGE SECTION.
*-----------------------------------------
 77 ZEILE-1 PIC X(33) VALUE "B E S T E L L - E R F A S S U N G".
 77 ZEILE-2 PIC X(23) VALUE "Kunden-Nr. : [         ]".
 77 ZEILE-3 PIC X(51) VALUE "Artikel-Nr. : [       ]        Bestel
-                            lmenge : [     ]".
 77 ZEILE-4 PIC X(42) VALUE "Weitere Bestellungen erfassen (J/N)
-                            ? [ ]".
*------------------------------------------------------------
 PROCEDURE DIVISION.
*------------------------------------------------------------
 START-BESTELL-MASKE.
     DISPLAY SPACES
     DISPLAY ZEILE-1      AT 0215 UPON CRT-UNDER
     DISPLAY ZEILE-2      AT 0606
     DISPLAY ZEILE-3      AT 0906
     DISPLAY ZEILE-4      AT 1504.
 ENDE-BESTELL-MASKE.
     ... weitere Verarbeitungen
     STOP RUN.
```

In der WORKING-STORAGE SECTION des Programms DEMO-8 werden die am Bildschirm anzuzeigenden Textkonstanten mit Hilfe der VALUE-Klausel als Anfangswerte in Elementardatenfelder (ZEILE-1 bis ZEILE-4) eingestellt. In der PROCEDURE DIVISION wird der Bildschirm gelöscht, bevor die Bestellmaske gesendet wird. Die Maskenüberschrift ist optisch hervorgehoben (CRT-UNDER). Im Paragraphen SPECIAL-NAMES wird der erweiterte ACCEPT-/DISPLAY-Modul aktiviert (CRT-Klausel).

## Lösung 4

```
*------------------------------------------------------------
 DATA DIVISION.
*------------------------------------------------------------
 WORKING-STORAGE SECTION.
```

```
*-----------------------------------
 01 BESTELL-MASKE.
    05 ZEILE-1  PIC X(60) VALUE
    "              B E S T E L L - E R F A S S U N G".
    05 ZEILE-2  PIC X(60) VALUE
    "     Kunden-Nr. :  [      ]".
    05 ZEILE-3  PIC X(60) VALUE
    "     Artikel-Nr. : [     ]        Bestellmenge : [    ]".
    05 ZEILE-4  PIC X(60) VALUE
    "     Weitere Bestellungen erfassen (J/N)?   [ ]".
*-----------------------------------------------------------------
 PROCEDURE DIVISION.
*-----------------------------------------------------------------
 START-BESTELL-MASKE.
     DISPLAY SPACES
     DISPLAY ZEILE-1        AT 0201 UPON CRT-UNDER
             ZEILE-2        AT 0601
             ZEILE-3        AT 0901
             ZEILE-4        AT 1501.
 ENDE-BESTELL-MASKE.
     ... weitere Verarbeitungen
     STOP RUN.
```

Lösung 4 wurde gegenüber Lösung 3 geringfügig vereinfacht. Den Textkonstanten sind führende Leerzeichen vorangestellt, so daß schon in der WORKING-STORAGE SECTION das Layout des Bildschirms gut erkennbar ist. Jede Zeile kann nun ab Spalte 1 des Bildschirms ausgegeben werden (AT-Angabe). Das Auszählen der Spaltenposition für die AT-Literale kann entfallen. Auch die Längenangaben in den PICTURE-Klauseln wurden auf einen konstanten Wert festgesetzt. Dies führt zwar in geringem Umfang zur unnötigen Reservierung von Arbeitsspeicher, erspart aber das Auszählen der Literallängen.

### 5.1.4 ACCEPT-Anweisung

**Funktion und Formate**

Die ACCEPT-Anweisung fordert Benutzer interaktiver Programme zu Tastatureingaben auf. Weiterhin besteht die Möglichkeit, systeminterne Daten wie die Uhrzeit und das Tagesdatum für Verarbeitungszwecke zur Verfügung zu stellen.

```
┌─ Format-1 ──────────────────────────────────────────────────┐
│                                                              │
│   ACCEPT  Bezeichner-1  [ FROM  Merkname ]                   │
│                                                              │
└──────────────────────────────────────────────────────────────┘
┌─ Format-2 (Mikrocomputer) ──────────────────────────────────┐
│                                                              │
│   ACCEPT  Bezeichner-2  [ AT  { Bezeichner-3 } ]  [ FROM  { CRT     } ]  │
│                              { Literal-1     }            { CONSOLE }    │
│                                                              │
└──────────────────────────────────────────────────────────────┘
```

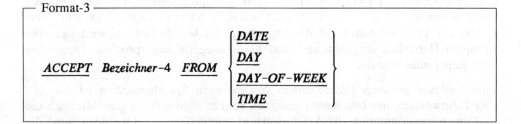

## Beispiele

```
ACCEPT KUND-NR
ACCEPT ARTIKEL-NR FROM BILDSCHIRM
ACCEPT BESTELL-MENGE AT CURSOR-POSITION
ACCEPT KUND-NR AT 0745
ACCEPT UHRZEIT FROM TIME
```

## Syntaktische Regeln

1. Wenn im Format-1 ein Merkname angegeben wird, muß im Paragraphen SPECIAL-NAMES der ENVIRONMENT DIVISION dieser Merkname einem Funktionsnamen zugeordnet sein.

2. Format-2 der ACCEPT-Anweisung ist eine Spracherweiterung zum ANSI-Standard, die von Compilern für Mikrocomputer (Micro Focus, IBM, Siemens Nixdorf, Microsoft) verarbeitet wird.

3. Die ACCEPT-Anweisung des Formats-3 legt Systemdaten in numerisch definierte Datenfelder ab. Länge, Inhalt und auch die Anordnung von Teilinformationen innerhalb der Systemdatenfelder hängen von der Art bereitgestellter Informationen ab. Format-3 ist eine ANSI-Standard-Anweisung.

## Beschreibung

Die im Format-1 angegebene ACCEPT-Anweisung entspricht dem ANSI-Standard. Sie nimmt Daten von der Benutzertastatur entgegen und ist ergänzend geeignet, kleinere Datenmengen auch von beliebigen anderen Eingabegeräten wie Magnetplatten- und Diskettenlaufwerken einzulesen. Tastatureingaben des Benutzers werden zu Kontroll- und Korrekturzwecken zeichenweise am Bildschirm wiedergegeben. Format-2 der ACCEPT-Anweisung erlaubt als Spracherweiterung zum ANSI-Standard eine vereinfachte Positionierung der Anzeige von Benutzereingaben am Bildschirm. Bei der Programmierung von *Mikrocomputern* wird überwiegend das *Format-2* verwendet.

## ACCEPT-Format-1

Format-1 ermöglicht das Einlesen von Daten von einem Eingabegerät, das in der UPON-Option mit seinem Merknamen (z.B. TASTATUR, PLATTE, DISKETTE) angegeben wird. Der Merkname muß im SPECIAL-NAMES-Paragraphen der

ENVIRONMENT DIVISION einen vom Compiler-Hersteller vorgegebenen Funktionsnamen (z.B. TERMINAL, CONSOLE, SYSIN) zugeordnet sein. Verzichtet der Programmierer auf die Codierung der UPON-Option, wird das vom Compiler-Hersteller vorgegebene Standardeingabegerät angesprochen. Dies ist in aller Regel eine Tastatur.

Zum Einlesen größerer Datenmengen von externen Speichermedien ist die ACCEPT-Anweisung nur beschränkt geeignet. Hierzu wird nahezu ausschließlich die in Kap. 6 zu erläuternde READ-Anweisung verwendet. Im folgenden wird die ACCEPT-Anweisung des Formats-1 im Zusammenhang mit Tastatureingaben des Benutzers behandelt.

Die im Paragraphen SPECIAL-NAMES vereinbarte Zuordnung "CONSOLE IS Merkname" stellt bei vielen COBOL-Compilern sicher, daß Format-1-Eingaben von der Tastatur entgegengenommen werden.[1] Der Merkname unterliegt den Bildungsvorschriften für benutzerdefinierte COBOL-Wörter. Vereinbart man z.B.

```
SPECIAL-NAMES. CONSOLE IS BILDSCHIRM.
```

wird die Format-1-Anweisung

```
ACCEPT KUNDEN-NAME FROM BILDSCHIRM
```

den Benutzer zur Eingabe eines Kundennamens auffordern. Die Tastatureingabe des Benutzers wird am Bildschirm angezeigt. Die Anzahl der maximal eingebbaren Zeichen entspricht der Feldlänge des entgegengenommenen Operanden (Bezeichner-1). Der Benutzer ist nicht gezwungen, ein ACCEPT-Datenfeld vollständig aufzufüllen. Seine Eingaben kann er ergänzen oder korrigieren, bis er dem Verarbeitungsprogramm durch Betätigen der RETURN- bzw. ENTER-Taste (Datenfreigabetaste) signalisiert, daß er die Dateneingabe beenden möchte. ACCEPT-Anweisungen *unterbrechen* also den Programmablauf solange, bis der Benutzer die Dateneingabe mittels RETURN- bzw. ENTER-Taste quittiert. Unmittelbar anschließend stehen die eingegebenen (variablen) Daten für Verarbeitungszwecke in einem Datenfeld bereit, das mit seinem Datennamen (Bezeichner-1) angesprochen werden kann. Der Rechner arbeitet nach der Datenfreigabe durch den Benutzer diejenige Anweisung ab, die der ACCEPT-Anweisung unmittelbar folgt.

In aller Regel geht in interaktiven Programmen einer ACCEPT-Anweisung eine DISPLAY-Anweisung voraus:

```
DISPLAY "Bitte Kunden-Nr. eingeben:" UPON BILDSCHIRM
ACCEPT KUND-NR FROM BILDSCHIRM
```

Die DISPLAY-Anweisung informiert den Benutzer über die nachfolgend erwartete Eingabe und trägt damit zur Benutzerfreundlichkeit einer Anwendung bei. Wie bei ANSI-DISPLAY-Anweisungen wird der Bildschirm auch bei Format-1-ACCEPT-

---

[1]. Die hier berücksichtigten Compiler für Mikrocomputer sehen als Standardeingabegerät die Benutzertastatur vor. Bei Verwendung einer Format-1-ACCEPT-Anweisung kann daher auf die UPON-Option und die Vereinbarung eines Merknamens im Paragraphen SPECIAL-NAMES verzichtet werden.

Anweisungen im *Scroll-Modus* betrieben: Jede ACCEPT-Anweisung eröffnet eine neue Bildschirmzeile, wenn dies vom Programmierer nicht durch die NO ADVANCING-Angabe in der *vorausgehenden DISPLAY-Anweisung verhindert* wird.

```
DISPLAY "Bitte Kunden-Nr. eingeben: " UPON BILDSCHIRM
     WITH NO ADVANCING
ACCEPT KUND-NR FROM BILDSCHIRM
```

Die mittels der DISPLAY-Anweisung ausgebrachte Benutzeraufforderung (prompt) und die Wiedergabe der Tastatureingabe des Benutzers erscheinen so in *einer* Bildschirmzeile. Eine eventuell nachfolgende DISPLAY-Anweisung eröffnet stets eine neue Zeile am Bildschirm.[1]

Die COBOL-Norm schreibt Compiler-Herstellern nicht vor, wie Benutzereingaben in Erfassungsfelder abzulegen sind. Die meisten COBOL-Compiler legen Dateneingaben des Benutzers unabhängig von der PICTURE-Klausel des Erfassungsfeldes (Bezeichner-1) linksbündig ab. Ist das Empfangsfeld länger als die vom Benutzer eingegebene Zeichenfolge, werden bei alphanumerisch definierten Feldern Leerzeichen und bei numerischen Datenfeldern Nullen (wertverändernd) angefügt. In aller Regel wird auch nicht verhindert, daß in numerisch definierte Datenfelder Zeichen des Alphabets oder Sonderzeichen eingegeben werden können. Bei Verwendung der Format-1-ACCEPT-Anweisung muß der Programmierer solche Eingabefehler durch Überprüfung des Wertebereichs oder Abfrage des Datentyps einer Eingabe programmtechnisch erkennen und den Benutzer zur Korrektur der Eingabe auffordern.

Die hier berücksichtigten Compiler für Mikrocomputer stellen Format-1-Eingaben *linksbündig* in alphanumerisch definierte und *rechtsbündig* bzw. *dezimalpunktgerecht* (werterhaltend) in numerisch definierte Erfassungsfelder ein. Zur Darstellung numerischer Daten nicht zulässige Sonder- und Alphazeichen werden am Bildschirm zwar angezeigt, aber nicht in numerisch definierte Erfassungsfelder übertragen (Selbstkorrektur).

Wie das ANSI-Standardformat der DISPLAY-Anweisung ist auch Format-1 der ACCEPT-Anweisung wegen des vorgegebenen Scroll-Modus für die Entwicklung benutzerfreundlicher interaktiver Anwendungen nur beschränkt geeignet. Nahezu alle Compiler-Hersteller sehen Spracherweiterungen für positionierende, ganzseitige Datenein- und Datenausgaben in der jeweiligen maschinellen Systemumgebung vor.[2] Bei den hier berücksichtigten Compilern für Mikrocomputer ist Format-2 der ACCEPT-Anweisung für diese Aufgabe vorgesehen.

---

1. Der COBOL-Standard sieht für die ACCEPT-Anweisung keine NO ADVANCING-Option vor.
2. Solche Erweiterungen können in Compiler- und Systemhandbüchern nachgeschlagen werden.

## ACCEPT-Format-2

Die erweiterten Möglichkeiten der Bildschirmansteuerung des Formats-2 der ACCEPT-Anweisung werden aktiviert, wenn im SPECIAL-NAMES-Paragraphen der ENVIRONMENT DIVISION folgende Eintragung vorgenommen wird:

```
ENVIRONMENT DIVISION.
  ...
  SPECIAL-NAMES. CONSOLE IS CRT.
```

Die CRT-Klausel aktiviert den ACCEPT-/DISPLAY-Modul zur Ansteuerung der Bildschirme an Mikrocomputern. In diesem Abschnitt wird lediglich die *zeilen- und spaltenrichtige* (positionierte) Anzeige von Tastatureingaben am Bildschirm behandelt. Ergänzende Möglichkeiten der Bildschirmansteuerung erläutern die Kap. 8 (Entgegennahme vorzeichenbehafteter und nicht-ganzzahliger Werte, Unterdrückung führender Nullen) und Abschn. 12.2 (Erweiterte Bildschirmansteuerung).

Unter Verwendung der AT-Angabe des ACCEPT-Formats-2 können Tastatureingaben positioniert am Bildschirm wiedergegeben werden:

$$\underline{AT} \left\{ \begin{array}{l} \text{Bezeichner-3} \\ \text{Literal-1} \end{array} \right\}$$

Literal-1 ist eine vom Programmierer anzugebende vorzeichenlose vierziffrige Ganzzahl. Die ersten beiden Ziffern des Literals bestimmen die Wiedergabezeile (01 bis 25), die folgenden beiden Ziffern die Wiedergabespalte (01 bis 80). Die Anweisung

```
ACCEPT KUNDEN-NAME AT 0735
```

fordert den Benutzer zu einer Tastatureingabe auf, die in Zeile 7 des Bildschirms wiedergegeben wird. Das erste eingegebene Zeichen erscheint in Spalte 35, alle weiteren unmittelbar anschließend. Die Anweisungen

```
ACCEPT STRASSE AT 1135    und
ACCEPT STRASSE AT CURSOR-POSITION
```

sind funktionsgleich, wenn CURSOR-POSITION (Bezeichner-3) in der WORKING-STORAGE SECTION als vierziffriges numerisches Feld

```
77  CURSOR-POSITION    PIC 9(4).
```

definiert wurde und dem Feld vor Ausführung der zweiten ACCEPT-Anweisung die Ganzzahl 1135 zugewiesen wurde. Die Anweisungen geben Tastatureingaben in Zeile 11 ab Spalte 35 des Bildschirms wieder. Wie bei der DISPLAY-Anweisung kann die Position der Bildschirmwiedergabe also alternativ durch eine numerische Konstante (Literal-1) oder den Inhalt eines Datenfelds (Bezeichner-3) festgelegt werden.

Das folgende Beispiel verdeutlicht die gegenseitige Abhängigkeit der AT-Positionierungen bei Benutzerdialogen:

```
DISPLAY "Kunden-Name: [             ]" AT 0720.
ACCEPT   KUNDEN-NAME                   AT 0734.
```

Die DISPLAY-Anweisung informiert den Benutzer über die nachfolgend erwartete Tastatureingabe. Der geklammerte Bereich soll Benutzereingaben wiedergeben. Er läßt zugleich die maximale Länge des einzugebenden Kundennamens erkennen. Im Anschluß an eine Benutzereingabe, die mittels RETURN- bzw. ENTER-Taste quittiert wurde, könnte der Bildschirm z.B. folgende Zeile anzeigen:

```
       Spalte 20      Spalte 34
         ↓              ↓
       Kunden-Name: [Frank Müller          ]   ← Zeile 7
```

Die Spaltenpositionen der AT-Angabe einer ACCEPT-Anweisung ist also *relativ zur Lokalität* des DISPLAY-Textes am Bildschirm festzulegen. Eine Fehlpositionierung der ACCEPT-Anweisung wie z.B.

```
    DISPLAY "Kunden-Name: [           ]" AT 0720.
    ACCEPT    KUNDEN-NAME                AT 0729
```

würde zu einer *Überschreibung* des DISPLAY-Textes durch die Tastatureingabe des Benutzers führen:

```
       Spalte 20  Spalte 29
         ↓          ↓
       Kunden-NaFrank Müller           ]   ← Zeile 7
```

Der mit Hilfe der CRT-Klausel aktivierte ACCEPT-/DISPLAY-Modul zur erweiterten Ansteuerung der Bildschirme an Mikrocomputern sieht in seiner Standardeinstellung (default configuration) vor, daß der in einem Erfassungsfeld (Bezeichner-2) *vor der Ausführung* einer ACCEPT-Anweisung gespeicherte Datenwert am Bildschirm positioniert *angezeigt* wird.[1] Der Benutzer kann diese Zeichenfolge unverändert übernehmen, zeichenweise korrigieren oder auch vollständig überschreiben. Ist diese **Update-Funktion** aus fachinhaltlichen Gründen unangebracht, muß der Inhalt eines Erfassungsfeldes vor der Ausführung einer ACCEPT-Anweisung mit Leerzeichen oder bei numerischen Feldern mit Null *überschrieben* werden (MOVE-Anweisung). Unmittelbar nach der Datenfreigabe steht der Inhalt eines Erfassungsfeldes für Verarbeitungszwecke zur Verfügung.

Bei Verwendung des Formats-2 der ACCEPT-Anweisung werden Benutzereingaben auf Typkonformität geprüft: Während in alphanumerisch definierte Felder alle technisch darstellbaren Zeichen eingegeben werden können, nehmen alphabetisch definierte Erfassungsfelder nur Klein-/Großbuchstaben und numerische Felder nur Zahlen auf. Nicht typgerechte Eingaben des Benutzers werden abgewiesen. Alphabetische und alphanumerische Daten lassen sich mit ACCEPT-Anweisungen des Formats-2 mit hinreichendem Benutzerkomfort positioniert erfassen. Da bisher nur die Definition numerisch-ganzzahliger Datenfelder erläutert wurde (siehe Kap. 4),

---

1. Die hier berücksichtigten Compiler für Mikrocomputer werden mit einem Utility-Programm (ADISCF) ausgeliefert, das umfangreiche Änderungen der Default Configuration des ACCEPT-/DISPLAY-Moduls (ADIS) erlaubt. Eine Änderung der Standardeinstellung sollte nicht vorgenommen werden, bevor nicht hinreichende Erfahrungen mit der Bildschirmansteuerung gesammelt wurden.

können mit ACCEPT-Anweisungen vorerst auch nur *Ganzzahlen* erfaßt werden. Die benutzerfreundliche Tastatureingabe numerischer Daten unter Berücksichtigung von Vorzeichen und Nachkommastellen wird in Kap. 8 und Kap. 12 behandelt.

Bei der bisherigen Erläuterung des Formats-2 der ACCEPT-Anweisung wurde unterstellt, daß der Paragraph SPECIAL-NAMES der ENVIRONMENT DIVISION die CRT-Klausel zur Aktivierung des erweiterten ACCEPT-/DISPLAY-Moduls enthält. In solchen Programmen können ACCEPT-Anweisungen des Formats-1 (Scroll-Modus) ausgeführt werden, wenn für "Merkname" das Schlüsselwort CONSOLE angegeben wird:

```
ACCEPT KUNDEN-NAME FROM CONSOLE
```

Das Schlüsselwort CONSOLE deaktiviert hier den ACCEPT-/DISPLAY-Modul zur erweiterten Bildschirmansteuerung.

Verzichtet der Programmierer auf die Angabe der CRT-Klausel im SPECIAL-NAMES-Paragraphen, kann er die erweiterten Möglichkeiten der Bildschirmansteuerung des Formats-2 der ACCEPT-Anweisung nutzen, wenn er zu jeder Anweisung die FORM CRT-Option codiert.

## Weitere Beispiele

Am Bildschirm ist folgende Maske zum Erfassen von Kunden-Anschriften auszugeben:

```
┌─────────────────────────────────────────────┐
│                                             │
│            K U N D E N − E R F A S S U N G  │
│                                             │
│                                             │
│      Kunden-Name:     [               ]     │
│                                             │
│      Straße     :     [               ]     │
│                                             │
│      Wohnort    :     [               ]     │
│                                             │
│                                             │
└─────────────────────────────────────────────┘
```

Die Tastatureingaben des Benutzers sind positioniert in geklammerten Erfassungsfeldern anzuzeigen.

### Lösung 1

```
*-----------------------------------------------------------
 DATA DIVISION.
*-----------------------------------------------------------
 WORKING-STORAGE SECTION.
*-----------------------------------
 77  KUNDEN-NAME      PIC X(25).
 77  STRASSE          PIC X(25).
```

```
77  ORT                PIC X(25).
*-----------------------------------------------------------------
PROCEDURE DIVISION.
*-----------------------------------------------------------------
START-ERFASSUNG.
    DISPLAY SPACES
    DISPLAY "K U N D E N - E R F A S S U N G"       AT 0217
    DISPLAY "Kunden-Name :  [              ]"       AT 0709
    ACCEPT   KUNDEN-NAME                            AT 0725
    DISPLAY "Straße      :  [              ]"       AT 0909
    ACCEPT   STRASSE                                AT 0925
    DISPLAY "Wohnort     :  [              ]"       AT 1109
    ACCEPT   ORT                                    AT 1125.
ENDE-ERFASSUNG.
    ... weitere Verarbeitungen
    STOP RUN.
```

Die am Bildschirm anzuzeigenden Textkonstanten sind hier als alphanumerische Literale in der PROCEDURE DIVISION definiert worden. Die AT-Positionsangaben wurden so gewählt, daß Benutzereingaben innerhalb der geklammerten Bereiche am Bildschirm erscheinen. Nach Abschluß der Erfassung sind die eingegebenen Daten in den mit KUNDEN-NAME, STRASSE und ORT bezeichneten Datenfeldern gespeichert.

## Lösung 2

```
*-----------------------------------------------------------------
IDENTIFICATION DIVISION.
*-----------------------------------------------------------------
PROGRAM-ID.          DEMO-9.
*Autor           :   WENDT
*Datum           :   17.5.1990
*Inhalt          :   Kunden-Erfassung (Lösung 2)
*-----------------------------------------------------------------
ENVIRONMENT DIVISION.
*-----------------------------------------------------------------
CONFIGURATION SECTION.
*-----------------------------------------------------------------
SOURCE-COMPUTER.     IBM-PC.
OBJECT-COMPUTER.     IBM-PC.
SPECIAL-NAMES.       CONSOLE IS CRT.
*-----------------------------------------------------------------
DATA DIVISION.
*-----------------------------------------------------------------
WORKING-STORAGE SECTION.
*-----------------------------------------------------------------
77 KUNDEN-NAME       PIC X(25).
77 STRASSE           PIC X(25).
77 ORT               PIC X(25).
01 KUNDEN-MASKE.
   05 ZEILE-1        PIC X(50)
      VALUE "             K U N D E N - E R F A S S U N G".
   05 ZEILE-2        PIC X(50)
      VALUE "     Kunden-Name :  [                        ]".
   05 ZEILE-3        PIC X(50)
```

```
            VALUE "        Straße       : [                        ]".
        05 ZEILE-4          PIC X(50)
            VALUE "        Wohnort      : [                        ]".
*-------------------------------------------------------------------
    PROCEDURE DIVISION.
*-------------------------------------------------------------------
    START-ERFASSUNG.
        DISPLAY SPACES.
        DISPLAY ZEILE-1         AT 0201
                ZEILE-2         AT 0701
                ZEILE-3         AT 0901
                ZEILE-4         AT 1101
        ACCEPT  KUNDEN-NAME     AT 0725
        ACCEPT  STRASSE         AT 0925
        ACCEPT  ORT             AT 1125.
    ENDE-ERFASSUNG.
        ... weitere Verarbeitungen
        STOP RUN.
```

Diese Lösung unterscheidet sich von der vorherigen in zweierlei Hinsicht. Die am Bildschirm anzuzeigenden Textkonstanten werden als Anfangswerte Datenfeldern in der WORKING-STORAGE SECTION zugewiesen. Weiterhin sorgt der Verarbeitungsalgorithmus für einen gänzlich anderen Ablauf des Benutzerdialogs als dies in Lösung 1 der Fall ist: Hier wird erst die gesamte mehrzeilige Bildschirmmaske angezeigt bevor der Benutzer zur Eingabe des ersten Datums aufgefordert wird. In Lösung 1 wechseln sich Eingabeaufforderung und Benutzereingabe ab.

## ACCEPT-Format-3

Das ANSI-Format-3 der ACCEPT-Anweisung ist geeignet, systemintern verwaltete Daten wie Uhrzeit, Tagesdatum, Wochen- und Kalendertag abzufragen und für Verarbeitungszwecke in vom Programmierer zu definierende Felder einzustellen. Jede Format-3-ACCEPT-Anweisung stellt ein Systemdatum bereit:

$$\underline{ACCEPT}\ Bezeichner\text{-}4\ \underline{FROM}\ \left\{ \begin{array}{l} \underline{DATE} \\ \underline{DAY} \\ \underline{DAY\text{-}OF\text{-}WEEK} \\ \underline{TIME} \end{array} \right\}$$

Die Schlüsselwörter DATE, DAY, DAY-OF-WEEK und TIME bestimmen den Inhalt des unter Bezeichner-4 abzuspeichernden Systemdatums. Bei der Definition der Empfangsfelder Bezeichner-4 muß der Programmierer die Stellenanzahl und die Anordnung von Teilinformationen innerhalb der Systemdaten berücksichtigen (siehe nebenstehende Tabelle).

Das Datum wird sechsstellig in der amerikanischen Schreibweise Jahr (JJ), Monat (MM) und Tag (TT) bereitgestellt. Die Zeichenfolge "890518" wäre also als 18.5.1989 zu interpretieren. Die Abfrage des Kalendertags liefert das Jahr (JJ) sowie den dreiziffrigen Tag des Jahres (TTT). Am 18.5.89 würde die Abfrage des Kalendertags die Zeichenfolge "89138" ergeben, die als "138. Tag des Jahres

| Schlüsselwort | Bedeutung | Stellen-anzahl | Anordnung | Beispiele |
|---|---|---|---|---|
| DATE | Datum | 6 | JJMMTT | 890518 |
| DAY | Kalendertag | 5 | JJTTT | 89138 |
| DAY-OF-WEEK | Wochentag | 1 | T | 4 |
| TIME | Uhrzeit | 8 | HHMMSSSS | 15312673 |

1989" zu interpretieren wäre. Der Wochentag wird als einziffriger Schlüssel (0 bis 6) gespeichert, wobei 0 für Sonntag, 1 für Montag usw. bereitgestellt wird. Die Uhrzeit ist als achtstelliges Datum mit Stunden (HH), Minuten (MM), Sekunden und hundertstel Sekunden (SSSS) definiert. Die Ziffernfolge "15312673" wäre als 15 Uhr, 31 Minuten und 26,73 Sekunden zu interpretieren.

## Beispiele

```
*------------------------------------------------------------
 DATA DIVISION.
*------------------------------------------------------------
 WORKING-STORAGE SECTION.
*------------------------------------
 01  DATUM.
     05  JAHR         PIC 99.
     05  MONAT        PIC 99.
     05  TAG          PIC 99.
 01  JAHR-TAG.
     05  JAHR         PIC 99.
     05  KALENDERTAG  PIC 9(3).
 01  WOCHENTAG        PIC 9.
 01  UHRZEIT.
     05  STUNDE       PIC 99.
     05  MINUTE       PIC 99.
     05  SEKUNDE      PIC 99.
     05  HUNDERTSTEL  PIC 99.
*------------------------------------------------------------
 PROCEDURE DIVISION.
*------------------------------------------------------------
 START-SYSTEMDATEN.
     ACCEPT DATUM FROM DATE
     ACCEPT JAHR-TAG FROM DAY
     ACCEPT WOCHENTAG FROM DAY-OF-WEEK
     ACCEPT UHRZEIT FROM TIME.
 ENDE-SYSTEMDATEN.
     ... weitere Verarbeitungen
     STOP RUN.
```

Hier werden die Systemdaten in numerisch definierte Empfangsfelder (Bezeichner-4) eingestellt. Die Empfangsfelder dürfen auch alphanumerisch oder druckaufbereitet (siehe Kap. 8) definiert sein.

Das folgende Programm DEMO-10 zeigt Datum und Uhrzeit in deutscher Schreibweise am Bildschirm an.

```
      *-----------------------------------------------------------------
       IDENTIFICATION DIVISION.
      *-----------------------------------------------------------------
       PROGRAM-ID.          DEMO-10.
      *Autor            :   WENDT
      *Datum            :   18.5.1990
      *Inhalt           :   Datum und Uhrzeit in deutscher Schreibweise
      *-----------------------------------------------------------------
       ENVIRONMENT DIVISION.
      *-----------------------------------------------------------------
       CONFIGURATION SECTION.
      *------------------------------------
       SOURCE-COMPUTER.     IBM-PC.
       OBJECT-COMPUTER.     IBM-PC.
       SPECIAL-NAMES.       CONSOLE IS CRT.
      *-----------------------------------------------------------------
       DATA DIVISION.
      *-----------------------------------------------------------------
       WORKING-STORAGE SECTION.
      *------------------------------------
       01  DATUM.
           05 JAHR          PIC 99.
           05 MONAT         PIC 99.
           05 TAG           PIC 99.
       01  DATUM-D.
           05 TAG-D         PIC 99.
           05 FILLER        PIC X    VALUE ".".
           05 MONAT-D       PIC 99.
           05 FILLER        PIC X(3) VALUE ".19".
           05 JAHR-D        PIC 99.
       01  UHRZEIT.
           05 STUNDE        PIC 99.
           05 MINUTE        PIC 99.
           05 SEKUNDE       PIC 99.
           05 HUNDERTSTEL   PIC 99.
       01  UHRZEIT-D.
           05 STUNDE-D      PIC 99.
           05 FILLER        PIC X(5) VALUE " Uhr ".
           05 MINUTE-D      PIC 99.
           05 FILLER        PIC X(8) VALUE " Minuten".
      *-----------------------------------------------------------------
       PROCEDURE DIVISION.
      *-----------------------------------------------------------------
       START-SYSTEMDATEN.
      * Bereitstellen der Systemdaten
           ACCEPT DATUM FROM DATE
           ACCEPT UHRZEIT FROM TIME
      * Übertragen der Systemdaten in deutsche Schreibweise
           MOVE JAHR TO JAHR-D
           MOVE MONAT TO MONAT-D
           MOVE TAG TO TAG-D
           MOVE STUNDE TO STUNDE-D
           MOVE MINUTE TO MINUTE-D
      * Bildschirmausgabe Datum und Uhrzeit
           DISPLAY SPACES
```

```
        DISPLAY DATUM-D     AT 1015
        DISPLAY UHRZEIT-D   AT 1215.
    ENDE-SYSTEMDATEN.
        STOP RUN.
```

Die Systemdaten Datum (DATE) und Uhrzeit (TIME) werden in der vorgegebenen Form in die Felder DATUM und UHRZEIT eingestellt. Die angestrebte Bildschirmanzeige wie z.B.

   18.05.1993
   15 Uhr 34 Minuten

erfordert das Ändern der Reihenfolge von JAHR, MONAT und TAG sowie ergänzende Einfügungen. Hierzu sind in der WORKING-STORAGE SECTION die Datengruppen DATUM-D und UHRZEIT-D definiert. Mit Hilfe von MOVE-Anweisungen werden die Bestandteile der Systemdaten in die Ausgabefelder übertragen. Einfügungen werden mittels der VALUE-Klausel als Anfangswerte bereitgestellt.

## 5.1.5 INITIALIZE-Anweisung

### Funktion und Format

Mit Hilfe der INITIALIZE-Anweisung können Datenfelder initialisiert werden. Bei Ausführung der Anweisung wird der aktuelle Inhalt eines oder mehrerer Felder durch vordefinierte Werte überschrieben.

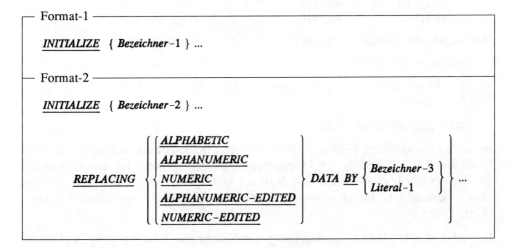

### Beispiele

```
INITIALIZE ZAEHLER SUMME TEXT-1 TEXT-2
INITIALIZE KUNDEN-BESTELLUNG
           REPLACING ALPHANUMERIC BY ALL "." NUMERIC BY ZERO
```

## Beschreibung

Bezeichner-1 und Bezeichner-2 benennen die zu initialisierenden Datenfelder. Sie dürfen Elementardaten oder auch Datengruppen speichern. Format-1 der INITIALIZE-Anweisung füllt alphabetische, alphanumerische und alphanumerisch-druckaufbereitete Felder mit Leerzeichen.[1] Numerisch und numerisch-druckaufbereitet definierten Datenfeldern weist die Format-1-Anweisung den Wert Null zu. Die Anweisungen

```
MOVE ZERO  TO ZAEHLER SUMME
MOVE SPACE TO TEXT-1   TEXT-2
```

sind mit der Format-1-Anweisung

```
INITIALIZE ZAEHLER SUMME TEXT-1 TEXT-2
```

funktionsgleich. Ist ein Datensatz oder eine Datengruppe Operand der Anweisung, werden alle zugehörigen Elementardatenfelder typgerecht initialisiert. Eine Ausnahme bilden die mit *FILLER* bezeichneten *Elementardaten*. Sie sind von Feldinitialisierungen *nicht* betroffen. Den folgenden Beispielen liegt die Definition des Datensatzes KUNDEN-BESTELLUNG zugrunde:

```
01  KUNDEN-BESTELLUNG.
    05 KUND-NR       PIC 9(6).
    05 FILLER        PIC 9(2)    VALUE 12.
    05 ANSCHRIFT.
       08 KUND-NAME  PIC X(25).
       08 STRASSE    PIC X(25).
       08 ORT        PIC X(25).
    05 ARTIKEL-NR    PIC 9(4).
    05 MENGE         PIC 9(4).
```

Hier würde die Format-1-Anweisung

```
INITIALIZE ANSCHRIFT
```

die drei Elementarfelder der Datengruppe ANSCHRIFT mit Leerzeichen füllen. Die Anweisung

```
INITIALIZE KUNDEN-BESTELLUNG
```

weist den numerischen Feldern KUND-NR, ARTIKEL-NR und MENGE den Wert Null zu und initialisiert die zur Datengruppe Anschrift gehörenden drei Elementardatenfelder mit Leerzeichen. Die in Spalte 7 und Spalte 8 des Datensatzes gespeicherte Ganzzahl 12 bleibt wegen des Datennamens FILLER unverändert gespeichert.

Format-2 der INITIALIZE-Anweisung ermöglicht die feldtypabhängige Initialisierung von Datenfeldern (Bezeichner-2) mit vorzugebenden Datenwerten, die in einem Feld (Bezeichner-3) abgespeichert oder als Konstante (Literal-1) anzugeben sind. Die Anweisungen

---

1. Druckaufbereitete Daten (ALPHANUMERIC-EDITED, NUMERIC-EDITED) werden in Kap. 8 behandelt.

```
INITIALIZE ZAEHLER SUMME TEXT-1 TEXT-2
    REPLACING NUMERIC BY ZERO ALPHANUMERIC BY SPACE und
INITIALIZE ZAEHLER SUMME TEXT-1 TEXT-2
```

sind funktionsgleich. Die Anweisung

```
INITIALIZE ORT REPLACING ALPHANUMERIC BY "Heidelberg"
```

würde im Feld ORT das alphanumerische Literal "Heidelberg" abspeichern. Die zu initialisierenden Felder einer Format-2-Anweisung dürfen als Datengruppenfelder definiert sein. Der Initialwert kann mittels der figurativen Konstanten ALL vorgegeben sein:

```
INITIALIZE KUNDEN-BESTELLUNG
    REPLACING ALPHANUMERIC BY ALL "." NUMERIC BY ZERO
```

Diese Anweisung würde alle alphanumerisch definierten Elementarfelder des Satzes KUNDEN-BESTELLUNG vollständig mit Punkten (.) auffüllen und den numerischen Feldern den Wert Null zuweisen. Bei der Ausführung einer INITIALIZE-Anweisung des Formats-2 werden Initialwerte in numerische bzw. numerisch-druckaufbereitete Felder werterhaltend (rechtsbündig bzw. dezimalpunktrichtig) und in die verbleibenden Feldtypen linksbündig eingestellt (MOVE-Regeln).

### 5.1.6 CONTINUE-Anweisung

**Funktion und Format**

Die CONTINUE-Anweisung ist eine Leeranweisung (no-operation), die keinerlei Verarbeitungsoperationen auslöst.

```
  Format
  CONTINUE
```

**Beschreibung**

Die CONTINUE-Anweisung tritt als Leeranweisung insbesondere in den Ja- oder Nein-Zweigen des Kontrollkonstrukts Auswahl auf (siehe Abschn. 5.2.3). Auch in zu testenden Programmen, die noch nicht vollständig ausformuliert sind, kann sie die Funktion eines "Platzhalters" übernehmen.

## 5.2 Kontrollkonstrukte

### 5.2.1 STOP-Anweisung

**Funktion und Format**

Die STOP-Anweisung beendet die Abarbeitung eines Programms.

---
Format

*STOP* *RUN*

---

**Beschreibung**

Bei Ausführung der STOP-Anweisung wird der aktuelle Programmlauf beendet und die weitere Ablaufsteuerung an das Betriebssystem übertragen.

### 5.2.2 PERFORM UNTIL-Anweisung

**Funktion und Formate**

Die PERFORM UNTIL-Anweisung ist eine Steueranweisung zur Realisierung der Kontrollkonstrukte

- Wiederholung mit vorausgehender Bedingungsprüfung und
- Wiederholung mit nachfolgender Bedingungsprüfung.[1]

Mit Ausnahme der *Anordnung* der Anweisungen des *Schleifenkörpers* innerhalb eines Programms sind das in-line-Format-1 und das out-of-line-Format-2 der PERFORM UNTIL-Anweisung funktionsgleich.

---
Format-1 (in-line)

*PERFORM* [ *WITH* *TEST* { *BEFORE* / *AFTER* } ] *UNTIL* Bedingung-1

{ *Anweisung*-1 } ...

[ *END-PERFORM* ]

---
Format-2 (out-of-line)

*PERFORM* Prozedurname [ *WITH* *TEST* { *BEFORE* / *AFTER* } ] *UNTIL* Bedingung-2

---

1. Zur Definition dieser Kontrollkonstrukte sowie zur Systematik der Schleifenkonzepte siehe auch Abschnitt 2.2. Weitere PERFORM-Formate werden in Abschnitt 9.1.1 behandelt.

## Syntaktische Regeln

1. Bedingung-1 und Bedingung-2 sind nach den Regeln der Codierung von
   - Vergleichsbedingungen (siehe Abschn. 5.3.1),
   - zusammengesetzten Bedingungen (siehe Abschn. 5.3.2),
   - Klassenbedingungen (siehe Abschn. 9.4.1),
   - Vorzeichenbedingungen (siehe Abschn. 9.4.2) oder
   - Bedingungsnamen-Bedingungen (siehe Abschn. 8.4.1)
   
   zu formulieren.

2. Eine oder mehrere Anweisungen (Anweisung-1) bilden den Schleifenkörper einer in-line-PERFORM-Schleife nach Format-1. Der *explizite Bereichsbegrenzer* END-PERFORM markiert das Ende des Schleifenkörpers. Er kann durch einen *impliziten Bereichsbegrenzer* Punkt (.) ersetzt werden, wenn der Schleifenkörper selbst nicht Bestandteil eines übergeordneten Schleifenkörpers oder des Geltungsbereichs einer anderen Anweisung ist.

   Im Gegensatz zu expliziten Bereichsbegrenzern markiert der implizite Begrenzer Punkt (.) das Ende *aller eröffneten Geltungsbereiche* von Anweisungen.[1]

3. Prozedurname ist ein Paragraphenname oder ein Kapitelname, der in der PROCEDURE DIVISION des Quellprogramms einem Paragraphen oder Kapitel vorangestellt ist. Er bezeichnet ein *internes Unterprogramm*, dessen Anweisungen den Schleifenkörper des Kontrollkonstrukts Wiederholung bilden.

## Beschreibung

Jedes der beiden PERFORM UNTIL-Formate ist geeignet, kopf- oder alternativ fußgesteuerte Bedingungsschleifen zu realisieren. In Abschnitt 2.2 wurde für diese beiden Schleifenkonzepte je ein Strukturblock nach Nassi-Shneiderman eingeführt (siehe auch Abb. 5.2). Bei einer Schleife mit *vorausgehender Bedingungsprüfung* (kopfgesteuert) werden die Anweisungen des Schleifenkörpers in Abhängigkeit vom Wahrheitswert einer Bedingung (z.B. WEITER = "N") *keinmal, einmal oder mehrmals* abgearbeitet.

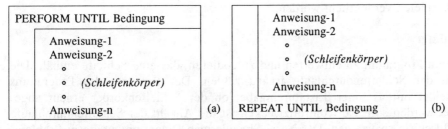

*Abb. 5.2  Strukturblöcke Wiederholung mit vorausgehender (a)
und nachfolgender (b) Bedingungsprüfung*

---

1. COBOL kennt neben dem Begrenzer END-PERFORM weitere 19 explizite Bereichsbegrenzer (END-IF, END-READ usw.). Siehe hierzu auch *Hinweis* 1, Seite 259.

Die Bedingungsprüfung erfolgt jeweils vor dem Abarbeiten der Anweisungen des Schleifenkörpers. Bei PERFORM UNTIL-Schleifen wirkt die Bedingung der Schleifensteuerung als Abbruchbedingung: Der Schleifenkörper wird solange erneut abgearbeitet, bis die Bedingung erfüllt (wahr) ist.[1]

Mit Hilfe der Formate 1 und 2 der PERFORM UNTIL-Anweisung lassen sich kopfgesteuerte Schleifen realisieren, wenn der Programmierer auf die Verwendung der WITH TEST-Option verzichtet oder die TEST BEFORE-Angabe codiert. Die Formulierungen

```
PERFORM Prozedurname UNTIL Bedingung-2
PERFORM Prozedurname WITH TEST BEFORE UNTIL Bedingung-2
```

sind funktionsgleich. Entsprechendes gilt für Format-1-Anweisungen.

Bei einer Schleife mit *nachfolgender Bedingungsprüfung* (fußgesteuert, REPEAT UNTIL-Schleife) werden die Anweisungen des Schleifenkörpers zumindest *einmal oder mehrmals* abgearbeitet. Die erneute Verarbeitung des Schleifenkörpers wird abgebrochen, wenn die Bedingung der Schleifensteuerung wahr ist. Mit Hilfe der Formate 1 und 2 der PERFORM UNTIL-Anweisung lassen sich fußgesteuerte Schleifen realisieren, wenn die TEST AFTER-Angabe codiert wird.

Format 1 und Format 2 der PERFORM UNTIL-Anweisung unterscheiden sich lediglich in der Anordnung der Anweisungen des Schleifenkörpers innerhalb eines Programms. Bei einem *in-line-PERFORM* (Format-1) werden die Anweisungen des Schleifenkörpers unmittelbar im Anschluß an Bedingung-1 notiert. Das Ende des Schleifenkörpers ist durch den *Bereichsbegrenzer* (scope terminator) END-PERFORM zu markieren, der der letzten Anweisung des Schleifenkörpers unmittelbar folgt. Bei einem *out-of-line-PERFORM* (Format-2) werden die Anweisungen des Schleifenkörpers als *internes Unterprogramm* in einen Paragraphen oder ein Kapitel ausgelagert. Der Paragraphen- oder Kapitelname wird als "Prozedurname" in die Format-2-Anweisung aufgenommen und stellt so die Verbindung zwischen Schleifensteuerung und zugehörigem Schleifenkörper her.

Bevor auf die unterschiedlichen Konsequenzen des in-line- und out-of-line-PERFORM für den Programmaufbau eingegangen wird, sollen beide Konzepte anhand von Beispielen verdeutlicht werden.

## Beispiel 1

Es ist ein Programm zu entwerfen und zu codieren, das eine Schleife enthält. Die Anzahl der Schleifendurchläufe ist zu zählen. Der Benutzer des Programms entscheidet mittels einer Tastatureingabe, ob der Schleifenkörper erneut abgearbeitet werden soll. Zu Kontrollzwecken ist die Anzahl der Schleifendurchläufe am Bildschirm anzuzeigen. Das Nassi-Shneiderman-Diagramm zu dieser Problemstellung zeigt Abb. 5.3.[2]

---

1. Bei einer DO WHILE-Schleife wäre diese Aussage zu negieren, siehe hierzu Abschnitt 2.2.
2. Zum Entwurf von Nassi-Shneiderman-Diagrammen siehe Abschnitt 2.2. Alternativ könnte Beispiel 1 auch mittels einer REPEAT UNTIL-Schleife realisiert werden.

| |
|---|
| setze WEITER = J, ANZAHL = 0 |
| lösche Bildschirm |
| PERFORM UNTIL (WEITER = N) |
|     berechne ANZAHL = ANZAHL + 1 |
|     DISPLAY "Anzahl Schleifendurchläufe:" |
|     DISPLAY ANZAHL |
|     DISPLAY "Weitere Durchläufe J/N ? [ ]" |
|     ACCEPT WEITER |
| lösche Bildschirm |
| STOP RUN |

*Abb. 5.3 Nassi-Shneiderman-Diagramm zu Beispiel 1*

## Lösung 1 (in-line-PERFORM)

```
*----------------------------------------------------------------
 IDENTIFICATION DIVISION.
*----------------------------------------------------------------
 PROGRAM-ID.         DEMO-11.
*Autor           :   WENDT
*Datum           :   19.5.1990
*Inhalt          :   Formulierung von Schleifen
*----------------------------------------------------------------
 ENVIRONMENT DIVISION.
*----------------------------------------------------------------
 CONFIGURATION SECTION.
*----------------------------------------------------
 SOURCE-COMPUTER.    IBM-PC.
 OBJECT-COMPUTER.    IBM-PC.
 SPECIAL-NAMES.      CONSOLE IS CRT.
*----------------------------------------------------------------
 DATA DIVISION.
*----------------------------------------------------------------
 WORKING-STORAGE SECTION.
*-------------------------------------
 77  WEITER          PIC X    VALUE "J".
 77  ANZAHL          PIC 9(3) VALUE ZERO.
*----------------------------------------------------------------
 PROCEDURE DIVISION.
*----------------------------------------------------------------
 START-SCHLEIFENTEST.
     DISPLAY SPACES
     PERFORM UNTIL WEITER = "N"
         COMPUTE ANZAHL = ANZAHL + 1
         DISPLAY "Anzahl Schleifendurchläufe :"      AT 1010
         DISPLAY ANZAHL                              AT 1042
         DISPLAY "Weitere Durchläufe J/N ? [ ]"      AT 1510
         ACCEPT  WEITER                              AT 1537
     END-PERFORM.
```

```
    ENDE-SCHLEIFENTEST.
        DISPLAY SPACES
        STOP RUN.
```

Der Schleifenkörper beginnt mit einer COMPUTE- und endet mit einer ACCEPT-Anweisung. Die Einrückung dieser Anweisungen dient lediglich der optischen Hervorhebung des Schleifenkörpers. Der Bereichsbegrenzer *END-PERFORM* signalisiert dem Compiler *das Ende* des Schleifenkörpers. So wird sichergestellt, daß die dem Konstrukt Schleife nachfolgenden Anweisungen *nicht* in den Schleifenkörper einbezogen werden.

Die in Lösung 1 verwendete Steueranweisung zur Realisierung des Konstrukts Wiederholung ist eine *kopfgesteuerte in-line-PERFORM-Anweisung*. Unmittelbar im Anschluß an das Löschen des Bildschirms (DISPLAY SPACES) wird die Abbruchbedingung (WEITER = N) geprüft. Da dem Feld WEITER der Anfangswert "J" mittels einer VALUE-Klausel zugewiesen wurde, ist die Abbruchbedingung nicht erfüllt. Der Schleifenkörper wird daher erstmals abgearbeitet. Dabei wird für ANZAHL der Wert 1 errechnet, mit erläuterndem Text am Bildschirm angezeigt und der Benutzer zur Entscheidung über den weiteren Programmablauf aufgefordert. Der Programmablauf wird mittels der ACCEPT-Anweisung solange unterbrochen, bis der Benutzer seine Eingabe mit der RETURN- bzw. ENTER-Taste quittiert. Der Schleifenkörper wird jeweils erneut abgearbeitet, wenn der Benutzer ein von N abweichendes Zeichen eingibt. Bei jedem Schleifendurchlauf wird die Variable ANZAHL um den Wert 1 erhöht und zu Kontrollzwecken am Bildschirm angezeigt. Gibt der Benutzer erstmals ein N ein, ist die Abbruchbedingung (WEITER = N) erfüllt (wahr) und damit die Schleifenverarbeitung beendet. Der Programmablauf wird dann mit den auf END-PERFORM folgenden Anweisungen fortgesetzt.

## Lösung 2 (out-of-line-PERFORM)

```
*-----------------------------------------------------------------
    DATA DIVISION.
*-----------------------------------------------------------------
    WORKING-STORAGE SECTION.
*-----------------------------------------------------------------
    77  WEITER          PIC X    VALUE "J".
    77  ANZAHL          PIC 9(3) VALUE ZERO.
*-----------------------------------------------------------------
    PROCEDURE DIVISION.
*-----------------------------------------------------------------
    START-SCHLEIFENTEST.
        DISPLAY SPACES
        PERFORM VERARBEITUNG UNTIL WEITER = "N".
    ENDE-SCHLEIFENTEST.
        DISPLAY SPACES
        STOP RUN.

    VERARBEITUNG.
        COMPUTE ANZAHL = ANZAHL + 1
        DISPLAY "Anzahl Schleifendurchläufe :"      AT 1010
        DISPLAY ANZAHL                              AT 1042
```

```
DISPLAY "Weitere Durchläufe J/N ? [ ]"   AT 1510
ACCEPT  WEITER                            AT 1537.
```

Die Programme Lösung 1 und Lösung 2 sind *funktionsgleich*. Bei Verwendung der PERFORM UNTIL-Anweisung nach Format-2 (out-of-line) muß der Schleifenkörper in ein eigenständiges Kapitel oder einen Paragraphen der PROCEDURE DIVISION als *internes Unterprogramm* ausgelagert werden. Im obigen Beispiel sind die Anweisungen des Schleifenkörpers im Paragraphen VERARBEITUNG aufgeführt. Der Paragraphenname tritt als "Prozedurname" in der PERFORM-Anweisung auf und stellt so die Verbindung zwischen Schleifensteuerung und dem zugehörigen Schleifenkörper her.

Die in Lösung 2 verwendete Steueranweisung zur Realisierung des Konstrukts Wiederholung ist eine *kopfgesteuerte out-of-line-PERFORM-Anweisung*. Vor jeder Verarbeitung des Schleifenkörpers wird auch hier der Wahrheitswert der Abbruchbedingung geprüft. Jedesmal wenn die Bedingung als nicht erfüllt (falsch) erkannt wird, wird das interne Unterprogramm VERARBEITUNG aufgerufen, d.h. der den Schleifenkörper enthaltende Paragraph VERARBEITUNG ausgeführt. Nach Abbruch der Schleifenverarbeitung werden die der PERFORM-Anweisung nachfolgenden Anweisungen abgearbeitet. Der Schleifenkörper muß daher als internes Unterprogramm *hinter* STOP RUN (out-of-line) angeordnet werden.

Das folgende Beispiel 2 demonstriert die Schachtelung von Schleifen und verdeutlicht gleichzeitig eine wichtige syntaktische Regel bei der Verwendung von Bereichsbegrenzern wie END-PERFORM. Diese syntaktische Regel hat weitreichende Bedeutung für die COBOL-Programmierung, weil sie auf weitere 19 dem END-PERFORM vergleichbare Bereichsbegrenzer anwendbar ist.

## Beispiel 2

Das hier zu entwerfende und zu codierende Verarbeitungsproblem ähnelt dem des Beispiels 1. In den Schleifenkörper der Lösung 1 ist lediglich ergänzend eine zweite Schleife aufzunehmen. Die Anzahl der Schleifendurchläufe dieser "inneren" (geschachtelten) Schleife ist ebenfalls zu zählen und zu Kontrollzwecken am Bildschirm z.B. in der in Abb. 5.4a gezeigten Form auszugeben. Über den Abbruch der Schleifenverarbeitungen entscheidet wiederum der Benutzer.

```
Anzahl Durchläufe
der äußeren Schleife :      3

Anzahl Durchläufe
der inneren Schleife :     17

Weiter innere Schleife  J/N ?  [N]
Weiter äußere Schleife  J/N ?  [J]
```

*Abb. 5.4a   Bildschirmausgabe zu Beispiel 2*

Das Nassi-Shneiderman-Diagramm zu dieser Problemstellung zeigt Abb. 5.4b. Die äußere und innere Schleife sind hier als Strukturblock Wiederholung mit *nachfolgender* Bedingungsprüfung dargestellt. Damit ist sichergestellt, daß die Schleifenkörper beider Wiederholungskonstrukte unabhängig von irgendwelchen Feldinitialisierungen zumindest einmal abgearbeitet werden. Alternativ könnten auch kopfgesteuerte Schleifen Verwendung finden. Der Programmierer müßte dann sicherstellen, daß die Abbruchbedingungen beider Schleifensteuerungen nicht bereits zum Zeitpunkt der ersten Bedingungsprüfung erfüllt sind.

```
┌─────────────────────────────────────────────────────────────────────┐
│ setze WEITER-AUSSEN = J, ANZAHL-AUSSEN = 0, ANZAHL-INNEN = 0        │
│ lösche Bildschirm                                                   │
├─────────────────────────────────────────────────────────────────────┤
│  ┌─────────────────────────────────────────────────────────────────┐│
│  │ berechne ANZAHL-AUSSEN = ANZAHL-AUSSEN + 1                      ││
│  │ DISPLAY "Anzahl Durchläufe äußere Schleife :"                   ││
│  │ DISPLAY ANZAHL-AUSSEN                                           ││
│  ├─────────────────────────────────────────────────────────────────┤│
│  │  ┌──────────────────────────────────────────────────────────────┤│
│  │  │ berechne ANZAHL-INNEN = ANZAHL-INNEN + 1                    │││
│  │  │ DISPLAY "Anzahl Durchläufe innere Schleife :"               │││
│  │  │ DISPLAY ANZAHL-INNEN                                        │││
│  │  │ DISPLAY "Weiter innere Schleife J/N ? [ ]"                  │││
│  │  │ J → WEITER-INNEN                                            │││
│  │  │ ACCEPT WEITER-INNEN                                         │││
│  │  ├─────────────────────────────────────────────────────────────┤││
│  │  │ REPEAT UNTIL (WEITER-INNEN = N)                             │││
│  ├─────────────────────────────────────────────────────────────────┤│
│  │ DISPLAY "Weiter äußere Schleife J/N ? [ ]"                      ││
│  │ ACCEPT WEITER-AUSSEN                                            ││
│  ├─────────────────────────────────────────────────────────────────┤│
│  │ REPEAT UNTIL (WEITER-AUSSEN = N)                                ││
├─────────────────────────────────────────────────────────────────────┤
│ lösche Bildschirm                                                   │
│ STOP RUN                                                            │
└─────────────────────────────────────────────────────────────────────┘
```

*Abb. 5.4b   Nassi-Shneiderman-Diagramm zu Beispiel 2*

Der Programmentwurf läßt erkennen, daß mit jeder Abarbeitung des Schleifenkörpers der äußeren Schleife die eingebettete innere Schleife aktiviert wird. Reagiert der Benutzer auf beide Eingabeaufforderungen mit der Tastatureingabe N, werden beide Schleifenkörper genau einmal abgearbeitet. Alternativ kann er den Schleifenkörper der inneren Schleife beliebig häufig bei jedem Durchlauf des äußeren Schleifenkörpers abarbeiten lassen. Die Anzahl der Durchläufe wird für beide Schleifen am Bildschirm angezeigt.

Die in Zeile 1 des Struktogramms vorgesehenen Initialisierungen der numerischen Variablen (ANZAHL-AUSSEN, ANZAHL-INNEN) stellen sicher, daß die arithmetischen Anweisungen korrekt ausgeführt werden können. Die Realisierung dieser Initialisierungen im Programm könnte alternativ durch eine Anfangswertzuweisung in der WORKING-STORAGE SECTION (VALUE-Klausel) oder mittels einer INITIALIZE- bzw. MOVE-Anweisung in der PROCEDURE DIVISION erfolgen.

Die beiden Wertzuweisungen an WEITER-AUSSEN (Initialisierung) und WEITER-INNEN (MOVE) sind in diesem Programmentwurf wegen der fußgesteuerten

Schleifenkonstrukte ohne Auswirkung auf den Programmablauf. Sie stellen lediglich sicher, daß die Felder der Bedingungsvariablen mit J vorbesetzt sind, wenn der Benutzer zu Eingaben aufgefordert wird. Wünscht er einen erneuten Schleifendurchlauf, kann er sich auf das Quittieren der Vorbesetzung mittels RETURN- bzw. ENTER-Taste beschränken.

## Lösung 1 (in-line-PERFORM)

```
*------------------------------------------------------------
 DATA DIVISION.
*------------------------------------------------------------
 WORKING-STORAGE SECTION.
*--------------------------------------
 77  WEITER-AUSSEN    PIC X VALUE "J".
 77  WEITER-INNEN     PIC X.
 77  ANZAHL-AUSSEN    PIC 9(3).
 77  ANZAHL-INNEN     PIC 9(3).
*------------------------------------------------------------
 PROCEDURE DIVISION.
*------------------------------------------------------------
 START-SCHLEIFENTEST.
     INITIALIZE ANZAHL-AUSSEN ANZAHL-INNEN
     DISPLAY SPACES

     PERFORM WITH TEST AFTER UNTIL WEITER-AUSSEN = "N"
         COMPUTE ANZAHL-AUSSEN = ANZAHL-AUSSEN + 1
         DISPLAY "Anzahl Durchläufe"                  AT 1010
         DISPLAY "der äußeren Schleife :"             AT 1110
         DISPLAY ANZAHL-AUSSEN                        AT 1140

         PERFORM WITH TEST AFTER UNTIL WEITER-INNEN = "N"
             COMPUTE ANZAHL-INNEN = ANZAHL-INNEN + 1
             DISPLAY "Anzahl Durchläufe"              AT 1310
             DISPLAY "der inneren Schleife :"         AT 1410
             DISPLAY ANZAHL-INNEN                     AT 1440
             DISPLAY "Weiter innere Schleife J/N ? [ ]" AT 1610
             MOVE "J" TO WEITER-INNEN
             ACCEPT   WEITER-INNEN                    AT 1641
         END-PERFORM

         DISPLAY "Weiter äußere Schleife J/N ? [ ]"   AT 1810
         ACCEPT   WEITER-AUSSEN                       AT 1841
     END-PERFORM.

 ENDE-SCHLEIFENTEST.
     DISPLAY SPACES
     STOP RUN.
```

Beide Steueranweisungen zur Realisierung des Konstrukts Wiederholung mit nachfolgender Bedingungsprüfung sind hier *fußgesteuerte in-line-PERFORM-Anweisungen*. Schleifensteuerung und Schleifenkörper der inneren Schleife sind in den Schleifenkörper der äußeren Schleife eingebettet. Der Bereichsbegrenzer END-PERFORM zur Markierung des Endes von Schleifenkörpern tritt zweimal auf.

### Lösung 2 (out-of-line-PERFORM)

```
*-----------------------------------------------------------------
 DATA DIVISION.
*-----------------------------------------------------------------
 WORKING-STORAGE SECTION.
*-----------------------------------------------------------------
 77  WEITER-AUSSEN      PIC X VALUE "J".
 77  WEITER-INNEN       PIC X.
 77  ANZAHL-AUSSEN      PIC 9(3).
 77  ANZAHL-INNEN       PIC 9(3).
*-----------------------------------------------------------------
 PROCEDURE DIVISION.
*-----------------------------------------------------------------
 START-SCHLEIFENTEST.
     INITIALIZE ANZAHL-AUSSEN ANZAHL-INNEN
     DISPLAY SPACES

     PERFORM SCHLEIFE-AUSSEN
             WITH TEST AFTER UNTIL WEITER-AUSSEN = "N".

 ENDE-SCHLEIFENTEST.
     DISPLAY SPACES
     STOP RUN.

 SCHLEIFE-AUSSEN.
     COMPUTE ANZAHL-AUSSEN = ANZAHL-AUSSEN + 1
     DISPLAY "Anzahl Durchläufe"              AT 1010
     DISPLAY "der äußeren Schleife :"          AT 1110
     DISPLAY ANZAHL-AUSSEN                     AT 1140

     PERFORM SCHLEIFE-INNEN
             WITH TEST AFTER UNTIL WEITER-INNEN = "N"

     DISPLAY "Weiter äußere Schleife J/N ? [ ]"  AT 1810
     ACCEPT  WEITER-AUSSEN                       AT 1841.
 SCHLEIFE-INNEN.
     COMPUTE ANZAHL-INNEN = ANZAHL-INNEN + 1
     DISPLAY "Anzahl Durchläufe"              AT 1310
     DISPLAY "der inneren Schleife :"          AT 1410
     DISPLAY ANZAHL-INNEN                      AT 1440
     DISPLAY "Weiter innere Schleife J/N ? [ ]"  AT 1610
     MOVE "J" TO WEITER-INNEN
     ACCEPT  WEITER-INNEN                        AT 1641.
```

Die Programme Lösung 1 und Lösung 2 sind wiederum *funktionsgleich*. Die in Lösung 2 verwendeten Steueranweisungen zur Realisierung des Konstrukts Wiederholung mit nachfolgender Bedingungsprüfung sind *out-of-line-PERFORM-Anweisungen* (Format-2).

Den Schleifenkörper der äußeren Schleife enthält der Paragraph SCHLEIFE-AUSSEN. Bei Abarbeitung dieses Schleifenkörpers wird die innere Schleife über ihre Schleifensteuerung aktiviert. Der Schleifenkörper der inneren Schleife ist ebenfalls als internes Unterprogramm in einen Paragraphen (SCHLEIFE-INNEN) ausgelagert.

## Hinweise

1. Format-1 der PERFORM-Anweisung (in-line) weist den *Bereichsbegrenzer* (scope terminator) *END-PERFORM* als optionale Angabe aus. Verzichtet der Programmierer auf die Codierung des Bereichsbegrenzers, muß der letzten Anweisung des Schleifenkörpers das Trennsymbol Punkt (.) unmittelbar folgen. Dieser Punkt übernimmt dann als impliziter Bereichsbegrenzer die Funktion des expliziten Begrenzers END-PERFORM. Diese syntaktische Regel, sie ist auch auf weitere Bereichsbegrenzer wie END-IF, END-READ usw. anwendbar, impliziert nun zweierlei:

    a. Innerhalb des Geltungsbereichs einer Anweisung – bei in-line-PERFORM-Anweisungen also innerhalb des Schleifenkörpers – darf *frühestens* der *letzten* dem Bereich zugehörigen Anweisung das Trennsymbol Punkt (.) folgen. Der Compiler würde anderenfalls nachfolgende Anweisungen wegen der bereichsbegrenzenden Wirkung des Punktes als nicht zum Bereich bzw. dem Schleifenkörper gehörend interpretieren.

    b. Sind *mehrere Geltungsbereiche* von Anweisungen ineinander geschachtelt, darf *nur der äußerste* explizite Bereichsbegrenzer durch den impliziten Begrenzer Punkt (.) ersetzt werden. Würde man z.B. im Programm Lösung 1 zu Beispiel 2 das auf "ACCEPT WEITER-INNEN" folgende END-PERFORM der inneren Schleife durch den impliziten Bereichsbegrenzer Punkt (.) ersetzten, würde der Compiler *den inneren und auch den äußeren* Schleifenkörper als abgeschlossen auffassen. Als Konsequenz würde sich in diesem Programm ein Syntaxfehler einstellen, da der Compiler den expliziten Begrenzer der äußeren Schleife keinem eröffneten Bereich mehr zuordnen könnte.[1]

2. In-line- und out-of-line-PERFORM-Anweisungen sind funktionsgleich. Das out-of-line-Format dieser Anweisung wird man immer dann verwenden, wenn in einem Programm mehrere Schleifen mit *gleichem Schleifenkörper* auftreten. Dieser wird dann nur einmal als internes Unterprogramm realisiert und von zwei oder mehr Schleifensteuerungen zur Ausführung gebracht.

3. Erfordert eine Problemlösung die Schachtelung von drei oder mehr Schleifen, können Anweisungen der inneren Schleifen wegen der Einrückung jedes Schleifenkörpers häufig nicht mehr vollständig in einer Quellcodezeile unterge-

---

1. Ein unerfreulicher Ablauffehler würde bei Ersetzung *beider* END-PERFORM-Begrenzer in Lösung 1 zu Beispiel 2 durch die impliziten Bereichsbegrenzer Punkt (.) entstehen: Der Compiler könnte den Programmierer auf keinen Syntaxfehler aufmerksam machen. Zugleich wäre mit der letzten Anweisung des inneren Schleifenkörpers auch der äußere Schleifenkörper abgeschlossen. Der Compiler würde die Anweisungen "ACCEPT WEITER-AUSSEN" und die zugehörige DISPLAY-Anweisung als Befehle auffassen, die im Anschluß an den Abbruch der äußeren Schleife abzuarbeiten sind. Da die äußere Schleife mangels der zum Abbruch erforderlichen Benutzereingabe nicht verlassen werden kann, liefe das Programm in einer "Endlosschleife", ein Rechnerzustand, der sich nur durch einen Warm- oder Kaltstart der Maschine beheben ließe. Der Leser sollte sich hiervon durch Modifikation des zu Beispiel 2 angegebenen Struktogramms und die experimentelle Erprobung des Programms am Rechner überzeugen.

bracht werden. Auch in solchen Fällen empfiehlt sich im Interesse der Lesbarkeit eines Programms die Auslagerung von Schleifenkörpern in Paragraphen oder Kapitel.

4. Aus Gründen der Übersichtlichkeit eines Programms kann eine solche Auslagerung als internes Unterprogramm auch sinnvoll sein, wenn ein Schleifenkörper zahlreiche Anweisungen umfaßt, die Schleifensteuerung und der zugehörige Bereichsbegrenzer END-PERFORM mithin weit auseinanderlägen, wodurch die Ablaufsteuerung eines Programms nur erschwert nachzuvollziehen wäre.

### 5.2.3 IF-Anweisung

**Funktion und Format**

Die IF-Anweisung ist eine Steueranweisung zur Realisierung der Kontrollkonstrukte

- bedingte Verarbeitung und
- Auswahl.[1]

Auch das Kontrollkonstrukt Fallunterscheidung kann mit Hilfe der IF-Anweisung realisiert werden. COBOL kennt jedoch zwei Anweisungen (EVALUATE und GO TO DEPENDING ON), die hierzu geeigneter sind.[2]

```
┌─ Format ─────────────────────────────────────┐
│                                              │
│                  ⎧ { Anweisung-1 } ... ⎫    │
│   IF Bedingung THEN ⎨                    ⎬    │
│                  ⎩ NEXT SENTENCE         ⎭    │
│                                              │
│                                              │
│         ⎡      ⎧ { Anweisung-2 } ... ⎫ ⎤    │
│         ⎢ ELSE ⎨                    ⎬ ⎥    │
│         ⎣      ⎩ NEXT SENTENCE       ⎭ ⎦    │
│                                              │
│   [ END-IF ]                                 │
└──────────────────────────────────────────────┘
```

**Beispiele**

```
IF WEITER = "N" DISPLAY "Ende Programmlauf !".
IF WEITER = "N" OR "n"
   THEN DISPLAY "Ende Programmlauf !"
   ELSE COMPUTE SUMME = SUMME + ALT + NEU
        INITIALIZE ALT NEU EINDAT-SATZ
END-IF
```

---

1. Zur Definition dieser Kontrollkonstrukte siehe auch Abschnitt 2.2.
2. Diese Anweisungen behandelt Abschnitt 9.1.

## Syntaktische Regeln

1. Die dem Schlüsselwort IF folgende Bedingung ist nach den allgemeinen Regeln der Codierung von Bedingungen (siehe den nachfolgenden Abschnitt 5.3) zu formulieren.
2. Anweisung-1 und Anweisung-2 dürfen sowohl Aktionen als auch Steueranweisungen sein.
3. END-IF darf als Bereichsbegrenzer den THEN- oder ELSE-Zweig der IF-Anweisung abschließen. Wird der ELSE-Zweig codiert, übernimmt das Schlüsselwort ELSE die Funktion des expliziten Bereichsbegrenzers im THEN-Zweig.

## Beschreibung "Bedingte Verarbeitung"

Die in Abschnitt 2.2 für die Kontrollkonstrukte "bedingte Verarbeitung" und "Auswahl" eingeführten Strukturblöcke nach Nassi-Shneiderman zeigt Abb. 5.5. Eine bedingte Verarbeitung liegt vor, wenn eine oder mehrere Anweisungen (V) genau dann abgearbeitet werden, wenn sich die zugehörige Bedingung zur Laufzeit des Programms als wahr erweist. Ist die Bedingung nicht erfüllt, erfolgt keine Verarbeitung.

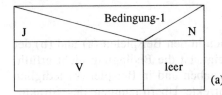 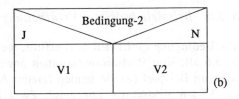

*Abb. 5.5  Strukturblöcke bedingte Verarbeitung (a) und Auswahl (b)*

Die Steueranweisung für die bedingte Verarbeitung läßt sich aus dem Format der IF-Anweisung ableiten, wenn auf die Codierung der ELSE-Option verzichtet wird. Die Anweisungen

```
IF WEITER = "N" DISPLAY "Ende Programmlauf!".
IF WEITER = "N" THEN DISPLAY "Ende Programmlauf!".
IF WEITER = "N" DISPLAY "Ende Programmlauf!"
END-IF
```

sind funktionsgleiche bedingte Verarbeitungen: Enthält das Datenfeld WEITER zum Zeitpunkt der Ausführung einer der IF-Anweisungen das Zeichen N, ist die Bedingung (WEITER = N) wahr und damit die Voraussetzung für das Ausführen der DISPLAY-Anweisung erfüllt. Anderenfalls wird die DISPLAY-Anweisung nicht zur Ausführung gebracht.

Der Geltungsbereich einer bedingten Verarbeitung darf eine oder auch mehrere Anweisungen umfassen. Wie im Zusammenhang mit der PERFORM UNTIL-Anweisung erläutert, kommt mithin dem expliziten Bereichsbegrenzer END-IF oder dem ihn ersetzenden impliziten Bereichsbegrenzer Punkt (.) ganz wesentliche Bedeutung zu:

a. Der *explizite Bereichsbegrenzer* END-IF ist unabhängig von der jeweiligen Schachtelungstiefe von Anweisungen eine korrekte Bereichsbegrenzung bedingter Verarbeitungen.
b. Der *implizite Bereichsbegrenzer* Punkt (.) ist zur Begrenzung des Geltungsbereichs bedingter Verarbeitungen nur verwendbar, wenn die bedingte Verarbeitung nicht Bestandteil eines übergeordneten Bereichs (z.B. einer PERFORM- oder anderen IF-Anweisung) ist oder wenn das Ende der Geltungsbereiche aller geschachtelten Anweisungen zusammenfällt.
c. Dem END-IF einer bedingten Verarbeitung darf ein Punkt unmittelbar folgen, wenn die bedingte Verarbeitung nicht Bestandteil übergeordneter Bereiche ist oder diese zugleich abgeschlossen werden sollen.

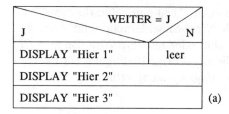 (a)  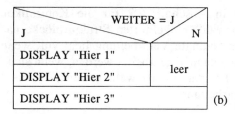 (b)

*Abb. 5.6   Beispiele bedingter Verarbeitungen*

Ist die Bedingung (WEITER = J) erfüllt, werden in den Beispielen (a) und (b) der Abb. 5.6 alle drei Bildschirmausgaben angezeigt. Ist die Bedingung nicht erfüllt, werden im Beispiel (a) die beiden letzten Ausgaben und in Beispiel (b) lediglich "Hier 3" am Bildschirm angezeigt. *Zwei* korrekte Übertragungen des Struktogramms zu Beispiel (a) sind:

```
IF WEITER = "J" DISPLAY "Hier 1" UPON BS.
DISPLAY "Hier 2" UPON BS.
DISPLAY "Hier 3" UPON BS.

IF WEITER = "J"
   DISPLAY "Hier 1" UPON BS
END-IF.
DISPLAY "Hier 2" UPON BS.
DISPLAY "Hier 3" UPON BS.
```

Das Nassi-Shneiderman-Diagramm des Beispiels (b) ließe sich (alternativ) wie folgt formulieren:

```
IF WEITER = "J"
   DISPLAY "Hier 1" UPON BS
   DISPLAY "Hier 2" UPON BS.
DISPLAY "Hier 3" UPON BS.

IF WEITER = "J"
   DISPLAY "Hier 1" UPON BS
   DISPLAY "Hier 2" UPON BS
END-IF.
DISPLAY "Hier 3" UPON BS.
```

Die in Abb. 5.7 als Struktogramme dargestellten Beispiele (c) und (d) demonstrieren geschachtelte bedingte Verarbeitungen.

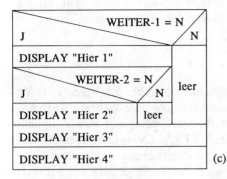 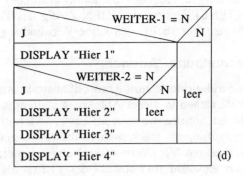

Abb. 5.7  *Beispiele geschachtelter bedingter Verarbeitungen*

Das Nassi-Shneiderman-Diagramm zu Beispiel (c) kann (alternativ) wie folgt realisiert werden:

```
IF WEITER-1 = "N"
   DISPLAY "Hier 1" UPON BS
   IF WEITER-2 = "N"
      DISPLAY "Hier 2" UPON BS
   END-IF
END-IF.
DISPLAY "Hier 3" UPON BS.
DISPLAY "Hier 4" UPON BS.

IF WEITER-1 = "N"
   DISPLAY "Hier 1" UPON BS
   IF WEITER-2 = "N"
      DISPLAY "Hier 2" UPON BS.
DISPLAY "Hier 3" UPON BS.
DISPLAY "Hier 4" UPON BS.
```

Zwei korrekte Übertragungen des Struktogramms Beispiel (d) wären:

```
IF WEITER-1 = "N"
   DISPLAY "Hier 1" UPON BS
   IF WEITER-2 = "N"
      DISPLAY "Hier 2" UPON BS
   END-IF
   DISPLAY "Hier 3" UPON BS
END-IF.
DISPLAY "Hier 4" UPON BS.

IF WEITER-1 = "N"
   DISPLAY "Hier 1" UPON BS
   IF WEITER-2 = "N"
      DISPLAY "Hier 2" UPON BS
   END-IF
   DISPLAY "Hier 3" UPON BS.
DISPLAY "Hier 4" UPON BS.
```

Ergänzend zu den Beispielen (a) bis (d) ist anzumerken, daß jede DISPLAY-Anweisung durch *eine* oder *mehrere beliebige* andere Anweisungen (elementare Anweisungen und/oder Steueranweisungen) ersetzt werden könnte. Die NEXT SENTENCE-Option im THEN-Zweig des Formats der IF-Anweisung findet bei bedingten Verarbeitungen keine Verwendung.

### Beschreibung "Auswahl"

Den Strukturblock zum Kontrollkonstrukt Auswahl zeigt Abb. 5.5(b), S. 261. V1 und V2 stehen in dieser Abbildung stellvertretend für *eine* oder *mehrere* Aktionen und/oder Steueranweisungen. Erweist sich die Auswahlbedingung zum Zeitpunkt ihrer Prüfung als wahr, werden die Anweisungen V1 (*Ja-Zweig*), anderenfalls die Anweisungen V2 (*Nein-Zweig*) abgearbeitet. Zur Realisierung des Kontrollkonstrukts Auswahl sind sowohl der THEN- als auch der ELSE-Zweig des Formats der IF-Anweisung zu codieren. Die Steueranweisung Auswahl führt im THEN-Zweig die Anweisungen V1 (Ja-Zweig) und im ELSE-Zweig die Anweisungen V2 (Nein-Zweig) des Strukturblocks Auswahl (siehe Abb. 5.5(b), S. 261) auf:

```
IF WEITER = "N"
   THEN DISPLAY "Abbruch Verarbeitung !" UPON BS
   ELSE DISPLAY "Gleich gehts weiter  !" UPON BS
END-IF.
DISPLAY "Nach Auswahl" UPON BS.

IF WEITER = "N"
   THEN DISPLAY "Abbruch Verarbeitung !" UPON BS
   ELSE DISPLAY "Gleich gehts weiter  !" UPON BS.
DISPLAY "Nach Auswahl" UPON BS.
```

Die beiden vorstehenden IF-Anweisungen sind *funktionsgleich*. Ist die Bedingung (WEITER = N) *erfüllt*, wird die DISPLAY-Anweisung des THEN-Zweigs ausgeführt. Anschließend wird der Programmablauf mit derjenigen Anweisung fortgesetzt, die der IF-Anweisung unmittelbar folgt. Im Falle einer erfüllten Auswahlbedingung würden am Bildschirm mithin die Texte "Abbruch Verarbeitung!" und "Nach Auswahl" angezeigt. Ist die Auswahlbedingung zum Zeitpunkt der Abarbeitung der IF-Anweisung *nicht erfüllt*, das Feld WEITER enthält dann ein von N abweichendes Zeichen, werden die Texte "Gleich gehts weiter!" und "Nach Auswahl" ausgegeben. Der Programmierer kann auf die Angabe des Wahlworts THEN ohne Funktionsverlust verzichten.

Da die THEN- und ELSE-Zweige einer IF-Anweisung eine oder aber auch beliebig viele Anweisungen umfassen dürfen, kommt der Begrenzung des Geltungsbereichs dieser Zweige der Auswahlanweisung wesentliche Bedeutung zu:

    a. Die Anweisungen des THEN-Zweigs werden durch das nachfolgende Schlüsselwort ELSE begrenzt.
    b. Zum ELSE-Zweig gehörig betrachtet der Compiler alle Anweisungen, die dem Schlüsselwort ELSE folgen, bis erstmalig der *explizite Bereichsbegrenzer* END-IF oder der *implizite Begrenzer* Punkt (.) auftritt. Liegen Bereichsschachtelungen vor, werden durch den impliziten Begrenzer Punkt alle eröffneten Bereiche abgeschlossen.

c. Liegt eine *Schachtelung* von Auswahl-Steueranweisungen vor, wird der ELSE-Zweig der inneren IF-Anweisung auch durch das den ELSE-Zweig der äußeren IF-Anweisung eröffnende Schlüsselwort ELSE abgeschlossen.

Abbildung 5.8 zeigt zwei Nassi-Shneiderman-Diagramme mit geschachtelten Auswahl-Konstrukten. Beispiel (a) ist zur Demonstration der vorstehend unter (c) aufgeführten Begrenzungsregel geeignet.

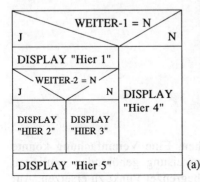

Abb. 5.8  *Beispiele geschachtelter Auswahl-Konstrukte*

Im folgenden werden zwei alternative Formulierungen zu Beispiel (a) angegeben:

```
IF WEITER-1 = "N"
   THEN DISPLAY "Hier 1" UPON BS
        IF WEITER-2 = "N"
           THEN DISPLAY "Hier 2" UPON BS
           ELSE DISPLAY "Hier 3" UPON BS
        END-IF
   ELSE DISPLAY "Hier 4" UPON BS
END-IF.
DISPLAY "Hier 5" UPON BS.

IF WEITER-1 = "N"
   THEN DISPLAY "Hier 1" UPON BS
        IF WEITER-2 = "N"
           THEN DISPLAY "Hier 2" UPON BS
           ELSE DISPLAY "Hier 3" UPON BS
   ELSE DISPLAY "Hier 4" UPON BS.
DISPLAY "Hier 5" UPON BS.
```

Die Einrückungen dienen wiederum lediglich der optischen Hervorhebung der Ja- und Nein-Zweige der Auswahl-Anweisung. Alle Quellcodezeilen könnten also auch ab Spalte 12 des B-Bereichs notiert werden. Die beiden angegebenen Formulierungen sind *funktionsgleich*. Während in der ersten Formulierung zum Beispiel (a) die ELSE-Zweige beider IF-Anweisungen explizit begrenzt werden, wird der ELSE-Zweig des inneren Auswahlkonstrukts in der zweiten Formulierung durch das Schlüsselwort ELSE des äußeren Auswahlkonstrukts abgeschlossen. Die erste Formulierung zeichnet sich gegenüber der zweiten durch höheren Schreibaufwand, dafür aber auch durch eine verbesserte Lesbarkeit aus.

Das in Abb. 5.8(b) angegebene Nassi-Shneiderman-Diagramm läßt sich wie folgt realisieren:

```
IF WEITER-1 = "N"
   THEN DISPLAY "Hier 1" UPON BS
        IF WEITER-2 = "N"
            THEN DISPLAY "Hier 2" UPON BS
            ELSE DISPLAY "Hier 3" UPON BS
        END-IF
        DISPLAY "Hier 4" UPON BS
   ELSE DISPLAY "Hier 5" UPON BS
        IF WEITER-3 = "N"
            THEN DISPLAY "Hier 6" UPON BS
            ELSE DISPLAY "Hier 7" UPON BS
        END-IF
        DISPLAY "Hier 8" UPON BS
END-IF.
DISPLAY "Hier 9" UPON BS.
```

Diese Formulierung läßt sich leicht nachvollziehen. Eine Vereinfachung könnte lediglich darin bestehen, den zur äußeren IF-Anweisung gehörenden expliziten Begrenzer END-IF durch den impliziten Bereichsbegrenzer Punkt zu ersetzen. Auf dieses Beispiel wird im folgenden im Zusammenhang mit der NEXT SENTENCE-Angabe und der Verwendung der CONTINUE-Anweisung in den Ja-/Nein-Zweigen der IF-Anweisungen zurückzukommen sein.

Jedes Auswahl-Konstrukt, das im THEN- oder ELSE-Zweig *keine Verarbeitung* vorsieht, läßt sich auch als Kontrollkonstrukt "bedingte Verarbeitung" darstellen. Möchte man dennoch das Konstrukt Auswahl verwenden, ist in den "Leerzweig" die Angabe *NEXT SENTENCE* oder die *CONTINUE-Anweisung* aufzunehmen:

```
IF WEITER = "J"
   THEN CONTINUE
   ELSE DISPLAY "Abbruch Programmlauf !" UPON BS
END-IF.

IF WEITER = "J"
   THEN NEXT SENTENCE
   ELSE DISPLAY "Abbruch Programmlauf !" UPON BS
END-IF.

IF WEITER = "N"
   THEN DISPLAY "Abbruch Programmlauf !" UPON BS
   ELSE CONTINUE
END-IF.

IF WEITER = "N"
   THEN DISPLAY "Abbruch Programmlauf !" UPON BS
   ELSE NEXT SENTENCE
END-IF.
```

Die ersten beiden IF-Anweisungen sowie die dritte und vierte Formulierung sind hier funktionsgleich.[1] Erweist sich bei Ausführung der ersten IF-Anweisung die Bedingung (WEITER = J) als wahr, wird im THEN-Zweig die CONTINUE-Anweisung (no-operation) ausgeführt. Diese Anweisung löst keinerlei Verarbeitungsoperationen aus. Anschließend wird in einem Programm diejenige Anweisung ausgeführt, die dem IF-Konstrukt unmittelbar folgt. Erweist sich bei Abarbeitung der ersten IF-Anweisung die Bedingung als nicht erfüllt, wird die DISPLAY-Anweisung ausgeführt.

Im Gegensatz zur CONTINUE-Anweisung ist die im Format der IF-Anweisung vorgesehene *NEXT SENTENCE*-Angabe eine **Leeranweisung mit ablaufsteuernder Wirkung**: Enthält der abzuarbeitende THEN- oder ELSE-Zweig die NEXT SENTENCE-Angabe, werden ebenfalls keine Aktionen ausgeführt, die Ablaufsteuerung jedoch an den nächsten *Programmsatz* (d.h. die erste Anweisung nach dem auf NEXT SENTENCE folgenden Punkt) übertragen.

In den obigen Beispielen können sich die CONTINUE-Anweisung und die NEXT SENTENCE-Angabe nicht unterschiedlich auswirken, da jede IF-Anweisung wegen des nachfolgenden Trennsymbols Punkt einen Programmsatz darstellt. Zur Demonstration der unterschiedlichen Funktionen der beiden "Leeranweisungen" wird im folgenden das in Abb. 5.8(b) angegebene Struktogramm herangezogen und geringfügig *modifiziert*:

```
IF WEITER-1 = "N"
   THEN DISPLAY "Hier 1" UPON BS
        IF WEITER-2 = "N"
           THEN CONTINUE
           ELSE DISPLAY "Hier 3" UPON BS
        END-IF
        DISPLAY "Hier 4" UPON BS
   ELSE DISPLAY "Hier 5" UPON BS
        IF WEITER-3 = "N"
           THEN NEXT SENTENCE
           ELSE DISPLAY "Hier 7" UPON BS
        END-IF
        DISPLAY "Hier 8" UPON BS
END-IF.
DISPLAY "Hier 9" UPON BS.
```

Die Ja-Zweige der geschachtelten inneren Auswahl-Konstrukte enthalten nun die CONTINUE-Anweisung sowie die NEXT SENTENCE-Angabe. Sind alle drei Bedingungen wahr, werden am Bildschirm die Texte "Hier 1", "Hier 4" und "Hier 9" angezeigt. Ist lediglich die Bedingung (WEITER-1 = N) nicht erfüllt, zeigt der Bildschirm die Textkonstanten "Hier 5" und "Hier 9". Wegen der mit NEXT SENTENCE verbundenen Ablaufsteuerung kommt die Anweisung DISPLAY "Hier 8" UPON BS *nicht* zur Ausführung.

---

1. Dennoch haben die CONTINUE-Anweisung und NEXT SENTENCE gänzlich unterschiedliche Wirkungen.

## 5.3 Formulieren von Bedingungen (Teil I)

Im Zusammenhang mit den Formaten der IF- und PERFORM-Anweisung wurde der Zweck von Bedingungen deutlich: In Abhängigkeit von dem sich zum Zeitpunkt der Prüfung einer Bedingung ergebenden Wahrheitswert (wahr oder falsch) wird der weitere Programmablauf gesteuert. Neben der IF- und PERFORM-Anweisung kennt COBOL zwei weitere Anweisungen (EVALUATE und SEARCH), in denen Bedingungen auftreten. Bisher wurden Bedingungen nur beispielhaft erläutert. Die beiden folgenden Abschnitte behandeln die Formate zur Formulierung von Vergleichsbedingungen und zusammengesetzten (komplexen) Bedingungen. Darüber hinaus kennt COBOL Bedingungsnamen-Bedingungen (siehe Abschn. 8.4.1) sowie Klassen- und Vorzeichenbedingungen (siehe Abschn. 9.4).

### 5.3.1 Vergleichsbedingungen

**Funktion und Format**

Vergleichsbedingungen stellen mit Hilfe vorgegebener Vergleichsoperatoren eine Beziehung zwischen zwei Operanden her. Die Auswertung einer (Vergleichs-)Bedingung ergibt den Wahrheitswert "falsch" oder "wahr".

```
┌─ Format ─────────────────────────────────────────────────┐
│                                                          │
│   ⎧ Bezeichner-1              ⎫                          │
│   ⎨ Literal-1                 ⎬                          │
│   ⎩ arithmetischer-Ausdruck-1 ⎭                          │
│                                                          │
│              ⎧ IS [ NOT ] GREATER THAN        ⎫          │
│              ⎪ IS [ NOT ] >                   ⎪          │
│              ⎪ IS [ NOT ] LESS THAN           ⎪          │
│              ⎪ IS [ NOT ] <                   ⎪          │
│              ⎨ IS [ NOT ] EQUAL TO            ⎬          │
│              ⎪ IS [ NOT ] =                   ⎪          │
│              ⎪ IS GREATER THAN OR EQUAL TO    ⎪          │
│              ⎪ IS >=                          ⎪          │
│              ⎪ IS LESS THAN OR EQUAL TO       ⎪          │
│              ⎩ IS <=                          ⎭          │
│                                                          │
│                        ⎧ Bezeichner-2              ⎫    │
│                        ⎨ Literal-2                 ⎬    │
│                        ⎩ arithmetischer-Ausdruck-2 ⎭    │
└──────────────────────────────────────────────────────────┘
```

**Syntaktische Regeln**

1. Die Operatoren >, <, =, >= und <= sind Schlüsselwörter, die lediglich aus Gründen der Eindeutigkeit ihrer Schreibweise und Bedeutung im obigen Format nicht unterstrichen wurden.
2. Die Operatoren >,<, =, >= und <= sind in Leerzeichen eingeschlossen zu notieren.
3. Der Vergleich zweier Literale (Literal-1, Literal-2) ist unzulässig.
4. Werden zwei arithmetische Ausdrücke miteinander verglichen, muß zumindest einer der Ausdrücke einen Datenfeldnamen enthalten.
5. Die Auswertung arithmetischer Ausdrücke erfolgt nach den im Zusammenhang mit der COMPUTE-Anweisung erläuterten Prioritätsregeln (siehe Abschn. 5.1.1).

**Beschreibung**

Vergleichsbedingungen setzen ein Subjekt (Bezeichner-1, Literal-1, arithmetischer-Ausdruck-1) zu einem Objekt (Bezeichner-2, Literal-2, arithm.-Ausdruck-2) in Beziehung. Vergleichsoperatoren sind >, <, = sowie >= und <=. Jeder dieser Operatoren kann auch textuell angegeben werden. Mit Hilfe des Schlüsselworts NOT können die Vergleichsoperatoren negiert werden. Dabei entspricht z.B. "NOT =" einem "nicht gleich" und ein "NOT >" dem "kleiner oder gleich".

Beim Vergleich *numerischer* Operanden bestimmen die Zahlenwerte von Subjekt und Objekt das Vergleichsergebnis (wahr, falsch). Dabei ist es unerheblich, ob numerische Daten in Feldern unterschiedlicher Länge gespeichert sind oder Feldinhalte (Bezeichner-1, Bezeichner-2) mit numerischen Literalen (Literal-1, Literal-2) verglichen werden (siehe die ersten drei Beispiele in Abb. 5.9).

| *Feldinhalt* | | *Bedingungen* | | | | |
|---|---|---|---|---|---|---|
| A | B | A = B | A > B | A < B | A >= B | A <= B |
| 13 | 13 | w | f | f | w | w |
| 3 | 5 | f | f | w | f | w |
| 5 | 3 | f | w | f | w | f |
| C | C | w | f | f | w | w |
| D | d | f | f | w | f | w |
| D | E | f | f | w | f | w |
| e | f | f | f | w | f | w |
| EF | Ef | f | f | w | f | w |
| ef | E | f | w | f | w | f |
| 99 | NN | f | f | w | f | w |

*Abb. 5.9 Vergleich numerischer und nicht-numerischer Daten (w = wahr, f = falsch, ASCII-Sortierfolge)*

Ein *nicht-numerischer* Vergleich liegt vor, wenn

- beide Operanden nicht-numerisch definiert sind,
- die zu vergleichenden Operanden als Datengruppen definiert sind oder
- ein ganzzahlig definiertes numerisches Datum mit einem alphabetisch, alphanumerisch oder als Datengruppe definierten Datum verglichen wird.

Ein eventueller *Längenunterschied* der in nicht-numerische Vergleiche einbezogenen Operanden wird durch das rechtsbündige Anfügen von Leerzeichen an die kürzere Zeichenfolge ausgeglichen. Der Vergleich erfolgt zeichenweise von links nach rechts. Er wird abgebrochen, wenn erstmals zwei unterschiedliche Zeichen verglichen werden oder das Ende der Zeichenfolgen erreicht ist. Werden beim zeichenweisen Vergleich zwei positionsgleiche, jedoch voneinander verschiedene Zeichen gefunden, gilt derjenige Operand als größer, dessen Zeichen in der Sortierfolge des verwendeten Sortieralphabets höher eingeordnet ist (lexikalische Sortierfolge).

COBOL-Compiler berücksichtigen für Größenvergleiche eine voreingestellte Standard-Sortierfolge (z.B. ASCII- oder EBCDIC-Sortierfolge), die der Programmierer durch Eintragungen in der ENVIRONMENT DIVISION ändern oder auch durch ein selbstdefiniertes Sortieralphabet ersetzen kann. Die hier berücksichtigten Compiler für Mikrocomputer nehmen Größenvergleiche (voreingestellt) auf der Grundlage der ASCII-Sortierfolge vor.[1]

### Beispiele

```
IF LAGER-BESTAND >= BESTELL-MENGE THEN ...
IF LAGER-BESTAND <= MELDE-MENGE THEN ...
IF RABATT-STUFE = 1 THEN ...
   ELSE IF RABATT-STUFE = 2 THEN ...
      ELSE IF RABATT-STUFE = 3 THEN ...
         END-IF
      END-IF
END-IF.
PERFORM UNTIL ZAEHLER > 5 ...
PERFORM UNTIL ((A-WERT + B-WERT) * PI) / 10 > 200 ...
```

## 5.3.2 Komplexe Bedingungen

### Funktion und Formate

Die COBOL-Formate zur Bildung komplexer Bedingungen eröffnen zusätzliche Freiheitsgrade für eine flexible Bedingungsformulierung. Sie erlauben die Negation des Wahrheitswerts von Bedingungen (Format-1), die Bildung zusammengesetzter Bedingungen (Format-2) sowie eine verkürzte Schreibweise bei zusammengesetzten Vergleichsbedingungen (Format-3). Das Ergebnis der Auswertung einer komplexen Bedingung ist der Wahrheitswert "falsch" oder "wahr".

---

1. Zur Sortierfolge-Ordnung siehe auch Abschnitt 14.3.

```
┌─ Format-1 ──────────────────────────────────────────────────────┐
│                                                                  │
│   NOT  Bedingung-1                                               │
│                                                                  │
├─ Format-2 ──────────────────────────────────────────────────────┤
│                                                                  │
│   Bedingung-2  { AND / OR }  [ NOT ]  Bedingung-3 ...            │
│                                                                  │
├─ Format-3 ──────────────────────────────────────────────────────┤
│                                                                  │
│   Vergleichsbedingung  { { AND / OR }  [ NOT ]  [ Vergleichsoperator ]  Objekt } ...
│                                                                  │
└──────────────────────────────────────────────────────────────────┘
```

## Syntaktische Regeln

1. Bei Verwendung des Negators NOT sowie der logischen Operatoren AND und OR sind diese in Leerzeichen eingeschlossen zu codieren.
2. Mit Hilfe von paarweise zu notierenden Klammern darf die Eindeutigkeit komplexer Bedingungen hergestellt werden.

## Beschreibung

Format-1 erlaubt die *Negation* des Wahrheitswerts einer Bedingung. Hierzu ist der zu negierenden Bedingung der logische Operator NOT voranzustellen. Der Wahrheitswert einer negierten Bedingung ist "wahr", wenn die zu negierende Bedingung den Wahrheitswert "falsch" hat. Andererseits ist der Wahrheitswert einer negierten Bedingung "falsch", wenn der zu negierenden Bedingung der Wahrheitswert "wahr" zugeordnet ist. Eine negierte Bedingung darf ohne Auswirkungen auf ihren Wahrheitswert in Klammern eingeschlossen werden.

*Zusammengesetzte Bedingungen* entstehen durch die Verbindung von zwei oder mehr Bedingungen mittels der logischen Operatoren (Verbindungswörter) AND oder OR (Format-2). Eine zusammengesetzte Bedingung, deren Einzelbedingungen mit AND verknüpft sind, ist "wahr", wenn jede der Einzelbedingungen "wahr" ist; sie ist "falsch", wenn eine oder mehrere der Einzelbedingungen "falsch" sind (Konjunktion, siehe Abb. 5.10).

Eine zusammengesetzte Bedingung, deren Einzelbedingungen mit OR verknüpft sind, ist "wahr", wenn eine oder mehrere der Einzelbedingungen "wahr" sind; sie ist "falsch", wenn keine der Einzelbedingungen "wahr" ist (Disjunktion, siehe Abb. 5.10).

Abbildung 5.10 führt in den ersten beiden Spalten alle möglichen Wahrheitswertkombinationen der Bedingungen A und B auf. Die restlichen Spalten zeigen die hierzu korrespondierenden Wahrheitswerte komplexer Bedingungen.

| Bedingungen | | komplexe Bedingungen | | | | |
|---|---|---|---|---|---|---|
| A | B | A AND B | A OR B | NOT A | NOT (A AND B) | NOT A AND B |
| w | w | w | w | f | f | f |
| w | f | f | w | f | w | f |
| f | w | f | w | w | w | w |
| f | f | f | f | w | w | f |

Abb. 5.10  *Auswertung komplexer Bedingungen (w = wahr, f = falsch)*

Die Auswertung solcher Bedingungen erfolgt unter Berücksichtigung folgender Prioritätsregeln:

1. Auswerten der geklammerten Ausdrücke von "innen nach außen".
2. Auswerten des NOT-Operators.
3. Auswerten der mit AND verknüpften Bedingungen.
4. Auswerten der mit OR verknüpften Bedingungen.
5. Verbleiben Freiheitsgrade in der Abarbeitung einer komplexen Bedingung, werden Teilausdrücke von "links nach rechts" zusammengefaßt.

Das Ergebnis jedes einzelnen Auswertungsschritts ist ein Wahrheitswert. Unter Berücksichtigung der Auswertungsprioritäten sind die folgenden beiden Ausdrücke äquivalent:

```
Bedingung-1 OR ((NOT Bedingung-2) AND Bedingung-3)
Bedingung-1 OR NOT Bedingung-2 AND Bedingung-3
```

Diesen äquivalenten komplexen Bedingungen kann durch eine abweichende Klammerung eine gänzlich andere Bedeutung gegeben werden:

```
(Bedingung-1 OR (NOT Bedingung-2)) AND Bedingung-3
```

Format-3 zur Formulierung komplexer Bedingungen bietet unter inhaltlichen Gesichtspunkten keine neuen Ausdrucksmöglichkeiten. Es erlaubt lediglich eine *verkürzte Schreibweise* zusammengesetzter Vergleichsbedingungen nach Format-2, wenn die zu verknüpfenden Einzelbedingungen das gleiche Subjekt und gegebenenfalls auch den gleichen Vergleichsoperator haben. In solchen Fällen kann auf die wiederholte Angabe des Subjekts und bei Gleichheit der logischen Operatoren auch auf ihre Angabe verzichtet werden.

Abbildung 5.11 zeigt eine Gegenüberstellung zusammengesetzter Vergleichsbedingungen nach Format-2 und ihre äquivalente, aber verkürzte Formulierung nach Format-3.

Bei der Anwendung des Formats-3 ist die unterschiedliche Funktion des Negators NOT zu beachten: Er kann als Bestandteil eines Vergleichsoperators (z.B. NOT >, NOT =) auftreten oder nach Maßgabe des Formats-1 als eigenständiger logischer Operator den Wahrheitswert einer Bedingung negieren. Lediglich als Bestandteil eines Vergleichsoperators kann NOT im Sinne des Formats-3 in die verkürzte Schreibweise zusammengesetzter Vergleichsbedingungen einbezogen werden.

Der logische Operator NOT zum Negieren des Wahrheitswerts einer Bedingung ist jeweils explizit anzugeben (siehe Abb. 5.11).

| Verkürzte Schreibweise zusammengesetzter Vergleichsbedingungen | Äquivalente ausführliche Schreibweise |
|---|---|
| a > b AND < c | (( a > b) AND (a < c)) |
| a NOT = b OR c | (a NOT = b) OR (a NOT = c) |
| a > b AND NOT < c OR d | ((a > b) AND (a NOT < c)) OR (a NOT < d) |
| NOT a = b OR c | (NOT (a = b)) OR (a = c) |
| NOT (a > b OR < c) | NOT ((a > b) OR (a < c)) |
| NOT (a NOT > b AND c AND NOT d) | NOT ((((a NOT > b) AND (a NOT > c)) AND (NOT (a NOT > d)))) |
| a > b OR c AND d | a > b OR (a > c AND a > d) |

*Abb. 5.11   Äquivalente Formulierung zusammengesetzter Vergleichsbedingungen*

### Beispiele

```
PERFORM UNTIL WEITER = "N" OR "n" ...
IF LOHNSTEUER-KLASSE = 1 OR 2 OR 5 THEN ...
IF LAGER-BESTAND < MELDEMENGE
   AND NACHBESTELL-KENNUNG = "N" THEN ...
IF RECHNUNGS-BETRAG > ( KREDIT-LIMIT - SOLL-STAND )
   AND NOT ( DAUERKUNDE = "J" ) THEN ...
IF RABATT-STUFE = 4
   OR UMSATZ-VORJAHR > GRENZE-4 THEN ...
```

## 5.4 Programmbeispiele

Die folgenden fünf Programme demonstrieren die Verwendung der in diesem Kapitel besprochenen Aktionen und Kontrollkonstrukte.

### Beispiel 1

Dieses Programm berechnet Zweierpotenzen $y = 2^x$. Der Exponent x ist im Bereich von 1 bis 16 mit einer Schrittweite von 1 zu variieren. Die Berechnungsergebnisse sind am Bildschirm in der Form

```
Exponent: x        Potenz: y
```

auszugeben. Das erste Verarbeitungsergebnis soll in Zeile 5 des Bildschirms, alle weiteren jeweils eine Zeile tiefer angezeigt werden. Abbildung 5.12 zeigt die Bildschirmausgabe nach Abarbeitung des Programms.

```
                  ┌─Spalte 11
                  ▼
        ────►Exponent:   01      Potenz:   00002
     Zeile 5  Exponent:   02      Potenz:   00004
              Exponent:   03      Potenz:   00008
              Exponent:   04      Potenz:   00016
              Exponent:   05      Potenz:   00032
              Exponent:   06      Potenz:   00064
              Exponent:   07      Potenz:   00128
              Exponent:   08      Potenz:   00256
              Exponent:   09      Potenz:   00512
              Exponent:   10      Potenz:   01024
              Exponent:   11      Potenz:   02048
              Exponent:   12      Potenz:   04096
              Exponent:   13      Potenz:   08192
              Exponent:   14      Potenz:   16384
              Exponent:   15      Potenz:   32768
              Exponent:   16      Potenz:   65536
```

*Abb. 5.12   Bildschirmausgabe zu Beispiel 1*[1]

Zu dieser Problemstellung läßt sich das in Abb. 5.13 wiedergegebene Nassi-Shneiderman-Diagramm entwerfen.

```
┌─────────────────────────────────────────────────┐
│ setze: ZEILE = 5, SPALTE = 11                   │
│ lösche Bildschirm                               │
│ 1  →  EXPONENT                                  │
├─────────────────────────────────────────────────┤
│ PERFORM UNTIL (EXPONENT > 16)                   │
│  ┌────────────────────────────────────────────┐ │
│  │ berechne POTENZ = 2 ** EXPONENT            │ │
│  │ DISPLAY AUSGABE-ZEILE AT (ZEILE/SPALTE)    │ │
│  │ berechne EXPONENT = EXPONENT + 1           │ │
│  │ berechne ZEILE = ZEILE + 1                 │ │
│  └────────────────────────────────────────────┘ │
├─────────────────────────────────────────────────┤
│ STOP RUN                                        │
└─────────────────────────────────────────────────┘
```

*Abb. 5.13   Nassi-Shneiderman-Diagramm zu Beispiel 1*

## Lösung 1

```
*-----------------------------------------------------------------
 IDENTIFICATION DIVISION.
*-----------------------------------------------------------------
 PROGRAM-ID.         DEMO-12.
*Autor           :   WENDT
*Datum           :   20.5.1990
*Inhalt          :   Potenzberechnung (Beispiel 1)
*-----------------------------------------------------------------
 ENVIRONMENT DIVISION.
```

---

1. Die Wiedergabe führender Nullen bei numerischen Daten wird hier vorerst in Kauf genommen. Ihre Unterdrückung behandelt Abschnitt 8.2.2.

```
      *----------------------------------------------------------------*
       CONFIGURATION SECTION.
      *----------------------------------------*
          SOURCE-COMPUTER.    IBM-PC.
          OBJECT-COMPUTER.    IBM-PC.
          SPECIAL-NAMES.      CONSOLE IS CRT.
      *----------------------------------------------------------*
       DATA DIVISION.
      *----------------------------------*
       WORKING-STORAGE SECTION.
      *------------------------------------*
       01  CURSOR-POSITION.
           05  ZEILE         PIC 99      VALUE 5.
           05  SPALTE        PIC 99      VALUE 11.
       01  AUSGABE-ZEILE.
           05  TEXT-1        PIC X(11)   VALUE "Exponent:  ".
           05  EXPONENT      PIC 99.
           05  FILLER        PIC X(5).
           05  TEXT-2        PIC X(9)    VALUE "Potenz:  ".
           05  POTENZ        PIC 9(5).
      *----------------------------------------------------------*
       PROCEDURE DIVISION.
      *----------------------------------------------------------*
       START-PROG.
           DISPLAY SPACES.
           MOVE 1 TO EXPONENT.
           PERFORM UNTIL EXPONENT > 16
              COMPUTE POTENZ = 2 ** EXPONENT
              DISPLAY AUSGABE-ZEILE    AT CURSOR-POSITION
              COMPUTE EXPONENT = EXPONENT + 1
              COMPUTE ZEILE = ZEILE + 1
           END-PERFORM.
       ENDE-PROG.
           STOP RUN.
```

Die Anfangswertsetzung für ZEILE und SPALTE stellt sicher, daß die erste Bildschirmausgabe in Zeile 5 ab Spalte 11 positioniert wird. Die Schleifensteuerung ist mittels einer kopfgesteuerten in-line-PERFORM-Anweisung realisiert. Bei jedem Schleifendurchlauf wird der Exponent erhöht und zusätzlich sichergestellt, daß die nächste Ausgabezeile unter der vorherigen positioniert wird. Die Schleifenverarbeitung wird abgebrochen, wenn EXPONENT den Wert 17 erreicht hat.

## Beispiel 2

Der in Abb. 5.13 wiedergegebene Programmentwurf zu Beispiel 1 soll nun unter Verwendung einer kopfgesteuerten out-of-line-PERFORM-Anweisung realisiert werden.

## Lösung 2

```
*---------------------------------------------------------------
 PROCEDURE DIVISION.
*---------------------------------------------------------------
 START-PROG.
     DISPLAY SPACES.
     MOVE 1 TO EXPONENT.
     PERFORM BERECHNUNG UNTIL EXPONENT > 16.
 ENDE-PROG.
     STOP RUN.

 BERECHNUNG.
     COMPUTE POTENZ = 2 ** EXPONENT
     DISPLAY AUSGABE-ZEILE     AT CURSOR-POSITION
     COMPUTE EXPONENT = EXPONENT + 1
     COMPUTE ZEILE = ZEILE + 1
```

Die ersten drei Divisions der Lösung zu Beispiel 1 können unverändert übernommen werden. In der PROCEDURE DIVISION wird der Schleifenkörper in einen Paragraphen BERECHNUNG ausgelagert, den die Schleifensteuerung unter Angabe des Paragraphennamens als internes Unterprogramm aufruft. Die Lösungen zu Beispiel 1 und Beispiel 2 sind funktionsgleich.

## Beispiel 3

Dieses Programm soll wiederum für verschiedene Exponenten x die Zweierpotenzen $y = 2^x$ errechnen. Abweichend von der in Beispiel 1 behandelten Problemstellung soll nun der Benutzer des Programms im Bildschirmdialog eine untere Grenze $x_{min}$ ($x_{min} \geq 0$) und eine obere Grenze $x_{max}$ ($0 \leq x_{max} \leq 50$) für den Exponenten angeben. Den Bildschirmaufbau für die Dateneingabe zeigt Abb. 5.14.

```
┌─────────────────────────────────────────────────┐
│                                                 │
│   Berechnung von Zweierpotenzen                 │
│   im Bereich Min-Exponent bis Max-Exponent      │
│                                                 │
│                                                 │
│   Min-Exponent :  [  ]        (0 bis 50)        │
│   Max-Exponent :  [  ]        (0 bis 50)        │
│                                                 │
└─────────────────────────────────────────────────┘
```

*Abb. 5.14   Datenerfassung zu Beispiel 3*

Das Programm berechnet für die Exponenten des Intervalls $x_{min}$, $x_{min} + 1$, $x_{min} + 2$, ..., $x_{max}$ den Wert der Zweierpotenzen und gibt die Verarbeitungsergebnisse zeilenweise untereinander in der Form

    Exponent: x         Potenz: y

positioniert am Bildschirm aus. In Abhängigkeit von den gewählten Intervallgrenzen sind bis zu 51 Ergebniszeilen anzuzeigen. Da am Bildschirm nur maximal

25 Zeilen gleichzeitig abgebildet werden können, muß das Programm den *Bildschirm* geeignet *verwalten*. Der folgende Entwurf sieht vor, daß jeweils bis zu 10 Ergebniszeilen (ab Zeile 5) am Bildschirm ausgegeben werden und der Benutzer anschließend zu einer Entscheidung über den weiteren Programmablauf aufgefordert wird ("Weitere Datenausgaben J/N?").

Wünscht der Programmbenutzer die Ausgabe weiterer Verarbeitungsergebnisse, wird der Bildschirm gelöscht. Anschließend werden wiederum ab Zeile 5 des Sichtgeräts bis zu 10 Ergebniszeilen angezeigt. Entscheidet sich der Benutzer gegen die Ausgabe weiterer Daten, wird der Programmlauf abgebrochen.

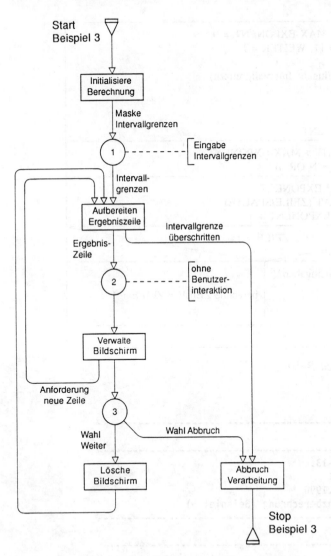

*Abb. 5.15   Interaktionsdiagramm zu Beispiel 3*

Abbildung 5.15 zeigt das Interaktionsdiagramm zum beschriebenen Verarbeitungsablauf.[1] Der Benutzer erhält im Interaktionspunkt 1 die Gelegenheit zur Eingabe der Intervallgrenzen $x_{min}$ und $x_{max}$. In einer Schleife werden an Bildschirm 2 solange Ergebniszeilen positioniert ausgegeben, bis die Programmfunktion "Verwalte Bildschirm" den Benutzer an Bildschirm 3 zur Entscheidung über den weiteren Programmablauf auffordert. Entschließt er sich, weitere 10 Ergebniszeilen anzeigen zu lassen (Wahl Weiter), wird der Bildschirm gelöscht und mit der Ergebnisausgabe fortgefahren. Andernfalls wird der Programmlauf abgebrochen (Wahl Abbruch). Abbildung 5.16 zeigt das Nassi-Shneiderman-Diagramm zu Beispiel 3.

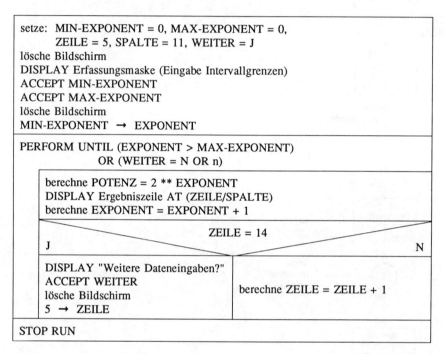

*Abb. 5.16   Struktogramm zu Beispiel 3*

## Lösung 3

```
*-----------------------------------------------------------------
 IDENTIFICATION DIVISION.
*-----------------------------------------------------------------
 PROGRAM-ID.             DEMO-13.
*Autor              :    WENDT
*Datum              :    20.5.1990
*Inhalt             :    Potenzberechnung (Beispiel 3)
*-----------------------------------------------------------------
 ENVIRONMENT DIVISION.
*-----------------------------------------------------------------
```

---

1. Zum Entwurf von Interaktionsdiagrammen siehe Abschnitt 2.4.1

```
       CONFIGURATION SECTION.
      *-----------------------------------
       SOURCE-COMPUTER.       IBM-PC.
       OBJECT-COMPUTER.       IBM-PC.
       SPECIAL-NAMES.         CONSOLE IS CRT.
      *------------------------------------------------------------------
       DATA DIVISION.
      *------------------------------------------------------------------
       WORKING-STORAGE SECTION.
      *-----------------------------------
       77  MIN-EXPONENT       PIC 99.
       77  MAX-EXPONENT       PIC 99.
       77  WEITER             PIC X       VALUE "J".
       01  CURSOR-POSITION.
           05 ZEILE            PIC 99      VALUE 5.
           05 SPALTE           PIC 99      VALUE 11.
       01  AUSGABE-ZEILE.
           05 TEXT-1           PIC X(11)   VALUE "Exponent:  ".
           05 EXPONENT         PIC 99.
           05 FILLER           PIC X(5).
           05 TEXT-2           PIC X(9)    VALUE "Potenz:  ".
           05 POTENZ           PIC 9(16).
      *------------------------------------------------------------------
       PROCEDURE DIVISION.
      *------------------------------------------------------------------
       START-PROG.
           DISPLAY SPACES.
           INITIALIZE MIN-EXPONENT MAX-EXPONENT.
           DISPLAY "Berechnung von Zweierpotenzen"             AT 0511
                   "im Bereich Min-Exponent bis Max-Exponent"  AT 0611
                   "Min-Exponent : [ ]       (0 bis 50)"       AT 1011
                   "Max-Exponent : [ ]       (0 bis 50)"       AT 1111.
           ACCEPT MIN-EXPONENT                                 AT 1028.
           ACCEPT MAX-EXPONENT                                 AT 1128.
           DISPLAY SPACES.
           MOVE MIN-EXPONENT TO EXPONENT.
           PERFORM UNTIL EXPONENT > MAX-EXPONENT OR WEITER = "N" OR "n"
             COMPUTE POTENZ = 2 ** EXPONENT
             DISPLAY AUSGABE-ZEILE    AT CURSOR-POSITION
             COMPUTE EXPONENT = EXPONENT + 1
             IF ZEILE = 14
                THEN DISPLAY "Weitere Datenausgaben J/N?  [ ]" AT 2011
                     ACCEPT WEITER                             AT 2040
                     DISPLAY SPACES
                     MOVE 5 TO ZEILE
                ELSE COMPUTE ZEILE = ZEILE + 1
             END-IF
           END-PERFORM.
       ENDE-PROG.
           STOP RUN.
```

Nachdem die Ober- und Untergrenze für die Berechnung der Zweierpotenzen erfaßt wurden, erfolgt die Aufbereitung und Ausgabe der Ergebniszeilen im Schleifenkörper der in-line-PERFORM-Anweisung. Beim ersten Schleifendurchlauf wird die am Bildschirm anzuzeigende Ergebniszeile (AUSGABE-ZEILE) ab Spalte

11 in Zeile 5 ausgegeben. Diese Startwerte für die Ausgabeposition (CURSOR-POSITION) wurden mit Hilfe der VALUE-Klausel in der WORKING-STORAGE-SECTION als Anfangswerte den Feldern ZEILE und SPALTE der Datengruppe CURSOR-POSITION zugewiesen. Solange nicht 10 Bildschirmzeilen ausgegeben wurden, wird bei jedem Schleifendurchlauf im ELSE-Zweig der IF-Anweisung die Zeilenposition für die nächste auszugebende Zeile um den Wert 1 erhöht. Wenn exakt 10 Ergebniszeilen am Bildschirm angezeigt wurden (ZEILE = 14), wird der Benutzer im THEN-Zweig der IF-Anweisung zur Entscheidung über den weiteren Programmablauf aufgefordert (ACCEPT WEITER).

Gibt er "N" oder "n" ein, bricht die Schleifensteuerung die Schleifenverarbeitung ab (UNTIL WEITER = "N" OR "n") und das Programm wird über STOP RUN verlassen. Bei jeder anderen Eingabe wird der Bildschirm gelöscht, dem Feld ZEILE der Wert 5 zugewiesen und damit sichergestellt, daß die nächste Ergebniszeile wiederum in Zeile 5 angezeigt wird. Der Programmlauf endet, wenn alle Ergebniszeilen am Sichtgerät angezeigt wurden (EXPONENT > MAX-EXPONENT) oder der Benutzer sich für den Abbruch des Programmlaufs entscheidet.

### Beispiel 4

Das in Beispiel 3 behandelte Verarbeitungsproblem soll geringfügig modifiziert werden. Bisher konnte der Programmbenutzer während des Programmlaufs lediglich einmal Intervallgrenzen vorgeben. Bei ansonsten gleicher Problemstellung wie in Beispiel 3 soll nun die Möglichkeit bestehen, die Intervallgrenzen während eines Programmlaufs mehrfach erneut vorzugeben.

Abbildung 5.17 zeigt das Interaktionsdiagramm zu dieser erweiterten Problemstellung. Entscheidet sich der Benutzer im Interaktionspunkt 3 für den Abbruch der Anzeige weiterer Ergebniszeilen zu vorgegebenen Intervallgrenzen oder wurden zu einem Intervall alle Berechnungsergebnisse angezeigt, wird der Benutzer nun im Interaktionspunkt 4 mit Prompt-2 (Erneuter Programmlauf J/N?) zu einer weiteren Entscheidung aufgefordert: Er kann den Programmlauf beenden oder sich zur Eingabe neuer Intervallgrenzen entschließen.

### Lösung 4

```
*------------------------------------------------------------
 PROCEDURE DIVISION.
*------------------------------------------------------------
 START-PROG.
     PERFORM BERECHNUNG UNTIL WEITER = "N" OR "n".
 ENDE-PPROG.
     STOP RUN.

 BERECHNUNG.
     DISPLAY SPACES.
     INITIALIZE MIN-EXPONENT MAX-EXPONENT.
     DISPLAY "Berechnung von Zweierpotenzen"              AT 0511
             "im Bereich Min-Exponent bis Max-Exponent"   AT 0611
             "Min-Exponent :   [  ]         (0 bis 50)"   AT 1011
             "Max-Exponent :   [  ]         (0 bis 50)"   AT 1111.
```

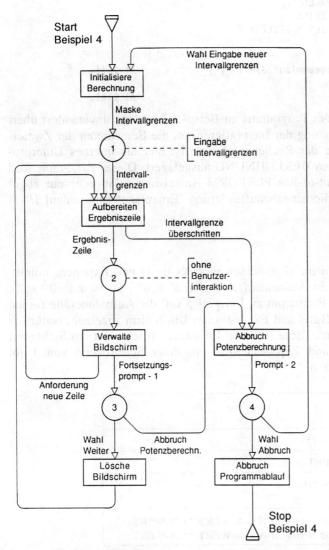

*Abb. 5.17   Interaktionsdiagramm zu Beispiel 4*

```
    ACCEPT MIN-EXPONENT                                       AT 1028.
    ACCEPT MAX-EXPONENT                                       AT 1128.
    DISPLAY SPACES.
    MOVE MIN-EXPONENT TO EXPONENT.
    MOVE 5 TO ZEILE.
    PERFORM UNTIL EXPONENT > MAX-EXPONENT OR WEITER = "N" OR "n"
       COMPUTE POTENZ = 2 ** EXPONENT
       DISPLAY AUSGABE-ZEILE    AT CURSOR-POSITION
       COMPUTE EXPONENT = EXPONENT + 1
       IF ZEILE = 14
          THEN DISPLAY "Weitere Datenausgaben J/N? [ ]" AT 2011
               ACCEPT WEITER                              AT 2040
```

```
                DISPLAY SPACES
                MOVE 5 TO ZEILE
          ELSE COMPUTE ZEILE = ZEILE + 1
       END-IF
    END-PERFORM.
    DISPLAY "Erneuter Programmlauf J/N ?  [ ]"         AT 2111.
    MOVE "J" TO WEITER.
    ACCEPT WEITER                                      AT 2141.
```

Die ersten drei Divisions des Programms zu Beispiel 3 können unverändert übernommen werden. Die Erfassung der Intervallgrenzen, die Berechnung der Zweierpotenzen und die Ausgabe der Rechenergebnisse ist hier als internes Unterprogramm in einen Paragraphen BERECHNUNG ausgelagert. Dieser Paragraph wird als Schleifenkörper der out-of-line-PERFORM-Anweisung solange erneut abgearbeitet, bis der Benutzer die Eingabeaufforderung "Erneuter Programmlauf J/N?" mit "N" oder "n" quittiert.

**Beispiel 5**

Beim Potenzieren darf man im allgemeinen niemals Basis und Exponent miteinander vertauschen, da nur in Ausnahmefällen gilt: $a^n = n^a$. So ist z.B. $3^2 \neq 2^3$, denn $3^2 = 9 \neq 8 = 2^3$. Das Programm zu Beispiel 5 soll die Ausnahmefälle finden und zu solchen Lösungen Basis und Exponent am Bildschirm anzeigen. Natürlich gilt für $a = n$ immer $a^n = n^a$. Diese trivialen Lösungen sollen nicht am Sichtgerät angezeigt werden. Basis und Exponent sind mit einer Schrittweite von 1 im Intervall 2 bis 15 zu variieren.

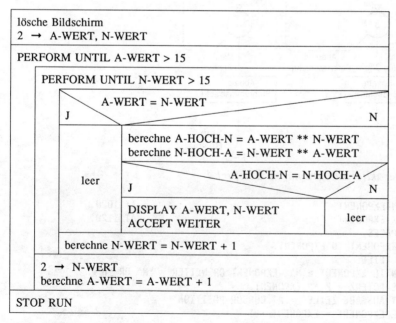

Abb. 5.18   Nassi-Shneiderman-Diagramm zu Beispiel 5

Abbildung 5.18 zeigt das Nassi-Shneiderman-Diagramm zu Beispiel 5. Die äußere Schleife wird mit variierenden A-Werten, beginnend mit dem Startwert A-WERT = 2, durchlaufen. Die innere Schleife variiert zu jedem A-WERT einen N-WERT im Intervall von 2 bis 15. So ist sichergestellt, daß alle denkbaren A-WERT/N-WERT-Kombinationen im Schleifenkörper der inneren Schleife evaluiert werden. Der Schleifenkörper der äußeren Schleife wird genau 14 mal, der der inneren Schleife 14 x 14 = 196 mal durchlaufen. Das Auswahlkonstrukt im inneren Schleifenkörper stellt sicher, daß numerische Auswertungen nur für nichttriviale Basis/Exponent-Konstellationen (A-WERT ≠ N-WERT) durchgeführt werden. Der Strukturblock bedingte Verarbeitung im Nein-Zweig des Auswahlkonstrukts erkennt die Gleichheit der Potenzwerte A-HOCH-N und N-HOCH-A und gibt die gesuchten Werte (A-WERT und N-WERT) am Bildschirm aus. Die Anweisung ACCEPT WEITER hat hier lediglich die Funktion der Unterbrechung des Programmlaufs. Der Programmbenutzer erhält so die Gelegenheit zur Betrachtung einer Ergebnisausgabe am Bildschirm. Der Bildschirm kann erst von weiteren Ergebnissen überschrieben werden, wenn der Benutzer die Verarbeitungsunterbrechung durch Betätigen der RETURN- bzw. ENTER-Taste aufhebt.

## Lösung 5

```
*---------------------------------------------------------------
       IDENTIFICATION DIVISION.
*---------------------------------------------------------------
       PROGRAM-ID.         DEMO-14.
      *Autor           :   WENDT
      *Datum           :   23.5.1990
      *Inhalt          :   Potenzberechnung (Beispiel 5)
*---------------------------------------------------------------
       ENVIRONMENT DIVISION.
*---------------------------------------------------------------
       CONFIGURATION SECTION.
*-------------------------------------
       SOURCE-COMPUTER.    IBM-PC.
       OBJECT-COMPUTER.    IBM-PC.
       SPECIAL-NAMES.      CONSOLE IS CRT.
*---------------------------------------------------------------
       DATA DIVISION.
*---------------------------------------------------------------
       WORKING-STORAGE SECTION.
*-------------------------------------
       77  A-WERT          PIC 99.
       77  N-WERT          PIC 99.
       77  A-HOCH-N        pic 9(18).
       77  N-HOCH-A        pic 9(18).
       77  WEITER          PIC X.
*---------------------------------------------------------------
       PROCEDURE DIVISION.
*---------------------------------------------------------------
       START-PROG.
           DISPLAY SPACES.
           MOVE 2 TO A-WERT N-WERT.
           PERFORM UNTIL A-WERT > 15
```

```
            PERFORM UNTIL N-WERT > 15
                IF A-WERT = N-WERT
                    THEN CONTINUE
                    ELSE COMPUTE A-HOCH-N =  A-WERT ** N-WERT
                         COMPUTE N-HOCH-A =  N-WERT ** A-WERT
                         IF A-HOCH-N = N-HOCH-A
                             THEN DISPLAY "A-WERT ="       AT 1010
                                          A-WERT           AT 1020
                                          "N-WERT ="       AT 1210
                                          N-WERT           AT 1220
                                  ACCEPT WEITER            AT 2479
                         END-IF
                END-IF
                COMPUTE N-WERT = N-WERT + 1
            END-PERFORM
            MOVE 2 TO N-WERT
            COMPUTE A-WERT = A-WERT + 1
        END-PERFORM.
    ENDE-PROG.
        STOP RUN.
```

Dieses Programm demonstriert die Schachtelung von PERFORM- und IF-Anweisungen und verdeutlicht nochmals die Funktion der Bereichsbegrenzer END-PERFORM und END-IF. Es weist nach, daß im Intervall 2 bis 15 lediglich für $2^4 = 4^2 = 16$ der Ausnahmefall einer Vertauschbarkeit von Basis und Exponent vorliegt.

# 6. Verarbeiten sequentieller Dateien

Dieses Kapitel behandelt die Verarbeitung sequentieller Dateien. Abbildung 6.1 gibt einen Überblick zu den erforderlichen Sprachelementen. Mit Hilfe der im vorangegangenen Kapitel 5 erläuterten Anweisungen lassen sich lediglich Daten verarbeiten, die

- als numerische oder nicht-numerische Daten in Form von Literalen im Programm selbst definiert wurden,
- vom Benutzer mittels einer Tastatur zur Laufzeit des Programms eingegeben werden oder
- die als Zwischen- oder Endergebnisse vom Programm erzeugt werden.

Diese Daten sind während der Laufzeit eines Programms im Arbeitsspeicher des Rechners gespeichert. Unmittelbar nach der Beendigung eines Programmlaufs oder nach dem Abschalten des Rechners sind sie unwiederbringlich verloren. Im Gegensatz zu dieser temporären (flüchtigen) Datenhaltung im Arbeitsspeicher stehen die auf externen Speichermedien wie Diskette oder Magnetplatte in Form von Dateien gespeicherten Datenbestände *langfristig* zur Verfügung.

| Eintragungen und Anweisungen | Funktion |
|---|---|
| SELECT-Eintragung | Angabe von Dateinamen sowie der Organisations- u. Zugriffsform |
| FD-Eintragung | Beschreibung des Datensatzaufbaus einer Datei |
| READ-Anweisung | Lesen eines Dateisatzes |
| WRITE-Anweisung | Schreiben eines Dateisatzes |
| REWRITE-Anweisung | Überschreiben eines vorher gelesenen Dateisatzes |
| OPEN-Anweisung | Öffnen einer Datei |
| CLOSE-Anweisung | Schließen einer Datei |

*Abb. 6.1 Überblick zur Verarbeitung sequentieller Dateien*

Eine Datei ist die Zusammenfassung aller gespeicherten Datensätze zu einem *Objekttyp* (z.B. Kunden, Artikel, Mitarbeiter). Ein einzelner Datensatz beinhaltet Informationen zu einem konkreten *Objekt*, z.B. dem Artikel mit der Artikel-Nr. 1204. Die *Organisationsform* einer Datei legt fest, wie ein Programm auf Datensätze zugreifen kann. COBOL unterscheidet die Organisationsformen

- sequentielle Dateiorganisation,
- relative Dateiorganisation und
- indizierte Dateiorganisation.

Bei sequentiell organisierten Dateien ist die Verarbeitungsreihenfolge von Datensätzen fest vorgegeben. Relative und indizierte Dateien können wie sequentielle Dateien verarbeitet werden. Ergänzend erlauben sie den wahlfreien Zugriff auf einen im Programm näher zu spezifizierenden Datensatz. Diese Direktzugriffsdateien werden in Kap. 15 behandelt.

## 6.1 Organisation sequentieller Dateien

Eine sequentielle Datei beinhaltet eine Folge von Datensätzen, die auf einem externen Speichermedium abgelegt sind. Abbildung 6.2 zeigt den Aufbau der Datensätze einer Datei ANSCHRIFTEN und ihren z.B. auf Diskette gespeicherten Inhalt.

Bei sequentieller Dateiorganisation hat – mit Ausnahme des ersten und letzten Datensatzes – jeder Dateisatz einen *eindeutigen Vorgänger* und einen *eindeutigen Nachfolger*. Diese Vorgänger-Nachfolger-Beziehungen werden allein durch die Reihenfolge bestimmt, in der die Sätze bei der Erstellung der Datei abgelegt wurden. Eine nachfolgende Veränderung der Vorgänger-Nachfolger-Beziehungen kann lediglich durch das *Verlängern der Datei* erfolgen: Der bisher letzte Satz verliert durch das Anfügen weiterer Sätze seine (nachfolgerlose) Sonderstellung.

Datensätze können *weder eingefügt noch gelöscht* werden. Die in eine sequentielle Datei aufzunehmenden Datensätze können feste oder variable Satzlänge haben. Zugriffsschlüssel für das Auslesen eines einzelnen Datensatzes werden nicht definiert.

| Sabine | Schmidt | Von-Melle-Park 5 | 2000 | Hamburg 13 |

Dateipuffer

| VOR-NAME | ZU-NAME | STRASSE | PLZ | ORT |
|---|---|---|---|---|
| GESAMT-NAME | | | WOHNORT | |
| ANSCHRIFTEN-SATZ | | | | |

Satzaufbau

**Dateiinhalt z.B.:**

| Sabine | Schmidt | Von-Melle-Park 5 | 2000 | Hamburg 13 |
| Klaus | Meyer | Buchenplatz 17 | 2000 | Hamburg 20 |
| Joachim | Sperling | Lessingstraße 12 | 3057 | Neustadt 7 |
| Fabian | Specht | Rosenweg 23 | 8900 | Kleinstadt 3 |
| Gesine | Oates | Hessestraße 81 | 2356 | Niendorf 2 |
| Hannelore | Söllner | Heppelinstr. 8 | 5432 | Buchholz |
| Birgit | Hein | Gilcherweg 45 | 2000 | Hamburg 74 |
| Petra | Michelmann | Strobach Platz 10 | 3002 | Altneudorf |

*Abb. 6.2 Aufbau und Inhalt einer sequentiellen Datei (Beispiel)*

Sequentiell organisierte Dateien erlauben lediglich *sequentielle Zugriffe* auf Datensätze: Sie gestatten das Lesen (READ) und das Überschreiben (REWRITE) von Sätzen in genau der Reihenfolge, in der sie in der Datei enthalten sind. Der Zugriff auf einen bestimmten Satz setzt voraus, daß zuvor auf alle seine Vorgänger zugegriffen wurde. Eintragungen von Sätzen in eine Datei (WRITE) werden am jeweiligen Dateiende angefügt.

Innerhalb eines COBOL-Programms könnte der Datensatzaufbau der in Abb. 6.2 angegebenen Datensätze wie folgt definiert werden:

```
01  ANSCHRIFTEN-SATZ.
    05 GESAMT-NAME.
       10 VOR-NAME  PIC X(12).
       10 ZU-NAME   PIC X(13).
    05 STRASSE      PIC X(25).
    05 WOHNORT.
       10 PLZ       PIC X(6).
       10 ORT       PIC X(19).
```

Auf die Anordnung dieser Dateisatzbeschreibung innerhalb der DATA DIVISION wird in den nachfolgenden Abschnitten einzugehen sein. Hinsichtlich der Funktion einer solchen Dateisatzbeschreibung gilt uneingeschränkt, was im Zusammenhang mit 01-Datensatzbeschreibungen in der WORKING-STORAGE SECTION erläutert wurde: Der Compiler reserviert aufgrund einer 01-Satzbeschreibung einen *Speicherbereich des Arbeitsspeichers*, dessen Länge der Summe der Feldlängen aller zugehörigen Elementardaten entspricht. Im obigen Beispiel beträgt die Länge dieses *Dateipuffers* 75 Zeichen (Byte). Das COBOL-Programm kommuniziert über den Dateipuffer mit dem externen Speichermedium. Ein Lesebefehl (READ) stellt *genau einen Dateisatz* in diesem Puffer für Verarbeitungszwecke bereit. Anweisungen können nach Maßgabe einer 01-Dateisatzbeschreibung (Elementardaten, Datengruppen) auf Teilbereiche des Datensatzes Bezug nehmen. Ein erneuter Lesebefehl überschreibt den alten Inhalt des Dateipuffers vollständig und stellt so einen nachfolgenden Datensatz für Verarbeitungszwecke zur Verfügung. Analog wird bei der Ausgabe eines Datensatzes in eine Datei (WRITE) der aktuelle Inhalt des Dateipuffers – also *ein* Dateisatz – ans jeweilige Ende der Datei angefügt. Das Programm muß vor der Ausgabe eines solchen Satzes den Satzinhalt im Dateipuffer bereitstellen.

## 6.2 Dateianschluß in COBOL-Programmen

Die Anweisungen für den lesenden, schreibenden oder überschreibenden Zugriff auf Datensätze einer Datei werden in der PROCEDURE DIVISION eines Programms codiert. Voraussetzung für solche Dateiverarbeitungen ist die Definition bzw. Beschreibung der Datei in der ENVIRONMENT DIVISION und DATA DIVISION des Quellprogramms. Diese beiden Hauptabschnitte sehen für Eintragungen zum Dateianschluß je ein eigenes Kapitel vor: Die FILE SECTION in der DATA DIVISION und die INPUT-OUTPUT SECTION in der ENVIRONMENT DIVISION.[1]

### 6.2.1 INPUT-OUTPUT SECTION

Die INPUT-OUTPUT SECTION der ENVIRONMENT DIVISION ist im Anschluß an die CONFIGURATION SECTION immer dann zu codieren, wenn das Quellprogramm eine oder mehrere Dateien verarbeiten soll. Im Paragraphen FILE-

---

1. Zur Programmgliederung vergl. auch den Programmrahmen in Abschnitt 3.8.

CONTROL der INPUT-OUTPUT SECTION muß für *jede zuzugreifende Datei eine SELECT-Eintragung* angegeben werden. Diese SELECT-Eintragung benennt die Organisationsform einer Datei, die Zugriffsform auf die Datei und ordnet einem externen Dateinamen – er unterliegt den Namenskonventionen des jeweiligen Betriebssystems – einen von der Systemumgebung unabhängigen COBOL-internen Dateinamen zu.

―― Format-1 ――――――――――――――――――――――――――

*INPUT-OUTPUT SECTION*.
*FILE-CONTROL*.

{ <u>SELECT</u> [ <u>OPTIONAL</u> ] Dateiname-1 <u>ASSIGN</u> <u>TO</u> { *Herstellerbezeichnung* / *Literal*-1 }

    [ [ <u>ORGANIZATION</u> IS ] <u>SEQUENTIAL</u> ]
    [ <u>ACCESS</u> MODE IS <u>SEQUENTIAL</u> ] . } ...

―― Format-2 (Mikrocomputer) ―――――――――――――――――

*INPUT-OUTPUT SECTION*.
*FILE-CONTROL*.

{ <u>SELECT</u> [ <u>OPTIONAL</u> ] Dateiname-2 <u>ASSIGN</u> <u>TO</u> [ <u>EXTERNAL</u> ] { *Literal*-2 / *Datenname* / *Externname* }

    [ [ <u>ORGANIZATION</u> IS ] [ <u>LINE</u> ] <u>SEQUENTIAL</u> ]
    [ <u>ACCESS</u> MODE IS <u>SEQUENTIAL</u> ] . } ...

### Beispiele

```
SELECT UMSATZ ASSIGN TO UMSATZ-DAT.
SELECT KUNDEN ASSIGN TO "KUND.DAT"
    ORGANIZATION IS SEQUENTIAL.
SELECT OPTIONAL ARTIKEL ASSIGN TO "C:\DATEN\ARTIKEL.DAT"
    ORGANIZATION IS LINE SEQUENTIAL.
SELECT BESTELLUNGEN ASSIGN TO EXTERNAL BESTDAT.
```

### Syntaktische Regeln

1. Format-1 entspricht dem ANSI-Standard. Format-2 sieht zwei Spracherweiterungen vor, die von den hier berücksichtigten Compilern für Mikrocomputer verarbeitet werden.

2. Für jede zuzugreifende Datei ist eine SELECT-Eintragung erforderlich.

3. Dateiname-1 bzw. Dateiname-2 sind COBOL-interne Dateinamen. Sie unterliegen den Bildungsvorschriften für benutzerdefinierte Wörter (max. 30 Zeichen).

4. Externe Dateinamen sind Herstellerbezeichnung, Literal-1 bzw. Literal-2, Datenname und Externname. Die Bildungsvorschriften für externe Dateinamen sind von der jeweiligen Systemumgebung abhängig.

## Beschreibung

Die ORGANIZATION-Klausel einer SELECT-Eintragung legt die Organisationsform der Datei fest. Die ACCESS MODE-Klausel bestimmt die Zugriffsform auf eine Datei. Da sequentiell organisierte Dateien auch nur sequentiell zugegriffen werden können, hat die ACCESS MODE-Klausel hier lediglich dokumentierenden Charakter. Verzichtet der Programmierer auf die Angabe der optionalen ORGANIZATION-Klausel, wird implizit eine sequentielle Dateiorganisation angenommen. Die beiden SELECT-Eintragungen

```
SELECT EINDAT ASSIGN TO EIN
    ORGANIZATION IS SEQUENTIAL
    ACCESS MODE IS SEQUENTIAL.
SELECT EINDAT ASSIGN TO EIN.
```

sind *funktionsgleich*. In diesem Beispiel ist EINDAT der *COBOL-interne Dateiname* (Dateiname-1, Dateiname-2) und EIN der *externe Dateiname*. In der FILE SECTION und in der PROCEDURE DIVISION wird stets unter Angabe des COBOL-internen Dateinamens auf eine Datei Bezug genommen. Er ist unter Berücksichtigung der Bildungsvorschriften für benutzerdefinierte COBOL-Wörter vom Programmierer frei wählbar.

Der auf das Schlüsselwort ASSIGN folgende externe Dateiname tritt in einem COBOL-Programm *nur einmal auf.* Er stellt die Verbindung zu der auf einem externen Speichermedium abgelegten physischen Datei her. Bei der Bildung externer Dateinamen sind die Vorschriften des jeweiligen Compiler-Herstellers zu beachten.

Die SELECT-Klausel verbindet den externen Dateinamen mit einem COBOL-internen Dateinamen. Alle Änderungen in der Systemumgebung eines COBOL-Programms (Betriebssystem, Compiler, periphere Speichergeräte) wirken sich lediglich auf den externen Dateinamen aus. Da dieser nur einmal in einem COBOL-Programm auftritt, sind Anpassungen des Programms an eine neue Systemumgebung leicht durchführbar (Geräteunabhängigkeit).

Die hier berücksichtigten Compiler für Mikrocomputer sehen für die Angabe externer Dateinamen drei Konzepte vor (Format-2):

a) feste Dateizuweisung (Literal-2)
b) dynamische Dateizuweisung (Datenname)
c) externe Dateizuweisung (EXTERNAL Externname)

Die dynamische und die externe Dateizuweisung einschließlich des Schlüsselworts EXTERNAL werden in den Abschnitten 6.5.5 und 6.5.6 behandelt. Bei einer *festen Dateizuweisung* ist der externe Dateiname mit dem vom Betriebssystem verwalteten Dateinamen für Disketten- oder Magnetplattendateien identisch. Er ist in Form eines nicht-numerischen Literals (Literal-2) anzugeben.

Die folgenden Beispiele berücksichtigen die Dateinamenskonventionen des Betriebssystems DOS:

```
SELECT KUNDEN  ASSIGN TO "A:KUND.DAT".
SELECT ARTIKEL ASSIGN TO "C:\COBOL\DATEN\ARTIKEL.DAT".
```

Der OPTIONAL-Zusatz in Format-1 und Format-2 kann Fehlverarbeitungen eines Programms immer dann verhindern, wenn eine zuzugreifende Datei zur Laufzeit des Programms nicht mit Sicherheit auf einem externen Speichermedium abgelegt ist. Hierauf wird im Zusammenhang mit der OPEN-Anweisung in Abschn. 6.3.1 einzugehen sein.

Das für die Programmierung von Mikrocomputern geeignete Format-2 unterscheidet zwei Organisationsformen sequentieller Dateien:

```
SELECT UMSATZ ASSIGN TO "A:UMSATZ.DAT"
      ORGANIZATION IS SEQUENTIAL.
SELECT UMSATZ ASSIGN TO "A:UMSATZ.DAT"
      ORGANIZATION IS LINE SEQUENTIAL.
```

Diese beiden Dateien unterscheiden sich (bei gleichem Inhalt) in ihren Satzlängen und damit im Speicherplatzbedarf auf einem externen Speichermedium: Gibt der Programmierer keine ORGANIZATION-Klausel an oder codiert er ORGANIZATION IS SEQUENTIAL, wird jeder Dateisatz mit *fester Länge* gespeichert. Das *Schlüsselwort LINE* in der Klausel ORGANIZATION IS LINE SEQUENTIAL stellt sicher, daß Datensätze speicherökonomisch mit *variabler Satzlänge* auf externen Speichermedien abgelegt werden. Satzverkürzungen werden bei LINE SEQUENTIAL-organisierten Dateien durch ein komprimiertes Speichern der in einem Datensatz auftretenden Leerzeichen erreicht. Jeweils 8 aufeinanderfolgende Leerzeichen werden zu einem Tabulator-Zeichen (Hex: 09) verdichtet und das jeweilige Satzende durch eine Satzendekennung (CR/LF, Hex: 0D0A) markiert. Beim Einlesen eines solchen Datensatzes wird dieser auf seine volle Länge expandiert.

Die meisten Software-Produkte für Mikrocomputer verwalten Dateien mit komprimierten Datensätzen. Insbesondere lassen sich solche Dateien mit allen Quellcode- oder Texteditoren bearbeiten. Auch Betriebssystembefehle zum Anzeigen von Dateiinhalten am Bildschirm expandieren die Sätze auf ihre volle Länge.

## 6.2.2 FILE SECTION

Die FILE SECTION ist das erste Kapitel der DATA DIVISION eines COBOL-Programms (siehe Abschn. 3.7.3.). Sie muß codiert werden, wenn ein Programm auf eine oder mehrere Dateien zugreifen soll. Für jede zu verarbeitende Datei wird der Aufbau ihrer Datensätze in Form einer 01-Dateisatzbeschreibung angegeben. Diese Dateisatzbeschreibung wird dem COBOL-internen Dateinamen zugeordnet.

Die Funktion der 01-Dateisatzbeschreibung entspricht der einer 01-Datensatzbeschreibung in der WORKING-STORAGE SECTION. Für jede Datei wird ein Speicherbereich zur Aufnahme genau eines Dateisatzes reserviert.

Die Länge dieses Dateipuffers entspricht der Summe der Längen aller dem Dateisatz zugeordneten Elementardaten.

```
┌─ Format-1 ──────────────────────────────────────────────┐
│                                                         │
│   DATA DIVISION.                                        │
│   FILE SECTION.                                         │
│ { FD Dateiname.                                         │
│ { 01 Dateisatzbeschreibung } ... } ...                  │
└─────────────────────────────────────────────────────────┘
```

```
┌─ Format-2 ──────────────────────────────────────────────┐
│                                                         │
│   DATA DIVISION.                                        │
│   FILE SECTION.                                         │
│ { FD Dateiname                                          │
```

$$\text{LINAGE IS} \left\{ \begin{array}{l} \textit{Datenname-1} \\ \textit{Ganzzahl-1} \end{array} \right\} \text{LINES}$$

$$\left[ \text{WITH FOOTING AT} \left\{ \begin{array}{l} \textit{Datenname-2} \\ \textit{Ganzzahl-2} \end{array} \right\} \right]$$

$$\left[ \text{LINES AT TOP} \quad \left\{ \begin{array}{l} \textit{Datenname-3} \\ \textit{Ganzzahl-3} \end{array} \right\} \right]$$

$$\left[ \text{LINES AT BOTTOM} \left\{ \begin{array}{l} \textit{Datenname-4} \\ \textit{Ganzzahl-4} \end{array} \right\} \right].$$

```
   01 Dateisatzbeschreibung } ...
```

## Beispiele

```
FD   UMSATZ.
01   UMSATZ-SATZ          PIC X(125).
FD   KUNDEN.
01   KUNDEN-SATZ.
     05 KUNDEN-NR         PIC 9(4).
     05 ADRESSE.
        08 GESAMT-NAME.
           10 VOR-NAME    PIC X(20).
           10 NACH-NAME   PIC X(25).
        08 STRASSE        PIC X(25).
        08 WOHNORT.
           10 PLZ         PIC 9(4).
           10 ORT         PIC X(25).
     05 TELEFON.
```

```
        08  VORWAHL            PIC X(8).
        08  RUFNUMMER          PIC X(9).
FD  DRUCKER.
01  DRUCKER-S                  PIC X(80).
```

## Syntaktische Regeln

1. Die Beschreibung einer Datei wird dem Compiler durch die Stufenbezeichnung FD (file description) angekündigt. Vergleichbar den Stufennummern beginnt der FD-Eintrag im Codierbereich A (Spalte 8 bis 11).
2. Der Dateiname ist im B-Bereich zu codieren (ab Spalte 12).
3. Eine oder auch mehrere unterschiedlich formatierte 01-Dateisatzbeschreibungen müssen dem FD-Eintrag unmittelbar folgen.
4. Format-2 beschreibt Datenausgaben an einen Drucker.
5. Stufennummer 77 darf in der FILE SECTION nicht verwendet werden.
6. In Dateipuffer dürfen keine Anfangswerte mit Hilfe der VALUE-Klausel eingestellt werden.

## Beschreibung

Der in den Formaten 1 und 2 auftretende Dateiname muß als COBOL-*interner* Dateiname in einer SELECT-Klausel vereinbart worden sein. Die Verbindung zu der auf einem externen Speichermedium abgelegten physischen Datei stellt dann der externe Dateiname der SELECT-Klausel her. Der folgende Programmausschnitt verdeutlicht den Zusammenhang zwischen einer SELECT-Eintragung und der zugehörigen Dateibeschreibung in der FILE SECTION.

```
*---------------------------------------------------------------
    IDENTIFICATION DIVISION.
*---------------------------------------------------------------
    PROGRAM-ID.         DEMO-15.
   *Autor           :   WENDT
   *Datum           :   28.5.1990
   *Inhalt          :   Dateianschluß
*---------------------------------------------------------------
    ENVIRONMENT DIVISION.
*---------------------------------------------------------------
    CONFIGURATION SECTION.
*---------------------------------------------------------------
    SOURCE-COMPUTER.    IBM-PC.
    OBJECT-COMPUTER.    IBM-PC.
    SPECIAL-NAMES.      CONSOLE IS CRT .
*---------------------------------------------------------------
    INPUT-OUTPUT SECTION.
*---------------------------------------------------------------
    FILE-CONTROL.
        SELECT KUNDEN ASSIGN TO "A:KUND.DAT"
               ORGANIZATION IS LINE SEQUENTIAL.
        SELECT ARTIKEL ASSIGN TO "C:\DATEN\UMSATZ.DAT"
               ORGANIZATION IS LINE SEQUENTIAL.
```

```
DATA DIVISION.
*----------------------------------------------------------------
 FILE SECTION.
*----------------------------------------------------------------
 FD  KUNDEN.
 01  KUNDEN-SATZ.
     05 KUNDEN-NR            PIC 9(4).
     05 ADRESSE.
        08 GESAMT-NAME.
           10 VOR-NAME       PIC X(20).
           10 NACH-NAME      PIC X(25).
        08 STRASSE           PIC X(25).
        08 WOHNORT.
           10 PLZ            PIC 9(4).
           10 ORT            PIC X(25).
     05 TELEFON.
        08 VORWAHL           PIC X(8).
        08 RUFNUMMER         PIC X(9).
 FD  ARTIKEL.
 01  ARTIKEL-S.
     05 ARTIKEL-NR           PIC 9(6).
     05 BEZEICHNUNG          PIC X(30).
     05 LIEFERANT            PIC 9(5).
     05 LAGER                PIC 9(2).
     05 LAGERBESTAND         PIC 9(5).
     05 NACHBESTELLMENGE     PIC 9(4).
```

Einer Datei mit dem externen Namen "A:KUND.DAT" ist hier der COBOL-interne Dateiname KUNDEN zugeordnet worden. In der FILE SECTION beginnt die Beschreibung dieser Datei mit der Stufenbezeichnung FD gefolgt vom internen Dateinamen. Im Anschluß an die FD-Eintragung wird der Aufbau der Datensätze dieser Datei in Form einer 01-Dateisatzbeschreibung definiert.[1]

Die Stufennummer 77 kann ebenso wie die VALUE-Klausel in der FILE SECTION nicht verwendet werden. Zu einer Datei dürfen mehrere unterschiedlich formatierte 01-Dateisatzbeschreibungen angegeben werden. Mehrere solche Satzbeschreibungen sind bei der Verarbeitung von Dateien mit Folgesätzen erforderlich (siehe hierzu Abschn. 6.5.3).

Die LINAGE-Klausel des FD-Eintrags (Format 2) dient der Formatierung von Druckerseiten. Sie erlaubt die Angabe der Länge des Papierformats sowie eines unbedruckt zu belassenden oberen und unteren Randes je Seite. Ansonsten unterscheidet sich die Ausgabe von Daten an einen Drucker nur unwesentlich vom Beschreiben einer Disketten- oder Magnetplattendatei (siehe hierzu Abschn. 6.5.4).

---

1. Mikrocomputer lesen und schreiben standardmäßig ASCII-Dateien. Wenn abweichend z. B. eine an einem Großrechner erstellte EBCDIC-Datei verarbeitet werden soll, muß der Programmierer die Konvertierung der zu lesenden Daten vom EBCDIC-Code in den ASCII-Code und die Rückwandlung der zu schreibenden Daten in den EBCDIC-Code sicherstellen. Der ANSI-COBOL-Standard sieht hierzu in Ergänzung zum beschriebenen FD-Format eine CODE-SET-Klausel vor, die zusammen mit einer im SPECIAL-NAMES-Paragraphen zu codierenden ALPHABET-Klausel die Code-Konvertierung ermöglicht. Die Syntax dieser Klauseln kann im jeweiligen Compiler-Handbuch nachgeschlagen werden.

## 6.3 Anweisungen zur Dateiverarbeitung

Voraussetzung für das Verarbeiten einer sequentiellen Datei mit Hilfe der nachfolgend zu beschreibenden Anweisungen ist ihr Anschluß an das COBOL-Programm. Für jede in der PROCEDURE DIVISION schreibend, lesend oder überschreibend zuzugreifende Datei muß eine SELECT-Eintragung im Paragraphen FILE-CONTROL der INPUT-OUTPUT SECTION sowie eine FD-Eintragung und eine 01-Dateisatzbeschreibung in der FILE SECTION codiert sein.

### 6.3.1 OPEN-Anweisung

**Funktion und Format**

Mit Hilfe der OPEN-Anweisung wird eine Datei für Verarbeitungszwecke verfügbar gemacht.

```
  Format
            ⎧ INPUT   { Dateiname-1 } ... ⎫
            ⎪ OUTPUT  { Dateiname-2 } ... ⎪
   OPEN     ⎨                             ⎬ ...
            ⎪ I-O     { Dateiname-3 } ... ⎪
            ⎩ EXTEND  { Dateiname-4 } ... ⎭
```

**Beispiele**

```
OPEN OUTPUT BESTELLUNGEN.
OPEN INPUT  BESTELLUNGEN
     I-O    ARTIKEL KUNDEN KONTO UMSATZ-STATISTIK
     EXTEND PROTOKOLL-UMS
     OUTPUT DRUCKER.
```

**Beschreibung**

Die OPEN-Anweisung initiiert die Verarbeitung von Dateien. Die erfolgreiche Ausführung dieser Anweisung bestimmt die Verfügbarkeit einer Datei und stellt sicher, daß sie sich in einem Eröffnungszustand befindet. Vor der erfolgreichen Ausführung einer OPEN-Anweisung für eine bestimmte Datei können keine Ein-/Ausgabeanforderungen (READ, WRITE, REWRITE) an diese Datei gestellt werden. Auf eine einmal geöffnete Datei kann beliebig häufig zugegriffen werden. Die Art des zulässigen Zugriffs (schreibend, lesend, Sätze überschreibend) hängt von der jeweiligen Dateiverwendungsangabe in der OPEN-Anweisung ab (siehe Abb. 6.3).

Eine mit OPEN INPUT eröffnete Datei ist eine *Eingabedatei*. Aus Eingabedateien können Datensätze nur gelesen werden. Voraussetzung für die erfolgreiche lesende Verarbeitung einer Datei ist ihre Existenz auf einem externen Speichermedium, ein korrekter externer Dateiname in der SELECT-Klausel zu dieser Datei und die Übereinstimmung der 01-Dateisatzbeschreibung mit der Länge und Formatierung der physischen Sätze in der Datei.

| Datei-verwendungsangabe | Funktion der Verwendungsangabe |
|---|---|
| INPUT | Eröffnung der Datei für Lesezugriffe |
| OUTPUT | Eröffnung der Datei für Schreibzugriffe |
| I-O | Eröffnung im Update-Modus |
| EXTEND | Dateiverlängerung |

*Abb. 6.3 Funktion von Dateiverwendungsangaben*

OPEN OUTPUT eröffnet eine *Ausgabedatei*. In Ausgabedateien können Datensätze nur geschrieben werden. Existiert die über den externen Dateinamen spezifizierte Ausgabedatei bereits auf einem externen Speichermedium, wird sie bei Ausführung der Anweisung OPEN OUTPUT *gelöscht*.

Eine mit OPEN EXTEND eröffnete Datei ist eine Ausgabedatei, die sich in einem *Erweiterungsmodus* befindet. Im Gegensatz zur Anweisung OPEN OUTPUT wird eine bereits existierende Datei bei Ausführung der OPEN EXTEND-Anweisung nicht gelöscht. Jeder in eine im Erweiterungsmodus eröffnete Datei geschriebene Datensatz wird an das jeweilige Dateiende *angefügt*.

OPEN I-O eröffnet eine Datei im *Update-Modus*. Dieser Verarbeitungsmodus ermöglicht das *Verändern* der Satzinhalte einer existierenden Disketten- oder Magnetplattendatei.

Lediglich beim Öffnen einer Datei im OUTPUT-Modus ist es unerheblich, ob diese Datei bereits existiert. Hier wird immer eine *neue Datei* angelegt. Ein mit einem normgerechten Compiler erzeugtes Programm wird einen Programmlauf irregulär abbrechen, wenn versucht wird, eine nicht existierende Datei zu lesen (INPUT), zu verlängern (EXTEND) oder satzweise zu überschreiben (I-O).

Der Programmierer kann dieses Scheitern eines Programmlaufs verhindern, wenn er in der SELECT-Klausel zu einer solchen Datei den ***OPTIONAL-Zusatz*** angibt:

```
SELECT OPTIONAL KUNDEN ASSIGN TO "C:KUND.DAT".
```

Dieser Zusatz ermöglicht die Eintragung von Datensätzen in eine zur Dateiverlängerung eröffnete Datei (EXTEND-Modus) auch dann, wenn diese *noch nicht existiert*. So ist es möglich, eine Datei mit einunddemselben Programm anzulegen und in späteren erneuten Programmläufen zu *verlängern*. Auch bei INPUT- und I-O-Dateien wird mittels der OPTIONAL-Angabe ein irregulärer Programmabbruch bei dem Versuch der Öffnung einer nicht existierenden physischen Datei verhindert. Beim ersten Leseversuch wird jedoch das Dateiende erkannt und der Programmlauf den Vorgaben des Programmierers entsprechend fortgesetzt (siehe READ-Anweisung in Abschn. 6.3.2).

Die OPEN-Anweisung selbst liest oder schreibt *keine* Datensätze. Eine Datei darf in einem Programm mehrfach, auch mit unterschiedlichen Dateiverwendungsangaben, geöffnet werden. Voraussetzung für ein erneutes Öffnen einer Datei ist ihr vorheriges Schließen mit Hilfe der CLOSE-Anweisung.[1]

**Beispiel**

```
OPEN INPUT   BESTELLUNGEN
     I-O     ARTIKEL   KUNDEN   KONTO   UMSATZ-STATISTIK
     EXTEND  PROTOKOLL-UMS
     OUTPUT  DRUCKER.
```

Diese Open-Anweisung öffnet:

- BESTELLUNGEN als Eingabedatei
- ARTIKEL, KUNDEN, KONTO und UMSATZ-STATISTIK im Update-Modus
- PROTOKOLL-UMS zur Dateiverlängerung
- DRUCKER zur Datenausgabe.

### 6.3.2 READ-Anweisung

**Funktion und Format**

Die READ-Anweisung stellt jeweils einen Datensatz einer Datei für Verarbeitungszwecke in einem Dateipuffer bereit.

```
┌─ Format ─────────────────────────────────────────────┐
│                                                      │
│    READ  Dateiname  RECORD  [ INTO Bezeichner-1 ]    │
│                                                      │
│    [ AT END  Anweisungen-1 ]                         │
│    [ NOT AT END  Anweisungen-2 ]                     │
│                                                      │
│    [ END-READ ]                                      │
│                                                      │
└──────────────────────────────────────────────────────┘
```

**Beispiele**

```
READ KUNDEN AT END MOVE "J" TO END-OF-FILE.
READ KUNDEN INTO DRUCKER-SATZ
     AT END MOVE "J" TO END-OF-FILE.
READ ARTIKEL
     AT END MOVE "J" TO EOF
END-READ
```

---

1. Siehe hierzu die Abschnitte 6.3.5 und 6.5.2.

## Syntaktische Regeln

1. Dateiname muß als COBOL-interner Dateiname in einer SELECT-Klausel einem externen Dateinamen zugeordnet sein.
2. Die FILE SECTION muß zum internen Dateinamen einen FD-Eintrag sowie eine 01-Dateisatzbeschreibung enthalten.

## Beschreibung

Voraussetzung für das erfolgreiche Lesen der Datensätze einer Datei sind:

1. Der in der READ-Anweisung anzugebende Dateiname muß als COBOL-interner Dateiname in einer SELECT-Klausel einem externen Dateinamen zugeordnet sein.
2. Die zu lesende Datei muß in der FILE SECTION beschrieben sein (FD-Eintrag, 01-Dateisatzbeschreibung).
3. Die mit Dateiname bezeichnete Datei muß als Eingabedatei (INPUT) oder im Update-Modus (I-O) mittels einer OPEN-Anweisung eröffnet sein.
4. Die zu lesende Datei muß auf einem externen Speichermedium existieren.

Die *erste nach dem Öffnen* einer Datei ausgeführte READ-Anweisung stellt den *ersten physischen Datensatz* der Datei im zugehörigen Dateipuffer (01-Dateisatzbeschreibung) bereit. Jeder weitere READ-Befehl stellt Datensätze in der Reihenfolge in den Dateipuffer ein, in der sie in die physische Datei abgespeichert wurden. Vor der Übertragung eines Dateisatzes in einen Dateipuffer wird dessen alter Inhalt vollständig gelöscht. Anweisungen zur Verarbeitung des eingelesenen Satzes nehmen über die Datennamen der 01-Dateisatzbeschreibung auf Satzinhalte Bezug.

Sollen z.B. alle 50 Datensätze einer Datei verarbeitet werden, muß die Datei einmal geöffnet (OPEN-Anweisung) und anschließend die READ-Anweisung 50mal zur Ausführung gebracht werden. Eine solche Verarbeitung wird stets in einem Schleifenkörper erfolgen.

Zum Zeitpunkt der Erstellung eines Programms ist in aller Regel unbekannt, *wieviele Datensätze* eine lesend zuzugreifende Datei zur späteren Laufzeit eines Programms enthält. Die READ-Anweisung selbst bietet die Möglichkeit, programmtechnisch zu erkennen, *wann der letzte Datensatz* einer Datei verarbeitet wurde. Die im Anschluß an die AT END-Option zu codierenden Anweisungen-1 werden *genau dann* ausgeführt, wenn eine READ-Anweisung *erstmals* vergeblich versucht, einen Datensatz "hinter dem Dateiende" zu lesen. Vereinbart man z.B. in der WORKING-STORAGE SECTION

```
77  DATEI-ENDE     PIC X VALUE "N".
```

wird die Anweisung

```
READ KUNDEN AT END MOVE "J" TO DATEI-ENDE
END-READ
```

dem Datenfeld DATEI-ENDE genau dann dem Wert J zuweisen, wenn ein Leseversuch im Anschluß an die erfolgreiche Verarbeitung aller Datensätze erstmals zum Scheitern verurteilt ist. Nach diesem vergeblichen Leseversuch ist der Inhalt des Dateipuffers *unbestimmt*. Der Inhalt des Feldes DATEI-ENDE kann nun zur weiteren Programmablaufsteuerung herangezogen werden: Der Programmierer muß sicherstellen, daß kein zweiter vergeblicher Leseversuch erfolgt, da der Programmlauf andernfalls mit einem Laufzeitfehler abgebrochen wird. Die Abschnitte 6.5.1 bis 6.5.3 behandeln Varianten der Ablaufsteuerung bei lesender Verarbeitung sequentieller Dateien.

Im Anschluß an das Schlüsselwort END der AT END-Option dürfen eine oder mehrere beliebige Anweisungen codiert werden (Anweisungen-1). Diese Anweisungen werden bedingt genau dann abgearbeitet, wenn erstmals vergeblich "hinter dem Dateiende" gelesen wird. Der Geltungsbereich dieser "im Ausnahmefall" bedingt auszuführenden Anweisungen muß – ähnlich wie bei IF- und PERFORM-Anweisungen – explizit oder implizit begrenzt werden.

Die Anweisungen

```
READ KUNDEN AT END MOVE "J" TO EOF.
READ KUNDEN
    AT END MOVE "J" TO EOF
END-READ
READ KUNDEN
    AT END MOVE "J" TO EOF
    NOT AT END CONTINUE
END-READ
```

sind *funktionsgleich*. Im ersten Beispiel wird der *Geltungsbereich des AT END-Zusatzes* durch den impliziten Bereichsbegrenzer Punkt (.) und im zweiten Beispiel durch den expliziten Begrenzer END-READ eingeschränkt. Im dritten Beispiel begrenzt die NOT AT END-Option den AT END-Geltungsbereich. Sie hat hier für den AT END-Bereich die gleiche Wirkung wie das Schlüsselwort ELSE für den THEN-Zweig einer IF-Anweisung. Die im Anschluß an die NOT AT END-Option zu codierenden Anweisungen-2 werden bei *jeder erfolgreichen Ausführung* einer READ-Anweisung abgearbeitet. Da auch diese Anweisungen bedingt ausgeführt werden, müssen sie ebenfalls explizit oder implizit begrenzt werden.

Der *INTO-Zusatz* des Formats der READ-Anweisung ermöglicht es, einen eingelesenen Datensatz nicht nur im Dateipuffer (01-Dateisatzbeschreibung), sondern zusätzlich in einem zweiten Speicherbereich in der WORKING-STORAGE SECTION abzuspeichern (Bezeichner-1). Dem folgenden Beispiel liegen diese Datei-und Datendefinitionen zugrunde:

```
*-----------------------------------
 INPUT-OUTPUT SECTION.
*-----------------------------------
 FILE-CONTROL.
     SELECT ARTIKEL ASSIGN TO "A:ARTIKEL.DAT"
         ORGANIZATION IS LINE SEQUENTIAL.
*-----------------------------------------------------------------
 DATA DIVISION.
```

```
*-----------------------------------------------------------
 FILE SECTION.
*---------------------------------
 FD  ARTIKEL.
 01  ARTIKEL-S              PIC X(52).
*---------------------------------
 WORKING-STORAGE SECTION.
*---------------------------------
 77  EOF                    PIC X VALUE "N".
 01  WS-ARTIKEL.
     05  ARTIKEL-NR         PIC 9(6).
     05  BEZEICHNUNG        PIC X(30).
     05  LIEFERANT          PIC 9(5).
     05  LAGER              PIC 9(2).
     05  LAGERBESTAND       PIC 9(5).
     05  NACHBESTELLMENGE   PIC 9(4).
```

Eine READ-Anweisung, die keinen INTO-Zusatz enthält, würde einen Dateisatz lediglich in den Eingabepuffer ARTIKEL-S einlesen. Die Anweisung

```
READ ARTIKEL INTO WS-ARTIKEL
    AT END MOVE "J" TO EOF
END-READ
```

überträgt einen Dateisatz sowohl in den mit ARTIKEL-S bezeichneten Dateipuffer als auch in den Speicherbereich WS-ARTIKEL. Der Datensatz steht also in zwei unterschiedlichen Speicherbereichen für Verarbeitungszwecke bereit. Die Übertragung der Daten in den Bereich WS-ARTIKEL erfolgt nach den allgemeinen Regeln der Datenübertragung bei MOVE-Anweisungen.[1]

### 6.3.3 WRITE-Anweisung

**Funktion und Formate**

Die WRITE-Anweisung schreibt Datensätze in Ausgabedateien. Druckerausgaben können durch Zeilen- und Seitenvorschübe optisch gestaltet werden.

```
┌─ Format-1 ─────────────────────────────────────────────
│
│   WRITE  Datensatzname  [ FROM Bezeichner-1 ]
│
└─────────────────────────────────────────────────────────
```

**Beispiele**

```
WRITE KUNDEN-SATZ
WRITE KUNDEN-SATZ FROM WS-KUNDE
WRITE LISTE-SATZ FROM LISTE-RUMPF AFTER ADVANCING 3 LINES
WRITE LISTE-SATZ FROM LISTE-RUMPF AFTER ADVANCING VORSCHUB LINES
WRITE LISTE-SATZ FROM LISTE-KOPF AFTER PAGE
```

---

1. Zur Ablaufsteuerung bei lesender Dateiverarbeitung siehe auch Abschn. 6.5.1 bis Abschn. 6.5.3.

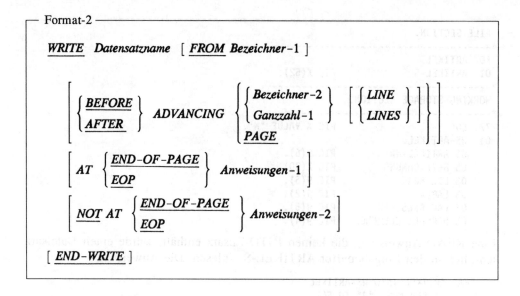

### Syntaktische Regeln

1. Datensatzname bezeichnet einen in der FILE SECTION beschriebenen Dateipuffer.
2. Ganzzahl-1 bzw. Bezeichner-2 repräsentieren eine positive Ganzzahl.

### Beschreibung

Voraussetzungen für das erfolgreiche Schreiben von Datensätzen in eine Datei oder für die Ausgabe von Druckerzeilen sind:

1. Der in der WRITE-Anweisung anzugebende Datensatzname muß in der FILE-SECTION einer FD-Eintragung als 01-Datensatzname zugeordnet sein.
2. Dem COBOL-internen Dateinamen der Ausgabedatei muß in der zugehörigen SELECT-Klausel ein externer Dateiname zugeordnet sein.
3. Vor Ausführung der ersten WRITE-Anweisung muß die Ausgabedatei mittels der OPEN-Anweisung als OUTPUT- oder EXTEND-Datei geöffnet worden sein.
4. Der Inhalt des zu schreibenden Datensatzes muß vom Programm in dem mit Datensatzname oder dem mit Bezeichner-1 anzusprechenden Speicherbereich bereitgestellt werden.

Jede WRITE-Anweisung überträgt genau *einen Datensatz* in die zugehörige Ausgabedatei. Sollen z.B. 50 Datensätze geschrieben werden, ist die Datei einmal zu öffnen (OPEN-Anweisung) und die WRITE-Anweisung anschließend 50mal abzuarbeiten. In aller Regel wird die WRITE-Anweisung in einem Schleifenkörper angeordnet. Die WRITE-Anweisung überträgt jeweils den aktuellen Inhalt des mit Datensatzname bezeichneten Dateipuffers auf das externe Speichermedium. Das Programm muß jeweils vor Ausführung des Schreibbefehls den auszugebenden

Datensatz im Dateipuffer bereitstellen. Bei Verwendung des *FROM-Zusatzes* kann der auszugebende Datensatz auch in dem mit Bezeichner-1 referenzierten Speicherbereich aufgebaut werden. Bei Ausführung der WRITE-Anweisung wird der Inhalt des Feldes Bezeichner-1 dann in den Dateipuffer Datensatzname übertragen (implizite MOVE-Anweisung) und dessen Inhalt dann auf das externe Speichermedium geschrieben.

Der FROM-Zusatz findet insbesondere bei Druckerausgaben Verwendung. Hier müssen ganz unterschiedlich aufgebaute Datensätze (Listenüberschrift, Listenrumpfzeilen, Listenfuß) in der WORKING-STORAGE SECTION bereitgestellt und dann unter Verwendung des FROM-Zusatzes am Drucker ausgegeben werden (siehe hierzu Abschn. 6.5.4 und Abschn. 6.6).

Der *ADVANCING-Zusatz* des Formats-2 der WRITE-Anweisung ermöglicht Zeilen- und Seitenvorschübe an Druckern. Bei Angabe des Schlüsselworts BEFORE wird ein Datensatz erst ausgegeben und anschließend ein Vorschub vorgenommen. Bei Verwendung der AFTER-Option wird erst ein Vorschub ausgeführt und danach ein Datensatz geschrieben. Die Anzahl der Vorschubzeilen kann als numerisches Literal (Ganzzahl-1) in einer WRITE-Anweisung vorgegeben oder in einem Feld Bezeichner-2 bereitgestellt werden. Die Anweisungen

```
WRITE DRUCKER-SATZ AFTER 5
WRITE DRUCKER-SATZ AFTER VORSCHUB
```

sind funktionsgleich, wenn das Datenfeld VORSCHUB in der WORKING-STORAGE SECTION definiert wurde und ihm der Wert 5 zugewiesen ist. Bei Ausführung einer dieser Anweisungen werden dann vier Leerzeilen ausgegeben und der Inhalt des Dateipuffers DRUCKER-SATZ anschließend in die nachfolgende 5. Zeile gedruckt. Die Anweisung

```
WRITE DRUCKER-SATZ AFTER PAGE
```

bewirkt den Papiervorschub auf eine *neue Druckseite*, bevor der Inhalt des Dateipuffers angedruckt wird.

Unter Verwendung des END-OF-PAGE-Zusatzes darf nur in Dateien geschrieben werden, für die eine *LINAGE-Klausel* codiert wurde. Die Schlüsselwörter END-OF-PAGE und EOP sind funktionsgleich. Die Anweisungen-1 werden genau dann ausgeführt, wenn die FOOTING-Angabe der LINAGE-Klausel erreicht oder überschritten wird. Bei Listen, die sich über mehrere Druckerseiten erstrecken, läßt sich unter Verwendung der END-OF-PAGE-Angabe jede einzelne Druckseite mit einem Listenfuß (z.B. Zwischensummen) abschließen. Abschnitt 6.5.4 erläutert den Zusammenhang zwischen LINAGE-Klausel und END-OF-PAGE-Angabe.

### 6.3.4 REWRITE-Anweisung

**Funktion und Format**

Die REWRITE-Anweisung erlaubt das Überschreiben bereits gespeicherter Dateisätze.

```
┌─ Format ─────────────────────────────────┐
│                                          │
│   REWRITE  Datensatzname  [ FROM Bezeichner-1 ]
│                                          │
└──────────────────────────────────────────┘
```

## Beschreibung

Voraussetzungen für das Ersetzen eines bereits gespeicherten Dateisatzes durch einen Satz mit geändertem oder auch gleichem Inhalt sind:

1. Die zu bearbeitende Datei muß mittels einer OPEN-Anweisung im Update-Modus (I-O) eröffnet sein.
2. Der REWRITE-Anweisung muß eine erfolgreich ausgeführte READ-Anweisung vorausgehen. Der von dieser READ-Anweisung im Dateipuffer bereitgestellte Datensatz kann bei Bedarf modifiziert und dann von einer nachfolgenden REWRITE-Anweisung auf seinen alten Platz innerhalb der Datei zurückgeschrieben werden.

Die REWRITE-Anweisung ersetzt also jeweils den zuletzt gelesenen Datensatz. Nach dem Einlesen eines Datensatzes kann sein Inhalt beliebig verändert werden. Die REWRITE-Anweisung schreibt den jeweils aktuellen Inhalt des Dateipuffers zurück. Codiert der Programmierer den FROM-Zusatz, wird der Inhalt eines Datenfeldes Bezeichner-1 in den Dateipuffer übertragen (implizites MOVE) und dieser Datensatz dann auf das externe Speichermedium ausgegeben.

### Hinweis zu Spracherweiterungen

Die REWRITE-Anweisung kann nur zur Bearbeitung von Dateien herangezogen werden, deren Organisationsform in der SELECT-Eintragung mit ORGANIZATION IS SEQUENTIAL beschrieben wurden. Die speicherökonomisch verwalteten LINE SEQUENTIAL-Dateien sind *nicht* updatefähig.

## 6.3.5 CLOSE-Anweisung

### Funktion und Format

Die CLOSE-Anweisung schließt eine für Verarbeitungszwecke geöffnete Datei.

```
┌─ Format ─────────────────────────────────┐
│                                          │
│   CLOSE  { Dateiname } ...               │
│                                          │
└──────────────────────────────────────────┘
```

### Beispiele

```
CLOSE ARTIKEL
CLOSE BESTELL-DAT KUNDEN ARTIKEL DRUCKER
```

## Beschreibung

Als Komplement zur OPEN-Anweisung schließt die CLOSE-Anweisung eine oder mehrere Dateien. Dabei werden Verwaltungsinformationen aktualisiert und die Dateien für weitere Verwendungen freigegeben. Die zu schließenden Dateien müssen zum Zeitpunkt der Ausführung einer CLOSE-Anweisung geöffnet sein.

Innerhalb eines Programms können Dateien mehrfach erneut geöffnet und geschlossen werden. Dies wird erforderlich, wenn die Dateiverwendung (INPUT, OUTPUT, I-O, EXTEND) während eines Programmlaufs wechselt. So kann es z.B. erforderlich sein, in eine Ausgabedatei (OUTPUT) Datensätze zu schreiben und diese Datei dann anschließend lesend zu verarbeiten (INPUT). Vor einem solchen Wechsel der Dateiverwendung muß die Datei geschlossen werden.

Bei der Verarbeitung sequentieller INPUT- oder I-O-Dateien wird das Schließen einer Datei und ihr anschließendes erneutes Öffnen immer dann erforderlich, wenn auf Datensätze zugegriffen werden soll, die physisch vor dem zuletzt gelesenen Datensatz liegen. Nach einem solchen erneuten Öffnen, kann wieder auf den *ersten* physischen Dateisatz und anschließend auf seine Nachfolger zugegriffen werden (Mehrfachlesen, siehe Abschn. 6.5.2).

## 6.4 Bezugnahme auf Daten (Qualifizierung)

Bislang wurde unterstellt, daß COBOL-Anweisungen unter Angabe von Datennamen auf Feldinhalte Bezug nehmen. Diese Form der symbolischen Adressierung von Speicherbereichen setzt voraus, daß Datennamen Felder eindeutig identifizieren. Vergibt der Programmierer Datennamen *mehrfach*, geht diese Eindeutigkeit verloren. Prinzipiell ist es möglich, allen Datenfeldern der FILE SECTION und WORKING-STORAGE SECTION unterschiedliche Datennamen zuzuordnen und damit die Eindeutigkeit der Bezugnahmen sicherzustellen. Häufig ist es jedoch im Interesse der Lesbarkeit eines Programms wünschenswert, Feldern, die gleiche oder ähnliche Inhalte speichern sollen, auch gleiche Datennamen zuzuordnen. Die Eindeutigkeit der Bezugnahme auf solche Felder läßt sich dann durch eine *Qualifizierung* von Datennamen herstellen. Qualifizierte und einfache Datennamen werden unter dem Terminus Bezeichner zusammengefaßt.

```
┌─ Format ─────────────────────────────────────────┐
│                                                  │
│   Datenname-1  [ { IN } Datenname-2 ] ...        │
│                [ { OF }             ]            │
│                                                  │
└──────────────────────────────────────────────────┘
```

## Syntaktische Regeln

Die Schlüsselwörter IN und OF sind funktionsgleich; das Qualifizierungsformat ist auf die in der FILE SECTION und die in der WORKING-STORAGE SECTION definierten Datennamen anwendbar.

## Beschreibung

Die Qualifizierung eines Datennamens erfolgt durch das Anfügen eines oder mehrerer Qualifizierer. Qualifizierer sind Datennamen aus der *gleichen* Datenstruktur, die jedoch mit einer *niedrigeren* Stufennummer vereinbart wurden. Das folgende Beispiel zeigt zwei Datenstrukturen, die gleiche Datennamen enthalten:

```
01 ARTIKEL-SATZ.
   05 ARTIKEL-NR           PIC 9(6).
   05 BEZEICHNUNG          PIC X(30).
   05 LIEFERANT-NR         PIC 9(5).
   05 LAGERBESTAND         PIC 9(5).
01 LISTE-LAGERBESTAND.
   05 BEZEICHNUNG          PIC X(30).
   05 FILLER               PIC X(5).
   05 ARTIKEL-NR           PIC 9(6).
   05 FILLER               PIC X(5).
   05 LAGERBESTAND         PIC 9(5).
```

Für Anweisungen wie

```
MOVE ARTIKEL-NR TO ARTIKEL-NR
COMPUTE LAGERBESTAND = LAGERBESTAND + ZUGANG
```

würde der Compiler im Übersetzungslauf Fehlermeldungen ausgeben, da die *Eindeutigkeit* der Datennamen nicht gegeben ist. Durch Qualifizierungen werden beide Anweisungen ausführbar:

```
MOVE ARTIKEL-NR OF ARTIKEL-SATZ
     TO ARTIKEL-NR OF LISTE-LAGERBESTAND
COMPUTE LAGERBESTAND OF ARTIKEL-SATZ
      = LAGERBESTAND OF ARTIKEL-SATZ + ZUGANG
```

Die Qualifizierung von Datennamen kann sich auch über *mehrere Hierarchiestufen* erstrecken. Dabei sind die Qualifizierer nach fallenden Stufennummern anzuordnen. Auch *Dateinamen* dürfen als Qualifizierer auftreten:

```
FD LIEFERANTEN.
01 LIEFERANTEN-SATZ.
   05 LIEFERANT-NR         PIC 9(4).
   05 ANSCHRIFT.
      08 FIRMA             PIC X(25).
      08 STRASSE           PIC X(25).
      08 ORT               PIC X(25).
```

Das Elementardatum STRASSE dieser Dateibeschreibung könnte alternativ z.B. wie folgt angesprochen werden:

```
STRASSE  OF  ANSCHRIFT
STRASSE  OF  LIEFERANTEN-SATZ
STRASSE  OF  LIEFERANTEN
STRASSE  OF  ANSCHRIFT OF LIEFERANTEN-SATZ
STRASSE  OF  ANSCHRIFT OF LIEFERANTEN-SATZ OF LIEFERANTEN
```

Qualifizierungen müssen also nicht lückenlos über alle Hierarchieebenen einer Datenstruktur erfolgen. Im Interesse eines möglichst geringen Schreibaufwandes wird man gerade soviele Qualifizierer angeben, wie zur Herstellung der Eindeutigkeit einer Bezugnahme erforderlich sind. Bei Bedarf können auch Datengruppen qualifiziert werden:

> ANSCHRIFT OF LIEFERANTEN-SATZ

COBOL-interne Dateinamen sowie die in der WORKING-STORAGE SECTION auf höchster Hierarchieebene vereinbarten Datennamen (Stufennummer 77 und 01) dürfen innerhalb eines Programms nur *einmal vergeben* werden, da für sie kein Qualifizierer auf übergeordneter Hierarchieebene existiert.

## 6.5 Hinweise zur Dateiverarbeitung

Abbildung 6.4 zeigt zusammenfassend die Zulässigkeit lesender, schreibender und überschreibender Dateizugriffe in Abhängigkeit vom jeweiligen Eröffnungsmodus einer Datei. Die nachfolgenden Abschnitte erläutern einige grundlegende Probleme der Verarbeitung sequentieller Dateien. Dabei handelt es sich um die Programmablaufsteuerung bei lesender Dateiverarbeitung, das mehrfache Lesen von Dateien innerhalb eines Programms sowie Verarbeitungsprobleme, die bei Dateien mit mehreren unterschiedlich formatierten Datensätzen auftreten.

| *Anweisung* | *Dateieröffnung* | | | |
|---|---|---|---|---|
| | INPUT | OUTPUT | EXTEND | I-O |
| READ | X | – | – | X |
| WRITE | – | X | X | – |
| REWRITE | – | – | – | X |

*Abb. 6.4   Zulässigkeit von Eingabe-/Ausgabeanforderungen*

Weiterhin werden die Datenausgabe an Druckern unter Berücksichtigung der logischen Formatierung von Druckseiten (LINAGE-Klausel) und Varianten des Anschlusses externer Dateien behandelt.

### 6.5.1 READ-Ablaufsteuerung

Dieser Abschnitt untersucht *alternative* Programmablaufsteuerungen bei *lesender* Dateiverarbeitung. Es wird davon ausgegangen, daß auf einer Diskette oder Magnetplatte eine sequentielle Datei (z.B. Kunden- oder Artikeldatei) abgespeichert ist und ein Programm auf einige oder alle Datensätze lesend zugreifen soll. Typische Verarbeitungsziele könnten z.B. das Drucken einer Lagerbestandsübersicht oder eines Kundenverzeichnisses sein. Da hier nur die Ablaufsteuerung beim Lesen einer Datei von Interesse ist, soll für die folgenden vier Beispiele das Verarbeitungsziel wie folgt vereinfacht werden: Die Datensätze einer Artikeldatei (ART.DAT) sind zu lesen und im Scroll-Modus am Bildschirm anzuzeigen. Ergänzend ist die Anzahl der gelesenen Dateisätze zu zählen.

Beim Entwurf des Programms für lesende Dateiverarbeitungen muß bedacht werden, daß

- zum Zeitpunkt der Programmerstellung in aller Regel unbekannt ist, wieviele Datensätze die zu verarbeitende Datei enthält,
- die Datei möglicherweise auf dem externen Speichermedium nicht auffindbar ist oder
- Verwaltungsinformationen zu einer Datei verfügbar sind, die Datei aber keinen Datensatz enthält.

Im folgenden werden *vier Algorithmen* zu dem oben angegebenen Verarbeitungsproblem wiedergegeben. Die Algorithmen 1 (*NOT END-Technik*) und 4 (*Reading-Ahead-Technik*) arbeiten korrekt. Die Lösungen 2 und 3 findet man häufiger bei Programmieranfängern. Sie erscheinen plausibel, führen aber zu Fehlverarbeitungen.

## Lösung 1: NOT END-Technik

```
*-----------------------------------------------------------------
 IDENTIFICATION DIVISION.
*-----------------------------------------------------------------
 PROGRAM-ID.           DEMO-16.
*Autor             :   WENDT
*Datum             :   5.6.1990
*Inhalt            :   Ablaufsteuerung bei lesender Datei-
*                      verarbeitung (Lösung 1, NOT END-Technik)
*-----------------------------------------------------------------
 ENVIRONMENT DIVISION.
*-----------------------------------------------------------------
 CONFIGURATION SECTION.
*------------------------------------
 SOURCE-COMPUTER.      IBM-PC.
 OBJECT-COMPUTER.      IBM-PC.
 SPECIAL-NAMES.        CONSOLE IS CRT.
*------------------------------------
 INPUT-OUTPUT SECTION.
*------------------------------------
 FILE-CONTROL.
     SELECT OPTIONAL ARTIKEL ASSIGN TO "C:ART.DAT"
            ORGANIZATION IS LINE SEQUENTIAL.
*-----------------------------------------------------------------
 DATA DIVISION.
*-----------------------------------------------------------------
 FILE SECTION.
*-------------------------------------
 FD  ARTIKEL.
 01  ARTIKEL-S         PIC X(60).
*-------------------------------------
 WORKING-STORAGE SECTION.
*-------------------------------------
 77  EOF               PIC X.
 77  ANZAHL            PIC 9(3).
```

```
*--------------------------------- Lösung 1 -----------------
 PROCEDURE DIVISION.
*--------------------------------- funktionstüchtig ---------
 START-PROG.
     INITIALIZE EOF ANZAHL.
     OPEN INPUT ARTIKEL.
     PERFORM UNTIL EOF = "J"
         READ ARTIKEL
             AT END  MOVE "J" TO EOF
             NOT END DISPLAY ARTIKEL-S UPON CONSOLE
                     COMPUTE ANZAHL = ANZAHL + 1
         END-READ
     END-PERFORM.
     DISPLAY "Anzahl Datensätze:  " ANZAHL UPON CONSOLE.
 ENDE-PROG.
     CLOSE ARTIKEL.
     STOP RUN.
```

Dieses Programm (Lösung-1) initialisiert die Felder EOF und ANZAHL typgerecht. Nach Ausführung der INITIALIZE-Anweisung enthält EOF ein Leerzeichen und ANZAHL den Wert Null. Die zu lesende Artikeldatei wird als INPUT-Datei einmal geöffnet. Die Verarbeitung der Datei erfolgt im Schleifenkörper einer kopfgesteuerten in-line-PERFORM-Schleife.

Bei jedem *erfolgreichen* Lesen eines Datensatzes werden die Anweisungen des NOT END-Bereichs (DISPLAY, COMPUTE) ausgeführt. Er enthält die jeweilige Verarbeitung eines gelesenen Datensatzes. *Scheitert* ein Leseversuch, werden die Anweisungen des AT END-Bereichs ausgeführt. Hier wird einer Variablen der Abbruchbedingung in der Schleifensteuerung (EOF) ein Wert zugewiesen, der sicherstellt, daß die Abbruchbedingung (EOF = "J") erfüllt ist.

Das Programm zeigt die gelesenen Sätze im Scroll-Modus am Bildschirm an, zählt die erfolgreich gelesenen Sätze und gibt unmittelbar vor dem (einmaligen) Schließen der Eingabedatei die Anzahl der verarbeiteten Sätze am Bildschirm aus.

Es soll nun geprüft werden, ob dieses Programm in allen denkbaren Verarbeitungssituationen korrekt arbeitet:

a. Die Eingabedatei möge *genau 10 Datensätze* enthalten. Da die Abbruchbedingung der Schleifensteuerung wegen der Initialisierung von EOF nicht erfüllt sein kann, wird der Schleifenkörper erstmals abgearbeitet. Die READ-Anweisung kann erfolgreich ausgeführt werden, da die Datei auf einem externen Speichermedium existiert, als INPUT-Datei geöffnet ist und Datensätze enthält. Der gelesene erste Datensatz wird im NOT END-Bereich verarbeitet. Nach dem Anzeigen des Satzes am Bildschirm wird ANZAHL von 0 auf 1 erhöht. Damit ist der Schleifenkörper abgearbeitet.

Die Abbruchbedingung der Schleifensteuerung wird nun erneut geprüft. Da sie unverändert nicht erfüllt ist, wird ein weiterer Datensatz gelesen und verarbeitet. Dieser Ablauf wiederholt sich für alle in der Datei gespeicherten Sätze.

Nachdem der letzte in der Eingabedatei vorhandene Datensatz (in diesem Beispiel Satz 10) wie seine Vorgänger verarbeitet wurde, versucht die READ-

Anweisung erfolglos "hinter dem Dateiende" zu lesen. In diesem 11. Schleifendurchlauf werden die Anweisungen des AT END-Bereichs der READ-Anweisung abgearbeitet. Im obigen Beispiel wird EOF der Wert J zugewiesen. Die Anweisungen des NOT END-Bereichs werden nicht ausgeführt. Bei der nachfolgenden Prüfung der Abbruchbedingung wird diese als erfüllt erkannt und damit die Schleifenverarbeitung abgebrochen. Die Anzahl der verarbeiteten Datensätze (ANZAHL) wird am Bildschirm angezeigt. Es werden genau 10 Sätze verarbeitet.

b. Die Eingabedatei möge nun *keinen Datensatz* enthalten. Die Datei läßt sich dann öffnen. Bereits beim ersten Ausführen der READ-Anweisung wird nun in den AT END-Bereich verzweigt und die Schleifenverarbeitung im Anschluß an die nachfolgende Bedingungsprüfung abgebrochen. Es wird kein Datensatz verarbeitet (ANZAHL = 0).

c. *Existiert* die Eingabedatei auf dem externen Speichermedium *nicht*, kann die OPEN-Anweisung dennoch ausgeführt werden, da in der SELECT-Klausel der OPTIONAL-Zusatz angegeben ist. Andernfalls würde der Programmlauf mit einem Laufzeitfehler abgebrochen. Der erste Leseversuch endet erfolglos, die Schleifenverarbeitung wird wie unter (b.) abgebrochen. Es wird kein Datensatz verarbeitet (ANZAHL = 0).

In allen drei untersuchten Verarbeitungssituationen liefert Lösung 1 *korrekte* Verarbeitungsergebnisse. Für den nachfolgend angegebenen zweiten Algorithmus trifft dies *nicht* zu. Der Dateianschluß sowie die Datendefinitionen werden unverändert aus Lösung 1 übernommen. Lediglich die READ-Anweisung wird modifiziert.

## Lösung 2

```
*------------------------------------ Lösung 2 -----------------
 PROCEDURE DIVISION.
*------------------------------------ nicht funktionstüchtig ---
 START-PROG.
     INITIALIZE EOF ANZAHL.
     OPEN INPUT ARTIKEL.
     PERFORM UNTIL EOF = "J"
         READ ARTIKEL
         DISPLAY ARTIKEL-S UPON CONSOLE
         COMPUTE ANZAHL = ANZAHL + 1
     END-PERFORM.
     DISPLAY "Anzahl Datensätze: " ANZAHL UPON CONSOLE.
 ENDE-PROG.
     CLOSE ARTIKEL.
     STOP RUN.
```

Dieses Programm erzeugt *in keiner* Verarbeitungssituation *korrekte* Ergebnisse:

a. Enthält die Eingabedatei z.B. *10 Datensätze*, werden alle 10 Sätze ordnungsgemäß verarbeitet. Der erste Versuch des Lesens "hinter dem Dateiende" hat mangels einer AT END-Angabe keinerlei Folgen für den weiteren Ablauf. Der Inhalt des Dateipuffers ist nach dem erfolglosen Leseversuch undefiniert (z.B.

vorheriger Pufferinhalt oder Leerzeichen). Dieser "Datensatz" wird dennoch wie ein korrekt gelesener Satz verarbeitet und die Variable *ANZAHL auf 11* erhöht. Da die Bedingungsvariable EOF der Schleifensteuerung nicht modifiziert wird, findet im nächsten Schleifendurchlauf ein 12. Leseversuch statt. Dieser führt zum *Abbruch* des Programmlaufs mit einem Laufzeitfehler.

b. Enthält die Eingabedatei *keinen Datensatz*, bleibt der erste Leseversuch erfolglos. Der undefinierte Inhalt des Dateipuffers wird dennoch verarbeitet. Der anschließende zweite vergebliche Leseversuch führt zum Programmabbruch mit einem Laufzeitfehler.

c. Wird die Eingabedatei auf dem externen Speichermedium *nicht aufgefunden*, stellt sich wegen der OPTIONAL-Angabe der unter (b.) beschriebene Programmablauf ein.

Es ist unmittelbar einzusehen, daß die Verarbeitung eines "Datensatzes mit undefiniertem Inhalt" in konkreten DV-Prozessen weitreichende, nachteilige Folgen haben kann. Der dritte Algorithmus ist ebenfalls *nicht* funktionstüchtig.

## Lösung 3

```
*---------------------------------------- Lösung 3 -----------------
  PROCEDURE DIVISION.
*---------------------------------------- nicht funktionstüchtig ---
  START-PROG.
      INITIALIZE EOF ANZAHL.
      OPEN INPUT ARTIKEL.
      PERFORM UNTIL EOF = "J"
          READ ARTIKEL
              AT END MOVE "J" TO EOF
          END-READ
          DISPLAY ARTIKEL-S UPON CONSOLE
          COMPUTE ANZAHL = ANZAHL + 1
      END-PERFORM.
      DISPLAY "Anzahl Datensätze:  " ANZAHL UPON CONSOLE.
  ENDE-PROG.
      CLOSE ARTIKEL.
      STOP RUN.
```

Auch dieses Programm erzeugt in *keiner* der drei Verarbeitungssituationen *korrekte* Ergebnisse. Im Vergleich zu Lösung 2 erweist sich als besonders nachteilig, daß Programmläufe nun nicht mehr mit einem Laufzeitfehler abgebrochen werden. Das Aufdecken der Fehlfunktionen in der Testphase ist dadurch erschwert. Beim Benutzer des Programms wird der Eindruck erweckt, Programmläufe würden ordnungsgemäß beendet:

a. Enthält die Eingabedatei z.B. *10 Sätze*, werden diese ordnungsgemäß verarbeitet. Der erfolglose 11. Leseversuch setzt mittels der AT END-Angabe die Bedingungsvariable EOF auf den Abbruchwert "J". Der *undefinierte* "11. Dateisatz" wird verarbeitet, bevor die Schleifensteuerung einen 12. Leseversuch verhindert.

b. Enthält die Eingabedatei *keinen Datensatz*, wird dies beim ersten Schleifendurchlauf registriert, dennoch findet die Verarbeitung des *undefinierten* Pufferinhalts statt.

c. Wenn die zu lesende Datei *nicht existiert*, findet wegen der OPTIONAL-Angabe in der SELECT-Klausel genau ein Leseversuch mit der sich anschließenden *unzulässigen* Verarbeitung des undefinierten Dateipufferinhalts statt.

Wie die Lösung 1 ist auch der folgende vierte Algorithmus geeignet, sequentielle Dateien korrekt lesend zu verarbeiten.

### Lösung 4: Reading-Ahead-Technik

```
*------------------------------------ Lösung 4 ----------------
 PROCEDURE DIVISION.
*------------------------------------ funktionstüchtig ---------
 START-PROG.
     INITIALIZE EOF ANZAHL.
     OPEN INPUT ARTIKEL.
     READ ARTIKEL AT END MOVE "J" TO EOF.
     PERFORM UNTIL EOF = "J"
         DISPLAY ARTIKEL-S UPON CONSOLE
         COMPUTE ANZAHL = ANZAHL + 1
         READ ARTIKEL
             AT END MOVE "J" TO EOF
         END-READ
     END-PERFORM.
     DISPLAY "Anzahl Datensätze: " ANZAHL UPON CONSOLE.
 ENDE-PROG.
     CLOSE ARTIKEL.
     STOP RUN.
```

Dieser Programmablauf ist durch das **Vorauslesen** eines Datensatzes gekennzeichnet. Man bezeichnet den Verarbeitungsablauf daher auch als Reading-Ahead-Technik: Bereits *vor* dem Eintritt in den Schleifenkörper wird ein *erster* Datensatz gelesen. Im Schleifenkörper erfolgt die Verarbeitung eines Datensatzes, bevor *die letzte* Anweisung im Schleifenkörper einen neuen Satz einliest.

a. Enthält die Eingabedatei z.B. *10 Sätze*, wird der erste Datensatz vorausgelesen. Er wird im Schleifenkörper verarbeitet, bevor – noch im ersten Schleifendurchlauf – ein zweiter Satz gelesen wird. Bei jedem weiteren Schleifendurchlauf wird ein Datensatz erst verarbeitet, bevor ein nachfolgender eingelesen wird. Im 10. Schleifendurchlauf scheitert der 11. Leseversuch. Da nun am Ende des Schleifenkörpers EOF der Abbruchwert J zugewiesen wird, kann die Schleifensteuerung die Verarbeitung des undefinierten Dateipufferinhalts durch Abbruch der Schleifenverarbeitung rechtzeitig verhindern. Es werden exakt 10 Datensätze verarbeitet (ANZAHL = 10).

b. Enthält die Eingabedatei *keinen Datensatz*, wird EOF schon beim Vorauslesen der Abbruchwert J zugewiesen. Eine Schleifenverarbeitung findet nicht statt (ANZAHL = 0).

c. *Existiert* die Eingabedatei *nicht*, stellt sich der unter (b.) beschriebene Verarbeitungsablauf ein.

In Lösung 1 (*NOT END-Technik*) wird die korrekte Dateiverarbeitung unter Ausnutzung der Fallunterscheidungen AT END und NOT END erreicht. Lösung 4 (*Reading-Ahead-Technik*) erzielt durch Vorauslesen eines ersten Dateisatzes ebenfalls korrekte Verarbeitungsergebnisse. Abbildung 6.5 zeigt zu den beiden Lesetechniken die Nassi-Shneiderman-Diagramme.

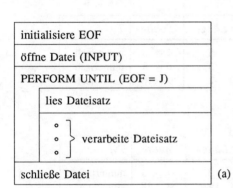 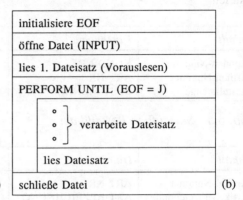

*Abb. 6.5 Verarbeitung sequentieller Dateien nach Lösung 1 (a) und Lösung 4 (b)*

Beide Struktogramme lassen die *tatsächlichen* Programmabläufe *nur eingeschränkt* erkennen. Aus Vereinfachungsgründen werden die Fallunterscheidungen im Anschluß an das Lesen eines Datensatzes (Lösung 1) und die zweimalige bedingte Verarbeitung zum Zuweisen des EOF-Wertes (Lösung 4) nicht dargestellt.

In Abschnitt 8.4.2 wird gezeigt, wie sich die Ablaufsteuerung bei lesender Dateiverarbeitung unter Verwendung einer SET TO TRUE-Anweisung weiter vereinfachen läßt.

### 6.5.2 Mehrfachlesen von Dateien

Mehrere aufeinanderfolgende READ-Anweisungen stellen die Datensätze einer sequentiellen Eingabedatei in der Reihenfolge ihrer Speicherung für Verarbeitungszwecke bereit. In einem Programm ist es hinreichend, eine Eingabedatei einmal zu öffnen, wenn die Verarbeitungsreihenfolge der Datensätze der ihrer Speicherung entspricht. Ein *Abweichen* der Verarbeitungsreihenfolge von der Reihenfolge der physischen Speicherung von Datensätzen liegt immer dann vor, wenn ein Programm einen Datensatz anfordert, der bereits zu einem früheren Zeitpunkt gelesen wurde. Auf einen solchen Satz kann zugegriffen werden, wenn die Datei geschlossen, erneut geöffnet und dann, beginnend mit dem ersten gespeicherten Satz, nach dem angeforderten Datensatz durchsucht wird.

Ein solches Mehrfachlesen oder Durchsuchen einer Datei ab Dateianfang ist häufig dann erforderlich, wenn an einem DV-Prozeß mehrere sequentielle Dateien beteiligt sind. Beispielsweise könnten Kundenbestellungen unter Angabe einer Kundennummer, der Artikelnummer und der Bestellmenge in einer Bestelldatei gespeichert sein. Zur Erstellung von Rechnungen müßten Ergänzungsdaten wie die Kundenanschrift oder die Artikelbezeichnung und das Operativdatum Artikelpreis in einer Kunden- und einer Artikelstammdatei aufgesucht werden.

Das Durchsuchen sequentieller Dateien wird im folgenden an einem vereinfachten Beispiel erläutert. Gegeben sind die in Abb. 6.6 und Abb. 6.7 beschriebenen Dateien.

| *Inhalt* | *Datenname* | *Länge* | *Spalte* | *Typ* |
|---|---|---|---|---|
| Kunden-Nummer | KUND-NR | 5 | 1 – 5 | numerisch |
| Artikel-Nummer | ART-NR | 3 | 6 – 8 | numerisch |
| Bestellmenge | BEST-MENGE | 2 | 9 – 10 | numerisch |

*Abb. 6.6  Satzaufbau Bestelldatei*

| *Inhalt* | *Datenname* | *Länge* | *Spalte* | *Typ* |
|---|---|---|---|---|
| Artikel-Nummer | ART-NR | 3 | 1 – 3 | numerisch |
| Artikel-Bezeichnung | ART-BEZEICHNUNG | 15 | 4 – 18 | alphanum. |
| Lagerbestand | LAGER-BESTAND | 3 | 19 – 21 | numerisch |

*Abb. 6.7  Satzaufbau Artikeldatei*

Diese Dateien enthalten die in Abb. 6.8 wiedergegebenen Testdaten.

| *Bestelldatei* | *Artikeldatei* |
|---|---|
| 1000500205 | 001CD-Player DL2   270 |
| 1001600502 | 002Videorecorder    125 |
| 1001600701 | 003Auto-CB-Funk     514 |
| 1001600803 | 004Taschenrechner   233 |
| 1012300304 | 005Druckbleistift   070 |
| 1012309901 | 006Kugelschreiber   089 |
| 1210800102 | 007Diktiergerät     450 |
| 1210800302 | 008HP-Laserjet      670 |
| 2000100304 | 009Flugsimulator    123 |
| 2000100205 | 010Würfelspiel      345 |

*Abb. 6.8  Testdaten der Bestell- und Artikeldatei*

Das zu entwickelnde Programm soll die Bestelldatei satzweise einlesen und zu den Artikel-Nummern der Bestellsätze die jeweilige Artikelbezeichnung in der Artikeldatei *aufsuchen*. Zur Kontrolle der Funktionstüchtigkeit des Programms sind am Bildschirm die Kunden-Nr. und Artikel-Nr. jedes Bestellsatzes sowie die Artikel-Nr. und Artikelbezeichnung des dem Bestellsatz zugeordneten Artikelsatzes anzuzeigen.

Für die in Abb. 6.8 angegebenen Testdaten erzeugt das unten wiedergegebene Programm folgende Bildschirmausgabe:

```
10005   002     002  Videorecorder
10016   005     005  Druckbleistift
10016   007     007  Diktiergerät
10016   008     008  HP-Laserjet
10123   003     003  Auto-CB-Funk
10123   099          ??????????????
12108   001     001  CD-Player DL2
12108   003     003  Auto-CB-Funk
20001   003     003  Auto-CB-Funk
20001   002     002  Videorecorder
```

Das Programm erkennt, daß zu der vom Kunden 10123 angeforderten Artikel-Nr. 99 kein Datensatz in der Artikeldatei existiert.

```
*-------------------------------------------------
 IDENTIFICATION DIVISION.
*-------------------------------------------------
 PROGRAM-ID.          DEMO-17.
*Autor            :   WENDT
*Datum            :   7.6.1990
*Inhalt           :   Mehrfachlesen von Dateien
*-------------------------------------------------
 ENVIRONMENT DIVISION.
*-------------------------------------------------
 CONFIGURATION SECTION.
*-------------------------------------------------
 SOURCE-COMPUTER.     IBM-PC.
 OBJECT-COMPUTER.     IBM-PC.
 SPECIAL-NAMES.       CONSOLE IS CRT.
*-------------------------------------------------
 INPUT-OUTPUT SECTION.
*-------------------------------------------------
 FILE-CONTROL.
     SELECT OPTIONAL BESTELL-DAT ASSIGN TO "C:BEST.DAT"
            ORGANIZATION IS LINE SEQUENTIAL.
     SELECT OPTIONAL ARTIKEL-DAT ASSIGN TO "C:ART.DAT"
            ORGANIZATION IS LINE SEQUENTIAL.
*-------------------------------------------------
 DATA DIVISION.
*-------------------------------------------------
 FILE SECTION.
*-------------------------------------------------
 FD  BESTELL-DAT.
 01  BEST-S.
     05 KUND-NR            PIC 9(5).
     05 ART-NR             PIC 9(3).
     05 BEST-MENGE         PIC 9(2).
 FD  ARTIKEL-DAT.
 01  ART-S.
     05 ART-NR             PIC 9(3).
     05 ART-BEZEICHNUNG    PIC X(15).
     05 LAGER-BESTAND      PIC 9(3).
```

```
*-----------------------------------
 WORKING-STORAGE SECTION.
*-----------------------------------
 77  EOF-BEST           PIC X.
 77  EOF-ART            PIC X.
*------------------------------------------------------------------
 PROCEDURE DIVISION.
*------------------------------------------------------------------
 START-PROG.
     INITIALIZE EOF-BEST EOF-ART.
     OPEN INPUT BESTELL-DAT ARTIKEL-DAT.
     PERFORM UNTIL EOF-BEST = "J"
         READ BESTELL-DAT
         AT END MOVE "J" TO EOF-BEST
         NOT END
             IF ART-NR OF BEST-S < ART-NR OF ART-S
                 OR EOF-ART = "J"
             THEN CLOSE ARTIKEL-DAT
                  OPEN   INPUT ARTIKEL-DAT
                  INITIALIZE EOF-ART
             END-IF
             PERFORM UNTIL ART-NR OF BEST-S = ART-NR OF ART-S
                      OR EOF-ART = "J"
                 READ ARTIKEL-DAT
                 AT END MOVE ALL "?" TO ART-BEZEICHNUNG
                        MOVE "J" TO EOF-ART
                 END-READ
             END-PERFORM
             DISPLAY KUND-NR "   " ART-NR OF BEST-S "    "
                     ART-NR OF ART-S "   " ART-BEZEICHNUNG UPON CONSOLE
         END-READ
     END-PERFORM.
 ENDE-PROG.
     CLOSE ARTIKEL-DAT BESTELL-DAT.
     STOP RUN.
```

Bei der in der Bestelldatei vorgegebenen Satzreihenfolge muß die Artikeldatei zum Auffinden korrespondierender Sätze *mehrmals geöffnet und geschlossen* werden. Das Programm verarbeitet die Bestelldatei in der äußeren Schleife und sucht im Anschluß an das Lesen eines Bestellsatzes in einer geschachtelten inneren Schleife den korrespondierenden Artikelsatz. Immer wenn erkannt wird, daß der gesuchte Artikelsatz *vor* dem zuletzt gelesenen gespeichert ist, wird die Artikeldatei *geschlossen* und dann erneut geöffnet. Anschließend kann die Satzsuche *ab dem Dateianfang* beginnen.

## 6.5.3 Dateien mit Folgesätzen

In den bisherigen Beispielen zur Dateibeschreibung in der FILE SECTION wurde unterstellt, daß jedem FD-Eintrag lediglich eine 01-Dateisatzbeschreibung folgt. Das COBOL-Format zur Dateidefinition erlaubt jedoch *mehrere* 01-Dateisatzbeschreibungen zu einem FD-Eintrag:

{ *FD Dateiname*.
{ 01 *Dateisatzbeschreibung* } ... } ...

Diese Option läßt sich zur Beschreibung der Satzgliederungen einer Datei mit Folgesätzen nutzen. Eine Datei enthält *Folgesätze*, wenn zu einem einzelnen Objekt (Kunde, Mitarbeiter, Aktie) mehrere Datensätze unterschiedlichen Inhalts und mithin auch unterschiedlicher Formatierung gespeichert sind.

So können z.B. in einer Personalstammdatei zu jedem Mitarbeiter zwei Datensätze gespeichert sein. Ein erster Datensatz könnte die persönlichen Daten eines Mitarbeiters (Name, Anschrift, Geburtsdatum usw.) und ein zweiter Satz unternehmensbezogene Daten (Gehalt, Kostenstelle, Vorgesetzter usw.) enthalten. Die Zusammengehörigkeit beider *Satzarten* ließe sich durch die gemeinsame Personal-Nr. und die unterschiedlichen Satzinhalte ließen sich durch eine *Satzart-Kennung* (z.B. 1 und 2) ausdrücken. Nachfolgend wird die Definition einer Datei mit drei Folgesätzen angegeben:

```
FD  AKTIEN-KENNWERTE.
01  MENGEN-SATZ.
    05 AKT-NR          PIC 9(5).
    05 JAHR            PIC 9(4).
    05 SATZART         PIC 9.
    05 ANZ-MONAT-01    PIC 9(7).
    05 ANZ-MONAT-02    PIC 9(7).
         :
    05 ANZ-MONAT-12    PIC 9(7).
01  MIN-KURS-SATZ.
    05 FILLER          PIC X(10).
    05 MIN-MONAT-01    PIC 9(4)V99.
    05 MIN-MONAT-02    PIC 9(4)V99.
         :
    05 MIN-MONAT-12    PIC 9(4)V99.
01  MAX-KURS-SATZ.
    05 FILLER          PIC X(10).
    05 MAX-MONAT-01    PIC 9(4)V99.
    05 MAX-MONAT-02    PIC 9(4)V99.
         :
    05 MAX-MONAT-12    PIC 9(4)V99.
```

Diese Datei speichert Aktienkennwerte. Jeder der drei zu einer bestimmten Aktie (VW, Siemens usw.) gespeicherten Sätze beginnt mit einem Identifikationsschlüssel (AKT-NR), dem die Jahreszahl folgt (JAHR), auf die sich die Kennwerte beziehen. Die unterschiedlichen Satzinhalte könnten durch die Satzartkennungen 1 (für MENGEN-SATZ), 2 (für MIN-KURS-SATZ) und 3 (für MAX-KURS-SATZ) ausgedrückt werden. Satzart 1 speichert dann die Anzahl der monatlich gehandelten Papiere, Satzart 2 die jeweiligen Minimal- und Satzart 3 die monatlichen Maximalkurse.

Die Folgesätze einer Datei dürfen unterschiedliche Längen haben. Der Compiler reserviert dann einen Dateipuffer, der geeignet ist, den längsten definierten Satz zu speichern. Jede READ-Anweisung überträgt *lediglich einen (Teil-)Satz* für Verarbeitungszwecke in den Dateipuffer. Das Programm muß anhand der Satzartkennung (SATZART) prüfen, welcher der Folgesätze eingelesen wurde und dann die jeweilige satzartspezifische Verarbeitung einleiten:

```
*------------------------------------------------------------
PROCEDURE DIVISION.
*------------------------------------------------------------
START-PROG.
    INITIALIZE EOF.
    OPEN INPUT AKTIEN-KENNWERTE.
    READ AKTIEN-KENNWERTE AT END MOVE "J" TO EOF.
    PERFORM UNTIL EOF = "J"
        IF SATZART = 1
            ... verarbeite MENGEN-SATZ
        ELSE IF SATZART = 2
            ... verarbeite MIN-KURS-SATZ
            ELSE IF SATZART = 3
                ... verarbeite MAX-KURS-SATZ
                ELSE DISPLAY "Unzulässige Satzart !"
                END-IF
            END-IF
        END-IF
        READ AKTIEN-KENNWERTE
            AT END MOVE "J" TO EOF
        END-READ
    END-PERFORM.
ENDE-PROG.
    CLOSE AKTIEN-KENNWERTE.
    STOP RUN.
```

Die Datei AKTIEN-KENNWERTE wird hier in Reading-Ahead-Technik verarbeitet. Bei jedem Schleifendurchlauf läßt der Inhalt des Feldes SATZART erkennen, *welcher Folgesatz* sich aktuell im Dateipuffer befindet. Alle drei zu einer Aktie gehörenden Folgesätze sind *nach drei Schleifendurchläufen* verarbeitet. Unter Verwendung der NOT END-Angabe von READ-Anweisungen läßt sich die folgende verkürzte, aber funktionsgleiche Formulierung angeben:

```
*------------------------------------------------------------
PROCEDURE DIVISION.
*------------------------------------------------------------
START-PROG.
    INITIALIZE EOF.
    OPEN INPUT AKTIEN-KENNWERTE.
    PERFORM UNTIL EOF = "J"
        READ AKTIEN-KENNWERTE AT END MOVE "J" TO EOF
```

```
            NOT END
            IF SATZART = 1
                ... verarbeite MENGEN-SATZ
            ELSE IF SATZART = 2
                    ... verarbeite MIN-KURS-SATZ
                ELSE IF SATZART = 3
                        ... verarbeite MAX-KURS-SATZ
                    ELSE  DISPLAY "Unzulässige Satzart !"
        END-PERFORM.
    ENDE-PROG.
        CLOSE AKTIEN-KENNWERTE.
        STOP RUN.
```

Mehrere 01-Satzbeschreibungen zu einem Dateipuffer bieten also lediglich die Möglichkeit, einem Speicherbereich mehrere unterschiedlich gegliederte Beschreibungsmasken zuzuordnen, die den Dateipuffer *redefinieren*.[1]

Es ist unmittelbar einzusehen, daß ein Programm zur Verarbeitung einer Datei mit Folgesätzen weitreichende Fehlverarbeitungen auslösen kann, wenn die Eingabedatei *Anomalien in der Satzartfolge* aufweist. So könnten in einer Eingabedatei z.B. der erste Datensatz (Satzart 1), der letzte Datensatz (Satzart n) oder ein oder auch mehrere Datensätze innerhalb der Datei fehlen. Der Verarbeitung einer eingelesenen Satzart sollte daher immer eine "Folgesatzprüfung" vorausgehen, die solche Dateianomalien erkennt und dann eine geeignete Fehlerbehandlung anstößt.[2]

### 6.5.4 Datenausgabe am Drucker

Die Ausgabe von Daten an einem Drucker unterscheidet sich nur unwesentlich von der Übertragung von Datensätzen in eine Datei. Der in der SELECT-Klausel angegebene *externe Dateiname* bestimmt, ob ein mittels einer WRITE-Anweisung ausgegebener Datensatz als Dateisatz auf einem externen Speichermedium abgelegt oder als Druckzeile direkt an einem Drucker ausgegeben wird. Welcher externe Dateiname in einer konkreten Hard-/Softwareumgebung Datenausgaben an einen Drucker weiterleitet, muß dem jeweiligen Compiler-Handbuch entnommen werden.

Bei Verwendung der Betriebssysteme MS-DOS oder OS/2 sind PRN, LPT und LPT1 reservierte Namen für das Ansprechen eines ersten und LPT2 bzw. LPT3 eines zweiten bzw. dritten Arbeitsplatzdruckers. Die SELECT-Eintragungen

```
SELECT DRUCKER ASSIGN TO "LPT1"
       ORGANIZATION IS LINE SEQUENTIAL.
SELECT DRUCKER ASSIGN TO "LPT"
       ORGANIZATION IS LINE SEQUENTIAL.
SELECT DRUCKER ASSIGN TO "PRN"
       ORGANIZATION IS LINE SEQUENTIAL.
```

---

1. Außer Dateipuffern können auch beliebige andere Speicherbereiche redefiniert werden; siehe hierzu Abschnitt 8.5.
2. Programmierübung 6 in Kapitel 17 beinhaltet eine Dateiverarbeitung mit Folgesatzprüfung.

stellen die Datenausgabe an einem ersten Arbeitsplatzdrucker funktionsgleich sicher. Damit Zeilen- und Seitenvorschübe korrekt ausgeführt werden, ist bei den hier berücksichtigten Compilern für Mikrocomputer die Organisationsform LINE SEQUENTIAL zu spezifizieren. Fehlt in einer WRITE-Anweisung der ADVANCING-Zusatz, wird ein *einzeiliger Vorschub* ausgelöst. Die Anweisungen

```
WRITE DRUCKER-SATZ
WRITE DRUCKER-SATZ AFTER 1 LINE
```

sind also funktionsgleich. Mit Hilfe der Anweisung

```
WRITE DRUCKER-SATZ AFTER 4 LINES
```

lassen sich z.B. *drei Leerzeilen* erzeugen, bevor der Feldinhalt von DRUCKER-SATZ in einer vierten Zeile angedruckt wird. Der Zusatz AFTER PAGE würde den Druckkopf auf den Beginn einer *neuen Druckseite* positionieren, bevor eine Zeile angedruckt wird.[1]

Als Beispiel für eine Druckerausgabe zeigt Abb. 6.9 den Entwurf einer Liste "Telefonnummern". Die Kundendaten Name, Ort und Telefon sind in einer Kundendatei gespeichert. Druckerlisten sind meist gleichartig aufgebaut. Sie beginnen mit einem *Listenkopf*, der eine oder mehrere Überschriftszeilen umfaßt. Im *Listenrumpf* werden die eigentlichen Daten mehrzeilig wiedergegeben. Der *Listenfuß* enthält häufig Spaltensummen, Kennzahlen und/oder die Anzahl ausgegebener Rumpfzeilen.

```
Telefonnummern   K u n d e n          vom:   TT.MM.19JJ


Name                        Ort                         Telefon
----------------------------------------------------------------
XXXXXXXXXXXXXXXXXXXXXXX     XXXXXXXXXXXXXXXXXXXXXXX     XXXXXXXXXXXXXXX
XXXXXXXXXXXXXXXXXXXXXXX     XXXXXXXXXXXXXXXXXXXXXXX     XXXXXXXXXXXXXXX
XXXXXXXXXXXXXXXXXXXXXXX     XXXXXXXXXXXXXXXXXXXXXXX     XXXXXXXXXXXXXXX
XXXXXXXXXXXXXXXXXXXXXXX     XXXXXXXXXXXXXXXXXXXXXXX     XXXXXXXXXXXXXXX
XXXXXXXXXXXXXXXXXXXXXXX     XXXXXXXXXXXXXXXXXXXXXXX     XXXXXXXXXXXXXXX
XXXXXXXXXXXXXXXXXXXXXXX     XXXXXXXXXXXXXXXXXXXXXXX     XXXXXXXXXXXXXXX
XXXXXXXXXXXXXXXXXXXXXXX     XXXXXXXXXXXXXXXXXXXXXXX     XXXXXXXXXXXXXXX
XXXXXXXXXXXXXXXXXXXXXXX     XXXXXXXXXXXXXXXXXXXXXXX     XXXXXXXXXXXXXXX
----------------------------------------------------------------

Anzahl Kunden:   999
```

*Abb. 6.9   Entwurf Druckerliste (Beispiel)*

---

1. Entsprechendes gilt für den BEFORE-Zusatz, siehe hierzu Abschnitt 6.3.3.

Nachfolgend wird das Programm für den Listendruck angegeben.[1]

```
*-----------------------------------------------------------------
 IDENTIFICATION DIVISION.
*-----------------------------------------------------------------
 PROGRAM-ID.         DEMO-18.
*Autor            :  WENDT
*Datum            :  18.6.1990
*Inhalt           :  Druckerliste Telefonnummern
*-----------------------------------------------------------------
 ENVIRONMENT DIVISION.
*-----------------------------------------------------------------
 CONFIGURATION SECTION.
*-----------------------------------------------
 SOURCE-COMPUTER.    IBM-PC.
 OBJECT-COMPUTER.    IBM-PC.
 SPECIAL-NAMES.      CONSOLE IS CRT.
*-----------------------------------------
 INPUT-OUTPUT SECTION.
*-----------------------------------
 FILE-CONTROL.
     SELECT KUNDEN ASSIGN TO "C:KUND.DAT"
         ORGANIZATION IS LINE SEQUENTIAL.
     SELECT DRUCKER ASSIGN TO "LPT1"
         ORGANIZATION IS LINE SEQUENTIAL.
*-----------------------------------------------------------------
 DATA DIVISION.
*-----------------------------------------------------------------
 FILE SECTION.
 FD  KUNDEN.
 01  KUNDEN-S.
     05 KUNDEN-NR        PIC 9(4).
     05 ADRESSE.
        08 GESAMT-NAME.
           10 VOR-NAME   PIC X(20).
           10 NACH-NAME  PIC X(25).
        08 STRASSE       PIC X(25).
        08 WOHNORT.
           10 PLZ        PIC 9(4).
           10 ORT        PIC X(25).
     05 TELEFON.
        08 VORWAHL       PIC X(8).
        08 RUFNUMMER     PIC X(9).
 FD  DRUCKER.
 01  DRUCKER-S           PIC X(80).
*-----------------------------------------
 WORKING-STORAGE SECTION.
*-----------------------------------------
 77  EOF                 PIC X.
 01  DATUM.
     05 JJ               PIC 99.
```

---

1. Die Reihenfolge der Rumpfzeilen entspricht hier der Reihenfolge der Datensätze in der Kundendatei. In Kapitel 10 wird gezeigt, wie die Datensätze einer Datei in eine vordefinierte Reihenfolge gebracht (sortiert) werden können.

```cobol
           05 MM               PIC 99.
           05 TT               PIC 99.
       01 KOPF-ZEILE-1.
           05 FILLER           PIC X(47) VALUE
           "Telefonnummern    K u n d e n            vom: ".
           05 TAG              PIC 99.
           05 FILLER           PIC X     VALUE ".".
           05 MONAT            PIC 99.
           05 FILLER           PIC X(3)  VALUE ".19".
           05 JAHR             PIC 99.
       01 KOPF-ZEILE-2.        PIC X(80) VALUE
           "Name                  Ort                      Telefo
       -   "n".
       01 STRICH               PIC X(71) VALUE ALL "-".
       01 RUMPF-ZEILE.
           05 NACH-NAME        PIC X(25).
           05 FILLER           PIC X(2).
           05 ORT              PIC X(25).
           05 FILLER           PIC X(2).
           05 TELEFON          PIC X(25).
       01 FUSS-ZEILE.
           05 FILLER           PIC X(16) VALUE "Anzahl Kunden:  ".
           05 ANZAHL           PIC 999.
      *-----------------------------------------------------------------
       PROCEDURE DIVISION.
      *-----------------------------------------------------------------
       START-PROG.
           INITIALIZE EOF ANZAHL.
           ACCEPT DATUM FROM DATE.
           MOVE TT TO TAG.
           MOVE MM TO MONAT.
           MOVE JJ TO JAHR.
           OPEN INPUT KUNDEN OUTPUT DRUCKER.
      *--- Aufgabe des Listen-Kopfes
           WRITE DRUCKER-S FROM KOPF-ZEILE-1.
           WRITE DRUCKER-S FROM KOPF-ZEILE-2 AFTER 3.
           WRITE DRUCKER-S FROM STRICH.
      *--- Ausgabe des Listen-Rumpfes
           PERFORM UNTIL EOF = "J"
             READ KUNDEN
               AT END MOVE "J" TO EOF
               NOT END
                 MOVE NACH-NAME OF KUNDEN-S TO NACH-NAME OF RUMPF-ZEILE
                 MOVE ORT       OF KUNDEN-S TO ORT       OF RUMPF-ZEILE
                 MOVE TELEFON   OF KUNDEN-S TO TELEFON   OF RUMPF-ZEILE
                 COMPUTE ANZAHL = ANZAHL + 1
                 WRITE DRUCKER-S FROM RUMPF-ZEILE
             END-READ
           END-PERFORM.
      *--- Ausgabe Listen-Fuss
           WRITE DRUCKER-S FROM STRICH.
           WRITE DRUCKER-S FROM FUSS-ZEILE AFTER 2.
       ENDE-PROG.
           CLOSE KUNDEN DRUCKER.
           STOP RUN.
```

## Druck-Dateien

Bei Ausführung einer WRITE-Anweisung mit ADVANCING-Zusatz sendet das Programm *Vorschub-Steuerzeichen*, die der Drucker als Vorschubbefehle interpretiert. Sie bewirken Zeilen- bzw. Seitenvorschübe. Diese Vorschub-Steuerzeichen können auch in Disketten- oder Magnetplattendateien gespeichert werden. Eine Datei, die Vorschub-Steuerzeichen enthält, bezeichnet man als *Druck-Datei*. Zum Umleiten einer Druckerausgabe in eine Druck-Datei muß lediglich der externe Dateiname in der SELECT-Klausel geändert werden:

```
SELECT DRUCKER ASSIGN TO "DRUCK.DAT"
     ORGANIZATION IS LINE SEQUENTIAL.
```

Eine solche Druck-Datei kann zu einem beliebigen Zeitpunkt mit Hilfe des *Print-Befehls* eines Betriebssystems an einen Drucker ausgegeben werden. Zusätzlich kann der Inhalt einer Druck-Datei mit Hilfe eines Editors am Bildschirm eingesehen oder auch mit Betriebssystembefehlen zur Anzeige gebracht werden. In der Testphase ist so die Funktionstüchtigkeit eines Programms *zeit- und papiersparend* kontrollierbar.

## Formatieren von Druckseiten

Insbesondere bei der Ausgabe von Listen, die sich über mehrere Druckseiten erstrecken, ist es zweckmäßig, die Formatierung der Seiten mit Hilfe der LINAGE-Klausel vorzunehmen:

$$\underline{FD} \; \textit{Dateiname}$$

$$\underline{\text{LINAGE IS}} \left\{ \begin{array}{l} \textit{Datenname-1} \\ \textit{Ganzzahl-1} \end{array} \right\} \underline{\text{LINES}}$$

$$\left[ \text{WITH} \; \underline{\text{FOOTING}} \; \text{AT} \left\{ \begin{array}{l} \textit{Datenname-2} \\ \textit{Ganzzahl-2} \end{array} \right\} \right]$$

$$\left[ \text{LINES AT} \; \underline{\text{TOP}} \quad \left\{ \begin{array}{l} \textit{Datenname-3} \\ \textit{Ganzzahl-3} \end{array} \right\} \right]$$

$$\left[ \text{LINES AT} \; \underline{\text{BOTTOM}} \left\{ \begin{array}{l} \textit{Datenname-4} \\ \textit{Ganzzahl-4} \end{array} \right\} \right].$$

01 *Dateisatzbeschreibung*.

Datenname-3 bzw. Ganzzahl-3 legen hier die Anzahl der unbedruckten Zeilen je Druckseite am oberen Rand (TOP) und Datenname-4 bzw. Ganzzahl-4 die Zeilenzahl des unteren Randes je Seite (BOTTOM) fest. Mit Hilfe der WRITE-Anweisung bedruckbar ist ein Seitenrumpf zwischen dem oberen und unteren Rand, der die mit Datenname-1 bzw. Ganzzahl-1 bezeichnete Anzahl von Druckzeilen umfassen kann. Die *Zeilenzahl einer logischen Druckseite* entspricht dann der Summe der Zeilen des oberen Randes (TOP), des Seitenrumpfes (LINAGE) und des unteren Randes (BOTTOM). Bei einer Standard-Seitenlänge von 12 Zoll und der Ausgabe von 6 Druckzeilen/Zoll lassen sich maximal 72 Zeilen je Seite drucken. Die Dateidefinition

```
FD  DRUCKER
        LINAGE   50
        TOP      10
        BOTTOM   12.
01  DRUCKER-S     PIC X(80).
```

ergibt dann die in Abb. 6.10 gezeigte Seitengliederung. Jeweils nach Ausgabe von 50 Druckzeilen im Seitenrumpf erfolgt nun ein

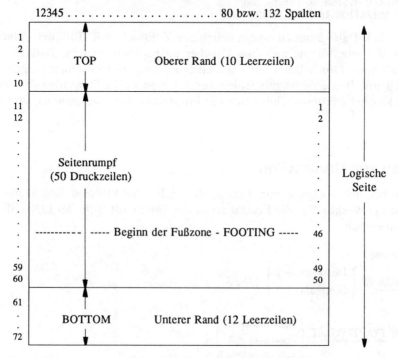

Abb. 6.10   *Seitenformatierung mit LINAGE-Klausel*

Vorschub auf die nächste Druckseite. Verzichtet der Programmierer auf die Angabe der TOP- oder BOTTOM-Option, wird kein Randbereich (0 Zeilen) berücksichtigt.

In Abb. 6.10 ist zusätzlich zum oberen und unteren Randbereich eine *Fußzone* eingezeichnet, die hier in Zeile 46 (FOOTING) beginnt. Sie ließe sich wie folgt vereinbaren:

```
FD  DRUCKER
        LINAGE   50
        FOOTING  46
        TOP      10
        BOTTOM   12.
01  DRUCKER-S     PIC X(80).
```

Mit Hilfe der *FOOTING-Angabe* läßt sich bei mehrseitigen Listenausgaben das Drucken eines Listenfußes mit Spalten- bzw. Zwischensummen, Kennzahlen usw. als Listenabschluß je Druckseite vorteilhaft steuern. Die Auswertung der FOOTING-Angabe erfolgt über die END-OF-PAGE-Option der WRITE-Anweisung:

**WRITE** Datensatzname [ **FROM** Bezeichner-1 ]

$$\left[ \left\{ \begin{array}{c} \underline{BEFORE} \\ AFTER \end{array} \right\} ADVANCING \left\{ \begin{array}{c} Bezeichner-2 \\ Ganzzahl-1 \\ \underline{PAGE} \end{array} \right\} \left[ \left\{ \begin{array}{c} \underline{LINE} \\ LINES \end{array} \right\} \right] \right]$$

$$\left[ AT \left\{ \begin{array}{c} \underline{END-OF-PAGE} \\ EOP \end{array} \right\} Anweisungen-1 \right]$$

$$\left[ \underline{NOT} \ AT \left\{ \begin{array}{c} \underline{END-OF-PAGE} \\ EOP \end{array} \right\} Anweisungen-2 \right]$$

[ **END-WRITE** ]

Die im Anschluß an die Ausnahmebedingung AT END-OF-PAGE codierten Anweisungen-1 werden genau dann abgearbeitet, wenn die Anzahl der im Seitenrumpf gedruckten Zeilen der FOOTING-Angabe entspricht. Nachfolgend ist ein allgemeines Programmskelett für das Drucken mehrseitiger Listen angegeben.

```
*-----------------------------------------------------------------
 PROCEDURE DIVISION.
*-----------------------------------------------------------------
 START-PROG.
     INITIALIZE EOF.
     OPEN INPUT EINDAT OUTPUT DRUCKER.
        :  ⎫
        :  ⎬  schreibe Kopf der ersten Listenseite
        :  ⎭
     PERFORM UNTIL EOF = "J"
        READ EINDAT
        AT END MOVE "J" TO EOF
        NOT END
           :  ⎫
           :  ⎬  aufbereiten des Ausgabesatzes
           :  ⎭
           WRITE DRUCKER-S
           AT END-OF-PAGE
              :  ⎫
              :  ⎬  schreibe Fuß der aktuellen Listenseite
              :  ⎬  schreibe Kopf der nachfolgenden Seite
              :  ⎭
           END-WRITE
        END-READ
     END-PERFORM.
```

```
              :
              : }  schreibe Fuß der letzten Listenseite
              :
    ENDE-PROG.
        CLOSE EINDAT DRUCKER.
        STOP RUN.
```

Die FOOTING-Angabe darf nicht größer als die Anzahl der verfügbaren Zeilen im Seitenrumpf gewählt werden. Verzichtet der Programmierer auf die Angabe der FOOTING-Option, werden die Anweisungen-1 des WRITE-Formats unmittelbar vor einem Wechsel der Druckseite ausgeführt.[1]

Für jede Datei, zu der die LINAGE-Option codiert ist, *generiert der Compiler* ein Sonderregister LINAGE-COUNTER. Es hat die Funktion eines Zeilenzählers. Nach dem Öffnen einer Druck-Datei wird der zugehörige Zeilenzähler mit dem Wert 1 initialisiert. Bei Ausführung einer WRITE-Anweisung wird der Feldinhalt dann unter Berücksichtigung der ADVANCING-Angabe aktualisiert. Im Programm kann auf den Zeilenzähler unter Angabe des reservierten COBOL-Worts LINAGE-COUNTER Bezug genommen werden. Bei mehreren Druck-Dateien mit LINAGE-Angaben muß der jeweilige Zeilenzähler z.B. in der Form

```
    LINAGE-COUNTER OF AUSDAT-2
```

durch Qualifizierung eindeutig gemacht werden.

### 6.5.5 Dynamische Dateizuweisung

In den bisherigen Beispielen zum Dateianschluß mittels der SELECT-Klausel wurde der externe Dateiname stets in Form eines Literals angegeben. So ordnet z.B. die SELECT-Klausel

```
    SELECT KUNDEN ASSIGN TO "C:\DATEN\KUND.DAT"
```

dem COBOL-internen Dateinamen KUNDEN eine DOS- oder OS/2-Datei C:\DATEN\KUNDEN.DAT fest zu. Solche externen Dateinamen müssen zum Zeitpunkt der Programmerstellung bekannt sein. Neben dieser *festen* Dateizuordnung erlauben die hier berücksichtigten Compiler für Mikrocomputer zwei weitere Varianten der Angabe externer Dateinamen:

$$\text{SELECT } [\textit{OPTIONAL}] \text{ } \textit{Dateiname } \underline{\text{ASSIGN}} \text{ TO } [\underline{\text{EXTERNAL}}] \begin{Bmatrix} \textit{Literal} \\ \textit{Datenname} \\ \textit{Externname} \end{Bmatrix}$$

Wird anstelle des Literals als externer Dateiname ein Datenname abgegeben, liegt eine *dynamische* Dateizuweisung vor. Datenname ist in der WORKING-STORAGE SECTION als alphanumerisches Feld zu definieren. Dem Feld ist vor der Aus-

---

1. Für FOOTING wird also implizit der LINAGE-Wert angenommen.

führung einer OPEN-Anweisung dann ein korrekter Dateiname zuzuweisen. Dieser Dateiname kann zur Laufzeit des Programms vom Benutzer eingegeben (ACCEPT) oder auch als Konstante vordefiniert sein:

```
FILE-CONTROL.
    SELECT DATEI ASSIGN TO DATEI-NAME
    ...
WORKING-STORAGE SECTION.
77  DATEI-NAME      PIC X(20).
...
PROCEDURE DIVISION.
    ...
    MOVE "C:\DATEN\KUND-1.DAT" TO DATEI-NAME.
    OPEN INPUT DATEI.
    ...
    CLOSE DATEI.
    ACCEPT DATEI-NAME AT 1015.
    OPEN INPUT DATEI.
    ...
```

Bei Verwendung der dynamischen Datenzuweisung müssen die Namen der zuzugreifenden Dateien nicht zwangsläufig zum Zeitpunkt der Programmerstellung bekannt sein. Weiterhin ist es hinreichend, für *mehrere* zu verarbeitende Dateien nur *eine* Dateibeschreibung vorzusehen.

## 6.5.6 Externe Dateizuweisung

Die dritte Variante zur Angabe externer Dateinamen in der SELECT-Klausel ist die *externe* Dateizuweisung in DOS- und OS/2-Betriebssystemumgebungen. Sie wird durch das Schlüsselwort EXTERNAL ermöglicht:

```
SELECT Dateiname ASSIGN TO EXTERNAL Externname
```

Die Zuordnung einer konkreten Datei zum COBOL-internen Dateinamen erfolgt hier mit Hilfe des Betriebssystemkommandos

```
SET Externname = DOS-oder-OS/2-Dateiname.
```

Der SET-Befehl muß vor dem Start eines COBOL-Programms mit externer Dateizuweisung z.B. in der Form

```
SET KUNDEN=C:\DATEN\KUNDEN.DAT
```

ausgeführt werden. Die SELECT-Klausel

```
SELECT KUND-DAT ASSIGN TO EXTERNAL KUNDEN
```

ordnet dann dem COBOL-internen Dateinamen KUND-DAT die Datei C:\DATEN\KUNDEN.DAT zu.

## 6.6 Programmbeispiele

Die folgenden drei Programmbeispiele demonstrieren einfache Dateiverarbeitungen. Im Beispiel 1 werden Daten erfaßt und in eine Datei geschrieben. Beispiel 2 demonstriert die Veränderung des Inhalts von Dateisätzen im Update-Modus. Das dritte Programm erzeugt unter Verwendung der LINAGE-Klausel eine mehrseitige Druckerliste.

### Beispiel 1

Der Benutzer des Programms wird zur Eingabe von Kundenbestellungen aufgefordert. Die erfaßten Bestelldaten sind in einer Datei BESTELL.DAT zu speichern. Jeder Dateisatz soll die Kunden-Nummer des Bestellers, die Artikel-Nummer des bestellten Artikels sowie die Bestellmenge enthalten. Bestellt ein Kunde mehrere Artikel, ist sicherzustellen, daß seine Kunden-Nummer nicht mehrfach eingegeben werden muß. Der Programmlauf ist abzubrechen, wenn der Benutzer die Kunden-Nummer Null eingibt.

```
*----------------------------------------------------------
 IDENTIFICATION DIVISION.
*----------------------------------------------------------
 PROGRAM-ID.        DEMO-19.
*Autor          :   WENDT
*Datum          :   20.6.1990
*Inhalt         :   Bestellerfassung
*----------------------------------------------------------
 ENVIRONMENT DIVISION.
*----------------------------------------------------------
 CONFIGURATION SECTION.
*----------------------------------------------------------
 SOURCE-COMPUTER.   IBM-PC.
 OBJECT-COMPUTER.   IBM-PC.
 SPECIAL-NAMES.     CONSOLE IS CRT.
*----------------------------------------------------------
 INPUT-OUTPUT SECTION.
*----------------------------------------------------------
 FILE-CONTROL.
     SELECT OPTIONAL BESTELLUNGEN ASSIGN TO "C:BESTELL.DAT"
         ORGANIZATION IS LINE SEQUENTIAL.
*----------------------------------------------------------
 DATA DIVISION.
*----------------------------------------------------------
 FILE SECTION.
*----------------------------------------------------------
 FD  BESTELLUNGEN.
 01  BESTELL-SATZ.
     05 KUNDEN-NR          PIC 9(4).
     05 ARTIKEL-NR         PIC 9(3).
     05 MENGE              PIC 9(3).
*----------------------------------------------------------
 PROCEDURE DIVISION.
*----------------------------------------------------------
 START-PROG.
```

```
    OPEN EXTEND BESTELLUNGEN.
    PERFORM WITH TEST AFTER UNTIL KUNDEN-NR = ZERO
       DISPLAY SPACES
       DISPLAY "      B E S T E L L E R F A S S U N G" AT 0210
                                                      UPON CRT-UNDER
                  "Kunden-Nummer :    [    ]"         AT 1010
                  "Artikel-Nummer :   [    ]"         AT 1210
                  "Bestell-Menge :    [    ]"         AT 1410
       ACCEPT KUNDEN-NR                               AT 1031
       IF KUNDEN-NR NOT= ZERO
          THEN MOVE ZERO TO ARTIKEL-NR MENGE
             ACCEPT ARTIKEL-NR                        AT 1232
             ACCEPT MENGE                             AT 1432
             WRITE BESTELL-SATZ
          ELSE CONTINUE
       END-IF
    END-PERFORM.
 ENDE-PROG.
    CLOSE BESTELLUNGEN.
    STOP RUN.
```

Durch das Öffnen der Bestelldatei im Erweiterungsmodus (EXTEND) wird eine eventuell bereits existierende Datei durch Anfügen von Datensätzen verlängert. Das Schleifenkonstrukt mit nachfolgender Bedingungsprüfung stellt die zumindest einmalige Abarbeitung des Schleifenkörpers sicher. Nach Ausgabe der Textkonstanten am Bildschirm wird der Benutzer zur Eingabe einer Kunden-Nummer aufgefordert. Dabei wird die im jeweils vorherigen Schleifendurchlauf eingegebene Nummer angezeigt. Sie kann unverändert quittiert oder überschrieben werden. Das Auswahlkonstrukt verhindert Eingabeaufforderungen (ARTIKEL-NR, MENGE) sowie das Schreiben eines Datensatzes, nachdem der Benutzer sich zum Abbruch des Programmlaufs entschieden hat.

## Beispiel 2

Die Wareneingänge einer Unternehmung sind den in einer Artikeldatei geführten Lagerbeständen gutzuschreiben. Die Artikeldatei liegt in der Satzfolge "aufsteigend nach Artikel-Nummern" vor. Der Benutzer des Programms gibt im Bildschirmdialog eine Artikel-Nummer ein, zu der das Programm den korrespondierenden Artikelsatz aufsucht. Der vom Benutzer anzugebende Lagerzugang ist dem Feld Lagerbestand hinzuzurechnen. Der so aktualisierte Artikeldatensatz ist anschließend in die Artikeldatei zurückzuschreiben. Gibt der Benutzer als Artikelnummer den Wert "0" ein, ist der Programmlauf abzubrechen.

```
 *----------------------------------------------------------------
 IDENTIFICATION DIVISION.
 *----------------------------------------------------------------
 PROGRAM-ID.         DEMO-20.
 *Autor          :   WENDT
 *Datum          :   20.6.1990
 *Inhalt         :   Update Lagerbestände
 *----------------------------------------------------------------
 ENVIRONMENT DIVISION.
 *----------------------------------------------------------------
```

```
        CONFIGURATION SECTION.
       *------------------------------------------
        SOURCE-COMPUTER.      IBM-PC.
        OBJECT-COMPUTER.      IBM-PC.
        SPECIAL-NAMES.        CONSOLE IS CRT.
       *------------------------------------------
        INPUT-OUTPUT SECTION.
       *------------------------------------------
        FILE-CONTROL.
            SELECT ARTIKEL ASSIGN TO "C:ARTIKEL.DAT"
                   ORGANIZATION IS SEQUENTIAL.
       *------------------------------------------------------------------
        DATA DIVISION.
       *------------------------------------------------------------------
        FILE SECTION.
       *------------------------------------------
        FD  ARTIKEL.
        01  ARTIKEL-SATZ.
            05 ARTIKEL-NR          PIC 9(3).
            05 FILLER              PIC X(70).
            05 LAGER-BESTAND       PIC 9(6).
            05 FILLER              PIC X(21).
       *------------------------------------------
        WORKING-STORAGE SECTION.
       *------------------------------------------
        77  EOF                   PIC X.
        77  WEITER-1              PIC X.
        77  WEITER-2              PIC X.
        77  LAGER-ZUGANG          PIC 9(5).
        77  ART-NR-ZUGANG         PIC 9(3).
        77  ART-NR-ZUGANG-ALT     PIC 9(3).
        77  FEHLER-MELDUNG        PIC X(70) VALUE "Artikel-Nummer nicht g
       -    "efunden, weiter mit RETURN !".
       *------------------------------------------------------------------
        PROCEDURE DIVISION.
       *------------------------------------------------------------------
        START-PROG.
            INITIALIZE EOF WEITER-1 ART-NR-ZUGANG.
            OPEN I-O ARTIKEL.
            PERFORM UNTIL WEITER-1 = "N"
               DISPLAY SPACES
               DISPLAY "L A G E R Z U G Ä N G E" AT 0220 UPON CRT-UNDER
                       "Artikel-Nummer :  [    ]"            AT 1010
                       "Lager-Bestand  :  [    ]"            AT 1210
                       "Lager-Zugang   :  [    ]"            AT 1610
               MOVE ART-NR-ZUGANG TO ART-NR-ZUGANG-ALT
               INITIALIZE ART-NR-ZUGANG LAGER-ZUGANG
               ACCEPT ART-NR-ZUGANG                          AT 1032
               IF ART-NR-ZUGANG > ZERO
                  THEN IF ART-NR-ZUGANG <= ART-NR-ZUGANG-ALT
                          OR EOF = "J"
                         THEN CLOSE ARTIKEL
                              OPEN I-O ARTIKEL
                              INITIALIZE EOF ARTIKEL-NR
                       END-IF
```

```
              PERFORM UNTIL ART-NR-ZUGANG = ARTIKEL-NR
                         OR EOF = "J"
                   READ ARTIKEL AT END  MOVE "J" TO EOF
                   END-READ
              END-PERFORM
              IF EOF = "J"
                   THEN DISPLAY FEHLER-MELDUNG          AT 2401
                        ACCEPT WEITER-2                 AT 2479
                   ELSE DISPLAY LAGER-BESTAND           AT 1229
                        ACCEPT  LAGER-ZUGANG            AT 1630
                        COMPUTE LAGER-BESTAND
                              = LAGER-BESTAND + LAGER-ZUGANG
                        REWRITE ARTIKEL-SATZ
                   END-IF
         ELSE MOVE "N" TO WEITER-1
         END-IF
    END-PERFORM.
ENDE-PROG.
    CLOSE ARTIKEL.
    STOP RUN.
```

Wird zu einer vom Benutzer eingegebenen Artikel-Nr. kein korrespondierender Dateisatz gefunden, gibt das Programm eine Fehlermeldung aus und fordert anschließend zur Eingabe einer neuen Artikel-Nr. auf. Wegen der vorgegebenen Sortierfolge der Artikeldatensätze muß ein Durchsuchen der Datei ab Dateianfang (CLOSE, OPEN) nur dann erfolgen, wenn die Artikel-Nr. des gesuchten Datensatzes kleiner oder gleich der des zuletzt zugegriffenen Artikelsatzes ist.[1] Das Programm zeigt ergänzend zu jeder eingegebenen Artikel-Nr. den aktuellen Lagerbestand an.

## Beispiel 3

Die Artikeldatei eines Großhändlers ist mit dem Ziel der Erstellung einer Bestell-Liste (siehe Abb. 6.11) zu verarbeiten. In diese Liste ist jeder Artikel aufzunehmen, dessen aktueller Lagerbestand kleiner oder gleich einem kritischen Lagerbestand (Meldemenge) ist. Jede Druckseite soll maximal 45 Bestellpositionen aufnehmen. Im Seitenfuß ist die Anzahl der Positionen einer Seite sowie die Summe aller bisher ausgedruckten Bestellpositionen aufzuführen.

---

1. Das Rückschreiben eines Datensatzes setzt bei sequentiell organisierten Dateien ein vorausgehendes Lesen voraus. Daher muß bei einer aufeinanderfolgenden zweimaligen Anforderung eines Satzes mit *identischer* Artikel-Nr. der Artikelbestand erneut ab Dateianfang durchsucht werden. Andernfalls entstünde die unzulässige Befehlssequenz READ, REWRITE, REWRITE.

```
Nachbestellungen           A r t i k e l
vom   : TT.MM.19JJ
Seite:  99

Artikel-Nr. Lieferanten-Nr.          Lieferant              Bestellmenge
-----------------------------------------------------------------------
    9999         99999         XXXXXXXXXXXXXXXXXXXXXXXXX        9999
    9999         99999         XXXXXXXXXXXXXXXXXXXXXXXXX        9999
    9999         99999         XXXXXXXXXXXXXXXXXXXXXXXXX        9999
      :
      :
    9999         99999         XXXXXXXXXXXXXXXXXXXXXXXXX        9999
    9999         99999         XXXXXXXXXXXXXXXXXXXXXXXXX        9999


Anzahl Bestellpositionen         :      99
Anzahl Pos. einschl. Seite 99 :        9999
```

*Abb. 6.11   Entwurf Liste Bestellungen*

```
      *----------------------------------------------------------------
       IDENTIFICATION DIVISION.
      *----------------------------------------------------------------
       PROGRAM-ID.         DEMO-21.
      *Autor         :     WENDT
      *Datum         :     21.6.1990
      *Inhalt        :     Mehrseitige Druckerliste mit oberen und un-
      *                    teren Seitenrändern sowie Listenkopf und
      *                    Listenfuß je Druckseite
      *----------------------------------------------------------------
       ENVIRONMENT DIVISION.
      *----------------------------------------------------------------
       CONFIGURATION SECTION.
      *--------------------------------------
       SOURCE-COMPUTER.    IBM-PC.
       OBJECT-COMPUTER.    IBM-PC.
       SPECIAL-NAMES.      CONSOLE IS CRT.
      *--------------------------------------
       INPUT-OUTPUT SECTION.
      *--------------------------------------
       FILE-CONTROL.
           SELECT OPTIONAL ARTIKEL ASSIGN TO "C:ARTIKEL.DAT"
                  ORGANIZATION IS LINE SEQUENTIAL.
           SELECT DRUCKER ASSIGN TO "C:DRUCK.DAT"
                  ORGANIZATION IS LINE SEQUENTIAL.
      *----------------------------------------------------------------
       DATA DIVISION.
      *----------------------------------------------------------------
       FILE SECTION.
      *--------------------------------------
       FD  ARTIKEL.
```

```
01  ARTIKEL-SATZ.
    05 ARTIKEL-NR         PIC 9(4).
    05 FILLER             PIC X(39).
    05 LIEFERANT-NR       PIC 9(5).
    05 LIEFERANT          PIC X(26).
    05 LAGER-BESTAND      PIC 9(6).
    05 MELDEMENGE         PIC 9(5).
    05 BESTELLMENGE       PIC 9(4).
    05 FILLER             PIC X(12).
FD  DRUCKER
        LINAGE  60
        FOOTING 52
        TOP     5
        BOTTOM  7.
01  DRUCKER-S             PIC X(80).
*----------------------------------
WORKING-STORAGE SECTION.
*----------------------------------
77  EOF                   PIC X.
01  DATUM.
    05 JJ                 PIC 99.
    05 MM                 PIC 99.
    05 TT                 PIC 99.
01  LISTEN-ZEILEN.
    05 KOPF-1             PIC X(40) VALUE "Nachbestellungen
-       "   A r t i k e l".
    05 KOPF-2.
       08 FILLER          PIC X(8)  VALUE "vom  :  ".
       08 TAG             PIC 99.
       08 FILLER          PIC X     VALUE ".".
       08 MONAT           PIC 99.
       08 FILLER          PIC X(3)  VALUE ".19".
       08 JAHR            PIC 99.
    05 KOPF-3.
       08 FILLER          PIC X(8)  VALUE "Seite:  ".
       08 SEITE-KOPF      PIC 99.
    05 KOPF-4             PIC X(68) VALUE "Artikel-Nr. Lieferante
-       "n-Nr.         Lieferant            Bestellmenge".
    05 STRICH             PIC X(69) VALUE ALL "-".
    05 RUMPF-ZEILE.
       08 FILLER          PIC XX.
       08 WS-ARTIKEL-NR   PIC 9(4).
       08 FILLER          PIC X(10).
       08 WS-LIEFERANT-NR PIC 9(5).
       08 FILLER          PIC X(8).
       08 WS-LIEFERANT    PIC X(26).
       08 FILLER          PIC X(5).
       08 WS-BESTELLMENGE PIC 9(4).
    05 FUSS-1.
       08 FILLER          PIC X(36) VALUE "Anzahl Bestellposition
-       "en       :     ".
       08 ANZAHL          PIC 99.
    05 FUSS-2.
       08 FILLER          PIC X(27) VALUE "Anzahl Pos. einschl. S
-       "eite ".
```

```
           08  SEITE-FUSS        PIC 99.
           08  FILLER            PIC X(5)  VALUE " : ".
           08  ANZAHL-GESAMT     PIC 9(4).
*----------------------------------------------------------------
 PROCEDURE DIVISION.
*----------------------------------------------------------------
 START-PROG.
     INITIALIZE EOF ANZAHL ANZAHL-GESAMT.
     ACCEPT DATUM FROM DATE.
     MOVE TT TO TAG.
     MOVE MM TO MONAT.
     MOVE JJ TO JAHR.
     OPEN INPUT ARTIKEL OUTPUT DRUCKER.
     MOVE 1 TO SEITE-KOPF SEITE-FUSS
     WRITE DRUCKER-S FROM KOPF-1
     WRITE DRUCKER-S FROM KOPF-2
     WRITE DRUCKER-S FROM KOPF-3
     WRITE DRUCKER-S FROM KOPF-4 AFTER 2
     WRITE DRUCKER-S FROM STRICH
     PERFORM UNTIL EOF = "J"
         READ ARTIKEL
         AT END MOVE "J" TO EOF
         NOT END MOVE ARTIKEL-NR TO WS-ARTIKEL-NR
             MOVE LIEFERANT-NR TO WS-LIEFERANT-NR
             MOVE LIEFERANT TO WS-LIEFERANT
             MOVE BESTELLMENGE TO WS-BESTELLMENGE
             COMPUTE ANZAHL = ANZAHL + 1
             WRITE DRUCKER-S FROM RUMPF-ZEILE
             AT END-OF-PAGE
                 COMPUTE ANZAHL-GESAMT = ANZAHL-GESAMT + ANZAHL
                 WRITE DRUCKER-S FROM FUSS-1 AFTER 2
                 WRITE DRUCKER-S FROM FUSS-2 BEFORE PAGE
                 INITIALIZE ANZAHL
                 COMPUTE SEITE-KOPF SEITE-FUSS = SEITE-KOPF + 1
                 WRITE DRUCKER-S FROM KOPF-1
                 WRITE DRUCKER-S FROM KOPF-2
                 WRITE DRUCKER-S FROM KOPF-3
                 WRITE DRUCKER-S FROM KOPF-4 AFTER 2
                 WRITE DRUCKER-S FROM STRICH
             END-WRITE
         END-READ
     END-PERFORM.
     COMPUTE ANZAHL-GESAMT = ANZAHL-GESAMT + ANZAHL.
     WRITE DRUCKER-S FROM FUSS-1 AFTER 2.
     WRITE DRUCKER-S FROM FUSS-2 BEFORE PAGE.
 ENDE-PROG.
     CLOSE ARTIKEL DRUCKER.
     STOP RUN.
```

Das Programm schreibt je Druckseite 6 Kopfzeilen als Listenüberschrift. Anschließend werden je Druckseite 45 Bestellposten ausgegeben. Die FOOTING-Angabe erzwingt das Drucken der Fußzeilen ab Zeile 52. Auf der letzten Druckseite der Liste werden die Fußzeilen unmittelbar im Anschluß an die letzte Bestellposition gedruckt.

# 7. Programmänderungszyklen

Beim Entwurf und der anschließenden Implementierung von Programmen unterlaufen Systementwicklern und auch fortgeschrittenen Programmierern zahlreiche Fehler. Ihre Korrektur erfordert die Überarbeitung des Entwurfs und/oder Änderungen im Programm. Man unterscheidet vier Fehlerarten:

- Syntax-Fehler,
- Laufzeitfehler mit abnormaler Programmbeendigung,
- konzeptuelle Fehler (Entwurfsfehler),
- Laufzeitfehler mit normaler Programmbeendigung (Übertragungsfehler).

Die nachfolgenden Abschnitte erläutern diese Fehlerarten sowie die erforderlichen Arbeitsschritte zur Fehlerbehebung. Als Programmänderungszyklus bezeichnet man die Arbeitsschritte zur Korrektur eines erkannten Fehlers. Je nach Fehlerart sind unterschiedlich viele Korrekturschritte erforderlich (siehe Abb. 7.1, S. 335 ).

## 7.1 Fehlerarten und Fehlerbehebung

### 7.1.1 Syntax-Fehler

Syntax-Fehler werden zum Zeitpunkt der Übersetzung eines Quellprogramms vom Compiler erkannt. Ursache für diese formalen Fehler sind Verstöße gegen die in COBOL-Formaten festgelegten Bildungsvorschriften für Anweisungen und Klauseln. Zu jedem Übersetzungslauf wird ein Übersetzungsprotokoll erstellt, das am Bildschirm angezeigt, in eine Datei geschrieben oder an einem Drucker ausgegeben wird. In diesem Protokoll werden fehlerhafte Quellcodezeilen markiert und um Fehlerhinweise und Fehlernummern ergänzt. Eine ausführliche Erläuterung der Fehlerursachen findet man unter der angegebenen Fehlernummer im jeweilgen Compiler-Handbuch.

Die Korrektur eines Syntax-Fehlers erfordert die Arbeitsschritte: Ändern der Quellcodedatei mit Hilfe des Editors, Speichern des modifizierten Quellprogramms und Starten eines neuen Übersetzungslaufs. Dieser Korrekturzyklus ist solange erneut zu durchlaufen, bis das Programm frei von Syntax-Fehlern ist.

### 7.1.2 Abnormale Programmbeendigung

Im Gegensatz zu Syntax-Fehlern treten die verbleibenden drei Fehlerarten nicht zum Zeitpunkt der Übersetzung, sondern während der Ausführung eines bereits übersetzten Programms auf. Man bezeichnet Syntax-Fehler daher auch als *Kompilierzeitfehler* und alle anderen Fehlerarten als *Laufzeitfehler*.

Laufzeitfehler mit abnormaler Programmbeendigung führen zum Abbruch eines Programmlaufs vor dem Erreichen des logischen Programmendes. Die Übertragung der weiteren Ablaufsteuerung an das Betriebssystem wird hier nicht von der Anweisung STOP RUN ausgelöst. Ursachen für einen solchen vorzeitigen Programmabbruch sind unzulässige oder unerfüllbare Anforderungen an die Systemumgebung eines Programms: Lesen einer nicht geöffneten Datei, Schreiben in eine im Eingabemodus eröffnete Datei, Division durch Null, unzureichender Speicherplatz auf externen Medien usw.

Bei Laufzeitfehlern mit abnormaler Programmbeendigung werden unmittelbar im Anschluß an den vorzeitigen Abbruch des Programmlaufs ein Fehlercode sowie eine Referenzadresse ausgegeben. Anhand der Referenzadresse läßt sich die den Abbruch verursachende Quellcodezeile im Übersetzungsprotokoll lokalisieren. Ergänzend kann eine Fehlerbeschreibung unter dem Fehlercode im jeweiligen Compiler-Handbuch nachgeschlagen werden.

Die Korrektur eines Laufzeitfehlers mit abnormaler Programmbeendigung erfordert die Arbeitsschritte: Ändern des Quellprogramms, Sichern der korrigierten Quellcodedatei auf das externe Speichermedium, Übersetzen/Binden des geänderten Programms, Testlauf des korrigierten Programms. Dieser Programmänderungszyklus ist solange erneut zu durchlaufen, bis das Programm fehlerfrei ist.

### 7.1.3 Konzeptuelle Fehler

Konzeptuelle Fehler sind Entwurfsfehler, die sich bereits in den Dokumenten des Fachinhaltlichen oder DV-technischen Entwurfs manifestieren. Ihre Ursachen liegen in einer unzureichenden Problemanalyse und Anforderungsdefinition oder handwerklichen Mängeln beim Systementwurf. Als Ergebnis entsteht ein Programm, das in sachlicher oder technischer Hinsicht den gestellten Anforderungen nicht gerecht wird.

Konzeptuelle Fehler werden häufig erst beim Systemtest, der Abnahme oder nach Inbetriebnahme eines Informationssystems erkannt. Ihre Behebung beginnt mit der anforderungsgerechten Überarbeitung des Programmentwurfs. Anschließend ist das Quellprogramm an die neuen Entwurfsvorgaben anzupassen bzw. anforderungsgerecht zu ergänzen. Der Korrekturaufwand ist erfahrungsgemäß umso größer, je später die konzeptuellen Fehler erkannt werden.

### 7.1.4 Übertragungsfehler

Übertragungsfehler sind Laufzeitfehler mit normaler Programmbeendigung. Sie liegen vor, wenn das erzeugte Verarbeitungsergebnis eines Programms mit dem nach Maßgabe des Entwurfs erwartbaren Ergebnis nicht übereinstimmt. Im Gegensatz zu den Ursachen konzeptueller Fehler liegt hier ein anforderungsgerechter Entwurf vor. Lediglich bei der Übertragung des Entwurfs in eine Programmiersprache sind Fehler unterlaufen: Variablen wurden nicht initialisiert, die Ablaufsteuerung unzulässig vereinfacht oder z.B. die Operanden einer Anweisung vertauscht.

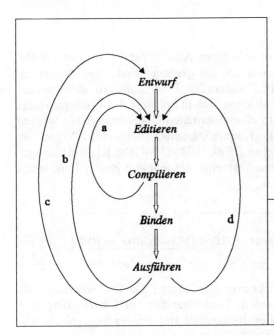

Abb. 7.1
Fehlerarten und Programmänderungszyklen

a – Syntax-Fehler
b – Laufzeitfehler mit abnormaler Programmbeendigung
c – Konzeptuelle Fehler
d – Übertragungsfehler

Die Arbeitsschritte zur Korrektur von Übertragungsfehlern entsprechen denen des Programmänderungszyklus bei Laufzeitfehlern mit abnormaler Programmbeendigung. Abbildung 7.1 faßt die vier erläuterten Programmänderungszyklen zusammen.

## 7.2 COBOL-Debug-Testmodul

Voraussetzung für die Korrektur von Laufzeitfehlern mit normaler oder abnormaler Programmbeendigung ist das Erkennen ihrer Ursachen. Insbesondere in komplexeren Programmen kann die Fehlerbestimmung sehr zeitaufwendig sein. Das *wichtigste Hilfsmittel* zur Analyse der Ursachen von Laufzeitfehlern sind interaktive Debugger wie der in Abschn. 1.3.5 vorgestellte ANIMATOR. Ergänzend verfügt COBOL über eine spracheigene Testeinrichtung zur Fehleranalyse. Die in den nachfolgenden Abschnitten zu erläuternde COBOL-Debug-Testhilfe ist jedoch *weniger flexibel* einsetzbar als ein benutzerfreundlicher interaktiver Debugger. Sie sollte nur verwendet werden, wenn ein interaktives Testwerkzeug nicht verfügbar ist.[1]

---

1. Aufgabe 7 in Kapitel 17 hat den Einsatz des interaktiven Debuggers ANIMATOR oder alternativ des COBOL-spracheigenen Debug-Testmoduls zum Ziel.

## 7.2.1 Testhilfe-Zeilen

In COBOL-Quellprogramme können in beliebiger Anzahl *Test-Anweisungen* und *Test-Datendefinitionen* aufgenommen werden, die geeignet sind, den Programmablauf oder z.B. die sich im Zeitablauf ändernden Feldinhalte zu überwachen. Test-Anweisungen und Test-Datendefinitionen sind in *Spalte 7* des Codierschemas mit dem *Buchstaben D* zu markieren. In einem normalen Übersetzungslauf werden solche Testzeilen vom Compiler als Kommentarzeilen behandelt. Wenn im Paragraphen SOURCE-COMPUTER eine DEBUGGING MODE-Klausel angegeben wird, werden die mit "D" markierten Testzeilen als reguläre Bestandteile eines Programms aufgefaßt und mit übersetzt.

```
┌─ Format ──────────────────────────────────────────────────┐
│                                                            │
│    SOURCE-COMPUTER.   Computername  [ WITH DEBUGGING MODE ]. │
│                                                            │
└────────────────────────────────────────────────────────────┘
```

Die DEBUGGING MODE-Klausel wirkt also als *Schalter zur Umwandlungszeit*: Ist die Klausel nicht angegeben, werden Testhilfezeilen im Übersetzungslauf ignoriert. Andernfalls sind sie regulärer Bestandteil des Programms. Nach Abschluß der Testaktivitäten können die Debug-Testzeilen im Programm verbleiben. Durch Angabe der DEBUGGING MODE-Klausel kann dann zu einem späteren Zeitpunkt erneut auf sie zurückgegriffen werden.

Innerhalb des Quellprogramms dürfen Debug-Testzeilen erst im Anschluß an den Paragraphen OBJECT-COMPUTER notiert werden. Das Programm muß mit und ohne Testzeilen syntaktisch korrekt sein. Die beschriebene Testeinrichtung könnte z.B. genutzt werden, um Zwischenergebnisse oder eingelesene Datensätze zu Kontrollzwecken am Bildschirm anzuzeigen.

## 7.2.2 USE FOR DEBUGGING-Testauftrag

Unter Verwendung der im vorausgegangenen Abschnitt behandelten Debug-Testzeilen kann der Programmierer z.B. die Überwachung von Feldinhalten des Programmablaufs problemabhängig und im Hinblick auf den konkreten Laufzeitfehler individuell gestalten. Überwachungsinformationen können mit Hilfe der Debug-Test-Anweisungen am Bildschirm angezeigt oder alternativ auch als Ablaufprotokoll in eine Datei ausgegeben werden. Nach einem Testlauf verfügt der Programmierer über genau die Informationen, die er sich mit Hilfe der Testzeilen bereitstellt. Die Analyse dieser Testinformationen erlaubt den Rückschluß auf die Ursache eines Laufzeitfehlers.

Eine alternative Möglichkeit zur Analyse von Laufzeitfehlern ergibt sich bei Codierung von USE FOR DEBUGGING-Testaufträgen. Hier wird ein Debug-Testauftrag formuliert, der die zu überwachenden Datenfelder, Dateien und/oder Prozedurnamen lediglich benennt. Während des Testlaufs eines Programms werden bei jeder Bezugnahme von Anweisungen auf ein Feld, beim Ansprechen einer

Datei (OPEN, READ usw.) oder beim Aufruf einer Prozedur Testinformationen automatisch in *vordefinierter Form* bereitgestellt. Diese Information enthält ein DEBUG-ITEM-Sonderregister, das vom Compiler generiert wird. Die Auswertung der im DEBUG-Sonderregister zur Verfügung gestellten Testinformation bleibt dem Programmierer überlassen. In aller Regel werden einige oder alle Informationen des Sonderregisters als Programmablaufprotokoll in eine Datei geschrieben. Die Analyse dieses Ablaufprotokolls erlaubt dann Rückschlüsse auf die Ursache eines Laufzeitfehlers. Im folgenden wird erst die Formulierung von Testaufträgen und anschließend der Inhalt des DEBUG-ITEM-Sonderregisters behandelt.

Voraussetzung für die Auswertung eines Debug-Testauftrages ist die Codierung der im Zusammenhang mit Debug-Testzeilen (siehe Abschn. 7.2.1) erläuterten DEBUGGING MODE-Klausel:

*SOURCE-COMPUTER*.   *Computername*   *WITH DEBUGGING MODE*.

Ist dieser *Schalter zur Umwandlungszeit* bei der Übersetzung eines Programms nicht codiert, werden Debug-Testaufträge sowie eventuell zusätzlich vorhandene Debug-Testzeilen ignoriert und auch kein DEBUG-Sonderregister generiert.

Die Codierung der DEBUGGING MODE-Klausel ist nur eine notwendige Bedingung für die Ausführung von USE FOR DEBUGGING-Testaufträgen. Damit diese zur Laufzeit des zu testenden Programms abgearbeitet werden, muß beim Aufruf des Programms ein *Debug-Schalter D* als Aufrufparameter angegeben werden. Dieser *Schalter zur Ausführungszeit* aktiviert den zu einem Testauftrag im Übersetzungslauf generierten Debug-Code.[1]

Testaufträge werden mit Hilfe der nachfolgend (siehe S. 338) angegebenen USE FOR DEBUGGING-Anweisung formuliert. Der Überschrift DECLARATIVES können ein oder mehrere Testkapitel (Kapitelname-1) folgen.[2] Jedes Kapitel darf nur einen Testauftrag enthalten. END DECLARATIVES begrenzt die Testkapitel. Das erste Kapitel des eigentlichen Programms folgt auf END DECLARATIVES.

Die USE FOR DEBUGGING-Anweisung benennt die zu überwachenden Datenfelder (Bezeichner-1), Dateien und Prozedurnamen. Nimmt während eines Testlaufs eine Anweisung auf eines der im Testauftrag benannten Überwachungsobjekte Bezug, werden Testinformationen im DEBUG-ITEM-Sonderregister bereitgestellt und anschließend die auf USE FOR DEBUGGING folgenden Anweisungen des Testkapitels ausgeführt.

---

1. Liegt ein übersetztes Programm z.B. als EXE-Datei MYPROG.EXE vor, werden Testaufträge durch den Aufruf MYPROG (+D) zur Ausführung gebracht. Bei Verwendung des Run-Time-Systems von Micro Focus oder in Mainframe-Umgebungen sind Informationen zum Debug-Laufzeitschalter den jeweiligen Compiler-Handbüchern zu entnehmen.
2. Die Formulierung mehrerer Testkapitel eröffnet die Möglichkeit, Informationen des DEBUG-Sonderregisters unterschiedlich auszuwerten.

```
┌─ Format ─────────────────────────────────────────────────────────┐
│                                                                  │
│   PROCEDURE DIVISION.                                            │
│   DECLARATIVES.                                                  │
│   ⎧ Kapitelname-1 SECTION.                                    ⎫  │
│   ⎪                          ⎧ Bezeichner-1   ⎫               ⎪  │
│   ⎪                          ⎪ Datenname-1    ⎪               ⎪  │
│   ⎨ USE FOR DEBUGGING ON     ⎨ Prozedurname-1 ⎬ ...           ⎬ ... │
│   ⎪                          ⎩ ALL PROCEDURES ⎭               ⎪  │
│   ⎪  .                                                        ⎪  │
│   ⎪  . ⎬ COBOL-Anweisungen zur Auswertung des DEBUG-Sonderregisters │
│   ⎩  .                                                        ⎭  │
│   END  DECLARATIVES.                                             │
│                                                                  │
└──────────────────────────────────────────────────────────────────┘
```

Das folgende Beispiel zeigt einen Testauftrag zur Überwachung aller Prozedurnamen eines Programms, von drei Dateinamen und drei Datenfeldnamen:

```
USE FOR DEBUGGING
    ALL PROCEDURES
    BESTELLDATEI ARTIKELDATEI KUNDENDATEI
    KUNDEN-NR ARTIKEL-NR BESTELL-SATZ.
```

Werden in einem Testauftrag alle Prozedurnamen eines Programmes (ALL PROCEDURES) überwacht, darf in keinem Testkapitel zusätzlich ein einzelner Prozedurname (Prozedurname-1) benannt sein. Ein bestimmtes Testobjekt darf nicht in mehreren Testaufträgen überwacht werden.

Das *vom Compiler generierte* DEBUG-ITEM-Sonderregister hat folgenden Aufbau:

```
01  DEBUG-ITEM.
    02 DEBUG-LINE     PIC X(6).
    02 FILLER         PIC X     VALUE SPACE.
    02 DEBUG-NAME     PIC X(30).
    02 FILLER         PIC X     VALUE SPACE.
    02 DEBUG-SUB-1    PIC S9999 SIGN IS LEADING SEPARATE CHARACTER.
    02 FILLER         PIC X     VALUE SPACE.
    02 DEBUG-SUB-2    PIC S9999 SIGN IS LEADING SEPARATE CHARACTER.
    02 FILLER         PIC X     VALUE SPACE.
    02 DEBUG-SUB-3    PIC S9999 SIGN IS LEADING SEPARATE CHARACTER.
    02 FILLER         PIC X     VALUE SPACE.
    02 DEBUG-CONTENTS PIC X(n).
```

In einem Testkapitel kann auf den gesamten Speicherbereich (DEBUG-ITEM) oder seine Teilfelder Bezug genommen werden. DEBUG-LINE enthält jeweils die Zeilennummer derjenigen Quellcodezeile, die eine Abarbeitung des Testkapitels auslöst. DEBUG-NAME speichert den Namen des überwachten Testobjekts. Die drei DEBUG-SUB-Felder enthalten bei der Überwachung von Tabellenelementen deren Subskript oder Index.[1] Der Inhalt des Feldes DEBUG-CONTENTS hängt vom Testobjekt ab, das die Ausführung des Testkapitels auslöst (siehe Abb. 7.2).

| Testobjekt | Inhalt DEBUG-CONTENTS |
|---|---|
| Bezeichner | aktueller Inhalt des Datenfelds |
| Dateiname | a) bei READ: Inhalt des gelesenen Datensatzes<br>b) bei sonstigen Bezugnahmen: Leerzeichen |
| Prozedurname | a) bei Aufruf des Prozedurnamens durch eine PERFORM-Anweisung: PERFORM LOOP<br>b) bei sequentiellem Übergang aus vorausgehender Prozedur: FALL THROUGH |

*Abb. 7.2   Feldinhalt DEBUG-CONTENTS*

Das folgende Beispiel demonstriert die Anwendung der Testhilfe. Das Programm fordert den Benutzer zu Dateneingaben auf, die in eine Ausgabedatei geschrieben werden. Wegen des mehrfachen Öffnens der Bestelldatei in Zeile 66 bricht der Programmlauf mit abnormaler Programmbeendigung ab. Alle Eintragungen zum Erzeugen der Testhilfeinformationen sind in *Kleinbuchstaben* notiert.

```
 1*-----------------------------------------------------------------
 2 IDENTIFICATION DIVISION.
 3*-----------------------------------------------------------------
 4 PROGRAM-ID.         DEMO-22.
 5*Autor           :   WENDT
 6*Datum           :   10.7.1990
 7*Inhalt          :   COBOL-Debug-Testmodul
 8*-----------------------------------------------------------------
 9 ENVIRONMENT DIVISION.
10*-----------------------------------------------------------------
11 CONFIGURATION SECTION.
12*-----------------------------------
13 SOURCE-COMPUTER.    IBM-PC with debugging mode.
14 OBJECT-COMPUTER.    IBM-PC.
15 SPECIAL-NAMES.      CONSOLE IS CRT.
16*-----------------------------------------------------------------
17 INPUT-OUTPUT SECTION.
18*-----------------------------------
19 FILE-CONTROL.
20     SELECT BESTELLDATEI ASSIGN TO "C:BESTELL.DAT"
21            ORGANIZATION IS LINE SEQUENTIAL.
22D    select testdatei assign to "c:debug.dat"
23D           organization is line sequential.
24*-----------------------------------------------------------------
25 DATA DIVISION.
26*-----------------------------------------------------------------
27 FILE SECTION.
28*-----------------------------------
```

---

1. Die Definition von Tabellen behandelt Kapitel 13.

```
29 FD  BESTELLDATEI.
30 01  BESTELL-SATZ.
31     05 KUNDEN-NR          PIC 9(4).
32     05 ARTIKEL-NR         PIC 9(3).
33     05 MENGE              PIC 9(3).
34DFD  testdatei.
35D01  testdatei-satz        pic x(80).
36*-------------------------------------
37 WORKING-STORAGE SECTION.
38*-------------------------------------
39D77  schalter              pic x value space.
40*----------------------------------------------------------
41 PROCEDURE DIVISION.
42*----------------------------------------------------------
43 declaratives.
44 debug-testprozedur section.
45    use for debugging
46        all procedures
47        bestelldatei
48        kunden-nr bestell-satz.
49    if schalter = space open output testdatei
50                        move "*" to schalter.
51    write testdatei-satz from debug-item.
52 end declaratives.
53 VERARBEITUNG SECTION.
54    PERFORM BESTELL-ERF
55        WITH TEST AFTER UNTIL KUNDEN-NR = ZERO.
56 ENDE-VERARBEITUNG.
57    CLOSE BESTELLDATEI.
58D   CLOSE testdatei.
59    STOP RUN.
60
61
62 BESTELL-ERF.
63*--- die nachfolgende Programmzeile verursacht einen Laufzeit-
64*--- fehler mit abnormaler Programmbeendigung:
65*--- Datei BESTELLUNGEN wird je Schleifendurchlauf geöffnet !
66    OPEN OUTPUT BESTELLDATEI.
67    DISPLAY SPACES.
68    DISPLAY "       B E S T E L L E R F A S S U N G" AT 0210
69                                             UPON CRT-UNDER
70            "Kunden-Nummer  :    [    ]"            AT 1010
71            "Artikel-Nummer :    [    ]"            AT 1210
72            "Bestell-Menge  :    [    ]"            AT 1410.
73    ACCEPT KUNDEN-NR                                AT 1031.
74    IF KUNDEN-NR NOT= ZERO
75       THEN MOVE ZERO TO ARTIKEL-NR MENGE
76            ACCEPT ARTIKEL-NR                       AT 1232
77            ACCEPT MENGE                            AT 1432
78            WRITE BESTELL-SATZ
79    END-IF.
80
```

Im Anschluß an einen Testlauf enthält Datei DEBUG.DAT folgendes *Ablaufprotokoll*:

```
  DEBUG-LINE
    DEBUG-NAME                              DEBUG-CONTENTS
  54 VERARBEITUNG                           START PROGRAM
  54 BESTELL-ERF OF VERARBEITUNG            PERFORM LOOP
  66 BESTELLDATEI
  73 KUNDEN-NR                              4321
  74 KUNDEN-NR                              4321
  78 BESTELL-SATZ                           4321012055
  54 KUNDEN-NR                              4321
  54 BESTELL-ERF OF VERARBEITUNG            PERFORM LOOP
```

Die ersten 6 Zeilen dieses Protokolls dokumentieren den Programmstart und den ersten erfolgreichen Schleifendurchlauf. Die beiden letzten Datensätze belegen, daß die Abbruchbedingung der Schleifensteuerung geprüft und anschließend der Schleifenkörper erneut zur Abarbeitung aufgerufen wird. Anschließend hätte Quellcodezeile 66 die Ausführung des Testkapitels auslösen müssen, was wegen der unerfüllbaren OPEN-Anweisung unterbleibt und zum Abbruch des Programmlaufs führt.

# 8. COBOL-Datenbeschreibung (Teil II)

## 8.1 Zusatzsymbole S und V

Numerische, alphanumerische und alphabetische Datenfelder wurden bisher unter Verwendung der Grundsymbole 9, X und A in PICTURE-Zeichenfolgen definiert. Ergänzend können zur Beschreibung numerischer Felder die Zusatzsymbole S und V herangezogen werden:

    S  –  ermöglicht das Speichern vorzeichenbehafteter Zahlen und
    V  –  markiert die Position des Dezimalpunkts nicht-ganzzahliger Dezimalzahlen.

Numerische Datenfelder, die ausschließlich unter Verwendung des Grundsymbols 9 definiert werden, nehmen nur ganzzahlige positive Zahlen auf:

    77  ANZAHL       PIC 999.

Dieses Feld ist drei Byte lang und kann ganzzahlige Werte im Bereich von 0 bis 999 speichern.

Sollen auch negative Zahlen gespeichert werden, muß der PICTURE-Zeichenfolge das Zusatzsymbol S als das am weitesten links stehende Zeichen vorangestellt werden:

    77  TEMPERATUR   PIC S99.

Dieses Feld kann die Werte –99 bis +99 aufnehmen. Das Zusatzsymbol S erhöht also nicht die Anzahl der speicherbaren Dezimalziffern. Es beansprucht auch keinen eigenen Speicherplatz. Wie das Vorzeichen systemintern dargestellt wird, hängt von der jeweiligen Compiler-Implementierung ab. In der Regel wird das Binärmuster der wertniedrigsten Dezimalziffer modifiziert.

Das Zusatzsymbol V markiert in einer PICTURE-Zeichenfolge die Position des Rechendezimalpunkts. Wie das Symbol S, darf auch V in einer Zeichenfolge nur einmal auftreten. V beansprucht ebenfalls keinen eigenen Speicherplatz und erhöht auch nicht die Anzahl speicherbarer Ziffern. Als "gedachter Dezimalpunkt" trennt das Symbol V den ganzzahligen vom nichtganzzahligen Anteil einer Zahl:

    77  BETRAG       PIC 9(4)V99
    77  PROZENT      PIC S99V9(3)

Für BETRAG wird ein Speicherbereich der Länge 6 Byte zur Aufnahme positiver Zahlen des Bereichs 0.00 bis 9999.99 reserviert. Das Feld PROZENT ist 5 Byte lang und speichert Werte im Bereich von –99.999 bis +99.999.

Die Übertragung numerischer Daten aus einem Sendefeld in ein Empfangsfeld (MOVE-Anweisung) erfolgt stets *dezimalpunktgerecht*. Der Programmierer muß sicherstellen, daß Empfangsfelder den ganzzahligen und nicht-ganzzahligen Anteil von Dezimalzahlen vollständig aufnehmen können. Andernfalls werden wegen der dezimalpunktrichtigen Übertragung die werthöchsten Ziffern des ganzzahligen und/

oder die wertniedrigsten Ziffern des nichtganzzahligen Anteils einer Zahl abgeschnitten. Bei der Übertragung einer negativen Zahl in ein Empfangsfeld, dessen PICTURE-Zeichenfolge das Symbol S nicht aufweist, geht das Vorzeichen verloren. Unabhängig von der Anzahl der Zeichen einer PICTURE-Zeichenfolge darf ein numerisches Feld nur zur Aufnahme von maximal 18 Ziffern definiert sein. In kommerziellen Anwendungen besteht jedoch selten Anlaß zur Überschreitung dieser Grenze.

## 8.2 Druckaufbereitung

Ziel der Druckaufbereitung ist die gut lesbare Ausgabe von Datenwerten. Der Begriff "Druckaufbereitung" ist insofern irreführend, als nicht nur die auszudruckenden Daten, sondern auch Bildschirmausgaben und die in Dateien zu schreibenden Datensätze druckaufbereitete Elementardaten enthalten können. Die Notwendigkeit einer Druckaufbereitung ist insbesondere bei numerischen Daten augenfällig. Im Interesse einer speicherplatzsparenden Ablage im Arbeitsspeicher und in Dateien müssen weder der Dezimalpunkt noch das Vorzeichen explizit gespeichert werden (gedachter Dezimalpunkt, Modifikation Binärmuster). Damit solche Datenwerte in gut lesbarer Form am Bildschirm angezeigt oder am Drucker ausgegeben werden können, müssen der Dezimalpunkt bzw. das Dezimalkomma sichtbar und z.B. die Tausenderstellen einer Zahl optisch abgesetzt werden (z.B. +8.765.432,10). Auch führende Nullen des ganzzahligen Anteils einer Zahl sollten im Interesse ihrer guten Lesbarkeit unterdrückt werden.

Druckaufbereitungen erfolgen durch Übertragung numerischer (9, S, V), alphabetischer (A) oder alphanumerischer (X) Elementardaten in Datenfelder, deren PICTURE-Zeichenfolge unter Verwendung besonderer Symbole zur Druckaufbereitung definiert wurden. Erfolgt diese Übertragung durch eine MOVE-Anweisung (z.B. MOVE A-Wert TO B-Wert), enthält das *Sendefeld* (A-Wert) das nicht aufbereitete und das *Empfangsfeld* (B-Wert) das druckaufbereitete Datum. Das unter Verwendung besonderer Symbole zu definierende Empfangsfeld heißt druckaufbereitetes Datenfeld. COBOL kennt für Druckaufbereitungen zwei zusätzliche Datenfeldtypen:

- numerisch-druckaufbereitete Datenfelder (numeric edited data items) zur Aufnahme numerischer Daten und
- alphanumerisch-druckaufbereitete Datenfelder (alphanumeric edited data items) zur Aufnahme alphabetischer und alphanumerischer Daten.

Die besonderen Symbole zur Definition druckaufbereiteter Datenfelder erlauben das *Ersetzen* und *Unterdrücken* von Zeichen des Sendefeldes sowie das *Einfügen* zusätzlicher Zeichen in das Empfangsfeld.

Druckaufbereitungen mit Hilfe der MOVE-Anweisung sehen stets vor, daß ein Datenwert unaufbereitet *und* aufbereitet gespeichert ist. Bei einem alternativen Weg der Druckaufbereitung liegt diese doppelte Datenhaltung im Arbeitsspeicher nicht vor: Die Ergebnisfelder arithmetischer Anweisungen, z.B. der COMPUTE-

Anweisung, dürfen druckaufbereitet definiert sein.[1] Im Zusammenhang mit der Druckaufbereitung numerischer Daten ist ganz wesentlich, daß numerisch-druckaufbereitete Daten ihren Charakter als *Rechenwerte verloren* haben. Sie dürfen nicht als Operanden arithmetischer Ausdrücke (z.B. COMPUTE-Anweisung) verwendet werden. COBOL erlaubt jedoch das Konvertieren numerisch-druckaufbereiteter Daten in numerische Daten (de-editing). Hierbei ist das Sendefeld einer MOVE-Anweisung numerisch-druckaufbereitet und das Empfangsfeld numerisch definiert. Mit den so konvertierten Daten darf dann gerechnet werden.[2]

### 8.2.1 Einfügungszeichen B, 0 und /

Die Symbole B, 0 und / sind Einfügungszeichen. Sie dürfen zur Druckaufbereitung von numerischen, alphabetischen und alphanumerischen Daten herangezogen werden. Innerhalb der PICTURE-Zeichenfolge druckaufbereitet definierter Daten repräsentiert jedes Einfügungszeichen eine Position, in die ein Leerzeichen (B), eine 0 (0) oder ein Schrägstrich (/) eingefügt wird. Abbildung 8.1 verdeutlicht Druckaufbereitungen durch Einfügungen. Dabei wird unterstellt, daß mittels einer MOVE-Anweisung ein nicht aufbereitetes Datum (Sendefeld) in ein druckaufbereitet definiertes Feld (Empfangsfeld) übertragen wird.

| *Sendefeld* | | *Empfangsfeld* | |
|---|---|---|---|
| PICTURE-Zeichenfolge | Feldinhalt | PICTURE-Zeichenfolge | Feldinhalt |
| X(5) | DINA4 | X(3)BXX | DIN A4 |
| X(5) | COBOL | XBXBXBXB | C O B O L |
| A(3) | ADA | ABABA | A D A |
| X(5) | BAT2A | X(3)BBXX | BAT 2A |
| 9(6) | 654321 | 9(3)B9(3) | 654 321 |
| 9(3) | 123 | 900B900B900 | 100 200 300 |
| 9(6) | 120491 | 99/99/99 | 12/04/91 |
| X(3) | ADA | XBXBXBXB | A D A _ _ |
| 9(6) | 123456 | 99B999B999 | 00 123 456 |

*Abb. 8.1 Druckaufbereitung durch Einfügung (B, 0, /)*

Die Einfügungszeichen B, 0 und / nehmen insofern eine Sonderstellung ein, als sie die einzigen Symbole zur Druckaufbereitung alphabetischer und alphanumerischer Daten sind. Zusätzlich können sie zur Aufbereitung numerischer Daten herangezogen werden. Alle sonstigen Aufbereitungssymbole dienen der Druckaufbereitung numerischer Daten.

---

1. Auf diese Form der Druckaufbereitung wird in Abschn. 9.2 eingegangen.
2. Im Gegensatz zur Druckaufbereitung bezeichnet man diese Form des Konvertierens von Daten als *Rechenaufbereitung*; siehe hierzu Abschnitt 8.3.

## 8.2.2 Aufbereitung numerischer Daten

Wie bereits erläutert, dürfen numerisch-druckaufbereitete Daten nicht als Operanden in arithmetischen Anweisungen auftreten. Bei der Übertragung numerischer Daten in numerisch-druckaufbereitete Datenfelder erfolgt im Empfangsfeld eine dezimalpunktgerechte Ausrichtung der Feldinhalte. Dabei werden überzählige Ziffern abgeschnitten und fehlende Zeichen durch Nullen ergänzt.

Die PICTURE-Zeichenfolge numerisch-druckaufbereiteter Felder darf folgende Symbole enthalten:

- 9   Ziffernstellen
- B   Einfügen eines Leerzeichens
- 0   Einfügen einer 0
- /   Einfügen eines Schrägstriches
- .   Einfügen eines Dezimalpunktes[1]
- ,   Einfügungszeichen zum Abtrennen von Tausenderstellen
- Z   Ziffernstellen mit Nullenunterdrückung
- \*   Ersetzungszeichen für führende Nullen
- +   Plus-Vorzeichen und Unterdrückung führender Nullen
- −   Minus-Vorzeichen und Unterdrückung führender Nullen

Die Funktion der Symbole 9, B, 0 und / wurde bereits im vorhergehenden Abschnitt erläutert.

Das *Symbol Punkt* (.) stellt die dezimalpunktgerechte Übertragung numerischer Daten in numerisch-druckaufbereitete Felder sicher und markiert zugleich die Zeichenposition für das Einfügen des Dezimalpunktes. Innerhalb einer PICTURE-Zeichenfolge darf der Punkt nur einmal auftreten. Er zählt mit zur Feldlänge des numerisch-druckaufbereiteten Datenfelds.

Das *Aufbereitungszeichen Komma* (,) kann – wie auch das Einfügungszeichen B – mit dem Ziel der besseren Lesbarkeit von Dezimalzahlen zum Abtrennen von Tausenderstellen verwendet werden. Es darf in einer PICTURE-Zeichenfolge mehrfach, aber nur links vom Dezimalpunkt, auftreten. Ein Komma markiert eine Position zum Einfügen dieses Symbols. Jedes Komma verlängert das druckaufbereitete Feld um ein Zeichen (siehe Abb. 8.2).

---

1. In der anglo-amerikanischen Schreibweise wird der Dezimalpunkt zum Trennen des ganzzahligen vom nicht-ganzzahligen Anteil einer Dezimalzahl und das Komma zum Abtrennen der Tausenderstellen verwendet. Auf das Vertauschen dieser beiden Symbole wird im nachfolgenden Abschnitt 8.2.3 eingegangen.

| Sendefeld | | Empfangsfeld | |
|---|---|---|---|
| PICTURE-Zeichenfolge | Feldinhalt | PICTURE-Zeichenfolge | Feldinhalt |
| 999V99 | 12345 | 999.99 | 123.45 |
| 999V99 | 12345 | 999.9 | 123.4 |
| 999V99 | 12345 | 99.99 | 23.45 |
| 999V99 | 12345 | 9(4).99 | 0123.45 |
| 999V99 | 12345 | 999.999 | 123.450 |
| 999V99 | 00123 | 999.99 | 001.23 |
| 999V99 | 12000 | 999.99 | 120.00 |
| 99 | 12 | 99.99 | 12.00 |
| 9V99 | 012 | 99.99 | 00.12 |
| 9(5) | 12345 | 99,999 | 12,345 |
| 9(7)V9(2) | 123456789 | 9,999,999.99 | 1,234,567.89 |
| 9(7)V99 | 001234567 | 9,999,999.99 | 0,012,345.67 |
| 9(7)V99 | 123456789 | 9B999B999.99 | 1 234 567.89 |
| 9(7)V99 | 001234567 | 9B999B999.99 | 0 012 345.67 |

Abb. 8.2 *Druckaufbereitung unter Verwendung der Symbole Punkt und Komma*

Wie das Symbol 9 repräsentiert das *Aufbereitungszeichen Z* eine Ziffernstelle. Es bewirkt zusätzlich die Unterdrückung führender Nullen. Innerhalb des ganzzahligen Anteils einer Dezimalzahl zeichnen sich führende Nullen dadurch aus, daß links von ihnen keine von Null verschiedene Ziffer auftritt. Befindet sich an der Position einer mit Z codierten Ziffernstelle eine führende Null, wird sie durch ein Leerzeichen ersetzt. Das Symbol Z darf mehrfach – auch unter Angabe eines Wiederholungsfaktors – in einer PICTURE-Zeichenfolge auftreten. Links von einem Z, also in einer werthöheren Ziffernposition, darf keine 9 codiert sein.

Das *Aufbereitungszeichen Stern* (*) repräsentiert wie die Symbole 9 und Z eine Ziffernstelle. Führende Nullen werden jedoch nicht wie beim Symbol Z durch Leerzeichen, sondern durch einen "Schutzstern" (fälschungssicher) ersetzt. Die Verwendung des Symbols Stern unterliegt den im Zusammenhang mit Z erläuterten Regeln. Innerhalb einer PICTURE-Zeichenfolge dürfen die Symbole Z und * nicht gemeinsam auftreten (siehe Abb. 8.3).

Die *Aufbereitungszeichen Plus* (+) und *Minus* (–) ermöglichen die Darstellung des Vorzeichens einer Zahl. Sie unterscheiden sich in ihrer Funktion: Das Symbol "+" stellt sicher, daß für positive Datenwerte ein "+" und für negative Werte ein "–" in das numerisch-druckaufbereitet definierte Feld eingestellt wird. Tritt dagegen das Symbol "–" in der PICTURE-Zeichenfolge auf, wird lediglich bei negativen Datenwerten ein Minuszeichen eingefügt. Bei positivem Datenwert wird hier an der Vorzeichenposition ein Leerzeichen eingestellt.

Innerhalb der PICTURE-Zeichenfolge eines numerisch-druckaufbereiteten Feldes darf eines der beiden Symbole "+" bzw. "–" *einmal* oder auch *mehrfach* auftreten. Wird lediglich ein einzelnes Vorzeichensymbol codiert, dient es als Einfügungszeichen für das Vorzeichen des jeweiligen Datenwertes. Je nachdem, ob dieses Aufbereitungssymbol das erste oder letzte Symbol der PICTURE-Zeichenfolge ist, wird ein führendes oder nachgestelltes Vorzeichen in das druckaufbereitete Feld eingefügt.

Von *mehreren* in einer PICTURE-Zeichenfolge codierenden Vorzeichensymbolen übernimmt eines die Funktion des Einfügungszeichens für das Vorzeichen eines Datenwertes. Alle anderen repräsentieren Ziffernpositionen mit der Zusatzfunktion des Unterdrückens führender Nullen. Das Vorzeichen des Datenwertes wird hier jeweils unmittelbar vor der ersten von Null verschiedenen Dezimalziffer eingefügt (*gleitendes Vorzeichen*).

| Sendefeld | | Empfangsfeld | |
|---|---|---|---|
| PICTURE-Zeichenfolge | Feldinhalt | PICTURE-Zeichenfolge | Feldinhalt |
| 9(4) | 1234 | ZZZ9 | 1234 |
| 9(4) | 0012 | Z(4) | 12 |
| 9(4) | 0000 | ZZZ9 | 0 |
| 9(4) | 0000 | ZZZZ | |
| 9(7)V99 | 123456789 | Z(6)9.99 | 1234567.89 |
| 9(7)V99 | 123456789 | ZBZZZBZZ9.99 | 1 234 567.89 |
| 9(7)V99 | 123456789 | Z,ZZZ,ZZ9.99 | 1,234,567.89 |
| 9(7)V99 | 000123456 | Z,ZZZ,ZZ9.99 | 1,234.56 |
| 9(7)V99 | 000001234 | Z,ZZZ,ZZ9.99 | 12.34 |
| 9(7)V99 | 000000012 | Z,ZZZ,ZZ9.99 | 0.12 |
| 9(7)V99 | 000000012 | Z,ZZZ,ZZZ.99 | .12 |
| 9(7)V99 | 000000001 | Z,ZZZ,ZZZ.ZZ | .01 |
| 9(7)V99 | 000000000 | Z,ZZZ,ZZZ.ZZ | |
| 9(4) | 1234 | ***9 | 1234 |
| 9(4) | 0012 | *(4) | **12 |
| 9(4) | 0000 | ***9 | ***0 |
| 9(4) | 0000 | **** | **** |
| 9(7)V9(2) | 123456789 | *(6)9.99 | 1234567.89 |
| 9(7)V99 | 123456789 | *,***,**9.99 | 1,234,567.89 |
| 9(7)V99 | 000123456 | *,***,**9.99 | ***1,234.56 |
| 9(7)V99 | 000001234 | *,***,**9.99 | *****12.34 |
| 9(7)V99 | 000000012 | *,***,**9.99 | ******0.12 |
| 9(7)V99 | 000000012 | *,***,***.99 | *******.12 |

Abb. 8.3  *Druckaufbereitung unter Verwendung der Symbole Z und Stern (\*)*

Ergänzend ist anzumerken, daß innerhalb einer PICTURE-Zeichenfolge die Symbole Z und * nicht gemeinsam auftreten dürfen und von den Aufbereitungszeichen Z, *, + oder – nur eines wiederholt angegeben werden kann (siehe Abb. 8.4, S. 348).

| Sendefeld | | Empfangsfeld | |
|---|---|---|---|
| PICTURE-Zeichenfolge | Feldinhalt | PICTURE-Zeichenfolge | Feldinhalt |
| S9999 | + 1234 | +9999 | +1234 |
| S9(4) | − 1234 | +9(4) | −1234 |
| S9(4) | + 1234 | −9(4) | 1234 |
| S9(4) | − 1234 | −9(4) | −1234 |
| S9(4) | + 1234 | 9(4)+ | 1234+ |
| S9(4) | + 1234 | 9(4)− | 1234_ |
| S9(4) | + 0001 | +ZZZZ | +___1 |
| S9(4) | + 0012 | +ZZZZ | +__12 |
| S9(6) | − 001234 | −Z(6) | −__1234 |
| S9(4) | + 0001 | +++++ | +1 |
| S9(4) | + 0012 | +++++ | +12 |
| S9(6) | − 001234 | −(7) | −1234 |
| S9(7)V99 | + 123456789 | +ZBZZZBZZ9.99 | +1 234 567.89 |
| S9(7)V99 | − 000123456 | +Z,ZZZ,ZZ9.99 | −   1,234.56 |
| S9(7)V99 | − 000123456 | ++,+++,++9.99 | −1,234.56 |
| S9(7)V99 | − 000001234 | −,—,−9.99 | −12.34 |
| S9(7)V99 | + 000000012 | ++,+++,++9.99 | +0.12 |
| S9(7)V99 | + 000000000 | ++,+++,+++.++ | |

*Abb. 8.4   Aufbereitung unter Verwendung der Vorzeichensymbole "+" und "−"*

### 8.2.3 DECIMAL-POINT IS COMMA-Klausel

Im anglo-amerikanischen Sprachraum wird der Dezimalpunkt zum Trennen des ganzzahligen vom nicht ganzzahligen Anteil einer Dezimalzahl und das Komma bzw. Leerzeichen zum Abtrennen der Tausenderstellen verwendet. Diese im deutschen Sprachraum ungebräuchliche Konvention hat Auswirkungen auf die Definition numerisch-druckaufbereiteter Felder, die Darstellung von Zahlen (Bildschirm, Drucker) und die Codierung numerischer Literale. Mit Hilfe einer DECIMAL-POINT-Klausel läßt sich die amerikanische Schreibweise in die deutsche überführen. Die folgenden Datendefinitionen und Anweisungen berücksichtigen die *amerikanische* Schreibweise:

```
77  FELD-1        PIC S999V99.
77  FELD-2        PIC S9(7)V99 VALUE -12345.67.
77  FELD-3        PIC +ZZ9.99.
77  FELD-4        PIC ++,+++,++9.99.
77  FELD-5        PIC ++B+++B++9.99.

MOVE -12.34 TO FELD-1 FELD-3.
MOVE FELD-2 TO FELD-4 FELD-5.
```

Nach Ausführung der beiden MOVE-Anweisungen enthalten FELD-1 und FELD-2 Rechendaten und FELD-3 (− 12.34), FELD-4 (−12,345.67) sowie FELD-5 (−12 345.67) druckaufbereitete Werte.

In der im *deutschen Sprachraum* üblichen Schreibweise trennt ein Dezimalkomma die Nachkommastellen und ein Leerzeichen oder Punkt die Tausenderstellen einer Zahl ab. Die Funktion von Punkt und Komma sind hier vertauscht. Im COBOL-Programm wird diese Schreibweise zulässig, wenn im Paragraphen SPECIAL-NAMES der ENVIRONMENT DIVISION die folgende Klausel angegeben wird:

```
SPECIAL-NAMES.
    DECIMAL-POINT IS COMMA
    ...
```

Im Quellprogramm müssen nun Punkt und Komma in PICTURE-Zeichenfolgen vertauscht *und* der Dezimalpunkt numerischer Literale durch das Dezimalkomma ersetzt werden:

```
77  FELD-1      PIC S999V99.
77  FELD-2      PIC S9(7)V99   VALUE  -12345,67.
77  FELD-3      PIC +ZZ9,99.
77  FELD-4      PIC ++.+++.++9,99.
77  FELD-5      PIC ++B+++B++9,99.

MOVE -12,34 TO FELD-1 FELD-3.
MOVE FELD-2 TO FELD-4 FELD-5.
```

Nach Ausführung der beiden MOVE-Anweisungen enthalten FELD-1 und FELD-2 Rechendaten und FELD-3 (– 12,34), FELD-4 (–12.345,67) sowie FELD-5 (–12 345,67) druckaufbereitete Werte.

## 8.3 Rechenaufbereitung

In bestimmten Anwendungssituationen ist es erforderlich, numerisch-druckaufbereitet gespeicherte Daten in numerisch definierte Felder zu übertragen. Diese Form des Wechsels der internen Datendarstellung bezeichnet man – im Gegensatz zur Druckaufbereitung – als Rechenaufbereitung (de-editing). Die Rechenaufbereitung erfolgt mit Hilfe von MOVE-Anweisungen. Dabei ist das jeweilige Sendefeld numerisch-druckaufbereitet und das Empfangsfeld numerisch definiert. Als Ergebnis der Rechenaufbereitung entstehen Rechendaten, die in arithmetischen Anweisungen als Operanden auftreten dürfen (siehe Abb. 8.5).

| Sendefeld | | Empfangsfeld | |
|---|---|---|---|
| PICTURE-Zeichenfolge | Feldinhalt | PICTURE-Zeichenfolge | Feldinhalt |
| +9999            | +1234       | S9999    | + 1234      |
| +ZZZZ            | +⎵⎵12       | S9(4)    | + 0012      |
| +ZBZZZBZZ9,99    | +1 234 567,89 | S9(7)V99 | + 123456789 |
| ++.+++.++9,99    | –1.234,56   | S9(7)V99 | – 000123456 |
| –.–––.––9,99     | –12,34      | S9(7)V99 | – 000001234 |
| ++.+++.++9,99    | +0,12       | S9(7)V99 | + 000000012 |

*Abb. 8.5   Rechenaufbereitung*

Rechenaufbereitungen werden zwingend erforderlich, wenn der verwendete Compiler eine benutzerfreundliche Erfassung (ACCEPT-Anweisung) numerisch-druckaufbereiteter Daten zuläßt. Bei den hier berücksichtigten Compilern für Mikrocomputer ist dies der Fall. Die Anweisung

    ACCEPT BETRAG AT xxyy

überträgt Tastatureingaben in das numerisch-druckaufbereitete Feld BETRAG und zeigt das eingegebene Datum gleichzeitig in aufbereiteter Form (Unterdrückung führender Nullen, Vorzeichen, Dezimalkomma usw.) am Bildschirm an. Damit druckaufbereitet erfaßte Daten für Rechenzwecke verwendet oder in komprimierter Form auf externe Speichermedien abgelegt werden können, bedarf es der Rechenaufbereitung.[1]

## 8.4 Bedingungsnamen

### 8.4.1 Vereinbaren von Bedingungsnamen

**Funktion und Format**

Bedingungsnamen (condition-name) werden in der FILE SECTION oder WORKING-STORAGE SECTION unter Verwendung der Stufennummer 88 definiert. Sie ermöglichen die verkürzte Formulierung einfacher und zusammengesetzter Vergleichsbedingungen in der PROCEDURE DIVISION.

```
┌─ Format ─────────────────────────────────────────────┐
│                                                      │
│     88  Bedingungsname  { VALUE IS   }               │
│                         { VALUES ARE }               │
│                                                      │
│     { Literal-1  [ { THRU    } Literal-2 ] } ... .   │
│                    { THROUGH }                       │
│                                                      │
└──────────────────────────────────────────────────────┘
```

**Beispiel**

```
77  EOF-FELD        PIC X.
    88  EOF         VALUE "J".
IF EOF THEN ...
```

**Syntaktische Regeln**

1. Bedingungsnamen können unter Beachtung der Bildungsvorschriften für benutzerdefinierte Wörter frei gewählt werden.
2. Bedingungsnamen sind stets einem in der FILE SECTION oder WORKING-

---

1. Auf diese Form der Datenerfassung wird in Abschnitt 12.2.1 einzugehen sein.

STORAGE SECTION definierten Datenfeld (Prüffeld) zugeordnet. Einem Prüffeld dürfen ein oder mehrere Bedingungsnamen zugeordnet sein.

3. Jedem Bedingungsnamen muß in der DATA DIVISION die Stufennummer 88 vorangestellt sein.
4. Die einem Prüffeld zuzuordnenden Bedingungsnamen müssen unmittelbar im Anschluß an die Definition des Prüffelds codiert werden.
5. Die Schlüsselwörter THRU und THROUGH sowie VALUE und VALUES sind funktionsgleich.
6. Literal-1 und Literal-2 müssen hinsichtlich ihres Datentyps mit der Definition des Prüffelds übereinstimmen.
7. Wird Literal-2 angegeben, muß sichergestellt sein, daß die Bedingung (Literal-1 < Literal-2) erfüllt ist.

## Beschreibung

Bedingungsnamen erlauben eine verkürzte Formulierung der z.B. in IF- oder PERFORM-Anweisungen auftretenden Vergleichsbedingungen. Bei geeigneter Wahl der Bedingungsnamen wird zusätzlich die Lesbarkeit eines Quellprogramms verbessert. Bisher konnte in einer Anweisung wie z.B.

```
IF WEITER = "J" THEN ...
```

die Bedingung (WEITER = J) ausgewertet werden, wenn ein Datenfeld WEITER

```
77  WEITER         PIC X.
```

zum Zeitpunkt der Bedingungsprüfung einen Vergleichswert enthielt. Eine hierzu äquivalente Formulierung unter Verwendung eines Bedingungsnamens wäre:

```
77  WEITER-FELD    PIC X.
    88 WEITER      VALUE "J"
```

WEITER-FELD ist nun das Prüffeld, dessen Inhalt zum Zeitpunkt der Bedingungsprüfung über den Wahrheitswert der verkürzt formulierbaren Bedingung entscheidet:

```
IF WEITER THEN ...
```

An die Stelle der bisher ausführlich zu formulierenden Vergleichsbedingungen tritt nun lediglich der Bedingungsname. Die Vergleichsbedingung ist erfüllt, wenn der Inhalt des Prüffeldes (WEITER-FELD) mit der VALUE-Angabe (Literal-1) übereinstimmt.

Die Vorteile der Verwendung von Bedingungsnamen werden erst in komplexeren Entscheidungssituationen erkennbar:

```
05  GESCHLECHT     PIC 9.
    88 WEIBLICH    VALUE 1.
    88 MAENNLICH   VALUE 2.
```

Hier ist unterstellt, daß GESCHLECHT Bestandteil eines einzulesenden Dateisatzes ist. Die Formulierung

```
        IF WEIBLICH MOVE "Frau" TO ANREDE
        ELSE IF MAENNLICH MOVE "Herr" TO ANREDE
            ELSE MOVE SPACE TO ANREDE
```

ist zweifelsfrei aussagefähiger als die äquivalente Abfrage ohne Verwendung von Bedingungsnamen:

```
        IF GESCHLECHT = 1 MOVE "Frau" TO ANREDE
        ELSE IF GESCHLECHT = 2 MOVE "Herr" TO ANREDE
            ELSE MOVE SPACE TO ANREDE.
```

Die VALUE-Klausel zu einem Bedingungsnamen darf auch mehrere Werte aufführen (z.B. VALUE 1 3 4 5 6 9), wobei geschlossene Wertebereiche unter Verwendung der THRU-Option verkürzt notiert werden können (z.B. VALUE 1 3 THRU 6 9). Im folgenden Beispiel werden unterschiedlichen Produktgruppen mit Hilfe von Bedingungsnamen Rabattsätze zugeordnet:

```
    01  PRODUKT-GRUPPE          PIC 9.
        88 RABATT-SATZ-1        VALUE   1 3 5.
        88 RABATT-SATZ-2        VALUE   2 4 THRU 6.
        88 RABATT-SATZ-3        VALUE   7 THRU 9.
```

Die unter Angabe eines Bedingungsnamens formulierte Anweisung

```
    IF RABATT-SATZ-1 THEN MOVE 0,15 TO RABATT
```

ist mit der aufwendigeren Formulierung

```
    IF PRODUKT-GRUPPE = 1 OR 3 OR 5 THEN MOVE 0,15 TO RABATT
```

funktionsgleich. Zusätzlich läßt sich die Zuordnung von Produktgruppen zu Rabattsätzen in der DATA DIVISION leicht ändern. Eine bestellmengenabhängige Rabattstaffel ließe sich z.B. wie folgt formulieren:

```
    05  BESTELL-MENGE           PIC 9(3).
        88 RABATT-SATZ-1        VALUE     1 THRU   5.
        88 RABATT-SATZ-2        VALUE     6 THRU  10.
        88 RABATT-SATZ-3        VALUE    11 THRU  50.
        88 RABATT-SATZ-4        VALUE    51 THRU 200.
        88 RABATT-SATZ-5        VALUE   201 THRU 999.
```

Das Prüffeld, dem mit Hilfe der Stufennummer 88 Bedingungsnamen zugeordnet werden, darf beliebig definiert sein. Insbesondere können auch Nachkommastellen markiert sein.

### 8.4.2 SET TO TRUE-Anweisung

**Funktion und Format**

Die SET TO TRUE-Anweisung kann verwendet werden, um einem oder mehreren Stufennummer-88-Bedingungsnamen den Wahrheitswert "wahr" (TRUE) zuzuordnen.

```
┌─ Format ─────────────────────────────────────────────┐
│                                                      │
│   SET  Bedingungsname-1  [ Bedingungsname-2 ] ...  TO TRUE │
│                                                      │
└──────────────────────────────────────────────────────┘
```

## Beschreibung

Bei Ausführung der Anweisung wird in das einem Bedingungsnamen zugeordnete Prüffeld derjenige Datenwert eingestellt, der als erster in der zugehörigen VALUE-Klausel aufgeführt ist. Wurden z.B. in der WORKING-STORAGE SECTION die Bedingungsnamen WEITER und ABBRUCH definiert,

```
77  PRUEFFELD           PIC X.
    88 WEITER           VALUE "J" "j".
    88 Abbruch          VALUE "N" "n".
```

enthält PRUEFFELD nach Ausführung der Anweisung

```
SET ABBRUCH TO TRUE
```

das Zeichen "N". Die durch den Bedingungsnamen ABBRUCH repräsentierte Vergleichsbedingung ist somit erfüllt. In einer SET-Anweisung dürfen auch mehrere – unterschiedlichen Prüffeldern zugeordnete – Bedingungsnamen aufgeführt werden:

```
SET ABBRUCH DATEI-ENDE TO TRUE
```

Der nachfolgende Programmausschnitt demonstriert am Beispiel der Ablaufsteuerung zur *lesenden Verarbeitung einer sequentiellen Datei* die Verwendung des Bedingungsnamens EOF (Dateiende) in Verbindung mit einer INITIALIZE- und einer SET-Anweisung.

```
*----------------------------------------
 WORKING-STORAGE SECTION.
*----------------------------------------
 77  EOF-FELD           PIC X.
     88 EOF             VALUE "J".
*----------------------------------------------------------------
 PROCEDURE DIVISION.
*----------------------------------------------------------------
 START-PROG.
     INITIALIZE EOF-FELD.
     OPEN INPUT ARTIKEL.
     PERFORM UNTIL EOF
         READ ARTIKEL
             AT END  SET EOF TO TRUE
             NOT END  ... verarbeite den gelesenen
                          Dateisatz
         END-READ
     END-PERFORM.
 ENDE-PROG.
     CLOSE ARTIKEL.
     STOP RUN.
```

Hier tritt der Bedingungsname EOF als Abbruchbedingung in der PERFORM-Anweisung auf. Beim ersten Versuch des "Lesens hinter dem Dateiende" stellt die SET-Anweisung sicher, daß die Abbruchbedingung erfüllt und damit die Dateiverarbeitung beendet ist.

Im Vergleich zu der in Abschnitt 6.5.1 erläuterten Ablaufsteuerung zur lesenden Dateiverarbeitung (Lösung 1, S. 306) ist die oben angegebene Lösungsvariante *leichter lesbar* und insbesondere *weniger fehleranfällig*. Innerhalb der PROCEDURE DIVISION sind bei Verwendung der SET-Anweisung keinerlei Kenntnisse über konkrete Inhalte der EOF-Schaltervariablen mehr erforderlich (Lösung 1: MOVE "J" TO EOF, PERFORM UNTIL EOF = "J"). Die Verarbeitungsanweisungen können unabhängig vom Datentyp des Prüffelds und dem in der VALUE-Klausel zum Bedingungsnamen angegebenen Wert formuliert werden. Insbesondere bei der Verwendung *mehrerer* Schaltervariablen innerhalb eines Programms lassen sich mit Hilfe von Bedingungsnamen in Verbindung mit der SET- und INITIALIZE-Anweisung *potentielle Fehlerquellen eliminieren*.

## 8.5 Redefinition von Speicherbereichen

### Funktion und Format

Die REDEFINES-Klausel ermöglicht die Zuordnung mehrerer Datenbeschreibungen zu einem Speicherbereich. Damit wird die Bezugnahme auf beliebige Teilfelder des Speicherbereichs möglich.

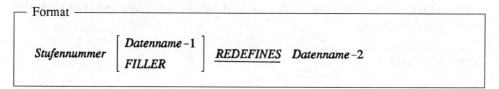

### Beispiel

```
01  PREIS           PIC 999V99.
01  PREIS-ANTEILE   REDEFINES PREIS.
    05  DM          PIC 999.
    05  PFENNIGE    PIC 99.
```

### Syntaktische Regeln

1. Datenname-2 bezeichnet die Erstdefinition eines Speicherbereichs, der mit Datenname-1 redefiniert wird. Die Erstdefinition (im obigen Beispiel PREIS) darf beliebig häufig redefiniert werden.
2. Die Erstdefinition und alle ihr zugeordneten Redefinitionen müssen dieselbe Stufennummer haben.
3. In der FILE SECTION und der WORKING-STORAGE SECTION dürfen Datenfeldbeschreibungen der Stufen 02 bis 49 redefiniert werden. Zusätzlich

ist in der WORKING-STORAGE SECTION die Redefinition auf Stufe 01 zulässig.[1)]

4. Datenname-1 und Datenname-2 dürfen Datengruppen bezeichnen.
5. Definiert Datenname-2 eine hierarchisch untergliederte Datengruppe, ist die REDEFINES-Klausel unmittelbar im Anschluß an die vollständige Beschreibung der Untergliederung zu codieren.
6. Die Redefinition eines Speicherbereichs darf kürzer als die Erstdefinition sein.
7. Der Redefinition dürfen keine Anfangswerte mit Hilfe einer VALUE-Klausel zugewiesen werden.

**Beschreibung**

Die Redefinition eines Speicherbereichs ordnet beliebigen Teilbereichen eines Datenfeldes Datennamen zu, die in Anweisungen eine Bezugnahme auf den Inhalt der Teilbereiche ermöglichen. Im oben angegebenen Beispiel ist dem Datennamen PREIS ein 5 Byte langer Speicherbereich zugeordnet. Die Redefinition zu PREIS erlaubt den Zugriff auf den DM-Anteil (DM, Zeichen 1 bis 3) und/oder die Pfennige (PFENNIGE, Zeichen 4 und 5). Das Datum PREIS kann weiterhin als Rechenwert verwendet werden.

Im folgenden Beispiel wird das Datenfeld ZAHL

```
01  ZAHL                  PIC 999.
01  ZAHL-UNTERTEILUNG     REDEFINES  ZAHL.
    05  HUNDERTER         PIC 9.
    05  ZEHNER            PIC 9.
    05  EINER             PIC 9.
```

so untergliedert, daß auf die einzelnen Dezimalziffern Bezug genommen werden kann. Auch alphabetisch und alphanumerisch sowie druckaufbereitet definierte Daten dürfen redefiniert werden.

---

1. Mit Hilfe der REDEFINES-Klausel dürfen also keine 01-Dateisatzbeschreibungen neu gegliedert werden. Die im Zusammenhang mit der Definition von "Dateien mit Folgesätzen" (siehe Abschn. 6.5.3) erläuterte Redefinition des Dateipuffers entspricht nach Zielsetzung und Wirkung exakt der hier zu behandelnden Redefinition.

# 9. Allgemeine COBOL-Anweisungen (Teil II)

## 9.1 Kontrollkonstrukte

In Kap. 5 wurden die PERFORM UNTIL- und die IF-Anweisung als Steueranweisungen zur Realisierung der Kontrollkonstrukte Wiederholung und Auswahl vorgestellt. Die folgenden Abschnitte erläutern weitere Steueranweisungen, die zum Aufruf interner Unterprogramme sowie zur Realisierung der Konstrukte Zählschleife und Fallunterscheidung geeignet sind. Entscheidungstabellen lassen sich als Fallunterscheidungen auffassen. Sie können übersichtlich mit Hilfe der EVALUATE-Anweisung realisiert werden.

### 9.1.1 PERFORM-Formate

Dieser Abschnitt behandelt vier unterschiedliche PERFORM-Formate. Format-1 dient dem Aufruf interner Unterprogramme. Mit Hilfe der Formate 2 und 3 werden Zählschleifen realisiert. Format-4 bietet lediglich eine geringfügige Erweiterung zu der in Kapitel 5 behandelten PERFORM UNTIL-Anweisung.

**Aufruf interner Unterprogramme**

Format-1 der PERFORM-Anweisung bringt die Befehlsfolge eines geeignet zu definierenden internen Unterprogramms einmal zur Ausführung. Nach der Abarbeitung des internen Unterprogramms werden diejenigen Anweisungen ausgeführt, die der PERFORM-Anweisung unmittelbar folgen.

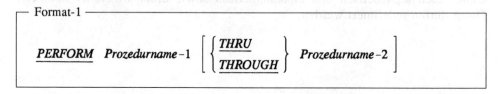

Ein internes Unterprogramm wird auch als *Prozedur* bezeichnet. Dabei kann es sich um die Befehlsfolge eines einzelnen Paragraphen, eine Folge von Paragraphen, ein Kapitel (SECTION) oder eine Folge von Kapiteln der PROCEDURE DIVISION handeln.

Soll die PERFORM-Anweisung lediglich die Befehlsfolge eines einzelnen Paragraphen der PROCEDURE DIVISION zur Ausführung bringen, ist für Prozedurname-1 der Paragraphenname anzugeben:

```
PROCEDURE DIVISION.              PROCEDURE DIVISION.
START-PROG.                      START-PROG.
   Anweisung-1                      PERFORM ERFASSUNG
   Anweisung-2                      PERFORM VERARBEITUNG
```

```
    PERFORM BERECHNUNG            PERFORM AUSGABE.
    Anweisung-3                   ENDE-PROG.
    Anweisung-4.                    STOP RUN.
ENDE-PROG.
    STOP RUN.                     ERFASSUNG.
                                      Befehlsfolge zur Erfassung ...
BERECHNUNG.                       VERARBEITUNG.
    Anweisung-5                       Befehlsfolge Verarbeitung ...
    Anweisung-6.                  AUSGABE.
                                      Befehlsfolge Datenausgabe ...
```

Im *linken Beispiel* repräsentieren die Anweisungen 1 bis 6 beliebige COBOL-Anweisungen. Nach dem Start dieses Programms würden erst die Anweisungen 1 und 2, danach Anweisung 5 und 6 und abschließend Anweisung 3 und 4 abgearbeitet. PERFORM BERECHNUNG ruft also die Befehlsfolge des Paragraphen BERECHNUNG zur Ausführung auf und übergibt nach der Abarbeitung dieses internen Unterprogramms (Anweisung 5 und 6) die weitere Ablaufsteuerung automatisch an die auf die PERFORM-Anweisung folgende Anweisung-3 (Rückverzweigung). Das *rechte Beispiel* zeigt im Hauptprogramm eine aus drei PERFORM-Anweisungen bestehende *Aufrufsteuerleiste*, die die Reihenfolge der abzuarbeitenden internen Unterprogramme festlegt. Die eigentliche Verarbeitung ist in drei Paragraphen ausgelagert. Auch komplexe Programme lassen sich so übersichtlich gestalten.[1]

Anstelle eines Paragraphennamens kann als Prozedurname auch ein Kapitelname der PROCEDURE DIVISION angegeben werden. Dann bilden *alle Paragraphen des Kapitels* das auszuführende interne Unterprogramm.

Die Schlüsselwörter THRU und THROUGH sind – auch in allen nachfolgenden Formaten – funktionsgleich. Durch Angabe von Prozedurname-1 und Prozedurname-2 in einem PERFORM-Aufruf kann *eine Folge von Programmabschnitten* zu *einem* internen Unterprogramm zusammengefaßt werden. Dann werden die mit Prozedurname-1 bezeichnete Befehlsfolge, alle zwischen den beiden Programmabschnitten angeordneten Anweisungen und zum Schluß der mit Prozedurname-2 bezeichnete Abschnitt abgearbeitet. Die Anweisung

    PERFORM ERFASSUNG THRU AUSGABE

ist also geeignet, die drei PERFORM-Aufrufe im Hauptprogramm des obigen Beispiels funktionsgleich zu ersetzen.

Format-1 der PERFORM-Anweisung läßt sich in *zwei wichtigen Anwendungssituationen* nutzbringend einsetzen. Wenn an unterschiedlichen Stellen eines Programms *gleiche* Verarbeitungen auszuführen sind (z.B. Plausibilitätsprüfungen, Fehlermeldungen, Berechnungen usw.), ist es zweckmäßig, diese *einmal* als internes Unterprogramm zu realisieren und dann bei Bedarf jeweils mittels der PERFORM-Anweisung aufzurufen. Eine zweite wichtige Einsatzmöglichkeit liegt vor, wenn das Hauptprogramm einer Anwendung als *Aufrufsteuerleiste* übersicht-

---

1. In Nassi-Shneiderman-Diagrammen wird der Aufruf interner Unterprogramme mittels des Strukturblocks "Algorithmusaufruf" bzw. "Verfeinerung" dargestellt.

lich gestaltet wird und die eigentlichen Verarbeitungen in Kapitel oder Paragraphen ausgelagert werden.

Aus einem internen Unterprogramm dürfen selbst wiederum interne Unterprogramme aufgerufen werden (PERFORM-Schachtelung). Sie dürfen sich jedoch nicht wechselseitig aufrufen (rekursive Aufrufe). Weiterhin muß sichergestellt sein, daß die aus einem aktivierten internen Unterprogramm aufgerufene Befehlsfolge eines zweiten Unterprogramms *völlig innerhalb* oder *völlig außerhalb* des ersten liegt. Abbildung 9.1 zeigt zulässige PERFORM-Schachtelungen.

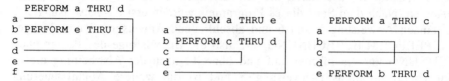

*Abb. 9.1   Zulässige PERFORM-Schachtelungen*

Die in Abb. 9.2 links gezeigte Schachtelung ist wegen der Überlappung von zwei aktiven Programmabschnitten mithin unzulässig. Einen ebenfalls nach dem COBOL-Standard unzulässigen Sonderfall zeigt die mittlere Schachtelung in Abb. 9.2. Hier enden die Befehlsfolgen zweier aktivierter Unterprogramme im selben Paragraphen. Nach Abarbeitung des Paragraphen e ist nicht eindeutig bestimmbar, zu welcher von zwei möglichen Anweisungen rückverzweigt werden soll (Rücksprungadresse).

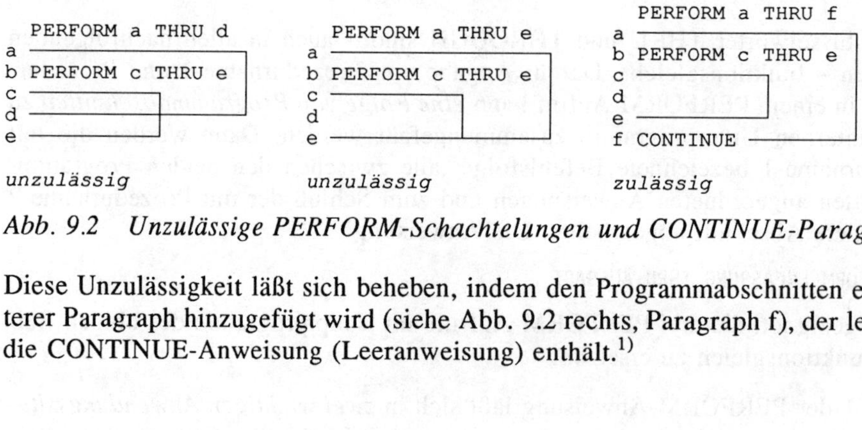

*Abb. 9.2   Unzulässige PERFORM-Schachtelungen und CONTINUE-Paragraph*

Diese Unzulässigkeit läßt sich beheben, indem den Programmabschnitten ein weiterer Paragraph hinzugefügt wird (siehe Abb. 9.2 rechts, Paragraph f), der lediglich die CONTINUE-Anweisung (Leeranweisung) enthält.[1]

---

1. In Erweiterung zu den Spezifikationen der COBOL-Norm können viele Compiler die als unzulässig bezeichneten Schachtelungen problemlos verarbeiten.

# Implizite Zählschleifen

Mit Hilfe des folgenden Formats-2 der PERFORM-Anweisung lassen sich implizite Zählschleifen (Laufvariablen nicht verfügbar) realisieren. Der aus einer oder mehreren Anweisungen bestehende Schleifenkörper wird bei impliziten Zählschleifen vordefiniert häufig abgearbeitet.[1]

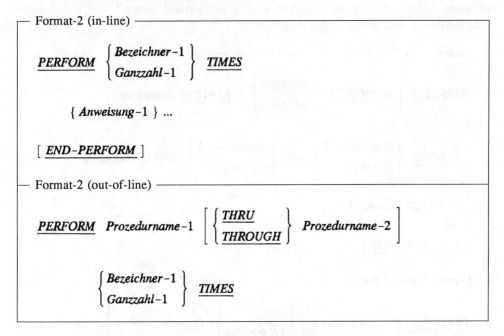

Die Häufigkeit der Ausführung des Schleifenkörpers wird durch Bezeichner-1 oder alternativ mittels eines ganzzahligen numerischen Literals (Ganzzahl-1) festgelegt. Bezeichner-1 muß als ganzzahliges numerisches Feld definiert sein. Wie bei den in Kap. 5 behandelten PERFORM-UNTIL-Bedingungsschleifen kann der Schleifenkörper auch bei Zählschleifen in-line oder out-of-line angeordnet werden. Bei *in-line-Schleifen* folgen die Anweisungen des Schleifenkörpers (Anweisung-1) unmittelbar dem Schlüsselwort TIMES. Der Schleifenkörper endet mit dem expliziten Bereichsbegrenzer END-PERFORM, der auch durch den impliziten Begrenzer Punkt (.) ersetzt werden kann. Bei *out-of-line-Schleifen* wird der Schleifenkörper in ein internes Unterprogramm (Prozedurname-1, Prozedurname-2) ausgelagert.

Innerhalb des Schleifenkörpers ist der aktuelle Wert einer Laufvariablen (n-ter Durchlauf) bei impliziten Zählschleifen nach Format-2 *nicht* verfügbar. Im Anschluß an die vordefiniert häufige Abarbeitung des Schleifenkörpers wird die Programmausführung mit der dem PERFORM-Befehl folgenden Anweisung fortgesetzt.

---

1. Zur Systematik der Schleifenkonzepte sowie zur Darstellung in Nassi-Shneiderman-Diagrammen siehe Abschnitt 2.2, insbesondere Abbildung 2.17 und 2.18.

## Explizite Zählschleifen

Mittels des folgenden Formats-3 der PERFORM VARYING-Anweisung können explizite Zählschleifen (Laufvariablen verfügbar) realisiert werden. Bei jedem Schleifendurchlauf wird eine Laufvariable um eine vordefinierte Schrittweite erhöht oder vermindert. Die Schleifenverarbeitung wird beendet, wenn eine bzw. mehrere Abbruchbedingungen erfüllt sind. Das in-line-Format-3 und das out-of-line-Format-3 sind *nicht* funktionsgleich.

```
┌─ Format-3 (in-line) ─────────────────────────────────────────────┐
│                                                                   │
│      PERFORM  [ WITH TEST { BEFORE } ]  VARYING Bezeichner-1      │
│                           { AFTER  }                              │
│                                                                   │
│          FROM { Bezeichner-2 }  BY { Bezeichner-3 }  UNTIL Bedingung-1
│               { Literal-2    }     { Lieral-3     }              │
│                                                                   │
│              { Anweisung-1 } ...                                  │
│                                                                   │
│      [ END-PERFORM ]                                              │
├─ Format-3 (out-of-line) ─────────────────────────────────────────┤
│                                                                   │
│   PERFORM  Prozedurname-1  [ { THRU    } Prozedurname-2 ]         │
│                              { THROUGH }                          │
│                                                                   │
│          [ WITH TEST { BEFORE } ]  VARYING Bezeichner-1           │
│                      { AFTER  }                                   │
│                                                                   │
│          FROM { Bezeichner-2 }  BY { Bezeichner-3 }  UNTIL Bedingung-1
│               { Literal-2    }     { Lieral-3     }              │
│                                                                   │
│        [ AFTER Bezeichner-4                                       │
│                                                                   │
│          FROM { Bezeichner-5 }  BY { Bezeichner-6 }  UNTIL Bedingung-2 ] ...
│               { Literal-5    }     { Literal-6    }              │
│                                                                   │
└───────────────────────────────────────────────────────────────────┘
```

## In-line-Format-3

Diese Anweisung variiert bei jedem Schleifendurchlauf eine Laufvariable (VARYING-Angabe) ausgehend von einem *Anfangswert* (FROM-Angabe) um eine konstante *Schrittweite* (BY-Angabe). Die Schleifenverarbeitung wird abgebrochen, wenn die *Abbruchbedingung* (UNTIL-Angabe) erfüllt ist.

Bezeichner-1, Bezeichner-2 und Bezeichner-3 sind numerisch definierte Datenfelder. Für den Anfangswert sowie die Schrittweite dürfen auch numerische Literale (ggf. mit Vorzeichen und Nachkommastellen) angegeben werden.[1] Die Formulierung der Abbruchbedingung unterliegt keinen Einschränkungen. Wie bei der in Kap. 5 behandelten PERFORM UNTIL-Anweisung kann mittels der TEST-Option festgelegt werden, ob eine vorausgehende (BEFORE, kopfgesteuert) oder nachfolgende (AFTER, fußgesteuert) Prüfung der Abbruchbedingung erfolgen soll. Verzichtet der Programmierer auf die Angabe der TEST-Option, wird die Abbruchbedingung *vor* jedem Schleifendurchlauf (BEFORE) geprüft. Der Geltungsbereich des Schleifenkörpers (Anweisung-1) ist beim in-line-Format-3 explizit (END-PERFORM) oder implizit (.) zu begrenzen.

Vor dem erstmaligen Abarbeiten des Schleifenkörpers wird der Laufvariablen (Bezeichner-1) der Anfangswert (FROM-Angabe) zugewiesen. Nach dem ersten Schleifendurchlauf erfolgt vor jeder erneuten Ausführung des Schleifenkörpers eine Erhöhung bzw. Verminderung der Laufvariablen um die Schrittweite. Der jeweils aktuelle Wert der Laufvariablen steht für Verarbeitungszwecke im Schleifenkörper zur Verfügung. Das folgende Beispiel demonstriert die Verwendung einer PERFORM VARYING-Anweisung:

```
*-----------------------------------------------------------------
 WORKING-STORAGE SECTION.
*-----------------------------------------------------------------
 77 BASIS            PIC 9(2).
 77 QUADRAT          PIC 9(4).
*-----------------------------------------------------------------
 PROCEDURE DIVISION.
*-----------------------------------------------------------------
 START-PROG.
     PERFORM VARYING BASIS FROM  5  BY 1  UNTIL BASIS > 55
         COMPUTE QUADRAT = BASIS ** 2
         DISPLAY BASIS "   " QUADRAT UPON CONSOLE
     END-PERFORM.
 ENDE-PROG.
     STOP RUN.
```

Die Laufvariable BASIS wird hier mit einer Schrittweite von 1 im Intervall von 5 bis 55 variiert. Die erste Ausgabezeile zeigt für BASIS/QUADRAT die Werte 5/25, die zweite 6/36 und die letzte 55/3025. Möchte man sicherstellen, daß keine Quadrate größer als 2000 berechnet werden, ließe sich dies durch die Abbruchbedingung "... UNTIL BASIS > 55 OR QUADRAT > 2000" erreichen. Hier

---

1. Die Schrittweite muß von Null verschieden sein.

würden beim vorletzten Schleifendurchlauf die Werte 44/1936 und beim letztmaligen Durchlauf die Werte 45/2025 angezeigt. Bei Vorgabe der folgenden Schleifensteuerung

```
PERFORM VARYING BASIS FROM 55 BY -1 UNTIL BASIS < 5
    COMPUTE QUADRAT = BASIS ** 2
    DISPLAY BASIS "  " QUADRAT UPON CONSOLE
END-PERFORM.
```

nimmt die Laufvariable BASIS die Werte 55, 54, ..., 5 an.

## Out-of-line-Format-3

Bei diesem Format muß der Schleifenkörper als internes Unterprogramm in Paragraphen oder Kapitel (Prozedurname-1, Prozedurname-2) ausgelagert werden. Während die in-line-Variante der PERFORM VARYING-Anweisung nur die Definition *einer* Laufvariablen zuläßt, dürfen bei out-of-line-Anweisungen *bis zu 7 Laufvariablen* angegeben werden. Bezeichner-1 spezifiziert die erste Laufvariable. Für jede weitere muß eine AFTER-Option mit Bezeichner-4 als Laufvariable sowie einem Anfangswert (FROM-Angabe), einer Schrittweite (BY-Angabe) und einer Abbruchbedingung (Bedingung-2) codiert werden. Das folgende Beispiel demonstriert die Variation zweier Laufvariablen:

```
*-----------------------------------------------------------------
 WORKING-STORAGE SECTION.
*-----------------------------------------------------------------
 77  X-WERT          PIC 9.
 77  Y-WERT          PIC 9.
*-----------------------------------------------------------------
 PROCEDURE DIVISION.
*-----------------------------------------------------------------
 START-PROG.
     PERFORM VERARBEITUNG
         VARYING X-WERT FROM 1 BY 1 UNTIL X-WERT > 5
         AFTER   Y-WERT FROM 1 BY 1 UNTIL Y-WERT > 3.
 ENDE-PROG.
     STOP RUN.
 VERARBEITUNG.
     DISPLAY X-WERT "  " Y-WERT UPON CONSOLE.
```

Zu jedem Wert der VARYING-Laufvariablen (Bezeichner-1) wird das Intervall der AFTER-Laufvariablen (Bezeichner-4) *einmal vollständig* durchlaufen. Im obigen Beispiel nehmen X-Wert und Y-Wert nacheinander folgende Werte an:

```
X-WERT:     1 1 1 2 2 2 3 3 3 4 4 4 5 5 5
Y-WERT:     1 2 3 1 2 3 1 2 3 1 2 3 1 2 3
```

Bei der folgenden PERFORM VARYING-Anweisung mit drei Laufvariablen

```
PERFORM VERARBEITUNG
    VARYING X-WERT FROM 1 BY 1 UNTIL X-WERT > 4
    AFTER   Y-WERT FROM 1 BY 1 UNTIL Y-WERT > 3
    AFTER   Z-WERT FROM 1 BY 1 UNTIL Z-WERT > 2.
```

würde der Schleifenkörper mit den Wertekonstellationen

```
X-WERT:   1 1 1 1 1 1 2 2 2 2 2 2 3 3 3 3 3 3 4 4 4 4 4 4
Y-WERT:   1 1 2 2 3 3 1 1 2 2 3 3 1 1 2 2 3 3 1 1 2 2 3 3
Z-WERT:   1 2 1 2 1 2 1 2 1 2 1 2 1 2 1 2 1 2 1 2 1 2 1 2
```

abgearbeitet. Ab dem ANSI-Standard 1985 muß die Initialisierung von Bezeichner-4 *im Anschluß* an die Initialisierung von Bezeichner-1 erfolgen. Dies ermöglicht die systematische Modifikation der Intervallgrenze Bezeichner-5:

```
PERFORM VERARBEITUNG
    VARYING  X-WERT  FROM        1  BY 1  UNTIL  X-WERT > 5
    AFTER    Y-WERT  FROM  X-WERT  BY 1  UNTIL  Y-WERT > 5.
```

Man erhält wegen des variablen Anfangswerts in der AFTER-Angabe (X-Wert) nun die Wertekombinationen

```
X-WERT:   1 1 1 1 1 2 2 2 2 3 3 3 4 4 5
Y-WERT:   1 2 3 4 5 2 3 4 5 3 4 5 4 5 5
```

bei der Abarbeitung des Schleifenkörpers. Lösung 2 zu Beispiel 2 (siehe unten) demonstriert die Anwendung einer solchen Formulierung.

### Erweiterung zu Bedingungsschleifen

In Kap. 5 wurde die PERFORM UNTIL-Anweisung als Steueranweisung zur Realisierung der Kontrollkonstrukte Wiederholung mit vorausgehender oder nachfolgender Bedingungsprüfung erläutert. Diese Anweisung kann als in-line- oder out-of-line-Variante formuliert werden. Das folgende Format-4 zeigt eine Erweiterung zu der in Kap. 5 behandelten out-of-line-Formulierung.

```
┌─ Format-4 (out-of-line) ─────────────────────────────────┐
│                                                          │
│                          ⎧ THRU    ⎫                     │
│    PERFORM  Prozedurname-1 ⎨        ⎬ Prozedurname-2     │
│                          ⎩ THROUGH ⎭                     │
│                                                          │
│                  ⎡          ⎧ BEFORE ⎫ ⎤                 │
│                  ⎢ WITH TEST ⎨        ⎬ ⎥ UNTIL Bedingung│
│                  ⎣          ⎩ AFTER  ⎭ ⎦                 │
│                                                          │
└──────────────────────────────────────────────────────────┘
```

Der Schleifenkörper der PERFORM UNTIL-Anweisung darf nun auch in eine Folge von Paragraphen oder Kapiteln (Prozedurname-1, Prozedurname-2) ausgelagert werden.

### Beispiel 1 (PERFORM VARYING)

Das folgende Programm gibt 25 Bildschirmzeilen aus. Anschließend wird im Zentrum des Bildschirms ein 10 Zeilen mal 30 Spalten großes Bildschirmfenster (Pop-Up-Window) eingeblendet.

```
*-----------------------------------------------------------
 WORKING-STORAGE SECTION.
*-----------------------------------------------------------
 01  CURSOR-POSITION.
     05  ZEILE          PIC 99.
     05  SPALTE         PIC 99 VALUE 1.
 01  TEXT-ZEILE         PIC X(80) VALUE ALL "A".
 01  POP-UP-ZEILE       PIC X(30) VALUE ALL "Z".
*-----------------------------------------------------------
 PROCEDURE DIVISION.
*-----------------------------------------------------------
 START-PROG.
     DISPLAY SPACES.
     PERFORM VARYING ZEILE FROM 1 BY 1 UNTIL ZEILE > 25
         DISPLAY TEXT-ZEILE AT CURSOR-POSITION
     END-PERFORM.
     MOVE 26 TO SPALTE.
     PERFORM VARYING ZEILE FROM 9 BY 1 UNTIL ZEILE > 18
         DISPLAY POP-UP-ZEILE AT CURSOR-POSITION
     END-PERFORM.
 ENDE-PROG.
     STOP RUN.
```

### Beispiel 2 (PERFORM VARYING)

Für die Gleichung $x^2 + y^2 = z^2$ lassen sich mehrere Lösungen mit ganzzahligen Werten für x, y, z angeben. Sie ist z.B. erfüllt für $3^2 + 4^2 = 5^2$ oder auch $12^2 + 5^2 = 13^2$.

Ein Programm soll alle Lösungen der Gleichung im Intervall x, y $\in$ {1, 2, ..., 25} auffinden und am Bildschirm anzeigen.

### Lösung 1

```
*-----------------------------------------------------------
 WORKING-STORAGE SECTION.
*-----------------------------------------------------------
 77  X-WERT             PIC 9(2).
 77  Y-WERT             PIC 9(2).
 77  SUMME              PIC 9(4).
 77  Z-WERT             PIC 9(2).
 77  Z-QUADRAT          PIC 9(4).
 77  ANZAHL             PIC 9(6) VALUE ZERO.
*-----------------------------------------------------------
 PROCEDURE DIVISION.
*-----------------------------------------------------------
 START-PROG.
     PERFORM BERECHNUNG
         VARYING X-WERT FROM 1 BY 1 UNTIL X-WERT > 25
         AFTER   Y-WERT FROM 1 BY 1 UNTIL Y-WERT > 25.
 ENDE-PROG.
     DISPLAY ANZAHL UPON CONSOLE.
     STOP RUN.
 BERECHNUNG.
     COMPUTE SUMME = X-WERT ** 2 + Y-WERT ** 2.
```

```
        PERFORM VARYING Z-WERT FROM 1 BY 1 UNTIL Z-WERT > 36
            COMPUTE Z-QUADRAT = Z-WERT ** 2
            IF Z-QUADRAT = SUMME
                DISPLAY X-WERT SPACE Y-WERT SPACE Z-WERT SPACE
                        SUMME SPACE Z-QUADRAT UPON CONSOLE
            END-IF
            COMPUTE ANZAHL = ANZAHL + 1
        END-PERFORM.
```

Dieser Algorithmus benötigt zum Auffinden von 22 Lösungen 25 x 25 x 36 = 22500 Schleifendurchläufe (ANZAHL). Wegen $x^2 + y^2 = y^2 + x^2 = z^2$ sind 11 der 22 Lösungen trivial.

Der folgende *optimierte Algorithmus* findet ebenfalls alle nichttrivialen Lösungen. Er benötigt lediglich 1400 Schleifendurchläufe (ANZAHL).

### Lösung 2

```
*-------------------------------------------------------------
 PROCEDURE DIVISION.
*-------------------------------------------------------------
 START-PROG.
     PERFORM BERECHNUNG
         VARYING X-WERT FROM       1 BY 1 UNTIL X-WERT > 25
         AFTER   Y-WERT FROM X-WERT BY 1 UNTIL Y-WERT > 25.
 ENDE-PROG.
     DISPLAY ANZAHL UPON CONSOLE.
     STOP RUN.
 BERECHNUNG.
     COMPUTE SUMME = X-WERT ** 2 + Y-WERT ** 2.
     INITIALIZE Z-QUADRAT
     PERFORM VARYING Z-WERT FROM Y-WERT BY 1
             UNTIL Z-QUADRAT > SUMME
         COMPUTE Z-QUADRAT = Z-WERT ** 2
         IF Z-QUADRAT = SUMME
             DISPLAY X-WERT SPACE Y-WERT SPACE Z-WERT SPACE
                     SUMME SPACE Z-QUADRAT UPON CONSOLE
         END-IF
         COMPUTE ANZAHL = ANZAHL + 1
     END-PERFORM.
```

Durch den Verzicht auf das Auffinden trivialer Lösungen (FROM X-WERT), den geeigneten Anfangswert (FROM Y-WERT) und das verbesserte Abbruchkriterium lassen sich hier 21100 Schleifendurchläufe einsparen.

### 9.1.2 GO TO-Anweisung

**Funktion und Format**

Mit Hilfe der GO TO-Anweisung kann die Ablaufsteuerung an einen beliebigen Paragraphen oder ein Kapitel der PROCEDURE DIVISION übertragen werden.

```
┌─ Format ──────────────────────────────────────────────────────────┐
│                                                                   │
│   GO   TO   Prozedurname                                          │
│                                                                   │
└───────────────────────────────────────────────────────────────────┘
```

**Beschreibung**

Nach Ausführung der GO TO-Anweisung (Sprungbefehl) wird diejenige Anweisung abgearbeitet, die dem Prozedurnamen unmittelbar folgt. Im Gegensatz zur Anweisung "PERFORM Prozedurname" sieht die GO TO-Anweisung *keine Rückverzweigung* vor.

Die GO TO-Anweisung ist eine Steueranweisung, für die kein eigener Strukturblock existiert. Im Prinzip lassen sich beliebige Algorithmen ohne Verwendung dieser Sprunganweisung codieren. Es läßt sich jedoch zeigen, daß manche Compiler-Implementierungen einen kompakteren Objektcode erzeugen, wenn Schleifenkonstrukte (Bedingungsschleifen, Zählschleifen) unter Verwendung der GO TO-Anweisung (Rücksprung) in Verbindung mit IF-Abfragen (Abbruch der Schleifenverarbeitung) realisiert werden. In zeitkritischen Anwendungen wird man dann diesen Weg wählen. Weiterhin läßt sich unter Verwendung der GO TO-Anweisung das Kontrollkonstrukt der Fallunterscheidung realisieren (siehe Abschn. 9.1.3).

**Beispiel**

Der Algorithmus zu Beispiel 2, Lösung 1 aus Abschnitt 9.1.1, S. 364, ist unter Verwendung von GO TO-Anweisungen zu realisieren.

```
*-----------------------------------------------------------------
 PROCEDURE DIVISION.
*-----------------------------------------------------------------
 START-PROG.
     MOVE 1 TO X-WERT Y-WERT Z-WERT.
 SCHLEIFEN-ANFANG.
     COMPUTE SUMME = X-WERT ** 2 + Y-WERT ** 2.
 TEST-LOESUNG.
     COMPUTE Z-QUADRAT = Z-WERT ** 2
     IF Z-QUADRAT = SUMME
        DISPLAY X-WERT SPACE Y-WERT SPACE Z-WERT SPACE
                SUMME SPACE Z-QUADRAT UPON CONSOLE.
     COMPUTE ANZAHL = ANZAHL + 1.
     ADD 1 TO Z-WERT.
     IF Z-WERT < 37    GO TO TEST-LOESUNG.
     MOVE 1 TO Z-WERT.
     ADD  1 TO Y-WERT.
     IF Y-WERT < 26    GO TO SCHLEIFEN-ANFANG.
```

```
        MOVE 1 TO Y-WERT.
        ADD  1 TO X-WERT.
        IF X-WERT < 26    GO TO SCHLEIFEN-ANFANG.
ENDE-PROG.
        DISPLAY ANZAHL UPON CONSOLE.
        STOP RUN.
```

Die PERFORM VARYING-Anweisungen sind hier durch elementare Schleifenkonstruktionen ersetzt. Im Vergleich zur alten Lösung ist dieses Programm nur erschwert nachvollziehbar.

### 9.1.3 GO TO DEPENDING ON-Anweisung

**Funktion und Format**

Die GO TO DEPENDING ON-Anweisung ist ebenso wie die im nachfolgenden Abschnitt zu behandelnde EVALUATE-Anweisung eine Steueranweisung zum Realisieren des Kontrollkonstrukts Fallunterscheidung. Bei einer Fallunterscheidung wird genau eine von mehreren Verarbeitungsalternativen zur Ausführung gebracht.[1]

---
Format

  *GO TO Prozedurname-1* [ *Prozedurname-2* ] ...

         *DEPENDING ON Bezeichner-1*
---

**Syntaktische Regeln**

1. Prozedurname-1, Prozedurname-2 usw. sind Paragraphen- oder Kapitelnamen der PROCEDURE DIVISION.
2. Bezeichner-1 muß als ganzzahliges numerisches Datenfeld definiert sein.

**Beschreibung**

Die GO TO DEPENDING ON-Anweisung überträgt die Ablaufsteuerung an genau eines der Sprungziele Prozedurname-1, Prozedurname-2 usw. Welcher Paragraph bzw. welches Kapitel zur Ausführung kommt, bestimmt der unter Bezeichner-1 aktuell gespeicherte Datenwert. Enthält Bezeichner-1 einen der Werte 1, 2, ..., n, wird Prozedurname-1, Prozedurname-2, ... oder Prozedurname-n angesprungen. Beinhaltet Bezeichner-1 eine Zahl, die mit keinem der Sprungziele korrespondiert (z.B. 0 oder n + 1), wird diejenige Anweisung ausgeführt, die der GO TO DEPENDING ON-Anweisung unmittelbar folgt (Fehlerverarbeitung).

---

1. Den Strukturblock zur Fallunterscheidung zeigt Abb. 2.14, Seite 87.

**Beispiel**

In Abhängigkeit von einer Benutzerauswahl (ACCEPT WAHL) sollen Daten erfaßt, verarbeitet oder Verarbeitungsergebnisse am Bildschirm angezeigt werden.

```
    ACCEPT WAHL.

    GO TO   ERFASSUNG VERARBEITUNG AUSGABE   DEPENDING ON WAHL.

    ... Anweisungen Fehlerverarbeitung (WAHL ist nicht 1, 2, 3)
    GO TO CASE-ENDE.
ERFASSUNG.
    ... Anweisungen zur Datenerfassung
    GO TO CASE-ENDE.
VERARBEITUNG.
    ... Anweisungen zur Verarbeitung
    GO TO CASE-ENDE.
AUSGABE.
    ... Anweisungen zur Datenausgabe
    GO TO CASE-ENDE.
CASE-ENDE.
    CONTINUE.
```

Jeder Auswahlalternative ist hier als letzte Anweisung der Sprungbefehl GO TO CASE-ENDE angefügt. Diese Anweisungen sind *zwingend erforderlich*, wenn Fallunterscheidungen mit Hilfe der GO TO DEPENDING ON-Anweisung realisiert werden. Sie stellen sicher, daß jeweils nur eine Verarbeitungsalternative zur Ausführung kommt. Ohne die eingefügten Sprungbefehle GO TO CASE-ENDE würden im obigen Beispiel im Anschluß an die Abarbeitung z.B. des Paragraphen ERFASSUNG (Wahl = 1) definitionswidrig auch die Paragraphen VERARBEITUNG und AUSGABE sequentiell durchlaufen. Das Sprungziel CASE-ENDE enthält lediglich die Leeranweisung CONTINUE.

Das obige Beispiel einer Fallunterscheidung ließe sich funktionsgleich wie folgt mit Hilfe geschachtelter IF-Anweisungen realisieren:

```
    IF WAHL = 1
       THEN ... Anweisungen zur Datenerfassung
       ELSE IF WAHL = 2
               THEN ... Anweisungen zur Verarbeitung
               ELSE IF WAHL = 3
                       THEN ... Anweisungen zur Datenausgabe
                       ELSE ... Anweisungen Fehlerverarbeitung
                    END-IF
            END-IF
    END-IF.
```

Bei komplexen Verarbeitungen in den einzelnen Auswahlalternativen und einer größeren Anzahl von Alternativen werden die mit Hilfe von GO TO DEPENDING ON-Anweisungen und noch eher die mit IF-Schachtelungen realisierten Fallunterscheidungen *unübersichtlich*. Es ist dann zweckmäßig, die Verarbeitungen in interne Unterprogramme (Paragraphen, Kapitel) auszulagern und diese mit PERFORM-Aufrufen zur Ausführung zu bringen:

```
    ACCEPT WAHL.

    GO TO   WAHL-ERFASSUNG WAHL-VERARBEITUNG  DEPENDING ON WAHL.

    PERFORM FEHLER-VERARBEITUNG.
    GO TO CASE-ENDE.
WAHL-ERFASSUNG.
    PERFORM ERFASSUNG.
    GO TO CASE-ENDE.
WAHL-VERARBEITUNG.
    PERFORM VERARBEITUNG.
    GO TO CASE-ENDE.
CASE-ENDE.
    CONTINUE.
    ...
    STOP RUN.

ERFASSUNG.
    ... Anweisungen zur Datenerfassung
VERARBEITUNG.
    ... Anweisungen zur Verarbeitung
FEHLER-VERARBEITUNG.
    ... Anweisungen Fehlerverarbeitung
```

## 9.1.4 EVALUATE-Anweisung

**Funktion und Format**

Die EVALUATE-Anweisung ist eine relativ mächtige Steueranweisung zum Codieren von Fallunterscheidungen.

Die Schwächen der GO TO DEPENDING ON-Anweisung – ein explizit zu programmierender Aussprung aus Verarbeitungsalternativen und wenig flexible Fallauswahl über eine Auswahlziffer – sind bei der EVALUATE-Anweisung aufgehoben. Sie ermöglicht die Fallauswahl in Abhängigkeit vom Wahrheitswert einer oder auch mehrerer flexibel formulierbarer Bedingungen.

In einem einfachen Anwendungsfall kann die EVALUATE-Anweisung so die Funktion der GO TO DEPENDING ON-Anweisung übernehmen. Sie ist jedoch auch geeignet, komplexere Auswahlsituationen, die z.B. in einfachen, erweiterten oder gemischten Entscheidungstabellen darstellbar sind, übersichtlich zu implementieren.

```
┌─ Format ─────────────────────────────────────────────────────┐
│                                                               │
│                ⎧ Bezeichner-1      ⎫      ⎧ Bezeichner-2      ⎫│
│                ⎪ Literal-1         ⎪      ⎪ Literal-2         ⎪│
│   EVALUATE     ⎨ Bedingung-1       ⎬ ALSO ⎨ Bedingung-2       ⎬ ...
│                ⎪ arithm.-Ausdruck-1⎪      ⎪ arithm.-Ausdruck-2⎪│
│                ⎪ TRUE              ⎪      ⎪ TRUE              ⎪│
│                ⎩ FALSE             ⎭      ⎩ FALSE             ⎭│
│                                                               │
│  { WHEN                                                       │
│                                                               │
│         ⎧ ANY                                                 │
│         ⎪ Bedingung-3                                         │
│         ⎨ TRUE                                                │
│         ⎪ FALSE                                               │
│         ⎪        ⎧ Bezeichner-3      ⎫  ⎧ THRU    ⎫ ⎧ Bezeichner-4      ⎫
│         ⎩ [NOT] ⎨ Literal-3         ⎬  ⎨ THROUGH ⎬ ⎨ Literal-4         ⎬
│                  ⎩ arithm.-Ausdruck-3⎭  ⎩         ⎭ ⎩ arithm.-Ausdruck-4⎭
│                                                               │
│    [ ALSO                                                     │
│                                                               │
│         ⎧ ANY                                                 │
│         ⎪ Bedingung-4                                         │
│         ⎨ TRUE                                                │
│         ⎪ FALSE                                               │
│         ⎪        ⎧ Bezeichner-5      ⎫  ⎧ THRU    ⎫ ⎧ Bezeichner-6      ⎫
│         ⎩ [NOT] ⎨ Literal-5         ⎬  ⎨ THROUGH ⎬ ⎨ Literal-6         ⎬ ] ...
│                  ⎩ arithm.-Ausdruck-5⎭  ⎩         ⎭ ⎩ arithm.-Ausdruck-6⎭
│                                                               │
│        { Anweisung-1 } ... } ...                              │
│                                                               │
│    [ WHEN OTHER { Anweisung-2 } ... ]                         │
│                                                               │
│    [ END-EVALUATE ]                                           │
└───────────────────────────────────────────────────────────────┘
```

## Beispiel

```
EVALUATE WAHL-ZIFFER
    WHEN 1      PERFORM ERFASSUNG
    WHEN 2      PERFORM VERARBEITUNG
    WHEN 3      PERFORM AUSGABE
    WHEN 4      PERFORM DATEN-SICHERUNG
    WHEN OTHER  PERFORM SONST-VERARBEITUNG
END-EVALUATE
```

## Syntaktische Regeln

1. Ein vor der ersten WHEN-Angabe der EVALUATE-Anweisung aufgeführter Operand (im Beispiel WAHL-ZIFFER) heißt *Auswahlsubjekt*. Mehrere vor der ersten WHEN-Angabe codierte Operanden bilden eine *Folge* von Auswahlsubjekten.
2. Ein auf das Schlüsselwort WHEN folgender Operand (im Beispiel z.B. "1") heißt *Auswahlobjekt*. Mehrere einer WHEN-Angabe nachgestellte Operanden bilden eine *Folge* von Auswahlobjekten.
3. Zwei mit THRU verknüpfte Operanden bilden gemeinsam ein Auswahlobjekt.
4. Die Anzahl der Subjekte einer EVALUATE-Anweisung muß mit der Anzahl der Objekte in *jeder* WHEN-Angabe übereinstimmen.
5. Ist in einer EVALUATE-Anweisung nur ein Subjekt angegeben (siehe Beispiel oben), bildet dieses zusammen mit einem Objekt die zu vergleichenden Operanden einer Bedingung. Die Anzahl der Bedingungen entspricht hier der Anzahl aufgeführter WHEN-Fälle.
6. Sind mehrere Subjekte aufgeführt, bilden die sich in den Subjekt- und Objektfolgen positionsgleich paarweise gegenüberstehenden Operanden jeweils eine Bedingung. Die Anzahl der Bedingungen ist in diesem Fall gleich dem Produkt der Anzahl von Subjekten mal der Anzahl der WHEN-Fälle.
7. Die in den Subjekten und Objekten auftretenden Variablen müssen bei Ausführung der EVALUATE-Anweisung mit Datenwerten versorgt sein.
8. Ist das Objekt einer Bedingung ein Bezeichner, Literal oder arithmetischer Ausdruck, muß das korrespondierende Subjekt die Auswertung einer Vergleichsbedingung der Form (Objekt = Subjekt) zulassen.
9. Tritt als Subjekt oder Objekt eine beliebige wahrheitsfähige Bedingung auf, muß als korrespondierender Operand einer der beiden Wahrheitswerte TRUE (wahr) oder FALSE (falsch) codiert werden. Der Vergleich korrespondierender Subjekte und Objekte ist hier erfüllt, wenn beide Wahrheitswerte übereinstimmen.
10. Für Bedingung-1, Bedingung-2 usw. darf ersatzweise auch ein 88-Bedingungsname codiert werden.
11. Das Schlüsselwort ANY darf als Objekt korrespondierender Operand eines beliebigen Subjekttyps sein.

## Beschreibung

Die Ausführung einer EVALUATE-Anweisung beginnt mit der Auswertung arithmetischer Ausdrücke und der Zuordnung von Wahrheitswerten zu den in Form von Bedingungen formulierten Auswahlsubjekten und -objekten. Nach Abschluß dieses Schrittes ist jedem Subjekt und jedem Objekt ein Datenwert oder ein Wahrheitswert zugeordnet (siehe Abb. 9.3).

Beginnend mit der ersten WHEN-Angabe werden ausschließlich positionsgleiche Subjekte und Objekte miteinander verglichen. Stimmen alle Objekte einer WHEN-

Angabe mit den korrespondierenden Subjekten überein, werden die Anweisungen-1 dieser Verarbeitungsalternative (Fall) zur Ausführung gebracht.

```
EVALUATE    Subjekt-1    ALSO  Subjekt-2       ... ALSO  Subjekt-n

    WHEN    Objekt-1-1   ALSO  Objekt-2-1      ... ALSO  Objekt-n-1  ⎫ Fall-1
            ... Anweisungen-Fall-1                                    ⎭

    WHEN    Objekt-1-2   ALSO  Objekt-2-2      ... ALSO  Objekt-n-2  ⎫ Fall-2
        :   ... Anweisungen-Fall-2                                    ⎭
        :                                                                :
    WHEN    Objekt-1-m   ALSO  Objekt-2-m      ... ALSO  Objekt-n-m  ⎫ Fall-m
            ... Anweisungen-Fall-m                                    ⎭

    WHEN OTHER   ... Anweisungen Sonst-Verarbeitung
END-EVALUATE
```

*Abb. 9.3   Allgemeiner Aufbau der EVALUATE-Anweisung*

Voraussetzung für die Auswahl einer Alternative ist die Übereinstimmung *aller* Objekte der WHEN-Angabe mit *korrespondierenden* Subjekten. Die Prüfung der Fälle erfolgt in der Reihenfolge der WHEN-Angaben "von oben nach unten". Erfüllt ein WHEN-Fall die Selektionsanforderungen, werden die ihm zugeordneten Anweisungen ausgeführt. Eine Prüfung weiterer Objektfolgen findet dann nicht mehr statt.[1]

Falls für keine WHEN-Angabe die vollständige Übereinstimmung der Prüfobjekte mit den Subjekten festgestellt wird und die WHEN OTHER-Option codiert ist, werden die Anweisungen dieses Sonst-Falls (Anweisung-2) ausgeführt. Nach Abarbeitung der Anweisungen einer Verarbeitungsalternative oder nachdem eventuell keine der Alternativen selektiert werden konnte, wird diejenige Anweisung ausgeführt, die der EVALUATE-Anweisung unmittelbar folgt.

Das Format der EVALUATE-Anweisung läßt nicht erkennen, welche Subjekt-Objekt-Paare auswertbar sind. Es ist unmittelbar einzusehen, daß einem Prüfsubjekt Bedingung-1 nicht das Objekt Bezeichner-3 gegenüberstehen kann: Die Übereinstimmung eines Wahrheitswertes mit einem numerischen oder alphanumerischen Datum ist definitionsgemäß ausgeschlossen. Abbildung 9.4 zeigt auswertbare Subjekt-Objekt-Paare.

Das Schlüsselwort ANY kann als Prüfobjekt jedem beliebigen Subjekttyp gegenübergestellt werden. Es erzwingt die Übereinstimmung mit dem korrespondierenden Subjekt unabhängig von dessen Ausprägung. Die Funktion dieses Schlüsselworts entspricht mithin der des "don't-care"-Zeichens (–) in Entscheidungstabellen.

---

1. Diesem Auswahl-Ablauf entspricht bei Entscheidungstabellen die "Links-vor-rechts"-Abarbeitungsvorschrift; siehe hierzu Abschnitt 2.3.4.

|  | Prüfsubjekt | | | | | |
| --- | --- | --- | --- | --- | --- | --- |
| Objekt | Bezeichner | Literal | Bedingung | arithm. Ausdr. | TRUE | FALSE |
| ANY | ja | ja | ja | ja | ja | ja |
| Bezeichner | ja | ja | nein | ja | nein | nein |
| Literal | ja | ja | nein | ja | nein | nein |
| Bedingung | nein | nein | nein | nein | ja | ja |
| arithm. Ausdruck | ja | ja | nein | ja | nein | nein |
| TRUE | nein | nein | ja | nein | nein | nein |
| FALSE | nein | nein | ja | nein | nein | nein |

Abb. 9.4  Zulässige Subjekt-Objekt-Paare

Mit Hilfe des Schlüsselworts THRU können zwei Operanden zu einem Prüfobjekt, das einen Wertebereich (z.B. 2 THRU 15 oder "a" THRU "z") repräsentiert, verknüpft werden. Die beiden Operanden müssen dabei nicht notwendigerweise zum gleichen Objekttyp gehören (z.B. 1 THRU X-MAX + 1). Der vor einem solchen Wertebereich codierte Negationsoperator NOT bezieht sich *nicht* auf die Bereichsuntergrenze, sondern auf das gesamte Intervall (z.B. NOT 3 THRU 7).

**Beispiele**

1. Das folgende Beispiel wertet den Inhalt eines numerisch definierten Datenfelds GESCHLECHT aus.

```
EVALUATE GESCHLECHT
    WHEN 1     MOVE "Frau" TO ANREDE
    WHEN 2     MOVE "Herr" TO ANREDE
    WHEN OTHER MOVE SPACE  TO ANREDE
               DISPLAY "Fehler Anrede" UPON BS1
END-EVALUATE.
```

Bei der Ausführung der Anweisung wird der jeweils aktuelle Inhalt des Subjekts GESCHLECHT mit dem Objekt der ersten WHEN-Angabe verglichen. Enthält GESCHLECHT den Wert 1, wird das Literal "Frau" in das Feld ANREDE eingestellt. Andernfalls wird das Objekt der zweiten WHEN-Angabe (Wert 2) mit dem Subjekt verglichen. Wird hier eine Übereinstimmung festgestellt, wird dem Feld ANREDE das Literal "Frau" zugewiesen. Enthält GESCHLECHT keinen der Werte 1 oder 2, werden die dem Sonst-Ausgang WHEN OTHER zugeordneten Anweisungen ausgeführt.

2. Das nachfolgende Beispiel überprüft den Inhalt der numerischen Felder STUNDE und MINUTE auf Zugehörigkeit zum jeweiligen Wertebereich.

```
EVALUATE STUNDE < 24    ALSO MINUTE < 60
    WHEN TRUE           ALSO TRUE
         DISPLAY "Uhrzeit O.K."
    WHEN FALSE          ALSO FALSE
```

```
                    DISPLAY "Stunde und Minute unzulässig !"
        WHEN  FALSE              ALSO  TRUE
                    DISPLAY "Stunde unzulässig !"
        WHEN  TRUE               ALSO  FALSE
                    DISPLAY "Minute unzulässig !"
    END-EVALUATE.
```

Die beiden Auswahlsubjekte sind Bedingungen. Als Prüfobjekte stehen diesen Bedingungen in vier WHEN-Fällen Wahrheitswerte gegenüber.

3. Diese EVALUATE-Anweisung demonstriert lediglich die Gegenüberstellung unterschiedlicher Subjekt-Objekt-Paare.

```
    EVALUATE  A-WERT ALSO "J" ALSO M > N ALSO MAX - MIN ALSO TRUE
        WHEN  5       ALSO XW  ALSO TRUE  ALSO DELTA    ALSO NR = 2
              MOVE "J" TO SCHALTER
        WHEN  7       ALSO YW  ALSO FALSE ALSO DELTA    ALSO NR > 2
              MOVE "N" TO SCHALTER
        WHEN  OTHER PERFORM FEHLER-VERARBEITUNG
    END-EVALUATE.
```

Die zweite Verarbeitungsalternative (MOVE "N" TO SCHALTER) wird ausgeführt, wenn folgender Ausdruck wahr ist:

```
    (A-WERT = 7) AND  ("J" = YW)  AND  (NOT (M > N))
                 AND  (DELTA = MAX - MIN)  AND  (NR > 2)
```

4. Das folgende Beispiel demonstriert die Codierung einer Entscheidungstabelle mit Hilfe der EVALUATE-Anweisung. Dem Beispiel liegt die in Abb. 2.39, S. 113, gezeigte Entscheidungssituation zugrunde. Der Kunden-Status (Dauerkunde J/N?) wird mittels eines Bedingungsnamens DAUERKUNDE

```
        77  KUNDEN-STATUS    PIC X.
            88 DAUERKUNDE    VALUE "D".
```

definiert und als Auswahlsubjekt in die EVALUATE-Anweisung aufgenommen.

```
    EVALUATE  LAGER-BESTAND >= BESTELL-MENGE   ALSO DAUERKUNDE
        WHEN  TRUE                             ALSO TRUE
              PERFORM VERSAND-RECHNUNG
        WHEN  TRUE                             ALSO ANY
              PERFORM VERSAND-NACHNAME
        WHEN  FALSE                            ALSO ANY
              PERFORM ARTIKEL-NACHBESTELLEN
              PERFORM VERSAND-ZWISCHENBESCHEID
    END-EVALUATE.
```

Die "don't-care"-Eintragungen im Bedingungsanzeigeteil der Entscheidungstabelle (Abb. 2.39, S. 113) finden in der EVALUATE-Anweisung im Schlüsselwort ANY und die "Links-vor-rechts"-Abarbeitungsvorschrift der Entscheidungstabelle in der WHEN-Fallprüfung von "oben nach unten" ihre Entsprechung.

5. Die in Abb. 2.43, S. 116, gezeigte Entscheidungstabelle zur Rabattgewährung wird durch die folgende Anweisung realisiert:

```
EVALUATE      BESTELL-MENGE <= 50
        ALSO  BESTELL-MENGE > 50 AND <= 100
        ALSO  BESTELL-MENGE > 100
        ALSO  DAUERKUNDE
    WHEN TRUE  ALSO ANY    ALSO ANY    ALSO ANY    MOVE  0 TO RABATT
    WHEN ANY   ALSO TRUE   ALSO ANY    ALSO FALSE  MOVE 10 TO RABATT
    WHEN ANY   ALSO ANY    ALSO TRUE   ALSO TRUE   MOVE 20 TO RABATT
    WHEN OTHER                                     MOVE 15 TO RABATT
END-EVALUATE.
```

DAUERKUNDE ist wie im vorausgehenden Beispiel als Bedingungsname definiert. Das zweite Auswahlsubjekt repräsentiert eine komplexe Bedingung.

6. Das folgende Beispiel zeigt die Codierung einer "erweiterten Entscheidungstabelle". Der Anweisung liegt die in Abb. 2.46, S. 118 dargestellte Entscheidungssituation zugrunde.

```
EVALUATE  BESTELL-MENGE       ALSO KUNDEN-STATUS
    WHEN  0   THRU 50         ALSO ANY
          MOVE  0 TO RABATT
    WHEN  51  THRU 100        ALSO "G"
          MOVE 10 TO RABATT
    WHEN  51  THRU 100        ALSO "D"
          MOVE 15 TO RABATT
    WHEN  101 THRU 9999       ALSO "G"
          MOVE 15 TO RABATT
    WHEN  101 THRU 9999       ALSO "D"
          MOVE 20 TO RABATT
END-EVALUATE.
```

Als Prüfobjekt treten hier Mengenintervalle auf, die unter Verwendung des Schlüsselworts THRU gebildet wurden.

## 9.2 Arithmetische Anweisungen

Die in Kap. 5 behandelte COMPUTE-Anweisung ist zur Auswertung arithmetischer Ausdrücke geeignet, die sich unter Verwendung der Operatoren +, −, *, /, ** formulieren lassen. Nachdem auch das Speichern vorzeichenbehafteter numerischer Daten (Zusatzsymbol S in PICTURE-Zeichenfolgen) und die Berücksichtigung von Nachkommastellen (Zusatzsymbol V) erläutert wurden, verbleiben zwei weitere Restriktionen, die in diesem Abschnitt aufgehoben werden: Die Behandlung von *Rundungsfehlern* (Nachkommastellen) und eines *Feldüberlaufs* (Vorkommastellen), der eintritt, wenn ein Ergebnisfeld den ganzzahligen Anteil einer Dezimalzahl nicht vollständig aufnehmen kann.

Vorab werden vier elementare arithmetische Anweisungen für Additionen (ADD), Subtraktionen (SUBTRACT), Multiplikationen (MULTIPLY) und Divisionen (DIVIDE) erläutert. Die mit diesen Anweisungen durchführbaren Grundrechenarten lassen sich auch mittels der COMPUTE-Anweisung codieren. Die vier leistungsschwächeren arithmetischen Verben werden hier aus zwei Gründen dennoch behandelt. Sie ermöglichen einerseits eine *weniger schreibaufwendige* Codierung der Grundrechenarten. Bedeutsam sind auch *Laufzeitvorteile*, die sich beim Ersetzen des arithmetischen Ausdrucks einer COMPUTE-Anweisung durch eine Sequenz elementarer arithmetischer Operationen einstellen. Insbesondere bei rechenintensiven Anwendungen, die zugleich zeitkritisch sind, wird man auf die Verwendung der COMPUTE-Anweisung verzichten und ausschließlich Befehle wie ADD, SUBTRACT usw. mit lediglich *zwei* Operanden verwenden.

### 9.2.1 ADD-Anweisung

**Funktion und Format**

Die ADD-Anweisung addiert zwei oder mehr Summanden und speichert den Ergebniswert ab.

```
┌─ Format-1 ─────────────────────────────────────────────────────┐
│                                                                │
│       ⎧ Bezeichner-1 ⎫                                         │
│   ADD ⎨              ⎬ ...  TO  { Bezeichner-2 [ ROUNDED ] } ...│
│       ⎩ Literal-1    ⎭                                         │
│                                                                │
│                                                                │
│          [ ON SIZE ERROR     Anweisungen-1 ]                   │
│          [ NOT ON SIZE ERROR Anweisungen-2 ]                   │
│   [ END-ADD ]                                                  │
├─ Format-2 ─────────────────────────────────────────────────────┤
│                                                                │
│       ⎧ Bezeichner-1 ⎫   ⎧ Bezeichner-2 ⎫                      │
│   ADD ⎨              ⎬   ⎨              ⎬ ...                  │
│       ⎩ Literal-1    ⎭   ⎩ Literal-2    ⎭                      │
│                                                                │
│              GIVING   { Bezeichner-3 [ ROUNDED ] } ...          │
│                                                                │
│          [ ON SIZE ERROR     Anweisungen-1 ]                   │
│          [ NOT ON SIZE ERROR Anweisungen-2 ]                   │
│   [ END-ADD ]                                                  │
└────────────────────────────────────────────────────────────────┘
```

**Syntaktische Regeln**

Die folgenden syntaktischen Regeln gelten auch für die SUBTRACT-, DIVIDE- und MULTIPLY-Anweisung.

1. Alle Bezeichner beziehen sich auf numerisch definierte Elementardatenfelder, deren PICTURE-Zeichenfolgen bei Bedarf auch die Zusatzsymbole S und V enthalten dürfen. Lediglich die dem Schlüsselwort GIVING nachgestellten

Ergebnisfelder (Bezeichner-3) dürfen alternativ auch numerisch-druckaufbereitet definiert sein.
2. Alle Literale müssen ganzzahlige oder nicht-ganzzahlige numerische Literale sein.
3. Die Vorzeichen der Operanden arithmetischer Anweisungen werden gemäß den allgemeinen Vorzeichenregeln für die Grundrechenarten ausgewertet.

## Beschreibung

ADD-Anweisungen nach Format-1 addieren die dem Schlüsselwort TO vorangestellten Operanden (Bezeichner-1, Literal-1) zu einem Zwischenergebnis auf. Dieses Zwischenergebnis wird anschließend zu jedem dem Wort TO nachfolgenden Operanden (Bezeichner-2) hinzuaddiert. Der ursprüngliche Inhalt der Ergebnisfelder wird dann durch die jeweilige Summe überschrieben.

Anweisungen nach Format-2 addieren die dem Schlüsselwort GIVING vorangestellten Operanden zu einem Zwischenergebnis auf. Dieses Zwischenergebnis wird anschließend in jedes dem Wort GIVING folgende Ergebnisfeld (Bezeichner-3) übertragen. Anders als beim Format-1 stehen bei Additionen nach Format-2 alle Summanden auch nach Ausführung der Anweisung weiterhin zur Verfügung.

## Rundung von Rechenergebnissen

Die nachfolgenden Ausführungen zur Rundung und zur Behandlung eines Feldüberlaufs betreffen beide Additionsformate, aber auch *alle sonstigen arithmetischen Anweisungen* (SUBTRACT, MULTIPLY, DIVIDE und COMPUTE).

Rechenergebnisse werden stets dezimalpunkt- bzw. dezimalkommarichtig in Ergebnisfelder eingestellt. Wenn ein Ergebniswert mehr Nachkommastellen aufweist, als das Ergebnisfeld aufgrund seiner PICTURE-Zeichenfolge (z.B. PIC S999V99) speichern kann, werden die *überzähligen wertniedrigsten* Nachkommastellen abgeschnitten. Der dabei entstehende Rundungsfehler kann durch die ROUNDED-Option beeinflußt werden: ROUNDED bewirkt, daß die wertniedrigste noch speicherbare Nachkommastelle um den Wert 1 erhöht wird, wenn die werthöchste abgeschnittene Nachkommastelle größer oder gleich 5 ist. Diese Rundung betrifft nur Ergebnisfelder, denen das Schlüsselwort ROUNDED unmittelbar nachgestellt ist.

## Feldüberlauf

Weist ein Rechenergebnis mehr Vorkommastellen auf, als das zugehörige Ergebnisfeld aufgrund seiner PICTURE-Zeichenfolge speichern kann, werden die *überzähligen werthöchsten* Dezimalziffern abgeschnitten. Diese Verfälschung eines Rechenergebnisses durch "Feldüberlauf" kann mit Hilfe der SIZE ERROR-Option arithmetischer Anweisungen erkannt und geeignet behandelt werden: Die

Anweisungen-1 der SIZE ERROR-Angabe werden immer dann ausgeführt, wenn ein Feldüberlauf auftritt.

**Beispiele**

1. Die folgenden Beispiele geben zu jeder Anweisung Feldinhalte vor und nach Ausführung der Additionen an:

|  | \multicolumn{6}{c}{Feldinhalte} |
|---|---|---|---|---|---|---|

| | vorher | | | | nachher | | | |
|---|---|---|---|---|---|---|---|---|
| Anweisungen | A | B | C | D | A | B | C | D |
| ADD A TO B | 2 | 3 | | | 2 | 5 | | |
| ADD 1 TO A | 5 | | | | 6 | | | |
| ADD A B TO C | 3 | 4 | 2 | | 3 | 4 | 9 | |
| ADD A B TO C D | 3 | 4 | 2 | 1 | 3 | 4 | 9 | 8 |
| ADD A B C TO D | 1 | 2 | 3 | 1 | 1 | 2 | 3 | 7 |
| ADD A B GIVING C | 4 | 5 | 6 | | 4 | 5 | 9 | |
| ADD A B C GIVING D | 1 | 2 | 3 | 4 | 1 | 2 | 3 | 6 |
| ADD A B GIVING C D | 3 | 4 | 5 | 6 | 3 | 4 | 7 | 7 |
| ADD 3 A TO B | 2 | 3 | | | 2 | 8 | | |

2. Dieses Beispiel demonstriert die Wirkung der ROUNDED-Option:

```
77  A-SUMME      PIC 99V99.
77  B-SUMME      PIC 99V99.
...
ADD 1,112 1,113 GIVING A-SUMME ROUNDED B-SUMME
```

Nach Ausführung der Addition enthält A-SUMME den Wert 2,23 und B-SUMME das nicht gerundete Ergebnis 2,22.

3. Das folgende Beispiel zeigt die Anwendung der SIZE ERROR-Option.

```
ADD A B GIVING SUMME
    ON SIZE ERROR PERFORM UEBERLAUF-FEHLER
END-ADD
```

Die Prozedur UEBERLAUF-Fehler wird ausgeführt, wenn das Additionsergebnis mehr Vorkommastellen aufweist, als im Feld SUMME abgespeichert werden können. END-ADD begrenzt als expliziter Bereichsbegrenzer den Geltungsbereich der im Fehlerfall (bedingt) auszuführenden Fehlerbehandlung.

### 9.2.2 SUBTRACT-Anweisung

**Funktion und Format**

Die SUBTRACT-Anweisung bildet Differenzen zu jeweils einem oder mehreren Minuenden und Subtrahenden.

```
┌─ Format-1 ─────────────────────────────────────────────────┐
│                                                             │
│    SUBTRACT  ⎰ Bezeichner-1 ⎱  ...  FROM  { Bezeichner-2 [ ROUNDED ] } ...
│              ⎱ Literal-1    ⎰                               │
│                                                             │
│         [ ON SIZE ERROR Anweisungen-1 ]                     │
│         [ NOT ON SIZE ERROR Anweisungen-2 ]                 │
│    [ END-SUBTRACT ]                                         │
├─ Format-2 ─────────────────────────────────────────────────┤
│                                                             │
│    SUBTRACT  ⎰ Bezeichner-1 ⎱  ...  FROM  ⎰ Bezeichner-2 ⎱ │
│              ⎱ Literal-1    ⎰             ⎱ Literal-2    ⎰ │
│                                                             │
│              GIVING  { Bezeichner-3 [ ROUNDED ] } ...       │
│                                                             │
│         [ ON SIZE ERROR Anweisungen-1 ]                     │
│         [ NOT ON SIZE ERROR Anweisungen-2 ]                 │
│    [ END-SUBTRACT ]                                         │
└─────────────────────────────────────────────────────────────┘
```

## Beschreibung

Die im Zusammenhang mit der ADD-Anweisung angegebenen syntaktischen Regeln sowie die Erläuterungen zur ROUNDED- und SIZE ERROR-Option gelten uneingeschränkt auch für die SUBTRACT-Anweisung.

SUBTRACT-Anweisungen nach Format-1 *addieren* die dem Schlüsselwort FROM vorangestellten Operanden (Bezeichner-1, Literal-1) zu einem Zwischenergebnis auf. Dieses Zwischenergebnis wird anschließend von jedem dem Wort FROM nachfolgenden Operanden (Bezeichner-2) abgezogen. Die ursprünglichen Inhalte der Ergebnisfelder (Bezeichner-2) werden dann durch die jeweilige Differenz überschrieben.

Anweisungen nach Format-2 addieren ebenfalls die dem Schlüsselwort FROM vorangestellten Operanden zu einem Zwischenergebnis auf. Dieses Zwischenergebnis wird anschließend von dem auf das Wort FROM folgenden Operanden (Bezeichner-2, Literal-2) abgezogen und die sich ergebende Differenz in jedes der Ergebnisfelder (Bezeichner-3) übertragen. Im Gegensatz zu Anweisungen nach Format-1 steht bei Subtraktionen nach Format-2 der Minuend (Bezeichner-2, Literal-2) auch nach Ausführung der Subtraktion weiterhin zur Verfügung.

## Beispiele

1. Die folgenden Beispiele geben zu jeder Anweisung Feldinhalte vor und nach Ausführung der Subtraktionen an:

| | Feldinhalte | | | | | | | |
|---|---|---|---|---|---|---|---|---|
| | vorher | | | | nachher | | | |
| Anweisungen | A | B | C | D | A | B | C | D |
| SUBTRACT 1 FROM A | 5 | | | | 4 | | | |
| SUBTRACT A FROM B | 2 | 3 | | | 2 | 1 | | |
| SUBTRACT A B FROM C | 2 | 3 | 7 | | 2 | 3 | 2 | |
| SUBTRACT A B FROM C D | 1 | 2 | 7 | 8 | 1 | 2 | 4 | 5 |
| SUBTRACT A FROM B GIVING C | 3 | 4 | 2 | | 3 | 4 | 1 | |
| SUBTRACT A B FROM C GIVING D | 1 | 2 | 3 | 4 | 1 | 2 | 3 | 0 |
| SUBTRACT 2 A FROM 7 GIVING B | 1 | 2 | | | 1 | 4 | | |
| SUBTRACT 2 FROM A GIVING B C | 6 | 5 | 4 | | 6 | 4 | 4 | |

2. Der nachfolgenden SUBTRACT-Anweisung liegen die angegebenen Datendefinitionen zugrunde:

```
77  A        PIC 99V9     VALUE 10.
77  B        PIC S99V99.
77  C        PIC S99V9.
77  D        PIC S99V9.
77  E        PIC ++9,9.
77  F        PIC 99V9.
    ...
SUBTRACT 11,16 FROM A GIVING B, C ROUNDED, D, E ROUNDED, F.
```

Die Ergebnisfelder B bis F enthalten nach Ausführung der Subtraktion die Werte: – 01,16 (B), – 01,2 (C, gerundet), – 01,1 (D, nicht gerundet), – 1,2 (E, druckaufbereitet, gerundet) und + 01,1 (F, *falsches Vorzeichen*).

## 9.2.3 MULTIPLY-Anweisung

**Funktion und Formate**

Die MULTIPLY-Anweisung errechnet zu jeweils zwei Faktoren ein oder mehrere Produkte.

```
┌─ Format-1 ──────────────────────────────────────────────┐
│                                                         │
│   MULTIPLY  { Bezeichner-1 }  BY  { Bezeichner-2 [ ROUNDED ] } ...
│             { Literal-1    }                            │
│                                                         │
│       [ ON SIZE ERROR Anweisungen-1 ]                   │
│       [ NOT ON SIZE ERROR Anweisungen-2 ]               │
│   [ END-MULTIPLY ]                                      │
├─ Format-2 ──────────────────────────────────────────────┤
│                                                         │
│   MULTIPLY  { Bezeichner-1 }  BY  { Bezeichner-2 }      │
│             { Literal-1    }      { Literal-2    }      │
│                                                         │
│           GIVING  { Bezeichner-3 [ ROUNDED ] } ...      │
│                                                         │
│       [ ON SIZE ERROR Anweisungen-1 ]                   │
│       [ NOT ON SIZE ERROR Anweisungen-2 ]               │
│   [ END-MULTIPLY ]                                      │
└─────────────────────────────────────────────────────────┘
```

**Beschreibung**

Die im Zusammenhang mit der ADD-Anweisung angegebenen syntaktischen Regeln sowie die Erläuterungen zur ROUNDED- und SIZE ERROR-Option gelten uneingeschränkt auch für die MULTIPLY-Anweisung.

Anweisungen nach Format-1 multiplizieren den vor dem Schlüsselwort BY angegebenen Operanden (Bezeichner-1, Literal-1) mit jedem dem Wort BY nachfolgenden Operanden (Bezeichner-2). Der ursprüngliche Inhalt der Ergebnisfelder (Bezeichner-2) wird anschließend durch das jeweilige Produkt überschrieben.

Anweisungen nach Format-2 bilden das Produkt aus dem vor dem Schlüsselwort BY angegebenen Operanden mit dem unmittelbar nach dem Wort BY angegebenen Operanden. Das Rechenergebnis wird in jedes nach dem Wort GIVING aufgeführte Datenfeld eingestellt. Im Gegensatz zu Anweisungen nach Format-1 stehen bei Format-2-Anweisungen beide Faktoren auch nach Ausführung der Multiplikation weiterhin zur Verfügung.

## Beispiele

Die folgenden Beispiele geben je Anweisung Feldinhalte vor und nach Ausführung der Multiplikationen an:

|  | Feldinhalte | | | | | | | |
| --- | --- | --- | --- | --- | --- | --- | --- | --- |
|  | vorher | | | | nachher | | | |
| Anweisungen | A | B | C | D | A | B | C | D |
| MULTIPLY A BY B | 2 | 3 |  |  | 2 | 6 |  |  |
| MULTIPLY 2 BY A | 4 |  |  |  | 8 |  |  |  |
| MULTIPLY A BY B C D | 2 | 2 | 3 | 4 | 2 | 4 | 6 | 8 |
| MULTIPLY A BY B GIVING C | 3 | 2 | 9 |  | 3 | 2 | 6 |  |
| MULTIPLY A BY 3 GIVING B | 2 | 7 |  |  | 2 | 6 |  |  |
| MULTIPLY A BY B GIVING C D | 4 | 2 | 6 | 7 | 4 | 2 | 8 | 8 |

### 9.2.4 DIVIDE-Anweisung

**Funktion und Formate**

Die DIVIDE-Anweisung errechnet zu jedem Dividend/Divisor-Paar einen Quotienten.

```
┌─ Format-1 ─────────────────────────────────────────────────
│
│              ⎧ Bezeichner-1 ⎫
│     DIVIDE  ⎨              ⎬  INTO  { Bezeichner-2  [ ROUNDED ] } ...
│              ⎩ Literal-1    ⎭
│
│         [ ON SIZE ERROR  Anweisungen-1 ]
│         [ NOT ON SIZE ERROR  Anweisungen-2 ]
│     [ END-DIVIDE ]
│
└─ Format-2 ─────────────────────────────────────────────────
│
│              ⎧ Bezeichner-1 ⎫  ⎧ INTO ⎫  ⎧ Bezeichner-2 ⎫
│     DIVIDE  ⎨              ⎬  ⎨      ⎬  ⎨              ⎬
│              ⎩ Literal-1    ⎭  ⎩ BY   ⎭  ⎩ Literal-2    ⎭
│
│                GIVING  { Bezeichner-3  [ ROUNDED ] } ...
│
│         [ ON SIZE ERROR  Anweisungen-1 ]
│         [ NOT ON SIZE ERROR  Anweisungen-2 ]
│     [ END-DIVIDE ]
│
```

```
┌─ Format-3 ─────────────────────────────────────────────────┐
│                                                             │
│   DIVIDE  { Bezeichner-1 }  { INTO }  { Bezeichner-2 }      │
│           { Literal-1    }  { BY   }  { Literal-2    }      │
│                                                             │
│           GIVING    { Bezeichner-3  [ ROUNDED ] }           │
│           REMAINDER  Bezeichner-4                           │
│                                                             │
│        [ ON SIZE ERROR Anweisungen-1 ]                      │
│        [ NOT ON SIZE ERROR Anweisungen-2 ]                  │
│    [ END-DIVIDE ]                                           │
└─────────────────────────────────────────────────────────────┘
```

## Beschreibung

Die im Zusammenhang mit der ADD-Anweisung angegebenen syntaktischen Regeln sowie die Erläuterungen zur ROUNDED- und SIZE ERROR-Option gelten uneingeschränkt auch für die DIVIDE-Anweisung.

DIVIDE-Anweisungen nach Format-1 teilen die dem Schlüsselwort INTO nachgestellten Operanden (Bezeichner-2) durch den Wert des dem Wort INTO vorangestellten Operanden (Bezeichner-1 oder Literal-1). Der jeweilige Quotient ersetzt die Werte von Bezeichner-2.[1)]

Anweisungen nach Format-2 teilen bei Codierung des Schlüsselwortes INTO den Wert von Bezeichner-2 bzw. Literal-2 durch den Wert von Bezeichner-1 bzw. Literal-1. Wird statt INTO das Schlüsselwort BY codiert, teilt die Anweisung den Wert von Bezeichner-1 bzw. Literal-1 durch den Wert von Bezeichner-2 bzw. Literal-2. Der Quotient wird in jedes der dem Wort GIVING nachfolgenden Ergebnisfelder (Bezeichner-3) eingestellt.

Format-3 der DIVIDE-Anweisung sieht als *Erweiterung zu Format-2* das Speichern eines *Divisionsrests* im Feld Bezeichner-4 vor. Für Divisionen a : b = c ist der Wert des Divisionsrests von der Genauigkeit des Quotienten c abhängig:

Rest = a − (b • c)

Je nach Anzahl der definierten Nachkommastellen erhält man z.B. 8 : 3 = 2 Rest 2 oder 8 : 3 = 2,6 Rest 0,2 oder 8 : 3 = 2,66 Rest 0,02. Als Einschränkung gegenüber Format-2 ist daher nur noch *ein Ergebniswert* Bezeichner-3 zugelassen, dessen PICTURE-Zeichenfolge die Genauigkeit des Quotienten und damit den jeweiligen Divisionsrest determiniert.

---

1. Divisionen durch den Wert Null sind unzulässig. Sie bewirken die Ausführung der auf SIZE ERROR folgenden Anweisungen-1.

## Beispiele

Die nachfolgenden Beispiele geben zu jeder Anweisung Feldinhalte vor und nach Ausführung der Divisionen an:

|  | \multicolumn{7}{c}{Feldinhalte} |
|---|---|---|---|---|---|---|---|
|  | vorher | | | | nachher | | |
| Anweisungen | A | B | C | D | A | B | C | D |
| DIVIDE A INTO B | 2 | 8 |   |   | 2 | 4 |   |   |
| DIVIDE 3 INTO A | 9 |   |   |   | 3 |   |   |   |
| DIVIDE A INTO B C | 2 | 4 | 8 |   | 2 | 2 | 4 |   |
| DIVIDE A INTO B GIVING C | 3 | 9 | 2 |   | 3 | 9 | 3 |   |
| DIVIDE A BY B GIVING C | 6 | 2 | 7 |   | 6 | 2 | 3 |   |
| DIVIDE A BY B GIVING C REMAINDER D | 19 | 5 | 2 | 3 | 19 | 5 | 3 | 4 |

### 9.2.5 COMPUTE-Anweisung

Die COMPUTE-Anweisung wurde bereits in Kap. 5 behandelt. Hier wird das um die ROUNDED- und SIZE ERROR-Option ergänzte Format angegeben. Die Funktionen dieser beiden Optionen sind im Zusammenhang mit der ADD-Anweisung in Abschn. 9.2.1 erläutert worden.

```
┌─ Format ──────────────────────────────────────────┐
│                                                   │
│   COMPUTE  { Bezeichner-1  [ ROUNDED ] } ...      │
│                                                   │
│              ⎧ Bezeichner-2          ⎫            │
│           = ⎨ Literal                ⎬            │
│              ⎩ arithmetischer-Ausdruck ⎭          │
│                                                   │
│        [ ON SIZE ERROR  Anweisungen-1 ]           │
│        [ NOT ON SIZE ERROR  Anweisungen-2 ]       │
│                                                   │
│   [ END-COMPUTE ]                                 │
└───────────────────────────────────────────────────┘
```

Die folgenden Beispiele zeigen die Berücksichtigung von Nachkommastellen und Vorzeichen.

```
     *-------------------------------------
      WORKING-STORAGE SECTION.
     *-------------------------------------
      77  A            PIC 9(2)    VALUE 2.
      77  B            PIC 9(2)    VALUE 3.
      77  E            PIC --9,99.
      ...
```

```
COMPUTE E = 1                      E =    1,00
COMPUTE E = A ** 0,5   (Wurzel)    E =    1,41
COMPUTE E = A - B                  E =   -1,00
COMPUTE E = B / A                  E =    1,50
COMPUTE E = A / B                  E =    0,66
COMPUTE E ROUNDED = A / B          E =    0,67
COMPUTE E = (B - 6) * 2            E =   -6,00
COMPUTE E = B + (-2)               E =    1,00
COMPUTE E = 3,5 * (A + B)          E =   17,50
```

## 9.3 MOVE CORRESPONDING-Anweisung

**Funktion und Format**

Die MOVE CORRESPONDING-Anweisung überträgt die Inhalte der Teilfelder einer Datengruppe in gleichbenannte Teilfelder einer zweiten Datengruppe.

```
┌─ Format ──────────────────────────────────────────────┐
│                                                       │
│          ⎧ CORR          ⎫                            │
│   MOVE   ⎨               ⎬  Bezeichner-1  TO  Bezeichner-2 │
│          ⎩ CORRESPONDING ⎭                            │
│                                                       │
└───────────────────────────────────────────────────────┘
```

**Beispiel**

```
MOVE CORR EINDAT-SATZ TO AUSDAT-SATZ
```

**Syntaktische Regeln**

1. Die Schlüsselwörter CORR und CORRESPONDING sind funktionsgleich.
2. Bezeichner-1 und Bezeichner-2 sind Datengruppen, die hierarchisch untergliedert sind.

**Beschreibung**

Die MOVE CORRESPONDING-Anweisung kann mehrere elementare MOVE-Anweisungen immer dann ersetzen, wenn die Inhalte mehrerer Teilfelder einer Datengruppe (Bezeichner-1) in gleichbenannte Felder einer zweiten Datengruppe (Bezeichner-2) zu übertragen sind. Im folgenden Beispiel enthalten die beiden Datengruppen EINDAT-SATZ und AUSDAT-SATZ

```
01  EINDAT-SATZ.                    01  AUSDAT-SATZ.
    05  ZAHL-1     PIC 99.              03  FELD-B     PIC XX.
    05  ZAHL-2     PIC 99.              03  ZAHL-2     PIC 99.
    05  FELD-A     PIC XX.              03  ABCDEF     PIC XX.
    05  FELD-B     PIC XX.              03  FELD-A     PIC XX.
```

die drei gleichnamigen Felder ZAHL-2, FELD-A und FELD-B. Die Anweisung

```
MOVE CORR EINDAT-SATZ TO AUSDAT-SATZ
```

überträgt den Inhalt *dieser drei Felder* aus EINDAT-SATZ in die gleichnamigen Felder in AUSDAT-SATZ. Sie ist mit den drei elementaren MOVE-Anweisungen

```
MOVE ZAHL-2 OF EINDAT-SATZ TO ZAHL-2 OF AUSDAT-SATZ
MOVE FELD-A OF EINDAT-SATZ TO FELD-A OF AUSDAT-SATZ
MOVE FELD-B OF EINDAT-SATZ TO FELD-B OF AUSDAT-SATZ
```

*funktionsgleich.* Die MOVE CORRESPONDING-Anweisung *reduziert* also den *Schreibaufwand* bei der Übertragung von Daten zwischen Datengruppen.

Nur bei einstufig untergliederten Datengruppen ist die Gleichnamigkeit der Sende- und Empfangsfelder notwendige und hinreichende Bedingung für die tatsächliche Datenübertragung. Bei mehrstufig hierarchisch untergliederten Datengruppen wird der Inhalt eines Teilfelds der Sendegruppe Bezeichner-1 in ein Teilfeld der Empfangsgruppe Bezeichner-2 *nur dann übertragen*, wenn

- die Teilfelder gleiche Datennamen aufweisen,
- zumindest eines der beiden Teilfelder ein Elementardatenfeld ist und
- für die paarweise gleichen Datennamen eine *lückenlos gleiche Qualifizierung* bis zur Ebene der Datengruppennamen Bezeichner-1 und Bezeichner-2 existiert.

Ändert man für das obige Beispiel die Datendefinitionen wie folgt ab,

```
01   EINDAT-SATZ.                        01   AUSDAT-SATZ.
     05   ZAHLEN.                             03   FELD-B      PIC XX.
          03   ZAHL-1    PIC 99.               03   ZAHL-2      PIC 99.
          03   ZAHL-2    PIC 99.               03   ABCDEF      PIC XX.
     05   FELD-A         PIC XX.               03   FELD-A      PIC XX.
     05   FELD-B         PIC XX.
```

würde die MOVE CORRESPONDING-Anweisung lediglich die Inhalte von FELD-A und FELD-B übertragen, da für ZAHL-2 die unterschiedlichen Qualifizierungen

```
ZAHL-2 OF ZAHLEN OF EINDAT-SATZ    und
ZAHL-2 OF AUSDAT-SATZ
```

vorliegen. Bei Vorgabe der Datendefinitionen

```
01   KUNDEN-SATZ.                       01   MAHN-DATEN.
     05   KUND-NR        PIC 9(4).            03   KUND-NR     PIC 9(4).
     05   ANSCHRIFT.                          03   ANSCHRIFT.
          07   GESAMTNAME  PIC X(40).              05   GESAMTNAME  PIC X(40).
          07   STRASSE     PIC X(25).              05   STRASSE     PIC X(25).
          07   WOHNORT.                            05   WOHNORT     PIC X(31).
               09   PLZ    PIC X(6).          03   MAHN-STUFE  PIC 9.
               09   ORT    PIC X(25).         ...
     05   UMSATZ         PIC 9(7).
     ...
```

würde die Anweisung

```
MOVE CORR KUNDEN-SATZ TO MAHN-DATEN
```

die Feldinhalte von KUND-NR, GESAMTNAME, STRASSE und WOHNORT übertragen. WOHNORT tritt hier auf der Sendeseite als Datengruppe und auf der Empfangsseite als Elementardatum auf. Auch bei einer Umkehrung der Übertragungsrichtung

```
MOVE CORR MAHN-DATEN TO KUNDEN-SATZ
```

würde der Feldinhalt von WOHNORT in das untergliederte Empfangsfeld eingestellt. In beiden Fällen ist die Voraussetzung, wonach zumindest eines der beiden an der Übertragung beteiligten Teilfelder ein Elementardatenfeld sein muß, erfüllt. Bei Vorgabe der Datendefinitionen

```
01 KUNDEN-SATZ.                            01 MAHN-DATEN.
   05 KUND-NR         PIC 9(4).               03 KUND-NR         PIC 9(4).
   05 ANSCHRIFT.                              03 ANSCHRIFT.
      07 GESAMTNAME PIC X(40).                   05 GESAMTNAME    PIC X(40).
      07 STRASSE    PIC X(25).                   05 STRASSE       PIC X(25).
      07 WOHNORT.                                05 WOHNORT.
         09 PLZ        PIC X(6).                    07 LANDES-KENNZ PIC XX.
         09 ORT        PIC X(25).                   07 POSTLEITZAHL PIC 9(4).
   05 UMSATZ         PIC 9(7).                     07 ORTSNAME     PIC X(25).
   ...                                        03 MAHN-STUFE     PIC 9.
```

würden unabhängig von der Übertragungsrichtung keine WOHNORT-Feldinhalte übertragen, obwohl WOHNORT in beiden Datengruppen lückenlos gleiche Qualifizierungen aufweist.

## 9.4 Formulieren von Bedingungen (Teil II)

Eine Systematik der in EVALUATE-, IF- und PERFORM-Anweisungen auftretenden Bedingungen zeigt Abb. 9.5. Vergleichsbedingungen, Bedingungsnamen-Bedingungen (Stufen-Nr. 88) sowie die Formulierung komplexer (zusammengesetzter) Bedingungen unter Verwendung der logischen Operatoren AND und OR wurden in vorausgehenden Abschnitten behandelt. Die Formate der Klassen- und Vorzeichenbedingungen sind Gegenstand der beiden folgenden Abschnitte.

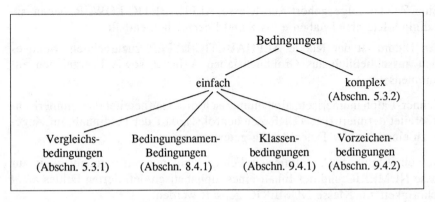

Abb. 9.5  Systematik der COBOL-Bedingungen

### 9.4.1 Klassenbedingungen

**Funktion und Format**

Klassenbedingungen prüfen die Zugehörigkeit eines Datenwerts zur Klasse der numerischen oder alphabetischen Daten.

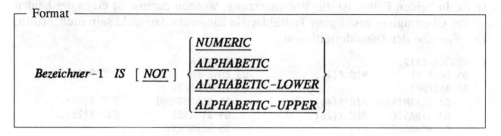

**Beispiel**

```
IF X-FELD IS NUMERIC
   THEN PERFORM BERECHNUNG
   ELSE PERFORM FEHLER-MELDUNG
END-IF
```

**Beschreibung**

Mit Hilfe der Klassenbedingungen läßt sich prüfen, ob ein unter Bezeichner-1 gespeichertes Datum ausschließlich aus Zeichen eines der folgenden vier Wertebereiche aufgebaut ist:

a. Eine Zeichenfolge gehört zur Klasse NUMERIC, wenn sie ausschließlich aus den Zeichen 0, 1, ..., 9 und ggf. den Vorzeichen + oder − besteht.

b. Eine Zeichenfolge ist der Klasse ALPHABETIC zuzurechnen, wenn sie ausschließlich aus Großbuchstaben A bis Z, Kleinbuchstaben a bis z sowie dem Leerzeichen aufgebaut ist.

c. Eine Zeichenfolge gehört zur Klasse ALPHABETIC-LOWER, wenn sie lediglich Kleinbuchstaben a bis z und Leerzeichen enthält.

d. Ein Datum ist der Klasse ALPHABETIC-UPPER zuzurechnen, wenn es sich ausschließlich aus Großbuchstaben A bis Z sowie Leerzeichen zusammensetzt.

Ist Bezeichner-1 alphanumerisch, alphanumerisch-druckaufbereitet oder numerisch-druckaufbereitet definiert (PICTURE-Zeichenfolge), darf der Feldinhalt auf Zugehörigkeit zu einer der *vier* Datenklassen getestet werden.

Der Inhalt eines numerisch definierten Feldes kann nur auf Zugehörigkeit zur Datenklasse NUMERIC und der Inhalt eines alphabetisch definierten Feldes *nicht* auf Zugehörigkeit zur Klasse NUMERIC geprüft werden.

Klassenbedingungen dürfen unter Verwendung der Operatoren AND und OR mit beliebigen anderen Bedingungen zu komplexen Bedingungen verknüpft werden.

### 9.4.2 Vorzeichenbedingungen

**Funktion und Format**

Mit Hilfe einer Vorzeichenbedingung läßt sich prüfen, ob der Wert eines arithmetischen Ausdrucks Null, größer Null oder kleiner Null ist.

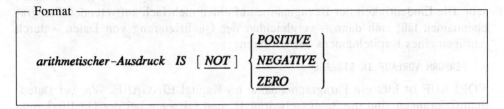

**Beispiel**

```
IF A-WERT - B-WERT IS NOT ZERO
   THEN COMPUTE X-WERT = Y-WERT / (A-WERT - B-WERT)
   ELSE PERFORM FEHLER-ROUTINE
END-IF
```

**Beschreibung**

Zur Prüfung des Wahrheitswertes einer Vorzeichenbedingung wird der arithmetische Ausdruck ausgewertet und das Ergebnis mit Null verglichen. Der arithmetische Ausdruck ist positiv (POSITIVE), falls das Ergebnis größer Null, er ist negativ (NEGATIVE), falls das Ergebnis kleiner Null ist. Vorzeichenbedingungen dürfen unter Verwendung der logischen Operatoren AND und OR mit beliebigen anderen Bedingungen zu komplexen Bedingungen verknüpft werden.

## 9.5 Bezugnahme auf Paragraphen

Die PROCEDURE DIVISION eines COBOL-Programms kann in Paragraphen oder alternativ in Kapitel und Paragraphen gegliedert sein.[1] Innerhalb verschiedener Kapitel dürfen Paragraphen gleichbenannt sein. Mit Hilfe des folgenden Qualifizierungsformats läßt sich die Eindeutigkeit einer Bezugnahme auf Paragraphen sicherstellen.

**Format**

$$\textit{Paragraphenname-1} \left[ \left\{ \begin{array}{c} \underline{IN} \\ \underline{OF} \end{array} \right\} \textit{Kapitelname-1} \right]$$

---

1. Zur Gliederung der PROCEDURE DIVISION siehe auch Abschnitt 3.7.4 sowie Abschnitt 9.1.1 (Aufrufsteuerleiste).

**Beschreibung**

PERFORM- und GO TO-Anweisungen nehmen mit Hilfe von Kapitel- oder Paragraphennamen auf Programmabschnitte Bezug. Um die Eindeutigkeit dieser Bezugnahmen sicherzustellen, müssen sich Kapitelnamen von einander unterscheiden. Innerhalb eines Kapitels müssen alle Paragraphennamen eindeutig vergeben werden. Lediglich in verschiedenen Kapiteln dürfen Paragraphen gleichbenannt sein. Die Eindeutigkeit der Bezugnahme auf einen mehrfach auftretenden Paragraphennamen läßt sich dann – vergleichbar der Qualifizierung von Daten – durch Anfügen eines Kapitelnamens herbeiführen:

```
PERFORM VORLAUF IN EINGABE
```

VORLAUF ist hier ein Paragraphenname im Kapitel EINGABE. Wie bei Datenqualifizierungen sind die Schlüsselwörter IN und OF auch bei der Qualifizierung von Paragraphennamen funktionsgleich.

## 10. Sortieren von Dateien

Der lesende Zugriff auf Datensätze einer sequentiellen Datei erfolgt in der Reihenfolge ihrer physischen Speicherung. Diese Reihenfolge wird beim Anlegen der Datei festgelegt. Verarbeitungsprozesse erzwingen häufig eine Abänderung dieser Reihenfolge. Werden z.B. die Datensätze einer Artikeldatei aufsteigend nach Artikelnummern gespeichert, muß diese Reihenfolge geändert werden, damit die Rumpfzeilen einer Artikelliste aufsteigend nach Artikelbezeichnungen gedruckt werden können.

Ziel des Sortierens einer Datei ist es, deren Sätze nach Maßgabe eines oder mehrerer Sortierschlüssel in eine vorgegebene Reihenfolge zu bringen. Das Sortieren einer oder auch mehrerer Dateien kann mit Hilfe einer SORT-Anweisung vollständig durchgeführt *oder* eingeleitet und unterstützt werden. Abbildung 10.1 zeigt den allgemeinen Sortierablauf.

*Abb. 10.1   Am Sortierprozeß beteiligte Dateien*

An jedem Sortierprozeß sind *zumindest drei* Dateien beteiligt. Die SORT-Anweisung erzeugt aus einer Ausgangsdatei mit beliebiger Satzreihenfolge die sortierte Zieldatei. Zusätzlich ist eine Sortierdatei als Arbeitsdatei für die Durchführung des Sortierprozesses erforderlich. Für *jede dieser drei* Dateien muß eine SELECT-Eintragung in der INPUT-OUTPUT SECTION und eine Dateibeschreibung in der FILE SECTION vorhanden sein. Die SELECT-Klausel und die Dateibeschreibung der Sortierdatei unterliegen besonderen Konventionen, die in den nachfolgenden Abschnitten behandelt werden. An einem Sortierprozeß können auch mehr als drei Dateien beteiligt sein. Eine SORT-Anweisung kann die Datensätze mehrerer Ausgangsdateien in eine Zieldatei, mehrere inhaltsgleiche oder auch inhaltsverschiedene Zieldateien einstellen. Weiterhin besteht die Möglichkeit, während des Sortierprozesses Datensätze der Ausgangsdatei(en) zu modifizieren (Satzverkürzungen, Feldlöschungen, Summenbildung usw.) und die geänderten Datensätze in eine oder mehrere Zieldateien einzustellen.

## 10.1 SELECT-Klausel der Sortierdatei

### Funktion und Format

Mit Hilfe der SELECT-Klausel für Sortierdateien wird der Hilfsdatei des Sortierprozesses ein COBOL-interner und -externer Name zugeordnet.

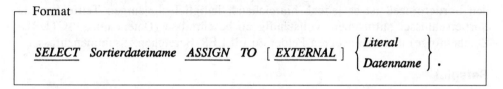

### Beschreibung

Die Sortierdatei nimmt als Hilfsdatei für die Dauer des Sortiervorgangs Datensätze der Ausgangsdatei(en) auf. Der Sortierdateiname sowie der COBOL-externe Dateiname unterliegen den in Abschn. 6.2.1 behandelten Bildungsvorschriften für Dateinamen.

Abweichend vom allgemeinen Format der SELECT-Klausel sind bei Sortierdateien *keine Angaben* zur *Organisationsform* sowie zur *Zugriffsform* zulässig. Die konkrete Organisations- und Zugriffsform der Hilfsdatei hängt von der jeweiligen Compiler-Implementierung ab.

### Beispiel

    SELECT SORT-WORK ASSIGN TO "C:\SORT-W.DAT".

Der COBOL-interne Dateiname ist hier SORT-WORK, die Datei wird auf Laufwerk C mit dem Dateinamen SORT-W.DAT angelegt.

## 10.2 SD-Dateibeschreibung

### Funktion und Format

Für die Beschreibung der Sortierdatei in der FILE SECTION ist die Stufenbezeichnung "SD" zu verwenden. Die Datensatzbeschreibung muß zumindest alle Sortierschlüssel (unter Berücksichtigung ihrer Lokalität im Datensatz) definieren.

```
┌─ Format ──────────────────────────────────┐
│                                           │
│   FILE SECTION.                           │
│  ⎡ SD Sortierdateiname.              ⎤   │
│  ⎢ 01 Dateisatzbeschreibung.         ⎥ ...│
│  ⎣   (... mit allen Sortierschlüsseln)⎦   │
│                                           │
└───────────────────────────────────────────┘
```

## Beschreibung

Die COBOL-SORT-Anweisung nimmt unter Angabe des Sortierdateinamens und der Sortierschlüssel auf die SD-Dateibeschreibung Bezug. Die Untergliederung (Struktur) des Dateisatzes der Sortierdatei darf vollständig beschrieben werden. Für den Sortierprozeß ist es jedoch hinreichend, lediglich diejenigen Teilfelder, die Sortierschlüssel aufnehmen, vollständig zu beschreiben (Datenname, PICTURE-Zeichenfolge) und alle anderen Felder zu FILLER-Bereichen zusammenzufassen.

## Beispiel

```
SD  SORT-WORK-PERSONAL.
01  S-W-PERSONAL-SATZ.
    05 FILLER          PIC X(18).
    05 VORNAME         PIC X(25).
    05 NACHNAME        PIC X(30).
    05 FILLER          PIC X(127).
```

## 10.3 SORT-Anweisung (Format-1)

### Funktion und Format

Mit Hilfe der SORT-Anweisung nach Format-1 können eine oder mehrere Ausgangsdateien sortiert werden. Eine Modifikation des Satzaufbaus der Ausgangsdatei(en) ist nicht möglich.

```
┌─ Format-1 ─────────────────────────────────────────────┐
│                                                        │
│    SORT  Sortierdateiname-1                            │
│                                                        │
│         ⎧    ⎧ ASCENDING  ⎫                ⎫           │
│         ⎨ ON ⎨            ⎬ KEY { Datenname-1 } ... ⎬ ...│
│         ⎩    ⎩ DESCENDING ⎭                ⎭           │
│                                                        │
│         [ WITH DUPLICATES IN ORDER ]                   │
│                                                        │
│         USING  { Dateiname-2 } ...                     │
│         GIVING { Dateiname-3 } ...                     │
│                                                        │
└────────────────────────────────────────────────────────┘
```

## Beispiel

```
SORT SORT-WORK-PERSONAL
    ON ASCENDING KEY  NACHNAME  VORNAME
    USING  PERSONAL-UNSORTIERT
    GIVING PERSONAL-SORTIERT.
```

## Syntaktische Regeln

1. Sortierdateiname-1 ist der in einer "SELECT-Klausel für Sortierdateien" vereinbarte COBOL-interne Dateiname. In der FILE SECTION muß für die Sortierarbeitsdatei eine SD-Dateibeschreibung existieren, die alle Sortierschlüssel (Datenname-1) aufführt.
2. Dateiname-2 bezeichnet die Ausgangs- und Dateiname-3 die Zieldatei(en) des Sortierprozesses.
3. Für jede Ausgangs- und jede Zieldatei ist eine SELECT-Eintragung und eine FD-Dateibeschreibung erforderlich.
4. Alle am Sortierprozeß beteiligten Dateien müssen in der FILE SECTION mit gleicher Satzlänge beschrieben sein.
5. Es muß sichergestellt sein, daß vor der Ausführung einer SORT-Anweisung alle am Sortierprozeß beteiligten Dateien geschlossen sind.

## Beschreibung

Die SORT-Anweisung öffnet die am Sortierprozeß beteiligten Dateien und schließt sie nach Abschluß des Sortiervorganges selbsttätig. Der Programmierer muß lediglich sicherstellen, daß die Ausgangs- und Zieldatei(en) sowie die Sortierdatei zum Zeitpunkt der Ausführung der SORT-Anweisung ungeöffnet sind. Nach Abschluß des Sortiervorgangs stehen die Ausgangs- und Zieldatei(en) für beliebige Verarbeitungen zur Verfügung.

Für jede der am Sortierprozeß beteiligten Dateien muß ein SELECT-Eintrag und eine Dateibeschreibung in der FILE SECTION existieren. Die Ausgangs- und Zieldatei(en) sowie die Sortierdatei müssen mit *gleicher Satzlänge* definiert sein. Werden mehrere Ausgangsdateien (Datenname-2) angegeben, müssen die Sätze dieser Dateien den gleichen Satzaufbau aufweisen. Die Zieldatei enthält dann die Datensätze aller Ausgangsdateien. Folgen dem Schlüsselwort GIVING mehrere Dateinamen, legt die SORT-Anweisung Kopien der Zieldatei (mit gleichem Inhalt) unter den in den SELECT-Klauseln spezifizierten externen Dateinamen an.

Ein dem Wort ASCENDING nachgestellter Sortierschlüssel (Datenname-1) bewirkt das aufsteigende Sortieren nach diesem Ordnungsbegriff. Datensätze werden absteigend nach Schlüsseln sortiert, die dem Wort DESCENDING folgen. Alle Sortierschlüssel (Datenname-1) müssen in der Datensatzbeschreibung der *Sortierdatei* definiert sein.

Wird eine Datei nach mehreren Schlüsseln sortiert, legen die ASCENDING- und DESCENDING-Angaben eine Sortier-Hierarchie fest. Der zuerst aufgeführte Schlüssel ist dann der oberste Ordnungsbegriff, die Reihenfolge der nachfolgend angegebenen Schlüsselfelder definiert zugleich absteigende Sortierprioritäten. Der Sortierauftrag

```
ON ASCENDING NACHNAME VORNAME, DESCENDING GEBURTSJAHR
```

erzeugt eine Satzreihenfolge aufsteigend nach Nachnamen. Weisen mehrere Datensätze gleiche Feldinhalte im Schlüsselfeld NACHNAME auf, erfolgt ihre Anordnung aufsteigend nach Vornamen. Erst wenn mehrere Datensätze in beiden Schlüsselfeldern NACHNAME und VORNAME übereinstimmen, werden sie absteigend nach Geburtsjahren in die Zieldatei eingestellt.[1]

Falls die Ausgangsdatei(en) eines Sortierprozesses mehrere Datensätze enthält (enthalten), die in allen Sortierschlüsseln übereinstimmen, ist die Reihenfolge ihrer Speicherung in der Zieldatei undefiniert. Durch Angabe der Option WITH DUPLICATES IN ORDER kann sichergestellt werden, daß solche Datensätze in der Reihenfolge ihres Auftretens in der (den) Ausgangsdatei(en) in die Zieldatei eingestellt werden.[2]

**Beispiel**

In Abschnitt 6.5.4 wurde ein Programm zum Drucken einer Liste "Telefonnummern" (siehe Abb. 6.9, S. 318) angegeben. Dem Listendruck soll nun ein Sortierprozeß vorausgehen, der sicherstellt, daß die Listenrumpfzeilen aufsteigend nach NACH-NAME und ORT gedruckt werden können.

```
*------------------------------------
 INPUT-OUTPUT SECTION.
*------------------------------------
 FILE-CONTROL.
     SELECT KUNDEN-UNSORTIERT ASSIGN TO "C:KUND.DAT"
         ORGANIZATION IS LINE SEQUENTIAL.
     SELECT SORT-WORK ASSIGN TO "C:SORT-W.DAT".
     SELECT KUNDEN-SORTIERT ASSIGN TO "C:KUND-SOR.DAT"
         ORGANIZATION IS LINE SEQUENTIAL.
     SELECT DRUCKER ASSIGN TO "LPT1"
         ORGANIZATION IS LINE SEQUENTIAL.
*--------------------------------------------------------------
 DATA DIVISION.
*--------------------------------------------------------------
 FILE SECTION.
*------------------------------------
 FD  KUNDEN-UNSORTIERT.
 01  KUNDEN-U-SATZ           PIC X(120).
 SD  SORT-WORK.
 01  SORT-WORK-SATZ.
     05  FILLER              PIC 9(24).
     05  NACH-NAME           PIC X(25).
     05  FILLER              PIC X(29).
```

---

1. Zur Sortierfolge-Ordnung siehe Abschnitt 14.3.
2. Mehrere Ausgangsdateien werden in der Reihenfolge ihrer Aufführung in der SORT-Anweisung abgearbeitet.

```
           05  ORT              PIC X(25).
           05  FILLER           PIC X(17).
       FD  KUNDEN-SORTIERT.
       01  KUNDEN-SATZ.
           05  KUNDEN-NR        PIC 9(4).
           05  ADRESSE.
               08  GESAMT-NAME.
                   10  VOR-NAME     PIC X(20).
                   10  NACH-NAME    PIC X(25).
               08  STRASSE      PIC X(25).
               08  WOHNORT.
                   10  PLZ          PIC 9(4).
                   10  ORT          PIC X(25).
           05  TELEFON.
               08  VORWAHL      PIC X(8).
               08  RUFNUMMER    PIC X(9).
       FD  DRUCKER.
       01  DRUCKER-S            PIC X(80).
           ...
      *-----------------------------------------------
       PROCEDURE DIVISION.
      *-----------------------------------------------
       STEUERLEISTE SECTION.
      *--------------------------------------
       START-STEUERL.
           PERFORM SORTIEREN.
           PERFORM LISTEN-KOPF.
           PERFORM LISTEN-RUMPF.
           PERFORM LISTEN-FUSS.
       ENDE-STEUERL.
           STOP RUN.
      *--------------------------------------
       SORTIEREN SECTION.
      *--------------------------------------
       START-SORTIEREN.
           SORT SORT-WORK
               ON ASCENDING KEY NACH-NAME OF SORT-WORK-SATZ
                                ORT OF SORT-WORK-SATZ
               USING   KUNDEN-UNSORTIERT
               GIVING  KUNDEN-SORTIERT.
       ENDE-SORTIEREN.
           CONTINUE.
      *--------------------------------------
       LISTEN-KOPF SECTION.
      *--------------------------------------
       ... Drucke Listenkopf
      *--------------------------------------
       LISTEN-RUMPF SECTION.
      *--------------------------------------
       ... Drucke Listenrumpf aus Datei KUNDEN-SORTIERT
      *--------------------------------------
       LISTEN-FUSS SECTION.
      *--------------------------------------
       ... Drucke Listenfuss
```

## 10.4 SORT-Anweisung (Format-2)

### Funktion und Format

Eine mit Hilfe des Formats-1 der SORT-Anweisung erstellte Zieldatei enthält alle Datensätze der Ausgangsdatei(en). Der Satzaufbau der Sortier-, Ausgangs- und Zieldateien und mithin ihre Satzlängen stimmen überein. Die SORT-Anweisung nach Format-1 erzeugt lediglich eine/mehrere Zieldatei(en) mit der angeforderten Satzreihenfolge.

Format-2 der SORT-Anweisung sieht zwei Erweiterungen vor: Der Programmierer kann in einem Input-Kapitel (INPUT PROCEDURE) die Datenübernahme aus einer oder mehreren Ausgangsdateien frei gestalten. Die in die Sortierdatei zu übernehmenden Datensätze können im Input-Kapitel *ausgewählt* und der Satzaufbau darf beliebig *modifiziert* werden. Weiterhin kann die Schnittstelle Sortierdatei/Zieldatei(en) in einem Output-Kapitel (OUTPUT PROCEDURE) vom Programmierer gestaltet werden. Insbesondere besteht so die Möglichkeit, in einem Sortierlauf mehrere Zieldateien *unterschiedlichen Inhalts* zu erzeugen.

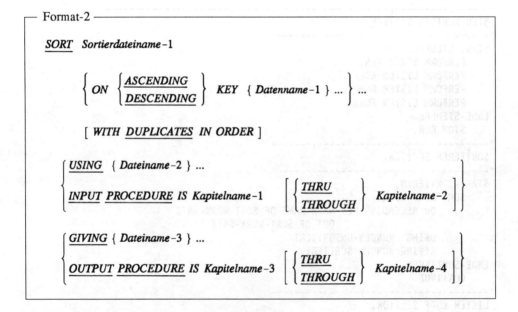

### Syntaktische Regeln

1. Bei Verwendung der USING- und GIVING-Option ist Format-2 mit Format-1 der SORT-Anweisung funktionsgleich. Es gelten dann die im Zusammenhang mit Format-1 erläuterten Regeln.
2. Kapitelname-1 (ggf. bis Kapitelname-2) bezeichnet das Input-Kapitel und Kapitelname-3 (ggf. bis Kapitelname-4) das Output-Kapitel.
3. Die SORT-Anweisung erlaubt die Formulierung *eines* Schnittstellen-Kapitels (Input- oder Output-Kapitel) in Kombination mit einer USING- oder GIVING-

Angabe. Bei Bedarf können *zwei* Schnittstellen programmiert werden (Input- und Output-Kapitel).

4. Für jede am Sortierprozeß beteiligte Datei ist eine SELECT-Eintragung und eine Dateibeschreibung (FILE SECTION) erforderlich. Für den Anschluß der Sortierdatei (SELECT-Klausel) und die Datensatzbeschreibung (SD-Dateibeschreibung) sind die in Abschn. 10.1 und 10.2 erläuterten Formate zu berücksichtigen.

5. Die Ausgangsdatei(en) sowie die Zieldatei(en) des Sortierprozesses dürfen einen voneinander und von der Sortierdatei abweichenden Satzaufbau aufweisen.

6. Hinsichtlich der Organisations- und Zugriffsformen der Ausgangs- und Zieldateien bestehen keinerlei Beschränkungen (sequentiell, relativ, indiziert).

## Beschreibung

Den Sortierablauf unter Verwendung von Schnittstellen-Kapiteln zeigt Abb. 10.2. Bei Ausführung einer SORT-Anweisung mit einem Input- und Output-Kapitel erfolgt die Erstellung der sortierten Zieldatei(en) in drei Phasen. In Phase 1 bringt die SORT-Anweisung das vom Programmierer codierte Input-Kapitel zur Ausführung. In diesem Kapitel werden eine oder mehrere Ausgangsdateien konventionell gelesen (READ-Schleife) und die in die Sortierdatei zu übernehmenden Datensätze geeignet aufbereitet, bevor sie mit einer besonderen Anweisung (RELEASE-Anweisung) satzweise in die Sortierdatei eingestellt werden. Nach Abschluß dieser Phase (EOF aller Ausgangsdateien) führt die SORT-Anweisung in einer Phase 2 die Sortierung gemäß der angegebenen Sortier-Hierarchie (ASCENDING- und/oder DESCENDING-Angaben) durch.

Im Anschluß an die Sortierung bringt die SORT-Anweisung in Phase 3 das vom Programmierer codierte Output-Kapitel zur Ausführung. In diesem Kapitel werden die sortierten Datensätze mittels einer besonderen Anweisung (RETURN-Anweisung) satzweise aus der Sortierdatei ausgelesen (RETURN-Schleife), soweit erforderlich modifiziert und konventionell (WRITE-Anweisung) in eine oder mehrere Zieldateien ausgegeben.

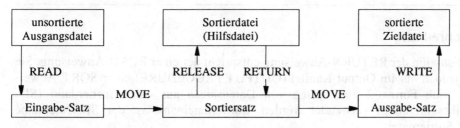

*Abb. 10.2 Sortierablauf bei zwei Schnittstellen-Kapiteln*

Die Formate der RELEASE- und RETURN-Anweisung werden in den nachfolgenden Abschnitten erläutert.

### 10.4.1 RELEASE-Anweisung

**Funktion und Format**

Die RELEASE-Anweisung übergibt jeweils einen Datensatz an eine Sortierdatei.

---
Format

  <u>RELEASE</u>  Sortierdatei-Datensatzname  [ <u>FROM</u> Bezeichner-1 ]

---

**Beschreibung**

Die Funktion der RELEASE-Anweisung entspricht der einer WRITE-Anweisung. Sie darf jedoch nur im Input-Kapitel (INPUT PROCEDURE) der SORT-Anweisung nach Format-2 zur Ausgabe von Datensätzen in eine Sortierdatei (SD-Dateibeschreibung) verwendet werden. Sortierdatei-Datensatzname ist der 01-Datensatzname einer Sortierdatei.

### 10.4.2 RETURN-Anweisung

**Funktion und Format**

Die RETURN-Anweisung liest jeweils einen Datensatz aus einer Sortierdatei.

---
Format

  <u>RETURN</u>  Sortierdateiname  RECORD  [ <u>INTO</u> Bezeichner-1 ]

  AT <u>END</u> Anweisungen-1
  [ <u>NOT</u> AT <u>END</u> Anweisungen-2 ]

  [ <u>END-RETURN</u> ]

---

**Beschreibung**

Die Funktion der RETURN-Anweisung entspricht der einer READ-Anweisung. Sie darf jedoch nur im Output-Kapitel (OUTPUT PROCEDURE) einer SORT-Anweisung nach Format-2 zum Lesen von Datensätzen aus einer Sortierdatei (SD-Dateibeschreibung) verwendet werden. Sortierdateiname ist der SD-Dateiname einer Sortierdatei.

Die der AT END-Angabe folgenden Anweisungen werden beim Erkennen des Endes der Sortierdatei ausgeführt. Der Bereichsbegrenzer END-RETURN schließt den Geltungsbereich der bedingt auszuführenden Anweisungen-1 oder Anweisungen-2 ab. Er kann durch den impliziten Begrenzer Punkt (.) ersetzt werden.

## 10.5 Sortierbeispiel mit Schnittstellen-Kapiteln

Das folgende Programm demonstriert die Anwendung der SORT-Anweisung nach Format-2. Ausgangsdatei ist eine Kundendatei (KUNDEN). Für eine Werbekampagne sind zwei Zieldateien mit den Satzreihenfolgen "aufsteigend nach Kundennamen" zu erstellen. Eine Ausgabedatei (KUNDEN-PLZ-2000) soll nur Datensätze von Kunden mit der Postleitzahl 2000, die andere (KUNDEN-PLZ-3000) mit der Postleitzahl 3000 enthalten. In die Zieldatei sind nur diejenigen Elementardaten zu übernehmen, die für das Drucken von Anschriften benötigt werden.

```
*-----------------------------------
 INPUT-OUTPUT SECTION.
*-----------------------------------
 FILE-CONTROL.
     SELECT KUNDEN ASSIGN TO "C:KUND.DAT"
         ORGANIZATION IS LINE SEQUENTIAL.
     SELECT SORT-WORK ASSIGN TO "C:SORT-W.DAT".
     SELECT KUNDEN-PLZ-2000 ASSIGN TO "C:KUND2000.DAT"
         ORGANIZATION IS LINE SEQUENTIAL.
     SELECT KUNDEN-PLZ-3000 ASSIGN TO "C:KUND3000.DAT"
         ORGANIZATION IS LINE SEQUENTIAL.
*-----------------------------------------------------------------
 DATA DIVISION.
*-----------------------------------------------------------------
 FILE SECTION.
*-----------------------------------
 FD  KUNDEN.
 01  KUNDEN-SATZ.
     05 KUNDEN-NR          PIC 9(4).
     05 ADRESSE.
         08 GESAMT-NAME.
             10 VOR-NAME   PIC X(20).
             10 NACH-NAME  PIC X(25).
         08 STRASSE        PIC X(25).
         08 WOHNORT.
             10 PLZ        PIC 9(4).
             10 ORT        PIC X(25).
     05 TELEFON.
         08 VORWAHL        PIC X(8).
         08 RUFNUMMER      PIC X(9).
     05 FILLER             PIC X(80).
 SD  SORT-WORK.
 01  SORT-WORK-SATZ.
     05 ADRESSE.
         08 GESAMT-NAME.
             10 VOR-NAME   PIC X(20).
             10 NACH-NAME  PIC X(25).
         08 STRASSE        PIC X(25).
         08 WOHNORT.
             10 PLZ        PIC 9(4).
             10 ORT        PIC X(25).
 FD  KUNDEN-PLZ-2000.
 01  KUNDEN-2000-SATZ      PIC X(99).
 FD  KUNDEN-PLZ-3000.
```

```
01  KUNDEN-3000-SATZ         PIC X(99).
*----------------------------------------
WORKING-STORAGE SECTION.
*----------------------------------------
77  EOF-FELD-KUNDEN          PIC X.
    88 EOF-KUNDEN            VALUE "J".
77  EOF-FELD-SORT-WORK       PIC X.
    88 EOF-SORT-WORK         VALUE "J".
*--------------------------------------------------------------
PROCEDURE DIVISION.
*--------------------------------------------------------------
SORTIEREN SECTION.
*----------------------------------------
SOR-1000.
    SORT SORT-WORK
        ON ASCENDING KEY NACH-NAME OF SORT-WORK-SATZ
        INPUT  PROCEDURE IS INP-PROC-SATZVERKUERZUNG
        OUTPUT PROCEDURE IS OUT-PROC-DATEITRENNUNG.
SOR-9999.
    STOP RUN.
*----------------------------------------
INP-PROC-SATZVERKUERZUNG SECTION.
*----------------------------------------
INP-1000.
    INITIALIZE EOF-FELD-KUNDEN.
    OPEN INPUT KUNDEN.
INP-1010.
    PERFORM UNTIL EOF-KUNDEN
        READ KUNDEN
            AT END SET EOF-KUNDEN TO TRUE
            NOT END
                IF PLZ OF KUNDEN-SATZ = 2000 OR 3000
                    THEN MOVE CORR KUNDEN-SATZ TO SORT-WORK-SATZ
                         RELEASE SORT-WORK-SATZ
                    ELSE CONTINUE
                END-IF
        END-READ
    END-PERFORM.
INP-9999.
    CLOSE KUNDEN.
*----------------------------------------
OUT-PROC-DATEITRENNUNG SECTION.
*----------------------------------------
OUT-1000.
    INITIALIZE EOF-FELD-SORT-WORK.
    OPEN OUTPUT KUNDEN-PLZ-2000 KUNDEN-PLZ-3000.
OUT-1010.
    PERFORM UNTIL EOF-SORT-WORK
        RETURN SORT-WORK
            AT END SET EOF-SORT-WORK TO TRUE
            NOT END
                IF PLZ OF SORT-WORK-SATZ = 2000
                    THEN WRITE KUNDEN-2000-SATZ FROM SORT-WORK-SATZ
                    ELSE WRITE KUNDEN-3000-SATZ FROM SORT-WORK-SATZ
                END-IF
```

```
        END-RETURN
        END-PERFORM.
   OUT-9999.
        CLOSE KUNDEN-PLZ-2000 KUNDEN-PLZ-3000
```

Im Input-Kapitel dieses Programms werden die relevanten Kundensätze selektiert und die adreßbezogenen Feldinhalte in den verkürzten Sortierdateisatz eingestellt. In die Sortierdatei werden so nur die tatsächlich benötigten Daten eingestellt. Das Output-Kapitel teilt den Sortierdatenbestand auf die zwei Ausgabedateien auf.

# 11. Bibliotheken und Programmkommunikation

## 11.1 COBOL-Quellcodebibliotheken

Zur *Umwandlungszeit* eines Quellprogramms können vorher erstellte und in *separaten* Dateien gespeicherte Programmteile in das zu übersetzende Quellprogramm übernommen werden. Hierzu wird an der Einfügungsstelle eine Kopieranweisung (COPY-Anweisung) codiert, die den einzufügenden Programmtext geeignet benennt. Zum Übersetzungszeitpunkt veranlaßt die Kopieranweisung den Compiler, den benannten Programmtext auf einem externen Speichermedium aufzufinden, an der Einfügungsstelle einzukopieren und dann mitzuübersetzen. Solche Texteinfügungen sind in allen vier Hauptabschnitten des Quellprogramms zulässig. Die beschriebene Kopiereinrichtung erspart das mehrfache Erstellen gleicher Programmteile. Dateidefinitionen, Dateisatzbeschreibungen oder auch Teilalgorithmen, die in mehreren Quellprogrammen benötigt werden, können so einmal *zentral gespeichert* und *gepflegt* werden.

Eine Zusammenfassung mehrerer Programmteile, die für die Übernahme in Quellprogramme auf externen Speichermedien abgelegt werden, bezeichnet man als COBOL-Bibliothek (COBOL-Library). Die einzelnen Programmteile heißen Bibliothekselemente (library text). Die Handhabung der COBOL-Bibliotheken (anlegen, einfügen und auslesen von Elementen) hängt von der jeweiligen konkreten Programmierumgebung ab. In Mikrocomputer-Umgebungen können Bibliothekselemente in separate Dateien – die z.B. in einem Unterverzeichnis zusammengefaßt werden – abgelegt sein. Alternativ besteht die Möglichkeit, mehrere separate Elementdateien mit Hilfe eines Dienstprogramms (LIBRARY) in einer Bibliotheksdatei zusammenzufassen.

## 11.2 COPY-Anweisung

**Funktion und Format**

Die COPY-Anweisung kopiert zum Übersetzungszeitpunkt eines Programms vorher erstellte Programmteile in das Quellprogramm.

```
┌─ Format ─────────────────────────────────────────────────┐
│                                                          │
│   COPY Textname  [ { OF } Bibliotheksname ]              │
│                    { IN }                                │
│                                                          │
│         ⎧ ⎧ Bezeichner-1   ⎫    ⎧ Bezeichner-2   ⎫ ⎫     │
│         ⎪ ⎪ Literal-1      ⎪    ⎪ Literal-2      ⎪ ⎪     │
│ REPLACING ⎨ ⎨ COBOL-Wort-1 ⎬ BY ⎨ COBOL-Wort-2   ⎬ ⎬ ... │
│         ⎪ ⎪ ==Pseudo-Text-1== ⎪ ⎪ ==Pseudo-Text-2== ⎪ ⎪  │
│         ⎩ ⎩                ⎭    ⎩                ⎭ ⎭     │
└──────────────────────────────────────────────────────────┘
```

### Beispiele

```
COPY "C:\KUNDSATZ.CBL"
COPY "KUNDSATZ.CBL" OF "C:\COPYLIB.LBR"
```

### Syntaktische Regeln

1. Textname bezeichnet einen Programmabschnitt, der in das Quellprogramm eingefügt werden soll.
2. Innerhalb einer COBOL-Bibliothek bezeichnet Textname ein Bibliothekselement. Der Elementname muß innerhalb einer Bibliothek eindeutig vergeben werden.
3. Existieren mehrere COBOL-Bibliotheken, dient der Bibliotheksname der Qualifizierung des Bibliothekselements.
4. Die COPY-Anweisung darf in allen vier Hauptabschnitten eines Quellprogramms codiert werden.

### Beschreibung

Zum Übersetzungszeitpunkt des Quellprogramms wird die COPY-Anweisung durch den angegebenen Programmabschnitt (*COPY-Strecke*) ersetzt. Als Ergebnis des Kopiervorgangs muß ein syntaktisch korrektes Programm entstehen. Der einkopierte Programmabschnitt bleibt für spätere Verwendungen unverändert auf dem externen Speichermedium erhalten.

In DOS- oder OS/2-Systemumgebungen darf Textname ein gültiger Dateiname sein. Die Angabe einer Laufwerksbezeichnung und eines Pfads ist bei Verwendung der hier berücksichtigten Compiler für Mikrocomputer zulässig. Der Dateiname darf mit oder ohne Anführungszeichen codiert werden:

```
COPY "KUNDSATZ.CBL".
COPY KUNDSATZ.CBL.
COPY "C:\KUNDSATZ.CBL".
COPY "C:\LIB\KUNDSATZ.CPY".
```

Das folgende Beispiel demonstriert die Übernahme eines Programmabschnittes in ein Quellprogramm. In einer Datei KUNDSATZ.CBL sei die 01-Dateisatzbeschreibung

```
01  KUNDEN-SATZ.
    05 KUNDEN-NR        PIC 9(4).
    05 ADRESSE.
        08 GESAMT-NAME.
            10 VOR-NAME     PIC X(20).
            10 NACH-NAME    PIC X(25).
        08 STRASSE          PIC X(25).
        08 WOHNORT.
            10 PLZ          PIC 9(4).
            10 ORT          PIC X(25).
    05 FILLER           PIC X(85).
```

gespeichert. Das Quellprogramm nimmt mittels einer COPY-Anweisung auf diesen COBOL-Text Bezug:

```
...
FILE SECTION.
FD  KUNDEN-DATEI.
    COPY "C:\KUNDSATZ.CBL".
...
```

Während des Übersetzungslaufs ersetzt der Compiler die COPY-Anweisung durch den in Datei KUNDSATZ.CBL gespeicherten Programmabschnitt:

```
...
FILE SECTION.
FD KUNDEN-DATEI.
01  KUNDEN-SATZ.
    05 KUNDEN-NR        PIC 9(4).
    05 ADRESSE.
        08 GESAMT-NAME.
            10 VOR-NAME     PIC X(20).
            10 NACH-NAME    PIC X(25).
        08 STRASSE          PIC X(25).
        08 WOHNORT.
            10 PLZ          PIC 9(4).
            10 ORT          PIC X(25).
    05 FILLER           PIC X(85).
...
```

Ist der einzukopierende Programmabschnitt als COPY-Element Bestandteil einer COPY-Bibliothek, wird der Bibliotheksname z.B. in der Form

```
COPY "KUNDSATZ.CBL" OF "C:\LIBRARY\COPYLIB.LBR".
```

als Qualifizierer angefügt.

Die REPLACING-Option der COPY-Anweisung bietet die Möglichkeit, Wörter oder Wortfolgen eines Programmabschnitts unmittelbar vor der Übernahme in ein Quellprogramm zu ersetzen. Solche Änderungen werden nur im Quellprogramm wirksam. Der Programmabschnitt selbst bleibt für spätere Verwendungen unverändert erhalten. Ersetzbar sind Datennamen (Bezeichner-1), numerische und alphanumerische Literale (Literal-1), reservierte COBOL-Wörter (COBOL-Wort-1) sowie Wortfolgen (Pseudo-Text-1). Der Compiler tauscht den vor dem Wort BY angegebenen Operanden durch den dem Wort BY nachgestellten Operanden aus.

Pseudotexte sind Wortfolgen, die auch Sonderzeichen enthalten dürfen. Sie sind in je zwei Gleichheitszeichen (==) eingeschlossen darzustellen, z.B.:

```
==MOVE "J" TO WEITER-SCHALTER==
```

Ein Operand darf durch ein Leerzeichen (==   ==) ersetzt werden oder auch ersatzlos entfallen (====). Das COPY-Beispiel

```
COPY "TEXT-1.CBL"
    REPLACING  RUMPF-1    BY RUMPF-ZEILE-1
               "SEITE :"  BY "Seite :"
               ANZAHL     BY 123
               READ       BY RETURN
               ==MOVE KUND-S TO WS-KUND==
            BY ==MOVE CORR KUND-S TO WS-KUND==
```

zeigt die Verwendung der REPLACING-Option.

## 11.3 Externe Unterprogramme

Im Gegensatz zu den mit PERFORM-Aufrufen oder der GO TO-Anweisung zur Ausführung zu bringenden internen Unterprogrammen (Prozeduren) sind externe Unterprogramme (Moduln) *selbständig* übersetz- und testbar. Das Programmstrukturdiagramm oder die Modulhierarchie (Modul Linkage Chart) zu einer Anwendung lassen die Aufrufbeziehungen zwischen Moduln erkennen.[1] Die Übertragung der Ablaufsteuerung aus einem aufrufenden (Haupt-)Programm an ein aufgerufenes (Unter-)Programm erfolgt mit Hilfe einer CALL-Anweisung.

CALL-Anweisungen benennen das auszuführende Unterprogramm und spezifizieren die zu übergebenden Schnittstellendaten.[2] Nach Abarbeitung eines Unterprogramms wird die Ablaufsteuerung an diejenige Anweisung übertragen, die der CALL-Anweisung im aufzurufenden Programm unmittelbar folgt (Rücksprung). Ein aufgerufenes Programm kann selbst wieder Unterprogramme aufrufen. Innerhalb einer Modulhierarchie lassen sich Steuer-, Funktions- und Mischmoduln unterscheiden.[3]

COBOL unterstützt die Modularisierung einer Anwendung durch die im aufrufenden Programm zu verwendenden CALL- und CANCEL-Anweisungen.

In aufgerufenen COBOL-Unterprogrammen sind mehrere Konventionen zu beachten: Das logische Programmende wird in Unterprogrammen nicht mittels einer STOP RUN-Anweisung, sondern der den Rücksprung ins aufrufende Programm sicherstellenden EXIT PROGRAM-Anweisung codiert. Sollen Schnittstellendaten

---

1. Siehe hierzu Abschnitt 2.4.4.
2. Zur Schnittstellenbeschreibung in Form von Schnittstellentabellen siehe Abschnitt 2.4.4.
3. Siehe hierzu Abschnitt 2.4.4.

zwischen rufendem und gerufenem Programm ausgetauscht werden, ist im Unterprogramm eine LINKAGE SECTION zu codieren. Weiterhin sind die zu verwendenden Schnittstellendaten im Unterprogramm in Form eines USING-Zusatzes zur Programmteilüberschrift PROCEDURE DIVISION anzugeben.

## 11.3.1 CALL-Anweisung

**Funktion und Format**

Die CALL-Anweisung überträgt die Ablaufsteuerung an ein separat übersetztes Unterprogramm.

```
Format

CALL  { Literal-1     }
      { Bezeichner-1  }

  [ USING  { [ BY REFERENCE ] { Bezeichner-2 } ...  }  ... ]
           { BY CONTENT { Bezeichner-3 } ...        }

  [ ON OVERFLOW Anweisungen-1 ]

  [ END-CALL ]
```

**Beispiele**

```
CALL "UPRO-1".
CALL "TILGUNG" USING BETRAG LAUFZEIT ZINSEN RATE.
CALL "UPRO-2"  USING BY CONTENT BETRAG
                     BY REFERENCE TAG MONAT JAHR
   ON OVERFLOW PERFORM FEHLER-MELDUNG
END-CALL.
```

**Syntaktische Regeln**

1. Literal-1 oder Bezeichner-1 benennen das auszuführende Unterprogramm. Das Literal muß ein alphanumerisches Literal sein. Bezeichner-1 ist als alphanumerisches Datenfeld zu definieren, das zum Ausführungszeitpunkt der CALL-Anweisung den Namen des Unterprogramms enthalten muß.

2. Die in der USING-Option angegebenen Aufrufparameter (Bezeichner-2, Bezeichner-3) müssen in der DATA DIVISION des aufrufenden Programms mit den Stufennummern 01, 77 oder als Elementardatenfelder zu einem 01-Datensatz definiert sein.

3. Wenn das aufgerufene Programm ein COBOL-Unterprogramm ist, muß Literal-1 bzw. der unter Bezeichner-1 gespeicherte Wert mit dem im PROGRAM-ID-Paragraphen des Unterprogramms angegebenen Programmnamen übereinstimmen.[1]

**Beschreibung**

Die CALL-Anweisung bringt das Unterprogramm Literal-1 bzw. ein Unterprogramm, dessen Name im Feld Bezeichner-1 gespeichert ist, zur Ausführung. Nach Abarbeitung des Unterprogramms wird diejenige Anweisung ausgeführt, die der CALL-Anweisung im aufrufenden Programm unmittelbar folgt. Literal-1 bzw. der unter Bezeichner-1 gespeicherte Wert muß mit dem Programmnamen im PROGRAM-ID-Paragraphen des Unterprogramms übereinstimmen.

Ein Unterprogramm darf selbst wieder CALL-Anweisungen enthalten. Unzulässig sind rekursive Aufrufe, bei denen ein Unterprogramm eines der direkt oder indirekt (in der Modulhierarchie übergeordneten) aufrufenden Programme zur Ausführung bringt. Die Anweisungen-1 der OVERFLOW-Option werden abgearbeitet, wenn beim Laden eines Unterprogramms festgestellt wird, daß nicht genügend Arbeitsspeicher für die Unterbringung des gerufenen Programms verfügbar ist. END-CALL begrenzt den Geltungsbereich der im Falle eines Speicherüberlaufs (bedingt) auszuführenden Anweisungen-1.

Die USING-Option der CALL-Anweisung muß codiert werden, wenn zwischen dem aufrufenden und dem aufgerufenen Programm Schnittstelleninformationen ausgetauscht werden sollen. Bezeichner-2 und Bezeichner-3 sind Datenfelder (Formalparameter), die zum Zeitpunkt der Ausführung einer CALL-Anweisung die an ein Unterprogramm zu übergebenden Daten (Aktualparameter) enthalten müssen. Sie sind in der FILE SECTION, der WORKING-STORAGE SECTION oder der LINKAGE SECTION des aufrufenden Programms zu definieren. Die in einer LINKAGE SECTION definierten Aufrufparameter sind nur übergebbar, wenn das rufende Programm selbst ein Unterprogramm ist.

Die einem Unterprogramm BY REFERENCE übergebenen Aufrufparameter (Bezeichner-2) können im Unterprogramm modifiziert und anschließend in modifizierter Form an das aufrufende Programm zurückgegeben werden. Das aufrufende und das aufgerufene Programm nutzen für BY REFERENCE-Parameter den gleichen Speicherbereich. Die BY CONTENT übergebenen aktuellen Parameterwerte sind dem Unterprogramm verfügbar, können im Unterprogramm modifiziert aber nicht in modifizierter Form (über die gleichen Formalparameter) zurückgegeben werden. BY CONTENT-Parameter werden im aufrufenden und im aufgerufenen Programm in getrennten Speicherbereichen abgelegt. Parameter, denen keines der Schlüsselwörter REFERENCE oder CONTENT vorangestellt ist, werden implizit als BY REFERENCE-Parameter behandelt.

---

1. Aufrufbar sind auch Unterprogramme, die als Assembler-Programme, in FORTRAN oder z.B. C geschrieben wurden. Die hier gültigen Namens- und Parameterkonventionen müssen im jeweiligen Compiler-Handbuch nachgeschlagen werden.

Ein *erstmals* mittels einer CALL-Anweisung aufgerufenes Unterprogramm befindet sich in seinem (vordefinierten) Anfangszustand. Bei jedem erneuten Aufruf befindet es sich dann in demjenigen Zustand, in dem es zuvor verlassen wurde. Insbesondere bleiben Datenfeldinhalte, die nicht von aktuellen Aufrufparametern überschrieben werden, sowie der Eröffnungszustand von Dateien erhalten. Mit Hilfe der nachfolgend zu behandelnden CANCEL-Anweisung kann ein Unterprogramm in seinen Anfangszustand zurückversetzt werden.

### Spracherweiterung

Bei den hier berücksichtigten Compilern für Mikrocomputer muß der Unterprogrammname (Literal-1 bzw. der unter Bezeichner-1 gespeicherte Name) mit dem Programmnamen im Paragraphen PROGRAM-ID *und* dem Dateinamen, unter dem das Unterprogramm auf einem externen Speichermedium abgelegt ist, übereinstimmen.

## 11.3.2 CANCEL-Anweisung

### Funktion und Format

Die CANCEL-Anweisung gibt den von einem Unterprogramm belegten Speicherplatz für andere Unterprogramme frei. Wird ein Unterprogramm nach Ausführung einer CANCEL-Anweisung erneut aufgerufen, befindet es sich in seinem Initialisierungszustand.

```
┌─ Format ──────────────────────────────────────┐
│                                               │
│   CANCEL  { Literal-1     }  ...              │
│           { Bezeichner-1  }                   │
│                                               │
└───────────────────────────────────────────────┘
```

### Beispiele

```
CANCEL UPRO1.
CANCEL TILGUNG UPRO1 UPRO2 UPRO3.
```

### Beschreibung

Literal-1 bzw. Bezeichner-1 benennen Unterprogramme, die zuvor mittels einer CALL-Anweisung aufgerufen wurden. Die CANCEL-Anweisung darf sich nicht auf ein noch aktives Unterprogramm beziehen. Bezüglich der Benennung von Unterprogrammen gelten die zur CALL-Anweisung aufgeführten Regeln.

## 11.3.3 LINKAGE SECTION

Die LINKAGE SECTION muß in Unterprogrammen codiert werden, die mit dem aufrufenden Programm Schnittstelleninformationen austauschen. Sie bildet in solchen Unterprogrammen ein eigenständiges Kapitel der DATA DIVISION:

```
DATA DIVISION.
FILE SECTION.
   ...
WORKING-STORAGE SECTION.
   ...
LINKAGE SECTION.
   Eintragung-Stufennummer-77-Datenbeschreibung
   Eintragung-Datensatzbeschreibung
```

Innerhalb der LINKAGE SECTION müssen alle Datenfelder definiert werden, die als Aufrufparameter in der USING-Angabe der das Unterprogramm zur Ausführung bringenden CALL-Anweisung aufgeführt sind. Wenn einem Unterprogramm keine Aufrufparameter übergeben werden, kann die LINKAGE SECTION entfallen.

Die Datendefinition in der LINKAGE SECTION erfolgt nach den für die WORKING-STORAGE SECTION gültigen Regeln (Stufennummern, PICTURE-Zeichenfolgen usw.). Lediglich die VALUE-Klausel darf für Anfangswertzuweisungen nicht verwendet werden.[1] Der Datentyp und die Feldlänge der in der LINKAGE SECTION definierten Schnittstellendaten müssen mit der Datenbeschreibung der Aufrufparameter in der DATA DIVISION des aufrufenden Programms *übereinstimmen*. Die Datennamen *dürfen abweichend gewählt* werden.

Die in der LINKAGE SECTION definierten Datenfelder haben die Funktion von Kommunikationspuffern, über die das aufrufende und das aufgerufene Programm *wechselseitig* Daten austauschen können. Bei der Übersetzung eines Unterprogramms wird für diese Kommunikationspuffer jedoch kein Speicherplatz reserviert. Es werden lediglich symbolische Adressen angelegt, die auf die im aufrufenden Programm definierten Datenfelder verweisen. Als Konsequenz kann ein Unterprogramm nur im Zusammenspiel mit dem aufrufenden Programm getestet werden.

Ersatzweise besteht die Möglichkeit, die Parameterübergabe an ein Unterprogramm mittels eines "vereinfachten Hauptprogramms" zu simulieren.[2]

---

1. Zulässig ist jedoch die Definition der Wahrheitswerte von Bedingungsnamen-Bedingungen.
2. Der interaktive Debugger ANIMATOR erlaubt ergänzend den separaten Test eines Unterprogramms. Den Schnittstellenparametern kann hier dynamisch Speicherplatz zugewiesen werden. Anschließend können die Formalparameter für Testzwecke mit aktuellen Werten versorgt werden.

## 11.3.4 USING-Angabe der PROCEDURE-DIVISION

**Funktion und Format**

In einem Unterprogramm werden mit Hilfe des USING-Zusatzes zur PROCEDURE DIVISION-Überschrift die Aufrufparameter einer CALL-Anweisung den in der LINKAGE SECTION des Unterprogramms definierten Datenfeldern zugeordnet.

```
 ┌─ Format ──────────────────────────────────────────────┐
 │                                                       │
 │   PROCEDURE DIVISION  [ USING { Datenname-1 } ... ] . │
 │                                                       │
 └───────────────────────────────────────────────────────┘
```

**Beispiel**

*Hauptprogramm:*
CALL "TILGUNG" USING BETRAG LAUFZEIT ZINSEN RATE.

*Unterprogramm:*
PROCEDURE DIVISION USING BETRAG LAUFZEIT ZINSEN RATE.

**Beschreibung**

Die USING-Angabe eines Unterprogramms benennt alle Datenfelder (Datenname-1), über die das aufrufende und das aufgerufene Programm miteinander kommunizieren. Diese Datenfelder müssen in der LINKAGE SECTION des Unterprogramms definiert sein. Eine *Übereinstimmung* der Datennamen des USING-Zusatzes mit den Namen der Aufrufparameter einer CALL-Anweisung im aufrufenden Programm ist *nicht zwingend erforderlich*: Die Zuordnung der Aufrufparameter einer CALL-Anweisung zu den in der USING-Angabe des Unterprogramms aufgeführten Datenfelder erfolgt paarweise *in der Reihenfolge ihrer Aufführung*.

## 11.3.5 EXIT PROGRAM-Anweisung

**Funktion und Format**

Die EXIT PROGRAM-Anweisung beendet die Ausführung eines Unterprogramms.

```
 ┌─ Format ──────────────────────────────────────────────┐
 │                                                       │
 │   EXIT PROGRAM .                                      │
 │                                                       │
 └───────────────────────────────────────────────────────┘
```

**Beschreibung**

EXIT PROGRAM markiert das logische Ende eines Unterprogramms. Diese Anweisung beendet die Ausführung des gerufenen Programms und gibt die Ablaufsteuerung an das aufrufende Programm zurück (Rücksprung). Hier wird anschließend diejenige Anweisung ausgeführt, die der CALL-Anweisung unmittelbar folgt.

Jedes COBOL-Programm, dem *keine* Aufrufparameter übergeben werden, kann normal gestartet *oder* mittels einer CALL-Anweisung zur Ausführung gebracht werden. Das logische Ende eines in beiden Betriebsweisen zu nutzenden Programms kann durch die Sequenz

```
...
EXIT PROGRAM.
STOP RUN.
```

gekennzeichnet werden. Wird ein solches Programm normal gestartet, wirkt EXIT PROGRAM als Leeranweisung, und STOP RUN überträgt die Ablaufsteuerung ans Betriebssystem. In der Betriebsweise als Unterprogramm bewirkt EXIT PROGRAM den Rücksprung ins aufrufende Programm, *bevor* die STOP RUN-Anweisung zur Ausführung kommen kann.

## 11.4 Beispiele zum Unterprogrammaufruf

Die folgenden beiden Beispiele zur Programmkommunikation unterscheiden sich in den Datenflußrichtungen zwischen Haupt- und Unterprogramm. Im ersten Beispiel erzeugt das Unterprogramm Daten, die dem Hauptprogramm zur Verfügung gestellt werden. Im zweiten Beispiel übergibt das aufrufende Programm dem Unterprogramm Daten, die im Unterprogramm ausgewertet werden. Das Unterprogramm reicht dann die Verarbeitungsergebnisse an das Hauptprogramm zurück.

### Beispiel 1

```
    ...
*-------------------------------------
 WORKING-STORAGE SECTION.
*-------------------------------------
 01  TAGESDATUM.
     05  TAG       PIC 99.
     05  MONAT     PIC 99.
     05  JAHR      PIC 99.
    ...
*-------------------------------------------------------------------
 PROCEDURE DIVISION.
*-------------------------------------------------------------------
 START-HAUPTPROG.
     ...
     CALL "DATUM" USING TAG MONAT JAHR.
     ...
 ENDE-HAUPTPROG.
     STOP RUN.
```

Dieses Hauptprogramm bringt ein Unterprogramm DATUM zur Ausführung. Die drei Aufrufparameter der CALL-Anweisung sind in der WORKING-STORAGE SECTION definiert. Nach der Rückkehr aus dem Unterprogramm soll das aktuelle Tagesdatum für weitere Verarbeitungszwecke im Hauptprogramm verfügbar sein.

```
*-----------------------------------------------------------------
 IDENTIFICATION DIVISION.
*-----------------------------------------------------------------
 PROGRAM-ID.         DATUM.
*Autor            :  WENDT
*Datum            :  14.8.1990
*Inhalt           :  Unterprogramm Systemdatum
*-----------------------------------------------------------------
 ENVIRONMENT DIVISION.
*-----------------------------------------------------------------
 CONFIGURATION SECTION.
*-----------------------------------------------------------------
 SOURCE-COMPUTER.    IBM-PC.
 OBJECT-COMPUTER.    IBM-PC.
*-----------------------------------------------------------------
 DATA DIVISION.
*-----------------------------------------------------------------
 WORKING-STORAGE SECTION.
*-----------------------------------------------------------------
 01  SYSTEM-DATUM.
     05 JJ          PIC 99.
     05 MM          PIC 99.
     05 TT          PIC 99.
*-----------------------------------------------------------------
 LINKAGE SECTION.
*-----------------------------------------------------------------
 77  TAG            PIC 99.
 77  MONAT          PIC 99.
 77  JAHR           PIC 99.
*-----------------------------------------------------------------
 PROCEDURE DIVISION USING TAG MONAT JAHR.
*-----------------------------------------------------------------
 START-UNTERPROG.
     ACCEPT SYSTEM-DATUM FROM DATE.
     MOVE JJ TO JAHR.
     MOVE MM TO MONAT.
     MOVE TT TO TAG.
 ENDE-UNTERPROG.
     EXIT PROGRAM.
```

Der Name des in der CALL-Anweisung des Hauptprogramms aufgerufenen Unterprogramms (DATUM) stimmt mit dem im PROGRAM-ID-Paragraphen des Unterprogramms angegebenen Programmnamen überein. In der LINKAGE SECTION sind die drei Aufrufparameter der CALL-Anweisung mit gleichem Feldtyp und gleicher Feldlänge definiert. Die USING-Angabe zur PROCEDURE DIVISION ordnet die Parameter der CALL-Anweisung den Datenfeldern der LINKAGE SECTION zu. Bei Ausführung der EXIT-Anweisung erfolgt der Rücksprung ins Hauptprogramm, dem das aktuelle Tagesdatum in der Anordnungsreihenfolge TAG/MONAT/JAHR vom Unterprogramm verfügbar gemacht wurde.

## Beispiel 2

Das folgende Hauptprogramm übergibt einem Unterprogramm RATEN die im Hauptprogramm bereitgestellten Werte für HYPOTHEK, LAUFZEIT und ZINS-

SATZ. Das Unterprogramm soll hierzu die monatliche Tilgungsrate (MONATS-RATE) und einen Effektivzinssatz (EFFEKTIV-ZINS) berechnen und an das Hauptprogramm zurückreichen.

```
*------------------------------------
 WORKING-STORAGE SECTION.
*------------------------------------
 77  HYPOTHEK            PIC 9(7)V99.
 77  LAUFZEIT            PIC 9(2).
 77  ZINSSATZ            PIC 9(2)V99.
 77  MONATS-RATE         PIC 9(7)V99.
 77  EFFEKTIV-ZINS       PIC 9(3)V99.
*------------------------------------------------------------
 PROCEDURE DIVISION.
*------------------------------------------------------------
 START-HAUPTPROG.
     ...
     CALL "RATEN" USING BY CONTENT HYPOTHEK LAUFZEIT ZINSSATZ
                        BY REFERENCE MONATS-RATE EFFEKTIV-ZINS.
     ...
 ENDE-HAUPTPROG.
     STOP RUN.
```

Die Ausgangsdaten für die Berechnung im Unterprogramm sind im CALL-Aufruf durch die BY CONTENT-Angabe vor Modifikationen geschützt. Nach Ausführung des Unterprogramms RATEN stehen auch die beiden Rechenergebnisse für Verarbeitungszwecke im Hauptprogramm zur Verfügung.[1]

```
*------------------------------------------------------------
 IDENTIFICATION DIVISION.
*------------------------------------------------------------
 PROGRAM-ID.         RATEN.
*Autor         :     WENDT
*Datum         :     14.8.1990
*Inhalt        :     Unterprogramm Tilgung Hypothek
*------------------------------------------------------------
 ENVIRONMENT DIVISION.
*------------------------------------------------------------
 CONFIGURATION SECTION.
*------------------------------------------------------------
 SOURCE-COMPUTER.    IBM-PC.
 OBJECT-COMPUTER.    IBM-PC.
*------------------------------------------------------------
 DATA DIVISION.
*------------------------------------------------------------
 WORKING-STORAGE SECTION.
*------------------------------------------------------------
 01  AZ-FAKTOR           PIC 9V9(16).
 01  AUFZINSUNG          PIC 9(3)V9(15).
```

---

1. Der Algorithmus des Unterprogramms berücksichtigt unterjährige Verzinsungen bei monatlich-nachschüssigen Tilgungen. Zum nominalen Zins (ZINSSATZ) wird der Effektivzinssatz (EFFEKTIV-ZINS) berechnet.

```
*----------------------------------
 LINKAGE SECTION.
*----------------------------------
 77  HYPOTHEK            PIC 9(7)V99.
 77  JAHRE               PIC 9(2).
 77  ZINS                PIC 9(2)V99.
 77  RATE                PIC 9(7)V99.
 77  EFFEKTIV-ZINS       PIC 9(3)V99.
*------------------------------------------------------------
 PROCEDURE DIVISION USING HYPOTHEK JAHRE ZINS RATE EFFEKTIV-ZINS.
*------------------------------------------------------------
 START-UNTERPROG.
*--- Berechnung monatlicher Rückzahlungsbetrag
     COMPUTE AZ-FAKTOR ROUNDED =  1 +  ZINS / ( 12 * 100 ).
     COMPUTE AUFZINSUNG ROUNDED =   AZ-FAKTOR ** ( 12 * JAHRE ).
     COMPUTE RATE ROUNDED =
                  ( HYPOTHEK * AUFZINSUNG * ( AZ-FAKTOR - 1 ))
                 / ( AUFZINSUNG - 1 ).
*--- Berechnung Effektivzins
     COMPUTE EFFEKTIV-ZINS ROUNDED =
                  100 * (( AZ-FAKTOR ** 12 ) - 1).
 ENDE-UNTERPROG.
     EXIT PROGRAM.
```

Die Datennamen der Schnittstellenparameter des Unterprogramms RATEN weichen teilweise von denen des Hauptprogramms ab (z.B. LAUFZEIT und JAHRE). Dies ist zulässig, da für die paarweise Zuordnung der Aufrufparameter einer CALL-Anweisung zu Feldern der LINKAGE SECTION die Reihenfolge der Aufführungen von Formalparametern in den USING-Angaben maßgeblich ist.

## 11.5 EXTERNAL-Klausel

### Funktion und Format

Mit Hilfe der EXTERNAL-Klausel können Dateien oder Datenfelder als externe Objekte definiert werden. Externe Objekte sind dann im Haupt- und in Unterprogrammen verfügbar. Eine im Hauptprogramm als extern definierte Datei kann in Unterprogrammen ohne erneutes Öffnen zugegriffen werden.

---
Format

*IS* ___EXTERNAL___

---

### Syntaktische Regeln

1. Die EXTERNAL-Klausel darf nur in der FILE SECTION als Ergänzung zum FD-Eintrag von Dateien oder in der WORKING-STORAGE SECTION zu Stufennummer-01-Datenbeschreibungen angegeben werden.

2. Bei Datendefinitionen in der WORKING-STORAGE SECTION schließen sich die Verwendung der VALUE- und EXTERNAL-Klausel gegenseitig aus.

## Beschreibung

Die in rufenden Programmen und aufgerufenen Unterprogrammen definierten externen Objekte können in beiden Programmen angesprochen und verarbeitet werden. Voraussetzung hierfür ist die Verwendung gleicher Datei- bzw. Datennamen in den Programmen. Der Eröffnungszustand einer Datei im rufenden Programm wird unverändert auf das gerufene Unterprogramm übertragen. Als extern definierte Dateien müssen im Unterprogramm mithin *nicht erneut* geöffnet werden. Das folgende Beispiel verdeutlicht die Definition externer Objekte:

```
       IDENTIFICATION DIVISION.
       PROGRAM-ID. HAUPT.
       ...
       FILE SECTION.
       FD  EINDAT IS EXTERNAL.
       01  EINDAT-SATZ             PIC X(75).
       WORKING-STORAGE SECTION.
       01  TEXT-1                  PIC X(30) IS EXTERNAL.
       PROCEDURE DIVISION.
           ...
           OPEN INPUT EINDAT.
           ...
           MOVE "Hier Text-1" TO TEXT-1.
           CALL "UPRO".
           ...
           CLOSE EINDAT.
           STOP RUN.

       IDENTIFICATION DIVISION.
       PROGRAM-ID. UPRO.
       ...
       FILE SECTION.
       FD  EINDAT IS EXTERNAL.
       01  EINDAT-SATZ             PIC X(75).
       WORKING-STORAGE SECTION.
       01  TEXT-1                  PIC X(30) IS EXTERNAL.
       PROCEDURE DIVISION.
           ...
           DISPLAY TEXT-1 UPON CONSOLE.
           ...
           READ EINDAT AT END ...
           ...
           EXIT PROGRAM.
```

Das im Hauptprogramm bereitgestellte Literal "Hier Text-1" ist im Unterprogramm verfügbar. Im Unterprogramm kann die im Hauptprogramm geöffnete Datei ohne erneutes Öffnen zugegriffen werden.

# 12. Gestaltung von Dialogprogrammen

Dieses Kapitel behandelt die Gestaltung interaktiver Anwendungen. Es wird gezeigt, wie sich die in Menübäumen und Interaktionsdiagrammen dokumentierten Entwurfsentscheidungen programmtechnisch realisieren lassen.[1] Die *Dialogablaufsteuerung* einer Anwendung kann vorteilhaft mit Hilfe von EVALUATE- oder GO TO DEPENDING ON-Anweisungen codiert werden. Die ANSI-Standard-Formate der ACCEPT- und DISPLAY-Anweisung sind wegen des *Scroll-Modus* für das Erzeugen von benutzerfreundlichen Bildschirmoberflächen nur sehr *eingeschränkt* geeignet.[2] Nahezu alle COBOL-Compiler/Entwicklungsumgebungen für Mikro- und Minicomputer sowie Großrechner sehen *Spracherweiterungen* für die Bildschirmansteuerung vor. Im folgenden werden solche Erweiterungen in der Syntax der hier berücksichtigten Compiler für Mikrocomputer vorgestellt.

Die Bildschirmoberfäche komplexerer Dialoganwendungen läßt sich vorteilhaft und mit wirtschaftlich vertretbarem Aufwand unter Verwendung eines *Maskengenerators* realisieren. Auf programmtechnische Konsequenzen des Einsatzes der Maskengeneratoren FORMS und SCREENS geht Abschnitt 12.3 ein.

Für eine Reihe hardware-naher Funktionen eines Mikrocomputers wie das Senden von Bildschirm(farb)attributen, das Abfragen von Funktionstasten oder das Positionieren des Cursors am Bildschirm existieren keine COBOL-Sprachelemente. Zum Lieferumfang der PC-Compiler von Micro Focus, IBM, Siemens Nixdorf und Microsoft gehört eine *Bibliothek mit Assembler-Unterprogrammen*, mit denen sich solche systemnahen Funktionen realisieren lassen. Diese Unterprogramme werden in Kap. 16 behandelt. Einige dieser Routinen (Farbattribute, Funktionstasten) sind im Zusammenhang mit der benutzerfreundlichen Gestaltung interaktiver Anwendungen unverzichtbar. Sie werden bereits in diesem Kapitel erläutert.

## 12.1 Dialogablaufsteuerung

Eine sehr einfache interaktive Anwendung liegt vor, wenn ein Programm lediglich *einen* durch Eingabe, Verarbeitung und Ausgabe beschriebenen *Elementarprozeß* realisiert.[3] Abbildung 12.1 zeigt ein Bildschirmformular zu einer solchen Anwendung. Unmittelbar nach dem Start des zugehörigen Programms wird eine Bildschirmmaske angezeigt, die den Benutzer zu Dateneingaben auffordert. Im angegebenen Beispiel werden die Eingabedaten Hypothek, Zinssatz und Laufzeit zur Berechnung der Ausgabedaten Tilgungsrate und effektiver Zinssatz herangezogen. Nachdem die Verarbeitungsergebnisse angezeigt wurden, erhält der Benutzer Gelegenheit zum Abbruch des Programmlaufs oder zur erneuten Dateneingabe.

---

1. Zu Menübäumen und Interaktionsdiagrammen siehe Abschnitt 2.3.5 und 2.4.1.
2. Siehe Abschnitt 5.1.3 und 5.1.4.
3. Zur Abgrenzung von Elementarprozessen siehe die Abschnitte 2.3.2 und 2.3.3.

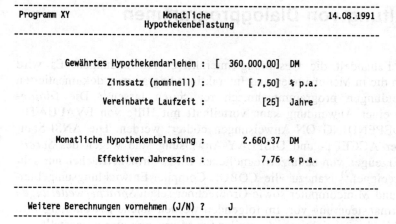

Abb. 12.1 *Bildschirmformular mit Ein- und Ausgabedaten*

Beliebige Dialoganwendungen, die sich auf das beschriebene Grundmuster zurückführen lassen, können mit Hilfe des in Abb. 12.2 gezeigten Algorithmus realisiert werden. Wenn ein Verarbeitungsprozeß Dateizugriffe vorsieht, muß das Struktogramm geringfügig erweitert werden. Charakteristisch für den in Abb. 12.2 gezeigten Dialogablauf ist die *Schachtelung zweier Schleifen*. Die äußere Schleife bietet die Verarbeitungsfunktion des Programms dem Benutzer mehrfach an. Registriert das Programm fehlerhafte Eingabedaten, zwingt die innere Schleife den Benutzer zur Korrektur dieser Daten. Die Bildschirmmaske wird außerhalb der Schleifenkörper mit mehreren DISPLAY-Anweisungen einmal ausgebracht. Vor erneuten Dateneingaben müssen die Eingabe- und Ausgabedaten des vorherigen Schleifendurchlaufs selektiv vom Bildschirm gelöscht (mit Leerzeichen überschrieben) werden.

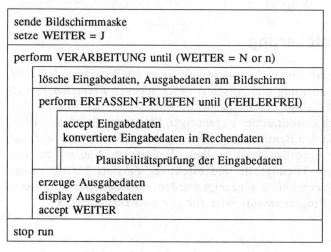

Abb. 12.2 *Algorithmus eines einfachen Dialogablaufs*

Der Algorithmus nach Abb. 12.2 sieht unmittelbar nach der Erfassung aller Eingabedaten (mehrere ACCEPT-Anweisungen) das Konvertieren numerisch-druckaufbereitet erfaßter Daten in Rechendaten vor. Dieser Arbeitsschritt beinhaltet die in Abschn. 8.3 erläuterte Rechenaufbereitung. Sie ist nur erforderlich, wenn bei der Erfassung numerischer Daten führende Nullen unterdrückt, Tausenderstellen optisch abgetrennt und das Dezimalkomma sichtbar gemacht werden. Hierauf wird in Abschn. 12.2.1 einzugehen sein.

Etwas aufwendiger als in Abb. 12.2 dargestellt, wird die Dialogablaufsteuerung bei Programmen, die *mehrere Elementarprozesse* realisieren. Ist bei solchen Anwendungen *keine Menüauswahl* vorgesehen, werden dem Benutzer mehrere Bildschirmformulare in einer Transaktionskette nacheinander zur Bearbeitung angeboten. Dabei kann die Abarbeitungsreihenfolge der Elementarprozesse und damit die Abfolge der Bildschirmformulare starr (sequentiell) vorgegeben sein. Häufig erfordern Anwendungen auch variierende Transaktionsketten, bei denen die Prozeß- oder Bildschirmabfolgen mittels einer Ablauflogik (bedingte Verarbeitung, Auswahl) direkt oder indirekt über Eingabedaten des Benutzers bestimmt werden.[1] Das Struktogramm der Abb. 12.2 ist dann unter Beibehaltung seines Grundaufbaus zu ergänzen.

Komplexere Dialoganwendungen bieten dem Benutzer die Möglichkeit der *Funktionswahl über Menüs*. Hier sind entweder alle Prozesse aus einem Menü heraus aufrufbar (einstufige Menüwahl) oder aus einem Hauptmenü können Untermenüs ausgewählt werden (mehrstufige Menühierarchie), die dann die Verarbeitungsfunktionen zur Auswahl anbieten.[2] Bei einer *einstufigen Menüwahl* löst jede Benutzerwahl eine der oben beschriebenen Transaktionsketten aus. Ist eine *mehrstufige Menühierarchie* implementiert, führt eine Benutzerauswahl entweder zu einem Untermenü oder ein Elementarprozeß bzw. eine Abfolge von Prozessen wird angestoßen. Im folgenden wird die Dialogablaufsteuerung bei ein- und mehrstufiger Menüwahl untersucht. Dabei wird vorerst unterstellt, daß der Benutzer seine Auswahl durch Eingabe einer Auswahlziffer trifft (siehe Abb. 12.3).

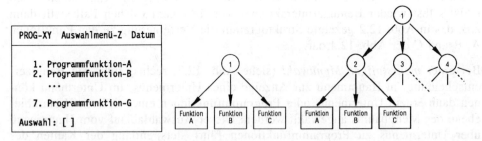

*Abb. 12.3   Auswahlmenü und Menübäume bei ein- und zweistufiger Menüwahl*

---

1. Eine Prozeßfolge ist indirekt von Benutzereingaben abhängig, wenn eine Transaktion z.B. Dateizugriffe auslöst und die eingelesenen Feldinhalte den weiteren Programmablauf beeinflussen.
2. Siehe hierzu auch die Abschnitte 2.3.5 (Menübaum) und 2.4.1 (Interaktionsdiagramme).

Den *Algorithmus* zum Realisieren einer *einstufigen Menüwahl* zeigt Abb. 12.4. Charakteristisch für diese Ablaufsteuerung ist die Einbettung der Fallunterscheidung in einen Schleifenkörper. Abweichend von dem Verarbeitungsablauf nach Abb. 12.2 wird der Menübildschirm nun innerhalb des Schleifenkörpers aufgebaut. Das Schleifenkonstrukt stellt sicher, daß nach Abarbeitung einer der anwählbaren Funktionen das Auswahlmenü *erneut angezeigt* wird. Der Benutzer kann so mehrere Funktionen nacheinander ausführen lassen. Nach Eingabe einer bestimmten Auswahlziffer (Wahl = 4 in Abb. 12.4) wird der Programmlauf abgebrochen.

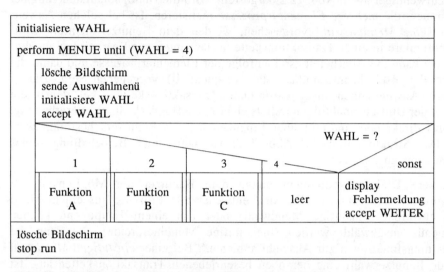

*Abb. 12.4  Ablaufsteuerung bei einstufiger Menüwahl*

Die Fallunterscheidung im Anschluß an die Auswahlentscheidung des Benutzers kann durch eine IF-Schachtelung, die EVALUATE- oder die GO TO DEPENDING ON-Anweisung realisiert werden. Dabei entspricht die Anzahl der zu berücksichtigenden Fälle der Anzahl der Auswahloptionen des Menüs zuzüglich des Sonst-Fehlerfalls. Die aus einem Menü anwählbaren Programmfunktionen sehen meist selbst wieder Benutzerinteraktionen vor. In einem solchen Fall stellt dann z.B. das in Abb. 12.2 gezeigte Struktogramm die Verfeinerung zu den Funktionen A, B und C der Abb. 12.4 dar.

Bei einer *mehrstufigen Menüwahl* (siehe Abb. 12.3, rechts) führt die Benutzerentscheidung im Hauptmenü zur Anzeige eines Untermenüs. Im Untermenü können dann erneut Untermenüs oder Programmfunktionen einer tieferen Hierarchieebene des Menübaums angewählt werden. Dieser Auswahlablauf vom Hauptmenü über Untermenüs zu Programmfunktionen führt stets entlang der Kanten des Menübaums. Er wird als *Vorwärtsverkettung* von Menüs und Funktionen bezeichnet und stellt lediglich die Erreichbarkeit aller Programmfunktionen vom Hauptmenü aus sicher. Aus Benutzersicht ist zusätzlich auch eine *Rückwärtsverkettung* erforderlich: Nach Abschluß oder Abbruch einer Verarbeitung wird erneut das der Programmfunktion vorgeschaltete Auswahlmenü angezeigt. Der Benutzer kann dann erneut eine Auswahl treffen, die ihn zu einer im Menübaum tieferen Hierarchieebene führt. Ergänzend sieht jedes Untermenü eine Auswahloption vor, die die Rückverzweigung in ein vorgelagertes Menü erlaubt. Vorwärts- und Rückwärtsverkettung gestatten dem Benutzer so das "Navigieren" längs der Kanten des Menübaums. Von jedem beliebigen Menü aus ist dann jede Programmfunktion über eine Sequenz von Auswahlentscheidungen erreichbar.

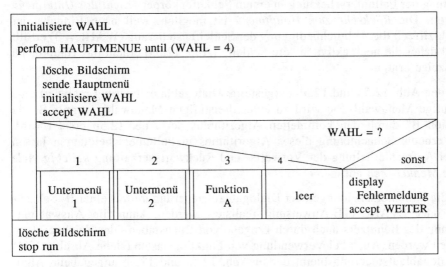

*Abb. 12.5a   Ablaufsteuerung bei mehrstufiger Menüwahl (Hauptmenü)*

Abbildung 12.5a zeigt die *Ablaufsteuerung bei mehrstufiger Menüwahl*. Das Hauptmenü führt hier zu zwei Untermenüs sowie einer Programmfunktion. Die Verfeinerung zu "Untermenü 1" ist in Abb. 12.5b wiedergegeben. Wenn der Benutzer im Hauptmenü die Auswahlziffer 3 eingibt, wird Funktion A ausgeführt und anschließend das Hauptmenü *erneut angezeigt*.

*Untermenü 1:*

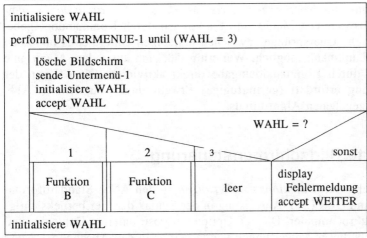

*Abb. 12.5b   Ablaufsteuerung zur Untermenüwahl*

Wird im Hauptmenü die Auswahlziffer 1 eingegeben, kommt der in Abb. 12.5b gezeigte Algorithmus zur Ausführung. Er bringt Untermenü-1 am Bildschirm aus (sende Untermenü-1). Der Benutzer kann nun eine der Programmfunktionen B oder C anwählen oder über die Auswahlziffer 3 zum Hauptmenü zurückkehren. Wählt er eine der beiden Funktionen B oder C, wird anschließend wegen der Einbettung der Fallunterscheidung in einem Schleifenkörper *erneut das Untermenü angezeigt*. Die *Rückkehr zum Hauptmenü* ist möglich, weil nach Eingabe der Auswahlziffer 3 die Abbruchbedingung der Schleifensteuerung (WAHL = 3) erfüllt ist, und daher die noch aktive äußere Schleife (Abb. 12.5a) erneut das Hauptmenü zur Anzeige bringt.

Die in den Abb. 12.5a und 12.5b dargestellte Dialogablaufsteuerung realisiert eine zweistufige Menüwahl. Sie wird zu einer dreistufigen Menüwahl, wenn z.B. die "Funktion B" durch den kompletten Algorithmus der Abb. 12.5b ersetzt wird. Durch erneute Schachtelung dieses Algorithmus in Fallunterscheidungen lassen sich bei Aufrechterhaltung der Vorwärts- und Rückwärtsverkettung *beliebig viele weitere Menüebenen* anfügen.

Wenn die Fallunterscheidungen der Dialogablaufsteuerung mittels einer IF-Schachtelung oder EVALUATE-Anweisung realisiert werden, kann die Auswahlentscheidung des Benutzers auch durch Eingabe von Buchstaben oder Zeichenfolgen getroffen werden. Auch bei Verwendung von Funktionstasten (siehe Abschn. 12.4) zur Dialogablaufsteuerung bleibt der in Abb. 12.5a und 12.5b angegebene Algorithmus funktionstüchtig.

Die beschriebene Form des Dialogablaufs mit Menüverkettung bezeichnet man auch als *programmgesteuerte Menü- und Funktionswahl*. Für sie ist charakteristisch, daß der Benutzer lediglich längs der Kanten des Menübaums "navigieren" kann. Bei funktionsreichen Dialoganwendungen mit vier oder mehr Hierarchieebenen des Menübaums muß sich auch der geübte Programmbenutzer zeitaufwendig über zahlreiche Untermenüs zu einer Programmfunktion "vortasten". Im Gegensatz zur programmgesteuerten Menü- und Funktionswahl erlaubt eine Dialogablaufsteuerung mit *benutzergesteuerter Menü- und Funktionswahl* ergänzend die direkte Auswahl von Menüs und Funktionen durch Kommandoeingabe. Damit sind dann auch "Quersprünge" zwischen beliebigen Untermenüs ohne den Umweg über das Hauptmenü möglich. Weiterhin läßt sich aus jedem Menü eine beliebige Funktion durch Kommandoeingabe direkt aktivieren. Diese Form der Dialogablaufsteuerung erfordert (geringfügige) Erweiterungen zu dem in Abb. 12.5a und 12.5b angegebenen Algorithmus.

## 12.2 Erweiterte Bildschirmansteuerung

Dieser Abschnitt behandelt *Funktionserweiterungen* zu den ANSI-Standardformaten der ACCEPT- und DISPLAY-Anweisung in der Syntax der hier berücksichtigten Compiler für Mikrocomputer. Die AT-Option zur positionierten Datenein- und Datenausgabe mittels dieser Anweisungen wurde bereits in den Abschn. 5.1.3 und 5.1.4 erläutert. Nachzutragen sind die Möglichkeit der Erfassung numerisch-druckaufbereiteter Daten und die Attributisierung von Eingabe- und Ausgabefeldern mittels einer WITH-Option.

### 12.2.1 Erfassung numerisch-druckaufbereiteter Daten

Wie bereits in Abschn. 8.2 erläutert, können druckaufbereitete numerische und nicht-numerische Daten nicht nur ausgedruckt, sondern mit Hilfe der DISPLAY-Anweisung in aufbereiteter Form auch am Bildschirm angezeigt werden. Definiert man z.B. A bis D als

```
77  A       PIC Z.ZZ9,99    VALUE    1234,56.
77  B       PIC ++++.++9,99 VALUE -123456,78.
77  C       PIC 9(4)V99.
77  D       PIC S9(6)V99.
...
DISPLAY A   AT 1010.
DISPLAY B   AT 1025.
```

werden die beiden DISPLAY-Anweisungen die folgende Bildschirmausgabe erzeugen[1]:

```
   1.234,56      -123.456,78
```

Eine ACCEPT-Anweisung auf ein Datenfeld bringt den im ACCEPT-Feld gespeicherten Datenwert zur Anzeige. Diese Konvention bietet die Möglichkeit, bereits gespeicherte Werte am Bildschirm mittels einer ACCEPT-Anweisung anzuzeigen und durch den Benutzer modifizieren zu lassen (update), ohne daß das Gesamtdatum erneut eingegeben werden muß.[2] Als Erweiterung zum ANSI-Standard erlauben die Compiler für Mikrocomputer die benutzerfreundliche *Erfassung numerisch-druckaufbereiteter* Daten:

```
MOVE ZERO TO A B.
ACCEPT  A    AT 1010.
```

Hier wird ein ggf. bereits im Feld A gespeicherter Wert gelöscht. Die nachfolgende ACCEPT-Anweisung fordert zur Tastatureingabe des numerisch-druckaufbereitet definierten Datums A (Z.ZZ9,99) auf. Wenn der Benutzer nun die Sequenz 1, 2, 3, 4, Komma, 5 eingibt, entwickelt sich die Bildschirmanzeige wie folgt:

```
    0,00
    1,00
   12,00
  123,00
1.234,00
1.234,50
```

---

1. Hier ist unterstellt, daß im SPECIAL-NAMES-Paragraphen die Klauseln DECIMAL-POINT IS COMMA und CONSOLE IS CRT kodiert sind.
2. Hier wird von der Standard-Voreinstellung des ACCEPT-DISPLAY-Moduls (ADIS) ausgegangen, die mit Hilfe eines Konfigurationsprogramms (ADISCF) vom Benutzer geändert werden kann.

Führende Nullen werden so unterdrückt, der Punkt und das Dezimalkomma eingefügt. Eine ACCEPT-Anweisung auf das eingangs definierte Feld B ermöglicht zusätzlich die Eingabe eines Vorzeichens (PIC ++++.++ 9,99). Mit den in A und B gespeicherten aufbereiteten Datenwerten kann *nicht gerechnet* werden. Mittels der in Abschn. 8.3 erläuterten Rechenaufbereitung können jedoch beliebig numerisch-druckaufbereitet erfaßte Daten *in Rechendaten konvertiert* werden (z.B. MOVE A TO C). Diese Rechendaten können dann als Operanden in arithmetischen Anweisungen auftreten.

### 12.2.2 WITH-Option der ACCEPT-Anweisung

**Funktion und Format**

Mit Hilfe der WITH-Option zur ACCEPT-Anweisung können ein oder mehrere Attribute angegeben werden, die die Funktion der ACCEPT-Anweisung erweitern.

```
┌─ Format-4 (Mikrocomputer) ─────────────────────────────────┐
│                                                            │
│   ACCEPT  Bezeichner-1  AT  { Bezeichner-2 }  [ FROM CRT ] │
│                             { Literal-1    }               │
│                                                            │
│       [ WITH { Attribut-1 } ... ]                          │
│                                                            │
└────────────────────────────────────────────────────────────┘
```

**Beispiele**

```
ACCEPT FELD-1   AT 1210   WITH AUTO-SKIP
ACCEPT FELD-1   WITH AUTO-SKIP   AT 1210
ACCEPT FELD-2   WITH BEEP HIGHLIGHT AUTO-SKIP   AT 1510
```

**Beschreibung**

Format-4 der ACCEPT-Anweisung ergänzt das in Abschn. 5.1.4 erläuterte Format-2 dieser Anweisung. Die auf Bezeichner-1 folgenden Angaben dürfen in beliebiger Reihenfolge codiert werden (siehe obige Beispiele). Dem Schlüsselwort WITH dürfen ein oder mehrere Attribute nachgestellt sein (siehe Abb. 12.6).

Bei Ausführung der folgenden ACCEPT-Anweisung mit drei WITH-Attributen

```
ACCEPT FELD-1 WITH BEEP HIGHLIGHT AUTO-SKIP AT 1510
```

wird ein akustisches Signal erzeugt und die Tastatureingabe des Benutzers in Zeile 15, Spalte 10 angezeigt. Die eingegebenen Zeichen werden intensiv dargestellt und die ACCEPT-Anweisung ohne Betätigung der RETURN-Taste beendet, sobald FELD-1 vollständig mit Zeichen angefüllt ist.

| Attribut | Funktion |
|---|---|
| AUTO-SKIP | Beendet eine ACCEPT-Anweisung sobald ein Feld vollständig aufgefüllt ist (ohne RETURN- bzw. ENTER-Taste). |
| BEEP | Erzeugt bei Ausführung der ACCEPT-Anweisung ein akustisches Signal. |
| BLINK | Die am Bildschirm wiedergegebenen Tastatureingaben blinken. |
| HIGHLIGHT | Tastatureingaben werden mit höherer Lichtintensität (intensiv) angezeigt. |
| NO-ECHO | Die Tastatureingabe erscheint nicht am Bildschirm; z.B. für die verdeckte Passworteingabe. |
| REVERSE-VIDEO | Tastatureingaben werden in invertierter Form (Vertauschung Vorder-/Hintergrundfarbe) am Bildschirm angezeigt. |
| EMPTY-CHECK | Erzwingt eine Benutzereingabe. |
| LENGTH-CHECK | Das Erfassungsfeld muß vollständig aufgefüllt oder leer gelassen werden. |

*Abb. 12.6 Attribute der WITH-Option*

## 12.2.3 WITH-Option der DISPLAY-Anweisung

### Funktion und Format

Mit Hilfe der WITH-Option zur DISPLAY-Anweisung können ein oder mehrere Attribute angegeben werden, die die Funktion der DISPLAY-Anweisung erweitern.

```
 Format-3 (Mikrocomputer)
```

$$\underline{\text{DISPLAY}} \left\{ \begin{Bmatrix} Bezeichner\text{-}1 \\ Literal\text{-}1 \end{Bmatrix} \underline{AT} \begin{Bmatrix} Bezeichner\text{-}2 \\ Literal\text{-}2 \end{Bmatrix} \right.$$

$$\left. \left[ \underline{UPON} \begin{Bmatrix} \underline{CRT} \\ \underline{CRT\text{-}UNDER} \end{Bmatrix} \right] \quad [\ \underline{WITH}\ \{\ Attribut\text{-}1\ \}\ \dots\ ] \right\} \dots$$

### Beispiele

```
DISPLAY KUND-NAME  WITH HIGHLIGHT  AT 1210
DISPLAY "Weitere Berechnungen J/N ?" WITH BEEP BLINK AT 2201
DISPLAY KUND-NR    WITH HIGHLIGHT   AT 1210
        KUND-NAME  WITH BEEP BLINK  AT 1410
```

**Beschreibung**

Format-3 der ACCEPT-Anweisung ergänzt das in Abschn. 5.1.3 erläuterte Format-2 dieser Anweisung. Die auf Bezeichner-1 bzw. Literal-1 folgenden Angaben dürfen in beliebiger Reihenfolge codiert werden. Dem Schlüsselwort WITH dürfen ein oder mehrere der folgenden Attribute nachgestellt sein:

```
BEEP    BLINK    HIGHLIGHT    REVERSE-VIDEO
```

Die Funktion dieser Attribute wurde im Zusammenhang mit der ACCEPT-Anweisung in Abschn. 12.2.2 erläutert.

## 12.3. Generieren von Bildschirmmasken

Bisher mußten Menüs oder die Bildschirmmasken interaktiver Anwendungen mit Hilfe einer größeren Anzahl von DISPLAY-Anweisungen zeilenweise aufgebaut werden. Für jedes am Bildschirm zu erfassende Elementardatum war eine ACCEPT-Anweisung zu codieren. Bei Verwendung eines Maskengenerators können ganze Bildschirmseiten mit einer einzigen DISPLAY-Anweisung gesendet werden.[1] Weiterhin kann eine ACCEPT-Anweisung beliebig viele Elementardaten entgegennehmen. Im folgenden wird auf die Maskengeneratoren FORMS (form screen) und SCREENS der COBOL/2-Workbench (Micro Focus) eingegangen.[2]

### 12.3.1 Maskengenerator FORMS

Der Maskengenerator FORMS umfaßt einen Editor und einen Generator. Der Maskeneditor arbeitet wie ein Text- oder Programmquellen-Editor. Mit seiner Hilfe können Menüs, Help-Bildschirme oder Bildschirmformulare gestaltet und in Maskendateien (Extension .FRM) gespeichert werden. Diese Dateien können erneut geladen und modifiziert werden. Der FORMS-Generator liest eine FRM-Maskendatei und generiert eine Bildschirmbeschreibungsdatei (Extension .DDS).

Abbildung 12.7 zeigt den Aufbau einer einfachen Bildschirmmaske. Sie besteht aus Textkonstanten und Bildschirmbereichen, die für die Ausgabe oder Erfassung von Daten (Variablen) reserviert sind. Die *Textkonstanten* einer Bildschirmmaske werden im *Textmodus* von FORMS editiert. In diesem Modus arbeitet FORMS wie ein Texteditor. Hier können auch Linien gezeichnet (Draw-Funktion) und alle Graphik-Symbole des ASCII-Zeichensatz zur Bildschirmgestaltung herangezogen werden. Zur Markierung von Bildschirmbereichen, in denen *Variablen* angezeigt oder eingegeben werden sollen, ist FORMS in einen *Datenmodus* umzuschalten. Hier werden Felder für die Erfassung oder Ausgabe alphanumerischer Daten mittels des Grundsymbols X, solche für Ganzzahlen mittels des Grundsymbols 9

---

1. Siehe hierzu auch die Abschnitte 1.3.4 und 2.4.2.
2. Falls Ihnen *kein* Maskengenerator verfügbar ist, können Sie ersatzweise die in den Lösungshinweisen zu Aufgabe 13 (Kap. 17) erläuterten Programmiertechniken einsetzen.

und numerisch-druckaufbereitet zu erfassende oder anzuzeigende Daten unter Verwendung von Druckaufbereitungssymbolen definiert (z.B. Z.ZZ9,99).

```
         A n s c h r i f t e n
────────────────────────────────────────────────────────

  Name    :      XXXXXXXXXXXXXXXXXXXXXXXXXXXXXXXXX
  Strasse:       XXXXXXXXXXXXXXXXXXXXXXXXXXXXXXXXX
  Ort     :      XXXXXXXXXXXXXXXXXXXXXXXXXXXXXXXXX


Weitere Anschriften J/N ?   X
```

*Abb. 12.7  Beispiel Bildschirmmaske*

Ergänzend besteht im Textmodus von FORMS die Möglichkeit der *farblichen Gestaltung* einer Bildschirmseite. Hierzu können aus einer Farbpalette Schriftfarben (foreground) und Farben für den Bildschirmhintergrund (background) ausgewählt werden. Besonders hervorzuhebende Textkonstanten oder Daten (Variablen) sind intensiv (intensity) oder blinkend (blink) darstellbar. Diese Gestaltungsmerkmale werden in Form von Bildschirmattributen festgehalten: für jede Zeichenposition am Bildschirm (25 Zeilen mal 80 Spalten = 2000 Zeichen) kann ein Attribut gespeichert werden, das die Erscheinungsform eines Zeichens (Farbe usw.) codiert.[1]

Eine im Text- und Datenmodus gestaltete Bildschirmseite wird von FORMS in eine FRM-Datei, z.B. ANSCHR.FRM, abgelegt. Der FORMS-Generator liest diese Datei und erzeugt eine DDS-Datei mit COBOL-Datendefinitionen. Für die in Abb. 12.7 gezeigte Bildschirmmaske wird z.B. eine Datei ANSCHR.DDS mit folgendem Inhalt generiert:

```
01    ANSCHR-00-ATTR.
      03 FILLER              PIC X(1200) VALUE ALL X"1F".
      03 FILLER              PIC X(0800) VALUE ALL X"06".
01    ANSCHR-00  .
      03 FILLER              PIC X(0025).
      03    ANSCHR-00-0126 PIC X(0021) VALUE "A n s c h r i f t e n"
         .
      03 FILLER              PIC X(0042).
      03    ANSCHR-00-0209 PIC X(0059) VALUE "─────────────────────
 -    ─────────────────────────────────────".
      03 FILLER              PIC X(0266).
      03    ANSCHR-00-0614 PIC X(0008) VALUE "Name    :".
      03 FILLER              PIC X(0152).
      03    ANSCHR-00-0814 PIC X(0008) VALUE "Strasse:".
      03 FILLER              PIC X(0152).
      03    ANSCHR-00-1014 PIC X(0008) VALUE "Ort     :".
      03 FILLER              PIC X(0307).
```

---

1. Im Anhang A sind die Werte und Wirkungsweisen der Bildschirmattribute für Monochrom- und Farbbildschirme angegeben.

```
       03    ANSCHR-00-1409 PIC X(0025) VALUE "Weitere Anschriften J/
-    "N ?".
       03 FILLER           PIC X(0047).
 01    ANSCHR-01    REDEFINES    ANSCHR-00  .
       03 FILLER           PIC X(0429).
       03    ANSCHR-01-0630 PIC X(0035).
       03 FILLER           PIC X(0125).
       03    ANSCHR-01-0830 PIC X(0035).
       03 FILLER           PIC X(0125).
       03    ANSCHR-01-1030 PIC X(0035).
       03 FILLER           PIC X(0294).
       03    ANSCHR-01-1439 PIC X(0001).
```

Diese Bildschirmbeschreibung besteht aus *drei COBOL-Datensätzen*: einem Attributsatz (ANSCHR-00-ATTR), einem Datensatz mit Bildschirmkonstanten (ANSCHR-00) und einem Datensatz mit den Bildschirmvariablen (ANSCHR-01). Wurden zu einem Bildschirm *keine* Variablen definiert (z.B. bei Help-Bildschirmen oder Menüs), erzeugt FORMS keinen Datensatz mit Bildschirmvariablen. Wenn auf die farbliche Gestaltung eines Bildschirms verzichtet wird, *entfällt* der Attributsatz.

Die vom FORMS-Generator in eine DDS-Datei abgelegte Bildschirmbeschreibung kann mit Hilfe einer COPY-Anweisung z.B. in der Form

```
COPY "C:ANSCHR.DDS"
```

in die WORKING-STORAGE SECTION eines COBOL-Quellprogramms eingebracht werden. Die beiden Anweisungen

```
DISPLAY ANSCHR-00
DISPLAY ANSCHR-00 AT 0101
```

sind *funktionsgleich*. Sie geben die Textkonstanten des Bildschirms (siehe Abb. 12.7) zeilen- und spaltenrichtig aus. Der zur Bildschirmmaske der Abb. 12.7 generierte Datensatz ANSCHR-01 enthält die vier alphanumerischen Felder dieses Formulars. Die vom Generator vergebenen Datennamen erlauben den Rückschluß auf die Bildschirmposition eines Feldes (z.B. ANSCHR-01-0630 für Zeile 6, Spalte 30). Soll Datensatz ANSCHR-01 zur Ausgabe von Anschriften verwendet werden, ist wie folgt vorzugehen:

```
DISPLAY SPACES.
DISPLAY ANSCHR-00.
...

MOVE GESAMT-NAME TO ANSCHR-01-0630.
MOVE STRASSE     TO ANSCHR-01-0830.
MOVE WOHNORT     TO ANSCHR-01-1030.

DISPLAY ANSCHR-01.
ACCEPT  ANSCHR-01-1439 AT 1439.
MOVE    ANSCHR-01-1439 TO WEITER.
...
```

Nach dem Löschen des Bildschirms werden die Bildschirmkonstanten (ANSCHR-00) einmal ausgegeben. Die MOVE-Anweisungen übertragen die z.B. aus einer

Datei gelesenen Daten in die generierten Datenfelder. Die nachfolgende DISPLAY-Anweisung bringt sie zeilen- und spaltenrichtig zur Anzeige. Mittels der ACCEPT-Anweisung wird eine Variable für die weitere Ablaufsteuerung positioniert erfaßt. Zur Ausgabe weiterer Anschriften sind erneut Daten in den Satz ANSCHR-01 einzustellen und mittels "DISPLAY ANSCHR-01" auszugeben. Alternativ könnte Datensatz ANSCHR-01 auch zur Erfassung von Anschriften verwendet werden:

```
DISPLAY SPACES.
DISPLAY ANSCHR-00.
...

ACCEPT  ANSCHR-01.

MOVE ANSCHR-01-0630 TO GESAMT-NAME.
MOVE ANSCHR-01-0830 TO STRASSE.
MOVE ANSCHR-01-1030 TO WOHNORT.
MOVE ANSCHR-01-1439 TO WEITER.
...
```

Nach Ausgabe der Bildschirmkonstanten fordert die ACCEPT-Anweisung den Benutzer zur Eingabe aller vier Elementardaten des Datensatzes ANSCHR-01 auf. Während der Dateneingabe sind die Cursor-Positioniertasten (left, right, up, down, home, end) aktiv. Mittels der Tabulatortasten kann von Feld zu Feld gesprungen werden. Durch Betätigen der ENTER- bzw. RETURN-Taste wird die ACCEPT-Anweisung beendet.

Der Datensatz für die Bildschirmvariablen ANSCHR-01 redefiniert die Bildschirmvariablen ANSCHR-00.[1] Dadurch wird der erforderliche Speicherplatz für die Textkonstanten und Variablen einer Maske auf max. 2000 Byte begrenzt. Zulässig ist diese komprimierte Speicherung aus zwei Gründen: Konstanten und Variablen einer Maske *überlappen sich niemals*. Sie können daher im Arbeitsspeicher ineinander geschachtelt abgelegt werden. Und eine DISPLAY- oder ACCEPT-Anweisung läßt den Bildschirm *dort unverändert*, wo die anzuzeigende oder entgegenzunehmende Datengruppe *FILLER-Felder* enthält.

Bevor auf das Senden von Bildschirmattributen eingegangen wird, soll ein vollständiges Programm zur Erfassung von Anschriften unter Verwendung der generierten DDS-Datei ANSCHR.DDS angegeben werden:

```
*-----------------------------------------------------------------
 FILE SECTION.
*-----------------------------------------------------------------
 FD  ANSCHRIFTEN.
 01  ANSCHRIFTEN-SATZ.
     05 GESAMT-NAME    PIC X(35).
     05 STRASSE        PIC X(35).
     05 WOHNORT        PIC X(35).
*-----------------------------------------------------------------
```

---

1. In der generierten Datei ANSCHR.DDS ist ANSCHR-01 unter Verwendung der REDEFINES-Klausel definiert.

```
    WORKING-STORAGE SECTION.
*------------------------------------
    77  WEITER           PIC X.
*--- hier werden die generierten Datensätze kopiert
    COPY "C:ANSCHR.DDS".
*-------------------------------------------------------------------
    PROCEDURE DIVISION.
*-------------------------------------------------------------------
    START-PROG.
        DISPLAY SPACES.
        DISPLAY ANSCHR-00.
        OPEN EXTEND ANSCHRIFTEN.
        PERFORM UNTIL WEITER = "N" OR "n"
            MOVE SPACE TO ANSCHR-01-0630 ANSCHR-01-0830
                          ANSCHR-01-1030
            ACCEPT ANSCHR-01
            MOVE ANSCHR-01-0630 TO GESAMT-NAME
            MOVE ANSCHR-01-0830 TO STRASSE
            MOVE ANSCHR-01-1030 TO WOHNORT
            MOVE ANSCHR-01-1439 TO WEITER
            WRITE ANSCHRIFTEN-SATZ
        END-PERFORM.
    ENDE-PROG.
        CLOSE ANSCHRIFTEN.
        STOP RUN.
```

Eine DISPLAY-Anweisung bringt hier die gesamte Bildschirmmaske nach Abb. 12.7 zur Anzeige. Zur Entgegennahme von vier Elementardaten ist lediglich eine ACCEPT-Anweisung erforderlich.

## Senden von Bildschirmattributen

Zum Senden der Bildschirmattribute für die farbliche Gestaltung eines Bildschirmes muß ein Assembler-Unterprogramm verwendet werden.[1] Diesem Unterprogramm sind wie folgt Aufrufparameter zu übergeben:

```
    CALL SCREEN-IO  USING WRITE-ATTR FORM-PARAMS ANSCHR-00-ATTR.
```

Der dritte USING-Parameter benennt jeweils den mit FORMS zu einem Bildschirm generierten Attributdatensatz. Damit die CALL-Anweisung ausführbar ist, müssen der Name des Unterprogramms (X"B7") und die restlichen Aufrufparameter wie folgt in der WORKING-STORAGE SECTION definiert sein[2]:

```
    78  SCREEN-IO       VALUE X"B7".
    01  WRITE-ATTR      PIC 99       COMP VALUE 3.
    01  FORM-PARAMS.
```

---

1. Eine ausführliche Beschreibung dieser Unterprogramme enthält Kapitel 16. Zu Bildschirmattributen siehe auch Anhang A.
2. Zur Stufennummer 78 und zum Aufruf der Assembler-Unterprogramme siehe Kapitel 16. Die Angabe COMP stellt eine besondere Form der internen Datendarstellung sicher, die in Abschnitt 13.3 erläutert wird.

```
        03 IO-LENGTH         PIC 9(4)     COMP.
        03 SCREEN-OFFSET     PIC 9(4)     COMP.
        03 BUFFER-OFFSET     PIC 9(4)     COMP.
```

Der Aufrufparameter WRITE-ATTR legt die Funktion des Assembler Unterprogramms fest (senden von Attributen). Die max. Anzahl der auszugebenden Attribute wird mit IO-LENGTH, die Startposition der Attribute am Bildschirm mit SCREEN-OFFSET und die Lokalität der Attribute im Bildschirmspeicher mit BUFFER-OFFSET festgelegt. Unter Verwendung der oben angegebenen Parameterdefinitionen kann der Attributdatensatz für eine ganzseitige Bildschirmmaske wie folgt gesendet werden[1]:

```
    MOVE 2000 TO IO-LENGTH.
    MOVE 1 TO SCREEN-OFFSET BUFFER-OFFSET.
    CALL SCREEN-IO USING WRITE-ATTR FORM-PARAMS ANSCHR-00-ATTR.
```

Das nachfolgende Programm demonstriert die Datenerfassung von Anschriften unter Verwendung einer farblich gestalteten Bildschirmmaske nach Abb. 12.7. Der Inhalt von Datei ANSCHR.DDS ist oben angegeben.

```
*-----------------------------------------
 FILE SECTION.
*-----------------------------------------
 FD  ANSCHRIFTEN.
 01  ANSCHRIFTEN-SATZ.
     05 GESAMT-NAME     PIC X(35).
     05 STRASSE         PIC X(35).
     05 WOHNORT         PIC X(35).
*-----------------------------------------
 WORKING-STORAGE SECTION.
*-----------------------------------------
*--- Ausgabe von Bildschirmattributen
 78  SCREEN-IO          VALUE X"B7".
 01  WRITE-ATTR         PIC 99      COMP  VALUE 3.
 01  FORM-PARAMS.
     03 IO-LENGTH       PIC 9(4)    COMP.
     03 SCREEN-OFFSET   PIC 9(4)    COMP.
     03 BUFFER-OFFSET   PIC 9(4)    COMP.
*--- Ende Attributparameter
 01  WEITER             PIC X.
*--- Kopieren der generierten Datensätze
 COPY "C:ANSCHR.DDS".
*-----------------------------------------------------------------
 PROCEDURE DIVISION.
*-----------------------------------------------------------------
 START-PROG.
     DISPLAY SPACES.
*--- Senden der Bildschirmattribute
     MOVE 2000 TO IO-LENGTH.
     MOVE 1 TO SCREEN-OFFSET BUFFER-OFFSET.
     CALL SCREEN-IO USING WRITE-ATTR FORM-PARAMS ANSCHR-00-ATTR.
*--- Senden der Bildschirmkonstanten
```

---

1. Abschnitt 12.6.1 behandelt die Ausgabe von Teilbildschirmen.

```
           DISPLAY ANSCHR-00.
       *--- Ende Bildschirmaufbau
           OPEN INPUT ANSCHRIFTEN.
           PERFORM UNTIL WEITER = "N" OR "n"
              READ ANSCHRIFTEN
                 AT END  MOVE "N" TO WEITER
                 NOT END MOVE GESAMT-NAME TO ANSCHR-01-0630
                         MOVE STRASSE      TO ANSCHR-01-0830
                         MOVE WOHNORT      TO ANSCHR-01-1030
                         DISPLAY ANSCHR-01
                         ACCEPT ANSCHR-01-1439 AT 1439
                         MOVE ANSCHR-01-1439 TO WEITER
           END-PERFORM.
       ENDE-PROG.
           CLOSE ANSCHRIFTEN.
           STOP RUN.
```

## Mehrere Variablensätze

Meist sind Bildschirmmasken aufwendiger gestaltet als die der Abb. 12.7. Insbesondere kann vorgesehen sein, innerhalb eines Formulars eine größere Anzahl von Daten zu erfassen und Verarbeitungsergebnisse am gleichen Schirm anzuzeigen. Abbildung 12.8 zeigt einen Bildschirm, der im oberen Teil sechs Erfassungsfelder und im unteren Teil sieben Ergebnisfelder vorsieht.

```
            Objektkaufpreis :   [Z.ZZZ.ZZ9,99]  DM

              Anspardauer :    [Z9]  Jahre
             Kreditlaufzeit :  [Z9]  Jahre

          Quote Eigenmittel :  [ZZ9] %

              Guthabenszins :  [Z9,99] % p.a.
                 Kreditzins :  [Z9,99] % p.a.

                Eigenmittel :  Z.ZZZ.ZZ9,99  DM
                Kreditbetrag : Z.ZZZ.ZZ9,99  DM
           Monatl. Ansparrate : ZZZ.ZZ9,99   DM
           Monatl. Rückzahlung : ZZZ.ZZ9,99  DM
            Effektivzins Kredit :  ZZ9,99    %
                Tilgungsanteil : ZZZ.ZZ9,99  DM
                   Zinsanteil : ZZZ.ZZ9,99   DM

Finanzierung ─────────────────────────────────────
F1-Help  F2-Eingabe  F3-Modifikation  F4-Wertebereich          Escape
```

*Abb. 12.8  Bildschirmmaske mit Datenein- und Datenausgabe*

Der Programmablauf zur Ausgabe der Maske, Erfassung der Eingabedaten und Ausgabe der Ergebnisdaten wird hier wie folgt aussehen:

```
DISPLAY FINANZ-00.
...
ACCEPT  FINANZ-01.
... berechne Ausgabedaten
DISPLAY FINANZ-02.
```

FINANZ-01 muß nur die Erfassungsfelder und FINANZ-02 die Ergebnisfelder enthalten. FORMS unterstützt jedoch die Generierung unterschiedlicher Datensätze mit Bildschirmvariablen *in einem* Generierungslauf nicht. Als Ausweg bieten sich zwei Vorgehensweisen an. Der Datensatz mit den Erfassungsfeldern wird in einem *ersten Generatorlauf* erzeugt. In einem *zweiten Generatorlauf* ist der Datensatz mit den Ergebnisfeldern in eine separate DDS-Datei auszugeben. Beide Variablensätze müssen in die WORKING-STORAGE SECTION eingebracht werden. Alternativ kann man einen Variablensatz FINANZ-01 generieren lassen, der sowohl die Erfassungs- als auch die Ausgabefelder enthält. Dieser Datensatz wird in der DDS-Datei *dupliziert* und als FINANZ-02 am Dateiende *angefügt*. Die Datennamen derjenigen Felder, die in FINANZ-01 nicht erfaßt werden sollen, werden durch das Schlüsselwort FILLER ersetzt. Im Datensatz FINANZ-02 werden die Datennamen der Erfassungsfelder durch FILLER ersetzt, damit die zeilen- und spaltenrichtige Datenausgabe sichergestellt bleibt.

Bisher wurden lediglich ganzseitige Bildschirmmasken generiert. Mit Hilfe von FORMS können jedoch auch Teilbildschirme (Menüleisten, Textfenster usw.) erzeugt werden. Hierauf wird in Abschn. 12.6 eingegangen.

## 12.3.2 CURSOR-Klausel

Die CURSOR-Klausel ist eine *Spracherweiterung* der Compiler für Mikrocomputer. Sie kann im SPECIAL-NAMES-Paragraphen z.B. als

```
SPECIAL-NAMES.
    CURSOR IS CURSOR-POSITION
    CONSOLE IS CRT.
```

codiert werden, wobei CURSOR-POSITION für einen vom Programmierer frei wählbaren Datennamen steht, der in der WORKING-STORAGE SECTION als vierstelliges numerisches Feld zu definieren ist:

```
01  CURSOR-POSITION.
    05 ZEILE      PIC 99.
    05 SPALTE     PIC 99.
```

Wird nun eine ACCEPT-Anweisung auf eine z.B. mit FORMS generierte *Datengruppe von Bildschirmvariablen* ausgeführt, ist der Cursor auf dasjenige Elementardatum positioniert, dessen Bildschirmkoordinaten *vorher* in CURSOR-POSITION *abgelegt* wurden. Diese *explizite Positionierung* des Cursors auf ein bestimmtes Erfassungsfeld kann u.a. eingesetzt werden, um den Benutzer gezielt zur Korrektur eines fehlerhaft eingegebenen Datums aufzufordern. Enthält CURSOR-POSITION bei Ausführung einer ACCEPT-Anweisung auf eine Datengruppe ungültige Koordinaten (Zeile, Spalte), wird der Cursor auf das erste Erfassungsfeld der Datengruppe positioniert.

Jeweils *nach Ausführung einer ACCEPT-Anweisung* enthält CURSOR-POSITION die zuletzt aktuellen Koordinaten des Cursors am Bildschirm. Sie können für die weitere Programmablaufsteuerung ausgewertet werden.

Das folgende Beispiel soll eine Verwendungsmöglichkeit der CURSOR-Klausel verdeutlichen. Ein Menü möge die Auswahloptionen

- Anzeigen,
- Ändern,
- Einfügen und
- Löschen

anbieten. Der Benutzer soll nun eine Programmfunktion nicht durch Eingabe einer Auswahlziffer oder eines Buchstabens, sondern durch die benutzerfreundlichere Positionierung des Cursors auf eine Menüzeile auswählen. Mit Hilfe von FORMS könnte zu obigem Menü folgende DDS-Datei generiert werden:

```
01      MENUE-00     .
   03   FILLER              PIC X(0334).
   03      MENUE-00-0515 PIC X(0008) VALUE "Anzeigen".
   03   FILLER              PIC X(0072).
   03      MENUE-00-0615 PIC X(0006) VALUE "Ändern".
   03   FILLER              PIC X(0074).
   03      MENUE-00-0715 PIC X(0008) VALUE "Einfügen".
   03   FILLER              PIC X(0072).
   03      MENUE-00-0815 PIC X(0007) VALUE "Löschen".
   03   FILLER              PIC X(0059).
01      MENUE-01     REDEFINES    MENUE-00  .
   03   FILLER              PIC X(0330).
   03      MENUE-01-0511 PIC X(0001).
   03   FILLER              PIC X(0079).
   03      MENUE-01-0611 PIC X(0001).
   03   FILLER              PIC X(0079).
   03      MENUE-01-0711 PIC X(0001).
   03   FILLER              PIC X(0079).
   03      MENUE-01-0811 PIC X(0001).
```

Jeder Menüoption (Textkonstante) ist hier ein 1 Zeichen langes Erfassungsfeld (Bildschirmvariable) vorangestellt. Bei Ausführung einer Anweisung

```
ACCEPT MENUE-01
```

kann der Cursor mittels der Cursor-Positioniertasten (up, down) auf eine der Auswahloptionen positioniert werden.

Das folgende Programm demonstriert die *Menüwahl durch Cursor-Positionierung*:

```
*-------------------------------------------------------------
 CONFIGURATION SECTION.
*-------------------------------------------------------------
 SOURCE-COMPUTER.     IBM-PC.
 OBJECT-COMPUTER.     IBM-PC.
 SPECIAL-NAMES.
     CURSOR IS CURSOR-POSITION
     CONSOLE IS CRT.
 ...
*-------------------------------------------------------------
 WORKING-STORAGE SECTION.
```

```
*-----------------------------------
 01 CURSOR-POSITION.
    05 ZEILE        PIC 99.
    05 SPALTE       PIC 99.
 COPY "MENUE.DDS".
*-----------------------------------
 PROCEDURE DIVISION.
*-----------------------------------
 START-PROG.
    DISPLAY SPACES.
    DISPLAY MENUE-00.
    ...
    MOVE 0711 TO CURSOR-POSITION.
    ACCEPT MENUE-01.
    EVALUATE ZEILE
       WHEN 5   PERFORM ANZEIGEN
       WHEN 6   PERFORM AENDERN
       WHEN 7   PERFORM EINFUEGEN
       WHEN 8   PERFORM LOESCHEN
    END-EVALUATE.
    ...
```

Wegen der Vorbelegung von CURSOR-POSITION mit 0711 ist der Cursor anfangs auf die Option "Einfügen" positioniert.

### 12.3.3 Maskengenerator SCREENS

Der Zweck des Maskengenerators SCREENS entspricht dem von FORMS. Im Vergleich zu FORMS verfügt SCREENS über einen Bildschirm-Editor mit erweitertem Funktionsumfang. Insbesondere können Bildschirmausschnitte (Blöcke) gebildet werden, die duplizier-, verschieb- und auch speicherbar sind.

Bedeutsamer als der verbesserte Editierkomfort sind funktionale Erweiterungen. Jeder Variablen kann ein vom Programmierer anzugebender Datenname zugeordnet werden. Die Reihenfolge, in der Daten vom Benutzer einzugeben sind, ist frei wählbar. Und jedem Datenfeld einer Maske können Attribute wie NO-ECHO, BEEP, EMPTY-CHECK usw. zugeordnet werden.[1]

Die von SCREENS generierten Bildschirmdefinitionen sind innerhalb des COBOL-Quellprogramms in einem eigenständigen Kapitel, der SCREEN SECTION, anzuordnen. SCREENS kann FORMS-Dateien lesen und auch erzeugen. Die im folgenden zu erläuternden Demonstrationsbeispiele und auch die Musterlösungen zu den Programmierübungen ab Aufgabe 13 in Kap. 17 wurden unter Verwendung von FORMS erstellt. Sie sind uneingeschränkt auch mit SCREENS oder ohne den Einsatz eines Maskengenerators realisierbar.[2] Hinweise und Beispiele zum Einsatz des Maskengenerators SCREENS enthält das Demonstrationsprogramm COBSYS, Programmfunktion "Texte" (F2).

---

1. Vergl. hierzu die Attribute der WITH-Option in Abschnitt 12.2.2 und 12.2.3.
2. Siehe hierzu auch Programmierübung 13 in Kapitel 17.

## 12.4 Funktionstasten

In den bisherigen Programmbeispielen mußte der Programmbenutzer seine Menüauswahl durch Eingabe einer Auswahlziffer, eines Buchstabens oder durch Positionierung des Cursor auf eine Menüoption treffen. Die Benutzerfreundlichkeit von Programmen läßt sich verbessern, wenn auch Funktionstasten zur Programmablaufsteuerung zugelassen werden. Voraussetzung hierfür ist die Möglichkeit, innerhalb eines Programms zu erkennen, welche Taste (z.B. F1, F2, Cursor-Down) oder welche Tastenkombination (z.B. Ctrl + E) vom Benutzer jeweils gedrückt wurde. In Abhängigkeit von den aktuell betätigten Tasten läßt sich dann der weitere Programmablauf verzweigen.

Bei der Gestaltung von Bildschirmoberflächen können Funktionstasten für den Aufruf von Menüs und Help-Bildschirmen, das Aktivieren von Programmfunktionen sowie zum Unterbrechen aktiver Verarbeitungsprozesse vorgesehen werden. Die Unterbrechung eines Programmlaufs zwecks Ausgabe von Statusmeldungen oder Zwischenergebnissen wären der letztgenannten Verwendungsmöglichkeit von Funktionstasten zuzurechnen.

Die hier berücksichtigten Compiler für Mikrocomputer erlauben die Abfrage von Funktionstasten auf drei unterschiedlichen Wegen:

- Verwendung einer *vordefinierten Benutzertabelle* in Verbindung mit einer CRT STATUS-Klausel,
- Definition einer oder mehrerer *problemspezifischer Funktionstasten-Tabellen* durch den Programmierer und
- zyklisches *Abfragen von Tastatur-Interrupts* (Test Keyboard-Interrupt).

Die beiden erstgenannten Vorgehensweisen zeichnen sich dadurch aus, daß die jeweils vom Programmierer *aktivierten Funktionstasten* eine ACCEPT-Anweisung *beenden*. Im Anschluß an die ACCEPT-Anweisung kann im Programm geprüft werden, ob eine bzw. welche Funktionstaste betätigt wurde. Die letztgenannte Vorgehensweise des zyklischen Abfragens von Tastatur-Interrupts ist nicht an ACCEPT-Anweisungen gebunden. Sie erlaubt die Abfrage und Auswertung von Tastatureingaben an *beliebigen* Programmstellen. Dadurch ist z.B. die Möglichkeit gegeben, einen aktiven Prozeß wie die kontinuierliche Zeitanzeige oder Druckerausgaben durch eine Benutzerinteraktion zu unterbrechen.

### 12.4.1 Vordefinierte Benutzertabelle

Bei Verwendung der in Abb. 12.9 gezeigten vordefinierten Benutzertabelle können bis zu 91 Tasten bzw. Tastenkombinationen im Programm abgefragt und für Zwecke der Ablaufsteuerung ausgewertet werden. Der Programmierer kann durch Aufruf eines Assembler-Unterprogramms X"AF" eine einzelne Funktionstaste bzw. Tastenkombination oder eine zusammenhängende Gruppe von Funktionstasten/Tastenkombinationen aktivieren. So können durch einen ersten Aufruf des Unterprogramms z.B. die 6 Funktionstasten ESC bis F5 aktiviert werden. Durch erneute

Aufrufe des Unterprogramms können weitere Tasten hinzukommen. Alle Gruppen bleiben bis zu einem die Funktionstasten deaktivierenden Aufruf des Unterprogramms auswertbar.

| Key-Code | Tasten |
|---|---|
| 0 | ESCape |
| 1-10 | F1 bis F10 |
| 11-20 | Shift + F1 bis F10 |
| 21-30 | Ctrl + F1 bis F10 |
| 31-40 | Alt + F1 bis F10 |
| 41-50 | Alt + 1 bis 10 |
| 51 | Alt + − |
| 52 | Alt + = |
| 53-64 | nicht definiert |
| 65-90 | Alt + A bis Z |

*Abb. 12.9 Vordefinierte Benutzertabelle*

Normalerweise wird eine ACCEPT-Anweisung durch Betätigen der RETURN- bzw. ENTER-Taste beendet. Wurde eine Gruppe von Funktionstasten mit Hilfe des Unterprogramms X"AF" aktiviert, *beendet zusätzlich* jede aktive Funktionstaste eine ACCEPT-Anweisung. Innerhalb des Programms kann im Anschluß an eine ACCEPT-Anweisung geprüft werden, ob bzw. welche Taste/Tastenkombination gedrückt wurde. Die Identifizierung der Funktionstasten erfolgt anhand eines tastenspezifischen *Key-Codes* (siehe Abb. 12.9).

Das Unterprogramm zum Aktivieren der Funktionstasten kann wie folgt aufgerufen werden[1]:

```
CALL INIT-TASTEN USING FLAG BENUTZER-TASTEN
```

Damit diese Anweisung ausführbar wird, sind die Aufrufparameter in der WORKING-STORAGE SECTION zu definieren:

```
*--- Aktivieren der Benutzer-Funktionstasten
 78 INIT-TASTEN         VALUE X"AF".
 01 FLAG                PIC 99 COMP  VALUE 1.
 01 BENUTZER-TASTEN.
    05 AKTIV-DEAKTIV    PIC 99 COMP.
    05 FILLER           PIC X        VALUE "1".
    05 START-TABELLE    PIC 99 COMP.
    05 ANZAHL-TASTEN    PIC 99 COMP.
```

Enthält das Feld AKTIV-DEAKTIV zum Zeitpunkt des Unterprogrammaufrufs den Wert 1, werden Funktionstasten aktiviert, enthält das Feld den Wert 0, werden alle

---

1. Siehe auch Kapitel 16.

bisher aktivierten Tasten deaktiviert. Die zu aktivierenden Funktionstasten werden mittels der Feldinhalte START-TABELLE und ANZAHL-TASTEN spezifiziert. START-TABELLE muß den Key-Code der ersten zu aktivierenden Funktionstaste enthalten (siehe Abb. 12.9). ANZAHL-TASTEN gibt die Anzahl der (fortlaufend) zu aktivierenden Tasten an. Die beiden folgenden Beispiele verdeutlichen das Aktivieren von Funktionstastenblöcken:

```
*--- Aktivieren der Funktionstasten ESC, F1 bis F4
    MOVE 1 TO AKTIV-DEAKTIV.
    MOVE 0 TO START-TABELLE.
    MOVE 5 TO ANZAHL-TASTEN.
    CALL INIT-TASTEN USING FLAG BENUTZER-TASTEN.

*--- Aktivieren der Funktionstasten F1 und F2
    MOVE 0 TO AKTIV-DEAKTIV.
    CALL INIT-TASTEN USING FLAG BENUTZER-TASTEN.

    MOVE 1 TO AKTIV-DEAKTIV.
    MOVE 1 TO START-TABELLE.
    MOVE 2 TO ANZAHL-TASTEN.
    CALL INIT-TASTEN USING FLAG BENUTZER-TASTEN.
```

Zum *Erkennen der jeweils betätigten Funktionstaste(n)* im Programm ist ein drei Zeichen langes alphanumerisches Feld zu definieren (hier: CRT-STATUS), das im Paragraphen SPECIAL-NAMES mittels einer **CRT STATUS-Klausel** zu vereinbaren ist:

```
SPECIAL-NAMES.
    CRT STATUS IS CRT-STATUS.
```

Die geeignete Auswertung des Inhalts von CRT-STATUS im Anschluß an eine ACCEPT-Anweisung gibt Aufschluß über die betätigte(n) Funktionstasten(n):

```
*--- Abfragen und Auswerten des Tastaturstatus
    01  CRT-STATUS            PIC XXX       VALUE SPACE.
    01  FILLER REDEFINES CRT-STATUS.
        05  FILLER            PIC 9.
            88  INTERRUPT                   VALUE 1.
        05  KEY-CODE          PIC 99 COMP.
            88  ESC                         VALUE 0.
            88  F1                          VALUE 1.
            88  F2                          VALUE 2.
            88  F3                          VALUE 3.
            88  F4                          VALUE 4.
            ...
        05  FILLER            PIC X.
```

Das erste Byte in CRT-STATUS enthält im Anschluß an die Ausführung einer ACCEPT-Anweisung nur dann den Wert 1, wenn eine aktivierte Funktionstaste/Tastenkombination die ACCEPT-Anweisung beendet hat. In einem solchen Fall liefert dann das zweite Byte in CRT-STATUS den Key-Code der betätigten Tasten (siehe Abb. 12.9). Innerhalb der PROCEDURE DIVISION besteht nun z.B. folgende Auswertungsmöglichkeit:

```
ACCEPT  Datenname  [ AT Cursor-Position ]
IF INTERRUPT
   IF ESC CONTINUE
   ELSE IF F1 PERFORM F1-VERARBEITUNG
      ELSE IF F2 PERFORM F2-VERARBEITUNG
         ELSE ...
   :
   :    usw.
   ELSE PERFORM SONST-VERARBEITUNG.
```

Bei Verwendung der vordefinierten Benutzertabelle in Verbindung mit der CRT-STATUS-Klausel können nur die in der Tabelle angegebenen Funktionstasten/Tastenkombinationen aktiviert und im Programm ausgewertet werden. Die beschriebene Vorgehensweise ermöglicht es somit *nicht*, innerhalb des Programms zu erkennen, ob z.B. eine Cursor-Positioniertaste (up, down usw.) betätigt wurde.

### 12.4.2 Problemspezifische Tabellendefinition

Wenn innerhalb eines Programms Tastatureingaben des Benutzers ausgewertet werden sollen, die in der vordefinierten Benutzertabelle (siehe Abb. 12.9) nicht aufgeführt sind, kann der Programmierer eine oder mehrere mit seiner Problemstellung individuell abgestimmte Tastaturtabellen definieren. Dies ist u.a. immer dann erforderlich, wenn die Cursor-Positioniertasten für Zwecke der Programmablaufsteuerung ausgewertet werden müssen. Die in die problemspezifisch zusammengestellte Tastaturtabelle aufgenommenen Funktionstasten/Tastenkombinationen beenden dann *ergänzend* zur RETURN- bzw. ENTER-Taste ACCEPT-Anweisungen. Im Programm kann unmittelbar im Anschluß an eine ACCEPT-Anweisung abgefragt werden, welche Benutzereingabe eine ACCEPT-Anweisung beendet hat.

Eine vom Programmierer individuell zusammengestellte Tastaturtabelle wird mit Hilfe eines Assembler-Unterprogramms X"B0" aktiviert.[1] Alle in dieser Tabelle aufgeführten Funktionstasten/Tastenkombinationen beenden dann ergänzend zur RETURN- bzw. ENTER-Taste ACCEPT-Anweisungen. Durch *einen erneuten Aufruf* des Unterprogramms X"B0" unter Angabe einer zweiten individuellen Tastaturtabelle kann die erste Tabelle vollständig deaktiviert und die zweite aktiviert werden. Dieser Wechsel ist bei zahlreichen Problemstellungen zwingend erforderlich: Während der Ausführung einer ACCEPT-Anweisung auf ein Elementardatum oder eine Datengruppe sind standardmäßig die Funktionstasten zur Cursor-Positionierung (up, down, left, right, home, end und Tabulatortasten) aktiv. Sie ermöglichen dann die Auswahl des Eingabefeldes und z.B. die zeichenweise Korrektur von Erfassungsdaten. Sollen diese Positioniertasten in bestimmten Situationen für Zwecke der Ablaufsteuerung ausgewertet werden, ist zu beachten, daß ihre Aktivierung auch die Möglichkeit des Abbruchs einer ACCEPT-Anweisung bietet. Bei *reinen Datenerfassungen* ist dieser Effekt in aller Regel *nicht erwünscht*. Der Programmierer kann diesen Störeffekt verhindern, indem er un-

---

1. Siehe auch Kapitel 16.

mittelbar vor Ausführung einer ACCEPT-Anweisung nur solche Funktionstasten aktiviert (z.B. ESC, F1, F2 usw.), die tatsächlich zum Abbruch einer ACCEPT-Anweisung eingesetzt werden sollen.

Beim Aufruf des Unterprogramms X"B0" wird die vom Programmierer individuell zusammengestellte Tastaturtabelle (hier: TABLE-DEFINITION) als Aufrufparameter übergeben. Die in dieser Tabelle aufgeführten Tasten/Tastenkombinationen beenden ACCEPT-Anweisungen bis zu einem erneuten Aufruf des Unterprogramms unter Angabe einer anderen Tabelle. Im Anschluß an die Ausführung einer ACCEPT-Anweisung enthält ein zu definierendes Feld (hier: KEY-CODE) für Auswertungszwecke einen Datenwert, der der Positionsnummer einer Funktionstaste/Tastenkombination in der aktivierten Tastaturtabelle entspricht. Nicht aktivierte Funktionstasten werden mit einem akustischen Signal abgewiesen. Unterprogramm X"B0" kann wie folgt aufgerufen werden:

```
*--- Aktivieren der Funktionstasten-Tabelle
     CALL KEY-DEFINITION USING FUNKTION PARAMETER.
```

Damit diese Anweisung ausführbar wird, sind der Unterprogrammname und die Aufrufparameter zu definieren. Die nachfolgenden Parameterdefinitionen sind zum Aktivieren der Funktionstasten F1 bis F7, ESC sowie einer Reihe von Tasten zur Cursor-Positionierung geeignet:

```
*--- Anlegen einer benutzerdefinierten Funktionstasten-Tabelle
 78 KEY-DEFINITION          VALUE X"B0".
 01 FUNKTION                PIC 99 COMP    VALUE 0.
 01 PARAMETER.
    05 KEY-CODE             PIC 99 COMP.
       88 RETURN-TASTE                     VALUE 0.
       88 F1                               VALUE 1.
       88 F2                               VALUE 2.
       88 F3                               VALUE 3.
       88 F4                               VALUE 4.
       88 F5                               VALUE 5.
       88 F6                               VALUE 6.
       88 F7                               VALUE 7.
       88 ESC                              VALUE 8.
       88 CURSOR-UP                        VALUE 9.
       88 CURSOR-DOWN                      VALUE 10.
       88 PAGE-UP                          VALUE 11.
       88 PAGE-DOWN                        VALUE 12.
       88 CURSOR-HOME                      VALUE 13.
       88 CURSOR-END                       VALUE 14.
       88 NEW-F-KEY                        VALUE 1 THRU 7.
       88 NEW-CURSOR                       VALUE 9 THRU 14.
       88 INTERRUPT                        VALUE 1 THRU 14.
    05 TABLE-DEFINITION.
       07 F1-DEF.
          09 CODE-LAENGE-F1  PIC X         VALUE X"02".
          09 KEY-CODE-F1     PIC XX        VALUE X"003B".
       07 F2-DEF.
          09 FILLER          PIC X         VALUE X"02".
          09 FILLER          PIC XX        VALUE X"003C".
       07 F3-DEF             PIC X(3)      VALUE X"02003D".
```

```
           07 F4-DEF              PIC X(3)  VALUE X"02003E".
           07 F5-DEF              PIC X(3)  VALUE X"02003F".
           07 F6-DEF              PIC X(3)  VALUE X"020040".
           07 F7-DEF              PIC X(3)  VALUE X"020041".
           07 ESCAPE-DEF          PIC X(2)  VALUE X"011B".
           07 CURSOR-UP-DEF       PIC X(3)  VALUE X"020048".
           07 CURSOR-DOWN-DEF     PIC X(3)  VALUE X"020050".
           07 PAGE-UP-DEF         PIC X(3)  VALUE X"020049".
           07 PAGE-DOWN-DEF       PIC X(3)  VALUE X"020051".
           07 HOME-DEF            PIC X(3)  VALUE X"020047".
           07 END-DEF             PIC X(3)  VALUE X"02004F".
        05 TAB-ENDE-KENNUNG       PIC X     VALUE X"00".
```

Der Parameter FUNKTION legt die Programmfunktion von X"B0" fest und muß hier den Wert 0 enthalten. Der zweite Aufrufparameter (PARAMETER) ist eine Datengruppe, die drei Informationen aufführt:

1. *KEY-CODE*: enthält nach Beendigung einer ACCEPT-Anweisung die Positionsnummer der betätigten Funktionstaste. Wird die RETURN-Taste zur Beendigung einer ACCEPT-Anweisung betätigt, enthält KEY-CODE stets den Wert 0 (Null).

2. *TABLE-DEFINITION*: definiert eine problemspezifische Tastaturtabelle. Für jede zu aktivierende Taste/Tastenkombination sind zwei Angaben erforderlich, die der in Abb. 12.10 angegebenen Liste mit Keyboard-Code-Sequences entnommen werden können. Die erste Angabe spezifiziert in einem 1 Byte langen Feld den erforderlichen Speicherplatz für die tastenspezifische Keyboard-Code-Sequence. Dieser Speicherplatzbedarf beträgt ein oder zwei Byte und ist mit 1 oder 2 anzugeben. Die zweite Angabe ist die in ein oder zwei Byte langen Feldern speicherbare funktionstastenspezifische Keyboard-Code-Sequence.

3. *TAB-ENDE-KENNUNG*: ein Feld der Länge ein Byte mit dem Wert 0 (Null) als Inhalt. Es markiert das Ende einer Tabellendefinition.

Die in Abb. 12.10 wiedergegebene Tabelle zeigt Keyboard-Code-Sequences, die nach Bedarf auszuwählen sind. Sie können mit Hilfe des Unterprogramms X"B0" zu einer individuellen Tastentabelle zusammengefaßt werden. Der Code ist in hexadezimaler Form angegeben.[1]

Im folgenden Beispiel wird unterstellt, daß die oben angegebene Tastaturtabelle aktiviert wurde. Es zeigt die Auswertung einer ACCEPT-Anweisung für Zwecke der Dialogablaufsteuerung (Menüwahl):

---

1. Die Code-Werte der Abbildung 12.10 gelten für gelöste Caps-Lock- und Num-Lock-Tasten. Ist Num-Lock eingeschaltet, vertauschen sich die Werte der Spalten "Normal" und "Shift" im 10er-Block der Tastatur. Wurde Caps-Lock gedrückt, gilt entsprechendes für die Alpha-Tastatur. Bei Mikrocomputern, die zum IBM-Standard *nicht* kompatibel sind, können sich abweichende Werte ergeben. Die im nachfolgenden Abschnitt zu beschreibende Technik zum Auslesen des Tastaturpuffers ist dann zur Bestimmung der jeweiligen Code-Werte geeignet.

```
*--- Beispiel 1 zur Auswertung einer ACCEPT-Anweisung
...
WAHL-HM.
    ACCEPT WAHL AT 2308.
    GO TO A-16-1 A-16-2 A-16-3 A-16-4 A-16-5 A-16-6 A-16-7
        DEPENDING ON KEY-CODE.
    IF ESC
        THEN GO TO E-C-PFLEGE-ART-DAT
        ELSE GO TO WAHL-HM
    END-IF.
A-16-1.
    ... zeige F1-Help-Bildschirm
    GO TO WAHL-HM.
A-16-2.
...
```

Beispiel 2 soll verdeutlichen, daß auch bei der Erfassung eines Elementardatums (ARTIKEL-NR) ein Abbruch der ACCEPT-Anweisung durch Funktionstasten erfolgen kann:

```
*--- Beispiel 2 zur Auswertung einer ACCEPT-Anweisung
...
ZEIGE-ARTIKEL-SATZ.
    DISPLAY ARTIKEL-OO.
    MOVE ZERO TO ARTIKEL-NR.
WAHL-ACCEPT-F-2.
    ACCEPT ARTIKEL-NR AT 0424.
    IF RETURN-TASTE NEXT SENTENCE
    ELSE IF ESC GO TO ENDE-ANZEIGEN
        ELSE IF F1 MOVE "KB" TO HELP-ID
            CALL "C:HELP" USING HELP-ID
            GO TO WAHL-ACCEPT-F-2
        ELSE IF F2 GO TO ZEIGE-ARTIKEL-SATZ
            ELSE IF F3 PERFORM F-2-MENUE-WAHL
    ...
```

Die ESC-Taste beendet hier eine Programmfunktion, und die F1-Taste bringt einen HELP-Bildschirm zur Anzeige.[1]

---

1. Zur Ausgabe von Help-Bildschirmen siehe Abschnitt 12.5.

|       | Keyboard-Code-Sequences (Teil 1) | | | |
|-------|--------|--------|--------|--------|
| Taste | Normal | Shift  | Ctrl   | Alt    |
| F1    | 00 3B  | 00 54  | 00 5E  | 00 68  |
| F2    | 00 3C  | 00 55  | 00 5F  | 00 69  |
| F3    | 00 3D  | 00 56  | 00 60  | 00 6A  |
| F4    | 00 3E  | 00 57  | 00 61  | 00 6B  |
| F5    | 00 3F  | 00 58  | 00 62  | 00 6C  |
| F6    | 00 40  | 00 59  | 00 63  | 00 6D  |
| F7    | 00 41  | 00 5A  | 00 64  | 00 6E  |
| F8    | 00 42  | 00 5B  | 00 65  | 00 6F  |
| F9    | 00 43  | 00 5C  | 00 66  | 00 70  |
| F10   | 00 44  | 00 5D  | 00 67  | 00 71  |
| Esc   | 1B     | 1B     | 1B     | -      |
| 1 / ! | 31     | 21     | -      | 00 78  |
| 2 / @ | 32     | 40     | 00 03  | 00 79  |
| 3 / # | 33     | 23     | -      | 00 7A  |
| 4 / $ | 34     | 24     | -      | 00 7B  |
| 5 / % | 35     | 25     | -      | 00 7C  |
| 6 / ^ | 36     | 5E     | 1E     | 00 7D  |
| 7 / & | 37     | 26     | -      | 00 7E  |
| 8 / * | 38     | 2A     | -      | 00 7F  |
| 9 / ( | 39     | 28     | -      | 00 80  |
| 0 / ) | 30     | 29     | -      | 00 81  |
| - / _ | 2D     | 5F     | 1F     | 00 82  |
| = / + | 3D     | 2B     | -      | 00 83  |
| A     | 61     | 41     | 01     | 00 1E  |
| B     | 62     | 42     | 02     | 00 30  |
| C     | 63     | 43     | 03     | 00 2E  |
| D     | 64     | 44     | 04     | 00 20  |
| E     | 65     | 45     | 05     | 00 12  |
| F     | 66     | 46     | 06     | 00 21  |
| G     | 67     | 47     | 07     | 00 22  |
| H     | 68     | 48     | 08     | 00 23  |
| I     | 69     | 49     | 09     | 00 17  |
| J     | 6A     | 4A     | 0A     | 00 24  |
| K     | 6B     | 4B     | 0B     | 00 25  |
| L     | 6C     | 4C     | 0C     | 00 26  |
| M     | 6D     | 4D     | 0D     | 00 32  |
| N     | 6E     | 4E     | 0E     | 00 31  |
| O     | 6F     | 4F     | 0F     | 00 18  |
| P     | 70     | 50     | 10     | 00 19  |
| Q     | 71     | 51     | 11     | 00 10  |
| R     | 72     | 52     | 12     | 00 13  |
| S     | 73     | 53     | 13     | 00 1F  |
| T     | 74     | 54     | 14     | 00 14  |
| U     | 75     | 55     | 15     | 00 16  |
| V     | 76     | 56     | 16     | 00 2F  |
| W     | 77     | 57     | 17     | 00 11  |
| X     | 78     | 58     | 18     | 00 2D  |
| Y     | 79     | 59     | 19     | 00 15  |
| Z     | 7A     | 5A     | 1A     | 00 2C  |

| | Keyboard-Code-Sequences (Teil 2) | | | |
|---|---|---|---|---|
| Taste | Normal | Shift | Ctrl | Alt |
| Ä / ä | 5B | 7B | 1B | - |
| Ü / ü | 5D | 7D | 1D | - |
| Ö / ö | 5C | 7C | 1C | - |
| ' / ß | 60 | 7E | - | - |
| ← | 08 | 08 | 7F | - |
| Tab l / r | 09 | 00  0F | - | - |
| Home / 7 | 00  47 | 37 | 00  77 | - |
| ↑ / 8 | 00  48 | 38 | - | - |
| PgUp / 9 | 00  49 | 39 | 00  84 | - |
| ← / 4 | 00  4B | 34 | 00  73 | - |
| 5 | - | 35 | - | - |
| → / 6 | 00  4D | 36 | 00  74 | - |
| End / 1 | 00  4F | 31 | 00  75 | - |
| ↓ / 2 | 00  50 | 32 | - | - |
| PgDn / 3 | 00  51 | 33 | 00  76 | - |
| Ins / 0 | 00  52 | 30 | - | - |
| Del / . | 00  53 | 2E | - | - |
| - | 2D | 2D | - | - |
| + | 2B | 2B | - | - |
| ; / : | 3B | 3A | - | - |
| ' / " | 27 | 22 | - | - |
| , / < | 2C | 3C | - | - |
| . / > | 2E | 3E | - | - |
| / / ? | 2F | 3F | - | - |
| * / PrtSc | 2A | - | 00  72 | - |
| ↵ | 0D | 0D | 0A | - |

*Abb. 12.10  Keyboard-Code-Sequences (Fortsetzung)*

### 12.4.3 Test Keyboard-Interrupt

Die in den Abschn. 12.4.1 und 12.4.2 erläuterten Vorgehensweisen erlauben die Auswertung von Funktionstasten *nur im Anschluß* an eine ACCEPT-Anweisung. Die nun zu behandelnde Technik setzt keine ACCEPT-Anweisung voraus: An *beliebigen Programmstellen* kann geprüft werden, ob der Benutzer eine Funktionstaste bzw. Tastenkombination betätigt hat und um welche Tasten es sich handelt. Dabei ist in zwei Schritten vorzugehen:

Schritt 1: Es wird geprüft, ob ein Zeichen von der Benutzertastatur eingegeben wurde.

Schritt 2: Das eingegebene Zeichen wird zur Verfügung gestellt. Hierbei ist zu beachten, daß die aus dem Tastaturpuffer ausgelesene Keyboard-Code-Sequence ein oder zwei Byte lang sein kann (vergleiche Abb. 12.10).

Ob der Benutzer seine Tastatur betätigt hat, läßt sich mit Hilfe einer Assembler-Routine X"D9" prüfen.[1] Dieses Unterprogramm kann z.B. wie folgt aufgerufen werden:

```
*--- Prüfen, ob Tastatur betätigt wurde
    CALL SCAN-KEYBOARD USING SCAN-RESULT.
```

Damit diese Anweisung ausführbar wird, sind der Programmname und der Aufrufparameter wie folgt zu definieren:

```
    78 SCAN-KEYBOARD    VALUE X"D9".
    01 SCAN-RESULT      PIC 99 COMP.
```

Enthält SCAN-RESULT nach Ausführung der CALL-Anweisung den Wert 0 (Null), wurde keine Funktionstaste/Tastenkombination betätigt bzw. kein Zeichen eingegeben. Andernfalls ist in einem zweiten Arbeitsschritt die Tastatureingabe zu identifizieren. Der Tastaturpuffer läßt sich mit Hilfe des Unterprogramms X"83" auslesen. Diese Assembler-Routine ist z.B. wie folgt aufrufbar:

```
*--- Auslesen des Tastaturpuffers
    CALL GET-CHARACTER USING CHARACTER-FOUND.
```

Der Parameter CHARACTER-FOUND ist ein 1 Byte langes alphanumerisches Feld, in das die Tastatureingabe ganz oder teilweise eingestellt wird: Ist die Keyboard-Code-Sequence zwei Byte lang (z.B. für F1, Hex: 00 3B), wird beim ersten CALL-Aufruf das erste Byte und beim zweiten Aufruf der signifikante Code-Rest zur Verfügung gestellt.

Das folgende Beispiel zeigt die erforderlichen Datendefinitionen und den Algorithmus der beiden Arbeitsschritte für das Auslesen des Tastaturpuffers im Zusammenhang:

```
*--- Programme und Parameter Interrupt-Test
    78 SCAN-KEYBOARD      VALUE X"D9".
    01 SCAN-RESULT        PIC 99      COMP.
    78 GET-CHARACTER      VALUE X"83".
    01 CHARACTER-FOUND    PIC X.
*--- Hier können beliebige Tasten/Tastenkombinationen
*--- vordefiniert werden (siehe Abb. 12.10)
    01 KEY-CODE-TEST      PIC X.
        88 enter-taste    VALUE X"0D".
        88 esc            VALUE X"1B".
        88 cursor-up      VALUE X"48".
        88 cursor-down    VALUE X"50".
        ...
        88 cursor-home    VALUE X"47".
        88 F1             VALUE X"3B".
        88 F2             VALUE X"3C".
        88 F4             VALUE X"3E".
        ...
        88 F10            VALUE X"44".
        ...
```

---

1. Siehe auch Kapitel 16.

```
*--- Test Interrupt
 PERFORM KEYBOARD-SCAN.
 IF SCAN-RESULT NOT= 0
     IF ESC GO TO ENDE-PROG
     ELSE IF F1 CALL "C:HELP" USING HELP-ID
          ELSE IF F2 PERFORM F2-VERARBEITUNG
               ELSE IF F3 ...
 ...
 STOP RUN.
*--- Start Interrupt-Test
 KEYBOARD-SCAN.
     CALL SCAN-KEYBOARD USING SCAN-RESULT.
     IF SCAN-RESULT NOT= 0
         PERFORM EVALUATE-RESULT.
 EVALUATE-RESULT.
     CALL GET-CHARACTER USING CHARACTER-FOUND
     IF CHARACTER-FOUND = X"00"
         GO TO EVALUATE-RESULT.
     MOVE CHARACTER-FOUND TO KEY-CODE-TEST.
*--- Ende Interrupt-Test
```

Die in diesem Abschnitt erläuterte Vorgehensweise zum Auslesen des Tastaturpuffers kann mit der im vorausgehenden Abschnitt 12.4.2 behandelten Definition problemspezifischer Tastaturtabellen kombiniert werden. Wurde eine individuell zusammengestellte Tabelle aktiviert, wird beim Aufruf des Unterprogramms X"83" geprüft, ob die betätigte Taste in der aktivierten Tabelle definiert ist. Wird ein Tabelleneintrag gefunden, liefert das Feld CHARACTER-FOUND den Return-Code der RETURN-Taste (Code-Sequence Hex: 0D). Zugleich wird in das Feld KEY-CODE des Aufrufparameters von X"B0" die Tabellenposition der betätigten Taste eingestellt. Diese ist dann auszuwerten. Andernfalls liefert CHARACTER-FOUND die angeforderte Information.

## 12.5 Aufruf von Help-Bildschirmen

Die Benutzerfreundlichkeit von Dialogprogrammen läßt sich durch die Bereitstellung von Help-Bildschirmen verbessern. Diese Bildschirme können bei Bedarf zur Anzeige gebracht werden. Sie liefern Informationen zur Benutzung des jeweiligen Dialogprogramms. Wird ein Help-Bildschirm über eine Funktionstaste (z.B. F1) aufgerufen, muß programmtechnisch sichergestellt sein, daß

- die zum aktuellen Menü/Arbeitsformular Hilfestellung leistenden Informationen angezeigt werden,
- der Vorbildschirm nach Rückkehr aus der Help-Funktion rekonstruiert werden kann und
- neben den Textkonstanten des Vorbildschirms auch aktuell erfaßte Daten (Variablen) und die letzte Cursor-Position wiederherstellbar sind.

Help-Bildschirme enthalten lediglich Textkonstanten. Sie können in der WORKING-STORAGE SECTION definiert oder alternativ auf externen Speichermedien abgelegt sein. Mit Hilfe eines Assembler-Unterprogramms X"B7" kann der jeweils vor der Ausgabe von Help-Informationen aktuelle Bildschirm einschließlich der Variablen und Bildschirmattribute gesichert und dann nach Abbruch der Help-Ausgabe rekonstruiert werden.[1]

Eine *komfortablere Alternative* zur vorstehend skizzierten Vorgehensweise bietet die Verwendung des Maskengenerators FORMS in Verbindung mit einem Unterprogramm HELP (Help Program Interface), das die in FRM-Dateien abgelegten Help-Bildschirme zur Anzeige bringt, den Vorbildschirm sichert und nach Rückkehr aus der Help-Funktion rekonstruiert. Bei Verwendung dieser Help-Einrichtung wird dem Programmierer das Zwischenspeichern des jeweils aktuellen Bildschirms abgenommen. Das Unterprogramm HELP kann wie folgt aufgerufen werden:

```
CALL "HELP" USING HELP-ID.
```

Der Aufrufparameter HELP-ID identifiziert eine auf Magnetplatte oder Diskette abgelegte FRM-Datei. Er ist als zweistelliges alphanumerisches Feld zu definieren:

```
*--- Parameter der Help-Einrichtung
 01 HELP-ID        PIC XX.
```

Der Help-Bildschirm ist mittels des FORMS-Maskeneditors zu gestalten und in eine Datei HELPxy.FRM abzulegen. Die beiden Zeichen "xy" stehen hier stellvertretend für eine beliebige Kombination zweier Buchstaben, die der Identifikation der Datei dienen. Abbildung 12.11 zeigt einen mit FORMS gestalteten Help-Bildschirm, der in eine Datei HELPLA.FRM abgelegt wurde.

```
Help zu ...            Pflege Kundenstammdaten                    Help LA
Dieses Programm demonstriert Möglichkeiten des Zugriffs auf einen indiziert
organisierten Datenbestand (Primär- und Sekundärschlüssel).
Beim Einfügen von Datensätzen wird vom Programm ein Satzschlüssel vorgeschlagen,
der akzeptiert oder überschrieben werden kann. In allen anderen Pflegefunktionen
können Datensätze über einen Match-Code oder mit Hilfe von Menü-Windows, die
nach Kunden-Nrn. oder Kunden-Namen aufsteigend organisiert sind, ausgewählt wer-
den.
Aus dem Grundmenü heraus sind folgende Funktionen aufrufbar:

    F1   -  Help        Über diese Taste sind Sie hierher gelangt.
    F2   -  Anzeigen    Zeigt Informationen zu einem Kunden.
    F3   -  Ändern      Ermöglicht das Aktualisieren von Kundendaten.
    F4   -  Einfügen    Erlaubt das Hinzufügen von Kunden-Datensätzen.
    F5   -  Löschen     Entfernen von Sätzen aus dem Datenbestand.
    F6   -  Blättern    Anzeigen von Sätzen aufsteigend nach zwei Schlüsseln.
    F7   -  Anlegen     Demo-Datenbestand wird in indizierte Datei überführt.
    Escape              Abbruch des Programmlaufs.
                                                  Rückkehr mit F1 oder SPACE
Pflege Kundendatei ─────────────────────────────────────────────────────────
F1-Help F2-Anzeigen F3-Ändern F4-Einfügen F5-Löschen F6-Blättern F7-Anlegen Esc
```

*Abb. 12.11   Beispiel Help-Bildschirm*

Dieser Bildschirm kann mittels der Anweisungen

```
MOVE "LA" TO HELP-ID.
CALL "HELP" USING HELP-ID.
```

---

1. Auf das Sichern eines Bildschirmes einschließlich der Daten und Bildschirmattribute wird in Abschnitt 12.6.2 eingegangen.

zur Anzeige gebracht werden. Bei der Gestaltung von Help-Bildschirmen ist zu beachten, daß das Unterprogramm HELP nur die Zeilen 1 bis 21 einer FRM-Datei am Bildschirm wiedergibt. Dieses Help-Konzept unterstellt in Zeile 22 bis 25 eine Menü-Leiste sowie Zeilen für Programm-, Status- und/oder Fehlermeldungen. Die Help-Anzeige wird beendet, wenn der Benutzer die Funktionstaste F1 oder die SPACE-Taste betätigt. HELP rekonstruiert dann den Vorbildschirm.

Der folgende Programmausschnitt demonstriert den Aufruf eines Help-Bildschirms im Zusammenhang mit einer Menü-Wahl:

```
...
WAHL-HM.
    ACCEPT WAHL AT 2308.
    GO TO A-17-1 A-17-2 A-17-3 A-17-4 A-17-5 A-17-6 A-17-7
        DEPENDING ON KEY-CODE.
    IF ESC GO TO E-C-PFLEGE-KUND-DAT
    ELSE GO TO WAHL-HM.
A-17-1.
    MOVE "DE" TO HELP-ID.
    CALL "C:HELP" USING HELP-ID.
    GO TO WAHL-HM.
A-17-2.
    ...
```

Hier wird deutlich, daß der Programmierer die Anschlußverarbeitung nach Abbruch der Help-Ausgabe problemadäquat codieren muß.

## 12.6 Einblenden von Text- und Menü-Windows

Dieser Abschnitt behandelt Sonderprobleme im Zusammenhang mit der Gestaltung von Bildschirmoberflächen. Dabei wird wiederum unterstellt, daß der Maskengenerator FORMS verfügbar ist. Die zu erläuternden Probleme lassen sich auch mit Hilfe von SCREENS oder ohne Generatoreinsatz lösen. In Abschnitt 12.3.1 wurde gezeigt, wie sich ganzseitige Bildschirmmasken unter Berücksichtigung von Farbattributen erstellen und am Bildschirm wiedergeben lassen. Häufig ist es jedoch erforderlich, nicht einen ganzseitigen Bildschirm sondern Teilbildschirme oder auch Bildschirmfenster (pull-down oder pop-up menus) auszugeben.

### 12.6.1 Ausgabe von Teilbildschirmen

Eine einfache Problemstellung im Zusammenhang mit der Ausgabe von Teilbildschirmen kann am Beispiel der Abbildungen 12.12a und 12.12b verdeutlicht werden.[1] Beim Übergang von einem Hauptmenü (Abb. 12.12a) zu einem Unter-

---

1. Die in Abb. 12.11 und 12.12 gezeigten Bildschirme werden von der auf den COBSYS-Disketten gespeicherten Musterlösung zu Aufgabe 17 erzeugt. Auch für das Verständnis der nachfolgenden Abschnitte ist es hilfreich, wenn Sie dieses Programm auf Ihrem Rechner zur Ausführung bringen.

menü (Abb. 12.12b) ist der Bildschirm zu löschen, anschließend sind – soweit vorgesehen – Farbattribute zu senden und danach die Textkonstanten des Nachfolgebildschirms auszugeben. Die ab Anforderung eines Folgebildschirms rechnerintern ablaufenden Arbeitsschritte benötigen Zeit; der neue Bildschirm wird ab Zeile 1 von oben nach unten zeilenweise aufgebaut. Auch bei Rechnern oberhalb der AT-Klasse entsteht beim Benutzer der Eindruck eines nicht verzögerungsfrei wiedergegebenen Folgebildschirms.

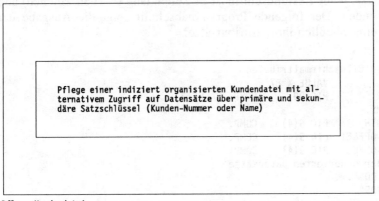

Abb. 12.12a  Hauptmenü "Pflege Kundenstammdatei"

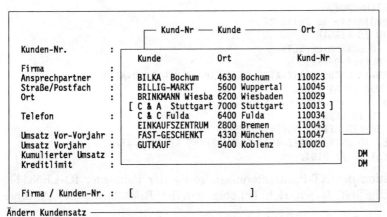

Abb. 12.12b  Untermenü "Ändern Kundensatz"

Insbesondere wenn am unteren Bildschirmrand eine neue Menüleiste erwartet wird, wirkt sich der Bildaufbau "von oben nach unten" besonders nachteilig aus: der Benutzer registriert eine "flatternde" Menüleiste. Dieser optische Störeffekt läßt sich auch bei langsamen Rechnern nahezu vollständig beheben, wenn erst die Menüleiste als Teilbildschirm angezeigt und anschließend der Restbildschirm ausgegeben wird. Hierzu sind die Teilbildschirme in getrennte FRM- und DDS-Dateien abzulegen. Die Menüleiste zum Untermenü "Ändern Kundensatz"

```
Ändern Kundensatz ─────────────────────────────────────────
 F1-Help  F2-Eingabe  F3-Menü ein/aus  F4-Sortieren Name/Nummer       Escape
                    ↑↓ Wahl    ←┘ quittieren    PgUp/PgDn    Home/End
```

ist drei Bildschirmzeilen lang (= 240 Zeichen) und soll hier als erster Teilbildschirm ab Bildschirmzeile 22 (der 1681. Bildschirmstelle) ausgegeben werden. Der anschließend anzuzeigende Restbildschirm ist 21 Zeilen lang (= 1680 Zeichen) und ab Zeile 1 zu senden. Der folgende Programmabschnitt zeigt die Ausgabe der Teilbildschirme einschließlich ihrer Attributsätze:

```
    ...
   *--- Ausgabe von Bildschirmattributen
    78  SCREEN-IO           VALUE X"B7".
    01  WRITE-ATTR          PIC 99       COMP  VALUE 3.
    01  FORM-PARAMS.
        03  IO-LENGTH       PIC 9(4)     COMP.
        03  SCREEN-OFFSET   PIC 9(4)     COMP.
        03  BUFFER-OFFSET   PIC 9(4)     COMP.
   *--- Kopieren der generierten Datensätze
    COPY "C:MENUE.DDS".
    COPY "C:REST.DDS".
    ...
   *-----------------------------------------------------------------
    PROCEDURE DIVISION.
   *-----------------------------------------------------------------
    ...
    BILD-AUFBAU-UNTERMENUE.
   *--- Ausgabe Menüleiste ab Zeile 22
        MOVE 240 TO IO-LENGTH.
        MOVE 1681 TO SCREEN-OFFSET.
        MOVE 1 TO BUFFER-OFFSET.
        CALL SCREEN-IO USING WRITE-ATTR FORM-PARAMS MENUE-00-ATTR.
        DISPLAY MENUE-00 AT 2201.
   *--- Ausgabe des Restbildschirms ab Zeile 1
        MOVE 1680 TO IO-LENGTH.
        MOVE 1 TO SCREEN-OFFSET BUFFER-OFFSET.
        CALL SCREEN-IO USING WRITE-ATTR FORM-PARAMS REST-00-ATTR.
        DISPLAY REST-00 AT 0101.
```

Durch Modifikation der AT-Positionierungen sowie der Parameter IO-LENGTH und SCREEN-OFFSET lassen sich beliebig geteilte Bildschirme zur Anzeige bringen.

### 12.6.2 Einblenden von Bildschirmfenstern

In das Bildschirmformular "Ändern Kundensatz" (siehe Abb. 12.12b) sind zwei sich überlagernde Menü-Fenster (pop-up menus) eingeblendet. Sie ermöglichen dem Programmbenutzer die Kundenauswahl durch Positionierung eines Auswahlbalkens. Diese Technik des Einblendens von Bildschirmfenstern (windowing) soll im folgenden schrittweise erläutert werden. Abbildung 12.13 zeigt eine ähnliche, aber einfachere Problemstellung: In den jeweils aktuellen Bildschirm (Konstanten, Variablen, Attribute) soll ein Textfenster eingeblendet werden. Ein solches Textfenster überschreibt Teile des Bildschirms, die nach dem Ausblenden des Fensters wieder rekonstruierbar sein müssen.

```
    13. Generieren von Bildschirmmasken (Hypothekenbelastung)
    14. Funktionstasten zur Auswahl von Menüs und Programmfunktionen
    15. Tabellen: Subskript- und Index-Methode (Artikelbestände/Preise)
──▶ 16. Interaktive Pflege einer relativ organisierten Artikeldatei
    17. Pflege einer indiziert orga┌─────────────────────────┐
    18. Keyboard-Interrupt: Unterbr│   Ready for COBOL       │
                                   │ Standard Version 1.10/1990 │
    19. Ausführen von DOS-Kommandos├─────────────────────────┤
    20. Positionieren des Cursors u│ Quellcode mit den zugehörigen │
                                   │ COPY-Strecken sowie Struktogramme │
    21. Sofortige Plausibilitätsprü│ sind in der Vollversion 2.10/1990 │
                                   │       implementiert!    │
    22. Zeichendarstellung bei Verw└─────────────────────────┘
Quellcode ─────────────────────────────────────────────────────────
F1-Help   ↑↓-Wahl   PgUp/PgDn   ⏎ zeige Quellcode         Escape
```

*Abb. 12.13   Einblenden eines Textfensters*

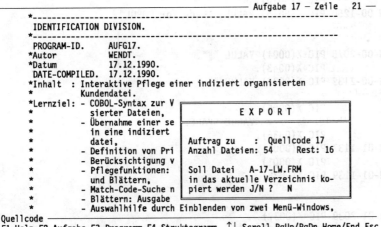

*Abb. 12.14   Menü-Fenster (pop-up menu)*

Die *Algorithmusschritte zum Einblenden eines Fensters* sind stets gleich:

Schritt 1: Zwischenspeichern (sichern) des aktuell angezeigten Bildschirms (Text, Variablen, Attribute), damit eine spätere Rekonstruktion möglich ist.

Schritt 2: Selektives Löschen der Bildschirmanzeige im Fensterbereich.

Schritt 3: Senden eines Attributdatensatzes, der die Fensterattribute berücksichtigt.

Schritt 4: Ausgabe der Textkonstanten des Bildschirmfensters.

Schritt 5: Rekonstruieren des Vorbildschirmes (Text, Variablen und Attribute).

Für die Arbeitsschritte 2, 3 und 4 kann mit Hilfe von FORMS eine Bildschirmmaske generiert werden. Sie enthält als Textkonstanten das einzublendende Textfenster (WINDOW-00). Zugleich kann ein Datensatz mit Bildschirmvariablen (alphanumerisch) generiert werden, die das auszugebende Fenster vollständig abdecken (WINDOW-01). Wenn diesen Variablen die Anfangswerte SPACE zugewiesen werden, wird bei Ausgabe des Datensatzes der aktuelle Bildschirm im Fensterbereich selektiv gelöscht. Im folgenden wird der Inhalt einer zum Textfenster der Abb. 12.13 generierten DDS-Datei (WINDOW.DDS) angegeben:

```
01     WINDOW-00-ATTR.
       03 FILLER         PIC X(0180) VALUE ALL X"06".
       03 FILLER         PIC X(0654) VALUE ALL X"07".
       ...
       03 FILLER         PIC X(0240) VALUE ALL X"06".
01     WINDOW-00   .
       03 FILLER         PIC X(0838).
       03    WINDOW-00-1139 PIC X(0037) VALUE "┌─────────────
 -    ─────────────┐".
       03 FILLER         PIC X(0043).
       03    WINDOW-00-1239 PIC X(0001) VALUE "║".
       03 FILLER         PIC X(0010).
       03    WINDOW-00-1250 PIC X(0015) VALUE "Ready for COBOL".
       ...
       03    WINDOW-00-2075 PIC X(0001) VALUE "║".
       03 FILLER         PIC X(0043).
       03    WINDOW-00-2139 PIC X(0037) VALUE "└─────────────
 -    ─────────────┘".
       03 FILLER         PIC X(0005).
01     WINDOW-01                     VALUE SPACE.
       03 FILLER         PIC X(0836).
       03    WINDOW-01-1137 PIC X(0001).
       03 FILLER         PIC X(0001).
       03    WINDOW-01-1139 PIC X(0038).
       ...
       03    WINDOW-01-2039 PIC X(0037).
       03 FILLER         PIC X(0043).
       03    WINDOW-01-2139 PIC X(0037).
```

Für die Arbeitsschritte 1 und 5 des Einblendens von Bildschirmfenstern kann das Unterprogramm X"B7" verwendet werden.[1] Dieses Unterprogramm wurde bisher zum Senden von Bildschirmattributen eingesetzt (vergl. Abschn. 12.3.1). Es erlaubt bei Vorgabe entsprechender Aufrufparameter jedoch auch das Auslesen des aktuellen Bildschirms (Attribute, Text) aus dem Bildschirmspeicher und das

---

1. Siehe auch Kapitel 16.

Zwischenspeichern (Sichern) dieser Daten in zu definierende Datenfelder für Attribute (BS-ATTRIBUTE) und Zeichen (BS-ZEICHEN). Ein so zwischengespeicherter Bildschirm kann ebenfalls mit dem Unterprogramm X"B7" erneut zur Anzeige gebracht werden (Senden von Attributen und Zeichen). Der folgende Programmausschnitt demonstriert die fünf Algorithmusschritte des Einblendens von Bildschirmfenstern am Beispiel des Textfensters der Abb. 12.13.

```cobol
*------------------------------------------------------------------
 WORKING-STORAGE SECTION.
*------------------------------------------------------------------
*--- Ausgabe von Bildschirmattributen
 78  SCREEN-IO           VALUE X"B7".
 01  WRITE-ATTR          PIC 99      COMP  VALUE 3.
 01  FORM-PARAMS.
     03  IO-LENGTH       PIC 9(4)    COMP.
     03  SCREEN-OFFSET   PIC 9(4)    COMP.
     03  BUFFER-OFFSET   PIC 9(4)    COMP.
*--- Parameter für das Zwischenspeichern und Ausgeben von
*--- Bildschirmmasken (Text, Daten, Attribute)
 01  READ-ATTR           PIC 99      COMP  VALUE 2.
 01  READ-CHAR           PIC 99      COMP  VALUE 0.
 01  WRITE-CHAR          PIC 99      COMP  VALUE 1.
*--- Puffer für das Zwischenspeichern der Bildschirme
 01  BS-ATTRIBUTE        PIC X(2000).
 01  BS-ZEICHEN          PIC X(2000).
*--- Kopieren der generierten Datensätze
 COPY "WINDOW.DDS".
 ...
*------------------------------------------------------------------
 PROCEDURE DIVISION.
*------------------------------------------------------------------
 START-PROG.
     ...
*--- Sichern des aktuell angezeigten Bildschirms
     PERFORM BILD-SICHERN.
*--- selektives Löschen der Textkonstanten/Variablen
*--- im Fensterbereich
     DISPLAY WINDOW-01.
*--- Ausgabe Attribute/Textkonstanten des Bildschirmfensters
     MOVE 2000 TO IO-LENGTH.
     MOVE 1 TO SCREEN-OFFSET BUFFER-OFFSET.
     CALL SCREEN-IO USING WRITE-ATTR FORM-PARAMS WINDOW-00-ATTR.
     DISPLAY WINDOW-00.
     ACCEPT WEITER AT 2479.
*--- Rekonstruieren des Vorbildschirms
     PERFORM BILD-REKONSTRUIEREN.
     ...
 ENDE-PROG.
     STOP RUN.

 BILD-SICHERN.
     MOVE 2000 TO IO-LENGTH.
     MOVE 1 TO SCREEN-OFFSET BUFFER-OFFSET.
     CALL SCREEN-IO USING READ-ATTR FORM-PARAMS BS-ATTRIBUTE.
     CALL SCREEN-IO USING READ-CHAR FORM-PARAMS BS-ZEICHEN.
```

```
BILD-REKONSTRUIEREN.
    MOVE 2000 TO IO-LENGTH.
    MOVE 1 TO SCREEN-OFFSET BUFFER-OFFSET.
    CALL SCREEN-IO USING WRITE-ATTR FORM-PARAMS BS-ATTRIBUTE.
    CALL SCREEN-IO USING WRITE-CHAR FORM-PARAMS BS-ZEICHEN.
```

Das in Abb. 12.14 gezeigte Menü-Fenster unterscheidet sich von dem Textfenster der Abb. 12.13 lediglich durch die zusätzliche Ausgabe von Bildschirmvariablen und die Entgegennahme von Tastatureingaben des Benutzers. Hierzu kann mit Hilfe von FORMS ein Datensatz der Bildschirmvariablen des Menü-Fensters generiert werden.

### 12.6.3 Positionieren eines Auswahlbalkens

In Abschn. 12.3.2 wurde erläutert, wie sich eine Menü-Wahl, bei der der Benutzer lediglich den Cursor auf eine Auswahloption positionieren muß, realisieren läßt. Diese Auswahltechnik soll hier geringfügig verbessert werden.

Abbildung 12.15 zeigt ein Menü-Fenster mit vier Auswahloptionen. Die angegebenen Bildschirmkoordinaten werden im nachfolgend darzustellenden Programm berücksichtigt. Sie können für konkrete Anwendungen beliebig modifiziert werden. Die Benutzerauswahl soll nun durch Positionierung eines Auswahlbalkens mittels der Tasten Cursor-up oder Cursor-down auf eine Menüoption und anschließendes Quittieren der Auswahl durch Betätigen der RETURN-Taste getroffen werden. Der Auswahlbalken kann sich z.B. durch seine Vorder- und Hintergrundfarben vom Restmenü farblich unterscheiden oder die jeweilige Auswahloption in Intensivdarstellung anzeigen.

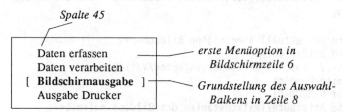

Abb. 12.15 Menü-Wahl durch Positionierung eines Auswahlbalkens

Das in Abb. 12.15 gezeigte Menü kann mittels der vorstehend erläuterten Technik des Einblendens von Bildschirmfenstern (Abschn. 12.6.2, Schritte 1 bis 5) ausgebracht oder als selbständiges Menü realisiert werden. Zum Sichtbarmachen des Menübalkens müssen lediglich die Bildschirmattribute über der jeweiligen Auswahloption geändert werden. Hierzu kann z.B. mit FORMS ein Attributdatensatz (BALKEN-00-ATTR) generiert werden, der dann bei der Initialisierung des Menüs positioniert in seiner Grundstellung (hier Zeile 8) auszugeben ist:

```
01    BALKEN-00-ATTR.
      03 FILLER              PIC X(0023) VALUE ALL X"4E".
01    BALKEN-01-ATTR.
      03 FILLER              PIC X(0023) VALUE ALL X"70".
```

Benutzereingaben zur Positionierung des Balkens müssen im Programm abgefragt und durch erneutes Senden der Balkenattribute (BALKEN-00-ATTR) in einer anderen Bildschirmzeile sichtbar gemacht werden. Da bei jeder Verschiebung des Auswahlbalkens um eine Zeile der vorherige Balken sichtbar bleibt, sind die Attribute der alten Auswahlzeile bei jeder Balkenbewegung auf ihre Normalwerte (Menüattribute) zurückzusetzen. Diesem Zweck dient der oben angegebene Attributsatz BALKEN-01-ATTR.

Im folgenden wird ein Algorithmus zur *Menüwahl durch Positionierung eines Auswahlbalkens* angegeben, der das in Abb. 12.15 gezeigte Menü realisiert:

```
*------------------------------------------------------------
 WORKING-STORAGE SECTION.
*------------------------------------------------------------
*--- Ausgabe von Bildschirmattributen
 78 SCREEN-IO            VALUE X"B7".
 01 WRITE-ATTR           PIC 99       COMP VALUE 3.
 01 FORM-PARAMS.
    03 IO-LENGTH         PIC 9(4)     COMP.
    03 SCREEN-OFFSET     PIC 9(4)     COMP.
    03 BUFFER-OFFSET     PIC 9(4)     COMP.
*--- Anlegen einer benutzerdefinierten Funktionstasten-Tabelle
 78 KEY-DEFINITION       VALUE X"B0".
 01 FUNKTION             PIC 99 COMP VALUE 0.
 01 PARAMETER.
    05 KEY-CODE          PIC 99 COMP.
       88 RETURN-TASTE                VALUE 0.
       88 ESC                         VALUE 1.
       88 CURSOR-UP                   VALUE 2.
       88 CURSOR-DOWN                 VALUE 3.
    05 TABLE-DEFINITION.
       07 ESCAPE-DEF         PIC X(2) VALUE X"011B".
       07 CURSOR-UP-DEF      PIC X(3) VALUE X"020048".
       07 CURSOR-DOWN-DEF    PIC X(3) VALUE X"020050".
    05 TAB-ENDE-KENNUNG    PIC X     VALUE X"00".
 01 WAHL                  PIC X.
 01 AUSWAHL-ZEILE         PIC 99.
*--- Kopieren der generierten Datensätze
 COPY "MENUE.DDS".
 COPY "BALKEN.DDS".
*------------------------------------------------------------
 PROCEDURE DIVISION.
*------------------------------------------------------------
 START-PROG.
*--- Aktivieren der Funktionstasten-Tabelle
    CALL KEY-DEFINITION USING FUNKTION PARAMETER.
*--- Senden des Auswahlmenüs
    DISPLAY SPACES.
    MOVE 2000 TO IO-LENGTH.
    MOVE 1 TO SCREEN-OFFSET BUFFER-OFFSET.
    CALL SCREEN-IO USING WRITE-ATTR FORM-PARAMS MENUE-00-ATTR.
    DISPLAY MENUE-00.
*--- Ausgabe des Auswahlbalkens in Zeile 8, Spalte 46
    MOVE 8 TO AUSWAHL-ZEILE.
```

```
            COMPUTE SCREEN-OFFSET = ((AUSWAHL-ZEILE - 1) * 80) + 46.
            PERFORM AUSWAHL-BALKEN-ZEIGEN.
   *--- Entgegennehmen der Benutzerauswahl
            MOVE 99 TO KEY-CODE.
            PERFORM UNTIL RETURN-TASTE OR ESC
                ACCEPT WAHL
                IF CURSOR-UP PERFORM CURSOR-UP-WAHL
                ELSE IF CURSOR-DOWN PERFORM CURSOR-DOWN-WAHL
            END-PERFORM.
   *--- Auswerten der Benutzerwahl
            IF ESC
               THEN NEXT SENTENCE
               ELSE IF RETURN-TASTE
                       EVALUATE AUSWAHL-ZEILE
                           WHEN 6 PERFORM ERFASSEN
                           WHEN 7 PERFORM VERARBEITEN
                           WHEN 8 PERFORM BILDSCHIRM
                           WHEN 9 PERFORM DRUCKER
                       END-EVALUATE
                    END-IF
            END-IF.
    ENDE-PROG.
            STOP RUN.

    AUSWAHL-BALKEN-ZEIGEN.
            MOVE 23 TO IO-LENGTH.
            CALL SCREEN-IO USING WRITE-ATTR FORM-PARAMS BALKEN-00-ATTR.
    CURSOR-UP-WAHL.
            PERFORM AUSWAHL-BALKEN-LOESCHEN.
            IF AUSWAHL-ZEILE > 6 SUBTRACT 1 FROM AUSWAHL-ZEILE.
            COMPUTE SCREEN-OFFSET = ((AUSWAHL-ZEILE - 1) * 80) + 46.
            PERFORM AUSWAHL-BALKEN-ZEIGEN.
    CURSOR-DOWN-WAHL.
            PERFORM AUSWAHL-BALKEN-LOESCHEN.
            IF AUSWAHL-ZEILE < 9 ADD 1 TO AUSWAHL-ZEILE.
            COMPUTE SCREEN-OFFSET = ((AUSWAHL-ZEILE - 1) * 80) + 46.
            PERFORM AUSWAHL-BALKEN-ZEIGEN.
    AUSWAHL-BALKEN-LOESCHEN.
            MOVE 23 TO IO-LENGTH.
            CALL SCREEN-IO USING WRITE-ATTR FORM-PARAMS BALKEN-01-ATTR.
    ERFASSEN.
            DISPLAY "Hier Erfassung"         AT 2010.
    VERARBEITEN.
            DISPLAY "Hier Verarbeitung"      AT 2010.
    BILDSCHIRM.
            DISPLAY "Hier Bildschirmausgabe" AT 2010.
    DRUCKER.
            DISPLAY "Hier Druckerausgabe"    AT 2010.
```

## 12.6.4 Optionsverwaltung für Scroll-Menüs

Das zu Beginn dieses Abschnitts in Abb. 12.12b, S. 447, gezeigte Auswahlmenü "Ändern Kundensatz" unterscheidet sich von dem der Abb. 12.15. Es bietet dem Benutzer mehr Auswahloptionen an, als am Bildschirm darstellbar sind. Immer wenn der Benutzer mit seinem Auswahlbalken über die obere oder untere Menügrenze hinausgehen möchte, werden die Menüoptionen zeilenweise geblättert (scroll menu). Zusätzlich besteht die Möglichkeit des seitenweisen Blätterns in der Auswahloptionen (Page Up, Page Down) sowie des Sprungs an den Anfang bzw. das Ende des Auswahlmenüs (Home, End). Hier sind Funktionstasten also nicht nur – wie beim Menü der Abb. 12.15 – mit dem Ziel der Ausgabe eines neuen Auswahlbalkens auszuwerten. Ergänzend muß auf Benutzeranforderung auch das Optionsangebot am Bildschirm modifiziert werden.

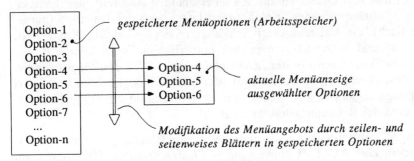

*Abb. 12.16   Verwaltung der Auswahloptionen bei Scroll-Menüs*

Abbildung 12.16 zeigt eine Prinzipskizze zur Optionsverwaltung. Im Gegensatz zu dem Menü der Abb. 12.15 sind die Auswahloptionen nun nicht mehr als Textkonstanten *sondern als Bildschirmvariablen* zu berücksichtigen. Der oben angegebene Algorithmus zur "Menüwahl durch Positionierung eines Auswahlbalkens" muß lediglich um die Verwaltung der jeweils aktuell anzuzeigenden Option ergänzt werden. In Abschn. 13.1 wird gezeigt, warum es zweckmäßig ist, das Optionsangebot und die aktuell anzuzeigenden Optionen in "Tabellen" zu speichern.[1]

## 12.7 Sofortige Plausibilitätsprüfung

Aufwendige Bildschirmformulare, bei denen zahlreiche Elementardaten je Bildschirmseite zu erfassen sind, lassen sich zeitsparend mit Hilfe eines Maskengenerators gestalten. Im Programm können dann alle Erfassungsdaten mit Hilfe einer ACCEPT-Anweisung auf den generierten Variablensatz entgegengenommen werden. Diese Technik des "Ganzseiten-ACCEPT" wird jedoch in bestimmten Anwendungssituationen den Anforderungen an eine benutzerfreundliche Datener-

---

1. Die Lösungshinweise zu Aufgabe 16 und 17 in Kapitel 17 erläutern die Realisierung von Scroll-Menüs.

fassung nur eingeschränkt gerecht. Insbesondere bei der Erfassung von Massendaten wirkt es sich als nachteilig aus, daß Plausibilitätsprüfungen erst möglich sind, nachdem ein Bildschirmformular vollständig ausgefüllt und alle Elementardaten durch einmaliges Betätigen der RETURN-Taste dem Programm für weitere Verarbeitungszwecke geschlossen übergeben werden.

Bei der Erfassung von Massendaten werden Beleginformationen (Rechnungen, Krankenscheine usw.) von zahlreichen uniformen Formularen (Belegstapel) mit hoher Eintastgeschwindigkeit – bis zu durchschnittlich 8 Zeichen je Sekunde – über die Benutzertastatur eingetippt. Die Technik des "Ganzseitigen-ACCEPT" hemmt hier bei Eingabefehlern nachhaltig den Erfassungsfluß und damit die realisierbare Eingabeleistung.

Eine komfortable Datenerfassung setzt Plausibilitätsprüfungen *unmittelbar nach Eingabe eines Elementardatums* voraus. Zu unterscheiden sind feld- und kontextabhängige Plausibilitätsprüfungen. *Feldbezogen* lassen sich der Datentyp (numerisch, alphabetisch), die Existenz einer Schlüsselgröße (Artikel-Nr., Kunden-Nr. usw.), Wertober- und Wertuntergrenzen bei numerischen Daten oder z.B. die Plausibilität eines Tagesdatums prüfen. *Kontextabhängige Plausibilitätsprüfungen* stellen einen Zusammenhang zwischen zwei oder mehr Elementardaten her. So ist z.B. ein Zahlungseingang in der Regel unter einem Datum zu verbuchen, das zeitlich nach dem der Rechnungsstellung liegt.

Datenerfassungen mit sofortiger feld- und/oder kontextabhängiger Plausibilitätsprüfung erfordern *eine* ACCEPT-Anweisung *je Elementardatum*. Unmittelbar im Anschluß an jede ACCEPT-Anweisung sind alle erforderlichen Plausibilitätsprüfungen durchzuführen. Wird ein Eingabefehler erkannt, ist der Benutzer durch ein akustisches Signal und eine geeignete Fehlermeldung auf die erforderliche Korrektur aufmerksam zu machen, *bevor* er sich der Eingabe weiterer Daten zuwenden kann. Der Cursor ist auf das fehlerhafte Datum zu positionieren.

Die bisher erläuterten Anforderungen sind durch das Ersetzen eines "Ganzseiten-ACCEPT" durch mehrere ACCEPT-Anweisungen auf Elementardaten zu erfüllen. Durch den Verzicht auf die Entgegennahme mehrerer Elementardaten mittels *einer* ACCEPT-Anweisung gehen aber die Vorteile, die mit dieser Technik verbunden sind, verloren: Der Cursor kann nun nicht mehr in beliebige Erfassungsfelder einer Maske positioniert werden (Tabulator-Tasten, up, down, left, right). Ein bereits quittiertes Datum (RETURN-Taste, Auto-Skip) ist nicht mehr korrigierbar. Auch die Funktionen der Tasten Home und End beim "Ganzseitigen-ACCEPT" gehen bei der Erfassung mehrerer Elementardaten mittels jeweils einer ACCEPT-Anweisung verloren. Für die benutzerfreundliche Datenerfassung sind diese Funktionen jedoch genauso bedeutsam wie die sofortige feld- und kontextabhängige Plausibilitätsprüfung.

Wenn man die Vorteile der *freien Positionierbarkeit des Cursors* innerhalb einer Bildschirmmaske mit denen der *sofortigen Plausibilitätsprüfung* von Erfassungsdaten *verbinden* will, ist eine problemtypische Dialogablaufsteuerung erforderlich, die von den in Abschn. 12.1 behandelten Dialogabläufen abweicht. Aufgabe 21 in Kap. 17 hat die Realisierung von Datenerfassungen mit sofortigen Plausibilitätsprüfungen bei gleichzeitiger Aufrechterhaltung der freien Positionierbarkeit des Cursors zum Inhalt. Die Lösungshinweise zu dieser Aufgabe zeigen Möglichkeiten zur Realisierung dieser benutzerfreundlichen Datenerfassungstechnik auf.

## 13. COBOL-Datenbeschreibung (Teil III)

### 13.1 Tabellenverarbeitung

Als Tabelle bezeichnet man einen Speicherbereich, der in Felder gleicher Länge aufgeteilt ist. Diese Felder heißen Tabellenelemente (table elements). Tabellenelemente können Elementardatenfelder oder Datengruppen sein. Die wiederholt in einer Tabelle auftretenden Elemente müssen gleichartig definiert sein, d.h. Elementardaten weisen die gleichen PICTURE-Zeichenfolgen (Typ, Länge) und Datengruppen zusätzlich gleiche Untergliederungen (Struktur) auf. Jedes Tabellenelement ist durch seine Position innerhalb einer Tabelle eindeutig identifizierbar. Die Bezugnahme auf Tabellenelemente erfolgt durch Angabe des Elementnamens, der für alle wiederholt auftretenden Elemente gleich ist, sowie einer Ordnungsnummer, die die Position eines Elements innerhalb der Tabelle eindeutig bezeichnet.

Tabellenelemente können in ein- oder mehrdimensionalen Strukturen angeordnet sein (siehe Abb. 13.1). Eine eindimensionale Tabelle, deren Elemente numerisch definiert sind, ist zur Speicherung eines Vektors, eine zweidimensionale Tabelle zur Speicherung einer Matrix geeignet. Die wiederholt auftretenden Tabellenelemente müssen jedoch nicht numerisch definiert sein. Und unabhängig von der Dimension einer Tabelle darf jedes Tabellenelement eine Datengruppe sein. Der ANSI-Standard schreibt vor, daß COBOL-Compiler Tabellen mit bis zu 7 Dimensionen verarbeiten müssen.

| (1) |
|-----|
| (2) |
| (3) |
| (4) |
| (5) |
| (6) |
| (7) |

| (1, 1) | (1, 2) | (1, 3) |
|--------|--------|--------|
| (2, 1) | (2, 2) | (2, 3) |
| (3, 1) | (3, 2) | (3, 3) |
| (4, 1) | (4, 2) | (4, 3) |
| (5, 1) | (5, 2) | (5, 3) |
| (6, 1) | (6, 2) | (6, 3) |
| (7, 1) | (7, 2) | (7, 3) |

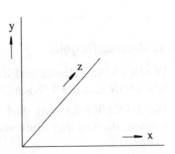

*Abb. 13.1 Anordnung von Tabellenelementen in ein- und mehrdimensionalen Strukturen*

In einer eindimensionalen Tabelle, deren Elemente als Elementardatenfelder definiert sind, könnten z.B. die Preise von 100 Artikeln gespeichert werden. Sollen neben den Preisen auch die Artikel-Nummern und Artikelbezeichnungen der 100 Artikel im Arbeitsspeicher abgelegt werden, müßten die Tabellenelemente als Datengruppe definiert sein.

In einer zweidimensionalen Tabelle könnten z.B. für alle Vertriebsbeauftragten einer Unternehmung (erste Dimension) deren Umsätze für die 12 Monate eines Jahres (zweite Dimension) gespeichert sein. Jedes Tabellenelement enthielte hier den Monatsumsatz eines bestimmten Vertriebsbeauftragten. Diese zweidimensionale Tabelle wäre um eine dritte Dimension zu erweitern, wenn die Monatsumsätze z.B. differenziert nach Produktgruppen gespeichert werden sollen.

Prinzipiell kann jedes Verarbeitungsproblem, das unter Verwendung von Tabellen codierbar ist, auch auf der Grundlage der bereits behandelten Datendefinitionen gelöst werden. Wenn die Voraussetzungen für die Datenspeicherung in Tabellen erfüllt sind, bietet ihre Verwendung jedoch *zwei wesentliche Vorteile*:

Tabellendefinitionen erfordern unabhängig von ihrer Elementanzahl und Dimensionalität wenig Schreibaufwand. Und die Algorithmen zur Verarbeitung der in Tabellen gespeicherten Daten sind meist übersichtlicher und kompakter als solche, die mit konventionell definierten Daten arbeiten.

### 13.1.1 Definition von Tabellen

**Funktion und Format**

Tabellen werden mit Hilfe der OCCURS-Klausel definiert. Im Format-1 der OCCURS-Klausel wird festgelegt, wie häufig ein Tabellenelement auftreten soll.

```
┌─ Format-1 ─────────────────────────────────────┐
│                                                │
│   OCCURS   Ganzzahl   TIMES                    │
│                                                │
└────────────────────────────────────────────────┘
```

**Syntaktische Regeln**

1. Die OCCURS-Klausel darf in der FILE SECTION, der WORKING-STORAGE SECTION und der LINKAGE SECTION auftreten.
2. Die OCCURS-Klausel darf nur in Verbindung mit Datennamen verwendet werden, die mit den Stufennummern 02 bis 49 definiert wurden.

**Beschreibung**

Die OCCURS-Klausel ist wie die VALUE-Klausel ein Zusatz der Eintragungen zur Datendefinition in der DATA DIVISION. Sie darf ergänzend zu den Eintragungen für Datengruppen und/oder Elementardaten codiert werden. Der dem Schlüsselwort OCCURS folgende positive ganzzahlige Wert (Ganzzahl) legt fest, wie häufig ein Datenfeld innerhalb der unmittelbar übergeordneten Datengruppe (mit kleineren Stufennummern) auftreten soll.

## Eindimensionale Tabellen

Das folgende Beispiel demonstriert die Verwendung der OCCURS-Klausel im Zusammenhang mit der Definition des Datensatzes einer Datei:

```
FD  UMSATZ-DATEI.
01  UMSATZ-SATZ.
    05 ARTIKEL-NR    PIC 9(5).
    05 UMSATZ-JAN    PIC 9(6)V99.
    05 UMSATZ-FEB    PIC 9(6)V99.
    05 UMSATZ-MAE    PIC 9(6)V99.
    05 UMSATZ-APR    PIC 9(6)V99.
         :
         :
    05 UMSATZ-DEZ    PIC 9(6)V99.
    05 SUMME-JAHR    PIC 9(8)V99.
```

Der Dateisatz UMSATZ-SATZ weist 12 gleichartige Datenfelder zum Speichern von Monatsumsätzen auf. Unter Verwendung der OCCURS-Klausel kann dieser Dateisatz wie folgt definiert werden:

```
FD  UMSATZ-DATEI.
01  UMSATZ-SATZ.
    05 ARTIKEL-NR    PIC 9(5).
    05 UMSATZ        PIC 9(6)V99   OCCURS 12.
    05 SUMME-JAHR    PIC 9(8)V99.
```

UMSATZ ist hier der Name eines Tabellenelements, das innerhalb der Datengruppe UMSATZ-SATZ zwölfmal auftritt. Jedes der 12 Elementardatenfelder ist durch die gleiche PICTURE-Zeichenfolge (PIC 9(6)V99) definiert. Die Satzlängen der beiden vorstehenden Dateisatzdefinitionen stimmen überein. Beide Sätze weisen die gleiche Teilfeldgliederung auf. Lediglich die Bezugnahme auf Monatsumsätze in Anweisungen muß für beide Definitionen in unterschiedlicher Form erfolgen. Die Anweisung

```
MOVE UMSATZ-FEB TO WS-FELD
```

überträgt den Umsatz des Monats Februar in das Feld WS-FELD. Im nachfolgenden Abschnitt zur Bezugnahme auf Tabellenelemente (Abschn. 13.1.2) wird zu zeigen sein, daß das gleiche Verarbeitungsergebnis mittels der Anweisung

```
MOVE UMSATZ (2) TO WS-FELD
```

zu erreichen ist. Die Dateisatzbeschreibung unter Verwendung der OCCURS-Klausel ist im Vergleich zur Satzbeschreibung ohne Tabelle mit weniger Schreibaufwand verbunden. Der unterschiedliche Definitionsaufwand wird noch deutlicher, wenn nicht Monatsumsätze, sondern die Umsätze jedes Kalendertags in einer Datei zu speichern sind:

```
01  UMSATZ-SATZ-2.
    05 ARTIKEL-NR      PIC 9(5).
    05 UMSATZ-TAG      PIC 9(5)V99  OCCURS 365.
    05 SUMME-JAHR      PIC 9(8)V99.
```

Bei Tabellendefinitionen wird die PICTURE-Klausel für alle Wiederholungsfelder nur einmal angegeben. Alle Tabellenelemente haben den gleichen Elementnamen (UMSATZ-TAG). Wenn man in einer Umsatzdatei nicht nur die Tagesumsätze der Artikel und die kumulierten Umsätze eines Jahres, sondern für Vergleichszwecke auch die Jahresumsätze der jeweils zurückliegenden 5 Jahre speichern möchte, muß der Datensatzaufbau modifiziert werden:

```
01  UMSATZ-SATZ-3.
    05 ARTIKEL-NR      PIC 9(5).
    05 UMSATZ-TAG      PIC 9(5)V99  OCCURS 365.
    05 SUMME-JAHR      PIC 9(8)V99  OCCURS 5.
```

Hier sind zwei eindimensionale Tabellen Bestandteil von UMSATZ-SATZ-3. In allen bisherigen Beispielen waren die Tabellenelemente Elementardaten. Wenn für Zwecke der Umsatzstatistik z.B die an unterschiedlichen Standorten einer Kaufhauskette erzielten Monatsumsätze gespeichert werden müssen, könnte eine Datengruppe als Tabellenelement vorgesehen werden:

```
01  UMSATZ-SATZ-4.
    05 ARTIKEL-NR      PIC 9(5).
    05 UMSATZ-MONAT                 OCCURS 12.
       08 STANDORT-A   PIC 9(5)V99.
       08 STANDORT-B   PIC 9(5)V99.
       08 STANDORT-C   PIC 9(5)V99.
    05 SUMME-JAHR      PIC 9(8)V99  OCCURS 5.
```

UMSATZ-MONAT ist hier ein Tabellenelement, das innerhalb der übergeordneten Gruppe UMSATZ-SATZ-4 12 mal auftritt. Jedes der 12 Tabellenelemente ist eine Datengruppe, die in drei Elementardaten untergliedert ist. Ein als Datengruppe definiertes Tabellenelement darf beliebig hierarchisch strukturiert sein.

Alle bisher definierten Tabellen sind eindimensionale Tabellen, die zusammen mit anderen Daten Bestandteil der übergeordneten 01-Datensatzbeschreibung sind. Diese Datensätze können in jeder SECTION der DATA DIVISION definiert sein. Die Angabe einer OCCURS-Klausel auf der 01-Datensatzebene selbst ist unzulässig. Möchte man in der WORKING-STORAGE SECTION lediglich eine Tabelle definieren, muß daher ein zusätzlicher Datenname auf der obersten Hierarchieebene (01) eingeführt werden:

```
01  UMSATZ-TABELLE-1.
    05 UMSATZ-TAG      PIC 9(5)V99  OCCURS 365.
01  UMSATZ-TABELLE-2.
    05 UMSATZ-MONAT                 OCCURS 12.
       08 STANDORT-A   PIC 9(7)V99.
       08 STANDORT-B   PIC 9(6)V99.
       08 STANDORT-C   PIC 9(5)V99.
```

Die erste Tabelle definiert ein 365 mal zu wiederholendes Elementardatum und die zweite Tabelle eine Datengruppe als 12 mal zu wiederholendes Tabellenelement.

Die zwangsweise eingeführten Datennamen auf der Stufennummer-01-Ebene heißen Tabellennamen. Sie sind insofern nicht nutzlos, als sie eine Bezugnahme auf die jeweilige Gesamttabelle erlauben:[1]

```
INITIALIZE UMSATZ-TABELLE-1
```

Die INITIALIZE-Anweisung nimmt hier über den Tabellennamen UMSATZ-TABELLE-1 auf eine Gesamttabelle Bezug. Die Anweisung initialisiert jedes einzelne zur Tabelle gehörende Elementardatenfeld typgerecht. Auch innerhalb einer Datenstruktur dürfen für die Bezugnahme auf eine Gesamttabelle Tabellennamen vergeben werden. Die folgenden beiden Datensätze haben gleiche Satzlängen. Innerhalb des Datensatzes UMSATZ-SATZ-6 kann die Tabelle UMSATZ-TAB zusätzlich als Gesamttabelle über ihren Tabellennamen angesprochen werden:

```
01 UMSATZ-SATZ-5.                        01 UMSATZ-SATZ-6.
   05 ARTIKEL-NR  PIC 9(5).                 05 ARTIKEL-NR  PIC 9(5).
   05 UMSATZ      PIC 9(6)V99               05 UMSATZ-TAB.
                  OCCURS 12 TIMES.             07 UMSATZ   PIC 9(6)V99
   05 SUMME-JAHR  PIC 9(8)V99.                             OCCURS 12 TIMES.
                                            05 SUMME-JAHR  PIC 9(8)V99.
```

## Mehrdimensionale Tabellen

Mehrdimensionale Tabellen entstehen, wenn ein wiederholt auftretendes Tabellenelement selbst unter Verwendung von OCCURS-Klauseln definiert wird. Bei einer zweidimensionalen Tabelle wird in das zu wiederholende Tabellenelement der ersten Tabellendimension ein mit OCCURS definiertes Datenfeld (der zweiten Dimension) geschachtelt:

```
01 UMSATZ-TABELLE-3.
   05 UMSATZ-JAHR      OCCURS 5.
      08 SUMME-JAHR    PIC 9(8)V99
      08 UMSATZ-MONAT  OCCURS 12.
         10 STANDORT-A PIC 9(5)V99.
         10 STANDORT-B PIC 9(6)V99.
         10 STANDORT-C PIC 9(7)V99.
```

Das Tabellenelement UMSATZ-JAHR tritt in der ersten Tabellendimension 5 mal auf. Jedes dieser 5 Elemente ist eine Datengruppe. Diese Datengruppe besteht aus einem Elementardatum SUMME-JAHR und einem in der zweiten Tabellendimension 12 mal zu wiederholenden Datenelement UMSATZ-MONAT. Dieses Tabellenelement der zweiten Dimension ist in drei Standortfelder untergliedert. Die Tabelle ist geeignet, die Monatsumsätze dreier Standorte einer Kaufhauskette über einen Zeitraum von 5 Jahren zu speichern. Ergänzend kann der Jahresumsatz aller drei Standorte für 5 Kalenderjahre abgelegt werden. Die zu UMSATZ-TABELLE-3 äquivalente Datenstruktur UMSATZ-SATZ-7 ist ohne OCCURS-Klauseln de-

---

1. Zur Bezugnahme auf Tabellenelemente siehe Abschnitt 13.1.2. In Abschnitt 13.1.3 wird gezeigt, wie Tabellen mit Daten versorgt werden.

finiert. Sie verdeutlicht die *Anordnung* zweidimensionaler Tabellen *im Arbeitsspeicher*:

```
01 UMSATZ-SATZ-7.
   05 UMSATZ-JAHR-1.
      08 SUMME-JAHR-1        PIC 9(8)V99.
      08 UMSATZ-MONAT-01.
         10 STANDORT-A       PIC 9(5)V99.
         10 STANDORT-B       PIC 9(6)V99.
         10 STANDORT-C       PIC 9(7)V99.
      08 UMSATZ-MONAT-02.
         10 ...
         ...
      08 UMSATZ-MONAT-12.
         ...
   05 UMSATZ-JAHR-2.
      ...
   05 UMSATZ-JAHR-5.
      ...
```

Im Sonderfall degenerieren zweidimensionale Tabellen zur Matrix:

```
01 UMSATZ-TABELLE-4.
   05 UMSATZ-JAHR                        OCCURS  5.
      08 UMSATZ-MONAT  PIC 9(8)V99  OCCURS 12.
```

UMSATZ-TABELLE-4 definiert eine m, n-Matrix mit 5 Zeilen (m) und 12 Spalten (n). Der Speicherplatzbedarf für diese Matrix beträgt (5 Zeilen x 12 Spalten x 10 Zeichen je Element) = 600 Byte. Eine dreidimensionale Tabelle entsteht, wenn das wiederholt auftretende Tabellenelement der 2. Dimension selbst wieder eine eindimensionale Tabelle beinhaltet:

```
01 UMSATZ-TABELLE-5.
   05 STANDORT                    OCCURS   5.
      08 ARTIKEL                  OCCURS 100.
         10 MONAT                 OCCURS  12.
            12 MENGE    PIC 9(4).
            12 UMSATZ   PIC 9(6).
```

Auch mehrdimensionale Tabellen können mit oder ohne den Tabellennamen auf beliebiger Hierarchieebene in eine übergeordnete Datenstruktur eingebettet sein.

### 13.1.2 Bezugnahme auf Tabellenelemente

**Funktion und Format**

Damit Anweisungen auf ein bestimmtes Tabellenelement Bezug nehmen können, sind der Name des Tabellenelements sowie dessen Position innerhalb der Tabelle anzugeben. Diese Form der symbolischen Adressierung von Speicherbereichen bezeichnet man als Subskribierung (subscripting), die jeweilige Positionsnummer selbst als Subskript.

```
┌─ Format ─────────────────────────────────────────────┐
│                  ⎧ Ganzzahl-1                     ⎫  │
│  Bezeichner-1  ( ⎨ Bezeichner-2  [ {+/-} Ganzzahl-2] ⎬ ... ) │
│                  ⎩                                 ⎭  │
└──────────────────────────────────────────────────────┘
```

## Syntaktische Regeln

1. Bezeichner-1 repräsentiert ein Tabellenelement, dessen wiederholtes Auftreten durch eine OCCURS-Klausel definiert wurde.
2. Ganzzahl-1 und Ganzzahl-2 sind positive ganze Zahlen; Bezeichner-2 repräsentiert ein ganzzahlig definiertes numerisches Datenfeld.

## Beschreibung

Subskripte werden stets in Klammern eingeschlossen notiert und dem Namen eines Tabellenelements (Bezeichner-1) nachgestellt. Zur Identifizierung der Elemente einer eindimensionalen Tabelle ist die Angabe eines Subskript-Werts hinreichend.

```
77  MONAT            PIC 99.
01  UMSATZ-TABELLE.
    05  UMSATZ       PIC 9(5)V99  OCCURS 12.
    ...
    MOVE  UMSATZ (4)     TO WS-UMSATZ.
    MOVE  UMSATZ (MONAT) TO WS-UMSATZ.
```

Die beiden MOVE-Anweisungen sind funktionsgleich, wenn im Feld MONAT der Wert 4 abgelegt ist. Beide Anweisungen übertragen dann den im 4. Tabellenelement gespeicherten Umsatzwert nach WS-UMSATZ. Die *besondere Bedeutung* der PERFORM VARYING-Anweisung (siehe Abschn. 9.1.1) für die *Verarbeitung von Tabellenelementen* verdeutlicht das folgende Beispiel:

```
PERFORM VARYING MONAT FROM 1 BY 1 UNTIL MONAT > 12
    ADD UMSATZ (MONAT) TO SUMME-UMSATZ
END-PERFORM
```

Alle in den 12 UMSATZ-Feldern der Tabelle gespeicherten Werte werden hier mit wenig Schreibaufwand zu SUMME-UMSATZ addiert.

Bei der Subskribierung von Tabellenelementen muß der ganzzahlige Wert eines Subskripts zwischen 1 (erstes Element) und der durch die jeweilige OCCURS-Klausel angegebenen Anzahl von Tabellenelementen liegen.

Als *relative Subskribierung* bezeichnet man eine Elementadressierung, bei der sich der Subskript-Wert als Summe oder Differenz einer Variablen (Bezeichner-2) und einer Konstanten (Ganzzahl-2) bestimmt:

```
COMPUTE  SUMME-QUARTAL
     = UMSATZ (MONAT) + UMSATZ (MONAT + 1) + UMSATZ (MONAT + 2)
```

Durch diese Form der Adressierung wird der unter Monat (Bezeichner-2) gespeicherte Wert nicht verändert.

Zur eindeutigen Bezeichnung der Elemente mehrdimensionaler Tabellen muß je Tabellendimension ein Subskript angegeben werden. Die folgenden *6 Adressierungsbeispiele* beziehen sich auf die dreidimensionale Tabelle UMSATZ-TABELLE:

```
01  UMSATZ-TABELLE.
    05 STANDORT                      OCCURS   5.
       08 ARTIKEL                    OCCURS 100.
          10 MONAT                   OCCURS  12.
             12 MENGE    PIC 9(4).
             12 UMSATZ   PIC 9(6).
    ...
    MOVE   STANDORT (2)          TO STANDORT-SATZ
    MOVE   ARTIKEL (2, 25)       TO ARTIKEL-BEREICH
    MOVE   MONAT (2, 25, 4)      TO MONATS-GRUPPE
    MOVE   MENGE (2, 25, 4)      TO WS-ANZAHL
    MOVE   WS-UMSATZ             TO UMSATZ (5, 100, 12)
    MOVE   UMSATZ-TABELLE        TO WS-TABELLE
```

STANDORT (2) bezeichnet das zweite der 5 Tabellenelemente umfassenden eindimensionalen Struktur STANDORT. Es beinhaltet differenziert für 100 Artikel und 12 Umsatzmonate Mengen- und Umsatzangaben. Jedes der 5 Tabellenelemente STANDORT ist (100 x 12 x 10 Byte) = 12 000 Byte lang. Das Element ARTIKEL bildet die zweite Dimension der dreidimensionalen UMSATZ-TABELLE. Jedes der 5 STANDORT-Elemente enthält als Datengruppe 100 ARTIKEL-Elemente. ARTIKEL (2, 25) bezeichnet das 25. ARTIKEL-Element im 2. STANDORT-Element. Jedes ARTIKEL-Element ist (12 x 10 Byte) = 120 Byte lang. In der dritten Tabellendimension ist das 12 mal auftretende Element MONAT eine Datengruppe aus MENGE und UMSATZ. Jedes Element MONAT ist 10 BYTE lang. MONAT (2, 25, 4) bezeichnet die 4. Datengruppe MONAT des 25. Artikels im 2. Standort. MENGE (2, 25, 4) ist ein Elementardatum der Datengruppe MONAT (2, 25, 4). Die dreidimensionale Tabelle ist insgesamt (5 x 100 x 12 x 10 Byte) = 60 000 Byte lang.

### 13.1.3 Laden von Tabellen

Unter dem Laden einer Tabelle versteht man das Füllen der Tabellenelemente mit Anfangswerten. Folgende Möglichkeiten lassen sich unterscheiden:

1. Initialisierung einer Tabelle mit der INITIALIZE-Anweisung.
2. VALUE-Wertzuweisung für die Gesamttabelle.
3. VALUE-Wertzuweisung für Elementardatenfelder.
4. Redefinition eines Speicherbereichs mit einer Tabelle (REDEFINES-Klausel).
5. Wertzuweisungen je Tabellenelement in PERFORM VARYING-Schleifen.
6. Laden einer Tabelle aus einer Datei.

Als Operanden der *INITIALIZE-Anweisung* (vergl. Abschn. 5.1.5) dürfen neben Elementardaten und Datengruppen auch Tabellennamen angegeben werden:

```
01  ARTIKEL-TAB.
    05 ARTIKEL                          OCCURS 100.
       07 BEZEICHNUNG  PIC X(25).
       07 PREIS        PIC 9(5)V99.
    ...
    INITIALIZE ARTIKEL-TAB.
```

Nach Ausführung dieser Tabelleninitialisierung sind alle alphanumerischen Felder (BEZEICHNUNG) mit Leerzeichen und die numerischen Felder (PREIS) mit dem Wert 0 vorbesetzt.

Mit Hilfe der *VALUE-Klausel* kann dem von einer Tabelle belegten Speicherbereich insgesamt oder einzelnen wiederholt auftretenden Elementardatenfeldern ein Anfangswert zugewiesen werden:

```
01  ZIFFERN-TAB        VALUE "1234567890".
    05 ZIFFER          PIC 9  OCCURS 10.

01  ZAEHLER-TAB.
    05 ZAEHLER         PIC 9  OCCURS 10  VALUE 9.
```

Die auf der 01-Ebene zum Tabellennamen ZIFFERN-TAB angegebene VALUE-Klausel versorgt die Gesamttabelle mit dem angegebenen Literal. Die Zuordnung der Zeichen des Anfangswerts zu Tabellenelementen ist durch die Untergliederung des Speicherbereichs der Tabelle vorgegeben. Im obigen Beispiel wird ZIFFER (1) der Wert 1, ZIFFER (9) der Wert 9 und ZIFFER (10) der Wert 0 zugewiesen. ZAEHLER-TAB sieht eine VALUE-Klausel nicht auf der Ebene des Tabellennamens, sondern als Zusatz zu einem als Elementardatum definierten Tabellenelement (ZAEHLER) vor. Diese Form der Anfangswertzuweisung initialisiert jedes Wiederholungsfeld mit dem angegebenen Literal. Im obigen Beispiel enthalten alle 10 ZAEHLER-Felder den Wert 9. Wenn zu einer Tabelle mehrere als Elementardaten definierte Tabellenelemente gehören, kann jedes dieser Elemente mit einer eigenen VALUE-Klausel versorgt werden.

Anfangswertzuweisungen mit Hilfe von VALUE-Klauseln unterliegen Einschränkungen, die sich durch die *Redefinition von Speicherbereichen* aufheben lassen. VALUE-Zuweisungen zu Elementardatenfeldern einer Tabelle erzeugen gleiche Anfangswerte in allen gleichnamigen Wiederholungsfeldern. Die Anfangswertzuweisung zu einer Gesamttabelle wird bei größeren und/oder mehrdimensionalen Tabellen unübersichtlich und damit fehleranfällig. Durch die Mehrfachdefinition eines Speicherbereiches mittels der REDEFINES-Klausel (vergl. Abschn. 8.5) lassen sich die genannten Restriktionen der Anfangswertzuweisungen mit VALUE-Klauseln aufheben:

```
01  WOCHEN-TAGE.
    05 FILLER          PIC X(10) VALUE "Montag".
    05 FILLER          PIC X(10) VALUE "Dienstag".
    05 FILLER          PIC X(10) VALUE "Mittwoch".
    ...
    05 FILLER          PIC X(10) VALUE "Sonntag".

01  TAGE-TAB  REDEFINES WOCHEN-TAGE.
    05 TAG             PIC X(10) OCCURS 7.
```

Hier redefiniert die Tabelle TAGE-TAB die Datengruppe WOCHEN-TAGE. TAG (1) enthält mithin den Wert "Montag", TAG (2) den Wert "Dienstag" usw. Die einen Speicherbereich redefinierende Tabelle darf mehrdimensional definiert sein und auch Datengruppen als Wiederholungsfelder vorsehen. Tabellen können auch einen Dateipuffer, Datengruppen eines Dateisatzes oder andere Tabellen redefinieren.

Wenn die *Laufvariablen einer PERFORM VARYING-Anweisung* zur Subskribierung von Tabellenelementen herangezogen werden, lassen sich auch mehrdimensionale Tabellen mit wenig Schreibaufwand elementweise initialisieren. Bei jedem Schleifendurchlauf wird dann aufgrund der Variation einer Laufvariablen ein anderes Tabellenelement angesprochen:

```
*------------------------------------------------------------------
 WORKING-STORAGE SECTION.
*------------------------------------------------------------------
 77   ZEILE           PIC 99.
 77   SPALTE          PIC 99.
 01   MATRIX.
      05 FILLER                  OCCURS 10.
         08 FILLER               OCCURS 10.
            10 ELEMENT   PIC 9(3).
*------------------------------------------------------------------
 PROCEDURE DIVISION.
*------------------------------------------------------------------
 START-PROG.
     PERFORM BESETZE-HAUPTDIAGONALE
         VARYING ZEILE  FROM 1 BY 1 UNTIL ZEILE  > 10
         AFTER SPALTE FROM 1 BY 1 UNTIL SPALTE > 10
     END-PERFORM.
 ENDE-PROG.
     STOP RUN.

 BESETZE-HAUPTDIAGONALE.
     IF ZEILE = SPALTE
        THEN MOVE 1 TO ELEMENT (ZEILE, SPALTE)
        ELSE MOVE 0 TO ELEMENT (ZEILE, SPALTE)
     END-IF.
```

Dieses Programm belegt alle Tabellenelemente auf der Hauptdiagonalen einer quadratischen Matrix mit dem Wert 1; die sonstigen Tabellenelemente werden mit Null initialisiert (Einheitsmatrix). Der folgende Algorithmus erzeugt bei kürzerer Programmlaufzeit das gleiche Verarbeitungsergebnis:

```
INITIALIZE MATRIX.
PERFORM VARYING ZEILE FROM 1 BY 1 UNTIL ZEILE > 10
    MOVE 1 TO ELEMENT (ZEILE, ZEILE)
END-PERFORM.
```

Eine ähnliche Anwendung wäre z.B. die Berechnung und Speicherung von Auf- oder Abzinsungsfaktoren in Abhängigkeit von den Einflußgrößen Zinssatz und Laufzeit. Zahlreiche vergleichbare Tabellierungsprobleme lassen sich auf das beschriebene Grundmuster zurückführen.

Eine weitere und auch häufig anwendbare Variante des Initialisierens von Tabellen ist das *Laden der Tabellenelemente aus einer Datei*:

```
*-----------------------------------------------------------
 FILE SECTION.
*---------------------------------------
 FD  KUNDEN.
 01  KUNDEN-S.
     03 KUNDNR          PIC 9(6).
     03 ANSCHRIFT-KUNDE.
        05 FIRMA        PIC X(25).
        05 STRASSE      PIC X(25).
        05 ORT          PIC X(25).
     03 FILLER          PIC X(125).
*---------------------------------------
 WORKING-STORAGE SECTION.
*---------------------------------------
 77  EOF-F              PIC 9.
     88 EOF                             VALUE 1.
 77  POS                PIC 999.
 01  KUNDEN-TAB.
     03 KUNDEN-ZEILE                    OCCURS 200.
        05 TAB-KUNDNR   PIC 9(06).
        05 TAB-FIRMA    PIC X(25).
        05 TAB-ORT      PIC X(25).
*-----------------------------------------------------------
 PROCEDURE DIVISION.
*-----------------------------------------------------------
 START-PROG.
     ...
     INITIALIZE EOF-F POS.
     OPEN INPUT KUNDEN.
     PERFORM UNTIL EOF
        READ KUNDEN
             AT END  SET EOF TO TRUE
             NOT END ADD 1 TO POS
                     MOVE KUNDNR TO TAB-KUNDNR (POS)
                     MOVE FIRMA  TO TAB-FIRMA  (POS)
                     MOVE ORT    TO TAB-ORT    (POS)
        END-READ
     END-PERFORM.
     ...
 ENDE-PROG.
     CLOSE KUNDEN.
     STOP RUN.
```

Nach Abschluß des Ladeprozesses enthält die Tabelle zu jedem Datensatz der Datei KUNDEN ausgewählte Informationen. Diese im Arbeitsspeicher abgelegten Daten sind wesentlich schneller zugreifbar als die extern gespeicherten Dateisätze. Ein Anwendungsbeispiel für eine solche Tabelle wäre z.B. die in Abschn. 12.6.4 erläuterte "Verwaltung der Auswahloptionen für Scroll-Menüs".

### 13.1.4 Durchsuchen von Tabellen

Beim Durchsuchen einer Tabelle wird geprüft, ob zu einem oder mehreren *vorgegebenen* Suchargumenten *wertgleiche Tabelleneintragungen* existieren. So kann z.B. zu einer Artikel-Nummer die zugehörige Artikelbezeichnung in einer Tabelle aufgefunden werden. In einer anderen Tabelle ließe sich zu einem Kundennamen und dem Wohnsitz des Kunden die zugehörige Kunden-Nummer suchen.

Der folgende Programmausschnitt demonstriert das Durchsuchen einer Tabelle mit Kundeninformationen. Diese Tabelle wird aus einer Datei geladen. Anschließend kann der Benutzer eine Kunden-Nummer eingeben, nach der die Kundentabelle durchsucht wird. Ist die Kunden-Nummer nicht gespeichert, wird eine Fehlermeldung und andernfalls der zugehörige Kundenname und Wohnsitz am Bildschirm angezeigt.

```
*------------------------------------------------------------
 FILE SECTION.
*----------------------------------
 FD  KUNDEN.
 01  KUNDEN-S.
     03 KUNDNR            PIC 9(6).
     03 ANSCHRIFT-KUNDE.
        05 FIRMA          PIC X(25).
        05 STRASSE        PIC X(25).
        05 ORT            PIC X(25).
     03 FILLER            PIC X(125).
*----------------------------------
 WORKING-STORAGE SECTION.
*----------------------------------
 77  EOF-F                PIC 9.
     88 EOF                            VALUE 1.
 77  POS                  PIC 999.
 77  POS-MAX              PIC 999.
 77  POS-GEFUNDEN         PIC 999.
 77  ACCEPT-KUNDNR        PIC 9(6).
 77  GEFUNDEN-F           PIC 9.
     88 GEFUNDEN                       VALUE 1.
 01  KUNDEN-TAB.
     03 KUNDEN-ZEILE                   OCCURS 200.
        05 TAB-KUNDNR     PIC 9(6).
        05 TAB-FIRMA      PIC X(25).
        05 TAB-ORT        PIC X(25).
*------------------------------------------------------------
 PROCEDURE DIVISION.
*------------------------------------------------------------
 START-PROG.
     DISPLAY SPACES.
     PERFORM TABELLE-LADEN.
     ...
     ACCEPT  ACCEPT-KUNDNR AT 1010.
     PERFORM TABELLE-DURCHSUCHEN.
     IF GEFUNDEN DISPLAY TAB-FIRMA (POS-GEFUNDEN)         AT 1210
                         TAB-ORT   (POS-GEFUNDEN)         AT 1310
     ELSE DISPLAY "Fehler: Kunden-Nr. nicht gespeichert!" AT 2401.
```

```
    ...
ENDE-PROG.
    STOP RUN.

TABELLE-LADEN.
    INITIALIZE EOF-F POS.
    OPEN INPUT KUNDEN.
    PERFORM UNTIL EOF
        READ KUNDEN
             AT END  SET EOF TO TRUE
             NOT END ADD 1 TO POS
                     MOVE KUNDNR TO TAB-KUNDNR (POS)
                     MOVE FIRMA  TO TAB-FIRMA (POS)
                     MOVE ORT    TO TAB-ORT (POS)
        END-READ
    END-PERFORM.
    MOVE POS TO POS-MAX.
    CLOSE KUNDEN.
TABELLE-DURCHSUCHEN.
    INITIALIZE GEFUNDEN-F.
    PERFORM VARYING POS FROM 1 BY 1
                    UNTIL GEFUNDEN OR POS > POS-MAX
        IF ACCEPT-KUNDNR = TAB-KUNDNR (POS)
            THEN SET GEFUNDEN TO TRUE
                 MOVE POS TO POS-GEFUNDEN
            ELSE CONTINUE
        END-IF
    END-PERFORM.
```

Zum Zeitpunkt der Programmerstellung ist in aller Regel unbekannt, wieviele Datensätze eine Datei zur Programmlaufzeit enthalten wird. Die Anzahl der zu definierenden Tabellenelemente (OCCURS-Klausel) muß hinreichend groß bemessen sein, damit je Dateisatz ein Tabelleneintrag möglich ist. Beim Laden der Tabelle wird im Feld POS-MAX festgehalten, wieviele Tabellenelemente tatsächlich mit Informationen belegt sind. Dieser Wert ist dann beim Durchsuchen der Tabelle ein geeignetes Abbruchkriterium, das sicherstellt, daß nur die tatsächlich mit Dateisatzinformationen belegten Tabellenelemente durchsucht werden.

Für das Auffinden von Tabellenelementen, die den Anforderungen *mehrerer Suchargumente* gerecht werden, muß lediglich die Bedingung der IF-Abfrage in der Prozedur TABELLE-Durchsuchen erweitert werden. Das Durchsuchen mehrdimensionaler Tabellen setzt die Definition mehrerer Laufvariablen der PERFORM VARYING-Anweisung voraus.

### 13.1.5 Logarithmisches Durchsuchen von Tabellen

Die im vorausgehenden Abschnitt 13.1.4 behandelte Technik des Auffindens von Daten in Tabellen bezeichnet man als *lineares* oder *sequentielles Durchsuchen* von Tabellen. Charakteristisch für den linearen Suchablauf ist der mit einem unteren Startwert des Subskripts beginnende Datenvergleich. Anschließend wird der Subskriptwert jeweils solange um eine Position erhöht, bis eine Übereinstimmung des Sucharguments mit dem gespeicherten Tabellenwert festgestellt oder das Tabellenende erreicht wird. Im günstigsten Fall wird beim linearen Durchsuchen einer Tabelle das gesuchte Element nach einem Tabellenzugriff gefunden. Im ungünstigsten Fall benötigt man eine maximale Anzahl von Zugriffen, die mit der Anzahl definierter Tabellenelemente übereinstimmen. Unterstellt man beim linearen Durchsuchen von Tabellen, daß alle Tabellenelemente gleich häufig zuzugreifen sind, benötigt man zum Auffinden eines Wertes im *Durchschnitt* d eine Anzahl von d = ( n + 1 ) / 2 Zugriffen, wenn n der Anzahl maximal zu durchsuchender Tabellenelemente entspricht.

## Halbierungs-Methode

Das Auffinden von Datenwerten in Tabellen mit einer *großen* Anzahl von Elementen verursacht bei Verwendung linearer Suchalgorithmen einen nicht unerheblichen Zeitaufwand. Insbesondere in zeitkritischen Anwendungen wird man diesen Zeitbedarf durch den Einsatz eines logarithmischen bzw. binären Suchalgorithmus reduzieren. Voraussetzung für eine *logarithmische Tabellensuche* ist die aufsteigende *oder* absteigende Anordnung der Datenwerte in Tabellenelementen. Abbildung 13.2 zeigt eine solche aufsteigende Sortierfolge eines dreistelligen numerischen Datums (z.B. Kunden-Nummer) in einer Tabelle mit 15 Elementen. Logarithmische Suchalgorithmen arbeiten nach der *Halbierungs-Methode*. Bei jedem Suchschritt wird der noch zu durchsuchende Tabellenbereich in zwei Hälften geteilt und anschließend geprüft, in welcher Hälfte der gesuchte Datenwert aufgrund der vorgegebenen Sortierfolge gespeichert sein muß.

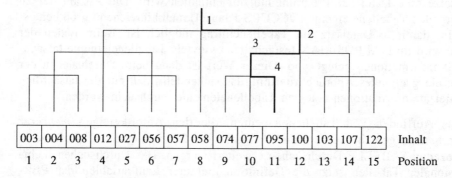

*Abb. 13.2   Logarithmisches Durchsuchen von Tabellen (Beispiel)*

Wenn z.B. in den 15 Elementen der in Abb. 13.2 gezeigten Tabelle der Datenwert "95" aufzufinden ist, ergibt sich nach der Halbierungs-Methode folgender Suchablauf: Der erste Zugriff liefert in der Tabellenmitte (8. Element) den Datenwert "58". Wegen der aufsteigenden Sortierfolge steht nun fest, daß der gesuchte Wert "95" in der oberen Tabellenhälfte gespeichert sein muß. Beim zweiten Zugriff auf das mittlere Element der oberen Tabellenhälfte (12. Element) wird der Wert "100" gefunden. Der gesuchte Datenwert muß mithin im 9., 10. oder 11. Tabellenelement gespeichert sein. Der dritte Zugriff auf das mittlere Element dieses noch zu durchsuchenden Bereichs liefert den Wert "77". Beim vierten Tabellenzugriff wird der gesuchte Wert im 11. Tabellenelement gefunden.

Aufgrund einer *im Durchschnitt* erheblich kleineren Anzahl von Tabellenzugriffen benötigt die logarithmische Tabellensuche weniger Zeit als lineare Suchalgorithmen. Bei einer Tabelle mit $n = 2^m - 1$ Elementen sind für das Auffinden eines Datums maximal m Suchschritte erforderlich. Während der lineare Suchalgorithmus in einer Tabelle mit z.B. $n = 1023 = 2^{10} - 1$ Elementen maximal 1023 und durchschnittlich $d = ( n + 1 ) / 2 = 512$ Suchschritte benötigt, findet der logarithmische Algorithmus jedes Datum mit maximal 10 Tabellenzugriffen.

## Erweiterte Tabellendefinition

In COBOL läßt sich das logarithmische Durchsuchen einer Tabelle mit Hilfe der SEARCH ALL-Anweisung realisieren, deren Mächtigkeit mit der der SORT-Anweisung vergleichbar ist. Voraussetzung für die Nutzung der SEARCH ALL-Anweisung ist die Definition der zu durchsuchenden Tabelle unter Verwendung des folgenden Formats-2 der OCCURS-Klausel.

```
┌─ Format-2 ─────────────────────────────────────────────────────────────┐
│                                                                        │
│           ⎧ Ganzzahl-2 TIMES                                        ⎫ │
│   OCCURS  ⎨                                                          ⎬ │
│           ⎩ Ganzzahl-1 TO Ganzzahl-2 TIMES DEPENDING ON Datenname-1 ⎭ │
│                                                                        │
│      ⎧ ⎧ ASCENDING  ⎫                         ⎫                        │
│      ⎨ ⎨            ⎬ KEY IS { Datenname-2 } ... ⎬ ...                 │
│      ⎩ ⎩ DESCENDING ⎭                         ⎭                        │
│                                                                        │
│         INDEXED BY Indexname-1                                         │
└────────────────────────────────────────────────────────────────────────┘
```

Hier legt Ganzzahl-2 die Häufigkeit des Auftretens eines Tabellenelements fest. Alternativ kann der Programmierer einen Bereich Ganzzahl-1 bis Ganzzahl-2 spezifizieren. Unter Datenname-1 ist dann ein ganzzahliger numerischer Wert zu speichern, der festlegt, wieviele der mit Ganzzahl-2 definierten Tabellenelemente aktuell mit Datenwerten belegt sind (logisches Tabellenende). Die SEARCH ALL-Anweisung durchsucht dann lediglich die unter Datenname-1 angegebene Anzahl von Tabellenelementen. Datenname-1 hat mithin die Funktion der Variablen POS-MAX im Algorithmus zum linearen Durchsuchen von Tabellen (siehe Abschn. 13.1.4).

Die KEY-Klausel benennt ein oder mehrere Tabellenfelder (Datenname-2), die logarithmisch zu durchsuchen sind. Der Programmierer muß sicherstellen, daß die Datenwerte in den zu durchsuchenden Tabellenfeldern Datenname-2 in aufsteigender (ASCENDING) oder absteigender (DESCENDING) Sortierfolge abgelegt sind. Zu jeder OCCURS-Klausel ist ein Indexname-1 anzugeben, der den Bildungsvorschriften für Datennamen unterliegt. Der Compiler *generiert* zu Indexname-1 ein

Speicherfeld, das bei der Ausführung der SEARCH ALL-Anweisung zur Adressierung der Tabellenelemente verwendet wird. Indexname-1 darf also *nicht* vom Programmierer in der DATA DIVISION definiert sein. Das folgende Beispiel zeigt eine nach Format-2 der OCCURS-Klausel definierte Kunden-Tabelle:

```
01 KUNDEN-TABELLE.
   03 KUNDEN-ZEILE
         OCCURS 50 TO 500 TIMES DEPENDING ON POS-MAX
         ASCENDING KEY IS KUNDNR
         INDEXED BY POS-INDEX.
      05 KUNDNR     PIC 9(6).
      05 FIRMA      PIC X(25).
      05 ORT        PIC X(25).
```

Diese Tabelle definiert 500 Tabellenelemente KUNDEN-ZEILE. Jedes Element ist eine 56 Zeichen lange Datengruppe, die in drei Elementardaten untergliedert ist. Kundeninformationen sind aufsteigend nach Kunden-Nummern (KUNDNR) in der Tabelle abzulegen. Die Felder KUNDNR können logarithmisch durchsucht werden. Wenn die Kundentabelle alternativ nach einem vorgegebenen Wertepaar FIRMA und ORT mit dem Ziel des Auffindens der zugehörigen Kunden-Nummer (KUND-NR) durchsucht werden soll, ist lediglich die KEY-Klausel zu ändern:

```
ASCENDING KEY IS FIRMA ORT
```

Hier werden zwei Suchschlüssel (FIRMA, ORT) definiert. Damit diese Tabelle logarithmisch durchsucht werden kann, müssen die Kundeninformationen aufsteigend nach beiden Suchschlüsseln in die Tabelle geladen sein.

Die Tabellenelemente einer nach Format-2 der OCCURS-Klausel definierten Tabelle können *nicht* mittels der in den vorausgehenden Abschnitten behandelten Methode der Subskribierung adressiert werden. Andererseits ist eine nach Format-1 der OCCURS-Klausel definierte Tabelle nicht logarithmisch durchsuchbar. Beides wird möglich, wenn eine Format-1-Tabelle durch eine Format-2-Tabelle redefiniert wird:

```
01 SUB-KUNDEN-TAB.
   03 SUB-KUNDEN-ZEILE             OCCURS 500.
      05 SUB-KUNDNR    PIC 9(6).
      05 SUB-FIRMA     PIC X(25).
      05 SUB-ORT       PIC X(25).
01 IND-KUNDEN-TAB REDEFINES SUB-KUNDEN-TAB.
   03 IND-KUNDEN-ZEILE
         OCCURS 50 TO 500 TIMES DEPENDING ON POS-MAX
         ASCENDING KEY IS IND-KUNDNR
         INDEXED BY POS-INDEX.
      05 IND-KUNDNR    PIC 9(6).
      05 IND-FIRMA     PIC X(25).
      05 IND-ORT       PIC X(25).
```

Die Tabelle SUB-KUNDEN-TAB (Format-1) kann nach den erläuterten Methoden mit Anfangswerten geladen werden. Ihre Elemente sind durch Subskribierung adressierbar. Tabelle IND-KUNDEN-TAB (Format-2) redefiniert den Speicherbereich der Format-1 Tabelle. Ihre Tabellenelemente haben mithin die gleichen Inhalte wie die der Format-1-Tabelle. Die Format-2-Tabelle wird ausschließlich für das logarithmische Durchsuchen mit der im folgenden zu behandelnden SEARCH ALL-Anweisung verwendet.[1]

## SEARCH ALL-Anweisung

Die SEARCH ALL-Anweisung wird benutzt, um eine nach Format-2 der OCCURS-Klausel definierte Tabelle logarithmisch zu durchsuchen.

```
Format

SEARCH ALL Bezeichner-1

[ AT END Anweisungen-1 ]

WHEN Datenname-1  { IS EQUAL TO }  { Bezeichner-2  }
                  { IS =          }  { Literal-1     }
                                     { arithm.-Ausdruck-1 }

[ AND Datenname-2  { IS EQUAL TO }  { Bezeichner-3  } ] ...
                   { IS =          }  { Literal-2     }
                                      { arithm.-Ausdruck-2 }

  { Anweisungen-2  }
  { NEXT SENTENCE  }

[ END-SEARCH ]
```

Bezeichner-1 benennt als Tabellenelementname ein mit OCCURS definiertes Wiederholungsfeld. Die Anweisungen-1 der AT END-Option werden ausgeführt, wenn eine Tabelle erfolglos durchsucht wurde. Endet der logarithmische Suchprozeß erfolgreich, wird der im Format mit Anweisungen-2 bezeichnete Verarbeitungsauftrag ausgeführt. Im Anschluß an das Schlüsselwort WHEN wird der Suchauftrag in Form *einer* oder optional *mehrerer mit AND verknüpfter* Vergleichsbedingungen angegeben. Als Vergleichsoperator ist nur das *Gleichheits-*

---

1. Zur Adressierung der Tabellenelemente einer Format-2-Tabelle kennt COBOL eine Methode der *Spezialindizierung,* die es auch ermöglicht, eine solche Tabelle direkt zu laden. Bei der in den vorausgegangenen Abschnitten behandelten *Normalindizierung* wird ein Tabellenelement durch Angabe seiner Position innerhalb der Tabelle identifiziert. Bei jedem Zugriff auf ein Element muß bei der Normalindizierung der Subskriptwert intern in die Speicheradresse des Tabellenelements umgerechnet werden.
Bei der Spezialindizierung wird einer Tabelle ein Indexfeld zugeordnet, in dem die (relative) Speicheradresse des zu verarbeitenden Tabellenelements verwaltet wird. Zur Adressierung eines Elements wird dann nicht die Position des Tabellenelements, sondern die Adresse selbst herangezogen. Dadurch entfallen Adreßrechnungen, wodurch ein geringfügig *schnellerer* Zugriff auf Tabellenelemente möglich ist. Die Spezialindizierung erfordert eine Reihe von Sprachelementen, die in Compiler-Handbüchern nachgeschlagen werden können.

*zeichen* zugelassen. In den Vergleichsbedingungen bezeichnen Datenname-1, Datenname-2 usw. Suchschlüssel, die bei der Definition der Format-2-Tabelle in der KEY-Klausel anzugeben sind.

## Beispiel 1

Das folgende Beispiel demonstriert das Laden einer Format-1-Tabelle aus einer Datei, die Redefinition durch eine Format-2-Tabelle und das logarithmische Durchsuchen dieser Tabelle mit der SEARCH ALL-Anweisung. Der Benutzer des Programms kann beliebig viele Kunden-Nummern eingeben, zu denen ergänzende Informationen in der Tabelle aufgesucht und am Bildschirm angezeigt werden.

```
*------------------------------------------------------------
 FILE SECTION.
*------------------------------------------------------------
 FD  KUNDEN.
 01  KUNDEN-S.
     03 KUNDNR           PIC 9(6).
     03 ANSCHRIFT-KUNDE.
        05 FIRMA         PIC X(25).
        05 STRASSE       PIC X(25).
        05 ORT           PIC X(25).
     03 FILLER           PIC X(125).
*------------------------------------------------------------
 WORKING-STORAGE SECTION.
*------------------------------------------------------------
 77  EOF-F              PIC 9.
     88 EOF                           VALUE 1.
 77  POS                PIC 999.
 77  POS-MAX            PIC 999.
 77  ACCEPT-KUNDNR      PIC 9(6).
 01  KUNDEN-TAB.
     03 KUNDEN-ZEILE                OCCURS 500.
        05 TAB-KUNDNR   PIC 9(6).
        05 TAB-FIRMA    PIC X(25).
        05 TAB-ORT      PIC X(25).
 01  IND-KUNDEN-TAB REDEFINES KUNDEN-TAB.
     03 IND-KUNDEN-ZEILE
            OCCURS 5 TO 500 TIMES DEPENDING ON POS-MAX
            ASCENDING KEY IS IND-KUNDNR
            INDEXED BY POS-INDEX.
        05 IND-KUNDNR   PIC 9(6).
        05 IND-FIRMA    PIC X(25).
        05 IND-ORT      PIC X(25).
*------------------------------------------------------------
 PROCEDURE DIVISION.
*------------------------------------------------------------
 START-PROG.
     DISPLAY SPACES.
     PERFORM TABELLE-LADEN.
     PERFORM UNTIL ACCEPT-KUNDNR = 999999
        ACCEPT   ACCEPT-KUNDNR AT 1010
        DISPLAY SPACES
        SEARCH ALL IND-KUNDEN-ZEILE
```

```
            AT END PERFORM FEHLER-MELDUNG
            WHEN   IND-KUNDNR (POS-INDEX) = ACCEPT-KUNDNR
                   PERFORM DATEN-ANZEIGEN
         END-SEARCH
      END-PERFORM.
ENDE-PROG.
   STOP RUN.

TABELLE-LADEN.
    INITIALIZE EOF-F POS.
    OPEN INPUT KUNDEN.
    PERFORM UNTIL EOF
       READ KUNDEN
          AT END  SET EOF TO TRUE
          NOT END ADD 1 TO POS
                  MOVE KUNDNR TO TAB-KUNDNR (POS)
                  MOVE FIRMA  TO TAB-FIRMA (POS)
                  MOVE ORT    TO TAB-ORT (POS)
       END-READ
    END-PERFORM.
    MOVE POS TO POS-MAX.
    CLOSE KUNDEN.
FEHLER-MELDUNG.
    DISPLAY "Fehler: Kunden-Nr. nicht gefunden !" AT 2401.
DATEN-ANZEIGEN.
    DISPLAY IND-FIRMA (POS-INDEX) AT 1210
            IND-ORT   (POS-INDEX) AT 1310.
```

Während des logarithmischen Suchprozesses wird der Inhalt des in der INDEXED BY-Klausel vereinbarten Indexfeldes POS-INDEX zwecks Adressierung der Suchschlüssel IND-KUNDNR (POS-INDEX) automatisch variiert. Der Suchprozeß wird abgebrochen, wenn die Vergleichsbedingung des Suchauftrags als erfüllt erkannt wird. POS-INDEX steht dann für die Adressierung von Elementardaten des gefundenen Tabellenelements zur Verfügung.[1]

## Beispiel 2

Das folgende Beispiel demonstriert das logarithmische Durchsuchen einer Tabelle bei Vorgabe von zwei Suchschlüsseln (ACCEPT-FIRMA und ACCEPT-ORT):

```
01 IND-KUNDEN-TAB REDEFINES KUNDEN-TAB.
   03 IND-KUNDEN-ZEILE
         OCCURS 5 TO 500 TIMES DEPENDING ON POS-MAX
         ASCENDING KEY IS IND-FIRMA IND-ORT
         INDEXED BY POS-INDEX.
      05 IND-KUNDNR   PIC 9(6).
      05 IND-FIRMA    PIC X(20).
      05 IND-ORT      PIC X(20).
```

---

1. Der Spezialindex POS-INDEX kann nicht zur Adressierung von Elementen der Format-1-Tabelle herangezogen werden. Mit Hilfe einer Anweisung **SET POS TO POS-INDEX** kann der Spezialindex POS-INDEX bei Bedarf in einen Normalindex POS konvertiert werden. Die Syntax dieser sowie weiterer Anweisungen zur "Spezialindizierung" kann in Compiler-Handbüchern nachgeschlagen werden.

```
...
ACCEPT  ACCEPT-FIRMA  AT 1010.
ACCEPT  ACCEPT-ORT    AT 1050.
SEARCH ALL IND-KUNDEN-ZEILE
   AT END DISPLAY "Fehler: Kunde nicht gefunden!" AT 2401
   WHEN   IND-FIRMA (POS-INDEX) = ACCEPT-FIRMA
   AND    IND-ORT (POS-INDEX)   = ACCEPT-ORT
          DISPLAY IND-KUNDNR (POS-INDEX) AT 1210
                  IND-FIRMA (POS-INDEX)  AT 1310
                  IND-ORT (POS-INDEX)    AT 1410
END-SEARCH.
```

Voraussetzung für die Ausführung der SEARCH ALL-Anweisung ist hier die Speicherung der Kundeninformationen in der Sortierfolge aufsteigend nach IND-FIRMA und IND-ORT.

## 13.2 Teilfeldselektion

### Funktion und Format

Mit Hilfe der Teilfeldselektion (reference modification) können Feldausschnitte adressiert werden, die durch eine Startposition des Teilfelds und dessen Länge definiert sind. Der Inhalt eines Teilfeldes heißt *Substring*.

---
**Format**

*Bezeichner* ( *Startposition* : [ *Länge* ] )

---

### Beispiel

```
MOVE SENDE-FELD (3: ) TO EMPFANGS-FELD
MOVE SENDE-FELD (5: 15) TO EMPFANGS-FELD
MOVE SENDE-FELD (START-POS: START-POS + DELTA) TO EMPFANGS-FELD
```

### Syntaktische Regeln

1. Die Teilfeldselektoren Startposition und Länge müssen positive ganzzahlige Werte größer 0 (Null) repräsentieren. Sie können als numerisches Literal dargestellt, in einem numerisch definierten Feld gespeichert oder als arithmetischer Ausdruck codiert werden.

2. Bezeichner ist ein Datenfeldname, ein qualifizierter Datenname oder der Name eines subskribierten Tabellenelements.

3. Bezeichner darf sich auf ein numerisches, alphabetisches, alphanumerisches oder ein druckaufbereitetes Datum beziehen. Die Teilfeldselektion erfolgt so, als sei das Datum (Bezeichner) alphanumerisch redefiniert.

4. Startposition darf einen Wert zwischen 1 und der Länge des Feldes Bezeichner annehmen.

5. Die Summe der Werte von Startpositionen und Länge abzüglich des Wertes 1 (Startposition + Länge − 1) darf die Länge des Feldes Bezeichner nicht übersteigen.[1]

## Beschreibung

Die in einem Datenfeld gespeicherten Zeichen einer Zeichenfolge kann man sich, beginnend mit dem am weitesten links gespeicherten Zeichen, aufsteigend von 1 bis N durchnumeriert vorstellen. Dann ist N dem am weitesten rechts gespeicherten Zeichen zugeordnet und entspricht zugleich der Feldlänge. Ein *Substring* zu einer Zeichenfolge ist definiert durch die Position seines ersten Zeichens innerhalb der Zeichenfolge (Startposition) sowie die Anzahl seiner Zeichen (Länge). Wird bei der Teilfeldselektion auf die *Längenangabe* verzichtet, beginnt ein Substring an der Startposition. Er endet dann an der Feldgrenze.

Die Teilfeldselektoren Startposition und Länge sind in Klammern eingeschlossen zu notieren und durch das Sonderzeichen Doppelpunkt (:) voneinander zu trennen. Abbildung 13.3 demonstriert die Substringbildung am Beispiel der in FELD-A gespeicherten Zeichenfolge ABCDE:

```
77  FELD-A     PIC X(5) VALUE "ABCDE".
77  FELD-B     PIC X(5).
```

Die jeweiligen Substrings werden in FELD-B abgelegt.

| Teilfeldselektion | Substring |
|---|---|
| MOVE FELD-A         TO FELD-B | ABCDE |
| MOVE FELD-A (1: )   TO FELD-B | ABCDE |
| MOVE FELD-A (2: )   TO FELD-B | BCDE |
| MOVE FELD-A (5: )   TO FELD-B | E |
| MOVE FELD-A (1: 3)  TO FELD-B | ABC |
| MOVE FELD-A (2: 2)  TO FELD-B | BC |
| MOVE FELD-A (2: 1)  TO FELD-B | B |

*Abb. 13.3   Substringbildung durch Teilfeldselektion*

Die Selektoren Startposition und Länge können auch in ganzzahlig definierten numerischen *Feldern* abgelegt sein oder in Form eines *arithmetischen Ausdrucks* angegeben werden.

## Beispiel

Das folgende Beispiel demonstriert das Abspalten der Zehnerpotenzen einer im Feld ZAHL gespeicherten Dezimalzahl.

---

1. Bei numerischen Daten ist die Teilfeldselektion nur zulässig, wenn als interne Datendarstellung USAGE DISPLAY vereinbart wurde. Dies gilt implizit für alle bisher behandelten Datendefinitionen. Zur USAGE-Klausel siehe Abschnitt 13.3.

```
*----------------------------------
 WORKING-STORAGE SECTION.
*----------------------------------
 77  ZAHL            PIC 9(3)V99 VALUE 543,21.
 77  HUNDERTER       PIC 9.
 77  ZEHNER          PIC 9.
 77  EINER           PIC 9.
 77  ZEHNTEL         PIC 9.
 77  HUNDERTSTEL     PIC 9.
*----------------------------------------------------------------
 PROCEDURE DIVISION.
*----------------------------------------------------------------
 START-PROG.
     ...
     MOVE ZAHL (1: 1) TO HUNDERTER.
     MOVE ZAHL (2: 1) TO ZEHNER.
     MOVE ZAHL (3: 1) TO EINER.
     MOVE ZAHL (4: 1) TO ZEHNTEL.
     MOVE ZAHL (5: 1) TO HUNDERTSTEL.
     ...
 ENDE-PROG.
     STOP RUN.
```

Nach Ausführung der Teilfeldselektionen enthält z.B. ZEHNTEL den Wert 2.

## 13.3 Interne Datendarstellung

### Funktion und Format

Mit Hilfe einer USAGE-Klausel kann der Programmierer bei der Definition seiner Rechendaten festlegen, wie diese intern zu speichern sind. Die Art der internen Datendarstellung hat Einfluß auf die Ausführungszeit arithmetischer Operationen und Größenvergleiche, den Zeitbedarf für Datentransporte sowie den Speicherplatzbedarf.

```
┌─ Format ────────────────────────────────────────────────┐
│                    ⎧ DISPLAY        ⎫                   │
│                    ⎪ BINARY         ⎪                   │
│   [ USAGE IS ]     ⎨ COMP           ⎬                   │
│                    ⎪ COMPUTATIONAL  ⎪                   │
│                    ⎩ PACKED-DECIMAL ⎭                   │
└─────────────────────────────────────────────────────────┘
```

### Beispiel

```
77  PREIS-A      PIC 9(3)V99.
77  PREIS-B      PIC 9(3)V99  USAGE IS COMP.
77  FELD-C       PIC S9(6)V99 COMP.
01  PREIS-MENGE               USAGE COMP.
```

```
05 PREIS     PIC 9(3)V99.
05 MENGE     PIC 9(5).
```

**Syntaktische Regeln**

1. Wenn keine USAGE-Angabe codiert ist, wird implizit USAGE DISPLAY angenommen.

2. Wird die USAGE-Klausel zu einer Datengruppe angegeben, ersetzt sie funktionsgleich die Angabe dieser Klausel bei jedem zur Datengruppe gehörenden Elementardatum.

3. Die USAGE-Klausel kann nur zu Rechendaten angegeben werden, in deren PICTURE-Zeichenfolge lediglich die Symbole S, V, und 9 auftreten.

**Beschreibung**

In den vorausgehenden Kapiteln wurden bei der Definition von Daten in der DATA DIVISION keine USAGE-Angaben vorgesehen. Implizit wird dann die interne Datendarstellung USAGE DISPLAY angenommen. Bei diesem Standard-Ablageformat wird jeder Buchstabe, jede Ziffer und jedes Sonderzeichen jeweils in einem Byte als ASCII- oder EBCDI-Binärmuster gespeichert. Bei numerischen Rechendaten entspricht das Standard-Ablageformat der in Abschn. 1.1.2 behandelten ungepackten Darstellung von Dezimalzahlen (Basis 10).

Die Ablage von Rechendaten als Dualzahlen (Basis 2) wird durch USAGE BINARY und die Speicherung als gepackte Dezimalzahlen durch USAGE PACKED-DECIMAL erreicht.[1] Die Schlüsselwörter COMP und COMPUTATIONAL sind funktionsgleich. Die COBOL-Norm überläßt es dem Compiler-Hersteller, eine geeignete Basis für die interne COMP-Zahlendarstellung festzulegen. In aller Regel wird hier die Basis 2 verwendet, so daß USAGE BINARY, USAGE COMP und USAGE COMPUTATIONAL bei dem meisten Compilern die interne Darstellung als Dualzahlen bewirken.

Bei der Übertragung von Daten (MOVE-Anweisung) zwischen Feldern mit unterschiedlichen USAGE-Angaben erfolgt eine *automatische Konvertierung* in das Darstellungsformat des Empfangsfeldes. In arithmetischen Anweisungen dürfen Operanden mit unterschiedlichen USAGE-Angaben auftreten. Bei Verwendung der Darstellungsformen BINARY bzw. COMP und PACKED-DECIMAL ergeben sich im Vergleich zur ungepackten Darstellung *Speicherplatzeinsparungen* in dem in Abschn. 1.1.2 beschriebenen Umfang. Zugleich wird der *Zeitbedarf* für Datentransporte *verkürzt*. Der Zeitbedarf für die Ausführung numerischer Größenvergleiche sowie arithmetischer Anweisungen läßt sich durch eine geeignete Darstellung der Operanden nachhaltig beeinflussen. Diese Operationen benötigen wegen eines geringeren Konvertierungsaufwands i.d.R. am wenigsten Zeit, wenn alle beteiligten Operanden mit USAGE BINARY bzw. COMP definiert sind.

---

1. Zu diesen Darstellungsformen siehe Abschnitt 1.1.2.

Für die hier berücksichtigten Compiler für Mikrocomputer läßt sich zeigen, daß Anweisungen mit *zwei Operanden* wie

```
MOVE      A TO   B
ADD       A TO   B
SUBTRACT  A FROM B
```

bei Verwendung des COMP- bzw. BINARY-Formats bis zu *fünfmal schneller ausgeführt* werden als bei Verwendung der USAGE DISPLAY-Darstellung. Unter Laufzeitgesichtspunkten ist es weiterhin zweckmäßig, arithmetische Anweisungen mit mehr als zwei Operanden in Zwei-Operanden-Befehle aufzulösen.

## 13.4 BLANK WHEN ZERO-Klausel

### Funktion und Format

Wenn numerische oder numerisch-druckaufbereitete Datenfelder ausschließlich Nullen enthalten, können diese mittels der BLANK WHEN ZERO-Klausel durch Leerzeichen ersetzt werden.

---
Format

*BLANK WHEN ZERO*

---

### Beschreibung

Die BLANK WHEN ZERO-Klausel kann die Definition numerischer oder numerisch-druckaufbereiteter Elementardaten ergänzen. Diese müssen explizit oder implizit mit USAGE DISPLAY beschrieben sein. Numerische Datenfelder, zu denen diese Klausel angegeben wird, verlieren ihren Charakter als Rechendaten. Sie können nicht als Operanden arithmetischer Anweisungen auftreten.

Wird einem mit BLANK WHEN ZERO definierten Datenfeld der Wert Null zugewiesen, werden alle Nullen durch Leerzeichen ersetzt:

```
77  MENGE         PIC 9(6)     BLANK WHEN ZERO.
77  ABWEICHUNG    PIC -ZZ9,99 BLANK WHEN ZERO.
    MOVE ZERO TO MENGE ABWEICHUNG.
```

Die Felder MENGE und ABWEICHUNG enthalten im Anschluß an die Wertzuweisung ausschließlich Leerzeichen.

## 13.5 JUSTIFIED-Klausel

### Funktion und Format

Mit Hilfe der JUSTIFIED-Klausel können Daten in alphabetischen und alphanumerischen Feldern rechtsbündig ausgerichtet werden.

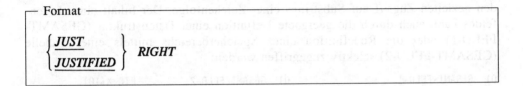

### Beschreibung

Die JUSTIFIED-Klausel darf ergänzend zur Definition alphabetischer und alphanumerischer Elementardaten herangezogen werden. Die Schlüsselwörter JUST und JUSTIFIED sind funktionsgleich. Sind alphabetische und alphanumerische Datenfelder ohne JUSTIFIED-Klausel definiert, werden die in ein solches Feld übertragenen Daten linksbündig eingestellt und überzählige Speicherpositionen mit Leerzeichen aufgefüllt. Bei allen mit JUSTIFIED definierten Empfangsfeldern werden die Sendedaten rechtsbündig abgelegt und die vorstehend überzähligen Speicherpositionen mit Leerzeichen aufgefüllt:

```
01 DATUM         PIC X(10)   VALUE "12.04.1991".
01 DRUCK-ZEILE-1 PIC X(80).
01 DRUCK-ZEILE-2 PIC X(80)   JUST.
  ...
MOVE DATUM TO DRUCK-ZEILE-1 DRUCK-ZEILE-2.
```

Nach Ausführung der MOVE-Anweisung enthält DRUCK-ZEILE-1 in den ersten 10 Zeichenpositionen den in DATUM abgelegten Anfangswert. Die verbleibenden 70 Zeichenpositionen sind mit Leerzeichen aufgefüllt. DRUCK-ZEILE-2 enthält wegen der JUSTIFIED-Klausel 70 führende Leerzeichen und anschließend den rechtsbündig abgelegten Datenwert.

## 14. Zeichenverarbeitung und Ergänzungen

### 14.1 Verarbeitung von Zeichenfolgen

Charakteristisch für die Verarbeitung von Zeichenfolgen ist die Möglichkeit des Zugriffs auf jedes einzelne in einem Datenfeld gespeicherte Zeichen. Typische Verarbeitungsziele sind z.B. das

- Auszählen der Häufigkeit des Auftretens eines Zeichens oder einer Zeichenfolge,
- Ersetzen eines oder mehrerer Zeichen (Verschlüsselung, Entschlüsselung),
- Entfernen von Leerzeichen (Komprimierung),
- Aufteilen einer Zeichenfolge auf mehrere Datenfelder,
- Zusammenfassen der Inhalte mehrerer Felder in einem Datenfeld.

Prinzipiell lassen sich die genannten Verarbeitungsziele unter Verwendung der bereits behandelten Sprachelemente realisieren. So erlaubt z.B. eine Teilfeldselektion wie `MOVE GESAMT-FELD (START-POS: START-POS + DELTA) TO TEIL-FELD` den gezielten Zugriff auf Substrings einer Zeichenfolge. Der Inhalt eines Datenfeldes kann auch durch die geeignete Definition einer Datenstruktur (GESAMT-FELD-1) oder die Redefinition eines Speicherbereichs mittels einer Tabelle (GESAMT-FELD-2) selektiv zugegriffen werden:

```
01  GESAMT-FELD-1.                    01  GESAMT-FELD-2        PIC X(10).
    05 TEIL-1    PIC X(3).            01  TABELLE REDEFINES GESAMT-FELD-2.
    05 TEIL-2    PIC X(7).                05 ELEMENT PIC X OCCURS 10 TIMES.
```

Stringmanipulationen auf der Grundlage dieser Sprachelemente erweisen sich jedoch häufig als sehr aufwendig und fehleranfällig. In den folgenden Abschnitten werden drei COBOL-Anweisungen vorgestellt, mit denen sich die oben genannten Verarbeitungsziele übersichtlich und in kompakter Schreibweise realisieren lassen.

### 14.1.1 STRING-Anweisung

**Funktion und Format**

Die STRING-Anweisung faßt die Inhalte mehrerer Datenfelder (Sendefelder) in einem Empfangsfeld zusammen.

```
┌─ Format ──────────────────────────────────────────────────────────┐
│                                                                    │
│           ⎧ ⎧ Bezeichner-1 ⎫     ⎫              ⎧ Bezeichner-2 ⎫  │
│   STRING  ⎨ ⎨              ⎬ ... ⎬  DELIMITED BY⎨ Literal-2    ⎬ ...│
│           ⎩ ⎩ Literal-1    ⎭     ⎭              ⎩ SIZE         ⎭  │
│                                                                    │
│   INTO Bezeichner-3                                                │
│                                                                    │
│   [ WITH POINTER Bezeichner-4 ]                                    │
│   [ ON OVERFLOW Anweisungen-1 ]                                    │
│   [ NOT ON OVERFLOW Anweisungen-2 ]                                │
│                                                                    │
│   [ END-STRING ]                                                   │
│                                                                    │
└────────────────────────────────────────────────────────────────────┘
```

**Syntaktische Regeln**

1. Literal-1 und Literal-2 sind alphanumerische Literale.
3. Bezeichner-3 darf nicht druckaufbereitet definiert sein.
2. Bezeichner-4 ist als ganzzahlig-numerisches Feld zu definieren. Alle anderen Bezeichner müssen explizit oder implizit mit USAGE DISPLAY beschrieben sein.

## Beschreibung

Die STRING-Anweisung überträgt den Inhalt eines oder mehrerer Sendefelder (Bezeichner-1, Literal-1) in das Empfangsfeld Bezeichner-3. Die Inhalte der Sendefelder werden in der Reihenfolge ihrer Aufführung in der STRING-Anweisung zeichenweise ausgelesen und in das Empfangsfeld eingestellt. Die DELIMITED-Angabe definiert je Sendefeld ein *Abbruchkriterium* für die Zeichenübernahme. Wird zu einem Sendefeld DELIMITED SIZE angegeben, fügt die STRING-Anweisung den *gesamten* Inhalt eines Sendefelds in das Empfangsfeld ein. Alternativ kann ein Zeichen oder eine Zeichenfolge als Abbruchwert (Bezeichner-2, Literal-2) spezifiziert werden (z.B. DELIMITED BY "AB"). Dann werden alle Zeichen, die *vor dem ersten Auftreten* des Abbruchwerts im Sendefeld gespeichert sind, in das Empfangsfeld eingefügt.

Bevor auf die POINTER- und OVERFLOW-Option eingegangen wird, soll das Grundkonzept der STRING-Anweisung an zwei Beispielen erläutert werden. Im ersten Beispiel werden die vollständigen Inhalte der Sendefelder VORNAME und NACHNAME in das Empfangsfeld DRUCK-ZEILE übertragen:

```
77  VORNAME       PIC X(10) VALUE "Silke".
77  NACHNAME      PIC X(10) VALUE "Schmidt".
77  DRUCK-ZEILE   PIC X(25).
    ...
    MOVE ALL ":" TO DRUCK-ZEILE.
    STRING VORNAME NACHNAME DELIMITED BY SIZE
        INTO DRUCK-ZEILE.
```

| S | i | l | k | e |   |   |   |   |   | S | c | h | m | i | d | t |   |   |   | : | : | : | : | : | Inhalt DRUCK-ZEILE |

```
                    1                   2         2
1 2 3 4 5 6 7 8 9 0 1 2 3 4 5 6 7 8 9 0 1 2 3 4 5   Zeichenposition
```

Die BY SIZE-Angabe stellt hier sicher, daß jeweils alle 10 Zeichen der Sendefelder in das Empfangsfeld übertragen werden. Die in den Zeichenpositionen 21 bis 25 enthaltenen Symbole ":" machen deutlich, daß die STRING-Anweisung das Empfangsfeld nicht löscht, sondern selektiv *überschreibt*. Unter Beibehaltung der Datendefinitionen wird die STRING-Anweisung nun wie folgt modifiziert:

```
    MOVE ALL ":" TO DRUCK-ZEILE.
    STRING VORNAME  DELIMITED BY " "
        " "         DELIMITED BY SIZE
        NACHNAME DELIMITED BY SPACE
        INTO DRUCK-ZEILE.
```

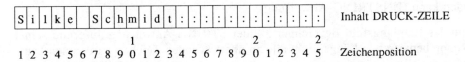

| S | i | l | k | e |   | S | c | h | m | i | d | t | : | : | : | : | : | : | : | : | : | : | : | : | Inhalt DRUCK-ZEILE |

```
                    1                   2         2
1 2 3 4 5 6 7 8 9 0 1 2 3 4 5 6 7 8 9 0 1 2 3 4 5   Zeichenposition
```

Hier wird die Datenübernahme aus den drei Sendefeldern jeweils *abgebrochen*, wenn innerhalb eines Sendefelds erstmals der in der DELIMITED-Angabe spezifizierte Abbruchwert (" ", SIZE, SPACE) erkannt wird.

Die POINTER-Option der STRING-Anweisung hat zwei Funktionen. Der unmittelbar vor der Ausführung einer STRING-Anweisung in dem ganzzahlig zu definierenden Datenfeld Bezeichner-4 gespeicherte Wert wirkt als *Startposition* der Datenübertragung: Enthält Bezeichner-4 den Wert 1, wird das erste in das Empfangsfeld zu übertragende Zeichen linksbündig (Zeichenposition 1) abgelegt. Wenn Bezeichner-4 einen Wert n > 1 enthält, bleiben die ersten (n − 1) Zeichen *des Empfangsfelds* unverändert erhalten. Das erste in das Empfangsfeld zu übertragende Zeichen wird in Zeichenposition n abgelegt. Unmittelbar im Anschluß an die Ausführung der STRING-Anweisung enthält das Feld Bezeichner-4 einen Wert, der als *Stopposition* der Datenübertragung zu interpretieren ist. Er entspricht derjenigen Zeichenposition des Empfangsfelds, in die keine Übertragung mehr stattfand. Die Anzahl der durch eine STRING-Anweisung übertragenen Zeichen kann als Differenz

    Anzahl = Stopposition − Startposition

berechnet werden. Das folgende Beispiel zeigt die Komprimierung von Daten in Dateisätzen variabler Länge:

```
77  BEGRENZER    PIC X VALUE "&".
77  ZEIGER       PIC 99.
77  VORNAME      PIC X(10) VALUE "Silke".
77  NACHNAME     PIC X(10) VALUE "Schmidt".
77  DATEI-SATZ   PIC X(25).
    ...
    MOVE 1 TO ZEIGER.
    MOVE SPACE TO DATEI-SATZ.
    STRING  VORNAME  BEGRENZER  NACHNAME  BEGRENZER
            DELIMITED BY SPACE
        INTO DATEI-SATZ
        WITH POINTER ZEIGER.            ZEIGER-Wert = 15
```

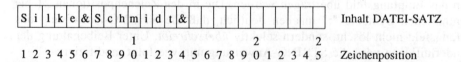

                                            1                   2       2
1 2 3 4 5 6 7 8 9 0 1 2 3 4 5 6 7 8 9 0 1 2 3 4 5   Zeichenposition

Die überzähligen Leerzeichen in den Feldern VORNAME und NACHNAME werden hier nicht in das Empfangsfeld DATEI-SATZ übernommen. Ein vordefiniertes Sonderzeichen BEGRENZER trennt die Daten voneinander. Die Länge der übertragenen Zeichenfolge beträgt ZEIGER − 1 = 15 − 1 = 14 Zeichen. Im nachfolgenden Abschnitt wird gezeigt, wie ein komprimierter Datensatz dekomprimiert werden kann (UNSTRING-Anweisung).

Wenn das Empfangsfeld Bezeichner-3 einer STRING-Anweisung aufgrund seiner zu knapp bemessenen Länge nicht alle zu übertragenden Zeichen aufnehmen kann, werden die Überlaufanweisungen (Anweisungen-1) der ON OVERFLOW-Angabe abgearbeitet. Der Geltungsbereich dieser im Ausnahmefall abzuarbeitenden Anweisungen muß explizit (END-STRING) oder implizit (.) begrenzt werden.

## 14.1.2 UNSTRING-Anweisung

**Funktion und Format**

Die UNSTRING-Anweisung teilt den Inhalt eines Sendefelds auf mehrere Empfangsfelder auf.

---
Format

UNSTRING Bezeichner-1

$$\left[ \underline{DELIMITED} \ BY \ [\ \underline{ALL}\ ] \left\{ \begin{array}{l} Bezeichner\text{-}2 \\ Literal\text{-}1 \end{array} \right\} \right.$$

$$\left. \left[ \underline{OR} \ [\ \underline{ALL}\ ] \left\{ \begin{array}{l} Bezeichner\text{-}3 \\ Literal\text{-}2 \end{array} \right\} \right] \ ... \right]$$

<u>INTO</u> { Bezeichner-4 [ <u>DELIMITER</u> IN Bezeichner-5 ]
　　　　　　　　[ <u>COUNT</u>　　IN Bezeichner-6 ] } ...

[ WITH <u>POINTER</u> Bezeichner-7 ]
[ <u>TALLYING</u> IN Bezeichner-8 ]
[ ON <u>OVERFLOW</u> Anweisungen-1 ]
[ <u>NOT</u> ON <u>OVERFLOW</u> Anweisungen-2 ]

[ <u>END-UNSTRING</u> ]

---

**Syntaktische Regeln**

1. Das Sendefeld Bezeichner-1, die Begrenzer Bezeichner-2 und Bezeichner-3 sowie Bezeichner-5 müssen alphanumerisch definiert sein. Die Begrenzer Literal-1 und Literal-2 sind als alphanumerische Literale anzugeben.

2. Die Empfangsfelder Bezeichner-4 dürfen alphabetisch, alphanumerisch oder numerisch definiert und ihre interne Darstellung muß explizit oder implizit USAGE DISPLAY sein.

3. Bezeichner-6, Bezeichner-7 und Bezeichner-8 sind numerisch-ganzzahlige Datenfelder.

**Beschreibung**

Die UNSTRING-Anweisung teilt den Inhalt des Sendefelds Bezeichner-1 auf die Empfangsfelder Bezeichner-4 auf. Die zeichenweise Übertragung in ein Empfangsfeld wird jeweils abgebrochen, wenn im Sendefeld einer der in der DELIMITED BY-Angabe spezifizierten Begrenzer (Bezeichner-2, -3 oder Literal-1, -2) erkannt wird. Diese Begrenzer können ein oder mehrere Zeichen lang sein. Sie werden nicht mit in die Empfangsfelder übertragen. Überzählige Zeichenpositionen eines Empfangsfelds werden mit Leerzeichen und bei numerischen Empfangsfeldern mit führenden Nullen aufgefüllt. Das folgende Beispiel verdeutlicht die Grundform der UNSTRING-Anweisung:

```
77  GESAMT-FELD      PIC X(25).
77  VORNAME          PIC X(10).
77  NACHNAME         PIC X(10).
77  REST             PIC X(10).
    ...
    UNSTRING GESAMT-FELD DELIMITED BY "&" OR ALL " "
        INTO VORNAME NACHNAME REST.
```

| S | i | l | k | e | & | S | c | h | m | i | d | t | & |   |   |   |   |   |   |   |   |   |   |   | Inhalt GESAMT-FELD

| S | i | l | k | e |   |   |   |   |   | Inhalt VOR-NAME

| S | c | h | m | i | d | t |   |   |   | Inhalt NACH-NAME

GESAMT-FELD könnte z.B. den im vorausgehenden Abschnitt mittels der STRING-Anweisung erzeugten komprimierten Datensatz (DATEI-SATZ) enthalten. Die UNSTRING-Anweisung teilt die durch "&" sowie Leerzeichen (All " ") begrenzten Feldinhalte auf drei Empfangsfelder auf. Zusätzliche Informationen zu diesem Teilungsprozeß – auch zum Feld REST – erhält man bei Codierung der sonstigen Optionen der UNSTRING-Anweisung.

Wird die DELIMITER-Option zu einem Empfangsfeld Bezeichner-4 codiert, nimmt Bezeichner-5 denjenigen im Sendefeld erkannten Begrenzer auf, der zum Abbruch der Datenübertragung geführt hat. Bei Codierung der COUNT-Option liefert das numerisch definierte Feld Bezeichner-6 zugleich die Anzahl der in ein Empfangsfeld übertragenen Zeichen.

Mittels der POINTER-Option kann in einem numerisch definierten Feld Bezeichner-7 eine *Startposition* für die Datenübertragung aus dem Sendefeld angegeben werden. Bei Angabe einer Startposition n > 1 beginnt die Datenübertragung in das erste Empfangsfeld ab dem in Zeichenposition n des Sendefeldes gespeicherten Zeichen.

Die TALLYING-Option ermöglicht das Zählen der benutzten Empfangsfelder. Die UNSTRING-Anweisung initialisiert die TALLYING-Variable Bezeichner-8 *nicht*, sondern erhöht einen gegebenenfalls von Null abweichenden Anfangswert für jedes angesprochene Empfangsfeld um den Wert 1. Wenn die Anzahl der definierten Empfangsfelder kleiner als die Anzahl der Substrings im Sendefeld ist, werden die Überlaufanweisungen (Anweisungen-1) der ON OVERFLOW-Angabe zur Ausführung gebracht. Der Geltungsbereich dieser im Ausnahmefall auszuführenden Anweisungen muß explizit (END-UNSTRING) oder implizit (.) begrenzt werden. Der folgende Programmausschnitt ergänzt das oben angegebene UNSTRING-Beispiel lediglich um die erläuterten Optionen:

```
77  GESAMT-FELD      PIC X(25) VALUE "Silke&Schmidt&         ".
77  VORNAME          PIC X(10).
77  NACHNAME         PIC X(10).
77  REST             PIC X(10).
77  ZEIGER           PIC 99    VALUE 1.
77  COUNT-VORNAME    PIC 99.
77  COUNT-NACHNAME   PIC 99.
77  COUNT-REST       PIC 99.
77  DELIM-VORNAME    PIC X.
77  DELIM-NACHNAME   PIC X.
77  ANZAHL-FELDER    PIC 99.
    ...
    INITIALIZE ANZAHL-FELDER.
    UNSTRING GESAMT-FELD DELIMITED BY "&" OR ALL " "
         INTO VORNAME   DELIMITER IN DELIM-VORNAME
                        COUNT     IN COUNT-VORNAME
              NACHNAME  DELIMITER IN DELIM-NACHNAME
                        COUNT     IN COUNT-NACHNAME
              REST      COUNT     IN COUNT-REST
         WITH POINTER ZEIGER
         TALLYING IN ANZAHL-FELDER
         ON OVERFLOW PERFORM FEHLER-VERARBEITUNG
    END-UNSTRING.
```

| S | i | l | k | e | & | S | c | h | m | i | d | t | & |   |   |   |   |   |   |   |   |   |   |   |

GESAMT-FELD

| S | i | l | k | e |   |   |   |   |   |

VORNAME

| S | c | h | m | i | d | t |   |   |   |

NACHNAME

| 0 | 3 |

ANZAHL-FELDER

| 0 | 0 |

COUNT-REST

| 0 | 5 |

COUNT-VORNAME

| & |

DELIM-VORNAME

| 0 | 7 |

COUNT-NACHNAME

| & |

DELIM-NACHNAME

Der Inhalt von COUNT-REST belegt, daß GESAMT-FELD außer dem Vor- und Nachnamen keine weiteren Informationen enthält.

Während das vorstehende Beispiel lediglich geeignet ist, die Funktionen der UNSTRING-Optionen zu verdeutlichen, soll im folgenden gezeigt werden, daß ein Algorithmus die COUNT- und DELIMITER-Informationen auch geeignet auswerten kann. Das Programm prüft, ob beliebige in einem Feld DOS-DATEINAME

| C | : | \ | C | O | B | O | L | \ | D | A | T | E | N | \ | K | U | N | D | E | N | . | D | A | T |   |   |   |

DOS-DATEINAME

abgelegte Zeichenfolgen korrekt im Sinne der Bildungsvorschriften des Betriebssystems MS-DOS sind. Jede Zeichenfolge soll zumindest eine Laufwerksbezeichnung, den Dateinamen und eine Namenserweiterung enthalten. Weiterhin dürfen bis zu vier Unterverzeichnisse angegeben werden. Das Programm erkennt u.a. in den Zeichenfolgen

```
A:KUNDEN.DATEN              C:/DATEN.DAT
C\ARTIKEL.DAT               A:UMSATZ.
C:COBOL\DATEN\ART.DAT       C:UMSATZ-DATEI.BAK
B:\COBOL\SYS\TEST/EIN.TXT   B:ART:DAT
```

*Verstöße* gegen die Bildungsvorschriften für DOS-Dateinamen. Hierzu werden die Dateinamen in ihre Bestandteile zerlegt und diese dann kontextabhängig auf Korrektheit geprüft.

```
*------------------------------------
 WORKING-STORAGE SECTION.
*------------------------------------
 01  DOS-DATEINAME     PIC X(60).
 01  DOS-TABELLE.
     05 TAB-ELEMENT                  OCCURS 7 TIMES.
        07 FELD        PIC X(10).
        07 DEL         PIC X(2).
        07 COU         PIC 9(2).
 77  ANZAHL-FELDER     PIC 9.
 77  POS               PIC 9.
 77  FEHLER-F          PIC 9.
     88 FEHLER                       VALUE 1.
*------------------------------------------------------------------
 PROCEDURE DIVISION.
*------------------------------------------------------------------
 START-PROG.
     INITIALIZE ANZAHL-FELDER DOS-TABELLE FEHLER-F.
     ACCEPT DOS-DATEINAME AT 1010.
     DISPLAY SPACES.
     UNSTRING DOS-DATEINAME
         DELIMITED BY ":\" OR ":" OR "\" OR "." OR ALL " "
         INTO FELD (1)   DELIMITER DEL (1)   COUNT COU (1)
              FELD (2)   DELIMITER DEL (2)   COUNT COU (2)
              FELD (3)   DELIMITER DEL (3)   COUNT COU (3)
              FELD (4)   DELIMITER DEL (4)   COUNT COU (4)
              FELD (5)   DELIMITER DEL (5)   COUNT COU (5)
              FELD (6)   DELIMITER DEL (6)   COUNT COU (6)
              FELD (7)   DELIMITER DEL (7)   COUNT COU (7)
         TALLYING ANZAHL-FELDER
         ON  OVERFLOW  DISPLAY "Überlauf-Fehler" AT 1410
                       SET FEHLER TO TRUE
         NOT OVERFLOW
             IF NOT (DEL (1) = ":\" OR ": ")
                 OR DEL (ANZAHL-FELDER - 1) NOT = ". "
                 OR DEL (1) = ":" AND DEL (2) = "\"
                 OR COU (1) > 1
                 OR COU (ANZAHL-FELDER) > 3 OR < 1
                 OR COU (ANZAHL-FELDER - 1) > 8
                 THEN SET FEHLER TO TRUE
                 ELSE PERFORM VARYING POS FROM 2 BY 1
                              UNTIL POS > (ANZAHL-FELDER - 2)
```

```
                    IF DEL (POS) NOT = "\" OR COU (POS) > 8
                        THEN SET FEHLER TO TRUE
                        ELSE CONTINUE
                    END-IF
                END-PERFORM
        END-IF
    END-UNSTRING.
    IF FEHLER
        THEN DISPLAY "DOS-Dateiname unzulässig !" AT 1510
        ELSE DISPLAY "DOS-Dateiname korrekt!"     AT 1510
    END-IF.
    IF DOS-DATEINAME NOT = SPACE GO TO START-PROG.
ENDE-PROG.
    STOP RUN.
```

Abschließend soll auf die Funktion des Schlüsselworts ALL in der DELIMITED-Angabe eingegangen werden. Ein Begrenzer wie Bezeichner-2 oder Literal-1 kann aus einem oder mehreren Zeichen bestehen (z.B. "?" oder "?!"). Wird einem solchen Begrenzer das Wort ALL vorangestellt und tritt er im Sendefeld mehrfach unmittelbar hintereinander auf, behandelt die STRING-Anweisung die Begrenzerfolge wie einen einzigen Begrenzer. Codiert man z.B. zum folgenden Sendefeld

| S | i | l | k | e |   |   | S | c | h | m | i | d | t |   |   | H | a | m | b | u | r | g |   | Sendefeld |

| S | i | l | k | e |   | S | c | h | m | i | d | t |   | H | a | m | b | u | r | g |   | Empfangsfeld |

den Begrenzer ALL " ", wirken die Leerzeichenfolgen wie *ein* Begrenzer. Die UNSTRING-Anweisung würde Vor- und Zuname sowie die Ortsangabe in drei Empfangsfelder einstellen, die dann mit Hilfe einer STRING-Anweisung zum angegebenen Empfangsfeld zusammengefaßt werden könnten.

Wird andererseits das Wort ALL *nicht* codiert und folgen im Sendefeld mehrere Begrenzer aufeinander, stellt die UNSTRING-Anweisung für jeweils zwei unmittelbar aufeinanderfolgende Begrenzer Leerzeichen in ein Empfangsfeld ein.

### 14.1.3 Verschlüsseln und Entschlüsseln

Neben der STRING- und UNSTRING-Anweisung dienen die in diesem und in den folgenden beiden Abschnitten zu erläuternden drei Formate der INSPECT-Anweisung der Verarbeitung von Zeichenfolgen. Die Formate der INSPECT-Anweisung können für die Aufgaben

    Ver- und Entschlüsseln  : INSPECT CONVERTING (Format 1)
    Zählen von Substrings   : INSPECT TALLYING   (Format 2)
    Ersetzen von Substrings : INSPECT REPLACING  (Format 3)

eingesetzt werden.

## Funktion und Format

Eine INSPECT-Anweisung nach Format-1 wandelt einzelne oder alle Zeichen eines Datenwerts nach einer anzugebenden Codierungsvorschrift um.

```
┌─ Format-1 (CONVERTING) ──────────────────────────────────┐
│                                                          │
│  INSPECT  Bezeichner-1                                   │
│                                                          │
│              ⎧ Bezeichner-2 ⎫      ⎧ Bezeichner-3 ⎫      │
│  CONVERTING  ⎨              ⎬  TO  ⎨              ⎬      │
│              ⎩ Literal-1    ⎭      ⎩ Literal-2    ⎭      │
│                                                          │
│      ⎡ ⎧ BEFORE ⎫           ⎧ Bezeichner-4 ⎫ ⎤           │
│      ⎢ ⎨        ⎬  INITIAL  ⎨              ⎬ ⎥  ...      │
│      ⎣ ⎩ AFTER  ⎭           ⎩ Literal-3    ⎭ ⎦           │
│                                                          │
└──────────────────────────────────────────────────────────┘
```

## Syntaktische Regeln

1. Das Ausgangs- und Ergebnisdatum des Umwandlungsprozesses ist im Datenfeld Bezeichner-1 gespeichert. Wenn Bezeichner-1 nicht alphanumerisch oder alphabetisch definiert ist, behandelt die INSPECT-Anweisung dieses Feld, als sei es alphanumerisch redefiniert. Als interne Datendarstellung muß explizit oder implizit USAGE DISPLAY vereinbart sein.

2. Bezeichner-2 (Literal-1) und Bezeichner-3 (Literal-2) definieren die Codierungsvorschrift des Umwandlungsprozesses. Bezeichner-2 (Literal-1) und Bezeichner-3 (Literal-2) müssen die gleiche Länge haben.

3. Jedes Literal ist als alphanumerisches Literal anzugeben. Bezeichner-2, Bezeichner-3 und Bezeichner-4 sind Elementardatenfelder, die explizit oder implizit mit USAGE DISPLAY zu vereinbaren sind.

## Beschreibung

Dieses Format der INSPECT-Anweisung dient der Umwandlung von Daten. Vor Ausführung der Anweisung enthält Bezeichner-1 die zu konvertierende Zeichenfolge. Bezeichner-2 bzw. Literal-1 geben die *zu ersetzenden* und Bezeichner-3 bzw. Literal-2 die *Ersatzzeichen* an. Die zu ersetzenden Zeichen werden durch die in Bezeichner-3 bzw. Literal-2 *positionsgleichen Ersatzzeichen* ausgetauscht. Die Eindeutigkeit des Umwandlungsprozesses ist durch die Definition einer gleichen Anzahl von zu ersetzenden Zeichen und Ersatzzeichen sichergestellt. Das Ergebnis der Konvertierung wird unter Bezeichner-1 abgelegt. Die folgende Anweisung soll den Umwandlungsprozeß verdeutlichen. TEXT-FELD möge die Zeichenfolge X?B?4 enthalten.

```
INSPECT TEXT-FELD CONVERTING "45?WXY" TO "L?O4C5".
```

Nach Ausführung der INSPECT-Anweisung ist in TEXT-FELD das Wort COBOL abgelegt. Abbildung 14.1 zeigt den Ablauf der Zeichenzuordnung.

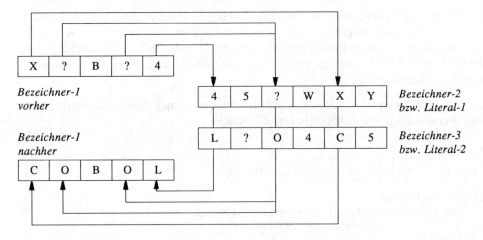

*Abb. 14.1   Ablauf Datenumwandlung (Beispiel)*

Format-1 der INSPECT-Anweisung kann z.B. verwendet werden, um die auf externen Speichermedien abzulegenden Daten aus Datenschutzgründen zu verschlüsseln:

```
INSPECT GEHALT CONVERTING "1234567890" TO "6184920357".
```

Eine Entschlüsselung der so verfremdeten Daten ist möglich, wenn Literal-1 und Literal-2 vertauscht werden:[1]

```
INSPECT GEHALT CONVERTING "6184920357" TO "1234567890".
```

Eine weitere Anwendungsmöglichkeit dieser Anweisung ist die Umwandlung aller Kleinbuchstaben einer Zeichenfolge in Großbuchstaben:

```
INSPECT  TEXT-ZEILE
    CONVERTING "abcdefghijklmnopqrstuvwxyzäöü"
    TO         "ABCDEFGHIJKLMNOPQRSTUVWXYZÄÖÜ".
```

Die INSPECT-Anweisung wandelt nur diejenigen Zeichen einer unter Bezeichner-1 gespeicherten Zeichenfolge um, die in Bezeichner-2 bzw. Literal-1 als zu ersetzende Zeichen aufgeführt sind. Sonstige Zeichen bleiben unverändert erhalten. Unter Verwendung der BEFORE- und AFTER-Option kann der Programmierer Begrenzer definieren (Bezeichner-4, Literal-3), die den Umwandlungsbereich innerhalb des Feldes Bezeichner-1 einschränken.

Wenn BEFORE angegeben wird, beginnt die Umwandlung in Bezeichner-1 mit der ersten Zeichenposition (links) und schreitet fort, bis der aus einem oder mehreren Zeichen bestehende Begrenzer (Bezeichner-4, Literal-3) erstmals gefunden wird. Wenn der Begrenzer in Bezeichner-1 nicht auftritt, wird das Gesamtfeld bearbeitet.

---

1. Eine etwas aufwendigere Verschlüsselung des Gehalts würde zusätzlich z.B. umkehrbare arithmetische Transformationen etwa in Abhängigkeit vom Geburtsjahr oder dem Geschlecht eines Mitarbeiters vorsehen. Bei geeigneter Definition der beteiligten Felder können numerische Daten auch in Buchstaben und Sonderzeichen transformiert werden.

Ist AFTER angegeben, beginnt die Umwandlung in Bezeichner-1 mit dem ersten Zeichen rechts vom Begrenzer und schreitet bis zum Feldende fort. Wenn der Begrenzer in Bezeichner-1 nicht aufgefunden wird, findet keine Umwandlung statt. BEFORE und AFTER dürfen gemeinsam zur Markierung eines Umwandlungsbereichs codiert werden.

Das folgende Beispiel verdeutlicht die Markierung eines Umwandlungsbereichs unter Verwendung des Schlüsselworts BEFORE:

TEXT-ZEILE:

| a | n | s | i |   | c | o | b | o | l |   | s | t | a | n | d | a | r | d |   vorher

```
INSPECT TEXT-ZEILE
   CONVERTING " abcdefghijklmnopqrstuvwxyzäöü"
   TO         "-ABCDEFGHIJKLMNOPQRSTUVWXYZÄÖÜ"
   BEFORE SPACE.
```

| A | N | S | I |   | c | o | b | o | l |   | s | t | a | n | d | a | r | d |   nachher

Der Begrenzer SPACE wird hier erstmals in Zeichenposition 5 erkannt. Als Konsequenz werden nur die ersten 4 Zeichen umgewandelt. Die folgenden beiden Verarbeitungsergebnisse werden erzeugt, wenn anstatt der Bereichsangabe BEFORE SPACE der Umwandlungsbereich durch AFTER "ansi" bzw. AFTER "si" BEFORE "st" markiert wird:

| a | n | s | i | - | C | O | B | O | L | - | S | T | A | N | D | A | R | D |   AFTER "ansi"

| a | n | s | i | - | C | O | B | O | L | - | s | t | a | n | d | a | r | d |   AFTER "si" BEFORE "st"

Das Aufsuchen der Bereichsbegrenzer erfolgt im Feld Bezeichner-1 zeichenweise von links nach rechts. Die Bereichsangabe AFTER "i" BEFORE "s" würde im obigen Beispiel wegen der Zeichenfolge "ansi ..." jede Umwandlung ausschließen.

### 14.1.4 Zählen von Substrings

**Funktion und Format**

Eine INSPECT-Anweisung nach Format-2 zählt die Häufigkeit des Auftretens eines einzelnen Zeichens oder einer Zeichenfolge innerhalb eines Feldes (Prüffeld).

```
┌─ Format-2 (TALLYING) ─────────────────────────────────────────────┐
│                                                                    │
│   INSPECT Bezeichner-1 TALLYING                                    │
│                                                                    │
│     ⎧              ⎧ CHARACTERS [ Bereich ] ...            ⎫      │
│     ⎪              ⎪                                       ⎪      │
│     ⎨ Bezeichner-2 FOR ⎨ ⎧ ALL     ⎫ ⎧ Bezeichner-3 ⎫      ⎬ ...  │
│     ⎪              ⎪   ⎨          ⎬ ⎨              ⎬ [ Bereich ]...⎪ ...│
│     ⎩              ⎩   ⎩ LEADING  ⎭ ⎩ Literal-1    ⎭      ⎭      │
│                                                                    │
│   Mit den Begrenzungen des Zählbereichs (Bereich):                │
│                                                                    │
│            ⎧ BEFORE ⎫          ⎧ Bezeichner-4 ⎫                   │
│            ⎨        ⎬ INITIAL  ⎨              ⎬                   │
│            ⎩ AFTER  ⎭          ⎩ Literal-2    ⎭                   │
│                                                                    │
└────────────────────────────────────────────────────────────────────┘
```

### Syntaktische Regeln

1. Das Prüffeld Bezeichner-1 muß die zu inspizierende Zeichenfolge enthalten. Wenn Bezeichner-1 nicht alphabetisch oder alphanumerisch definiert ist, behandelt die INSPECT-Anweisung dieses Feld, als sei es alphanumerisch redefiniert. Als interne Datendarstellung muß implizit oder explizit USAGE DISPLAY vereinbart sein.

2. Bezeichner-2 dient als Zählvariable. Dieses Feld muß numerisch-ganzzahlig definiert sein.

3. Bezeichner-3 bzw. Literal-1 geben den innerhalb von Bezeichner-1 zu zählenden Substring an. Bezeichner-3 muß mit USAGE DISPLAY vereinbart sein. Literal-1 ist als alphanumerisches Literal zu definieren.

### Beschreibung

In ihrer Grundform zählt die INSPECT-Anweisung nach Format-2 die Häufigkeit des Auftretens eines einzelnen Zeichens oder einer Zeichenfolge (Substring) innerhalb des Prüffelds Bezeichner-1. Unter Verwendung der Schlüsselwörter BEFORE und AFTER kann – wie im Zusammenhang mit Format-1 der Anweisung erläutert – innerhalb des Prüffelds der Zählbereich eingeschränkt werden. Wenn in einer INSPECT-Anweisung *mehrere* zu zählende Substrings angegeben werden, liegt die *erweiterte Form* der Anweisung vor. Eine solche Anweisung definiert eine Substringhierarchie. Vorerst wird nur auf die Grundform der Anweisung eingegangen.

### Grundform INSPECT-Format-2

Bezeichner-3 bzw. Literal-1 geben den innerhalb des Prüffeldes Bezeichner-1 zu zählenden Substring an. Die Zählvariable Bezeichner-2 wird für jedes Auftreten des zu zählenden Substrings im Prüffeld um den Wert 1 erhöht. Es liegt in der Verantwortung des Programmierers, Bezeichner-2 vor Ausführung der INSPECT-Anweisung geeignet zu initialisieren. Wenn weder BEFORE noch AFTER spezifiziert sind, läuft der Zählprozeß wie folgt ab:

a. Wenn *ALL* angegeben ist, wird die Zählvariable für jedes nicht-überlappende Auftreten des Substrings im Prüffeld um 1 erhöht. Der Zählprozeß beginnt mit der am weitesten links stehenden Zeichenposition und schreitet bis zum Feldende fort.

b. Wenn *LEADING* angegeben ist, wird die Zählvariable für jedes unmittelbar hintereinanderfolgende nicht-überlappende Auftreten des Substrings im Prüffeld um den Wert 1 erhöht, vorausgesetzt, daß die Zeichenfolge im Prüffeld mit dem Substring beginnt.

c. Wenn *CHARACTERS* angegeben ist, wird die Zählvariable für jedes beliebige Zeichen (einschließlich des Leerzeichens) im Prüffeld um 1 erhöht.

Unter Verwendung der Optionen BEFORE und AFTER kann der Zählbereich eingeschränkt werden. Die Bereichsbegrenzer Bezeichner-4 bzw. Literal-2 werden dann nicht mitgezählt.[1]

Das folgende Beispiel verdeutlicht die Funktion der Schlüsselwörter ALL und CHARACTERS sowie die Begrenzung des Zählbereichs mit BEFORE und/oder AFTER. Ihm liegen die Datendefinitionen

```
77   PRUEFFELD        PIC X(13).
77   ANZAHL-0         PIC 99.
...
77   ANZAHL-4         PIC 99.
```

| A | : | A | R | T | I | K | E | L | . | D | A | T |

Inhalt PRUEFFELD

zugrunde. Vor Ausführung der einzelnen Zählaufträge werden die Zählvariablen ANZAHL-i mit Null vorbesetzt:

```
INITIALIZE ANZAHL-0 ANZAHL-1 ANZAHL-2 ANZAHL-3 ANZAHL-4.

INSPECT PRUEFFELD TALLYING ANZAHL-0 FOR ALL ":".
INSPECT PRUEFFELD TALLYING ANZAHL-1 FOR ALL "A".
INSPECT PRUEFFELD TALLYING ANZAHL-2 FOR CHARACTERS BEFORE ":".
INSPECT PRUEFFELD TALLYING ANZAHL-3
    FOR CHARACTERS AFTER ":" BEFORE ".".
INSPECT PRUEFFELD TALLYING ANZAHL-4 FOR CHARACTERS AFTER ".".
```

| 0 | 1 |     | 0 | 3 |     | 0 | 1 |     | 0 | 7 |     | 0 | 3 |

ANZAHL-0     ANZAHL-1     ANZAHL-2     ANZAHL-3     ANZAHL-4

---

1. Wenn der Zählbereich durch Begrenzer eingeschränkt ist, beginnt die LEADING-Zählung an der unteren Grenze des Zählbereichs.

Die Verwendung des Schlüsselworts LEADING wird im folgenden Beispiel gezeigt. Der Begrenzer zur zweiten INSPECT-Anweisung ist zwei Zeichen lang:

```
INITIALIZE ANZAHL-0 ANZAHL-1.
INSPECT PRUEFFELD TALLYING ANZAHL-0 FOR LEADING "*".
INSPECT PRUEFFELD TALLYING ANZAHL-1 FOR LEADING "*" AFTER "8*".
```

| * | * | * | 8 | * | * |     | 0 | 3 |     | 0 | 1 |
|---|---|---|---|---|---|-----|---|---|-----|---|---|

PRUEFFELD         ANZAHL-0      ANZAHL-1

Abbildung 14.2 zeigt den Zählablauf, wenn die Häufigkeit des Auftretens eines aus mehreren Zeichen bestehenden Substrings ermittelt wird. In diesem Beispiel wird der Substring "**" im Feld PRUEFFELD gezählt.

```
INSPECT PRUEFFELD TALLYING ANZAHL-1 FOR ALL "**".
```

|  | Inhalt PRUEFFELD | | | | | | Vergleich mit Substring | | | | Inhalt ANZAHL-1 | |
|---|---|---|---|---|---|---|---|---|---|---|---|---|
|  | * | * | * | 8 | * | * |  |  |  |  | 0 | 0 |
| 1. Vergleich | * | * |  |  |  |  | = | * | * | wahr | 0 | 1 |
| 2. Vergleich |  | * | 8 |  |  |  | = | * | * | falsch | 0 | 1 |
| 3. Vergleich |  |  | 8 | * |  |  | = | * | * | falsch | 0 | 1 |
| 4. Vergleich |  |  |  |  | * | * | = | * | * | wahr | 0 | 2 |

*Abb. 14.2  Zählablauf INSPECT-Anweisung (Beispiel)*

Die Zählvariable ANZAHL-1 wird hier nur um den Wert 1 erhöht, wenn der Substring "**" nicht-überlappend auftritt. Der Zählprozeß endet nach dem vierten Vergleich. ANZAHL-1 enthält den Wert 2.

Bisher wurde die INSPECT TALLYING-Anweisung in ihrer Grundform vorgestellt. Jede Anweisung zählt nur das Vorkommen *eines einzelnen* Substrings im Prüffeld. Das Format der Anweisung erlaubt jedoch auch die Angabe mehrerer zu zählender Substrings in einer Anweisung. Auf diese erweiterte Form ist im folgenden einzugehen.

## Erweiterte Form INSPECT-Format-2

Wenn in einer INSPECT-Anweisung mehrere zu zählende Substrings angegeben sind, kann die Häufigkeit ihres Auftretens in einer oder mehreren Zählvariablen festgehalten werden. Das folgende Beispiel ordnet den zu zählenden Substrings drei Zählvariablen zu:

```
INSPECT TEST-FELD TALLYING
    ANZAHL-1 FOR ALL "AX"  "X"
    ANZAHL-2 FOR ALL "A:"
    ANZAHL-3 FOR CHARACTERS.
```

In ANZAHL-1 wird hier die Häufigkeit des Auftretens zweier Substrings (kumuliert) festgehalten. Unabhängig von ihrer Zuordnung zu Zählvariablen definiert die Reihenfolge der Aufführung der Substrings von links nach rechts eine Substringhierarchie, die für den Zählablauf maßgeblich ist. Im obigen Beispiel sind die Substrings in der Reihenfolge AX, X, A: und CHARACTERS aufgeführt. Der reihenfolgeabhängige Zählablauf ist wie folgt definiert:

a. Der erste Substring wird von links beginnend mit der gleichen Anzahl hintereinanderstehender Zeichen im Prüffeld verglichen. Der Substring entspricht den geprüften Zeichen nur, wenn beide, Zeichen für Zeichen, gleich sind.

b. Wenn für den ersten Substring keine Übereinstimmung festgestellt wird, wird der Vergleich für den folgenden Substring durchgeführt, bis entweder eine Übereinstimmung gefunden wird oder alle Substrings abgearbeitet sind.

c. Wenn eine Übereinstimmung gefunden wird, erfolgt die Zählung. Im Prüffeld wird nun das erste Zeichen im Anschluß an das rechteste übereinstimmende Zeichen als linkeste Zeichenposition betrachtet. Der unter a) und b) beschriebene Prozeß wird dann wiederholt.

d. Wenn keine Übereinstimmung gefunden wird, wird im Prüffeld das erste Zeichen rechts neben dem linkesten geprüften Zeichen als linke Zeichenposition betrachtet. Der unter a) und b) beschriebene Prozeß wird dann wiederholt.

e. Der beschriebene Prüfzyklus wird abgebrochen, wenn das Prüffeld nach Abarbeitung des am weitesten rechts stehenden Zeichens erschöpft ist.

Die folgenden beiden INSPECT-Anweisungen unterscheiden sich lediglich in der Aufführungsreihenfolge der zu zählenden Substrings. Die sich daraus ableitenden unterschiedlichen Zählabläufe begründen die abweichenden Zählergebnisse:

| C | O | B | O | L | Inhalt TEST-FELD

```
INITIALIZE ANZAHL-1 ANZAHL-2 ANZAHL-3.
INSPECT TEST-FELD TALLYING ANZAHL-1 FOR ALL "OB"
                           ANZAHL-2 FOR ALL "O"
                           ANZAHL-3 FOR CHARACTERS.

INITIALIZE ANZAHL-4 ANZAHL-5 ANZAHL-6.
INSPECT TEST-FELD TALLYING ANZAHL-4 FOR ALL "O"
                           ANZAHL-5 FOR ALL "OB"
                           ANZAHL-6 FOR CHARACTERS.
```

| 0 1 | 0 1 | 0 2 | 0 2 | 0 0 | 0 3 |

ANZAHL-1   ANZAHL-2   ANZAHL-3   ANZAHL-4   ANZAHL-5   ANZAHL-6

Nachfolgend wird ein etwas aufwendigeres Beispiel angegeben, bei dem u.a. zwei Substrings einer Zählvariablen zugeordnet sind:

```
INITIALIZE ANZAHL-1 ANZAHL-2 ANZAHL-3 ANZAHL-4 ANZAHL-5.
INSPECT TEST-FELD TALLYING    ANZAHL-1 FOR ALL "AB" "*"
        ANZAHL-2 FOR ALL "BC"    ANZAHL-3 FOR LEADING "?%"
        ANZAHL-4 FOR ALL "B"     ANZAHL-5 FOR CHARACTERS.
```

Abbildung 14.3 zeigt hierzu den Inhalt des Feldes TEST-FELD sowie das Verarbeitungsergebnis. Der Zählablauf kann anhand der angegebenen 10 Zählzyklen nachvollzogen werden.[1]

Inhalt TESTFELD: `? % A B * B C 7 A B ? % 7 7`

| | Anzahl-n | | | | |
|---|---|---|---|---|---|
| | 1 | 2 | 3 | 4 | 5 |
| Schritt 1   `? % A B * B C 7 A B ? % 7 7` | 0 | 0 | 1 | 0 | 0 |
| Rest 2      `A B * B C 7 A B ? % 7 7`     | 1 | 0 | 1 | 0 | 0 |
| Rest 3      `* B C 7 A B ? % 7 7`         | 2 | 0 | 1 | 0 | 0 |
| Rest 4      `B C 7 A B ? % 7 7`           | 2 | 1 | 1 | 0 | 0 |
| Rest 5      `7 A B ? % 7 7`               | 2 | 1 | 1 | 0 | 1 |
| Rest 6      `A B ? % 7 7`                 | 3 | 1 | 1 | 0 | 1 |
| Rest 7      `? % 7 7`                     | 3 | 1 | 1 | 0 | 2 |
| Rest 8      `% 7 7`                       | 3 | 1 | 1 | 0 | 3 |
| Rest 9      `7 7`                         | 3 | 1 | 1 | 0 | 4 |
| Rest 10     `7`                           | 3 | 1 | 1 | 0 | 5 |

| ANZAHL-1 | ANZAHL-2 | ANZAHL-3 | ANZAHL-4 | ANZAHL-5 |
|---|---|---|---|---|
| 0 3 | 0 1 | 0 1 | 0 0 | 0 5 |

*Abb. 14.3  Zählablauf bei Substringhierarchien*

---

1. Würde für jede Zählvariable eine eigene INSPECT-Anweisung formuliert, erhielte man die (reihenfolgeunabhängigen) Zählergebnisse 3, 1, 1, 3, 14.

## Sonderfälle

In Sonderfällen können zur Verringerung des Schreibaufwands mehrere INSPECT-Anweisungen auch dann zu einer Anweisung zusammengefaßt werden, wenn das Auszählen einer Substringhierarchie nicht intendiert ist. Zur Demonstration wird in geringfügig modifizierter Form auf das erste Beispiel dieses Abschnitts zurückgegriffen:

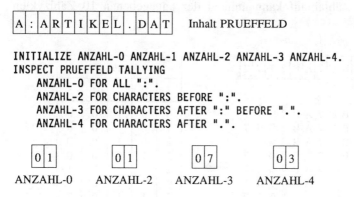

```
INITIALIZE ANZAHL-0 ANZAHL-1 ANZAHL-2 ANZAHL-3 ANZAHL-4.
INSPECT PRUEFFELD TALLYING
    ANZAHL-0 FOR ALL ":".
    ANZAHL-2 FOR CHARACTERS BEFORE ":".
    ANZAHL-3 FOR CHARACTERS AFTER ":" BEFORE ".".
    ANZAHL-4 FOR CHARACTERS AFTER ".".
```

Hier sind 4 der 5 INSPECT-Anweisungen des eingangs angegebenen Beispiels zu einer Anweisung zusammengefaßt. Die vier Zählergebnisse stimmen mit den oben angegebenen Zählerwerten überein.

Eine solche Übereinstimmung ist *nur dann zu erwarten*, wenn ausschließlich überlappungsfreie Zählbereiche definiert sind und/oder keiner der zu zählenden Substrings Bestandteil eines anderen ist.[1]

### 14.1.5 Ersetzen von Substrings

**Funktion**

Mit Hilfe der INSPECT-Anweisung nach Format-3 können einzelne Zeichen oder Zeichenfolgen (Substrings) innerhalb eines Feldes (Prüffeld) durch vorgegebene andere Zeichen ersetzt werden.

**Syntaktische Regeln**

1. Das Prüffeld Bezeichner-1 muß die zu inspizierende Zeichenfolge enthalten. Wenn Bezeichner-1 nicht alphabetisch oder alphanumerisch definiert ist, behandelt die INSPECT-Anweisung dieses Feld, als sei es alphanumerisch redefiniert. Als interne Datendarstellung muß explizit oder implizit USAGE DISPLAY vereinbart sein.

---

1. Dieser Sonderfall ist nicht mehr gegeben, wenn auch die fünfte INSPECT-Anweisung (ALL "A") in das Beispiel einbezogen wird.

2. Bezeichner-2 bzw. Literal-1 geben die in Bezeichner-1 zu ersetzenden Substrings an. Bezeichner-3 bzw. Literal-2 sind die Ersatzzeichen. Die Anzahl zu ersetzender Zeichen muß mit der Anzahl der Ersatzzeichen übereinstimmen.[1]

3. Literal-1 und Literal-2 sind alphanumerische Literale. Bezeichner-2 und Bezeichner-3 sind explizit oder implizit mit USAGE DISPLAY zu vereinbaren.

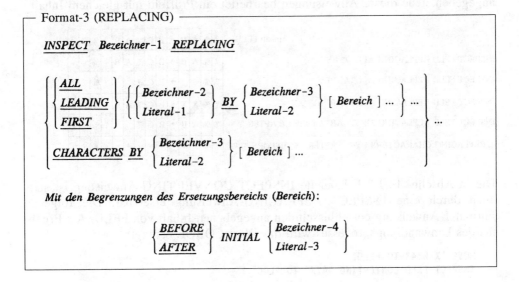

## Beschreibung

Die INSPECT-Anweisung nach Format-3 ersetzt im Prüffeld Bezeichner-1 einzelne Zeichen oder Zeichenfolgen. Das Auffinden der zu ersetzenden Zeichen Literal-1 bzw. Bezeichner-2 im Prüffeld und ihr Ersetzen durch die Ersatzzeichen Literal-2 bzw. Bezeichner-3 erfolgt in Ersetzungszyklen, deren Ablauf mit den in Abschn. 14.1.4 im Zusammenhang mit Format-2 (TALLYING) beschriebenen Zählzyklen übereinstimmt. Im Gegensatz zu Format-2 wird bei Format-3 nicht die Häufigkeit des Auftretens eines Substrings gezählt, sondern ein Zeichenaustausch vorgenommen. Wie bei der Zählanweisung nach Format-2 können bei der Ersetzungsanweisung nach Format-3

- eine *Grundform* der Anweisung mit Angabe eines einzelnen zu ersetzenden Substrings,

- die *erweiterte Form* der Anweisung, bei der die Reihenfolge der aufgeführten Substrings eine Ersetzungshierarchie definiert

- und *Sonderfälle*, bei denen mehrere Anweisungen der Grundform mit dem Ziel der Verringerung des Schreibaufwands zu einer Anweisung zusammengefaßt werden dürfen,

unterschieden werden. ALL, LEADING und die Bereichsbegrenzungen BEFORE

---

1. Diese restriktive Nebenbedingung kann durch die Anweisungsfolge UNSTRING, INSPECT REPLACING und STRING bei Bedarf aufgehoben werden.

und AFTER haben die im Zusammenhang mit Format-2 (TALLYING) beschriebenen Funktionen. Wenn FIRST angegeben ist, erfolgt eine Ersetzung lediglich beim ersten Auftreten der zu ersetzenden Zeichen im Prüffeld bzw. dem durch Begrenzer eingeschränkten Ersetzungsbereich.[1]

Im folgenden werden fünf Beispiele zur INSPECT-Anweisung in ihrer Grundform angegeben. Jede dieser Anweisungen bearbeitet ein Prüffeld mit gleichem Inhalt:

| | | | | | | | | | | | | | | |
|---|---|---|---|---|---|---|---|---|---|---|---|---|---|---|
| Inhalt FELD: | ? | % | A | B | * | B | C | 7 | A | B | ? | % | 7 | 7 |
| INSPECT FELD REPLACING ALL "7" BY "–" | ? | % | A | B | * | B | C | – | A | B | ? | % | – | – |
| INSPECT FELD REPLACING ALL "AB" BY " " | ? | % | | | * | B | C | 7 | | | ? | % | 7 | 7 |
| INSPECT FELD REPLACING FIRST "AB" BY "XX" | ? | % | X | X | * | B | C | 7 | A | B | ? | % | 7 | 7 |
| INSPECT FELD REPLACING FIRST "AB" BY SPACE AFTER "*" | ? | % | A | B | * | B | C | 7 | | | ? | % | 7 | 7 |
| ... REPLACING CHARACTERS BY "*" AFTER "%" BEFORE "77" | ? | % | * | * | * | * | * | * | * | * | * | * | 7 | 7 |

Die in Abschn. 14.1.3 behandelte INSPECT CONVERTING-Anweisung ist stets auch durch eine INSPECT REPLACING-Anweisung ersetzbar. Die folgende Format-1-Anweisung entschlüsselt den angegebenen Inhalt von FELD. Als Ergebnis des Umwandlungsprozesses wird das Wort COBOL erzeugt:

```
MOVE "X?B?4" TO FELD.
INSPECT FELD CONVERTING "4?X" TO "LOC".
```

Das gleiche Verarbeitungsergebnis läßt sich (bei höherem Schreibaufwand) mit einer Format-3-Anweisung erzielen:

```
INSPECT FELD REPLACING
    ALL "4" BY "L"
    ALL "?" BY "O"
    ALL "X" BY "C".
```

Der Ersetzungsprozeß läßt sich rückgängig machen (Ver- bzw. Entschlüsselung), wenn jeweils die vor und nach dem Schlüsselwort BY angegebenen Literale vertauscht werden.

Das vorstehende Beispiel ist einer der Sonderfälle, bei denen mehrere INSPECT-Anweisungen aus Vereinfachungsgründen zu einer Anweisung zusammengefaßt werden dürfen: Die Reihenfolge der Aufführung zu ersetzender Zeichen bleibt hier ohne Auswirkung auf das Verarbeitungsergebnis, weil kein zu ersetzender Substring zugleich Bestandteil eines anderen ist. Im folgenden Beispiel ist dieser Sonderfall nicht gegeben:

---

1. Bei Ersetzungen in Substringhierarchien können mehrere FIRST-Ersetzungsanforderungen codiert werden. Ein Zeichenaustausch findet dann nur statt, wenn eine FIRST-Bedingung erstmals am Vergleichsprozeß beteiligt und zugleich erfüllt ist (siehe das weiter unter angegebene Beispiel).

Inhalt FELD:   C o P o L

INSPECT FELD REPLACING ALL "oP" BY "oB"    | C | o | B | o | L |

INSPECT FELD REPLACING ALL "o" BY "O"    | C | O | B | O | L |

Folglich führt der reihenfolgeabhängige Ersetzungsprozeß bei gleichem Ausgangsdatum im Prüffeld

INSPECT FELD REPLACING ALL "oP" BY "oB"    | C | o | B | O | L |
                ALL "o" BY "O"

zu einem abweichenden Verarbeitungsergebnis. Abbildung 14.4 zeigt drei Beispiele reihenfolgeabhängiger Substringersetzungen, anhand derer sich die Ersetzungsregeln bei Vorgabe einer Substringhierarchie nachvollziehen lassen.

| | Ausgangswert<br>TEST-FELD | Ergebniswert<br>TEST-FELD |
|---|---|---|
| INSPECT TEST-FELD REPLACING<br>ALL "AB" BY "XY" "D" BY "X"<br>ALL "BC" BY "VW"<br>LEADING "EF" BY "TU"<br>LEADING "B" BY "S"<br>FIRST "G" BY "R"<br>FIRST "G" BY "P"<br>CHARACTERS BY "Z" | BBBC | SSVW |
| | BABABC | SXYXYZ |
| | EFABDBCGABEFGG | TUXYXVWRXYZZPZ |

*Abb. 14.4   Reihenfolgeabhängige Ersetzung*

COBOL sieht außer den drei behandelten Formaten der INSPECT-Anweisung ein Format-4 vor

```
INSPECT Bezeichner-1
    TALLYING ...
    REPLACING ...
```

das es erlaubt, Format-2 (TALLYING) und Format-3 (REPLACING) in einer Anweisung zusammenzufassen. Die Funktionen der Einzelformate bleiben in der Zusammenfassung unverändert erhalten.

## 14.2 Zulässigkeit von Datenübertragungen

Nachdem in den Kap. 4, 8 und 13 COBOL-Datendefinitionen behandelt wurden, soll in diesem Abschnitt zusammenfassend auf die Zulässigkeit der Übertragung von Datenwerten zwischen Feldern mit gleicher oder unterschiedlicher Definition eingegangen werden.

Die MOVE-Anweisung überträgt Daten aus einem Sendefeld bzw. ein Literal in ein Empfangsfeld. Als *Elementarübertragung* bezeichnet man eine Datenübertragung, bei der das Empfangsfeld ein nicht weiter untergliedertes Elementardatenfeld und der zu sendende Operand ein Literal oder ein Elementardatum ist. Jedes

Elementardatum ist aufgrund seiner Definition (PICTURE-Zeichenfolge) einer der folgenden Datenkategorien zuzurechnen:

- alphabetisch
- alphanumerisch
- alphanumerisch-druckaufbereitet
- numerisch-ganzzahlig
- numerisch-nichtganzzahlig
- numerisch-druckaufbereitet

Alphanumerische Literale werden der Kategorie alphanumerisch und numerische Literale einer der beiden nicht-druckaufbereiteten numerischen Kategorien zugerechnet. Abbildung 14.5 zeigt die *Zulässigkeit von Elementarübertragungen*. Zu den in diese Abbildung aufgenommenen Ziffern 1 bis 6 ist anzumerken:

1. Die Konstante SPACE, ein alphabetisches Datum oder ein alphanumerisch-druckaufbereitetes Datum kann nicht in ein numerisches oder numerisch-druckaufbereitetes Feld übertragen werden.

2. Die Konstante ZERO, ein numerisches Literal, ein numerisches oder numerisch-druckaufbereitetes Datum kann nicht in ein alphabetisch definiertes Feld übertragen werden.

3. Ein nicht-ganzzahliges numerisches Literal oder der Wert eines nicht-ganzzahlig definierten numerischen Feldes kann nicht in ein alphanumerisch oder alphanumerisch-druckaufbereitetes Feld übertragen werden.

4. Wenn das Empfangsfeld alphanumerisch oder alphanumerisch-druckaufbereitet definiert ist, erfolgt eine linksbündige und bei Verwendung der JUSTIFIED-Klausel eine rechtsbündige Datenablage. Überzählige Speicherpositionen werden mit Leerzeichen angefüllt und überzählige Sendezeichen abgeschnitten.

   Das Vorzeichen eines numerisch-ganzzahligen Datums geht bei der Übertragung in ein alphanumerisches oder alphanumerisch-druckaufbereitetes Feld verloren. Die Druckaufbereitung eines numerischen Datums bleibt erhalten. Wurde das Sendefeld eines ganzzahligen Datums nicht mit USAGE DISPLAY definiert, erfolgt die Konvertierung in das Format des Empfangsfelds automatisch.

5. Bei der Übertragung von Daten in numerische oder numerisch-druckaufbereitete Felder erfolgt eine dezimalpunktrichtige Ausrichtung. Gegebenenfalls erfolgt eine Auffüllung mit Nullen und/oder das Abschneiden von Ziffern. Das Vorzeichen eines Wertes geht verloren, wenn das Empfangsfeld seine Speicherung nicht vorsieht (Symbol S). Bei der Übertragung aus einem alphanumerischen Feld muß sichergestellt sein, daß die übertragene Zeichenfolge ausschließlich aus Ziffern besteht. Bei der Übertragung numerisch-druckaufbereiteter Daten erfolgt eine Rechenaufbereitung. Die Konvertierung von Daten in die interne Darstellungsform des Empfangsfelds erfolgt automatisch.

6. Die in ein alphabetisch definiertes Feld zu übertragende Zeichenfolge darf nur aus Buchstaben und Leerzeichen bestehen.

| Kategorie Sendefeld | Kategorie Empfangsfeld | | |
|---|---|---|---|
| | alphabetisch | alphanumerisch alphanum. aufber. | ganzzahlig nichtganzzahlig num. aufbereitet |
| alphabetisch | ja (6) | ja (4) | nein (1) |
| alphanumerisch | ja (6) | ja (4) | ja (5) |
| alphanum. aufbereitet | ja (6) | ja (4) | nein (1) |
| ganzzahlig | nein (2) | ja (4) | ja (5) |
| nichtganzzahlig | nein (2) | nein (3) | ja (5) |
| num. aufbereitet | nein (2) | ja (4) | ja (5) |

*Abb. 14.5 Zulässigkeit von MOVE-Übertragungen*

Die vorstehenden Regeln für Datenübertragungen gelten nur für *Elementarübertragungen*. Wenn das Sende- und/oder Empfangsfeld einer MOVE-Anweisung als weiter **untergliederte Datengruppe** definiert ist, erfolgt die Übertragung so, als sei das Sende- und Empfangsfeld alphanumerisch definiert. Unabhängig von der Untergliederung der Gruppen erfolgt die Ablage *linksbündig*. Eine Umformung der Datenformate (USAGE-Klausel) findet nicht statt.

## 14.3 Sortierfolge-Ordnung

Die Sortierfolge-Ordnung (collating sequence) eines Rechners legt fest, in welcher Reihenfolge die zur Datendarstellung verwendeten Zeichen für

- Sortierzwecke (SORT-Anweisung)
- Größenvergleiche (Vergleichsbedingung mit >, <, =) oder
- das Laden und logarithmische Durchsuchen von Tabellen

geordnet sind. Wenn der Programmierer keine Vereinbarung über eine spezielle Sortierfolge-Ordnung trifft, wird die Standard-Sortierfolge des jeweiligen Rechners (NATIVE) verwendet. Bei Mikrocomputern ist dies in aller Regel die ASCII- und bei anderen Rechnerklassen häufig die EBCDIC-Sortierfolge. Abbildung 14.6 zeigt Zeichen dieser beiden Codes in aufsteigender Sortierfolge. Im Anhang B ist der vollständige ASCII-Zeichenvorrat angegeben.

| ASCII | ␣ ! " # $ % & ' ( ) * + - . / 0 1 2 ... 9 : ; |
|---|---|
| | < = > ? @ A B C ... Z [ \ ] ^ _ ' a b c ... z { \| } ... ß |
| EBCDIC | ␣ . < ( + & ! $ * ) ; - / , % > ? : # @ ' = " |
| | a b c ... z A B C ... Z 0 1 2 ... 9 |

*Abb. 14.6 Sortierfolge-Ordnungen*

Beim *Vergleich* von Feldern mit *alphanumerischem Inhalt* gelten folgende Regeln:
1. Wenn die Vergleichsoperanden gleiche Längen haben, werden korrespondierende Zeichenpaare in der Abfolge von links nach rechts miteinander verglichen. Die Operanden sind gleich, wenn sie in allen Zeichen übereinstimmen. Wenn das erste Abweichen zweier korrespondierender Zeichen erkannt wird, bestimmt die jeweilige Sortierfolge-Ordnung die Größenrelation der Operanden.
2. Unterscheiden sich die zu vergleichenden Operanden in ihrer Länge, wird der kürzere Operand bis zur Länge des anderen mit Leerzeichen aufgefüllt. Der Vergleich erfolgt dann wie vorstehend beschrieben.

Weichen die Standard-Sortierfolge-Ordnungen zweier Rechner voneinander ab, sind COBOL-Programme häufig nicht portabel. Dieses Problem kann der Programmierer durch die explizite Vereinbarung einer Sortierfolge-Ordnung lösen. Hierzu ist eine PROGRAM COLLATING SEQUENCE-Klausel in Verbindung mit einer ALPHABET-Klausel vorgesehen. Die ALPHABET-Klausel bietet dem Programmierer neben der Auswahl vorgegebener Sortierfolgen auch die Möglichkeit *der Definition einer eigenen Sortier-Ordnung.*

In Erweiterung zu den in Kap. 10 behandelten SORT-Formaten sieht der ANSI-COBOL-Standard eine COLLATING SEQUENCE-Option je SORT-Anweisung vor. Wenn diese Option codiert wird, legt sie die zu verwendende Sortierfolge fest. Andernfalls ist die Standard-Sortierfolge des Rechners oder die vom Programmierer explizit vereinbarte Sortier-Ordnung maßgebend.

Die Syntax der angesprochenen Erweiterungen kann im jeweiligen Compiler-Handbuch nachgeschlagen werden.

# 15. Verarbeiten von Direktzugriffsdateien

Im Gegensatz zu den in Kap. 6 behandelten sequentiellen Dateien ermöglichen Direktzugriffsdateien den wahlfreien (direkten) Zugriff auf Dateisätze. Die Zugriffsreihenfolge unterliegt keinen Restriktionen. Wenn aus einer *sequentiell organisierten Datei* der n-te Satz ausgelesen werden soll, müssen vorab (n − 1) Vorgängersätze zugegriffen werden. Schon bei einfachen Dialoganwendungen, die z.B. das Anzeigen oder Ändern von Satzinhalten vorsehen, resultieren bei größeren sequentiellen Dateien aus diesem Zugriffsablauf Wartezeiten, die der Benutzer am Bildschirm registriert. Die Grenze des zeitlich Zumutbaren ist schnell überschritten, wenn komplexere Transaktionen den Zugriff auf mehrere Dateien mit größeren Volumina vorsehen.

Aber auch bei Batchverarbeitungen lösen die Bewegungsdaten selten Zugriffe auf alle Datensätze der beteiligten Stammdateien aus. Immer wenn bei solchen Anwendungen die Anzahl der zu verarbeitenden Sätze deutlich kleiner als die Zahl der gespeicherten Sätze ist, oder der jeweilige Batchprozeß gar das Mehrfachlesen sequentieller Dateien erzwingt, lassen sich die Verarbeitungszeiten durch den Einsatz von Direktzugriffsdateien verkürzen.[1]

COBOL kennt neben der sequentiellen Dateiorganisation zwei Organisationsformen für Direktzugriffsdateien: Die relative Dateiorganisation und die indizierte Dateiorganisation.

*Relative Dateien* kann man sich als eindimensionale Tabellen vorstellen, die auf ein externes Speichermedium ausgelagert sind. Die Funktion des Subskripts bei Tabellen übernimmt bei relativen Dateien eine relative Satznummer. Sie gibt die Position eines Satzes relativ in bezug auf den Dateianfang an.

Bei *indizierten Dateien* enthält jeder Datensatz ein oder mehrere Felder (z.B. Kunden-Nr., Kunden-Name), die zu Satzschlüsseln erklärt werden. Zu jedem Datensatz werden die Schlüsselwerte zusammen mit einer (relativen) Satzadresse, unter der der Datensatz auf einem externen Speichermedium abgelegt ist, in ein Inhaltsverzeichnis (Index) aufgenommen. Wenn ein Datensatz wahlfrei zugegriffen werden soll, muß ein Schlüsselwert (z.B. Kunden-Name "Meyer") bekannt sein. Dieser Schlüsselwert wird im Inhaltsverzeichnis aufgesucht. Die zugehörige Satzadresse ermöglicht dann den Zugriff auf den eigentlichen Datensatz. Inhaltsverzeichnisse werden in Index-Dateien verwaltet, die zusammen mit den eigentlichen Datendateien auf Diskette oder Magnetplatte abgelegt werden.

Für den wahlfreien Zugriff auf einen in einer indiziert organisierten Datei gespeicherten Satz wird aus zwei Gründen erheblich *weniger Zeit* benötigt, als für das Durchsuchen einer sequentiellen Datei nach einem Schlüsselwert: Indexdateien enthalten je Datensatz nur wenige Informationen. Sie sind daher kompakter als die eigentliche Datendatei und mithin auch schneller durchsuchbar. Das jeweilige

---

1. Zur prozeßbedingten Notwendigkeit des Mehrfachlesens siehe Abschnitt 6.5.2.

Dateiverwaltungssystem stellt zusätzlich sicher, daß Index-Informationen – wie im Zusammenhang mit der SEARCH ALL-Anweisung erläutert – logarithmisch durchsucht werden können. So läßt sich die Suchzeit nochmals beträchtlich verkürzen.

In den nachfolgenden Abschnitten wird ausführlich auf die Organisationsformen relativer und indizierter Dateien eingegangen. Abschnitt 15.4 behandelt Kriterien, anhand derer die unter Anwendungsgesichtspunkten geeignete Dateiorganisation ausgewählt werden kann. Vorab ist anzumerken, daß indizierte Dateien in der Praxis häufiger als relativ organisierte Dateien eingesetzt werden. Wenn die anwendungsbezogenen Voraussetzungen für den Einsatz einer relativen Datei gegeben sind, lassen sich ihre Datensätze schneller zugreifen, als die indizierter Dateien. Beide Organisationsformen erlauben neben wahlfreien Zugriffen auch die sequentielle Verarbeitung der Sätze.

Abbildung 15.1 gibt einen Überblick zu den Sprachelementen für den Anschluß von Direktzugriffsdateien an ein COBOL-Programm sowie zu ihrer Verarbeitung. Mit Ausnahme der DELETE- und START-Anweisung sind alle anderen Sprachelemente von der Verarbeitung sequentieller Dateien her bekannt.

| Eintragungen und Anweisungen | Funktion |
|---|---|
| SELECT-Eintragung | Angabe von Dateinamen und der Organisations-/Zugriffsform |
| FD-Eintragung | Beschreibung des Datensatzaufbaus einer Datei |
| READ-Anweisung | Lesen eines Dateisatzes |
| START-Anweisung | Auswahl eines Dateisatzes für nachfolgende sequentielle Zugriffe |
| WRITE-Anweisung | Schreiben eines Dateisatzes |
| REWRITE-Anweisung | Überschreiben eines Dateisatzes |
| DELETE-Anweisung | logisches Löschen von Dateisätzen |
| OPEN-Anweisung | Öffnen von Dateien |
| CLOSE-Anweisung | Schließen von Dateien |

*Abb. 15.1 Sprachelemente zur Verarbeitung relativer und indizierter Dateien*

Die SELECT-Eintragung zu einer Datei benennt neben dem externen und internen Dateinamen auch die Organisationsform und die Art des Zugriffs auf eine Datei. Für sequentiell organisierte Dateien wie z.B.

```
SELECT KUNDEN ASSIGN TO "C:\KUND.DAT"
    ORGANIZATION IS LINE SEQUENTIAL
    ACCESS MODE  IS SEQUENTIAL.
```

mußte die ACCESS MODE-Klausel nicht codiert werden, da diese Dateien nur sequentiell zugegriffen werden können. Auf relative Dateien (ORGANIZATION IS RELATIVE) und indizierte Dateien (ORGANIZATION IS INDEXED) kann aus einem COBOL-Programm heraus auf drei verschiedene Arten zugegriffen werden:

- sequentielle Zugriffsart   (ACCESS MODE IS SEQUENTIAL)
- wahlfreie Zugriffsart      (ACCESS MODE IS RANDOM)
- dynamische Zugriffsart     (ACCESS MODE IS DYNAMIC)

Wenn die *sequentielle Zugriffsart* angegeben wird, können die Datensätze indizierter Dateien aufsteigend nach Schlüsselwerten und die relativer Dateien in der Abfolge ihrer relativen Satznummern zugegriffen werden.

Die *wahlfreie Zugriffsart* gestattet den unmittelbaren Zugriff auf einen bestimmten Satz. Dieser Zugriff ist unabhängig von vorausgehenden Eingabe-/Ausgabeanforderungen des Programms. Zur Identifizierung des zuzugreifenden Satzes muß ein Schlüsselwert oder eine relative Satznummer angegeben werden.

Die *dynamische Zugriffsart* ermöglicht wahlfreie und zusätzlich auch sequentielle Zugriffe. Der Programmierer kann hier aufgrund anwendungsbezogener Verarbeitungsziele entscheiden, welche Zugriffsart er – auch abwechselnd – anwenden möchte. Abbildung 15.2 zeigt die Zulässigkeit der Zugriffsarten in Abhängigkeit von der Organisationsform einer Datei.

| Organisationsform (ORGANIZATION) | Zugriffsart (ACCESS MODE) | | |
|---|---|---|---|
| | sequentiell SEQUENTIAL | wahlfrei (direkt) RANDOM | dynamisch DYNAMIC |
| SEQUENTIAL | X | – | – |
| RELATIVE | X | X | X |
| INDEXED | X | X | X |

*Abb. 15.2 Zulässige Zugriffsarten bei sequentieller, relativer und indizierter Dateiorganisation*

In den nachfolgenden Abschnitten zur Verarbeitung von Direktzugriffsdateien werden die Funktionen, Formate und syntaktischen Regeln der Anweisungen zur Verarbeitung sequentieller Dateien (OPEN, CLOSE, READ, WRITE und REWRITE) als bekannt vorausgesetzt. Die Syntax zur Verarbeitung indizierter Dateien ist wegen der Möglichkeit des wahlfreien/sequentiellen Zugriffs über mehrere Schlüsselfelder je Satz geringfügig aufwendiger als die zur Verarbeitung relativer Dateien. Daher werden erst relative und anschließend indizierte Dateien behandelt. Hinsichtlich der mehr grundsätzlichen Mechanismen des wahlfreien Zugriffs auf Datensätze unterscheiden sich die beiden Organisationskonzepte nicht.

## 15.1 Relative Dateiorganisation

Relative Dateien sind als fortlaufende Folgen von *Satzbereichen* (Regionen) gleicher Länge organisiert. Jeder Satzbereich ist *Platzhalter* für einen Datensatz. Ein Bereich kann belegt oder auch leer sein. Jeder dieser Satzbereiche ist durch eine *relative Satznummer* (1, 2, ..., n) identifizierbar. Der erste Satzbereich wird durch die relative Satznummer 1 adressiert, der zehnte durch die Satznummer 10, unabhängig davon, ob Daten im 2. bis 9. Bereich gespeichert sind. Abbildung 15.3 verdeutlicht das Speicherkonzept bei relativer Dateiorganisation.

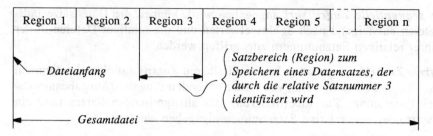

*Abb. 15.3   Relative Dateiorganisation*

Relative Dateien können sequentiell (SEQUENTIAL), wahlfrei (RANDOM) oder dynamisch (DYNAMIC) zugegriffen werden. Für den wahlfreien Zugriff auf einen Datensatz muß die relative Satznummer des Bereichs bekannt sein, in dem dieser Satz abgelegt ist.[1] Es ist Aufgabe des Programmierers, eine geeignete Vorschrift für die *Zuordnung von Datensätzen zu den Satzbereichen* relativer Dateien zu entwickeln.

Eine solche Zuordnung wirft keine Probleme auf, wenn die einen Datensatz identifizierenden künstlichen Schlüssel (z.B. Kunden-Nr. Artikel-Nr.) *beginnend mit dem Schlüsselwert 1 fortlaufend* vergeben werden. Hier kann der numerische Satzschlüssel selbst als relative Satznummer verwendet werden.

Wenn die Satzschlüssel *ab einem niedrigsten Wert* größer 1 (z.B. Kunden-Nr. 1010; siehe Abb. 15.4) fortlaufend vergeben sind, können die Schlüsselwerte durch Subtraktion einer geeignet zu wählenden Konstante in korrespondierende relative Satznummern transformiert werden:

niedrigster Schlüsselwert − Konstante = 1
relative Satznummer = Schlüsselwert − Konstante.

Für einen Kunden-Nummernkreis, der mit dem Schlüsselwert 1010 beginnt, erhält man die Konstante 1009. Der Kundensatz mit der Nummer 1010 wäre mithin im Satzbereich 1, der mit dem Schlüssel 1011 im Bereich 2 und z.B. der mit einer Kundennummer 1150 im Satzbereich 141 zu speichern. Wenn der Programmierer auf eine solche Transformation der Schlüsselwerte verzichtet, würde z.B. der Kundensatz mit dem niedrigsten Schlüsselwert im Satzbereich 1010 abgelegt. Das Dateiverwaltungssystem reserviert dann Speicherplatz für die vorausgehenden Satzbereiche 1 bis 1009, der **nicht genutzt** wird.

Die beiden vorstehend beschriebenen Verfahren zur Identifizierung der Satzbereiche relativer Dateien sind der direkten Adressierung zuzurechnen. Allgemein zeichnen sich Verfahren der **direkten Adressierung** durch beliebige aber umkehrbar eindeutige Transformationen numerischer Satzschlüssel in relative Satznummern aus. Diese Verfahren lassen sich immer dann sinnvoll einsetzen, wenn die

---

1. Für die Berechnung der absoluten (physischen) Bereichsadressen muß das Dateiverwaltungssystem lediglich die relative Satznummer, die Bereichslänge und die Adresse des Dateianfangs kennen.

Zuordnungsvorschrift eine *hohe Belegungsdichte* der Satzbereiche einer relativen Datei sicherstellen kann. Wenn z.B. der Identifikationsschlüssel einer Teilestammdatei als klassifizierender Schlüssel im Bereich von 10001 (niedrigster Schlüsselwert) bis 60000 (höchster Schlüsselwert) definiert wurde, tatsächlich aber nur 5000 Teilestammsätze gespeichert werden sollen, ist der Nummernkreis nur *lückenhaft* (und meist auch unregelmäßig) besetzt. Mit Verfahren der direkten Adressierung läßt sich dann nur eine Belegungsdichte der relativen Datei in Höhe von 10 % erreichen.[1]

| Satz-nummer | KUND-NR | NACH-NAME | VOR-NAME | STRASSE | PLZ | ORT |
|---|---|---|---|---|---|---|
| 1 | 1010 | Weber | Hans | Goethestr. 4 | 5000 | Köln |
| 2 | 1011 | Fischer | Sabine | Turmweg 15 | 2000 | Hamburg |
| 3 | 1012 | Schulz | Peter | Fichtestr. 3 | 5100 | Aachen |
| 4 | | | | | | |
| 5 | 1014 | Meier | Klaus | Bachstr. 24 | 7000 | Stuttgart |

*Abb. 15.4 Relative Kundendatei (Beispiel)*

Zur *Verbesserung der Belegungsdichte* relativer Dateien bei vorgegebenen, aber lückenhaft besetzten Nummernkreisen wurden Verfahren der *indirekten Adressierung* entwickelt, auf die hier lediglich hingewiesen werden kann. Sie transformieren Satzschlüssel nicht mehr umkehrbar eindeutig in relative Satznummern, so daß bei Mehrfachbelegungen eines Satzbereichs eine geeignete Überlaufverwaltung vorgesehen werden muß. Bis zum Auffinden eines Datensatzes können dann mehrere Dateizugriffe erforderlich sein.

Wenn Datensätze auch über *alphanumerische* Satzschlüssel wahlfrei zugegriffen werden sollen, lassen sich nur in Sonderfällen geeignete Transformationsvorschriften finden, die eine hohe Belegungsdichte relativer Dateien sicherstellen. Bei solchen Anwendungen werden dann indizierte Dateien eingesetzt.

## 15.1.1 Dateianschluß

Wie bei der Verarbeitung sequentieller Dateien muß für jede aus einem COBOL-Programm zuzugreifende relative Datei eine SELECT-Eintragung in der INPUT-OUTPUT SECTION (Paragraph FILE-CONTROL) und eine FD-Dateibeschreibung in der FILE SECTION vorgesehen werden. Hinsichtlich der Beschreibung der Datei in der FILE SECTION ergeben sich keinerlei Abweichungen gegenüber der Beschreibung sequentieller Dateien (vergl. Abschn. 6.2.2). Der SELECT-Eintragung für relative Dateien liegt das nachfolgend angegebene Format zugrunde.

---

1. Hier ist unterstellt, daß ein Datensatz mit dem Schlüsselwert 60000 tatsächlich gespeichert ist.

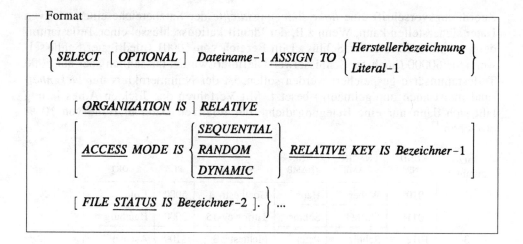

## Syntaktische Regeln

1. Mit Bezeichner-1 wird in der RELATIVE KEY-Klausel ein Feld vereinbart, das unmittelbar vor wahlfreien Satzzugriffen die relative Satznummer des zuzugreifenden Satzes enthalten muß. Bezeichner-1 muß vorzeichenlos und ganzzahlig definiert sein.
2. Die syntaktischen Regeln zur SELECT-Eintragung für sequentielle Dateien gelten analog.
3. Wie bei sequentiellen Dateien erlauben die hier berücksichtigten Compiler für Mikrocomputer in Ergänzung zum ANSI-Standardformat neben der *festen* Dateizuordnung die *dynamische* und auch die *externe* Dateizuweisung. Diese ausschließlich den externen Dateinamen betreffenden Formaterweiterungen können den Abschn. 6.2.1, 6.5.5 und 6.5.6 entnommen werden.

## Beschreibung

Die SELECT-Eintragung ordnet einem externen Dateinamen den COBOL-internen Namen Dateiname-1 zu. Das Schlüsselwort RELATIVE der ORGANIZATION-Klausel definiert diese Datei als relativ organisiert. Wenn keine ACCESS MODE-Klausel angegeben wird, ist implizit die sequentielle Zugriffsart vereinbart. Dann muß auch keine RELATIVE KEY-Klausel angegeben werden, da die sequentielle Zugriffsmethode wahlfreie Satzzugriffe ausschließt. Wenn die wahlfreie Zugriffsart (ACCESS MODE RANDOM) spezifiziert wird, muß auch die RELATIVE KEY-Klausel angegeben werden. Die Zugriffsart RANDOM erlaubt ausschließlich wahlfreie Zugriffe auf Datensätze, deren relative Satznummer vor einem Zugriff im ganzzahlig zu vereinbarenden Feld Bezeichner-1 abgelegt sein muß.

Wenn für eine relative Datei die dynamische Zugriffsart (ACCESS MODE DYNAMIC) spezifiziert wird, kann auf die Datei alternativ wahlfrei oder sequentiell zugegriffen werden. Auch bei dieser Zugriffsart ist die RELATIVE KEY-Klausel zwingend erforderlich.

Der OPTIONAL-Zusatz hat die gleiche Funktion wie bei sequentiellen Dateien. Für relative, indizierte und auch sequentiell organisierte Dateien darf eine FILE STATUS-Klausel codiert werden. Das geeignet zu definierende Feld Bezeichner-2 enthält dann nach jeder Eingabe-/Ausgabeanforderung an eine Datei einen Return-Code, der Aufschluß über Erfolg oder Mißerfolg einer Anweisung (OPEN, READ usw.) und in Fehlerfällen ergänzende Informationen zur Fehlerart liefert. Diese FILE STATUS-Informationen können dann für Zwecke der Programmablaufsteuerung ausgewertet werden. Da FILE STATUS-Informationen zu Dateien beliebiger Organisationsform angefordert werden können, wird auf diese Option zusammenfassend im Abschn. 15.5 eingegangen.

## Beispiel

```
SELECT OPTIONAL KUNDEN ASSIGN TO "C:\KUND.DAT"
       ORGANIZATION IS RELATIVE
       ACCESS MODE  IS DYNAMIC
       RELATIVE KEY IS REL-KEY.
...
FD  KUNDEN.
01  KUNDEN-SATZ.
    05 KUND-NR          PIC 9(4).
    05 ANSCHRIFT.
       07 VOR-NAME      PIC X(25).
       07 NACH-NAME     PIC X(25).
       07 STRASSE       PIC X(25).
       07 ORT           PIC X(30).
...
77  REL-KEY             PIC 9(4).
```

Die im Paragraphen FILE-CONTROL der INPUT-OUTPUT SECTION zu codierende SELECT-Eintragung definiert eine relative Datei KUNDEN, auf die dynamisch zugegriffen werden soll. Diese Datei ist in der FILE SECTION wie gewohnt zu beschreiben. Das in der RELATIVE KEY-Klausel vereinbarte Feld REL-KEY soll unmittelbar vor wahlfreien Satzzugriffen die jeweilige relative Satznummer eines in der Datei gespeicherten Datensatzes enthalten. Dieses Feld ist in der WORKING-STORAGE SECTION ganzzahlig definiert.

### 15.1.2 OPEN-Anweisung

**Funktion und Format**

Die OPEN-Anweisung macht eine (relative) Datei für Verarbeitungszwecke verfügbar.

```
┌─ Format ─────────────────────────────────────────┐
│             ⎧ INPUT   { Dateiname-1 } ... ⎫      │
│             ⎪ OUTPUT  { Dateiname-2 } ... ⎪      │
│    OPEN     ⎨                            ⎬  ... │
│             ⎪ I-O     { Dateiname-3 } ... ⎪      │
│             ⎩ EXTEND  { Dateiname-4 } ... ⎭      │
└──────────────────────────────────────────────────┘
```

**Syntaktische Regeln**

1. Die EXTEND-Verwendungsangabe darf nur für eine relative Datei codiert werden, deren Zugriffsart in der SELECT-Eintragung mit SEQUENTIAL angegeben ist.
2. Eine OPEN-Anweisung darf mehrere Dateien beliebiger Organisationsform öffnen.

**Beschreibung**

Die Verwendungsangaben INPUT, OUTPUT, I-O und EXTEND haben die im Zusammenhang mit sequentiellen Dateien erläuterten Funktionen. EXTEND darf jedoch nur angegeben werden, wenn für eine relative Datei in der zugehörigen SELECT-Eintragung die sequentielle Zugriffsart (ACCESS MODE IS SEQUENTIAL) gewählt wurde.

Der Inhalt einer bereits existierenden Datei, die mit OPEN OUTPUT geöffnet wurde, geht unwiederbringlich verloren. Existiert die Datei noch nicht, wird sie eingerichtet. Wenn in der SELECT-Klausel zu einer noch nicht existierenden Datei die OPTIONAL-Angabe codiert ist, kann sie auch durch Angabe der Eröffnungsmodi I-O oder EXTEND angelegt werden. Existiert eine mit I-O oder EXTEND eröffnete Datei nicht und fehlt auch die OPTIONAL-Angabe in der zugehörigen SELECT-Klausel, wird der Programmlauf bei Ausführung der OPEN-Anweisung mit einem Laufzeitfehler abgebrochen.

Bei sequentiellen Dateien ist die Ausführbarkeit der Anweisungen READ, WRITE und REWRITE vom jeweiligen Eröffnungsmodus einer Datei abhängig. Bei relativen Dateien muß zusätzlich die in der SELECT-Klausel vereinbarte Zugriffsart berücksichtigt werden.

Abbildung 15.5 zeigt die Ausführbarkeit der Anweisungen zur Verarbeitung relativer Dateien in Abhängigkeit von der vereinbarten Zugriffsart und dem jeweiligen Eröffnungsmodus einer Datei.

| Zugriffsart | Anweisung | Eröffnungsmodus | | | |
|---|---|---|---|---|---|
| | | INPUT | OUTPUT | I-O | EXTEND |
| SEQUENTIAL | READ    | X | – | X | – |
|            | WRITE   | – | X | – | X |
|            | REWRITE | – | – | X | – |
|            | START   | X | – | X | – |
|            | DELETE  | – | – | X | – |
| RANDOM | READ    | X | – | X | – |
|        | WRITE   | – | X | X | – |
|        | REWRITE | – | – | X | – |
|        | START   | – | – | – | – |
|        | DELETE  | – | – | X | – |
| DYNAMIC | READ    | X | – | X | – |
|         | WRITE   | – | X | X | – |
|         | REWRITE | – | – | X | – |
|         | START   | X | – | X | – |
|         | DELETE  | – | – | X | – |

*Abb. 15.5   Zulässigkeit von Dateizugriffen bei relativer Dateiorganisation*

Diese Abbildung macht deutlich, daß eine relative Datei, für die DYNAMIC als Zugriffsart vereinbart wurde und die zusätzlich als I-O-Datei geöffnet ist, keinerlei Restriktionen hinsichtlich der Ausführbarkeit von Anweisungen unterliegt. Die Kombination **DYNAMIC / I-O** wird daher – insbesondere bei interaktiven Anwendungen – *bevorzugt* verwendet.

### 15.1.3 READ-Anweisung

**Funktion und Format**

Die READ-Anweisung liest Datensätze einer relativen Datei sequentiell (Format-1) oder wahlfrei (Format-2).

```
┌─ Format-1 ──────────────────────────────────────────────────

    READ  Dateiname-1  [ NEXT ]  RECORD  [ INTO Bezeichner-1 ]


    [ AT END      Anweisungen-1 ]
    [ NOT AT END  Anweisungen-2 ]

  [ END-READ ]

└─────────────────────────────────────────────────────────────
```

```
┌─ Format-2 ─────────────────────────────────────────────┐
│                                                        │
│   READ  Dateiname-1  RECORD  [ INTO Bezeichner-1 ]     │
│                                                        │
│   [ INVALID KEY  Anweisungen-3 ]                       │
│   [ NOT INVALID KEY  Anweisungen-4 ]                   │
│                                                        │
│   [ END-READ ]                                         │
│                                                        │
└────────────────────────────────────────────────────────┘
```

### Syntaktische Regeln

1. Wenn für eine Datei die Zugriffsart SEQUENTIAL vereinbart wurde, muß sie mit einer Format-1-Anweisung gelesen werden. Das Schlüsselwort NEXT ist dann funktionslos.
2. Die NEXT-Option muß codiert werden, wenn die Zugriffsart DYNAMIC vereinbart ist und die relative Datei satzweise sequentiell gelesen werden soll.
3. Format-2 ist zu verwenden, wenn Datensätze einer relativen Datei wahlfrei gelesen werden sollen. Als Zugriffsart muß dann DYNAMIC oder RANDOM vereinbart sein.
4. Die Eingabedatei muß als INPUT oder I-O-Datei eröffnet sein.

### Beschreibung

Die READ-Anweisung nach *Format-1* ist geeignet, eine relative Datei so zu lesen, als sei sie sequentiell organisiert. Beim sequentiellen Lesen einer relativen Datei werden Datensätze in der Reihenfolge *aufsteigend nach relativen Satznummern* zur Verfügung gestellt. Satzbereiche (Regionen), in denen kein Datensatz abgelegt ist, werden dabei überlesen und Datensätze, die zu einem früheren Zeitpunkt logisch gelöscht wurden (DELETE-Anweisung, siehe Abschn. 15.1.7), werden ignoriert. Unmittelbar im Anschluß an die Ausführung einer OPEN-Anweisung stellt die READ-Anweisung denjenigen Datensatz zur Verfügung, der im Satzbereich mit der kleinsten relativen Satznummer gespeichert ist.[1]

Für das sequentielle Lesen einer relativen Datei muß der Programmierer keine relativen Satznummern bereitstellen. Die Datei muß im INPUT- oder I-O-Modus eröffnet sein. Das sequentielle Lesen ist möglich, wenn eine der Zugriffsarten DYNAMIC oder SEQUENTIAL vereinbart wurde. Ist DYNAMIC vereinbart, *muß die NEXT-Option codiert werden.*[2] Das Dateiende wird wie beim Lesen sequentieller Dateien (AT END-Angabe) erkannt.

---

1. Mit Hilfe der START-Anweisung kann auf einen beliebigen Erstsatz positioniert werden, ab dem dann die Datensätze sequentiell bereitgestellt werden; siehe hierzu Abschn. 15.1.4.
2. Wenn SEQUENTIAL vereinbart wurde, ist die NEXT-Option funktionslos.

*Format-2* der READ-Anweisung erlaubt das wahlfreie Lesen der Datensätze relativer Dateien. Eine READ-Anweisung nach Format-2 stellt denjenigen Datensatz in den Dateipuffer ein, dessen relative Satznummer unmittelbar vor Ausführung der Anweisung in dem für diesen Zweck (mittels der RELATIVE KEY-Klausel der SELECT-Eintragung) vereinbarten Feld gespeichert ist. Ist in dem durch die relative Satznummer adressierten Speicherbereich (Region) *kein Datensatz abgelegt*, oder wurde dieser Satz zuvor gelöscht, werden die auf das Schlüsselwort INVALID folgenden Anweisungen-3 ausgeführt. Der Programmierer kann hier die Anschlußverarbeitung nach erfolglosen wahlfreien Dateizugriffen (z.B. Fehlermeldung bei interaktiver Satzanforderung) codieren. Wenn die NOT INVALID-Option codiert wird, werden die Anweisungen-4 im Anschluß an einen erfolgreichen wahlfreien Zugriff ausgeführt. Die Geltungsbereiche der INVALID- bzw. NOT INVALID-Option müssen explizit (END-READ) oder implizit (.) begrenzt werden.

Voraussetzung für wahlfreie Lesezugriffe ist die Vereinbarung einer der Zugriffsarten DYNAMIC oder RANDOM. Weiterhin muß die Datei als INPUT- oder I-O-Datei eröffnet sein.

**Beispiele**

Das folgende Programm demonstriert das *sequentielle Lesen* der Datensätze einer relativ organisierten Kundendatei.

```
*-------------------------------------------
 FILE-CONTROL.
*-------------------------------------------
     SELECT OPTIONAL KUNDEN ASSIGN TO "C:\KUND.DAT"
            ORGANIZATION IS RELATIVE
            ACCESS MODE  IS DYNAMIC
            RELATIVE KEY IS REL-KEY.
*-------------------------------------------
 DATA DIVISION.
*-------------------------------------------
 FILE SECTION.
*-------------------------------------------
 FD  KUNDEN.
 01  KUNDEN-SATZ.
     05 KUND-NR          PIC 9(4).
     05 ANSCHRIFT.
        07 VOR-NAME      PIC X(25).
        07 NACH-NAME     PIC X(25).
        07 STRASSE       PIC X(25).
        07 ORT           PIC X(30).
*-------------------------------------------
 WORKING-STORAGE SECTION.
*-------------------------------------------
 77  REL-KEY             PIC 9(4).
 77  EOF-FELD            PIC 9.
     88 EOF                          VALUE 1.
 ...
```

```
*------------------------------------------------------------------
 PROCEDURE DIVISION.
*------------------------------------------------------------------
 START-PROG.
     ...
     INITIALIZE EOF-FELD.
     OPEN I-O KUNDEN.
     PERFORM UNTIL EOF
         READ KUNDEN NEXT
             AT END   SET EOF TO TRUE
             NOT END PERFORM KUNDEN-SATZ-VERARBEITEN
         END-READ
     END-PERFORM.
     ...
 ENDE-PROG.
     CLOSE KUNDEN.
     STOP RUN.
 KUNDEN-SATZ-VERARBEITEN.
     ...
```

Anstatt der Zugriffsart DYNAMIC könnte in der SELECT-Eintragung auch SEQUENTIAL vereinbart sein. Der Programmierer muß für das sequentielle Lesen keine relativen Satznummern bereitstellen. Wie bei sequentiellen Dateien stellt die erste READ-Anweisung im Anschluß an das Öffnen der Datei den ersten gespeicherten Satz zur Verfügung. Satzbereiche (Regionen), die keine Datensätze enthalten und logisch gelöschte Sätze werden überlesen.

Vor einem *wahlfreien Lesezugriff* muß die relative Satznummer des zu lesenden Datensatzes in das mittels der RELATIVE KEY-Klausel vereinbarte RELATIVE KEY-Feld eingestellt werden. Dem folgenden Programmausschnitt liegen die Datei- und Datendefinitionen des obigen Beispiels zugrunde. Die Kundensätze werden durch Kunden-Nummern identifiziert. Der Datensatz mit der niedrigsten vergebenen Kunden-Nummer 1010 soll im Satzbereich mit der relativen Satznummer 1 gespeichert sein.

```
     OPEN I-O KUNDEN.
     ...
     ACCEPT ACCEPT-KUND-NR AT 1205.
     COMPUTE REL-KEY = ACCEPT-KUND-NR - 1009.
     READ KUNDEN
         INVALID KEY DISPLAY "Kein Satz gespeichert !" AT 2401
         NOT INVALID PERFORM SATZ-VERARBEITEN
     END-READ.
     ...
     CLOSE KUNDEN.
     STOP RUN.
 SATZ-VERARBEITEN.
     ...
```

Gibt der Benutzer z.B. die Kunden-Nummer 1025 ein, wird der Inhalt des Satzbereichs mit der relativen Satznummer 16 gelesen. Scheitert dieser wahlfreie Zugriff, weil in diesem Satzbereich keine Daten gespeichert sind, wird die Meldung "Kein Satz gespeichert !" angezeigt.

## 15.1.4 START-Anweisung

### Funktion und Format

Die START-Anweisung positioniert eine relative Datei auf einen Erstsatz, ab dem sie anschließend sequentiell verarbeitet werden kann.

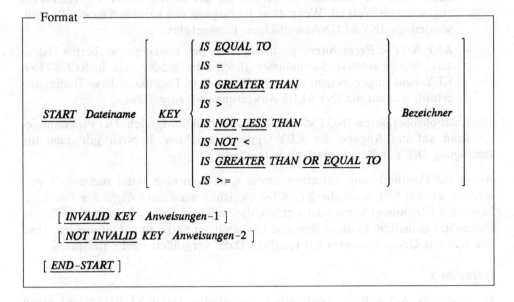

### Syntaktische Regeln

1. Die START-Anweisung darf nur verwendet werden, wenn für die relative Datei DYNAMIC oder SEQUENTIAL als Zugriffsart vereinbart und die Datei als I-O- oder INPUT-Datei eröffnet wurde.
2. Bezeichner gibt das in der RELATIVE KEY-Klausel vereinbarte Feld zur Aufnahme der relativen Satznummern an.

### Beschreibung

Unmittelbar nach Ausführung einer OPEN-Anweisung sind Direktzugriffsdateien ebenso wie sequentielle Dateien auf den ersten gespeicherten Datensatz positioniert. Direktzugriffsdateien können zusätzlich und beliebig häufig mittels der START-Anweisung auf einen beliebigen Erstsatz positioniert werden, ab dem die Datei anschließend sequentiell zugegriffen werden kann. Hierzu muß die Zugriffsart DYNAMIC oder SEQUENTIAL vereinbart sein.

Die KEY-Option dient der Auswahl des Erstsatzes. Bezeichner ist das in der SELECT-Eintragung vereinbarte RELATIVE KEY-Feld. Unmittelbar vor Ausführung der START-Anweisung muß diesem Feld eine relative Satznummer zugewiesen worden sein. Die Anweisung positioniert dann auf denjenigen (gespeicherten) Datensatz, der als erster die angegebene Vergleichsbedingung erfüllt:

- **KEY = Bezeichner**: positioniert exakt auf den Satzbereich, der durch die relative Satznummer identifiziert ist. Wenn in diesem Satzbereich kein Datensatz gespeichert ist, werden die auf das Schlüsselwort INVALID folgenden Anweisungen-1 ausgeführt.

- **KEY > Bezeichner**: positioniert auf den ersten gespeicherten Datensatz, dessen relative Satznummer größer als der dem RELATIVE KEY-Feld zugewiesene Wert ist. Wenn diese Bedingung von keinem Satz erfüllt wird, werden die INVALID-Anweisungen-1 ausgeführt.

- **KEY NOT < Bezeichner**: positioniert auf den ersten gespeicherten Datensatz, dessen relative Satznummer gleich oder größer dem in RELATIVE KEY-Feld angegebenen Wert ist. Wenn kein Datensatz diese Bedingung erfüllt, werden die INVALID-Anweisungen-1 ausgeführt.

Die Relationsoperatoren "NOT <" und ">=" sind funktionsgleich. Der Programmierer kann auf die Angabe der KEY-Option verzichten. Implizit gilt dann die Bedingung "KEY = Bezeichner" als vereinbart.

Außer zur Positionierung auf einen Erstsatz, ab dem eine Datei sequentiell verarbeitet werden soll, kann die START-Anweisung auch zum *Auffinden von Satzbereichen* (Regionen) verwendet werden, die unbelegt sind oder logisch gelöschte Datensätze enthalten. In diese Bereiche können dann Sätze eingefügt werden, ohne daß sich das Gesamtvolumen der relativen Datei vergrößert (siehe Beispiel 2).

## Beispiel 1

Der folgende Algorithmus positioniert die relative Datei KUNDEN auf einen Erstsatz, ab dem sie anschließend sequentiell gelesen wird. Zur Identifizierung des Erstsatzes gibt der Benutzer eine Kunden-Nummer ein, die im Programm in die korrespondierende relative Satznummer umgerechnet wird. Dem Programmausschnitt liegen die Datei- und Datendefinitionen der Beispiele des vorausgehenden Abschnitts zugrunde. Der Nummernkreis der Kundendatei soll wiederum mit dem kleinsten Schlüsselwert 1010 beginnen.

```
    OPEN I-O KUNDEN.
    ...
    ACCEPT START-KUNDEN-NR AT 1205.
    COMPUTE REL-KEY = START-KUNDEN-NR - 1009.
    START KUNDEN KEY NOT < REL-KEY
        INVALID KEY DISPLAY "Kein Erstsatz gefunden !" AT 2401
        NOT INVALID
            INITIALIZE EOF-FELD
            PERFORM UNTIL EOF
                READ KUNDEN NEXT
                    AT END  SET EOF TO TRUE
                    NOT END PERFORM KUNDEN-ANZEIGEN
                END-READ
            END-PERFORM
    END-START.
    ...
    STOP RUN.
KUNDEN-ANZEIGEN. ...
```

**Beispiel 2**

Wenn in eine relative Datei ein Datensatz eingefügt werden soll, muß entschieden werden, in welchem Satzbereich (Region) der Satz abzulegen ist. Eine solche Datei kann stets durch Anfügen neuer Satzbereiche verlängert werden.[1] Dann vergrößert sich der Speicherplatzbedarf der Datei. Alternativ kann man untersuchen, ob Satzbereiche innerhalb der Datei wegen der bisher (lückenhaft) vergebenen Satzschlüssel oder logisch gelöschter Datensätze unbelegt sind. In solche Satzbereiche können dann neue Sätze eingefügt werden, ohne daß dadurch das Gesamtvolumen der relativen Datei vergrößert wird. Das folgende Programm *sucht innerhalb der Datei* KUNDEN den *ersten ungenutzten Satzbereich* und schlägt die zu seiner relativen Satznummer korrespondierende Kunden-Nummer zur Vergabe für einen in die Datei neu aufzunehmenden Kunden(satz) vor.

```
*-----------------------------------
WORKING-STORAGE SECTION.
*-----------------------------------
77  REL-KEY                PIC 9(4).
77  INVALID-KEY-FELD       PIC 9.
    88 INVALID-KEY                    VALUE 1.
77  ERSTE-FREIE-KUNDEN-NR  PIC 9(4).
*-----------------------------------------------------------------
PROCEDURE DIVISION.
*-----------------------------------------------------------------
START-PROG.
    OPEN I-O KUNDEN.
    ...
    INITIALIZE INVALID-KEY-FELD REL-KEY ERSTE-FREIE-KUNDEN-NR.
    PERFORM UNTIL INVALID-KEY
       ADD 1 TO REL-KEY
       START KUNDEN KEY = REL-KEY
           INVALID KEY SET INVALID-KEY TO TRUE
           NOT INVALID CONTINUE
       END-START
    END-PERFORM.
    COMPUTE ERSTE-FREIE-KUNDEN-NR = REL-KEY + 1009.
    DISPLAY "Vorschlag freie Kunden-Nr. :" AT 2101.
    DISPLAY ERSTE-FREIE-KUNDEN-NR          AT 2131.
    ...
ENDE-PROG.
    CLOSE KUNDEN.
    STOP RUN.
```

Falls innerhalb der Datei alle Regionen belegt sind, wird eine Kunden-Nummer vorgeschlagen, die zur Verlängerung der Datei führt.

---

1. Zur WRITE-Anweisung siehe Abschnitt 15.1.5.

### 15.1.5 WRITE-Anweisung

**Funktion und Format**

Die WRITE-Anweisung schreibt Datensätze in unbelegte Satzbereiche (Regionen) einer relativen Datei.

```
┌─ Format ─────────────────────────────────────────┐
│                                                  │
│   WRITE  Datensatzname  [ FROM  Bezeichner ]     │
│                                                  │
│   [ INVALID KEY  Anweisungen-1 ]                 │
│   [ NOT INVALID KEY  Anweisungen-2 ]             │
│                                                  │
│   [ END-WRITE ]                                  │
│                                                  │
└──────────────────────────────────────────────────┘
```

**Syntaktische Regeln**

1. Die Ausgabedatei muß als I-O, OUTPUT- oder EXTEND-Datei geöffnet sein.
2. Für wahlfreie Satzausgaben muß DYNAMIC oder RANDOM als Zugriffsart vereinbart sein.
3. Die Zugriffsart SEQUENTIAL ermöglicht das sequentielle Beschreiben der Regionen einer relativen Datei.

**Beschreibung**

Die WRITE-Anweisung schreibt einen 01-Dateisatz Datensatzname in die diesem Satz zugeordnete Datei. Die auszugebenden Satzinhalte können vom Benutzer interaktiv bereitgestellt, als Verarbeitungsergebnis erzeugt und/oder beliebig organisierten anderen Dateien entnommen sein. In der Regel werden Datensätze wahlfrei in die Regionen einer relativen Datei ausgegeben. Seltener anwendbar ist die sequentielle Satzausgabe, bei der die Regionen in aufsteigender Abfolge relativer Satznummern beschrieben werden. Im Eröffnungsmodus EXTEND kann eine existierende Datei so auch verlängert werden.

Bei der *wahlfreien Ausgabe* von Datensätzen muß der Programmierer unmittelbar vor Ausführung einer WRITE-Anweisung im RELATIVE KEY-Feld die relative Satznummer derjenigen Region *bereitstellen*, in die der Datensatz eingetragen werden soll. Wenn die relative Satznummer im Wege der direkten (oder indirekten) Adressierung aus einem Satzschlüssel (z.B. Kunden-Nr., Artikel-Nr.) abgeleitet wird, kann der Datensatz bei späteren Zugriffen über dieses Organisationsdatum identifiziert werden. Der Versuch, einen Datensatz in eine bereits belegte Region zu schreiben, scheitert. In solchen Fällen werden die dem Schlüsselwort INVALID folgenden Anweisungen-1 ausgeführt, die explizit (END-WRITE) oder implizit (.) begrenzt sein müssen.

Damit Datensätze wahlfrei ausgegeben werden können, muß als Zugriffsart DYNAMIC oder RANDOM vereinbart sein. Weiterhin ist die Datei als I-O- oder OUTPUT-Datei zu öffnen.[1]

Die *sequentielle Ausgabe* von Datensätzen setzt die Zugriffsart SEQUENTIAL und einen der Dateieröffnungsmodi OUTPUT oder EXTEND voraus. Der Programmierer muß hier *keine* relativen Satznummern bereitstellen. Beim Öffnen einer OUTPUT-Datei werden eventuell schon gespeicherte Datensätze gelöscht. Die Sätze werden dann beginnend ab Region 1 aufsteigend nach relativen Satznummern in die Regionen der Datei abgelegt. Wird eine bereits existierende Datei als EXTEND-Datei geöffnet, bleiben die bereits gespeicherten Datensätze erhalten. Die WRITE-Anweisung fügt dann Datensätze am Dateiende (hinter einer belegten Region mit der höchsten relativen Satznummer) an. Eine nicht existierende Datei, die in der SELECT-Klausel als OPTIONAL-Datei angemeldet wurde, kann im EXTEND-Eröffnungsmodus auch sequentiell angelegt werden.

Wenn Datensätze sequentiell in eine relative Datei abgelegt werden und eine spätere Identifizierung der Sätze im Wege der direkten Adressierung erforderlich ist, müssen sie in der Sortierfolge aufsteigend nach Satzschlüsseln in die relative Datei geschrieben werden. Weiterhin darf der Nummernkreis der Satzschlüssel keine Lücken aufweisen.

## Beispiele

Das erste Programmbeispiel demonstriert die Übernahme der Datensätze einer sequentiell organisierten Datei (SEQ-KUNDEN) in eine relative Datei (REL-KUNDEN). Die Sätze werden wahlfrei in die Ausgabedatei geschrieben. Die Satzreihenfolge in der sequentiellen Datei ist daher unerheblich. Wenn die relative Ausgabedatei noch nicht existiert, wird sie eingerichtet (OPTIONAL), andernfalls werden die Sätze der sequentiellen Datei in die relative Datei eingefügt (I-O-Modus). Der Kunden-Nummernkreis möge wiederum mit dem niedrigsten Schlüsselwert 1010 beginnen.

```
      *-----------------------------------
       FILE-CONTROL.
      *-----------------------------------
           SELECT SEQ-KUNDEN ASSIGN TO "C:\SEQ-KUND.DAT"
                  ORGANIZATION IS LINE SEQUENTIAL.
           SELECT OPTIONAL REL-KUNDEN ASSIGN TO "C:\REL-KUND.DAT"
                  ORGANIZATION IS RELATIVE
                  ACCESS MODE  IS DYNAMIC
                  RELATIVE KEY IS REL-KEY.
      *-----------------------------------
       DATA DIVISION.
      *-----------------------------------
       FILE SECTION.
      *-----------------------------------
       FD  SEQ-KUNDEN.
       01  SEQ-KUNDEN-SATZ.
```

---

1. Siehe hierzu auch Abbildung 15.5 im Abschnitt 15.1.2.

```
            05  SEQ-KUND-NR        PIC 9(4).
            05  FILLER             PIC X(105).
        FD  REL-KUNDEN.
        01  REL-KUNDEN-SATZ.
            05  REL-KUND-NR        PIC 9(4).
            05  ANSCHRIFT.
                07  VOR-NAME       PIC X(25).
                07  NACH-NAME      PIC X(25).
                07  STRASSE        PIC X(25).
                07  ORT            PIC X(30).
       *-----------------------------------------
        WORKING-STORAGE SECTION.
       *-----------------------------------------
            77  REL-KEY            PIC 9(4).
            77  EOF-FELD           PIC 9.
                88  EOF                             VALUE 1.
            01  MELDUNG.
                05  FILLER         PIC X(26)
                    VALUE "Dateisatz mit Kunden-Nr. ".
                05  NR             PIC 9(4).
                05  FILLER         PIC X(23)
                    VALUE " bereits gespeichert !".
       *-----------------------------------------------------------------
        PROCEDURE DIVISION.
       *-----------------------------------------------------------------
        START-PROG.
            INITIALIZE EOF-FELD.
            OPEN INPUT SEQ-KUNDEN I-O REL-KUNDEN.
            PERFORM UNTIL EOF
                READ SEQ-KUNDEN
                    AT END  SET EOF TO TRUE
                    NOT END MOVE SEQ-KUNDEN-SATZ TO REL-KUNDEN-SATZ
                            COMPUTE REL-KEY = REL-KUND-NR - 1009
                            WRITE REL-KUNDEN-SATZ
                                INVALID KEY MOVE SEQ-KUND-NR TO NR
                                            DISPLAY MELDUNG UPON CONSOLE
                            END-WRITE
                END-READ
            END-PERFORM.
        ENDE-PROG.
            CLOSE SEQ-KUNDEN REL-KUNDEN.
            STOP RUN.
```

Der folgende Programmabschnitt demonstriert das wahlfreie Schreiben der von einem interaktiven Benutzer bereitgestellten Satzinhalte. Die Datensätze werden in eine bereits existierende Datei eingefügt (I-O-Modus). Wenn die relative Datei noch nicht existiert und sie in der SELECT-Klausel als OPTIONAL-Datei angemeldet wurde, wird sie bei Ausführung der Anweisung OPEN I-O eingerichtet.

```
            OPEN I-O KUNDEN.
            ...
            INITIALIZE KUNDEN-SATZ.
            ACCEPT KUND-NR         AT 1220.
            ACCEPT VOR-NAME        AT 1420.
            ACCEPT NACH-NAME       AT 1450.
```

```
    ACCEPT STRASSE          AT 1520.
    ACCEPT ORT              AT 1620.
    COMPUTE REL-KEY = KUND-NR - 1009.
    WRITE KUNDEN-SATZ
        INVALID KEY
            DISPLAY "Kunden-Nr. bereits vergeben !" AT 2401
    END-WRITE.
    ...
    CLOSE KUNDEN.
```

In Abschnitt 15.1.4, Beispiel 2, wurde gezeigt, daß mit Hilfe der START-Anweisung unbelegte Regionen einer relativen Datei ausfindig gemacht und dem Programmbenutzer dann bisher nicht vergebene Satzschlüssel zur Vergabe vorgeschlagen werden können.

## 15.1.6 REWRITE-Anweisung

### Funktion und Format

Die REWRITE-Anweisung überschreibt einen bereits in einer relativen Datei gespeicherten Datensatz.

```
┌─ Format ─────────────────────────────────────────────────┐
│                                                          │
│   REWRITE  Datensatzname  [ FROM  Bezeichner ]           │
│                                                          │
│                                                          │
│      [ INVALID KEY  Anweisungen-1 ]                      │
│                                                          │
│      [ NOT INVALID KEY  Anweisungen-2 ]                  │
│                                                          │
│                                                          │
│      [ END-REWRITE ]                                     │
│                                                          │
└──────────────────────────────────────────────────────────┘
```

### Syntaktische Regeln

1. Die Anweisung ist nur auf Dateien ausführbar, die im Modus I-O geöffnet wurden.
2. Bei wahlfreien Satzersetzungen muß der REWRITE-Anweisung keine READ-Anweisung vorausgehen.

### Beschreibung

Die in einer relativen Datei gespeicherten Datensätze können sequentiell oder wahlfrei überschrieben werden. Die Datei muß im I-O-Modus eröffnet sein.

*Wahlfreie Satzersetzungen* setzen voraus, daß für die betroffene Datei eine der Zugriffsarten DYNAMIC oder RANDOM vereinbart wurde. Der REWRITE-Anweisung muß nicht wie bei sequentiell organisierten Dateien eine READ-Anweisung vorausgehen. Der Programmierer muß sicherstellen, daß unmittelbar vor Ausführung der REWRITE-Anweisung in das RELATIVE KEY-Feld die relative Satznummer derjenigen Region eingestellt wird, deren Datensatz überschrieben werden soll. Die dem Schlüsselwort INVALID folgenden Anweisungen-1 werden ausgeführt, wenn die zu überschreibende Region *unbelegt* ist.

*Sequentielle Satzersetzungen* sind bei Vereinbarung der Zugriffsart SEQUENTIAL möglich. Der Programmierer muß hier keine relativen Satznummern bereitstellen. Der Ersetzungsablauf entspricht dann dem bei sequentiell organisierten Dateien: Die REWRITE-Anweisung ersetzt einen Datensatz, der unmittelbar vorher mittels einer READ-Anweisung gelesen wurde. Unter Verwendung der START-Anweisung kann auf einen Erstsatz positioniert werden, ab dem dann READ-/REWRITE-Ersetzungen möglich sind.

**Beispiel**

```
OPEN I-O KUNDEN.
...
MOVE WS-KUNDE TO KUNDEN-SATZ.
COMPUTE REL-KEY = KUND-NR - 1009.
REWRITE KUNDEN-SATZ INVALID KEY
    DISPLAY "Zu ersetzender Satz nicht gespeichert !" AT 2401
END-REWRITE.
...
CLOSE KUNDEN.
```

Hier wird der Inhalt des Feldes KUNDEN-SATZ in diejenige Region der relativen Datei eingetragen, deren relative Satznummer im RELATIVE KEY-Feld REL-KEY abgelegt ist.

### 15.1.7 DELETE-Anweisung

**Funktion und Format**

Mittels der DELETE-Anweisung können Datensätze einer relativen Datei logisch gelöscht werden.

```
┌─ Format ──────────────────────────────────────────┐
│                                                    │
│    DELETE  Dateiname  RECORD                       │
│                                                    │
│                                                    │
│     [ INVALID KEY  Anweisungen-1 ]                 │
│     [ NOT INVALID KEY  Anweisungen-2 ]             │
│                                                    │
│     [ END-DELETE ]                                 │
│                                                    │
└────────────────────────────────────────────────────┘
```

### Syntaktische Regeln

Die INVALID KEY- und die NOT INVALID KEY-Option dürfen nur codiert werden, wenn Datensätze in wahlfreiem Zugriff gelöscht werden.

### Beschreibung

Die DELETE-Anweisung löscht Datensätze logisch, d.h. ein Satz wird nicht physisch aus einer Region entfernt, sondern lediglich als gelöscht markiert. Diese Löschmarkierung verhindert spätere Zugriffe auf den betreffenden Datensatz.

Datensätze können nur in Dateien gelöscht werden, die im Modus I-O eröffnet sind. Dem Verb DELETE muß der COBOL-interne Dateiname einer relativen Datei nachgestellt sein. Für wahlfreie Satzlöschungen muß eine der Zugriffsarten DYNAMIC oder RANDOM vereinbart sein. Unmittelbar vor Ausführung einer DELETE-Anweisung ist dem RELATIVE KEY-Feld die relative Satznummer derjenigen Region zuzuweisen, deren Datensatz als gelöscht markiert werden soll. Wenn die relative Satznummer eine Region adressiert, die keinen Datensatz enthält, werden die auf das Wort INVALID folgenden Anweisungen-1 ausgeführt.

Ein oder mehrere Datensätze einer relativen Datei können auch gelöscht werden, wenn die Zugriffsart SEQUENTIAL vereinbart wurde. Die DELETE-Anweisung löscht hier denjenigen Datensatz, der unmittelbar vor ihrer Ausführung (erfolgreich) mit Hilfe einer READ-Anweisung gelesen wurde.

### Beispiel

```
OPEN I-O KUNDEN.
...
COMPUTE REL-KEY = KUND-NR - 1009.
DELETE KUNDEN INVALID KEY
   DISPLAY "Zu löschender Satz nicht gespeichert !" AT 2401
END-DELETE.
...
CLOSE KUNDEN.
```

Diese DELETE-Anweisung löscht wahlfrei einen Datensatz, der in derjenigen Region gespeichert ist, deren relative Satznummer dem RELATIVE KEY-Feld zugewiesen ist.

## 15.1.8 CLOSE-Anweisung

### Funktion und Format

Die CLOSE-Anweisung beendet die Bearbeitung einer zuvor geöffneten relativen Datei.

```
┌─ Format ─────────────────────────────┐
│                                      │
│   CLOSE  { Dateiname-1 } ...         │
│                                      │
└──────────────────────────────────────┘
```

**Beschreibung**

Eine CLOSE-Anweisung darf mehrere Dateien unterschiedlicher Organisationsformen schließen. Die Anweisung hat die im Zusammenhang mit der Verarbeitung sequentieller Dateien beschriebenen Funktionen (siehe Abschn. 6.3.5).

## 15.2 Indizierte Dateiorganisation

Indizierte Dateien können wahlfrei oder sequentiell zugegriffen werden. Der wahlfreie Zugriff erfolgt nicht wie bei relativen Dateien über die Position eines Datensatzes innerhalb der Datei, sondern über den Inhalt der vom Programmierer festzulegenden Schlüsselfelder.

Zu jeder indizierten Datei muß ein Feld der Datensatzbeschreibung zum *Primärschlüsselfeld* erklärt werden. Primärschlüssel sind identifizierende Satzschlüssel. Sie müssen *eindeutig vergeben* sein, d.h. innerhalb der Datei dürfen nicht mehrere Sätze gleiche Primärschlüsselwerte aufweisen. In der Regel erfüllen diese Anforderung nur künstliche Schlüssel (z.B. Artikel-Nr., Kunden-Nr.), die als Organisationsdaten ergänzend in Dateisätze aufgenommen werden. Neben dem Primärschlüssel kann der Programmierer weitere Zugriffsschlüssel definieren, die als *Sekundärschlüssel* bezeichnet werden. Sie müssen Dateisätze nicht eindeutig identifizieren, d.h. eine Datei darf *mehrere* Datensätze mit *gleichen* Sekundärschlüsselwerten (z.B. Nachnamen) enthalten.

Die Unterscheidung von Primär- und Sekundärschlüsseln ist für die Art ausführbarer Dateioperationen bedeutsam. Sensible Zugriffsoperationen wie das Löschen, Überschreiben oder Schreiben eines Satzes können nur anhand des den Datensatz eindeutig identifizierenden Primärschlüssels vorgenommen werden (z.B. "lösche Kunde mit Kunden-Nr. 1712"). Die weniger sensiblen Lesezugriffe sind auch über Sekundärschlüssel zulässig (z.B. "lies Kunden mit Wohnort Köln").

Die Datensätze einer indizierten Datei werden auf externen Speichermedien in eine *Datendatei* abgelegt, deren Aufbau dem relativ organisierter Dateien entspricht: Jeder Datensatz ist innerhalb der Datendatei über seine relative Satzadresse lokalisierbar. Das Dateiverwaltungssystem legt bei indizierter Dateiorganisation zu jeder Datendatei zusätzlich eine *Indexdatei* an, die beim Schreiben, Löschen und Überschreiben von Datensätzen automatisch gepflegt wird. Diese Indexdatei enthält für *jedes definierte Schlüsselfeld* ein *Inhaltsverzeichnis* (Index) zur Datendatei. In ein Inhaltsverzeichnis werden die Schlüsselwerte aller gespeicherten Sätze zusammen mit den jeweiligen relativen Satzadressen der Datensätze aufgenommen. Abbildung 15.6 zeigt zu einer indiziert organisierten Kundendatei den Inhalt der Datendatei, den zum Primärschlüssel KUNDNR gehörenden Primärschlüssel-Index sowie die Inhaltsverzeichnisse zu den Sekundärschlüsseln NACHNAME und ORT.[1]

---

1. Wenn der Programmierer keine Sekundärschlüssel vereinbart, enthält die Indexdatei lediglich das Inhaltsverzeichnis zum Primärschlüssel.

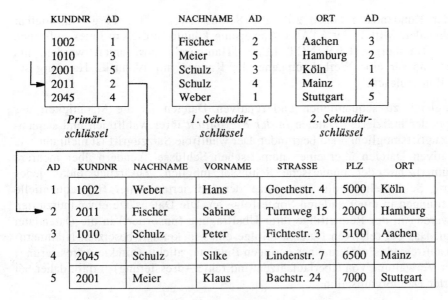

*Abb. 15.6   Indizierte Kundendatei mit Sekundärschlüsseln*

Für den wahlfreien Zugriff auf einen Datensatz muß ein Schlüsselwert vorgegeben werden. Dieser Schlüsselwert wird im Index aufgesucht. Die zugehörige relative Satzadresse ermöglicht dann den gezielten Zugriff auf den eigentlichen Datensatz in der Datendatei. Wenn Sekundärschlüssel definiert wurden, muß der Programmierer zusätzlich festlegen, *welches* Inhaltsverzeichnis nach einem Schlüsselwert durchsucht werden soll. Bei lesenden Dateizugriffen über Sekundärschlüssel kann im Programm geprüft werden, ob mehrere Datensätze gleiche Schlüsselwerte aufweisen.

Das Dateiverwaltungssystem legt die Schlüsselwerte in *aufsteigender* Sortierfolge-Ordnung in den einzelnen Inhaltsverzeichnissen ab. Diese Sortierung ermöglicht einerseits das *beschleunigte logarithmische Durchsuchen* eines Inhaltsverzeichnisses nach einem Schlüsselwert.[1] Dadurch verkürzt sich die Zugriffszeit bei wahlfreien Dateizugriffen. Andererseits sind die zu jedem Schlüsselfeld angelegten Inhaltsverzeichnisse Grundlage für die sequentielle Verarbeitung indizierter Dateien. Der Programmierer kann für sequentielle Zugriffe mit Hilfe einer READ- bzw. einer START-Anweisung *eines* der Inhaltsverzeichnisse zum *aktuellen* Verzeichnis erklären. Die sequentiellen Satzzugriffe erfolgen dann in der Sortierfolge der Schlüsselwerte dieses aktuellen Inhaltsverzeichnisses. Jeder Index bietet die Datei für sequentielle Verarbeitungen mithin *in einer anderen Satzfolge* an.

Die bei der Verarbeitung sequentiell organisierter Dateien häufig erforderlichen Sortierläufe (SORT-Anweisung) sind bei indizierten Mehrschlüsseldateien meist entbehrlich. So könnte z.B. über den Index NACHNAME der Kundendatei in Abb. 15.6 eine alphabetisch sortierte Namensliste aller Kunden erstellt werden. Im Index

---

1. Zum logarithmischen Suchen nach der Halbierungsmethode siehe Abschnitt 13.1.5.

ORT der Kundendatei liegen z.B. alle Schlüsselwerte "Hamburg" unmittelbar hintereinander. Mittels der START-Anweisung könnte in diesem Index auf einen Erstsatz "Hamburg" (KEY NOT LESS "Hamburg") positioniert werden, um anschließend für eine Werbekampagne alle Kunden mit Wohnsitz Hamburg sequentiell auszulesen.

Im Vergleich zu sequentiellen und relativen Dateien ist die Mächtigkeit des Konzepts der indizierten Dateien *in der Flexibilität* ihrer wahlfreien und sequentiellen Zugriffsmöglichkeiten begründet. Der wahlfreie Satzzugriff ist nicht nur wie bei relativen Dateien über einen numerischen Schlüssel, sondern über mehrere alphanumerische oder numerische Schlüssel möglich. Zusätzlich bietet jedes definierte Schlüsselfeld die Datensätze der indizierten Datei für sequentielle Verarbeitungen in einer anderen Sortierfolge an. Die Datensätze einer indizierten Datei werden in der Reihenfolge ihrer Übertragung (unsortiert) in die Datendatei abgelegt. Das bei relativen Dateien infolge eines lückenhaft besetzten Nummernkreises auftretende Problem einer geringen Belegungsdichte (direkte Adressierung) oder der Verwaltung von Überlaufsätzen (indirekte Adressierung) entfällt daher bei indizierter Dateiorganisation.

### 15.2.1 Dateianschluß

Für jede aus einem COBOL-Programm zuzugreifende indizierte Datei ist eine SELECT-Eintragung im Paragraphen FILE-CONTROL und eine Dateibeschreibung in der FILE SECTION erforderlich. Hinsichtlich der Dateibeschreibung in der FILE SECTION ergeben sich keine Abweichungen gegenüber der Beschreibung sequentieller oder relativer Dateien. Es muß jedoch sichergestellt sein, daß die in der SELECT-Eintragung zu benennenden Zugriffsschlüssel Bestandteil der 01-Dateisatzbeschreibung in der FILE SECTION sind. Der SELECT-Eintragung für indizierte Dateien liegt das nachfolgend angegebene Format zugrunde.

```
┌─ Format ─────────────────────────────────────────────────────────┐
│                                                                  │
│     ⎧ SELECT ⎫ [ OPTIONAL ] Dateiname-1 ASSIGN TO ⎧ Herstellerbezeichnung ⎫
│     ⎩        ⎭                                    ⎩ Literal-1             ⎭
│                                                                  │
│        [ ORGANIZATION IS ] INDEXED                               │
│                          ⎧ SEQUENTIAL ⎫                          │
│        ACCESS MODE IS    ⎨ RANDOM     ⎬   RECORD KEY IS Bezeichner-1
│                          ⎩ DYNAMIC    ⎭                          │
│        [ ALTERNATE RECORD KEY IS Bezeichner-2 [ WITH DUPLICATES ] ] ...
│        [ FILE STATUS IS Bezeichner-3 ]. ⎫ ...                    │
│                                         ⎭                        │
└──────────────────────────────────────────────────────────────────┘
```

**Syntaktische Regeln**

1. In der RECORD KEY-Klausel benennt Bezeichner-1 den Primärschlüssel. Bezeichner-1 muß als alphanumerisches Feld Bestandteil der Datensatzbeschreibung zur Datei Dateiname-1 sein.
2. In der ALTERNATE RECORD KEY-Klausel benennt Bezeichner-2 die optional definierbaren Sekundärschlüssel. Jeder vereinbarte Sekundärschlüssel Bezeichner-2 muß Bestandteil der Datensatzbeschreibung zur Datei Dateiname-1 sein.
3. Die syntaktischen Regeln zur SELECT-Eintragung für sequentielle Dateien gelten analog.
4. Wie bei sequentiellen Dateien erlauben die hier berücksichtigten Compiler für Mikrocomputer in Ergänzung zum ANSI-Standardformat neben der *festen* Dateizuordnung die *dynamische* und auch die *externe* Dateizuweisung. Diese ausschließlich den externen Dateinamen betreffenden Formaterweiterungen können den Abschn. 6.2.1, 6.5.5 und 6.5.6 entnommen werden.

**Beschreibung**

Die SELECT-Eintragung ordnet einem externen Dateinamen den COBOL-internen Dateinamen Dateiname-1 zu. Das Schlüsselwort INDEXED der ORGANIZATION-Klausel definiert diese Datei als indiziert organisiert.

Sequentielle und wahlfreie Datensatzzugriffe sind zulässig, wenn die dynamische Zugriffsart (DYNAMIC) vereinbart wird. Die wahlfreie Zugriffsart (RANDOM) schließt sequentielle Dateizugriffe aus. Wenn lediglich sequentielle Dateizugriffe geplant sind, kann ACCESS MODE SEQUENTIAL vereinbart werden. Wird die ACCESS MODE-Option nicht codiert, ist implizit die sequentielle Zugriffsart vereinbart.

Die RECORD KEY-Klausel benennt den *Primärschlüssel* Bezeichner-1 der indizierten Datei. Bezeichner-1 muß *Bestandteil der Dateisatzbeschreibung* zur indizierten Datei in der FILE SECTION sein. Innerhalb der Datei dürfen nicht mehrere Datensätze mit gleichen Primärschlüsselwerten auftreten. Für jeden zu definierenden *Sekundärschlüssel* muß eine ALTERNATE RECORD KEY-Klausel codiert werden. Bezeichner-2 benennt einen Sekundärschlüssel. Jeder vereinbarte Sekundärschlüssel muß *Bestandteil der Dateisatzbeschreibung* in der FILE SECTION sein. Wenn innerhalb der indizierten Datei mehrere Sätze gleiche Sekundärschlüsselwerte aufweisen dürfen, ist dem Namen des Schlüsselfelds (Bezeichner-2) das reservierte Wort DUPLICATES nachzustellen. Wird die Option DUPLICATES nicht codiert, erkennt die WRITE-Anweisung den Versuch der Ausgabe eines Datensatzes mit einem Sekundärschlüssel-Duplikat als unzulässig (INVALID-Ausgang).

Die COBOL-Norm legt fest, daß alle Schlüsselfelder (Bezeichner-1, Bezeichner-2) in der Dateisatzbeschreibung zur indizierten Datei (FILE SECTION) alphanumerisch zu definieren sind. Die meisten Compiler-Implementierungen – auch die hier berücksichtigten Compiler für Mikrocomputer – akzeptieren auch numerisch definierte Zugriffsschlüssel. Auf die FILE STATUS-Klausel wird in Abschnitt 15.5 eingegangen.

**Beispiel**

```
SELECT OPTIONAL KUNDEN ASSIGN TO "C:\KUND.DAT"
       ORGANIZATION IS INDEXED
       ACCESS MODE  IS DYNAMIC
       RECORD KEY   IS KUND-NR
       ALTERNATE RECORD KEY IS NACH-NAME WITH DUPLICATES
       ALTERNATE RECORD KEY IS ORT       WITH DUPLICATES.
...
FD  KUNDEN.
01  KUNDEN-SATZ.
    05 KUND-NR        PIC X(4).
    05 ANSCHRIFT.
       07 VOR-NAME    PIC X(25).
       07 NACH-NAME   PIC X(25).
       07 STRASSE     PIC X(25).
       07 PLZ         PIC 9(4).
       07 ORT         PIC X(26).
```

Die im Paragraphen FILE-CONTROL der INPUT-OUTPUT SECTION zu codierende SELECT-Eintragung definiert eine indizierte Datei KUNDEN, die dynamisch zugegriffen werden soll. Diese Datei ist in der FILE SECTION wie gewohnt zu beschreiben. Dabei ist sicherzustellen, daß die in der SELECT-Eintragung vereinbarten Zugriffsschlüssel (KUND-NR als Primärschlüssel und NACH-NAME, ORT als Sekundärschlüssel) Bestandteil der Dateisatzbeschreibung (KUNDEN-SATZ) sind. Für beide Sekundärschlüssel sind hier Duplikate zugelassen.

### 15.2.2 OPEN-Anweisung

**Funktion und Format**

Die OPEN-Anweisung macht eine (indizierte) Datei für Verarbeitungszwecke verfügbar.

```
┌─ Format ──────────────────────────────────┐
│                                           │
│           ⎧ INPUT   { Dateiname-1 } ... ⎫ │
│           ⎪ OUTPUT  { Dateiname-2 } ... ⎪ │
│   OPEN    ⎨                              ⎬ ... │
│           ⎪ I-O     { Dateiname-3 } ... ⎪ │
│           ⎩ EXTEND  { Dateiname-4 } ... ⎭ │
│                                           │
└───────────────────────────────────────────┘
```

**Syntaktische Regeln**

1. Die EXTEND-Verwendungsangabe darf nur für eine indizierte Datei codiert

werden, deren Zugriffsart mit SEQUENTIAL vereinbart wurde.
2. Eine OPEN-Anweisung darf mehrere Dateien beliebiger Organisationsformen öffnen.

**Beschreibung**

Die Verwendungsangaben INPUT, OUTPUT, I-O und EXTEND haben die im Zusammenhang mit sequentiellen Dateien erläuterten Funktionen. EXTEND kann nur verwendet werden, wenn als Zugriffsart SEQUENTIAL vereinbart wurde. Wie bei relativen Dateien ist die Ausführbarkeit der Anweisungen zur Verarbeitung indizierter Dateien von der vereinbarten Zugriffsart und dem Eröffnungsmodus einer Datei abhängig. Abbildung 15.7 zeigt die zulässigen Kombinationen.

| Zugriffsart | Anweisung | *Eröffnungsmodus* | | | |
| --- | --- | --- | --- | --- | --- |
| | | INPUT | OUTPUT | I-O | EXTEND |
| SEQUENTIAL | READ    | X | – | X | – |
|            | WRITE   | – | X | – | X |
|            | REWRITE | – | – | X | – |
|            | START   | X | – | X | – |
|            | DELETE  | – | – | X | – |
| RANDOM     | READ    | X | – | X | – |
|            | WRITE   | – | X | X | – |
|            | REWRITE | – | – | X | – |
|            | START   | – | – | – | – |
|            | DELETE  | – | – | X | – |
| DYNAMIC    | READ    | X | – | X | – |
|            | WRITE   | – | X | X | – |
|            | REWRITE | – | – | X | – |
|            | START   | X | – | X | – |
|            | DELETE  | – | – | X | – |

Abb. 15.7  *Zulässigkeit von Dateizugriffen bei indizierter Dateiorganisation*

Da die Kombination **DYNAMIC / I-O** keinerlei Restriktionen hinsichtlich der Ausführbarkeit von Anweisungen unterliegt, wird sie insbesondere bei interaktiven Anwendungen *bevorzugt* eingesetzt.

### 15.2.3 WRITE-Anweisung

**Funktion und Format**

Die WRITE-Anweisung überträgt Datensätze wahlfrei oder sequentiell in eine indizierte Ausgabedatei.

```
┌─ Format ─────────────────────────────────────────────┐
│                                                      │
│   WRITE  Datensatzname  [ FROM  Bezeichner ]         │
│                                                      │
│       [ INVALID KEY  Anweisungen-1 ]                 │
│       [ NOT INVALID KEY  Anweisungen-2 ]             │
│                                                      │
│   [ END-WRITE ]                                      │
│                                                      │
└──────────────────────────────────────────────────────┘
```

**Syntaktische Regeln**

1. Die Ausgabedatei muß als I-O, OUTPUT- oder EXTEND-Datei geöffnet sein.
2. Für wahlfreie Satzausgaben muß DYNAMIC oder RANDOM als Zugriffsart vereinbart sein.
3. Die Zugriffsart SEQUENTIAL ermöglicht sequentielle Satzausgaben in OUTPUT- und EXTEND-Dateien. Die Dateisätze müssen dann in aufsteigender Primärschlüsselfolge übertragen werden.

**Beschreibung**

Die WRITE-Anweisung schreibt einen 01-Dateisatz (Datensatzname) in die diesem Satz zugeordnete Datei. Die auszugebenden Satzinhalte können vom Benutzer interaktiv bereitgestellt, als Verarbeitungsergebnisse erzeugt und/oder beliebig organisierten anderen Dateien entnommen sein. In der Regel werden Datensätze wahlfrei geschrieben. Seltener anwendbar ist die sequentielle Satzausgabe, die voraussetzt, daß die Ausgabesätze in aufsteigender Primärschlüsselfolge übertragen werden.

Für die *wahlfreie Ausgabe* von Datensätzen muß die indizierte Datei als I-O- oder OUTPUT-Datei eröffnet und die Zugriffsart DYNAMIC oder RANDOM vereinbart sein.[1] Unmittelbar vor Ausführung einer WRITE-Anweisung steht der zu schreibende Datensatz *einschließlich des Primärschlüsselwerts* und gegebenenfalls auch der Sekundärschlüsselwerte unter der 01-Dateisatzbeschreibung im Dateipuffer. Bei Ausführung der WRITE-Anweisung werden die Schlüsselwerte in das jeweilige Inhaltsverzeichnis zu einem Schlüsselfeld *eingefügt* (Indexdatei). Der Datensatz selbst wird der Datendatei *angefügt*. Der Versuch, einen Datensatz mit einem Primärschlüssel auszugeben, der bereits im Primärschlüssel-Index enthalten ist,

---

1. Siehe hierzu auch Abbildung 15.7 in Abschnitt 15.2.2.

scheitert ebenso wie die Ausgabe von Sätzen mit Sekundärschlüssel-Duplikaten, wenn die DUPLICATES-Option nicht codiert wurde. In solchen Fällen werden die dem Schlüsselwort INVALID folgenden Anweisungen-1 ausgeführt, deren Geltungsbereich explizit oder implizit zu begrenzen ist.

Die *sequentielle Satzausgabe* ist möglich, wenn die Zugriffsart SEQUENTIAL vereinbart und die Datei als OUTPUT- oder EXTEND-Datei eröffnet ist. Beim Öffnen einer indizierten Datei als OUTPUT-Datei werden eine eventuell bereits existierende Datendatei *und* die zugehörige Indexdatei gelöscht. Der Programmierer muß sicherstellen, daß die zu schreibenden Datensätze in aufsteigender Primärschlüsselfolge übertragen werden.[1] Wird von dieser Sortierfolge abgewichen, werden die dem Schlüsselwort INVALID folgenden Anweisungen-1 ausgeführt.

Im Eröffnungsmodus EXTEND kann eine bereits existierende indizierte Datei verlängert werden. Existiert die Ausgabedatei noch nicht und ist sie als OPTIONAL-Datei vereinbart, wird sie eingerichtet. Die Datensätze müssen auch hier in aufsteigender Primärschlüsselfolge ausgegeben werden. Wenn die Ausgabedatei bereits existiert, muß sichergestellt sein, daß der erste zu übertragende Satz einen Primärschlüssel aufweist, der in der Sortierfolge-Ordnung hinter dem höchsten bisher gespeicherten Primärschlüsselwert liegt.

Eine bereits erstellte indizierte Datei kann *in ihrer Struktur* nicht mehr verändert werden. Insbesondere kann der *Satzaufbau* nicht geändert und es können nachträglich auch *keine zusätzlichen Sekundärschlüssel* definiert werden. Wenn solche Änderungen erforderlich sind, muß ein existierender Datenbestand satzweise in die neue Dateistruktur überführt werden (READ-/WRITE-Schleife).

Die hier berücksichtigten Compiler für Mikrocomputer legen zu einer indizierten Datei, die z.B. mit

```
SELECT OPTIONAL KUNDEN ASSIGN TO "C:\KUND.DAT"
```

angemeldet wird, die Datensätze in die Datendatei KUND.DAT und den Primärschlüssel-Index sowie die Inhaltsverzeichnisse für Sekundärschlüssel in eine Indexdatei KUND.IDX ab. Wenn eine indizierte Datei mit Hilfe eines Betriebssystem-Befehls gelöscht werden soll, müssen *beide Teildateien* gelöscht werden. Weisen die Indexdatei und die zugehörige Datendatei nicht den gleichen Aktualitätsstand auf, müssen Satzzugriffe scheitern.

## Beispiele

Das folgende Programm demonstriert die Übernahme der Datensätze einer sequentiell organisierten Datei (SEQ-KUNDEN) in eine indizierte Datei (IND-KUNDEN). Die Sätze werden wahlfrei in die Ausgabedatei geschrieben. Die Satzreihenfolge in der sequentiellen Datei ist daher unerheblich. Wenn die Ausgabedatei noch nicht existiert, wird sie eingerichtet (OPTIONAL), andernfalls werden die Sätze der sequentiellen Datei in die indizierte Datei eingefügt (I-O-Modus).

---

1. Diese Forderung ist z.B. erfüllt, wenn die Datensätze einer nach Primärschlüsseln sortierten sequentiellen Datei in eine indizierte Datei übernommen werden.

```
*------------------------------------
 FILE-CONTROL.
*------------------------------------
     SELECT SEQ-KUNDEN ASSIGN TO "C:\SEQ-KUND.DAT"
            ORGANIZATION IS LINE SEQUENTIAL.
     SELECT OPTIONAL IND-KUNDEN ASSIGN TO "C:\IND-KUND.DAT"
            ORGANIZATION IS INDEXED
            ACCESS  MODE IS DYNAMIC
            RECORD    KEY IS IND-KUND-NR
            ALTERNATE RECORD KEY IS NACH-NAME WITH DUPLICATES
            ALTERNATE RECORD KEY IS ORT       WITH DUPLICATES.
*------------------------------------------------------------
 DATA DIVISION.
*------------------------------------------------------------
 FILE SECTION.
*------------------------------------
 FD  SEQ-KUNDEN.
 01  SEQ-KUNDEN-SATZ.
     05 SEQ-KUND-NR      PIC 9(4).
     05 FILLER           PIC X(105).
 FD  IND-KUNDEN.
 01  IND-KUNDEN-SATZ.
     05 IND-KUND-NR      PIC X(4).
     05 ANSCHRIFT.
        07 VOR-NAME      PIC X(25).
        07 NACH-NAME     PIC X(25).
        07 STRASSE       PIC X(25).
        07 PLZ           PIC 9(4).
        07 ORT           PIC X(26).
*------------------------------------
 WORKING-STORAGE SECTION.
*------------------------------------
 77  EOF-FELD            PIC 9.
     88 EOF                          VALUE 1.
 01  MELDUNG.
     05 FILLER           PIC X(26)
        VALUE "Dateisatz mit Kunden-Nr.  ".
     05 NR               PIC 9(4).
     05 FILLER           PIC X(23)
        VALUE " bereits gespeichert !".
*------------------------------------------------------------
 PROCEDURE DIVISION.
*------------------------------------------------------------
 START-PROG.
     INITIALIZE EOF-FELD.
     OPEN INPUT SEQ-KUNDEN I-O IND-KUNDEN.
     PERFORM UNTIL EOF
        READ SEQ-KUNDEN
             AT END  SET EOF TO TRUE
             NOT END WRITE IND-KUNDEN-SATZ FROM SEQ-KUNDEN-SATZ
                        INVALID KEY MOVE SEQ-KUND-NR TO NR
                                    DISPLAY MELDUNG UPON CONSOLE
                     END-WRITE
        END-READ
     END-PERFORM.
```

```
ENDE-PROG.
    CLOSE SEQ-KUNDEN IND-KUNDEN.
    STOP RUN.
```

Der folgende Programmausschnitt demonstriert das wahlfreie Schreiben der von einem interaktiven Benutzer bereitgestellten Satzinhalte. Die Datensätze werden in eine bereits existierende Datei eingefügt (I-O-Modus). Wenn die indizierte Datei noch nicht existiert und sie in der SELECT-Klausel als OPTIONAL-Datei angemeldet wurde, wird sie bei Ausführung der Anweisung OPEN I-O eingerichtet.

```
    OPEN I-O IND-KUNDEN.
    ...
    INITIALIZE IND-KUNDEN-SATZ.
    ACCEPT ACCEPT-KUND-NR     AT 1220.
    ACCEPT VOR-NAME           AT 1420.
    ACCEPT NACH-NAME          AT 1450.
    ACCEPT STRASSE            AT 1520.
    ACCEPT PLZ                AT 1620.
    ACCEPT ORT                AT 1625.
    WRITE  IND-KUNDEN-SATZ
           INVALID KEY
               DISPLAY "Kunden-Nr. bereits vergeben !" AT 2401
    END-WRITE.
    ...
    CLOSE IND-KUNDEN.
    STOP RUN.
```

Dem Programmausschnitt liegen die Datendefinitionen des vorausgehenden Beispiels zugrunde. Lediglich der alphanumerisch definierte Primärschlüssel

```
FD  IND-KUNDEN.
01  IND-KUNDEN-SATZ.
    05 IND-KUND-NR          PIC X(4).
    05 FILLER               REDEFINES IND-KUND-NR.
       07 ACCEPT-KUND-NR PIC 9(4).
    05 ANSCHRIFT.
    ...
```

wurde numerisch redefiniert. Die Eingabe von Buchstaben und Sonderzeichen durch den Benutzer kann so verhindert werden.

## 15.2.4 READ-Anweisung

**Funktion und Format**

Die READ-Anweisung liest Datensätze einer indizierten Datei sequentiell (Format-1) oder wahlfrei (Format-2).

```
┌─ Format-1 ──────────────────────────────────────────────────────┐
│                                                                 │
│   READ  Dateiname-1  [ NEXT ]  RECORD  [ INTO Bezeichner-1 ]    │
│                                                                 │
│     [ AT END      Anweisungen-1 ]                               │
│     [ NOT AT END  Anweisungen-2 ]                               │
│                                                                 │
│   [ END-READ ]                                                  │
└─────────────────────────────────────────────────────────────────┘
┌─ Format-2 ──────────────────────────────────────────────────────┐
│                                                                 │
│   READ  Dateiname-1  RECORD  [ INTO Bezeichner-1 ]              │
│                                                                 │
│     [ KEY IS  Bezeichner-2 ]                                    │
│     [ INVALID KEY      Anweisungen-3 ]                          │
│     [ NOT INVALID KEY  Anweisungen-4 ]                          │
│                                                                 │
│   [ END-READ ]                                                  │
└─────────────────────────────────────────────────────────────────┘
```

**Syntaktische Regeln**

1. Wenn für eine Datei die Zugriffsart SEQUENTIAL vereinbart wurde, muß sie mit einer Format-1-Anweisung gelesen werden. Das Schlüsselwort NEXT ist dann funktionslos.

2. Die NEXT-Option muß codiert werden, wenn die Zugriffsart DYNAMIC vereinbart ist und die indizierte Datei satzweise sequentiell gelesen werden soll.

3. Format-2 ist zu verwenden, wenn Datensätze einer indizierten Datei wahlfrei gelesen werden sollen. Als Zugriffsart muß dann DYNAMIC oder RANDOM vereinbart sein.

4. Die Eingabedatei muß als INPUT- oder I-O-Datei eröffnet sein.

**Beschreibung**

Die Datensätze einer indizierten Datei können in der Sortierfolge-Ordnung ihrer Schlüsselwerte sequentiell (Format-1) oder nach Vorgabe eines Schlüsselwerts wahlfrei (Format-2) gelesen werden. Damit Datensätze *wahlfrei* nach Format-2 gelesen werden können, muß als Zugriffsart DYNAMIC oder RANDOM vereinbart und die Datei als I-O- oder INPUT-Datei geöffnet sein. Voraussetzungen für den wahlfreien Zugriff sind weiterhin, daß ein Schlüsselwert (z.B. Kunden-Nr., Kunden-Name) bereitgestellt und festgelegt wird, ob dieser Schlüssel im Primärschlüssel-Index *oder* in einem der Inhaltsverzeichnisse für Sekundärschlüssel gesucht werden soll.

Die Entscheidung, über welches Inhaltsverzeichnis wahlfrei zuzugreifen ist, wird mit der KEY IS-Angabe getroffen: Bezeichner-2 benennt eines der in der SELECT-Eintragung vereinbarten Schlüsselfelder. Das Schlüsselfeld ist Bestandteil der Dateisatzbeschreibung zur indizierten Datei in der FILE SECTION.

*Unmittelbar vor Ausführung* der READ-Anweisung muß dem Schlüsselfeld Bezeichner-2 ein *Schlüsselwert* zugewiesen sein. Dieser wird im zu Bezeichner-2 gehörenden Inhaltsverzeichnis in der Indexdatei aufgesucht und der zugehörige Dateisatz dann im Dateipuffer bereitgestellt.

Wenn Bezeichner-2 zum Zeitpunkt der Ausführung der READ-Anweisung einen Primär- oder Sekundärschlüsselwert enthält, der im zugehörigen Index nicht auffindbar ist, werden die dem Schlüsselwort INVALID folgenden Anweisungen-3 ausgeführt.

Erfolgt der wahlfreie Zugriff über einen Sekundär-Index und sind für dieses Inhaltsverzeichnis Schlüsselduplikate (WITH DUPLICATES) zugelassen, kann geprüft werden, ob weitere Datensätze *mit gleichem* Sekundärschlüsselwert gespeichert sind. Wegen der aufsteigenden Sortierfolge der Index-Eintragungen liegen gleiche Schlüsselwerte im Inhaltsverzeichnis *unmittelbar hintereinander.* Die Datei kann daher sequentiell (Format-1) solange erneut gelesen werden, bis im Programm registriert wird (IF-Abfrage), daß ein Satz mit abweichendem Schlüsselwert gelesen wurde.[1]

Wenn der Programmierer beim wahlfreien Lesen nach Format-2 auf die Angabe der KEY IS-Option *verzichtet*, wird über den Primärschlüssel-Index zugegriffen. Unmittelbar vor Ausführung einer READ-Anweisung muß dann dem Primärschlüsselfeld ein Schlüsselwert zugewiesen sein.

Unter Verwendung der READ-Anweisung nach Format-1 kann eine indizierte Datei sequentiell gelesen werden. Es muß dann DYNAMIC oder SEQUENTIAL als Zugriffsart vereinbart sein. Wenn DYNAMIC vereinbart ist, muß das Schlüsselwort NEXT codiert werden.

Unmittelbar nach dem Öffnen einer indizierten Datei im Modus I-O oder INPUT ist der Primärschlüssel-Index das *aktuelle Inhaltsverzeichnis* für sequentielle Lesezugriffe. Die erste READ-Anweisung (Format-1) nach Ausführung der OPEN-Anweisung liefert den Datensatz mit dem in der Sortierfolge-Ordnung niedrigsten Primärschlüsselwert. Weitere READ-Anweisungen stellen Datensätze in aufstei-

---

1. In Abschnitt 15.5 wird gezeigt, daß sich alternativ auch unter Verwendung der FILE STATUS-Klausel Informationen über das Vorhandensein von Schlüsselduplikaten bereitstellen lassen.

gender Primärschlüsselfolge im Dateipuffer zur Verfügung. Nachdem der Primärindex vollständig abgearbeitet ist, werden die der AT END-Angabe folgenden Anweisungen-1 ausgeführt.[1]

Wenn der Programmierer die Datensätze der indizierten Datei nicht vollständig in der Sortierfolge aufsteigend nach Primärschlüsseln zugreifen möchte, muß er die Datei auf einen Erstsatz positionieren, ab dem dann sequentiell gelesen wird. Die *Positionierung auf einen Erstsatz* kann mit Hilfe der im nachfolgenden Abschnitt zu erläuternden START-Anweisung oder alternativ durch den wahlfreien Lesezugriff auf diesen Erstsatz (Format-2) erfolgen. Wird mit der READ-Anweisung nach Format-2 der Erstsatz wahlfrei gelesen, können weitere Sätze sequentiell mit Format-1 bereitgestellt werden.

Die bisherigen Ausführungen zum sequentiellen Lesen bezogen sich auf die Sortierfolge gemäß Primärindex. Der Primärindex ist unmittelbar nach dem Öffnen einer Datei das aktuelle Inhaltsverzeichnis. Soll eine indizierte Datei in der Sortierfolge eines Sekundärschlüssels sequentiell verarbeitet werden, muß der Sekundärschlüssel-Index *explizit als aktuelles Verzeichnis* vereinbart werden. Hierzu existieren *zwei* Möglichkeiten: Mittels der START-Anweisung wird auf einen beliebigen Schlüsselwert in einem anzugebenden Index positioniert. Dieses Inhaltsverzeichnis ist dann das aktuelle Verzeichnis für das nachfolgende sequentielle Lesen mit einer Format-1-Anweisung. Alternativ kann ein Datensatz wahlfrei über einen beliebigen Index zugegriffen werden (Format-2). Das mit Bezeichner-2 spezifizierte Verzeichnis ist dann das aktuelle Inhaltsverzeichnis, über das die auf den wahlfrei gelesenen Erstsatz sequentiell folgenden Sätze mit Format-1-Anweisungen ausgelesen werden können.

### Beispiele

Der folgende Programmausschnitt demonstriert das sequentielle Lesen einer indizierten Datei in der Sortierfolge der Primärschlüsselwerte. Dem Beispiel liegen die im vorausgehenden Abschnitt angegebenen Definitionen zur Kundendatei zugrunde.

```
    OPEN I-O IND-KUNDEN.
    INITIALIZE EOF-FELD.
    PERFORM UNTIL EOF
        READ IND-KUNDEN NEXT
            AT END  SET EOF TO TRUE
            NOT END PERFORM SATZ-ANZEIGEN
        END-READ
    END-PERFORM.
    ...
    CLOSE IND-KUNDEN.
    STOP RUN.
SATZ-ANZEIGEN.
    ...
```

---

1. Hier ist das "logische Dateiende" gemäß Primärindex erreicht.

Der Programmbenutzer erhält im folgenden Beispiel die Gelegenheit, einen Sekundärschlüsselwert (ORT) einzugeben. Die READ-Anweisung aktiviert den zugehörigen Sekundär-Index (KEY IS ORT), sucht den Schlüsselwert auf und bringt den wahlfrei gelesenen Datensatz zur Anzeige.

```
    OPEN I-O IND-KUNDEN.
    ...
    ACCEPT ORT AT 1210.
    READ IND-KUNDEN
        KEY IS ORT
        INVALID KEY DISPLAY
            "Kein Satz mit diesem Schlüssel gespeichert!" AT 2401
        NOT INVALID PERFORM SATZ-ANZEIGEN
    END-READ.
    ...
    CLOSE IND-KUNDEN.
    STOP RUN.
SATZ-ANZEIGEN.
    ...
```

## 15.2.5 START-Anweisung

**Funktion und Format**

Die START-Anweisung positioniert eine indizierte Datei auf einen Erstsatz, ab dem dann sequentiell gelesen werden kann.

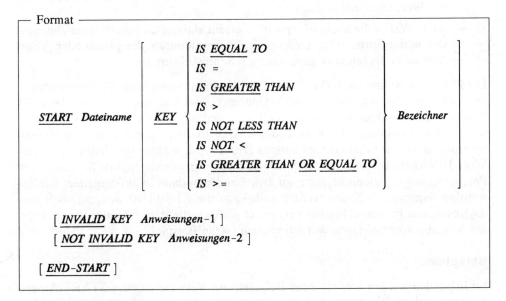

**Syntaktische Regeln**

1. Für die indizierte Datei muß DYNAMIC oder SEQUENTIAL als Zugriffsart vereinbart sein. Weiterhin ist die Datei als I-O- oder INPUT-Datei zu öffnen.

2. Bezeichner gibt das Primärschlüsselfeld oder alternativ ein Sekundärschlüsselfeld an.

## Beschreibung

Unmittelbar nach dem Öffnen einer indizierten Datei als I-O- oder INPUT-Datei ist der Primärschlüssel-Index aktiviert. Weiterhin ist die Datei auf den Datensatz mit dem in der Sortierfolge niedrigsten Primärschlüsselwert positioniert. Bei einem nachfolgenden sequentiellen Lesen der Datei werden Datensätze in aufsteigender Primärschlüsselfolge bereitgestellt. Mit Hilfe der START-Anweisung kann von dieser Standardvorgabe abgewichen werden.

Die START-Anweisung *aktiviert* das mit Bezeichner angegebene Inhaltsverzeichnis der indizierten Datei und positioniert nach Maßgabe der KEY-Angabe auf einen Erstsatz, ab dem die Datei dann in der Sortierfolge des gewählten Inhaltsverzeichnisses sequentiell gelesen werden kann. Unmittelbar *vor Ausführung* der START-Anweisung muß dem Schlüsselfeld Bezeichner (Primär- oder Sekundärschlüsselfeld) ein Schlüsselwert zugewiesen worden sein. Die Anweisung positioniert dann auf denjenigen Erstsatz, der als erster die in der KEY-Angabe codierte Vergleichsbedingung erfüllt:

- *KEY = Bezeichner*: positioniert exakt auf denjenigen Datensatz, dessen Schlüsselwert im Feld Bezeichner gespeichert ist.[1]

- *KEY > Bezeichner*: positioniert auf den ersten Datensatz, dessen Schlüsselwert im aktivierten Inhaltsverzeichnis dem unter Bezeichner gespeicherten Wert unmittelbar folgt.

- *KEY NOT < Bezeichner*: positioniert im aktivierten Inhaltsverzeichnis auf den in der Sortierfolge niedrigsten Schlüsseleintrag, der gleich oder größer dem unter Bezeichner gespeicherten Schlüsselwert ist.

Die Relationsoperatoren "NOT <" und ">=" sind funktionsgleich. Der Programmierer kann auf die Angabe der KEY-Option verzichten. Implizit sind dann der Primär-Index als aktuelles Inhaltsverzeichnis und die Gleichheitsrelation "KEY = Bezeichner" vereinbart. Wenn die codierte KEY-Bedingung von keinem Schlüsselwert des aktuellen Inhaltsverzeichnisses erfüllt wird, werden die dem reservierten Wort INVALID folgenden Anweisungen-1 zur Ausführung gebracht. Außer zur Positionierung auf einen Erstsatz, ab dem eine Datei dann in aufsteigender Schlüsselfolge sequentiell gelesen werden soll, kann die START-Anweisung auch zum *Auffinden* von Primärschlüsseln verwendet werden, die dem interaktiven Benutzer zur Vergabe vorgeschlagen werden können (siehe Beispiele).

## Beispiele

Im folgenden werden vier typische Beispiele zur Verwendung der START-Anweisung angegeben. Die ersten drei Algorithmen demonstrieren das Zusammenwirken

---

1. Genau diese Erstsatzpositionierung ließe sich auch mit einer READ-Anweisung (Format-2) realisieren.

der START-Anweisung mit nachfolgenden READ-Anweisungen. Im letzten Beispiel werden ungenutzte Primärschlüssel gesucht und dem Benutzer zur Vergabe vorgeschlagen.

Das folgende Programm bringt die Datensätze einer Datei IND-KUNDEN in der Sortierfolge eines Sekundärschlüssel-Indexes zur Anzeige. Die START-Anweisung aktiviert das Inhaltsverzeichnis NACH-NAME und positioniert die Datei auf den Datensatz mit dem in der Sortierfolge dieses Verzeichnisses niedrigsten Schlüsselwert (MOVE SPACE TO NACH-NAME). Anschließend wird die Datei sequentiell gelesen.

```
*------------------------------------------
 FILE-CONTROL.
*------------------------------------------
     SELECT OPTIONAL IND-KUNDEN ASSIGN TO "C:\IND-KUND.DAT"
            ORGANIZATION IS INDEXED
            ACCESS MODE  IS DYNAMIC
            RECORD KEY   IS IND-KUND-NR
            ALTERNATE RECORD KEY IS NACH-NAME WITH DUPLICATES
            ALTERNATE RECORD KEY IS ORT       WITH DUPLICATES.
*------------------------------------------
 DATA DIVISION.
*------------------------------------------
 FILE SECTION.
*------------------------------------------
 FD  IND-KUNDEN.
 01  IND-KUNDEN-SATZ.
     05 IND-KUND-NR        PIC X(4).
     05 FILLER             REDEFINES IND-KUND-NR.
        07 ACCEPT-KUND-NR  PIC 9(4).
     05 ANSCHRIFT.
        07 VOR-NAME        PIC X(25).
        07 NACH-NAME       PIC X(25).
        07 STRASSE         PIC X(25).
        07 PLZ             PIC 9(4).
        07 ORT             PIC X(26).
*------------------------------------------
 WORKING-STORAGE SECTION.
*------------------------------------------
 77  EOF-FELD             PIC 9.
     88 EOF                          VALUE 1.
 01  MELDUNG.
     05 FILLER            PIC X(26)
        VALUE "Dateisatz mit Kunden-Nr. ".
     05 NR                PIC 9(4).
     05 FILLER            PIC X(23)
        VALUE " bereits gespeichert !".
*------------------------------------------
 PROCEDURE DIVISION.
*------------------------------------------
 START-PROG.
     OPEN I-O IND-KUNDEN.
     MOVE SPACE TO NACH-NAME.
     START IND-KUNDEN
```

```
                KEY NOT < NACH-NAME
                INVALID KEY DISPLAY "Datei enthält keine Sätze !" AT 2401
                NOT INVALID INITIALIZE EOF-FELD
                        PERFORM UNTIL EOF
                            READ IND-KUNDEN NEXT
                                AT END  SET EOF TO TRUE
                                NOT END PERFORM SATZ-ANZEIGEN
                            END-READ
                        END-PERFORM
        END-START.
    ENDE-PROG.
        CLOSE IND-KUNDEN.
        STOP RUN.
    SATZ-ANZEIGEN.
        ...
```

Im zweiten Beispiel gibt der Benutzer einen Sekundärschlüsselwert (ORT) ein. Das Programm bringt dann alle Datensätze mit diesem Sekundärschlüsselwert zur Anzeige. So können z.B. alle Kunden mit Wohnort "Hamburg" aus der indizierten Datei ausgelesen werden.

```
    *------------------------------------
    WORKING-STORAGE SECTION.
    *------------------------------------
    77  EOF-FELD           PIC 9.
        88 EOF                         VALUE 1.
    77  VERGLEICHS-ORT     PIC X(26).
    *------------------------------------------------------------------
    PROCEDURE DIVISION.
    *------------------------------------------------------------------
    START-PROG.
        OPEN I-O IND-KUNDEN.
        ...
        ACCEPT ORT AT 1010.
        MOVE ORT TO VERGLEICHS-ORT.
        START IND-KUNDEN
            KEY = ORT
            INVALID KEY DISPLAY "Schlüssel nicht gefunden !" AT 2401
            NOT INVALID
                    PERFORM UNTIL (ORT NOT = VERGLEICHS-ORT) OR EOF
                        READ IND-KUNDEN NEXT
                            AT END  SET EOF TO TRUE
                            NOT END IF ORT = VERGLEICHS-ORT
                                    PERFORM SATZ-ANZEIGEN
                                    END-IF
                        END-READ
                    END-PERFORM
        END-START.
        ...
    ENDE-PROG.
        CLOSE IND-KUNDEN.
        STOP RUN.
    SATZ-ANZEIGEN.
        ...
```

Wenn man in einem indizierten Datenbestand auf einen Datensatz zugreifen möchte (Ansehen, Ändern, Löschen), aber weder der Primärschlüssel noch die korrekte Schreibweise eines Sekundärschlüssels bekannt sind, kann man sich alle zu den bekannten Schlüsselinformationen passenden Datensätze (*matching records*) anzeigen lassen. Der folgende Algorithmus sucht in der Kundendatei über den Sekundärindex NACH-NAME alle Kunden, von deren Nachnamen nur der erste Buchstabe oder einige Anfangsbuchstaben (*match code*) vorgegeben sind. Wenn man z.B. nicht weiß, ob der gesuchte Kunde "Mayer" oder "Meier" heißt, ist es hinreichend den Anfangsbuchstaben "M" einzugeben (ACCEPT NACH-NAME). Wenn andererseits z.B. unklar ist, ob ein gesuchter Kunde "Schmidt", "Schmitt", "Schmid" oder "Schmied" heißt, könnte die Anzahl der aus einer Kundendatei auszulesenden Sätze durch Vorgabe des Teilschlüssels "Schmi" als Suchbegriff eingegrenzt werden. Der tatsächlich gesuchte Kunde kann dann anhand der sonstigen gespeicherten Informationen (Vorname, Wohnort usw.) am Bildschirm identifiziert werden.[1]

```
*-------------------------------------------------
 WORKING-STORAGE SECTION.
*-------------------------------------------------
 77   EOF-FELD                PIC 9.
      88  EOF                              VALUE 1.
 77   GRENZ-NAME              PIC X(25).
*-------------------------------------------------
 PROCEDURE DIVISION.
*-------------------------------------------------
 START-PROG.
     OPEN I-O IND-KUNDEN.
     ...
     ACCEPT NACH-NAME AT 1010.
     MOVE ALL "B" TO GRENZ-NAME.
     STRING NACH-NAME DELIMITED BY SPACE
         INTO GRENZ-NAME
     END-STRING.
     START IND-KUNDEN
         KEY NOT < NACH-NAME
         INVALID KEY DISPLAY "Teilschlüssel größer als jeder gespe
-                            "icherte Schlüsselwert !" AT 2401
         NOT INVALID
            READ IND-KUNDEN NEXT
               NOT END IF NACH-NAME <= GRENZ-NAME
                         THEN PERFORM SATZ-ANZEIGEN
                         ELSE DISPLAY "Keine Eintragung zu die
-                                     "sem Teilschlüssel !" AT 2401
                     END-IF
            END-READ
            PERFORM UNTIL (NACH-NAME > GRENZ-NAME) OR EOF
               READ IND-KUNDEN NEXT
                  AT END  SET EOF TO TRUE
```

---

1. Der mit der STRING-Anweisung erzeugte Inhalt des Feldes GRENZ-NAME dient als Abbruchwert, der verhindert, daß Datensätze angezeigt werden, deren Sekundärschlüssel nicht mehr zum spezifizierten Schlüsselbereich gehören (*Kahrs*-Kriterium der Matchcode-Suche).

```
                NOT END IF NACH-NAME <= GRENZ-NAME
                   PERFORM SATZ-ANZEIGEN
                END-IF
             END-READ
          END-PERFORM
       END-START.
       ...
   ENDE-PROG.
       CLOSE IND-KUNDEN.
       STOP RUN.
   SATZ-ANZEIGEN.
       ...
```

Wenn in eine indizierte Datei ein Datensatz eingefügt werden soll, muß für diesen Satz ein Primärschlüssel vergeben werden. Häufig unterliegt die Schlüsselvergabe keinerlei organisatorischen Vorschriften. Dann ist es zweckmäßig, innerhalb des bereits vergebenen Nummernkreises Schlüssel ausfindig zu machen, die zu bereits gelöschten Sätzen gehören oder bisher nicht genutzt wurden. Das folgende Programm schlägt die *jeweils kleinste ungenutzte* Kunden-Nr. zur Vergabe an einen in die indizierte Datei neu aufzunehmenden Kunden vor. Es wird davon ausgegangen, daß die kleinste zu vergebende Kunden-Nr. 1010 sein soll.

```
*---------------------------------------
   WORKING-STORAGE SECTION.
*---------------------------------------
   77  INVALID-KEY-FELD       PIC 9.
       88 INVALID-KEY                   VALUE 1.
*---------------------------------------------------------------
   PROCEDURE DIVISION.
*---------------------------------------------------------------
   START-PROG.
       OPEN I-O IND-KUNDEN.
       ...
       MOVE 1009 TO ACCEPT-KUND-NR.
       PERFORM UNTIL INVALID-KEY
          ADD 1 TO ACCEPT-KUND-NR
          START IND-KUNDEN
              KEY = IND-KUND-NR
              INVALID KEY SET INVALID-KEY TO TRUE
              NOT INVALID CONTINUE
          END-START
       END-PERFORM.
       DISPLAY "Vorschlag freie Kunden-Nr. :"   AT 2101.
       DISPLAY IND-KUND-NR                      AT 2131.
       ...
   ENDE-PROG.
       CLOSE IND-KUNDEN.
       STOP RUN.
```

### 15.2.6 REWRITE-Anweisung

**Funktion und Format**

Die REWRITE-Anweisung überschreibt einen in einer indizierten Datei gespeicherten Datensatz.

```
Format

  REWRITE Datensatzname [ FROM Bezeichner ]

    [ INVALID KEY Anweisungen-1 ]
    [ NOT INVALID KEY Anweisungen-2 ]

  [ END-REWRITE ]
```

**Syntaktische Regeln**

1. Die Anweisung ist nur auf Dateien ausführbar, die im Modus I-O geöffnet sind.
2. Bei wahlfreien Satzersetzungen muß der REWRITE-Anweisung keine READ-Anweisung vorausgehen.

**Beschreibung**

Die in einer indizierten Datei gespeicherten Datensätze können wahlfrei oder sequentiell überschrieben werden. Die Datei muß im I-O-Modus eröffnet sein. *Wahlfreie Satzersetzungen* setzen voraus, daß für die betroffene Datei eine der Zugriffsarten DYNAMIC oder RANDOM vereinbart ist. Der REWRITE-Anweisung muß dann nicht wie bei sequentiell organisierten Dateien eine READ-Anweisung vorausgehen.

Der Programmierer muß sicherstellen, daß unmittelbar vor Ausführung einer REWRITE-Anweisung in das Primärschlüsselfeld der Schlüsselwert des zu überschreibenden Datensatzes eingestellt wird. Die dem reservierten Wort INVALID folgenden Anweisungen-1 werden ausgeführt, wenn der durch den Primärschlüssel identifizierte Datensatz nicht gespeichert ist oder auch dann, wenn für einen Sekundärschlüssel keine Duplikate vereinbart wurden (DUPLICATES), bei der Satzersetzung aber versucht wird, ein Sekundärschlüssel-Duplikat zu speichern.

*Sequentielle Satzersetzungen* sind bei Vereinbarung der Zugriffsart SEQUENTIAL möglich. Der Ersetzungsablauf entspricht dann dem bei sequentiell organisierten Dateien: Die REWRITE-Anweisung ersetzt einen Datensatz, der unmittelbar vorher mittels einer READ-Anweisung gelesen wurde.

Unter Verwendung der START-Anweisung kann auf einen Erstsatz positioniert werden, ab dem dann die READ-/REWRITE-Ersetzungen möglich sind. Bei sequentiellen Satzersetzungen werden die dem reservierten Wort INVALID folgenden Anweisungen-1 ausgeführt, wenn der Primärschlüsselwert des unmittelbar vorher gelesenen Satzes geändert wurde oder versucht wird, ein Sekundärschlüssel-Duplikat zu einem Schlüssel zu speichern, für den Duplikate nicht vereinbart wurden.

### Beispiel

```
OPEN I-O IND-KUNDEN.
...
MOVE WS-KUNDE TO IND-KUNDEN-SATZ.
REWRITE IND-KUNDEN-SATZ INVALID KEY
   DISPLAY "Zu ersetzender Satz nicht gespeichert !" AT 2401
END-REWRITE.
...
CLOSE IND-KUNDEN.
```

Hier wird der Datensatz einer indizierten Datei wahlfrei überschrieben.

### 15.2.7 DELETE-Anweisung

#### Funktion und Format

Mittels der DELETE-Anweisung können Datensätze einer indizierten Datei logisch gelöscht werden.

```
┌─ Format ─────────────────────────────────────┐
│                                              │
│   DELETE  Dateiname  RECORD                  │
│                                              │
│     [ INVALID KEY  Anweisungen-1 ]           │
│                                              │
│     [ NOT INVALID KEY  Anweisungen-2 ]       │
│                                              │
│   [ END-DELETE ]                             │
│                                              │
└──────────────────────────────────────────────┘
```

#### Syntaktische Regeln

Die INVALID KEY- und die NOT INVALID KEY-Option dürfen nur codiert werden, wenn Datensätze wahlfrei gelöscht werden.

#### Beschreibung

Die DELETE-Anweisung löscht Datensätze *logisch*, d.h. ein Satz wird nicht physisch aus dem Datenbereich entfernt, sondern im Indexbereich lediglich als gelöscht markiert. Diese Löschmarkierung verhindert spätere Zugriffe auf den betreffenden Datensatz.[1] Datensätze können nur in Dateien gelöscht werden, die im Modus I-O eröffnet sind. Dem Verb DELETE ist der COBOL-interne Dateiname einer indizierten Datei nachzustellen.

Für wahlfreie Satzlöschungen ist eine der Zugriffsarten DYNAMIC oder RANDOM zu vereinbaren. Unmittelbar vor Ausführung der DELETE-Anweisung muß dem Primärschlüsselfeld der Primärschlüsselwert des zu löschenden Dateisatzes zugewiesen sein. Wenn kein Datensatz mit dem angegebenen Schlüsselwert im Datenbestand existiert, werden die dem reservierten Wort INVALID folgenden Anweisungen-1 ausgeführt.

Ein oder mehrere Datensätze einer indizierten Datei können auch gelöscht werden, wenn die Zugriffsart SEQUENTIAL vereinbart wurde. Die DELETE-Anweisung löscht dann denjenigen Datensatz, der unmittelbar vor ihrer Ausführung erfolgreich mit Hilfe einer READ-Anweisung gelesen wurde.

**Beispiel**

```
OPEN I-O KUNDEN.
...
ACCEPT ACCEPT-KUND-NR  AT 1010.
DELETE KUNDEN INVALID KEY
    DISPLAY "Zu löschender Satz nicht gespeichert !" AT 2401
END-DELETE.
...
CLOSE KUNDEN.
```

Hier wird ein Datensatz wahlfrei gelöscht, dessen Primärschlüssel vom Benutzer eingegeben wurde.

### 15.2.8 CLOSE-Anweisung

**Funktion und Format**

Die CLOSE-Anweisung beendet die Bearbeitung einer zuvor geöffneten Datei.

```
 Format 
  CLOSE   { Dateiname-1 } ...
```

---

1. Wegen der logischen Satzlöschung reduziert sich der Speicherplatzbedarf einer indizierten Datei auch dann nicht, wenn zahlreiche Sätze gelöscht werden. Es ist daher zweckmäßig, indizierte Dateien periodisch in *Reorganisationsläufen* zu komprimieren. Hierzu wird die zu komprimierende Ausgangsdatei satzweise gelesen und in eine neu einzurichtende Zieldatei geschrieben. Die so erzeugten Index- und Datendateien enthalten dann keine Eintragungen zu gelöschten Datensätzen.

**Beschreibung**

Die CLOSE-Anweisung darf mehrere Dateien unterschiedlicher Organisationsformen schließen. Die Anweisung hat die im Zusammenhang mit der Verarbeitung sequentieller Dateien beschriebenen Funktionen (siehe Abschn. 6.3.5).

## 15.3 Verbund- und Splitschlüssel

Die Flexibilität der Auswertungsmöglichkeiten indizierter Dateien hängt maßgeblich von der Anzahl definierter Sekundärschlüssel, aber auch von den Eigenschaften des Primärschlüssels und der Sekundärschlüssel ab. In den bisherigen Beispielen wurde jedes Schlüsselfeld durch ein nicht weiter untergliedertes *Elementardatenfeld* repräsentiert. Der wahlfreie Zugriff auf einen Datensatz erfolgte durch Angabe genau eines (elementaren) Schlüssels. Wenn zu einem gesuchten Datensatz mehrere Sekundärschlüsselwerte bekannt sind, können diese Informationen bisher *nur indirekt genutzt* werden: Soll z.B. ein Kunde zugegriffen werden, dessen Nachname und Wohnort bekannt sind, wird man die Datei z.B. auf den Nachnamen positionieren und Datensätze mit Namensduplikaten solange auslesen, bis das Feld Wohnort den gesuchten Wert aufweist. Die Positionierung auf einen Datensatz, für den *mehrere* Sekundärschlüsselwerte vorgegeben werden, ist bisher nicht möglich.

Die COBOL-Norm erlaubt die Definition von **Verbundschlüsseln** (zusammengesetzten Schlüsseln) in Form von *Datengruppen*, die beliebig hierarchisch untergliedert sein dürfen. *Unzulässig* ist lediglich die Definition mehrerer Schlüssel, die den gleichen Feldbeginn (linke Zeichenposition) aufweisen. Das folgende Beispiel zeigt den als Datengruppe definierten Primärschlüssel einer indizierten Erzeugnis-Datei:

```
FD  ERZEUGNISSE.
01  ERZEUGN-SATZ.
    05 SATZ-SCHLUESSEL.
       08 ERZEUGNIS-NR      PIC 9(4).
       08 BAUGRUPPE-NR      PIC 9(4).
       08 TEILE-NR          PIC 9(4).
    05 MENGE                PIC 9(3).
    ...
```

Wenn hier lediglich eine Erzeugnis-Nummer vorgegeben wird, können alle Datensätze zu diesem Erzeugnis sequentiell ausgelesen werden. Alle Datensätze zu einer bestimmten Baugruppe eines Erzeugnisses lassen sich durch Positionierung auf einen Erstsatz mit vorgegebener Erzeugnis- *und* Baugruppen-Nummer auffinden. Wenn auch der dritte Teilschlüssel vorgegeben wird, läßt sich ein einzelner Satz identifizieren.

Eine Schwäche des Konzepts der Verbundschlüssel in Form von Datengruppen ist der Zwang, die Teilschlüsselfelder im Datensatz *benachbart* anordnen zu müssen. Diese Restriktion wird durch das Konzept der Splitschlüssel aufgehoben. Ein *Splitschlüssel* ist die logische Verkettung mehrerer in einem Datensatz *beliebig* angeordneter Felder zu einem Zugriffsschlüssel. Das Konzept der Splitschlüssel ist im ANSI-COBOL-Standard *nicht* vorgesehen. Es wird aber von vielen Compilern, u.a. den hier berücksichtigten Compilern für Mikrocomputer, unterstützt. Sowohl der Primärschlüssel als auch (mehrere) Sekundärschlüssel dürfen nach dem nachfolgenden Format als Splitschlüssel definiert werden.

```
┌─ Format (Mikrocomputer) ─────────────────────────────────────────┐
│                                                                  │
│      RECORD KEY IS    { Datenname-1                         }    │
│                       { Splitschlüsselname = { Datenname-2 } ... }│
│                                                                  │
│   {                          { Datenname-3                          } } │
│   { ALTERNATE RECORD KEY IS  { Splitschlüsselname = { Datenname-4 } ... } } ... │
│                                                                  │
└──────────────────────────────────────────────────────────────────┘
```

Dem frei wählbaren Splitschlüsselnamen ist ein Gleichheitszeichen nachzustellen, dem dann eine Liste der in der Datensatzbeschreibung in beliebiger Reihenfolge auftretenden Schlüsselfelder folgt. Der Splitschlüsselname wird in der SELECT-Eintragung vereinbart und in der DATA DIVISION *nicht* als Datenfeld definiert. Lediglich die START- und die READ-Anweisung dürfen auf den Splitschlüsselnamen Bezug nehmen.

### Beispiel

Das folgende Beispiel zeigt die Definition einer indizierten Kundendatei mit einem Sekundärschlüssel in Form eines Splitschlüssels (NACH-NAME, ORT).

```
*--------------------------------------------------------------
 FILE-CONTROL.
*--------------------------------------------------------------
     SELECT OPTIONAL IND-KUNDEN ASSIGN TO "C:\IND-KUND.DAT"
            ORGANIZATION IS INDEXED
            ACCESS MODE  IS DYNAMIC
            RECORD KEY   IS IND-KUND-NR
            ALTERNATE RECORD KEY
                SPLIT-SCHLUESSEL = NACH-NAME ORT WITH DUPLICATES.
*--------------------------------------------------------------
 DATA DIVISION.
*--------------------------------------------------------------
 FILE SECTION.
*--------------------------------------------------------------
 FD  IND-KUNDEN.
 01  IND-KUNDEN-SATZ.
     05  IND-KUND-NR         PIC X(4).
     05  ANSCHRIFT.
         07  VOR-NAME        PIC X(25).
         07  NACH-NAME       PIC X(25).
         07  STRASSE         PIC X(25).
         07  PLZ             PIC 9(4).
         07  ORT             PIC X(26).
```

Nach Vorgabe der Schlüsselwerte für NACH-NAME und ORT kann unter Bezugnahme auf den Splitschlüssel (KEY IS SPLIT-SCHLUESSEL) wahlfrei auf einen Datensatz zugegriffen werden, der alle Teilschlüsselwerte (hier zwei) enthält.

```
    OPEN I-O IND-KUNDEN.
    ...
    ACCEPT NACH-NAME AT 1210.
    ACCEPT ORT       AT 1410.
    READ IND-KUNDEN
         KEY IS SPLIT-SCHLUESSEL
         INVALID KEY DISPLAY
             "Kein Satz mit diesem Schlüssel gespeichert!" AT 2401
         NOT INVALID PERFORM SATZ-ANZEIGEN
    END-READ.
    ...
    CLOSE IND-KUNDEN.
    STOP RUN.
SATZ-ANZEIGEN.
    ...
```

Wenn, wie im vorstehenden Beispiel, Duplikate zu einem Splitschlüssel zugelassen sind, können die zugehörigen Datensätze sequentiell ausgelesen werden.

## 15.4 Auswahl der Dateiorganisationsform

An DV-Prozessen sind meist mehrere Dateien beteiligt. Die Organisationsformen der Dateien werden dann mit den Zielen der Minimierung der *Prozeßzeit* und eines möglichst geringen *Speicherplatzbedarfs* bestimmt.

*Indizierte Dateien* ermöglichen wahlfreie Satzzugriffe über den (identifizierenden) Primärschlüssel und weitere definierbare Sekundärschlüssel. Die Schlüssel können numerisch oder alphanumerisch definiert sein. Für Sekundärschlüssel sind Duplikate zugelassen. Neben wahlfreien Zugriffen erlauben indizierte Dateien die sequentielle Verarbeitung ab einem Erstsatz in den Sortierfolgen ihrer Schlüsselverzeichnisse. Im Vergleich zu sequentiell und relativ organisierten Dateien beanspruchen indizierte Dateien wegen der Speicherung der Schlüsselverzeichnisse mehr Speicherplatz. Hinsichtlich der Vergabe der Primärschlüssel existieren – im Gegensatz zu relativen Dateien – keine Restriktionen.

*Relative Dateien* zeichnen sich gegenüber indizierten Dateien durch bis zu 50 % schnellere wahlfreie Satzzugriffe aus. Bei dichter Belegung des Nummernkreises ihrer Satzschlüssel beanspruchen sie weniger Speicherplatz als indizierte Dateien, da auf die Index-Speicherung verzichtet werden kann. Dem Vorteil einer verkürzten Zugriffszeit stehen jedoch gewichtige Nachteile gegenüber. Diese Dateien sind zwar auch wahlfrei und sequentiell verarbeitbar, der wahlfreie Zugriff kann aber nur im Wege der direkten oder indirekten Adressierung über einen numerischen Schlüssel erfolgen. Sequentiell sind die Datensätze – im Gegensatz zu indizierten Mehrschlüsseldateien – nur in der Sortierfolge dieses einen Schlüssels zugreifbar. Bei direkter Adressierung beanspruchen auch unbelegte Satzschlüssel den Speicherplatz der ihnen zugeordneten Regionen, so daß der Vorteil des im

Vergleich zu indizierten Dateien prinzipiell geringeren Speicherplatzbedarfs häufig nicht zum Tragen kommt. Die Verfahren indirekter Adressierung sind zwar geeignet, den Speicherplatzbedarf relativer Dateien bei lückenhaft belegten Satzschlüsseln zu reduzieren, als Folge der dann erforderlichen Überlaufverwaltung verschlechtert sich jedoch in aller Regel das Zugriffszeitverhalten.

*Sequentielle Dateien* zeichnen sich durch das sehr einfache Organisationskonzept der physisch benachbarten Speicherung aus. Wahlfreie Zugriffe sind nicht möglich. Der n-te Datensatz einer sequentiellen Datei kann nur gelesen werden, wenn zuvor n−1 Vorgängersätze zugegriffen werden. Unterschiedliche Satzfolgen lassen sich nur durch zeitaufwendige Sortierläufe erzeugen. Die Verlängerung einer existierenden Datei ist ebenso möglich wie das Überschreiben von Datensätzen. Satzeinfügungen, das Löschen von Datensätzen sowie die sequentielle Verarbeitung ab einem Erstsatz sind nicht realisierbar. Sequentielle Dateien mit variabler Satzlänge benötigen jedoch nie mehr Speicherplatz als relative oder indizierte Dateien. Unter Anwendungsgesichtspunkten lassen sich sequentielle Dateien meist nur zum Speichern unformatierter Daten (Texte), zum Speichern von Bewegungsdaten, die nur eingeschränkt Pflegefunktionen unterliegen und in Batchläufen gegen Bestands- oder Stammdaten abgeglichen werden, sowie in Anwendungen einsetzen, die Satzzugriffe auf eine große Anzahl der gespeicherten Sätze in vorgegebener Reihenfolge vorsehen.

## 15.5 FILE STATUS-Klausel

Die FILE STATUS-Klausel kann als optionaler Bestandteil der SELECT-Eintragung zu *sequentiellen*, *indizierten* und *relativen* Dateien codiert werden. Sie ordnet einer Datei ein in der WORKING-STORAGE SECTION oder in der LINKAGE SECTION zu definierendes *zweistelliges alphanumerisches* Feld (Bezeichner) in der Form

```
FILE STATUS IS Bezeichner
```

zu.[1] Unmittelbar nach jeder Ausführung einer der Anweisungen OPEN, CLOSE, READ, WRITE, REWRITE, START und DELETE wird in das FILE STATUS-Feld (Bezeichner) ein zweistelliger (Fehler-) Code eingestellt. Diese Statusinformation kann innerhalb des Programms mit den Zielen der

- Information des Benutzers bzw. Programmierers über die Art des aufgetretenen Fehlers,
- Aufforderung des Programmbenutzers zur Fehlerbehebung mit nachfolgendem Wiederanlauf des Programms,
- oder für weitere Zwecke der Programmablaufsteuerung

ausgewertet werden. Das linksbündig in das FILE STATUS-Feld eingestellte erste Zeichen (*Status-Code 1 in Byte 1*) liefert globale Informationen zur Befehlsaus-

---

1. Siehe auch die SELECT-Formate in den Abschnitten 15.1.1 und 15.2.1.

führung. Diese werden gegebenenfalls durch ein zweites Codezeichen (*Status-Code 2 in Byte 2*) detailliert. Das erste Zeichen nimmt einen der folgenden Werte an:

- 0 für die erfolgreiche Befehlsausführung
- 1 für AT END-Bedingung erfüllt
- 2 für INVALID KEY-Bedingung erfüllt
- 3 für permanente Zugriffsfehler
- 4 für logische Fehler
- 9 für sonstige Laufzeitfehler

In Abbildung 15.8 ist die Interpretation des zweiten Codezeichens zusammengefaßt. Die Spalte "Datei" dieser Abbildung führt auf, bei welchen Organisationsformen einer Datei die Statusinformationen auftreten können (sequentiell (S), relativ (R), indiziert (I)). Wenn in Byte 1 der *Codewert 9* abgelegt ist, wird im zweiten Codebyte eine *dreiziffrige Fehlermeldung* des Betriebssystems in binärer Form gespeichert. Diese Meldungen sind von der Hard-/Softwareumgebung eines Programms abhängig. Die Interpretation des Fehlercodes muß dann dem jeweiligen Compiler-Handbuch entnommen werden (Run-Time Error Messages).

Wenn die FILE STATUS-Klausel codiert wird, ist es zweckmäßig, unmittelbar nach jedem Dateizugriff (einschließlich OPEN, CLOSE) den Dateistatus abzufragen und gemäß einer der oben genannten drei Zielsetzungen auszuwerten.[1]

**Beispiele**

Nach dem Lesen eines Datensatzes aus einer indizierten Datei kann anhand der Statusinformationen geprüft werden, ob Datensätze mit Sekundärschlüssel-Duplikaten gespeichert sind. Das folgende Programm steuert den Leseablauf unter Verwendung des Status-Codes "02".

```
*------------------------------------
 FILE-CONTROL.
*------------------------------------
     SELECT OPTIONAL IND-KUNDEN ASSIGN TO "C:\IND-KUND.DAT"
         ORGANIZATION IS INDEXED
         ACCESS MODE IS DYNAMIC
         RECORD KEY IS IND-KUND-NR
         ALTERNATE RECORD KEY IS NACH-NAME WITH DUPLICATES
         ALTERNATE RECORD KEY IS ORT         WITH DUPLICATES
         FILE STATUS IS FILE-STAT-KUNDEN.
*------------------------------------------------------------
 DATA DIVISION.
*------------------------------------
 FILE SECTION.
*------------------------------------
 FD  IND-KUNDEN.
 01  IND-KUNDEN-SATZ.
```

---

1. COBOL kennt ergänzend eine USE-Anweisung, die es erlaubt, alle Fehlerbehandlungs-Routinen für Dateien in einem DECLARATIVES-Programmteil zusammenzufassen.

| Byte 1 | Interpretation | | Datei |
|---|---|---|---|
| 0 | Der Dateizugriff wurde erfolgreich ausgeführt. | | SRI |
| | Byte 2 | Interpretation | |
| | 0 | Es liegen keine weiteren Informationen vor. | SRI |
| | 2 | Es wurde mit einer READ-Anweisung ein Datensatz über einen Sekundärschlüssel gelesen. In der Datei existieren weitere Datensätze mit Schlüsselduplikaten, die sequentiell ausgelesen werden können. | I |
| | | Der zuletzt mit WRITE oder REWRITE geschriebene Datensatz enthielt einen Sekundärschlüssel, zu dem bereits (zulässige) Duplikate in der Datei gespeichert sind. | I |
| | 5 | Eine nicht vorhandene OPTIONAL-Datei wurde mit einer OPEN-Anweisung erfolgreich geöffnet. Falls I-O oder EXTEND angegeben war, wurde die Datei eingerichtet. | SRI |
| 1 | AT END-Bedingung erfüllt. | | SRI |
| | Byte 2 | Interpretation | |
| | 0 | Das Dateiende wurde erkannt, weil kein weiterer Satz in der Datei existiert oder ein sequentieller Lesezugriff erstmals auf eine nicht vorhandene OPTIONAL-Datei ausgeführt wurde. | SRI |
| 2 | INVALID KEY-Bedingung erfüllt (Schlüsselfehler) | | RI |
| | Byte 2 | Interpretation | |
| | 1 | Aus einer indizierten SEQUENTIAL-/I-O-Datei wurde ein Datensatz erfolgreich gelesen (READ), anschließend aber mit einem geänderten Primärschlüssel zurückgeschrieben (REWRITE) | I |
| | | Die vorgeschriebene aufsteigende Primärschlüsselfolge beim Einrichten einer indizierten Datei, für die die Zugriffsart SEQUENTIAL vereinbart wurde, ist nicht eingehalten worden. | I |
| | 2 | Unzulässiger Versuch, einen Datensatz mit WRITE in eine relativ organisierte Datei zu schreiben, dessen Satzbereich (Region) bereits belegt ist. | R |
| | | Unzulässiger Versuch, einen Datensatz mit einem Primärschlüsselduplikat in eine indizierte Datei zu schreiben. | I |
| | | Unzulässiger Versuch, einen Datensatz mit einem Sekundärschlüsselduplikat in eine Datei zu schreiben, für die keine DUPLICATES vereinbart wurden. | I |
| | 3 | Es wurde versucht, auf einen Datensatz wahlfrei zuzugreifen, der in einer indizierten/relativen Datei nicht gespeichert ist. | RI |
| | | Eine START- oder READ-Anweisung scheitert, da die OPTIONAL-Datei nicht vorhanden ist. | RI |

*Abb. 15.8 FILE STATUS-Informationen (Teil 1)*

| Byte 1 | Interpretation | | Datei |
|---|---|---|---|
| 3 | *Permanenter Fehler* | | SRI |
| | Byte 2 | Interpretation | |
| | 0 | Es liegen keine weiteren Informationen vor (z.B. bei technischen Datenübertragungsstörungen). | SRI |
| | 5 | Es wurde versucht, eine nicht vorhandene Datei als INPUT-, I-O- oder EXTEND-Datei zu öffnen. Für diese Datei ist die OPTIONAL-Option nicht codiert. | SRI |
| | 9 | Eine OPEN-Anweisung scheitert, da die Dateibeschreibung im Programm (Satzlänge, Schlüssel, Organisationsform) nicht mit den Beschreibungsmerkmalen der gespeicherten Datei übereinstimmt. | SRI |
| 4 | *Logische Fehler* | | SRI |
| | Byte 2 | Interpretation | |
| | 1 | Eine OPEN-Anweisung wurde auf eine Datei ausgeführt, die bereits geöffnet ist. | SRI |
| | 2 | Eine CLOSE-Anweisung wurde auf eine Datei ausgeführt, die nicht geöffnet ist. | SRI |
| | 3 | Einer DELETE- oder REWRITE-Anweisung auf eine in der Zugriffsart SEQUENTIAL vereinbarte Datei ging keine erfolgreiche READ-Anweisung voraus. | SRI |
| | 6 | Ein sequentieller Leseversuch scheitert, weil bereits vorher erfolglos gelesen wurde oder die Positionierung auf einen Erstsatz (START) nicht erfolgreich ausgeführt werden konnte. | SRI |
| | 7 | Eine READ- oder START-Anweisung scheitert, weil die betreffende Datei nicht im Modus INPUT oder I-O geöffnet wurde. | SRI |
| | 8 | Eine WRITE-Anweisung kann wegen des Eröffnungsmodus einer Datei nicht erfolgreich ausgeführt werden. Die Datei ist als OUTPUT-, EXTEND- oder I-O-Datei geöffnet werden. | SRI |
| | 9 | Eine DELETE- oder REWRITE-Anweisung kann nicht erfolgreich ausgeführt werden, weil die Datei nicht im I-O-Modus eröffnet ist. | SRI |
| 9 | *Systemfehler (Run-Time Error Messages)* | | |
| | Byte 2 | Interpretation | |
| | nnn | Sonstige Laufzeitfehler, die nicht durch die oben aufgeführten Statusinformationen erklärt werden. In Byte 2 ist ein dreistelliger Fehlercode in binärer Form abgelegt, der systemabhängig definiert ist. Die Interpretation dieses Codes muß dem jeweiligen Compiler-Handbuch entnommen werden (Run-Time Error Messages, siehe Beispiel 2). | |

*Abb. 15.8 FILE STATUS-Informationen (Fortsetzung)*

```cobol
            05 IND-KUND-NR        PIC X(4).
            05 FILLER             REDEFINES IND-KUND-NR.
                07 ACCEPT-KUND-NR PIC 9(4).
            05 ANSCHRIFT.
                07 VOR-NAME       PIC X(25).
                07 NACH-NAME      PIC X(25).
                07 STRASSE        PIC X(25).
                07 PLZ            PIC 9(4).
                07 ORT            PIC X(26).
*------------------------------------------
 WORKING-STORAGE SECTION.
*------------------------------------------
 01  FILE-STAT-KUNDEN.
     05 STAT-BYTE-1        PIC X.
     05 STAT-BYTE-2        PIC X.
*------------------------------------------------------------
 PROCEDURE DIVISION.
*------------------------------------------------------------
 START-PROG.
     OPEN I-O IND-KUNDEN.
     ...
     ACCEPT NACH-NAME.
     READ IND-KUNDEN
         KEY IS NACH-NAME
         INVALID KEY DISPLAY "Kunde nicht gespeichert !"
         NOT INVALID PERFORM KUNDEN-ANZEIGEN
                     IF FILE-STAT-KUNDEN = "02"
                         DISPLAY "Mehrere Kunden gefunden !"
                     END-IF
                     PERFORM UNTIL FILE-STAT-KUNDEN NOT = "02"
                         READ IND-KUNDEN NEXT
                         PERFORM KUNDEN-ANZEIGEN
                     END-PERFORM
     END-READ.
     ...
 ENDE-PROG.
     CLOSE IND-KUNDEN.
     STOP RUN.
 KUNDEN-ANZEIGEN.
     ...
```

Wenn in Byte 1 des Statusfelds der Wert 9 abgelegt ist, kann der in Byte 2 gespeicherte Binärcode als dreiziffrige Fehlernummer interpretiert werden, zu der die umgebungsabhängige Fehlererläuterung dem jeweiligen Compiler-Handbuch entnommen werden muß. Für die hier berücksichtigten Compiler für Mikrocomputer zeigt der folgende Programmausschnitt die Bereitstellung der dreiziffrigen Fehlernummer.

```cobol
*------------------------------------------
 WORKING-STORAGE SECTION.
*------------------------------------------
 01  FILE-STAT-KUNDEN.
     05 STAT-BYTE-1        PIC X.
     05 STAT-BYTE-2        PIC X.
 01  STAT-BIN-KUNDEN REDEFINES FILE-STAT-KUNDEN PIC 9(4) COMP.
```

```
01  DISPLAY-STAT.
    05  STAT-1-DISP         PIC X.
    05  FILLER              PIC X(3).
    05  STAT-2-DISP         PIC 9(4).
*-----------------------------------------------------------------
PROCEDURE DIVISION.
*-----------------------------------------------------------------
START-PROG.
    OPEN I-O IND-KUNDEN.
    PERFORM STATUS-TEST-KUNDEN.
    ...
ENDE-PROG.
    CLOSE IND-KUNDEN.
    PERFORM STATUS-TEST-KUNDEN.
    STOP RUN.

STATUS-TEST-KUNDEN.
    IF STAT-BYTE-1 = "9"
       MOVE STAT-BYTE-1 TO STAT-1-DISP
       MOVE LOW-VALUES TO STAT-BYTE-1
       MOVE STAT-BIN-KUNDEN TO STAT-2-DISP
       DISPLAY DISPLAY-STAT
    END-IF.
```

# 16. Unterprogramme für hardware-nahe Funktionen

Für eine Reihe hardware-naher Funktionen eines Mikrocomputers wie das Abfragen von Funktionstasten, das Positionieren des Cursors oder das Senden von Bildschirmattributen, existieren keine ANSI-COBOL-Sprachelemente. Solche Funktionen können COBOL-Programme durch den Aufruf geeigneter Unterprogramme realisieren. Zum Lieferumfang der COBOL-Compiler von Micro Focus, IBM, Siemens Nixdorf und Microsoft gehört eine *Bibliothek mit Assembler-Unterprogrammen* für systemnahe Funktionen, auf die in Abschn. 16.1 eingegangen wird. Der Programmierer kann diese Bibliothek durch eigene Assembler-Routinen und Unterprogramme in Programmiersprachen der 3. Generation ergänzen. Bei Verwendung des Betriebssystems OS/2 sind weiterhin mehrere 100 Betriebssystemfunktionen über eine CALL-Schnittstelle (API-Schnittstelle) zugänglich. Eine große Anzahl dieser Systemfunktionen kann auch für DOS-Anwendungen genutzt werden (Family API). Hierauf wird in Abschn. 16.2 eingegangen.

## 16.1 Assembler-Routinen

Zum Lieferumfang der hier berücksichtigten Compiler für Mikrocomputer gehören u.a. die in Abb. 16.1 angegebenen Assembler-Unterprogramme. Einige dieser Routinen können bei entsprechender Vorgabe ihrer Aufrufparameter bis zu 18 Teilfunktionen ausführen. Diese Unterprogramme sind wie folgt aufrufbar:

$$\underline{CALL} \left\{ \begin{array}{l} \textit{Unterprogramm-Nummer} \\ \textit{Datenname} \end{array} \right\} \ [ \ \underline{USING} \ \{ \ \textit{Parameter}\text{-}1 \ \} \ \dots \ ]$$

Die Bezeichnung des auszuführenden Unterprogramms kann in Form eines hexadezimal notierten Literals (Unterprogramm-Nummer, z.B. X"82") angegeben werden:

```
77 ZEICHEN        PIC X.
CALL X"82" USING ZEICHEN.
```

Alternativ können für die Assemblerprogramme mnemonisch gehaltvolle Namen wie

```
77 SENDE-ZEICHEN   PIC X VALUE X"82".
CALL SENDE-ZEICHEN USING ZEICHEN.
```

vom Programmierer vergeben werden.[1] Die Compiler für Mikrocomputer sehen als Spracherweiterung eine *Stufennummer 78* vor, die der Definition von Pro-

---

1. Diese Form des Programmaufrufs bezeichnet man als "Call by *Number*". Für einige der in Abb. 16.1 angegebenen Routinen existiert auch die Möglichkeit des Aufrufs funktionsgleicher "Call by *Name*"-Routinen (z.B. CALL "CBL_GET_KBD_STATUS" USING ... alternativ zum "Call by Number"-Aufruf CALL X"D9" USING ...). Die Anzahl verfügbarer Assembler-Routinen wächst mit nahezu jeder neuen Compiler-Version.

grammkonstanten dient. Unter Verwendung der Stufennummer 78 lassen sich sprechende Programmnamen mit geringfügig weniger Schreibaufwand z.B. als

```
78  SENDE-ZEICHEN          VALUE X"82".
```

vereinbaren. Je nach Assembler-Routine müssen kein, ein oder mehrere Aufrufparameter (Parameter-1) angegeben werden. Die in Abb. 16.1 mit "X" markierten Unterprogramme werden nachfolgend erläutert.[1] Auf einige der angegebenen Routinen wurde bereits in Kap. 12 eingegangen; Abb. 16.1 verweist dann auf den jeweiligen Gliederungspunkt.

| Programm | Verwendung des Unterprogramms | siehe Abschnitt 16.1 | sowie |
|---|---|---|---|
| X"82" | Ausgabe eines Zeichens am Bildschirm | X | – |
| X"83" | Einlesen eines Zeichens von der Tastatur | X | 12.4.3 |
| X"8C" | Aufteilen von Dateinamen | – | – |
| X"8D" | Zusammenfügen von Dateinamen | – | – |
| X"91" | Ändern der Systemumgebung, DOS- bzw. OS/2-Befehle | X | – |
| X"A7" | Aktivieren von Benutzerattributen | X | – |
| X"AF" | Vordefinierte Funktionstasten, ADIS-Modifikation | X | 12.4.1 |
| X"B0" | Programmieren Funktionstasten, Test Druckerstatus | X | 12.4.2 |
| X"B7" | Lesen, Schreiben und Löschen von Zeichen/Attributen | X | 12.3.1 |
| X"D9" | Test Tastatur-Status | X | 12.4.3 |
| X"E3" | Abfragen der Bildschirmgröße | – | – |
| X"E4" | Löschen des Bildschirms | – | – |
| X"E5" | Erzeugen eines akustischen Signals | X | – |
| X"E6" | Positionieren des Cursors am Bildschirm | X | – |
| X"F4" | Setzen der Bits eines Bytes | – | – |
| X"F5" | Auslesen der Bits eines Bytes | – | – |

*Abb. 16.1   Assembler-Unterprogramme (Auswahl)*

---

1. Die hier vorgestellten "Call by Number"-Routinen sind auch in den Bibliotheken früher Compiler-Versionen verfügbar. Gegenwärtig wird für 73 "Call by Name"-Aufrufe Portabilität von Anwendungen zwischen DOS-, MS-Windows-, OS/2- und UNIX-Umgebungen (z.B. zwecks Maus-Einbindung) garantiert. Anhang D gibt einen Überblick zu den derzeit verfügbaren "CALL by Name"-Routinen. Bezüglich der Parametrisierung dieser Bibliothekselemente muß auf das jeweilige Compiler-Handbuch verwiesen werden.

## X"82":  Ausgabe eines Zeichens am Bildschirm

> CALL X"82" USING Character

Character benennt ein PIC X Feld, welches das am Bildschirm anzuzeigende Zeichen enthalten muß.

Das Unterprogramm gibt das unter Character gespeicherte Zeichen an der aktuellen Cursor-Position aus. Der Cursor wird anschließend um eine Position nach rechts verschoben. Am Zeilenende wird auf das erste Zeichen der Folgezeile positioniert.

## X"83":  Einlesen eines Zeichens von der Tastatur

> CALL X"83" USING Character

Character benennt ein PIC X Feld, das das von der Tastatur einzulesende Zeichen aufnimmt.

Dieses Unterprogramm wird in aller Regel in Verbindung mit Unterprogramm X"D9" eingesetzt, das prüft, ob eine Tastatureingabe vorliegt. Wenn X"83" aufgerufen wird und *keine Tastatureingabe* vorliegt, wird der Benutzer zur Eingabe aufgefordert (wie ACCEPT). Das Unterprogramm kann dann nicht mit Ctrl-Break unterbrochen werden.

Wenn der Programmierer mit Hilfe des Unterprogramms X"B0" *eine "problemspezifische Tastaturtabelle" aktiviert* hat, wird beim Aufruf des Unterprogramms X"83" geprüft, ob die betätigte Taste in der aktivierten Tabelle definiert ist.[1] Wird ein Eintrag gefunden, liefert das Feld Character den Return-Code der RETURN-Taste (Code-Sequenz Hex: 0D). Die Auswertung des Ergebnis-Felds der aktivierten Tabelle (KEY-CODE) gibt dann Aufschluß über die betätigte Taste bzw. Tastenkombination.[2]

Wenn der Programmierer mit X"B0" *keine* Tastaturtabelle definiert hat oder für die zuletzt betätigte Taste *kein Tabelleneintrag* existiert, enthält das Feld Character die Keyboard-Code-Sequence der betätigten Taste bzw. Tastenkombination. Erzeugt die betätigte Taste/Tastenkombination einen 2 Byte langen Keyboard-Code, liefert

---

1. Zur Definition "problemspezifischer Tastaturtabellen" und ihrer Auswertung im Programm siehe Abschnitt 12.4.2.
2. Siehe hierzu auch das Programmbeispiel in Abschnitt 12.4.3.

der erste Aufruf von X"83" das erste Code-Byte (Hex: 00) und der zweite Aufruf den signifikanten Code-Rest (z.B. für F1 Hex: 00 3B).[1]

## X"91": Systemumgebung und DOS- bzw. OS/2-Befehle

*CALL X"91" USING Result, Function, Parameter*

Result      benennt ein PIC 99 COMP Feld, das nach erfolgreicher Ausführung des Unterprogramms den Wert 0 (Null) enthält. Ein von Null abweichender Wert zeigt an, daß das Unterprogramm nicht erfolgreich ausgeführt werden konnte.

Function    benennt ein PIC 99 COMP Feld, das unmittelbar vor Ausführung des Programms eine Funktions-Nummer enthalten muß, die eine der 18 Teilfunktionen festlegt, die dieses Programm ausführen kann. Abbildung 16.2 zeigt die Teilfunktionen des Unterprogramms.

Parameter   ist ein alphanumerisch zu definierendes Feld PIC X(n) mit der Feldlänge n. Die Feldlänge hängt von der auszuführenden Teilfunktion ab.

| Teil-funktion | Funktionen des Unterprogramms X"91" |
|---|---|
| 5 | Lesen des aktuellen Laufwerks |
| 6 | Wechseln des aktuellen Laufwerks |
| 7 | Lesen des aktuellen Unterverzeichnisses |
| 8 | Wechseln des aktuellen Verzeichnisses |
| 11-14 | Setzen und lesen von COBOL- und RUN-TIME-Schaltern |
| 15 | Prüfen, ob ein Programm existiert |
| 16 | Abfrage der Anzahl von CALL-Parametern |
| 17 | Umbenennen einer Datei |
| 18 | Löschen einer Datei |
| 35 | Ausführen von DOS- bzw. OS/2-Befehlen oder Programmen |
| 46,47 | Unterdrücken bzw. einfügen des Zeichens Hex: 00 in LINE-SEQUENTIAL-Dateien |
| 48,49 | Einfügen bzw. unterdrücken des Tabulatorzeichens in LINE-SEQUENTIAL-Dateien |
| 58 | Modifizieren eines Dateinamens |

*Abb. 16.2   Teilfunktionen des Unterprogramms X"91"*

---

1. Die Keyboard-Code-Sequences aller Tasten und Tastenkombinationen sind in Abbildung 12.10 (Abschnitt 12.4.2) angegeben.

Von den Teilfunktionen dieses Unterprogramms wird hier nur Funktion 35 behandelt. Sie erlaubt das Ausführen von Betriebssystembefehlen (z.B. DIR, TYPE, COPY) oder das Starten eines beliebigen sonstigen ausführbaren Programms. Zu den Betriebssystembefehlen dürfen Parameter angegeben sein (z.B. TYPE C:\AUTOEXEC.BAT). Bezüglich der sonstigen Funktionen des Unterprogramms X"91" muß auf die Compiler-Handbücher verwiesen werden.

## Funktion 35

Damit ein Betriebssystembefehl oder ein sonstiges Programm zur Ausführung gebracht werden kann, ist dem zweiten Aufrufparameter (Function) der Wert 35 zuzuweisen. Der dritte Aufrufparameter (Parameter) ist als Datengruppe mit zwei Elementardatenfeldern zu definieren:

- einem PIC 99 COMP Feld, das die Länge des Befehls bzw. Programmnamens (Anzahl Zeichen) spezifiziert; wird hier der Wert 0 (Null) angegeben, kann ein Auftrag ausgeführt werden, der zuvor mit DISPLAY ... UPON COMMAND-LINE in den Kommandopuffer übertragen wurde,
- einem PIC X(n) Feld, das den Betriebssystembefehl bzw. Programmnamen enthalten muß und hierfür hinreichend lang zu definieren ist.

**Beispiel**

```
*------------------------------------
 WORKING-STORAGE SECTION.
*------------------------------------
 01  RESULT              PIC 99 COMP.
 01  FUNKTION            PIC 99 COMP VALUE 35.
 01  PARAMETER.
     05  LAENGE          PIC 99 COMP VALUE 0.
     05  AUFTRAG         PIC X(60).
*------------------------------------
 PROCEDURE DIVISION.
*------------------------------------
 START-PROG.
     ...
     MOVE "COPY  A:UMSATZ.DAT  C:" TO AUFTRAG.
     DISPLAY AUFTRAG UPON COMMAND-LINE.
     CALL X"91" USING RESULT FUNKTION PARAMETER.
     IF RESULT NOT = ZERO
         DISPLAY "Fehler Befehlsausführung !"     AT 2401
     END-IF.
     ...
 ENDE-PROG.
     STOP RUN.
```

Dieses Programm überträgt den DOS-Befehl "COPY A:UMSATZ.DAT C:" in den Kommandopuffer und initialisiert anschließend seine Ausführung.

# X"A7": Aktivieren von Benutzerattributen

> CALL X"A7" USING Function, Parameter

Function   benennt ein PIC 99 COMP Feld, das unmittelbar vor Ausführung des Programms eine der folgenden Funktions-Nummern enthalten muß:

   6 zum Lesen des aktuellen Benutzerattributs,
   7 zum Setzen des aktuellen Benutzerattributs,
   16 zum Aktivieren/Deaktivieren des aktuell gesetzten Benutzerattributs.

Parameter   ist ein PIC 99 COMP Feld. Der Inhalt dieses Feldes hängt von der jeweiligen Programmfunktion ab:

   – wenn Function den Wert 6 oder 7 enthält, liefert bzw. enthält Parameter ein Benutzerattribut,

   – wenn Function den Wert 16 enthält, ist dem Feld Parameter der Wert 0 (Null) zum Aktivieren oder alternativ der Wert 1 zum Deaktivieren des Benutzerattributs zuzuweisen.

Benutzerattribute legen die Darstellungsweise von Zeichen am Bildschirm fest (Vorder- und Hintergrundfarbe, blinkend, intensiv usw.). Nach dem einmaligen Setzen und Aktivieren eines Benutzerattributs ist dieses allen nachfolgenden Datenausgaben solange zugeordnet, bis es deaktiviert oder durch ein anderes Benutzerattribut ersetzt wird.[1] Aktivierte Benutzerattribute überschreiben die mit dem Unterprogramm X"B7" gesendeten Bildschirmattribute. Wenn kein Benutzerattribut aktiviert ist, steuern die ggf. gesendeten Bildschirmattribute die Darstellungsweise der Zeichen am Bildschirm.

In *Anhang A* sind die Werte und Wirkungsweisen der Bildschirm- und Benutzerattribute für Monochrom- und Farbbildschirme angegeben.

## Beispiel

Das folgende Programm demonstriert das Setzen und Aktivieren von Benutzerattributen.

```
*-------------------------------------
 WORKING-STORAGE SECTION.
*-------------------------------------
 78 BENUTZER-ATTR              VALUE X"A7".
 01 FUNKT           PIC 99 COMP.
 01 PARAM           PIC 99 COMP.
```

---

1. Siehe hierzu auch Programmierübung 22 in Kapitel 17.

```
    01 PARAM-ALPHA       PIC X        REDEFINES PARAM.
    01 TEXT-1            PIC X(60)    VALUE "Dieser Text erscheint wei
 -     "ß auf blauem Hintergrund".
    01 TEXT-2            PIC X(60)    VALUE "Dieser Text erscheint bli
 -     "nkend-gelb auf rotem Hintergrund".
*-----------------------------------------------------------------
 PROCEDURE DIVISION.
*-----------------------------------------------------------------
 START-PROG.
     ...
     DISPLAY SPACES.
*--- Setzen des Benutzerattributs Hex: 17
     MOVE 7 TO FUNKT.
     MOVE X"17" TO PARAM-ALPHA.
     CALL BENUTZER-ATTR USING FUNKT PARAM.
*--- Aktivieren des Benutzerattributs
     MOVE 16 TO FUNKT.
     MOVE ZERO TO PARAM.
     CALL BENUTZER-ATTR USING FUNKT PARAM.
     DISPLAY TEXT-1  AT 1010.
     ...
*--- Wechsel des Benutzerattributs auf Hex: CE
     MOVE 7 TO FUNKT.
     MOVE X"CE" TO PARAM-ALPHA.
     CALL BENUTZER-ATTR USING FUNKT PARAM.
*--- Aktivieren des Benutzerattributs
     MOVE 16 TO FUNKT.
     MOVE ZERO TO PARAM.
     CALL BENUTZER-ATTR USING FUNKT PARAM.
     DISPLAY TEXT-2  AT 1510.
     ...
 ENDE-PROG.
     STOP RUN.
```

## X"AF":  Vordefinierte Funktionstasten, ADIS-Modifikation

---

*CALL X"AF" USING Flag, Parameter*

---

### Vordefinierte Funktionstasten

Flag  benennt ein PIC 99 COMP Feld, das den Wert 1 enthalten muß.

Parameter  ist eine Datengruppe mit den vier Elementardatenfeldern:

— einem PIC 99 COMP Feld, dessen Wert festlegt, ob die "vordefinierte Benutzertabelle" aktiviert oder deaktiviert werden soll; der Wert 1 aktiviert und der Wert 0 (Null) deaktiviert Funktionstasten,

- einem PIC X Feld, dessen Wert 1 sein muß,
- einem PIC 99 COMP Feld, das die Nummer der ersten zu aktivierenden bzw. zu deaktivierenden Funktionstaste enthalten muß,
- einem PIC 99 COMP Feld, das die Anzahl der zusammenhängend zu aktivierenden bzw. zu deaktivierenden Funktionstasten angibt.

Dieses Unterprogramm erlaubt das Aktivieren von bis zu 91 Funktionstasten bzw. Tastenkombinationen, die im Programm für Zwecke der Ablaufsteuerung abgefragt und ausgewertet werden können. Abbildung 12.9 in Abschn. 12.4.1 (S. 435) zeigt die "vordefinierte Benutzertabelle". Das Unterprogramm aktiviert einzelne der in Abb. 12.9 aufgeführten Tasten oder zusammenhängende Gruppen von Funktionstasten. Alle aktivierten Tasten können bis zu einem deaktivierenden Aufruf des Unterprogramms ausgewertet werden.

Der Programmbenutzer kann eine ACCEPT-Anweisung normalerweise durch Betätigen der RETURN- bzw. ENTER-Taste beenden. Wurden mit Hilfe des Unterprogramms X"AF" Funktionstasten aktiviert, beendet zusätzlich jede aktive Funktionstaste eine ACCEPT-Anweisung. Die jeweils betätigte Funktionstaste wird durch Auswertung eines mittels einer CRT STATUS-Klausel vereinbarten Feldes erkannt. Abschnitt 12.4.1 enthält Beispiele zur Aktivierung und Auswertung der Benutzertasten. Mit Hilfe des Unterprogramms X"B0" können alternativ oder ergänzend auch solche Funktionstasten aktiviert werden, die in der "vordefinierten Benutzertabelle" (Abb. 12.9, S. 435) nicht angegeben sind.

## ADIS-Modifikation für Cursor-Left-/Cursor-Right-Abbruch

Der ACCEPT-/DISPLAY-Modul (ADIS) der Compiler für Mikrocomputer sieht eine Reihe von Standardeinstellungen vor, die u.a. die Wirkung von Funktions- und Cursortasten bei Ausführung von ACCEPT-Anweisungen festlegen. Diese Voreinstellungen können mittels eines Konfigurationsprogramms ADISCF modifiziert werden. Alternativ besteht auch die Möglichkeit der dynamischen Änderung von ADIS-Voreinstellungen zur Laufzeit eines Programms.

Im Zusammenhang mit der Gestaltung von komfortablen Programmen zur "Datenerfassung mit sofortiger feld- und kontextabhängiger Plausibilitätsprüfung" kommt der Beendigung von ACCEPT-Anweisungen bei Überschreiten der Feldgrenzen mittels der Tasten Cursor-Right und Cursor-Left besondere Bedeutung zu.[1] Zur Aktivierung dieses Left-/Right-Abbruchs kann ebenfalls die Routine X"AF" herangezogen werden. Bei Definition der Parameter

```
*--- Parameter zum Abbruch einer ACCEPT-Anweisung, wenn
*--- mit Cursor-Left bzw. -Right die Feldgrenzen überschritten
*--- werden (modifiziert ADIS-Modul)
```

---

1. Aufgabe 21 der Programmierübungen in Kapitel 17 hat eine Datenerfassung mit sofortiger Plausibilitätsprüfung zum Inhalt.

```
        01  ADIS-LEFT-RIGHT-ABBRUCH    PIC X           VALUE X"AF".
        01  FLAG                       PIC 99 COMP     VALUE 1.
        01  PARAM-LEFT-RIGHT.
            05  FUNKTION               PIC 99 COMP     VALUE 3.
            05  FILLER                 PIC X           VALUE "2".
            05  FILLER                 PIC 99 COMP     VALUE 3.
            05  FILLER                 PIC 99 COMP     VALUE 2.
       *--- Abfragen und Auswerten des Tastaturstatus bei
       *--- LEFT-/RIGHT-Abbruch
        01  CRT-STATUS                 PIC XXX         VALUE SPACE.
        01  FILLER REDEFINES CRT-STATUS.
            05  FILLER                 PIC X.
            05  KEY-CODE               PIC 99 COMP.
                88  CUR-LEFT                           VALUE 3.
                88  CUR-RIGHT                          VALUE 4.
            05  FILLER                 PIC X.
```

kann durch den Unterprogrammaufruf

```
       *--- Aktivieren des Abbruchs einer ACCEPT-Anweisung, wenn mit
       *--- Cursor-Left bzw. -Right die Feldgrenzen überschritten werden
            CALL ADIS-LEFT-RIGHT-ABBRUCH
                 USING FLAG PARAM-LEFT-RIGHT.
```

der Left-/Right-Abbruch aktiviert werden. Die Information, welche der beiden Tasten jeweils die Beendigung einer ACCEPT-Anweisung herbeigeführt hat, liefert das Feld KEY-CODE, wenn im Paragraphen SPECIAL-NAMES der CONFIGURATION SECTION die Klausel CRT STATUS IS CRT-STATUS codiert ist. Der Left-/Right-Abbruch wird deaktiviert, wenn vor Aufruf des Unterprogramms dem Parameter Funktion der Wert 2 zugewiesen wird.

## X"B0": Funktionstasten und Druckerstatus

---

*CALL X"B0" USING Function, Parameter*

---

Function benennt ein PIC 99 COMP Feld, das eine der folgenden Programmfunktionen festlegt:

    0   definiert eine problemspezifische Funktionstasten-Tabelle,
    2   zur Prüfung, ob eine der Tasten INS, ALT, CTRL, SHIFT oder x-LOCK betätigt wurde,[1]
    7   Test Druckerstatus.

Parameter die Definition dieses Aufrufparameters hängt von der gewählten Programmfunktion ab.

---

1. Die Definition der Aufrufparameter zu dieser Funktion muß dem jeweiligen Compiler-Handbuch entnommen werden.

## Problemspezifische Tabellendefinition

Zur Definition einer individuell zusammengestellten Funktionstasten-Tabelle muß der zweite Aufrufparameter (Parameter) folgende Felder aufführen:

- ein PIC 99 COMP Feld, das als Ergebnisfeld die Positionsnummer der betätigten Funktionstaste bereitstellt. Wurde die ENTER-/RETURN-Taste betätigt, enthält dieses Feld den Wert 0 (Null).
- ein PIC 99 COMP Feld, das die Länge der Keyboard-Code-Sequence einer zu definierenden Funktionstaste aufnimmt. Abbildung 12.10 in Abschn. 12.4.2 (S. 441) zeigt Keyboard-Code-Sequences für einzelne Tasten und Tastenkombinationen. Die Länge der Tastencodes beträgt ein oder zwei Byte.
- ein PIC X(n) Feld, das die Code-Sequence der zu definierenden Taste/ Tastenkombination aufnimmt (siehe Abb. 12.10, S. 441). Je nach Länge der Code-Sequence ist dieses Feld 1 oder 2 Byte lang.

Die beiden letztgenannten Felder (Länge, Code-Sequence) sind für jede zu aktivierende Taste/Tastenkombination zu wiederholen. Das Tabellenende markiert ein PIC 99 COMP Feld, das den Wert 0 (Null) enthält.

Normalerweise beendet die RETURN- bzw. ENTER-Taste eine ACCEPT-Anweisung. Wird mit dem Unterprogramm X"B0" eine individuell zusammengestellte Tastaturtabelle aktiviert, beendet zusätzlich jede in dieser Tabelle aufgeführte Taste/Tastenkombination eine ACCEPT-Anweisung. Durch erneute Aufrufe des Programms X"B0" kann eine aktivierte Tabelle deaktiviert und eine andere aktiviert werden.

Das Ergebnisfeld einer aktivierten Tabelle liefert unmittelbar im Anschluß an eine ACCEPT-Anweisung für Zwecke der Programmablaufsteuerung die Information, welche Taste/Tastenkombination betätigt wurde. Abschnitt 12.4.2 enthält Beispiele zur Definition und Auswertung problemspezifischer Tastaturtabellen.

In das Ergebnisfeld einer Tastaturtabelle wird die Positionsnummer der betätigten Taste/Tastenkombination auch bei Aufrufen des Unterprogramms X"83" (Einlesen eines Zeichens von der Tastatur) eingestellt. Die Unterprogramme X"B0" und X"83" bieten dem Programmierer so die Möglichkeit, Tastatureingaben des Benutzers (Funktionstasten F1 bis F10, Cursor-Positioniertasten usw.) nicht nur im Anschluß an eine ACCEPT-Anweisung, sondern an beliebigen Programmstellen zu registrieren (Test Keyboard-Interrupt). Diese Technik der Tastaturauswertung behandelt Abschn. 12.4.3.

## Test Druckerstatus

Wenn der Aufrufparameter Function des Unterprogramms X"B0" den Wert 7 enthält, liefert der zweite Aufrufparameter Informationen zum aktuellen Druckerstatus. Parameter ist als PIC 99 COMP Feld zu definieren. Nach Ausführung des

Unterprogramms enthält dieses Feld den Wert 1, wenn der Drucker betriebsbereit ist. Das Feld Parameter enthält den Wert 0 (Null), wenn der Drucker off-line geschaltet oder aus anderen Gründen nicht betriebsbereit ist.

## X"B7": Lesen, Schreiben und Löschen von Zeichen und Bildschirmattributen

```
CALL X"B7" USING Function, Parameter, Buffer
```

Function      benennt ein PIC 99 COMP Feld, das einen der folgenden Werte enthalten muß:

           0  liest Zeichen vom Bildschirm in einen Puffer (Buffer),
           1  schreibt Zeichen des Puffers auf den Bildschirm,
           2  liest Attribute vom Bildschirm in den Puffer,
           3  schreibt Attribute vom Puffer auf den Bildschirm,
           4  löscht Zeichen am Bildschirm,
           5  löscht Attribute am Bildschirm.

Parameter     benennt eine Datengruppe mit drei Elementardatenfeldern:

– einem PIC 9(4) COMP Feld, das die Anzahl der zu lesenden oder zu schreibenden Zeichen bzw. Attribute angibt,

– einem PIC 9(4) COMP Feld, das die Startposition am Bildschirm angibt. Position 1 bezeichnet Zeile 1, Spalte 1 und z.B. Position 81 die erste Spalte in Zeile 2.

– einem PIC 9(4) COMP Feld, das die Startposition im Puffer angibt; die erste Zeichenposition im Puffer ist durch den Wert 1 markiert.

Buffer        definiert als PIC X(n) Feld einen Puffer, der die zu schreibenden oder zu lesenden Zeichen bzw. Attribute aufnimmt.

Die Zeichen und Attribute eines Gesamtbildschirms können in Pufferfeldern von jeweils 2000 Byte Länge gespeichert werden. Programmbeispiele zum Schreiben und Lesen von Bildschirmattributen und Zeichen sind in den Abschnitten 12.3.1 und 12.6.2 angegeben.

## X"D9": Test Tastatur-Status

> CALL X"D9" USING Parameter

Parameter benennt ein PIC 99 COMP Feld, das nach Ausführung des Programms Informationen zum Tastatur-Status enthält. Der Inhalt dieses Feldes ist:

0 (Null), wenn im Tastaturpuffer keine Benutzereingabe gespeichert ist,

nicht 0, wenn der Benutzer die Rechnertastatur betätigt hat.

Mit Hilfe des Unterprogramms X"D9" kann geprüft werden, ob Benutzereingaben vorliegen. Falls Eingaben vorliegen, kann der Tastaturpuffer mit Hilfe des Programms X"83" ausgelesen werden. Abschnitt 12.4.3 enthält Programmbeispiele zur Verwendung dieses Unterprogramms.

## X"E5": Erzeugen eines akustischen Signals

> CALL X"E5"

Dieses Unterprogramm erzeugt einen Signalton von 1/8 Sekunden Dauer.

## X"E6": Positionieren des Cursors am Bildschirm

> CALL X"E6" USING Result, Parameter

Result benennt ein PIC 99 COMP Feld, dessen Inhalt undefiniert ist (dummy parameter),

Parameter benennt eine Datengruppe mit zwei Elementardatenfeldern:

– einem PIC 99 COMP Feld, das die Nummer einer Zeile aufnimmt, in die der Cursor positioniert werden soll (0 bis 24),

– einem PIC 99 COMP Feld, das die Nummer einer Spalte angibt, in die der Cursor positioniert werden soll (Bereich 0 bis 79).

Die Zeilen- und Spalten-Nummern bestimmen gemeinsam die Position des Cursors am Bildschirm. Liegt eine der Angaben außerhalb der Wertebereiche (0 bis 24, 0 bis 79), ist der Cursor unsichtbar.

## 16.2 OS/2-API-Schnittstelle für Anwendungsprogramme

COBOL-Compiler für Mikrocomputer werden in Produktvarianten für die Betriebssystem-Plattformen DOS, MS-Windows, OS/2 und UNIX angeboten. COBOL-Anwendungen können – auch mit graphischen Benutzeroberflächen und häufig ohne nennenswerten Anpassungsaufwand – zwischen diesen Plattformen portiert werden.

Die für DOS-Umgebungen erstellten Programme sind im DOS-Modus von OS/2 ablauffähig. Ergänzend besteht die Möglichkeit, unter DOS oder OS/2 Anwendungen *zu erstellen*, die sowohl unter OS/2, unter DOS oder im DOS-Modus von OS/2 und *ablauffähig* sind (family applications).[1]

Das Betriebssystem OS/2 ersetzt die DOS-Interrupt-Technik für Systemaufrufe durch eine CALL-Schnittstelle (API, Application Program Interface). Aufrufe von Betriebssystem-Routinen werden hier als externe Referenzen behandelt und können daher von jeder Hochsprache genutzt werden. Dem COBOL-Programmierer sind über die API-Schnittstelle eine große Anzahl von OS/2-Funktionen direkt und unkompliziert zugänglich.

COBOL-Programme, die unter OS/2 ausgeführt werden sollen, können die Gesamtmenge der OS/2-API-Funktionen nutzen (System-API). Wenn ein Programm als Family-Anwendung sowohl unter DOS als auch unter OS/2 ablauffähig sein soll, darf nur diejenige Teilmenge der System-API-Funktionen verwendet werden, die unter DOS verfügbar ist. Diese Systemfunktionen heißen Family-API-Funktionen. Ihre Verwendung stellt die API-Portabilität der COBOL-Programme zwischen diesen beiden Betriebssystemen sicher.

Die Beschreibungen der API-Systemfunktionen sind in OS/2-Handbüchern (Programmer's Reference) zusammengefaßt. Sie enthalten die Funktionserläuterungen, die Funktionsnamen und die jeweiligen Aufrufparameter der Systemroutinen.

**Beispiel**

Das folgende Programm demonstriert am Beispiel der Funktion "DosBeep" einen API-Systemaufruf. DosBeep erzeugt ein akustisches Signal. Der erste Aufrufparameter legt die Signaldauer (hier: 80 ms) fest. Der zweite Aufrufparameter bestimmt die Tonfrequenz. DosBeep wird in zwei Schleifen mehrfach zur Ausführung gebracht. Vor jedem CALL-Aufruf wird die Tonfrequenz geeignet modifiziert. Als Ergebnis erzeugt das Programm 7 1/3 (Klavier-)Oktaven der Tonleiter auf der Grundlage des Kammertons mit 440 Hz.

---

1. Das zum Lieferumfang der Compiler gehörende BIND-Utility wandelt unter OS/2 ausführbare EXE-Programme in Family-EXE-Programme um.

```
*------------------------------
 WORKING-STORAGE SECTION.
*------------------------------
 01 dauer            pic 9(4)        comp-3 value 80.
 01 frequenz         pic 9(4)V9(12)  comp-3 value 27.5.
 01 ton-freq         pic 9(4)        comp-3.
 01 dauer-dword      pic 9(8)        comp-3 value 7.
*----------------------------------------------------------------
 PROCEDURE DIVISION.
*----------------------------------------------------------------
 start-prog.
     perform until frequenz > 4000
         compute ton-freq rounded = frequenz
         call "_DosBeep" using by value dauer
                               by value ton-freq
         call "_DosSleep" using by value dauer-dword
         compute frequenz = frequenz * 1.059463094
     end-perform.
         move 3951.06640736 to frequenz.
     perform until frequenz < 27
         compute ton-freq rounded = frequenz
         call "_DosBeep" using by value dauer
                               by value ton-freq
         compute frequenz = frequenz / 1.059463094
     end-perform.
 ende-prog.
     stop run.
```

Das Programm kann als Family-Anwendung unter DOS und OS/2 zur Ausführung gebracht werden.

# 17. Programmierübungen mit Lösungshinweisen

Die in diesem Kapitel zusammengefaßten Programmierübungen sind hinsichtlich ihrer Reihenfolge mit der Darstellung der COBOL-Sprachelemente in den Kapiteln 3 bis 16 dieses Buches abgestimmt. Die Aufgaben bauen schrittweise aufeinander auf. Sie sollten daher in der vorgegebenen Reihenfolge bearbeitet werden.

Jede Aufgabe ist in die Abschnitte Lernziele, Texthinweise, Aufgabentext, Lösungshinweise und Ergänzungsfragen gegliedert. Der Abschnitt Lernziele verdeutlicht den Zweck und die inhaltlichen Anforderungen einer Aufgabe. *Texthinweise* dienen der gezielten Vorbereitung des Entwurfs und der Codierung des jeweiligen Programms. Sie verweisen auf Abschnitte dieses Buches, in denen die zur Lösung einer Aufgabe zwingend erforderlichen Sprachelemente behandelt werden.

Die zum Teil umfangreichen Lösungshinweise zu den Aufgaben sollten *nur bei Bedarf* für die eigene Programmentwicklung herangezogen werden. Sie stellen sicher, daß auch Programmieranfänger ohne DV-Vorkenntnisse alle Aufgaben im Wege des Selbststudiums und mit angemessenem Zeitaufwand lösen können. Ergänzungsfragen dienen der Überprüfung des jeweiligen Wissensstands oder Problemverständnisses und leiten zu nachfolgenden Aufgaben über.

Zahlreiche Programmierübungen dieser Sammlung sehen die Verarbeitung von Dateien vor. Der Datensatzaufbau dieser Dateien ist in den jeweiligen Aufgaben beschrieben, so daß Sie sich selbst einen Testdatenbestand anlegen können. Wenn Sie alternativ die auf den **COBSYS-Disketten**[1] gespeicherten Datendateien (KUNDEN.DAT, ARTIKEL.DAT, UMSATZ.DAT usw.) verwenden, entfällt nicht nur der Zeitaufwand für die Erstellung dieser Eingabedateien. Sie können dann die Verarbeitungsergebnisse Ihrer Programme zu Kontrollzwecken auch mit den jeweiligen Musterlösungen vergleichen.

Die Aufgabentexte zu den Programmierübungen dieses Kapitels beschreiben, was die zu erstellenden Programme leisten sollen. Einen rascheren und sichereren Einblick in das jeweilige Übungsziel erhalten Sie, wenn Sie die auf den COBSYS-Disketten gespeicherten ablauffähigen Musterlösungen (EXE-Dateien) auf Ihrem Rechner zur Ausführung bringen. Zu diesen über ein Menü aufrufbaren Programmen werden ergänzend auch Eingabedaten sowie Zwischenergebnisse der Verarbeitungsprozesse am Bildschirm angezeigt.

Erfahrungsgemäß sind die Programmierübungen dieses Kapitels mit minimalem Zeitaufwand lösbar, wenn Sie die folgenden Hinweise beachten:

1. Die Aufgaben bauen aufeinander auf. Sie sind daher in aufsteigender Reihenfolge zu lösen.
2. Bringen Sie das COBSYS-Demonstrationsprogramm zur jeweiligen Pro-

---

1. Siehe hierzu den Abschnitt *COBSYS-Disketten*, Seite 3 und 4.

grammierübung vor Durchsicht des Aufgabentextes zur Ausführung. Es verdeutlicht anschaulich das Ziel einer Übung.

3. Arbeiten Sie die unter Gliederungspunkt *Texthinweise* zu jeder Aufgabe angegebenen Abschnitte dieses Buches in der aufgeführten Reihenfolge durch. Konzentrieren Sie sich dabei auf die *Funktionen* der behandelten Sprachelemente. Ihre Syntax – die COBOL-Formate – können Sie bei Bedarf nachschlagen.

4. Die in den Kapiteln 3 bis 16 angegebenen *Beispielprogramme* zur Verdeutlichung der Funktion von Sprachelementen sollten Sie nachvollziehen. Falls sich hierbei Verständnisprobleme einstellen, ist es zweckmäßig, das betreffende Programm zu codieren, zu testen und gegebenenfalls auch zu modifizieren. Mit Hilfe Ihres interaktiven Debuggers können Sie sich Einblick in die Programmablaufsteuerung und die Funktion der einzelnen Anweisungen verschaffen.

5. Diese Programmierübungen ermöglichen Ihnen das Sammeln praktischer Erfahrungen im Zusammenhang mit der Problemanalyse, dem Entwurf und der Implementierung von Anwendungen.

Dieses Ziel wird auch dann erreicht, wenn Ihre eigenen Problemlösungen in Teilkomplexen von den Musterlösungen abweichen. Sie können die jeweiligen Aufgabenstellungen nicht nur beliebig erweitern, sondern im Interesse eines zügigen Lernfortschritts immer dann auch *vereinfachen*, wenn Sie Teilkomplexe erkennen, deren Realisierung Sie bereits sicher beherrschen.

Zur Lösung der Programmierübungen ist der ständige Zugriff auf Compiler-Handbücher entbehrlich, wenn Sie als Übersetzer einen Compiler für Mikrocomputer der Firmen *Micro Focus* (COBOL/2 Workbench, Professional COBOL/2), *IBM* (COBOL/2), *Siemens Nixdorf* (COBOL/2) oder *Microsoft* (MS-COBOL ab Vers. 3.0) verwenden. Alle zur Aufgabenlösung erforderlichen, über den ANSI-COBOL-Standard hinausgehenden Spracherweiterungen zur Bildschirmansteuerung, Funktionstastenabfrage usw. finden Sie dann in den Abschnitten dieses Buches beschrieben. Auch die Lösungshinweise zu den Programmierübungen nehmen auf diese Compiler Bezug.

Falls Sie das Produkt eines anderen Herstellers einsetzen, müssen Sie Sprachäquivalente zu den über den ANSI-COBOL-Standard hinausgehenden Anweisungen auffinden. Hierzu sind dann die jeweiligen Compiler-Handbücher erforderlich.

Ab Aufgabe 13 ist es zweckmäßig, zur Gestaltung von Bildschirmoberflächen einen Maskengenerator einzusetzen. Die Musterlösungen auf den COBSYS-Disketten wurden unter Verwendung des Generators FORMS erstellt. Alternativ kann z.B. auch der Maskengenerator SCREENS verwendet werden. Hinweise zur Nutzung von SCREENS enthält die Textsammlung in COBSYS (Programmfunktion F2-Texte). SCREENS kann die auf den COBSYS-Disketten gespeicherten FORMS-FRM-Maskendateien importieren und weiterverarbeiten.

# Aufgabe 1

| **Inhalt** | : | Editierübung. |
|---|---|---|
| **Lernziel** | : | Kennenlernen des Leistungsumfangs von Editoren. |
| **Texthinweis** | : | Abschn. 1.2.3 (Tastatur), 1.3.1 (Betriebssystem MS-DOS) und Abschn. 1.3.2 (Editor). |

## 1.1 Aufgabentext

Erstellen Sie eine Disketten- oder Plattendatei mit dem Dateinamen AUFG1 und dem Text dieser Übungsaufgabe (oder einem beliebigen Text vergleichbaren Umfangs) als Dateiinhalt.

## 1.2 Lösungshinweise

1. Diese Editierübung soll Sie mit den Grundfunktionen eines Editors vertraut machen. Erproben Sie unter Verwendung Ihrer Editorbeschreibung systematisch das Eintragen, Löschen, Einfügen und Überschreiben von Zeichen, Zeichenfolgen und Textzeilen sowie die Funktionstasten zur Cursor-Positionierung.

2. Die Schreibmarke (Cursor) des Editors läßt sich mittels Funktionstasten auch wortweise vorwärts und rückwärts, an den jeweiligen Zeilenanfang, das Zeilenende, den Anfang bzw. das Ende einer Bildschirmseite oder der zu bearbeitenden Datei positionieren.

3. Zu den Funktionen eines Texteditors gehört auch das Duplizieren von Zeilen, die Wiedergabe gelöschter Zeichen oder Zeilen an beliebiger Textstelle, das Splitten und Zusammenfügen von Zeilen sowie das Kopieren oder Löschen von Textblöcken.

4. Innerhalb längerer Texte lassen sich Zeichenfolgen mit Hilfe einer Find-Funktion auffinden und bei Bedarf mittels einer Replace-Funktion durch eine andere Zeichenfolge ersetzen.

5. Texteintragungen und -änderungen werden in einem Textpuffer des Arbeitsspeichers Ihres Rechners verwaltet. Erst die Funktion "Sichern" (save file) schreibt den Inhalt des Textpuffers auf das externe Speichermedium Diskette oder Platte. Wird der Rechner vorm Sichern editierter Texte ausgeschaltet oder die Editierfunktion ohne Textsicherung verlassen, sind alle während der Editiersitzung vorgenommenen Eintragungen/Änderungen unwiederbringlich verloren.

6. Bereits auf Diskette oder Platte abgelegte Dateien lassen sich mittels einer Editorfunktion "Laden" (load file) zur erneuten Bearbeitung im Arbeitsspeicher bereitstellen.

## 1.3 Ergänzungsfragen

1. Welche Grundfunktionen hat ein Editor?
2. Was versteht man unter dem Sichern editierter Texte?
3. Welche Formen des Verlassens eines Editors lassen sich unterscheiden?
4. Wie kann man das Inhaltsverzeichnis (directory) einer Diskette oder Magnetplatte einsehen?
5. Welche Aufgabe hat der Pfad innerhalb eines globalen Dateinamens?

# Aufgabe 2

**Inhalt** : Berechnung von Summen, Produkten und Quadratzahlen.

**Lernziele** : – Gliederung von COBOL-Programmen
– Datenbeschreibung in der WORKING-STORAGE SECTION
– Schleifenbildung: – Schleifensteuerung
– Schleifenkörper
– PERFORM UNTIL-Anweisung
– Formulieren einfacher Vergleichsbedingungen
– positionierendes ACCEPT und DISPLAY
– COMPUTE-Anweisung.

**Texthinweis** : Abschn. 1.1.5 und 1.3.3 (Compiler); Abschn. 2.2 (Nassi-Shneiderman-Diagramme); Kap. 3, insbes. Abschn. 3.4 (COBOL-Metanotation), 3.5 (COBOL-Codierschema) und 3.8 (Programmrahmen); Kap. 4 und Kap. 5.

## 2.1 Aufgabentext

Schreiben Sie ein Programm, das bei Vorgabe der Werte zweier Variablen A-Wert und B-Wert

– deren Summe,
– ihr Produkt,
– die zweite Potenz von A-Wert sowie
– die zweite Potenz von B-Wert

errechnet.

a. Die Werte der Variablen A-Wert und B-Wert sind im Bildschirmdialog einzugeben.
b. Die vier Rechenergebnisse sind am Bildschirm auszugeben.
c. Der Benutzer des Programms sollte beliebig häufig für alternative Wertepaare Berechnungen durchführen können.
d. Um nach Abschluß der Berechnungen das Programm verlassen und auf Betriebssystemebene zurückkehren zu können, ist eine Möglichkeit zum geord-

neten Abbruch des Programmlaufs vorzusehen.

e. Es sind lediglich *ganzzahlige einziffrige* Dateneingaben (0, 1, ..., 9) für A-Wert und B-Wert vorzusehen.[1)]

## 2.2 Lösungshinweise

1. Nachfolgend wird ein Vorschlag für die Gestaltung des Bildschirms angegeben:

```
Berechnung von Summen, Produkten und Quadratzahlen

    Bitte A eingeben:   5
    Bitte B eingeben:   6

    Summe       =   11
    Produkt     =   30
    A * A       =   25
    B * B       =   36

Weitere Berechnungen (J/N)? :  ( )
```

2. Die Berechnung von Summen, Produkten und Quadratzahlen ist in einem Schleifenkörper vorzunehmen.

3. Die Schleife sollte mittels einer PERFORM UNTIL-Anweisung realisiert werden.

4. Der Austritt aus der Schleife ist über eine am Bildschirm abzufragende Variable (z.B.: WEITER = "J" bzw. "N") sicherzustellen, die in den Bedingungsteil der Schleifensteuerung aufzunehmen ist.

5. Entwickeln Sie die Ablauflogik dieser Problemstellung vor Codierung des Programms in Form eines Nassi-Shneiderman-Diagramms.

6. Beachten Sie die "Schrittfolge zur Erzeugung ablauffähiger Programme": Quellcode editieren, Datei sichern, Quellcode übersetzen – ggf. protokollierte Syntax-Fehler im Quellprogramm korrigieren, Datei erneut sichern und übersetzen – Objektcode binden und Programm starten oder den erzeugten Zwischencode direkt zur Ausführung bringen. Treten zur Laufzeit des Programms Fehler auf, sind diese im Quellcode zu korrigieren. Erst nach erneuter Übersetzung sind korrigierte Laufzeitfehler behoben.

7. Analysieren Sie – soweit erforderlich – die nachfolgend wiedergegebenen Musterlösungen zu Aufgabe 2.

---

1. Die Erfassung und Verarbeitung nicht-ganzzahliger sowie vorzeichenbehafteter Datenwerte setzt erweiterte Kenntnisse zur Datendefinition und Bildschirmansteuerung voraus. Hierauf wird in den Abschnitten 8.1 bis 8.3 sowie 12.2 eingegangen.

## 2.3 Ergänzungsfragen

1. Was versteht man unter Syntaxfehlern?
2. Welche Arbeitsschritte sind zur Beseitigung von Syntaxfehlern erforderlich?
3. In den Musterlösungen zu Aufgabe 2 übernimmt die ACCEPT-Variable WEITER zwei den Programmablauf steuernde Funktionen. Welche Funktionen sind das?
4. Im Verlauf der Entwicklung des ablauffähigen Programms zu Aufgabe 2 werden mehrere Dateien erzeugt. Was beinhalten diese Dateien?
5. Wieviel Speicherplatz beansprucht jede der Dateien?

## Musterlösung 1  (in-line-PERFORM)

```
*-----------------------------------------------------------------
 IDENTIFICATION DIVISION.
*-----------------------------------------------------------------
 PROGRAM-ID. AUFG2.
*Autor      WENDT
*Datum      2.12.1990
*Inhalt     Berechnung von Summen, Produkten und Quadratzahlen
*-----------------------------------------------------------------
 ENVIRONMENT DIVISION.
*-----------------------------------------------------------------
 CONFIGURATION SECTION.
*-----------------------------------------------------------------
 SOURCE-COMPUTER.  IBM-PC.
 OBJECT-COMPUTER.  IBM-PC.
 SPECIAL-NAMES.    CONSOLE IS CRT.
*-----------------------------------------------------------------
 DATA DIVISION.
*-----------------------------------------------------------------
 WORKING-STORAGE SECTION.
*-----------------------------------------------------------------
 77 A-WERT        PIC 9.
 77 B-WERT        PIC 9.
 77 SUMME         PIC 99.
 77 PRODUKT       PIC 99.
 77 A-QUADRAT     PIC 99.
 77 B-QUADRAT     PIC 99.
 77 WEITER        PIC X VALUE "J".
*-----------------------------------------------------------------
 PROCEDURE DIVISION.
*-----------------------------------------------------------------
 START-PROG.
     PERFORM UNTIL WEITER = "N"
        DISPLAY SPACES
        DISPLAY "Berechnung von Summen, Produkten und Quadratzahl
-               "en"                                     AT 0507
        DISPLAY "Bitte A eingeben :"                     AT 1007
        DISPLAY "Bitte B eingeben :"                     AT 1107
        ACCEPT  A-WERT                                   AT 1026
```

```
            ACCEPT   B-WERT                            AT 1126
            COMPUTE SUMME = A-WERT + B-WERT
            COMPUTE PRODUKT = A-WERT * B-WERT
            COMPUTE A-QUADRAT = A-WERT * A-WERT
            COMPUTE B-QUADRAT = B-WERT ** 2
            DISPLAY "Summe    ="                       AT 1407
            DISPLAY "Produkt  ="                       AT 1507
            DISPLAY "A * A    ="                       AT 1607
            DISPLAY "B * B    ="                       AT 1707
            DISPLAY SUMME                              AT 1419
            DISPLAY PRODUKT                            AT 1519
            DISPLAY A-QUADRAT                          AT 1619
            DISPLAY B-QUADRAT                          AT 1719
            DISPLAY "Weitere Berechnungen (J/N) ? :   ( )"
                                                       AT 2007
            ACCEPT   WEITER                            AT 2041
        END-PERFORM.
    ENDE-PROG.
        DISPLAY SPACES.
        STOP RUN.
```

## Musterlösung 2   (out-of-line-PERFORM)

In dieser zweiten Lösung ist der Schleifenkörper in einen Paragraphen ausgelagert (out-of-line). Ergänzend werden die Felder A-WERT und B-WERT initialisiert (INITIALIZE-Anweisung), wodurch die erneute Bildschirmanzeige vorheriger Feldinhalte verhindert wird. Die erweiterte Abbruchbedingung der Schleifensteuerung ("N" OR "n") erlaubt nun auch die Beendigung des Programmlaufs durch Eingabe von "n".

```
*-----------------------------------------------------------------
 PROCEDURE DIVISION.
*-----------------------------------------------------------------
 START-PROG.
     PERFORM BERECHNUNG UNTIL WEITER = "N" OR "n".
 ENDE-PROG.
     DISPLAY SPACES.
     STOP RUN.

 BERECHNUNG.
     DISPLAY SPACES.
     DISPLAY "Berechnung von Summen, Produkten und Quadratzahlen"
                                                AT 0507.
     DISPLAY "Bitte A eingeben :"                AT 1007.
     DISPLAY "Bitte B eingeben :"                AT 1107.
     INITIALIZE A-WERT, B-WERT.
     ACCEPT   A-WERT                             AT 1026.
     ACCEPT   B-WERT                             AT 1126.
     COMPUTE SUMME = A-WERT + B-WERT.
     COMPUTE PRODUKT = A-WERT * B-WERT.
     COMPUTE A-QUADRAT = A-WERT * A-WERT.
```

```
            COMPUTE B-QUADRAT = B-WERT ** 2.
            DISPLAY "Summe     ="                AT 1407.
            DISPLAY "Produkt   ="                AT 1507.
            DISPLAY "A * A     ="                AT 1607.
            DISPLAY "B * B     ="                AT 1707.
            DISPLAY SUMME                        AT 1419.
            DISPLAY PRODUKT                      AT 1519.
            DISPLAY A-QUADRAT                    AT 1619.
            DISPLAY B-QUADRAT                    AT 1719.
            DISPLAY "Weitere Berechnungen (J/N) ? :  ( )"
                                                 AT 2007.
            ACCEPT  WEITER                       AT 2041.
```

# Aufgabe 3

**Inhalt** : Erfassen von Anschriften und Abspeichern von Datensätzen in eine Disketten- oder Plattendatei.

**Lernziele** : – Anschluß einer Ausgabedatei, interne und externe Dateinamen
– SELECT- und ORGANIZATION-Klausel
– FD-Eintragung, Dateisatzbeschreibung
– Funktionen des Öffnens und Schließens von Dateien
– Öffnen von Dateien mit OUTPUT bzw. EXTEND
– MOVE-Anweisung, Figurative Konstante SPACE
– WRITE-Anweisung
– Formulieren zusammengesetzter Bedingungen.

**Texthinweis** : Kap. 6, insbes. Abschn. 6.1, 6.2 und Abschn. 6.3.

## 3.1 Aufgabentext

Schreiben Sie ein Erfassungsprogramm für Anschriften. Im Bildschirmdialog sollen feldweise Vorname/Nachname, Straße/Hausnummer sowie Postleitzahl/Wohnort eingegeben werden. Die erfaßten Daten sind in eine sequentiell organisierte Disketten- oder Plattendatei AUFG3AUS.DAT (ORGANIZATION IS LINE SEQUENTIAL) abzuspeichern. Diese Datei soll den unter Lösungshinweis 2 angegebenen Satzaufbau haben.

Die Adreßeingabe durch den Benutzer muß beliebig oft wiederholbar sein. Berücksichtigen Sie die Möglichkeit eines geordneten Abbruchs der Datenerfassung.

Nach Eingabe einiger Anschriftensätze soll der Inhalt der erstellten Datei kontrolliert werden. Hierzu können Sie die Datensätze der Datei AUFG3AUS.DAT mit Hilfe eines Betriebssystemkommandos oder auch unter Verwendung Ihres Editors am Bildschirm anzeigen lassen. Ergänzend sollten Sie den Dateiinhalt auf einem Arbeitsplatzdrucker ausgeben.

Programmierübungen	Aufgabe 3

## 3.2 Lösungshinweise

1. Der Bildschirm könnte wie folgt gestaltet werden:

```
Erfassen von Anschriften


Name         :  Ralf Kahrs
Straße       :  Roonstraße 26
PLZ Wohnort  :  2000 Hamburg 20



Weitere Adreßeingaben (J/N)? :  ( )
```

2. Die Ausgabedatei AUFG3AUS.DAT soll folgenden Satzaufbau haben:

| Inhalt | Spalte | Feldlänge | Feldtyp |
|---|---|---|---|
| Vorname/Zuname | 1 – 25 | 25 | alphanum. |
| Straße/Nr. | 26 – 50 | 25 | alphanum. |
| PLZ/Wohnort | 51 – 75 | 25 | alphanum. |

Schaut man sich nach dem Erfassen einiger Anschriften den Inhalt der Datei AUFG3AUS.DAT am Bildschirm an, erkennt man den nachfolgend beispielhaft wiedergegebenen formatierten Satzaufbau:

```
Sabine Sperling          Lessingstr. 12          3456 Neustadt 4
Fabian Specht            Rosenweg 23             8900 Kleinstadt 4
Jan Hauser               Tulpengraben 46         4578 Grossdorf 2
Gesine Oates             Hessestraße 81          2356 Niendorf
Hannelore Söllner        Zeppelinstr. 4          5432 Altstadt
Petra Welser             Friedrichstr. 10a       1234 Freudenstadt
Claus Dieter Michelmann  Ernst Strobach Platz    3002 Buchholz
Birgit Hein              Gilcherweg 45           2000 Hamburg 74
```

3. Entwickeln Sie die Ablauflogik des Programms in einem Struktogramm.

4. Achten Sie beim Codieren der SELECT-Klausel in der INPUT-OUTPUT SECTION des Programms auf die Konventionen zur Bildung COBOL-interner Dateinamen sowie die Möglichkeiten der Notation von externen Dateinamen.

5. Überlegen Sie, ob die Ausgabedatei mit OPEN OUTPUT oder alternativ mit OPEN EXTEND zu öffnen ist.

6. Die Anweisung "ACCEPT datenname AT cursorposition" ermöglicht die Änderung eines bereits unter "datenname" gespeicherten Wertes. Sollen bestehende Feldinhalte nicht geändert, sondern neu erfaßt werden, ist der Inhalt des

Feldes "datenname" vor Ausführung der ACCEPT-Anweisung zu löschen (MOVE- oder INITIALIZE-Anweisung).
7. Den Inhalt der erzeugten Datei AUFG3AUS.DAT können Sie sich mit Hilfe des MS-DOS-Kommandos "TYPE globaler-dateiname" am Bildschirm anzeigen lassen.
8. Auf einem Arbeitsplatzdrucker läßt sich die Anschriftendatei mittels der Betriebssystembefehle PRINT bzw. COPY ausgeben.

## 3.3 Ergänzungsfragen

1. Worin unterscheiden sich die Anweisungen OPEN OUTPUT und OPEN EXTEND?
2. An welchen Stellen des Programms zu Aufgabe 3 wären Änderungen erforderlich, um zusätzlich eine Kunden-Nr. in den Datensatz der Datei AUFG3-AUS.DAT aufzunehmen?
3. Was versteht man unter einer Anfangswertzuweisung (Initialisierung einer Variablen)? Welche Formen der Realisierung von Anfangswertzuweisungen lassen sich unterscheiden?
4. Worin unterscheiden sich Datenbeschreibungen in der WORKING-STORAGE SECTION von Datenbeschreibungen in der FILE SECTION?
5. Auf welchen Hierarchieebenen lassen sich Daten in COBOL beschreiben? Welche Funktion hat hierbei die Stufennummer?

# Aufgabe 4

**Inhalt** : Lesen einer sequentiell organisierten Datei und Drucken von Adreßaufklebern.

**Lernziele** :
- Anschluß einer sequentiellen Eingabedatei
- Dateiverwendungsangabe INPUT
- READ-Anweisung
- Erkennen des Dateiendes: AT END-Zusatz
- NOT END- und Reading-Ahead-Technik
- Ansprechen eines Arbeitsplatzdruckers
- BEFORE/AFTER ADVANCING-Zusatz.

**Texthinweis** : Kap. 6, insbes. Abschn. 6.5.1 (NOT END- und Reading-Ahead-Technik) sowie Abschn. 6.5.4 (Druckerausgabe).

## 4.1 Aufgabentext

Die Briefumschläge einer Massendrucksache sollen mit Anschriften versehen werden. Schreiben Sie ein Programm, das eine Datei mit Kundenanschriften einliest. Die Adressen sind in der Form

```
    Ralf Kahrs
    Menckesplatz 24
    2000 Hamburg 36        Zwei Leerzeilen
                           zwischen den Anschriften und
                           10 Zeichen Abstand der Adressen
    Norbert Niemann        vom linken Papierrand.
    Kastanienallee 28
    3000 Hannover 1
    :
    :  usw.
```

untereinander an einem Drucker auszugeben. Dieses Ausgabeformat ist geeignet, Adreßaufkleber zu beschriften. Als Eingabedatei verwenden Sie die zu Aufgabe 3 erstellte Datei AUFG3AUS.DAT.

## 4.2 Lösungshinweise

1. Der Drucker ist innerhalb des COBOL-Programms wie eine sequentielle Ausgabedatei zu behandeln.

2. Während programminterne Dateinamen den Bildungsvorschriften für benutzerdefinierte COBOL-Wörter unterliegen, sind externe Dateinamen unter Berücksichtigung der Konventionen des verwendeten Betriebssystems und des jeweiligen Compilers zu bilden. Bei Einsatz von MS-DOS bzw. PC-DOS als Betriebssystem und bei Verwendung der hier berücksichtigten Compiler für Mikrocomputer sind die Literale "PRN" oder "LPT1" als externe Dateinamen für Drucker in der SELECT-Klausel zu codieren.

3. Die Input-Datei AUFG3AUS.DAT ist in NOT END- oder Reading-Ahead-Technik zu verarbeiten.
4. Entwerfen Sie die Ablauflogik des Programms mit Hilfe eines Struktogramms.
5. Die Beschreibung von Dateien einschließlich ihres Satzaufbaus wird in der FILE SECTION von COBOL-Programmen sehr übersichtlich, aber schreibaufwendig vorgenommen. In aller Regel wird auf eine einmal erstellte Datei von verschiedenen Programmen aus zugegriffen.

   Programmierzeit läßt sich einsparen, wenn eine einmal erstellte Datei- und Datensatzbeschreibung (sie umfaßt häufig mehrere 100 Elementardaten) bei erneuter Verwendung z.B. mittels eines Editors in die FILE SECTION des jeweiligen Programms kopiert wird.[1]
6. Kopieren Sie unter Verwendung Ihres Editors die Dateibeschreibung der Datei AUFG3AUS.DAT des Programms zu Aufgabe 3 (Anschriftenerfassung) in die FILE SECTION des Programms zu Aufgabe 4.
7. Zum Austesten Ihres Programms ist es zweckmäßig, vorerst auf die Papierausgabe zu verzichten. Schreiben Sie das Verarbeitungsergebnis zunächst in eine Disketten- oder Plattendatei AUFG4AUS.DAT. Wenn das Programm fehlerfrei arbeitet, können Sie es durch Austauschen der externen Dateinamen in der SELECT-Klausel für die Druckerausgabe modifizieren.

## 4.3 Ergänzungsfragen

1. Die Reading-Ahead- und die NOT END-Technik verhindern Verarbeitungsfehler bei sequentiellen Dateizugriffen. Um welche Fehler handelt es sich?
2. Worin unterscheiden sich die Zusätze BEFORE und AFTER ADVANCING?
3. Wieviele Leerzeilen werden im Druckbild zwischen zwei Anschriften eingefügt, wenn der WRITE-Befehl für die Ausgabe des Wohnorts die Angabe BEFORE 4 enthält?
4. Warum wird man beim Drucken von Adreßaufklebern den Zeilenabstand zwischen zwei Anschriften nicht mit dem AFTER ADVANCING-Zusatz erzeugen?
5. Welche Änderungen sind im Programm "Adressendruck" erforderlich, wenn jeweils zwei Anschriften nebeneinander ausgedruckt werden sollen?

---

1. Eine elegantere Vorgehensweise wird in Abschn. 11.1 (Quellcodebibliotheken) vorgestellt.

# Aufgabe 5

**Inhalt** : Mehrfachlesen sequentieller Dateien.

**Lernziele** : – Anschluß von zwei Eingabedateien und einer Ausgabedatei
– OPEN-CLOSE-Zyklen beim Mehrfachlesen
– Rücksetzen der EOF-Variablen im OPEN-CLOSE-Zyklus
– Schleifenschachtelung
– Verwendung der IF-Anweisung
– Relationsoperatoren ">", "<" und "="
– dynamische Bildschirmadressierung
– Beschreiben eines Bildschirm-Ausgabebereichs.

**Texthinweis** : Abschn. 5.2.3 (IF-Anweisung), Abschn. 5.3.1 (Vergleichsbedingungen) und Kap. 6, insbes. Abschn. 6.5.2 (Mehrfachlesen).

## 5.1 Aufgabentext

Dieses Programm soll zwei Eingabedateien (AUFG5NUM.DAT und AUFG5ALP.DAT) zu einer Ausgabedatei (AUFG5AUS.DAT) verarbeiten. Jeder in die Ausgabedatei zu schreibende Datensatz ist ergänzend am Bildschirm anzuzeigen. Abbildung 17.5a zeigt den Inhalt der beiden Eingabedateien. AUFG5NUM.DAT enthält 9 Datensätze und AUFG5ALP.DAT 26 Sätze.

| *Eingabedateien* ||
|---|---|
| *AUFG5ALP.DAT* | *AUFG5NUM.DAT* |
| AAAAAAAAAAAAAAA<br>BBBBBBBBBBBBBBB<br>CCCCCCCCCCCCCCC<br>DDDDDDDDDDDDDDD<br>:<br>:<br>ZZZZZZZZZZZZZZZ | 111111111111111<br>222222222222222<br>333333333333333<br>444444444444444<br>:<br>:<br>999999999999999 |

*Abb. 17.5a   Eingabedateien*

Das Übungsprogramm zu Aufgabe 5 soll die beiden Eingabedateien zu einer Ausgabedatei AUFG5AUS.DAT mit folgendem Inhalt verarbeiten:

```
AAAAAAAAAAAAAAA
            111111111111111
            222222222222222
            333333333333333
            444444444444444
```

Programmierübungen                                                                 Aufgabe 5

```
              555555555555555
                    :
                    :
              999999999999999
   BBBBBBBBBBBBBBB
              111111111111111
              222222222222222
              333333333333333
              444444444444444
                    :
                    :
              999999999999999
←──CCCCCCCCCCCCCCC
              111111111111111
              222222222222222
              333333333333333
              444444444444444
                    :
                    : usw.
```

Den Satzaufbau der beiden Eingabedateien sowie den der Ausgabedatei zeigt Abb. 17.5b. Die Dateien AUFG5ALP.DAT und AUFG5NUM.DAT finden Sie – soweit verfügbar – auf den COBSYS-Disketten.[1] Diese Dateien wurden mit Hilfe eines Editors erstellt. Sie sind LINE SEQUENTIAL organisiert.

| Satzaufbau Datei AUFG5ALP.DAT | | | |
|---|---|---|---|
| Inhalt | Spalte | Feldlänge | Feldtyp |
| Alpha-Feld | 1 – 15 | 15 | alphanum. |
| Satzaufbau Datei AUFG5NUM.DAT | | | |
| Inhalt | Spalte | Feldlänge | Feldtyp |
| Numeric-Feld | 1 – 15 | 15 | alphanum. |
| Satzaufbau Datei AUFG5AUS.DAT | | | |
| Inhalt | Spalte | Feldlänge | Feldtyp |
| leer | 1 – 10 | 10 | – |
| Alpha-Feld | 11 – 25 | 15 | alphanum. |
| Numeric-Feld | 26 – 40 | 15 | alphanum. |

*Abb. 17.5b   Satzaufbau der Ein- und Ausgabedateien*

---

1. Siehe hierzu Abschnitt *COBSYS-Disketten*, Seite 3 f. Auf diesen Disketten sind auch die z.T. aufwendigen Eingabedateien der nachfolgenden Übungsaufgaben gespeichert. Falls Ihnen die COBSYS-Disketten jetzt nicht verfügbar sind, können Sie die Dateien AUFG5ALP.DAT und AUFG5NUM.DAT mit Hilfe Ihres Editors erstellen.

Jeweils bis zu 20 Zeilen dieser Mischverarbeitung sind zusätzlich am Bildschirm anzuzeigen. Hierzu ist ein Bildschirm-Ausgabebereich vorzusehen, der in Zeile 3 des Schirms beginnt und bis Zeile 22 (einschließlich) reicht. Das Ausgabefenster soll je Zeile in Spalte 11 beginnen. Jeweils nach Ausgabe von 20 Bildschirmzeilen ist die Datenausgabe zu unterbrechen und der Schirm dann nach einer geeigneten Benutzereingabe zur Löschung freizugeben. Die Ausgabe ist anschließend ab Zeile 3 fortzusetzen.

## 5.2 Lösungshinweise

1. Kopieren Sie die Eingabedateien AUFG5NUM.DAT und AUFG5ALP.DAT von den COBSYS-Disketten, oder richten Sie die Dateien mit Hilfe Ihres Editors ein. Überprüfen Sie unter Verwendung des Betriebssystemkommandos "TYPE globaler-dateiname" das Vorhandensein der Dateien sowie ihren korrekten Satzaufbau.

2. Entwerfen Sie Ihr Programm in einem ersten Schritt unter Vernachlässigung der Bildschirmausgabe. Erst wenn der Inhalt von Datei AUFG5AUS.DAT aufgabengemäß erstellt wurde, sollten Sie das Programm in einem zweiten Schritt um die Funktion "Bildschirmausgabe" erweitern.

    Prinzipiell ließe sich die Bildschirmausgabe nach dem vollständigen Erstellen der Ausgabedatei durch das Lesen von Datei AUFG5AUS.DAT realisieren. Dieser Weg soll hier nicht gewählt werden. Stattdessen sind Datensätze unmittelbar vor oder nach dem Schreiben in Datei AUFG5AUS.DAT am Bildschirm anzuzeigen.

3. Beachten Sie folgende Syntax-Konventionen: Die Programmiersprache COBOL list "Dateien" und schreibt "Datensätze".

4. Entwerfen Sie das Nassi-Shneiderman-Diagramm des Verarbeitungsprozesses (in zwei Teilschritten, erst ohne Bildschirmausgabe).

5. Falls Datei AUFG5AUS.DAT nicht aufgabengemäß erstellt wird, analysieren Sie sorgfältig die Fehlerursachen. Es ist für Programmieranfänger wenig hilfreich, einen Algorithmus durch "Probieren auf Verdacht" zu verbessern.

6. Bisher haben Sie die Ausgabeposition von Daten am Bildschirm mit Hilfe eines vierstelligen numerischen Literals bestimmt:

    ```
    DISPLAY datenname (bzw. literal-1) AT literal-2
    ```

    Literal-2 setzte sich aus zwei Zeilenziffern und zwei Spaltenziffern zusammen, z.B. "DISPLAY datenname AT 1207".

    Die in dieser Übungsaufgabe vorgesehene Bildschirmausgabe erfordert eine dynamische Veränderung der Zeilen-Ausgabeposition, die im Programm vorgenommen werden muß. Das DISPLAY-Format positioniert die Bildschirmausgabe nun über eine Variable:

    ```
    DISPLAY datenname-1 (bzw. literal) AT datenname-2
    ```

Die Variable datenname-2 ist in der WORKING-STORAGE SECTION zu definieren, z.B.:

```
01  CURSOR-POSITION.
    05 ZEILE    PIC 99 VALUE 3.
    05 SPALTE   PIC 99 VALUE 11.
```

Vorstehend werden zugleich Anfangswerte für die Positionierung der Schreibmarke gesetzt. Im Programm ist der Wert der Variablen ZEILE hochzuzählen.

7. Übersteigt die Variable ZEILE den Wert 22, ist der Bildschirm zu löschen und ZEILE auf einen geeigneten Anfangswert zurückzusetzen.

8. Drucken Sie Datei AUFG5AUS.DAT zu Kontrollzwecken auf einem Arbeitsplatzdrucker aus.

## 5.3 Ergänzungsfragen

1. Welche Funktionen löst die Anweisung "OPEN INPUT eindat" aus?
2. Jeweils nach Beschreiben der letzten Bildschirmzeile des 20 Zeilen umfassenden Ausgabefensters haben Sie den Gesamtbildschirm mit "DISPLAY SPACES" gelöscht. Wie wäre vorzugehen, wenn nur das tatsächliche Ausgabefenster (selektiv) gelöscht werden sollte?
3. Welche Änderungen sind im Programm zu Aufgabe 5 erforderlich, wenn das Verarbeitungsergebnis nicht in eine Diskettendatei geschrieben, sondern direkt auf einem Arbeitsplatzdrucker ausgegeben werden soll?

# Aufgabe 6

**Inhalt** : Verarbeiten von Dateien mit Folgesätzen.

**Lernziele** : – Definition von Folgesätzen in der File Section
 – Formulieren komplexer Bedingungen
 – Qualifizierung von Datennamen
 – satzartabhängige Verarbeitung von Dateisätzen
 – Folgesatzprüfung
 – systematisches Austesten der Folgesatzprüfung durch Modifikation der Eingabedatei.

**Texthinweis** : Abschn. 5.3.2 (komplexe Bedingungen); Kap. 6, insbes. Abschn. 6.4 (Qualifizierung von Daten) und Abschn. 6.5.3 (Dateien mit Folgesätzen); Abschn. 7.1 (Fehlerarten).

## 6.1 Aufgabentext

Dieses Übungsprogramm soll eine sequentielle Eingabedatei AUFG6EIN.DAT der Organisationsform LINE SEQUENTIAL zu einer Ausgabedatei AUFG6AUS.DAT verarbeiten. Die Eingabedatei enthält Folgesätze der Satzarten 1 und 2. Die auf den COBSYS-Disketten gespeicherte Datei AUFG6EIN.DAT hat den nachfolgend angegebenen Inhalt:[1]

```
011  AAAAAAAAAAAAAAA
012              111111111111111
031  BBBBBBBBBBBBBBB
032              222222222222222
041  CCCCCCCCCCCCCCC
042              333333333333333
 :
981  ZZZZZZZZZZZZZZZ
982              999999999999999
```

Diese Eingabedatei soll unter Prüfung der Satzartkennung zu einer Ausgabedatei AUFG6AUS.DAT verarbeitet werden:

```
111111111111111    AAAAAAAAAAAAAAA
222222222222222    BBBBBBBBBBBBBBB
333333333333333    CCCCCCCCCCCCCCC
444444444444444    DDDDDDDDDDDDDDD
555555555555555    EEEEEEEEEEEEEEE
      :                   :
999999999999999    ZZZZZZZZZZZZZZZ
```

---

1. Falls Ihnen die COBSYS-Disketten nicht verfügbar sind können Sie Datei AUFG6EIN.DAT mit Hilfe Ihres Editors erstellen.

Bevor auf die Folgesatzprüfung eingegangen wird soll der Satzaufbau der beiden Dateien angegeben werden. Die zwei Folgesätze der Eingabedatei AUFG6-EIN.DAT haben den in Abb. 17.6a angegebenen Aufbau. Abbildung 17.6b beschreibt die Ausgabedatei AUFG6AUS.DAT.

Bei der Verarbeitung von Dateien mit Folgesätzen muß programmtechnisch sichergestellt sein, daß stets Teilsätze zur gleichen Satz-Nummer als zusammengehörig erkannt werden.[1] Zum Zeitpunkt der Erstellung einer solchen Eingabedatei können Fehler unterlaufen sein. So kann z.B. zu einer bestimmten Satz-Nummer die zugehörige Satzart 1 oder 2 in der Eingabedatei fehlen.

In dieser Übungsaufgabe ist sicherzustellen, daß bei einem fehlerhaften Aufbau der Eingabedatei der Programmlauf nach Ausgabe einer Fehlermeldung am Bildschirm abgebrochen wird. Die Folgesatzprüfung des Programms soll die nachfolgend aufgeführten *potentiellen Defekte* der Eingabedatei erkennen:

- a. der erste Dateisatz (Satzart 1) fehlt[2]
- b. der letzte Dateisatz (Satzart 2) fehlt
- c. ein Satz der Satzart 1 fehlt innerhalb der Datei
- d. ein Satz der Satzart 2 fehlt innerhalb der Datei
- e. es wird ein Satz mit einer Satzart-Kennung größer 2 eingelesen (z.B. Satzart 5),
- f. es fehlen zwei *aufeinanderfolgende* Sätze der Satzart 2 und 1.

Beim Entwurf der Folgesatzprüfung ist zu berücksichtigen, daß:

- die Sätze der Eingabedatei AUFG6EIN.DAT "aufsteigend nach Satz-Nummern und Satzart-Kennungen" abgelegt sind,
- der Nummernkreis der Satz-Nummern *lückenhaft* belegt sein kann; d.h. auf zwei Sätze der Satz-Nummer 04 z.B. zwei Sätze der Satz-Nummer 07 physisch folgen (siehe AUFG6EIN.DAT oben) und
- innerhalb des Schleifenkörpers zur Verarbeitung einer Eingabedatei *nie zwei oder mehr* READ-Anweisungen zu codieren sind.

Nachdem Ihr Programm frei von Syntax-Fehlern ist und die Ausgabedatei AUFG6-AUS.DAT aufgabengemäß erstellt wird, können Sie Ihre Folgesatzprüfung durch *Modifikation der Eingabedaten* austesten. Es muß sichergestellt sein, daß Ihr Programm in den oben aufgeführten Fehlersituationen (a) bis (f) die Verarbeitung mit einer Fehlermeldung abbricht.

Die 6 Fehlersituationen lassen sich leicht durch gezieltes Löschen einzelner Sätze aus der Eingabedatei AUFG6EIN.DAT bzw. durch Modifikation der Satzart-

---

1. Siehe hierzu Abschnitt 6.5.3.
2. Aus der Sicht des Programmierers ist hier die Satz-Nummer des ersten Dateisatzes ebenso unbekannt wie die Anzahl der gespeicherten Datensätze.

Kennung mit Hilfe Ihres Editors herbeiführen.[1]

*Datei AUFG6EIN.DAT, Satzart 1*

| Inhalt | Spalte | Feldlänge | Feldtyp |
|---|---|---|---|
| Satz-Nummer | 1 – 2 | 2 | num. |
| Satzart-Kennung | 3 | 1 | num. |
| leer | 4 – 5 | 2 | – |
| Alpha-Feld | 6 – 20 | 15 | alphanum. |
| Restsatz | 21 – 80 | 60 | – |

*Datei AUFG6EIN.DAT, Satzart 2*

| Inhalt | Spalte | Feldlänge | Feldtyp |
|---|---|---|---|
| Satz-Nummer | 1 – 2 | 2 | num. |
| Satzart-Kennung | 3 | 1 | num. |
| leer | 4 – 15 | 12 | – |
| Numeric-Feld | 16 – 30 | 15 | alphanum. |
| Restsatz | 31 – 80 | 50 | – |

Abb. 17.6a   *Eingabedatei mit Folgesätzen*

*Datei AUFG6AUS.DAT*

| Inhalt | Spalte | Feldlänge | Feldtyp |
|---|---|---|---|
| leer | 1 – 10 | 10 | – |
| Numeric-Feld | 11 – 25 | 15 | num. |
| leer | 26 – 30 | 5 | – |
| Alpha-Feld | 31 – 45 | 15 | alphanum. |

Abb. 17.6b   *Ausgabedatei*

## 6.2 Lösungshinweise

1. Die Verzweigung des Programmablaufs (Kontrollkonstrukt Auswahl) hängt häufig nicht von einer einfachen Vergleichsbedingung ab. Überprüfen Sie Ihre Kenntnisse hinsichtlich der Formulierung komplexer Bedingungen unter Verwendung der logischen Operatoren AND und OR.
2. Die Definition mehrerer Stufe-01-Folgesatzbeschreibungen zu einer Datei in der FILE SECTION entspricht in ihrer Wirkung der der REDEFINES-Klausel,

---

1. Alternativ können Sie für das Austesten Ihrer Folgesatzprüfung die auf den COBSYS-Disketten gespeicherten 6 Dateien AUFG6a.DAT bis AUFG6f.DAT verwenden. Jede dieser Dateien beinhaltet genau einen der eingangs genannten Folgesatzfehler (a) bis (f). Auch Datei AUFG6EIN.DAT ist nicht fehlerfrei.

deren Verwendung jedoch auf 01-Satzebene in der FILE SECTION unzulässig ist.[1] Redefinitionen bewirken eine unterschiedliche Gliederung *eines* physischen Speicherbereichs. Mehrere 01-Satzbeschreibungen in der FILE SECTION (ihre Anzahl entspricht der der Satzarten einer Datei) erlauben dann die satzartgemäße Referenzierung und Verarbeitung eingelesener Satzabschnitte.

3. Der für die Verarbeitung der Eingabedatei zu codierende Schleifenkörper *soll nur eine* READ-Anweisung enthalten. In einem Schleifendurchlauf gehen dann wegen der Überschreibung des Dateipuffers durch den jeweils aktuell gelesenen Satz alle Informationen zum zuvor gelesenen Satz verloren.

   Für die Überprüfung der Satzartabfolge in der Eingabedatei sind stets Informationen zum aktuell gelesenen *und* zu dem zuvor gelesenen Dateisatz erforderlich. Daher müssen die Satz-Nummer und die Satzart-Kennung eines aktuell verarbeiteten Dateisatzes vor Ausführung eines neuen Lesebefehls z.B. unter SATZ-NR-ALT und SATZ-ART-ALT zwischengespeichert werden.

4. Beim Erkennen eines Satzfolgefehlers in der Eingabedatei soll es hier hinreichend sein, die geöffneten Dateien zu schließen, am Bildschirm eine Meldung wie "Satzfolgefehler, Abbruch des Programms !" auszugeben und den Programmlauf dann zu stoppen.[2]

5. Die Übersichtlichkeit eines COBOL-Programms wird erhöht, wenn unterschiedliche Speicherfelder, die gleiche Dateninhalte aufnehmen sollen, auch mit gleichen Datennamen bezeichnet werden. Eine solche Situation tritt z.B. immer dann auf, wenn Felder eines Eingabedatensatzes auch in Ausgabedatensätzen auftreten. Die eindeutige Referenzierung von Speicherplätzen über ihren Feldnamen ist dann nur durch Anfügen eines Qualifizierers (mit niedrigerer Stufennummer in der gleichen Datenstruktur) möglich.

6. Zeichnen Sie unter Berücksichtigung aller Folgesatzprüfungen das Nassi-Shneiderman-Diagramm zu dieser Aufgabe.

7. Erfahrungsgemäß gelingt Programmieranfängern die vollständige, fehlerfreie Lösung vorstehender Aufgabe nicht immer auf Anhieb. Bei hartnäckigen Verarbeitungsfehlern ist es zweckmäßig, deren Korrektur vorerst zurückzustellen und die nachfolgende Aufgabe 7 (Debug-Testhilfen) zu bearbeiten. Diese Aufgabe macht Sie mit der Vorgehensweise zum Erkennen und zur Korrektur von Laufzeitfehlern vertraut.

## 6.3 Ergänzungsfragen

1. Warum ist es zweckmäßig, in den Schleifenkörper zur Verarbeitung von Dateien nur jeweils *eine* READ-Anweisung je Eingabedatei aufzunehmen?

---

1. Zur Redefinition von Speicherbereichen siehe auch Abschnitt 8.5.
2. Siehe hierzu auch Ergänzungsfrage 2.

2. Welche Änderungen wären im Programm zu Aufgabe 6 erforderlich, damit bei einem programmintern erkannten Satzfolgefehler

   a. eine Fehlermeldung ausgegeben wird, die erkennen läßt, zu welcher Satz-Nummer ein Fehler im Aufbau der Eingabedatei vorliegt und

   b. das Programm fehlerhafte Gesamtsätze (Satzart 1 und Satzart 2) ignoriert, die Restdatei dann aber aufgabengemäß verarbeitet?

3. Die oben aufgeführten sechs potentiellen Fehlersituationen (a) bis (f) im Aufbau der Eingabedatei AUFG6EIN.DAT können mit minimal 2 IF-Anweisungen programmintern erkannt werden. Welcher Tatbestand macht es unmöglich, alle sechs Folgefehler mit nur einer IF-Abfrage zu erkennen?

# Aufgabe 7

**Inhalt** : Debug-Testhilfen: interaktives Debugging, Debug-Testmodul.

**Lernziele** : – Programmänderungszyklen
- Fehlerarten:
  - Syntax-Fehler
  - Laufzeitfehler mit abnormaler Programmbeendigung
  - konzeptuelle Fehler
  - Laufzeitfehler mit normaler Programmbeendigung
- interaktives Debugging (ANIMATOR)
- COBOL-Debug-Testmodul.

**Texthinweis** : Abschn. 1.3.5 (Testhilfen); Kap. 7, Abschn. 7.1 (Fehlerarten), ggf. Abschn. 7.2 (Debug-Testmodul).

## 7.1 Aufgabentext

Gegenstand dieser Aufgabe ist die Analyse und Korrektur von Fehlern, die bei der Entwicklung von Programmen auftreten. Zu Aufgabe 7 wird *kein neues Programm* erstellt.

Beim Entwurf und der anschließenden Implementierung eines Programms können Fehler unterlaufen, die einer der folgenden Fehlerkategorien zuzurechnen sind:

- Syntax-Fehler
- Laufzeitfehler mit abnormaler Programmbeendigung
- konzeptuelle Fehler
- Laufzeitfehler mit normaler Programmbeendigung

Während Syntax-Fehler bereits bei der Übersetzung eines Programms vom Compiler erkannt und am Bildschirm, in einer Listingdatei oder am Drucker protokolliert werden, sind die verbleibenden drei Fehlerarten erst zum Zeitpunkt der Ausführung eines Programms registrierbar. Je nach Art des auftretenden Fehlers sind unterschiedlich lange Programmänderungszyklen zu durchlaufen. Die jeweils erforderlichen Arbeitsschritte zeigt Abb. 7.1, Seite 335.

Die Korrektur von *Syntax-Fehlern* wirft in aller Regel keine Probleme auf. Die Fehlerursache wird im Fehlerprotokoll durch eine Zeilen-/Spaltenmarkierung gekennzeichnet und durch einen Fehlercode sowie textuelle Fehlererläuterungen ergänzt. Unter dem Fehlercode kann eine weitergehende Fehlerbeschreibung im Compiler-Handbuch nachgeschlagen werden.

Insbesondere in komplexeren Programmen kann die Analyse und Korrektur von *Laufzeitfehlern* zeitaufwendig sein. Bei *abnormaler Programmbeendigung* wird ebenfalls ein Fehlercode zusammen mit einer Referenzadresse ausgegeben, die es erlaubt, die den Abbruch verursachende Quellcodezeile im Übersetzungsprotokoll zu lokalisieren. Die Fehlerursache kann dann im Compiler-Handbuch nachgeschlagen werden.

Hartnäckige Laufzeitfehler, insbesondere auch solche mit *normaler Programmbeendigung*, lassen sich mit Hilfe interaktiver Debugger oder des COBOL-spracheigenen Debug-Testmoduls analysieren. Interaktive symbolische Debugger, wie das Dienstprogramm ANIMATOR, sind dem COBOL-spracheigenen Debug-Testmodul hinsichtlich des Benutzerkomforts *nachhaltig überlegen*. Soweit verfügbar, sollte zum Aufspüren hartnäckiger Laufzeitfehler stets ein interaktiver Debugger eingesetzt werden.

Als konkrete Übung im Zusammenhang mit der Analyse von Syntax- und Laufzeitfehlern sollten Sie die Unterstützungsoptionen der Ihnen verfügbaren Programm-Entwicklungswerkzeuge systematisch erproben. Hierzu können Sie Ihr Programm zu Aufgabe 5 in eine Datei AUFG07.CBL kopieren, Syntaxfehler und Ursachen für eine abnormale Programmbeendigung einbringen und anschließend prüfen, inwieweit Sie Ihr Entwicklungssystem beim Aufspüren der Fehlerursachen unterstützt. Bei Verwendung der COBOL/2-Workbench (Micro Focus) sollten Sie

    a. das Umschalten vom Bildschirm-Fehlerprotokoll in die zugehörige Quellcodedatei zwecks Korrektur eines angezeigten Syntax-Fehlers,
    b. das Erstellen einer Datei (z.B. AUFG7.LST) mit dem Übersetzungsprotokoll als Inhalt,
    c. die Ausgabe des Übersetzungsprotokolls an einem Drucker,
    d. die Ausgabe von Referenzadressen zur Lokalisierung von Laufzeitfehlern bei abnormaler Programmbeendigung und
    e. das Erzeugen einer Cross-Reference-Liste

erproben. Machen Sie sich weiterhin systematisch mit den Funktionen Ihres interaktiven Debuggers ANIMATOR vertraut. Falls Ihnen dieses Produkt nicht zur Verfügung steht, können Sie zur Analyse von Laufzeitfehlern *alternativ* das COBOL-spracheigene Debug-Testmodul heranziehen.

## 7.2 Debugger ANIMATOR

Nach Aufruf des ANIMATORs erscheinen die ersten Quellcodezeilen der Procedure Division des zu analysierenden Programms am Bildschirm. Dieses kann Anweisung für Anweisung (*Step*-Modus) oder mit einer vorwählbaren Geschwindigkeit (*Go*-Modus) zur Ausführung gebracht werden. Der Cursor zeigt dabei jeweils auf die nächste auszuführende COBOL-Anweisung. Sie erhalten so Einblick in die Ablaufsteuerung eines Programms.

Aktuelle Feldinhalte können jederzeit abgefragt (*Query*-Kommando) und modifiziert werden. Mit Hilfe einer *Monitor*-Funktion lassen sich Variablenwerte zeitweise oder dauernd überwachen. Abbildung 17.7 demonstriert die Monitor-Funktion am Beispiel des Programms zu Aufgabe 5. Ergänzend ist der Help-Bildschirm zum ANIMATOR der COBOL/2-Workbench angegeben.

```
    41*----------------------------------              ┌EOF-ALPHA┐
    42  WORKING-STORAGE SECTION.                       │         │
    43*----------------------------------
    44  77   EOF-ALPHA          PIC X.                 ┌EOF-NUM┐
    45  77   EOF-NUM             PIC X.                │       │
    46  77   WEITER              PIC X.
    47  01   CURSOR-POSITION.                          ┌SPALTE┐
    48       05   ZEILE          PIC 99 VALUE 3.       │ 01   │
    49       05   SPALTE         PIC 99 VALUE 1.
    50*-------------------------------------------------------┌ZEILE┐
    51  PROCEDURE DIVISION.                                   │ 22  │
    52*-------------------------------------------------------
    53  START-PROG.                                   ┌ALPHADAT-S─────────┐
    54       DISPLAY SPACES.                          │BBBBBBBBBBBBBBBB   │
    55       OPEN INPUT   ALPHADAT
    56            OUTPUT  AUSDAT.                     ┌NUMDAT-S───────────┐
    57       INITIALIZE EOF-ALPHA.                    │999999999999999    │
    58       PERFORM UNTIL EOF-ALPHA = "J"
    59            READ ALPHADAT         ┌AUSDAT-S─────────────────────────┐
    60                 AT END MOVE "J" TO     888888888888888              │
    61                 NOT END
Animate-AUFG07──────────────────────────Level=01-Speed=5-Ins-Caps-Num-Scroll
F1=help F2=view F3=align F4=exchange F5=where F6=look-up  F9/F10=word-</> Escape
Step(Wch) Go Zoom nx-If Perform Reset Brk Env Query Find Locate Text Do Alt Ctrl


Help screen for...           Animate          Page 2                Help82

F1=help         Display previous screen  next-If       Execute until next IF
F2=view         Display user screen      Perform-level Set executed perform level
F3=align        Set this line to 3       Reset         Reset execution position
F4=exchange     Move to other screen     Break         Set/unset break-points
F5=where        Find current position    Env           Set execution environment
F6=look-up      Set entered line to 3    Query         Examines data-item
F9=word-left    Move one word to left    Find          Find next occurrence
F10=word-right  Move one word to right   Locate        Locate declaration of item
Escape          Leave Animator           Text          Set screen separator
Step            Execute one instruction  Do            Execute typed COBOL syntax
Go              Execute slowly           0-9           Set default Go speed
Zoom            Execute at full speed
                      press F1 or space bar to return
Animate-AUFG07──────────────────────────Level=01-Speed=5-Ins-Caps-Num-Scroll
F1=help F2=view F3=align F4=exchange F5=where F6=look-up  F9/F10=word-</> Escape
Step Go Zoom next-If Perform Reset Break Env Query Find Locate Text Do 0-9=speed
```

*Abb. 17.7   ANIMATOR-Bildschirm mit Monitor-Fenstern*

Der Debugger informiert weiterhin über den Status von Dateien oder den Wahrheitswert von Bedingungen. Das Quellprogramm ist zur Laufzeit modifizierbar: Es können Anweisungen hinzugefügt oder vorhandene übersprungen werden. Die aktuelle Bildschirmausgabe eines Dialogprogramms ist jederzeit abfragbar (*View*-Kommando).

Im *Zoom*-Modus des Debuggers kann ein Programm mit voller Geschwindigkeit bis zu einem definierbaren Unterbrechungspunkt (*Break*-Kommando) oder der einen Laufzeitfehler mit abnormaler Programmbeendigung verursachenden Quellcodezeile abgearbeitet werden.

Die Ausführung eines Programms im Step-, Go- oder Zoom-Modus wird beim Auftreten eines Laufzeitfehlers mit abnormaler Programmbeendigung unterbrochen. Der Cursor markiert dann **die den Abbruch verursachende** Quellcodezeile. Im Bildschirmfuß wird die Fehlerursache ergänzend textuell erläutert.

## 7.3 COBOL-Debug-Testmodul

Wegen des eingeschränkten Benutzerkomforts sollten Sie die COBOL-spracheigene Testhilfeeinrichtung nur einsetzen, wenn Ihnen kein interaktiver Debugger zur Verfügung steht.

Zur Aktivierung des Testmoduls ist das fehlerhafte Quellprogramm um Debug-Sprachelemente zu ergänzen. Dabei sind Testhilfe-Zeilen (siehe Abschn. 7.2.1) von "USE FOR DEBUGGING-Testaufträgen" zu unterscheiden (siehe Abschn. 7.2.2).

Im folgenden wird die Formulierung eines Debug-Testauftrags am Beispiel des Programms zu Aufgabe 5 demonstriert. Abweichend von dem in Abschn. 7.2.2 angegebenen Programmbeispiel soll hier eine Standardisierung von Testaufträgen vorgesehen werden: Damit die in ein fehlerbehaftetes Quellprogramm aufzunehmenden Debug-Eintragungen nicht bei Bedarf immer neu codiert werden müssen, wurden sie auf den COBSYS-Disketten in vier Dateien

        S.DEB    F.DEB    W.DEB    und    P.DEB

abgelegt. Die unter Verwendung dieser Dateien formulierbaren Debug-Testaufträge erstellen auf Diskette oder Platte unter einem vom Programmierer wählbaren Dateinamen ein Debug-Protokoll. Debug-Informationen können ergänzend auch am Bildschirm angezeigt werden. Die vier Dateien haben folgenden Inhalt:

*Input-Output Section*: S.DEB

```
SELECT DEB-AUS ASSIGN TO DEB-LIST
    ORGANIZATION IS LINE SEQUENTIAL.
```

*File Section*: F.DEB

```
FD  DEB-AUS.
01  DEB-AUS-S.
    05  DL          PIC X(06).
    05  FILLER      PIC X(05).
    05  DN          PIC X(30).
    05  FILLER      PIC X(04).
    05  DC          PIC X(27).
    05  DEB-NR      PIC 9(05).
```

*Working-Storage Section*: W.DEB

```
77  DEB-NUM       PIC 9(05) VALUE ZERO.
77  DEB-LIST      PIC X(14).
77  DEB-UEB-1     PIC X(21) VALUE "D E B U G - Testhilfe".
77  DEB-UEB-2     PIC X(55) VALUE "D-LINE      D-NAME
 -  "                       D-CONTENTS".
77  LEER          PIC X(79) VALUE ALL SPACE.
77  DEB-WEITER    PIC X.
```

*Procedure Division*: P.DEB

```
    DECLARATIVES.
    DEBUG SECTION.
        USE DEBUGGING    ALL PROCEDURES
                     ... sonstige Debug-Aufträge.
    DEB-DAT.
        IF DEB-NUM = ZERO
            DISPLAY SPACES
            DISPLAY DEB-UEB-1                        AT 0305
            DISPLAY "Bitte Namen der DEBUG-Ausgabedatei in der"
                                                     AT 0705
            DISPLAY "Form   dev:filename.ext   angeben:"
                                                     AT 0805
            ACCEPT DEB-LIST                          AT 1047
            DISPLAY "Sollen Testhilfezeilen am Bildschirm"
                                                     AT 1205
            DISPLAY "angezeigt werden J/N?"          AT 1305
            ACCEPT DEB-WEITER WITH AUTO-SKIP         AT 1328
            OPEN OUTPUT DEB-AUS
            MOVE SPACE TO DEB-AUS-S
            WRITE DEB-AUS-S BEFORE 2
            WRITE DEB-AUS-S FROM DEB-UEB-1 BEFORE 3
            WRITE DEB-AUS-S FROM DEB-UEB-2 BEFORE 2
            IF DEB-WEITER = "J" OR "j"
                DISPLAY SPACES
                DISPLAY DEB-UEB-2                    AT 2201.
    START-DEB.
        MOVE DEBUG-LINE TO DL.
        MOVE DEBUG-NAME TO DN.
        MOVE DEBUG-CONTENTS TO DC.
```

```
        COMPUTE DEB-NUM = DEB-NUM + 1.
        MOVE DEB-NUM TO DEB-NR.
        WRITE DEB-AUS-S.
        IF DEB-WEITER = "J" OR "j"
           DISPLAY DEB-UEB-1                       AT 2001
           DISPLAY DEB-UEB-2                       AT 2201
           DISPLAY LEER                            AT 2401
           DISPLAY DEBUG-LINE                      AT 2401
           DISPLAY DEBUG-NAME                      AT 2412
           DISPLAY DEBUG-CONTENTS                  AT 2446
           DISPLAY DEB-NUM                         AT 2474
           DISPLAY "Weiter J/N?" WITH HIGHLIGHT BLINK
                                                   AT 2563
           ACCEPT  DEB-WEITER WITH AUTO-SKIP       AT 2578.
    END DECLARATIVES.
```

Einen Laufzeitfehler können Sie unter Zuhilfenahme dieser Programmteile nun wie folgt lokalisieren:

- a. Der SOURCE-COMPUTER-Eintrag ihres Quellprogramms ist um den DEBUG-Schalter "WITH DEBUGGING MODE" zu ergänzen (siehe Beispielprogramm weiter unten, Ergänzung 1).

- b. Fügen Sie die DEBUG-Dateien mit Hilfe der COBOL-COPY-Anweisung[1] in ein fehlerbehaftetes Quellprogramm ein (siehe Ergänzungen 2, 3, 4 und 5). Der Debug-Testauftrag ist den jeweiligen Testanforderungen entsprechend anzupassen.

- c. Es ist sicherzustellen, daß die PROCEDURE DIVISION Ihres Programms mit einer SECTION beginnt (siehe Ergänzung 6).

- d. Übersetzen Sie das so ergänzte Programm und bringen Sie es anschließend mit aktiviertem DEBUG-Schalter (D) zur Ausführung. Wird der DEBUG-Schalter nicht gesetzt, werden keine Debug-Informationen aufgezeichnet.

- e. Am Bildschirm werden Sie zur Eingabe des Namens einer Datei aufgefordert, die die Debug-Testhilfeinformationen aufnehmen soll. Geben Sie hier z.B. C:\AUFG07.DEB ein.

- f. Während der Laufzeit Ihres zu testenden Programms werden am Bildschirm auf Wunsch die aktuellen Testinformationen angezeigt:

    Spalte 1:   DEBUG-Line
    Spalte 2:   DEBUG-Name
    Spalte 3:   DEBUG-Contents
    Spalte 4:   lfd. Zeilennummer (Schritt)

    Diese Informationen werden zusätzlich in die benannte Debug-Ausgabedatei eingetragen. Beim Auftreten eines Laufzeitfehlers wird am Bildschirm ergänzend der Fehlercode ausgegeben.

---

1. Zur COPY-Anweisung siehe Abschnitt 11.2.

Nachfolgend werden das um die 4 Debug-Copy-Strecken ergänzte Programm zu Aufgabe 5, das zugehörige Übersetzungsprotokoll und die Debug-Ausgabedatei wiedergegeben. Die den Programmabbruch verursachende Programmstelle ist im Quellcode gekennzeichnet: Die Anweisung CLOSE NUMDAT fehlt. Der Debug-Testauftrag dieses Beispielprogramms lautet:

```
     USE DEBUGGING NUMDAT ALPHADAT.
```

Quellcode mit eingefügten Debug-Copy-Strecken:

```
*----------------------------------------------------------
 IDENTIFICATION DIVISION.
*----------------------------------------------------------
 PROGRAM-ID.         AUFG07.
*Autor :             WENDT
*Datum :             5.12.1990
*Inhalt:             COBOL-Debug-Testauftrag zu Aufgabe 5
*----------------------------------------------------------
 ENVIRONMENT DIVISION.
*----------------------------------------------------------
 CONFIGURATION SECTION.
*----------------------------------------
*                   >>>>>>>>>>  Ergänzung 1  <<<<<<<<<<<<
 SOURCE-COMPUTER.    IBM-PC   with debugging mode.
 OBJECT-COMPUTER.    IBM-PC.
 SPECIAL-NAMES.      CONSOLE IS CRT.
*----------------------------------------
 INPUT-OUTPUT SECTION.
*----------------------------------------
 FILE-CONTROL.
     SELECT ALPHADAT ASSIGN TO "D:AUFG5ALP.DAT"
         ORGANIZATION IS LINE SEQUENTIAL.
     SELECT NUMDAT ASSIGN TO "D:AUFG5NUM.DAT"
         ORGANIZATION IS LINE SEQUENTIAL.
     SELECT AUSDAT ASSIGN TO "D:AUFG5AUS.DAT"
         ORGANIZATION IS LINE SEQUENTIAL.
*                   >>>>>>>>>>  Ergänzung 2  <<<<<<<<<<<<
 copy "c:\s.deb".
*----------------------------------------------------------
 DATA DIVISION.
*----------------------------------------------------------
 FILE SECTION.
*----------------------------------------
 FD  ALPHADAT.
 01  ALPHADAT-S             PIC X(15).
 FD  NUMDAT.
 01  NUMDAT-S               PIC X(15).
 FD  AUSDAT.
 01  AUSDAT-S.
     05  FILLER             PIC X(10).
     05  ALPHA-FELD         PIC X(15).
     05  NUM-FELD           PIC X(15).
```

```
*                        >>>>>>>>>>  Ergänzung 3  <<<<<<<<<<<<
 copy "c:\f.deb".
*----------------------------------------
 WORKING-STORAGE SECTION.
*----------------------------------------
 77  EOF-ALPHA           PIC X.
 77  EOF-NUM             PIC X.
 77  WEITER              PIC X.
 01  CURSOR-POSITION.
     05 ZEILE            PIC 99 VALUE 3.
     05 SPALTE           PIC 99 VALUE 1.
*                        >>>>>>>>>>  Ergänzung 4  <<<<<<<<<<<<
 copy "c:\w.deb".
*------------------------------------------------------------------
 PROCEDURE DIVISION.
*------------------------------------------------------------------
*                        >>>>>>>>>>  Ergänzung 5  <<<<<<<<<<<<
 copy "c:\p.deb".
*                        >>>>>>>>>>  Ergänzung 6  <<<<<<<<<<<<
 START-PROG section.
     DISPLAY SPACES.
     OPEN INPUT  ALPHADAT
          OUTPUT AUSDAT.
     INITIALIZE EOF-ALPHA.
     PERFORM UNTIL EOF-ALPHA = "J"
         READ ALPHADAT
             AT END MOVE "J" TO EOF-ALPHA
             NOT END
                 MOVE SPACE TO NUM-FELD
                 MOVE ALPHADAT-S TO ALPHA-FELD
                 WRITE AUSDAT-S
                 IF ZEILE > 22
                     THEN ACCEPT WEITER AT 2479
                          DISPLAY SPACES
                          MOVE 3 TO ZEILE
                     ELSE CONTINUE
                 END-IF
                 DISPLAY AUSDAT-S AT CURSOR-POSITION
                 COMPUTE ZEILE = ZEILE + 1
     OPEN INPUT NUMDAT
     INITIALIZE EOF-NUM
     MOVE SPACE TO ALPHA-FELD
     PERFORM UNTIL EOF-NUM = "J"
         READ NUMDAT
             AT END MOVE "J" TO EOF-NUM
             NOT END
                 MOVE NUMDAT-S TO NUM-FELD
                 WRITE AUSDAT-S
                 IF ZEILE > 22
                     THEN ACCEPT WEITER AT 2479
                          DISPLAY SPACES
                          MOVE 3 TO ZEILE
```

Programmierübungen                                                    Aufgabe 7

```
                        ELSE CONTINUE
                        END-IF
                        DISPLAY AUSDAT-S AT CURSOR-POSITION
                        COMPUTE ZEILE = ZEILE + 1
                END-READ
            END-PERFORM
**** >>>>>>>>>>   Fehlerzeile: CLOSE NUMDAT fehlt    <<<<<<<<<< ****
        END-READ
    END-PERFORM.
 ENDE-PROG.
    CLOSE ALPHADAT AUSDAT.
    DISPLAY SPACES.
    STOP RUN.
```

Nachfolgend wird das Übersetzungsprotokoll zum Debug-Programm angegeben. Die Protokolldatei enthält Quellcode-Zeilennummern, auf die die Debug-Testinformationen Bezug nehmen.

```
 1*-----------------------------------------------------------------
 2 IDENTIFICATION DIVISION.
 3*-----------------------------------------------------------------
 4 PROGRAM-ID.        AUFG07.
 5*Autor :            WENDT
 6*Datum :            5.12.1990
 7*Inhalt:            COBOL-Debug-Testauftrag zu Aufgabe 5
 8*-----------------------------------------------------------------
 9 ENVIRONMENT DIVISION.
10*-----------------------------------------------------------------
11 CONFIGURATION SECTION.
12*--------------------------------------
13*                        >>>>>>>>>> Ergänzung 1 <<<<<<<<<<<<
14 SOURCE-COMPUTER.   IBM-PC  with debugging mode.
15 OBJECT-COMPUTER.   IBM-PC.
16 SPECIAL-NAMES.     CONSOLE IS CRT.
17*--------------------------------------
18 INPUT-OUTPUT SECTION.
19*--------------------------------------
20 FILE-CONTROL.
21     SELECT ALPHADAT ASSIGN TO "D:AUFG5ALP.DAT"
22         ORGANIZATION IS LINE SEQUENTIAL.
23     SELECT NUMDAT ASSIGN TO "D:AUFG5NUM.DAT"
24         ORGANIZATION IS LINE SEQUENTIAL.
25     SELECT AUSDAT ASSIGN TO "D:AUFG5AUS.DAT"
26         ORGANIZATION IS LINE SEQUENTIAL.
27*                        >>>>>>>>>> Ergänzung 2 <<<<<<<<<<<<
28 copy "c:\s.deb".
29     SELECT DEB-AUS ASSIGN TO DEB-LIST
30         ORGANIZATION IS LINE SEQUENTIAL.
31*-----------------------------------------------------------------
32 DATA DIVISION.
33*-----------------------------------------------------------------
34 FILE SECTION.
```

```
35*----------------------------------------
36 FD   ALPHADAT.
37 01   ALPHADAT-S           PIC X(15).
38 FD   NUMDAT.
39 01   NUMDAT-S             PIC X(15).
40 FD   AUSDAT.
41 01   AUSDAT-S.
42      05 FILLER            PIC X(10).
43      05 ALPHA-FELD        PIC X(15).
44      05 NUM-FELD          PIC X(15).
45*                   >>>>>>>>>>  Ergänzung 3  <<<<<<<<<<<<
46 copy "c:\f.deb".
47 FD   DEB-AUS.
48 01   DEB-AUS-S.
49      05 DL                PIC X(06).
50      05 FILLER            PIC X(05).
51      05 DN                PIC X(30).
52      05 FILLER            PIC X(04).
53      05 DC                PIC X(27).
54      05 DEB-NR            PIC 9(05).
55*----------------------------------------
56 WORKING-STORAGE SECTION.
57*----------------------------------------
58 77   EOF-ALPHA            PIC X.
59 77   EOF-NUM              PIC X.
60 77   WEITER               PIC X.
61 01   CURSOR-POSITION.
62      05 ZEILE             PIC 99 VALUE 3.
63      05 SPALTE            PIC 99 VALUE 1.
64*                   >>>>>>>>>>  Ergänzung 4  <<<<<<<<<<<<
65 copy "c:\w.deb".
66 77   DEB-NUM              PIC 9(05) VALUE ZERO.
67 77   DEB-LIST             PIC X(14).
68 77   DEB-UEB-1            PIC X(21) VALUE "D E B U G - Testhilfe".
69 77   DEB-UEB-2            PIC X(55) VALUE "D-LINE       D-NAME
70-          "                         D-CONTENTS".
71 77   LEER                 PIC X(79) VALUE ALL SPACE.
72 77   DEB-WEITER           PIC X.
73*----------------------------------------
74 PROCEDURE DIVISION.
75*----------------------------------------
76*                   >>>>>>>>>>  Ergänzung 5  <<<<<<<<<<<<
77 copy "c:\p.deb".
78 DECLARATIVES.
79 DEBUG SECTION.
80      USE DEBUGGING NUMDAT ALPHADAT.
81 DEB-DAT.
82      IF DEB-NUM = ZERO
83          DISPLAY SPACES
84          DISPLAY DEB-UEB-1                       AT 0305
85          DISPLAY "Bitte Namen der DEBUG-Ausgabedatei in der"
86                                                  AT 0705
```

```
 87           DISPLAY "Form    dev:filename.ext  angeben:"
 88                                                         AT 0805
 89           ACCEPT DEB-LIST                               AT 1047
 90           DISPLAY "Sollen Testhilfezeilen am Bildschirm"
 91                                                         AT 1205
 92           DISPLAY "angezeigt werden J/N?"               AT 1305
 93           ACCEPT DEB-WEITER WITH AUTO-SKIP              AT 1328
 94           OPEN OUTPUT DEB-AUS
 95           MOVE SPACE TO DEB-AUS-S
 96           WRITE DEB-AUS-S BEFORE 2
 97           WRITE DEB-AUS-S FROM DEB-UEB-1 BEFORE 3
 98           WRITE DEB-AUS-S FROM DEB-UEB-2 BEFORE 2
 99           IF DEB-WEITER = "J" OR "j"
100               DISPLAY SPACES
101               DISPLAY DEB-UEB-2                         AT 2201.
102 START-DEB.
103     MOVE DEBUG-LINE TO DL.
104     MOVE DEBUG-NAME TO DN.
105     MOVE DEBUG-CONTENTS TO DC.
106     COMPUTE DEB-NUM = DEB-NUM + 1.
107     MOVE DEB-NUM TO DEB-NR.
108     WRITE DEB-AUS-S.
109     IF DEB-WEITER = "J" OR "j"
110         DISPLAY DEB-UEB-1                               AT 2001
111         DISPLAY DEB-UEB-2                               AT 2201
112         DISPLAY LEER                                    AT 2401
113         DISPLAY DEBUG-LINE                              AT 2401
114         DISPLAY DEBUG-NAME                              AT 2412
115         DISPLAY DEBUG-CONTENTS                          AT 2446
116         DISPLAY DEB-NUM                                 AT 2474
117         DISPLAY "Weiter J/N?" WITH HIGHLIGHT BLINK
118                                                         AT 2563
119         ACCEPT  DEB-WEITER WITH AUTO-SKIP               AT 2578.
120 END DECLARATIVES.
121*                          >>>>>>>>>>  Ergänzung 6  <<<<<<<<<<<<
122 START-PROG section.
123     DISPLAY SPACES.
124     OPEN INPUT  ALPHADAT
125          OUTPUT AUSDAT.
126     INITIALIZE EOF-ALPHA.
127     PERFORM UNTIL EOF-ALPHA = "J"
128         READ ALPHADAT
129            AT END MOVE "J" TO EOF-ALPHA
130            NOT END
131                MOVE SPACE TO NUM-FELD
132                MOVE ALPHADAT-S TO ALPHA-FELD
133                WRITE AUSDAT-S
134                IF ZEILE > 22
135                   THEN ACCEPT WEITER AT 2479
136                        DISPLAY SPACES
137                        MOVE 3 TO ZEILE
138                   ELSE CONTINUE
```

Programmierübungen                                                    Aufgabe 7

```
139                     END-IF
140                     DISPLAY AUSDAT-S AT CURSOR-POSITION
141                     COMPUTE ZEILE = ZEILE + 1
142                     OPEN INPUT NUMDAT
143                     INITIALIZE EOF-NUM
144                     MOVE SPACE TO ALPHA-FELD
145                     PERFORM UNTIL EOF-NUM = "J"
146                        READ NUMDAT
147                           AT END MOVE "J" TO EOF-NUM
148                           NOT END
149                              MOVE NUMDAT-S TO NUM-FELD
150                              WRITE AUSDAT-S
151                              IF ZEILE > 22
152                                 THEN ACCEPT WEITER AT 2479
153                                      DISPLAY SPACES
154                                      MOVE 3 TO ZEILE
155                                 ELSE CONTINUE
156                              END-IF
157                              DISPLAY AUSDAT-S AT CURSOR-POSITION
158                              COMPUTE ZEILE = ZEILE + 1
159                        END-READ
160                     END-PERFORM
161**** >>>>>>>>> Fehlerzeile: CLOSE NUMDAT vergessen <<<<<<<<< ****
162                        END-READ
163                     END-PERFORM.
164 ENDE-PROG.
165     CLOSE ALPHADAT AUSDAT.
166     DISPLAY SPACES.
167     STOP RUN.
```

Die Debug-Ausgabedatei hat nach dem Programmabbruch den unten angegebenen Inhalt. Aufgrund des Debug-Testauftrags USE DEBUGGING NUMDAT ALPHADAT wird je READ-Anweisung auf eine der beiden Dateien eine Testhilfezeile mit dem Inhalt des gelesenen Datensatzes ausgegeben. Bei sonstigen Bezugnahmen auf die Dateien enthält Spalte D-CONTENTS Leerzeichen. Spalte D-LINE bezeichnet die jeweilige Quellcodezeile. Der Programmablauf läßt sich anhand des aufgeführten Debug-Protokolls bis zum Auftreten des Laufzeitfehlers nachvollziehen. Durch Ausweitung des USE DEBUGGING-Auftrags lassen sich die Protokollinformationen weiter detaillieren.

```
---------------------
D E B U G - Testhilfe
---------------------
D-LINE    D-NAME              D-CONTENTS          Schritt
-----------------------------------------------------------------
   124    ALPHADAT                                00001
   128    ALPHADAT            AAAAAAAAAAAAAA      00002
   142    NUMDAT                                  00003
   146    NUMDAT              1111111111111111    00004
   146    NUMDAT              2222222222222222    00005
```

```
      146      NUMDAT                333333333333333       00006
      146      NUMDAT                444444444444444       00007
      146      NUMDAT                555555555555555       00008
      146      NUMDAT                666666666666666       00009
      146      NUMDAT                777777777777777       00010
      146      NUMDAT                888888888888888       00011
      146      NUMDAT                999999999999999       00012
      128      ALPHADAT              BBBBBBBBBBBBBBB       00013

      ************  RUN-TIME-ERROR :   C:AUFG07      ***************
      ************  ERROR 141 at COBOL PC 1F38       ***************
      ************  File already open cannot be opened  ***************
```

# Aufgabe 8

**Inhalt** : Drucken von Lagerlisten unterschiedlicher Sortierfolge.

**Lernziele** :  
– Druckaufbereitung  
– DECIMAL-POINT IS COMMA-Klausel  
– 88-Bedingungsnamen/SET TO TRUE-Anweisung für EOF-Dateiendesteuerung  
– Arithmetische Anweisungen  
– Sortieren von Dateien (USING, GIVING)  
– Listenaufbau (Kopf, Rumpf, Fuß)  
– MOVE CORRESPONDING-Anweisung  
– dynamische Dateizuweisung  
– Systemdatum (ACCEPT ... FROM DATE).

**Texthinweis** : Abschn. 6.5.5 (Dynamische Dateizuweisung); Kap. 8 und Kap. 9; Kap. 10, insbes. Abschn. 10.1 bis Abschn. 10.3.

## 8.1 Aufgabentext

Die auf den COBSYS-Disketten gespeicherte Datei ARTIKEL.DAT enthält Informationen zu ca. 40 von einem Großhändler vertriebenen Artikeln. Diese LINE SEQUENTIAL organisierte Datei soll zu zwei auf einem Arbeitsplatzdrucker auszugebenden Listen (Lagerübersicht I und Lagerübersicht II) verarbeitet werden. Beide Listen haben gleichen Inhalt. Sie unterscheiden sich lediglich in der *Sortierfolge* der Artikelinformationen sowie in unterschiedlichen *Spaltenanordnungen*.

Die Eingabedatei ARTIKEL.DAT liegt in der Sortierfolge "aufsteigend nach Artikel-Nummer" vor. Sie hat den in Abb. 17.8 angegebenen Satzaufbau. Der Aufbau der beiden Listen ist weiter unten angegeben.

Die Rumpfzeilen der Lagerübersicht I sind aufsteigend nach Artikel-Nummern, die der Lagerübersicht II aufsteigend nach Artikel-Kurzbezeichnungen angeordnet. Neben den Artikel-Nummern und Artikel-Kurzbezeichnungen enthalten die Listen

Informationen zu Einkaufs- und Verkaufspreisen, Lagerbeständen, Melde- sowie Nachbestellmengen (Losgrößen). Im Listenfuß sind ergänzend die Lager-Gesamtwerte (zu Einkaufs- und Verkaufspreisen bewertet) ausgewiesen.

Artikel, deren Lagerbestandsmenge kleiner bzw. gleich der Meldemenge ist, sind zwecks Auslösung einer Nachbestellung zu kennzeichnen (z.B. durch Ausdrucken eines "*" hinter der Bestandsmenge). Beide Lagerlisten sind mit Überschriften zu versehen. Lagerübersicht II soll auf einer neuen Druckerseite beginnen. Unter Lösungshinweis 1 ist eine Gestaltungsmöglichkeit für beide Listen angegeben.

| Inhalt | Spalte | Feldlänge | Feldtyp |
|---|---|---|---|
| Artikeldaten | - | - | - |
|   Artikel-Nummer | 1 - 5 | 5 | num. |
|   Artikel-Kurzbezeichnung | 6 - 23 | 18 | alphanum. |
|   Artikelbezeichnung | 24 - 63 | 40 | alphanum. |
|   Lieferanten-Nr. | 64 - 68 | 5 | num. |
|   Einkaufspreis | 69 - 75 | 5 + 2 Dez. | num. |
|   Verkaufspreis | 76 - 83 | 6 + 2 Dez. | num. |
|   Rabatt-Kennung | 84 | 1 | num. |
|     1 = Staffel 1, 2 = Staffel 2, 3 = Staffel 3 | - | - | - |
| Bestandsführung | - | - | - |
|   Nachbestellmenge | 85 - 89 | 5 | num. |
|   Meldemenge | 90 - 94 | 5 | num. |
|   Lagerbestand | 95 - 100 | 6 | num. |
|   Nachbestell-Datum: TTMMJJ | 101 - 106 | 6 | num. |
|   Bestellstatus | 107 | 1 | num. |
|     0 = kein Eingang erwartet | - | - | - |
|     1 = Bestellung bereits ausgelöst | - | - | - |
|     2 = Artikel gesperrt | - | - | - |
|   Lieferrückstand | 108 - 114 | 7 | num. |
| Absatzstatistik | - | - | - |
|   Absatzmenge Vorjahr | 115 - 119 | 5 | num. |
|   kumulierte Absatzmenge | 120 - 125 | 6 | num. |

*Abb. 17.8  Datensatzaufbau der Artikeldatei*

## 8.2 Lösungshinweise

1. Druckerlisten sind meist gleichartig aufgebaut. Sie bestehen je Seite aus einem Listenkopf, einem Listenrumpf und einem Listenfuß. Der Listenkopf umfaßt eine oder mehrere Überschriftszeilen sowie einen Tabellenkopf, der die Spalteninhalte des Listenrumpfs benennt. Der Listenrumpf präsentiert mehrzeilig das eigentliche Datenmaterial. Im Listenfuß werden z.B. Zwischen- oder Gesamtsummen ausgedruckt, die sich auf Spalten des Listenrumpfs beziehen. Diese Struktur der Druckerliste spiegelt sich unmittelbar in der Gliederung des die Liste produzierenden Verarbeitungsprogramms.

```
                          L a g e r ü b e r s i c h t   I
              Sortierung  nach Artikelnummern,  Stichtag:   15.12.1990

Art.-Nr.   Art.-Kurzbezeichnung   Verkauf    Einkauf    Bestand     Melde    Losgröße
-----------------------------------------------------------------------------------
10010      Springform 16 cm         4,48       3,37       800        500      2000
10012      Springform 24 cm         6,62       4,98       500        300      1000
10014      Tortenform 30 cm         2,77       2,08       500        300      1000
10015      Napfkuchenform           7,29       5,48       500        300      1000
10020      Syphon-Sahneblitz       33,91      25,50       310        300      1000
10025      Syphon-Sahnefee         47,75      35,90       800        500      2000
10027      Syphon-Bierzapfer       35,58      26,00       900        700      3000
10031      Tretabfalleimer          9,98       6,07       900        700      3000
   .
   .
   .
10163      HiFi-Verstärker         95,72      70,90       800        200      1000
10167      Heißklebe-Pistole        9,43       5,50      1100       1000      4000
10171      Proxon-Tischbohr.       63,93      47,35      1500 *     1550      2000
10177      Dampflok BR 01          49,06      35,04       510        500      2000
-----------------------------------------------------------------------------------

Lagerwert
  - zu Einkaufspreisen :           649.518,04  DM
  - zu Verkaufspreisen :           885.437,01  DM
```

```
                          L a g e r ü b e r s i c h t   II
         Sortierung nach Artikelkurzbezeichnungen,  Stichtag:   15.12.1990

Art.-Kurzbezeichnung   Art.-Nr.   Verkauf    Einkauf    Bestand     Melde    Losgröße
-----------------------------------------------------------------------------------
Allzweck-Abroller       10053     20,26      15,23       900        700      3000
Aluminium-Leiter        10082     42,29      31,80        32         30       300
Blumengießer            10045     11,64       8,75       900        700      3000
Blumenübertopf          10040      4,62       3,47      1700       1500      5000
Brotschale              10067     13,50      10,15       500 *      530      1000
Dampflok BR 01          10177     49,06      35,04       510        500      2000
Doppelstufenleiter      10084     44,95      33,80       600        500      5000
Eierschrank             10059     34,91      26,25       800        500      2000
   .
   .
   .
Wäschetrockner          10099    249,00     198,00       505        500      2000
Zimmerbesen             10073      9,65       6,21      1100 *     1200      4000
Zwiebelkasten           10050     17,72      13,32       800        500      2000
Zündzeitpunktpi.        10125     33,32      23,80       800 *     1000      3000
-----------------------------------------------------------------------------------

Lagerwert
  - zu Einkaufspreisen :           649.518,04  DM
  - zu Verkaufspreisen :           885.437,01  DM
```

2. Die Sortierung der Artikeldatei ist mit Hilfe des COBOL-Internsorts herbeizuführen. Die SORT-Ausgabedatei (Zieldatei) soll hier *den gleichen Satzaufbau* wie die Ausgangsdatei ARTIKEL.DAT haben. Die SORT-Anweisung kann daher ohne INPUT- bzw. OUTPUT-Prozedur codiert werden.

3. Eingabedatei für das Drucken der Lagerübersicht I ist Datei ARTIKEL.DAT, Input-Datei für die zweite Lagerübersicht ist die SORT-Ausgabedatei. Da beide Eingabedateien den gleichen Satzaufbau haben, ist es zweckmäßig, mit dynamischer Dateizuweisung zu arbeiten. Die SELECT-Klausel könnte dann z.B. wie folgt codiert werden:

```
SELECT ARTIKEL ASSIGN TO EINGABE-DATEI
    ORGANIZATION IS LINE SEQUENTIAL.
```

Der Datenname EINGABE-DATEI tritt hier an die Stelle eines Literals. In der WORKING-STORAGE SECTION wäre der externe Dateiname z.B. folgendermaßen zu beschreiben:

```
77  EINGABE-DATEI  PIC X(14) VALUE "C:\ARTIKEL.DAT".
```

Nach Ausführung der Anweisung

```
MOVE "C:\SORTAUS.DAT" TO EINGABE-DATEI
```

wäre dann der Zugriff auf die Sortier-Ausgabedatei möglich.

4. Sie erhöhen die Lesbarkeit Ihres Programms, wenn Sie für Felder, die gleiche Inhalte aufnehmen sollen, auch gleiche Bezeichner wählen. Da die in den Dateisätzen der Eingabedateien geführten Felder in den Rumpfzeilen beider Listen zum Teil erneut auftreten, kann die Wertübertragung vorteilhaft mittels der MOVE CORRESPONDING-Anweisung vorgenommen werden.

5. Bei der Gestaltung des Druckbildes der beiden Listen ist das Papierformat Ihres Druckers zu beachten. Bei Verwendung von 12-Zoll-Papier und einem Zeilenabstand von 6 Zeilen/Zoll können maximal 72 Zeilen mit 80 Zeichen/Zeile gedruckt werden. Die Formatierung der Druckerseiten kann z.B. durch

```
FD  DRUCKER
    LINAGE 60  BOTTOM 12.
01  DRUCKER-S   PIC X(80).
```

vorgenommen werden. Für die Listenausgabe verbleiben dann 60 Druckzeilen je Seite.

6. Als Druckaufbereitung soll das Einfügen eines Dezimalkommas, das Abtrennen der Tausender-Stellen durch Einfügen eines Punktes sowie die Unterdrückung führender Nullen Berücksichtigung finden.

7. Mit Hilfe der SIZE ERROR-Angabe ist sicherzustellen, daß auch z.B. nach zukünftigen Änderungen der Artikeldatei (Preiserhöhungen, Vergrößerung der Lagerbestände usw.) Ergebnis-Überläufe protokolliert bzw. der Programmlauf nach Ausgabe einer geeigneten Meldung abgebrochen wird.

8. Entwerfen, codieren und testen Sie Ihr Programm in drei Teilschritten:

   a. Erstellen der nach Artikel-Kurzbezeichnungen aufsteigend sortierten SORT-Ausgabedatei.

   b. Drucken der Lagerübersicht I unter Verwendung der Datei ARTIKEL.DAT als Eingabedatei.

c. Drucken der Lagerübersicht II unter Verwendung Ihrer SORT-Ausgabedatei als Eingabedatei.

Diese Vorgehensweise kann durch die folgende grobe Programmgliederung unterstützt werden:

```
*-----------------------------------------------
 PROCEDURE DIVISION.
*-----------------------------------------------
 HAUPTPROG SECTION.
 START-HAUPTPROG.
     PERFORM SORTIEREN.
     PERFORM DRUCK-LISTE-1.
     PERFORM DRUCK-LISTE-2.
 ENDE-HAUPTPROG.
     STOP RUN.

*-----------------------------------------------
 SORTIEREN SECTION.
*-----------------------------------------------
 START-SORTIEREN.
     :
*-----------------------------------------------
 DRUCK-LISTE-1 SECTION.
*-----------------------------------------------
 VORLAUF-LISTE-1.
     :
 UEBER-1.
     :
 KOPF-1.
     :
 RUMPF-1.
     :
 NACHLAUF-LISTE-1.
     :
*-----------------------------------------------
 DRUCK-LISTE-2 SECTION.
*-----------------------------------------------
 VORLAUF-LISTE-2.
     :
     :
 NACHLAUF-LISTE-2.
     :
*-----------------------------------------------
 INTERNE-UNTERPROG SECTION.
*-----------------------------------------------
 FEHLER-MELDUNG.
     :
```

## 8.3 Ergänzungsfragen

1. Bei Verwendung des CORRESPONDING-Zusatzes zur MOVE-Anweisung läßt sich häufig Codierarbeit einsparen. Von den Datenübertragungen betroffen sind dann jeweils Paare korrespondierender Datenfelder. Welche Eigenschaften müssen diese Feldpaare haben?
2. Der COBOL-Internsort zu diesem Programm wurde unter Verwendung der USING- und GIVING-Angabe codiert.
   a. Wodurch läßt sich dieser Sortierprozeß charakterisieren?
   b. Welche zusätzlichen Möglichkeiten eröffnet die Verwendung von INPUT- und OUTPUT-Prozeduren in der SORT-Anweisung?
3. Welche Änderungen wären im Programm zu Aufgabe 8 erforderlich, wenn die Ausgangsdatei ARTIKEL.DAT mehrere 100 Sätze enthielte? Jede Ausgabeliste würde sich dann über mehrere Druckerseiten erstrecken.

# Aufgabe 9

**Inhalt** : Umsatz- und Provisionslisten.

**Lernziele** :
- Erweitertes Sortierformat (RELEASE-, RETURN-Anweisung)
- Programmablaufsteuerung Gruppenwechsel
- Speichern vorzeichenbehafteter Werte
- Druckaufbereitung (Vorzeichen)
- ADD TO- und ADD GIVING-Anweisung
- ROUNDED-Zusatz
- EVALUATE-Anweisung (Auswertung von mehreren 88-Bedingungsnamen-Bedingungen)

**Texthinweis** : Abschn. 8.1 (Zusatzsymbole), 8.2 (Druckaufbereitung) und Abschn. 8.4 (Bedingungsnamen); Abschn. 9.1.4 (EVALUATE-Anweisung); Abschn. 9.2 (Arithmetische Anweisungen); Abschn. 10.4 und 10.5 (SORT-Format-2).

## 9.1 Aufgabentext

Die auf den COBSYS-Disketten gespeicherte Datei UMSATZ.DAT enthält die Quartalsumsätze der Vertriebsbeauftragten eines Großhandelsbetriebs. Diese Unternehmung unterhält über die gesamte Bundesrepublik verstreut Vertriebsniederlassungen, die 5 Absatzgebieten (Nord, Süd, West, Mitte und Berlin) zugeordnet sind. Die Vertriebsbeauftragten arbeiten auf Provisionsbasis.

Die LINE SEQUENTIAL organisierte Datei UMSATZ.DAT ist "aufsteigend nach Personal-Nummern" sortiert. Sie hat den in Abb. 17.9 angegebenen Satzaufbau.

# Programmierübungen Aufgabe 9

| Inhalt | Spalte | Feldlänge | Feldtyp |
|---|---|---|---|
| Personal-Nr. | 1 - 5 | 5 | num. |
| Nachname | 6 - 30 | 25 | alphanum. |
| Vertriebsgebiet | 31 | 1 | alphanum. |
| 1 = Nord | - | - | - |
| 2 = Mitte | - | - | - |
| 3 = West | - | - | - |
| 4 = Berlin | - | - | - |
| 5 = Süd | - | - | - |
| Niederlassung | 32 - 51 | 20 | alphanum. |
| Provisionssatz | 52 - 55 | 4, davon 2 Dez. | num. |
| leer | 56 - 59 | 4 | - |
| Jahresumsatz Vorjahr | 60 - 68 | 9, davon 2 Dez. | num. |
| aktuelle Umsätze: | - | - | - |
| 1. Quartal | 69 - 76 | 8, davon 2 Dez. | num. |
| 2. Quartal | 77 - 84 | 8, davon 2 Dez. | num. |
| 3. Quartal | 85 - 92 | 8, davon 2 Dez. | num. |
| 4. Quartal | 93 - 100 | 8, davon 2 Dez. | num. |

Abb. 17.9  *Datensatzaufbau der Umsatzdatei*

Jeweils nach Abschluß eines 4. Jahresquartals wird diese Datei ausgewertet. Das Programm zu Aufgabe 9 soll *je Vertriebsgebiet* eine Liste der "Gebietsergebnisse" erzeugen. Neben den Jahresumsätzen der Vertriebsbeauftragten sollen diese Listen die vertraglich vereinbarten Provisionssätze sowie die vom Großhändler zu zahlenden Jahresprovisionen ausweisen. Für Zwecke der Absatzplanung, -steuerung und -kontrolle sind ergänzend die Umsatzabweichungen zum Vorjahr auszudrucken. Im Listenfuß jeder *der 5 Ergebnislisten* sind folgende gebietsbezogenen Kennzahlen auszugeben:

1. Umsatz Vorjahr
2. Kumulierter Jahresumsatz
3. Umsatzabweichung zum Vorjahr
4. Summe Provisionen
5. Durchschnittlicher Provisionssatz

Das Verarbeitungsergebnis für das Absatzgebiet NORD wird nachfolgend beispielhaft wiedergegeben. Die Druckzeilen des Listenrumpfes jeder Ergebnisliste sind aufsteigend nach Namen der Vertriebsbeauftragten geordnet. Die 5 Gebietslisten gleichen sich im Aufbau. Jede Liste soll auf einer neuen Druckerseite beginnen.

Datei UMSATZ.DAT ist für den Druckprozeß geeignet zu sortieren. Da die einzelnen Quartalsumsätze für den Listendruck nicht benötigt werden, kann bereits der Datensatz der SORT-Ausgabedatei (Zieldatei) durch Kumulierung der vier Quartalsumsätze in einem Feld JAHRES-UMSATZ-NEU verkürzt werden. Dabei ist es zweckmäßig, die Satzverkürzung bereits in einer INPUT PROCEDURE der

SORT-Anweisung zu codieren. Hierdurch wird neben dem Speicherplatzbedarf der SORT-Ausgabedatei auch der der SORT-Hilfsdatei reduziert. Zugleich verringert diese Vorgehensweise den Zeitbedarf für E/A-Operationen des Sortier- und des sich anschließenden Druckprozesses.

```
                            GEBIETSERGEBNISSE
                    Umsätze und Provisionen des Jahres 1990 in DM


    Vertriebsgebiet:  Deutschland - N O R D

    Name         Pers.Nr.  Niederlassung    Umsatz     Prov.Satz   Provision    Veränderung
    -----------------------------------------------------------------------------------------
    Becker        10140    Wolfsburg       1690758,39   7,80 %     131879,15    +24,66 %
    Dreckmann     10122    Kiel            1322465,87   7,50 %      99184,94    + 2,77 %
    Haupt         10152    Bremen          1289926,09   7,70 %      99324,31    +27,87 %
    Hirsch        10130    Wilhelmshaven    712125,01   7,50 %      53409,38    -27,90 %
    Kahrs         10123    Hamburg          920628,23   9,00 %      82856,54    -19,89 %
    Lasco         10115    Bremen          1099347,09   8,50 %      93444,50    + 1,64 %
    Moczadlo      10146    Hannover         402378,50   8,20 %      32995,04    + 0,95 %
    Schmitt       10151    Hamburg          745801,40   7,50 %      55935,11    -12,82 %
    Schünemann    10116    Lübeck          1347917,93   7,00 %      94354,26    -10,06 %
    Thomale       10111    Hamburg         1327034,40   6,50 %      86257,24    - 9,33 %
    Thome         10136    Hannover         729756,04   6,90 %      50353,17    - 4,66 %
    Wais          10125    Cuxhaven         884576,14   7,20 %      63689,48    +23,08 %
    -----------------------------------------------------------------------------------------
    Summen :                              12.472.715,09 DM         943.683,12 DM

    Kennzahlen Vertriebsgebiet  N O R D

    1. Umsatz Vorjahr           :      12.570.831,62 DM
    2. Umsatz 1990              :      12.472.715,09 DM
    3. Umsatzabweichung         :              - 0,78 %
    4. Summe Provisionen        :         943.683,12 DM
    5. Durchschn. Prov.-Satz    :              7,57 %
```

## 9.2 Lösungshinweise

1. Die Umsatzdatei UMSATZ.DAT liegt bisher in einer Sortierfolge "aufsteigend nach Personal-Nummern" vor. Diese Sortierfolge ist für das Erreichen des in dieser Programmierübung angestrebten "Listendrucks mit einstufigem Gruppenwechsel" ungeeignet.

2. Prinzipiell ließen sich alle Gebietslisten mit aufsteigender Namensfolge der Vertriebsbeauftragten erstellen, wenn die Ausgangsdatei UMSATZ.DAT lediglich nach dem Sortierschlüssel "Nachname" geordnet würde. Je Gebietsliste wäre die SORT-Ausgabedatei dann einmal vollständig abzuarbeiten (Mehrfachlesen der SORT-Ausgabedatei).

3. Der in dieser Übungsaufgabe angestrebte Druckprozeß läßt sich effizient gestalten, wenn die SORT-Ausgabedatei eine Satzfolge "aufsteigend nach Vertriebsgebiet" und innerhalb der Vertriebsgebiete "aufsteigend nach Namen der Vertriebsbeauftragten" aufweist. Der Verarbeitungsprozeß ist dann nach einmaligem Lesen der SORT-Ausgabedatei abgeschlossen.

4. Wenn die Verkürzung der Datensätze von Datei UMSATZ.DAT bereits in der INPUT-Prozedur der SORT-Anweisung vorgenommen wird, läßt sich die SORT-Hilfsdatei z.B. wie folgt beschreiben:

```
SD  SORT-WORK.
01  SORT-WORK-S.
    05 PERS-NR            PIC 9(05).
    05 NACH-NAME          PIC X(25).
    05 GEBIET             PIC X(01).
    05 NIEDERL            PIC X(20).
    05 PROV-SATZ          PIC 99V99.
    05 UMS-ALT            PIC 9(07)V99.
    05 JAHRES-UMSATZ-NEU  PIC 9(07)V99.
```

Die modifizierten Datensätze der Datei UMSATZ.DAT wären dann mit Hilfe der RELEASE-Anweisung in die SORT-Hilfsdatei auszugeben. Die SORT-Ausgabedatei kann in der GIVING-Angabe der SORT-Anweisung benannt werden. Die Codierung einer OUTPUT-Prozedur erübrigt sich dann.

5. Wechselt beim sequentiellen Lesen der nach Vertriebsgebiet und Nachnamen der Vertriebsbeauftragten aufsteigend sortierten SORT-Ausgabedatei der Gebietsschlüssel (z.B. von 1 (= Nord) auf 2 (= Mitte)), sind programmintern zwei Funktionen auszulösen:

   – Abschluß der aktuell bearbeiteten Liste durch Drucken des Listenfußes (einschließlich Kennzahlen) und
   – Vorbereiten des Drucks der nachfolgenden Liste durch Vorschub auf eine neue Seite und Drucken des neuen Listenkopfes.

   Diese Funktionen wiederholen sich mit jedem Gebietswechsel.

6. Entwerfen Sie das Struktogramm zu Aufgabe 9. Bei Bedarf können Sie als Hilfestellung für Ihre Entwurfsüberlegungen den folgenden Programmausschnitt zur Gruppenwechselsteuerung heranziehen:[1]

```
*-----------------------------------------------------------
 PROCEDURE DIVISION.
*-----------------------------------------------------------
 HAUPTPROG SECTION.
*-----------------------------------------------------------
 START-HAUPTPROG.
     PERFORM VORLAUF.
     PERFORM SORTIEREN.
     PERFORM LISTEN-DRUCK.
     PERFORM NACHLAUF.
 ENDE-HAUPTPROG.
     STOP RUN.
```

---

1. Charakteristisch für diese Ablaufsteuerung ist die Schachtelung zweier Schleifen. Sie ergibt sich als "natürliches Ergebnis des Entwurfsprozesses". Bei genauerer Betrachtung kann auf eine Schleife verzichtet werden, wenn die Gruppenwechsel-Aktivitäten "drucke Fuß, drucke Kopf" in den dann verbleibenden einen Schleifenkörper einbezogen werden.

```
*-------------------------------------------------------
 LISTEN-DRUCK SECTION.
*-------------------------------------------------------
 VORL-LISTE.
     OPEN INPUT  SORT-AUSGABE
          OUTPUT DRUCKER.
     INITIALIZE EOF-F.
     READ SORT-AUSGABE AT END SET EOF TO TRUE.
 START-DRUCK.
     PERFORM UNTIL EOF
         PERFORM LISTEN-KOPF
         INITIALIZE SUM-UMSATZ-WS SUM-PROV-WS SUM-UMS-ALT-WS
         MOVE GEBIET OF SORT-AUSGABE-S TO GEBIET-ALT
         PERFORM LISTEN-RUMPF UNTIL EOF
              OR GEBIET OF SORT-AUSGABE-S IS NOT = GEBIET-ALT
         PERFORM LISTEN-FUSS
     END-PERFORM.
 ENDE-DRUCK.
     :
```

7. Achten Sie bei der Codierung von Additionsanweisungen auf die unterschiedliche Wirkung von "ADD TO" und "ADD GIVING" auf Ergebnisfelder. Wo erforderlich, sollte in arithmetischen Anweisungen der ROUNDED-Zusatz Verwendung finden. Eventuelle Stellenüberläufe sind mit Hilfe der SIZE ERROR-Angabe abzufangen. Umsatzveränderungen gegenüber dem Vorjahr können auf negative Werte führen. Diesem Tatbestand muß bereits bei der Definition der Ergebnisfelder in der WORKING-STORAGE SECTION Rechnung getragen werden.

8. Wenn Sie dem Feld "Vertriebsgebiet" des Dateisatzes Ihrer SORT-Ausgabedatei in der FILE SECTION fünf Stufennummer-88-Bedingungsnamen zuordnen, kann der Gebietsschlüsselwert (1, 2, ..., 5) vorteilhaft mittels einer EVALUATE-Anweisung ausgewertet werden:

```
EVALUATE TRUE
     WHEN NORD    MOVE "NORD"   TO  ...
     WHEN MITTE   MOVE "MITTE"  TO  ...
     :
     WHEN SUED    MOVE "SÜD"    TO  ...
     WHEN OTHER   MOVE "????"   TO  ...
END-EVALUATE.
```

9. Bei der Codierung dieser Aufgabe können Sie die Editierzeit am Bildschirm wesentlich verkürzen, wenn Sie für sich wiederholende Programmzeilen die Kopierfunktion Ihres Editors nutzen.

## 9.3 Ergänzungsfragen

1. Ihr Programm sollte auch dann aufgabengemäß arbeiten, wenn Datei UMSATZ.DAT z.B. keine Datensätze zum Absatzgebiet "Nord" enthält. Falls dies nicht der Fall ist, sollten Sie den Entwurf abändern.

2. Welche *programmtechnischen* Modifikationen sind erforderlich, wenn

   a. die Vertriebsergebnisse der Gebiete "Mitte" (Schlüssel 2) und "Berlin" (Schlüssel 4) zukünftig in einer Ergebnisliste zusammengefaßt werden sollen

   b. oder aufgrund einer Neugliederung der Vertriebsgebiete ein zusätzliches Gebiet in einer eigenen Liste auszuweisen ist?

# Aufgabe 10

**Inhalt** : Zweistufige Menü-Hierarchie (Menüverkettung).

**Lernziele** : – Baumdarstellung einer zweistufigen Menü-Hierarchie
– Menüverkettung mittels Schleifenschachtelung
– Benutzerführung durch Programm-Statusmeldungen
– Plausibilitätsprüfung von Eingabedaten
– selektives Löschen des Bildschirms
– Blättern in einer sequentiellen Datei
– Steueranweisung GO TO DEPENDING ON
– Klassenbedingungen NUMERIC und ALPHABETIC
– WITH-Option zur ACCEPT- und DISPLAY-Anweisung
– externe Unterprogramme (CALL-/CANCEL-Anweisung)
– PERFORM VARYING-Anweisung.

**Texthinweis** : Abschn. 2.3.5 (Menübaum) und Abschn. 2.4.1 (Interaktionsdiagramme); Abschn. 9.1.3 (GO TO DEPENDING ON-Anweisung), Abschn. 9.4.1 (Klassenbedingungen); Abschn. 12.1 (Dialogablaufsteuerung) und Abschn. 12.2 (Bildschirmansteuerung); Kap. 11, insbes. Abschn. 11.3 (Externe Unterprogramme).

## 10.1 Aufgabentext

Dieses Programm soll Sie mit der Realisierung einer Diaioganwendung mit zweistufiger Menü-Hierarchie vertraut machen. Schwerpunkte sind die Gestaltung der Dialogablaufsteuerung, die Plausibilitätsprüfung von Erfassungsdaten sowie der Aufruf externer Unterprogramme (CALL-Anweisung).

Die Verarbeitungsfunktionen dieses Übungsprogramms sind von untergeordneter Bedeutung. Sie entsprechen weitgehend denen der Aufgabe 5 (Mehrfachlesen sequentieller Dateien). Ihr zu Aufgabe 5 erstelltes Programm wird – nach geringfügiger Modifikation – als *externes Unterprogramm* zur Ausführung gebracht.

In einem *Hauptmenü* soll das Programm zu Aufgabe 10 dem Benutzer folgende Programmfunktionen anbieten:

# Aufgabe 10

1. Datenerfassung
2. Verarbeitung Dateien
3. Ausgabe Verarbeitungsergebnis
4. Rückkehr zum Betriebssystem

Wählt der Anwender die Option "Datenerfassung", kann er sich in einem Untermenü für die Erfassung der Datensätze einer Datei A10ALPHA.DAT oder alternativ einer Datei A10NUM.DAT erneut entscheiden. Die Hauptmenüoption "Verarbeitung Dateien" bringt Ihr Programm zu Aufgabe 5 als externes Unterprogramm zwecks Verarbeitung der beiden Erfassungsdateien A10ALPHA.DAT und A10NUM.DAT zu einer Ausgabedatei A10AUS.DAT zur Ausführung. Die Option "Ausgabe Verarbeitungsergebnis" führt ebenfalls auf ein Untermenü, in dem festzulegen ist, ob das Verarbeitungsergebnis in Datei A10AUS.DAT am Bildschirm anzuzeigen oder alternativ auf einem Arbeitsplatzdrucker auszugeben ist.

Die im Bildschirmdialog zu erfassenden Daten sind in LINE SEQUENTIAL organisierten Dateien (A10ALPHA.DAT und A10NUM.DAT) abzuspeichern, deren Datensatzaufbau in Abb. 17.10a angegeben ist. Ergänzend zeigt Abb. 17.10a den Datensatzaufbau der Ausgabedatei A10AUS.DAT.

| *Satzaufbau Datei A10ALPHA.DAT* | | | |
|---|---|---|---|
| Inhalt | Spalte | Feldlänge | Feldtyp |
| Alpha-Feld | 1 – 15 | 15 | alphanum. |

| *Satzaufbau Datei A10NUM.DAT* | | | |
|---|---|---|---|
| Inhalt | Spalte | Feldlänge | Feldtyp |
| Numeric-Feld | 1 – 15 | 15 | alphanum. |

| *Satzaufbau Datei A10AUS.DAT* | | | |
|---|---|---|---|
| Inhalt | Spalte | Feldlänge | Feldtyp |
| leer | 1 – 10 | 10 | – |
| Alpha-Feld | 11 – 25 | 15 | alphanum. |
| Numeric-Feld | 26 – 40 | 15 | alphanum. |

*Abb. 17.10a    Satzaufbau der Ein- und Ausgabedateien*

Nach Auswahl der jeweiligen Erfassungsoption im Untermenü "Datenerfassung" können die Dateien A10ALPHA.DAT und A10NUM.DAT vom Benutzer z.B. mit den in Abb. 17.10b angegebenen Inhalten gefüllt werden. Die Datensätze der Datei A10NUM.DAT sollen nur Ziffern und die der Datei A10ALPHA.DAT nur Alpha-Zeichen enthalten. Stellen Sie programmtechnisch sicher, daß der Benutzer des Programms auf Fehler bei der Dateneingabe aufmerksam gemacht wird und die Möglichkeit zur Korrektur fehlerhafter Eingaben erhält.

Programmierübungen                                                                         Aufgabe 10

Die Entscheidung über den Abbruch der Datenerfassung in den Funktionen "Erfassung ALPHA-Satz" und "Erfassung NUMERIC-Satz" könnte durch die explizite Eingabe einer Abbruchvariablen zur Schleifensteuerung (z.B. WEITER) gefällt werden ("Weitere Sätze erfassen J/N?"; vergl. hierzu Aufgabe 2). Diese Vorgehensweise wäre jedoch wenig benutzerfreundlich, da nach jedem erfaßten Datensatz eine – den weiteren Ablauf steuernde – Eingabe erforderlich wäre. Treffen Sie programmtechnische Vorkehrungen, so daß:

    a. nicht je erfaßten Datensatz die Eingabe der Abbruchvariablen WEITER erforderlich ist und

    b. dennoch eine Möglichkeit zum geordneten Abbruch der Erfassungsfunktion mit anschließender Rückkehr ins Vormenü besteht.

| Erfassungsdateien | |
|---|---|
| A10ALPHA.DAT | A10NUM.DAT |
| AAAAAAAAAAAAAAA<br>BBBBBBBBBBBBBBB<br>CCCCCCCCCCCCCCC<br>DDDDDDDDDDDDDDD<br>:<br>:<br>:<br>ZZZZZZZZZZZZZZZ | 111111111111111<br>222222222222222<br>333333333333333<br>444444444444444<br>:<br>:<br>999999999999999 |

*Abb. 17.10b   Dateiinhalte nach Datenerfassung*

Die Aktivierung der Funktion "Verarbeitung Dateien" soll das Programm veranlassen, aus den in Abb. 17.10b angegebenen Dateiinhalten eine Ausgabedatei A10AUS.DAT mit folgendem Inhalt zu erzeugen:

```
AAAAAAAAAAAAAAA
            111111111111111
            222222222222222
            333333333333333
            444444444444444
                :
                :
            999999999999999
BBBBBBBBBBBBBBB
            111111111111111
            222222222222222
            333333333333333
            444444444444444
                :
                :
```

Programmierübungen                                                          Aufgabe 10

```
                    999999999999999
            CCCCCCCCCCCCCCC
                    111111111111111
                    222222222222222
                    333333333333333
                    444444444444444
                    :
                    : usw.
```

Diese Verarbeitungsfunktion ist mit der Ihres Programms zu Aufgabe 5 identisch. Auch die Satzbeschreibungen der beteiligten Dateien stimmen überein. Daher ist es zweckmäßig, die Dateiverarbeitung der Aufgabe 10 (Menüoption "Verarbeitung Dateien") durch Aufruf Ihres Programms zu Aufgabe 5 als externes Unterprogramm zu realisieren. Der Beginn und der Abschluß der Dateiverarbeitung sind dem Benutzer des Programms am Bildschirm in Form von Statusmeldungen z.B. in Bildschirmzeile 24 mitzuteilen.

Wählt der Programmbenutzer die Hauptmenüoption "Ausgabe Verarbeitungsergebnis" und entscheidet er sich im Folgemenü zur Bildschirmausgabe, ist Datei A10AUS.DAT zu lesen und ein "Ausgabefenster" von 15 Schirmzeilen zu beschreiben. Anschließend soll der Benutzer entscheiden können, ob weitere 15 Zeilen angezeigt werden sollen (Vorwärtsblättern in Datei A10AUS.DAT) oder der Ausgabeprozeß abgebrochen und in das Vormenü rückverzweigt werden soll.

In der Statuszeile des Untermenüs "Ausgabe Verarbeitungsergebnis" sind bei Auswahl der Druckfunktion Meldungen über Beginn und Ende des Druckvorgangs auszugeben.

## 10.2 Lösungshinweise

1. Die Bildschirmmaske des Hauptmenüs könnte wie folgt gestaltet sein:

```
    ┌─────────────────────────────────────┐
    │    Mehrfachlesen einer Datei        │
    │           HAUPTAUSWAHL              │
    │                                     │
    │    1. Datenerfassung                │
    │    2. Verarbeitung Dateien          │
    │    3. Ausgabe Verarbeitungsergebnis │
    │    4. Rückkehr zum Betriebssystem   │
    │                                     │
    │ Auswahl:                            │
    └─────────────────────────────────────┘
```

2. Die Bildschirmmaske des Untermenüs "Datenerfassung" enthält drei Auswahloptionen:

Programmierübungen                                                   Aufgabe 10

```
┌─────────────────────────────────────┐
│        Erfassung der Dateien        │
│              AUSWAHL                │
│                                     │
│    1.  Erfassung ALPHA-Sätze        │
│    2.  Erfassung NUMERIC-Sätze      │
│    3.  Rückkehr Hauptmenü           │
│                                     │
│  Auswahl:                           │
└─────────────────────────────────────┘
```

3. Für die Bildschirmmaske zur Erfassung der ALPHA-Datensätze bietet sich folgender Aufbau an:

```
┌─────────────────────────────────────┐
│           DATENERFASSUNG            │
│         für die ALPHA-Datei         │
│                                     │
│  Bitte ALPHA-Satz eingeben:         │
│                                     │
│           [            ]            │
│                                     │
└─────────────────────────────────────┘
         RETURN = Abbruch Erfassung
```

Der Abbruch der Erfassungsschleife wird hier durch eine Leereingabe des Benutzers (keine Dateneingabe, RETURN-Taste betätigen) herbeigeführt. Programmintern wird der Abbruchwunsch des Benutzers dann durch eine Anweisung wie

```
IF erfassungsfeld = SPACE MOVE "N" TO WEITER
```

registriert. Eine vergleichbare Bildschirmgestaltung ist auch für die Erfassung von Sätzen der Datei A10NUM.DAT vorzusehen. Die Plausibilitätsprüfung der Eingabedaten kann mittels der Klassenbedingungen ALPHABETIC und NUMERIC vorgenommen werden.

Ergänzend ist ein Untermenü zur Ausgabe des Verarbeitungsergebnisses mit den Optionen "Bildschirmausgabe", "Druckerausgabe" und "Rückkehr Hauptmenü" vorzusehen.

4. Haupt- und Untermenüs sowie die beiden Erfassungsfunktionen sind in Schleifenkörpern zu implementieren. Die Verkettung der Menüs ( = Rückkehr aus einem Untermenü ins Hauptmenü) erfolgt dann durch Schleifenschachtelung.

5. Die in den Menüs auswählbaren Funktionen des Programms können in den Auswahlzweigen der GO TO DEPENDING ON-Anweisung realisiert werden.

6. Damit Ihr Programm zu Aufgabe 5 als externes Unterprogramm die Eingabedateien A10ALPHA.DAT und A10NUM.DAT zur Datei A10AUS.DAT verarbei-

ten kann, sollten Sie es in eine Datei UPRO-10 kopieren, die externen Dateinamen ändern, eventuell vorhandene Anweisungen zur Bildschirmausgabe entfernen und die Steueranweisung EXIT PROGRAM ergänzen. Das dann neu zu übersetzende Unterprogramm kann mittels einer Anweisung CALL "C:\UPRO-10" aufgerufen und anschließend mit Hilfe der CANCEL-Anweisung aus dem Arbeitsspeicher entfernt werden.

7. Für die Bildschirmausgabe des Verarbeitungsergebnisses sind z.B. die Schirmzeilen 7 bis 21 (Ausgabefenster) vorzusehen. Die Anzeige des Dateiinhalts kann mit Hilfe der Anweisung
    DISPLAY dateisatz AT CURSOR-POSITION
erfolgen. Die Datengruppe CURSOR-POSITION wäre mit den Elementardaten ZEILE und SPALTE in der WORKING-STORAGE SECTION zu definieren. Durch Hochzählen des Wertes von ZEILE in einer Schleife sind nacheinander Zeile 7 bis 21 zu beschreiben.

   Nach Ausgabe von jeweils 15 Dateisätzen soll der Benutzer entscheiden können, ob weitere Sätze anzuzeigen sind (Vorwärtsblättern in Datei A10-AUS.DAT) oder die Ausgabe abzubrechen ist. Entscheidet sich der Benutzer für die Ausgabe weiterer Dateisätze, ist das Ausgabefenster *zeilenweise* zu löschen und die Satzausgabe dann ab Bildschirmzeile 7 fortzusetzen. Das Löschen des Ausgabefensters läßt sich vorteilhaft mit Hilfe der PERFORM VARYING-Anweisung realisieren. Entscheidet sich der Benutzer für den Abbruch der Bildschirmausgabe, ist das Vormenü "Ausgabe Verarbeitungsergebnis" erneut anzuzeigen. Beim Blättern in Datei A10AUS.DAT ist das Erreichen des Dateiendes durch eine entsprechende Statusmeldung am Bildschirm anzuzeigen.

8. Für den Benutzer ist es hilfreich, wenn folgende Statusmeldungen vorgesehen werden[1]:

```
77  MELDUNG-0         PIC X(79) VALUE "Unzulässige Eingabe. W
-   "eiter mit Return-Taste !".
77  MELDUNG-1         PIC X(79) VALUE "Unzulässige Eingabe. B
-   "itte korrigieren!".
77  MELDUNG-2         PIC X(79) VALUE "Dateiverarbeitung, bitte
-   " warten!".
77  MELDUNG-3         PIC X(79) VALUE "Ende Dateiverarbeitung.
-   " Weiter mit Return !".
77  MELDUNG-4         PIC X(79) VALUE "Ausgabe beendet. Weiter
-   " mit Return !".
77  MELDUNG-5         PIC X(79) VALUE "Weiter blättern ? :".
77  MELDUNG-6         PIC X(79) VALUE "Drucker aktiv, bitte war
-   "ten!".
77  MELDUNG-7         PIC X(79) VALUE "Druckvorgang beendet. W
-   "eiter mit Return !".
```

---

1. Diese Meldungen sind in Datei AUFG10.DOC auf den COBSYS-Disketten abgelegt.

9. Zeichnen Sie den Menübaum und das Interaktionsdiagramm zu dieser Anwendung. Als Hilfestellung für den Entwurf und die Implementierung der Dialogablaufsteuerung ist nachfolgend ein Programmrahmen zu Aufgabe 10 angegeben, den Sie – soweit erforderlich – sorgfältig analysieren sollten. Auf den COBSYS-Disketten finden Sie dieses Programmskelett in Datei AUFG10.DOC, so daß Sie sich im Interesse einer verkürzten Editierzeit auf die verarbeitungsrelevante Komplettierung beschränken können.

## 10.3 Ergänzungsfragen

1. Welche Fehlfunktionen können sich in der Dialogablaufsteuerung einstellen, wenn auf ein gezieltes Initialisieren der Ablaufvariablen WAHL im Übungsprogramm zu Aufgabe 10 verzichtet wird?
2. Zwecks Rückkehr aus einem Untermenü ins Hauptmenü ist der Benutzer in diesem Übungsprogramm gezwungen, eine Wahlziffer einzugeben. Wie ließe sich diese "Rückverzweigung" benutzerfreundlicher gestalten?
3. Die in Aufgabe 10 realisierte Menü- und Funktionsauswahl läßt unter dem Gesichtspunkt der Benutzerfreundlichkeit eine Reihe von Wünschen offen. Welche Schwächen sind erkennbar?
4. Was versteht man im Zusammenhang mit interaktiven Anwendungen unter einer Help-Funktion?

## Programmrahmen

```
*-------------------------------------
 INPUT-OUTPUT SECTION.
*-------------------------------------
 FILE-CONTROL.
     SELECT OPTIONAL ALPHADAT ASSIGN TO "C:\A10ALPHA.DAT"
         ORGANIZATION IS LINE SEQUENTIAL.
     SELECT OPTIONAL NUMDAT ASSIGN TO "C:\A10NUM.DAT"
         ORGANIZATION IS LINE SEQUENTIAL.
     SELECT OPTIONAL AUSDAT ASSIGN TO "C:\A10AUS.DAT"
         ORGANIZATION IS LINE SEQUENTIAL.
     SELECT DRUCKER ASSIGN TO "LPT1"
         ORGANIZATION IS LINE SEQUENTIAL.
*-----------------------------------------------------------
 DATA DIVISION.
*-----------------------------------------------------------
 FILE SECTION.
*-------------------------------------
 FD  ALPHADAT.
 01  ALPHADAT-S.
     05 ALPHA-FELD       PIC X(15).
 FD  NUMDAT.
 01  NUMDAT-S.
     05 NUM-FELD         PIC X(15).
```

```
        FD  AUSDAT.
        01  AUSDAT-S.
            05  FILLER          PIC X(10).
            05  ALPHA-FELD      PIC X(15).
            05  NUM-FELD        PIC X(15).
        FD  DRUCKER
            LINAGE 60 BOTTOM 12.
        01  DRUCKER-S           PIC X(80).
       *------------------------------------------
        WORKING-STORAGE SECTION.
       *------------------------------------------
        77  EOF-F               PIC 9.
            88  EOF                         VALUE 1.
        77  FEHLERFREI-F        PIC 9.
            88  FEHLERFREI                  VALUE 1.
        77  WAHL                PIC 9.
        77  WEITER              PIC X.
        77  STRICH              PIC X(80) VALUE ALL "-".
        77  LEERZEILE           PIC X(80) VALUE ALL SPACE.
        77  MELDUNG-0           PIC X(79) VALUE "Unzulässige Eingabe.    W
       -    "eiter mit Return-Taste !".
                :
                :
        77  MELDUNG-7           PIC X(79) VALUE "Druckvorgang beendet.   W
       -    "eiter mit Return !".
        01  CURSOR-POSITION.
            05  ZEILE           PIC 99.
            05  SPALTE          PIC 99.
       *------------------------------------------
        PROCEDURE DIVISION.
       *------------------------------------------
        HAUPTPROG SECTION.
       *------------------------------------------
        START-HAUPTPROG.
            INITIALIZE WAHL.
            PERFORM HAUPTMENUE UNTIL WAHL = 4.
            DISPLAY SPACES.
            DISPLAY "Rückkehr Betriebssystem!"              AT 0705.
        ENDE-HAUPTPROG.
            STOP RUN.

       *------------------------------------------
        HAUPTMENUE SECTION.
       *------------------------------------------
        MASKE-HAUPTMENUE.
            DISPLAY SPACES.
            DISPLAY STRICH WITH HIGHLIGHT                   AT 0201.
            DISPLAY "Mehrfachlesen einer Datei"             AT 0327.
            DISPLAY "      HAUPTAUSWAHL"                    AT 0427.
            DISPLAY STRICH WITH HIGHLIGHT                   AT 0501.
            DISPLAY "1.  Datenerfassung"                    AT 1217.
            DISPLAY "2.  Verarbeitung der Dateien"          AT 1317.
```

Programmierübungen                                                          Aufgabe 10

```
            DISPLAY "3. Ausgabe des Verarbeitungsergebnisses"   AT 1417.
            DISPLAY "4. Rückkehr Betriebssystem"                AT 1517.
            DISPLAY "Auswahl:" WITH REVERSE-VIDEO               AT 2201.
            DISPLAY STRICH                                      AT 2301.
       BENUTZER-WAHL-HAUPTMENUE.
            INITIALIZE WAHL.
            ACCEPT WAHL WITH AUTO-SKIP                          AT 2211.
            GO TO HM-1 HM-2 HM-3 HM-4 DEPENDING ON WAHL.
            DISPLAY MELDUNG-O WITH HIGHLIGHT BLINK BEEP         AT 2401.
            ACCEPT   WEITER WITH AUTO-SKIP                      AT 2478.
            DISPLAY LEERZEILE                                   AT 2401.
            GO TO E-C-HM.
       HM-1.
            INITIALIZE WAHL.
            PERFORM UNTERMENUE-ERFASSUNG UNTIL WAHL = 3.
            GO TO E-C-HM.
       HM-2.
            PERFORM VERARBEITUNG.
            GO TO E-C-HM.
       HM-3.
            INITIALIZE WAHL.
            PERFORM UNTERMENUE-AUSGABE UNTIL WAHL = 3.
            GO TO E-C-HM.
       HM-4.
            GO TO E-C-HM.
       E-C-HM.
            CONTINUE.
      *----------------------------------------------------------------
       UNTERMENUE-ERFASSUNG SECTION.
      *----------------------------------------------------------------
       MASKE-UM-ERFASSUNG.
            DISPLAY SPACES.
            DISPLAY STRICH WITH HIGHLIGHT                       AT 0201.
            DISPLAY "Erfassen der Dateien"                      AT 0329.
            DISPLAY "    AUSWAHL"                               AT 0429.
              :
              :
            DISPLAY STRICH                                      AT 2301.
       BENUTZER-WAHL-UM-ERFASSUNG.
            INITIALIZE WAHL.
            ACCEPT  WAHL WITH AUTO-SKIP                         AT 2211.
            GO TO UM-E-1 UM-E-2 UM-E-3 DEPENDING ON WAHL.
            DISPLAY MELDUNG-O WITH HIGHLIGHT BLINK BEEP         AT 2401.
            ACCEPT   WEITER WITH AUTO-SKIP                      AT 2478.
            GO TO E-C-UM-E.
       UM-E-1.
            OPEN OUTPUT ALPHADAT.
            DISPLAY SPACES.
            DISPLAY STRICH WITH HIGHLIGHT                       AT 0201.
            DISPLAY "   DATENERFASSUNG"                         AT 0330.
            DISPLAY "für die ALPHA-Datei"                       AT 0430.
            DISPLAY STRICH WITH HIGHLIGHT                       AT 0501.
```

621

```
        DISPLAY "Bitte ALPHA-Satz eingeben :"              AT 1117.
        DISPLAY STRICH                                     AT 2301.
        DISPLAY "Abbruch Erfassung mit Return"             AT 2452.
        INITIALIZE WEITER.
        PERFORM ALPHA-ERFASSUNG UNTIL WEITER = "N".
        CLOSE ALPHADAT.
        GO TO E-C-UM-E.
   UM-E-2.
        OPEN OUTPUT NUMDAT.
        DISPLAY SPACES.
           :
           :
        INITIALIZE WEITER.
        PERFORM NUMERIC-ERFASSUNG UNTIL WEITER = "N".
        CLOSE NUMDAT.
        GO TO E-C-UM-E.
   UM-E-3.
        GO TO E-C-UM-E.
   E-C-UM-E.
        CONTINUE.
  *---------------------------------------------------------------
   ALPHA-ERFASSUNG SECTION.
  *---------------------------------------------------------------
   ERFASSUNG-ALPHA.
        MOVE SPACE TO ALPHA-FELD OF ALPHADAT-S.
        ACCEPT   ALPHA-FELD OF ALPHADAT-S WITH REVERSE-VIDEO   AT 1437.
   ALPHA-PRUEFUNG-KORREKTUR.
           INITIALIZE FEHLERFREI-F
           PERFORM UNTIL FEHLERFREI OR WEITER = "N"
             :
             :
           END-PERFORM.
  *---------------------------------------------------------------
   NUMERIC-ERFASSUNG SECTION.
  *---------------------------------------------------------------
   ERFASSUNG-NUMERIC.
        MOVE SPACE TO NUM-FELD OF NUMDAT-S
        ACCEPT   NUM-FELD OF NUMDAT-S WITH REVERSE-VIDEO       AT 1437.
   NUMERIC-PRUEFUNG-KORREKTUR.
           INITIALIZE FEHLERFREI-F
           PERFORM UNTIL FEHLERFREI OR WEITER = "N"
             :
             :
           END-PERFORM.
  *---------------------------------------------------------------
   VERARBEITUNG SECTION.
  *---------------------------------------------------------------
   START-VERARBEITUNG.
        DISPLAY MELDUNG-2                                  AT 2401.
             :
             :
        DISPLAY MELDUNG-3                                  AT 2401.
```

# Programmierübungen    Aufgabe 10

```
        ACCEPT WEITER WITH AUTO-SKIP                   AT 2478.
    ENDE-VERARBEITUNG.
        CONTINUE.
*---------------------------------------------------------------
 UNTERMENUE-AUSGABE SECTION.
*---------------------------------------------------------------
 MASKE-UM-AUSGABE.
    DISPLAY SPACES.
    DISPLAY STRICH WITH HIGHLIGHT                      AT 0201.
    DISPLAY "Ausgabe des Verarbeitungsergebnisses"     AT 0322.
    DISPLAY "              AUSWAHL"                    AT 0422.
        :
        :
    DISPLAY STRICH                                     AT 2301.
 BENUTZER-WAHL-UM-AUSGABE.
    INITIALIZE WAHL.
    ACCEPT   WAHL WITH AUTO-SKIP                       AT 2211.
    GO TO UM-A-1 UM-A-2 UM-A-3 DEPENDING ON WAHL.
    DISPLAY MELDUNG-O WITH HIGHLIGHT BLINK BEEP        AT 2401.
    ACCEPT   WEITER WITH AUTO-SKIP                     AT 2478.
    GO TO E-C-UM-A.
 UM-A-1.
    DISPLAY SPACES.
    DISPLAY STRICH WITH HIGHLIGHT                      AT 0201.
    DISPLAY "Ausgabe"                                  AT 0337.
    DISPLAY "des Verarbeitungsergebnisses"             AT 0427.
    DISPLAY STRICH WITH HIGHLIGHT                      AT 0501.
    DISPLAY STRICH                                     AT 2301.
    OPEN INPUT AUSDAT.
        :
        :
    CLOSE AUSDAT.
    IF EOF DISPLAY MELDUNG-4                           AT 2401
           ACCEPT WEITER WITH AUTO-SKIP                AT 2478.
    GO TO E-C-UM-A.
 UM-A-2.
    DISPLAY MELDUNG-6                                  AT 2401.
    OPEN INPUT AUSDAT OUTPUT DRUCKER.
        :
        :
    CLOSE DRUCKER AUSDAT.
    DISPLAY MELDUNG-7                                  AT 2401.
    MOVE SPACE TO WEITER.
    ACCEPT WEITER WITH AUTO-SKIP                       AT 2478.
    GO TO E-C-UM-A.
 UM-A-3.
    GO TO E-C-UM-A.
 E-C-UM-A.
    CONTINUE.
```

# Aufgabe 11

| | |
|---|---|
| **Inhalt** | : Einrichten einer updatefähigen sequentiellen Datei und Jahresabschlußarbeiten Umsatzdatei. |
| **Lernziele** | : – Konvertieren der Organisationsform einer Datei<br>– Organisationsformen SEQUENTIAL und LINE SEQUENTIAL<br>– Modifikation des Inhalts sequentieller Dateien (update)<br>– Dateiverwendungsangabe I-O<br>– REWRITE-Anweisung. |
| **Texthinweis** | : Abschn. 6.2.1 (SEQUENTIAL/LINE SEQUENTIAL), Abschn. 6.3.1 (OPEN I-O) und Abschn. 6.3.4 (REWRITE-Anweisung). |

## 11.1 Aufgabentext

Dieses Übungsprogramm soll Sie mit der Konvertierung der Organisationsform von Dateien sowie der Vorgehensweise zur inhaltlichen Veränderung von Datensätzen (update) sequentieller Dateien vertraut machen. Programmierer sind häufig gezwungen, eine bereits existierende Datei mit vorgegebener Organisationsform in eine Datei mit einer anderen Organisationsform (sequentiell, relativ oder indiziert) zu konvertieren. So kann es z.B. erforderlich sein, einen sequentiell organisierten Datenbestand mit Hilfe eines COBOL-Programms in eine relativ oder indiziert organisierte Datei zu überführen.

Das zu erstellende Programm soll:

1. In einem ersten Schritt die auf den COBSYS-Disketten gespeicherte Datei UMSATZ.DAT lesen und in eine *updatefähige* Datei A11AUS.DAT gleichen Inhalts konvertieren. Die Ausgangsdatei UMSATZ.DAT wurde mit Hilfe eines Editors erstellt. Sie ist LINE SEQUENTIAL organisiert, hat mithin variable Satzlängen und ist deshalb *nicht* updatefähig. Abbildung 17.11 zeigt ihren Satzaufbau.[1]

    Die zu erzeugende Datei A11AUS.DAT soll die updatefähige Organisationsform SEQUENTIAL haben. Eine SEQUENTIAL organisierte Datei hat feste Satzlängen, die Satzinhalte können mittels der REWRITE-Anweisung modifiziert werden. Der Satzaufbau der zu erzeugenden SEQUENTIAL organisierten Datei A11AUS.DAT soll dem der Datei UMSATZ.DAT entsprechen.

2. In einem zweiten Programmschritt ist die SEQUENTIAL organisierte Ausgabedatei A11AUS.DAT durch eine Reihe von Jahresabschlußarbeiten für die Aufnahme der Quartalsumsätze des jeweils nachfolgenden Jahres vorbereiten.

---

1. Diese Datei wurde bereits im Zusammenhang mit Aufgabe 9 verarbeitet. Sie können die 01-Datensatzbeschreibung aus dem zugehörigen Programm übernehmen.

Die Satzinhalte sind wie folgt zu modifizieren (update):

a. In das Feld "Jahresumsatz Vorjahr" ist für jeden Vertriebsbeauftragten die Summe seiner Quartalsumsätze des aktuellen Jahres einzustellen.
b. Die Felder für die Abspeicherung der Quartalsumsätze (Quartal 1 bis Quartal 4) sind anschließend mit dem Wert 0 (Null) vorzubesetzen.
c. Die Provisionssätze sind für alle Vertriebsbeauftragten um 4% anzuheben.

Die so erzeugte Datei A11AUS.DAT wäre u.a. geeignet, im Verlauf des nachfolgenden Jahres die Quartalsumsätze der Vertriebsbeauftragten im Wege der Fortschreibung aufzunehmen.

| Inhalt | Spalte | Feldlänge | Feldtyp |
|---|---|---|---|
| Personal-Nr. | 1 - 5 | 5 | num. |
| Nachname | 6 - 30 | 25 | alphanum. |
| Vertriebsgebiet | 31 | 1 | alphanum. |
| 1 = Nord | - | - | - |
| 2 = Mitte | - | - | - |
| 3 = West | - | - | - |
| 4 = Berlin | - | - | - |
| 5 = Süd | - | - | - |
| Niederlassung | 32 - 51 | 20 | alphanum. |
| Provisionssatz | 52 - 55 | 4, davon 2 Dez. | num. |
| leer | 56 - 59 | 4 | - |
| Jahresumsatz Vorjahr | 60 - 68 | 9, davon 2 Dez. | num. |
| aktuelle Umsätze: | - | - | - |
| 1. Quartal | 69 - 76 | 8, davon 2 Dez. | num. |
| 2. Quartal | 77 - 84 | 8, davon 2 Dez. | num. |
| 3. Quartal | 85 - 92 | 8, davon 2 Dez. | num. |
| 4. Quartal | 93 - 100 | 8, davon 2 Dez. | num. |

*Abb. 17.11 Datensatzaufbau der Umsatzdatei*

LINE SEQUENTIAL und SEQUENTIAL organisierte Disketten- oder Plattendateien unterscheiden sich hinsichtlich der Art der Abspeicherung ihrer Sätze und bezüglich der Möglichkeiten ihrer Verarbeitung aus COBOL-Programmen heraus.

### Organisationsform LINE SEQUENTIAL

Datensätze dieser Dateien haben variable Satzlängen. Das Ende jedes Dateisatzes wird durch zwei ASCII-Steuerzeichen (CR/LF, Hex: 0D0A) gekennzeichnet.

Derart organisierte Dateien lassen sich problemlos mit einem Editor anlegen und bearbeiten. Hinsichtlich der Verarbeitung durch COBOL-Programme ergibt sich jedoch eine wesentliche Einschränkung: LINE SEQUENTIAL organisierte Dateien sind nicht updatefähig, d.h. die COBOL-Anweisungen OPEN I-O und REWRITE sind auf solche Dateien nicht ausführbar.[1)]

**Organisationsform SEQUENTIAL**

SEQUENTIAL organisierte Disketten- und Plattendateien sind updatefähig. Die Anweisungen OPEN I-O und REWRITE sind uneingeschränkt ausführbar. Alle Datensätze einer SEQUENTIAL organisierten Datei werden auf externen Speichermedien mit fester Satzlänge abgelegt. Gesonderte Satzendekennungen werden nicht gespeichert. Editoren fassen die Datensätze einer SEQUENTIAL-Datei wegen der fehlenden Satzendemarken zu einem einzigen Dateisatz zusammen.

### 11.2 Lösungshinweise

1. Der Inhalt der sequentiellen Umsatzdatei soll in dieser Aufgabe verändert werden. Prinzipiell bestünde die Möglichkeit, die LINE SEQUENTIAL organisierte Datei UMSATZ.DAT zu lesen, die Satzinhalte aufgabengemäß zu transformieren und die so aufbereiteten Datensätze in eine zweite Datei beliebiger Organisationsform zu schreiben.

   Abweichend hiervon soll in dieser Aufgabe im ersten Schritt lediglich eine Kopie der Datei UMSATZ.DAT gleichen Satzinhalts aber mit geänderter Organisationsform angelegt werden. Hierzu ist die Ausgangsdatei satzweise zu lesen und in eine SEQUENTIAL organisierte Datei A11AUS.DAT zu übertragen.

2. In einem zweiten Schritt ist die Datei A11AUS.DAT nach einem OPEN I-O satzweise zu lesen, der jeweilige Satz gemäß obiger Aufgabenstellung zu transformieren und mittels REWRITE zurückzuschreiben.

3. Die aufgabengemäße Bereitstellung der Feldinhalte in der Ausgabedatei A11-AUS.DAT können Sie z.B. mittels des Betriebssystemkommandos "TYPE dateiname" überprüfen.

4. Überzeugen Sie sich mit Hilfe eines geeigneten Tools von der unterschiedlichen physischen Repräsentation der Dateien UMSATZ.DAT und A11-AUS.DAT auf dem externen Speichermedium.

---

1. Manche Editoren zur Erstellung von Quellprogrammen können nur Dateien mit Satzlängen bis zu 80 Zeichen ordnungsgemäß verarbeiten. Mit ihnen kann man sich den Inhalt von Datendateien mit größeren Satzlängen meist problemlos anzeigen lassen. Beim *Sichern* der Dateien auf ein externes Speichermedium werden dann jedoch häufig nach jeweils 80 Zeichen zusätzliche CR/LF-Satzendemarken eingefügt. Die nachfolgende Verarbeitung einer solchen Datei durch ein Programm muß dann wegen der Abweichung des physischen vom logischen Satzaufbau scheitern.

# Aufgabe 12

| | |
|---|---|
| **Inhalt** | : Auftragsabwicklung (Batchversion mit sequentiell organisierter Bestell-, Kunden- und Artikeldatei). |
| **Lernziele** | : – Ablauforganisation bei Verarbeitung mehrerer sequentieller Dateien |
| | – Sortieren der Bewegungsdatei nach zwei Sortierschlüsseln |
| | – Nummernkreis-Prüfung |
| | – Gruppenwechselsteuerung |
| | – Aktualisieren von Bestandsdaten |
| | – STRING-Anweisung. |
| **Texthinweis** : | Abschn. 6.5.2 (Mehrfachlesen von Dateien), Abschn. 14.1.1 (STRING-Anweisung). |

## 12.1 Aufgabentext

Diese Übung bietet die Möglichkeit, die bisher aufgabenweise erprobten COBOL-Sprachelemente nochmals im Sinne einer Wiederholung zusammenhängend anzuwenden. Aus einer vorgegebenen Bestelldatei sollen unter Berücksichtigung von weiteren Dateien Rechnungen an Kunden erstellt werden. Mit Ausnahme der STRING-Anweisung sind hierzu keine neuen Sprachelemente erforderlich. Wenn Sie mit den vorausgehenden Programmierübungen keine nachhaltigen Probleme hatten, sollten Sie diese Übungsaufgabe überspringen und sich direkt der nachfolgenden Übung 13 zuwenden.

Die von den Vertriebsbeauftragten eines Großhändlers für Haushaltsartikel telefonisch oder schriftlich eingehenden Bestellungen werden erfaßt, in eine Bestelldatei gespeichert und täglich einmal verarbeitet. An diesem Verarbeitungsprozeß sind drei weitere Dateien beteiligt: eine Kundendatei, eine Artikeldatei und eine Protokolldatei. Den Satzaufbau der auf den COBSYS-Disketten gespeicherten Dateien BESTELL.DAT, KUNDEN.DAT und ARTIKEL.DAT zeigen die Abbildungen 17.12a, 17.12b und 17.12c.

Unter Berücksichtigung der Lieferfähigkeit des Großhändlers ab Lager sowie der Bonität der bestellenden Kunden kommt es zur täglichen Auslieferung von Ware. Hierzu sind Rechnungen zu erstellen, die Lagerbestände sowie Kundendaten zu aktualisieren, Fehlmengen am Lager zu protokollieren und eine Nachbestelliste zu drucken.

Unmittelbar nach dem Start des Programms zu dieser Aufgabe soll am Bildschirm ein Auswahlmenü angezeigt werden, das es dem Benutzer ermöglicht, die Bestellverarbeitung einschließlich Rechnungsdruck anzustoßen, das Drucken einer Nachbestelliste oder des Inhalts der Protokolldatei einzuleiten:

Programmierübungen                                            Aufgabe 12

```
xyz-GmbH     BESTELLABWICKLUNG    12.4.1991
                  Auswahl

         1. Bestellverarbeitung/Rechnungen
         2. Nachbestell-Liste drucken
         3. Protokolldatei ausdrucken
         4. Rückkehr Betriebssystem

Auswahl:
```

Der Verarbeitungsprozeß soll folgende Aufgaben erfüllen:

1. Kommt es zur Auslieferung bestellter Artikel an einen Kunden, ist eine Rechnung zu erstellen.
2. Voraussetzung für die Auslieferung an Kunden ist deren Kreditwürdigkeit. Übersteigt die Soll-Stellung eines Kunden abzüglich eventueller Haben-Positionen – vor Abwicklung der neuen Bestellung – das Kreditlimit, wird eine geeignete Meldung in die Protokolldatei abgesetzt und der Kunde vorerst nicht beliefert.
3. Übersteigt eine Kundenbestellung den am Lager verfügbaren Bestand, werden keine Teillieferungen vorgenommen. Für den nicht lieferbaren Artikel ist der Hinweis "wird nachgeliefert" in den Rechnungstext aufzunehmen.

   Bei fehlender Lieferfähigkeit ist eine geeignete Meldung in die Protokolldatei auszugeben.

   Die nicht zur Auslieferung gelangte Artikelmenge ist als Fehlmenge dem aktuellen Wert des Feldes "Lieferrückstand" im Artikelsatz additiv hinzuzufügen.
4. Die Kundendatei ist wie folgt aufzubereiten: Der Rechnungsbetrag einschließlich MwSt wird zur Soll-Stellung sowie zum kumulierten Jahresumsatz hinzuaddiert. Zusätzlich ist das Feld "Datum letzter Umsatz" zu überschreiben.
5. Die in den Datensätzen der Artikeldatei geführten Lagerbestände des Großhändlers sowie das Feld "kumulierte Absatzmenge" sind zu aktualisieren.
6. Der Großhändler gewährt Mengenrabatt nach folgenden Staffelungen:

|                | 5 %          | 8 %           | 12 %       |
|----------------|--------------|---------------|------------|
| Rabattstaffel 1 | 5 – 10 ME   | 11 – 15 ME   | > 15 ME    |
| Rabattstaffel 2 | 10 – 20 ME  | 21 – 30 ME   | > 30 ME    |
| Rabattstaffel 3 | 50 – 100 ME | 101 – 200 ME | > 200 ME   |

7. Bestellsätze enthalten möglicherweise Kunden-Nummern bzw. Artikel-Nummern, die außerhalb der in der Kunden- und Artikeldatei realisierten Nummern-

kreise liegen. Fangen Sie diese Fehlersituation programmtechnisch wie folgt ab:

    a. Die Existenz fehlerhafter Artikel- bzw. Kunden-Nummern in Datensätzen der Bestelldatei ist in der Protokolldatei zu vermerken.

    b. Die Bestelldatei soll hier nicht in einem Vorlauf auf Existenz der Kunden- und Artikel-Nummern in der Kunden- und Artikeldatei geprüft werden. Eventuelle Fehler können also erst während der Bestellabwicklung erkannt werden.

    c. Im Fehlerfall darf der Programmlauf nicht abgebrochen werden.

8. Nach Abschluß der Bestellabwicklung ist die Artikeldatei zwecks Erstellung einer Nachbestell-Liste erneut zu verarbeiten. Je Artikelsatz ist zu prüfen, ob eine Nachbestellung in Höhe der Nachbestellmenge zur Aufstockung des Lagerbestands erforderlich ist. Nachbestellungen sind auszulösen, wenn:

    a. der Lagerbestand die Meldemenge abzüglich der Lieferrückstände des Artikels unterschreitet, in den Vortagen aber keine Nachbestellung ausgelöst wurde (Wareneingang wird nicht erwartet: Bestellstatus = Null).

    b. eine Bestellung in den Vortagen aufgegeben wurde, der Wareneingang aber noch aussteht (Bestellstatus = 1) und der Lieferrückstand abzüglich des Lagerbestands eines Artikels inzwischen 25 % des Bestelloses erreicht.

Wird für einen Artikel eine Nachbestellung ausgelöst, sind die Felder "Bestellstatus" und "Nachbestell-Datum" zu aktualisieren.

Die auf den COBSYS-Disketten gespeicherten Dateien BESTELL.DAT, KUNDEN.DAT und ARTIKEL.DAT haben die Organisationsform LINE SEQUENTIAL.

| Inhalt | Spalte | Feldlänge | Feldtyp |
|---|---|---|---|
| Kunden-Nr. | 1 - 6 | 6 | num. |
| Vertriebsbeauftragten-Nr. | 7 - 11 | 5 | num. |
| Bestelldatum: TTMMJJ | 12 - 17 | 6 | num. |
| Artikel-Nr. | 18 - 22 | 5 | num. |
| Bestellmenge | 23 - 27 | 5 | num. |

*Abb 17.12a   Bestelldatei*

Satzaufbau der Protokolldatei (A12PROT.DAT):  beliebig.
Aufbau der Nachbestell-Liste:                   beliebig.

| Datei KUNDEN.DAT, Satzart 1 | | | |
|---|---|---|---|
| Inhalt | Spalte | Feldlänge | Feldtyp |
| Kunden-Nr. | 1 - 6 | 6 | num. |
| Satzart | 7 | 1 | num. |
| Firma | 8 - 32 | 25 | alphanum. |
| Ansprechpartner | - | - | - |
|    Vorname | 33 - 57 | 25 | alphanum. |
|    Nachname | 58 - 82 | 25 | alphanum. |
|    Geschlecht | 83 | 1 | num. |
|    1 = weiblich | - | - | - |
|    2 = männlich | - | - | - |
| Straße/Postfach | 84 - 109 | 26 | alphanum. |
| Ort | 110 - 134 | 25 | alphanum. |
| Telefon | 135 - 150 | 16 | alphanum. |

| Datei KUNDEN.DAT, Satzart 2 | | | |
|---|---|---|---|
| Inhalt | Spalte | Feldlänge | Feldtyp |
| Kunden-Nr. | 1 - 6 | 6 | num. |
| Satzart | 7 | 1 | num. |
| Umsatz Vor-Vorjahr | 8 - 18 | 9 + 2 Dez. | num. |
| Umsatz Vorjahr | 19 - 29 | 9 + 2 Dez. | num. |
| kumulierter Jahresumsatz | 30 - 40 | 9 + 2 Dez. | num. |
| Kreditlimit | 41 - 46 | 6 | num. |
| Datum letzte Bestellung | 47 - 52 | 6 | num. |
| Soll-Kontostand | 53 - 61 | 7 + 2 Dez. | num. |
| Haben-Kontostand | 62 - 70 | 7 + 2 Dez. | num. |
| leer | 71 - 150 | 80 | - |

Abb. 17.12b    Satzaufbau Kundendatei

## 12.2 Lösungshinweise

1. Die Bestell-, die Kunden- und die Artikeldatei liegen in der Organisationsform LINE SEQUENTIAL vor. Drucken Sie diese Dateien zu Kontrollzwecken auf einem Drucker aus.

2. Schreiben Sie ein Hilfsprogramm A12HILF.CBL zur Überführung der Artikel- und Kundendatei in die updatefähige Organisationsform SEQUENTIAL (z.B. A12ART.DAT, A12KUND.DAT).

3. Beim Austesten Ihres Programms werden die Artikel- und die Kundendatei fortgeschrieben. Sie können den Urzustand dieser Dateien dann jeweils mit Hilfe des Programms A12HILF wiederherstellen.

4. Die Bestelldatei BESTELL.DAT ist geeignet zu sortieren.

5. Die zu druckenden Rechnungen können folgenden Aufbau haben:

Programmierübungen                                                         Aufgabe 12

```
Hans Claudius GmbH & Co KG                          Tel: 040/7654321
Sanddornweg 173                                          19.07.1991
2000 Hamburg 13


KAUFHOF AG München
zu Hd. von
Herrn Robert Claussen
Breslauer Strasse 76
4330 München

                           R E C H N U N G

Artnr.   Bezeichnung           Menge    Stück     Summe    Rabatt     Posten
10027    Syphon-Bierzapfer        16    35,58    569,28     12%       500,97
10034    Rollbrotkasten            5    12,77     63,85      5%        60,66
10038    Plastik-Müllbeutel       20     0,96     19,20      0%        19,20
10055    Gewürzbord              550    21,32      wird   nachgeliefert
10084    Doppelstufenleiter       15    44,95    674,25      8%       620,31
10099    Wäschetrockner            6   249,00   1494,00      5%      1419,30
10140    LCD-Digitaluhr           10    14,94    149,40      5%       141,93
10149    Profi-Stereo             12   103,46   1241,52      5%      1179,44
10177    Dampflok BR 01          665    49,06      wird   nachgeliefert

                                         Betrag         DM      3941,81
                                       + MWST 14%       DM       551,85

                                         Gesamt:        DM      4493,66
                                                        ================

Wir bitten um Überweisung des Betrags auf unser Konto:
Deutsche Bank, Hamburg - BLZ 200 30000 - Kontonummer: 5 8000 08
```

6. Im Rechnungskopf ist die Anschrift des Kunden zu drucken. Vorname und Nachname des Rechnungsempfängers sind in getrennten Feldern des Kundensatzes gespeichert (Feldlänge jeweils 25 Zeichen).

Vor dem Drucken des Namens ist es erforderlich, überschüssige Leerzeichen zwischen Vor- und Nachname zu entfernen. Hierzu kann die STRING-Anweisung verwendet werden:

```
STRING   VORNAME   DELIMITED BY   " "
         SPACE     DELIMITED BY   SIZE
         NACHNAME  DELIMITED BY   " "
   INTO GESAMTNAME.
```

Programmierübungen  Aufgabe 12

7. Die Nachbestell-Liste könnte folgenden Aufbau haben:

```
           N A C H B E S T E L L - L I S T E    vom 19.07.1991
           --------------------------------------------------
                                              Melde    Liefer    Bestell
Art-Nr   Bezeichnung         Ek-Preis  Bestand menge   rückst.   menge

10020    Syphon-Sahneblitz     25,50    250     300       0      1000
10038    Plastik-Müllbeutel     0,72    868     900       0      4000
10052    Filtertütenkasten     10,15    295     300       0      1000
10055    Gewürzbord            16,03    480     300     550      1000
10057    Gewürzschrank         41,65    888     900       0      4000
10075    Saalbesen              9,97   1390    1500       0      5000
10082    Aluminium-Leiter      31,80     32      30      60       300
10084    Doppelstufenleiter    33,80    585     500    1845      5000
10099    Wäschetrockner       198,00    493     500       0      2000
10140    LCD-Digitaluhr         9,71   1994    2000       0      5000
10149    Profi-Stereo          73,90    191     200       0      1000
10177    Dampflok BR 01        35,04    455     500     665      2000

         Anzahl der Nachbestellungen : 12
```

8. Bei Verwendung der auf den COBSYS-Disketten gespeicherten Datei BE-STELL.DAT als Testdatenbestand erhalten Sie folgende Protokollmeldungen:

```
           P R O T O K O L L - L I S T E    vom  19.07.1991
           --------------------------------------------------

Kund-Nr. Best-Dat.   Protokollmeldungen

110010   190791   Fa: HERTIE Hamburg     Kreditlim.: 12000  Ford.: 15400,00
                  Kreditlimit ausgeschöpft, Kunde wird nicht beliefert !

110011   190791   Fa: KAUFHOF AG München  ArtikelNr.: 10082
                  Artikel kann nicht in gewünschter Menge geliefert werden !

110012   190791   Fa: KARSTATT AG Bad Se  ArtikelNr.: 10016
                  Der Artikel ist nicht in der Artikeldatei enthalten !

110016   190791                           ArtikelNr.: 10034
                  Kunde in Bestell-, jedoch nicht in Kundendatei aufgeführt !

110025   190791   Fa: KEPA Baden-Baden   Kreditlim.:  1500  Ford.:  2414,02
                  Kreditlimit ausgeschöpft, Kunde wird nicht beliefert !

110047   190791   Fa: FAST-GESCHENKT      ArtikelNr.: 10055
                  Artikel kann nicht in gewünschter Menge geliefert werden !

110047   190791   Fa: FAST-GESCHENKT      ArtikelNr.: 10177
                  Artikel kann nicht in gewünschter Menge geliefert werden !

         Anzahl der Protokollmeldungen : 7
```

## 12.3 Ergänzungsfragen

1. Inwieweit würde sich die Ablaufsteuerung Ihres Programms ändern, wenn die Bestelldatei in einem gesonderten Vorlauf auf fehlerhafte Artikel- und Kunden-Nummern geprüft würde?

Programmierübungen                                                                                   Aufgabe 12

2. Welche wesentlichen Veränderungen in der Ablaufsteuerung des Programms zu dieser Aufgabe würden sich ergeben, wenn die Artikel- und die Kundendatei als Direktzugriffsdateien angelegt wären?

| Inhalt | Spalte | Feldlänge | Feldtyp |
| --- | --- | --- | --- |
| Artikeldaten | - | - | - |
| Artikel-Nummer | 1 - 5 | 5 | num. |
| Artikel-Kurzbezeichnung | 6 - 23 | 18 | alphanum. |
| Artikelbezeichnung | 24 - 63 | 40 | alphanum. |
| Lieferanten-Nr. | 64 - 68 | 5 | num. |
| Einkaufspreis | 69 - 75 | 5 + 2 Dez. | num. |
| Verkaufspreis | 76 - 83 | 6 + 2 Dez. | num. |
| Rabatt-Kennung | 84 | 1 | num. |
| *1 = Staffel 1, 2 = Staffel 2, 3 = Staffel 3* | - | - | - |
| Bestandsführung | - | - | - |
| Nachbestellmenge | 85 - 89 | 5 | num. |
| Meldemenge | 90 - 94 | 5 | num. |
| Lagerbestand | 95 - 100 | 6 | num. |
| Nachbestell-Datum: TTMMJJ | 101 - 106 | 6 | num. |
| Bestellstatus | 107 | 1 | num. |
| *0 = kein Eingang erwartet* | - | - | - |
| *1 = Bestellung bereits ausgelöst* | - | - | - |
| *2 = Artikel gesperrt* | - | - | - |
| Lieferrückstand | 108 - 114 | 7 | num. |
| Absatzstatistik | - | - | - |
| Absatzmenge Vorjahr | 115 - 119 | 5 | num. |
| kumulierte Absatzmenge | 120 - 125 | 6 | num. |

*Abb. 17.12c   Datensatzaufbau der Artikeldatei*

# Aufgabe 13

| | |
|---|---|
| **Inhalt** : | Generieren von Bildschirmmasken (Hypothekenbelastung). |
| **Lernziele** : | – Ganzseiten-DISPLAY und -ACCEPT |
| | – Bildschirmmasken: Konstanten, Variablen und Attribute |
| | – Maskengenerator FORMS: Text- und Datenmodus |
| | – Konvertieren druckaufbereiteter Erfassungsdaten in Rechendaten (Rechenaufbereitung) |
| | – Vollständigkeitsprüfung der Eingabedaten |
| | – Positionieren des Cursors auf zu korrigierende Eingabedaten (CURSOR-Klausel). |
| **Texthinweis** : | Abschn. 1.3.4 (Maskengenerator), Abschn. 8.3 und 12.2.1 (Rechenaufbereitung), Abschn. 8.5 (Redefinition), Abschn. 11.2 (COPY-Anweisung), Abschn. 12.3.1 (FORMS), Abschn. 12.3.2 (CURSOR-Klausel). |

## 13.1 Aufgabentext

In den vorausgegangenen Übungsprogrammen 2, 3, 5, 10 und 12 wurden jeweils Elementardaten positioniert am Bildschirm ausgegeben bzw. erfaßt. Diese zeilenorientierte Technik der Bildschirmhandhabung ließ sich mit Hilfe der Anweisungen

```
    DISPLAY datenname/literal   AT  cursor-position
und ACCEPT  datenname           AT  cursor-position
```

realisieren. Sollen ganze Bildschirmseiten beschrieben und/oder zahlreiche Daten je Schirm erfaßt werden, erweist sich diese Technik für den Programmierer wegen der Anzahl zu codierender Ein-/Ausgabeanweisungen mit AT-Positionierungen als zeitaufwendig und wenig änderungsfreundlich. Für den Programmbenutzer ergibt sich zudem der Nachteil, daß jedes zu erfassende Einzeldatum mit RETURN zu quittieren ist. Innerhalb einer Bildschirmseite besteht dann nach dem Abschicken eines Datums keine Korrekturmöglichkeit mehr. Die genannten Nachteile der elementweisen Bildschirmhandhabung lassen sich bei Verwendung eines Maskengenerators wie z.B. FORMS (form screen) vermeiden.[1]

Falls Ihnen der Maskengenerator FORMS oder eine vergleichbare Programmierhilfe nicht verfügbar sind, sollten Sie die nachfolgenden Lösungshinweise dennoch durcharbeiten. Lösungshinweis 17 zeigt dann Möglichkeiten auf, wie diese sowie die folgenden Aufgaben auch ohne den Einsatz eines Maskengenerators realisierbar sind.

---

1. Hinweise zur Nutzung des Maskengenerators SCREENS enthält die Textsammlung des Programms COBSYS (Programmfunktion F2-Texte).

Der Einsatz des Maskengenerators FORMS soll an folgender Problemstellung erprobt werden: Nach Eingabe des Betrags einer Hypothekenschuld, des nominellen Jahreszinssatzes sowie der vereinbarten Laufzeit am Bildschirm sind die monatliche Hypothekenbelastung und der effektive Jahreszins zu berechnen und anzuzeigen. Abbildung 17.13a zeigt eine mögliche Gestaltung der Bildschirmmaske.

Vor Beginn der Berechnung von Ergebniswerten sind die Eingabedaten auf Plausibilität zu überprüfen: Wurde für das Darlehen, den Zinssatz oder die Laufzeit der Wert Null oder kein Wert eingegeben, ist im Bildschirmfuß eine feldbezogene Fehlermeldung auszugeben. Der Benutzer ist zur Korrektur bzw. Vervollständigung seiner Eintragungen aufzufordern. Anschließend ist der Cursor auf den zu korrigierenden Eingabewert zu positionieren.

```
┌─────────────────────────────────────────────────────────────────────┐
│ Aufgabe 13            Monatliche                    13.12.1990      │
│                       Hypothekenbelastung                           │
├─────────────────────────────────────────────────────────────────────┤
│                                                                     │
│                                                                     │
│           Gewährtes Hypothekendarlehen :   [  12.000,00]  DM        │
│                                                                     │
│               Zinssatz (nominell) :        [     8,00]   % p.a.     │
│                                                                     │
│              Vereinbarte Laufzeit :        [     5]      Jahre      │
│                                                                     │
│                                                                     │
│        Monatliche Hypothekenbelastung :         243,32   DM         │
│                                                                     │
│                Effektiver Jahreszins :            8,30   % p.a.     │
│                                                                     │
│                                                                     │
├─────────────────────────────────────────────────────────────────────┤
│ Weitere Berechnungen vornehmen (J/N) ?          J                   │
└─────────────────────────────────────────────────────────────────────┘
```

*Abb. 17.13a   Bildschirmmaske Hypothekenbelastung*

## 13.2 Lösungshinweise

1. Das Übersichtsdiagramm in Abb. 17.13b zeigt den prinzipiellen Dialogablauf bei Ein- und Ausgaben von Daten in Ganzseitentechnik. In Abhängigkeit von der jeweiligen Anwendung können Plausibilitätsprüfungen oder bei einem Informationsbildschirm (z.B. Help-Bildschirmen, Menüs) auch die Datenerfassung entfallen.
2. Die Konstanten des zu sendenden Bildschirms sind im *Textmodus* des Generators FORMS zu editieren. Hierzu gehören Textkonstanten wie Maskenkopf und -fuß, Aufforderungen zur Dateneingabe und erläuternde Texte zu Ausgabedaten. Über Funktionstasten unterstützt FORMS das Zeichnen von Linien sowie das Einbringen aller sonstigen Zeichen des erweiterten ASCII-Zeichensatzes.

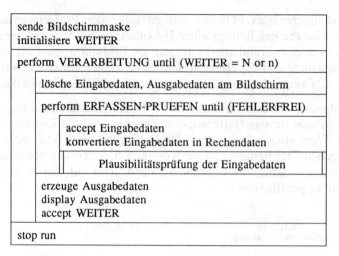

*Abb. 17.13b    Ganzseiten-Dialogablauf*

3. Sollen Daten (Variablen) am Bildschirm entgegengenommen werden, ist der Generator in den *Datenmodus* umzuschalten. Zur Markierung der ACCEPT-Position von numerischen, alphanumerischen und druckaufbereiteten Daten sind die Symbole X, 9, Z usw. zu verwenden.

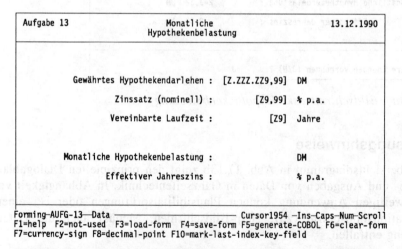

*Abb. 17.13c    Markieren der ACCEPT-Variablen im FORMS-Datenmodus*

4. Der Gesamtbildschirm und/oder Textkonstanten und Variablen können mit Attributen für Helligkeit, Blinken, Farbvorder- und Farbhintergrund versehen werden.

Programmierübungen                                              Aufgabe 13

5. Die editierte Bildschirmbeschreibung ist in eine Maskendatei – sie erhält die Dateinamensergänzung ".FRM" – zu sichern. Diese enthält neben einem Vorlaufsatz alle Text-, Variablen- und Attributinformationen.

6. Die erzeugte Maskendatei, im vorliegenden Beispiel z.B. AUFG-13.FRM, kann später korrigiert oder ergänzt werden. Sie ist Grundlage des nachfolgenden Generierungslaufs.

7. Im Generierungslauf wird eine Bildschirmbeschreibungsdatei mit der Namenserweiterung ".DDS" (data definition set) erzeugt. Im vorliegenden Beispiel erhält sie den Namen AUFG-13.DDS. Diese Datei enthält *bis zu drei Datensätze*: Einen Attributsatz (falls Farb-/Intensitätsattribute gesetzt wurden), einen Textsatz für konstante Bildschirminformationen und einen Variablensatz (falls Ein-/Ausgabedaten markiert wurden). Datei AUFG-13.DDS enthält alle drei Sätze in der genannten Reihenfolge[1]:

```
01    AUFG-13-00-ATTR.
      03  FILLER            PIC X(0082) VALUE ALL X"67".
      03  FILLER            PIC X(0010) VALUE ALL X"63".
      03  FILLER            PIC X(0021) VALUE ALL X"67".
      03  FILLER            PIC X(0010) VALUE ALL X"63".
      03  FILLER            PIC X(0024) VALUE ALL X"67".
      03  FILLER            PIC X(0011) VALUE ALL X"63".
             :
             :
      03  FILLER            PIC X(0002) VALUE ALL X"67".
      03  FILLER            PIC X(0002) VALUE ALL X"47".
      03  FILLER            PIC X(0038) VALUE ALL X"43".
      03  FILLER            PIC X(0038) VALUE ALL X"47".
      03  FILLER            PIC X(0081) VALUE ALL X"67".
      03  FILLER            PIC X(0066) VALUE ALL X"0E".
      03  FILLER            PIC X(0014) VALUE ALL X"00".
01    AUFG-13-00    .
      03  AUFG-13-00-0101   PIC X(0080) VALUE "┌─────────────
    -                                              ─────────┐".
      03  AUFG-13-00-0201   PIC X(0012) VALUE "│ Aufgabe 13".
      03  FILLER            PIC X(0021).
      03  AUFG-13-00-0234   PIC X(0010) VALUE "Monatliche".
      03  FILLER            PIC X(0025).
      03  AUFG-13-00-0269   PIC X(0012) VALUE "13.12.1990 │".
      03  AUFG-13-00-0301   PIC X(0001) VALUE "│".
      03  FILLER            PIC X(0028).
      03  AUFG-13-00-0330   PIC X(0019) VALUE "Hypothekenbelastung".
      03  FILLER            PIC X(0031).
      03  AUFG-13-00-0380   PIC X(0001) VALUE "│".
      03  AUFG-13-00-0401   PIC X(0080) VALUE "├─────────────
    -                                              ─────────┤".
      03  AUFG-13-00-0501   PIC X(0001) VALUE "│".
```

---

1. Die von FORMS generierten Attributwerte für die farbliche Gestaltung des Bildschirms können mit Hilfe der in Anhang A wiedergegebenen Tabellen interpretiert werden.

```
         03  FILLER             PIC X(0078).
              :
              :
         03  FILLER             PIC X(0019).
         03  AUFG-13-00-1821 PIC X(0023) VALUE "Effektiver Jahreszins
 -     ":".
         03  FILLER             PIC X(0018).
         03  AUFG-13-00-1862 PIC X(0006) VALUE "% p.a.".
         03  FILLER             PIC X(0012).
         03  AUFG-13-00-1880 PIC X(0001) VALUE "|".
         03  AUFG-13-00-1901 PIC X(0001) VALUE "|".
         03  FILLER             PIC X(0078).
         03  AUFG-13-00-1980 PIC X(0001) VALUE "|".
         03  AUFG-13-00-2001 PIC X(0001) VALUE "|".
         03  FILLER             PIC X(0078).
         03  AUFG-13-00-2080 PIC X(0001) VALUE "|".
         03  AUFG-13-00-2101 PIC X(0080) VALUE "|
 -     "                                                                                    |".
         03  AUFG-13-00-2201 PIC X(0001) VALUE "|".
         03  FILLER             PIC X(0078).
         03  AUFG-13-00-2280 PIC X(0001) VALUE "|".
         03  AUFG-13-00-2301 PIC X(0041) VALUE "|   Weitere Berechnunge
 -     "n vornehmen (J/N) ?".
         03  FILLER             PIC X(0038).
         03  AUFG-13-00-2380 PIC X(0001) VALUE "|".
         03  AUFG-13-00-2401 PIC X(0080) VALUE "|
 -     "                                                                                    |".
 01  AUFG-13-01     REDEFINES AUFG-13-00  .
         03  FILLER             PIC X(0606).
         03  AUFG-13-01-0847 PIC Z.ZZZ.ZZ9,99.
         03  FILLER             PIC X(0155).
         03  AUFG-13-01-1054 PIC Z9,99.
         03  FILLER             PIC X(0158).
         03  AUFG-13-01-1257 PIC Z9.
```

8. Die erzeugte DDS-Datei kann beliebig nacheditiert werden. So können z.B. die positionsanzeigenden Variablennamen (z.B. AUFG-13-01-0847 für Zeile 8, Spalte 47) durch sprechende Namen (z.B. HYPOTHEK) ersetzt werden.

9. Für die am Bildschirm auszugebenden Ergebnisdaten kann in einem zweiten Generierungslauf ein DISPLAY-Datensatz erzeugt werden, der dem ACCEPT-Satz wie folgt angefügt werden könnte[1]:

```
 01  AUFG-13-02     REDEFINES AUFG-13-00  .
         03  FILLER             PIC X(0938).
         03  FILLER             PIC X(0309).
         03  AUFG-13-02-1648 PIC Z.ZZZ.ZZ9,99.
         03  FILLER             PIC X(0154).
         03  AUFG-13-02-1854 PIC ZZ9,99.
```

---

1. Zur Redefinition von Speicherbereichen siehe Abschn. 8.5 und Abschn. 12.3.

10. Die erstellte DDS-Maskendatei ist mit Hilfe einer COPY-Anweisung wie
    ```
    COPY "C:\AUFG-13.DDS"
    ```
    in die Working-Storage Section des Anwendungsprogramms einzubringen.[1]

11. Wurden Bildschirmattribute generiert, können diese mit Hilfe des Unterprogramms X"B7" zur Laufzeit geschrieben werden. Nachfolgend sind die erforderlichen Parameter angegeben:

    ```
    *--- Parameter für Ausgabe von Bildschirmattributen
     01 SCREEN-IO         PIC X           VALUE X"B7".
     01 WRITE-ATTR        PIC 99    COMP  VALUE 3.
     01 FORM-PARAMS.
        03 IO-LENGTH      PIC 9(4)  COMP.
        03 SCREEN-OFFSET  PIC 9(4)  COMP.
        03 BUFFER-OFFSET  PIC 9(4)  COMP.
    *--- Ende Attributparameter
     COPY "AUFG-13.DDS".
    ```

    Der COBOL-Code zum Senden des Bildschirms kann über die FORMS-Funktion "generate COBOL" erzeugt oder alternativ auch manuell eingegeben werden:

    ```
    *-----------------------------------------------------------
     BILD-AUFBAU SECTION.
    *-----------------------------------------------------------
         DISPLAY SPACE UPON CRT.
    *--- Attribute senden
         MOVE 2000 TO IO-LENGTH.
         MOVE 1 TO SCREEN-OFFSET BUFFER-OFFSET.
         CALL SCREEN-IO
             USING WRITE-ATTR FORM-PARAMS  AUFG-13-00-ATTR.
    *--- Daten senden
         DISPLAY  AUFG-13-00 UPON CRT.
    ```

12. Wird bei der Gestaltung des Bildschirms auf (Farb-)Attribute verzichtet, *entfällt* die Parametervereinbarung und das Senden der Attribute. Der Gesamtbildschirm wird dann mit Hilfe einer einzigen DISPLAY-Anweisung ausgebracht.

13. Die Erfassungsdaten werden mit Hilfe der Anweisung ACCEPT AUFG-13-01 entgegengenommen und sind unter den Bezeichnern AUFG-13-01-0847 usw. (siehe oben) zur Laufzeit des Programms verfügbar. Bis zur Quittierung der Eingabe aller Elementardaten durch einmaliges Betätigen der RETURN-Taste kann der Cursor mittels der Cursor-Positioniertasten *in jedes Erfassungsfeld* der generierten Datengruppe AUFG-13-01 positioniert werden (freie Positionierbarkeit des Cursors).

---

1. Zur COPY-Anweisung siehe Abschn. 11.2.

Programmierübungen                                           Aufgabe 13

14. Da die Erfassungsdaten druckaufbereitet definiert sind, müssen sie programmintern in Rechendaten konvertiert werden.[1]

15. Soll der Cursor nach einem erkannten Eingabefehler auf das zu korrigierende Datum positioniert werden, ist im SPECIAL-NAMES-Paragraphen eine CURSOR-Klausel zu codieren und das zugehörige Feld für die Cursorposition (z.B. CURSOR-POSITION) in der Working-Storage Section zu vereinbaren.[2] Enthält das Feld CURSOR-POSITION zum Zeitpunkt der Ausführung einer ACCEPT-Anweisung den Zeilen-/Spaltenwert einer ACCEPT-Variablen, wird der Cursor auf diese positioniert.

16. Nachfolgend wird ein Ausschnitt der Musterlösung zu Aufgabe 13 angegeben.[3] In der ERFASSEN-PRUEFEN SECTION kann die ACCEPT-Anweisung auch um den WITH-Zusatz AUTO-SKIP zu

```
       ACCEPT AUFG-13-01 WITH AUTO-SKIP
```
ergänzt werden.

```
      *-------------------------------------------------------------
       CONFIGURATION SECTION.
      *-------------------------------------------------------------
       SOURCE-COMPUTER.   IBM-PC.
       OBJECT-COMPUTER.   IBM-PC.
       SPECIAL-NAMES.     CONSOLE IS CRT
                          CURSOR IS CURSOR-POSITION
                          DECIMAL-POINT IS COMMA.
      *-------------------------------------------------------------
       DATA DIVISION.
      *-------------------------------------------------------------
       WORKING-STORAGE SECTION.
      *-------------------------------------------------------------
      *--- Parameter für Ausgabe von Bildschirmattributen,
       78  SCREEN-IO                              VALUE X"B7".
       01  WRITE-ATTR        PIC 99      COMP     VALUE 3.
       01  FORM-PARAMS.
           03 IO-LENGTH      PIC 9(4)    COMP.
           03 SCREEN-OFFSET  PIC 9(4)    COMP.
           03 BUFFER-OFFSET  PIC 9(4)    COMP.
      *--- Ende Parameter Attribute
       01  FEHLERFREI-FELD   PIC X.
           88 FEHLERFREI                          VALUE "J".
       01  CURSOR-POSITION.
           05 ZEILE          PIC 99.
           05 SPALTE         PIC 99.
       01  WEITER            PIC X VALUE "J".
```

---

1. Zur Rechenaufbereitung siehe Abschn. 8.3 und Abschn. 12.2.1.
2. Die CURSOR-Klausel behandelt Abschn. 12.3.2.
3. Dieser Programmausschnitt ist in Datei AUFG13.DOC auf den COBSYS-Disketten gespeichert.

Programmierübungen                                              Aufgabe 13

```
        01  HYPOTHEK            PIC 9(7)V99.
        01  ZINS                PIC 9(2)V99.
        01  EFFEKTIV-ZINS       PIC 9(3)V99.
        01  JAHRE               PIC 9(2).
        01  AZ-FAKTOR           PIC 9V9(16).
        01  AUFZINSUNG          PIC 9(3)V9(15).
        01  RATE                PIC 9(7)V99.
       *--- Meldungstexte bei Eingabefehlern
        01  FEHLER-MELDUNGEN.
            05  HYPOTHEK-FEHLER PIC X(80) VALUE "Keine Eintragung für Hyp
       -        "othek, bitte korrigieren !".
            05  ZINS-FEHLER     PIC X(80) VALUE "Keine Eintragung für Zin
       -        "s, bitte korrigieren !".
            05  JAHRE-FEHLER    PIC X(80) VALUE "Keine Eintragung für Lau
       -        "fzeit, bitte korrigieren !".
            05  LEERZEILE       PIC X(80) VALUE SPACE.
       *--- COPY-Strecke der generierten Bildschirmbeschreibung
            COPY "C:\AUFG-13.DDS".
       *-----------------------------------------------------------------
        PROCEDURE DIVISION.
       *-----------------------------------------------------------------
        HAUPTPROG SECTION.
        START-HAUPTPROG.
            PERFORM BILD-AUFBAU.
            PERFORM BERECHNUNG UNTIL WEITER = "N" OR "n".
        END-HAUPTPROG.
            STOP RUN.


       *-----------------------------------------------------------------
        BILD-AUFBAU SECTION.
       *-----------------------------------------------------------------
            :
            :
       *-----------------------------------------------------------------
        BERECHNUNG SECTION.
       *-----------------------------------------------------------------
       *--- alte Daten löschen
            INITIALIZE RATE AUFG-13-01 AUFG-13-02 WEITER.
            DISPLAY AUFG-13-01.
            DISPLAY AUFG-13-02.
            DISPLAY WEITER AT 2349.
       *--- erfassen der Eingabedaten und Plausibilitätsprüfung
            INITIALIZE FEHLERFREI-FELD.
            PERFORM ERFASSEN-PRUEFEN UNTIL FEHLERFREI.
       *--- berechnen der Ausgabedaten
            COMPUTE AZ-FAKTOR ROUNDED =  1 + ZINS / ( 12 * 100 ).
            COMPUTE AUFZINSUNG ROUNDED =   AZ-FAKTOR ** ( 12 * JAHRE ).
            COMPUTE RATE ROUNDED =
                        ( HYPOTHEK * AUFZINSUNG * ( AZ-FAKTOR - 1 ))
                        / ( AUFZINSUNG - 1 ).
            COMPUTE EFFEKTIV-ZINS ROUNDED =
                        100 * (( AZ-FAKTOR ** 12 ) - 1).
```

641

```
    *--- Ausgabe der Ergebnisse
        MOVE RATE TO AUFG-13-02-1648.
        MOVE EFFEKTIV-ZINS TO AUFG-13-02-1854.
        DISPLAY AUFG-13-02.
        MOVE "J" TO WEITER.
        ACCEPT WEITER WITH AUTO-SKIP AT 2349.
    *----------------------------------------------------------------
    ERFASSEN-PRUEFEN SECTION.
    *----------------------------------------------------------------
    START-ERFASSEN.
        ACCEPT AUFG-13-01.
    *--- konvertieren der aufbereiteten Erfassungsdaten
    *--- in Rechendaten
            :
    *--- Plausibilitätsprüfung
        IF HYPOTHEK = ZERO
           THEN DISPLAY HYPOTHEK-FEHLER AT 2501
                MOVE 0847 to CURSOR-POSITION
           ELSE IF ZINS = ZERO
                   DISPLAY ZINS-FEHLER AT 2501
                   MOVE 1054 TO CURSOR-POSITION
                ELSE IF JAHRE = ZERO
                        DISPLAY JAHRE-FEHLER AT 2501
                        MOVE 1257 TO CURSOR-POSITION
                     ELSE MOVE "J" TO FEHLERFREI-FELD
                          DISPLAY LEERZEILE AT 2501
        END-IF.
    ENDE-ERFASSEN.
        CONTINUE.
```

17. Wenn Ihnen ein Maskengenerator wie FORMS *nicht verfügbar* ist, können Sie die Bildschirme dieser und die der nachfolgenden Aufgaben wie bisher zeilenweise aufbauen und jedes Elementardatum mit einer eigenen ACCEPT-Anweisung entgegennehmen. Bei einer solchen Vorgehensweise wirkt sich der hohe Programmieraufwand (Anzahl der erforderlichen DISPLAY- und ACCEPT-Anweisungen mit AT-Positionierungen) sowie die fehlende freie Positionierbarkeit des Cursors innerhalb einer Bildschirmseite nachteilig aus.

Beide Unzulänglichkeiten lassen sich durch geeignete programmtechnische Maßnahmen beheben:

a. **Textkonstanten der Bildschirmmaske**

Sie können die Textkonstanten einer Bildschirmmaske mit Hilfe Ihres Editors gestalten und in eine sequentielle Maskendatei speichern. Diese Datei ist dann unmittelbar nach dem Programmstart in einen Maskenbereich der WORKING-STORAGE SECTION zu laden oder auch nur bei Bedarf zu lesen und am Bildschirm auszugeben. Der Maskenbereich ersetzt den ab Lösungshinweis 7 beschriebenen von FORMS generierten Textsatz mit konstanten Bildschirminformationen (hier: AUFG-13-00).

b. **Entgegennehmen der Variablen**

Zur Entgegennahme der Eingabedaten generiert FORMS je Bildschirmseite einen Variablensatz, der es erlaubt, mit einer einzigen ACCEPT-Anweisung alle zur generierten Datengruppe (hier: AUFG-13-01) gehörenden Elementardaten zu erfassen. Für den Benutzer ist der Cursor bis zum einmaligen Betätigen der RETURN-Taste in jedes Erfassungsfeld frei positionierbar. Diese freie Positionierbarkeit des Cursors innerhalb einer Bildschirmseite läßt sich auch ohne Verwendung eines Maskengenerators auf zwei alternativen Wegen erreichen:

1. Sie codieren eine ACCEPT-Datengruppe wie den Variablensatz AUFG-13-01 von Hand. Hierzu muß der Bildschirm ausgezählt werden (Längen der FILLER- und Feldbereiche).
2. Sie realisieren die in Aufgabe 21 erläuterte Datenerfassungstechnik, die neben der freien Positionierbarkeit des Cursors zusätzlich auch "sofortige Plausibilitätsprüfungen" je Eingabedatum ermöglicht.

c. **Bildschirmattribute**

FORMS unterstützt die farbliche Gestaltung von Bildschirmseiten durch Generierung eines Attributsatzes (hier: AUFG-13-00-ATTR). Falls Ihnen ein Maskengenerator nicht verfügbar ist, können Sie einen solchen Attributsatz unter Zuhilfenahme der in Anhang A wiedergegebenen Attributwerte von Hand erstellen und dann, wie unter Lösungshinweis 11 beschrieben, senden. Eine alternative und weniger aufwendige Möglichkeit zur Farbgestaltung von Bildschirmen bietet die in Kap. 16 beschriebenen Assemblerroutine X"A7". Sie erlaubt das Aktivieren von Benutzerattributen (siehe Anhang A). Diese Technik behandelt Aufgabe 22.

## 13.3 Ergänzungsfragen

1. Die hier demonstrierte Möglichkeit der Durchführung von Plausibilitätsprüfungen wird den Anforderungen einer komfortablen Datenerfassung nur eingeschränkt gerecht. Um welche Unzulänglichkeiten handelt es sich?[1]
2. Welche Funktion haben Bildschirmattribute?
3. Was enthalten FRM-, was DDS-Dateien?
4. In der oben angegebenen Musterlösung wird die Datenerfassung/Plausibilitätsprüfung/Fehlerkorrektur mit Hilfe einer Perform-Schleife recht aufwendig realisiert. Prüfen Sie, inwieweit sich das Programm bei Verwendung einer GO TO-Anweisung übersichtlicher gestalten läßt.

---

1. Zu sofortigen (feldbezogenen und kontextabhängigen) Plausibilitätsprüfungen siehe Abschn. 12.7 und Aufgabe 21.

# Aufgabe 14

**Inhalt** : Funktionstasten zur Auswahl von Menüs und Programmfunktionen.

**Lernziele** : – Ablaufsteuerung bei Verwendung von Funktionstasten
– Aktivieren einer "vordefinierten Benutzertabelle"
– Senden von attributbehafteten Teilbildschirm-Masken
– Implementieren von Help-Bildschirmen.

**Texthinweis** : Abschn. 12.1 (Dialogablaufsteuerung), Abschn. 12.4.1 (Vordefinierte Benutzertabelle), Abschn. 12.5 (Help-Bildschirme), Abschn. 12.6, insbes. 12.6.1 (Ausgabe von Teilbildschirmen).

## 14.1 Aufgabentext

Gegenstand dieser Übung ist die Überarbeitung der Benutzeroberfläche des Programms zu Aufgabe 10. Die Benutzerschnittstelle soll nun unter Verwendung von *Funktionstasten* sowie *generierten Bildschirmmasken* neu gestaltet werden. Ergänzend sind *Help-Bildschirme* zu den Menüs und Verarbeitungsfunktionen zu implementieren.

Die im Text zu Aufgabe 10 angegebene Zuordnung von Funktionen zu Menüs (ein Hauptmenü, zwei Untermenüs) soll unverändert beibehalten werden. Abweichend zu Aufgabe 10 ist dem Benutzer jedoch die Rückkehr aus einem Untermenü in das Hauptmenü durch Betätigen der ESCAPE-Taste zu ermöglichen. Auch die Funktionen "Erfasse ALPHA-Satz", "Erfasse NUMERIC-Satz" und "Bildschirmausgabe" sowie der Programmlauf selbst sollen mittels der ESCAPE-Taste abbrechbar sein. Für den Aufruf von Help-Bildschirmen ist stets die F1-Taste zu reservieren.

Wenn Sie die in Aufgabe 10 angegebenen Dateisatzbeschreibungen sowie alle externen Dateinamen beibehalten, kann die Programmfunktion "Verarbeitung Dateien" wiederum mittels des bereits zu Aufgabe 10 erstellten *externen Unterprogramms UPRO-10* realisiert werden. Ihre Entwurfs- und Codieraktivitäten können sich dann weitgehend auf die hier angestrebte Programmablaufsteuerung bei Verwendung von Funktionstasten beschränken.

Bildschirmmasken sind für die folgenden drei typischen Funktionen eines Dialogprogramms zu generieren:

   a. *Menüfunktionen* (Anfangs- und Verzweigungsknoten des Menübaums):

   Sie unterstützen die Bedienerführung und bieten die Möglichkeit, programmunterstützt zur gewünschten Verarbeitungsfunktion zu gelangen.

   b. *Verarbeitungsfunktionen* (Endknoten des Menübaums):

   Sie bieten dem Benutzer Arbeitsformulare am Bildschirm an, die dem Anzeigen, Ändern, Hinzufügen und Löschen von Daten dienen.

Programmierübungen                                                          Aufgabe 14

c. *Hilfsfunktionen* (Help-Bildschirme):
Sie werden bei Bedarf vom Benutzer aktiviert und liefern Informationen zur Handhabung einer Dialoganwendung.

Sollen diese Programmfunktionen über Funktionstasten (F1, F2, ESC usw.) anwählbar sein, muß zur Laufzeit eines Programms erkannt werden, welche Funktionstaste aktuell betätigt wurde. In Abhängigkeit von der gedrückten Taste läßt sich dann der weitere Programmablauf verzweigen.

In Kapitel 12, Abschn. 12.4.1 bis 12.4.3, werden *drei grundlegend unterschiedliche Wege* für das Aktivieren und Erkennen von Funktionstasten erläutert. Die Musterlösung zu Aufgabe 14 ist unter Verwendung der in Abschn. 12.4.1 beschriebenen "vordefinierten Benutzertabelle" implementiert worden. Auf diese Technik beziehen sich auch die nachfolgenden Lösungshinweise.

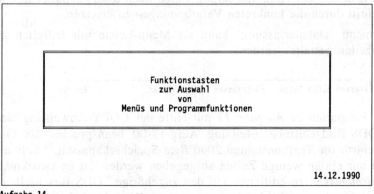

*Abb. 17.14a   Hauptmenü und Help-Bildschirm*

## 14.2 Lösungshinweise

1. Entwerfen Sie einen Menübaum und das Interaktionsdiagramm zu dieser Programmierübung. Als Hilfestellung für Ihre Entwurfsüberlegungen zeigt Abb. 17.14a eine mögliche Gestaltung des Hauptmenüs sowie des zugehörigen Help-Bildschirms.

2. Die Dialogablaufsteuerung zu den Komplexen "Hauptmenüwahl" und "Datenerfassung" zeigen die Abb. 17.14b und 17.14c. Mit dem Ziel der Reduktion Ihres Codier- und Testaufwands ist es hilfreich, wenn Sie das Programm zu dieser Übung in *zwei Schritten* realisieren. In einem ersten Schritt kann die Dialogablaufsteuerung mit dem Hauptmenü und den beiden Untermenüs implementiert werden. Zum Austesten dieses Programmrahmens ist es dann hinreichend, alle aus den Menüs anwählbaren Verarbeitungsfunktionen vorerst durch *Platzhalter* wie DISPLAY "Hier Verarbeitung-xy" zu simulieren. Erst nach dem Austesten der Ablaufsteuerung wären dann die Platzhalter in einem zweiten Schritt durch die konkreten Verarbeitungen zu ersetzen.

3. Das Untermenü "Datenerfassung" kann als Menü-Leiste mit lediglich zwei Bildschirmzeilen gestaltet werden:

```
Datenerfassung ─────────────────────────────────────────────
F1-Help    F2-Erfassen ALPHA-Daten    F3-Erfassen NUMERIC-Daten            Escape
```

Die in das Programm zu *Aufgabe 13* mit Hilfe der COPY-Anweisung eingebundene DDS-Bildschirmbeschreibung Aufg-13-00 beanspruchte als Ganzseitenbildschirm für Textkonstanten *2000 Byte* Speicherkapazität.[1] Sollen am Bildschirm nur einige wenige Zeilen ausgegeben werden, ist es zweckmäßig, *Teilbildschirmmasken* zu editieren und den zugehörigen DDS-Beschreibungssatz dann *positioniert* am Bildschirm auszugeben. Diese Vorgehensweise spart Speicherplatz und verkürzt die zum Bildschirmaufbau benötigte Zeit. Zur Menü-Leiste "Datenerfassung" läßt sich die folgende verkürzte Beschreibung generieren:

```
01    A-14-2-00-ATTR.
      03 FILLER           PIC X(0080) VALUE ALL X"06".
      03 FILLER           PIC X(0002) VALUE ALL X"0E".
      03 FILLER           PIC X(0005) VALUE ALL X"06".
      03 FILLER           PIC X(0001) VALUE ALL X"00".
      03 FILLER           PIC X(0002) VALUE ALL X"06".
      03 FILLER           PIC X(0002) VALUE ALL X"0E".
      03 FILLER           PIC X(0024) VALUE ALL X"06".
      03 FILLER           PIC X(0002) VALUE ALL X"0E".
      03 FILLER           PIC X(0026) VALUE ALL X"06".
      03 FILLER           PIC X(0006) VALUE ALL X"0E".
      03 FILLER           PIC X(0004) VALUE ALL X"06".
```

---

[1] Falls Ihnen kein Maskengenerator verfügbar ist, können Sie die in Lösungshinweis 17 zu Aufgabe 13 skizzierte Vorgehensweise zum Bildschirmaufbau realisieren.

Programmierübungen　　　　　　　　　　　　　　　　　　　　　　　　　　　Aufgabe 14

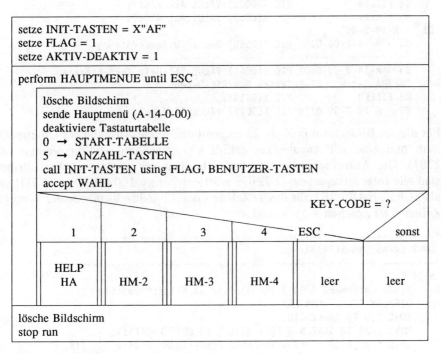

Abb. 17.14b   Hauptmenüwahl

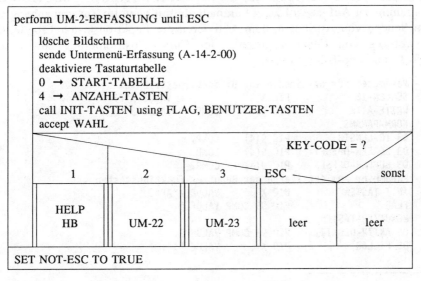

Abb. 17.14c   Untermenü Datenerfassung (HM-2)

```
            03  FILLER              PIC X(0003) VALUE ALL X"0E".
            03  FILLER              PIC X(0003) VALUE ALL X"06".
        01  A-14-2-00  .
            03    A-14-2-00-0101 PIC X(0080) VALUE "Datenerfassung ———
   -                                                                ".
            03    A-14-2-00-0201 PIC X(0061) VALUE "F1-Help   F2-Erfassen
   -      "ALPHA-Daten    F3-Erfassen NUMERIC-Daten".
            03  FILLER              PIC X(0013).
            03    A-14-2-00-0275 PIC X(0006) VALUE "Escape".
```

Für die am Bildschirm in Zeile 22 zu positionierende Ausgabe des Untermenüs muß nun eine AT-Angabe zur DISPLAY-Anweisung codiert werden (AT 2201). Die Aufrufparameter für das Schreiben der generierten Farbattribute sind wie folgt anzupassen: (2 Zeilen x 80 Zeichen) = 160 für IO-LENGTH und als SCREEN-OFFSET für das 1. Zeichen der 22. Bildschirmzeile der Wert (21 Zeilen x 80 Zeichen + 1) = 1681.

```
       *-----------------------------------------------------------------
        UM-2-ERFASSUNG SECTION.
       *-----------------------------------------------------------------
        A-14-2.
       *--- Sende Untermenü A-14-2 (Menüleiste ab Bildschirmzeile 22)
            DISPLAY SPACE UPON CRT.
            MOVE 160 TO IO-LENGTH.
            MOVE 1681 TO SCREEN-OFFSET MOVE 1 TO BUFFER-OFFSET.
            CALL SCREEN-IO USING WRITE-ATTR FORM-PARAMS A-14-2-00-ATTR.
            DISPLAY    A-14-2-00 AT 2201 UPON CRT.
        A-14-2-END.
```

4. Der nachfolgende Ausschnitt aus der WORKING-STORAGE SECTION des Programms zu Aufgabe 14 zeigt Parameterdefinitionen im Zusammenhang mit dem Senden von Attributen, dem Aktivieren der Funktionstasten-Tabelle, der Auswertung von Funktionstasten[1], der Cursor-Positionierung sowie dem Aufruf von Help-Bildschirmen.

```
       *--- Parameter für das Senden von Bildschirmattributen
        01  SCREEN-IO           PIC X          VALUE X"B7".
        01  WRITE-ATTR          PIC 99    COMP VALUE 3.
        01  FORM-PARAMS.
            03  IO-LENGTH       PIC 9(4)  COMP.
            03  SCREEN-OFFSET   PIC 9(4)  COMP.
            03  BUFFER-OFFSET   PIC 9(4)  COMP.
       *--- Parameter zum Aktivieren der Benutzer-Funktionstasten
        01  INIT-TASTEN         PIC X          VALUE X"AF".
        01  FLAG                PIC 99 COMP VALUE 1.
        01  BENUTZER-TASTEN.
            05  AKTIV-DEAKTIV   PIC 99 COMP VALUE 1.
            05  FILLER          PIC X          VALUE "1".
```

---

1. Zur CRT STATUS-Klausel im Zusammenhang mit der Auswertung von Funktionstasten siehe Abschn. 12.4.1.

Programmierübungen                                              Aufgabe 14

```
           05 START-TABELLE     PIC 99 COMP.
           05 ANZAHL-TASTEN     PIC 99 COMP.
       *--- Abfragen und Auswerten des Tastaturstatus
        01 CRT-STATUS           PIC XXX     VALUE SPACE.
        01 FILLER REDEFINES CRT-STATUS.
           05 FILLER            PIC 9.
              88 INTERRUPT                  VALUE 1.
           05 KEY-CODE          PIC 99 COMP.
              88 ESC                        VALUE 0.
              88 F1                         VALUE 1.
              88 F2                         VALUE 2.
              88 F3                         VALUE 3.
              88 F4                         VALUE 4.
              88 NOT-ESC                    VALUE 99.
           05 FILLER            PIC X.
       *--- Parameter zum Positionieren des Cursors
        01 CURSOR-POSITION.
           05 ZEILE             PIC 99.
           05 SPALTE            PIC 99.
       *--- Parameter des Help-Moduls
        01 HELP-ID              PIC XX.
```

5. Die oben angegebenen Nassi-Shneiderman-Diagramme zur Dialogablaufsteuerung im Zusammenhang mit dem Hauptmenü und dem Untermenü "Datenerfassung" lassen sich z.B. folgendermaßen realisieren[1]:

```
*------------------------------------------------------------
 PROCEDURE DIVISION.
*------------------------------------------------------------
 HAUPTPROG SECTION.
 START-HAUPTPROG.
     PERFORM HAUPTMENUE UNTIL ESC.
     DISPLAY SPACES.
 ENDE-HAUPTPROG.
     DISPLAY "Ende Aufgabe 14"                    AT 0705.
     STOP RUN.
*------------------------------------------------------------
 HAUPTMENUE SECTION.
*------------------------------------------------------------
*--- Senden des Hauptmenüs
 A-14-0.
     DISPLAY SPACE UPON CRT.
     MOVE 2000 TO IO-LENGTH.
     MOVE 1 TO SCREEN-OFFSET BUFFER-OFFSET.
     CALL SCREEN-IO USING WRITE-ATTR FORM-PARAMS   A-14-0-00-ATTR.
     DISPLAY    A-14-0-00 UPON CRT.
 A-14-0-END.
*--- Aktivieren der Funktionstasten ESC, F1 bis F4
     MOVE 0 TO START-TABELLE.
```

---

1. Dieser Programmausschnitt ist auf den COBSYS-Disketten in Datei AUFG14.DOC gespeichert.

```
            MOVE 5 TO ANZAHL-TASTEN.
            CALL INIT-TASTEN USING FLAG BENUTZER-TASTEN.
        WAHL-HM.
            ACCEPT WAHL                                         AT 2308.
       *--- Auswerten Tastatureingabe
            GO TO HM-1 HM-2 HM-3 HM-4 DEPENDING ON KEY-CODE.
            IF ESC GO TO E-C-HM.
            CALL X"E5".
            GO TO WAHL-HM.
        HM-1.
       *--- Aus dem Hauptmenü heraus wurde F1=Help gedrückt
            MOVE "HA" TO HELP-ID.
            CALL "C:HELP" USING HELP-ID.
            GO TO WAHL-HM.
        HM-2.
            PERFORM UM-2-ERFASSUNG UNTIL ESC.
            SET NOT-ESC TO TRUE.
            GO TO E-C-HM.
        HM-3.
            PERFORM F-HM-3-VERARBEITUNG.
            SET NOT-ESC TO TRUE.
            GO TO E-C-HM.
        HM-4.
            PERFORM UM-4-AUSGABE UNTIL ESC.
            SET NOT-ESC TO TRUE.
        E-C-HM.
            CONTINUE.
       *-----------------------------------------------------------------
        UM-2-ERFASSUNG SECTION.
       *-----------------------------------------------------------------
        A-14-2.
            DISPLAY SPACE UPON CRT.
            MOVE 160 TO IO-LENGTH.
            MOVE 1681 TO SCREEN-OFFSET MOVE 1 TO BUFFER-OFFSET.
            CALL SCREEN-IO USING WRITE-ATTR FORM-PARAMS    A-14-2-00-ATTR.
            DISPLAY    A-14-2-00 AT 2201 UPON CRT.
        A-14-2-END.
       *--- Aktivieren der Funktionstasten ESC, F1 bis F3
            MOVE 0 TO AKTIV-DEAKTIV.
            CALL INIT-TASTEN USING FLAG BENUTZER-TASTEN.
            MOVE 1 TO AKTIV-DEAKTIV.
            MOVE 0 TO START-TABELLE.
            MOVE 4 TO ANZAHL-TASTEN.
            CALL INIT-TASTEN USING FLAG BENUTZER-TASTEN.
        WAHL-UM-2.
            ACCEPT WAHL                                         AT 2308.
       *--- Auswerten der Tastatureingabe
            GO TO UM-21 UM-22 UM-23 DEPENDING ON KEY-CODE.
            IF ESC GO TO E-C-UM-2.
            CALL X"E5".
            GO TO WAHL-UM-2.
        UM-21.
```

# Programmierübungen — Aufgabe 14

```
       *--- Aus dem Untermenü 2 heraus wurde F1=Help gedrückt
           MOVE "HB" TO HELP-ID.
           CALL "C:HELP" USING HELP-ID.
           GO TO WAHL-UM-2.
       UM-22.
           DISPLAY SPACE UPON CRT.
           MOVE 2000 TO IO-LENGTH.
           MOVE 1 TO SCREEN-OFFSET BUFFER-OFFSET.
           CALL SCREEN-IO USING WRITE-ATTR FORM-PARAMS  A-14-22-00-ATTR.
           DISPLAY  A-14-22-00 UPON CRT.
       *--- Aktivieren der Funktionstasten ESC und F1
           MOVE 0 TO AKTIV-DEAKTIV.
           CALL INIT-TASTEN USING FLAG BENUTZER-TASTEN.
           MOVE 1 TO AKTIV-DEAKTIV.
           MOVE 0 TO START-TABELLE.
           MOVE 2 TO ANZAHL-TASTEN.
           CALL INIT-TASTEN USING FLAG BENUTZER-TASTEN.
           OPEN OUTPUT ALPHADAT.
           PERFORM ALPHA-ERFASSUNG UNTIL ESC.
           SET NOT-ESC TO TRUE.
           CLOSE ALPHADAT.
           GO TO E-C-UM-2.
       UM-23.
           DISPLAY SPACE UPON CRT.
           MOVE 2000 TO IO-LENGTH.
           MOVE 1 TO SCREEN-OFFSET BUFFER-OFFSET.
           CALL SCREEN-IO USING WRITE-ATTR FORM-PARAMS  A-14-23-00-ATTR.
           DISPLAY  A-14-23-00 UPON CRT.
       A-14-23-END.
       *--- Aktivieren der Funktionstasten ESC und F1
           MOVE 0 TO AKTIV-DEAKTIV.
           CALL INIT-TASTEN USING FLAG BENUTZER-TASTEN.
           MOVE 1 TO AKTIV-DEAKTIV.
           MOVE 0 TO START-TABELLE.
           MOVE 2 TO ANZAHL-TASTEN.
           CALL INIT-TASTEN USING FLAG BENUTZER-TASTEN.
           OPEN OUTPUT NUMDAT.
           PERFORM NUMERIC-ERFASSUNG UNTIL ESC.
           SET NOT-ESC TO TRUE.
           CLOSE NUMDAT.
       E-C-UM-2.
           CONTINUE.
```

Die Anweisungen SET NOT-ESC TO TRUE sollen lediglich sicherstellen, daß nach Abbruch einer inneren Schleife (z.B. Untermenü) die jeweils übergeordnete äußere Schleife (z.B. Hauptmenü) nicht ebenfalls abgebrochen wird.[1]

---

1. Die eher unerfreuliche Anweisung SET NOT-ESC TO TRUE in Verbindung mit der Definition des Bedingungsnamen NOT-ESC dient als Ersatz für eine naheliegendere – aber syntaktisch nicht korrekte – Anweisung SET ESC TO FALSE. SET NOT-ESC TO TRUE ist hier funktionsgleich mit der Anweisung MOVE 99 TO KEY-CODE.

# Programmierübungen    Aufgabe 14

6. In Abb. 17.14d ist das Struktogramm zur Erfassung von "ALPHA-Sätzen" angegeben.

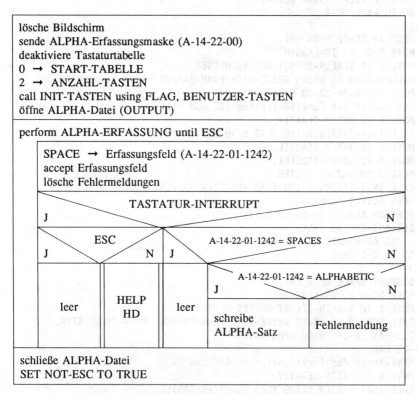

*Abb. 17.14d    Erfassen ALPHA-Sätze*

7. Der folgende Programmausschnitt zeigt eine vom Entwurf geringfügig abweichende, knapp und übersichtlich formulierte Realisierung des *Schleifenkörpers* *ALPHA-ERFASSUNG*.

```
*----------------------------------------------------------------
 ALPHA-ERFASSUNG SECTION.
*----------------------------------------------------------------
     MOVE SPACE TO A-14-22-01-1242.
 F-22-EINGABE.
     ACCEPT  A-14-22-01.
     DISPLAY LEERZEILE                                   AT 2401.
*--- Prüfen ob eine Funktionstaste gedrückt wurde
     IF INTERRUPT
        IF ESC
           GO TO F-22-END
        ELSE MOVE "HD" TO HELP-ID
           CALL "C:HELP" USING HELP-ID
           GO TO F-22-EINGABE.
```

Programmierübungen  Aufgabe 14

```
F-22-ALPHA-PRUEFUNG.
    IF A-14-22-01-1242 = SPACE
        CALL X"E5"
    ELSE IF A-14-22-01-1242 IS ALPHABETIC
            MOVE A-14-22-01-1242 TO ALPHA-FELD OF ALPHADAT-S
            WRITE ALPHADAT-S
        ELSE DISPLAY MELDUNG-1                              AT 2401
             CALL X"E5" GO TO F-22-EINGABE.
F-22-END.
    CONTINUE.
```

## 14.3 Ergänzungsfragen

1. Welche drei Grundfunktionen sind in Dialogprogrammen anzutreffen?
2. Welche Aufgaben erfüllen der Menübaum und das Interaktionsdiagramm im Zusammenhang mit dem Entwurf von interaktiven Anwendungen?
3. Funktionstasten lassen sich auf drei grundlegend unterschiedlichen Wegen aktivieren bzw. abfragen. Inwieweit unterscheiden sich diese drei Vorgehensweisen funktional und aus der Sicht des Programmbenutzers?
4. Welche Funktion hat die Anweisung "SET NOT-ESC TO TRUE" im Zusammenhang mit der Dialogablaufsteuerung des Programms zu Aufgabe 14?

# Aufgabe 15

| | | |
|---|---|---|
| **Inhalt** | : | Tabellenverarbeitung (Subskript- und Index-Methode). |
| **Lernziele** | : | – Definition einer eindimensionalen subskribierten Tabelle |
| | | – Laden der Tabelle aus einer Datei |
| | | – Definition einer zweidimensionalen Tabelle |
| | | – Laden der zweidimensionalen Tabelle aus der eindimensionalen Tabelle |
| | | – Definition einer indizierten Tabelle |
| | | – logarithmisches Durchsuchen mit SEARCH ALL. |
| **Texthinweis** : | | Kap. 13, insbes. Abschn. 13.1 (Tabellenverarbeitung). |

## 15.1 Aufgabentext

Diese Aufgabe soll Sie mit der Definition und der Verarbeitung ein- und mehrdimensionaler Tabellen sowie dem logarithmischen Durchsuchen einer Tabelle vertraut machen. Ausgangspunkt der Aufgabe ist die auf den COBSYS-Disketten gespeicherte Datei ARTIKEL.DAT. Die Datensätze dieser Datei enthalten zu jedem Artikel u.a. eine Artikel-Nr., eine Artikelkurzbezeichnung, den aktuellen Lagerbestand sowie den Verkaufspreis. Diese Informationen sind in eine Tabelle zu laden.

Das Programm soll nach Vorgabe einer Artikel-Nr. durch den Benutzer artikelbezogene Informationen am Bildschirm anzeigen. Darüber hinaus erhält der Benutzer die Möglichkeit, sich alle in der Datei angelegten Artikel-Nummern am Bildschirm anzeigen zu lassen. Abbildung 17.15a zeigt die Hauptmenüleiste des Programms zusammen mit dem über F1 aufzurufenden Help-Bildschirm.

```
Help zu ...            Artikelinformationen                 Help JA


Dieses Programm demonstriert die Verarbeitung von ein- und mehrdimensionalen Ta-
bellen variabler Elementanzahl. Der Tabelleninhalt wird aus Datei ARTIKEL.DAT ge-
laden. Für das logarithmische Durchsuchen der Artikelinformationen wird die Arti-
kel-Nummer als Suchschlüssel verwendet.

Die Funktionstasten des Ausgangsmenüs haben die Bedeutung:


     F1  -  Help          Mit dieser Taste sind Sie hierher gelangt.
     F2  -  Nummern-      Zeigt die definierten Artikel-Nummern.
            Kreis
     F3  -  Artikel-      Anzeigen von Artikel-Informationen.
            info
     Escape               Abbruch des Programmlaufs.


                                       Rückkehr mit SPACE oder F1
Artikel-Info ─────────────────────────────────────────────────────
F1-Help  F2-Nummern-Kreis  F3-Artikel-Information         Escape
```

*Abb. 17.15a   Hauptmenüleiste mit Help-Bildschirm*

Programmierübungen                                                     Aufgabe 15

Wählt der Benutzer im Hauptmenü die Funktion "F2-Nummernkreis anzeigen", erhält er den in Abb. 17.15b wiedergegebenen Bildschirm aller vergebenen Artikel-Nummern. Die Hauptmenüoption "F3-Artikel-Information" bringt ein Bildschirmformular zur Anzeige, das den Benutzer zur Eingabe einer Artikel-Nr. auffordert (siehe Abb. 17.15c).

```
   Zu folgenden Artikel-Nummern liegen Informationen vor:

      10010   10012   10014   10015   10020   10025   10027   10031
      10032   10034   10036   10038   10040   10045   10050   10052
      10053   10055   10057   10058   10059   10060   10062   10067
      10071   10073   10075   10082   10084   10099   10123   10125
      10129   10132   10135   10140   10149   10157   10163   10167
      10171   10177


      Anzahl vergebener Art.-Nrn.:   42



Artikel-Nummernkreis ─────────────────────────────────────────────
F1-Help                                                     Escape
```

*Abb. 17.15b   Bildschirm zum Artikel-Nummernkreis*

Nach Ausgabe der Artikelinformationen Bezeichnung, Lagerbestand und Preis kann der Benutzer durch Betätigen der F2-Taste neue Anfragen stellen. Alternativ erlaubt die Taste F3 hier die Anzeige des Artikel-Nummernkreises. Diese Funktion ist mit der Hauptmenüoption F2 identisch. Wenn der Programmabschnitt zum Ausgeben des Nummernkreises (siehe Abb. 17.15b) als internes Unterprogramm gestaltet wird, kann dieses im Sinne der "Wiederverwendung" aus beiden Menüleisten heraus aufgerufen werden.

Die am Bildschirm anzuzeigenden Artikel-Informationen sowie der Artikel-Nummernkreis sollen wegen erwünschter kurzer Antwortzeiten *nicht* bei Benutzeranforderungen *jeweils erneut* vom externen Speichermedium eingelesen werden. Es liegt daher nahe, sie in einer Tabelle zwischenzuspeichern. Die Ausgangsdatei ARTIKEL.DAT hat den in Abb. 17.15d angegebenen Satzaufbau.[1]

## 15.2 Lösungshinweise

1. Die Dialogablaufsteuerung zu diesem Programm kann unter Verwendung einer "vordefinierten Benutzertabelle" – wie im Zusammenhang mit Aufgabe 14 erläutert – realisiert werden.

---

1. Da diese Datei bereits im Zusammenhang mit Aufgabe 8 verarbeitet wurde, kann die 01-Dateisatzbeschreibung aus dem zugehörigen Programm kopiert werden.

Programmierübungen                                                                 Aufgabe 15

```
        Artikel-Nr.:  [10140]


        ┌─────────────────────┬──────────────┬──────────────┐
        │ Art.-Kurzbezeichnung│ Lagerbestand │ Verkaufspreis│
        │                     │              │              │
        │   LCD-Digitaluhr    │   2.004 ME   │   14,94 DM   │
        └─────────────────────┴──────────────┴──────────────┘


Artikel-Information ─────────────────────────────────────────────────
F1-Help  F2-Neue Anfrage  F3-Nummern-Kreis   ←┘ zeige Informationen      Escape



Help zu ...              Artikel-Informationen              Help JC

Anfragen werden durch Eingabe des Suchschlüssels "Artikel-Nummer" spezifiziert.
Bis zum Quittieren der Schlüsseleingabe mit der RETURN-Taste können Korrekturen
vorgenommen werden.
Schlüsseleingaben sind nach Help-Anfragen (F1-Help) sowie dem Aufruf der Pro-
grammfunktion "Nummern-Kreis" (F3-Nummern-Kreis) weiterhin verfügbar. Der Be-
nutzer wird über Programmstatusmeldungen geführt.

Die Funktionstasten haben die Bedeutung:

    F1   -  Help              Mit dieser Taste sind Sie hierher gelangt.
    F2   -  Neue Anfrage      Ermöglicht die Eingabe eines neuen Schlüssels.
    F3   -  Nummern-Kreis     Anzeige angelegter Artikel-Nummern.

    ←┘   -  Return-Taste      Zum Abschicken einer Anfrage.

    Escape                    Rückkehr ins Vormenü.

                                               Rückkehr mit SPACE oder F1
Artikel-Information ─────────────────────────────────────────────────
F1-Help  F2-Neue Anfrage  F3-Nummern-Kreis   ←┘ zeige Informationen      Escape
```

*Abb. 17.15c   Bildschirm Artikel-Informationen mit Help-Bildschirm*

2. Prinzipiell kann diese Aufgabe auf der Grundlage *einer einzigen* Tabelle gelöst werden. Da hier der Umgang mit Tabellen erprobt werden soll, wird unter den Lösungshinweisen (3) bis (5) vorgeschlagen, *drei Tabellen* zu codieren.

3. In einem ersten Programmschritt ist eine eindimensionale subskribierte Tabelle (z.B. ARTIKEL-TAB) mit einer Datengruppe als Wiederholungsfeld aus der Artikeldatei zu laden. Die Datengruppe nimmt jeweils die verarbeitungsrelevanten Informationen Artikel-Nr., Artikelkurzbezeichnung, Lagerbestand und Verkaufspreis auf.

4. In einem zweiten Programmschritt sollen aus der eindimensionalen Tabelle ARTIKEL-TAB die Artikel-Nummern in eine zweidimensionale Tabelle (z.B. ARTIKEL-TAB-DISPLAY) übertragen werden. Die zeilenweise Abbildung der

zweidimensionalen Tabelle am Bildschirm soll exakt die in Abb. 17.15b eingeblendeten Satzschlüssel ergeben.

5. Prinzipiell können die je Artikel-Nr. am Bildschirm auszugebenden Artikelinformationen (siehe Abb 17.15c) durch sequentielles Durchsuchen der eindimensionalen Tabelle ARTIKEL-TAB gewonnen werden. Dieser Suchprozeß ist verarbeitungsintensiv. Alternativ können Sie im Interesse verkürzter Antwortzeiten die subskribierte Ausgangstabelle mittels einer indizierten Tabelle (z.B. ARTIKEL-TAB-IND) redefinieren. Diese kann dann logarithmisch mit Hilfe der SEARCH ALL-Anweisung durchsucht werden.

| Inhalt | Spalte | Feldlänge | Feldtyp |
|---|---|---|---|
| Artikeldaten | - | - | - |
|   Artikel-Nummer | 1 - 5 | 5 | num. |
|   Artikel-Kurzbezeichnung | 6 - 23 | 18 | alphanum. |
|   Artikelbezeichnung | 24 - 63 | 40 | alphanum. |
|   Lieferanten-Nr. | 64 - 68 | 5 | num. |
|   Einkaufspreis | 69 - 75 | 5 + 2 Dez. | num. |
|   Verkaufspreis | 76 - 83 | 6 + 2 Dez. | num. |
|   Rabatt-Kennung | 84 | 1 | num. |
|     *1 = Staffel 1, 2 = Staffel 2, 3 = Staffel 3* | - | - | - |
| Bestandsführung | - | - | - |
|   Nachbestellmenge | 85 - 89 | 5 | num. |
|   Meldemenge | 90 - 94 | 5 | num. |
|   Lagerbestand | 95 - 100 | 6 | num. |
|   Nachbestell-Datum: TTMMJJ | 101 - 106 | 6 | num. |
|   Bestellstatus | 107 | 1 | num. |
|     *0 = kein Eingang erwartet* | - | - | - |
|     *1 = Bestellung bereits ausgelöst* | - | - | - |
|     *2 = Artikel gesperrt* | - | - | - |
|   Lieferrückstand | 108 - 114 | 7 | num. |
| Absatzstatistik | - | - | - |
|   Absatzmenge Vorjahr | 115 - 119 | 5 | num. |
|   kumulierte Absatzmenge | 120 - 125 | 6 | num. |

*Abb. 17.15d   Datensatzaufbau der Artikeldatei*

6. Der in den Hinweisen (3) bis (5) mit dem Ziel der Erprobung des Umgangs mit Tabellen vorgeschlagene Lösungsweg kann sich in einer Aufrufsteuerleiste wie folgt niederschlagen:

```
*-----------------------------------------------------------------
 PROCEDURE DIVISION.
*-----------------------------------------------------------------
 HAUPTPROG SECTION.
 START-PROG.
     PERFORM ARTIKEL-TAB-LADEN.
     PERFORM ARTIKEL-TAB-DISPLAY-LADEN.
     PERFORM HAUPTMENUE UNTIL ESC.
```

```
ENDE-PROG.
    DISPLAY SPACES.
    STOP RUN.
```

7. Abbildung 17.15e zeigt das Struktogramm "Laden der Tabellen und Ausgabe des Hauptmenüs", Abb. 17.15f das zum Untermenü "Artikelinformationen anzeigen".

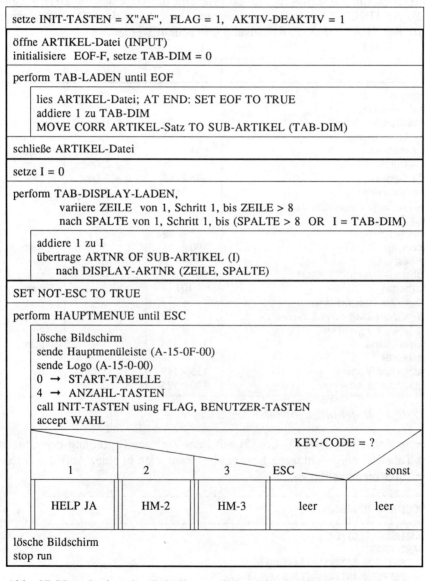

*Abb. 17.15e   Laden der Tabellen und Ausgabe des Hauptmenüs*

Programmierübungen                                              Aufgabe 15

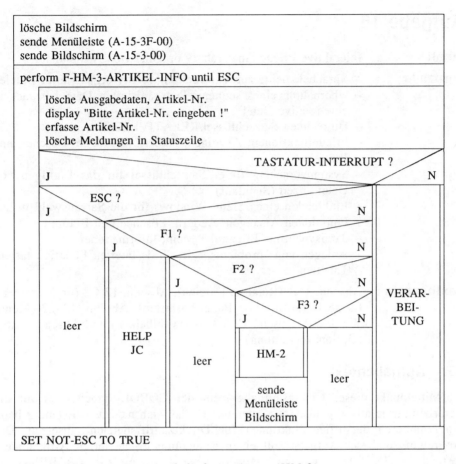

*Abb. 17.15f   Anzeigen Artikelinformationen (HM-3)*

8. Ergänzen Sie die Struktogramme um die fehlenden Komplexe "HM-2, Nummernkreis anzeigen" und "VERARBEITUNG, Verarbeiten einer eingegebenen Artikel-Nr.". Die Programmfunktion "HM-2, Nummernkreis anzeigen" ist so zu gestalten, daß sie auch aus dem Menü "Artikelinformationen" heraus aufrufbar ist.

## 15.3 Ergänzungsfragen

1. Welche grundsätzlichen Voraussetzungen müssen gegeben sein, damit die Tabellenverarbeitung einsetzbar wird?
2. Worin unterscheiden sich subskribierte und indizierte Tabellen?
3. Wie ließe sich die Problemstellung der Aufgabe 15 auf der Grundlage einer einzigen Tabelle lösen?

# Aufgabe 16

**Inhalt**        : Interaktive Pflege einer relativ organisierten Artikeldatei.

**Lernziele**     : – Sprachelemente zur Verarbeitung relativ organisierter Dateien
- Übernahme eines sequentiell organisierten Datenbestands in eine relative Datei
- Umrechnen Satzschlüssel/RELATIVE KEY
- Pflegefunktionen: Anzeigen, Ändern, Einfügen, Löschen und Blättern
- Systemvorschlag freier Satzschlüssel für das Einfügen von Datensätzen (Suchlauf)
- Einblenden eines Menü-Windows für die Satzauswahl in den Funktionen Anzeigen, Ändern, Löschen und Blättern
- dateisynchrone Pflege der Menü-Informationen
- Anlegen von "problemspezifisch definierten Funktionstasten-Tabellen".

**Texthinweis** : Abschn. 15.1 (Relative Dateien), Abschn. 12.4.2 (problemspezifische Definition von Funktionstasten), Abschn. 12.6.2 (Menü-Windows), Abschn 12.6.3 (Auswahlbalken) und Abschn. 12.6.4 (Optionsverwaltung).

## 16.1 Aufgabentext

Im Mittelpunkt dieser Übungsaufgabe steht der COBOL-Sprachvorrat für die Verarbeitung relativ organisierter Dateien.[1] Er läßt sich nahezu vollständig beim Programmieren der Pflegefunktionen für Direktzugriffsdateien einsetzen. Das Programm zu dieser Aufgabe soll einen sequentiell organisierten Artikeldatenbestand ARTIKEL.DAT in eine relativ organisierte Datei (z.B. ARTREL.DAT) übertragen und dem Benutzer dann die Pflegefunktionen Anzeigen, Ändern, Einfügen, Löschen und Blättern auf die relative Artikeldatei ermöglichen.

Die genannten Funktionen zeichnen sich dadurch aus, daß die Einleitung der jeweiligen Pflegeaktivität durch Vorgabe eines Satzschlüssels erfolgt. Dieser Schlüssel kann in den Funktionen Anzeigen, Ändern, Löschen und Blättern *manuell* vorgegeben werden.

---

1. Die nachfolgende *Aufgabe 17* hat die Pflege einer *indiziert* organisierten Datei zum Gegenstand. Indizierte Dateien bieten im Vergleich zu relativen Dateien – wegen der Möglichkeit des Satzzugriffs über Sekundärschlüssel – erweiterte Verarbeitungsmöglichkeiten. Bei Beschränkung auf Primärschlüsselzugriffe unterscheidet sich die Verarbeitung indizierter Dateien nur unwesentlich von der relativer Dateien. Wenn Sie nur eines der beiden Übungsprogramme realisieren möchten, sollten Sie sich nach Durchsicht der Lösungshinweise zu Aufgabe 16 unmittelbar der Aufgabe 17 zuwenden.

Programmierübungen                                                          Aufgabe 16

Alternativ soll der Benutzer hier die Möglichkeit zur Einblendung eines *Menü-Windows* erhalten. Dieses erlaubt dann die Satzauswahl durch Positionierung eines Auswahlbalkens auf den zu pflegenden Datensatz.

In relativ organisierte Datenbestände lassen sich Sätze *einfügen*. Hierzu ist ein Satzschlüssel vorzugeben, unter dem bisher keine Daten abgelegt wurden (freie Region). Auch können Satzschlüssel (logisch) gelöschter Datensätze erneut vergeben werden. In diesem Programm ist vorzusehen, daß Schlüssel einzufügender Datensätze *manuell* vorgegeben oder alternativ vom Programm nach Anstoßen eines *Suchlaufs* bereitgestellt werden. Ein vom System vorgeschlagener freier Satzschlüssel soll durch den Benutzer überschreibbar sein.

Das in den Funktionen Anzeigen, Ändern, Löschen und Blättern einzublendende Menü-Window soll lediglich die Benutzerfreundlichkeit des Programms erhöhen. Es wirft jedoch zwei programmtechnische Probleme auf:

1. Soll die Positionierung des Menü-Auswahlbalkens auf den zu selektierenden Satz mit Hilfe von Cursor-Tasten (Up/Down, PgUp/PgDn, Home/End) erfolgen, muß deren Betätigung im Programm erkannt werden. Hierzu ist eine problemspezifisch zu definierende Funktionstasten-Tabelle unter Berücksichtigung der Tasten zur Cursor-Positionierung zu codieren.

2. Werden Datensätze der extern gespeicherten Datei geändert bzw. gelöscht oder zusätzliche Sätze in den Datenbestand eingefügt, sind die im Arbeitsspeicher zwischenzuspeichernden Window-Informationen dateisynchron mitzupflegen.

Das Programm zu dieser Aufgabe soll dem Benutzer alle Pflegefunktionen in einem Hauptmenü anbieten, das in Abb. 17.16a zusammen mit dem zugehörigen Help-Bildschirm angegeben ist.

```
Help zu ...            Pflege Artikelstammdaten              Help KA

Dieses Programm demonstriert Möglichkeiten des Zugriffs auf einen relativ orga-
nisierten Datenbestand. Das in Pflegefunktionen zuschaltbare Menü-Window leistet
Hilfestellung bei der Satzauswahl. Beim Einfügen von Sätzen wird vom System
eine freier Satzschlüssel vorgeschlagen, der akzeptiert oder überschrieben wer-
den kann. Der Einstieg in die Funktion Blättern ist über die COBOL-Anweisung
START realisiert.

Aus dem Grundmenü heraus sind folgende Funktionen auswählbar:

       F1  - Help       Über diese Taste sind Sie hierher gelangt.
       F2  - Anzeigen   Zeigt Informationen zu einem Artikel.
       F3  - Ändern     Ermöglicht das Aktualisieren von Artikeldaten.
       F4  - Einfügen   Erlaubt das Hinzufügen von Artikel-Datensätzen.
       F5  - Löschen    Entfernen von Sätzen aus dem Datenbestand.
       F6  - Blättern   Anzeigen von Datensätzen aufsteigend nach Satzschlüssel.
       F7  - Anlegen    Sequ. Ausgangsbestand wird in relative Datei überführt.
       Escape           Abbruch des Programmlaufs.
                                               Rückkehr mit F1 oder SPACE
Pflege Artikelstamm ─────────────────────────────────────────────────────
F1-Help F2-Anzeigen F3-Ändern F4-Einfügen F5-Löschen F6-Blättern F7-Anlegen  Esc
```

*Abb. 17.16a   Hauptmenüleiste mit Help-Bildschirm*

Unmittelbar nach dem Start des Programms muß das Menü-Window in einem *Vorlauf* mit den erforderlichen Informationen versorgt werden. Hierzu ist die relative Artikeldatei zu lesen. Existiert diese Datei noch nicht, soll sie durch Übernahme des Datenbestands aus der sequentiellen Datei ARTIKEL.DAT angelegt werden[1]: Die Datei ARTIKEL.DAT ist zu lesen, und nach Berechnung des jeweiligen RELATIVE KEY aus dem Satzschlüssel Artikel-Nr. sind die Datensätze dann in die relativ organisierte Datei abzulegen.

Die Funktion "F7-Anlegen" des Hauptmenüs unterstützt lediglich Ihren Programmtest: Beim Betätigen dieser Taste wird die durch Einfügungen, Löschungen und Änderungen fortgeschriebene relative Datei durch den Ausgangsdatenbestand überschrieben und so in einen vordefinierten Urzustand rückversetzt. Die auf den COBSYS-Disketten gespeicherte LINE SEQUENTIAL organisierte Ausgangsdatei ARTIKEL.DAT hat den in Abb. 17.16b angegebenen Satzaufbau.

| Inhalt | Spalte | Feldlänge | Feldtyp |
|---|---|---|---|
| Artikeldaten | - | - | - |
|   Artikel-Nummer | 1 - 5 | 5 | num. |
|   Artikel-Kurzbezeichnung | 6 - 23 | 18 | alphanum. |
|   Artikelbezeichnung | 24 - 63 | 40 | alphanum. |
|   Lieferanten-Nr. | 64 - 68 | 5 | num. |
|   Einkaufspreis | 69 - 75 | 5 + 2 Dez. | num. |
|   Verkaufspreis | 76 - 83 | 6 + 2 Dez. | num. |
|   Rabatt-Kennung | 84 | 1 | num. |
|     *1 = Staffel 1, 2 = Staffel 2, 3 = Staffel 3* | - | - | - |
| Bestandsführung | - | - | - |
|   Nachbestellmenge | 85 - 89 | 5 | num. |
|   Meldemenge | 90 - 94 | 5 | num. |
|   Lagerbestand | 95 - 100 | 6 | num. |
|   Nachbestell-Datum: TTMMJJ | 101 - 106 | 6 | num. |
|   Bestellstatus | 107 | 1 | num. |
|     *0 = kein Eingang erwartet* | - | - | - |
|     *1 = Bestellung bereits ausgelöst* | - | - | - |
|     *2 = Artikel gesperrt* | - | - | - |
|   Lieferrückstand | 108 - 114 | 7 | num. |
| Absatzstatistik | - | - | - |
|   Absatzmenge Vorjahr | 115 - 119 | 5 | num. |
|   kumulierte Absatzmenge | 120 - 125 | 6 | num. |

*Abb. 17.16b Datensatzaufbau der Artikeldatei*

Der 5stellige Artikel-Nummernkreis dieser Datei *beginnt* mit der Artikel-Nr. 10010 und endet mit der Artikel-Nr. 10177. Die Datei enthält ca. 50 Sätze, der Nummernkreis ist also lückenhaft besetzt.

---

1. Dies ist nur beim erstmaligen Start des Programms der Fall.

Programmierübungen  Aufgabe 16

Der Datensatz mit der Artikel-Nr. 10010 soll als *physischer Satz 1* der relativen Datei abgespeichert werden.

Bei der Erfassung von Artikel-Nummern am Bildschirm sind Eingabefehler des Benutzers durch Bereichsprüfungen abzufangen. Es ist sicherzustellen, daß Artikel-Nummern einzufügender Datensätze nicht außerhalb eines vordefinierten Nummernkreises (z.B. von 10010 bis 10200) liegen: Ein unglücklich vorgegebener RELATIVE KEY erschöpft beim Einfügen eines einzigen Datensatzes schnell die Kapazität einer 30-MB-Magnetplatte.

Bedien- und Eingabefehler des Benutzers sind in der Statuszeile des Bildschirms zusammen mit Korrekturhinweisen zu melden. Als Statusmeldungen, Ablaufhinweise und Fehlermeldungen lassen sich in diesem Programm u.a. vorsehen[1]:

```
01  DISPLAY-MELDUNGEN-AUFG16.
    05 MELDUNG-A16-1       PIC X(78) VALUE "Bitte Artikel-Nr. ei
-   "ngeben !".
    05 MELDUNG-A16-2       PIC X(78) VALUE "Kein Satz mit dieser
-   " Artikel-Nr. angelegt !".
    05 MELDUNG-A16-3       PIC X(78) VALUE "Artikel-Nr. kleiner
-   "oder größer als jeder angelegte Schlüssel !".
    05 MELDUNG-A16-4       PIC X(78) VALUE "Bitte Änderungen vor
-   "nehmen und mit Return-Taste abschicken !".
    05 MELDUNG-A16-5       PIC X(78) VALUE "Artikel-Satz wurde a
-   "bgespeichert (und das Window-Menü aktualisiert) !".
    05 MELDUNG-A16-6       PIC X(78) VALUE "Bitte Datensatz eint
-   "ragen !".
    05 MELDUNG-A16-7       PIC X(78) VALUE "Satz mit dieser Arti
-   "kel-Nr. bereits vorhanden !".
    05 MELDUNG-A16-8       PIC X(78) VALUE "Suchlauf, bitte wart
-   "en !".
    05 MELDUNG-A16-9       PIC X(78) VALUE "Vorschlag freie Arti
-   "kel-Nr. quittieren oder überschreiben !".
    05 MELDUNG-A16-11      PIC X(78) VALUE "Anfangsbestand wird
-   "in Artikeldatei übertragen. Bitte warten !".
    05 MELDUNG-A16-12      PIC X(78) VALUE "Relative Artikeldate
-   "i erfolgreich angelegt !".
    05 MELDUNG-A16-13      PIC X(78) VALUE "Schlüssel mehrfach a
-   "ufgetreten. Abbruch Verarbeitung !".
    05 MELDUNG-A16-14      PIC X(78) VALUE "Bitte Artikel-Nr. de
-   "s zu löschenden Satzes eingeben !".
    05 MELDUNG-A16-15      PIC X(78) VALUE "Diesen Satz löschen
-   "(J/N)?".
    05 MELDUNG-A16-16      PIC X(78) VALUE "Datensatz wurde nich
-   "t gelöscht !".
    05 MELDUNG-A16-17.
       07 TEIL-1           PIC X(25) VALUE "Datensatz mit Art.-N
-   "r.   ".
```

---

1. Diese Meldungen finden Sie in Datei AUFG16.DOC auf den COBSYS-Disketten.

```
         07  TEIL-2              PIC Z(4)9.
         07  TEIL-3              PIC X(48) VALUE "     wurde gelöscht !
-    " ".
     05 MELDUNG-A16-18           PIC X(78) VALUE "Bitte Artikel-Nr. de
-   "s ersten anzuzeigenden Satzes eingeben !".
     05 MELDUNG-A16-19           PIC X(78) VALUE "Weitere Datennsätze
-   "mit F2-Taste !".
     05 MELDUNG-A16-20           PIC X(78) VALUE "Dateiende erreicht !
-   "     Weiter mit Escape-Taste. ".
```

## 16.2 Lösungshinweise

1. Es ist zweckmäßig, dieses Programm schrittweise zu entwerfen, zu codieren und zu testen. In einem ersten Schritt sollte lediglich die Dialogablaufsteuerung sowie das Anlegen der relativen Datei durch Übernahme des sequentiellen Datenbestands realisiert werden. Anschließend können die über die Funktionstasten F2 bis F6 erreichbaren Pflegefunktionen sukzessiv entworfen und implementiert werden. Das Menü-Window zur Satzauswahl läßt sich in einem dritten Schritt als *externes* oder *internes* Unterprogramm realisieren, das aus den Pflegefunktionen über seinen (Prozedur-)Namen aufgerufen werden kann. Die folgenden Lösungshinweise orientieren sich an der aufgezeigten schrittweisen Vorgehensweise.

2. Mit dem direkten Zugriff auf Datensätze einer relativ organisierten Datei können unterschiedliche Verarbeitungsziele verfolgt werden:
    a. Es wird geprüft, ob der über einen konkreten Satzschlüssel angesprochene Datensatz existiert.
    b. Ein existierender Datensatz wird gelesen und damit dem Programm zwecks Verarbeitung zur Verfügung gestellt.
    c. Ein Datensatz wird gelesen, sein Inhalt modifiziert, und anschließend wird der geänderte Satz zurückgeschrieben.
    d. Ein Datensatz wird ohne ein vorausgehendes Lesen überschrieben.
    e. Ein Datensatz wird eingefügt. Dies setzt voraus, daß unter dem betreffenden Schlüssel bisher kein Datensatz eingetragen ist.
    f. Ein bereits existierender Datensatz wird (logisch) gelöscht.
    g. Mit Hilfe der START-Anweisung wird auf einen bestimmten Datensatz positioniert. Ab diesem Satz kann die relative Datei sequentiell zugegriffen werden.

    Machen Sie sich mit den COBOL-Formaten für das Verarbeiten relativ organisierter Dateien vertraut.

3. Funktionstasten und Cursor-Positioniertasten (F1, F2 usw., Up/Down, PgUp/PgDn, Home/End) sollen in dieser Aufgabe die Dialogablaufsteuerung und die Positionierung eines Menü-Auswahlbalkens auf einen zu selektierenden

Datensatz ermöglichen. Da die in den Aufgaben 14 und 15 zur Definition von Funktionstasten eingesetzte "vordefinierte Benutzertabelle" keine Einträge für Cursor-Tasten vorsieht, müssen Funktionstasten hier über "problemspezifisch definierbare Tabellen" aktiviert werden. In diesem Zusammenhang ist zu beachten: Das Betätigen einer mit Hilfe des Unterprogramms X"B0" aktivierten Taste beendet ACCEPT-Anweisungen. Da während der Ausführung einer ACCEPT-Anweisung die Cursor-Tasten (Right/Left, Up/Down usw.) Positionierfunktionen erfüllen (also eine ACCEPT-Anweisung *nicht* beenden sollen), ist sicherzustellen, daß sie nicht zusätzlich mit Hilfe des Programms X"B0" aktiviert sind. Es empfiehlt sich daher, zwei getrennte Tabellen zu definieren und diese bei Bedarf zu aktivieren:[1]

```
*--- Anlegen von benutzerdefinierten Funktionstasten-Tabellen
 01 KEY-DEFINITION       PIC X         VALUE X"B0".
 01 FUNKTION             PIC 99  COMP VALUE 0.
*--- Diese Parameter sollen während der Einblendung
*--- des Menü-Windows aktiv sein, sie ermöglichen
*--- auch Abfragen der Cursor-Positioniertasten
 01 PARAMETER-1.
    05 KEY-CODE-1        PIC 99 COMP.
       88 RETURN-TASTE-1              VALUE 0.
       88 F1-1                        VALUE 1.
       88 F2-1                        VALUE 2.
       88 F3-1                        VALUE 3.
       88 F4-1                        VALUE 4.
       88 F5-1                        VALUE 5.
       88 F6-1                        VALUE 6.
       88 F7-1                        VALUE 7.
       88 ESC-1                       VALUE 8.
       88 CURSOR-UP                   VALUE 9.
       88 CURSOR-DOWN                 VALUE 10.
       88 PAGE-UP                     VALUE 11.
       88 PAGE-DOWN                   VALUE 12.
       88 CURSOR-HOME                 VALUE 13.
       88 CURSOR-END                  VALUE 14.
       88 NEW-F-KEY                   VALUE 1 THRU 7.
       88 NEW-CURSOR                  VALUE 9 THRU 14.
       88 INTERRUPT                   VALUE 1 THRU 14.
    05 TABLE-DEFINITION.
       07 F1-DEF.
          09 CODE-LAENGE-F1  PIC X    VALUE X"02".
          09 KEY-CODE-F1     PIC XX   VALUE X"003B".
       07 F2-DEF.
          09 FILLER          PIC X    VALUE X"02".
          09 FILLER          PIC XX   VALUE X"003C".
       07 F3-DEF             PIC X(3) VALUE X"02003D".
       07 F4-DEF             PIC X(3) VALUE X"02003E".
       07 F5-DEF             PIC X(3) VALUE X"02003F".
```

---

1. Diesen Programmabschnitt finden Sie in Datei AUFG16.DOC auf den COBSYS-Disketten.

```
            07 F6-DEF             PIC X(3) VALUE X"020040".
            07 F7-DEF             PIC X(3) VALUE X"020041".
            07 ESC-DEF            PIC X(2) VALUE X"011B".
            07 CURSOR-UP-DEF      PIC X(3) VALUE X"020048".
            07 CURSOR-DOWN-DEF    PIC X(3) VALUE X"020050".
            07 PAGE-UP-DEF        PIC X(3) VALUE X"020049".
            07 PAGE-DOWN-DEF      PIC X(3) VALUE X"020051".
            07 HOME-DEF           PIC X(3) VALUE X"020047".
            07 END-DEF            PIC X(3) VALUE X"02004F".
            07 TAB-ENDE-KENNUNG   PIC X    VALUE X"00".
      *--- Während der Datenentgegennahme haben Cursor-Tasten
      *--- Sonderfunktionen, sie sollen dann eine ACCEPT-Anweisung
      *--- nicht abbrechen. Daher wird eine zweite verkürzte Tabelle definiert
       01 PARAMETER-2.
          05 KEY-CODE             PIC 99 COMP.
             88 RETURN-TASTE               VALUE 0.
             88 F1                         VALUE 1.
             88 F2                         VALUE 2.
             88 F3                         VALUE 3.
             88 F4                         VALUE 4.
             88 F5                         VALUE 5.
             88 F6                         VALUE 6.
             88 F7                         VALUE 7.
             88 ESC                        VALUE 8.
             88 NOT-ESC                    VALUE 99.
          05 TABLE-DEFINITION.
            07 F1-DEF             PIC X(3) VALUE X"02003B".
            07 F2-DEF             PIC X(3) VALUE X"02003C".
            07 F3-DEF             PIC X(3) VALUE X"02003D".
            07 F4-DEF             PIC X(3) VALUE X"02003E".
            07 F5-DEF             PIC X(3) VALUE X"02003F".
            07 F6-DEF             PIC X(3) VALUE X"020040".
            07 F7-DEF             PIC X(3) VALUE X"020041".
            07 ESC-DEF            PIC X(2) VALUE X"011B".
            07 TAB-ENDE-KENNUNG   PIC X    VALUE X"00".
```

Die Tasten F1 bis F7 sowie ESC sind nun durch den Aufruf

```
CALL KEY-DEFINITION USING FUNKTION PARAMETER-2
```

aktivierbar. Zum Zeitpunkt des Einblendens des Menü-Windows können weitere Funktionstasten mittels

```
CALL KEY-DEFINITION USING FUNKTION PARAMETER-1
```

verfügbar gemacht und nach der Rückkehr aus dem Window dann durch Aufruf der erstgenannten CALL-Anweisung wieder deaktiviert werden.[1]

---

1. Wenn die Ausgabe des Menü-Windows in ein *externes* Unterprogramm ausgelagert wird, sind im Hauptprogramm die PARAMETER-2 und im Unterprogramm die PARAMETER-1 zu aktivieren. Bei Rückkehr aus dem Unterprogramm ins Hauptprogramm erübrigt sich dann das Deaktivieren der erweiterten Funktionstasten-Tabelle, da die Tabellen nur lokale Wirkung im jeweiligen Programm haben; siehe auch Lösungshinweis 12.

Programmierübungen                                                    Aufgabe 16

4. Im *Vorlauf* des Programms können Sie ein "Mehrfachanlegen der relativen Artikeldatei" wie folgt mit Hilfe des INVALID KEY-Zusatzes verhindern:

```
OPEN I-O ARTREL.
MOVE 1 TO REL-KEY.
INITIALIZE INVALID-KEY-F.
START ARTREL
      KEY NOT < REL-KEY INVALID KEY SET INVALID-KEY TO TRUE
END-START.
IF INVALID-KEY THEN PERFORM ANLEGEN-ARTREL-DATEI.
PERFORM ARTIKEL-TABELLE-LADEN.
```

5. Die Bildschirmmasken für das Ausgangsmenü und alle Pflegefunktionen lassen sich vorteilhaft mit Hilfe des Maskengenerators FORMS gestalten. Der Bildschirm für das Anzeigen der Artikelinformationen könnte den in Abb. 17.16c angegebenen Aufbau haben.

```
Artikel-Nr.       : [10012]

Bezeichnung       : Springbackform mit Rohrboden  24 cm
Kurzbezeichnung   : Springform 24 cm

Einkaufspreis     :     4,98 DM
Verkaufspreis     :     6,62 DM
Rabattstaffel     :        2

Lagerbestand      :      500 ME
Meldemenge        :      300 ME
Nachbestellmenge: 1.000 ME
Bestellt am       : 12.08.90
Bestellstatus     :        0
Lieferrückstand   :        0 ME         Absatz :  3.780 ME
Lieferanten Nr.   :   20.100            Vorjahr:    957 ME


Anzeigen Artikelsatz
F1-Help F2-Eingabe F3-Menü ein/aus                            Escape
```

*Abb. 17.16c   Anzeigen Artikelinformationen*

Die Pflegefunktionen Anzeigen, Löschen und Blättern zeichnen sich dadurch aus, daß Artikelinformationen lediglich am Bildschirm ausgegeben werden. Definiert man die in Abb. 17.16d wiedergegebene *funktionsneutrale* Bildschirmmaske, läßt sich der dazu generierbare DDS-Bildschirm-Beschreibungssatz für die genannten drei Pflegefunktionen verwenden.

Unter Berücksichtigung von Bildschirmattributen läßt sich zu dieser Maske eine DDS-Datei folgenden Inhalts generieren:

```
01    A-16-2-00-ATTR.
      03 FILLER             PIC X(0262) VALUE ALL X"17".
      03 FILLER             PIC X(0001) VALUE ALL X"40".
             :
      03 FILLER             PIC X(0080) VALUE ALL X"0E".
      03 FILLER             PIC X(0080) VALUE ALL X"06".
```

Programmierübungen                                                    Aufgabe 16

```
Artikel-Nr.        : [ZZZZ9]

Bezeichnung        : XXXXXXXXXXXXXXXXXXXXXXXXXXXXXXXXXXXXXXXXXX
Kurzbezeichnung    : XXXXXXXXXXXXXXXXXXX

Einkaufspreis      :      ZZ.ZZ9,99 DM
Verkaufspreis      :     ZZZ.ZZ9,99 DM
Rabattstaffel      :              9

Lagerbestand       :    ZZZ.ZZ9 ME
Meldemenge         :     ZZ.ZZ9 ME
Nachbestellmenge:        ZZ.ZZ9 ME
Bestellt am        :     Z9 99 99
Bestellstatus      :          9
Lieferrückstand    :   Z.ZZZ.ZZ9 ME            Absatz :  ZZZ.ZZ9 ME
Lieferanten Nr.   :        ZZ.ZZ9              Vorjahr:  ZZ.ZZ9 ME
```

Forming-A-16-2——Data————————————Cursor 1601—Ins—Caps—Num—Scroll
F1=help F2=not-used    F3=load-form F4=save-form F5=generate-COBOL F6=clear-form
F7=currency-sign F8=decimal-point F10=mark-last-index-key-field

*Abb. 17.16d   Maske Anzeigen, Löschen und Blättern*

```
01      A-16-2-00       .
        03      A-16-2-00-0101 PIC X(0080) VALUE "
-       "                                                           ".
        03      A-16-2-00-0201 PIC X(0001) VALUE "|".
        03      FILLER         PIC X(0078).
        03      A-16-2-00-0280 PIC X(0001) VALUE "|".
        03      A-16-2-00-0301 PIC X(0001) VALUE "|".
        03      FILLER         PIC X(0078).
        03      A-16-2-00-0380 PIC X(0001) VALUE "|".
        03      A-16-2-00-0401 PIC X(0029) VALUE "|   Artikel-Nr.  :
-       "[      ]".
                    :
        03      FILLER         PIC X(0078).
        03      A-16-2-00-2080 PIC X(0001) VALUE "|".
        03      A-16-2-00-2101 PIC X(0080) VALUE "
-       "                                                          |".
01      A-16-2-01       REDEFINES  A-16-2-00  .
        03      FILLER         PIC X(0268).
        03      FILLER         PIC X(0155).
        03      A-16-2-01-0624 PIC X(0040).
        03      FILLER         PIC X(0040).
        03      A-16-2-01-0724 PIC X(0018).
        03      FILLER         PIC X(0143).
        03      A-16-2-01-0925 PIC ZZ.ZZ9,99.
        03      FILLER         PIC X(0070).
        03      A-16-2-01-1024 PIC ZZZ.ZZ9,99.
                    :
        03      A-16-2-01-1928 PIC ZZ.ZZ9.
        03      FILLER         PIC X(0033).
        03      A-16-2-01-1967 PIC ZZ.ZZ9.
```

# Programmierübungen  Aufgabe 16

6. Zur Komplettierung der Bildschirme in den Pflegefunktionen Anzeigen, Löschen und Blättern wären drei Menü-Leisten zu editieren und in getrennte Dateien abzulegen:

```
Anzeigen Artikelsatz ─────────────────────────────────────────
F1-Help F2-Eingabe F3-Menü ein/aus                     Escape

Löschen Artikelsatz ──────────────────────────────────────────
F1-Help F2-Eingabe F3-Menü ein/aus                     Escape

Blättern Artikelsätze ────────────────────────────────────────
F1-Help F2-Blättern F3-Menü ein/aus                    Escape
```

Zur Menü-Leiste "Anzeigen" erhält man dann diesen Beschreibungssatz:

```
01       A-16-2F-00-ATTR.
    03   FILLER              PIC X(0080) VALUE ALL X"06".
    03   FILLER              PIC X(0002) VALUE ALL X"0E".
              :
    03   FILLER              PIC X(0003) VALUE ALL X"06".
    03   FILLER              PIC X(0080) VALUE ALL X"0E".
01       A-16-2F-00 .
    03   A-16-2F-00-0101 PIC X(0080) VALUE "Anzeigen Artikelsatz
-    "                                                         ".
    03   A-16-2F-00-0201 PIC X(0034) VALUE "F1-Help F2-Eingabe F3-
-    "Menü ein/aus".
    03   FILLER              PIC X(0040).
    03   A-16-2F-00-0275 PIC X(0006) VALUE "Escape".
```

Unter Berücksichtigung von Attributen läßt sich die Funktion "Anzeigen" nun aus dem Hauptmenü heraus z.B. wie folgt aufrufen:

```
WAHL-HM.
    ACCEPT WAHL AT 2308.
    GO TO A-16-1 A-16-2 A-16-3 A-16-4 A-16-5 A-16-6 A-16-7
          DEPENDING ON KEY-CODE.
    IF ESC GO TO E-C-PFLEGE-ART-DAT
    ELSE CALL X"E5" GO TO WAHL-HM.
A-16-1.
    MOVE "KA" TO HELP-ID.
    CALL "HELP" USING HELP-ID.
    GO TO WAHL-HM.
A-16-2.
*--- Ausgabe der Menü-Leiste
    DISPLAY A-16-LW-01.
    MOVE 240 TO IO-LENGTH.
    MOVE 1681 TO SCREEN-OFFSET MOVE 1 TO BUFFER-OFFSET.
    CALL SCREEN-IO USING WRITE-ATTR FORM-PARAMS  A-16-2F-00-ATTR.
    DISPLAY  A-16-2F-00 AT 2201 UPON CRT.
*--- Ausgabe des Restbildschirms
    MOVE 1680 TO IO-LENGTH.
    MOVE 1 TO SCREEN-OFFSET BUFFER-OFFSET.
    CALL SCREEN-IO USING WRITE-ATTR FORM-PARAMS   A-16-2-00-ATTR.
    DISPLAY   A-16-2-00 UPON CRT.
    PERFORM ANZEIGEN-ARTREL-S UNTIL ESC.
```

```
    SET NOT-ESC TO TRUE.
    GO TO E-C-PFLEGE-ART-DAT.
A-16-3.
    DISPLAY A-16-LW-01.
    :
```

Der Gesamtschirm wird aus zwei Teilbildern zusammengesetzt. Diese Vorgehensweise des Trennens der Menüleiste vom (funktionsneutral gestalteten) Arbeitsformular bietet zwei Vorteile:

    a. sie spart zur Laufzeit eines Programms Speicherplatz und

    b. es entsteht beim "Voraussenden" der Menüleiste infolge des beschleunigten Bildschirmaufbaus bei einem Wechsel der Pflegefunktionen der optische Eindruck eines "flimmerfreien" Bildschirms.

Alternativ zu der beschriebenen Vorgehensweise "Verwendung einer funktionsneutralen Bildschirmmaske" für die Funktionen Anzeigen, Löschen und Blättern lassen sich auch drei komplette Masken erzeugen.

7. Die Pflegefunktionen Ändern und Einfügen erfordern das Entgegennehmen von Tastatureingaben. Beim "Ändern" sind die bereits angelegten Artikelinformationen vorab anzuzeigen. Behält man die oben gezeigte Bildschirmaufteilung bei, kann der vorstehend dokumentierte Datensatz A-16-2-01 sowohl für das Anzeigen (DISPLAY A-16-2-01) als auch für das Entgegennehmen von Benutzereingaben Verwendung finden (ACCEPT A-16-2-01). In das für die Funktionen Ändern und Einfügen gleichartig gestaltbare Arbeitsformular sind dann lediglich Feldgrenzen als Erfassungshilfen zusätzlich aufzunehmen (siehe Abb. 17.16e).

```
┌──────────────────────────────────────────────────────────────────┐
│                                                                  │
│    Artikel-Nr.      : [     0]                                   │
│                                                                  │
│    Bezeichnung      : [                          ]               │
│    Kurzbezeichnung  : [            ]                             │
│                                                                  │
│    Einkaufspreis    : [        ] DM                              │
│    Verkaufspreis    : [        ] DM                              │
│    Rabattstaffel    :          [ ]                               │
│                                                                  │
│    Lagerbestand     : [        ] ME                              │
│    Meldemenge       : [        ] ME                              │
│    Nachbestellmenge:  [        ] ME                              │
│    Bestellt am      : [    ]                                     │
│    Bestellstatus    :          [ ]                               │
│    Lieferrückstand  : [        ] ME      Absatz  : [      ] ME   │
│    Lieferanten Nr.  : [    ]             Vorjahr: [      ] ME    │
│                                                                  │
└──────────────────────────────────────────────────────────────────┘
Ändern Artikelsatz ─────────────────────────────────────────────
F1-Help F2-Eingabe F3-Menü ein/aus                        Escape
Bitte Artikel-Nr. eingeben !
```

*Abb. 17.16e   Formular Ändern, Einfügen*

Programmierübungen                                                            Aufgabe 16

8. Als Hilfestellung für das Realisieren der Pflegefunktionen wird hier ein Programmausschnitt "Ändern-Artikelsatz" angegeben. In dieser Programmfunktion wird der Benutzer dreimal zur Dateneingabe aufgefordert:

   a. Unmittelbar im Anschluß an den Paragraphennamen WAHL-F-3 wird mit ACCEPT WAHL zum Betätigen einer Funktionstaste aufgefordert,

   b. die Anweisung ACCEPT ACCEPT-ARTNR erlaubt die manuelle Eingabe einer Artikel-Nr. und

   c. ACCEPT A-16-2-01 ermöglicht das Ändern des zuvor angezeigten Datensatzes.

Im Anschluß an jede der drei ACCEPT-Anweisungen wird geprüft, welche Funktionstaste gedrückt wurde:

```
*-------------------------------------------------------------
 AENDERN-ARTREL-S SECTION.
*-------------------------------------------------------------
 WAHL-F-3.
     ACCEPT WAHL AT 2308.
     IF ESCAPE GO TO END-AENDERN
     ELSE IF F1 MOVE "KC" TO HELP-ID
              CALL "S:HELP" USING HELP-ID
              GO TO WAHL-F-3
          ELSE IF F2 GO TO ZEIGE-ARTREL-S-AENDERN
               ELSE IF F3 PERFORM UPRO-WINDOW-AUFRUF
                    IF RETURN-TASTE
                       GO TO WAHL-CURSOR-F-3
                    ELSE IF ESCAPE GO TO END-AENDERN
                         ELSE IF F2 OR F3
                              GO TO ZEIGE-ARTREL-S-AENDERN
                              ELSE NEXT SENTENCE
                    ELSE CALL X"E5" GO TO WAHL-F-3.
 ZEIGE-ARTREL-S-AENDERN.
     DISPLAY A-16-LW-02.
     DISPLAY MELDUNG-A16-1 AT 2401 CALL X"E5".
     MOVE ZERO TO ACCEPT-ARTNR.
 WAHL-ACCEPT-F-3.
     ACCEPT ACCEPT-ARTNR AT 0424.
     IF RETURN-TASTE NEXT SENTENCE
     ELSE IF ESCAPE GO TO END-AENDERN
          ELSE IF F1 MOVE "KC" TO HELP-ID
                   CALL "S:HELP" USING HELP-ID
                   GO TO WAHL-ACCEPT-F-3
               ELSE IF F2 GO TO ZEIGE-ARTREL-S-AENDERN
                    ELSE IF F3 PERFORM UPRO-WINDOW-AUFRUF
                         IF RETURN-TASTE
                            GO TO WAHL-CURSOR-F-3
                         ELSE IF ESCAPE GO TO END-AENDERN
                              ELSE IF F2 OR F3
                                   GO TO
                                   ZEIGE-ARTREL-S-AENDERN
```

```
                                ELSE NEXT SENTENCE
                    ELSE CALL X"E5" GO TO WAHL-ACCEPT-F-3.
    WAHL-CURSOR-F-3.
       MOVE ACCEPT-ARTNR TO NUM-ARTNR.
       IF NUM-ARTNR > 10009 AND < 10200
           COMPUTE REL-KEY = NUM-ARTNR - 10009
           PERFORM ARTREL-RANDOM-LESEN
           IF NOT INVALID-KEY
               PERFORM AUFBEREITUNG-DISPLAY-SATZ
               DISPLAY PUNKTE AT 1628 DISPLAY A-16-2-01
           ELSE GO TO END-AENDERN
       ELSE DISPLAY MELDUNG-A16-3 AT 2401 CALL X"E5"
           GO TO END-AENDERN.
       DISPLAY MELDUNG-A16-4 AT 2401 CALL X"E5".
    WAHL-UPDATE-F-3.
       ACCEPT A-16-2-01.
       IF RETURN-TASTE NEXT SENTENCE
       ELSE IF ESCAPE GO TO END-AENDERN
           ELSE IF F1 MOVE "KC" TO HELP-ID
                   CALL "S:HELP" USING HELP-ID
                   GO TO WAHL-UPDATE-F-3
               ELSE IF F2 GO TO ZEIGE-ARTREL-S-AENDERN
                   ELSE IF F3 PERFORM UPRO-WINDOW-AUFRUF
                       IF RETURN-TASTE
                           GO TO WAHL-CURSOR-F-3
                       ELSE IF ESCAPE GO TO END-AENDERN
                           ELSE IF F2 OR F3
                               GO TO
                               ZEIGE-ARTREL-S-AENDERN
                           ELSE NEXT SENTENCE
                       ELSE CALL X"E5" GO TO WAHL-UPDATE-F-3.
       PERFORM AUFBEREITUNG-DATEI-SATZ.
    *--- hier wird ARTIKEL-TAB (Window-Menü) aktualisiert
       PERFORM LOCATE-TAB-POSITION VARYING I FROM 1 BY 1
               UNTIL ARTNR OF ARTIKEL-TAB (I) = NUM-ARTNR
                   OR I = TAB-DIM.
       MOVE ARTKURZBEZ TO ARTKURZBE OF ARTIKEL-TAB (I).
       REWRITE ARTREL-S.
       DISPLAY MELDUNG-A16-5 AT 2401.
       CALL X"E5".
    END-AENDERN.
       CONTINUE.
```

9. Die im vorstehenden Programmausschnitt angesprochenen Paragraphen AUFBEREITUNG-DISPLAY-SATZ und AUFBEREITUNG-DATEI-SATZ dienen der Konvertierung von druckaufbereitet erfaßten Bildschirmdaten in Rechendaten bzw. der Druckaufbereitung:

```
    AUFBEREITUNG-DISPLAY-SATZ.
       MOVE    ARTKURZBEZ      TO    A-16-2-01-0724.
       MOVE    ARTBEZ          TO    A-16-2-01-0624.
       MOVE    LIEFNR          TO    A-16-2-01-1928.
```

```
        :
        MOVE    VORJAHR           TO    A-16-2-01-1967.
        MOVE    KUMULIERT         TO    A-16-2-01-1866.
    AUFBEREITUNG-DATEI-SATZ.
        MOVE    A-16-2-01-0724    TO    ARTKURZBEZ.
        MOVE    A-16-2-01-0624    TO    ARTBEZ.
        MOVE    A-16-2-01-1928    TO    LIEFNR.
        :
        MOVE    A-16-2-01-1967    TO    VORJAHR.
        MOVE    A-16-2-01-1866    TO    KUMULIERT.
```

10. Für die Pflegefunktion "Einfügen" läßt sich die Menü-Leiste wie folgt gestalten:

```
Einfügen Artikelsatz ─────────────────────────────────────────
F1-Help F2-Eingabe F3-Suchlauf/Eingabe                                    Escape
```

Bei Betätigung der Taste F3-Suchlauf kann mit Hilfe der START-Anweisung ab Dateianfang fortlaufend geprüft werden, welcher RELATIVE KEY auf einen INVALID KEY führt. Das Programm schlägt dann zum ersten nicht belegten Satzbereich (freie Region) eine korrespondierende Artikel-Nr. für den einzufügenden Datensatz vor.

11. Möchte man beim Wechsel der Arbeitsformulare ein möglichst "flimmerfreies" Bild erhalten, ist dies erreichbar, wenn lediglich die entbehrlichen Informationen selektiv vom Bildschirm gelöscht werden. Hierzu können mit Hilfe des Maskengenerators FORMS mehrere "Lösch-Windows" erzeugt werden:

```
    01  A-16-LW-01 VALUE SPACE.
        03  FILLER             PIC X(0082).
        03  A-16-LW-01-0203    PIC X(0076).
        03  FILLER             PIC X(0004).
        03  A-16-LW-01-0303    PIC X(0076).
        03  FILLER             PIC X(0004).
        03  A-16-LW-01-0403    PIC X(0076).
            :
        03  FILLER             PIC X(0082).
        03  A-16-LW-01-2201    PIC X(0080).
        03  A-16-LW-01-2301    PIC X(0080).
        03  A-16-LW-01-2401    PIC X(0080).
        03  A-16-LW-01-2501    PIC X(0080).
    01  A-16-LW-02    REDEFINES A-16-LW-01.
        03  FILLER             PIC X(0263).
        03  A-16-LW-02-0424    PIC X(0005).
        03  FILLER             PIC X(0155).
            :
    01  A-16-LW-03    REDEFINES    A-16-LW-01.
        03  FILLER             PIC X(0200).
        03  A-16-LW-03-0341    PIC X(0038).
        03  FILLER             PIC X(0042).
            :
```

Programmierübungen                                                           Aufgabe 16

12. Abbildung 17.16f zeigt den Bildschirm für die Pflegefunktion "Ändern" nach Aufruf des Menü-Windows sowie den zugehörigen Help-Screen.

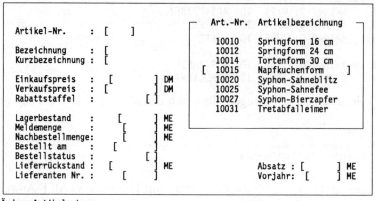

Abb. 17.16f  Formular "Ändern" mit Menü-Window und Help-Bildschirm

Die Artikelinformationen des Menü-Windows sollten zum Startzeitpunkt des Programms in eine entsprechend definierte Tabelle geladen werden. Es ist sicherzustellen, daß diese Tabelle beim Löschen, Ändern und Einfügen von Datensätzen mit gepflegt wird. Auch läßt sich programmtechnisch sicherstellen, daß der Menü-Auswahlbalken unmittelbar nach dem Einblenden des Windows auf die zuletzt innerhalb des Programms angesprochene Artikel-Nr. oder zumindest in deren Umgebung positioniert wird.

In der auf den COBSYS-Disketten gespeicherten Musterlösung zu dieser Aufgabe wurde die Ausgabe des Menü-Windows sowie die Window-Wahl in ein

*externes* Unterprogramm UPRO-16 ausgelagert, das wie folgt aufgerufen wird:
```
UPRO-WINDOW-AUFRUF.
    CALL "C:\UPRO-16"
        USING MENUE-STATUS ARTIKEL-TAB TAB-DIM
        ACCEPT-ARTNR REL-KEY KEY-CODE.
```

Die Tabelle mit den Artikelinformationen (ARTIKEL-TAB) ist hier dem Unterprogramm als Aufrufparameter übergeben worden, da sie im Hauptprogramm (Tabellenpflege bei Einfügungen, Löschungen und Änderungen) *und* im Unterprogramm (Blättern im Anzeigefenster, Satzauswahl) zugreifbar sein muß. Der Parameter MENUE-STATUS liefert dem Unterprogramm die Information, aus welcher Pflegefunktion heraus das Window aktiviert wurde. TAB-DIM übergibt die Anzahl der tatsächlich gespeicherten Wahloptionen.[1] Für die Positionierung des Auswahlbalkens im Menü-Window auf oder in die Umgebung des zuletzt im Programm angesprochenen Artikelsatzes werden dem Unterprogramm die Parameter ACCEPT-ARTNR und REL-KEY übergeben. Einer dieser beiden Parameter liefert die Information über den vom Benutzer im Window ausgewählten Artikelsatz ans Hauptprogramm zurück.

Im Anschluß an die Positionierung des Auswahlbalkens im Menü-Window wird der Benutzer normalerweise seine Wahl durch Betätigen der Return-Taste quittieren. In der Musterlösung (siehe Abb. 17.16f) werden ihm zusätzlich Möglichkeiten zum Abbruch der jeweiligen Pflegefunktion (Esc-Taste), zum Ausschalten des Menüs (F3-Menü ein/aus) sowie zum Betätigen der F2-Taste geboten. Der Aufrufparameter KEY-CODE zum Unterprogramm UPRO-16 liefert die Information über den jeweiligen Benutzerwunsch ans Hauptprogramm zurück.

13. Die Textkonstanten des Menü-Windows können zeilenweise (DISPLAY zeile AT cursor-position) oder alternativ zusammen mit dem Restbildschirm ganzseitig ausgebracht werden. Die acht Menü-Zeilen mit Artikelinformationen lassen sich mit Hilfe eines generierten DDS-Beschreibungssatzes senden. Um die Daten der Menü-Zeilen in einem Schleifenkörper laden zu können, kann der Beschreibungssatz mittels einer Tabelle (hier: DISPLAY-TAB) redefiniert werden:

```
01  A-16-2W-00-ATTR.
    03 FILLER          PIC X(0202) VALUE ALL X"17".
    03 FILLER          PIC X(0001) VALUE ALL X"47".
        :
    03 FILLER          PIC X(0320) VALUE ALL X"06".
01  A-16-2W-00   .
    03  A-16-2W-00-0101 PIC X(0080) VALUE "┌─────────────
-   "─────────────────────────────────────────────────┐".
    03  A-16-2W-00-0201 PIC X(0001) VALUE "|".
```

---

1. Die Anzahl gespeicherter Auswahloptionen wird beim Laden der Tabelle aus der relativen Artikeldatei durch Auszählen der gelesenen Sätze ermittelt.

```
       03 FILLER              PIC X(0078).
       :
       03 A-16-2W-00-2101 PIC X(0080) VALUE "└─────────────
 -    "────────────────────────────────────────┘".
01  A-16-2W-01    REDEFINES A-16-2W-00 .
    03 FILLER         PIC X(0366).
    03 MENUE-WINDOW.
*-- >>>>>>> diese Datengruppe wurde manuell geändert <<<<<<<<
       05  A-16-2W-01-0547 PIC 9(0005).
       05  FILLER          PIC X(0001).
       05  A-16-2W-01-0553 PIC X(0001).
       05  FILLER          PIC X(0002).
       05  A-16-2W-01-0556 PIC X(0018).
       05  FILLER          PIC X(0053).
       05  A-16-2W-01-0647 PIC 9(0005).
       :
       05  A-16-2W-01-1247 PIC 9(0005).
       05  FILLER          PIC X(0001).
       05  A-16-2W-01-1253 PIC X(0001).
       05  FILLER          PIC X(0002).
       05  A-16-2W-01-1256 PIC X(0018).
       05  FILLER          PIC X(0053).
*-- >>>>>>> Definition der Tabelle DISPLAY-TAB <<<<<<<<
    03 DISPLAY-TAB REDEFINES MENUE-WINDOW.
       05 DISPLAY-ZEILE                    OCCURS 8 TIMES.
          07 DISP-ARTNR     PIC 99999.
          07 FILLER         PIC X.
          07 DISP-KENNUNG   PIC X.
          07 FILLER         PIC XX.
          07 DISP-BEZ       PIC X(18).
          07 FILLER         PIC X(53).
```

14. Der Menü-Wahlbalken läßt sich durch Inversdarstellung oder farbliche Abhebung vom Restmenü darstellen. Hierzu sind Bildschirmattribute positioniert zu senden. Eine über Funktionstasten ausgelöste Verlagerung des Auswahlbalkens macht die Rekonstruktion der Window-Attribute in der vorherigen Auswahlzeile erforderlich; z.B.:

```
CURSOR-UP-WAHL.
    PERFORM AUSWAHL-ZEILE-LOESCHEN.
    SUBTRACT 1 FROM AUSWAHL-ZEILE.
    COMPUTE SCREEN-OFFSET = ((AUSWAHL-ZEILE - 1) * 80) + 45.
    PERFORM AUSWAHL-ZEILE-ZEIGEN.
AUSWAHL-ZEILE-ZEIGEN.
    MOVE 30 TO IO-LENGTH.
    CALL SCREEN-IO
        USING WRITE-ATTR FORM-PARAMS MENUE-Z-00-ATTR.
AUSWAHL-ZEILE-LOESCHEN.
    MOVE 30 TO IO-LENGTH.
    CALL SCREEN-IO
        USING WRITE-ATTR FORM-PARAMS MENUE-Z-01-ATTR.
```
mit:

```
01  MENUE-Z-00-ATTR.
    03 FILLER              PIC X(0031) VALUE ALL X"70".
01  MENUE-Z-01-ATTR.
    03 FILLER              PIC X(0002) VALUE ALL X"67".
    03 FILLER              PIC X(0005) VALUE ALL X"63".
    03 FILLER              PIC X(0024) VALUE ALL X"67".
```

15. Bei Auswahlanforderungen an den Menü-Rändern (Up/Down), einem seitenweisen Blättern (PgUp/PgDn) oder dem Sprung Menü-Anfang/-Ende (Home/End) sind Artikelinformationen anforderungsgerecht in die redefinierte Tabelle DISPLAY-TAB zu laden, und der Beschreibungssatz A-16-2W-01 ist dann zu senden (vergl. Lösungshinweis 13).

16. Der Benutzer quittiert seine Menü-Wahl mit der Return-Taste. Die Position des Menü-Balkens zu diesem Zeitpunkt determiniert über das zugehörige Tabellenelement den gewählte Artikelsatz.

## 16.3 Ergänzungsfrage

In dieser Aufgabe wurde vereinfachend unterstellt, daß alle Artikelinformationen des Menü-Windows in einer Tabelle zwischengespeichert werden können. Wie wäre vorzugehen, wenn dies wegen einer sehr großen Anzahl von Artikelsätzen nicht möglich ist?

# Aufgabe 17

| | |
|---|---|
| **Inhalt** | : Interaktive Pflege einer indiziert organisierten Kundendatei. |
| **Lernziele** | : – Sprachelemente zur Verarbeitung indizierter Dateien |
| | – Übernahme eines sequentiell organisierten Datenbestands in eine indizierte Mehrschlüsseldatei |
| | – Definition von Primär- und Sekundärschlüsseln |
| | – Berücksichtigung von Duplikaten im Sekundärindex |
| | – Pflegefunktionen: Anzeigen, Ändern, Einfügen, Löschen und Blättern |
| | – Match-Code-Suche nach Kunden |
| | – Auswahlhilfe durch Einblenden von zwei Menü-Windows mit unterschiedlicher Sortierfolge der Wahloptionen |
| | – dateisynchrone Pflege der Menü-Optionen |
| | – Systemvorschlag freier Primärschlüssel für das Einfügen von Datensätzen (Suchlauf) |
| | – Blättern: Ausgabe der Sätze in Primär- oder Sekundärschlüsselfolge |
| | – Zwischenspeichern attributbehafteter Bildschirmmasken |
| | – EXTERNAL-Klausel |
| | – STRING- und UNSTRING-Anweisung. |
| **Texthinweis** : | Abschn. 15.2 (indizierte Dateien), Abschn. 12.4.2 (problemspezifisch def. Funktionstasten-Tabellen), Abschn. 12.6.2 bis 12.6.4 (Menü-Windows), Abschn. 11.5 (EXTERNAL-Klausel), Abschn. 14.1.1 (STRING-Anweisung), Abschn. 14.1.2 (UNSTRING-Anweisung). |

## 17.1 Aufgabentext

Im Mittelpunkt dieser Übungsaufgabe steht der COBOL-Sprachvorrat für die Verarbeitung indiziert organisierter Dateien. Das Programm zu dieser Aufgabe soll einen vorgegebenen sequentiell organisierten Kundendatenbestand KUNDEN.DAT in eine indiziert organisierte Datei (z.B. KUNDIND.DAT) übertragen und dem Benutzer dann die Pflegefunktionen Anzeigen, Ändern, Einfügen, Löschen und Blättern auf die indizierte Kundendatei ermöglichen. Die Zielsetzungen dieser Aufgabe entsprechen – insbesondere auch hinsichtlich der Dialogablaufsteuerung – weitestgehend denen der Aufgabe 16.

Ergänzend sollen hier die Möglichkeiten des Zugriffs auf Datensätze über Sekundärschlüssel einschließlich Match-Code-Suche, das Einblenden von (und Umschalten zwischen) zwei Menü-Windows, das Zwischenspeichern von attributbehafteten Bildschirmseiten mit dem Ziel der späteren beschleunigten Rekonstruktion sowie die STRING- und UNSTRING-Anweisung erprobt werden.

Die genannten Pflegefunktionen zeichnen sich dadurch aus, daß die Einleitung der jeweiligen Pflegeaktivität durch Vorgabe eines Primär- oder Sekundärschlüssels erfolgt. Für die Auswahl eines Datensatzes der indizierten Kundendatei in den Programmfunktionen Ansehen, Ändern, Löschen und Blättern *können* hier *vier Möglichkeiten* vorgesehen werden:

a. manuelle Vorgabe des Primärschlüssels Kunden-Nummer durch den interaktiven Benutzer,

b. Match-Code-Suche über einen Sekundärschlüssel Kundenname (Firma) mit anschließender Satzauswahl durch Cursor-Positionierung,

c. Selektion eines Satzes in einem nach Kunden-Nummern aufsteigend geordneten Menü-Window, das die Satzauswahl durch Positionierung eines Auswahlbalkens auf den zu pflegenden Datensatz erlaubt und

d. Satzauswahl in einem nach Kundennamen (Firma) geordneten zweiten Menü-Window.

In indiziert organisierte Datenbestände lassen sich Sätze einfügen. Hierzu ist ein Primärschlüssel vorzugeben, unter dem bisher keine Daten abgelegt wurden. Auch können Satzschlüssel (logisch) gelöschter Datensätze erneut vergeben werden. In diesem Programm ist vorzusehen, daß Schlüssel einzufügender Datensätze *manuell* vom Benutzer vorgegeben oder alternativ vom Programm nach Anstoßen eines *Suchlaufs* bereitgestellt werden. Einen vom System vorgeschlagenen Satzschlüssel soll der Benutzer akzeptieren oder überschreiben können.

In der Programmfunktion Blättern ist der erste anzuzeigende Datensatz durch manuelle Schlüsselvorgabe, nach einer Match-Code-Suche oder in einem der beiden Menü-Windows zu bestimmen. Nachfolgende Datensätze sind aufsteigend nach Primärschlüsseln (Kunden-Nummer) oder alternativ in der Sortierfolgeordnung des Sekundärschlüssel-Index (Firma) anzuzeigen.

Die in den Funktionen Anzeigen, Ändern, Löschen und Blättern einzublendenden Menü-Windows sollen lediglich die Benutzerfreundlichkeit des Programms erhöhen. Sie werfen zwei programmtechnische Probleme auf:

1. Soll die Positionierung der Menü-Auswahlbalken auf den zu selektierenden Satz mit Hilfe von Cursor-Tasten (Up/Down, PgUp/PgDn, Home/End) erfolgen, muß deren Betätigung im Programm erkannt werden. Hierzu ist eine problemspezifisch zu definierende Funktionstasten-Tabelle unter Berücksichtigung der Tasten zur Cursor-Positionierung zu codieren.

2. Werden Datensätze der extern gespeicherten Datei geändert bzw. gelöscht oder zusätzliche Sätze in den Datenbestand eingefügt, sind die im Arbeitsspeicher zwischenzuspeichernden Window-Informationen dateisynchron mitzupflegen.

Das Programm zu dieser Aufgabe soll dem Benutzer alle Pflegefunktionen in einem Hauptmenü anbieten.

Programmierübungen                                                                  Aufgabe 17

```
Help zu ...              Pflege Kundenstammdaten                      Help LA

Dieses Programm demonstriert Möglichkeiten des Zugriffs auf einen indiziert or-
ganisierten Datenbestand (Primär- und Sekundärschlüssel).
Beim Einfügen von Datensätzen wird vom Programm ein Satzschlüssel vorgeschlagen,
der akzeptiert oder überschrieben werden kann. In allen anderen Pflegefunktionen
können Datensätze über einen Match-Code oder mit Hilfe von Menü-Windows, die
nach Kunden-Nrn. oder Kunden-Namen aufsteigend organisiert sind, ausgewählt wer-
den.
Aus dem Grundmenü heraus sind folgende Funktionen aufrufbar:
         F1  - Help       Über diese Taste sind Sie hierher gelangt.
         F2  - Anzeigen   Zeigt Informationen zu einem Kunden.
         F3  - Ändern     Ermöglicht das Aktualisieren von Kundendaten.
         F4  - Einfügen   Erlaubt das Hinzufügen von Kunden-Datensätzen.
         F5  - Löschen    Entfernen von Sätzen aus dem Datenbestand.
         F6  - Blättern   Anzeigen von Sätzen aufsteigend nach zwei Schlüsseln.
         F7  - Anlegen    Ausgangsbestand wird in indizierte Datei überführt.
         Escape           Abbruch des Programmlaufs.
                                                     Rückkehr mit F1 oder SPACE
Pflege Kundendatei ───────────────────────────────────────────────────────────
F1-Help F2-Anzeigen F3-Ändern F4-Einfügen F5-Löschen F6-Blättern F7-Anlegen  Esc
Indizierte Kundendatei erfolgreich angelegt !
```

*Abb. 17.17a   Hauptmenüleiste mit Help-Bildschirm*

Abbildung 17.17a zeigt eine Gestaltungsmöglichkeit des Hauptmenüs zusammen mit dem zugehörigen Help-Bildschirm. Unmittelbar nach dem Start des Programms müssen die Menü-Windows in einem *Vorlauf* mit den erforderlichen Informationen versorgt werden. Hierzu ist die indizierte Kundendatei zu lesen. Existiert diese Datei noch nicht, soll sie durch Übernahme des Datenbestands aus der sequentiellen Datei KUNDEN.DAT angelegt werden[1]: Die Sätze der Datei KUNDEN.DAT werden gelesen und anschließend in die indiziert organisierte Datei abgelegt.

Die Funktion "F7-Anlegen" des Hauptmenüs unterstützt lediglich Ihren Programmtest: Bei Betätigen dieser Taste wird die durch Einfügungen, Löschungen und Änderungen fortgeschriebene indizierte Datei durch den Ausgangsdatenbestand KUNDEN.DAT überschrieben und so in einen vordefinierten Urzustand rückversetzt. Die auf den COBSYS-Disketten gespeicherte LINE SEQUENTIAL organisierte Ausgangsdatei KUNDEN.DAT enthält zwei Satzarten. Sie hat den in Abb. 17.17b angegebenen Aufbau.

Bedien- und Eingabefehler des Benutzers sind in der Statuszeile des Bildschirms zusammen mit Korrekturhinweisen zu melden. Als Statusmeldungen, Ablaufhinweise und Fehlermeldungen lassen sich in diesem Programm u.a. vorsehen[2]:

```
01  DISPLAY-MELDUNGEN-AUFG-17.
    03 MELDUNG-A17-1    PIC X(78) VALUE "Bitte Firmen-Match-Code
-       "oder Kunden-Nr. eingeben !".
    03 MELDUNG-A17-2    PIC X(78) VALUE "Kein Satz mit diesem Sch
-       "lüssel angelegt !".
    03 MELDUNG-A17-3    PIC X(78) VALUE "Index-Eintragungen liege
```

---

1. Dies ist nur beim erstmaligen Start des Programms der Fall.
2. Diese Meldungen sind in Datei AUFG17.DOC auf den COBSYS-Disketten gespeichert.

Programmierübungen    Aufgabe 17

| Datei KUNDEN.DAT, Satzart 1 | | | |
|---|---|---|---|
| Inhalt | Spalte | Feldlänge | Feldtyp |
| Kunden-Nr. | 1 - 6 | 6 | num. |
| Satzart | 7 | 1 | num. |
| Firma | 8 - 32 | 25 | alphanum. |
| Ansprechpartner | - | - | - |
| Vorname | 33 - 57 | 25 | alphanum. |
| Nachname | 58 - 82 | 25 | alphanum. |
| Geschlecht | 83 | 1 | num. |
| 1 = weiblich | - | - | - |
| 2 = männlich | - | - | - |
| Straße/Postfach | 84 - 109 | 26 | alphanum. |
| Ort | 110 - 134 | 25 | alphanum. |
| Telefon | 135 - 150 | 16 | alphanum. |

| Datei KUNDEN.DAT, Satzart 2 | | | |
|---|---|---|---|
| Inhalt | Spalte | Feldlänge | Feldtyp |
| Kunden-Nr. | 1 - 6 | 6 | num. |
| Satzart | 7 | 1 | num. |
| Umsatz Vor-Vorjahr | 8 - 18 | 9 + 2 Dez. | num. |
| Umsatz Vorjahr | 19 - 29 | 9 + 2 Dez. | num. |
| kumulierter Jahresumsatz | 30 - 40 | 9 + 2 Dez. | num. |
| Kreditlimit | 41 - 46 | 6 | num. |
| Datum letzte Bestellung | 47 - 52 | 6 | num. |
| Soll-Kontostand | 53 - 61 | 7 + 2 Dez. | num. |
| Haben-Kontostand | 62 - 70 | 7 + 2 Dez. | num. |
| leer | 71 - 150 | 80 | - |

*Abb. 17.17b   Satzaufbau Kundendatei*

```
-          "n lexikalisch vor diesem Schlüssel !".
           03 MELDUNG-A17-4    PIC X(78) VALUE "Keine Index-Eintragung z
-          "u diesem Match-Code !".
           03 MELDUNG-A17-5    PIC X(78) VALUE "Weitere Sätze zum Match-
-          "Code anzeigen J/N ?".
           03 MELDUNG-A17-6    PIC X(78) VALUE "Cursor positionieren und
-          " Auswahl mit Return-Taste quittieren !".
           03 MELDUNG-A17-7    PIC X(78) VALUE "Bitte Änderungen vornehm
-          "en und mit Return-Taste abschicken !".
           03 MELDUNG-A17-8    PIC X(78) VALUE "Die Änderungen wurden ab
-          "gespeichert !".
           03 MELDUNG-A17-9    PIC X(78) VALUE "Suchlauf, bitte warten !
-          "".
           03 MELDUNG-A17-10   PIC X(78) VALUE "Vorschlag für Kunden-Nr.
-          " ggf. ändern und mit Return quittieren !".
           03 MELDUNG-A17-11   PIC X(78) VALUE "Bitte Kunden-Nr. des ein
-          "zufügenden Satzes angeben !".
           03 MELDUNG-A17-12   PIC X(78) VALUE "Bitte Datensatz eintrage
```

```
         -    "n !".
              03 MELDUNG-A17-13    PIC X(78) VALUE "Die angegebene Kunden-Nr
         -    ". ist bereits vergeben !".
              03 MELDUNG-A17-14    PIC X(78) VALUE "Der Datensatz wurde eing
         -    "efügt !".
              03 MELDUNG-A17-15    PIC X(78) VALUE "Die Kunden-Nr. soll hier
         -    " aus 6 Ziffern bestehen, bitte korrigieren !".
              03 MELDUNG-A17-16    PIC X(78) VALUE "Diesen Datensatz löschen
         -    " J/N ?".
              03 MELDUNG-A17-17    PIC X(78) VALUE "Datensatz wurde nicht ge
         -    "löscht !".
              03 MELDUNG-A17-18    PIC X(78) VALUE "Datensatz wurde gelöscht
         -    " !".
              03 MELDUNG-A17-19    PIC X(78) VALUE "Kunden-Nr. oder Match-Co
         -    "de des ersten anzuzeigenden Satzes eingeben !".
              03 MELDUNG-A17-20    PIC X(78) VALUE "Schlüssel größer als die
         -    " höchste vergebene Kunden-Nummer !".
              03 MELDUNG-A17-21    PIC X(78) VALUE "Weitere Datensätze mit F
         -    "2-Taste !".
              03 MELDUNG-A17-22    PIC X(78) VALUE "Dateiende erreicht !  We
         -    "iter mit Escape-Taste.".
              03 MELDUNG-A17-23    PIC X(79) VALUE "Bei Eingabe Kunden-Nr/Ma
         -    "tch-Code Blättern aufst. nach Primär-/Sekundärschlüssel".
              03 MELDUNG-A17-25    PIC X(78) VALUE "Einrichten der indiziert
         -    "en Kundendatei. Bitte warten !".
              03 MELDUNG-A17-26    PIC X(78) VALUE "Indizierte Kundendatei e
         -    "rfolgreich angelegt !".
              03 MELDUNG-A17-27    PIC X(78) VALUE "Fehler in Satzartfolge d
         -    "er sequentiellen Input-Datei. Abbruch Verarbeitung!".
              03 MELDUNG-A17-28    PIC X(78) VALUE "Primär-Schlüssel mehrfac
         -    "h aufgetreten. Abbruch Verarbeitung !".
              03 MELDUNG-A17-29    PIC X(78) VALUE "Input-Datei endet mit Sa
         -    "tzart 1. Abbruch Verarbeitung !".
```

## 17.2 Lösungshinweise

1. Es ist zweckmäßig, dieses Programm schrittweise zu entwerfen, zu codieren und zu testen. In einem ersten Schritt sollte lediglich die Dialogablaufsteuerung sowie das Anlegen der indizierten Datei durch Übernahme des sequentiellen Datenbestands realisiert werden. Anschließend können die über die Funktionstasten F2 bis F6 erreichbaren Pflegefunktionen sukzessiv entworfen und implementiert werden.

   Drei weitere Programmkomlexe bilden die Match-Code-Suche sowie das Einblenden der beiden Menü-Windows einschließlich Satzauswahl. Diese Programmfunktionen können in einem letzten Schritt als externe oder interne Unterprogramme gestaltet werden, die aus den Pflegefunktionen über Prozedur- oder Unterprogrammnamen aufzurufen sind.

   Die folgenden Lösungshinweise orientieren sich an der aufgezeigten schrittweisen Vorgehensweise.

Die auf den COBSYS-Disketten gespeicherte Musterlösung zu dieser Aufgabe realisiert die *beiden Menü-Windows* in *einem externen* Unterprogramm UPRO-17W; die *Match-Code-Suche* ist als *zweites externes* Unterprogramm UPRO-17M implementiert.

2. Mit dem direkten Zugriff auf Datensätze einer indiziert organisierten Datei können unterschiedliche Verarbeitungsziele verfolgt werden:

    a. Es wird geprüft, ob der über einen konkreten Primär- oder Sekundärschlüssel angesprochene Datensatz existiert.

    b. Ein existierender Datensatz wird gelesen und damit dem Programm zwecks Verarbeitung zur Verfügung gestellt. Bei Sekundärschlüsselzugriffen können Datensätze mit Schlüsselduplikaten gespeichert sein.

    c. Ein Datensatz wird gelesen, sein Inhalt modifiziert, und anschließend wird der geänderte Satz zurückgeschrieben.

    d. Ein Datensatz wird ohne ein vorausgehendes Lesen überschrieben.

    e. Ein Datensatz wird eingefügt. Dies setzt voraus, daß unter dem betreffenden Primärschlüssel bisher kein Datensatz eingetragen ist.

    f. Ein existierender Datensatz wird (logisch) gelöscht.

    g. Mit Hilfe der START-Anweisung wird mittels eines Primär- oder Sekundärschlüssels auf einen bestimmten Datensatz positioniert. Ab diesem Satz kann die indizierte Datei dann sequentiell zugegriffen werden. Diese Vorgehensweise ist u.a. geeignet, alle Datensätze mit Duplikaten zu einem vorgegebenen Sekundärschlüssel aufzufinden.

    Machen Sie sich mit den COBOL-Formaten zur Verarbeitung indizierter Dateien vertraut.

3. Bei der Übernahme des Datenbestands aus der sequentiellen Ausgangsdatei KUNDEN.DAT in eine indiziert organisierte Datei (z.B. KUNDIND.DAT) sind wegen der beiden Satzarten der Ausgangsdatei Folgesatzprüfungen durchzuführen.[1] Die indizierte Datei sollte *keine* Folgesätze enthalten. Die Datensätze dieser Datei ergeben sich dann durch die geeignete Zusammenfassung von jeweils *zwei zusammengehörigen* Sätzen der Ausgangsdatei zu *einem* Satz der indizierten Datei.

4. Im *Vorlauf* des Programms können Sie ein "Mehrfachanlegen der indizierten Kundendatei" wie folgt mit Hilfe des INVALID KEY-Zusatzes verhindern:

    ```
    OPEN I-O KUNDIND.
    INITIALIZE INVALID-KEY-F
    MOVE 1 TO KUNDNR OF KUNDIND-S.
    START KUNDIND KEY NOT < KUNDNR OF KUNDIND-S
        INVALID KEY SET INVALID-KEY TO TRUE
    END-START.
    ```

---

1. Zu Folgesatzprüfungen siehe Abschn. 6.5.3 sowie Aufgabe 6.

```
IF INVALID-KEY THEN PERFORM ANLEGEN-KUNDIND-DAT.
PERFORM KUNDEN-TABELLEN-LADEN.
```

5. Funktionstasten (F1, F2 usw.) und Cursor-Positioniertasten (Up/Down, PgUp/ PgDn, Home/End) sollen in diesem Programm die Dialogablaufsteuerung und die Positionierung des Menü-Auswahlbalkens auf einen zu selektierenden Datensatz in den beiden Menü-Windows ermöglichen. Da die in den Aufgaben 14 und 15 zur Definition von Funktionstasten eingesetzte "vordefinierte Benutzertabelle" keine Einträge für Cursor-Tasten vorsieht, müssen Funktionstasten hier über "problemspezifisch definierbare Tabellen" aktiviert werden. Lösungshinweis 3 zu Aufgabe 16 enthält weitere Hinweise zur Definition der Tastaturtabelle. Insbesondere wird dort erläutert, warum es *nicht* hinreichend ist, lediglich eine problemspezifische Tastaturtabelle zu codieren.

6. Die Bildschirmoberfläche zu diesem Programm läßt sich vorteilhaft mit Hilfe des Maskengenerators FORMS gestalten. In den Lösungshinweisen 5 bis 7 zu Aufgabe 16 wurde gezeigt, wie durch den uniformen Aufbau von funktionsneutral gestalteten Bildschirmformularen Speicherplatz, Editier- und Codieraufwand eingespart werden kann. Die genannten Lösungshinweise sind uneingeschränkt auf dieses Programm übertragbar.

7. Abbildung 17.17c zeigt eine Gestaltungsmöglichkeit für die Bildschirmmaske zur Pflegefunktion Ändern.

```
    Kunden-Nr.            :   110011

    Firma                 :   [KAUFHOF AG München         ]
    Ansprechpartner       :   [Herr][Helmut Dohrendorf                      ]
    Straße/Postfach       :   [Hamburgerstrasse 123       ]
    Ort                   :   [8000 München               ]

    Telefon               :   [089/5643899-243]

    Umsatz Vor-Vorjahr :     [    165.543,67] DM    Letzter Umsatz : [ 3.08.90]
    Umsatz Vorjahr    :     [    146.978,21] DM
    Kumulierter Umsatz :     [     62.854,93] DM    Soll  : [    8.514,27] DM
    Kreditlimit       :     [     10.000,00] DM    Haben : [        0,00] DM


    Firma / Kunden-Nr. :    [110011                       ]

Ändern Kundensatz ─────────────────────────────────────────────────
F1-Help  F2-Eingabe  F3-Menü ein/aus                              Escape
Bitte Änderungen vornehmen und mit Return-Taste abschicken !
```

*Abb. 17.17c   Bildschirm zum Ändern der Kundendaten*

8. Die Musterlösung zu dieser Aufgabe sieht *alternativ* die Eingabe einer Kunden-Nummer (Primärschlüssel), eines Kundennamens (Sekundärschlüssel Firma) oder die eines Match-Codes in das Erfassungsfeld "Firma/Kunden-Nr.:" vor. Wird eine Benutzereingabe in dieses Feld programmintern als Kunden-Nummer identifiziert, kann der zugehörige Datensatz über den Primärindex

gelesen und anschließend angezeigt werden. Nach Modifikation der Daten durch den Benutzer ist der Satz dann in die Kundendatei zurückzuschreiben.

Ein abweichender programminterner Ablauf ergibt sich, wenn der Benutzer auf einen Datensatz über den Kundennamen zugreifen möchte. Hier können zwei Komplikationen auftreten:

    a. der Benutzer kennt die exakte Schreibweise des Kundennamens nicht (z.B. Maier oder Meyer) und

    b. im Sekundärindex können Duplikate abgelegt sein (z.B. KAUFHOF AG in München und KAUFHOF AG in Worms).

Besteht Unklarheit über die Schreibweise des Namens, muß die Möglichkeit bestehen, über den Anfangsbuchstaben oder die ersten zwei, drei usw. Buchstaben des Namens alle zuzuordnenden Index-Einträge (matching keys) aufzufinden. So könnte z.B. bei Eingabe des Match-Codes "KA" in das Erfassungsfeld "Firma/Kunden-Nr.:" als Folgebildschirm zu den Formularen der Pflegefunktionen der in Abb. 17.17d angegebene Bildschirm aufgebaut werden. Aus Benutzersicht ist es wünschenswert, wenn auch bei vollständiger Eingabe des Sekundärschlüssels Kundenname Zusatzinformationen am Bildschirm angezeigt werden, die eine sichere Identifikation des gesuchten Kunden ermöglichen.

Die Auswahl des tatsächlich gesuchten Kunden aus der Menge der am Bildschirm angezeigten "matching records" kann dann durch manuelle Eingabe der zugeordneten Kunden-Nummer oder eleganter durch Cursor-Markierung (Positionieren des Cursors auf eine Bildschirmzeile) erfolgen.

9. Analysieren Sie sorgfältig das Problem des Auffindens von "matching keys" im Sekundärindex. Unter Berücksichtigung der Sortierfolge in diesem Inhaltsverzeichnis muß über einen geeignet konstruierten "Einstiegsschlüssel" auf den ersten auszulesenden Satz positioniert werden (START-Anweisung). Anschließend können Sätze durch sequentielles Lesen solange bereitgestellt werden, bis der vom eingegebenen Suchbegriff vorgegebene Schlüsselbereich verlassen wird. Die Zugehörigkeit zum Schlüsselbereich läßt sich durch Vergleich mit einem zweckmäßig aufgebauten "Grenzschlüssel" prüfen.[1]

*Hinweis:* Die Datei KUNDEN.DAT enthält mehr als 20 Datensätze zu Kunden, deren Firmenbezeichnung mit "K" beginnt. Bei Eingabe dieses Match-Codes kommt es mithin zu einem Seitenüberlauf des in Abb. 17.17d gezeigten Bildschirms. Dieser Überlauf ist geeignet zu verwalten.

---

1. Dieser "Grenzschlüssel" kann mit Hilfe der STRING-Anweisung erzeugt werden.

Programmierübungen                                              Aufgabe 17

```
    Nr.    Wahl  Kunde                    Ort                    Soll

    110066       KAISER & KELLERMANN      2300 Kiel              0,00
    110012       KARSTATT AG Bad Segeb.   2360 Bad Segeberg      3.502,01
    110067       KATHREINER               6000 Frankfurt         557,65
    110055       KAUFHAUS KLINGER         3450 Holzminden        197,85
    110033    ■  KAUFHAUS Lübecker Tor    2400 Lübeck            0,00
    110011       KAUFHOF AG München       8000 München           8.514,27
    110052       KAUFHOF AG Worms         6520 Worms             1.919,09
    110049       KAUFPASSAGE Freiburg     7800 Freiburg          12,03
    110022       KAUFRING Aachen          5100 Aachen            219,02




    Firma / Kunden-Nr. :  [KA....                ]
```
Ändern Kundensatz ─────────────────────────────────────────────────
F1-Help  F2-Eingabe  F3-Menü ein/aus                       Escape
Cursor positionieren und Auswahl mit Return-Taste quittieren !


    Help zu ...              Match-Code-Wahl                   Help LC

Die hier implementierte Match-Code-Suche ist über den alphanumerisch definierten
Sekundärschlüssel Kunden-Name realisiert. Sie erlaubt es, einen Kunden bei unbekannter Kunden-Nr. (Primärschlüssel) über seinen Namen aufzufinden. Dabei ist es
hinreichend, einen oder mehrere Anfangsbuchstaben des Namens einzugeben (z.B. K
oder KAU, KAUF, KAUFHOF). Dies ist insbesondere bei unbekannter Schreibweise des
Namens (MEYER oder MEIER) hilfreich. Die zu selektierende Satzmenge ist durch
eine Obergrenze (z.B. START ... KEY NOT < KAUF   ) des Sekundärschl. und ein
Abbruchkriterium beim nachfolgenden seq. Lesen (z.B. KAUFßßß...ß) beschränkt.

Die Funktionstasten haben folgende Bedeutung:

    F1  -  Help            Über diese Taste sind Sie hierher gelangt.
    F2  -  Eingabe         Ermöglicht eine neue Satzauswahl.
    F3  -  Menü ein/aus    Zuschalten eines nach Kunden-Nrn. aufsteigend or-
                           ganisierten Menü-Windows.
    ■   -  Cursor          Zum Markieren des auszuwählenden Datensatzes.

    Escape                 Rückkehr zum Vormenü.
                                                Rückkehr mit F1 oder SPACE
Ändern Kundensatz ─────────────────────────────────────────────────
F1-Help  F2-Eingabe  F3-Menü ein/aus                       Escape
Cursor positionieren und Auswahl mit Return-Taste quittieren !

*Abb. 17.17d  Folgebildschirm bei Match-Code- und Sekundärschlüsseleingaben*

10. Erfolgt nach Match-Code-Eingaben die Satzauswahl durch Cursor-Markierung
    des gesuchten Kunden, kann die (absolute) Position der Auswahlzeile am Bild-
    schirm mit Hilfe der CURSOR-Klausel bestimmt werden[1]:

```
       SPECIAL-NAMES.  CONSOLE IS CRT
                       DECIMAL-POINT IS COMMA
                       CURSOR IS CURSOR-POSITION.
       01  CURSOR-POSITION.
           03 ZEILE                PIC 9(2).
           03 SPALTE               PIC 9(2).
```

---

1. Zur CURSOR-Klausel siehe Abschn. 12.3.2.

Programmierübungen    Aufgabe 17

In der Musterlösung zu Aufgabe 17 werden "matching records" zu einer Benutzereingabe jeweils mit Hilfe der START-Anweisung und anschließende sequentielle Zugriffe aus der indizierten Kundendatei ausgelesen. Die am Bildschirm angezeigten Informationen sind – im Gegensatz zu denen der beiden Menü-Windows – nicht in einer Tabelle zwischengespeichert. Es ist programmtechnisch sicherzustellen, daß ein Rückschluß von der registrierten Wahlposition des Cursors am Bildschirm auf den Primärschlüssel des ausgewählten Kundensatzes möglich ist.

11. Erhält der Benutzer die Möglichkeit, eine Kunden-Nummer oder alternativ den Firmen-Match-Code in ein gemeinsames Erfassungsfeld einzugeben, muß die Entscheidung hinsichtlich des weiteren Programmablaufs über den Inhalt des ACCEPT-Feldes gesteuert werden. Dieses Feld könnte wie folgt definiert sein:

```
01  ACCEPT-KUNDE.
    03  ANFANG                        PIC X(6).
    03  KUNDNUM REDEFINES ANFANG PIC 9(6).
    03  REST                          PIC X(19).
```

12. In der Musterlösung zu dieser Aufgabe wurde die Match-Code-Suche in ein externes Unterprogramm UPRO-17M ausgelagert. Diesem Unterprogramm werden Aufrufparameter übergeben:

```
UPRO-17M-MATCH-CODE-WAHL.
    CALL "UPRO-17M" USING ACCEPT-KUNDE KEY-CODE.
```

Mittels des Aufrufparameters ACCEPT-KUNDE wird dem Unterprogramm der Suchauftrag des Benutzers (Match-Code, Kundenname) mitgeteilt. Das Unterprogramm liest die indizierte Kundendatei, bereitet den in Abb. 17.17d angegebenen Bildschirm auf, verwaltet einen eventuellen Seitenüberlauf und nimmt die Auswahlentscheidung des Benutzers entgegen. Der Primärschlüssel des selektierten Kundensatzes wird dem Hauptprogramm dann als Bestandteil der Datengruppe ACCEPT-KUNDE übergeben. Die Anschlußverarbeitung im Hauptprogramm ist mit der bei manueller Eingabe einer Kunden-Nummer identisch. Falls der Benutzer die Match-Code-Suche im Unterprogramm durch Betätigen einer Funktionstaste (ESC, F2, F3) abbricht, steuert der Rückgabeparameter KEY-CODE den weiteren Ablauf im Hauptprogramm.

13. Da sowohl das Hauptprogramm als auch das Unterprogramm UPRO-17M auf die indizierte Kundendatei zugreifen, ist es zweckmäßig, diese Datei jeweils unter Verwendung der EXTERNAL-Klausel zu definieren. Dadurch entfallen die OPEN- und CLOSE-Anweisung im Unterprogramm sowie das Schließen und Öffnen der Datei unmittelbar vor bzw. nach dem Aufruf von UPRO-17M im Hauptprogramm.

14. Mit Hilfe der STRING- und UNSTRING-Anweisung läßt sich der Inhalt des am Bildschirm anzuzeigenden Feldes "Ansprechpartner" aus den Teilfeldern Vor- und Nachname des Kundensatzes zusammensetzen bzw. in den Pflegefunktionen Ändern und Einfügen vor dem Abspeichern eines Satzes auf diese Felder aufteilen (siehe Abb. 17.17c).

# Programmierübungen  Aufgabe 17

15. Abbildung 17.17e zeigt eine mögliche Gestaltung des Bildschirms nach Aufruf des nach Kundennamen geordneten zweiten Menü-Windows. Das überlagerte erste Window ist nach Kunden-Nummern geordnet. Es wird bei Betätigen der F4-Taste erneut sichtbar.

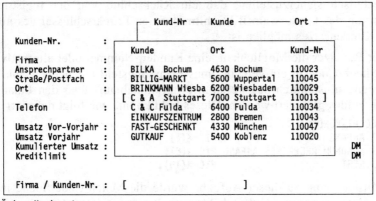

```
                         ┌─ Kund-Nr ── Kunde ──────── Ort ──┐
   Kunden-Nr.        :   │                                  │
                         │   Kunde          Ort      Kund-Nr│
   Firma             :   │                                  │
   Ansprechpartner   :   │ BILKA Bochum    4630 Bochum    110023│
   Straße/Postfach   :   │ BILLIG-MARKT    5600 Wuppertal 110045│
   Ort               :   │ BRINKMANN Wiesba 6200 Wiesbaden 110029│
                         │[C & A Stuttgart 7000 Stuttgart 110013 ]│
   Telefon           :   │ C & C Fulda     6400 Fulda    110034│
                         │ EINKAUFSZENTRUM 2800 Bremen   110043│
   Umsatz Vor-Vorjahr:   │ FAST-GESCHENKT  4330 München  110047│
   Umsatz Vorjahr    :   │ GUTKAUF         5400 Koblenz  110020│
   Kumulierter Umsatz:   │                                  │  DM
   Kreditlimit       :   └──────────────────────────────────┘  DM


   Firma / Kunden-Nr. :   [                    ]
```

```
Ändern Kundensatz ─────────────────────────────────────────────
F1-Help  F2-Eingabe  F3-Menü ein/aus  F4-Sortieren Name/Nummer         Escape
                  ↓↑ Wahl    ↵ quittieren      PgUp/PgDn         Home/End


Help zu ...        Menü-Winow-2 sortiert nach Kunden-Namen          Help LL

Dieses zweite Menü kann aus den Pflegefunktionen Ansehen, Ändern, Löschen und
Blättern heraus aufgerufen werden. Es unterscheidet sich von Window-1 durch die
lexikalische Anordnung der Kunden-Namen.
Der rasche Bildaufbau nach Abschalten des zweiten Menüs (F4-Sortieren ein/aus)
resultiert aus der Wiedergabe eines zwischengespeicherten Gesamtbildschirms.

Die Funktionstasten haben folgende Bedeutung:

   F1  - Help           Über diese Taste sind Sie hierher gelangt.
   F2  - Eingabe        Ermöglicht manuelle Eingabe Kunden-Nummer/Match-Code.
   F3  - Menü ein/aus   Ein- und Ausblenden des Menü-Windows.
   F4  - Sortieren      Ein-/Ausschalten eines lexikalisch organis. Menüs.
   ↓↑  - Wahl           Funktionstasten Cursor Up/Down zum Positionieren des
                        Auswahlbalkens.
   ↵  quittieren        Die Auswahl ist mit der Return-Taste zu bestätigen.
   PgUp/Dn              Seitenweises Blättern der Menüinformationen.
   Home/End             Positioniert Auswahlmenü auf Dateianfang/-ende.
   Escape               Rückkehr zum Vormenü.
                                              Rückkehr mit F1 oder SPACE
Ändern Kundensatz ─────────────────────────────────────────────
F1-Help  F2-Eingabe  F3-Menü ein/aus  F4-Sortieren Name/Nummer         Escape
                  ↓↑ Wahl    ↵ quittieren      PgUp/PgDn         Home/End
```

*Abb. 17.17e   Überlagerung zweier unterschiedlich sortierter Menü-Windows*

Es ist zweckmäßig, die in den Windows als Wahloptionen anzuzeigenden Kundeninformationen in zwei Tabellen zu verwalten:

```
*--- Daten für die Menü-Wahl
 01 TAB-DIM              PIC 99        VALUE 0.
 01 KUNDEN-TAB.
    03 KUNDEN-ZEILE OCCURS 50 TO 200 TIMES DEPENDING ON TAB-DIM.
```

```
            05 TAB-NR        PIC 9(06).
            05 TAB-KUND      PIC X(16).
            05 TAB-ORT       PIC X(16).
    01 KUNDEN-TAB-2.
        03 KUNDEN-ZEILE-2
                OCCURS 50 TO 200 TIMES DEPENDING ON TAB-DIM.
            05 T-NR          PIC 9(06).
            05 T-KUND        PIC X(16).
            05 T-ORT         PIC X(16).
```

Die Lösungshinweise 12 bis 16 zu Aufgabe 16 behandeln das Realisieren eines Menü-Windows. Diese Hinweise haben für das nach Kunden-Nummern geordnete erste Menü-Window dieses Programms uneingeschränkt Gültigkeit. Auch kann das zu Aufgabe 16 erstellte externe oder interne Unterprogramm zur Window-Verwaltung nahezu ohne Modifikationen erneut Verwendung finden.

In der Musterlösung zu dieser Übung wurde das Einblenden der beiden Menüs in ein *externes Unterprogramm* UPRO-17W ausgelagert, das wie folgt aufgerufen wird:

```
UPRO-17W-WINDOW-WAHL.
    CALL "C:\UPRO-17W"
        USING MENUE-STATUS, KUNDEN-TAB, KUNDEN-TAB-2, TAB-DIM,
              ACCEPT-KUNDE, KUNDNR OF KUNDIND-S, KEY-CODE.
```

Die Erläuterungen zu den Aufrufparametern des UPRO-16 in Lösungshinweis 12 zu Aufgabe 16 gelten hier analog. UPRO-17 wird in Abweichung zu UPRO-16 wegen des nun erforderlichen zweiten Menü-Windows lediglich zusätzlich eine zweite Tabelle (KUNDEN-TAB-2) mit Menüoptionen als Aufrufparameter übergeben.

16. Das aus den Pflegefunktionen Ansehen, Ändern, Löschen und Blättern heraus aufrufbare und nach Kundennamen aufsteigend geordnete zweite Menü wirft hinsichtlich der angestrebten dateisynchronen Pflege ein zusätzliches Problem auf: Kundenbezogene Informationen sind im Menü nicht nur zu löschen oder einzufügen. In der Pflegefunktion Ändern kann aufgrund einer vom Benutzer modifizierten Schreibweise des Kundennamens eine veränderte Reihenfolge der Auswahloptionen im Menü-Window erforderlich werden. Diese ist über geeignete Tabellenoperationen herbeiführbar.

17. In der in Abb. 17.17e wiedergegebenen Bildschirmmaske erhält der Benutzer mittels der Auswahloption "F4-Sortieren Name/Nummer" die Gelegenheit, das nach Kundennamen geordnete zweite Menü-Window auszublenden und damit den vorherigen Bildschirm mit dem ersten Menü-Window erneut sichtbar zu machen.

Wird der jeweils aktuelle Bildschirm (Textkonstanten, Variablen und Attribute) mit dem ersten Window vor dem Senden des Bildschirms mit dem zweiten Menü komplett zwischengespeichert, läßt er sich bei einer anschließenden Rückkehr zum ersten Menü-Window ohne rechenzeitintensive Datenrekonstruktion für die Menüanzeige der Kundeninformationen beschleunigt ausbringen[1]:

```
*--- Parameter für das Senden von Bildschirmattributen
 01 SCREEN-IO           PIC X               VALUE X"B7".
 01 WRITE-ATTR          PIC 99      COMP    VALUE 3.
 01 FORM-PARAMS.
    03 IO-LENGTH        PIC 9(4)    COMP.
    03 SCREEN-OFFSET    PIC 9(4)    COMP.
    03 BUFFER-OFFSET    PIC 9(4)    COMP.
*--- Parameter für das Zwischenspeichern und Ausgeben von
*--- Bildschirmattributen und Zeichen
 01 READ-ATTR           PIC 99      COMP    VALUE 2.
 01 READ-CHAR           PIC 99      COMP    VALUE 0.
 01 WRITE-CHAR          PIC 99      COMP    VALUE 1.
*--- Puffer für das Zwischenspeichern der Bildschirme mit
*--- Menü-Window-1 (sortiert nach Kunden-Nr.)
 01 BS-ATTRIBUTE        PIC X(2000).
 01 BS-ZEICHEN          PIC X(2000).
 BILD-SICHERN.
    MOVE 2000 TO IO-LENGTH.
    MOVE 1 TO SCREEN-OFFSET BUFFER-OFFSET.
    CALL SCREEN-IO USING READ-ATTR FORM-PARAMS BS-ATTRIBUTE.
    CALL SCREEN-IO USING READ-CHAR FORM-PARAMS BS-ZEICHEN.
 BILD-SENDEN.
    MOVE 2000 TO IO-LENGTH.
    MOVE 1 TO SCREEN-OFFSET BUFFER-OFFSET.
    CALL SCREEN-IO USING WRITE-ATTR FORM-PARAMS BS-ATTRIBUTE.
    CALL SCREEN-IO USING WRITE-CHAR FORM-PARAMS BS-ZEICHEN.
```

18. Als Hilfestellung für das Realisieren der Pflegefunktionen wird hier ein Programmausschnitt "Ändern-Kundensatz" angegeben. In dieser Programmfunktion wird der Benutzer dreimal zur Dateneingabe aufgefordert:

    a. Unmittelbar im Anschluß an den Paragraphennamen WAHL-F-3 wird mit ACCEPT WAHL zum Betätigen einer Funktionstaste aufgefordert,

    b. die Anweisung ACCEPT ACCEPT-KUNDE im Paragraphen WAHL-ACCEPT-F3 erlaubt die manuelle Eingabe einer Kunden-Nummer, eines Kundennamens oder eines Match-Codes und

    c. im Paragraphen WAHL-UPDATE-F-3 ermöglicht die Anweisung ACCEPT A-17-2-02 das Ändern des zuvor angezeigten Datensatzes.

Nach den beiden letztgenannten ACCEPT-Anweisungen müssen Dateneingaben des Benutzers ausgewertet werden, und gegebenenfalls sind betätigte Funktionstasten zu erkennen. Zu Beginn des Paragraphen WAHL-CURSOR-F-3 wird geprüft, ob der Benutzer seinen Änderungsauftrag durch Eingabe eines Primärschlüssels oder eines Match-Codes bzw. Kundennamens einleitet.

---

1. Das Sichern kompletter Bildschirme und ihre spätere Rekonstruktion behandelt Abschnitt 12.6.2.

# Programmierübungen — Aufgabe 17

```
*----------------------------------------------------------------
 AENDERN-KUNDIND-S SECTION.
*----------------------------------------------------------------
 WAHL-F-3.
     ACCEPT WAHL AT 2308.
 POST-WAHL-F-3.
     IF ESC GO TO END-AENDERN
     ELSE IF F1 MOVE "LD" TO HELP-ID
               CALL "S:HELP" USING HELP-ID
               GO TO WAHL-F-3
          ELSE IF F2 GO TO ZEIGE-KUNDIND-S-AENDERN
               ELSE IF F3 MOVE "F-3" TO MENUE-STATUS
                    PERFORM UPRO-17W-WINDOW-WAHL
                    IF RETURN-TASTE GO TO WAHL-CURSOR-F-3
                    ELSE IF ESC GO TO END-AENDERN
                         ELSE IF F2 OR F3 GO TO
                                   ZEIGE-KUNDIND-S-AENDERN
                              ELSE NEXT SENTENCE
                    ELSE CALL X"E5" GO TO WAHL-F-3.
 ZEIGE-KUNDIND-S-AENDERN.
     DISPLAY A-17-LW-02.
     DISPLAY MELDUNG-A17-1 AT 2401 CALL X"E5".
     MOVE LOESCH-AUSWAHL TO ACCEPT-KUNDE.
 WAHL-ACCEPT-F-3.
     ACCEPT ACCEPT-KUNDE AT 2028.
     IF RETURN-TASTE NEXT SENTENCE
     ELSE IF ESC GO TO END-AENDERN
          ELSE IF F1 MOVE "LD" TO HELP-ID
                    CALL "S:HELP" USING HELP-ID
                    GO TO WAHL-ACCEPT-F-3
               ELSE IF F2 GO TO ZEIGE-KUNDIND-S-AENDERN
                    ELSE IF F3 MOVE "F-3" TO MENUE-STATUS
                         PERFORM UPRO-17W-WINDOW-WAHL
                         IF RETURN-TASTE GO TO WAHL-CURSOR-F-3
                         ELSE IF ESC GO TO END-AENDERN
                              ELSE IF F2 OR F3 GO TO
                                        ZEIGE-KUNDIND-S-AENDERN
                                   ELSE NEXT SENTENCE
                         ELSE CALL X"E5" GO TO WAHL-ACCEPT-F-3.
 WAHL-CURSOR-F-3.
     IF KUNDNUM IS NUMERIC PERFORM NUMERIC-VERARBEITUNG
     ELSE PERFORM UPRO-17M-MATCH-CODE-WAHL
        IF ESC OR F2 OR F3
           DISPLAY A-17-LW-03
           MOVE 1680 TO IO-LENGTH
           MOVE 1 TO SCREEN-OFFSET BUFFER-OFFSET
           CALL SCREEN-IO
               USING WRITE-ATTR FORM-PARAMS A-17-3-00-ATTR
           DISPLAY   A-17-3-00 UPON CRT
           IF ESC OR F2 GO TO ZEIGE-KUNDIND-S-AENDERN
           ELSE GO TO POST-WAHL-F-3
        END-IF.
```

```
            IF INVALID-KEY GO TO WAHL-F-3
            ELSE DISPLAY MELDUNG-A17-7 AT 2401 CALL X"E5".
            MOVE FIRMA OF KUNDIND-S TO T-KUND-ALT.
            MOVE 0101 TO CURSOR-POSITION.
       WAHL-UPDATE-F-3.
            ACCEPT A-17-2-02.
            IF RETURN-TASTE NEXT SENTENCE
            ELSE IF ESC SET NOT-ESC TO TRUE
                    GO TO ZEIGE-KUNDIND-S-AENDERN
                ELSE IF F1 MOVE "LD" TO HELP-ID
                        CALL "S:HELP" USING HELP-ID
                        GO TO WAHL-UPDATE-F-3
                    ELSE IF F2 GO TO ZEIGE-KUNDIND-S-AENDERN
                        ELSE IF F3 MOVE "F-3" TO MENUE-STATUS
                            PERFORM UPRO-17W-WINDOW-WAHL
                            IF RETURN-TASTE GO TO WAHL-CURSOR-F-3
                            ELSE IF ESC GO TO END-AENDERN
                                ELSE IF F2 OR F3 GO TO
                                        ZEIGE-KUNDIND-S-AENDERN
                                    ELSE NEXT SENTENCE
                        ELSE CALL X"E5" GO TO WAHL-UPDATE-F-3.
            PERFORM AUSGABE-KUNDIND-S-AUFBEREITEN.
      *--- hier werden die Menü-Tabellen aktualisiert
            PERFORM LOCATE-TAB-POSITION VARYING I FROM 1 BY 1
                    UNTIL TAB-NR (I) = KUNDNR OF KUNDIND-S.
            MOVE FIRMA OF KUNDIND-S TO TAB-KUND (I).
            MOVE ORT   OF KUNDIND-S TO TAB-ORT  (I).
      *--- Änderungen der Firmenbezeichnung sollen die Sortierfolge
      *--- im Menü-Window-2 verändern
            MOVE FIRMA OF KUNDIND-S TO T-KUND-SUCH.
            IF T-KUND-ALT = T-KUND-SUCH
                PERFORM LOCATE-TAB-POSITION VARYING I FROM 1 BY 1
                        UNTIL T-NR (I) = KUNDNR OF KUNDIND-S
              MOVE ORT   OF KUNDIND-S TO T-ORT  (I)
              MOVE FIRMA OF KUNDIND-S TO T-KUND (I)
            ELSE PERFORM LOCATE-TAB-POSITION VARYING I FROM 1 BY 1
                        UNTIL T-NR (I) = KUNDNR OF KUNDIND-S
                PERFORM VERKUERZEN-TAB-2 VARYING J FROM I BY 1
                        UNTIL J = TAB-DIM
                SUBTRACT 1 FROM TAB-DIM
                PERFORM LOCATE-TAB-POSITION VARYING I FROM 1 BY 1
                        UNTIL T-KUND (I) > T-KUND-SUCH
                           OR I > TAB-DIM
                PERFORM EINFUEGEN-TAB-2 VARYING J  FROM TAB-DIM BY -1
                        UNTIL J = I - 1
                MOVE FIRMA  OF KUNDIND-S TO T-KUND (I)
                MOVE ORT    OF KUNDIND-S TO T-ORT  (I)
                MOVE KUNDNR OF KUNDIND-S TO T-NR   (I)
                ADD 1 TO TAB-DIM
            END-IF.
      *--- Zurückschreiben des geänderten Datensatzes
            REWRITE KUNDIND-S.
```

```
        DISPLAY MELDUNG-A17-8 AT 2401 CALL X"E5".
    END-AENDERN.
    CONTINUE.
```

## 17.3 Ergänzungsfragen

1. Für das Einfügen von Datensätzen sucht das Programm zu Aufgabe 17 freie Kunden-Nummern und bietet diese dem Benutzer als Vorschlag an. Wie läßt sich verhindern, daß der Primärindex der Kundendatei für das Auffinden einer freien Kunden-Nummer wiederholt sequentiell und mithin zeitaufwendig durchsucht werden muß?

2. In der Musterlösung zu Aufgabe 17 wird die Datenausgabe für das Feld "Ansprechpartner" mit Hilfe der STRING-Anweisung aus den beiden Datensatzfeldern Vorname und Nachname zusammengesetzt. Die Programmfunktionen Ändern und Einfügen erzwingen dann ein Aufteilen des Inhalts des ACCEPT-Feldes "Ansprechpartner" auf die beiden Datensatzfelder Vorname und Nachname. Eine solche Aufteilung läßt sich mit Hilfe der UNSTRING-Anweisung herbeiführen. Prüfen Sie, bei welcher der nachfolgend aufgeführten Namenskonstellationen die beschriebene Technik versagen muß:

    *Ralf Müller, Silke Westphal-Schmidt, Hans-Dieter von Hertel, Ernst Kilger von der Lohe.*

    Wie lassen sich solche Fehler verhindern?

3. In den Menü-Windows, bei der Match-Code-Suche und in der Funktion Blättern des Programms zu Aufgabe 17 werden Kunden mit gleichen Namen, die sich aber hinsichtlich der Groß-/Kleinschreibung unterscheiden (z.B. Hertie, HERTIE), nicht unmittelbar aufeinanderfolgend ausgeben. Wie ließe sich dieser Mangel beheben?

# Aufgabe 18

**Inhalt**      : Unterbrechung aktiver Prozesse (hier: Zeitanzeige).

**Lernziele**   : – Definition zu erkennender Tastatureingaben
- zyklisches Prüfen, ob eine Taste oder Tastenkombination betätigt wurde
- Erkennen und Auswerten der Tastatureingabe
- unterbrechbare Zeitanzeige.

**Texthinweis** : Abschn. 12.4, insbesondere Abschn. 12.4.3 (Test Keyboard-Interrupt), Abschn. 5.1.4 (Systemzeit und Systemdatum).

## 18.1 Aufgabentext

Dieses Programm soll die Unterbrechung "aktiver Verarbeitungsprozesse" durch das Betätigen einer Funktionstaste bzw. einer beliebigen Taste oder Tastenkombination demonstrieren. Als Beispiel eines aktiven Prozesses wird die Abfrage der Uhrzeit und deren Neuanzeige am Bildschirm (im Sekundentakt) gewählt. Die Zeitanzeige soll durch Betätigen einer Funktionstaste mit anschließender Verzweigung in beliebige Verarbeitungsfunktionen unterbrechbar sein.

Weitere Anwendungsbeispiele für die Unterbrechung aktiver Prozesse wären die Anforderung von Zwischenergebnissen aus langlaufenden Berechnungen, die Ausgabe von Programmstatusmeldungen oder auch die Unterbrechung von Zeitschleifen, die z.B. in den Demo-Funktionen der nachfolgenden Aufgaben 19 und 20 eingesetzt werden.

Die hier skizzierten Unterbrechungen aktiver Verarbeitungsprozesse können nicht auf der Grundlage der in den Aufgaben 14, 16 und 17 demonstrierten Techniken der Abfrage von Funktionstasten realisiert werden. In den genannten Aufgaben konnten Funktionstasten jeweils im Anschluß an eine ACCEPT-Anweisung ausgewertet werden. Grundlage hierfür war das Aktivieren einer "vordefinierten Benutzertabelle" oder die "problemspezifische Definition von Tastaturtabellen". Die so aktivierten Tasten sind geeignet, eine ACCEPT-Anweisung zu beenden: Der Programmierer unterbricht durch Codierung der ACCEPT-Anweisung einen Programmlauf an vordefinierten Stellen und versetzt den Benutzer in einen "verzweigungswirksamen Eingabezwang".

Sollen aktive Prozesse – hier die Zeitanzeige im Sekundentakt – unterbrechbar sein, muß aus dem laufenden Verarbeitungsprozeß heraus zyklisch festgestellt werden, ob der Benutzer eine Funktionstaste betätigt hat.

Das Programm zu Aufgabe 18 soll den in Abb. 17.18 angegebenen Bildschirm mit eingeblendetem Datum und der im Sekundenrhythmus aktualisierten Uhrzeit erzeugen. Bei Betätigen einer der in der Menü-Leiste aufgeführten Funktionstasten ist die Zeitanzeige zu unterbrechen und in die jeweilige Programmfunktion zu ver-

Programmierübungen                                                               Aufgabe 18

zweigen. Nach Rückkehr aus diesen Funktionen (z.B. DISPLAY "Hier Funktion-A") soll erneut die sekundengenaue Zeit angezeigt werden.

*Abb. 17.18  Bildschirm mit unterbrechbarer Zeitanzeige*

## 18.2 Lösungshinweise

1. Uhrzeit und Datum können mit Hilfe der ACCEPT-Anweisung als Systemzeit und Systemdatum verfügbar gemacht werden.

2. Der zyklische Test, ob eine Unterbrechungstaste betätigt wurde, erfolgt mit Hilfe des Unterprogramms X"D9"; wird eine Anforderung auf Unterbrechung registriert, läßt sich mit Hilfe des Unterprogramms X"83" die betätigte Taste feststellen (siehe Abschn. 12.4.3).

3. Die Unterbrechungstasten sind mit den in Abschn. 12.4.2 (Abb. 12.10, S. 442) aufgeführten Keyboard-Code-Sequences zu definieren. Die Auswertung der erkannten Tastatureingabe kann vorteilhaft mit Hilfe von Bedingungsnamen vorgenommen werden:

```
       *--- Definition beliebiger Unterbrechungstasten
        01 KEY-CODE             PIC X.
           88 enter-taste       VALUE X"0D".
           88 esc               VALUE X"1B".
           88 cursor-up         VALUE X"48".
           88 cursor-down       VALUE X"50".
           88 page-up           VALUE X"49".
           88 page-down         VALUE X"51".
           88 cursor-home       VALUE X"47".
           88 cursor-end        VALUE X"4F".
           88 F1                VALUE X"3B".
           88 F2                VALUE X"3C".
           88 F3                VALUE X"3D".
```

```
                88 F4                   VALUE X"3E".
                88 F5                   VALUE X"3F".
                88 F6                   VALUE X"40".
                88 F7                   VALUE X"41".
                88 F8                   VALUE X"42".
                88 F9                   VALUE X"43".
                88 F10                  VALUE X"44".
                88 not-esc              VALUE X"99".
```

4. Nachfolgend sind die Parameter für den Interrupt-Test angegeben:

```
    *--- Parameter Interrupt-Test
    01 SCAN-KEYBOARD        PIC X               VALUE X"D9".
    01 SCAN-RESULT          PIC 9(2)    COMP.
    01 GET-CHARACTER        PIC X               VALUE X"83".
    01 CHARACTER-FOUND      PIC X.
```

5. Nach Aufruf des Paragraphen KEYBOARD-SCAN wird festgestellt, ob eine Taste betätigt wurde und gegebenenfalls der signifikante Teil des Tastaturcodes im Feld KEY-CODE zur Verfügung gestellt:

```
    *--- Start Interrupt-Test
    KEYBOARD-SCAN.
        Call SCAN-KEYBOARD using SCAN-RESULT.
        If SCAN-RESULT NOT = 0
            perform EVALUATE-RESULT.
    EVALUATE-RESULT.
        Call GET-CHARACTER using CHARACTER-FOUND
        If CHARACTER-FOUND = X"00"
            go to EVALUATE-RESULT.
        MOVE CHARACTER-FOUND TO KEY-CODE.
```

## 18.3 Ergänzungsfragen

1. Die vorstehend beschriebene Technik des Erkennens eines von der Tastatur eingegebenen Zeichens liefert die im Tastaturpuffer abgelegten Informationen in sequentieller Folge. Bis zum Zeitpunkt des Auslesens des Tastaturpuffers könnte der Benutzer mehrere Tasten betätigt haben. Wie läßt sich erkennen, ob neben anderen Tasten z.B. auch die ESC-Taste betätigt wurde?

2. In Anwendungen muß häufig erkannt werden, welche Taste unmittelbar im Anschluß an einen exakt definierten Programmzustand (Statusmeldung, Fehlermeldung usw.) betätigt wurde. Voraussetzung für dieses selektive Auslesen des Tastaturpuffers ist ein vorausgehendes Löschen des Puffers. Wie läßt sich der Tastaturpuffer unter Zuhilfenahme der vorstehend beschriebenen Codierungsmöglichkeiten löschen?

# Aufgabe 19

| | | |
|---|---|---|
| **Inhalt** | : | Ausführen von DOS-Kommandos aus einem Programm. |
| **Lernziele** | : | – Laden des DOS-Kommandopuffers<br>– Ausführen des aktuell geladenen DOS-Befehls. |
| **Texthinweis** | : | Beschreibung des Unterprogramms X"91" in Kap. 16. |

## 19.1 Aufgabentext

Die Ausführbarkeit von Betriebssystembefehlen aus einem COBOL-Programm heraus ermöglicht die Automatisierung komplexerer Verarbeitungsprozesse. So ist es z.B. häufig erforderlich, Dateien zu löschen, zu kopieren oder umzubenennen.

Der DOS-Kommandopuffer kann hierzu alternativ mit Hilfe des Befehls "DISPLAY *Auftrag* UPON COMMAND-LINE" oder des Unterprogramms X"91" mit dem aktuell auszuführenden DOS-Befehl geladen werden. Durch einen nachfolgenden Aufruf des Unterprogramms wird der Pufferinhalt dann zur Ausführung gebracht.

Schreiben Sie unter Verwendung des Unterprogramms X"91" ein COBOL-Programm, das einen oder mehrere DOS-Befehle zur Ausführung bringt.

## 19.2 Lösungshinweise

1. Definiert man die Parameter des Unterprogramms X"91" wie nachfolgend angegeben:

   ```
   *--- Parameter zum Ausführen des geladenen Kommando-Puffers
    01  DOS-BEFEHL         PIC X        VALUE X"91".
    01  RESULT             PIC 99 COMP.
    01  FUNKTION           PIC 99 COMP VALUE 35.
    01  PARAMETER.
        05 LAENGE          PIC 99 COMP VALUE 0.
        05 AUFTRAG         PIC X(90).
   ```

   kann ein DOS-Befehl wir z.B. "COPY A:\AUFG19.CBL   C:" nach seiner Bereitstellung im Feld AUFTRAG

   ```
        MOVE "COPY A:\AUFG19.CBL  C:" TO AUFTRAG
   ```

   mittels der beiden Anweisungen

   ```
        DISPLAY AUFTRAG UPON COMMAND-LINE
        CALL DOS-BEFEHL USING RESULT FUNKTION PARAMETER
   ```

   in den Kommandopuffer geladen und dann zur Ausführung gebracht werden.

2. Die Musterlösung zu dieser Aufgabe sieht neben der Möglichkeit einer manuellen Eingabe von DOS-Befehlen eine selbstlaufende Befehls-Demo vor. Hierzu wurde ein Befehlsvorrat definiert

```
*--- DOS-Kommandos der Demo-Funktion-F2
 01 KOMMANDO-VORRAT.
    05 K-1              PIC X(90) VALUE "VER".
    05 K-2              PIC X(90) VALUE "VOL".
    05 K-3              PIC X(90) VALUE "PATH".
    05 K-4              PIC X(90) VALUE "DIR C:\AUTOEXEC.BAT".
    05 K-5              PIC X(90) VALUE "COPY C:\AUTOEXEC.BAT
-                       "AUTOEXEC.COB".
    05 K-6              PIC X(90) VALUE "TYPE AUTOEXEC.COB".
    05 K-7              PIC X(90) VALUE "ERASE AUTOEXEC.COB".
     :
    05 K-13             PIC X(90) VALUE "TREE /F|MORE".
 01 KOMMANDO-TAB REDEFINES KOMMANDO-VORRAT.
    05 KOMMANDO         PIC X(90) OCCURS 13 TIMES.
```

und im Wege der Redefinition in eine Tabelle geladen. Die einzelnen Befehle können so in einem Schleifenkörper vereinfacht angesprochen werden.

3. Damit der Betrachter der selbstlaufenden Demo hinreichend Gelegenheit zum Lesen der Bildschirmausgaben erhält, wird jeweils im Anschluß an Ausgaben eine Zeitschleife

```
PERFORM UNTERBRECHUNG
   VARYING J FROM 1 BY 1 UNTIL J > 5000
   OR ESC OR F2 OR RETURN-TASTE.
```

aufgerufen, die vom Benutzer durch Betätigen von Funktionstasten (Keyboard-Interrupt-Technik, siehe Aufgabe 18) unterbrochen oder abgebrochen werden kann. Im Schleifenkörper UNTERBRECHUNG wird geprüft, ob eine Tastatureingabe vorliegt. Fordert der Benutzer mit F1 einen Help-Bildschirm an, wird die Zeitschleife unterbrochen. Die Tasten ESC, F2 und RETURN brechen die Warteschleife ab. Die maximale Unterbrechungszeit ist durch die Abbruchbedingung J > 5000 vorgegeben.

## 19.3 Ergänzungsfrage

Bei der unter Lösungshinweis 3 skizzierten Zeitschleife wird die maximale Unterbrechungszeit durch eine konstant vorgegebene Anzahl von Schleifendurchläufen (Abbruchbedingung UNTIL J > 5000) festgelegt. Die Abarbeitungszeit für eine solche Schleife ist u.a. vom Prozessortyp eines Rechners und dessen Taktfrequenz abhängig. Wie wäre vorzugehen, damit die Unterbrechungszeit von der jeweiligen Systemumgebung eines Programms unabhängig ist?

# Aufgabe 20

| Inhalt | : | Positionieren des Cursors und unsichtbarer Cursor. |
|---|---|---|
| Lernziele | : | – Cursorpositionierung<br>– Teilfeldselektion. |
| Texthinweis | : | Beschreibung des Unterprogramms X"E6" in Kap. 16 und Abschn. 13.2 (Teilfeldselektion). |

## 20.1 Aufgabentext

Bei der Gestaltung der Bildschirmoberfläche von Programmen ist es z.B. in Menüs häufig zweckmäßig, den Cursor unsichtbar zu machen. Schreiben Sie ein Programm, das die freie Positionierbarkeit des Cursors am Bildschirm demonstriert und es erlaubt, die Schreibmarke unsichtbar zu machen.

## 20.2 Lösungshinweise

1. Der Cursor läßt sich mit Hilfe der Assemblerroutine X"E6" beliebig am Bildschirm positionieren und auch unsichtbar machen. Die Parameter dieses Unterprogramms können wie folgt definiert werden:

   ```
   *--- Parameter zur Cursor-Positionierung
    01  CURSOR-POSITION     PIC X VALUE X"E6".
    01  DUMMY               PIC 99 COMP.
    01  CURSOR-PARAM.
        05  ZEILE           PIC 99 COMP.
        05  SPALTE          PIC 99 COMP.
   ```

2. Die Aufrufparameter ZEILE und SPALTE des Unterprogramms X"E6" bestimmen die Ausgabekoordinaten der Schreibmarke am Bildschirm. Bei Sichtgeräten zur Ausgabe von 25 Zeilen und 80 Spalten sind die Wertebereiche 0 bis 24 für ZEILE und 0 bis 79 für SPALTE vorgesehen.

3. Bei ZEILE/SPALTE-Vorgaben außerhalb der Definitionsbereiche bleibt der Cursor unsichtbar.

4. In der Musterlösung zu diesem Programm wird zur Demonstration von Datenausgaben bei unsichtbarer Schreibmarke ein Text angezeigt, der als "Laufband" über den Bildschirm wandert. Ein solches "Laufband" läßt sich mit Hilfe von Tabellenoperationen oder vorteilhafter mittels der Teilfeldselektion erzeugen. Definiert man z.B.

   ```
    01  LAUFBAND            PIC X(150) VALUE
   "                        Jetzt ist der Cursor uns
   -"ichtbar !                                       ".
    01  LAUFBAND-DISP       PIC X(40).
   ```

   läßt sich der Schriftzug bei verborgenem Cursor wie folgt in Bewegung versetzen:

```
MOVE 255 TO ZEILE SPALTE.
PERFORM VARYING J FROM 1 BY 1
        UNTIL J > 80 OR ESC OR RETURN-TASTE
   MOVE LAUFBAND ( J: J + 44 ) TO LAUFBAND-DISP
   DISPLAY LAUFBAND-DISP AT 1718
   CALL CURSOR-POSITION USING DUMMY CURSOR-PARAM
   PERFORM UNTERBRECHUNG VARYING I FROM 1 BY 1
        UNTIL I > 300 OR ESC OR RETURN-TASTE
END-PERFORM.
```

Der Aufruf einer Prozedur UNTERBRECHUNG soll sicherstellen, daß dem Benutzer hinreichend Zeit für die Betrachtung des Laufbands eingeräumt und die Gelegenheit zum Abbruch bzw. zur Unterbrechung der Bildschirmanzeige gegeben wird.[1]

# Aufgabe 21

**Inhalt** : Datenerfassung mit sofortiger feld- und kontextbezogener Plausibilitätsprüfung.

**Lernziele** :
– sofortige Plausibilitätsprüfung von Erfassungsdaten
– feld- und kontextbezogene Datenprüfung
– Positionierung des Cursors bei Eingabefehlern
– Beendigung von ACCEPT-Anweisungen bei Überschreiten von Feldgrenzen mit Cursor-Right/Cursor-Left, Cursor-Up/-Cursor-Down, Home, Tab-Left/Tab-Right, Return und Auto-Skip.

**Texthinweis** : Abschn. 12.7 (Sofortige Plausibilitätsprüfung), Kap. 16, Unterprogramm X"AF" (Dynamische Modifikation des ADIS-Moduls).

## 21.1 Aufgabentext

Dieser Übungsaufgabe zur Datenerfassung mit sofortiger Plausibilitätsprüfung soll folgende Problemstellung zugrunde liegen: Ein zu beschaffendes Objekt (Eigentumswohnung, Pkw usw.) kann durch monatliches Ansparen von Eigenmitteln, mit Hilfe eines Kredits oder im Wege der Mischung dieser beiden Alternativen finanziert werden.

Das Programm soll bei Vorgabe des Beschaffungspreises, der Anspardauer und/oder Kreditlaufzeit, der Eigenfinanzierungsquote sowie der Zinssätze für Sparguthaben und/oder des Kredits die monatlichen Ansparraten und/oder den Tilgungs- und Zinsanteil berechnen. Abbildung 17.21 zeigt eine mögliche Gestaltung

---

1. Siehe hierzu auch Lösungshinweis 3 sowie die Ergänzungsfrage zu Aufgabe 19.

der Bildschirmmaske und den zugehörigen Help-Screen. Der obere Teil des Bildschirmformulars dient der Dateneingabe durch den Benutzer, im unteren Teil werden die Verarbeitungsergebnisse angezeigt.

```
                                                      ┌── Wertebereiche ──┐
         Objektkaufpreis :  [ 320.000,00] DM           │ 2 T - 3 Mio DM    │
                                                      │                   │
             Anspardauer :          [  5] Jahre        │ 0 -  25 Jahre     │
           Kreditlaufzeit :         [ 20] Jahre        │ 0 -  35 Jahre     │
                                                      │                   │
         Quote Eigenmittel :        [ 30] %           │ 0 - 100 %         │
                                                      │                   │
            Guthabenszins :         [ 7,50] % p.a.    │ 0 -  15 %         │
               Kreditzins :         [ 8,70] % p.a.    │ 0 -  20 %         │
                                                      └───────────────────┘

              Eigenmittel :      96.000,00  DM
             Kreditbetrag :     224.000,00  DM
        Monatl. Ansparrate :      1.315,42  DM
        Monatl. Rückzahlung :     1.972,37  DM
         Effektivzins Kredit :        9,06  %
            Tilgungsanteil :         933,33  DM
                Zinsanteil :       1.039,04  DM

Finanzierung ──────────────────────────────────────────────────────────────
F1-Help  F2-Eingabe  F3-Modifikation  F4-Wertebereich           Escape


Help zu ...           Finanzierungsalternativen              Help XB
Das Programm zeigt die Konsequenzen der Finanzierungsalternativen Eigenfinanzie-
rung, Kreditfinanzierung und Mischfinanzierung auf. Es werden monatliche Zins-
gutschriften/-belastungen bei vorschüssiger Ansparung und nachschüssiger Tilgung
berücksichtigt. Eingabedaten werden feld- und kontextbezogen auf Plausibilität
überprüft.
Folgende Funktionen sind wählbar:

     F1  - Help            Mit dieser Taste sind Sie hierher gelangt.
     F2  - Eingabe         Neuberechnung mit Löschung der Ein- und Ausgabedaten.
     F3  - Modifikation    Neuberechnung unter Erhalt der Eingabedaten.
     F4  - Wertebereich    Window zeigt Ober- und Untergrenzen der Eingabedaten.
     Return                Feldfreigabe und Start der Berechnung nach vollstän-
                           diger Ausfüllung des Eingabeformulars.
     Esc - Escape          Rückkehr zum Vormenü.

Zum Zeitpunkt der Datenerfassung sind alle genannten Tasten sowie Cursor Up/Down
Left/Right, Home, Delete, Tab Left/Right sowie die Sonderfunktionen Auto-Skip
und ACCEPT-Abbruch durch Cursor Left/Right an Feldgrenzen aktiv.
                                                  Rückkehr mit F1 oder SPACE
Finanzierung ──────────────────────────────────────────────────────────────
F1-Help  F2-Eingabe  F3-Modifikation  F4-Wertebereich           Escape
```

*Abb. 17.21 Berechnung der Auswirkungen von Finanzierungsalternativen*

Die ab Aufgabe 13 in Verbindung mit dem Maskengenerator FORMS eingesetzte Technik der Erfassung untergliederter Datengruppen reduziert den Codieraufwand für die Entgegennahme von zahlreichen Einzeldaten je Bildschirmseite.

Dieses "Ganzseiten-ACCEPT" bietet zusätzlich die Möglichkeit der Positionierung des Cursors (Left/Right, Tab-Left, Tab-Right, Home, End, Up/Down) innerhalb einer Bildschirmmaske. Nachteilig wirkt sich die Tatsache aus, daß alle Einzeldaten erst nach Betätigen der Return-Taste dem Programm für Plausibilitätsprüfungen zur Verfügung stehen. Die Prüfung eines Elementardatums unmittelbar nach seiner Eingabe ist nicht möglich.

Eine komfortable Datenerfassung setzt *sofortige feld- und kontextabhängige* Plausibilitätsprüfungen unmittelbar nach Eingabe eines Elementardatums voraus. Solche Prüfungen sind möglich, wenn je Elementardatum eine ACCEPT-Anweisung codiert wird. Die Benutzereingabe steht dann nach Betätigen der Return-Taste oder dem vollständigen Anfüllen des Erfassungsfelds (Auto-Skip) dem Programm zur Verfügung. Durch den Verzicht auf das "Ganzseiten-ACCEPT" entfällt hier jedoch die Möglichkeit der freien Cursor-Positionierung innerhalb der Bildschirmseite. Diese Übungsaufgabe soll zeigen, daß geeignete programmtechnische Maßnahmen sofortige Plausibilitätsprüfungen bei Aufrechterhaltung der freien Cursor-Positionierung ermöglichen.

Zu der in Abb. 17.21 angegebenen Bildschirmmaske sind feldbezogen die Wertebereiche aller Eingabedaten prüfbar. So soll z.B. die Kreditlaufzeit 35 Jahre nicht überschreiten. Kontextabhängig lassen sich drei Sachverhalte zu prüfen:

a. Wird zur Finanzierung ein Kredit herangezogen (Quote Eigenmittel kleiner 100 %), muß eine Kreditlaufzeit angegeben werden.

b. Beim Einsatz von Eigenmitteln (Quote Eigenmittel > 0 %) sind diese über ein oder mehrere Jahre anzusparen (Anspardauer > 0 Jahre).

c. Weiterhin kann das Programm den Benutzer in Fällen reiner Eigen- oder Fremdfinanzierung auf die Eingabe von Daten, die für Berechnungszwecke irrelevant sind, warnend hinweisen.

In der Musterlösung zu diesem Programm sind folgende Meldungen als Benutzerhilfen berücksichtigt worden[1]:

```
01  MELDUNGEN-AUFG-21.
    05  FEHLER-KONTEXT-1   PIC X(80) VALUE "Kontext:   Eigenmitt
-       "el müssen angespart werden !".
    05  FEHLER-KONTEXT-2   PIC X(80) VALUE "Kontext:   Kredit mu
-       "ß abgezahlt werden !".
    05  WARNUNG-1          PIC X(80) VALUE "Hinweis:   Kreditlau
-       "fzeit und/oder -zins für Berechnung irrelevant !".
    05  WARNUNG-2          PIC X(80) VALUE "Hinweis:   Anspardau
-       "er und/oder Guthabenszins für Berechnung irrelevant !".
    05  FEHLER-KAUF        PIC X(80) VALUE "Fehler:    Kaufpreis
-       " außerhalb des Wertebereichs !".
    05  FEHLER-SPAR        PIC X(80) VALUE "Fehler:    Anspardau
-       "er außerhalb des Wertebereichs !".
    05  FEHLER-LAUF        PIC X(80) VALUE "Fehler:    Kreditlau
-       "fzeit außerhalb des Wertebereichs !".
    05  FEHLER-EIGEN       PIC X(80) VALUE "Fehler:    Maximale
-       "Quote Eigenmittel: 100 % !".
```

---

1. Diese Meldungen finden Sie in Datei AUFG21.DOC auf den COBSYS-Disketten.

```
           05  FEHLER-GUT             PIC X(80) VALUE "Fehler:     Guthabens
-          "zins außerhalb des Wertebereichs !".
           05  FEHLER-KRED            PIC X(80) VALUE "Fehler:     Kreditzin
-          "s außerhalb des Wertebereichs !".
           05  LEER                   PIC X(80) VALUE SPACE.
```

## 21.2 Lösungshinweise

1. Voraussetzung für sofortige Plausibilitätsprüfungen ist die Entgegennahme jedes Elementardatums mit einer eigenen positionierenden ACCEPT-AT-Anweisung.

2. *Feldbezogene* Plausibilitätsprüfungen sind jeweils unmittelbar nach Eingabe eines Elementardatums durchzuführen. Im Fehlerfall ist eine Meldung auszugeben und dem Benutzer die Möglichkeit zur Korrektur des *soeben* erfaßten Datums zu bieten. *Kontextabhängige* Plausibilitätsprüfungen stellen einen Zusammenhang zwischen zwei oder mehr eingegebenen Werten her. Im Fehlerfall kann die Ursache im zuletzt erfaßten Datenwert oder einem beliebigen, früher eingegebenen Datum begründet sein. Als Korrekturhilfe für den Benutzer ist der Cursor auf dasjenige Datenfeld zu positionieren, das für den Fehler ursächlich sein kann *und* dessen Erfassung z.B. am längsten zurückliegt.

3. Der Erfassungsfluß bei Dateneingaben wird nachhaltig beeinträchtigt, wenn der Benutzer jedes Elementardatum mittels der Return-Taste quittieren muß. Zur Nachbildung der freien Cursor-Positionierbarkeit innerhalb einer Erfassungsmaske ist die WITH-Option AUTO-SKIP zu ACCEPT-Anweisungen allein nicht hinreichend. Ergänzend muß der Abbruch einer ACCEPT-Anweisung auf Elementardaten auch durch Betätigen der Cursor-Positioniertasten Up/Down, Tab-Right, Tab-Left, Home sowie beim *Überschreiten der jeweiligen Feldgrenzen* mit Cursor-Right und Cursor-Left möglich sein. Die Home-Taste soll den Sprung aus beliebigen Feldern ins erste Erfassungsfeld der Bildschirmseite erlauben.

4. Neben den genannten Cursor-Tasten sollen auch die Funktionstasten F1 bis F4 sowie die Escape-Taste für Zwecke der Dialogablaufsteuerung ACCEPT-Anweisungen beenden können (siehe Abb. 17.21). Die Definition und Aktivierung der folgenden "problemspezifischen Tastaturtabelle" kann dies ermöglichen:

```
       *--- Anlegen einer benutzerdefinierten Funktionstasten-Tabelle
        01  KEY-DEFINITION         PIC X       VALUE X"B0".
        01  FUNKTION               PIC 99 COMP VALUE 0.
        01  PARAMETER.
            05  KEY-CODE           PIC 99 COMP.
                88  RETURN-TASTE                VALUE 0.
                88  F1                          VALUE 1.
                88  F2                          VALUE 2.
                88  F3                          VALUE 3.
                88  F4                          VALUE 4.
                88  ESC                         VALUE 5.
```

```
            88  CUR-HOME              VALUE 6.
            88  INTERRUPT-1           VALUE 1 THRU 6.
            88  CUR-UP                VALUE 7.
            88  TAB-RUECK             VALUE 8.
            88  INTERRUPT-2           VALUE 7 8.
            88  CUR-DOWN              VALUE 9.
            88  TAB-VOR               VALUE 10.
            88  INTERRUPT-3           VALUE 9 10.
            88  NOT-ESC               VALUE 99.
        05  TABLE-DEFINITION.
            07  F1-DEF.
                09  CODE-LAENGE-F1 PIC X    VALUE X"02".
                09  KEY-CODE-F1    PIC XX   VALUE X"003B".
            07  F2-DEF.
                09  FILLER         PIC X    VALUE X"02".
                09  FILLER         PIC XX   VALUE X"003C".
            07  F3-DEF             PIC X(3) VALUE X"02003D".
            07  F4-DEF             PIC X(3) VALUE X"02003E".
            07  ESCAPE-DEF         PIC X(2) VALUE X"011B".
            07  HOME-DEF           PIC X(3) VALUE X"020047".
            07  CURSOR-UP-DEF      PIC X(3) VALUE X"020048".
            07  TAB-RUECK-DEF      PIC X(3) VALUE X"02000F".
            07  CURSOR-DOWN-DEF    PIC X(3) VALUE X"020050".
            07  TAB-VOR-DEF        PIC X(2) VALUE X"0109".
        05  TAB-ENDE-KENNUNG       PIC X    VALUE X"00".
```

5. Innerhalb eines Erfassungsfelds muß jede Zeichenposition mittels der Tasten Cursor-Right und Cursor-Left für Korrekturzwecke erreichbar sein. Diese beiden Tasten dürfen ACCEPT-Anweisungen daher *nicht generell*, sondern erst beim Versuch des Überschreitens der Feldgrenzen abbrechen.[1] Dies wird durch Modifikation des ADIS-Moduls mittels der Assemblerroutine X"AF" erreicht. Bei Definition der Parameter

```
    *---  Parameter zum Abbruch einer ACCEPT-Anweisung, wenn
    *---  mit Cursor-Left bzw. -Right die Feldgrenzen überschritten
    *---  werden (modifiziert ADIS-Modul)
    01  ADIS-LEFT-RIGHT-ABBRUCH PIC X        VALUE X"AF".
    01  FLAG                    PIC 99 COMP  VALUE 1.
    01  PARAM-LEFT-RIGHT.
        05  FILLER              PIC 99 COMP  VALUE 3.
        05  FILLER              PIC X        VALUE "2".
        05  FILLER              PIC 99 COMP  VALUE 3.
        05  FILLER              PIC 99 COMP  VALUE 2.
    *---  Abfragen und Auswerten des Tastaturstatus bei
    *---  LEFT-/RIGHT-Abbruch
    01  CRT-STATUS              PIC XXX      VALUE SPACE.
    01  FILLER REDEFINES CRT-STATUS.
        05  FILLER              PIC X.
```

---

1. Bei Aufnahme der beiden Tasten in die "problemspezifische Tastaturtabelle" würde jedes Betätigen einer der Tasten zum unerwünschten ACCEPT-Abbruch führen.

# Programmierübungen — Aufgabe 21

```
05 KEY-CODE-2            PIC 99 COMP.
   88 CUR-LEFT                          VALUE 3.
   88 CUR-RIGHT                         VALUE 4.
05 FILLER                PIC X.
```
wird der Unterprogrammaufruf
```
*--- Aktivieren des Abbruchs einer ACCEPT-Anweisung, wenn mit
*--- Cursor-Left bzw. -Right die Feldgrenzen überschritten werden
    CALL ADIS-LEFT-RIGHT-ABBRUCH
         USING FLAG PARAM-LEFT-RIGHT.
```
den Left-/Right-Abbruch aktivieren. Die Information, welche der beiden Tasten jeweils die Beendigung einer ACCEPT-Anweisung herbeigeführt hat, ist für die weitere Programmablaufsteuerung bedeutsam. Sie liefert das Feld KEY-CODE-2, wenn im Paragraphen SPECIAL-NAMES der CONFIGURATION SECTION die CRT STATUS-Klausel codiert ist.[1]

6. Die bisher erläuterten programmtechnischen Maßnahmen stellen mit dem Ziel der freien Positionierbarkeit des Cursors lediglich sicher, daß ACCEPT-Anweisungen auf die Elementardatenfelder einer Bildschirmseite auf Benutzeranforderung geeignet beendet werden können. Der nun zu entwickelnde Erfassungsalgorithmus muß die durch Betätigen einer bestimmten Taste signalisierte Benutzeranforderung (nächstes Eingabefeld, vorheriges Eingabefeld, erstes Erfassungsfeld der Maske) erkennen und durch Positionieren des Cursors auf das jeweilige Zielfeld auswerten. Vorab sind nach jedem ACCEPT-Abbruch feld- und kontextbezogene Plausibilitätsprüfungen durchzuführen, die zu einer vom Benutzerwunsch abweichenden Positionierung der Schreibmarke auf ein beliebiges Eingabefeld führen können.[2]

7. In der Musterlösung zu dieser Aufgabe wurde der vorstehend skizzierte Algorithmus zur Cursor-Positionierung unter Verwendung einer ganzzahlig definierten *Ablaufvariablen* (AKT-ACCEPT) codiert, die zu jedem Zeitpunkt die Information speichert, in welchem Erfassungsfeld sich der Cursor aktuell befindet.[3] Unter Berücksichtigung der Benutzeranforderungen und des Ergebnisses der jeweiligen Plausibilitätsprüfungen nach einem ACCEPT-Abbruch wird dieser Variablen ein Zielwert zugewiesen, der die neue Position der Schreibmarke festlegt. Dieser Variablenwert bestimmt dann den weiteren Programmablauf.

Der folgende Programmausschnitt gibt einen Einblick in die problemtypische Ablaufsteuerung bei Datenerfassungen mit sofortiger Plausibilitätsprüfung.

```
MOVE 1 TO AKT-ACCEPT.
PERFORM F-HM-2-FINANZIERUNG UNTIL ESC.
   :
```

---

1. Zur CRT STATUS-Klausel siehe Abschnitt 12.4.1.
2. Siehe Lösungshinweis 2.
3. Der Wert 1 identifiziert das erste Eingabefeld der Maske, der Wert 2 das zweite Feld usw.

```
      *----------------------------------------------------------------
       F-HM-2-FINANZIERUNG SECTION.
      *----------------------------------------------------------------
       ACCEPT-STEUERUNG.
           EVALUATE AKT-ACCEPT
               WHEN 1  GO TO   ACCEPT-KAUFPREIS
               WHEN 2  GO TO   ACCEPT-SPARZEIT
               WHEN 3  GO TO   ACCEPT-LAUFZEIT
               WHEN 4  GO TO   ACCEPT-ANTEIL
               WHEN 5  GO TO   ACCEPT-GUTZINS
               WHEN 6  GO TO   ACCEPT-KREDITZINS
           END-EVALUATE.

       ACCEPT-KAUFPREIS.
           ACCEPT A-21-2-01-0334 WITH AUTO-SKIP AT 0334.
           IF INTERRUPT-1 GO TO INTERRUPT-1-AUSWERTUNG.
           IF CUR-UP OR TAB-RUECK OR CUR-LEFT GO TO ACCEPT-KAUFPREIS.
           MOVE   A-21-2-01-0334    TO    KAUFPREIS.
           IF KAUFPREIS < 2000 OR > 3000000 CALL X"E5"
               DISPLAY FEHLER-KAUF AT 2401 GO TO END-F-HM-2
           ELSE DISPLAY LEER AT 2401 ADD 1 TO AKT-ACCEPT.

       ACCEPT-SPARZEIT.
           ACCEPT A-21-2-01-0544 WITH AUTO-SKIP AT 0544.
                :
                :
       ACCEPT-KREDITZINS.
           ACCEPT A-21-2-01-1141 WITH AUTO-SKIP AT 1141.
           IF INTERRUPT-1 GO TO INTERRUPT-1-AUSWERTUNG.
           IF INTERRUPT-2 OR CUR-LEFT GO TO INTERRUPT-2-AUSWERTUNG.
           MOVE    A-21-2-01-1141    TO    KREDITZINS.
           IF KREDITZINS > 20 CALL X"E5"
               DISPLAY FEHLER-GUT AT 2401 GO TO END-F-HM-2
           ELSE DISPLAY LEER AT 2401.

           IF ANTEIL = 100 AND ( KREDITZINS > 0 OR LAUFZEIT > 0 )
               DISPLAY WARNUNG-1 AT 2401.
           IF ANTEIL = 0 AND ( GUTZINS > 0 OR SPARZEIT > 0 )
               DISPLAY WARNUNG-2 AT 2401.

           IF INTERRUPT-3 OR CUR-RIGHT   GO TO  END-F-HM-2.
           MOVE 1 TO AKT-ACCEPT.

       START-BERECHNUNG.
      *--- Berechnung: nachschüssige Abzahlung, vorschüssige Ansparung
           COMPUTE EIGEN     ROUNDED = KAUFPREIS * ANTEIL / 100.
           COMPUTE KREDIT            = KAUFPREIS - EIGEN.
           COMPUTE AZ-FAKTOR ROUNDED
                            = 1 + KREDITZINS / ( 12 * 100 ).
           COMPUTE AUFZINSUNG ROUNDED
                            = AZ-FAKTOR ** ( 12 * LAUFZEIT ).
           IF KREDITZINS > 0
```

```
           COMPUTE RATE ROUNDED =
                  ( KREDIT * AUFZINSUNG * ( AZ-FAKTOR - 1 ))
                  / ( AUFZINSUNG - 1 )
       ELSE
           COMPUTE RATE ROUNDED =  KREDIT / ( 12 * LAUFZEIT ).
       COMPUTE EFFZINS ROUNDED =
                  100 * (( AZ-FAKTOR ** 12 ) - 1).
       COMPUTE TILGUNG ROUNDED =  KREDIT / ( 12 * LAUFZEIT ).
       COMPUTE ZINSBETRAG      =  RATE - TILGUNG.
       COMPUTE AZ-FAKTOR  ROUNDED
                              = 1 + GUTZINS / ( 12 * 100 ).
       COMPUTE AUFZINSUNG ROUNDED
                              = AZ-FAKTOR ** ( 12 * SPARZEIT ).
       IF GUTZINS > 0
           COMPUTE SPARBETRAG ROUNDED
                              = EIGEN * ( AZ-FAKTOR - 1 )
                              / ( AZ-FAKTOR * ( AUFZINSUNG - 1 ))
       ELSE
           COMPUTE SPARBETRAG ROUNDED
                              = EIGEN / ( 12 * SPARZEIT ).

  *--- Konvertieren der Rechendaten in Druckdaten
       PERFORM KONVERT-RECH-ERGEBNIS.
       PERFORM KONVERT-RECH-EINGABE.
       DISPLAY A-21-2-01.
   ANSCHLUSS-AUSWAHL.
       ACCEPT WAHL                                          AT 2308.
       MOVE SPACE TO WAHL.
       IF F1 MOVE "XB" TO HELP-ID CALL "S:HELP" USING HELP-ID
           GO TO ANSCHLUSS-AUSWAHL
       ELSE IF F2 OR F3 OR ESC
               GO TO INTERRUPT-1-AUSWERTUNG
           ELSE IF F4 PERFORM F4-INTERRUPT GO TO ANSCHLUSS-AUSWAHL
               ELSE CALL X"E5" GO TO ANSCHLUSS-AUSWAHL.
   END-F-HM-2.
       CONTINUE.
          :
  *----------------------------------------------------------------
   INTERRUPT-2-AUSWERTUNG SECTION.
  *----------------------------------------------------------------
   START-INT-2-AUSWERTUNG.
       SUBTRACT 1 FROM AKT-ACCEPT.
       DISPLAY LEER AT 2401.
   END-INT-2-AUSWERTUNG.
       GO TO END-F-HM-2.
```

# Aufgabe 22

**Inhalt** : Zeichendarstellung bei Verwendung von Benutzerattributen.

**Lernziele** : – Setzen von Benutzerattributen
– Aktivieren von Benutzerattributen
– ASCII-Zeichensatz.

**Texthinweis** : Anhang A (Benutzerattribute), Anhang B (ASCII-Zeichensatz), Kap. 16, Unterprogramm X"A7" (Benutzerattribute).

## 22.1 Aufgabentext

Mit Hilfe von Bildschirm- und/oder Benutzerattributen läßt sich die Erscheinungsform von Zeichen am Bildschirm verändern. In den bisherigen Aufgaben wurden bis zu 2000 Byte lange Attributsätze mit Hilfe des Maskengenerators FORMS generiert und dann durch Aufruf des Unterprogramms X"B7" in den Bildschirmspeicher übertragen. In dieser Aufgabe soll eine gänzlich andere und speicherökonomische Technik der Manipulation der Erscheinungsform von Zeichen am Bildschirm demonstriert werden: Mit Hilfe des Unterprogramms X"A7" lassen sich Benutzerattribute setzen (erster Aufruf der Routine) und aktivieren (zweiter Aufruf), die auf alle anschließend anzuzeigenden Texte bzw. Variablen wirken. So läßt sich z.B. mittels eines einzigen Attributbytes die Hinter- und Vordergrundfarbe des gesamten Bildschirms festlegen. Das jeweils aktivierte und nur auf die nachfolgend anzuzeigenden Zeichen wirkende Attribut läßt sich innerhalb eines Bildschirms beliebig häufig wechseln.

Schreiben Sie ein Programm, das die Auswirkungen der in Anhang A angegebenen 256 Bit-Kombinationen der Attribute auf die Zeichendarstellung Ihres Bildschirms (Monochrom oder Farbe) demonstriert. Die Musterlösung zu dieser Aufgabe zeigt in getrennten Bildschirmen:

- alle darstellbaren Hintergrundfarben
- alle Kombinationen der Vorder- mit Hintergrundfarben
- die 256 Zeichen des erweiterten ASCII-Zeichensatzes und
- die Kombination der ASCII-Zeichen mit 256 Attributen.

Die Benutzerattribute und auch die ASCII-Zeichen sind in Wertebereichen von jeweils 0 bis 255 definiert. Diese Codes können in Zählschleifen mit wenig Aufwand erzeugt werden.

## 22.2 Lösungshinweise

1. Benutzerattribute sind in einem ersten Aufruf des Unterprogramms X"A7" zu setzen und in einem zweiten Aufruf zu aktivieren. Die hierzu erforderlichen Aufrufparameter sind:

```
*--- Parameter zum Setzen des Benutzerattributs
 01  FUNKTION-SETZEN       PIC 9(2) COMP VALUE 7.
 01  PARAM-ATTRIBUT        PIC X.
*--- Parameter zum Aktivieren des Benutzerattributs
 01  FUNKTION-AKTIV        PIC 9(2) COMP VALUE 16.
 01  PARAM-AKTIV-EIN       PIC 9(2) COMP VALUE 0.
```

2. Soll z.B. der Text "Test Benutzerattribute" auf blauem Hintergrund weiß, intensiv und blinkend (Attribut Hex: 9F) dargestellt werden, ist dies wie folgt zu erreichen:

```
*--- Setzen des Benutzerattributs
     MOVE X"9F" TO PARAM-ATTRIBUT
     CALL X"A7" USING FUNKTION-SETZEN PARAM-ATTRIBUT.
*--- Aktivieren des Benutzerattributs
     CALL X"A7" USING FUNKTION-AKTIV PARAM-AKTIV-EIN.
*--- Ausgeben von Zeichen am Bildschirm
     DISPLAY "Test Benutzerattribut" AT CURSOR-POS.
```

3. Definiert man das Attribut- bzw. Zeichenbyte mit

```
 01  ATTRIBUT-ZEICHEN      PIC 9(2) COMP.
 01  FILLER REDEFINES ATTRIBUT-ZEICHEN.
     05  BYTE              PIC X.
```

lassen sich die 256 ASCII-Zeichen in Kombination mit den 256 Bildschirmattributen wie folgt darstellen:

```
 ANZEIGEN-ASCII-ZEICHEN-FARBE.
     DISPLAY SPACES.
     DISPLAY "ASCII-Zeichen mit 256 Bildschirmattributen" AT 0317.
     MOVE ZERO TO ATTRIBUT-ZEICHEN.
     PERFORM ANZEIGEN-ASCII-FARBE
             VARYING SPALTE FROM 17 BY 3 UNTIL SPALTE > 64
             AFTER   ZEILE  FROM 05 BY 1 UNTIL ZEILE  > 20.
         :
*-------------------------------------------------------------------
 ANZEIGEN-ASCII-FARBE SECTION.
*-------------------------------------------------------------------
 START-ANZEIGEN.
*--- Setzen des Benutzerattributs auf den Wert BYTE
     MOVE BYTE TO PARAM-ATTRIBUT.
     CALL X"A7" USING FUNKTION-SETZEN PARAM-ATTRIBUT.
*--- Aktivieren des Benutzerattributs
     CALL X"A7" USING FUNKTION-AKTIV PARAM-AKTIV-EIN.
*--- Ausgeben von Zeichen am Bildschirm
     DISPLAY BYTE AT CURSOR-POS.
*--- Variieren des Benutzerattributs und des ASCII-Zeichens
     ADD 1 TO ATTRIBUT-ZEICHEN.
 END-ANZEIGEN.
     CONTINUE.
```

Programmierübungen  Aufgabe 22

Als Verarbeitungsergebnis dieses Programmausschnitts erzeugt die Musterlösung zu dieser Aufgabe den in Abb. 17.22 angegebenen Bildschirm.

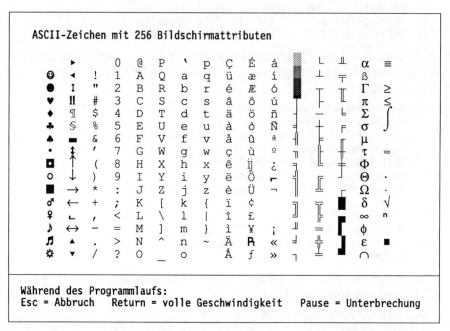

*Abb. 17.22  Ausgabe der 256 ASCII-Zeichen*

# Anhang A:
# Bildschirm- und Benutzerattribute

Jedem am Bildschirm anzuzeigenden Zeichen kann ein Attribut zugeordnet werden, das die Merkmale der Zeichendarstellung festlegt. Monochrom-Bildschirme (2 Farben) erlauben normale, intensive (helle), unterstrichene und blinkende Zeichendarstellungen. Ergänzend besteht die Möglichkeit, die Hintergrund- und Vordergrundfarbe zu vertauschen (reverse video). Bei Farbbildschirmen können Vorder- und Hintergrundfarben, blinkende und intensive Zeichendarstellungen ausgewählt werden.

In Abb. 18.1 sind Attributwerte und ihre Wirkungen bei Verwendung von Monochrom-Bildschirmen zusammengefaßt. Abbildung 18.2 zeigt Attributwirkungen bei Farbbildschirmen. Die Attributwerte sind in beiden Abbildungen hexadezimal notiert.

| *Vordergrund* | | \multicolumn{16}{c}{*Hintergrund schwarz*} |
|---|---|---|---|---|---|---|---|---|---|---|---|---|---|---|---|---|
| | | \multicolumn{8}{c}{*nicht blinkend*} | \multicolumn{8}{c}{*blinkend*} |
| Normal | nicht unterstrichen | 00 | 10 | 20 | 30 | 40 | 50 | 60 | 70 | 80 | 90 | A0 | B0 | C0 | D0 | E0 | F0 |
| Normal | unterstrichen | 01 | 11 | 21 | 31 | 41 | 51 | 61 | 71 | 81 | 91 | A1 | B1 | C1 | D1 | E1 | F1 |
| Normal | nicht unterstrichen | 02 | 12 | 22 | 32 | 42 | 52 | 62 | 72 | 82 | 92 | A2 | B2 | C2 | D2 | E2 | F2 |
| Normal | nicht unterstrichen | 03 | 13 | 23 | 33 | 43 | 53 | 63 | 73 | 83 | 93 | A3 | B3 | C3 | D3 | E3 | F3 |
| Normal | nicht unterstrichen | 04 | 14 | 24 | 34 | 44 | 54 | 64 | 74 | 84 | 94 | A4 | B4 | C4 | D4 | E4 | F4 |
| Normal | nicht unterstrichen | 05 | 15 | 25 | 35 | 45 | 55 | 65 | 75 | 85 | 95 | A5 | B5 | C5 | D5 | E5 | F5 |
| Normal | nicht unterstrichen | 06 | 16 | 26 | 36 | 46 | 56 | 66 | 76 | 86 | 96 | A6 | B6 | C6 | D6 | E6 | F6 |
| Normal | nicht unterstrichen | 07 | 17 | 27 | 37 | 47 | 57 | 67 | 77 | 87 | 97 | A7 | B7 | C7 | D7 | E7 | F7 |
| Intensiv | nicht unterstrichen | 08 | 18 | 28 | 38 | 48 | 58 | 68 | 78 | 88 | 98 | A8 | B8 | C8 | D8 | E8 | F8 |
| Intensiv | unterstrichen | 09 | 19 | 29 | 39 | 49 | 59 | 69 | 79 | 89 | 99 | A9 | B9 | C9 | D9 | E9 | F9 |
| Intensiv | nicht unterstrichen | 0A | 1A | 2A | 3A | 4A | 5A | 6A | 7A | 8A | 9A | AA | BA | CA | DA | EA | FA |
| Intensiv | nicht unterstrichen | 0B | 1B | 2B | 3B | 4B | 5B | 6B | 7B | 8B | 9B | AB | BB | CB | DB | EB | FB |
| Intensiv | nicht unterstrichen | 0C | 1C | 2C | 3C | 4C | 5C | 6C | 7C | 8C | 9C | AC | BC | CC | DC | EC | FC |
| Intensiv | nicht unterstrichen | 0D | 1D | 2D | 3D | 4D | 5D | 6D | 7D | 8D | 9D | AD | BD | CD | DD | ED | FD |
| Intensiv | nicht unterstrichen | 0E | 1E | 2E | 3E | 4E | 5E | 6E | 7E | 8E | 9E | AE | BE | CE | DE | EE | FE |
| Intensiv | nicht unterstrichen | 0F | 1F | 2F | 3F | 4F | 5F | 6F | 7F | 8F | 9F | AF | BF | CF | DF | EF | FF |

Reverse Video: 70, 78, F0, F8     Unsichtbar: 00, 08, 80, 88

*Abb. 18.1   Attributwerte für Monochrom-Bildschirme*

| Vordergrund-farben | | Hintergrundfarben | | | | | | | | | | | | | | |
|---|---|---|---|---|---|---|---|---|---|---|---|---|---|---|---|---|
| | | nicht blinkend | | | | | | | | blinkend | | | | | | |
| N o r m a l | 1 Schwarz | 00 | 10 | 20 | 30 | 40 | 50 | 60 | 70 | 80 | 90 | A0 | B0 | C0 | D0 | E0 | F0 |
| | 2 Blau | 01 | 11 | 21 | 31 | 41 | 51 | 61 | 71 | 81 | 91 | A1 | B1 | C1 | D1 | E1 | F1 |
| | 3 Grün | 02 | 12 | 22 | 32 | 42 | 52 | 62 | 72 | 82 | 92 | A2 | B2 | C2 | D2 | E2 | F2 |
| | 4 Kobaltblau | 03 | 13 | 23 | 33 | 43 | 53 | 63 | 73 | 83 | 93 | A3 | B3 | C3 | D3 | E3 | F3 |
| | 5 Rot | 04 | 14 | 24 | 34 | 44 | 54 | 64 | 74 | 84 | 94 | A4 | B4 | C4 | D4 | E4 | F4 |
| | 6 Violett | 05 | 15 | 25 | 35 | 45 | 55 | 65 | 75 | 85 | 95 | A5 | B5 | C5 | D5 | E5 | F5 |
| | 7 Braun | 06 | 16 | 26 | 36 | 46 | 56 | 66 | 76 | 86 | 96 | A6 | B6 | C6 | D6 | E6 | F6 |
| | 8 Weiß | 07 | 17 | 27 | 37 | 47 | 57 | 67 | 77 | 87 | 97 | A7 | B7 | C7 | D7 | E7 | F7 |
| I n t e n s i v | 1 Grau | 08 | 18 | 28 | 38 | 48 | 58 | 68 | 78 | 88 | 98 | A8 | B8 | C8 | D8 | E8 | F8 |
| | 2 Hellblau | 09 | 19 | 29 | 39 | 49 | 59 | 69 | 79 | 89 | 99 | A9 | B9 | C9 | D9 | E9 | F9 |
| | 3 Hellgrün | 0A | 1A | 2A | 3A | 4A | 5A | 6A | 7A | 8A | 9A | AA | BA | CA | DA | EA | FA |
| | 4 Hellkobaltblau | 0B | 1B | 2B | 3B | 4B | 5B | 6B | 7B | 8B | 9B | AB | BB | CB | DB | EB | FB |
| | 5 Hellrot | 0C | 1C | 2C | 3C | 4C | 5C | 6C | 7C | 8C | 9C | AC | BC | CC | DC | EC | FC |
| | 6 Hellviolett | 0D | 1D | 2D | 3D | 4D | 5D | 6D | 7D | 8D | 9D | AD | BD | CD | DD | ED | FD |
| | 7 Gelb | 0E | 1E | 2E | 3E | 4E | 5E | 6E | 7E | 8E | 9E | AE | BE | CE | DE | EE | FE |
| | 8 Weiß intensiv | 0F | 1F | 2F | 3F | 4F | 5F | 6F | 7F | 8F | 9F | AF | BF | CF | DF | EF | FF |

*Abb. 18.2   Attribute für Farbbildschirme*

Aus einem COBOL-Programm heraus können **Bildschirmattribute** mit Hilfe des Assembler-Unterprogramms X"B7" gesendet werden. Dieses Unterprogramm ordnet den bis zu 2000 Zeichenpositionen eines Bildschirms Attribute zu, die sich auf nachfolgende Zeichenausgaben (DISPLAY- und ACCEPT-Anweisungen) auswirken. Bei Verwendung des Maskengenerators FORMS wird diese Technik genutzt.

Alternativ besteht die Möglichkeit, mit Hilfe des Unterprogramms X"A7" ein Attribut als **Benutzerattribut** zu aktivieren. Dieses Benutzerattribut bestimmt dann die Darstellungsmerkmale aller nachfolgenden Zeichenausgaben. Das Attribut kann innerhalb einer Bildschirmseite beliebig häufig gewechselt werden.

Die Assembler-Routinen X"B7" und X"A7" behandelt Kapitel 16. Zur Verwendung von Bilschirm- und Benutzerattributen siehe auch Aufgabe 13 und Aufgabe 22 in Kapitel 17.

# Anhang B:
# Erweiterter ASCII-Zeichensatz

Der Standard-ASCII-Code definiert (als ISO-7-Bit-Code) 128 Bitmuster zur Codierung von Klein- und Großbuchstaben, Ziffern und ausgewählten Sonderzeichen. Mikrocomputer verwenden zur Zeichencodierung einen auf 8 Bit erweiterten ASCII-Zeichensatz, der zusätzlich die Darstellung mathematischer Symbole, graphischer Zeichen und einiger Sondersymbole erlaubt.

COBOL-Programme können alle 256 Zeichen des in Abb. 18.3 angegebenen erweiterten ASCII-Zeichensatzes (IBM PC Character Set) als Daten verarbeiten.

| Wert dezimal | Wert hexa-dezimal | 0 | 16 | 32 | 48 | 64 | 80 | 96 | 112 | 128 | 144 | 160 | 176 | 192 | 208 | 224 | 240 |
|---|---|---|---|---|---|---|---|---|---|---|---|---|---|---|---|---|---|
| | | 0 | 1 | 2 | 3 | 4 | 5 | 6 | 7 | 8 | 9 | A | B | C | D | E | F |
| 0 | 0 | | ▶ | | 0 | @ | P | ' | p | Ç | É | á | ▓ | └ | ⊥ | α | ≡ |
| 1 | 1 | ☺ | ◀ | ! | 1 | A | Q | a | q | ü | æ | í | ▓ | ⊥ | ┬ | ß | |
| 2 | 2 | ● | ↕ | " | 2 | B | R | b | r | é | Æ | ó | ▓ | ┬ | ┬ | Γ | ≥ |
| 3 | 3 | ♥ | ‼ | # | 3 | C | S | c | s | â | ô | ú | │ | ├ | ⊥ | π | ≤ |
| 4 | 4 | ♦ | ¶ | $ | 4 | D | T | d | t | ä | ö | ñ | ┤ | ─ | ⊢ | Σ | ∫ |
| 5 | 5 | ♣ | § | % | 5 | E | U | e | u | à | ò | Ñ | ┤ | + | ┌ | σ | ∫ |
| 6 | 6 | ♠ | ▬ | & | 6 | F | V | f | v | å | û | ª | ┤ | ├ | ╓ | | |
| 7 | 7 | • | ↨ | ' | 7 | G | W | g | w | ç | ù | º | ┐ | ╟ | ╫ | τ | ≈ |
| 8 | 8 | ◘ | ↑ | ( | 8 | H | X | h | x | ê | ÿ | ¿ | ┐ | ╚ | ╪ | Φ | |
| 9 | 9 | ○ | ↓ | ) | 9 | I | Y | i | y | ë | Ö | ⌐ | ╣ | ╔ | ┘ | Θ | · |
| 10 | A | ■ | → | * | : | J | Z | j | z | è | Ü | ¬ | ║ | ╩ | ┌ | Ω | · |
| 11 | B | ♂ | ← | + | ; | K | [ | k | { | ï | ¢ | | ╗ | ╦ | ■ | δ | √ |
| 12 | C | ♀ | ∟ | , | < | L | \ | l | \| | î | £ | | ╝ | ╠ | ■ | ∞ | ⁿ |
| 13 | D | ♪ | ↔ | - | = | M | ] | m | } | ì | ¥ | ¡ | ╜ | = | ▌ | φ | |
| 14 | E | ♫ | ▲ | . | > | N | ^ | n | ~ | Ä | ₧ | « | ╛ | ╬ | ▐ | ε | ■ |
| 15 | F | ☼ | ▼ | / | ? | O | _ | o | ⌂ | Å | ƒ | » | ┐ | ⊥ | ▀ | ∩ | |

*Abb. 18.3 Code-Werte des erweiterten ASCII-Zeichensatzes*

Editoren erlauben die Erzeugung der ASCII-Zeichen durch Eingabe eines dreiziffrigen Alternate-Codes. Hierzu ist die ALT-Taste niederzuhalten und ein dreiziffriger Dezimalwert nach Abb. 18.3 über den ausgelagerten Numeric-Block der Tastatur einzugeben. So kann z.B. der Anfangswert PIC X VALUE "╬" durch Eingabe der Ziffernfolge 206 erzeugt werden. Der gleiche Anfangswert läßt sich alternativ auch durch Angabe des Hexadezimal-Codes dieses Zeichens (VALUE X"CE") definieren.

Während die Bildschirmausgabe aller in Abb. 18.3 angegebenen Zeichen problemlos möglich ist, verwenden viele Drucker einige der Codewerte als Druckersteuerzeichen. So können z.B. alle IBM Graphics Printer Zeichen mit den Alternate-Codes 000-002, 007-020, 022-031 und 127 nicht drucken.

## Anhang C:

# Reservierte COBOL-Wörter

Die nachfolgende Liste enthält reservierte COBOL-Wörter. Die in Großbuchstaben notierten Wörter gehören zum ANSI-Standard-1985. Ergänzend sind in Kleinbuchstaben reservierte Wörter der Compiler für Mikrocomputer (Micro Focus, IBM, Siemens Nixdorf, Microsoft) angegeben.

| A CCEPT | B ackground-color | CODE/-SET |
|---|---|---|
| ACCESS | Backward | COLLATING |
| ADD | Beep | COL/UMN |
| Address | BEFORE | COMMA |
| ADVANCING | Bell | Command-line |
| AFTER | BINARY | Commit |
| ALL | BLANK | COMMON |
| ALPHABET/IC | Blink | COMMUNICATION |
| ALPHABETIC-LOWER | BLOCK | COMP/UTATIONAL |
| ALPHABETIC-UPPER | BOTTOM | Comp-X |
| ALPHANUMERIC/-EDITED | BY | Comp-0 |
| ALSO | | Comp-3 |
| ALTER | | Comp-5 |
| ALTERNATE | C ALL | COMPUTE |
| AND | CANCEL | CONFIGURATION |
| ANY | CD | Console |
| ARE | Chain/-ing | CONTAINS |
| AREA/S | Changed | CONTENT |
| Area-value | CF | CONTINUE |
| ASCENDING | CH | CONTROL/S |
| ASSIGN | CHARACTER/S | CONVERTING |
| AT | CLASS | COPY |
| AUTHOR | CLOCK-UNITS | CORR/ESPONDING |
| Auto/-skip | CLOSE | COUNT |
| Automatic | COBOL | Crt |
| | | Crt-under |

CURRENCY
Cursor

# D ATA
DATE
DATE-COMPILED
DATE-WRITTEN
DAY/-OF-WEEK
DEBUG-CONTENTS
DEBUG-ITEM
DEBUG-LINE
DEBUG-NAME
DEBUG-SUB-1
DEBUG-SUB-2
DEBUG-SUB-3
DEBUGGING
DECIMAL-POINT
DECLARATIVES
DELETE
DELIMITED
DELIMITER
DEPENDING
DESCENDING
DESTINATION
DE/TAIL
DISABLE
Disk
DISPLAY
DIVIDE
DIVISION
DOWN
DUPLICATES
DYNAMIC

# E GI
ELSE
EMI
Empty-check
ENABLE
END
END-ADD
END-CALL
END-COMPUTE
END-DELETE
END-DIVIDE
END-EVALUATE
END-IF
END-MULTIPLY
END-OF-PAGE
END-PERFORM
END-READ
END-RECEIVE

END-RETURN
END-REWRITE
END-SEARCH
END-START
END-STRING
END-SUBTRACT
END-UNSTRING
END-WRITE
ENTER
ENVIRONMENT
EOP
EQUAL
Erase
ERROR
Escape
ESI
EVALUATE
EVERY
EXCEPTION
Excess-3
Exclusive
Exec/ute
Exhibit
EXIT
EXTEND
EXTERNAL

# F ALSE
FD
FILE
FILE-CONTROL
File-id
FILLER
FINAL
FIRST
Fixed
FOOTING
FOR
Foreground-color
FROM
Full

# G ENERATE
GIVING
GLOBAL
GO
GREATER
GROUP

# H EADING
Highlight
HIGH-VALUE/S

# I -O/-CONTROL
IDENTIFICATION
IF
IN
INDEX/ED
INITIAL/IZE
INITIATE
INPUT/-OUTPUT
INSPECT
INSTALLATION
INTO
INVALID
IS

# J apanese
JUST/IFIED

# K ept
KEY
Keyboard

# L ABEL
LAST
LEADING
LEFT/-justify
LENGTH/-check
LESS
LIMIT/S
LINAGE/-COUNTER
LINE/S
LINE-COUNTER
LINKAGE
LOCK
LOW-VALUE/S

# M anual
MEMORY
MERGE
MESSAGE
MODE
MODULES
MOVE
MULTIPLE
MULTIPLY

# N ame
NATIVE
NEGATIVE
NEXT
NO/-echo

NOT
NUMBER
NUMERIC/-EDITED

**O**BJECT-COMPUTER
OCCURS
OMITTED
OPEN
OPTIONAL
OR/DER
ORGANIZATION
OTHER
OVERFLOW

**P**ACKED-DECIMAL
PADDING
PAGE/-COUNTER
Palette
PERFORM
PIC/TURE
PLUS
POINTER
POSITION
POSITIVE
PRINTING
Print-switch
Previous
Printer/-1
PROCEDURE/S
PROCEED
PROGRAM/-ID
Prompt
Protected
PURGE

**Q**UEUE
QUOTE/S

**R**ANDOM
Range
READ
Ready
RECEIVE
RECORD/S

Recording
REDEFINES
REEL
REFERENCE/S
RELATIVE
RELEASE
Reload
REMAINDER
REMOVAL
RENAMES
REPLACE
REPLACING
Required
REPORT/ING
REPORTS
RERUN
RESERVE
RESET
RETURN
REVERSED
Reverse-video
REWIND
REWRITE
RIGHT
Rollback
ROUNDED
RUN

**S**AME
Screen
SEARCH
SECTION
Secure
SECURITY
SELECT
SEND
SENTENCE
SEPARATE
SEQUENCE
SEQUENTIAL
SET
SIGN
SIZE
SORT
SORT/-MERGE
SOURCE/-COMPUTER
SPACE/S
Space-fill
SPECIAL-NAMES

STANDARD/-1
STANDARD-2
START
STATUS
STRING
Subprogram
SUB-QUEUE-1
SUB-QUEUE-2
SUB-QUEUE-3
SUBTRACT
SUM
SUPPRESS
Switch/-1 bis -8
SYMBOLIC
SYNC/HRONIZED

**T**ABLE
TALLYING
TAPE
TERMINAL
TERMINATE
TEST
TEXT
THAN
THEN
THROUGH
THRU
TIME/S
TO
TOP
TRAILING/-sign
TRUE
TYPE

**U**nderline
UNIT
Unlock
UNSTRING
UNTIL
UP
Update
UPON
USAGE
USE/r
USING

**V**ALUE/S
Variable
VARYING

| W HEN | Z ERO/ES | + | − | * |
| WITH | ZEROS | / | ** | = |
| WORDS | Zero-fill | > | < | |
| WORKING-STORAGE | | >= | <= | " |
| WRITE | | ( | ) | : |
| | | . | , | ; |

## Anhang D:
## Übersicht zu Call-by-Name-Routinen

Die folgende Tabelle gibt für 17 Anwendungsbereiche (Bereich) einen Überblick zu den derzeit verfügbaren Call-by-Name-Routinen der hier berücksichtigten Compiler für Mikrocomputer. Für alle Bibliothekselemente, deren Namen mit PC_ beginnen, ist Portabilität in DOS-, MS-Windows- und OS/2-Umgebungen und für CBL_-Routinen zusätzlich auch für die UNIX-Plattformen sichergestellt.

| Nr. | Bereich | Name Bibliothekselement | Verwendung |
|---|---|---|---|
| 1 | Mouse | CBL_GET_MOUSE_MASK | Get mouse event mask |
| | | CBL_GET_MOUSE_POSITION | Get mouse screen coordinates |
| | | CBL_GET_MOUSE_STATUS | Get number of events in queue |
| | | CBL_HIDE_MOUSE | Hide mouse pointer |
| | | CBL_INIT_MOUSE | Initialize mouse support |
| | | CBL_READ_MOUSE_EVENT | Read mouse event queue |
| | | CBL_SET_MOUSE_MASK | Set mouse event mask |
| | | CBL_SET_MOUSE_POSITION | Set mouse screen coordinates |
| | | CBL_SHOW_MOUSE | Draw mouse pointer |
| | | CBL_TERM_MOUSE | Terminate mouse support |
| | | PC_GET_MOUSE_SHAPE | Get mouse pointer shape |
| | | PC_SET_MOUSE_HIDE_AREA | Set mouse hide area |
| | | PC_SET_MOUSE_SHAPE | Set mouse pointer shape |
| 2 | Keyboard | CBL_GET_KBD_STATUS | Test for character at keyboard |
| | | CBL_READ_KBD_CHAR | Read keyboard-character (no echo) |
| 3 | Screen | CBL_CLEAR_SCR | Clear screen |
| | | CBL_GET_CSR_POS | Get cursor position |
| | | CBL_GET_SCR_SIZE | Get screen size |
| | | CBL_READ_SCR_ATTRS | Read attribute string |
| | | CBL_READ_SCR_CHARS | Read character string |
| | | CBL_READ_SCR_CHATTRS | Read character & attribute strings |
| | | CBL_SET_CSR_POS | Set cursor position |
| | | CBL_SWAP_SCR_CHATTRS | Swap character & attribute |
| | | CBL_WRITE_SCR_ATTRS | Write attribute string |
| | | CBL_WRITE_SCR_CHARS | Write character string |
| | | CBL_WRITE_SCR_ATTRS_ATTR | Write character string with attribute |
| | | CBL_WRITE_SCR_CHATTRS | Write character & attribute strings |
| | | CBL_WRITE_SCT_TTY | Write character TTY-style |
| | | CBL_WRITE_SCR_N_ATTR | Repeat write attribute |

| Nr. | Bereich | Name Bibliothekselement | Verwendung |
|---|---|---|---|
|  |  | CBL_WRITE_SCR_N_CHAR | Repeat write character |
|  |  | CBL_WRITE_SCR_CHATTR | Repeat write character & attributes |
| 4 | Printer | PC_TEST_PRINTER | Test printer status |
| 5 | File-names | CBL_SPLIT_FILENAME | Divide file-name into parts |
|  |  | CBL_JOIN_FILENAME | Join parts of file-name |
| 6 | Files | CBL_CHANGE_DIR | Change current directory |
|  |  | CBL_CHECK-FILE_EXIST | Check if file exists |
|  |  | CBL_COPY_FILE | Copy file |
|  |  | CBL_CREATE_DIR | Create directory |
|  |  | CBL_DELETE_DIR | Delete directory |
|  |  | CBL_DELETE_FILE | Delete file |
|  |  | CBL_LOCATE_FILE | Locate file/Expand path |
|  |  | CBL_READ_DIR | Read current directory |
|  |  | CBL_RENAME_FILE | Rename file |
|  |  | PC_FIND_DRIVES | Find valid drives |
|  |  | PC_READ_DRIVE | Read current drive |
|  |  | PC_SET_DRIVE | SET current drive |
| 7 | Byte-Stream Files | CBL_CLOSE_FILE | Close byte-stream file |
|  |  | CBL_CREATE_FILE | Create byte-stream file |
|  |  | CBL_OPEN_FILE | Open byte-stream file |
|  |  | CBL_READ_FILE | Read byte-stream file |
|  |  | CBL_WRITE_FILE | Write byte-stream file |
| 8 | Memory Allocation | CBL_ALLOC_MEM | Dynamic memory allocation |
|  |  | CBL_FREE_MEM | Free dynamically allocated memory |
| 9 | Multiple Run-units | CBL_CULL_RUN_UNITS | Clear dead run-units |
|  |  | CBL_EXEC_RUN_UNITS | Create run-unit |
|  |  | CBL_GET_SHMEM_PTR | Read named value |
|  |  | CBL_PUT_SHMEM_PTR | Create/update named value |
|  |  | CBL_YIELD_RUN_UNITS | Yield the current run-unit |
| 10 | OS-Info | CBL_GET_OS_INFO | Get operating system information |
| 11 | National Language Support | CBL_NLS_COMPARE | Compare two strings |
|  |  | CBL_NLS_INFO | Get/set national information |
|  |  | CBL_NLS_OPEN_MSG_FILE | Open NLS message file |
|  |  | CBL_NLS_READ_MSG | Read message from message file |
|  |  | CBL_NLS_CLOSE_MSG_FILE | Close NLS message file |
| 12 | Logic Operators | CBL_AND | Logical AND |
|  |  | CBL_EQ | Logical EQuivalence |
|  |  | CBL_IMP | Logical IMPlies |
|  |  | CBL_NOT | Logical NOT |
|  |  | CBL_OR | Logical OR |
|  |  | CBL_XOR | Logical eXclusive OR |
| 13 | Text | CBL_TOLOWER | Convert a string to lower case |
|  |  | CBL_TOUPPER | Convert a string to upper case |
| 14 | Subsystems | CBL_SUBSYSTEM | Declare/deallocate subsystems |

| Nr. | Bereich | Name Bibliothekselement | Verwendung |
|---|---|---|---|
| 15 | Windows | PC_WIN_ABOUT<br>PC_WIN_HANDLE<br>PC_WIN_INIT<br>PC_WIN_YIELD | Add a Windows "About" box<br>Obtain handle used for screen I/O<br>Get Windows startup values<br>Process outstanding messages |
| 16 | Virtual Heaps | CBL_OPEN_VFILE<br>CBL_READ_VFILE<br>CBL_WRITE_VFILE<br>CBL_CLOSE_VFILE | Open heap<br>Read heap<br>Write heap<br>Close heap |
| 17 | Exit/Error Procedures | CBL_ERROR_PROC<br>CBL_EXIT_PROC | Register error procedures<br>Register closedown procedure |

# Literaturverzeichnis

*Danner, F.*: COBOL GUI-Programmierung mit Dialog System 2.2, Vaterstetten 1993

*Deutsches Institut für Normung e. V.*: Programmiersprache COBOL, DIN 66028, Berlin 1986

*Geissler, R. und K. Geissler*: ANS COBOL, Band 1: Einführung und Arbeitsbuch für die Praxis auf PC's und Großrechnern, 3. Aufl., München/Wien 1988

*Geissler, R. und K. Geissler*: ANS COBOL, Band 2: Datei-Organisationsformen und Zugriffsmethoden, 2. Aufl., München/Wien 1989

*Göpfrich, H. R.*: Wirtschaftsinformatik II, Strukturierte Programmierung in COBOL, 4. Aufl., Stuttgart 1991

*Habib, R.*: COBOL/2 Workbench, Vaterstetten 1992

*Kähler, W.-M.*: COBOL 85 auf dem PC, Einführung in die dialogorientierte COBOL-Programmierung, Wiesbaden 1992

*McCracken, D.D. und D.G. Golden*: COBOL, Einführung in COBOL-85 und Anleitung zur strukturierten Programmierung, München/Wien 1990

*Schülein, U.*: Micro Focus Workbench, COBOL-Applikationsentwicklung auf dem PC, Vaterstetten 1993

*Schwickert, A.C., A. Wilhelm und C. Schiweck*: Strukturierte Programmierung in COBOL, Grundlagen, Beispiele, Übungen, München/Wien 1993

*Wagner, N.*: Micro Focus COBOL 3.1 Programmierung unter Windows, Vaterstetten 1993

# Stichwortverzeichnis

Ablaufplanung 134
Ablaufprotokoll 341, 602
ACCEPT-Anweisung 236, 421, 422
ACCESS MODE-Klausel 289, 506, 529
Ada 26
ADD-Anweisung 376
ADIS 241, 421, 564
ADIS-Modifikation 563, 564
ADISCF 241, 421, 564
ADVANCING-Zusatz 301, 318
Aktionen 84
Aktionsanzeigeteil 111
Aktionsteil 111
Aktualparameter 406
Algorithmus 8
Algorithmusaufruf 90, 357
ALL 183
Alphabet 10
ALPHABET-Klausel 293, 504
ALPHABETIC 388
ALPHABETIC-LOWER 388
ALPHABETIC-UPPER 388
ALTERNATE RECORD KEY-Klausel 529
ALTERNATE-Code 39, 41, 714
Aneinanderreihung 85, 91
Anfangswerte 217
Angaben 178
ANIMATOR 67, 408, 593
ANSI-COBOL-Standard 58
Anweisungen 23, 178
Anwendungssoftware 28
ANY 371
API-Schnittstelle 557, 569
Arithmetische Anweisungen 375
ASCENDING-Angabe 393, 396, 417
ASCII-Zeichen 13, 713
Assembler-Unterprogramme 406, 557
Assemblersprachen 24
AT END-Option 297, 307
AT-Angabe 232, 240
Aufrufparameter 405, 408
Aufrufsteuerleiste 357, 657

Ausgabedatei 295
Ausschluß 114, 117
Auswahl 87, 260, 264
Auswahlbalken 452, 676
AUTO-SKIP 423

BASIC 26
BAT-Datei 55
Batch-Programme 63
Bedingte Verarbeitung 86, 260
Bedingungen
    Bedingungsnamen 350
    Klassenbedingungen 388
    komplex 270
    Vergleichsbedingungen 268
    Vorzeichenbedingungen 389
    zusammengesetzt 271
Bedingungsanzeigeteil 111
Bedingungsnamen 350
Bedingungsteil 111
BEEP 423, 424
Befehle 23
Befehlsteil 175
BEFORE-Zusatz 301, 491
Belegungsdichte 509, 528
Benutzerattribute 562, 708, 711
Benutzerdefinierte Wörter 184
Benutzerdokumentation 173
Benutzerfreundlichkeit 71
Bereichsbegrenzer 251, 259, 262, 264
Bestandsdaten 551
Betriebssysteme 49
Bewegungsdaten 21, 551
Bezeichner 190, 224, 303
Bibliotheken 401
Bibliothekselement 402
Bibliotheksname 402
Bildschirm 41
Bildschirmansteuerung 420
Bildschirmattribute 428, 562, 567, 711
Bildschirmfenster 446, 448
Bildschirmmasken 64, 126, 424, 634
Binärcodierung 13

BINARY 479
Binärzeichen 13
Binder 30, 57, 60
BLANK WHEN ZERO-Klausel 480
BLINK 423, 424
BOTTOM-Option 321
Builder 61
Bus-Konzept 34
BY CONTENT-Angabe 406, 412
BY REFERENCE-Parameter 406

C 26
C++ 28
Call by Name 557, 719
Call by Number 557
CALL-Anweisung 404, 405, 557
CANCEL-Anweisung 407
Case-Struktur 87
CBL-Datei 62
Check-Lauf 61
CLOSE-Anweisung 302, 525, 547
COBOL 26, 58
COBOL-Codierschema 191
COBOL-Compiler 57
COBOL-Copy-Strecke 402
COBOL-Debug-Testmodul 66, 335, 594
COBOL-Formate 189
COBOL-Metanotation 189
COBOL-Norm 59
COBOL-Programmrahmen 206
COBOL-Quellcodebibliotheken 401
COBOL-Quellprogramm 60, 62, 178
COBOL-Trennzeichen 195
COBOL-Wörter 182
COBOL-Zeichenfolgen 181
COBOL-Zeichenvorrat 179
COBOL/2-Workbench 62
COBSYS-Demonstrationsprogramm 3
CODE-SET-Klausel 293
Codierbereiche 193
Codierschema 191
COLLATING SEQUENCE-Option 504

COMP(UTATIONAL) 479
Compiler 29, 57
COMPUTE-Anweisung 223, 384
CONFIGURATION SECTION 200
CONSOLE IS CRT 232
CONSOLE IS Merkname 231, 238
CONTENT-Angabe 406, 412
CONTINUE-Anweisung 249, 266
CONVERTING 490
COPY-Anweisung 401
COPY-Strecke 402
CORRESPONDING-Angabe 385
COUNT-Option 486
CRT STATUS-Klausel 436, 564, 565, 705
CRT-Klausel 232, 240
CRT-UNDER-Option 233, 234
CURSOR-Klausel 431, 640, 686
Cursor-Positioniertasten 437
Cursor-Positionierung 431, 437, 568, 679

DATA DIVISION 175, 202, 208, 290
DATE 245, 411
Datei 17, 286, 505, 526, 550
Dateianschluß 287, 509, 528
Dateiaufbereiter 55
Dateinamen
    extern 289, 317
    global 53
    intern 289
    lokal 53
Dateiorganisation
    indiziert 526, 550
    relativ 507, 550
    sequentiell 286, 551
Dateipuffer 17, 208, 211, 286, 298
Dateisatzbeschreibung 19, 208, 219, 290
Dateiverwendungsangabe 295, 512, 531
Dateizuweisung
    dynamisch 324
    extern 325

Dateizuweisung (noch) fest 289
Datenbeschreibung 208, 218, 342, 457
Datendarstellung 478
Datendefinition
   alphabetisch 216
   alphanumerisch 216
   alphanumerisch-druckaufbereitet 343
   ganzzahlig 216
   interne Darstellung 478
   nicht-ganzzahlig 342
   numerisch-druckaufbereitet 345, 421
   Tabellenelemente 457
   vorzeichenbehaftet 342
Datenerfassung 421, 430, 700
Datengruppe 18, 210, 212, 220
Datenhierarchie 18, 210
Datenkatalog 79
Datenkonsistenz 130
Datenkopplung 136, 151
Datenmodell 132
Datenmodus 424, 636
Datennamen 184, 213
Datenorganisation 17, 129, 131
Datensätze 17, 210, 211, 219
Datenstruktur 18, 210
Datenteil 175
Datum 245
DAY 245
DAY-OF-WEEK 245
DEBUG-CONTENTS 339
DEBUG-ITEM-Sonderregister 337, 338
Debug-Testmodul 66, 335, 594
Debug-Testzeilen 336, 594
Debugger 62, 65, 593
DEBUGGING MODE-Klausel 336
DEBUGGING-Testauftrag 336, 597
DECIMAL-POINT IS COMMA-Klausel 348
DECLARATIVES 337
DELETE-Anweisung 524, 546
DELIMITED-Angabe 483, 486
Derivative Daten 130
DESCENDING-Angabe 393

Deskriptive Sprachen 27
Dezimalkomma 348
Dezimalpunkt 342, 348
Dialogablaufsteuerung 415, 439, 456, 700
Dialogprogramme 63, 145, 415
DIALOG SYSTEM 65
Direktzugriffsdateien 505
Disketten 44
DISPLAY-Anweisung 229
DISPLAY (USAGE) 479
DISPLAY UPON COMMAND-LINE 561, 697
DIVIDE-Anweisung 382
Divisions 175
Divisionsrest 383
DO WHILE-Schleife 88, 252
Dokumentation 172
DOS 50
DOS-Befehle 52
DOS-Dateinamen 53
Druck-Dateien 321
Druckaufbereitung 343, 346
Drucker 43, 317
Druckerstatus 565
Dualzahlen 14
DUPLICATES IN ORDER-Angabe 394
DUPLICATES-Option 529, 533
DV-Spezifikation 81
DV-technischer Entwurf 76, 80, 83, 120
DYNAMIC 506, 513, 531
Dynamische Dateizuweisung 324

EBCDI-Code 13
Editor 55
Eiffel 28
Einfügungszeichen B, 0, / 344
Eingabedatei 294, 514
Einplatzsysteme 50
Einprogrammbetrieb 50
Einschaltphase 53
Eintragungen 178
Elementardaten 18, 210, 211, 218
Elementarfunktionen 103
Elementarprozesse 104
Elementarübertragung 501

ELSE-Regel 113
ELSE-Zweig 261, 264
Empfangsfeld 227
EMPTY-CHECK 423
END-IF 261, 262, 264
END-OF-PAGE-Zusatz 301, 323
END-PERFORM 251, 259
Entscheidungsregeln 111
Entscheidungstabellen 111, 369, 374
Entschlüsselung 481, 489, 491, 500
Entwicklungswerkzeuge 48
ENVIRONMENT DIVISION 175, 199
EOP 301, 323
Ergänzungsdaten 21
Erkennungsteil 175
Eröffnungsmodus 513, 531
Ersatzdarstellungen 98
Erweiterungsmodus 295
EVA-Prinzip 32
EVALUATE-Anweisung 369
EXE-Datei 61, 62
EXIT PROGRAM-Anweisung 404, 409
EXTEND 295, 513, 531
EXTERNAL-Klausel 413, 687
EXTERNAL-Option 325
Externe Dateizuweisung 325
Externe Objekte 413

Fachinhaltlicher Entwurf 76, 79, 83, 99
Fachspezifikation 77, 79
Fallunterscheidung 87, 367, 369
FALSE 371
Family API 557
Family-API-Funktionen 569
FD-Eintrag 292
Fehlerarten 333
Feldlänge 215, 216
Feldtyp 215, 216
Feldüberlauf 377
Figurative Konstanten 183
FILE SECTION 203, 208, 290
FILE STATUS-Klausel 511, 528, 551

FILE-CONTROL-Paragraph 200, 287
FILLER 213, 214
Folgenummernbereich 191
Folgesätze 315, 588
Folgesatzprüfung 588
FOOTING-Angabe 301, 323
Formalparameter 406
Formate 189
FORMS 64, 424, 572, 634
FORTRAN 26
Fortsetzungszeichen 219
Fortsetzungszeilen 192, 219
FRM-Datei 424
FROM-Zusatz 301
Funktionsmoduln 143
Funktionsstruktur 100
Funktionstasten 39, 434, 438, 563
Funktionsübersicht 100
Funktionszerlegung 100
Fußgesteuerte Schleife 88

Geltungsbereich 251, 259
Gepackte Zahlendarstellung 14
GNT-Datei 61, 62
GO TO-Anweisung 366
GO TO DEPENDING ON-Anweisung 367
Graphikmodus 41
Graphical User Interface 65
Grobentwurf 78
Grobkonzepte 78
Grundsymbole 9, A, X 216
GUI 65

Halbierungs-Methode 470
Hauptabschnitte 175, 198
Hauptmenü 417, 420
Hauptprogramm 404, 409
Hauptverzeichnis 52
HELP (Help Program Interface) 445
Help-Bildschirme 63, 424, 444
Hexadezimalzahlen 14
Hierarchiediagramm 100
HIGH-VALUE 183

HIGHLIGHT 423, 424
Hilfsdatei (Sortieren) 390
Homonyme 130

I-O 295, 513, 531
IDENTIFICATION DIVISION 175, 198
IDX-Datei 533
IDY-Datei 61, 62
IF-Anweisung 260
Indexdatei 526
INDEXED 529
Individualprogramme 28
Initialisierung 248
INITIALIZE-Anweisung 247
INPUT 295, 513, 531
INPUT PROCEDURE 396
Input-Kapitel 396, 401
INPUT-OUTPUT SECTION 200, 287, 288
INSPECT-Anweisung 489
    CONVERTING 490
    REPLACING 498
    TALLYING 493
INT-Datei 61, 62
Integrationstest 82
Intel-Mikroprozessor-Familie 37
Interaktionsdiagramme 121, 145
Interaktive Anwendungen 63, 145, 415, 700
Interaktive Debugger 66, 593
Interpreter 28
Interpunktionsregeln 195
INTO-Zusatz 298
INVALID KEY-Option 515
IPL 35
Istzustand 78

Ja-Zweig 264
JUSTIFIED-Klausel 480

Kahrs-Kriterium 543
Kalendertag 244
Kapitel 178, 204
Kapitelnamen 184
Key-Code 435, 439
KEY-Option 517, 540

Keyboard-Code-Sequences 439, 442
Keyboard-Interrupt 434, 442, 694
Klauseln 178
Klassenbedingungen 388
Klassenhierarchien 27
Komma 348
Kommentare 188
Kommentarzeile 192
Kompilierzeitfehler 65, 333
Komplexe Bedingungen 270
Komplexitätsreduktion 72
Komprimierung 481, 484
Konsolidierung 112, 117
Kontrollkonstrukte 84
Konzeptuelle Fehler 333
Kopfgesteuerte Schleife 88
Korrektheit 71

LAN-Topologie 69
Laufvariablen 89, 359, 360
Laufwerksbezeichnung 53
Laufzeitfehler 66, 333
Left-/Right-Abbruch 564, 704
LENGTH-CHECK 423
Library-Manager 61
LINAGE-COUNTER 324
LINAGE-Klausel 293, 301, 321
LINE SEQUENTIAL 290, 302, 625
LINKAGE SECTION 203, 208, 405, 408
Links-vor-rechts-Abarbeitung 113
Literale 185
LOW-VALUE 183

Magnetplatten 46
Mängelbericht 76, 78
Maschineninstruktionen 28
Maschinenprogramm 30, 60
Maschinensprache 23
Maschinenteil 175
Maskendatei 64, 424
Maskeneditor 64
Maskengenerator 63, 424, 433, 634
Matchcode-Suche 543, 679, 686

Mehrfachauswahl 87, 367, 369
Mehrfachlesen 311
Mehrplatzsysteme 51
Mehrprogrammbetrieb 50
Mehrschlüsseldateien 527
Menü- und Funktionswahl
   Auswahlbalken 452
   Auswahlziffer 418
   benutzergesteuert 420
   Cursor-Positionierung 432
   Funktionstasten 434, 437, 442
   programmgesteuert 420
   Scroll-Menüs 455
Menü-Windows 446, 679, 683
Menübaum 118, 417
Menühierarchie 119, 417
Menüleiste 447
Menüs 126
Metanotation 189
Methoden 75
Mikrocomputer-Netzwerke 68
Mikroprozessor 34
Mischmoduln 143
Modul 136, 404
Modul Linkage Chart 144
Modulabgrenzung 143
Modulgröße 137
Modulhierarchie 143, 144, 404
MOVE CORRESPONDING-Anweisung 385
MOVE-Anweisung 227, 342, 501
MOVE-Übertragungsregeln 501
MS-DOS 51
MS-DOS-Befehle 52
MULTIPLY-Anweisung 381

N-Square-Charts 149
Namenserweiterung 53
Nassi-Shneiderman-Diagramme 84, 158, 169
NEGATIVE 389
Nein-Zweig 264
Netzwerktopologie 69
NEXT SENTENCE-Angabe 267
NEXT-Option 514, 536
Nicht-numerische Literale 186
Nichtprozedurale Sprachen 27
NO ADVANCING-Option 231, 233, 239

NO-ECHO 423
Normalform 132
Normalindizierung 473
NOT AT END-Option 298
NOT END-Bereich 307
NOT END-Technik 306
NOT INVALID KEY-Option 515
NUMERIC 388
Numerische Literale 185

OBJ-Datei 62
OBJECT-COMPUTER 201
Objektorientierte Programmierung 27
Objektklassen 27
Objektprogramm 29, 30, 60, 62
Obsolete Elements 199
OCCURS-Klausel 458, 471
OPEN-Anweisung 294, 512
Operativdaten 21
OPTIONAL-Zusatz 295, 308, 512
Optionen 178
Organisationsdaten 21
ORGANIZATION-Klausel 289, 507
Originäre Daten 130
OS/2 51, 569
OUTPUT 295, 513, 531
OUTPUT PROCEDURE 396
Output-Kapitel 396, 401
OVERFLOW-Angabe 406, 484, 486

PACKED-DECIMAL 479
PAGE-Option 301, 318
Paragraphen 178, 204
Paragraphennamen 184
PASCAL 26
PC-DOS 51
PC-Spracherweiterungen 59, 191, 557
PERFORM TIMES-Anweisung 359
PERFORM UNTIL-Anweisung 250, 363
PERFORM UNTIL-Schleife 88, 251

PERFORM VARYING-Anweisung 360
PERFORM-Anweisung 356
PERFORM-Schachtelungen 358
Performance 71
Pfad 53
Pflege 71, 76, 83
Pflichtmoduln 59
Phasenschema 75, 83
PICTURE-Klausel 214, 216
PICTURE-Zeichenfolgen 187, 342, 343
PL/1 26
Plausibilitätsprüfung 416, 455, 564, 700
POINTER-Option 484, 486
Pop-Up-Menü 129, 446, 448, 449, 452, 688
POSITIVE 389
POST 35, 53
Primärschlüssel 526, 529, 548
Prioritätsregeln 225, 272
Problemorientierte Sprachen 25
Problemspezifische Tastaturtabelle 437
PROCEDURE DIVISION 175, 204
PROGRAM-ID 199
Programm 23
Programm-Entwicklungswerkzeuge 48
Programm-Strukturdiagramme 138
Programmänderungszyklen 333, 335
Programmentwicklung 71
Programmiersprachen 23
Programmkennbereich 192
Programmkommunikation 401, 410
Programmlogik 85, 153
Programmrahmen 206
Programmsätze 178, 205, 267
Programmteile 175, 178
Projektmodell 76, 83
Projektphasen 77
Projektplan 78
Projektziele 77, 78
Prozedur 356
Prozedurale Sprachen 27

Prozeß 8, 104
Prozessor 8
Prozeßspezifikation 107
Pseudotext 404
Pull-Down-Menü 446, 452

Qualifizierung
    Datennamen 303, 386
    Paragraphennamen 389
Quellcodebibliotheken 401
Quellprogramm 30, 60, 62

Rahmenvorschlag 76, 78
RAM-Speicher 34
RANDOM 506, 513, 531
READ-Ablaufsteuerung
    NOT END-Technik 305, 353
    Reading-Ahead-Technik 310, 353
READ-Anweisung 296, 305, 353, 513, 536
Reading-Ahead-Technik 310
Rechenaufbereitung 349, 422
RECORD KEY-Klausel 529
REDEFINES-Klausel 354
Redundanz 131
REFERENCE-Parameter 406
RELATIVE KEY-Klausel 510, 515
RELEASE-Anweisung 397, 398
REMAINDER-Angabe 383
REPEAT UNTIL-Schleife 252
REPLACING-Angabe 249, 403, 499
RETURN-Anweisung 397, 398
REVERSE-VIDEO 423, 424
REWRITE-Anweisung 301, 523, 545
ROM-Speicher 34
ROUNDED-Option 377, 384
Rückwärtsverkettung 418
Run-Time-System 60
Rundung 377

Satzschlüssel 19, 526, 548
Schachtelung 85, 91

Schleife 88
Schleifenkonzepte 88, 90
Schlüsselwörter 182
Schnittstellen-Kapitel 396, 399
Schnittstellendaten 404, 408
Schnittstellentabellen 145, 404
Schrittweite 360
Schwachstellen-Analyse 76, 78
SCREENS 64, 433, 572
Scroll-Menü 455
Scroll-Modus 231, 233, 239
SD-Dateibeschreibung 392
SEARCH ALL-Anweisung 471, 473
Seitenvorschub 192
Sektortypen 46
Sekundärschlüssel 526, 529, 533, 548
SELECT-Eintragung 289, 317, 391, 506, 509, 528
Semantik 11
Sendefeld 227
SEQUENTIAL 290, 506, 513, 531
Sequenz 84, 85
SET TO TRUE-Anweisung 352
SIZE ERROR-Option 377, 384
SIZE-Angabe 483
Smalltalk 28
Software 28
Software-Entwicklung 71, 74
Software-Lebenszyklus 75
Soll-Konzepte 78
SORT-Anweisung 390, 392, 396, 504
Sortier-Hierarchie 393
Sortierdatei 390
Sortieren von Dateien 390
Sortierfolge 270
Sortierfolge-Ordnung 503
SOURCE-COMPUTER 201
SPACE 183
Spaltenbereiche 191
SPECIAL-NAMES-Paragraph 200, 349
Spezialindizierung 473
Splitschlüssel 548
Spracherweiterungen 59, 191, 557
Sprachumfang 58
Sprungbefehl 366

Stammdaten 21, 551
Standardprogramme 28
Stapelverarbeitungsdatei 55
START-Anweisung 517, 539
Status-Code 1 551
Status-Code 2 552
Statusinformationen 552
Steueranweisungen 84
Steuermodul 143
STOP-Anweisung 250
STRING-Anweisung 482
Struktogramm 85
Strukturblöcke 85
Strukturdiagramme 138
Strukturierte Programmierung 98
Strukturierungstiefe 103
Stufenbezeichnung SD 391
Stufennummern 185, 209, 350, 557
Subskribierung 462
Substring 476
SUBTRACT-Anweisung 378
Synonyme 130
Syntax 11
Syntax-Checker 61
Syntax-Fehler 66, 333
System-Builder 61
Systemdokumentation 172
Systemsoftware 27

Tabellen
   Anfangswertzuweisung 465
   Bezugnahme 462
   Definition 458
   eindimensional 459
   Initialisierung 464
   Laden 464
   Laden aus Datei 467
   lineares Durchsuchen 468
   logarithmisches Durchsuchen 469
   mehrdimensional 461
Tabellenverarbeitung 457
Tagesdatum 244
TALLYING-Angabe 486, 493
Tastatur 38
Tastatur-Interrupt 434, 443
Tastatur-Status 568
Teilbildschirme 446

Teilfeldselektion 476, 699
Test 76, 83
TEST-Option 252
Testhilfe-Zeilen 336, 594
Testhilfen 65
Testkonzept 82, 104
Testphase 82
Text-Windows 446
Textmodus 41, 424, 635
THEN-Zweig 261, 264
THROUGH 363
THRU 352, 357, 363
TIME 245
TIMES 359
Top-Down-Verfeinerung 140, 153
Top-Down-Zerlegung 73, 100
TOP-Option 321
Transaktionskette 417
Trennsymbole 195
Trennung 194
Trennzeichen 195
TRUE 371
TRUE-Anweisung 352

Überlagerung 114, 117
Uhrzeit 244
UNIX 51
UNSTRING-Anweisung 485
Untermenü 417, 420
Unterprogramme 557
    extern 404
    intern 356
Unterverzeichnisse 53
Update-Modus 295
UPON CONSOLE 233
UPON-Option 231, 237
Urdaten 130
USAGE-Klausel 478
USE FOR DEBUGGING-Anweisung 337, 594
USE-Anweisung 552
USING-Angabe 406, 409, 413

VALUE-Klausel 217, 292
VARYING-Angabe 361
Verarbeitung 85
Verbundschlüssel 548
Verfeinerung 90

Vergleichsbedingungen 268
Verschlüsselung 481, 489, 491, 500
Verwendungsangabe 295
Verzeichnispfad 53
Verzeichnisstruktur 52
Von-Neumann-Architektur 31
Vorauslesen 310
Vordefinierte Benutzertabelle 434
Vorgehensmodell 76, 83
Vorschub 301, 318
Vorstudie 76, 78, 83
Vorwärtsverkettung 418
Vorzeichen 342, 346, 502

Wahlmoduln 59
Wahlwörter 182
Wartung 71
Werkzeuge 75
WHEN OTHER-Option 372
WHEN-Fälle 371
Wiederholung 88, 251, 363
Wiederverwendung 74
Windows 446, 448
WITH-Option
    ACCEPT-Anweisung 422
    DISPLAY-Anweisung 423
Wochentag 244
WORKING-STORAGE SECTION 203, 208
WRITE-Anweisung 299, 520, 532

X"82" 559
X"83" 443, 444, 559, 696
X"91" 560, 697
X"A7" 562, 708
X"AF" 434, 563, 648, 704
X"B0" 437, 444, 565, 665
X"B7" 450, 562, 567, 639
X"D9" 443, 568, 696
X"E5" 568
X"E6" 568, 699

Zählschleifen 89, 359, 360
Zeichenfolgen 181, 481

Zeichenverarbeitung 481
Zeichenvorrat 179
Zeilenkennbereich 188, 192
ZERO 183
ZERO-Test 389
Zugriffsart 506, 531
Zugriffsschlüssel 526, 548
Zusammengesetzte Bedingungen 271
Zusatzsymbole S, V 342
Zwischencodedatei 61, 62

# Gabler-Literatur zum Thema „Wirtschaftsinformatik" (Auswahl)

Ulrich Frank
**Expertensysteme**
Neue Automatisierungspotentiale im Büro- und Verwaltungsbereich?
1988, X, 280 Seiten,
Broschur DM 68,—
ISBN 3-409-13112-4

Karl Kurbel
**Programmentwicklung**
5., vollständig überarbeitete Auflage
1990, XIV, 199 Seiten,
Broschur 44,— DM
ISBN 3-409-31925-5

Peter Mertens
**Integrierte Informationsverarbeitung**
Teil 1: Administrations- und Dispositionssysteme in der Industrie
9., vollständig neu bearbeitete und erweiterte Auflage
1993, XIV, 334 Seiten,
Broschur DM 54,—
ISBN 3-409-69048-4

Peter Mertens / Joachim Griese
**Integrierte Informationsverarbeitung**
Teil 2: Planungs- und Kontrollsysteme in der Industrie
7., aktualisierte und überarbeitete Auflage 1993, XII, 256 Seiten,
Broschur DM 49,80
ISBN 3-409-69107-3

Dieter B. Preßmar (Schriftleitung)
**Büro-Automation**
(Schriften zur Unternehmensführung, Band 42),
1990, 156 Seiten,
Broschur 44,— DM
ISBN 3-409-13129-9

Dieter B. Preßmar (Hrsg.)
**Informationsmanagement**
(Schriften zur Unternehmensführung, Band 49),
1993, 184 Seiten,
Broschur 89,— DM
ISBN 3-409-17918-6

Joachim Reese
**Wirtschaftsinformatik**
Eine Einführung
1990, 166 Seiten,
Broschur 29,80 DM
ISBN 3-409-13380-1

Stefan Spang / Wolfgang Kraemer
**Expertensysteme**
Entscheidungsgrundlage für das Management
1991, 368 Seiten,
gebunden 98,— DM
ISBN 3-409-13361-5

Zu beziehen über den Buchhandel oder den Verlag.
Stand der Angaben und Preise: 1.4.1994
Änderungen vorbehalten.

**GABLER**
BETRIEBSWIRTSCHAFTLICHER VERLAG DR. TH. GABLER, TAUNUSSTRASSE 52-54, 65183 WIESBADEN